Die Deutsche Ephemeride

DIE DEUTSCHE EPHEMERIDE

BAND VIII
2001–2020

OTTO WILHELM BARTH VERLAG

Der Titel DIE DEUTSCHE EPHEMERIDE ist für
den Otto Wilhelm Barth Verlag, München
als Warenzeichen eingetragen.

Die Ephemeriden
sowie die anderen Tabellen dieses Bandes
wurden erarbeitet von Friedrich Jacob
von der Technischen Universität
München

Erste Auflage 1982
Alle Rechte, auch die des auszugsweisen Nachdrucks, der
photomechanischen Wiedergabe und Übertragung vorbehalten.

© 1982 by Scherz Verlag Bern und München
für Otto Wilhelm Barth Verlag

INHALT

Hinweis für den Gebrauch	4
Instructions for Use	6
Mode d'emploi	8
Zusammenstellung der Zeichen und Abkürzungen	10
List of symbols and abbreviations	10
Liste des symboles et abréviations	10
Ephemeriden 2001–2020	11
Pluto-Ephemeriden für die Jahre 1850–1960	493
Geographische Positionen	511
Die Zeitzonen und Sommerzeiten aller europäischen Länder seit 1582	523
Proportional-Diurnallogarithmen-Tabelle	555

HINWEIS FÜR DEN GEBRAUCH

Dieses Werk wurde erstellt, um der großen Nachfrage nach einer handlichen Ephemeride von höchster Präzision gerecht zu werden.

Sie enthält die zur Errechnung von Horoskopen notwendigen Positionen der Planeten sowie die von der Sonne, dem Mond und dem aufsteigenden Mondknoten (also einem der Schnittpunkte zwischen Mondbahn und Ekliptik), ferner die Sternzeit (engl.: Sidereal Time).

In den Spalten mit der Überschrift «Long» (deutsch: Länge) sind die ekliptikalen Längen angegeben. Unter der Überschrift «Lat.» bzw. «Decl.» sind die zugehörigen ekliptikalen Breiten bzw. die Deklinationen zu finden.

Alle Werte beziehen sich auf 0^h Weltzeit, also auf Mitternacht mittlerer Zeit am Nullmeridian von Greenwich.

Sollen Planetenpositionen für einen beliebigen Zeitpunkt und einen beliebigen Ort bestimmt werden, so ist zunächst die Weltzeit, also die während des Ereignisses in Greenwich geltende Zeit zu ermitteln. Für Mitteleuropa bedeutet dies, daß von der mitteleuropäischen Zeit, zu der das Ereignis stattfand oder stattfinden wird, eine Stunde abzuziehen ist, um die Weltzeit zu erhalten. Die Planeten stehen zu dem so ermittelten Zeitpunkt zwischen der Position, die der Ephemeride unter dem gewünschten Datum für 0 Uhr und der Position von 0 Uhr des folgenden Tages zu entnehmen ist.

Durch lineare Interpolation können die Planetenpositionen für dazwischenliegende Zeitpunkte wie folgt ermittelt werden.

FORMELN FÜR LINEARE INTERPOLATION:

Planetenposition =

$$\frac{\text{GZ in Minuten}}{1440 \text{ Minuten}} \times [\text{Pos.}(\text{Tag}+1) - \text{Pos.}(\text{Tag})] + \text{Pos.}(\text{Tag})$$

GZ in Minuten ist die Greenwichzeit oder Weltzeit des Ereignisses in Minuten.

Pos. (Tag) ist die Planetenposition am gewünschten Tag um 0 Uhr, siehe Ephemeride.
Pos. (Tag + 1) ist die Planetenposition am folgenden Tag um 0 Uhr, siehe Ephemeride.

RECHENBEISPIEL

Gesucht sei die Position des Mondes am 2.2.1999 um 9.00 Uhr mitteleuropäischer Zeit, also um 8.00 Uhr Greenwichzeit (= 480 Minuten).

Mond am 3.2.1999 0 Uhr GZ 12° ♍ 7′ = 42° ♌ 7′ = Pos. (Tag + 1)
Mond am 2.2.1999 0 Uhr GZ 29° ♌ 6′ = 29° ♌ 6′ = Pos. (Tag)
  Differenz = 13° 1 = 781′

Mondposition = $\frac{480}{1440} \times 781′ + 29°$ ♌ $6′ =$
= 260′ + 29° ♌ 6′ = 4° 20′ + 29° ♌ 6′ = 33° ♌ 26′ = 3° ♍ 26′

INSTRUCTIONS FOR USE

This work has been produced in order to satisfy the great demand for a handy ephemeris of greatest accuracy.

It contains the data needed in order to calculate a horoscope. You will find in it the longitudes of all planets as well as of the sun, the moon, the moon's ascending node (i.e. the intersection of the lunar orbit and the ecliptic) and the sidereal time.

All data are given at midnight Greenwich Mean Time in the true longitude-latitude coordinates and the true right ascension of date.

If you want to find out the positions of the planets at any point in time and for any place in the world:

FIRST STEP:

Find out the Greenwich Mean Time = Universal Time (UT) of the event. For example, if you have Central European Time, substract one hour in order to obtain Universal Time (UT).

In the ephemeris you will find the positions of the planets at midnight on each day. If you want to obtain the exact positions at the desired point in time, you have to apply linear interpolation.

SECOND STEP:

Linear interpolation:

Position =

$$\frac{\text{UT in Minutes}}{1440 \text{ Minutes}} \times [\text{Pos.(Day + 1)} - \text{Pos.(Day)}] + \text{Pos.(Day)}$$

where: UT   is the Universal Time of the event.
Pos.(Day)   is the Position of the planet on the desired day at midnight as it is to be found in the ephemeris.
Pos.(Day + 1) is the Position of the planet on the following day.

NUMERICAL EXAMPLE

We try to find out the moon's position at 9 a.m. Central European Time on 2 February 1999. As the time is given in Central European Time, we have to substract one hour in order to obtain UT. This gives us 8 a.m. UT or 480 minutes UT.

Moon's position on
3 Feb midnight UT $12°\,♍\,7' = 42°\,♌\,7'$ = Pos.(Day + 1)
Moon's position on
2 Feb midnight UT $29°\,♌\,6' = \underline{29°\,♌\,6'}$ = Pos.(Day)
                 Difference = $13°\quad 1' = 781'$

Position = $\dfrac{480}{1440} \times 781' + 29°\,♌\,6'$ =
= $260' + 29°\,♌\,6' = 4°\,20' + 29°\,♌\,6' = 33°\,♌\,26' = 3°\,♍\,26'$

MODE D'EMPLOI

Cet ouvrage a été réalisé afin de répondre à la très grande demande d'éphémérides pratiques de la plus haute précision.

Il contient toutes les positions planétaires nécessaires pour le calcul d'un thème. Il vous permettra de trouver les longitudes de toutes les planètes aussi bien que celle du soleil, de la lune et du nœud lunaire ascendant (l'intersection de l'orbit lunaire et de l'écliptique) et le temps sidéral.

Toutes les éphémérides sont données pour minuit 0^h Temps Moyen de Greenwich dans les coordonnées réelles de longitude-latitude de la véritable ascension droite du jour.

Si vous désirez trouver les positions des planètes pour n'importe quelle heure et n'importe quel lieu du monde, vous devez procéder de la manière suivante:

Etablir le Temps Moyen de Greenwich (= Temps Universel, TU). Par exemple, pour les pays du Méridien de l'Europe Centrale, il faut soustraire 1 heure (Fuseau Horaire: TMG + 1 heure) pour obtenir le Temps Universel (TU).

Dans les éphémérides, les positions planétaires sont données pour minuit 0^h chaque jour. Si vous désirez obtenir la position exacte d'un lieu donné à un moment donné, vous devez appliquer l'interpolation linéaire.

L'INTERPOLATION LINEAIRE:

Position planétaire =

$$\frac{\text{TU en minutes}}{1440 \text{ minutes}} \times [\text{Pos.(jour + 1)} - \text{Pos.(jour)}] + \text{Pos.(jour)}$$

TU: Temps Universel
Pos.(jour): Position planétaire du jour en question à 0ʰ comme vous la trouverez dans les éphémérides.
Pos.(jour + 1): Position planétaire du lendemain à 0ʰ.

EXEMPLE:

Position de la lune à 9ʰ (Temps Europe Centrale) le 2 février 1999:
Pour obtenir le TU, il faut soustraire 1 heure (voir 1ᵉʳ paragraphe ci-dessus).
TU = 9ʰ − 1ʰ = 8ʰ = 480 minutes TU

Position de la lune
le 3 février 0ʰ TU: 12° ♍ 7′ = 42° ♌ 7′ = Pos.(jour + 1)
Position de la lune
le 2 février 0ʰ TU: 29° ♌ 6′ = 29° ♌ 6′ = Pos.(jour)
     Pas de la lune = 13° 1″ = 781′

Position = $\frac{480}{1440}$ × 781′ + 29° ♌ 6′ =
= 260′ + 29° ♌ 6′ = 4° 20′ + 29° ♌ 6′ = 33° ♌ 26′ = 3° ♍ 26′

ZEICHEN UND ABKÜRZUNGEN
SYMBOLS AND ABBREVIATIONS
SYMBOLES ET ABREVIATIONS

☉	Sonne	Sun	Soleil
☽	Mond	Moon	Lune
☿	Merkur	Mercury	Mercure
♀	Venus	Venus	Vénus
♂	Mars	Mars	Mars
♃	Jupiter	Jupiter	Jupiter
♄	Saturn	Saturn	Saturn
♅	Uranus	Uranus	Uranus
♆	Neptun	Neptune	Neptune
♇	Pluto	Pluto	Pluton
☊	Länge des aufsteigenden Mondknotens	Longitude of the Moon's ascending node	Longitude du nœud lunaire ascendant

♈	Widder	Aries	Bélier
♉	Stier	Taurus	Taureau
♊	Zwilling	Gemini	Gémeaux
♋	Krebs	Cancer	Cancer
♌	Löwe	Leo	Lion
♍	Jungfrau	Virgo	Vierge
♎	Waage	Libra	Balance
♏	Skorpion	Scorpio	Scorpion
♐	Schütze	Sagittarius	Sagittaire
♑	Steinbock	Capricorn	Capricorne
♒	Wassermann	Aquarius	Verseau
♓	Fische	Pisces	Poissons

D	Direktläufig	Progressive	Direct
R	Rückläufig	Retrogressive	Retrograde
N	Nördlich	North	Nord
S	Südlich	South	Sud

ASC	Aszendent	Ascendant	Ascendant
Day	Tag	Day	Jour
Decl.	Deklination	Declination	Déclinaison
Lat.	Breite	Latitude	Latitude
Long.	Länge	Longitude	Longitude
MC	Medium coeli	Midheaven	Milieu-du-ciel
RAMC	Rektaszension des Medium coeli	Right Ascension of the Midheaven	Ascension droite du milieu-du-ciel
Sidereal Time	Sternzeit	Sidereal Time	Temps Sidéral

EPHEMERIDEN

2001–2020

2001 JANUAR

Day	Sidereal Time H	M	S	☉ Long. °	′	″	☉ Decl. °	′	☽ Long. °	′	☽ Lat. °	′	☽ Decl. °	′
1	6	42	50	10 ♑	37	58	23 S	1	18 ♓	42	4 S	44	8 S	50
2	6	46	47	11	39	7	22	56	0 ♈	54	5	8	4	21
3	6	50	43	12	40	16	22	50	13	23	5	18	0 N	23
4	6	54	40	13	41	25	22	44	26	12	5	13	5	15
5	6	58	37	14	42	34	22	38	9 ♉	26	4	51	10	2
6	7	2	33	15	43	42	22	31	23	8	4	12	14	29
7	7	6	30	16	44	50	22	23	7 ♊	16	3	17	18	17
8	7	10	26	17	45	58	22	16	21	51	2	8	21	4
9	7	14	23	18	47	5	22	7	6 ♋	46	0	48	22	28
10	7	18	19	19	48	12	21	59	21	54	0 N	35	22	14
11	7	22	16	20	49	19	21	50	7 ♌	7	1	57	20	23
12	7	26	12	21	50	26	21	40	22	14	3	10	17	6
13	7	30	9	22	51	33	21	30	7 ♍	7	4	9	12	45
14	7	34	6	23	52	39	21	20	21	39	4	51	7	46
15	7	38	2	24	53	45	21	9	5 ♎	46	5	13	2	30
16	7	41	59	25	54	51	20	58	19	26	5	17	2 S	43
17	7	45	55	26	55	57	20	46	2 ♏	42	5	3	7	39
18	7	49	52	27	57	2	20	34	15	35	4	35	12	7
19	7	53	48	28	58	8	20	22	28	8	3	54	15	57
20	7	57	45	29	59	13	20	9	10 ♐	26	3	3	19	0
21	8	1	41	1 ♒	0	17	19	56	22	32	2	4	21	10
22	8	5	38	2	1	21	19	43	4 ♑	29	1	1	22	21
23	8	9	35	3	2	25	19	29	16	21	0 S	4	22	30
24	8	13	31	4	3	28	19	14	28	10	1	9	21	39
25	8	17	28	5	4	30	19	0	9 ♒	57	2	11	19	51
26	8	21	24	6	5	31	18	45	21	46	3	7	17	12
27	8	25	21	7	6	31	18	30	3 ♓	38	3	55	13	49
28	8	29	17	8	7	31	18	14	15	35	4	33	9	53
29	8	33	14	9	8	29	17	58	27	40	5	0	5	31
30	8	37	10	10	9	26	17	42	9 ♈	55	5	13	0	52
31	8	41	7	11	10	22	17	25	22	24	5	12	3 N	53

Day	♆ Lat. °	′	♆ Decl. °	′	♅ Lat. °	′	♅ Decl. °	′	♄ Lat. °	′	♄ Decl. °	′	♃ Lat. °	′	♃ Decl. °	′	♂ Lat. °	′
1	0 N	10	18 S	46	0 S	41	15 S	53	2 S	11	16 N	48	0 S	49	19 N	48	1 N	16
4	0	10	18	45	0	41	15	51	2	11	16	47	0	48	19	46	1	15
7	0	10	18	43	0	41	15	48	2	10	16	46	0	47	19	45	1	14
10	0	10	18	42	0	41	15	45	2	9	16	45	0	46	19	43	1	14
13	0	10	18	40	0	41	15	42	2	8	16	45	0	46	19	42	1	13
16	0	10	18	38	0	41	15	39	2	7	16	45	0	45	19	42	1	12
19	0	10	18	37	0	41	15	36	2	6	16	45	0	44	19	41	1	12
22	0	10	18	35	0	41	15	32	2	6	16	46	0	43	19	42	1	11
25	0	10	18	33	0	41	15	29	2	5	16	46	0	43	19	42	1	10
28	0	10	18	32	0	41	15	26	2	4	16	47	0	42	19	43	1	9
31	0	10	18	30	0	41	15	23	2	3	16	48	0	41	19	44	1	8

JANUAR 2001

Day	♆ Long.	♅ Long.	♄ Long.	♃ Long.	♂ Long.	♀ Long.	☿ Long.	♇ Long.
	° ′	° ′	° ′	° ′	° ′	° ′	° ′	° ′
1	5 ♒ 20	18 ♒ 39	24 ♉ 35	2 ♊ 11	4 ♏ 56	26 ♒ 58	14 ♑ 16	13 ♐ 47
2	5 23	18 42	24 R 33	2 R 6	5 31	28 4	15 54	13 49
3	5 25	18 45	24 30	2 2	6 6	29 10	17 32	13 51
4	5 27	18 48	24 28	1 57	6 41	0 ♓ 15	19 10	13 53
5	5 29	18 51	24 26	1 53	7 16	1 21	20 48	13 55
6	5 31	18 54	24 24	1 49	7 51	2 26	22 27	13 57
7	5 33	18 57	24 22	1 45	8 26	3 31	24 6	13 59
8	5 36	19 0	24 20	1 42	9 1	4 35	25 45	14 1
9	5 38	19 3	24 18	1 38	9 35	5 39	27 25	14 3
10	5 40	19 6	24 16	1 35	10 10	6 43	29 4	14 5
11	5 42	19 9	24 15	1 32	10 45	7 47	0 ♒ 44	14 7
12	5 44	19 12	24 13	1 29	11 19	8 50	2 24	14 9
13	5 47	19 16	24 12	1 27	11 53	9 53	4 4	14 11
14	5 49	19 19	24 10	1 24	12 28	10 56	5 44	14 13
15	5 51	19 22	24 9	1 22	13 2	11 58	7 23	14 15
16	5 53	19 25	24 8	1 20	13 36	13 0	9 2	14 16
17	5 56	19 29	24 7	1 18	14 11	14 1	10 41	14 18
18	5 58	19 32	24 6	1 17	14 45	15 2	12 18	14 20
19	6 0	19 35	24 6	1 15	15 19	16 3	13 55	14 22
20	6 2	19 38	24 5	1 14	15 53	17 3	15 30	14 23
21	6 5	19 42	24 4	1 13	16 27	18 3	17 4	14 25
22	6 7	19 45	24 4	1 12	17 0	19 2	18 36	14 27
23	6 9	19 49	24 4	1 12	17 34	20 1	20 5	14 29
24	6 11	19 52	24 4	1 11	18 8	20 59	21 31	14 30
25	6 14	19 55	24 4	1 11	18 41	21 57	22 53	14 32
26	6 16	19 59	24 D 4	1 D 11	19 15	22 54	24 12	14 33
27	6 18	20 2	24 4	1 11	19 48	23 51	25 25	14 35
28	6 21	20 5	24 4	1 12	20 22	24 47	26 33	14 37
29	6 23	20 9	24 4	1 12	20 55	25 42	27 34	14 38
30	6 25	20 12	24 5	1 13	21 28	26 37	28 28	14 40
31	6 27	20 16	24 6	1 14	22 1	27 31	29 14	14 41

Day	♂ Decl.	♀ Lat.	♀ Decl.	☿ Lat.	☿ Decl.	♇ Lat.	♇ Decl.	☊
	° ′	° ′	° ′	° ′	° ′	° ′	° ′	° ′
1	11 S 59	1 S 31	13 S 57	1 S 58	24 S 38	10 N 18	12 S 14	15 ♋ 41
4	12 34	1 19	12 37	2 5	24 8	10 18	12 14	15 32
7	13 8	1 7	11 15	2 8	23 23	10 18	12 15	15 22
10	13 42	0 53	9 52	2 7	22 24	10 19	12 15	15 13
13	14 14	0 37	8 26	2 1	21 12	10 19	12 15	15 3
16	14 46	0 21	7 0	1 50	19 46	10 19	12 16	14 54
19	15 17	0 3	5 33	1 34	18 9	10 20	12 16	14 44
22	15 47	0 N 16	4 6	1 10	16 22	10 20	12 16	14 35
25	16 16	0 36	2 39	0 39	14 30	10 21	12 16	14 25
28	16 44	0 57	1 12	0 N 0	12 40	10 21	12 16	14 16
31	17 11	1 19	0 N 14	0 46	11 1	10 22	12 16	14 6

2001 FEBRUAR

Day	Sidereal Time			☉ Long.			☉ Decl.		☽ Long.		☽ Lat.		☽ Decl.	
	H	M	S	°	′	″	°	′	°	′	°	′	°	′
1	8	45	4	12 ♒	11	16	17 S	8	5 ♉	9	4 S	56	8 N	35
2	8	49	0	13	12	10	16	51	18	15	4	24	13	2
3	8	52	57	14	13	2	16	34	1 ♊	44	3	36	16	58
4	8	56	53	15	13	52	16	16	15	39	2	35	20	6
5	9	0	50	16	14	41	15	58	29	59	1	22	22	4
6	9	4	46	17	15	29	15	40	14 ♋	43	0	2	22	35
7	9	8	43	18	16	16	15	21	29	46	1 N	19	21	29
8	9	12	39	19	17	1	15	2	15 ♌	0	2	36	18	49
9	9	16	36	20	17	45	14	43	0 ♍	15	3	41	14	50
10	9	20	33	21	18	28	14	24	15	21	4	30	9	56
11	9	24	29	22	19	10	14	4	0 ♎	8	5	1	4	33
12	9	28	26	23	19	50	13	44	14	30	5	11	0 S	56
13	9	32	22	24	20	29	13	24	28	22	5	2	6	11
14	9	36	19	25	21	7	13	4	11 ♏	46	4	37	10	58
15	9	40	15	26	21	44	12	44	24	42	3	59	15	5
16	9	44	12	27	22	20	12	23	7 ♐	15	3	10	18	24
17	9	48	8	28	22	54	12	2	19	29	2	13	20	49
18	9	52	5	29	23	28	11	41	1 ♑	29	1	12	22	14
19	9	56	2	0 ♓	24	0	11	20	13	21	0	8	22	38
20	9	59	58	1	24	30	10	58	25	8	0 S	56	22	1
21	10	3	55	2	24	59	10	37	6 ♒	55	1	57	20	26
22	10	7	51	3	25	27	10	15	18	43	2	53	17	57
23	10	11	48	4	25	53	9	53	0 ♓	37	3	41	14	42
24	10	15	44	5	26	17	9	31	12	36	4	21	10	51
25	10	19	41	6	26	40	9	9	24	44	4	49	6	30
26	10	23	37	7	27	1	8	46	7 ♈	0	5	3	1	52
27	10	27	34	8	27	20	8	24	19	26	5	4	2 N	55
28	10	31	31	9	27	37	8	1	2 ♉	3	4	50	7	39

Day	♆ Lat.		♆ Decl.		♅ Lat.		♅ Decl.		♄ Lat.		♄ Decl.		♃ Lat.		♃ Decl.		♂ Lat.	
	°	′	°	′	°	′	°	′	°	′	°	′	°	′	°	′	°	′
1	0 N	10	18 S	30	0 S	41	15 S	22	2 S	3	16 N	49	0 S	41	19 N	45	1 N	7
4	0	10	18	28	0	41	15	18	2	2	16	50	0	40	19	46	1	6
7	0	10	18	26	0	41	15	15	2	1	16	52	0	39	19	48	1	5
10	0	10	18	25	0	41	15	12	2	0	16	54	0	39	19	51	1	3
13	0	10	18	23	0	41	15	8	1	59	16	56	0	38	19	54	1	2
16	0	10	18	21	0	41	15	5	1	58	16	59	0	37	19	57	1	0
19	0	9	18	20	0	41	15	2	1	58	17	2	0	37	20	0	0	59
22	0	9	18	18	0	41	14	58	1	57	17	4	0	36	20	4	0	57
25	0	9	18	17	0	41	14	55	1	56	17	8	0	35	20	8	0	55
28	0	9	18	15	0	41	14	52	1	55	17	11	0	35	20	12	0	53

FEBRUAR 2001

Day	♆ Long. ° ′	♅ Long. ° ′	♄ Long. ° ′	♃ Long. ° ′	♂ Long. ° ′	♀ Long. ° ′	☿ Long. ° ′	♇ Long. ° ′
1	6 ♒ 30	20 ♒ 19	24 ♉ 6	1 ♊ 16	22 ♏ 34	28 ♓ 25	29 ♒ 51	14 ♐ 43
2	6 32	20 23	24 7	1 17	23 7	29 18	0 ♓ 18	14 44
3	6 34	20 26	24 8	1 19	23 40	0 ♈ 10	0 35	14 45
4	6 37	20 30	24 9	1 21	24 12	1 1	0 42	14 47
5	6 39	20 33	24 10	1 23	24 45	1 52	0 R 37	14 48
6	6 41	20 37	24 12	1 25	25 17	2 41	0 22	14 49
7	6 43	20 40	24 13	1 27	25 50	3 30	29 ♒ 55	14 51
8	6 46	20 44	24 15	1 30	26 22	4 18	29 18	14 52
9	6 48	20 47	24 16	1 33	26 54	5 5	28 32	14 53
10	6 50	20 51	24 18	1 36	27 26	5 52	27 38	14 54
11	6 52	20 54	24 20	1 39	27 58	6 37	26 37	14 56
12	6 54	20 57	24 22	1 43	28 30	7 21	25 31	14 57
13	6 57	21 1	24 24	1 46	29 2	8 4	24 22	14 58
14	6 59	21 4	24 26	1 50	29 33	8 46	23 12	14 59
15	7 1	21 8	24 28	1 54	0 ♐ 5	9 27	22 3	15 0
16	7 3	21 11	24 31	1 58	0 36	10 6	20 56	15 1
17	7 5	21 15	24 33	2 3	1 8	10 45	19 54	15 2
18	7 7	21 18	24 36	2 7	1 39	11 22	18 56	15 3
19	7 10	21 22	24 38	2 12	2 10	11 57	18 4	15 4
20	7 12	21 25	24 41	2 17	2 40	12 32	17 20	15 5
21	7 14	21 29	24 44	2 22	3 11	13 5	16 42	15 6
22	7 16	21 32	24 47	2 27	3 42	13 36	16 12	15 6
23	7 18	21 35	24 50	2 33	4 12	14 6	15 49	15 7
24	7 20	21 39	24 53	2 38	4 42	14 34	15 34	15 8
25	7 22	21 42	24 57	2 44	5 13	15 1	15 26	15 9
26	7 24	21 46	25 0	2 50	5 42	15 25	15 25	15 9
27	7 26	21 49	25 4	2 56	6 12	15 48	15 D 31	15 10
28	7 28	21 52	25 7	3 2	6 42	16 10	15 42	15 11

Day	♂ Decl. ° ′	♀ Lat. ° ′	♀ Decl. ° ′	☿ Lat. ° ′	☿ Decl. ° ′	♇ Lat. ° ′	♇ Decl. ° ′	☊ ° ′
1	17 S 20	1 N 27	0 N 42	1 N 3	10 S 33	10 N 22	12 S 16	14 ♋ 3
4	17 45	1 51	2 6	1 54	9 27	10 23	12 15	13 53
7	18 10	2 16	3 29	2 43	8 58	10 23	12 15	13 44
10	18 33	2 43	4 49	3 21	9 9	10 24	12 15	13 34
13	18 56	3 10	6 6	3 41	9 55	10 25	12 15	13 25
16	19 18	3 38	7 21	3 40	11 3	10 26	12 14	13 15
19	19 38	4 7	8 31	3 20	12 14	10 26	12 14	13 6
22	19 58	4 37	9 37	2 48	13 18	10 27	12 13	12 56
25	20 16	5 6	10 37	2 10	14 8	10 28	12 13	12 47
28	20 34	5 37	11 32	1 30	14 42	10 29	12 12	12 37

2001 MÄRZ

Day	Sidereal Time	☉ Long.	☉ Decl.	☽ Long.	☽ Lat.	☽ Decl.
	H M S	° ′ ″	° ′	° ′	° ′	° ′
1	10 35 27	10 ♓ 27 52	7 S 39	14 ♉ 54	4 S 22	12 N 8
2	10 39 24	11 28 5	7 16	28 0	3 39	16 9
3	10 43 20	12 28 16	6 53	11 ♊ 23	2 43	19 27
4	10 47 17	13 28 25	6 30	25 6	1 37	21 44
5	10 51 13	14 28 32	6 7	9 ♋ 10	0 23	22 44
6	10 55 10	15 28 37	5 43	23 35	0 N 54	22 16
7	10 59 6	16 28 40	5 20	8 ♌ 19	2 8	20 15
8	11 3 3	17 28 41	4 57	23 16	3 15	16 50
9	11 7 0	18 28 40	4 33	8 ♍ 19	4 9	12 18
10	11 10 56	19 28 37	4 10	23 18	4 45	7 1
11	11 14 53	20 28 32	3 46	8 ♎ 5	5 1	1 25
12	11 18 49	21 28 25	3 23	22 31	4 58	4 S 9
13	11 22 46	22 28 16	2 59	6 ♏ 31	4 37	9 19
14	11 26 42	23 28 6	2 36	20 1	4 1	13 52
15	11 30 39	24 27 54	2 12	3 ♐ 3	3 13	17 36
16	11 34 35	25 27 40	1 48	15 41	2 17	20 24
17	11 38 32	26 27 24	1 24	27 57	1 17	22 9
18	11 42 29	27 27 7	1 1	9 ♑ 58	0 13	22 50
19	11 46 25	28 26 47	0 37	21 50	0 S 49	22 29
20	11 50 22	29 26 27	0 13	3 ♒ 37	1 50	21 7
21	11 54 18	0 ♈ 26 4	0 N 10	15 24	2 45	18 51
22	11 58 15	1 25 39	0 34	27 16	3 34	15 46
23	12 2 11	2 25 13	0 58	9 ♓ 15	4 13	12 0
24	12 6 8	3 24 45	1 21	21 24	4 42	7 43
25	12 10 4	4 24 14	1 45	3 ♈ 45	4 57	3 4
26	12 14 1	5 23 42	2 9	16 17	4 59	1 N 48
27	12 17 58	6 23 7	2 32	29 0	4 46	6 40
28	12 21 54	7 22 31	2 56	11 ♉ 55	4 18	11 29
29	12 25 51	8 21 52	3 19	25 1	3 36	15 31
30	12 29 47	9 21 11	3 42	8 ♊ 18	2 42	19 1
31	12 33 44	10 20 27	4 6	21 48	1 38	21 33

Day	♆ Lat.	♆ Decl.	♅ Lat.	♅ Decl.	♄ Lat.	♄ Decl.	♃ Lat.	♃ Decl.	♂ Lat.
	° ′	° ′	° ′	° ′	° ′	° ′	° ′	° ′	° ′
1	0 N 9	18 S 15	0 S 41	14 S 51	1 S 55	17 N 12	0 S 34	20 N 13	0 N 52
4	0 9	18 13	0 41	14 48	1 54	17 15	0 34	20 18	0 50
7	0 9	18 12	0 41	14 44	1 53	17 19	0 33	20 22	0 47
10	0 9	18 10	0 41	14 41	1 53	17 23	0 33	20 27	0 44
13	0 9	18 9	0 41	14 38	1 52	17 27	0 32	20 32	0 42
16	0 9	18 8	0 41	14 35	1 51	17 31	0 31	20 38	0 39
19	0 9	18 6	0 41	14 32	1 51	17 35	0 31	20 43	0 35
22	0 9	18 5	0 41	14 30	1 50	17 40	0 30	20 48	0 32
25	0 9	18 4	0 42	14 27	1 49	17 44	0 30	20 54	0 28
28	0 9	18 3	0 42	14 24	1 49	17 49	0 29	20 59	0 24
31	0 9	18 2	0 42	14 22	1 48	17 53	0 29	21 5	0 20

MÄRZ 2001

Day	♆ Long.	♅ Long.	♄ Long.	♃ Long.	♂ Long.	♀ Long.	☿ Long.	♇ Long.
	° ′	° ′	° ′	° ′	° ′	° ′	° ′	° ′
1	7 ♒ 30	21 ♒ 56	25 ♉ 11	3 ♊ 9	7 ♐ 11	16 ♈ 29	16 ♒ 0	15 ♐ 11
2	7 32	21 59	25 15	3 15	7 41	16 46	16 23	15 12
3	7 34	22 2	25 19	3 22	8 10	17 1	16 51	15 12
4	7 36	22 6	25 23	3 29	8 39	17 14	17 24	15 13
5	7 38	22 9	25 27	3 36	9 8	17 24	18 1	15 13
6	7 40	22 12	25 31	3 43	9 36	17 33	18 43	15 14
7	7 42	22 16	25 35	3 51	10 5	17 39	19 28	15 14
8	7 44	22 19	25 39	3 58	10 33	17 43	20 16	15 14
9	7 46	22 22	25 44	4 6	11 1	17 44	21 9	15 15
10	7 47	22 25	25 48	4 13	11 29	17 R 43	22 4	15 15
11	7 49	22 28	25 53	4 21	11 56	17 40	23 2	15 15
12	7 51	22 32	25 58	4 29	12 24	17 34	24 2	15 15
13	7 53	22 35	26 2	4 38	12 51	17 25	25 6	15 16
14	7 55	22 38	26 7	4 46	13 18	17 14	26 11	15 16
15	7 56	22 41	26 12	4 54	13 45	17 1	27 19	15 16
16	7 58	22 44	26 17	5 3	14 11	16 45	28 29	15 16
17	8 0	22 47	26 22	5 12	14 38	16 26	29 42	15 16
18	8 1	22 50	26 27	5 21	15 4	16 5	0 ♓ 56	15 16
19	8 3	22 53	26 33	5 30	15 29	15 42	2 12	15 R 16
20	8 4	22 56	26 38	5 39	15 55	15 17	3 30	15 16
21	8 6	22 59	26 43	5 48	16 20	14 50	4 49	15 16
22	8 8	23 2	26 49	5 57	16 45	14 21	6 10	15 16
23	8 9	23 5	26 54	6 7	17 10	13 50	7 33	15 16
24	8 11	23 8	27 0	6 16	17 35	13 17	8 58	15 15
25	8 12	23 10	27 5	6 26	17 59	12 43	10 24	15 15
26	8 14	23 13	27 11	6 36	18 23	12 8	11 51	15 15
27	8 15	23 16	27 17	6 46	18 46	11 32	13 20	15 15
28	8 16	23 19	27 23	6 56	19 10	10 55	14 51	15 14
29	8 18	23 21	27 29	7 6	19 33	10 18	16 22	15 14
30	8 19	23 24	27 35	7 16	19 55	9 40	17 56	15 14
31	8 20	23 27	27 41	7 27	20 18	9 2	19 31	15 13

Day	♂ Decl.	♀ Lat.	♀ Decl.	☿ Lat.	☿ Decl.	♇ Lat.	♇ Decl.	☊
	° ′	° ′	° ′	° ′	° ′	° ′	° ′	° ′
1	20 S 39	5 N 46	11 N 48	1 N 17	14 S 49	10 N 29	12 S 12	12 ♋ 34
4	20 56	6 16	12 33	0 38	15 1	10 30	12 11	12 24
7	21 11	6 45	13 9	0 3	14 56	10 31	12 10	12 15
10	21 25	7 11	13 35	0 S 29	14 37	10 32	12 10	12 5
13	21 39	7 35	13 50	0 57	14 3	10 32	12 9	11 56
16	21 52	7 55	13 53	1 21	13 16	10 33	12 8	11 46
19	22 4	8 10	13 42	1 42	12 17	10 34	12 7	11 37
22	22 15	8 18	13 18	1 58	11 5	10 35	12 6	11 27
25	22 26	8 19	12 40	2 11	9 41	10 36	12 6	11 18
28	22 36	8 12	11 51	2 19	8 7	10 36	12 5	11 8
31	22 45	7 56	10 52	2 23	6 21	10 37	12 4	10 59

2001 APRIL

Day	Sidereal Time	☉ Long.	☉ Decl.	☽ Long.	☽ Lat.	☽ Decl.
	H M S	° ′ ″	° ′	° ′	° ′	° ′
1	12 37 40	11♈ 19 42	4 N 29	5♋ 30	0 S 27	22 N 52
2	12 41 37	12 18 54	4 52	19 26	0 N 46	22 48
3	12 45 33	13 18 3	5 15	3♌ 37	1 58	21 16
4	12 49 30	14 17 11	5 38	18 0	3 4	18 21
5	12 53 27	15 16 16	6 1	2♍ 34	3 58	14 15
6	12 57 23	16 15 19	6 24	17 13	4 37	9 18
7	13 1 20	17 14 20	6 46	1♎ 50	4 57	3 49
8	13 5 16	18 13 19	7 9	16 20	4 59	1 S 49
9	13 9 13	19 12 15	7 31	0♏ 33	4 41	7 16
10	13 13 9	20 11 10	7 53	14 26	4 8	12 13
11	13 17 6	21 10 3	8 16	27 54	3 21	16 26
12	13 21 2	22 8 54	8 38	10♐ 57	2 25	19 42
13	13 24 59	23 7 43	8 59	23 37	1 23	21 54
14	13 28 56	24 6 31	9 21	5♑ 56	0 19	23 0
15	13 32 52	25 5 16	9 43	18 0	0 S 45	22 59
16	13 36 49	26 4 0	10 4	29 54	1 46	21 54
17	13 40 45	27 2 43	10 25	11♒ 43	2 43	19 52
18	13 44 42	28 1 23	10 46	23 33	3 32	17 0
19	13 48 38	29 0 2	11 7	5♓ 27	4 12	13 25
20	13 52 35	29 58 39	11 28	17 32	4 42	9 15
21	13 56 31	0♉ 57 14	11 48	29 50	4 59	4 38
22	14 0 28	1 55 48	12 9	12♈ 22	5 2	0 N 15
23	14 4 25	2 54 20	12 29	25 9	4 50	5 14
24	14 8 21	3 52 50	12 49	8♉ 12	4 23	10 5
25	14 12 18	4 51 18	13 8	21 29	3 41	14 34
26	14 16 14	5 49 44	13 28	4♊ 57	2 47	18 23
27	14 20 11	6 48 8	13 47	18 36	1 42	21 16
28	14 24 7	7 46 30	14 6	2♋ 24	0 30	22 55
29	14 28 4	8 44 50	14 25	16 18	0 N 44	23 11
30	14 32 0	9 43 8	14 43	0♌ 20	1 57	21 59

Day	♆ Lat.	♆ Decl.	♅ Lat.	♅ Decl.	♄ Lat.	♄ Decl.	♃ Lat.	♃ Decl.	♂ Lat.
	° ′	° ′	° ′	° ′	° ′	° ′	° ′	° ′	° ′
1	0 N 9	18 S 2	0 S 42	14 S 21	1 S 48	17 N 55	0 S 29	21 N 7	0 N 19
4	0 9	18 1	0 42	14 18	1 47	17 59	0 28	21 12	0 14
7	0 9	18 0	0 42	14 16	1 47	18 4	0 28	21 18	0 9
10	0 9	17 59	0 42	14 14	1 46	18 9	0 27	21 24	0 4
13	0 9	17 58	0 42	14 12	1 46	18 14	0 27	21 29	0 S 1
16	0 9	17 58	0 42	14 10	1 45	18 19	0 26	21 35	0 7
19	0 9	17 57	0 42	14 8	1 45	18 24	0 26	21 40	0 14
22	0 9	17 56	0 42	14 6	1 44	18 29	0 25	21 46	0 20
25	0 9	17 56	0 42	14 4	1 44	18 33	0 25	21 51	0 27
28	0 9	17 56	0 43	14 3	1 44	18 38	0 24	21 56	0 35

APRIL 2001

Day	♆ Long.	♅ Long.	♄ Long.	♃ Long.	♂ Long.	♀ Long.	☿ Long.	♇ Long.
	° ′	° ′	° ′	° ′	° ′	° ′	° ′	° ′
1	8 ♒ 22	23 ♒ 29	27 ♉ 47	7 ♊ 37	20 ♐ 40	8 ♈ 25	21 ♓ 7	15 ♐ 13
2	8 23	23 32	27 53	7 48	21 2	7 R 48	22 44	15 R 12
3	8 24	23 34	27 59	7 58	21 23	7 11	24 23	15 12
4	8 25	23 37	28 6	8 9	21 44	6 36	26 4	15 11
5	8 27	23 39	28 12	8 20	22 5	6 2	27 45	15 11
6	8 28	23 42	28 19	8 31	22 25	5 29	29 29	15 10
7	8 29	23 44	28 25	8 42	22 45	4 58	1 ♈ 14	15 9
8	8 30	23 47	28 32	8 53	23 4	4 28	3 0	15 9
9	8 31	23 49	28 38	9 4	23 23	4 1	4 48	15 8
10	8 32	23 51	28 45	9 16	23 42	3 35	6 37	15 7
11	8 33	23 54	28 51	9 27	24 0	3 12	8 28	15 7
12	8 34	23 56	28 58	9 38	24 18	2 51	10 20	15 6
13	8 35	23 58	29 5	9 50	24 35	2 32	12 13	15 5
14	8 36	24 0	29 12	10 2	24 52	2 16	14 9	15 4
15	8 37	24 2	29 19	10 13	25 9	2 2	16 5	15 3
16	8 37	24 4	29 26	10 25	25 25	1 50	18 4	15 2
17	8 38	24 6	29 32	10 37	25 40	1 41	20 3	15 1
18	8 39	24 8	29 39	10 49	25 56	1 34	22 4	15 1
19	8 40	24 10	29 47	11 1	26 10	1 30	24 6	15 0
20	8 40	24 12	29 54	11 13	26 24	1 29	26 10	14 59
21	8 41	24 14	0 ♊ 1	11 25	26 38	1 D 29	28 15	14 58
22	8 42	24 16	0 8	11 37	26 51	1 32	0 ♉ 21	14 56
23	8 42	24 17	0 15	11 50	27 3	1 38	2 28	14 55
24	8 43	24 19	0 22	12 2	27 15	1 45	4 35	14 54
25	8 43	24 21	0 30	12 14	27 26	1 55	6 44	14 53
26	8 44	24 22	0 37	12 27	27 37	2 7	8 52	14 52
27	8 44	24 24	0 44	12 39	27 47	2 21	11 1	14 51
28	8 45	24 26	0 52	12 52	27 57	2 37	13 10	14 50
29	8 45	24 27	0 59	13 4	28 6	2 54	15 18	14 48
30	8 46	24 29	1 6	13 17	28 14	3 14	17 25	14 47

Day	♂ Decl.	♀ Lat.	♀ Decl.	☿ Lat.	☿ Decl.	♇ Lat.	♇ Decl.	☊
	° ′	° ′	° ′	° ′	° ′	° ′	° ′	° ′
1	22 S 48	7 N 49	10 N 31	2 S 24	5 S 44	10 N 38	12 S 3	10 ♋ 55
4	22 57	7 23	9 24	2 22	3 45	10 38	12 3	10 46
7	23 5	6 51	8 16	2 16	1 36	10 39	12 2	10 36
10	23 13	6 15	7 9	2 6	0 N 42	10 40	12 1	10 27
13	23 21	5 35	6 8	1 51	3 8	10 40	12 0	10 17
16	23 29	4 54	5 13	1 32	5 40	10 41	11 59	10 8
19	23 37	4 12	4 28	1 8	8 18	10 42	11 58	9 58
22	23 44	3 32	3 51	0 40	10 58	10 42	11 57	9 49
25	23 52	2 52	3 24	0 10	13 36	10 43	11 56	9 39
28	24 0	2 15	3 6	0 N 22	16 8	10 43	11 55	9 30

2001 MAI

Day	Sidereal Time	☉ Long.	☉ Decl.	☽ Long.	☽ Lat.	☽ Decl.
	H M S	° ′ ″	° ′	° ′	° ′	° ′
1	14 35 57	10 ♉ 41 23	15 N 2	14 ♌ 27	3 N 2	19 N 24
2	14 39 54	11 39 37	15 20	28 39	3 57	15 39
3	14 43 50	12 37 49	15 38	12 ♍ 53	4 37	10 59
4	14 47 47	13 35 59	15 55	27 7	5 1	5 44
5	14 51 43	14 34 7	16 13	11 ♎ 18	5 5	0 13
6	14 55 40	15 32 13	16 30	25 21	4 52	5 S 16
7	14 59 36	16 30 18	16 46	9 ♏ 10	4 21	10 26
8	15 3 33	17 28 20	17 3	22 44	3 36	14 58
9	15 7 29	18 26 22	17 19	5 ♐ 58	2 40	18 40
10	15 11 26	19 24 21	17 35	18 52	1 37	21 22
11	15 15 23	20 22 19	17 50	1 ♑ 28	0 31	22 55
12	15 19 19	21 20 16	18 6	13 46	0 S 36	23 19
13	15 23 16	22 18 11	18 21	25 50	1 39	22 36
14	15 27 12	23 16 5	18 35	7 ♒ 46	2 38	20 52
15	15 31 9	24 13 58	18 50	19 37	3 30	18 15
16	15 35 5	25 11 50	19 3	1 ♓ 28	4 12	14 53
17	15 39 2	26 9 40	19 18	13 25	4 44	10 53
18	15 42 58	27 7 29	19 31	25 33	5 4	6 25
19	15 46 55	28 5 17	19 44	7 ♈ 54	5 11	1 37
20	15 50 52	29 3 4	19 57	20 33	5 2	3 N 22
21	15 54 48	0 ♊ 0 49	20 9	3 ♉ 32	4 38	8 20
22	15 58 45	0 58 34	20 21	16 50	3 58	13 3
23	16 2 41	1 56 17	20 33	0 ♊ 27	3 5	17 14
24	16 6 38	2 53 58	20 44	14 19	1 59	20 33
25	16 10 34	3 51 39	20 55	28 23	0 45	22 41
26	16 14 31	4 49 18	21 6	12 ♋ 36	0 N 33	23 23
27	16 18 27	5 46 56	21 16	26 53	1 49	22 34
28	16 22 24	6 44 32	21 25	11 ♌ 12	2 58	20 35
29	16 26 20	7 42 7	21 36	25 28	3 56	16 44
30	16 30 17	8 39 40	21 45	9 ♍ 40	4 40	12 16
31	16 34 14	9 37 12	21 54	23 45	5 6	7 10

Day	♆ Lat.	♆ Decl.	♅ Lat.	♅ Decl.	♄ Lat.	♄ Decl.	♃ Lat.	♃ Decl.	♂ Lat.
	° ′	° ′	° ′	° ′	° ′	° ′	° ′	° ′	° ′
1	0 N 9	17 S 55	0 S 43	14 S 2	1 S 43	18 N 43	0 S 24	22 N 1	0 S 43
4	0 9	17 55	0 43	14 0	1 43	18 48	0 24	22 6	0 51
7	0 9	17 55	0 43	13 59	1 43	18 53	0 23	22 11	1 0
10	0 9	17 55	0 43	13 58	1 42	18 58	0 23	22 16	1 10
13	0 9	17 55	0 43	13 58	1 42	19 2	0 23	22 20	1 19
16	0 9	17 55	0 43	13 57	1 42	19 7	0 22	22 25	1 29
19	0 9	17 55	0 43	13 56	1 42	19 12	0 22	22 29	1 40
22	0 9	17 56	0 43	13 56	1 41	19 16	0 22	22 33	1 51
25	0 9	17 56	0 44	13 56	1 41	19 21	0 21	22 37	2 2
28	0 9	17 56	0 44	13 56	1 41	19 25	0 21	22 41	2 14
31	0 9	17 57	0 44	13 56	1 41	19 29	0 21	22 44	2 25

MAI 2001

Day	♆ Long.	♅ Long.	♄ Long.	♃ Long.	♂ Long.	♀ Long.	☿ Long.	♇ Long.
	° ′	° ′	° ′	° ′	° ′	° ′	° ′	° ′
1	8 ♒ 46	24 ♒ 30	1 ♊ 14	13 ♊ 30	28 ♐ 22	3 ♈ 36	19 ♉ 31	14 ♐ 46
2	8 46	24 31	1 21	13 43	28 29	3 59	21 36	14 R 45
3	8 47	24 33	1 29	13 56	28 35	4 24	23 40	14 43
4	8 47	24 34	1 36	14 8	28 41	4 51	25 41	14 42
5	8 47	24 35	1 44	14 21	28 46	5 19	27 40	14 41
6	8 47	24 36	1 51	14 34	28 50	5 48	29 37	14 39
7	8 47	24 37	1 59	14 47	28 54	6 19	1 ♊ 31	14 38
8	8 47	24 39	2 7	15 0	28 57	6 52	3 23	14 36
9	8 48	24 40	2 14	15 14	28 59	7 26	5 11	14 35
10	8 48	24 41	2 22	15 27	29 1	8 1	6 56	14 34
11	8 48	24 41	2 29	15 40	29 1	8 37	8 38	14 32
12	8 R 48	24 42	2 37	15 53	29 1	9 15	10 16	14 31
13	8 48	24 43	2 45	16 6	29 R 1	9 54	11 51	14 29
14	8 47	24 44	2 52	16 20	28 59	10 34	13 23	14 28
15	8 47	24 45	3 0	16 33	28 57	11 15	14 50	14 26
16	8 47	24 45	3 8	16 47	28 54	11 57	16 15	14 25
17	8 47	24 46	3 16	17 0	28 51	12 40	17 35	14 23
18	8 47	24 47	3 23	17 13	28 46	13 23	18 52	14 22
19	8 47	24 47	3 31	17 27	28 41	14 8	20 5	14 20
20	8 46	24 48	3 39	17 40	28 35	14 54	21 14	14 18
21	8 46	24 48	3 47	17 54	28 28	15 40	22 19	14 17
22	8 46	24 49	3 54	18 7	28 21	16 28	23 20	14 15
23	8 45	24 49	4 2	18 21	28 12	17 16	24 17	14 14
24	8 45	24 49	4 10	18 35	28 4	18 5	25 10	14 12
25	8 44	24 49	4 18	18 48	27 54	18 54	25 58	14 10
26	8 44	24 50	4 26	19 2	27 43	19 45	26 43	14 9
27	8 43	24 50	4 33	19 16	27 32	20 35	27 22	14 7
28	8 43	24 50	4 41	19 29	27 20	21 27	27 58	14 6
29	8 42	24 50	4 49	19 43	27 8	22 19	28 29	14 4
30	8 42	24 50	4 57	19 57	26 55	23 12	28 56	14 2
31	8 41	24 R 50	5 4	20 11	26 41	24 5	29 18	14 1

Day	♂ Decl.	♀ Lat.	♀ Decl.	☿ Lat.	☿ Decl.	♇ Lat.	♇ Decl.	☊
	° ′	° ′	° ′	° ′	° ′	° ′	° ′	° ′
1	24 S 9	1 N 40	2 N 58	0 N 54	18 N 28	10 N 44	11 S 55	9 ♋ 20
4	24 17	1 8	2 57	1 23	20 31	10 44	11 54	9 11
7	24 26	0 37	3 5	1 48	22 14	10 44	11 53	9 1
10	24 36	0 10	3 20	2 7	23 34	10 45	11 52	8 51
13	24 45	0 S 15	3 41	2 20	24 31	10 45	11 52	8 42
16	24 56	0 38	4 8	2 24	25 7	10 45	11 51	8 32
19	25 6	0 59	4 40	2 21	25 25	10 45	11 50	8 23
22	25 17	1 18	5 17	2 10	25 26	10 45	11 50	8 13
25	25 28	1 34	5 57	1 50	25 13	10 45	11 49	8 4
28	25 38	1 49	6 41	1 22	24 47	10 45	11 49	7 54
31	25 49	2 2	7 27	0 46	24 13	10 45	11 48	7 45

Day	Sidereal Time	☉ Long.	☉ Decl.	☽ Long.	☽ Lat.	☽ Decl.
	H M S	° ′ ″	° ′	° ′	° ′	° ′
1	16 38 10	10 ♊ 34 43	22 N 2	7 ♎ 42	5 N 14	1 N 45
2	16 42 7	11 32 12	22 10	21 30	5 3	3 S 42
3	16 46 3	12 29 40	22 18	5 ♏ 6	4 36	8 53
4	16 50 0	13 27 7	22 25	18 29	3 53	13 35
5	16 53 56	14 24 33	22 32	1 ♐ 38	3 0	17 33
6	16 57 53	15 21 58	22 38	14 32	1 57	20 36
7	17 1 49	16 19 22	22 44	27 11	0 50	22 34
8	17 5 46	17 16 45	22 50	9 ♑ 36	0 S 18	23 23
9	17 9 43	18 14 7	22 55	21 48	1 24	23 4
10	17 13 39	19 11 29	23 0	3 ♒ 49	2 26	21 40
11	17 17 36	20 8 50	23 4	15 44	3 21	19 19
12	17 21 32	21 6 10	23 8	27 35	4 7	16 10
13	17 25 29	22 3 31	23 12	9 ♓ 27	4 42	12 23
14	17 29 25	23 0 50	23 15	21 24	5 6	8 6
15	17 33 22	23 58 9	23 18	3 ♈ 31	5 16	3 26
16	17 37 18	24 55 28	23 20	15 53	5 13	1 N 27
17	17 41 15	25 52 47	23 22	28 34	4 54	6 23
18	17 45 12	26 50 5	23 24	11 ♉ 36	4 19	11 12
19	17 49 8	27 47 23	23 25	25 1	3 30	15 38
20	17 53 5	28 44 40	23 26	8 ♊ 50	2 27	19 21
21	17 57 1	29 41 57	23 26	23 0	1 14	22 2
22	18 0 58	0 ♋ 39 13	23 26	7 ♋ 26	0 N 6	23 20
23	18 4 54	1 36 29	23 26	22 4	1 26	23 3
24	18 8 51	2 33 45	23 25	6 ♌ 48	2 41	21 10
25	18 12 47	3 31 0	23 24	21 29	3 45	17 54
26	18 16 44	4 28 14	23 22	6 ♍ 4	4 34	13 32
27	18 20 41	5 25 28	23 20	20 26	5 5	8 28
28	18 24 37	6 22 42	23 17	4 ♎ 33	5 17	3 2
29	18 28 34	7 19 55	23 14	18 24	5 10	2 S 26
30	18 32 30	8 17 7	23 11	1 ♏ 58	4 46	7 40

Day	♆ Lat.	♆ Decl.	♅ Lat.	♅ Decl.	♄ Lat.	♄ Decl.	♃ Lat.	♃ Decl.	♂ Lat.
	° ′	° ′	° ′	° ′	° ′	° ′	° ′	° ′	° ′
1	0 N 9	17 S 57	0 S 44	13 S 56	1 S 41	19 N 31	0 S 20	22 N 45	2 S 29
4	0 9	17 57	0 44	13 56	1 41	19 35	0 20	22 48	2 40
7	0 9	17 58	0 44	13 57	1 41	19 39	0 20	22 51	2 52
10	0 9	17 59	0 44	13 57	1 41	19 43	0 20	22 54	3 2
13	0 9	18 0	0 44	13 58	1 41	19 47	0 19	22 57	3 13
16	0 9	18 0	0 44	13 59	1 41	19 51	0 19	22 59	3 23
19	0 9	18 1	0 45	14 0	1 41	19 54	0 19	23 1	3 32
22	0 9	18 2	0 45	14 1	1 41	19 58	0 18	23 3	3 40
25	0 9	18 3	0 45	14 2	1 41	20 1	0 18	23 4	3 48
28	0 9	18 4	0 45	14 4	1 41	20 5	0 18	23 6	3 55

JUNI 2001

Day	♆ Long.	♅ Long.	♄ Long.	♃ Long.	♂ Long.	♀ Long.	☿ Long.	♇ Long.
	° ′	° ′	° ′	° ′	° ′	° ′	° ′	° ′
1	8 ♒ 41	24 ♒ 50	5 ♊ 12	20 ♊ 24	26 ♐ 27	24 ♈ 59	29 ♊ 35	13 ♐ 59
2	8 R 40	24 R 50	5 20	20 38	26 R 12	25 53	29 47	13 R 57
3	8 39	24 50	5 28	20 52	25 57	26 48	29 55	13 56
4	8 38	24 49	5 35	21 6	25 41	27 44	29 59	13 54
5	8 38	24 49	5 43	21 19	25 24	28 40	29 R 57	13 52
6	8 37	24 49	5 51	21 33	25 7	29 36	29 52	13 51
7	8 36	24 48	5 58	21 47	24 50	0 ♉ 33	29 42	13 49
8	8 35	24 48	6 6	22 1	24 32	1 30	29 28	13 47
9	8 34	24 47	6 14	22 15	24 14	2 27	29 10	13 46
10	8 34	24 47	6 21	22 29	23 56	3 25	28 48	13 44
11	8 33	24 46	6 29	22 42	23 37	4 24	28 23	13 42
12	8 32	24 46	6 37	22 56	23 18	5 22	27 56	13 41
13	8 31	24 45	6 44	23 10	22 59	6 22	27 26	13 39
14	8 30	24 44	6 52	23 24	22 39	7 21	26 54	13 38
15	8 29	24 44	6 59	23 38	22 20	8 21	26 21	13 36
16	8 28	24 43	7 7	23 52	22 0	9 21	25 47	13 34
17	8 27	24 42	7 15	24 6	21 41	10 22	25 13	13 33
18	8 25	24 41	7 22	24 19	21 21	11 22	24 40	13 31
19	8 24	24 40	7 29	24 33	21 2	12 23	24 7	13 30
20	8 23	24 39	7 37	24 47	20 43	13 25	23 36	13 28
21	8 22	24 38	7 44	25 1	20 24	14 26	23 7	13 26
22	8 21	24 37	7 52	25 15	20 5	15 28	22 40	13 25
23	8 20	24 36	7 59	25 28	19 46	16 31	22 17	13 23
24	8 18	24 35	8 6	25 42	19 28	17 33	21 57	13 22
25	8 17	24 34	8 14	25 56	19 10	18 36	21 40	13 20
26	8 16	24 32	8 21	26 10	18 52	19 39	21 28	13 19
27	8 15	24 31	8 28	26 24	18 35	20 42	21 20	13 17
28	8 13	24 30	8 35	26 37	18 18	21 45	21 17	13 16
29	8 12	24 28	8 43	26 51	18 2	22 49	21 D 18	13 14
30	8 11	24 27	8 50	27 5	17 47	23 53	21 24	13 13

Day	♂ Decl.	♀ Lat.	♀ Decl.	☿ Lat.	☿ Decl.	♇ Lat.	♇ Decl.	☊
	° ′	° ′	° ′	° ′	° ′	° ′	° ′	° ′
1	25 S 52	2 S 6	7 N 43	0 N 33	23 N 59	10 N 45	11 S 48	7 ♋ 42
4	26 2	2 16	8 33	0 S 12	23 15	10 45	11 48	7 32
7	26 12	2 25	9 24	1 1	22 25	10 45	11 47	7 22
10	26 20	2 32	10 16	1 52	21 34	10 44	11 47	7 13
13	26 28	2 38	11 9	2 42	20 42	10 44	11 47	7 3
16	26 34	2 42	12 3	3 27	19 56	10 43	11 47	6 54
19	26 40	2 45	12 56	4 2	19 17	10 43	11 47	6 44
22	26 44	2 47	13 48	4 25	18 50	10 42	11 47	6 35
25	26 47	2 48	14 40	4 34	18 37	10 42	11 47	6 25
28	26 49	2 47	15 31	4 32	18 38	10 41	11 47	6 16

2001 JULI

Day	Sidereal Time			☉ Long.			☉ Decl.		☽ Long.		☽ Lat.		☽ Decl.	
	H	M	S	°	′	″	°	′	°	′	°	′	°	′
1	18	36	27	9 ♋	14	19	23 N	7	15 ♏	14	4 N	7	12 S	28
2	18	40	23	10	11	31	23	3	28	16	3	16	16	35
3	18	44	20	11	8	43	22	58	11 ♐	2	2	16	19	51
4	18	48	16	12	5	54	22	53	23	36	1	10	22	7
5	18	52	13	13	3	5	22	48	5 ♑	58	0	2	23	16
6	18	56	10	14	0	16	22	42	18	9	1 S	5	23	16
7	19	0	6	14	57	27	22	36	0 ♒	13	2	8	22	11
8	19	4	3	15	54	38	22	29	12	9	3	5	20	7
9	19	7	59	16	51	49	22	22	24	2	3	54	17	11
10	19	11	56	17	49	1	22	15	5 ♓	52	4	33	13	35
11	19	15	52	18	46	13	22	7	17	44	5	0	9	27
12	19	19	49	19	43	26	21	59	29	42	5	14	4	55
13	19	23	45	20	40	39	21	51	11 ♈	48	5	15	0	10
14	19	27	42	21	37	52	21	42	24	8	5	1	4 N	41
15	19	31	39	22	35	7	21	33	6 ♉	45	4	33	9	28
16	19	35	35	23	32	21	21	23	19	44	3	50	13	59
17	19	39	32	24	29	36	21	13	3 ♊	8	2	53	17	57
18	19	43	28	25	26	52	21	3	16	58	1	45	21	4
19	19	47	25	26	24	9	20	52	1 ♋	14	0	28	22	58
20	19	51	21	27	21	26	20	41	15	52	0 N	52	23	22
21	19	55	18	28	18	43	20	30	0 ♌	48	2	11	22	6
22	19	59	14	29	16	1	20	18	15	52	3	21	19	16
23	20	3	11	0 ♌	13	20	20	6	0 ♍	56	4	17	15	8
24	20	7	8	1	10	39	19	54	15	52	4	55	10	6
25	20	11	4	2	7	58	19	41	0 ♎	30	5	12	4	34
26	20	15	1	3	5	18	19	28	14	48	5	10	1 S	4
27	20	18	57	4	2	38	19	15	28	41	4	50	6	29
28	20	22	54	4	59	59	19	1	12 ♏	10	4	14	11	28
29	20	26	50	5	57	20	18	47	25	18	3	25	15	46
30	20	30	47	6	54	41	18	33	8 ♐	5	2	28	19	14
31	20	34	43	7	52	3	18	18	20	36	1	24	21	43

Day	♆ Lat.		♆ Decl.		♅ Lat.		♅ Decl.		♄ Lat.		♄ Decl.		♃ Lat.		♃ Decl.		♂ Lat.	
	°	′	°	′	°	′	°	′	°	′	°	′	°	′	°	′	°	′
1	0 N	9	18 S	5	0 S	45	14 S	5	1 S	41	20 N	8	0 S	18	23 N	7	4 S	0
4	0	9	18	6	0	45	14	7	1	41	20	11	0	17	23	8	4	5
7	0	9	18	8	0	45	14	8	1	41	20	14	0	17	23	9	4	9
10	0	9	18	9	0	45	14	10	1	41	20	17	0	17	23	9	4	11
13	0	9	18	10	0	45	14	12	1	41	20	20	0	17	23	10	4	13
16	0	9	18	11	0	45	14	14	1	41	20	22	0	16	23	10	4	15
19	0	8	18	12	0	45	14	16	1	41	20	25	0	16	23	10	4	15
22	0	8	18	14	0	46	14	18	1	42	20	27	0	16	23	10	4	15
25	0	8	18	15	0	46	14	20	1	42	20	29	0	16	23	9	4	14
28	0	8	18	16	0	46	14	23	1	42	20	31	0	15	23	9	4	13
31	0	8	18	17	0	46	14	25	1	42	20	33	0	15	23	8	4	12

JULI 2001

Day	♆ Long.	♅ Long.	♄ Long.	♃ Long.	♂ Long.	♀ Long.	☿ Long.	♇ Long.
	° ′	° ′	° ′	° ′	° ′	° ′	° ′	° ′
1	8 ♒ 9	24 ♒ 26	8 ♊ 57	27 ♊ 18	17 ♐ 32	24 ♉ 57	21 ♊ 35	13 ♐ 11
2	8 R 8	24 R 24	9 4	27 32	17 R 17	26 1	21 51	13 R 10
3	8 7	24 23	9 11	27 46	17 4	27 6	22 11	13 9
4	8 5	24 21	9 18	27 59	16 50	28 10	22 37	13 7
5	8 4	24 20	9 25	28 13	16 38	29 15	23 7	13 6
6	8 2	24 18	9 32	28 26	16 26	0 ♊ 20	23 43	13 4
7	8 1	24 16	9 39	28 40	16 16	1 25	24 23	13 3
8	7 59	24 15	9 45	28 53	16 5	2 31	25 8	13 2
9	7 58	24 13	9 52	29 7	15 56	3 36	25 58	13 1
10	7 56	24 11	9 59	29 20	15 47	4 42	26 53	12 59
11	7 55	24 9	10 6	29 34	15 40	5 48	27 52	12 58
12	7 53	24 7	10 12	29 47	15 33	6 54	28 56	12 57
13	7 52	24 6	10 19	0 ♋ 0	15 26	8 0	0 ♋ 4	12 56
14	7 50	24 4	10 25	0 14	15 21	9 6	1 17	12 54
15	7 49	24 2	10 32	0 27	15 16	10 13	2 34	12 53
16	7 47	24 0	10 38	0 40	15 13	11 20	3 55	12 52
17	7 46	23 58	10 45	0 53	15 10	12 27	5 21	12 51
18	7 44	23 56	10 51	1 7	15 8	13 34	6 51	12 50
19	7 42	23 54	10 57	1 20	15 6	14 41	8 25	12 49
20	7 41	23 52	11 3	1 33	15 6	15 48	10 3	12 48
21	7 39	23 50	11 9	1 46	15 D 7	16 55	11 44	12 47
22	7 38	23 48	11 16	1 59	15 8	18 3	13 29	12 46
23	7 36	23 46	11 22	2 12	15 10	19 11	15 18	12 45
24	7 34	23 44	11 28	2 25	15 13	20 18	17 9	12 44
25	7 33	23 41	11 33	2 38	15 17	21 26	19 4	12 43
26	7 31	23 39	11 39	2 50	15 21	22 34	21 0	12 42
27	7 30	23 37	11 45	3 3	15 27	23 42	23 0	12 41
28	7 28	23 35	11 51	3 16	15 33	24 51	25 1	12 41
29	7 26	23 33	11 56	3 28	15 40	25 59	27 3	12 40
30	7 25	23 30	12 2	3 41	15 48	27 8	29 7	12 39
31	7 23	23 28	12 7	3 54	15 57	28 16	1 ♌ 12	12 38

Day	♂ Decl.	♀ Lat.	♀ Decl.	☿ Lat.	☿ Decl.	♇ Lat.	♇ Decl.	☊
	° ′	° ′	° ′	° ′	° ′	° ′	° ′	° ′
1	26 S 50	2 S 45	16 N 20	4 S 18	18 N 53	10 N 40	11 S 47	6 ♋ 6
4	26 51	2 43	17 6	3 55	19 19	10 40	11 48	5 57
7	26 51	2 39	17 51	3 25	19 54	10 39	11 48	5 47
10	26 51	2 35	18 32	2 50	20 34	10 38	11 48	5 38
13	26 50	2 30	19 11	2 11	21 15	10 37	11 49	5 28
16	26 50	2 24	19 46	1 31	21 52	10 36	11 49	5 19
19	26 50	2 17	20 18	0 50	22 20	10 35	11 50	5 9
22	26 50	2 10	20 45	0 11	22 34	10 34	11 51	5 0
25	26 50	2 2	21 8	0 N 24	22 29	10 33	11 52	4 50
28	26 51	1 53	21 27	0 54	22 1	10 32	11 52	4 40
31	26 52	1 45	21 41	1 18	21 10	10 30	11 53	4 31

2001 AUGUST

Day	Sidereal Time H M S	☉ Long. ° ′ ″	☉ Decl. ° ′	☽ Long. ° ′	☽ Lat. ° ′	☽ Decl. ° ′
1	20 38 40	8 ♌ 49 26	18 N 3	2 ♑ 54	0 N 18	23 S 7
2	20 42 37	9 46 50	17 48	15 3	0 S 48	23 23
3	20 46 33	10 44 14	17 33	27 3	1 51	22 34
4	20 50 30	11 41 39	17 17	8 ♒ 59	2 49	20 44
5	20 54 26	12 39 5	17 1	20 51	3 39	18 0
6	20 58 23	13 36 32	16 44	2 ♓ 42	4 20	14 33
7	21 2 19	14 34 0	16 28	14 34	4 49	10 31
8	21 6 16	15 31 29	16 11	26 28	5 6	6 5
9	21 10 12	16 29 0	15 54	8 ♈ 27	5 9	1 23
10	21 14 9	17 26 31	15 36	20 35	4 59	3 N 25
11	21 18 6	18 24 4	15 19	2 ♉ 54	4 35	8 10
12	21 22 2	19 21 39	15 1	15 28	3 57	12 41
13	21 25 59	20 19 15	14 43	28 22	3 7	16 46
14	21 29 55	21 16 52	14 24	11 ♊ 39	2 5	20 7
15	21 33 52	22 14 31	14 6	25 22	0 54	22 28
16	21 37 48	23 12 11	13 47	9 ♋ 32	0 N 22	23 28
17	21 41 45	24 9 53	13 28	24 9	1 39	22 55
18	21 45 41	25 7 36	13 9	9 ♌ 7	2 51	20 44
19	21 49 38	26 5 20	12 49	24 20	3 52	17 3
20	21 53 35	27 3 6	12 30	9 ♍ 37	4 37	12 14
21	21 57 31	28 0 53	12 10	24 47	5 1	6 41
22	22 1 28	28 58 42	11 50	9 ♎ 41	5 5	0 50
23	22 5 24	29 56 31	11 30	24 11	4 49	4 S 54
24	22 9 21	0 ♍ 54 22	11 9	8 ♏ 12	4 15	10 13
25	22 13 17	1 52 14	10 49	21 45	3 29	14 51
26	22 17 14	2 50 8	10 28	4 ♐ 51	2 32	18 36
27	22 21 10	3 48 2	10 7	17 34	1 30	21 22
28	22 25 7	4 45 58	9 46	29 58	0 25	23 1
29	22 29 4	5 43 56	9 25	12 ♑ 8	0 S 40	23 33
30	22 33 0	6 41 54	9 3	24 8	1 42	22 58
31	22 36 57	7 39 54	8 42	6 ♒ 2	2 39	21 20

Day	♆ Lat. ° ′	♆ Decl. ° ′	♅ Lat. ° ′	♅ Decl. ° ′	♄ Lat. ° ′	♄ Decl. ° ′	♃ Lat. ° ′	♃ Decl. ° ′	♂ Lat. ° ′
1	0 N 8	18 S 18	0 S 46	14 S 26	1 S 42	20 N 34	0 S 15	23 N 7	4 S 11
4	0 8	18 19	0 46	14 28	1 43	20 36	0 15	23 6	4 9
7	0 8	18 20	0 46	14 30	1 43	20 37	0 15	23 5	4 6
10	0 8	18 22	0 46	14 33	1 43	20 39	0 14	23 4	4 3
13	0 8	18 23	0 46	14 35	1 44	20 40	0 14	23 3	4 0
16	0 8	18 24	0 46	14 37	1 44	20 42	0 14	23 1	3 57
19	0 8	18 25	0 46	14 40	1 44	20 43	0 14	22 59	3 54
22	0 8	18 26	0 46	14 42	1 44	20 44	0 14	22 58	3 50
25	0 8	18 28	0 46	14 44	1 45	20 45	0 13	22 56	3 46
28	0 8	18 29	0 46	14 47	1 45	20 46	0 13	22 54	3 42
31	0 8	18 30	0 46	14 49	1 46	20 46	0 13	22 52	3 38

AUGUST 2001

Day	♆ Long.	♅ Long.	♄ Long.	♃ Long.	♂ Long.	♀ Long.	☿ Long.	♇ Long.
	° ′	° ′	° ′	° ′	° ′	° ′	° ′	° ′
1	7 ♒ 21	23 ♒ 26	12 ♊ 13	4 ♋ 6	16 ♐ 6	29 ♊ 25	3 ♌ 17	12 ♐ 38
2	7 R 20	23 R 23	12 18	4 19	16 16	0 ♋ 34	5 23	12 R 37
3	7 18	23 21	12 24	4 31	16 27	1 43	7 28	12 36
4	7 17	23 19	12 29	4 43	16 39	2 52	9 34	12 36
5	7 15	23 17	12 34	4 55	16 51	4 1	11 39	12 35
6	7 13	23 14	12 39	5 8	17 4	5 10	13 43	12 35
7	7 12	23 12	12 44	5 20	17 18	6 20	15 46	12 34
8	7 10	23 9	12 49	5 32	17 32	7 29	17 49	12 34
9	7 8	23 7	12 54	5 44	17 47	8 39	19 50	12 33
10	7 7	23 5	12 59	5 56	18 3	9 48	21 50	12 33
11	7 5	23 2	13 3	6 7	18 20	10 58	23 48	12 32
12	7 4	23 0	13 8	6 19	18 37	12 8	25 46	12 32
13	7 2	22 58	13 12	6 31	18 54	13 18	27 42	12 32
14	7 1	22 55	13 17	6 43	19 13	14 28	29 36	12 31
15	6 59	22 53	13 21	6 54	19 31	15 38	1 ♍ 29	12 31
16	6 57	22 50	13 25	7 6	19 51	16 49	3 21	12 31
17	6 56	22 48	13 30	7 17	20 11	17 59	5 11	12 31
18	6 54	22 46	13 34	7 28	20 32	19 10	7 0	12 31
19	6 53	22 43	13 38	7 39	20 53	20 20	8 48	12 30
20	6 51	22 41	13 42	7 51	21 14	21 31	10 34	12 30
21	6 50	22 38	13 46	8 2	21 37	22 42	12 18	12 30
22	6 48	22 36	13 49	8 13	21 59	23 52	14 1	12 30
23	6 47	22 34	13 53	8 23	22 23	25 3	15 43	12 D 30
24	6 45	22 31	13 57	8 34	22 46	26 14	17 23	12 30
25	6 44	22 29	14 0	8 45	23 11	27 25	19 2	12 30
26	6 43	22 27	14 3	8 56	23 35	28 37	20 40	12 30
27	6 41	22 24	14 7	9 6	24 1	29 48	22 16	12 31
28	6 40	22 22	14 10	9 16	24 26	0 ♌ 59	23 51	12 31
29	6 38	22 20	14 13	9 27	24 53	2 11	25 25	12 31
30	6 37	22 17	14 16	9 37	25 19	3 22	26 57	12 31
31	6 36	22 15	14 19	9 47	25 46	4 34	28 28	12 32

Day	♂ Decl.	♀ Lat.	♀ Decl.	☿ Lat.	☿ Decl.	♇ Lat.	♇ Decl.	☊
	° ′	° ′	° ′	° ′	° ′	° ′	° ′	° ′
1	26 S 52	1 S 42	21 N 45	1 N 24	20 N 47	10 N 30	11 S 54	4 ♋ 28
4	26 54	1 32	21 52	1 38	19 26	10 29	11 55	4 18
7	26 55	1 23	21 54	1 45	17 47	10 27	11 56	4 9
10	26 57	1 13	21 52	1 45	15 53	10 26	11 57	3 59
13	26 58	1 3	21 43	1 40	13 50	10 25	11 58	3 50
16	26 59	0 53	21 30	1 30	11 40	10 24	11 59	3 40
19	27 1	0 43	21 11	1 16	9 27	10 22	12 0	3 31
22	27 1	0 33	20 47	0 59	7 11	10 21	12 2	3 21
25	27 2	0 23	20 18	0 39	4 56	10 20	12 3	3 11
28	27 1	0 14	19 43	0 17	2 42	10 18	12 4	3 2
31	27 0	0 4	19 3	0 S 6	0 31	10 17	12 6	2 52

2001 SEPTEMBER

Day	Sidereal Time			☉ Long.			☉ Decl.			☽ Long.			☽ Lat.			☽ Decl.		
	H	M	S	°	′	″	°	′		°	′		°	′		°	′	
1	22	40	53	8 ♍	37	56	8 N	20		17 ♒	53		3 S	29		18 S	47	
2	22	44	50	9	35	59	7	58		29	44		4	9		15	27	
3	22	48	46	10	34	3	7	36		11 ♓	36		4	39		11	31	
4	22	52	43	11	32	9	7	14		23	31		4	57		7	7	
5	22	56	39	12	30	17	6	52		5 ♈	31		5	2		2	25	
6	23	0	36	13	28	27	6	30		17	37		4	53		2 N	24	
7	23	4	33	14	26	39	6	7		29	51		4	30		7	12	
8	23	8	29	15	24	53	5	45		12 ♉	14		3	55		11	47	
9	23	12	26	16	23	8	5	22		24	50		3	8		15	56	
10	23	16	22	17	21	26	5	0		7 ♊	42		2	10		19	27	
11	23	20	19	18	19	46	4	37		20	54		1	4		22	4	
12	23	24	15	19	18	7	4	14		4 ♋	28		0 N	7		23	29	
13	23	28	12	20	16	31	3	51		18	27		1	21		23	30	
14	23	32	8	21	14	57	3	28		2 ♌	52		2	31		21	58	
15	23	36	5	22	13	25	3	5		17	39		3	32		18	55	
16	23	40	2	23	11	55	2	42		2 ♍	44		4	21		14	33	
17	23	43	58	24	10	27	2	19		17	58		4	51		9	13	
18	23	47	55	25	9	1	1	56		3 ♎	9		5	1		3	21	
19	23	51	51	26	7	37	1	32		18	7		4	49		2 S	39	
20	23	55	48	27	6	14	1	9		2 ♏	44		4	19		8	21	
21	23	59	44	28	4	54	0	46		16	52		3	34		13	27	
22	0	3	41	29	3	35	0	23		0 ♐	31		2	38		17	41	
23	0	7	37	0 ♎	2	18	0 S	1		13	42		1	35		20	53	
24	0	11	34	1	1	2	0	24		26	27		0	29		22	55	
25	0	15	31	1	59	49	0	48		8 ♑	50		0 S	37		23	45	
26	0	19	27	2	58	37	1	11		20	58		1	39		23	26	
27	0	23	24	3	57	27	1	34		2 ♒	56		2	36		22	2	
28	0	27	20	4	56	19	1	58		14	47		3	26		19	41	
29	0	31	17	5	55	12	2	21		26	37		4	7		16	30	
30	0	35	13	6	54	7	2	44		8 ♓	29		4	36		12	40	

Day	♆ Lat.	♆ Decl.	♅ Lat.	♅ Decl.	♄ Lat.	♄ Decl.	♃ Lat.	♃ Decl.	♂ Lat.
	° ′	° ′	° ′	° ′	° ′	° ′	° ′	° ′	° ′
1	0 N 8	18 S 30	0 S 46	14 S 50	1 S 46	20 N 46	0 S 13	22 N 51	3 S 37
4	0 8	18 31	0 46	14 52	1 46	20 47	0 13	22 49	3 33
7	0 8	18 32	0 46	14 54	1 46	20 47	0 12	22 47	3 29
10	0 8	18 33	0 46	14 56	1 47	20 48	0 12	22 45	3 25
13	0 8	18 34	0 46	14 58	1 47	20 48	0 12	22 43	3 20
16	0 8	18 35	0 46	15 0	1 48	20 48	0 12	22 41	3 16
19	0 8	18 35	0 46	15 2	1 48	20 48	0 11	22 39	3 11
22	0 8	18 36	0 45	15 3	1 48	20 48	0 11	22 37	3 7
25	0 8	18 37	0 45	15 5	1 49	20 48	0 11	22 35	3 2
28	0 7	18 37	0 45	15 6	1 49	20 47	0 11	22 33	2 58

SEPTEMBER 2001

Day	♆ Long.	♅ Long.	♄ Long.	♃ Long.	♂ Long.	♀ Long.	☿ Long.	♇ Long.
	° ′	° ′	° ′	° ′	° ′	° ′	° ′	° ′
1	6 ♒ 34	22 ♒ 13	14 ♊ 22	9 ♋ 57	26 ♐ 14	5 ♌ 45	29 ♍ 58	12 ♐ 32
2	6 R 33	22 R 11	14 24	10 7	26 41	6 57	1 ♎ 26	12 32
3	6 32	22 8	14 27	10 17	27 10	8 9	2 53	12 33
4	6 30	22 6	14 30	10 26	27 38	9 21	4 19	12 33
5	6 29	22 4	14 32	10 36	28 7	10 33	5 43	12 33
6	6 28	22 2	14 34	10 45	28 37	11 45	7 6	12 34
7	6 27	22 0	14 37	10 55	29 7	12 57	8 27	12 34
8	6 26	21 57	14 39	11 4	29 37	14 9	9 47	12 35
9	6 24	21 55	14 41	11 13	0 ♑ 7	15 21	11 6	12 36
10	6 23	21 53	14 43	11 22	0 38	16 33	12 23	12 36
11	6 22	21 51	14 44	11 31	1 9	17 46	13 38	12 37
12	6 21	21 49	14 46	11 40	1 41	18 58	14 52	12 38
13	6 20	21 47	14 48	11 48	2 13	20 11	16 4	12 38
14	6 19	21 45	14 49	11 57	2 45	21 24	17 14	12 39
15	6 18	21 43	14 50	12 5	3 17	22 36	18 22	12 40
16	6 17	21 41	14 52	12 13	3 50	23 49	19 28	12 41
17	6 16	21 39	14 53	12 22	4 23	25 2	20 32	12 41
18	6 15	21 37	14 54	12 29	4 57	26 15	21 33	12 42
19	6 14	21 36	14 55	12 37	5 30	27 28	22 32	12 43
20	6 13	21 34	14 56	12 45	6 4	28 41	23 29	12 44
21	6 12	21 32	14 56	12 53	6 38	29 54	24 22	12 45
22	6 12	21 30	14 57	13 0	7 13	1 ♍ 7	25 12	12 46
23	6 11	21 28	14 57	13 7	7 48	2 20	26 0	12 47
24	6 10	21 27	14 58	13 14	8 23	3 33	26 43	12 48
25	6 9	21 25	14 58	13 21	8 58	4 47	27 23	12 49
26	6 9	21 24	14 58	13 28	9 33	6 0	27 58	12 50
27	6 8	21 22	14 58	13 35	10 9	7 13	28 29	12 52
28	6 7	21 20	14 R 58	13 41	10 45	8 27	28 55	12 53
29	6 7	21 19	14 58	13 48	11 21	9 40	29 16	12 54
30	6 6	21 17	14 58	13 54	11 58	10 54	29 31	12 55

Day	♂ Decl.	♀ Lat.	♀ Decl.	☿ Lat.	☿ Decl.	♇ Lat.	♇ Decl.	☊
	° ′	° ′	° ′	° ′	° ′	° ′	° ′	° ′
1	27 S 0	0 S 1	18 N 49	0 S 14	0 S 12	10 N 16	12 S 6	2 ♋ 49
4	26 58	0 N 8	18 3	0 39	2 19	10 15	12 8	2 40
7	26 55	0 17	17 12	1 4	4 20	10 14	12 9	2 30
10	26 51	0 26	16 17	1 30	6 16	10 12	12 11	2 21
13	26 45	0 34	15 18	1 55	8 5	10 11	12 13	2 11
16	26 39	0 42	14 15	2 19	9 46	10 10	12 14	2 2
19	26 31	0 50	13 8	2 42	11 17	10 8	12 16	1 52
22	26 21	0 57	11 58	3 3	12 35	10 7	12 17	1 43
25	26 10	1 3	10 44	3 20	13 39	10 6	12 19	1 33
28	25 57	1 9	9 28	3 33	14 24	10 4	12 21	1 23

2001 OKTOBER

Day	Sidereal Time	☉ Long.	☉ Decl.	☽ Long.	☽ Lat.	☽ Decl.
	H M S	° ′ ″	° ′	° ′	° ′	° ′
1	0 39 10	7 ♎ 53 5	3 S 8	20 ♓ 25	4 S 55	8 S 19
2	0 43 6	8 52 4	3 31	2 ♈ 27	5 0	3 37
3	0 47 3	9 51 5	3 54	14 36	4 51	1 N 17
4	0 51 0	10 50 8	4 17	26 53	4 29	6 11
5	0 54 56	11 49 13	4 40	9 ♉ 20	3 54	10 54
6	0 58 53	12 48 21	5 3	21 55	3 7	15 14
7	1 2 49	13 47 30	5 26	4 ♊ 42	2 10	18 57
8	1 6 46	14 46 42	5 49	17 41	1 5	21 47
9	1 10 42	15 45 57	6 12	0 ♋ 55	0 N 4	23 31
10	1 14 39	16 45 13	6 35	14 27	1 15	23 54
11	1 18 35	17 44 32	6 58	28 17	2 24	22 51
12	1 22 32	18 43 53	7 20	12 ♌ 28	3 25	20 20
13	1 26 29	19 43 16	7 43	26 57	4 14	16 30
14	1 30 25	20 42 42	8 5	11 ♍ 42	4 48	11 36
15	1 34 22	21 42 10	8 27	26 37	5 2	5 58
16	1 38 18	22 41 40	8 50	11 ♎ 32	4 56	0 S 1
17	1 42 15	23 41 12	9 12	26 19	4 30	5 57
18	1 46 11	24 40 46	9 34	10 ♏ 49	3 47	11 28
19	1 50 8	25 40 22	9 56	24 56	2 51	16 14
20	1 54 4	26 40 0	10 17	8 ♐ 37	1 47	19 59
21	1 58 1	27 39 40	10 38	21 50	0 38	22 33
22	2 1 58	28 39 22	11 0	4 ♑ 39	0 S 30	23 51
23	2 5 54	29 39 5	11 21	17 6	1 35	23 55
24	2 9 51	0 ♏ 38 50	11 42	29 16	2 35	22 49
25	2 13 47	1 38 37	12 3	11 ♒ 15	3 26	20 42
26	2 17 44	2 38 26	12 23	23 7	4 8	17 43
27	2 21 40	3 38 16	12 44	4 ♓ 58	4 40	14 2
28	2 25 37	4 38 9	13 4	16 52	4 59	9 47
29	2 29 33	5 38 2	13 24	28 52	5 6	5 8
30	2 33 30	6 37 58	13 44	11 ♈ 1	4 59	0 13
31	2 37 27	7 37 55	14 3	23 20	4 37	4 N 46

Day	♆ Lat.	♆ Decl.	♅ Lat.	♅ Decl.	♄ Lat.	♄ Decl.	♃ Lat.	♃ Decl.	♂ Lat.
	° ′	° ′	° ′	° ′	° ′	° ′	° ′	° ′	° ′
1	0 N 7	18 S 38	0 S 45	15 S 8	1 S 49	20 N 47	0 S 10	22 N 32	2 S 53
4	0 7	18 38	0 45	15 9	1 50	20 46	0 10	22 30	2 49
7	0 7	18 39	0 45	15 10	1 50	20 46	0 10	22 29	2 44
10	0 7	18 39	0 45	15 11	1 50	20 45	0 10	22 27	2 40
13	0 7	18 39	0 45	15 12	1 51	20 44	0 9	22 26	2 35
16	0 7	18 39	0 45	15 12	1 51	20 43	0 9	22 25	2 30
19	0 7	18 39	0 45	15 13	1 51	20 42	0 9	22 25	2 26
22	0 7	18 39	0 45	15 13	1 52	20 41	0 9	22 24	2 21
25	0 7	18 39	0 45	15 14	1 52	20 40	0 8	22 24	2 17
28	0 7	18 39	0 44	15 14	1 52	20 38	0 8	22 23	2 12
31	0 7	18 39	0 44	15 14	1 52	20 37	0 8	22 23	2 8

OKTOBER 2001

Day	♆ Long.	♅ Long.	♄ Long.	♃ Long.	♂ Long.	♀ Long.	☿ Long.	♇ Long.
	° '	° '	° '	° '	° '	° '	° '	° '
1	6 ♒ 5	21 ♒ 16	14 ♊ 57	14 ♋ 0	12 ♑ 34	12 ♍ 8	29 ♎ 39	12 ♐ 56
2	6 R 5	21 R 15	14 R 57	14 6	13 11	13 21	29 41	12 58
3	6 4	21 13	14 56	14 12	13 48	14 35	29 R 36	12 59
4	6 4	21 12	14 56	14 17	14 26	15 49	29 24	13 0
5	6 3	21 11	14 55	14 23	15 3	17 3	29 4	13 2
6	6 3	21 10	14 54	14 28	15 41	18 17	28 36	13 3
7	6 3	21 8	14 53	14 33	16 19	19 31	28 0	13 5
8	6 2	21 7	14 52	14 38	16 57	20 45	27 17	13 6
9	6 2	21 6	14 50	14 43	17 35	21 59	26 26	13 8
10	6 2	21 5	14 49	14 47	18 13	23 13	25 28	13 9
11	6 1	21 4	14 48	14 52	18 52	24 27	24 24	13 11
12	6 1	21 3	14 46	14 56	19 31	25 41	23 16	13 12
13	6 1	21 2	14 44	15 0	20 9	26 55	22 5	13 14
14	6 1	21 1	14 43	15 4	20 49	28 10	20 52	13 15
15	6 1	21 1	14 41	15 8	21 28	29 24	19 41	13 17
16	6 1	21 0	14 39	15 11	22 7	0 ♎ 38	18 32	13 19
17	6 1	20 59	14 37	15 14	22 47	1 53	17 28	13 20
18	6 1	20 59	14 34	15 18	23 26	3 7	16 31	13 22
19	6 D 1	20 58	14 32	15 20	24 6	4 22	15 42	13 24
20	6 1	20 57	14 30	15 23	24 46	5 36	15 3	13 26
21	6 1	20 57	14 27	15 26	25 26	6 51	14 35	13 27
22	6 1	20 56	14 25	15 28	26 7	8 6	14 18	13 29
23	6 1	20 56	14 22	15 30	26 47	9 20	14 12	13 31
24	6 1	20 56	14 19	15 32	27 28	10 35	14 D 18	13 33
25	6 1	20 55	14 16	15 34	28 8	11 50	14 34	13 35
26	6 2	20 55	14 13	15 36	28 49	13 4	15 0	13 37
27	6 2	20 55	14 10	15 37	29 30	14 19	15 36	13 39
28	6 2	20 55	14 7	15 38	0 ♒ 11	15 34	16 20	13 40
29	6 3	20 54	14 4	15 39	0 52	16 49	17 12	13 42
30	6 3	20 54	14 1	15 40	1 33	18 3	18 12	13 44
31	6 3	20 54	13 57	15 41	2 14	19 18	19 17	13 46

Day	♂ Decl.	♀ Lat.	♀ Decl.	☿ Lat.	☿ Decl.	♇ Lat.	♇ Decl.	☊
	° '	° '	° '	° '	° '	° '	° '	° '
1	25 S 43	1 N 14	8 N 9	3 S 39	14 S 46	10 N 3	12 S 22	1 ♋ 14
4	25 27	1 19	6 48	3 35	14 37	10 2	12 24	1 4
7	25 10	1 23	5 25	3 19	13 52	10 1	12 26	0 55
10	24 50	1 26	4 1	2 47	12 26	10 0	12 27	0 45
13	24 29	1 29	2 35	1 58	10 26	9 59	12 29	0 36
16	24 6	1 31	1 8	0 59	8 10	9 58	12 31	0 26
19	23 41	1 32	0 S 19	0 N 2	6 9	9 56	12 32	0 17
22	23 14	1 33	1 47	0 55	4 48	9 55	12 34	0 7
25	22 46	1 33	3 15	1 34	4 18	9 54	12 36	29 ♊ 58
28	22 16	1 33	4 42	1 58	4 37	9 54	12 37	29 48
31	21 44	1 32	6 9	2 9	5 34	9 53	12 39	29 39

2001 NOVEMBER

Day	Sidereal Time			☉ Long.			☉ Decl.		☽ Long.			☽ Lat.		☽ Decl.	
	H	M	S	°	′	″	°	′	°		′	°	′	°	′
1	2	41	23	8 ♏	37	54	14 S	23	5 ♉		52	4 S	3	9 N	39
2	2	45	20	9	37	55	14	42	18		35	3	15	14	13
3	2	49	16	10	37	58	15	1	1 ♊		30	2	17	18	13
4	2	53	13	11	38	3	15	19	14		37	1	11	21	22
5	2	57	9	12	38	10	15	38	27		54	0 N	0	23	25
6	3	1	6	13	38	19	15	56	11 ♋		23	1	12	24	9
7	3	5	2	14	38	30	16	14	25		3	2	22	23	26
8	3	8	59	15	38	43	16	31	8 ♌		56	3	24	21	18
9	3	12	56	16	38	58	16	49	23		0	4	15	17	51
10	3	16	52	17	39	15	17	6	7 ♍		14	4	50	13	20
11	3	20	49	18	39	34	17	23	21		38	5	8	8	2
12	3	24	45	19	39	55	17	39	6 ♎		6	5	7	2	17
13	3	28	42	20	40	18	17	55	20		33	4	46	3 S	36
14	3	32	38	21	40	43	18	11	4 ♏		55	4	7	9	16
15	3	36	35	22	41	9	18	27	19		4	3	14	14	23
16	3	40	31	23	41	37	18	42	2 ♐		56	2	10	18	37
17	3	44	28	24	42	7	18	57	16		28	1	0	21	46
18	3	48	25	25	42	38	19	11	29		38	0 S	12	23	38
19	3	52	21	26	43	10	19	25	12 ♑		26	1	21	24	12
20	3	56	18	27	43	44	19	39	24		55	2	25	23	31
21	4	0	14	28	44	20	19	53	7 ♒		8	3	21	21	44
22	4	4	11	29	44	56	20	6	19		9	4	7	18	59
23	4	8	7	0 ♐	45	34	20	19	1 ♓		3	4	42	15	29
24	4	12	4	1	46	12	20	31	12		55	5	4	11	24
25	4	16	0	2	46	52	20	43	24		49	5	14	6	52
26	4	19	57	3	47	33	20	55	6 ♈		51	5	10	2	2
27	4	23	54	4	48	15	21	6	19		4	4	52	2 N	51
28	4	27	50	5	48	59	21	17	1 ♉		31	4	20	7	56
29	4	31	47	6	49	43	21	27	14		13	3	35	12	41
30	4	35	43	7	50	28	21	37	27		13	2	38	16	59

Day	♆ Lat.	♆ Decl.	♅ Lat.	♅ Decl.	♄ Lat.	♄ Decl.	♃ Lat.	♃ Decl.	♂ Lat.
	° ′	° ′	° ′	° ′	° ′	° ′	° ′	° ′	° ′
1	0 N 7	18 S 39	0 S 44	15 S 14	1 S 52	20 N 37	0 S 8	22 N 23	2 S 6
4	0 7	18 38	0 44	15 13	1 52	20 35	0 7	22 24	2 2
7	0 7	18 38	0 44	15 13	1 52	20 34	0 7	22 24	1 57
10	0 7	18 37	0 44	15 12	1 53	20 32	0 7	22 25	1 53
13	0 7	18 37	0 44	15 12	1 53	20 31	0 6	22 26	1 48
16	0 7	18 36	0 44	15 11	1 53	20 29	0 6	22 27	1 44
19	0 7	18 35	0 44	15 10	1 53	20 27	0 6	22 29	1 39
22	0 7	18 35	0 44	15 9	1 52	20 26	0 5	22 30	1 35
25	0 7	18 34	0 43	15 8	1 52	20 24	0 5	22 32	1 31
28	0 7	18 33	0 43	15 6	1 52	20 22	0 4	22 34	1 27

NOVEMBER 2001

Day	♆ Long.	♅ Long.	♄ Long.	♃ Long.	♂ Long.	♀ Long.	☿ Long.	♇ Long.
	° ′	° ′	° ′	° ′	° ′	° ′	° ′	° ′
1	6 ♒ 4	20 ♒ 54	13 ♊ 54	15 ♋ 41	2 ♒ 56	20 ♌ 33	20 ♌ 27	13 ♐ 48
2	6 4	20 54	13 R 50	15 42	3 37	21 48	21 42	13 50
3	6 5	20 55	13 47	15 42	4 19	23 3	23 1	13 52
4	6 5	20 55	13 43	15 R 41	5 1	24 18	24 24	13 54
5	6 6	20 55	13 39	15 41	5 42	25 33	25 49	13 56
6	6 7	20 55	13 35	15 40	6 24	26 48	27 16	13 58
7	6 7	20 56	13 31	15 40	7 6	28 3	28 45	14 1
8	6 8	20 56	13 27	15 39	7 48	29 18	0 ♏ 16	14 3
9	6 9	20 56	13 23	15 37	8 31	0 ♏ 33	1 48	14 5
10	6 9	20 57	13 19	15 36	9 13	1 48	3 21	14 7
11	6 10	20 57	13 15	15 34	9 55	3 4	4 55	14 9
12	6 11	20 58	13 11	15 33	10 38	4 19	6 30	14 11
13	6 12	20 59	13 6	15 31	11 20	5 34	8 5	14 13
14	6 13	20 59	13 2	15 29	12 3	6 49	9 41	14 16
15	6 14	21 0	12 58	15 26	12 45	8 4	11 16	14 18
16	6 15	21 1	12 53	15 24	13 28	9 20	12 52	14 20
17	6 16	21 2	12 49	15 21	14 11	10 35	14 28	14 22
18	6 17	21 3	12 44	15 18	14 53	11 50	16 4	14 24
19	6 18	21 4	12 39	15 15	15 36	13 5	17 40	14 27
20	6 19	21 5	12 35	15 11	16 19	14 21	19 15	14 29
21	6 20	21 6	12 30	15 8	17 2	15 36	20 51	14 31
22	6 21	21 7	12 25	15 4	17 45	16 51	22 27	14 33
23	6 22	21 8	12 21	15 0	18 28	18 7	24 2	14 35
24	6 23	21 9	12 16	14 56	19 12	19 22	25 37	14 38
25	6 25	21 10	12 11	14 52	19 55	20 37	27 12	14 40
26	6 26	21 12	12 6	14 47	20 38	21 53	28 47	14 42
27	6 27	21 13	12 1	14 43	21 21	23 8	0 ♐ 22	14 45
28	6 28	21 14	11 56	14 38	22 5	24 24	1 57	14 47
29	6 30	21 16	11 51	14 33	22 48	25 39	3 32	14 49
30	6 31	21 17	11 47	14 28	23 31	26 54	5 6	14 51

Day	♂ Decl.	♀ Lat.	♀ Decl.	☿ Lat.	☿ Decl.	♇ Lat.	♇ Decl.	☊
	° ′	° ′	° ′	° ′	° ′	° ′	° ′	° ′
1	21 S 33	1 N 31	6 S 37	2 N 10	5 S 59	9 N 52	12 S 39	29 ♊ 35
4	20 59	1 29	8 2	2 8	7 28	9 52	12 41	29 26
7	20 23	1 26	9 26	1 59	9 11	9 51	12 42	29 16
10	19 46	1 23	10 48	1 45	10 59	9 50	12 44	29 7
13	19 7	1 20	12 7	1 28	12 49	9 49	12 45	28 57
16	18 26	1 16	13 24	1 9	14 36	9 49	12 46	28 48
19	17 44	1 11	14 38	0 49	16 19	9 48	12 48	28 38
22	17 1	1 6	15 49	0 29	17 55	9 47	12 49	28 29
25	16 17	1 0	16 56	0 8	19 24	9 47	12 50	28 19
28	15 31	0 55	17 59	0 S 12	20 45	9 47	12 51	28 10

2001 DEZEMBER

Day	Sidereal Time	☉ Long.	☉ Decl.	☽ Long.	☽ Lat.	☽ Decl.
	H M S	° ′ ″	° ′	° ′	° ′	° ′
1	4 39 40	8 ♐ 51 15	21 S 47	10 ♊ 29	1 S 31	20 N 31
2	4 43 36	9 52 3	21 56	24 0	0 17	23 1
3	4 47 33	10 52 52	22 5	7 ♋ 44	0 N 58	24 11
4	4 51 29	11 53 42	22 13	21 39	2 11	23 51
5	4 55 26	12 54 34	22 21	5 ♌ 42	3 17	22 2
6	4 59 23	13 55 27	22 28	19 50	4 12	18 51
7	5 3 19	14 56 21	22 35	4 ♍ 1	4 51	14 33
8	5 7 16	15 57 16	22 42	18 13	5 13	9 27
9	5 11 12	16 58 13	22 48	2 ♎ 23	5 17	3 53
10	5 15 9	17 59 11	22 54	16 29	4 59	1 S 52
11	5 19 5	19 0 10	22 59	0 ♏ 29	4 25	7 30
12	5 23 2	20 1 10	23 4	14 20	3 36	12 42
13	5 26 58	21 2 11	23 8	28 1	2 35	17 12
14	5 30 55	22 3 13	23 12	11 ♐ 28	1 26	20 44
15	5 34 52	23 4 16	23 15	24 40	0 14	23 6
16	5 38 48	24 5 20	23 17	7 ♑ 37	0 S 58	24 11
17	5 42 45	25 6 24	23 21	20 17	2 5	23 58
18	5 46 41	26 7 29	23 23	2 ♒ 42	3 5	22 33
19	5 50 38	27 8 34	23 24	14 54	3 55	20 7
20	5 54 34	28 9 40	23 26	26 56	4 34	16 50
21	5 58 31	29 10 46	23 26	8 ♓ 50	5 1	12 54
22	6 2 27	0 ♑ 11 52	23 26	20 42	5 15	8 31
23	6 6 24	1 12 59	23 26	2 ♈ 36	5 16	3 48
24	6 10 21	2 14 5	23 25	14 36	5 3	1 N 3
25	6 14 17	3 15 12	23 24	26 48	4 36	6 2
26	6 18 14	4 16 19	23 22	9 ♉ 15	3 56	10 51
27	6 22 10	5 17 26	23 20	22 1	3 3	15 19
28	6 26 7	6 18 33	23 17	5 ♊ 11	1 59	19 12
29	6 30 3	7 19 40	23 14	18 39	0 47	22 10
30	6 34 0	8 20 47	23 11	2 ♋ 31	0 N 30	23 54
31	6 37 56	9 21 55	23 7	16 41	1 46	24 9

Day	♆ Lat.	♆ Decl.	♅ Lat.	♅ Decl.	♄ Lat.	♄ Decl.	♃ Lat.	♃ Decl.	♂ Lat.
	° ′	° ′	° ′	° ′	° ′	° ′	° ′	° ′	° ′
1	0 N 6	18 S 32	0 S 43	15 S 5	1 S 52	20 N 20	0 S 4	22 N 36	1 S 22
4	0 6	18 31	0 43	15 3	1 52	20 19	0 4	22 38	1 18
7	0 6	18 30	0 43	15 1	1 51	20 17	0 3	22 40	1 14
10	0 6	18 29	0 43	14 59	1 51	20 15	0 3	22 43	1 10
13	0 6	18 27	0 43	14 57	1 51	20 13	0 2	22 45	1 6
16	0 6	18 26	0 43	14 55	1 50	20 12	0 2	22 48	1 2
19	0 6	18 25	0 43	14 53	1 50	20 10	0 2	22 50	0 58
22	0 6	18 23	0 43	14 50	1 50	20 9	0 1	22 53	0 54
25	0 6	18 22	0 43	14 48	1 49	20 7	0 1	22 55	0 51
28	0 6	18 20	0 42	14 45	1 49	20 6	0 N 0	22 58	0 47
31	0 6	18 19	0 42	14 43	1 48	20 5	0 0	23 0	0 43

DEZEMBER 2001

Day	♆ Long. ° ′	♅ Long. ° ′	♄ Long. ° ′	♃ Long. ° ′	♂ Long. ° ′	♀ Long. ° ′	☿ Long. ° ′	♇ Long. ° ′
1	6 ♒ 33	21 ♒ 19	11 ♊ 42	14 ♋ 22	24 ♒ 15	28 ♏ 10	6 ♐ 41	14 ♐ 54
2	6 34	21 20	11 R 37	14 R 17	24 58	29 25	8 15	14 56
3	6 35	21 22	11 32	14 11	25 42	0 ♐ 41	9 49	14 58
4	6 37	21 24	11 27	14 6	26 25	1 56	11 24	15 1
5	6 38	21 25	11 22	14 0	27 9	3 11	12 58	15 3
6	6 40	21 27	11 17	13 54	27 52	4 27	14 32	15 5
7	6 41	21 29	11 12	13 47	28 36	5 42	16 6	15 7
8	6 43	21 31	11 7	13 41	29 20	6 58	17 41	15 10
9	6 45	21 33	11 2	13 35	0 ♓ 4	8 13	19 15	15 12
10	6 46	21 35	10 57	13 28	0 47	9 29	20 49	15 14
11	6 48	21 37	10 53	13 21	1 31	10 44	22 23	15 17
12	6 50	21 39	10 48	13 14	2 15	12 0	23 58	15 19
13	6 51	21 41	10 43	13 7	2 59	13 15	25 32	15 21
14	6 53	21 43	10 38	13 0	3 42	14 31	27 7	15 23
15	6 55	21 45	10 33	12 53	4 26	15 46	28 42	15 26
16	6 57	21 47	10 29	12 46	5 10	17 2	0 ♑ 16	15 28
17	6 58	21 49	10 24	12 38	5 54	18 17	1 51	15 30
18	7 0	21 52	10 19	12 31	6 38	19 33	3 26	15 32
19	7 2	21 54	10 15	12 23	7 22	20 48	5 1	15 35
20	7 4	21 56	10 10	12 16	8 6	22 4	6 37	15 37
21	7 6	21 59	10 6	12 8	8 49	23 19	8 12	15 39
22	7 8	22 1	10 1	12 0	9 33	24 35	9 47	15 41
23	7 10	22 4	9 57	11 52	10 17	25 50	11 23	15 44
24	7 12	22 6	9 52	11 44	11 1	27 6	12 58	15 46
25	7 13	22 9	9 48	11 36	11 45	28 21	14 33	15 48
26	7 15	22 11	9 44	11 28	12 29	29 37	16 9	15 50
27	7 17	22 14	9 39	11 20	13 13	0 ♑ 52	17 44	15 52
28	7 19	22 16	9 35	11 12	13 57	2 8	19 19	15 55
29	7 21	22 19	9 31	11 4	14 41	3 23	20 54	15 57
30	7 23	22 22	9 27	10 56	15 25	4 39	22 28	15 59
31	7 26	22 25	9 23	10 48	16 9	5 54	24 2	16 1

Day	♂ Decl. ° ′	♀ Lat. ° ′	♀ Decl. ° ′	☿ Lat. ° ′	☿ Decl. ° ′	♇ Lat. ° ′	♇ Decl. ° ′	☊ ° ′
1	14 S 44	0 N 48	18 S 58	0 S 32	21 S 57	9 N 46	12 S 53	28 ♊ 0
4	13 56	0 42	19 52	0 51	22 59	9 46	12 54	27 51
7	13 7	0 35	20 41	1 8	23 51	9 45	12 55	27 41
10	12 17	0 28	21 24	1 24	24 31	9 45	12 56	27 32
13	11 26	0 21	22 2	1 39	25 0	9 45	12 56	27 22
16	10 35	0 14	22 34	1 51	25 17	9 45	12 57	27 12
19	9 43	0 7	23 0	2 1	25 21	9 45	12 58	27 3
22	8 50	0 0	23 20	2 8	25 12	9 45	12 59	26 53
25	7 56	0 S 8	23 33	2 11	24 49	9 45	13 0	26 44
28	7 2	0 15	23 40	2 11	24 12	9 45	13 0	26 34
31	6 8	0 22	23 40	2 6	23 22	9 45	13 1	26 25

2002 JANUAR

Day	Sidereal Time (H M S)	☉ Long. (° ′ ″)	☉ Decl. (° ′)	☽ Long. (° ′)	☽ Lat. (° ′)	☽ Decl. (° ′)
1	6 41 53	10 ♑ 23 2	23 S 2	1 ♌ 6	2 N 57	22 N 47
2	6 45 50	11 24 10	22 57	15 39	3 57	19 55
3	6 49 46	12 25 18	22 52	0 ♍ 14	4 42	15 47
4	6 53 43	13 26 26	22 46	14 46	5 9	10 44
5	6 57 39	14 27 35	22 39	29 9	5 16	5 10
6	7 1 36	15 28 44	22 32	13 ♎ 20	5 3	0 S 36
7	7 5 32	16 29 53	22 25	27 17	4 33	6 15
8	7 9 29	17 31 2	22 18	11 ♏ 0	3 48	11 31
9	7 13 25	18 32 11	22 9	24 28	2 51	16 8
10	7 17 22	19 33 20	22 1	7 ♐ 42	1 45	19 52
11	7 21 19	20 34 29	21 52	20 44	0 35	22 32
12	7 25 15	21 35 38	21 42	3 ♑ 33	0 S 35	23 59
13	7 29 12	22 36 47	21 33	16 10	1 43	24 9
14	7 33 8	23 37 56	21 22	28 36	2 44	23 7
15	7 37 5	24 39 4	21 12	10 ♒ 52	3 37	20 59
16	7 41 1	25 40 12	21 1	22 59	4 19	17 56
17	7 44 58	26 41 19	20 49	4 ♓ 58	4 50	14 11
18	7 48 54	27 42 25	20 37	16 52	5 7	9 54
19	7 52 51	28 43 31	20 25	28 43	5 12	5 17
20	7 56 48	29 44 36	20 12	10 ♈ 35	5 3	0 27
21	8 0 44	0 ♒ 45 39	19 59	22 33	4 41	4 N 25
22	8 4 41	1 46 42	19 46	4 ♉ 40	4 6	9 13
23	8 8 37	2 47 45	19 32	17 3	3 19	13 44
24	8 12 34	3 48 46	19 18	29 44	2 21	17 48
25	8 16 30	4 49 46	19 3	12 ♊ 50	1 14	21 7
26	8 20 27	5 50 45	18 49	26 22	0 1	23 22
27	8 24 23	6 51 43	18 33	10 ♋ 22	1 N 14	24 16
28	8 28 20	7 52 40	18 18	24 47	2 27	23 35
29	8 32 17	8 53 36	18 2	9 ♌ 33	3 31	21 15
30	8 36 13	9 54 32	17 46	24 33	4 22	17 27
31	8 40 10	10 55 26	17 29	9 ♍ 36	4 55	12 31

Day	♆ Lat. (° ′)	♆ Decl. (° ′)	♅ Lat. (° ′)	♅ Decl. (° ′)	♄ Lat. (° ′)	♄ Decl. (° ′)	♃ Lat. (° ′)	♃ Decl. (° ′)	♂ Lat. (° ′)
1	0 N 6	18 S 18	0 S 42	14 S 42	1 S 48	20 N 4	0 N 0	23 N 1	0 S 42
4	0 6	18 17	0 42	14 39	1 47	20 3	0 1	23 3	0 39
7	0 6	18 15	0 42	14 36	1 47	20 2	0 1	23 6	0 35
10	0 6	18 14	0 42	14 33	1 46	20 2	0 2	23 8	0 32
13	0 6	18 12	0 42	14 30	1 45	20 1	0 2	23 10	0 28
16	0 6	18 10	0 42	14 27	1 45	20 0	0 2	23 12	0 25
19	0 6	18 9	0 42	14 24	1 44	20 0	0 3	23 13	0 22
22	0 6	18 7	0 42	14 20	1 43	20 0	0 3	23 15	0 19
25	0 6	18 5	0 42	14 17	1 42	20 0	0 4	23 17	0 16
28	0 6	18 3	0 42	14 14	1 42	20 0	0 4	23 18	0 13
31	0 6	18 2	0 42	14 10	1 41	20 0	0 4	23 19	0 10

JANUAR 2002

Day	♆ Long. ° ′	♅ Long. ° ′	♄ Long. ° ′	♃ Long. ° ′	♂ Long. ° ′	♀ Long. ° ′	☿ Long. ° ′	♇ Long. ° ′
1	7 ♒ 28	22 ♒ 27	9 ♊ 19	10 ♋ 40	16 ♓ 53	7 ♑ 10	25 ♑ 35	16 ♐ 3
2	7 30	22 30	9 R 16	10 R 32	17 37	8 25	27 8	16 5
3	7 32	22 33	9 12	10 23	18 20	9 41	28 39	16 7
4	7 34	22 36	9 8	10 15	19 4	10 56	0 ♒ 9	16 9
5	7 36	22 39	9 5	10 7	19 48	12 12	1 38	16 12
6	7 38	22 42	9 1	9 59	20 32	13 27	3 4	16 14
7	7 40	22 45	8 58	9 51	21 16	14 43	4 28	16 16
8	7 42	22 48	8 55	9 43	22 0	15 58	5 50	16 18
9	7 45	22 51	8 51	9 35	22 44	17 14	7 8	16 20
10	7 47	22 54	8 48	9 27	23 28	18 29	8 22	16 22
11	7 49	22 57	8 45	9 19	24 12	19 45	9 32	16 24
12	7 51	23 0	8 42	9 12	24 55	21 0	10 36	16 26
13	7 53	23 3	8 39	9 4	25 39	22 16	11 34	16 28
14	7 56	23 6	8 37	8 56	26 23	23 31	12 26	16 29
15	7 58	23 9	8 34	8 49	27 7	24 47	13 9	16 31
16	8 0	23 12	8 31	8 41	27 51	26 2	13 44	16 33
17	8 2	23 15	8 29	8 34	28 34	27 18	14 10	16 35
18	8 5	23 19	8 27	8 26	29 18	28 33	14 25	16 37
19	8 7	23 22	8 24	8 19	0 ♈ 2	29 49	14 29	16 39
20	8 9	23 25	8 22	8 12	0 46	1 ♒ 4	14 R 22	16 40
21	8 11	23 28	8 20	8 5	1 29	2 19	14 3	16 42
22	8 14	23 32	8 18	7 58	2 13	3 35	13 32	16 44
23	8 16	23 35	8 16	7 52	2 57	4 50	12 51	16 46
24	8 18	23 38	8 15	7 45	3 40	6 6	11 59	16 47
25	8 20	23 41	8 13	7 38	4 24	7 21	10 59	16 49
26	8 23	23 45	8 12	7 32	5 8	8 36	9 51	16 51
27	8 25	23 48	8 10	7 26	5 51	9 52	8 39	16 52
28	8 27	23 51	8 9	7 20	6 35	11 7	7 24	16 54
29	8 30	23 55	8 8	7 14	7 18	12 22	6 8	16 56
30	8 32	23 58	8 7	7 8	8 2	13 38	4 54	16 57
31	8 34	24 2	8 6	7 2	8 45	14 53	3 44	16 59

Day	♂ Decl. ° ′	♀ Lat. ° ′	♀ Decl. ° ′	☿ Lat. ° ′	☿ Decl. ° ′	♇ Lat. ° ′	♇ Decl. ° ′	☊ ° ′
1	5 S 50	0 S 24	23 S 39	2 S 3	23 S 2	9 N 45	13 S 1	26 ♊ 22
4	4 55	0 31	23 30	1 50	21 55	9 45	13 1	26 12
7	4 0	0 37	23 15	1 31	20 37	9 45	13 2	26 3
10	3 5	0 44	22 53	1 3	19 12	9 45	13 2	25 53
13	2 10	0 50	22 25	0 27	17 45	9 46	13 2	25 44
16	1 14	0 56	21 51	0 N 18	16 25	9 46	13 3	25 34
19	0 19	1 1	21 11	1 11	15 21	9 46	13 3	25 24
22	0 N 36	1 6	20 25	2 5	14 45	9 47	13 3	25 15
25	1 30	1 10	19 34	2 54	14 41	9 47	13 3	25 5
28	2 25	1 14	18 38	3 26	15 6	9 48	13 3	24 56
31	3 19	1 18	17 36	3 37	15 48	9 48	13 3	24 46

2002 FEBRUAR

Day	Sidereal Time	☉ Long.	☉ Decl.	☽ Long.	☽ Lat.	☽ Decl.
	H M S	° ′ ″	° ′	° ′	° ′	° ′
1	8 44 6	11 ≈ 56 20	17 S 13	24 ♍ 35	5 N 8	6 N 52
2	8 48 3	12 57 13	16 56	9 ♎ 20	5 0	0 54
3	8 51 59	13 58 5	16 38	23 45	4 33	4 S 59
4	8 55 56	14 58 56	16 20	7 ♏ 47	3 50	10 28
5	8 59 52	15 59 46	16 2	21 27	2 55	15 18
6	9 3 49	17 0 35	15 44	4 ♐ 44	1 52	19 15
7	9 7 46	18 1 24	15 26	17 43	0 45	22 8
8	9 11 42	19 2 11	15 7	0 ♑ 26	0 S 24	23 50
9	9 15 39	20 2 58	14 48	12 56	1 30	24 18
10	9 19 35	21 3 43	14 29	25 16	2 30	23 32
11	9 23 32	22 4 27	14 9	7 ≈ 28	3 23	21 40
12	9 27 28	23 5 10	13 49	19 33	4 6	18 50
13	9 31 25	24 5 52	13 29	1 ♓ 33	4 37	15 14
14	9 35 21	25 6 32	13 9	13 28	4 57	11 4
15	9 39 18	26 7 10	12 49	25 20	5 3	6 29
16	9 43 15	27 7 47	12 28	7 ♈ 11	4 56	1 41
17	9 47 11	28 8 23	12 7	19 4	4 37	3 N 12
18	9 51 8	29 8 56	11 46	1 ♉ 0	4 5	8 0
19	9 55 4	0 ♓ 9 28	11 25	13 6	3 22	12 34
20	9 59 1	1 9 58	11 4	25 24	2 29	16 42
21	10 2 57	2 10 27	10 42	7 ♊ 59	1 27	20 13
22	10 6 54	3 10 53	10 20	20 57	0 19	22 49
23	10 10 50	4 11 18	9 58	4 ♋ 22	0 N 52	24 14
24	10 14 47	5 11 40	9 36	18 16	2 3	24 13
25	10 18 44	6 12 1	9 14	2 ♌ 39	3 8	22 37
26	10 22 40	7 12 20	8 52	17 30	4 2	19 25
27	10 26 37	8 12 38	8 29	2 ♍ 40	4 40	14 53
28	10 30 33	9 12 53	8 7	18 0	4 59	9 20

Day	♆ Lat.	♆ Decl.	♅ Lat.	♅ Decl.	♄ Lat.	♄ Decl.	♃ Lat.	♃ Decl.	♂ Lat.
	° ′	° ′	° ′	° ′	° ′	° ′	° ′	° ′	° ′
1	0 N 6	18 S 1	0 S 42	14 S 9	1 S 41	20 N 0	0 N 5	23 N 20	0 S 9
4	0 6	17 59	0 42	14 6	1 40	20 0	0 5	23 21	0 6
7	0 6	17 58	0 42	14 2	1 39	20 1	0 5	23 22	0 3
10	0 6	17 56	0 42	13 59	1 38	20 2	0 6	23 23	0 1
13	0 6	17 54	0 42	13 55	1 37	20 3	0 6	23 24	0 N 2
16	0 6	17 52	0 42	13 52	1 37	20 4	0 6	23 25	0 5
19	0 6	17 51	0 42	13 48	1 36	20 5	0 7	23 25	0 7
22	0 6	17 49	0 42	13 45	1 35	20 7	0 7	23 26	0 10
25	0 6	17 47	0 42	13 42	1 34	20 8	0 7	23 26	0 12
28	0 5	17 46	0 42	13 38	1 34	20 10	0 8	23 27	0 14

FEBRUAR 2002

Day	♆ Long.	♅ Long.	♄ Long.	♃ Long.	♂ Long.	♀ Long.	☿ Long.	♇ Long.
	° ′	° ′	° ′	° ′	° ′	° ′	° ′	° ′
1	8 ♒ 36	24 ♒ 5	8 ♊ 5	6 ♋ 57	9 ♈ 29	16 ♒ 8	2 ♒ 39	17 ♐ 0
2	8 39	24 8	8 R 4	6 R 52	10 12	17 24	1 R 41	17 2
3	8 41	24 12	8 3	6 46	10 55	18 39	0 50	17 3
4	8 43	24 15	8 3	6 41	11 39	19 54	0 7	17 5
5	8 45	24 19	8 2	6 37	12 22	21 9	29 ♑ 33	17 6
6	8 48	24 22	8 2	6 32	13 5	22 25	29 7	17 7
7	8 50	24 26	8 2	6 28	13 49	23 40	28 49	17 9
8	8 52	24 29	8 2	6 23	14 32	24 55	28 40	17 10
9	8 55	24 33	8 D 2	6 19	15 15	26 10	28 38	17 11
10	8 57	24 36	8 2	6 15	15 58	27 26	28 D 44	17 13
11	8 59	24 40	8 2	6 12	16 42	28 41	28 56	17 14
12	9 1	24 43	8 3	6 8	17 25	29 56	29 15	17 15
13	9 3	24 46	8 3	6 5	18 8	1 ♓ 11	29 39	17 16
14	9 6	24 50	8 4	6 1	18 51	2 26	0 ♒ 9	17 17
15	9 8	24 53	8 5	5 58	19 34	3 42	0 44	17 18
16	9 10	24 57	8 5	5 56	20 17	4 57	1 23	17 20
17	9 12	25 0	8 6	5 53	21 0	6 12	2 6	17 21
18	9 14	25 4	8 7	5 51	21 43	7 27	2 54	17 22
19	9 17	25 7	8 9	5 48	22 26	8 42	3 45	17 23
20	9 19	25 11	8 10	5 46	23 9	9 57	4 39	17 24
21	9 21	25 14	8 11	5 45	23 52	11 12	5 36	17 25
22	9 23	25 18	8 13	5 43	24 35	12 27	6 36	17 25
23	9 25	25 21	8 14	5 42	25 17	13 42	7 39	17 26
24	9 27	25 25	8 16	5 40	26 0	14 57	8 44	17 27
25	9 29	25 28	8 18	5 39	26 43	16 12	9 51	17 28
26	9 31	25 31	8 20	5 39	27 25	17 27	11 0	17 29
27	9 34	25 35	8 22	5 38	28 8	18 42	12 11	17 29
28	9 36	25 38	8 24	5 38	28 51	19 57	13 24	17 30

Day	♂ Decl.	♀ Lat.	♀ Decl.	☿ Lat.	☿ Decl.	♇ Lat.	♇ Decl.	☊
	° ′	° ′	° ′	° ′	° ′	° ′	° ′	° ′
1	3 N 37	1 S 19	17 S 15	3 N 35	16 S 4	9 N 48	13 S 3	24 ♊ 43
4	4 31	1 22	16 8	3 20	16 52	9 49	13 3	24 34
7	5 24	1 24	14 57	2 52	17 35	9 49	13 2	24 24
10	6 17	1 26	13 42	2 18	18 10	9 50	13 2	24 15
13	7 9	1 27	12 24	1 42	18 33	9 51	13 2	24 5
16	8 0	1 27	11 3	1 7	18 46	9 51	13 2	23 55
19	8 51	1 27	9 39	0 33	18 47	9 52	13 1	23 46
22	9 40	1 27	8 14	0 1	18 36	9 53	13 1	23 36
25	10 29	1 26	6 46	0 S 27	18 13	9 53	13 0	23 27
28	11 17	1 24	5 16	0 53	17 38	9 54	13 0	23 17

2002 MÄRZ

Day	Sidereal Time	☉ Long.	☉ Decl.	☽ Long.	☽ Lat.	☽ Decl.
	H M S	° ′ ″	° ′	° ′	° ′	° ′
1	10 34 30	10 ♓ 13 7	7 S 44	3 ♌ 18	4 N 56	3 N 13
2	10 38 26	11 13 19	7 21	18 23	4 33	2 S 59
3	10 42 23	12 13 30	6 58	3 ♍ 6	3 52	8 54
4	10 46 19	13 13 39	6 35	17 23	2 58	14 10
5	10 50 16	14 13 46	6 12	1 ♐ 10	1 54	18 32
6	10 54 13	15 13 52	5 49	14 30	0 47	21 46
7	10 58 9	16 13 57	5 26	27 27	0 S 22	23 46
8	11 2 6	17 13 59	5 2	10 ♑ 3	1 27	24 30
9	11 6 2	18 14 0	4 39	22 24	2 27	23 59
10	11 9 59	19 14 0	4 16	4 ♒ 33	3 19	22 20
11	11 13 55	20 13 57	3 52	16 35	4 1	19 42
12	11 17 52	21 13 53	3 29	28 32	4 33	16 15
13	11 21 48	22 13 47	3 5	10 ♓ 25	4 52	12 10
14	11 25 45	23 13 39	2 41	22 17	4 59	7 38
15	11 29 42	24 13 29	2 18	4 ♈ 9	4 53	2 49
16	11 33 38	25 13 18	1 54	16 3	4 34	2 N 6
17	11 37 35	26 13 4	1 30	27 59	4 2	6 59
18	11 41 31	27 12 48	1 6	10 ♉ 0	3 20	11 39
19	11 45 28	28 12 29	0 43	22 8	2 28	15 55
20	11 49 24	29 12 9	0 19	4 Ⅱ 28	1 28	19 35
21	11 53 21	0 ♈ 11 46	0 N 5	17 2	0 23	22 25
22	11 57 17	1 11 21	0 28	29 56	0 N 45	24 11
23	12 1 14	2 10 54	0 52	13 ♋ 13	1 53	24 39
24	12 5 11	3 10 24	1 16	26 57	2 56	23 39
25	12 9 7	4 9 53	1 39	11 ♌ 9	3 51	21 8
26	12 13 4	5 9 19	2 3	25 48	4 32	17 11
27	12 17 0	6 8 42	2 26	10 ♍ 50	4 56	12 4
28	12 20 57	7 8 4	2 50	26 7	4 59	6 8
29	12 24 53	8 7 24	3 13	11 ♎ 26	4 41	0 S 12
30	12 28 50	9 6 41	3 37	26 38	4 4	6 29
31	12 32 46	10 5 57	4 0	11 ♏ 31	3 10	12 16

Day	♆ Lat.	♆ Decl.	♅ Lat.	♅ Decl.	♄ Lat.	♄ Decl.	♃ Lat.	♃ Decl.	♂ Lat.
	° ′	° ′	° ′	° ′	° ′	° ′	° ′	° ′	° ′
1	0 N 5	17 S 45	0 S 42	13 S 37	1 S 33	20 N 10	0 N 8	23 N 27	0 N 15
4	0 5	17 44	0 42	13 34	1 33	20 12	0 8	23 27	0 17
7	0 5	17 42	0 42	13 30	1 32	20 14	0 8	23 27	0 20
10	0 5	17 41	0 42	13 27	1 31	20 17	0 9	23 27	0 22
13	0 5	17 39	0 42	13 24	1 30	20 19	0 9	23 27	0 24
16	0 5	17 38	0 42	13 20	1 30	20 21	0 9	23 27	0 26
19	0 5	17 36	0 42	13 17	1 29	20 24	0 9	23 27	0 28
22	0 5	17 35	0 42	13 14	1 28	20 26	0 10	23 27	0 29
25	0 5	17 34	0 43	13 11	1 28	20 29	0 10	23 27	0 31
28	0 5	17 33	0 43	13 8	1 27	20 31	0 10	23 26	0 33
31	0 5	17 31	0 43	13 6	1 27	20 34	0 10	23 26	0 35

MÄRZ 2002

Day	♆ Long.	♅ Long.	♄ Long.	♃ Long.	♂ Long.	♀ Long.	☿ Long.	♇ Long.
	° ′	° ′	° ′	° ′	° ′	° ′	° ′	° ′
1	9 ♒ 38	25 ♒ 42	8 ♊ 26	5 ♋ 37	29 ♈ 33	21 ♓ 12	14 ♒ 39	17 ♐ 31
2	9 40	25 45	8 29	5 R 37	0 ♉ 16	22 26	15 56	17 31
3	9 42	25 48	8 31	5 D 38	0 58	23 41	17 14	17 32
4	9 44	25 52	8 34	5 38	1 41	24 56	18 34	17 33
5	9 46	25 55	8 37	5 38	2 23	26 11	19 55	17 33
6	9 48	25 58	8 39	5 39	3 6	27 25	21 18	17 34
7	9 49	26 2	8 42	5 40	3 48	28 40	22 42	17 34
8	9 51	26 5	8 45	5 41	4 30	29 55	24 7	17 35
9	9 53	26 8	8 48	5 43	5 13	1 ♈ 10	25 34	17 35
10	9 55	26 12	8 52	5 44	5 55	2 24	27 2	17 35
11	9 57	26 15	8 55	5 46	6 37	3 39	28 31	17 36
12	9 59	26 18	8 58	5 48	7 19	4 54	0 ♓ 2	17 36
13	10 1	26 21	9 2	5 50	8 2	6 8	1 34	17 36
14	10 2	26 24	9 5	5 52	8 44	7 23	3 7	17 37
15	10 4	26 28	9 9	5 55	9 26	8 37	4 41	17 37
16	10 6	26 31	9 13	5 58	10 8	9 52	6 16	17 37
17	10 8	26 34	9 17	6 1	10 50	11 6	7 53	17 37
18	10 9	26 37	9 21	6 4	11 32	12 21	9 31	17 37
19	10 11	26 40	9 25	6 7	12 14	13 35	11 10	17 37
20	10 13	26 43	9 29	6 10	12 56	14 50	12 50	17 37
21	10 14	26 46	9 33	6 14	13 38	16 4	14 32	17 37
22	10 16	26 49	9 37	6 18	14 19	17 18	16 15	17 R 37
23	10 18	26 52	9 42	6 22	15 1	18 33	17 59	17 37
24	10 19	26 55	9 46	6 26	15 43	19 47	19 44	17 37
25	10 21	26 58	9 51	6 30	16 25	21 1	21 31	17 37
26	10 22	27 1	9 56	6 35	17 6	22 15	23 19	17 37
27	10 24	27 4	10 0	6 39	17 48	23 29	25 8	17 37
28	10 25	27 7	10 5	6 44	18 30	24 44	26 59	17 36
29	10 27	27 10	10 10	6 49	19 11	25 58	28 51	17 36
30	10 28	27 12	10 15	6 54	19 53	27 12	0 ♈ 44	17 36
31	10 29	27 15	10 20	7 0	20 34	28 26	2 39	17 35

Day	♂ Decl.	♀ Lat.	♀ Decl.	☿ Lat.	☿ Decl.	♇ Lat.	♇ Decl.	☊
	° ′	° ′	° ′	° ′	° ′	° ′	° ′	° ′
1	11 N 33	1 S 23	4 S 46	1 S 0	17 S 24	9 N 54	12 S 59	23 ♊ 14
4	12 20	1 21	3 15	1 22	16 33	9 55	12 59	23 5
7	13 5	1 18	1 43	1 40	15 31	9 56	12 58	22 55
10	13 50	1 14	0 10	1 54	14 17	9 57	12 58	22 46
13	14 33	1 10	1 N 22	2 5	12 52	9 57	12 57	22 36
16	15 16	1 5	2 55	2 13	11 16	9 58	12 56	22 27
19	15 57	1 N 0	4 26	2 16	9 28	9 59	12 55	22 17
22	16 36	0 S 54	5 57	2 15	7 30	10 0	12 55	22 7
25	17 15	0 48	7 27	2 11	5 22	10 0	12 54	21 58
28	17 52	0 42	8 56	2 1	3 3	10 1	12 53	21 48
31	18 27	0 35	10 22	1 48	0 36	10 2	12 52	21 39

2002 APRIL

Day	Sidereal Time	☉ Long.	☉ Decl.	☽ Long.	☽ Lat.	☽ Decl.
	H M S	° ′ ″	° ′	° ′	° ′	° ′
1	12 36 43	11♈ 5 11	4 N 23	25 ♏ 59	2 N 5	17 S 13
2	12 40 40	12 4 23	4 46	9 ♐ 57	0 55	21 2
3	12 44 36	13 3 33	5 9	23 26	0 S 17	23 33
4	12 48 33	14 2 41	5 32	6 ♑ 28	1 25	24 42
5	12 52 29	15 1 47	5 55	19 7	2 27	24 30
6	12 56 26	16 0 52	6 18	1 ♒ 28	3 20	23 5
7	13 0 22	16 59 55	6 41	13 35	4 4	20 38
8	13 4 19	17 58 56	7 3	25 33	4 36	17 20
9	13 8 15	18 57 55	7 26	7 ♓ 26	4 56	13 22
10	13 12 12	19 56 53	7 48	19 17	5 4	8 54
11	13 16 9	20 55 48	8 10	1 ♈ 8	4 58	4 6
12	13 20 5	21 54 42	8 32	13 3	4 39	0 N 52
13	13 24 2	22 53 34	8 54	25 1	4 8	5 50
14	13 27 58	23 52 23	9 16	7 ♉ 5	3 25	10 39
15	13 31 55	24 51 11	9 37	19 15	2 32	15 6
16	13 35 51	25 49 57	9 59	1 ♊ 34	1 32	18 58
17	13 39 48	26 48 40	10 20	14 3	0 26	22 3
18	13 43 44	27 47 21	10 41	26 46	0 N 42	24 6
19	13 47 41	28 46 0	11 2	9 ♋ 44	1 50	24 54
20	13 51 38	29 44 37	11 23	23 1	2 53	24 19
21	13 55 34	0 ♉ 43 12	11 43	6 ♌ 40	3 49	22 18
22	13 59 31	1 41 44	12 4	20 41	4 32	18 54
23	14 3 27	2 40 15	12 24	5 ♍ 5	5 0	14 17
24	14 7 24	3 38 43	12 44	19 48	5 8	8 45
25	14 11 20	4 37 9	13 4	4 ♎ 46	4 56	2 38
26	14 15 17	5 35 33	13 23	19 49	4 24	3 S 41
27	14 19 13	6 33 56	13 43	4 ♏ 48	3 33	9 46
28	14 23 10	7 32 16	14 2	19 35	2 29	15 14
29	14 27 7	8 30 35	14 20	4 ♐ 2	1 17	19 41
30	14 31 3	9 28 52	14 39	18 3	0 2	22 52

Day	♆ Lat.	♆ Decl.	♅ Lat.	♅ Decl.	♄ Lat.	♄ Decl.	♃ Lat.	♃ Decl.	♂ Lat.
	° ′	° ′	° ′	° ′	° ′	° ′	° ′	° ′	° ′
1	0 N 5	17 S 31	0 S 43	13 S 5	1 S 26	20 N 35	0 N 11	23 N 25	0 N 35
4	0 5	17 30	0 43	13 2	1 26	20 38	0 11	23 25	0 37
7	0 5	17 29	0 43	12 59	1 25	20 41	0 11	23 24	0 38
10	0 5	17 28	0 43	12 57	1 25	20 44	0 11	23 23	0 40
13	0 5	17 27	0 43	12 55	1 24	20 47	0 11	23 22	0 41
16	0 5	17 27	0 43	12 52	1 23	20 50	0 12	23 21	0 43
19	0 5	17 26	0 43	12 50	1 23	20 53	0 12	23 19	0 44
22	0 5	17 25	0 43	12 48	1 22	20 56	0 12	23 18	0 46
25	0 5	17 25	0 43	12 46	1 22	20 59	0 12	23 16	0 47
28	0 5	17 24	0 44	12 45	1 22	21 2	0 13	23 14	0 48

APRIL 2002

Day	♆ Long.	♅ Long.	♄ Long.	♃ Long.	♂ Long.	♀ Long.	☿ Long.	♇ Long.
	° ′	° ′	° ′	° ′	° ′	° ′	° ′	° ′
1	10 ♒ 31	27 ♒ 18	10 ♊ 25	7 ♋ 5	21 ♉ 16	29 ♈ 40	4 ♈ 35	17 ♐ 35
2	10 32	27 21	10 31	7 11	21 57	0 ♉ 54	6 32	17 R 35
3	10 33	27 23	10 36	7 17	22 38	2 8	8 31	17 34
4	10 35	27 26	10 41	7 22	23 20	3 22	10 30	17 34
5	10 36	27 29	10 47	7 29	24 1	4 35	12 31	17 33
6	10 37	27 31	10 52	7 35	24 42	5 49	14 33	17 33
7	10 38	27 34	10 58	7 41	25 24	7 3	16 36	17 32
8	10 39	27 36	11 3	7 48	26 5	8 17	18 40	17 32
9	10 41	27 39	11 9	7 55	26 46	9 31	20 45	17 31
10	10 42	27 41	11 15	8 1	27 27	10 44	22 50	17 30
11	10 43	27 44	11 21	8 8	28 8	11 58	24 56	17 30
12	10 44	27 46	11 27	8 16	28 49	13 12	27 2	17 29
13	10 45	27 48	11 33	8 23	29 30	14 25	29 7	17 28
14	10 46	27 51	11 39	8 30	0 ♊ 11	15 39	1 ♉ 13	17 27
15	10 47	27 53	11 45	8 38	0 52	16 52	3 18	17 27
16	10 48	27 55	11 51	8 46	1 33	18 6	5 21	17 26
17	10 48	27 57	11 57	8 53	2 14	19 19	7 24	17 25
18	10 49	27 59	12 4	9 1	2 55	20 33	9 24	17 24
19	10 50	28 2	12 10	9 10	3 36	21 46	11 23	17 23
20	10 51	28 4	12 16	9 18	4 16	23 0	13 19	17 22
21	10 52	28 6	12 23	9 26	4 57	24 13	15 13	17 21
22	10 52	28 8	12 29	9 35	5 38	25 26	17 4	17 20
23	10 53	28 10	12 36	9 43	6 19	26 39	18 51	17 19
24	10 54	28 11	12 43	9 52	6 59	27 53	20 35	17 18
25	10 54	28 13	12 49	10 1	7 40	29 6	22 16	17 17
26	10 55	28 15	12 56	10 10	8 20	0 ♊ 19	23 52	17 16
27	10 55	28 17	13 3	10 19	9 1	1 32	25 25	17 15
28	10 56	28 19	13 10	10 28	9 41	2 45	26 53	17 14
29	10 56	28 20	13 16	10 37	10 22	3 58	28 17	17 13
30	10 57	28 22	13 23	10 47	11 2	5 11	29 37	17 12

Day	♂ Decl.	♀ Lat.	♀ Decl.	☿ Lat.	☿ Decl.	♇ Lat.	♇ Decl.	☊
	° ′	° ′	° ′	° ′	° ′	° ′	° ′	° ′
1	18 N 39	0 S 33	10 N 51	1 S 42	0 N 16	10 N 2	12 S 52	21 ♊ 36
4	19 12	0 26	12 14	1 22	2 54	10 3	12 51	21 26
7	19 44	0 18	13 35	0 58	5 38	10 4	12 50	21 17
10	20 14	0 10	14 53	0 29	8 26	10 4	12 49	21 7
13	20 43	0 3	16 8	0 N 2	11 12	10 5	12 49	20 58
16	21 10	0 N 5	17 19	0 35	13 51	10 6	12 48	20 48
19	21 36	0 14	18 26	1 8	16 19	10 6	12 47	20 38
22	22 0	0 22	19 28	1 38	18 30	10 7	12 46	20 29
25	22 22	0 30	20 27	2 4	20 20	10 7	12 45	20 19
28	22 42	0 38	21 20	2 23	21 47	10 8	12 45	20 10

2002 MAI

Day	Sidereal Time H M S	☉ Long. ° ′ ″	☉ Decl. ° ′	☽ Long. ° ′	☽ Lat. ° ′	☽ Decl. ° ′
1	14 35 0	10 ♉ 27 7	14 N 57	1 ♑ 38	1 S 11	24 S 37
2	14 38 56	11 25 21	15 16	14 47	2 19	24 55
3	14 42 53	12 23 33	15 33	27 31	3 17	23 52
4	14 46 49	13 21 44	15 51	9 ♒ 56	4 4	21 40
5	14 50 46	14 19 54	16 8	22 6	4 40	18 33
6	14 54 42	15 18 2	16 25	4 ♓ 5	5 2	14 42
7	14 58 39	16 16 8	16 42	15 59	5 12	10 19
8	15 2 36	17 14 13	16 59	27 50	5 8	5 34
9	15 6 32	18 12 17	17 15	9 ♈ 43	4 51	0 36
10	15 10 29	19 10 19	17 31	21 41	4 21	4 N 25
11	15 14 25	20 8 20	17 47	3 ♉ 46	3 39	9 20
12	15 18 22	21 6 19	18 2	15 59	2 46	13 58
13	15 22 18	22 4 17	18 17	28 23	1 45	18 5
14	15 26 15	23 2 13	18 32	10 ♊ 59	0 38	21 28
15	15 30 11	24 0 7	18 46	23 46	0 N 32	23 50
16	15 34 8	24 58 0	19 1	6 ♋ 45	1 42	24 58
17	15 38 5	25 55 51	19 14	19 59	2 48	24 43
18	15 42 1	26 53 40	19 28	3 ♌ 27	3 45	23 2
19	15 45 58	27 51 28	19 41	17 10	4 31	19 59
20	15 49 54	28 49 14	19 54	1 ♍ 9	5 2	15 46
21	15 53 51	29 46 59	20 6	15 22	5 15	10 36
22	15 57 47	0 ♊ 44 42	20 18	29 48	5 8	4 48
23	16 1 44	1 42 23	20 30	14 ♎ 22	4 42	1 S 19
24	16 5 40	2 40 3	20 42	28 59	3 58	7 24
25	16 9 37	3 37 41	20 53	13 ♏ 34	2 58	13 5
26	16 13 34	4 35 18	21 3	28 0	1 47	17 58
27	16 17 30	5 32 54	21 14	12 ♐ 11	0 31	21 44
28	16 21 27	6 30 28	21 24	26 4	0 S 45	24 8
29	16 25 23	7 28 2	21 33	9 ♑ 34	1 57	25 3
30	16 29 20	8 25 34	21 43	22 43	3 1	24 30
31	16 33 16	9 23 6	21 51	5 ♒ 30	3 54	22 41

Day	♆ Lat. ° ′	♆ Decl. ° ′	♅ Lat. ° ′	♅ Decl. ° ′	♄ Lat. ° ′	♄ Decl. ° ′	♃ Lat. ° ′	♃ Decl. ° ′	♂ Lat. ° ′
1	0 N 5	17 S 24	0 S 44	12 S 43	1 S 21	21 N 5	0 N 13	23 N 12	0 N 49
4	0 5	17 24	0 44	12 41	1 21	21 8	0 13	23 10	0 51
7	0 5	17 24	0 44	12 40	1 20	21 11	0 13	23 7	0 52
10	0 5	17 24	0 44	12 39	1 20	21 14	0 13	23 5	0 53
13	0 5	17 23	0 44	12 38	1 19	21 16	0 14	23 2	0 54
16	0 5	17 24	0 44	12 37	1 19	21 19	0 14	22 59	0 55
19	0 5	17 24	0 44	12 36	1 19	21 22	0 14	22 56	0 56
22	0 5	17 24	0 44	12 36	1 18	21 25	0 14	22 52	0 57
25	0 5	17 24	0 45	12 35	1 18	21 27	0 15	22 49	0 58
28	0 5	17 25	0 45	12 35	1 18	21 30	0 15	22 45	0 58
31	0 5	17 25	0 45	12 35	1 18	21 32	0 15	22 41	0 59

MAI 2002

Day	♆ Long.	♅ Long.	♄ Long.	♃ Long.	♂ Long.	♀ Long.	☿ Long.	♇ Long.
	° ′	° ′	° ′	° ′	° ′	° ′	° ′	° ′
1	10 ♒ 57	28 ♒ 24	13 ♊ 30	10 ♋ 56	11 ♊ 43	6 ♊ 24	0 ♊ 52	17 ♐ 10
2	10 58	28 25	13 37	11 6	12 23	7 36	2 3	17 R 9
3	10 58	28 27	13 44	11 15	13 3	8 49	3 9	17 8
4	10 58	28 28	13 51	11 25	13 43	10 2	4 11	17 7
5	10 59	28 29	13 59	11 35	14 24	11 15	5 7	17 5
6	10 59	28 31	14 6	11 45	15 4	12 27	5 59	17 4
7	10 59	28 32	14 13	11 55	15 44	13 40	6 46	17 3
8	10 59	28 33	14 20	12 5	16 24	14 53	7 28	17 1
9	11 0	28 35	14 27	12 16	17 4	16 5	8 5	17 0
10	11 0	28 36	14 35	12 26	17 45	17 18	8 36	16 59
11	11 0	28 37	14 42	12 37	18 25	18 30	9 3	16 57
12	11 0	28 38	14 49	12 47	19 5	19 42	9 25	16 56
13	11 0	28 39	14 57	12 58	19 45	20 55	9 41	16 54
14	11 R 0	28 40	15 4	13 9	20 25	22 7	9 52	16 53
15	11 0	28 41	15 12	13 19	21 5	23 19	9 59	16 51
16	11 0	28 42	15 19	13 30	21 45	24 32	10 0	16 50
17	11 0	28 43	15 27	13 41	22 24	25 44	9 R 57	16 48
18	11 0	28 44	15 34	13 52	23 4	26 56	9 49	16 47
19	10 59	28 44	15 42	14 4	23 44	28 8	9 36	16 45
20	10 59	28 45	15 49	14 15	24 24	29 20	9 20	16 44
21	10 59	28 46	15 57	14 26	25 4	0 ♋ 32	8 59	16 42
22	10 59	28 46	16 4	14 37	25 43	1 44	8 36	16 41
23	10 58	28 47	16 12	14 49	26 23	2 56	8 9	16 39
24	10 58	28 47	16 20	15 0	27 3	4 7	7 39	16 38
25	10 58	28 48	16 27	15 12	27 42	5 19	7 8	16 36
26	10 57	28 48	16 35	15 24	28 22	6 31	6 35	16 34
27	10 57	28 49	16 43	15 35	29 2	7 42	6 1	16 33
28	10 57	28 49	16 50	15 47	29 41	8 54	5 27	16 31
29	10 56	28 49	16 58	15 59	0 ♋ 21	10 5	4 53	16 30
30	10 56	28 49	17 6	16 11	1 0	11 17	4 21	16 28
31	10 55	28 50	17 14	16 23	1 40	12 28	3 49	16 26

Day	♂ Decl.	♀ Lat.	♀ Decl.	☿ Lat.	☿ Decl.	♇ Lat.	♇ Decl.	☊
	° ′	° ′	° ′	° ′	° ′	° ′	° ′	° ′
1	23 N 0	0 N 46	22 N 8	2 N 35	22 N 52	10 N 8	12 S 44	20 ♊ 0
4	23 17	0 54	22 50	2 39	23 35	10 9	12 43	19 51
7	23 32	1 1	23 27	2 33	23 57	10 9	12 42	19 41
10	23 45	1 9	23 58	2 18	24 0	10 9	12 42	19 32
13	23 56	1 16	24 23	1 52	23 45	10 9	12 41	19 22
16	24 6	1 22	24 42	1 18	23 14	10 10	12 40	19 13
19	24 13	1 29	24 54	0 35	22 28	10 10	12 40	19 3
22	24 19	1 35	25 0	0 S 15	21 30	10 10	12 39	18 54
25	24 23	1 40	25 0	1 7	20 24	10 10	12 39	18 44
28	24 25	1 45	24 53	1 58	19 16	10 10	12 38	18 35
31	24 25	1 49	24 40	2 45	18 13	10 10	12 38	18 25

2002 JUNI

Day	Sidereal Time			☉ Long.			☉ Decl.		☽ Long.		☽ Lat.		☽ Decl.	
	H	M	S	°	′	″	°	′	°	′	°	′	°	′
1	16	37	13	10 Ⅱ	20	36	22 N	0	17 ≈	58	4 S	35	19 S	48
2	16	41	9	11	18	6	22	8	0 ♓	11	5	2	16	7
3	16	45	6	12	15	35	22	16	12	13	5	15	11	50
4	16	49	3	13	13	4	22	23	24	8	5	15	7	9
5	16	52	59	14	10	31	22	30	6 ♈	0	5	1	2	14
6	16	56	56	15	7	58	22	37	17	55	4	35	2 N	48
7	17	0	52	16	5	24	22	43	29	56	3	56	7	46
8	17	4	49	17	2	50	22	49	12 ♉	7	3	6	12	31
9	17	8	45	18	0	15	22	54	24	30	2	6	16	51
10	17	12	42	18	57	39	22	59	7 Ⅱ	8	0	59	20	32
11	17	16	38	19	55	2	23	3	20	1	0 N	12	23	16
12	17	20	35	20	52	25	23	8	3 ♋	10	1	24	24	48
13	17	24	32	21	49	46	23	11	16	34	2	33	24	56
14	17	28	28	22	47	7	23	15	0 ♌	11	3	34	23	35
15	17	32	25	23	44	27	23	17	14	1	4	23	20	49
16	17	36	21	24	41	46	23	20	28	0	4	58	16	49
17	17	40	18	25	39	4	23	22	12 ♍	7	5	15	11	52
18	17	44	14	26	36	22	23	24	26	19	5	13	6	15
19	17	48	11	27	33	38	23	25	10 ♎	34	4	52	0	18
20	17	52	7	28	30	54	23	26	24	49	4	13	5 S	41
21	17	56	4	29	28	9	23	26	9 ♏	2	3	18	11	22
22	18	0	1	0 ♋	25	23	23	26	23	9	2	12	16	25
23	18	3	57	1	22	37	23	26	7 ♐	7	0	59	20	32
24	18	7	54	2	19	50	23	25	20	54	0 S	17	23	24
25	18	11	50	3	17	3	23	24	4 ♑	28	1	30	24	52
26	18	15	47	4	14	16	23	22	17	45	2	37	24	52
27	18	19	43	5	11	28	23	20	0 ≈	44	3	35	23	29
28	18	23	40	6	8	40	23	18	13	27	4	20	20	50
29	18	27	36	7	5	52	23	15	25	54	4	52	17	28
30	18	31	33	8	3	4	23	12	8 ♓	6	5	10	13	19

Day	♆ Lat.		♆ Decl.		♅ Lat.		♅ Decl.		♄ Lat.		♄ Decl.		♃ Lat.		♃ Decl.		♂ Lat.	
	°	′	°	′	°	′	°	′	°	′	°	′	°	′	°	′	°	′
1	0 N	5	17 S	25	0 S	45	12 S	35	1 S	18	21 N	33	0 N	15	22 N	40	0 N	59
4	0	5	17	26	0	45	12	35	1	17	21	35	0	15	22	35	1	0
7	0	5	17	26	0	45	12	35	1	17	21	38	0	15	22	31	1	1
10	0	5	17	27	0	45	12	36	1	17	21	40	0	16	22	26	1	2
13	0	5	17	28	0	45	12	36	1	17	21	42	0	16	22	21	1	2
16	0	5	17	29	0	45	12	37	1	16	21	44	0	16	22	16	1	3
19	0	5	17	29	0	46	12	38	1	16	21	46	0	16	22	10	1	3
22	0	5	17	30	0	46	12	39	1	16	21	48	0	17	22	5	1	4
25	0	5	17	31	0	46	12	40	1	16	21	50	0	17	21	59	1	5
28	0	5	17	32	0	46	12	41	1	16	21	52	0	17	21	53	1	5

JUNI 2002

Day	♆ Long.	♅ Long.	♄ Long.	♃ Long.	♂ Long.	♀ Long.	☿ Long.	♇ Long.
	° ′	° ′	° ′	° ′	° ′	° ′	° ′	° ′
1	10 ♒ 54	28 ♒ 50	17 ♊ 21	16 ♋ 35	2 ♋ 19	13 ♋ 40	3 ♊ 20	16 ♐ 25
2	10 R 54	28 50	17 29	16 47	2 58	14 51	2 R 53	16 R 23
3	10 53	28 50	17 37	16 59	3 38	16 2	2 29	16 21
4	10 53	28 R 50	17 45	17 11	4 17	17 13	2 8	16 20
5	10 52	28 50	17 53	17 24	4 57	18 24	1 51	16 18
6	10 51	28 50	18 0	17 36	5 36	19 35	1 37	16 16
7	10 50	28 49	18 8	17 48	6 15	20 46	1 28	16 15
8	10 50	28 49	18 16	18 1	6 55	21 57	1 23	16 13
9	10 49	28 49	18 24	18 13	7 34	23 8	1 22	16 12
10	10 48	28 49	18 32	18 26	8 13	24 19	1 D 26	16 10
11	10 47	28 48	18 39	18 38	8 52	25 29	1 35	16 8
12	10 46	28 48	18 47	18 51	9 31	26 40	1 47	16 7
13	10 45	28 47	18 55	19 4	10 11	27 50	2 5	16 5
14	10 44	28 47	19 3	19 16	10 50	29 1	2 27	16 3
15	10 43	28 46	19 10	19 29	11 29	0 ♌ 11	2 53	16 2
16	10 42	28 46	19 18	19 42	12 8	1 21	3 24	16 0
17	10 41	28 45	19 26	19 55	12 47	2 32	3 59	15 58
18	10 40	28 44	19 34	20 7	13 26	3 42	4 38	15 57
19	10 39	28 44	19 42	20 20	14 5	4 52	5 22	15 55
20	10 38	28 43	19 49	20 33	14 44	6 2	6 9	15 54
21	10 37	28 42	19 57	20 46	15 23	7 12	7 1	15 52
22	10 36	28 41	20 5	20 59	16 2	8 21	7 57	15 50
23	10 35	28 40	20 12	21 12	16 41	9 31	8 56	15 49
24	10 34	28 39	20 20	21 25	17 20	10 41	10 0	15 47
25	10 33	28 38	20 28	21 38	17 59	11 50	11 7	15 46
26	10 31	28 37	20 36	21 51	18 38	12 59	12 18	15 44
27	10 30	28 36	20 43	22 4	19 16	14 9	13 32	15 43
28	10 29	28 35	20 51	22 18	19 55	15 18	14 51	15 41
29	10 28	28 34	20 58	22 31	20 34	16 27	16 12	15 40
30	10 26	28 33	21 6	22 44	21 13	17 36	17 38	15 38

Day	♂ Decl.	♀ Lat.	♀ Decl.	☿ Lat.	☿ Decl.	♇ Lat.	♇ Decl.	☊
	° ′	° ′	° ′	° ′	° ′	° ′	° ′	° ′
1	24 N 25	1 N 50	24 N 34	2 S 58	17 N 54	10 N 10	12 S 38	18 ♊ 22
4	24 22	1 53	24 12	3 32	17 7	10 10	12 38	18 12
7	24 18	1 56	23 45	3 56	16 37	10 9	12 37	18 3
10	24 13	1 58	23 11	4 7	16 24	10 9	12 37	17 53
13	24 5	1 59	22 32	4 9	16 31	10 9	12 37	17 44
16	23 56	1 59	21 48	4 1	16 53	10 8	12 37	17 34
19	23 45	1 59	20 58	3 45	17 30	10 8	12 37	17 25
22	23 32	1 57	20 4	3 23	18 18	10 8	12 37	17 15
25	23 18	1 55	19 5	2 55	19 13	10 7	12 37	17 6
28	23 2	1 52	18 2	2 23	20 13	10 6	12 37	16 56

2002 JULI

Day	Sidereal Time			☉ Long.			☉ Decl.		☽ Long.		☽ Lat.		☽ Decl.	
	H	M	S	°	′	″	°	′	°	′	°	′	°	′
1	18	35	30	9♋	0	16	23 N	8	20♓	8	5 S	14	8 S	43
2	18	39	26	9	57	28	23	4	2♈	4	5	5	3	50
3	18	43	23	10	54	40	22	59	13	57	4	42	1 N	10
4	18	47	19	11	51	53	22	55	25	52	4	7	6	9
5	18	51	16	12	49	5	22	49	7♉	54	3	21	10	58
6	18	55	12	13	46	18	22	44	20	7	2	26	15	26
7	18	59	9	14	43	32	22	38	2♊	37	1	22	19	21
8	19	3	5	15	40	45	22	31	15	24	0	13	22	26
9	19	7	2	16	37	59	22	24	28	33	0 N	59	24	25
10	19	10	59	17	35	12	22	17	12♋	2	2	9	25	2
11	19	14	55	18	32	26	22	9	25	50	3	14	24	9
12	19	18	52	19	29	40	22	1	9♌	55	4	7	21	44
13	19	22	48	20	26	55	21	53	24	12	4	46	17	57
14	19	26	45	21	24	9	21	44	8♍	35	5	8	13	6
15	19	30	41	22	21	23	21	35	23	0	5	10	7	31
16	19	34	38	23	18	38	21	26	7♎	22	4	52	1	33
17	19	38	34	24	15	52	21	16	21	37	4	17	4 S	27
18	19	42	31	25	13	7	21	6	5♏	43	3	27	10	10
19	19	46	28	26	10	22	20	55	19	39	2	25	15	19
20	19	50	24	27	7	37	20	44	3♐	23	1	15	19	36
21	19	54	21	28	4	52	20	33	16	56	0	2	22	46
22	19	58	17	29	2	8	20	21	0♑	18	1 S	10	24	36
23	20	2	14	29	59	23	20	9	13	28	2	17	25	1
24	20	6	10	0♌	56	40	19	57	26	26	3	15	24	4
25	20	10	7	1	53	57	19	44	9♒	11	4	3	21	52
26	20	14	3	2	51	15	19	31	21	43	4	38	18	39
27	20	18	0	3	48	33	19	18	4♓	3	5	0	14	40
28	20	21	57	4	45	52	19	4	16	11	5	7	10	10
29	20	25	53	5	43	12	18	50	28	11	5	1	5	19
30	20	29	50	6	40	33	18	36	10♈	5	4	42	0	20
31	20	33	46	7	37	55	18	22	21	56	4	10	4 N	40

Day	♆ Lat.		♆ Decl.		♅ Lat.		♅ Decl.		♄ Lat.		♄ Decl.		♃ Lat.		♃ Decl.		♂ Lat.	
	°	′	°	′	°	′	°	′	°	′	°	′	°	′	°	′	°	′
1	0 N	4	17 S	33	0 S	46	12 S	42	1 S	16	21 N	53	0 N	17	21 N	46	1 N	5
4	0	4	17	35	0	46	12	44	1	16	21	55	0	18	21	40	1	6
7	0	4	17	36	0	46	12	45	1	16	21	56	0	18	21	33	1	6
10	0	4	17	37	0	46	12	47	1	16	21	58	0	18	21	26	1	7
13	0	4	17	38	0	46	12	49	1	15	21	59	0	18	21	19	1	7
16	0	4	17	39	0	46	12	51	1	15	22	0	0	19	21	12	1	7
19	0	4	17	41	0	46	12	53	1	15	22	1	0	19	21	5	1	8
22	0	4	17	42	0	47	12	55	1	15	22	2	0	19	20	57	1	8
25	0	4	17	43	0	47	12	57	1	15	22	3	0	19	20	49	1	8
28	0	4	17	45	0	47	12	59	1	15	22	4	0	20	20	41	1	8
31	0	4	17	46	0	47	13	2	1	15	22	5	0	20	20	33	1	8

JULI 2002

Day	♆ Long. ° ′	♅ Long. ° ′	♄ Long. ° ′	♃ Long. ° ′	♂ Long. ° ′	♀ Long. ° ′	☿ Long. ° ′	♇ Long. ° ′
1	10 ♒ 25	28 ♒ 31	21 ♊ 14	22 ♋ 57	21 ♋ 52	18 ♌ 45	19 ♊ 7	15 ♐ 37
2	10 R 24	28 R 30	21 21	23 10	22 30	19 54	20 39	15 R 35
3	10 22	28 29	21 29	23 24	23 9	21 3	22 15	15 34
4	10 21	28 27	21 36	23 37	23 48	22 11	23 54	15 32
5	10 20	28 26	21 44	23 50	24 27	23 20	25 37	15 31
6	10 18	28 25	21 51	24 3	25 5	24 28	27 23	15 30
7	10 17	28 23	21 58	24 17	25 44	25 36	29 11	15 28
8	10 15	28 22	22 6	24 30	26 23	26 44	1 ♋ 3	15 27
9	10 14	28 20	22 13	24 43	27 1	27 52	2 58	15 26
10	10 12	28 18	22 21	24 57	27 40	29 0	4 55	15 24
11	10 11	28 17	22 28	25 10	28 18	0 ♍ 8	6 55	15 23
12	10 9	28 15	22 35	25 23	28 57	1 16	8 56	15 22
13	10 8	28 13	22 42	25 37	29 36	2 23	11 0	15 20
14	10 6	28 12	22 50	25 50	0 ♌ 14	3 31	13 5	15 19
15	10 5	28 10	22 57	26 4	0 53	4 38	15 11	15 18
16	10 3	28 8	23 4	26 17	1 31	5 45	17 19	15 17
17	10 2	28 6	23 11	26 30	2 10	6 52	19 27	15 16
18	10 0	28 4	23 18	26 44	2 48	7 59	21 35	15 15
19	9 59	28 2	23 25	26 57	3 27	9 5	23 44	15 13
20	9 57	28 1	23 32	27 11	4 5	10 12	25 52	15 12
21	9 56	27 59	23 39	27 24	4 44	11 18	28 0	15 11
22	9 54	27 57	23 46	27 37	5 22	12 24	0 ♌ 7	15 10
23	9 52	27 55	23 53	27 51	6 1	13 30	2 14	15 9
24	9 51	27 53	23 59	28 4	6 39	14 36	4 19	15 8
25	9 49	27 51	24 6	28 18	7 18	15 41	6 23	15 7
26	9 48	27 48	24 13	28 31	7 56	16 47	8 26	15 6
27	9 46	27 46	24 19	28 44	8 34	17 52	10 28	15 5
28	9 44	27 44	24 26	28 58	9 13	18 57	12 28	15 4
29	9 43	27 42	24 33	29 11	9 51	20 2	14 26	15 4
30	9 41	27 40	24 39	29 24	10 29	21 7	16 23	15 3
31	9 39	27 38	24 45	29 38	11 8	22 11	18 19	15 2

Day	♂ Decl. ° ′	♀ Lat. ° ′	♀ Decl. ° ′	☿ Lat. ° ′	☿ Decl. ° ′	♇ Lat. ° ′	♇ Decl. ° ′	☊ ° ′
1	22 N 44	1 N 48	16 N 55	1 S 47	21 N 13	10 N 6	12 S 37	16 ♊ 47
4	22 25	1 43	15 44	1 10	22 7	10 5	12 38	16 37
7	22 5	1 37	14 31	0 33	22 53	10 4	12 38	16 27
10	21 43	1 30	13 14	0 N 2	23 23	10 3	12 38	16 18
13	21 20	1 23	11 55	0 35	23 34	10 2	12 39	16 8
16	20 55	1 14	10 33	1 3	23 21	10 2	12 39	15 59
19	20 29	1 4	9 9	1 24	22 44	10 1	12 40	15 49
22	20 1	0 54	7 44	1 38	21 44	10 0	12 41	15 40
25	19 33	0 42	6 18	1 46	20 23	9 59	12 41	15 30
28	19 3	0 30	4 50	1 47	18 46	9 57	12 42	15 21
31	18 32	0 17	3 21	1 42	16 58	9 56	12 43	15 11

2002 AUGUST

Day	Sidereal Time	☉ Long.	☉ Decl.	☽ Long.	☽ Lat.	☽ Decl.
	H M S	° ′ ″	° ′	° ′	° ′	° ′
1	20 37 43	8 ♌ 35 18	18 N 7	3 ♉ 50	3 S 28	9 N 32
2	20 41 39	9 32 43	17 52	15 50	2 37	14 5
3	20 45 36	10 30 8	17 36	28 3	1 37	18 9
4	20 49 32	11 27 35	17 21	10 Ⅱ 33	0 32	21 30
5	20 53 29	12 25 2	17 5	23 24	0 N 37	23 54
6	20 57 26	13 22 31	16 48	6 ♋ 40	1 46	25 2
7	21 1 22	14 20 1	16 32	20 22	2 51	24 43
8	21 5 19	15 17 32	16 15	4 ♌ 29	3 47	22 49
9	21 9 15	16 15 4	15 58	18 57	4 31	19 26
10	21 13 12	17 12 38	15 41	3 ♍ 39	4 57	14 46
11	21 17 8	18 10 12	15 23	18 29	5 3	9 12
12	21 21 5	19 7 47	15 5	3 ♎ 17	4 50	3 7
13	21 25 1	20 5 23	14 47	17 57	4 17	3 S 5
14	21 28 58	21 3 0	14 29	2 ♏ 22	3 28	9 2
15	21 32 55	22 0 38	14 10	16 30	2 28	14 24
16	21 36 51	22 58 18	13 52	0 ♐ 19	1 20	18 55
17	21 40 48	23 55 58	13 33	13 51	0 9	22 19
18	21 44 44	24 53 39	13 13	27 7	1 S 1	24 26
19	21 48 41	25 51 21	12 54	10 ♑ 9	2 7	25 10
20	21 52 37	26 49 4	12 34	22 58	3 5	24 31
21	21 56 34	27 46 49	12 15	5 ♒ 37	3 52	22 37
22	22 0 30	28 44 35	11 55	18 6	4 28	19 39
23	22 4 27	29 42 22	11 34	0 ♓ 25	4 51	15 52
24	22 8 24	0 ♍ 40 10	11 14	12 35	5 0	11 27
25	22 12 20	1 38 0	10 54	24 37	4 56	6 40
26	22 16 17	2 35 52	10 33	6 ♈ 33	4 38	1 40
27	22 20 13	3 33 45	10 12	18 24	4 9	3 N 23
28	22 24 10	4 31 40	9 51	0 ♉ 14	3 29	8 18
29	22 28 6	5 29 37	9 30	12 6	2 39	12 56
30	22 32 3	6 27 35	9 8	24 4	1 42	17 8
31	22 35 59	7 25 36	8 47	6 Ⅱ 14	0 40	20 41

Day	♆ Lat.	♆ Decl.	♅ Lat.	♅ Decl.	♄ Lat.	♄ Decl.	♃ Lat.	♃ Decl.	♂ Lat.
	° ′	° ′	° ′	° ′	° ′	° ′	° ′	° ′	° ′
1	0 N 4	17 S 46	0 S 47	13 S 2	1 S 15	22 N 5	0 N 20	20 N 31	1 N 9
4	0 4	17 48	0 47	13 5	1 16	22 6	0 20	20 22	1 9
7	0 4	17 49	0 47	13 7	1 16	22 6	0 21	20 14	1 9
10	0 4	17 50	0 47	13 10	1 16	22 7	0 21	20 6	1 9
13	0 4	17 52	0 47	13 12	1 16	22 7	0 21	19 57	1 9
16	0 4	17 53	0 47	13 15	1 16	22 8	0 22	19 48	1 9
19	0 4	17 54	0 47	13 17	1 16	22 8	0 22	19 40	1 9
22	0 4	17 56	0 47	13 19	1 16	22 8	0 22	19 31	1 9
25	0 4	17 57	0 47	13 22	1 16	22 8	0 23	19 22	1 9
28	0 4	17 58	0 47	13 24	1 16	22 8	0 23	19 13	1 9
31	0 4	17 59	0 47	13 27	1 16	22 9	0 23	19 4	1 9

AUGUST 2002

Day	♆ Long.	♅ Long.	♄ Long.	♃ Long.	♂ Long.	♀ Long.	☿ Long.	♇ Long.
	° ′	° ′	° ′	° ′	° ′	° ′	° ′	° ′
1	9 ♒ 38	27 ♒ 36	24 ♊ 52	29 ♋ 51	11 ♌ 46	23 ♍ 15	20 ♌ 13	15 ♐ 1
2	9 R 36	27 R 33	24 58	0 ♌ 4	12 25	24 19	22 5	15 R 0
3	9 34	27 31	25 4	0 18	13 3	25 23	23 55	15 0
4	9 33	27 29	25 11	0 31	13 41	26 27	25 44	14 59
5	9 31	27 27	25 17	0 44	14 19	27 30	27 31	14 58
6	9 30	27 24	25 23	0 57	14 58	28 33	29 17	14 58
7	9 28	27 22	25 29	1 11	15 36	29 36	1 ♍ 1	14 57
8	9 26	27 20	25 35	1 24	16 14	0 ♎ 39	2 44	14 57
9	9 25	27 17	25 41	1 37	16 53	1 41	4 25	14 56
10	9 23	27 15	25 47	1 50	17 31	2 43	6 4	14 56
11	9 22	27 13	25 53	2 3	18 9	3 45	7 42	14 55
12	9 20	27 10	25 58	2 16	18 48	4 46	9 18	14 55
13	9 18	27 8	26 4	2 29	19 26	5 48	10 53	14 54
14	9 17	27 6	26 10	2 42	20 4	6 49	12 26	14 54
15	9 15	27 3	26 15	2 55	20 42	7 49	13 58	14 54
16	9 14	27 1	26 21	3 8	21 21	8 49	15 28	14 53
17	9 12	26 58	26 26	3 21	21 59	9 49	16 56	14 53
18	9 10	26 56	26 31	3 34	22 37	10 49	18 23	14 53
19	9 9	26 54	26 36	3 47	23 15	11 48	19 48	14 52
20	9 7	26 51	26 42	4 0	23 53	12 47	21 12	14 52
21	9 6	26 49	26 47	4 13	24 32	13 45	22 34	14 52
22	9 4	26 46	26 52	4 25	25 10	14 43	23 54	14 52
23	9 3	26 44	26 57	4 38	25 48	15 41	25 12	14 52
24	9 1	26 42	27 2	4 51	26 26	16 38	26 29	14 52
25	9 0	26 39	27 6	5 3	27 4	17 35	27 44	14 52
26	8 58	26 37	27 11	5 16	27 43	18 31	28 57	14 D 52
27	8 57	26 34	27 16	5 29	28 21	19 27	0 ♎ 8	14 52
28	8 55	26 32	27 20	5 41	28 59	20 22	1 17	14 52
29	8 54	26 30	27 25	5 53	29 37	21 17	2 24	14 52
30	8 53	26 27	27 29	6 6	0 ♍ 15	22 11	3 29	14 52
31	8 51	26 25	27 33	6 18	0 53	23 5	4 31	14 53

Day	♂ Decl.	♀ Lat.	♀ Decl.	☿ Lat.	☿ Decl.	♇ Lat.	♇ Decl.	☊
	° ′	° ′	° ′	° ′	° ′	° ′	° ′	° ′
1	18 N21	0 N12	2 N52	1 N39	16 N 19	9 N56	12 S 43	15 ♊ 8
4	17 49	0 S 2	1 22	1 28	14 19	9 55	12 44	14 59
7	17 15	0 18	0 S 7	1 13	12 15	9 54	12 45	14 49
10	16 41	0 34	1 36	0 54	10 8	9 52	12 46	14 39
13	16 5	0 51	3 5	0 33	8 0	9 51	12 47	14 30
16	15 29	1 8	4 33	0 9	5 52	9 50	12 48	14 20
19	14 51	1 26	6 0	0 S 16	3 47	9 49	12 50	14 11
22	14 13	1 45	7 25	0 43	1 46	9 47	12 51	14 1
25	13 34	2 5	8 49	1 11	0 S 11	9 46	12 52	13 52
28	12 54	2 25	10 12	1 40	2 2	9 45	12 53	13 42
31	12 14	2 46	11 32	2 8	3 45	9 44	12 55	13 33

2002 SEPTEMBER

Day	Sidereal Time			☉ Long.			☉ Decl.		☽ Long.			☽ Lat.		☽ Decl.	
	H	M	S	°	′	″	°	′	°	′		°	′	°	′
1	22	39	56	8 ♍ 23	38		8 N 25		18 ♊ 40			0 N 25		23 N 23
2	22	43	53	9	21	42	8	4	1 ♋ 29			1	32	24	57
3	22	47	49	10	19	48	7	42	14	44		2	35	25	12
4	22	51	46	11	17	56	7	20	28	28		3	32	23	56
5	22	55	42	12	16	6	6	57	12 ♌ 42			4	18	21	7
6	22	59	39	13	14	17	6	35	27	21		4	48	16	54
7	23	3	35	14	12	31	6	13	12 ♍ 20			5	0	11	33
8	23	7	32	15	10	46	5	50	27	30		4	51	5	26
9	23	11	28	16	9	2	5	28	12 ♎ 39			4	21	0 S 59
10	23	15	25	17	7	21	5	5	27	39		3	34	7	18
11	23	19	22	18	5	41	4	42	12 ♏ 20			2	33	13	7
12	23	23	18	19	4	3	4	20	26	38		1	23	18	3
13	23	27	15	20	2	26	3	57	10 ♐ 32			0	11	21	51
14	23	31	11	21	0	51	3	34	24	2		1 S 0		24	19
15	23	35	8	21	59	17	3	11	7 ♑ 11			2	6	25	21
16	23	39	4	22	57	45	2	48	20	3		3	4	24	59
17	23	43	1	23	56	15	2	24	2 ♒ 39			3	52	23	20
18	23	46	57	24	54	47	2	1	15	3		4	28	20	35
19	23	50	54	25	53	20	1	38	27	18		4	51	16	52
20	23	54	51	26	51	55	1	15	9 ♓ 26			5	0	12	40
21	23	58	47	27	50	31	0	51	21	27		4	56	7	56
22	0	2	44	28	49	10	0	28	3 ♈ 23			4	39	2	56
23	0	6	40	29	47	51	0	5	15	15		4	10	2 N 9
24	0	10	37	0 ♎ 46	33		0 S 19		27	5		3	31	7	9
25	0	14	33	1	45	18	0	42	8 ♉ 55			2	41	11	55
26	0	18	30	2	44	5	1	5	20	48		1	45	16	16
27	0	22	26	3	42	54	1	29	2 ♊ 47			0	43	20	1
28	0	26	23	4	41	45	1	52	14	57		0 N 21		22	57
29	0	30	20	5	40	39	2	15	27	21		1	26	24	51
30	0	34	16	6	39	34	2	39	10 ♋ 6			2	29	25	32

Day	♆ Lat.	♆ Decl.	♅ Lat.	♅ Decl.	♄ Lat.	♄ Decl.	♃ Lat.	♃ Decl.	♂ Lat.
	° ′	° ′	° ′	° ′	° ′	° ′	° ′	° ′	° ′
1	0 N 4	17 S 59	0 S 47	13 S 28	1 S 16	22 N 9	0 N 24	19 N 2	1 N 9
4	0 4	18 1	0 47	13 30	1 17	22 9	0 24	18 53	1 9
7	0 4	18 2	0 47	13 32	1 17	22 9	0 24	18 44	1 9
10	0 4	18 3	0 47	13 34	1 17	22 9	0 25	18 35	1 8
13	0 4	18 4	0 47	13 37	1 17	22 9	0 25	18 26	1 8
16	0 4	18 4	0 47	13 39	1 17	22 9	0 25	18 18	1 8
19	0 3	18 5	0 47	13 41	1 17	22 9	0 26	18 9	1 8
22	0 3	18 6	0 47	13 42	1 18	22 8	0 26	18 1	1 7
25	0 3	18 7	0 47	13 44	1 18	22 8	0 27	17 52	1 7
28	0 3	18 7	0 47	13 46	1 18	22 8	0 27	17 44	1 7

SEPTEMBER 2002

Day	♆ Long.	♅ Long.	♄ Long.	♃ Long.	♂ Long.	♀ Long.	☿ Long.	♇ Long.
	° ′	° ′	° ′	° ′	° ′	° ′	° ′	° ′
1	8 ♒ 50	26 ♒ 23	27 ♊ 37	6 ♌ 30	1 ♍ 32	23 ♎ 59	5 ♎ 31	14 ♐ 53
2	8 R 49	26 R 20	27 42	6 43	2 10	24 51	6 28	14 53
3	8 47	26 18	27 46	6 55	2 48	25 43	7 22	14 53
4	8 46	26 16	27 50	7 7	3 26	26 35	8 14	14 54
5	8 45	26 14	27 53	7 19	4 4	27 26	9 2	14 54
6	8 43	26 11	27 57	7 31	4 43	28 16	9 47	14 54
7	8 42	26 9	28 1	7 43	5 21	29 5	10 28	14 55
8	8 41	26 7	28 4	7 55	5 59	29 54	11 6	14 55
9	8 40	26 5	28 8	8 7	6 37	0 ♏ 42	11 39	14 56
10	8 38	26 2	28 11	8 19	7 15	1 29	12 8	14 56
11	8 37	26 0	28 14	8 30	7 53	2 16	12 32	14 57
12	8 36	25 58	28 18	8 42	8 32	3 1	12 51	14 57
13	8 35	25 56	28 21	8 53	9 10	3 46	13 5	14 58
14	8 34	25 54	28 24	9 5	9 48	4 30	13 13	14 59
15	8 33	25 52	28 27	9 16	10 26	5 12	13 15	14 59
16	8 32	25 50	28 29	9 28	11 4	5 54	13 R 10	15 0
17	8 31	25 48	28 32	9 39	11 42	6 35	12 59	15 1
18	8 30	25 46	28 35	9 50	12 21	7 15	12 42	15 2
19	8 29	25 44	28 37	10 1	12 59	7 53	12 17	15 2
20	8 28	25 42	28 40	10 12	13 37	8 31	11 45	15 3
21	8 27	25 40	28 42	10 23	14 15	9 7	11 6	15 4
22	8 26	25 38	28 44	10 34	14 53	9 42	10 21	15 5
23	8 25	25 36	28 46	10 45	15 31	10 16	9 29	15 6
24	8 24	25 34	28 48	10 56	16 10	10 48	8 32	15 7
25	8 23	25 32	28 50	11 6	16 48	11 19	7 31	15 8
26	8 23	25 31	28 52	11 17	17 26	11 49	6 26	15 9
27	8 22	25 29	28 53	11 27	18 4	12 17	5 20	15 10
28	8 21	25 27	28 55	11 37	18 42	12 43	4 13	15 11
29	8 20	25 26	28 56	11 48	19 21	13 8	3 8	15 12
30	8 20	25 24	28 58	11 58	19 59	13 31	2 6	15 14

Day	♂ Decl.	♀ Lat.	♀ Decl.	☿ Lat.	☿ Decl.	♇ Lat.	♇ Decl.	☊
	° ′	° ′	° ′	° ′	° ′	° ′	° ′	° ′
1	12 N 0	2 S 53	11 S 59	2 S 17	4 S 17	9 N 43	12 S 55	13 ♊ 30
4	11 19	3 14	13 16	2 44	5 47	9 42	12 57	13 20
7	10 37	3 35	14 30	3 10	7 3	9 40	12 58	13 11
10	9 54	3 57	15 41	3 32	8 3	9 39	13 0	13 1
13	9 11	4 18	16 49	3 50	8 42	9 38	13 1	12 51
16	8 28	4 40	17 53	4 1	8 54	9 37	13 2	12 42
19	7 44	5 1	18 53	4 1	8 33	9 35	13 4	12 32
22	6 59	5 22	19 49	3 48	7 35	9 34	13 6	12 23
25	6 15	5 43	20 39	3 18	6 1	9 33	13 7	12 13
28	5 30	6 2	21 24	2 32	4 0	9 32	13 9	12 4

2002 OKTOBER

Day	Sidereal Time	☉ Long.	☉ Decl.	☽ Long.	☽ Lat.	☽ Decl.
	H M S	° ′ ″	° ′	° ′	° ′	° ′
1	0 38 13	7 ♎ 38 33	3 S 2	23 ♋ 15	3 N 26	24 N 49
2	0 42 9	8 37 33	3 25	6 ♌ 53	4 13	22 38
3	0 46 6	9 36 35	3 48	21 0	4 47	19 1
4	0 50 2	10 35 40	4 12	5 ♍ 36	5 3	14 9
5	0 53 59	11 34 47	4 35	20 35	5 0	8 20
6	0 57 55	12 33 56	4 58	5 ♎ 49	4 36	1 54
7	1 1 52	13 33 7	5 21	21 8	3 51	4 S 40
8	1 5 49	14 32 21	5 44	6 ♏ 20	2 51	10 56
9	1 9 45	15 31 36	6 7	21 15	1 39	16 29
10	1 13 42	16 30 53	6 30	5 ♐ 47	0 23	20 54
11	1 17 38	17 30 12	6 52	19 52	0 S 53	23 56
12	1 21 35	18 29 33	7 15	3 ♑ 30	2 3	25 27
13	1 25 31	19 28 55	7 37	16 42	3 5	25 25
14	1 29 28	20 28 20	8 0	29 32	3 55	24 4
15	1 33 24	21 27 46	8 22	12 ♒ 4	4 32	21 32
16	1 37 21	22 27 14	8 44	24 22	4 57	18 3
17	1 41 18	23 26 44	9 6	6 ♓ 29	5 7	13 53
18	1 45 14	24 26 15	9 28	18 28	5 4	9 13
19	1 49 11	25 25 49	9 50	0 ♈ 23	4 48	4 15
20	1 53 7	26 25 24	10 12	12 14	4 19	0 N 51
21	1 57 4	27 25 1	10 33	24 5	3 40	5 56
22	2 1 0	28 24 40	10 55	5 ♉ 57	2 50	10 50
23	2 4 57	29 24 22	11 16	17 52	1 53	15 21
24	2 8 53	0 ♏ 24 5	11 37	29 51	0 50	19 18
25	2 12 50	1 23 50	11 58	11 ♊ 57	0 N 16	22 29
26	2 16 47	2 23 38	12 18	24 13	1 22	24 40
27	2 20 43	3 23 28	12 39	6 ♋ 42	2 25	25 41
28	2 24 40	4 23 20	12 59	19 28	3 23	25 22
29	2 28 36	5 23 14	13 19	2 ♌ 34	4 12	23 40
30	2 32 33	6 23 10	13 39	16 4	4 48	20 36
31	2 36 29	7 23 9	13 59	0 ♍ 0	5 9	16 17

Day	♆ Lat.	♆ Decl.	♅ Lat.	♅ Decl.	♄ Lat.	♄ Decl.	♃ Lat.	♃ Decl.	♂ Lat.
	° ′	° ′	° ′	° ′	° ′	° ′	° ′	° ′	° ′
1	0 N 3	18 S 8	0 S 46	13 S 48	1 S 18	22 N 8	0 N 28	17 N 36	1 N 7
4	0 3	18 8	0 46	13 49	1 18	22 8	0 28	17 28	1 6
7	0 3	18 9	0 46	13 50	1 18	22 8	0 29	17 21	1 6
10	0 3	18 9	0 46	13 52	1 19	22 8	0 29	17 13	1 5
13	0 3	18 9	0 46	13 53	1 19	22 7	0 30	17 6	1 5
16	0 3	18 10	0 46	13 54	1 19	22 7	0 30	16 59	1 4
19	0 3	18 10	0 46	13 54	1 19	22 7	0 31	16 52	1 4
22	0 3	18 10	0 46	13 55	1 19	22 7	0 31	16 46	1 3
25	0 3	18 10	0 46	13 55	1 19	22 7	0 32	16 40	1 3
28	0 3	18 10	0 46	13 56	1 19	22 7	0 32	16 35	1 2
31	0 3	18 9	0 46	13 56	1 20	22 6	0 33	16 29	1 2

OKTOBER 2002

Day	♆ Long.	♅ Long.	♄ Long.	♃ Long.	♂ Long.	♀ Long.	☿ Long.	♇ Long.
	° ′	° ′	° ′	° ′	° ′	° ′	° ′	° ′
1	8 ♒ 19	25 ♒ 22	28 ♊ 59	12 ♌ 8	20 ♍ 37	13 ♏ 53	1 ♎ 9	15 ♐ 15
2	8 R 18	25 R 21	29 0	12 18	21 15	14 12	0 R 18	15 16
3	8 18	25 19	29 1	12 28	21 53	14 30	29 ♍ 35	15 17
4	8 17	25 18	29 2	12 37	22 32	14 46	29 1	15 18
5	8 17	25 16	29 3	12 47	23 10	14 59	28 37	15 20
6	8 16	25 15	29 3	12 57	23 48	15 11	28 23	15 21
7	8 16	25 14	29 4	13 6	24 26	15 21	28 19	15 22
8	8 15	25 12	29 4	13 15	25 4	15 28	28 D 27	15 24
9	8 15	25 11	29 5	13 24	25 43	15 34	28 45	15 25
10	8 15	25 10	29 5	13 34	26 21	15 36	29 12	15 27
11	8 14	25 9	29 5	13 43	26 59	15 37	29 49	15 28
12	8 14	25 8	29 5	13 51	27 37	15 R 35	0 ♎ 35	15 30
13	8 14	25 6	29 R 5	14 0	28 16	15 31	1 30	15 31
14	8 14	25 5	29 5	14 9	28 54	15 25	2 31	15 33
15	8 13	25 4	29 4	14 17	29 32	15 16	3 39	15 34
16	8 13	25 3	29 4	14 26	0 ♎ 11	15 4	4 52	15 36
17	8 13	25 3	29 3	14 34	0 49	14 51	6 11	15 37
18	8 13	25 2	29 3	14 42	1 27	14 34	7 34	15 39
19	8 13	25 1	29 2	14 50	2 5	14 16	9 0	15 41
20	8 13	25 0	29 1	14 58	2 44	13 55	10 30	15 42
21	8 13	24 59	29 0	15 6	3 22	13 32	12 2	15 44
22	8 D 13	24 59	28 59	15 13	4 0	13 7	13 36	15 46
23	8 13	24 58	28 58	15 21	4 39	12 40	15 12	15 48
24	8 13	24 57	28 57	15 28	5 17	12 11	16 49	15 49
25	8 13	24 57	28 55	15 35	5 55	11 40	18 27	15 51
26	8 13	24 56	28 54	15 42	6 33	11 8	20 6	15 53
27	8 14	24 56	28 52	15 49	7 12	10 35	21 45	15 55
28	8 14	24 56	28 50	15 56	7 50	10 0	23 25	15 57
29	8 14	24 55	28 48	16 2	8 28	9 25	25 5	15 59
30	8 14	24 55	28 46	16 9	9 7	8 49	26 45	16 0
31	8 15	24 55	28 44	16 15	9 45	8 13	28 26	16 2

Day	♂ Decl.	♀ Lat.	♀ Decl.	☿ Lat.	☿ Decl.	♇ Lat.	♇ Decl.	☊
	° ′	° ′	° ′	° ′	° ′	° ′	° ′	° ′
1	4 N 44	6 S 20	22 S 3	1 S 34	1 S 54	9 N 30	13 S 10	11 ♊ 54
4	3 59	6 37	22 34	0 34	0 7	9 29	13 12	11 45
7	3 13	6 51	22 58	0 N 22	1 N 0	9 28	13 13	11 35
10	2 27	7 1	23 13	1 6	1 19	9 27	13 15	11 26
13	1 41	7 8	23 18	1 36	0 53	9 26	13 16	11 16
16	0 55	7 11	23 13	1 54	0 S 11	9 25	13 18	11 7
19	0 9	7 8	22 55	2 2	1 42	9 24	13 20	10 57
22	0 S 37	6 58	22 25	2 0	3 31	9 23	13 21	10 48
25	1 23	6 42	21 42	1 52	5 30	9 22	13 23	10 38
28	2 9	6 18	20 47	1 40	7 33	9 21	13 24	10 28
31	2 55	5 48	19 43	1 24	9 36	9 20	13 25	10 19

2002 NOVEMBER

Day	Sidereal Time	☉ Long.	☉ Decl.	☽ Long.	☽ Lat.	☽ Decl.
	H M S	° ′ ″	° ′	° ′	° ′	° ′
1	2 40 26	8 ♏ 23 9	14 S 18	14 ♍ 21	5 N 12	10 N 57
2	2 44 22	9 23 12	14 37	29 5	4 54	4 52
3	2 48 19	10 23 17	14 56	14 ♎ 6	4 17	1 S 37
4	2 52 16	11 23 24	15 15	29 15	3 21	8 5
5	2 56 12	12 23 32	15 33	14 ♏ 24	2 10	14 5
6	3 0 9	13 23 43	15 52	29 22	0 52	19 10
7	3 4 5	14 23 55	16 10	14 ♐ 0	0 S 29	22 57
8	3 8 2	15 24 9	16 27	28 15	1 45	25 11
9	3 11 58	16 24 25	16 45	12 ♑ 3	2 53	25 46
10	3 15 55	17 24 42	17 2	25 24	3 50	24 49
11	3 19 51	18 25 1	17 19	8 ♒ 20	4 32	22 34
12	3 23 48	19 25 21	17 35	20 54	5 0	19 16
13	3 27 45	20 25 42	17 51	3 ♓ 12	5 14	15 13
14	3 31 41	21 26 5	18 7	15 16	5 14	10 37
15	3 35 38	22 26 29	18 23	27 13	5 0	5 42
16	3 39 34	23 26 55	18 38	9 ♈ 4	4 33	0 35
17	3 43 31	24 27 22	18 53	20 54	3 55	4 N 32
18	3 47 27	25 27 51	19 8	2 ♉ 46	3 6	9 31
19	3 51 24	26 28 21	19 22	14 43	2 9	14 12
20	3 55 20	27 28 52	19 36	26 45	1 5	18 22
21	3 59 17	28 29 25	19 49	8 ♊ 56	0 N 2	21 49
22	4 3 14	29 29 59	20 3	21 16	1 10	24 18
23	4 7 10	0 ♐ 30 36	20 16	3 ♋ 46	2 15	25 38
24	4 11 7	1 31 13	20 28	16 30	3 15	25 39
25	4 15 3	2 31 52	20 40	29 27	4 6	24 17
26	4 19 0	3 32 33	20 52	12 ♌ 40	4 45	21 34
27	4 22 56	4 33 16	21 3	26 10	5 10	17 39
28	4 26 53	5 34 0	21 14	9 ♍ 59	5 18	12 43
29	4 30 49	6 34 45	21 25	24 5	5 6	7 2
30	4 34 46	7 35 32	21 35	8 ♎ 28	4 36	0 52

Day	♆ Lat.	♆ Decl.	♅ Lat.	♅ Decl.	♄ Lat.	♄ Decl.	♃ Lat.	♃ Decl.	♂ Lat.
	° ′	° ′	° ′	° ′	° ′	° ′	° ′	° ′	° ′
1	0 N 3	18 S 9	0 S 45	13 S 56	1 S 20	22 N 6	0 N 33	16 N 28	1 N 1
4	0 3	18 9	0 45	13 56	1 20	22 6	0 34	16 23	1 1
7	0 3	18 9	0 45	13 56	1 20	22 6	0 34	16 19	1 0
10	0 3	18 8	0 45	13 55	1 20	22 6	0 35	16 15	0 59
13	0 3	18 8	0 45	13 55	1 20	22 6	0 36	16 12	0 59
16	0 3	18 7	0 45	13 54	1 20	22 6	0 36	16 9	0 58
19	0 3	18 6	0 45	13 54	1 20	22 5	0 37	16 6	0 57
22	0 3	18 6	0 45	13 53	1 20	22 5	0 38	16 5	0 56
25	0 3	18 5	0 45	13 52	1 20	22 5	0 38	16 3	0 55
28	0 3	18 4	0 44	13 50	1 20	22 5	0 39	16 3	0 54

NOVEMBER 2002

Day	♆ Long.	♅ Long.	♄ Long.	♃ Long.	♂ Long.	♀ Long.	☿ Long.	♇ Long.
	° ′	° ′	° ′	° ′	° ′	° ′	° ′	° ′
1	8 ♒ 15	24 ♒ 55	28 ♊ 42	16 ♌ 21	10 ♎ 24	7 ♏ 36	0 ♏ 6	16 ♐ 4
2	8 15	24 R 54	28 R 40	16 27	11 2	7 R 0	1 45	16 6
3	8 16	24 54	28 38	16 33	11 40	6 24	3 25	16 8
4	8 16	24 54	28 35	16 39	12 19	5 48	5 4	16 10
5	8 17	24 D 54	28 32	16 44	12 57	5 13	6 43	16 12
6	8 17	24 54	28 30	16 49	13 35	4 40	8 22	16 14
7	8 18	24 54	28 27	16 55	14 14	4 7	10 0	16 16
8	8 19	24 55	28 24	17 0	14 52	3 36	11 38	16 18
9	8 19	24 55	28 21	17 4	15 31	3 7	13 16	16 20
10	8 20	24 55	28 18	17 9	16 9	2 40	14 53	16 22
11	8 21	24 55	28 15	17 14	16 47	2 14	16 30	16 25
12	8 21	24 56	28 12	17 18	17 26	1 50	18 7	16 27
13	8 22	24 56	28 9	17 22	18 4	1 29	19 43	16 29
14	8 23	24 57	28 5	17 26	18 43	1 10	21 19	16 31
15	8 24	24 57	28 2	17 30	19 21	0 53	22 55	16 33
16	8 25	24 58	27 58	17 33	20 0	0 39	24 30	16 35
17	8 26	24 58	27 55	17 37	20 38	0 27	26 5	16 37
18	8 26	24 59	27 51	17 40	21 17	0 18	27 40	16 39
19	8 27	25 0	27 47	17 43	21 55	0 11	29 15	16 42
20	8 28	25 1	27 43	17 46	22 34	0 7	0 ♐ 49	16 44
21	8 29	25 1	27 39	17 49	23 12	0 5	2 23	16 46
22	8 30	25 2	27 35	17 51	23 51	0 D 5	3 57	16 48
23	8 32	25 3	27 31	17 54	24 29	0 8	5 31	16 50
24	8 33	25 4	27 27	17 56	25 7	0 13	7 5	16 53
25	8 34	25 5	27 23	17 58	25 46	0 21	8 38	16 55
26	8 35	25 6	27 19	17 59	26 25	0 31	10 11	16 57
27	8 36	25 8	27 14	18 1	27 3	0 43	11 45	16 59
28	8 37	25 9	27 10	18 2	27 42	0 57	13 18	17 2
29	8 39	25 10	27 5	18 3	28 20	1 14	14 51	17 4
30	8 40	25 11	27 1	18 4	28 59	1 32	16 24	17 6

Day	♂ Decl.	♀ Lat.	♀ Decl.	☿ Lat.	☿ Decl.	♇ Lat.	♇ Decl.	☊
	° ′	° ′	° ′	° ′	° ′	° ′	° ′	° ′
1	3 S 10	5 S 36	19 S 20	1 N 19	10 S 17	9 N 19	13 S 26	10 ♊ 16
4	3 56	4 57	18 8	1 0	12 16	9 19	13 27	10 6
7	4 41	4 15	16 53	0 41	14 10	9 18	13 29	9 57
10	5 26	3 29	15 40	0 21	15 59	9 17	13 30	9 47
13	6 11	2 43	14 32	0 0	17 40	9 16	13 31	9 38
16	6 55	1 58	13 32	0 S 20	19 13	9 16	13 33	9 28
19	7 39	1 14	12 42	0 39	20 38	9 15	13 34	9 19
22	8 23	0 34	12 2	0 58	21 53	9 14	13 35	9 9
25	9 6	0 N 4	11 32	1 15	22 59	9 14	13 36	9 0
28	9 48	0 38	11 13	1 31	23 54	9 13	13 37	8 50

2002 DEZEMBER

Day	Sidereal Time H	M	S	☉ Long. °	′	″	☉ Decl. °	′	☽ Long. °	′	☽ Lat. °	′	☽ Decl. °	′
1	4	38	43	8 ♐	36	21	21 S	44	23 ♎	5	3 N	47	5 S	27
2	4	42	39	9	37	11	21	54	7 ♏	50	2	43	11	33
3	4	46	36	10	38	2	22	3	22	38	1	28	17	1
4	4	50	32	11	38	55	22	11	7 ♐	21	0	8	21	25
5	4	54	29	12	39	48	22	19	21	52	1 S	12	24	24
6	4	58	25	13	40	43	22	27	6 ♑	5	2	26	25	44
7	5	2	22	14	41	39	22	34	19	56	3	30	25	25
8	5	6	18	15	42	35	22	40	3 ♒	22	4	19	23	36
9	5	10	15	16	43	33	22	47	16	24	4	54	20	35
10	5	14	12	17	44	31	22	52	29	4	5	13	16	41
11	5	18	8	18	45	29	22	58	11 ♓	25	5	17	12	9
12	5	22	5	19	46	29	23	3	23	32	5	7	7	16
13	5	26	1	20	47	29	23	7	5 ♈	28	4	43	2	10
14	5	29	58	21	48	29	23	11	17	19	4	8	2 N	59
15	5	33	54	22	49	30	23	15	29	9	3	22	8	1
16	5	37	51	23	50	31	23	18	11 ♉	2	2	27	12	48
17	5	41	47	24	51	33	23	20	23	3	1	25	17	9
18	5	45	44	25	52	36	23	23	5 ♊	14	0	19	20	52
19	5	49	41	26	53	38	23	24	17	38	0 N	49	23	41
20	5	53	37	27	54	42	23	25	0 ♋	16	1	56	25	23
21	5	57	34	28	55	46	23	26	13	8	2	59	25	45
22	6	1	30	29	56	51	23	26	26	14	3	53	24	43
23	6	5	27	0 ♑	57	56	23	26	9 ♌	34	4	35	22	16
24	6	9	23	1	59	2	23	26	23	6	5	3	18	35
25	6	13	20	3	0	9	23	24	6 ♍	50	5	14	13	52
26	6	17	16	4	1	16	23	23	20	43	5	7	8	23
27	6	21	13	5	2	24	23	21	4 ♎	45	4	42	2	26
28	6	25	10	6	3	32	23	18	18	54	3	59	3 S	43
29	6	29	6	7	4	41	23	15	3 ♏	9	3	2	9	43
30	6	33	3	8	5	51	23	12	17	27	1	53	15	14
31	6	36	59	9	7	0	23	8	1 ♐	46	0	37	19	55

Day	♆ Lat. °	′	♆ Decl. °	′	♅ Lat. °	′	♅ Decl. °	′	♄ Lat. °	′	♄ Decl. °	′	♃ Lat. °	′	♃ Decl. °	′	♂ Lat. °	′
1	0 N	3	18 S	3	0 S	44	13 S	49	1 S	19	22 N	5	0 N	40	16 N	2	0 N	53
4	0	2	18	2	0	44	13	47	1	19	22	5	0	40	16	3	0	52
7	0	2	18	1	0	44	13	46	1	19	22	4	0	41	16	3	0	51
10	0	2	17	59	0	44	13	44	1	19	22	4	0	42	16	5	0	50
13	0	2	17	58	0	44	13	42	1	19	22	4	0	42	16	7	0	49
16	0	2	17	57	0	44	13	40	1	18	22	4	0	43	16	9	0	48
19	0	2	17	56	0	44	13	38	1	18	22	4	0	44	16	12	0	47
22	0	2	17	54	0	44	13	35	1	18	22	3	0	44	16	16	0	46
25	0	2	17	53	0	44	13	33	1	17	22	3	0	45	16	20	0	44
28	0	2	17	51	0	44	13	30	1	17	22	3	0	46	16	24	0	43
31	0	2	17	50	0	43	13	28	1	17	22	3	0	46	16	29	0	42

DEZEMBER 2002

Day	♆ Long. ° ′	♅ Long. ° ′	♄ Long. ° ′	♃ Long. ° ′	♂ Long. ° ′	♀ Long. ° ′	☿ Long. ° ′	♇ Long. ° ′
1	8 ♒ 41	25 ♒ 13	26 ♊ 56	18 ♌ 5	29 ♎ 37	1 ♏ 52	17 ♐ 56	17 ♐ 8
2	8 43	25 14	26 R 52	18 6	0 ♏ 16	2 15	19 29	17 11
3	8 44	25 15	26 47	18 6	0 54	2 39	21 2	17 13
4	8 46	25 17	26 43	18 6	1 33	3 5	22 34	17 15
5	8 47	25 18	26 38	18 R 6	2 11	3 33	24 6	17 18
6	8 48	25 20	26 33	18 6	2 50	4 2	25 39	17 20
7	8 50	25 22	26 28	18 6	3 29	4 33	27 11	17 22
8	8 51	25 23	26 24	18 5	4 7	5 5	28 43	17 24
9	8 53	25 25	26 19	18 4	4 46	5 39	0 ♑ 14	17 27
10	8 55	25 27	26 14	18 3	5 24	6 15	1 46	17 29
11	8 56	25 28	26 9	18 2	6 3	6 51	3 17	17 31
12	8 58	25 30	26 4	18 1	6 42	7 29	4 47	17 33
13	8 59	25 32	25 59	17 59	7 20	8 9	6 18	17 36
14	9 1	25 34	25 54	17 57	7 59	8 49	7 47	17 38
15	9 3	25 36	25 49	17 55	8 37	9 31	9 16	17 40
16	9 5	25 38	25 44	17 53	9 16	10 14	10 44	17 43
17	9 6	25 40	25 39	17 51	9 55	10 57	12 12	17 45
18	9 8	25 42	25 35	17 48	10 33	11 42	13 38	17 47
19	9 10	25 44	25 30	17 46	11 12	12 28	15 3	17 49
20	9 12	25 47	25 25	17 43	11 51	13 15	16 26	17 52
21	9 13	25 49	25 20	17 40	12 29	14 3	17 47	17 54
22	9 15	25 51	25 15	17 36	13 8	14 52	19 6	17 56
23	9 17	25 53	25 10	17 33	13 46	15 41	20 22	17 58
24	9 19	25 56	25 5	17 29	14 25	16 32	21 35	18 0
25	9 21	25 58	25 0	17 25	15 4	17 23	22 45	18 3
26	9 23	26 0	24 55	17 21	15 42	18 15	23 50	18 5
27	9 25	26 3	24 50	17 17	16 21	19 7	24 51	18 7
28	9 27	26 5	24 46	17 13	17 0	20 1	25 45	18 9
29	9 29	26 8	24 41	17 8	17 38	20 55	26 34	18 11
30	9 31	26 10	24 36	17 3	18 17	21 49	27 15	18 14
31	9 33	26 13	24 31	16 58	18 56	22 45	27 47	18 16

Day	♂ Decl. ° ′	♀ Lat. ° ′	♀ Decl. ° ′	☿ Lat. ° ′	☿ Decl. ° ′	♇ Lat. ° ′	♇ Decl. ° ′	☊ ° ′
1	10 S 30	1 N 9	11 S 3	1 S 46	24 S 39	9 N 13	13 S 39	8 ♊ 40
4	11 11	1 36	11 2	1 58	25 12	9 12	13 40	8 31
7	11 52	2 0	11 9	2 8	25 32	9 12	13 41	8 21
10	12 32	2 21	11 23	2 14	25 40	9 12	13 41	8 12
13	13 11	2 38	11 43	2 17	25 35	9 12	13 42	8 2
16	13 49	2 53	12 9	2 16	25 16	9 11	13 43	7 53
19	14 27	3 5	12 38	2 10	24 44	9 11	13 44	7 43
22	15 3	3 15	13 11	1 57	24 1	9 11	13 45	7 34
25	15 39	3 23	13 46	1 37	23 7	9 11	13 45	7 24
28	16 14	3 29	14 24	1 7	22 6	9 11	13 46	7 15
31	16 47	3 32	15 2	0 28	21 3	9 11	13 46	7 5

2003 JANUAR

Day	Sidereal Time	☉ Long.	☉ Decl.	☽ Long.	☽ Lat.	☽ Decl.
	H M S	° ′ ″	° ′	° ′	° ′	° ′
1	6 40 56	10 ♑ 8 11	23 S 3	16 ♐ 1	0 S 41	23 S 23
2	6 44 52	11 9 21	22 58	0 ♑ 9	1 56	25 22
3	6 48 49	12 10 32	22 53	14 6	3 2	25 43
4	6 52 45	13 11 42	22 47	27 46	3 57	24 28
5	6 56 42	14 12 53	22 41	11 ♒ 8	4 37	21 52
6	7 0 39	15 14 3	22 34	24 10	5 2	18 12
7	7 4 35	16 15 13	22 27	6 ♓ 51	5 11	13 48
8	7 8 32	17 16 23	22 19	19 14	5 5	8 56
9	7 12 28	18 17 32	22 11	1 ♈ 22	4 45	3 49
10	7 16 25	19 18 41	22 3	13 19	4 13	1 N 22
11	7 20 21	20 19 50	21 54	25 10	3 31	6 28
12	7 24 18	21 20 58	21 45	7 ♉ 0	2 40	11 20
13	7 28 14	22 22 5	21 35	18 54	1 41	15 49
14	7 32 11	23 23 12	21 25	0 ♊ 56	0 37	19 44
15	7 36 8	24 24 18	21 14	13 13	0 N 29	22 52
16	7 40 4	25 25 24	21 3	25 46	1 35	24 58
17	7 44 1	26 26 29	20 52	8 ♋ 39	2 38	25 48
18	7 47 57	27 27 33	20 40	21 52	3 34	25 11
19	7 51 54	28 28 37	20 28	5 ♌ 23	4 20	23 7
20	7 55 50	29 29 40	20 15	19 11	4 51	19 40
21	7 59 47	0 ♒ 30 43	20 2	3 ♍ 12	5 5	15 4
22	8 3 43	1 31 46	19 49	17 20	5 1	9 37
23	8 7 40	2 32 48	19 35	1 ♎ 32	4 39	3 39
24	8 11 37	3 33 49	19 21	15 45	3 59	2 S 31
25	8 15 33	4 34 50	19 7	29 54	3 5	8 33
26	8 19 30	5 35 51	18 52	13 ♏ 59	2 0	14 8
27	8 23 26	6 36 51	18 37	28 0	0 48	18 56
28	8 27 23	7 37 50	18 22	11 ♐ 54	0 S 26	22 39
29	8 31 19	8 38 49	18 6	25 42	1 38	25 0
30	8 35 16	9 39 47	17 50	9 ♑ 22	2 44	25 50
31	8 39 12	10 40 44	17 33	22 53	3 39	25 6

Day	♆ Lat.	♆ Decl.	♅ Lat.	♅ Decl.	♄ Lat.	♄ Decl.	♃ Lat.	♃ Decl.	♂ Lat.
	° ′	° ′	° ′	° ′	° ′	° ′	° ′	° ′	° ′
1	0 N 2	17 S 49	0 S 43	13 S 27	1 S 17	22 N 3	0 N 47	16 N 31	0 N 41
4	0 2	17 47	0 43	13 24	1 16	22 3	0 47	16 36	0 40
7	0 2	17 46	0 43	13 21	1 16	22 3	0 48	16 42	0 38
10	0 2	17 44	0 43	13 18	1 15	22 2	0 49	16 48	0 36
13	0 2	17 42	0 43	13 15	1 15	22 2	0 49	16 55	0 35
16	0 2	17 41	0 43	13 12	1 14	22 2	0 50	17 2	0 33
19	0 2	17 39	0 43	13 8	1 14	22 2	0 50	17 9	0 31
22	0 2	17 37	0 43	13 5	1 13	22 2	0 51	17 16	0 29
25	0 2	17 35	0 43	13 2	1 12	22 2	0 51	17 23	0 27
28	0 2	17 33	0 43	12 58	1 12	22 3	0 51	17 30	0 25
31	0 2	17 32	0 43	12 55	1 11	22 3	0 52	17 37	0 23

JANUAR 2003

Day	♆ Long.	♅ Long.	♄ Long.	♃ Long.	♂ Long.	♀ Long.	☿ Long.	♇ Long.
	° ′	° ′	° ′	° ′	° ′	° ′	° ′	° ′
1	9 ♒ 35	26 ♒ 16	24 ♊ 27	16 ♌ 53	19 ♏ 34	23 ♏ 41	28 ♑ 11	18 ♐ 18
2	9 37	26 18	24 R 22	16 R 48	20 13	24 37	28 25	18 20
3	9 39	26 21	24 17	16 43	20 52	25 34	28 27	18 22
4	9 41	26 24	24 13	16 37	21 30	26 32	28 R 19	18 24
5	9 43	26 26	24 8	16 31	22 9	27 30	27 59	18 26
6	9 45	26 29	24 4	16 26	22 48	28 29	27 27	18 28
7	9 47	26 32	23 59	16 20	23 27	29 28	26 43	18 30
8	9 49	26 35	23 55	16 13	24 5	0 ♐ 28	25 49	18 33
9	9 52	26 38	23 51	16 7	24 44	1 28	24 45	18 35
10	9 54	26 41	23 47	16 1	25 23	2 28	23 34	18 37
11	9 56	26 44	23 42	15 54	26 1	3 29	22 17	18 39
12	9 58	26 47	23 38	15 48	26 40	4 30	20 58	18 41
13	10 0	26 50	23 34	15 41	27 19	5 32	19 38	18 43
14	10 2	26 53	23 30	15 34	27 57	6 34	18 21	18 44
15	10 5	26 56	23 26	15 27	28 36	7 36	17 7	18 46
16	10 7	26 59	23 23	15 20	29 15	8 39	16 1	18 48
17	10 9	27 2	23 19	15 13	29 53	9 42	15 1	18 50
18	10 11	27 5	23 15	15 5	0 ♐ 32	10 45	14 11	18 52
19	10 14	27 8	23 12	14 58	1 11	11 49	13 30	18 54
20	10 16	27 11	23 8	14 51	1 49	12 53	12 58	18 56
21	10 18	27 14	23 5	14 43	2 28	13 57	12 36	18 58
22	10 20	27 17	23 1	14 36	3 7	15 2	12 22	18 59
23	10 23	27 21	22 58	14 28	3 45	16 6	12 18	19 1
24	10 25	27 24	22 55	14 20	4 24	17 11	12 D 22	19 3
25	10 27	27 27	22 52	14 12	5 3	18 17	12 33	19 5
26	10 29	27 30	22 49	14 5	5 41	19 22	12 51	19 6
27	10 32	27 34	22 46	13 57	6 20	20 28	13 15	19 8
28	10 34	27 37	22 43	13 49	6 59	21 34	13 46	19 10
29	10 36	27 40	22 41	13 41	7 37	22 41	14 22	19 11
30	10 39	27 44	22 38	13 33	8 16	23 47	15 2	19 13
31	10 41	27 47	22 36	13 25	8 55	24 54	15 47	19 15

Day	♂ Decl.	♀ Lat.	♀ Decl.	☿ Lat.	☿ Decl.	♇ Lat.	♇ Decl.	☊
	° ′	° ′	° ′	° ′	° ′	° ′	° ′	° ′
1	16 S 58	3 N 33	15 S 15	0 S 12	20 S 43	9 N 11	13 S 46	7 ♊ 2
4	17 30	3 34	15 54	0 N 40	19 50	9 11	13 47	6 52
7	18 1	3 34	16 33	1 38	19 13	9 11	13 47	6 43
10	18 31	3 32	17 11	2 31	18 54	9 11	13 48	6 33
13	19 0	3 29	17 48	3 9	18 53	9 11	13 48	6 24
16	19 27	3 25	18 22	3 25	19 5	9 12	13 48	6 14
19	19 53	3 19	18 55	3 20	19 26	9 12	13 48	6 5
22	20 18	3 13	19 24	3 1	19 51	9 12	13 48	5 55
25	20 41	3 5	19 51	2 34	20 18	9 13	13 48	5 46
28	21 3	2 57	20 14	2 2	20 42	9 13	13 48	5 36
31	21 24	2 48	20 33	1 30	21 1	9 13	13 48	5 27

2003 FEBRUAR

Day	Sidereal Time	☉ Long.	☉ Decl.	☽ Long.	☽ Lat.	☽ Decl.
	H M S	° ′ ″	° ′	° ′	° ′	° ′
1	8 43 9	11 ♒ 41 41	17 S 17	6 ♒ 13	4 S 21	22 S 56
2	8 47 6	12 42 36	17 0	19 19	4 49	19 36
3	8 51 2	13 43 30	16 42	2 ♓ 10	5 1	15 23
4	8 54 59	14 44 24	16 25	14 45	4 59	10 36
5	8 58 55	15 45 15	16 7	27 4	4 42	5 28
6	9 2 52	16 46 6	15 49	9 ♈ 11	4 13	0 14
7	9 6 48	17 46 55	15 30	21 7	3 33	4 N 57
8	9 10 45	18 47 43	15 12	2 ♉ 57	2 44	9 56
9	9 14 41	19 48 29	14 53	14 45	1 48	14 33
10	9 18 38	20 49 14	14 33	26 38	0 47	18 38
11	9 22 35	21 49 57	14 14	8 ♊ 39	0 N 17	22 1
12	9 26 31	22 50 39	13 54	20 56	1 21	24 29
13	9 30 28	23 51 19	13 34	3 ♋ 32	2 23	25 46
14	9 34 24	24 51 57	13 14	16 32	3 19	25 43
15	9 38 21	25 52 34	12 54	29 57	4 6	24 10
16	9 42 17	26 53 9	12 33	13 ♌ 46	4 40	21 10
17	9 46 14	27 53 43	12 12	27 58	4 58	16 50
18	9 50 10	28 54 15	11 51	12 ♍ 26	4 57	11 28
19	9 54 7	29 54 46	11 30	27 3	4 37	5 25
20	9 58 4	0 ♓ 55 16	11 9	11 ♎ 42	3 59	0 S 57
21	10 2 0	1 55 44	10 47	26 17	3 6	7 15
22	10 5 57	2 56 11	10 26	10 ♏ 41	2 1	13 7
23	10 9 53	3 56 36	10 4	24 52	0 49	18 12
24	10 13 50	4 57 0	9 42	8 ♐ 49	0 S 25	22 11
25	10 17 46	5 57 23	9 20	22 33	1 36	24 49
26	10 21 43	6 57 44	8 57	6 ♑ 3	2 40	25 58
27	10 25 39	7 58 4	8 35	19 22	3 35	25 35
28	10 29 36	8 58 22	8 12	2 ♒ 29	4 17	23 46

Day	♆ Lat.	♆ Decl.	♅ Lat.	♅ Decl.	♄ Lat.	♄ Decl.	♃ Lat.	♃ Decl.	♂ Lat.
	° ′	° ′	° ′	° ′	° ′	° ′	° ′	° ′	° ′
1	0 N 2	17 S 31	0 S 43	12 S 54	1 S 11	22 N 3	0 N 52	17 N 40	0 N 23
4	0 2	17 29	0 43	12 50	1 10	22 3	0 52	17 47	0 20
7	0 2	17 27	0 43	12 47	1 10	22 3	0 53	17 54	0 18
10	0 2	17 26	0 43	12 43	1 9	22 4	0 53	18 1	0 16
13	0 2	17 24	0 43	12 40	1 9	22 4	0 53	18 8	0 13
16	0 2	17 22	0 43	12 36	1 8	22 5	0 53	18 14	0 11
19	0 2	17 20	0 43	12 32	1 7	22 5	0 53	18 20	0 8
22	0 2	17 18	0 43	12 29	1 7	22 6	0 54	18 26	0 6
25	0 2	17 17	0 43	12 25	1 6	22 6	0 54	18 32	0 3
28	0 2	17 15	0 43	12 21	1 5	22 7	0 54	18 37	0 0

FEBRUAR 2003

Day	♆ Long.	♅ Long.	♄ Long.	♃ Long.	♂ Long.	♀ Long.	☿ Long.	♇ Long.
	° ′	° ′	° ′	° ′	° ′	° ′	° ′	° ′
1	10 ♒ 43	27 ♒ 50	22 ♊ 33	13 ♌ 17	9 ♐ 33	26 ♐ 1	16 ♑ 37	19 ♐ 16
2	10 45	27 54	22 R 31	13 R 9	10 12	27 8	17 29	19 18
3	10 48	27 57	22 29	13 1	10 51	28 15	18 25	19 19
4	10 50	28 0	22 27	12 53	11 29	29 22	19 24	19 21
5	10 52	28 4	22 25	12 45	12 8	0 ♑ 30	20 26	19 22
6	10 54	28 7	22 23	12 37	12 46	1 38	21 31	19 24
7	10 57	28 11	22 21	12 29	13 25	2 46	22 37	19 25
8	10 59	28 14	22 19	12 21	14 4	3 54	23 46	19 26
9	11 1	28 18	22 18	12 13	14 42	5 2	24 57	19 28
10	11 4	28 21	22 16	12 5	15 21	6 10	26 9	19 29
11	11 6	28 24	22 15	11 58	15 59	7 19	27 24	19 30
12	11 8	28 28	22 14	11 50	16 38	8 28	28 40	19 32
13	11 10	28 31	22 13	11 42	17 16	9 36	29 57	19 33
14	11 13	28 35	22 12	11 34	17 55	10 45	1 ♒ 16	19 34
15	11 15	28 38	22 11	11 27	18 33	11 54	2 36	19 35
16	11 17	28 42	22 10	11 19	19 12	13 4	3 57	19 36
17	11 19	28 45	22 10	11 12	19 50	14 13	5 20	19 38
18	11 21	28 49	22 9	11 5	20 29	15 22	6 44	19 39
19	11 24	28 52	22 9	10 57	21 7	16 32	8 9	19 40
20	11 26	28 56	22 8	10 50	21 46	17 41	9 35	19 41
21	11 28	28 59	22 8	10 43	22 24	18 51	11 3	19 42
22	11 30	29 2	22 8	10 36	23 3	20 1	12 31	19 43
23	11 32	29 6	22 D 8	10 29	23 41	21 11	14 0	19 44
24	11 34	29 9	22 8	10 23	24 20	22 21	15 31	19 45
25	11 36	29 13	22 8	10 16	24 58	23 31	17 2	19 45
26	11 39	29 16	22 9	10 10	25 36	24 41	18 35	19 46
27	11 41	29 20	22 9	10 3	26 15	25 52	20 8	19 47
28	11 43	29 23	22 10	9 57	26 53	27 2	21 43	19 48

Day	♂ Decl.	♀ Lat.	♀ Decl.	☿ Lat.	☿ Decl.	♇ Lat.	♇ Decl.	☊
	° ′	° ′	° ′	° ′	° ′	° ′	° ′	° ′
1	21 S 31	2 N 45	20 S 38	1 N 20	21 S 5	9 N 14	13 S 48	5 ♊ 23
4	21 49	2 35	20 52	0 48	21 14	9 14	13 48	5 14
7	22 6	2 24	21 0	0 19	21 14	9 15	13 48	5 4
10	22 22	2 13	21 5	0 S 9	21 4	9 15	13 48	4 55
13	22 36	2 2	21 4	0 34	20 43	9 16	13 48	4 45
16	22 49	1 50	20 58	0 57	20 11	9 16	13 47	4 36
19	23 0	1 38	20 47	1 16	19 28	9 17	13 47	4 26
22	23 10	1 26	20 31	1 34	18 33	9 17	13 46	4 17
25	23 18	1 14	20 10	1 48	17 26	9 18	13 46	4 7
28	23 24	1 2	19 44	1 59	16 8	9 19	13 46	3 58

2003 MÄRZ

Day	Sidereal Time	☉ Long.	☉ Decl.	☽ Long.	☽ Lat.	☽ Decl.
	H M S	° ′ ″	° ′	° ′	° ′	° ′
1	10 33 33	9 ♓ 58 39	7 S 50	15 ♒ 25	4 S 45	20 S 45
2	10 37 29	10 58 54	7 27	28 11	4 59	16 46
3	10 41 26	11 59 8	7 4	10 ♓ 45	4 58	12 7
4	10 45 22	12 59 19	6 41	23 7	4 42	7 3
5	10 49 19	13 59 29	6 18	5 ♈ 18	4 14	1 47
6	10 53 15	14 59 37	5 55	17 19	3 35	3 N 30
7	10 57 12	15 59 42	5 31	29 12	2 46	8 36
8	11 1 8	16 59 46	5 8	11 ♉ 0	1 51	13 22
9	11 5 5	17 59 48	4 45	22 47	0 51	17 39
10	11 9 2	18 59 47	4 21	4 ♊ 38	0 N 12	21 16
11	11 12 58	19 59 45	3 58	16 37	1 15	24 1
12	11 16 55	20 59 40	3 34	28 51	2 16	25 42
13	11 20 51	21 59 33	3 11	11 ♋ 25	3 12	26 8
14	11 24 48	22 59 24	2 47	24 23	4 0	25 11
15	11 28 44	23 59 12	2 23	7 ♌ 49	4 37	22 46
16	11 32 41	24 58 59	2 0	21 44	4 58	18 58
17	11 36 37	25 58 43	1 36	6 ♍ 6	5 2	13 57
18	11 40 34	26 58 26	1 12	20 49	4 46	8 1
19	11 44 31	27 58 6	0 48	5 ♎ 47	4 11	1 32
20	11 48 27	28 57 45	0 25	20 50	3 18	5 S 5
21	11 52 24	29 57 21	0 1	5 ♏ 49	2 11	11 23
22	11 56 20	0 ♈ 56 56	0 N 23	20 35	0 57	16 59
23	12 0 17	1 56 29	0 46	5 ♐ 3	0 S 20	21 28
24	12 4 13	2 56 0	1 10	19 10	1 35	24 34
25	12 8 10	3 55 30	1 34	2 ♑ 57	2 41	26 6
26	12 12 6	4 54 57	1 57	16 23	3 38	26 2
27	12 16 3	5 54 23	2 21	29 32	4 21	24 30
28	12 20 0	6 53 47	2 44	12 ♒ 25	4 50	21 43
29	12 23 56	7 53 9	3 8	25 4	5 4	17 56
30	12 27 53	8 52 29	3 31	7 ♓ 32	5 4	13 26
31	12 31 49	9 51 48	3 54	19 50	4 50	8 28

Day	♆ Lat.	♆ Decl.	♅ Lat.	♅ Decl.	♄ Lat.	♄ Decl.	♃ Lat.	♃ Decl.	♂ Lat.
	° ′	° ′	° ′	° ′	° ′	° ′	° ′	° ′	° ′
1	0 N 2	17 S 14	0 S 43	12 S 20	1 S 5	22 N 7	0 N 54	18 N 39	0 S 1
4	0 2	17 13	0 43	12 17	1 5	22 8	0 54	18 43	0 4
7	0 1	17 11	0 43	12 13	1 4	22 9	0 54	18 48	0 7
10	0 1	17 9	0 43	12 10	1 3	22 10	0 54	18 51	0 11
13	0 1	17 8	0 43	12 6	1 3	22 11	0 54	18 55	0 14
16	0 1	17 6	0 43	12 3	1 2	22 12	0 54	18 58	0 17
19	0 1	17 5	0 43	12 0	1 1	22 13	0 53	19 0	0 21
22	0 1	17 4	0 43	11 56	1 1	22 14	0 53	19 2	0 25
25	0 1	17 2	0 43	11 53	1 0	22 15	0 53	19 4	0 29
28	0 1	17 1	0 43	11 50	1 N 0	22 16	0 53	19 5	0 33
31	0 1	17 0	0 43	11 47	0 S 59	22 17	0 53	19 6	0 37

MÄRZ 2003

Day	♆ Long.	♅ Long.	♄ Long.	♃ Long.	♂ Long.	♀ Long.	☿ Long.	♇ Long.
	° ′	° ′	° ′	° ′	° ′	° ′	° ′	° ′
1	11 ♒ 45	29 ♒ 27	22 ♊ 10	9 ♌ 51	27 ♐ 31	28 ♑ 12	23 ♒ 19	19 ♐ 49
2	11 47	29 30	22 11	9 R 45	28 10	29 23	24 55	19 49
3	11 49	29 33	22 12	9 39	28 48	0 ♒ 34	26 33	19 50
4	11 51	29 37	22 13	9 34	29 26	1 44	28 12	19 51
5	11 53	29 40	22 14	9 28	0 ♑ 5	2 55	29 51	19 51
6	11 55	29 44	22 16	9 23	0 43	4 6	1 ♓ 32	19 52
7	11 57	29 47	22 17	9 18	1 21	5 17	3 14	19 52
8	11 59	29 50	22 19	9 13	1 59	6 28	4 57	19 53
9	12 1	29 54	22 20	9 8	2 37	7 39	6 41	19 53
10	12 3	29 57	22 22	9 3	3 16	8 50	8 26	19 54
11	12 5	0 ♓ 0	22 24	8 58	3 54	10 1	10 13	19 54
12	12 7	0 4	22 26	8 54	4 32	11 12	12 0	19 55
13	12 8	0 7	22 28	8 50	5 10	12 23	13 49	19 55
14	12 10	0 10	22 30	8 46	5 48	13 35	15 39	19 55
15	12 12	0 13	22 32	8 42	6 26	14 46	17 30	19 56
16	12 14	0 17	22 34	8 38	7 4	15 57	19 22	19 56
17	12 16	0 20	22 37	8 35	7 42	17 9	21 15	19 56
18	12 17	0 23	22 39	8 31	8 20	18 20	23 10	19 56
19	12 19	0 26	22 42	8 28	8 58	19 32	25 5	19 56
20	12 21	0 29	22 45	8 25	9 36	20 43	27 2	19 57
21	12 23	0 32	22 48	8 23	10 13	21 55	29 0	19 57
22	12 24	0 36	22 51	8 20	10 51	23 7	0 ♈ 59	19 57
23	12 26	0 39	22 54	8 18	11 29	24 18	2 58	19 57
24	12 28	0 42	22 57	8 15	12 7	25 30	4 58	19 R 57
25	12 29	0 45	23 0	8 13	12 44	26 42	7 0	19 57
26	12 31	0 48	23 3	8 11	13 22	27 54	9 1	19 57
27	12 32	0 51	23 7	8 10	14 0	29 5	11 3	19 56
28	12 34	0 54	23 10	8 8	14 37	0 ♓ 17	13 5	19 56
29	12 35	0 57	23 14	8 7	15 15	1 29	15 7	19 56
30	12 37	1 0	23 18	8 6	15 52	2 41	17 9	19 56
31	12 38	1 2	23 22	8 5	16 30	3 53	19 10	19 56

Day	♂ Decl.	♀ Lat.	♀ Decl.	☿ Lat.	☿ Decl.	♇ Lat.	♇ Decl.	☊
	° ′	° ′	° ′	° ′	° ′	° ′	° ′	° ′
1	23 S 26	0 N 58	19 S 34	2 S 2	15 S 40	9 N 19	13 S 45	3 ♊ 54
4	23 30	0 46	19 1	2 8	14 6	9 20	13 45	3 45
7	23 33	0 35	18 23	2 11	12 21	9 20	13 44	3 35
10	23 34	0 23	17 41	2 10	10 24	9 21	13 44	3 26
13	23 34	0 12	16 54	2 4	8 17	9 22	13 43	3 16
16	23 32	0 1	16 3	1 55	5 58	9 23	13 42	3 7
19	23 29	0 S 10	15 7	1 40	3 29	9 23	13 42	2 57
22	23 24	0 20	14 8	1 21	0 51	9 24	13 41	2 48
25	23 18	0 30	13 5	0 57	1 N 54	9 25	13 40	2 38
28	23 11	0 39	11 59	0 29	4 44	9 25	13 40	2 29
31	23 2	0 48	10 49	0 N 3	7 33	9 26	13 39	2 19

2003 APRIL

Day	Sidereal Time	☉ Long.	☉ Decl.	☽ Long.	☽ Lat.	☽ Decl.
	H M S	° ′ ″	° ′	° ′	° ′	° ′
1	12 35 46	10♈51 4	4 N 18	1♈58	4 S 22	3 S 13
2	12 39 42	11 50 19	4 41	13 59	3 43	2 N 5
3	12 43 39	12 49 31	5 4	25 53	2 55	7 17
4	12 47 35	13 48 42	5 27	7♉42	1 59	12 12
5	12 51 32	14 47 50	5 50	19 29	0 58	16 41
6	12 55 29	15 46 56	6 13	1♊16	0 N 6	20 31
7	12 59 25	16 45 59	6 35	13 8	1 10	23 32
8	13 3 22	17 45 1	6 58	25 8	2 11	25 32
9	13 7 18	18 44 0	7 20	7♋21	3 8	26 22
10	13 11 15	19 42 57	7 43	19 52	3 58	25 53
11	13 15 11	20 41 52	8 5	2♌46	4 37	24 2
12	13 19 8	21 40 44	8 27	16 6	5 2	20 49
13	13 23 4	22 39 34	8 49	29 55	5 12	16 21
14	13 27 1	23 38 23	9 11	14♍13	5 2	10 51
15	13 30 58	24 37 8	9 32	28 56	4 32	4 35
16	13 34 54	25 35 52	9 54	13♎58	3 43	2 S 4
17	13 38 51	26 34 34	10 15	29 11	2 39	8 42
18	13 42 47	27 33 14	10 36	14♏24	1 23	14 50
19	13 46 44	28 31 52	10 57	29 27	0 2	20 0
20	13 50 40	29 30 28	11 18	14♐13	1 S 19	23 48
21	13 54 37	0♉29 3	11 39	28 36	2 32	25 58
22	13 58 33	1 27 36	11 59	12♑35	3 34	26 23
23	14 2 30	2 26 7	12 19	26 8	4 22	25 12
24	14 6 27	3 24 36	12 39	9♒18	4 54	22 39
25	14 10 23	4 23 4	12 59	22 7	5 11	19 3
26	14 14 20	5 21 30	13 19	4♓38	5 13	14 40
27	14 18 16	6 19 55	13 38	16 56	5 0	9 46
28	14 22 13	7 18 18	13 57	29 3	4 34	4 34
29	14 26 9	8 16 39	14 16	11♈1	3 56	0 N 44
30	14 30 6	9 14 59	14 35	22 53	3 9	5 59

Day	♆ Lat.	♆ Decl.	⛢ Lat.	⛢ Decl.	♄ Lat.	♄ Decl.	♃ Lat.	♃ Decl.	♂ Lat.
	° ′	° ′	° ′	° ′	° ′	° ′	° ′	° ′	° ′
1	0 N 1	16 S 59	0 S 43	11 S 46	0 S 59	22 N 18	0 N 53	19 N 6	0 S 38
4	0 1	16 58	0 44	11 43	0 58	22 19	0 53	19 6	0 43
7	0 1	16 57	0 44	11 40	0 58	22 20	0 52	19 6	0 47
10	0 1	16 56	0 44	11 37	0 57	22 21	0 52	19 5	0 52
13	0 1	16 55	0 44	11 35	0 57	22 22	0 52	19 3	0 57
16	0 1	16 54	0 44	11 32	0 56	22 23	0 52	19 2	1 2
19	0 1	16 54	0 44	11 30	0 56	22 25	0 52	19 0	1 7
22	0 1	16 53	0 44	11 28	0 55	22 26	0 51	18 57	1 12
25	0 1	16 52	0 44	11 26	0 55	22 27	0 51	18 54	1 18
28	0 1	16 52	0 44	11 23	0 54	22 28	0 51	18 51	1 24

APRIL 2003

Day	♆ Long. ° ′	♅ Long. ° ′	♄ Long. ° ′	♃ Long. ° ′	♂ Long. ° ′	♀ Long. ° ′	☿ Long. ° ′	♇ Long. ° ′
1	12 ♒ 40	1 ♓ 5	23 ♊ 26	8 ♌ 5	17 ♑ 7	5 ♓ 5	21 ♈ 10	19 ♐ 55
2	12 41	1 8	23 30	8 R 4	17 45	6 17	23 9	19 R 55
3	12 42	1 11	23 34	8 4	18 22	7 29	25 6	19 55
4	12 44	1 14	23 38	8 4	18 59	8 42	27 1	19 54
5	12 45	1 16	23 42	8 D 4	19 37	9 54	28 53	19 54
6	12 46	1 19	23 47	8 4	20 14	11 6	0 ♉ 43	19 54
7	12 48	1 22	23 51	8 4	20 51	12 18	2 29	19 53
8	12 49	1 25	23 56	8 5	21 28	13 30	4 12	19 53
9	12 50	1 27	24 0	8 6	22 5	14 43	5 51	19 52
10	12 51	1 30	24 5	8 7	22 42	15 55	7 25	19 51
11	12 52	1 32	24 10	8 8	23 19	17 7	8 56	19 51
12	12 53	1 35	24 15	8 10	23 56	18 19	10 21	19 50
13	12 55	1 37	24 19	8 11	24 32	19 32	11 41	19 50
14	12 56	1 40	24 25	8 13	25 9	20 44	12 56	19 49
15	12 57	1 42	24 30	8 15	25 46	21 56	14 6	19 48
16	12 58	1 45	24 35	8 17	26 22	23 9	15 10	19 47
17	12 59	1 47	24 40	8 19	26 59	24 21	16 9	19 47
18	12 59	1 49	24 45	8 22	27 35	25 34	17 2	19 46
19	13 0	1 51	24 51	8 24	28 12	26 46	17 49	19 45
20	13 1	1 54	24 56	8 27	28 48	27 58	18 30	19 44
21	13 2	1 56	25 2	8 30	29 24	29 11	19 6	19 43
22	13 3	1 58	25 7	8 33	0 ♒ 0	0 ♈ 23	19 35	19 42
23	13 4	2 0	25 13	8 37	0 37	1 36	19 58	19 41
24	13 4	2 2	25 19	8 40	1 13	2 48	20 16	19 40
25	13 5	2 4	25 25	8 44	1 48	4 1	20 27	19 39
26	13 6	2 6	25 31	8 48	2 24	5 13	20 33	19 38
27	13 6	2 8	25 37	8 52	3 0	6 26	20 33	19 37
28	13 7	2 10	25 43	8 56	3 36	7 39	20 R 28	19 36
29	13 8	2 12	25 49	9 1	4 11	8 51	20 17	19 35
30	13 8	2 14	25 55	9 5	4 47	10 4	20 1	19 34

Day	♂ Decl. ° ′	♀ Lat. ° ′	♀ Decl. ° ′	☿ Lat. ° ′	☿ Decl. ° ′	♇ Lat. ° ′	♇ Decl. ° ′	☊ ° ′
1	22 S 59	0 S 50	10 S 26	0 N 15	8 N 29	9 N 26	13 S 39	2 ♊ 16
4	22 48	0 58	9 13	0 49	11 11	9 27	13 38	2 6
7	22 36	1 6	7 57	1 24	13 39	9 28	13 37	1 57
10	22 23	1 12	6 40	1 56	15 48	9 28	13 36	1 47
13	22 9	1 18	5 21	2 22	17 36	9 29	13 36	1 38
16	21 53	1 23	4 0	2 42	18 58	9 29	13 35	1 28
19	21 37	1 28	2 38	2 53	19 55	9 30	13 34	1 19
22	21 20	1 32	1 15	2 54	20 26	9 31	13 33	1 9
25	21 1	1 35	0 N 8	2 44	20 30	9 31	13 33	1 0
28	20 42	1 38	1 32	2 23	20 9	9 32	13 32	0 50

2003 MAI

Day	Sidereal Time	☉ Long.	☉ Decl.	☽ Long.	☽ Lat.	☽ Decl.
	H M S	° ′ ″	° ′	° ′	° ′	° ′
1	14 34 2	10 ♉ 13 17	14 N 53	4 ♉ 42	2 S 13	11 N 0
2	14 37 59	11 11 33	15 11	16 29	1 11	15 38
3	14 41 56	12 9 48	15 29	28 17	0 7	19 40
4	14 45 52	13 8 1	15 47	10 ♊ 9	0 N 59	22 56
5	14 49 49	14 6 11	16 4	22 6	2 2	25 14
6	14 53 45	15 4 20	16 21	4 ♋ 11	3 1	26 23
7	14 57 42	16 2 27	16 38	16 29	3 52	26 16
8	15 1 38	17 0 32	16 55	29 3	4 34	24 48
9	15 5 35	17 58 35	17 11	11 ♌ 56	5 3	22 3
10	15 9 32	18 56 37	17 27	25 11	5 17	18 6
11	15 13 28	19 54 36	17 43	8 ♍ 51	5 14	13 5
12	15 17 25	20 52 34	17 58	22 57	4 51	7 15
13	15 21 21	21 50 29	18 14	7 ♎ 28	4 10	0 52
14	15 25 18	22 48 24	18 28	22 19	3 12	5 S 43
15	15 29 14	23 46 16	18 43	7 ♏ 24	1 59	12 6
16	15 33 11	24 44 7	18 57	22 35	0 38	17 48
17	15 37 7	25 41 56	19 11	7 ♐ 42	0 S 46	22 21
18	15 41 4	26 39 44	19 25	22 37	2 5	25 19
19	15 45 1	27 37 31	19 38	7 ♑ 11	3 15	26 29
20	15 48 57	28 35 17	19 51	21 21	4 10	25 52
21	15 52 54	29 33 1	20 3	5 ♒ 4	4 49	23 40
22	15 56 50	0 ♊ 30 44	20 15	18 21	5 12	20 16
23	16 0 47	1 28 26	20 27	1 ♓ 13	5 17	15 59
24	16 4 43	2 26 7	20 39	13 44	5 8	11 8
25	16 8 40	3 23 47	20 50	25 59	4 45	5 57
26	16 12 36	4 21 26	21 1	8 ♈ 0	4 9	0 38
27	16 16 33	5 19 4	21 11	19 53	3 23	4 N 39
28	16 20 30	6 16 41	21 21	1 ♉ 42	2 29	9 44
29	16 24 26	7 14 17	21 31	13 29	1 28	14 29
30	16 28 23	8 11 52	21 40	25 17	0 24	18 42
31	16 32 19	9 9 26	21 49	7 ♊ 10	0 N 42	22 12

Day	♆ Lat.	♆ Decl.	♅ Lat.	♅ Decl.	♄ Lat.	♄ Decl.	♃ Lat.	♃ Decl.	♂ Lat.
	° ′	° ′	° ′	° ′	° ′	° ′	° ′	° ′	° ′
1	0 N 1	16 S 51	0 S 44	11 S 22	0 S 54	22 N 29	0 N 51	18 N 47	1 S 30
4	0 1	16 51	0 44	11 20	0 53	22 30	0 51	18 43	1 36
7	0 1	16 51	0 45	11 18	0 53	22 31	0 50	18 38	1 42
10	0 1	16 51	0 45	11 17	0 53	22 32	0 50	18 33	1 49
13	0 1	16 51	0 45	11 16	0 52	22 32	0 50	18 28	1 56
16	0 1	16 50	0 45	11 14	0 52	22 33	0 50	18 22	2 2
19	0 1	16 51	0 45	11 13	0 51	22 34	0 50	18 16	2 10
22	0 1	16 51	0 45	11 13	0 51	22 35	0 50	18 9	2 17
25	0 1	16 51	0 45	11 12	0 51	22 35	0 49	18 3	2 25
28	0 1	16 51	0 45	11 11	0 50	22 36	0 49	17 55	2 33
31	0 1	16 52	0 46	11 11	0 50	22 36	0 49	17 48	2 41

MAI 2003

Day	♆ Long.	♅ Long.	♄ Long.	♃ Long.	♂ Long.	♀ Long.	☿ Long.	♇ Long.
	° ′	° ′	° ′	° ′	° ′	° ′	° ′	° ′
1	13 ♒ 9	2 ♓ 15	26 ♊ 1	9 ♌ 10	5 ♒ 22	11 ♈ 16	19 ♉ 41	19 ♐ 33
2	13 9	2 17	26 7	9 15	5 57	12 29	19 R 17	19 R 32
3	13 10	2 19	26 14	9 20	6 32	13 42	18 49	19 31
4	13 10	2 21	26 20	9 25	7 7	14 54	18 18	19 29
5	13 10	2 22	26 26	9 30	7 42	16 7	17 45	19 28
6	13 11	2 24	26 33	9 36	8 17	17 20	17 9	19 27
7	13 11	2 25	26 39	9 41	8 52	18 32	16 32	19 26
8	13 11	2 27	26 46	9 47	9 26	19 45	15 55	19 24
9	13 11	2 28	26 53	9 53	10 1	20 58	15 18	19 23
10	13 12	2 30	26 59	9 59	10 35	22 11	14 41	19 22
11	13 12	2 31	27 6	10 6	11 9	23 23	14 6	19 20
12	13 12	2 32	27 13	10 12	11 43	24 36	13 33	19 19
13	13 12	2 33	27 20	10 18	12 17	25 49	13 2	19 18
14	13 12	2 35	27 27	10 25	12 51	27 1	12 35	19 16
15	13 12	2 36	27 33	10 32	13 24	28 14	12 10	19 15
16	13 12	2 37	27 40	10 39	13 58	29 27	11 49	19 13
17	13 R 12	2 38	27 47	10 46	14 31	0 ♉ 40	11 33	19 12
18	13 12	2 39	27 55	10 53	15 4	1 53	11 20	19 10
19	13 12	2 40	28 2	11 0	15 37	3 5	11 12	19 9
20	13 12	2 41	28 9	11 8	16 10	4 18	11 8	19 7
21	13 12	2 42	28 16	11 16	16 43	5 31	11 D 9	19 6
22	13 12	2 42	28 23	11 23	17 15	6 44	11 14	19 4
23	13 11	2 43	28 30	11 31	17 47	7 57	11 24	19 3
24	13 11	2 44	28 38	11 39	18 19	9 9	11 39	19 1
25	13 11	2 45	28 45	11 47	18 51	10 22	11 58	19 0
26	13 11	2 45	28 52	11 55	19 23	11 35	12 21	18 58
27	13 10	2 46	29 0	12 4	19 54	12 48	12 48	18 57
28	13 10	2 46	29 7	12 12	20 26	14 1	13 20	18 55
29	13 10	2 47	29 14	12 21	20 57	15 14	13 56	18 53
30	13 9	2 47	29 22	12 29	21 28	16 27	14 35	18 52
31	13 9	2 48	29 29	12 38	21 58	17 40	15 19	18 50

Day	♂ Decl.	♀ Lat.	♀ Decl.	☿ Lat.	☿ Decl.	♇ Lat.	♇ Decl.	☊
	° ′	° ′	° ′	° ′	° ′	° ′	° ′	° ′
1	20 S 23	1 S 39	2 N 56	1 N 50	19 N 25	9 N 32	13 S 31	0 ♊ 41
4	20 2	1 41	4 20	1 7	18 21	9 32	13 31	0 31
7	19 41	1 41	5 43	0 17	17 3	9 33	13 30	0 22
10	19 20	1 41	7 5	0 S 35	15 41	9 33	13 29	0 12
13	18 58	1 40	8 25	1 25	14 24	9 33	13 29	0 3
16	18 35	1 38	9 45	2 10	13 19	9 33	13 28	29 53
19	18 13	1 36	11 2	2 47	12 33	9 34	13 28	29 43
22	17 50	1 33	12 18	3 14	12 8	9 34	13 27	29 34
25	17 28	1 30	13 30	3 32	12 4	9 34	13 27	29 24
28	17 5	1 26	14 41	3 41	12 20	9 34	13 27	29 15
31	16 43	1 22	15 48	3 42	12 53	9 34	13 26	29 5

2003 JUNI

Day	Sidereal Time	☉ Long.	☉ Decl.	☽ Long.	☽ Lat.	☽ Decl.
	H M S	° ′ ″	° ′	° ′	° ′	° ′
1	16 36 16	10♊ 6 58	21 N 58	19♊ 9	1 N 47	24 N 46
2	16 40 12	11 4 30	22 6	1♋ 17	2 47	26 13
3	16 44 9	12 2 1	22 14	13 35	3 41	26 24
4	16 48 5	12 59 30	22 21	26 5	4 24	25 16
5	16 52 2	13 56 58	22 28	8♌ 49	4 56	22 49
6	16 55 59	14 54 25	22 35	21 48	5 14	19 11
7	16 59 55	15 51 51	22 41	5♍ 6	5 15	14 31
8	17 3 52	16 49 15	22 47	18 42	4 59	9 3
9	17 7 48	17 46 38	22 53	2♎ 37	4 25	3 0
10	17 11 45	18 44 1	22 58	16 52	3 34	3 S 20
11	17 15 41	19 41 22	23 2	1♏ 25	2 28	9 39
12	17 19 38	20 38 42	23 7	16 11	1 12	15 32
13	17 23 34	21 36 2	23 10	1♐ 6	0 S 10	20 32
14	17 27 31	22 33 20	23 14	16 1	1 30	24 12
15	17 31 28	23 30 38	23 17	0♑ 49	2 44	26 11
16	17 35 24	24 27 55	23 19	15 22	3 46	26 18
17	17 39 21	25 25 12	23 22	29 35	4 33	24 41
18	17 43 17	26 22 28	23 23	13♒ 23	5 2	21 37
19	17 47 14	27 19 44	23 25	26 45	5 13	17 30
20	17 51 10	28 17 0	23 26	9♓ 41	5 8	12 42
21	17 55 7	29 14 15	23 26	22 15	4 49	7 30
22	17 59 3	0♋ 11 30	23 26	4♈ 30	4 16	2 8
23	18 3 0	1 8 45	23 26	16 31	3 33	3 N 13
24	18 6 57	2 6 0	23 25	28 23	2 41	8 24
25	18 10 53	3 3 14	23 24	10♉ 11	1 42	13 15
26	18 14 50	4 0 29	23 23	21 59	0 39	17 38
27	18 18 46	4 57 43	23 21	3♊ 51	0 N 26	21 20
28	18 22 43	5 54 58	23 18	15 51	1 30	24 10
29	18 26 39	6 52 12	23 16	28 1	2 31	25 56
30	18 30 36	7 49 26	23 13	10♋ 23	3 26	26 27

Day	♆ Lat.	♆ Decl.	♅ Lat.	♅ Decl.	♄ Lat.	♄ Decl.	♃ Lat.	♃ Decl.	♂ Lat.
	° ′	° ′	° ′	° ′	° ′	° ′	° ′	° ′	° ′
1	0 N 1	16 S 52	0 S 46	11 S 11	0 S 50	22 N 36	0 N 49	17 N 45	2 S 44
4	0 1	16 52	0 46	11 11	0 50	22 37	0 49	17 38	2 52
7	0 1	16 53	0 46	11 11	0 49	22 37	0 49	17 29	3 1
10	0 1	16 54	0 46	11 11	0 49	22 37	0 49	17 21	3 10
13	0 1	16 54	0 46	11 11	0 49	22 37	0 49	17 12	3 19
16	0 0	16 55	0 46	11 12	0 49	22 37	0 48	17 3	3 29
19	0 0	16 56	0 46	11 13	0 48	22 37	0 48	16 53	3 38
22	0 0	16 57	0 46	11 13	0 48	22 37	0 48	16 44	3 48
25	0 0	16 58	0 46	11 14	0 48	22 37	0 48	16 34	3 59
28	0 0	16 59	0 47	11 15	0 48	22 37	0 48	16 23	4 9

JUNI 2003

Day	♆ Long.	♅ Long.	♄ Long.	♃ Long.	♂ Long.	♀ Long.	☿ Long.	♇ Long.
	° ′	° ′	° ′	° ′	° ′	° ′	° ′	° ′
1	13 ♒ 8	2 ♓ 48	29 ♊ 37	12 ♌ 47	22 ♒ 29	18 ♉ 53	16 ♉ 6	18 ♐ 49
2	13 R 8	2 48	29 44	12 56	22 59	20 6	16 57	18 R 47
3	13 7	2 49	29 52	13 5	23 29	21 19	17 52	18 45
4	13 6	2 49	29 59	13 14	23 58	22 32	18 49	18 44
5	13 6	2 49	0 ♋ 7	13 24	24 28	23 44	19 51	18 42
6	13 5	2 49	0 15	13 33	24 57	24 57	20 55	18 40
7	13 5	2 49	0 22	13 43	25 26	26 10	22 3	18 39
8	13 4	2 R 49	0 30	13 52	25 54	27 23	23 14	18 37
9	13 3	2 49	0 38	14 2	26 23	28 36	24 28	18 36
10	13 2	2 49	0 45	14 12	26 51	29 50	25 45	18 34
11	13 2	2 49	0 53	14 22	27 18	1 ♊ 3	27 5	18 32
12	13 1	2 48	1 1	14 32	27 46	2 16	28 29	18 31
13	13 0	2 48	1 8	14 42	28 13	3 29	29 55	18 29
14	12 59	2 48	1 16	14 52	28 39	4 42	1 ♊ 24	18 27
15	12 58	2 48	1 24	15 2	29 6	5 55	2 56	18 26
16	12 57	2 47	1 32	15 12	29 32	7 8	4 31	18 24
17	12 56	2 47	1 40	15 23	29 57	8 21	6 8	18 22
18	12 55	2 46	1 47	15 33	0 ♓ 23	9 34	7 49	18 21
19	12 54	2 46	1 55	15 44	0 48	10 47	9 32	18 19
20	12 53	2 45	2 3	15 55	1 12	12 0	11 19	18 18
21	12 52	2 44	2 11	16 5	1 36	13 14	13 8	18 16
22	12 51	2 44	2 18	16 16	2 0	14 27	14 59	18 14
23	12 50	2 43	2 26	16 27	2 23	15 40	16 53	18 13
24	12 49	2 42	2 34	16 38	2 46	16 53	18 50	18 11
25	12 48	2 42	2 42	16 49	3 9	18 6	20 49	18 10
26	12 47	2 41	2 50	17 0	3 31	19 20	22 51	18 8
27	12 46	2 40	2 57	17 11	3 52	20 33	24 54	18 7
28	12 44	2 39	3 5	17 23	4 13	21 46	26 59	18 5
29	12 43	2 38	3 13	17 34	4 34	23 0	29 6	18 4
30	12 42	2 37	3 21	17 45	4 54	24 13	1 ♋ 14	18 2

Day	♂ Decl.	♀ Lat.	♀ Decl.	☿ Lat.	☿ Decl.	♇ Lat.	♇ Decl.	☊
	° ′	° ′	° ′	° ′	° ′	° ′	° ′	° ′
1	16 S 36	1 S 20	16 N 9	3 S 40	13 N 8	9 N 34	13 S 26	29 ♉ 2
4	16 14	1 15	17 12	3 31	14 2	9 34	13 26	28 53
7	15 53	1 10	18 10	3 16	15 7	9 33	13 26	28 43
10	15 32	1 4	19 4	2 55	16 22	9 33	13 25	28 34
13	15 13	0 58	19 54	2 30	17 42	9 33	13 25	28 24
16	14 54	0 51	20 40	2 0	19 4	9 33	13 25	28 15
19	14 36	0 44	21 20	1 28	20 26	9 32	13 25	28 5
22	14 19	0 37	21 55	0 53	21 42	9 32	13 25	27 55
25	14 3	0 30	22 24	0 19	22 49	9 31	13 25	27 46
28	13 49	0 23	22 48	0 N 15	23 39	9 31	13 26	27 36

2003 JULI

Day	Sidereal Time	☉ Long.	☉ Decl.	☽ Long.	☽ Lat.	☽ Decl.
	H M S	° ′ ″	° ′	° ′	° ′	° ′
1	18 34 32	8♋46 40	23 N 9	22♋58	4 N 11	25 N 37
2	18 38 29	9 43 53	23 5	5♌46	4 45	23 26
3	18 42 26	10 41 6	23 1	18 49	5 5	20 1
4	18 46 22	11 38 19	22 56	2♍4	5 9	15 32
5	18 50 19	12 35 32	22 51	15 32	4 56	10 15
6	18 54 15	13 32 44	22 45	29 13	4 26	4 23
7	18 58 12	14 29 57	22 39	13♎6	3 40	1 S 47
8	19 2 8	15 27 8	22 33	27 11	2 41	7 58
9	19 6 5	16 24 20	22 26	11♏27	1 30	13 50
10	19 10 1	17 21 32	22 19	25 52	0 14	19 0
11	19 13 58	18 18 44	22 11	10♐24	1 S 4	23 4
12	19 17 55	19 15 55	22 3	24 56	2 18	25 38
13	19 21 51	20 13 7	21 55	9♑25	3 22	26 28
14	19 25 48	21 10 19	21 46	23 44	4 13	25 30
15	19 29 44	22 7 31	21 37	7♒47	4 47	22 57
16	19 33 41	23 4 43	21 28	21 29	5 4	19 8
17	19 37 37	24 1 56	21 17	4♓49	5 4	14 27
18	19 41 34	24 59 10	21 8	17 45	4 48	9 15
19	19 45 30	25 56 24	20 58	0♈20	4 18	3 49
20	19 49 27	26 53 39	20 47	12 36	3 37	1 N 39
21	19 53 24	27 50 54	20 36	24 38	2 47	6 57
22	19 57 20	28 48 11	20 24	6♉30	1 50	11 57
23	20 1 17	29 45 28	20 12	18 19	0 49	16 29
24	20 5 13	0♌42 46	20 0	0♊8	0 N 14	20 24
25	20 9 10	1 40 4	19 47	12 4	1 17	23 30
26	20 13 6	2 37 24	19 34	24 10	2 17	25 36
27	20 17 3	3 34 44	19 21	6♋30	3 12	26 29
28	20 20 59	4 32 5	19 8	19 7	3 59	26 1
29	20 24 56	5 29 27	18 54	2♌1	4 34	24 10
30	20 28 53	6 26 50	18 40	15 11	4 56	21 0
31	20 32 49	7 24 13	18 25	28 37	5 2	16 40

Day	♆ Lat.	♆ Decl.	♅ Lat.	♅ Decl.	♄ Lat.	♄ Decl.	♃ Lat.	♃ Decl.	♂ Lat.
	° ′	° ′	° ′	° ′	° ′	° ′	° ′	° ′	° ′
1	0 N 0	17 S 0	0 S 47	11 S 17	0 S 47	22 N 36	0 N 48	16 N 13	4 S 20
4	0 0	17 1	0 47	11 18	0 47	22 36	0 48	16 2	4 31
7	0 0	17 2	0 47	11 19	0 47	22 35	0 48	15 51	4 42
10	0 0	17 3	0 47	11 21	0 47	22 35	0 48	15 40	4 53
13	0 0	17 5	0 47	11 23	0 47	22 34	0 48	15 29	5 4
16	0 0	17 6	0 47	11 25	0 46	22 33	0 48	15 17	5 15
19	0 0	17 7	0 47	11 26	0 46	22 33	0 48	15 5	5 26
22	0 0	17 9	0 47	11 28	0 46	22 32	0 48	14 53	5 36
25	0 0	17 10	0 47	11 31	0 46	22 31	0 48	14 41	5 47
28	0 0	17 11	0 47	11 33	0 46	22 30	0 48	14 28	5 57
31	0 0	17 13	0 48	11 35	0 46	22 29	0 48	14 16	6 6

JULI 2003

Day	♆ Long.	♅ Long.	♄ Long.	♃ Long.	♂ Long.	♀ Long.	☿ Long.	♇ Long.
	° ′	° ′	° ′	° ′	° ′	° ′	° ′	° ′
1	12 ♒ 41	2 ♓ 36	3 ♋ 29	17 ♌ 57	5 ♓ 14	25 ♊ 26	3 ♋ 23	18 ♐ 1
2	12 R 39	2 R 35	3 36	18 8	5 33	26 40	5 33	17 R 59
3	12 38	2 33	3 44	18 20	5 51	27 53	7 43	17 58
4	12 37	2 32	3 52	18 32	6 9	29 6	9 54	17 56
5	12 35	2 31	4 0	18 43	6 27	0 ♋ 20	12 4	17 55
6	12 34	2 30	4 7	18 55	6 44	1 33	14 15	17 53
7	12 33	2 28	4 15	19 7	7 0	2 47	16 24	17 52
8	12 31	2 27	4 23	19 19	7 16	4 0	18 33	17 50
9	12 30	2 26	4 31	19 31	7 31	5 13	20 41	17 49
10	12 28	2 24	4 38	19 43	7 45	6 27	22 48	17 48
11	12 27	2 23	4 46	19 55	7 59	7 40	24 53	17 46
12	12 25	2 21	4 54	20 7	8 12	8 54	26 57	17 45
13	12 24	2 20	5 1	20 19	8 25	10 7	28 59	17 44
14	12 23	2 18	5 9	20 31	8 37	11 21	1 ♌ 0	17 42
15	12 21	2 16	5 16	20 43	8 48	12 35	2 59	17 41
16	12 20	2 15	5 24	20 56	8 59	13 48	4 56	17 40
17	12 18	2 13	5 32	21 8	9 9	15 2	6 51	17 39
18	12 16	2 11	5 39	21 20	9 18	16 15	8 45	17 38
19	12 15	2 10	5 47	21 33	9 26	17 29	10 36	17 36
20	12 13	2 8	5 54	21 45	9 34	18 43	12 26	17 35
21	12 12	2 6	6 2	21 57	9 41	19 56	14 15	17 34
22	12 10	2 4	6 9	22 10	9 47	21 10	16 1	17 33
23	12 9	2 2	6 16	22 23	9 52	22 24	17 45	17 32
24	12 7	2 0	6 24	22 35	9 57	23 38	19 28	17 31
25	12 5	1 58	6 31	22 48	10 1	24 51	21 9	17 30
26	12 4	1 56	6 38	23 0	10 4	26 5	22 48	17 29
27	12 2	1 54	6 46	23 13	10 6	27 19	24 26	17 28
28	12 1	1 52	6 53	23 26	10 7	28 33	26 1	17 27
29	11 59	1 50	7 0	23 38	10 8	29 47	27 35	17 26
30	11 57	1 48	7 7	23 51	10 R 8	1 ♌ 0	29 7	17 25
31	11 56	1 46	7 14	24 4	10 7	2 14	0 ♍ 37	17 24

Day	♂ Decl.	♀ Lat.	♀ Decl.	☿ Lat.	☿ Decl.	♇ Lat.	♇ Decl.	☊
	° ′	° ′	° ′	° ′	° ′	° ′	° ′	° ′
1	13 S 37	0 S 16	23 N 6	0 N 45	24 N 9	9 N 30	13 S 26	27 ♉ 27
4	13 26	0 8	23 18	1 11	24 15	9 30	13 26	27 17
7	13 18	0 1	23 24	1 30	23 55	9 29	13 26	27 8
10	13 11	0 N 6	23 23	1 43	23 13	9 28	13 27	26 58
13	13 6	0 14	23 17	1 49	22 9	9 27	13 27	26 49
16	13 3	0 21	23 4	1 49	20 48	9 26	13 28	26 39
19	13 3	0 28	22 45	1 43	19 14	9 26	13 28	26 30
22	13 5	0 34	22 20	1 32	17 30	9 25	13 29	26 20
25	13 10	0 41	21 50	1 16	15 39	9 24	13 30	26 11
28	13 16	0 47	21 13	0 57	13 44	9 23	13 30	26 1
31	13 25	0 53	20 31	0 34	11 47	9 22	13 31	25 52

2003 AUGUST

Day	Sidereal Time	☉ Long.	☉ Decl.	☽ Long.	☽ Lat.	☽ Decl.
	H M S	° ′ ″	° ′	° ′	° ′	° ′
1	20 36 46	8 ♌ 21 37	18 N 10	12 ♍ 15	4 N 51	11 N 27
2	20 40 42	9 19 2	17 55	26 3	4 23	5 35
3	20 44 39	10 16 28	17 40	9 ♎ 59	3 39	0 S 36
4	20 48 35	11 13 54	17 24	24 0	2 42	6 48
5	20 52 32	12 11 21	17 9	8 ♏ 5	1 35	12 43
6	20 56 28	13 8 48	16 52	22 13	0 21	17 59
7	21 0 25	14 6 16	16 36	6 ♐ 22	0 S 53	22 15
8	21 4 22	15 3 45	16 19	20 32	2 5	25 11
9	21 8 18	16 1 15	16 2	4 ♑ 40	3 8	26 30
10	21 12 15	16 58 46	15 45	18 44	4 0	26 5
11	21 16 11	17 56 17	15 27	2 ♒ 39	4 37	24 3
12	21 20 8	18 53 50	15 10	16 22	4 57	20 39
13	21 24 4	19 51 24	14 52	29 49	5 0	16 13
14	21 28 1	20 48 59	14 33	12 ♓ 58	4 47	11 6
15	21 31 57	21 46 35	14 15	25 48	4 19	5 38
16	21 35 54	22 44 12	13 56	8 ♈ 18	3 40	0 5
17	21 39 51	23 41 49	13 37	20 32	2 51	5 N 23
18	21 43 47	24 39 32	13 18	2 ♉ 32	1 55	10 33
19	21 47 44	25 37 14	12 59	14 24	0 55	15 17
20	21 51 40	26 34 58	12 39	26 13	0 N 8	19 26
21	21 55 37	27 32 43	12 19	8 ♊ 3	1 10	22 48
22	21 59 33	28 30 30	12 0	20 0	2 9	25 13
23	22 3 30	29 28 18	11 39	2 ♋ 9	3 4	26 29
24	22 7 26	0 ♍ 26 8	11 19	14 37	3 51	26 28
25	22 11 23	1 24 0	10 59	27 23	4 28	25 4
26	22 15 20	2 21 54	10 38	10 ♌ 32	4 52	22 17
27	22 19 16	3 19 49	10 17	24 1	5 1	18 14
28	22 23 13	4 17 45	9 56	7 ♍ 50	4 52	13 9
29	22 27 9	5 15 43	9 35	21 54	4 26	7 17
30	22 31 6	6 13 43	9 14	6 ♎ 8	3 43	0 59
31	22 35 2	7 11 44	8 52	20 26	2 45	5 S 26

Day	♆ Lat.	♆ Decl.	♅ Lat.	♅ Decl.	♄ Lat.	♄ Decl.	♃ Lat.	♃ Decl.	♂ Lat.
	° ′	° ′	° ′	° ′	° ′	° ′	° ′	° ′	° ′
1	0 N 0	17 S 13	0 S 48	11 S 36	0 S 46	22 N 29	0 N 48	14 N 11	6 S 9
4	0 0	17 15	0 48	11 38	0 45	22 28	0 49	13 59	6 18
7	0 0	17 16	0 48	11 41	0 45	22 26	0 49	13 46	6 25
10	0 0	17 17	0 48	11 43	0 45	22 25	0 49	13 33	6 32
13	0 0	17 19	0 48	11 46	0 45	22 24	0 49	13 19	6 37
16	0 0	17 20	0 48	11 48	0 45	22 23	0 49	13 6	6 41
19	0 0	17 22	0 48	11 51	0 45	22 22	0 49	12 53	6 43
22	0 0	17 23	0 48	11 53	0 45	22 21	0 49	12 39	6 43
25	0 0	17 24	0 48	11 56	0 45	22 19	0 50	12 26	6 42
28	0 0	17 25	0 48	11 58	0 45	22 18	0 50	12 12	6 39
31	0 0	17 27	0 48	12 1	0 45	22 17	0 50	11 58	6 34

AUGUST 2003

Day	♆ Long.	♅ Long.	♄ Long.	♃ Long.	♂ Long.	♀ Long.	☿ Long.	♇ Long.
	° ′	° ′	° ′	° ′	° ′	° ′	° ′	° ′
1	11 ♒ 54	1 ♓ 44	7 ♋ 22	24 ♌ 17	10 ♓ 5	3 ♌ 28	2 ♍ 5	17 ♐ 23
2	11 R 53	1 R 42	7 29	24 30	10 R 3	4 42	3 32	17 R 22
3	11 51	1 40	7 36	24 43	9 59	5 56	4 57	17 22
4	11 49	1 38	7 43	24 55	9 55	7 10	6 19	17 21
5	11 48	1 35	7 49	25 8	9 50	8 24	7 40	17 20
6	11 46	1 33	7 56	25 21	9 45	9 38	8 59	17 20
7	11 44	1 31	8 3	25 34	9 38	10 52	10 16	17 19
8	11 43	1 29	8 10	25 47	9 31	12 6	11 30	17 18
9	11 41	1 26	8 17	26 0	9 23	13 20	12 43	17 18
10	11 40	1 24	8 23	26 13	9 15	14 34	13 53	17 17
11	11 38	1 22	8 30	26 26	9 6	15 48	15 1	17 16
12	11 36	1 20	8 37	26 39	8 56	17 2	16 7	17 16
13	11 35	1 17	8 43	26 52	8 45	18 17	17 10	17 15
14	11 33	1 15	8 50	27 5	8 34	19 31	18 11	17 15
15	11 31	1 13	8 56	27 18	8 22	20 45	19 9	17 15
16	11 30	1 10	9 3	27 31	8 10	21 59	20 4	17 14
17	11 28	1 8	9 9	27 44	7 57	23 13	20 57	17 14
18	11 27	1 5	9 15	27 58	7 44	24 27	21 46	17 13
19	11 25	1 3	9 21	28 11	7 30	25 42	22 31	17 13
20	11 24	1 1	9 28	28 24	7 16	26 56	23 14	17 13
21	11 22	0 58	9 34	28 37	7 2	28 10	23 52	17 13
22	11 20	0 56	9 40	28 50	6 47	29 24	24 27	17 12
23	11 19	0 54	9 46	29 3	6 31	0 ♍ 39	24 57	17 12
24	11 17	0 51	9 52	29 16	6 16	1 53	25 23	17 12
25	11 16	0 49	9 58	29 29	6 0	3 7	25 45	17 12
26	11 14	0 46	10 3	29 42	5 44	4 22	26 1	17 12
27	11 13	0 44	10 9	29 55	5 28	5 36	26 13	17 12
28	11 11	0 42	10 15	0 ♍ 8	5 12	6 50	26 19	17 12
29	11 10	0 39	10 20	0 21	4 56	8 5	26 19	17 D 12
30	11 9	0 37	10 26	0 35	4 40	9 19	26 R 14	17 12
31	11 7	0 34	10 31	0 48	4 24	10 33	26 2	17 12

Day	♂ Decl.	♀ Lat.	♀ Decl.	☿ Lat.	☿ Decl.	♇ Lat.	♇ Decl.	☊
	° ′	° ′	° ′	° ′	° ′	° ′	° ′	° ′
1	13 S 29	0 N 54	20 N 16	0 N 26	11 N 8	9 N 21	13 S 31	25 ♉ 48
4	13 40	1 0	19 27	0 0	9 11	9 20	13 32	25 39
7	13 54	1 5	18 32	0 S 29	7 17	9 19	13 33	25 29
10	14 9	1 9	17 34	0 59	5 26	9 18	13 34	25 20
13	14 25	1 13	16 30	1 31	3 40	9 17	13 35	25 10
16	14 41	1 16	15 23	2 3	2 3	9 16	13 36	25 1
19	14 59	1 19	14 12	2 35	0 36	9 14	13 37	24 51
22	15 16	1 21	12 57	3 6	0 S 39	9 13	13 39	24 42
25	15 32	1 23	11 39	3 35	1 36	9 12	13 40	24 32
28	15 47	1 24	10 18	4 0	2 12	9 11	13 41	24 23
31	16 0	1 25	8 55	4 17	2 22	9 9	13 42	24 13

2003 SEPTEMBER

Day	Sidereal Time	☉ Long.			☉ Decl.		☽ Long.		☽ Lat.		☽ Decl.	
	H M S	°	′	″	°	′	°	′	°	′	°	′
1	22 38 59	8 ♍	9	46	8 N 31		4 ♏	46	1 N	37	11 S	35
2	22 42 55	9	7	50	8	9	19	2	0	23	17	6
3	22 46 52	10	5	55	7	47	3 ♐	13	0 S	52	21	39
4	22 50 49	11	4	2	7	25	17	17	2	3	24	53
5	22 54 45	12	2	10	7	3	1 ♑	14	3	7	26	33
6	22 58 42	13	0	19	6	41	15	3	3	58	26	32
7	23 2 38	13	58	30	6	18	28	43	4	36	24	55
8	23 6 35	14	56	43	5	56	12 ♒	13	4	57	21	53
9	23 10 31	15	54	57	5	33	25	32	5	2	17	45
10	23 14 28	16	53	13	5	11	8 ♓	38	4	51	12	50
11	23 18 24	17	51	30	4	48	21	29	4	26	7	27
12	23 22 21	18	49	50	4	25	4 ♈	5	3	47	1	51
13	23 26 18	19	48	11	4	2	16	27	2	59	3 N 43
14	23 30 14	20	46	34	3	39	28	35	2	3	9	4
15	23 34 11	21	44	59	3	16	10 ♉	32	1	2	14	0
16	23 38 7	22	43	26	2	53	22	22	0 N	1	18	23
17	23 42 4	23	41	55	2	30	4 ♊	9	1	4	22	2
18	23 46 0	24	40	27	2	7	15	58	2	5	24	46
19	23 49 57	25	39	0	1	44	27	55	3	0	26	25
20	23 53 53	26	37	36	1	20	10 ♋	5	3	48	26	51
21	23 57 50	27	36	14	0	57	22	32	4	27	25	57
22	0 1 47	28	34	54	0	34	5 ♌	22	4	54	23	41
23	0 5 43	29	33	36	0	10	18	36	5	6	20	6
24	0 9 40	0 ♎	32	21	0 S	13	2 ♍	16	5	2	15	22
25	0 13 36	1	31	7	0	36	16	19	4	39	9	47
26	0 17 33	2	29	56	1 N	0	0 ♎	43	3	59	3	22
27	0 21 29	3	28	46	1 S	23	15	21	3	2	3 S 15
28	0 25 26	4	27	38	1	46	0 ♏	11	1	52	9	45
29	0 29 22	5	26	33	2	9	14	48	0	35	15	43
30	0 33 19	6	25	29	2	33	29	25	0 S	44	20	45

Day	♆ Lat.	♆ Decl.	♅ Lat.	♅ Decl.	♄ Lat.	♄ Decl.	♃ Lat.	♃ Decl.	♂ Lat.
	° ′	° ′	° ′	° ′	° ′	° ′	° ′	° ′	° ′
1	0 N 0	17 S 27	0 S 48	12 S 2	0 S 45	22 N 17	0 N 50	11 N 54	6 S 32
4	0 0	17 28	0 48	12 4	0 44	22 15	0 50	11 40	6 25
7	0 0	17 29	0 48	12 7	0 44	22 14	0 51	11 26	6 17
10	0 S 1	17 30	0 48	12 9	0 44	22 13	0 51	11 13	6 7
13	0 1	17 31	0 48	12 11	0 44	22 12	0 51	10 59	5 56
16	0 1	17 32	0 48	12 14	0 44	22 11	0 51	10 45	5 44
19	0 1	17 33	0 48	12 16	0 44	22 10	0 52	10 32	5 31
22	0 1	17 34	0 48	12 18	0 44	22 9	0 52	10 18	5 17
25	0 1	17 35	0 48	12 20	0 44	22 8	0 52	10 5	5 3
28	0 1	17 36	0 47	12 22	0 44	22 7	0 53	9 51	4 49

SEPTEMBER 2003

Day	♆ Long.	♅ Long.	♄ Long.	♃ Long.	♂ Long.	♀ Long.	☿ Long.	♇ Long.
	° ′	° ′	° ′	° ′	° ′	° ′	° ′	° ′
1	11 ♒ 6	0 ♓ 32	10 ♋ 37	1 ♍ 1	4 ♓ 8	11 ♍ 48	25 ♍ 45	17 ♐ 12
2	11 R 4	0 R 30	10 42	1 14	3 R 53	13 2	25 R 21	17 12
3	11 3	0 27	10 47	1 27	3 37	14 17	24 51	17 13
4	11 2	0 25	10 52	1 40	3 22	15 31	24 15	17 13
5	11 0	0 23	10 58	1 53	3 7	16 46	23 34	17 13
6	10 59	0 20	11 3	2 6	2 53	18 0	22 47	17 13
7	10 58	0 18	11 7	2 19	2 39	19 15	21 55	17 14
8	10 56	0 16	11 12	2 32	2 25	20 29	21 0	17 14
9	10 55	0 13	11 17	2 44	2 12	21 44	20 2	17 15
10	10 54	0 11	11 22	2 57	2 0	22 58	19 2	17 15
11	10 53	0 9	11 26	3 10	1 47	24 12	18 1	17 15
12	10 51	0 7	11 31	3 23	1 36	25 27	17 2	17 16
13	10 50	0 4	11 35	3 36	1 25	26 42	16 5	17 16
14	10 49	0 2	11 40	3 49	1 15	27 56	15 11	17 17
15	10 48	0 0	11 44	4 1	1 5	29 11	14 23	17 18
16	10 47	29 ♒ 58	11 48	4 14	0 56	0 ♎ 25	13 41	17 18
17	10 46	29 56	11 52	4 27	0 48	1 40	13 6	17 19
18	10 45	29 54	11 56	4 40	0 40	2 54	12 39	17 20
19	10 44	29 52	12 0	4 52	0 33	4 9	12 22	17 20
20	10 42	29 50	12 4	5 5	0 27	5 23	12 13	17 21
21	10 41	29 48	12 8	5 17	0 22	6 38	12 D 14	17 22
22	10 41	29 46	12 11	5 30	0 17	7 53	12 25	17 23
23	10 40	29 44	12 15	5 42	0 13	9 7	12 46	17 24
24	10 39	29 42	12 18	5 55	0 10	10 22	13 16	17 24
25	10 38	29 40	12 22	6 7	0 8	11 36	13 55	17 25
26	10 37	29 38	12 25	6 20	0 7	12 51	14 43	17 26
27	10 36	29 36	12 28	6 32	0 6	14 6	15 39	17 27
28	10 35	29 34	12 31	6 44	0 D 6	15 20	16 42	17 28
29	10 35	29 32	12 34	6 57	0 7	16 35	17 52	17 29
30	10 34	29 30	12 37	7 9	0 9	17 50	19 8	17 30

Day	♂ Decl.	♀ Lat.	♀ Decl.	☿ Lat.	☿ Decl.	♇ Lat.	♇ Decl.	☊
	° ′	° ′	° ′	° ′	° ′	° ′	° ′	° ′
1	16 S 4	1 N 25	8 N 27	4 S 21	2 S 19	9 N 9	13 S 43	24 ♉ 10
4	16 15	1 25	7 1	4 25	1 46	9 8	13 44	24 0
7	16 23	1 24	5 33	4 14	0 41	9 6	13 45	23 51
10	16 28	1 23	4 3	3 46	0 N 53	9 5	13 47	23 41
13	16 30	1 21	2 33	3 2	2 42	9 4	13 48	23 32
16	16 29	1 18	1 2	2 6	4 28	9 3	13 49	23 22
19	16 26	1 15	0 S 30	1 7	5 54	9 1	13 51	23 13
22	16 19	1 12	2 2	0 11	6 44	9 0	13 52	23 3
25	16 9	1 8	3 33	0 N 36	6 53	8 59	13 54	22 54
28	15 56	1 3	5 4	1 13	6 22	8 58	13 55	22 44

2003 OKTOBER

Day	Sidereal Time	☉ Long.	☉ Decl.	☽ Long.	☽ Lat.	☽ Decl.
	H M S	° ′ ″	° ′	° ′	° ′	° ′
1	0 37 16	7 ♎ 24 27	2 S 56	13 ♐ 50	2 S 0	24 S 26
2	0 41 12	8 23 27	3 20	28 1	3 6	26 32
3	0 45 9	9 22 28	3 43	11 ♑ 57	4 1	26 54
4	0 49 5	10 21 31	4 6	25 38	4 40	25 36
5	0 53 2	11 20 37	4 29	9 ♒ 3	5 4	22 52
6	0 56 58	12 19 43	4 52	22 13	5 10	18 59
7	1 0 55	13 18 52	5 15	5 ♓ 11	5 1	14 17
8	1 4 51	14 18 3	5 38	17 55	4 37	9 2
9	1 8 48	15 17 15	6 1	0 ♈ 27	4 0	3 12
10	1 12 45	16 16 30	6 24	12 47	3 12	2 N 6
11	1 16 41	17 15 46	6 47	24 56	2 16	7 32
12	1 20 38	18 15 5	7 9	6 ♉ 56	1 15	12 39
13	1 24 34	19 14 25	7 32	18 49	0 10	17 15
14	1 28 31	20 13 48	7 54	0 ♊ 36	0 N 55	21 10
15	1 32 27	21 13 13	8 17	12 23	1 57	24 13
16	1 36 24	22 12 40	8 39	24 12	2 54	26 13
17	1 40 20	23 12 10	9 1	6 ♋ 8	3 45	27 2
18	1 44 17	24 11 42	9 23	18 16	4 26	26 35
19	1 48 14	25 11 16	9 45	0 ♌ 41	4 56	24 49
20	1 52 10	26 10 52	10 7	13 26	5 13	21 46
21	1 56 7	27 10 30	10 29	26 37	5 14	17 33
22	2 0 3	28 10 11	10 49	10 ♍ 0	4 57	12 19
23	2 4 0	29 9 54	11 11	24 20	4 23	6 16
24	2 7 56	0 ♏ 9 39	11 32	8 ♎ 51	3 31	0 S 16
25	2 11 53	1 9 27	11 53	23 40	2 24	6 58
26	2 15 49	2 9 16	12 13	8 ♏ 41	1 5	13 22
27	2 19 46	3 9 7	12 34	23 47	0 S 18	19 0
28	2 23 43	4 9 0	12 54	8 ♐ 46	1 39	23 24
29	2 27 39	5 8 55	13 14	23 33	2 53	26 10
30	2 31 36	6 8 51	13 34	8 ♑ 1	3 54	27 6
31	2 35 32	7 8 50	13 54	22 7	4 40	26 13

Day	♆ Lat.	♆ Decl.	♅ Lat.	♅ Decl.	♄ Lat.	♄ Decl.	♃ Lat.	♃ Decl.	♂ Lat.
	° ′	° ′	° ′	° ′	° ′	° ′	° ′	° ′	° ′
1	0 S 1	17 S 36	0 S 47	12 S 24	0 S 44	22 N 6	0 N 53	9 N 38	4 S 34
4	0 1	17 37	0 47	12 26	0 44	22 6	0 53	9 25	4 20
7	0 1	17 37	0 47	12 27	0 44	22 5	0 54	9 12	4 6
10	0 1	17 38	0 47	12 28	0 44	22 5	0 54	8 59	3 52
13	0 1	17 38	0 47	12 30	0 44	22 4	0 55	8 46	3 39
16	0 1	17 38	0 47	12 31	0 44	22 4	0 55	8 34	3 25
19	0 1	17 39	0 47	12 32	0 44	22 4	0 56	8 22	3 12
22	0 1	17 39	0 47	12 33	0 44	22 3	0 56	8 10	3 0
25	0 1	17 39	0 47	12 33	0 44	22 3	0 57	7 58	2 48
28	0 1	17 39	0 47	12 34	0 44	22 3	0 57	7 47	2 36
31	0 1	17 38	0 46	12 35	0 44	22 4	0 58	7 36	2 25

OKTOBER 2003

Day	♆ Long. ° ′	♅ Long. ° ′	♄ Long. ° ′	♃ Long. ° ′	♂ Long. ° ′	♀ Long. ° ′	☿ Long. ° ′	♇ Long. ° ′
1	10 ♒ 33	29 ♒ 29	12 ♋ 40	7 ♍ 21	0 ♓ 12	19 ♎ 4	20 ♍ 29	17 ♐ 32
2	10 R 32	29 R 27	12 42	7 33	0 15	20 19	21 55	17 33
3	10 32	29 25	12 45	7 45	0 19	21 34	23 25	17 34
4	10 31	29 24	12 47	7 57	0 24	22 48	24 59	17 35
5	10 30	29 22	12 50	8 9	0 30	24 3	26 35	17 36
6	10 30	29 21	12 52	8 21	0 36	25 17	28 14	17 37
7	10 29	29 19	12 54	8 33	0 44	26 32	29 54	17 39
8	10 29	29 18	12 56	8 44	0 52	27 47	1 ♎ 36	17 40
9	10 28	29 16	12 58	8 56	1 0	29 1	3 19	17 41
10	10 28	29 15	13 0	9 8	1 10	0 ♏ 16	5 3	17 43
11	10 28	29 13	13 2	9 19	1 20	1 31	6 48	17 44
12	10 27	29 12	13 3	9 31	1 31	2 45	8 33	17 46
13	10 27	29 11	13 5	9 42	1 42	4 0	10 18	17 47
14	10 26	29 9	13 6	9 54	1 55	5 15	12 3	17 48
15	10 26	29 8	13 7	10 5	2 8	6 29	13 47	17 50
16	10 26	29 7	13 9	10 16	2 21	7 44	15 32	17 51
17	10 26	29 6	13 10	10 27	2 35	8 59	17 16	17 53
18	10 26	29 5	13 11	10 39	2 50	10 13	19 0	17 55
19	10 25	29 4	13 12	10 50	3 6	11 28	20 44	17 56
20	10 25	29 3	13 12	11 0	3 22	12 42	22 27	17 58
21	10 25	29 2	13 13	11 11	3 39	13 57	24 9	17 59
22	10 25	29 1	13 13	11 22	3 56	15 12	25 51	18 1
23	10 25	29 0	13 14	11 33	4 14	16 26	27 32	18 3
24	10 D 25	29 0	13 14	11 43	4 32	17 41	29 13	18 4
25	10 25	28 59	13 14	11 54	4 51	18 56	0 ♏ 53	18 6
26	10 25	28 58	13 14	12 4	5 10	20 10	2 33	18 8
27	10 25	28 57	13 R 14	12 15	5 30	21 25	4 12	18 10
28	10 26	28 57	13 14	12 25	5 51	22 40	5 50	18 11
29	10 26	28 56	13 14	12 35	6 12	23 54	7 28	18 13
30	10 26	28 56	13 13	12 45	6 33	25 9	9 5	18 15
31	10 26	28 55	13 13	12 55	6 55	26 24	10 42	18 17

Day	♂ Decl. ° ′	♀ Lat. ° ′	♀ Decl. ° ′	☿ Lat. ° ′	☿ Decl. ° ′	♇ Lat. ° ′	♇ Decl. ° ′	☊ ° ′
1	15 S 41	0 N 58	6 S 34	1 N 37	5 N 16	8 N 57	13 S 57	22 ♉ 35
4	15 23	0 53	8 3	1 51	3 42	8 55	13 58	22 25
7	15 3	0 47	9 31	1 56	1 49	8 54	14 0	22 16
10	14 40	0 40	10 56	1 53	0 S 17	8 53	14 1	22 6
13	14 16	0 34	12 19	1 44	2 28	8 52	14 2	21 56
16	13 50	0 27	13 40	1 32	4 42	8 51	14 4	21 47
19	13 21	0 20	14 58	1 16	6 55	8 50	14 5	21 37
22	12 51	0 12	16 12	0 59	9 5	8 49	14 7	21 28
25	12 20	0 5	17 22	0 40	11 10	8 48	14 8	21 18
28	11 47	0 S 3	18 29	0 20	13 9	8 47	14 10	21 9
31	11 12	0 11	19 31	0 S 1	15 3	8 46	14 11	20 59

2003 NOVEMBER

Day	Sidereal Time			☉ Long.			☉ Decl.		☽ Long.		☽ Lat.		☽ Decl.	
	H	M	S	°	′	″	°	′	°	′	°	′	°	′
1	2	39	29	8 ♏	8	50	14 S	13	5 ♒	50	5 S	7	23 S	46
2	2	43	25	9	8	51	14	33	19	12	5	17	20	5
3	2	47	22	10	8	54	14	52	2 ♓	12	5	11	15	31
4	2	51	18	11	8	59	15	10	14	56	4	49	10	23
5	2	55	15	12	9	6	15	29	27	24	4	14	4	55
6	2	59	12	13	9	14	15	47	9 ♈	40	3	28	0 N	39
7	3	3	8	14	9	23	16	5	21	46	2	33	6	7
8	3	7	5	15	9	35	16	23	3 ♉	44	1	32	11	19
9	3	11	1	16	9	47	16	41	15	36	0	27	16	5
10	3	14	58	17	10	2	16	58	27	25	0 N	39	20	13
11	3	18	54	18	10	19	17	15	9 ♊	12	1	43	23	31
12	3	22	51	19	10	37	17	31	21	1	2	42	25	50
13	3	26	47	20	10	57	17	47	2 ♋	53	3	35	26	59
14	3	30	44	21	11	19	18	3	14	52	4	19	26	54
15	3	34	41	22	11	43	18	19	27	1	4	52	25	31
16	3	38	37	23	12	9	18	35	9 ♌	25	5	12	22	55
17	3	42	34	24	12	36	18	50	22	6	5	18	19	9
18	3	46	30	25	13	6	19	4	5 ♍	9	5	8	14	24
19	3	50	27	26	13	37	19	19	18	37	4	41	8	49
20	3	54	23	27	14	10	19	33	2 ♎	31	3	57	2	37
21	3	58	20	28	14	45	19	46	16	52	2	57	3 S	54
22	4	2	16	29	15	22	20	0	1 ♏	36	1	43	10	25
23	4	6	13	0 ♐	16	0	20	12	16	39	0	22	16	28
24	4	10	10	1	16	39	20	25	1 ♐	52	1 S	2	21	33
25	4	14	6	2	17	20	20	37	17	5	2	22	25	10
26	4	18	3	3	18	2	20	49	2 ♑	9	3	31	26	56
27	4	21	59	4	18	46	21	0	16	55	4	24	26	44
28	4	25	56	5	19	31	21	11	1 ♒	17	5	0	24	44
29	4	29	52	6	20	16	21	22	15	12	5	16	21	18
30	4	33	49	7	21	3	21	32	28	39	5	13	16	50

Day	♆ Lat.		♆ Decl.		♅ Lat.		♅ Decl.		♄ Lat.		♄ Decl.		♃ Lat.		♃ Decl.		♂ Lat.	
	°	′	°	′	°	′	°	′	°	′	°	′	°	′	°	′	°	′
1	0 S	1	17 S	38	0 S	46	12 S	35	0 S	43	22 N	4	0 N	58	7 N	32	2 S	21
4	0	1	17	38	0	46	12	35	0	43	22	4	0	58	7	22	2	10
7	0	1	17	38	0	46	12	35	0	43	22	4	0	59	7	11	2	0
10	0	1	17	37	0	46	12	35	0	43	22	5	1	0	7	1	1	50
13	0	1	17	37	0	46	12	35	0	43	22	6	1	0	6	52	1	41
16	0	1	17	36	0	46	12	34	0	43	22	6	1	1	6	43	1	32
19	0	1	17	36	0	46	12	33	0	43	22	7	1	2	6	34	1	24
22	0	1	17	35	0	46	12	33	0	43	22	8	1	2	6	26	1	15
25	0	1	17	34	0	46	12	32	0	43	22	9	1	3	6	18	1	8
28	0	1	17	33	0	45	12	31	0	43	22	10	1	4	6	11	1	0

NOVEMBER 2003

Day	♆ Long.	♅ Long.	♄ Long.	♃ Long.	♂ Long.	♀ Long.	☿ Long.	♇ Long.
	° ′	° ′	° ′	° ′	° ′	° ′	° ′	° ′
1	10 ♒ 26	28 ♒ 55	13 ♋ 12	13 ♍ 5	7 ♓ 18	27 ♏ 38	12 ♏ 19	18 ♐ 19
2	10 27	28 R 55	13 R 11	13 15	7 41	28 53	13 55	18 21
3	10 27	28 54	13 11	13 25	8 4	0 ♐ 8	15 30	18 23
4	10 28	28 54	13 10	13 34	8 28	1 22	17 5	18 25
5	10 28	28 54	13 9	13 44	8 52	2 37	18 40	18 27
6	10 28	28 54	13 7	13 53	9 17	3 51	20 14	18 28
7	10 29	28 54	13 6	14 2	9 42	5 6	21 48	18 30
8	10 29	28 54	13 5	14 11	10 7	6 21	23 22	18 32
9	10 30	28 D 54	13 3	14 20	10 33	7 35	24 55	18 34
10	10 31	28 54	13 2	14 29	10 59	8 50	26 28	18 36
11	10 31	28 54	13 0	14 38	11 25	10 4	28 0	18 39
12	10 32	28 54	12 58	14 47	11 52	11 19	29 32	18 41
13	10 33	28 54	12 56	14 55	12 19	12 33	1 ♐ 4	18 43
14	10 33	28 54	12 54	15 4	12 47	13 48	2 35	18 45
15	10 34	28 55	12 52	15 12	13 15	15 3	4 6	18 47
16	10 35	28 55	12 50	15 20	13 43	16 17	5 37	18 49
17	10 36	28 55	12 47	15 29	14 11	17 32	7 8	18 51
18	10 37	28 56	12 45	15 37	14 40	18 46	8 38	18 53
19	10 37	28 56	12 43	15 44	15 9	20 1	10 8	18 55
20	10 38	28 57	12 40	15 52	15 39	21 15	11 37	18 57
21	10 39	28 58	12 37	16 0	16 8	22 30	13 7	19 0
22	10 40	28 58	12 34	16 7	16 38	23 44	14 35	19 2
23	10 41	28 59	12 31	16 14	17 8	24 59	16 4	19 4
24	10 42	29 0	12 28	16 21	17 39	26 13	17 32	19 6
25	10 43	29 0	12 25	16 28	18 9	27 28	18 59	19 8
26	10 45	29 1	12 22	16 35	18 40	28 42	20 26	19 11
27	10 46	29 2	12 19	16 42	19 11	29 57	21 52	19 13
28	10 47	29 3	12 15	16 49	19 43	1 ♑ 11	23 17	19 15
29	10 48	29 4	12 12	16 55	20 14	2 26	24 42	19 17
30	10 49	29 5	12 8	17 1	20 46	3 40	26 5	19 19

Day	♂ Decl.	♀ Lat.	♀ Decl.	☿ Lat.	☿ Decl.	♇ Lat.	♇ Decl.	☊
	° ′	° ′	° ′	° ′	° ′	° ′	° ′	° ′
1	11 S 1	0 S 13	19 S 51	0 S 7	15 S 39	8 N 46	14 S 11	20 ♉ 56
4	10 25	0 21	20 47	0 27	17 22	8 45	14 13	20 47
7	9 47	0 29	21 37	0 47	18 58	8 44	14 14	20 37
10	9 9	0 36	22 22	1 6	20 26	8 43	14 15	20 27
13	8 30	0 44	23 2	1 23	21 44	8 43	14 16	20 18
16	7 49	0 51	23 35	1 40	22 53	8 42	14 18	20 8
19	7 8	0 58	24 2	1 54	23 51	8 41	14 19	19 59
22	6 26	1 5	24 23	2 7	24 39	8 41	14 20	19 49
25	5 43	1 12	24 37	2 16	25 15	8 40	14 21	19 40
28	5 0	1 18	24 44	2 23	25 39	8 40	14 22	19 30

2003 DEZEMBER

Day	Sidereal Time	☉ Long.	☉ Decl.	☽ Long.	☽ Lat.	☽ Decl.
	H M S	° ′ ″	° ′	° ′	° ′	° ′
1	4 37 45	8 ♐ 21 51	21 S 42	11 ♓ 41	4 S 55	11 S 43
2	4 41 42	9 22 40	21 51	24 20	4 23	6 16
3	4 45 39	10 23 29	22 0	6 ♈ 41	3 39	0 42
4	4 49 35	11 24 20	22 9	18 48	2 46	4 N 48
5	4 53 32	12 25 11	22 17	0 ♉ 44	1 47	10 4
6	4 57 28	13 26 3	22 25	12 35	0 43	14 56
7	5 1 25	14 26 56	22 32	24 23	0 N 22	19 13
8	5 5 21	15 27 50	22 39	6 ♊ 10	1 26	22 45
9	5 9 18	16 28 45	22 45	18 0	2 26	25 19
10	5 13 14	17 29 41	22 51	29 54	3 20	26 46
11	5 17 11	18 30 38	22 57	11 ♋ 54	4 6	26 59
12	5 21 8	19 31 36	23 2	24 2	4 41	25 55
13	5 25 4	20 32 34	23 6	6 ♌ 20	5 4	23 35
14	5 29 1	21 33 34	23 10	18 49	5 13	20 8
15	5 32 57	22 34 35	23 14	1 ♍ 32	5 6	15 42
16	5 36 54	23 35 37	23 17	14 32	4 45	10 28
17	5 40 50	24 36 40	23 20	27 52	4 7	4 38
18	5 44 47	25 37 44	23 22	11 ♎ 33	3 14	1 S 35
19	5 48 43	26 38 49	23 24	25 37	2 9	7 54
20	5 52 40	27 39 54	23 25	10 ♏ 3	0 53	13 59
21	5 56 37	28 41 0	23 26	24 50	0 S 27	19 25
22	6 0 33	29 42 8	23 26	9 ♐ 52	1 46	23 41
23	6 4 30	0 ♑ 43 15	23 26	25 0	2 59	26 19
24	6 8 26	1 44 23	23 26	10 ♑ 5	3 59	27 1
25	6 12 23	2 45 32	23 25	24 58	4 41	25 45
26	6 16 19	3 46 40	23 23	9 ♒ 30	5 4	22 46
27	6 20 16	4 47 49	23 21	23 36	5 8	18 30
28	6 24 12	5 48 58	23 19	7 ♓ 12	4 54	13 25
29	6 28 9	6 50 8	23 16	20 21	4 25	7 53
30	6 32 6	7 51 17	23 12	3 ♈ 3	3 43	2 12
31	6 36 2	8 52 26	23 9	15 24	2 53	3 N 25

Day	♆ Lat.	♆ Decl.	♅ Lat.	♅ Decl.	♄ Lat.	♄ Decl.	♃ Lat.	♃ Decl.	♂ Lat.
	° ′	° ′	° ′	° ′	° ′	° ′	° ′	° ′	° ′
1	0 S 1	17 S 32	0 S 45	12 S 30	0 S 42	22 N 11	1 N 4	6 N 4	0 S 53
4	0 2	17 31	0 45	12 28	0 42	22 12	1 5	5 58	0 46
7	0 2	17 30	0 45	12 27	0 42	22 14	1 6	5 53	0 40
10	0 2	17 29	0 45	12 25	0 42	22 15	1 7	5 48	0 34
13	0 2	17 28	0 45	12 23	0 42	22 16	1 8	5 43	0 28
16	0 2	17 26	0 45	12 21	0 41	22 18	1 8	5 40	0 22
19	0 2	17 25	0 45	12 19	0 41	22 19	1 9	5 37	0 17
22	0 2	17 23	0 45	12 17	0 41	22 20	1 10	5 34	0 12
25	0 2	17 22	0 45	12 14	0 41	22 22	1 11	5 32	0 7
28	0 2	17 20	0 44	12 12	0 40	22 23	1 12	5 31	0 2
31	0 2	17 19	0 44	12 9	0 40	22 25	1 12	5 31	0 N 2

JULI 2002

Day	♆ Long.	♅ Long.	♄ Long.	♃ Long.	♂ Long.	♀ Long.	☿ Long.	♇ Long.
	° ′	° ′	° ′	° ′	° ′	° ′	° ′	° ′
1	10 ♒ 25	28 ♒ 31	21 ♊ 14	22 ♋ 57	21 ♋ 52	18 ♌ 45	19 ♊ 7	15 ♐ 37
2	10 R 24	28 R 30	21 21	23 10	22 30	19 54	20 39	15 R 35
3	10 22	28 29	21 29	23 24	23 9	21 3	22 15	15 34
4	10 21	28 27	21 36	23 37	23 48	22 11	23 54	15 32
5	10 20	28 26	21 44	23 50	24 27	23 20	25 37	15 31
6	10 18	28 25	21 51	24 3	25 5	24 28	27 23	15 30
7	10 17	28 23	21 58	24 17	25 44	25 36	29 11	15 28
8	10 15	28 22	22 6	24 30	26 23	26 44	1 ♋ 3	15 27
9	10 14	28 20	22 13	24 43	27 1	27 52	2 58	15 26
10	10 12	28 18	22 21	24 57	27 40	29 0	4 55	15 24
11	10 11	28 17	22 28	25 10	28 18	0 ♍ 8	6 55	15 23
12	10 9	28 15	22 35	25 23	28 57	1 16	8 56	15 22
13	10 8	28 13	22 42	25 37	29 36	2 23	11 0	15 20
14	10 6	28 12	22 50	25 50	0 ♌ 14	3 31	13 5	15 19
15	10 5	28 10	22 57	26 4	0 53	4 38	15 11	15 18
16	10 3	28 8	23 4	26 17	1 31	5 45	17 19	15 17
17	10 2	28 6	23 11	26 30	2 10	6 52	19 27	15 16
18	10 0	28 4	23 18	26 44	2 48	7 59	21 35	15 15
19	9 59	28 2	23 25	26 57	3 27	9 5	23 44	15 13
20	9 57	28 1	23 32	27 11	4 5	10 12	25 52	15 12
21	9 56	27 59	23 39	27 24	4 44	11 18	28 0	15 11
22	9 54	27 57	23 46	27 37	5 22	12 24	0 ♌ 7	15 10
23	9 52	27 55	23 53	27 51	6 1	13 30	2 14	15 9
24	9 51	27 53	23 59	28 4	6 39	14 36	4 19	15 8
25	9 49	27 51	24 6	28 18	7 18	15 41	6 23	15 7
26	9 48	27 48	24 13	28 31	7 56	16 47	8 26	15 6
27	9 46	27 46	24 19	28 44	8 34	17 52	10 28	15 5
28	9 44	27 44	24 26	28 58	9 13	18 57	12 28	15 4
29	9 43	27 42	24 33	29 11	9 51	20 2	14 26	15 4
30	9 41	27 40	24 39	29 24	10 29	21 7	16 23	15 3
31	9 39	27 38	24 45	29 38	11 8	22 11	18 19	15 2

Day	♂ Decl.	♀ Lat.	♀ Decl.	☿ Lat.	☿ Decl.	♇ Lat.	♇ Decl.	☊
	° ′	° ′	° ′	° ′	° ′	° ′	° ′	° ′
1	22 N 44	1 N 48	16 N 55	1 S 47	21 N 13	10 N 6	12 S 37	16 ♊ 47
4	22 25	1 43	15 44	1 10	22 7	10 5	12 38	16 37
7	22 5	1 37	14 31	0 33	22 53	10 4	12 38	16 27
10	21 43	1 30	13 14	0 N 2	23 23	10 3	12 38	16 18
13	21 20	1 23	11 55	0 35	23 34	10 2	12 39	16 8
16	20 55	1 14	10 33	1 3	23 21	10 2	12 39	15 59
19	20 29	1 4	9 9	1 24	22 44	10 1	12 40	15 49
22	20 1	0 54	7 44	1 38	21 44	10 0	12 41	15 40
25	19 33	0 42	6 18	1 46	20 23	9 59	12 41	15 30
28	19 3	0 30	4 50	1 47	18 46	9 57	12 42	15 21
31	18 32	0 17	3 21	1 42	16 58	9 56	12 43	15 11

2002 AUGUST

Day	Sidereal Time	☉ Long.	☉ Decl.	☽ Long.	☽ Lat.	☽ Decl.
	H M S	° ′ ″	° ′	° ′	° ′	° ′
1	20 37 43	8 ♌ 35 18	18 N 7	3 ♉ 50	3 S 28	9 N 32
2	20 41 39	9 32 43	17 52	15 50	2 37	14 5
3	20 45 36	10 30 8	17 36	28 3	1 37	18 9
4	20 49 32	11 27 35	17 21	10 ♊ 33	0 32	21 30
5	20 53 29	12 25 2	17 5	23 24	0 N 37	23 54
6	20 57 26	13 22 31	16 48	6 ♋ 40	1 46	25 2
7	21 1 22	14 20 1	16 32	20 22	2 51	24 43
8	21 5 19	15 17 32	16 15	4 ♌ 29	3 47	22 49
9	21 9 15	16 15 4	15 58	18 57	4 31	19 26
10	21 13 12	17 12 38	15 41	3 ♍ 39	4 57	14 46
11	21 17 8	18 10 12	15 23	18 29	5 3	9 12
12	21 21 5	19 7 47	15 5	3 ♎ 17	4 50	3 7
13	21 25 1	20 5 23	14 47	17 57	4 17	3 S 1
14	21 28 58	21 3 0	14 29	2 ♏ 22	3 28	9 2
15	21 32 55	22 0 38	14 10	16 30	2 28	14 24
16	21 36 51	22 58 18	13 52	0 ♐ 19	1 20	18 55
17	21 40 48	23 55 58	13 33	13 51	0 9	22 19
18	21 44 44	24 53 39	13 13	27 7	1 S 1	24 26
19	21 48 41	25 51 21	12 54	10 ♑ 8	2 7	25 10
20	21 52 37	26 49 4	12 34	22 58	3 5	24 31
21	21 56 34	27 46 49	12 15	5 ♒ 37	3 52	22 37
22	22 0 30	28 44 35	11 55	18 6	4 28	19 39
23	22 4 27	29 42 22	11 34	0 ♓ 25	4 51	15 52
24	22 8 24	0 ♍ 40 10	11 14	12 35	5 0	11 27
25	22 12 20	1 38 0	10 54	24 37	4 56	6 40
26	22 16 17	2 35 52	10 33	6 ♈ 33	4 38	1 40
27	22 20 13	3 33 45	10 12	18 24	4 9	3 N 23
28	22 24 10	4 31 40	9 51	0 ♉ 14	3 29	8 18
29	22 28 6	5 29 37	9 30	12 6	2 39	12 56
30	22 32 3	6 27 35	9 8	24 4	1 42	17 8
31	22 35 59	7 25 36	8 47	6 ♊ 14	0 40	20 41

Day	♆ Lat.	♆ Decl.	♅ Lat.	♅ Decl.	♄ Lat.	♄ Decl.	♃ Lat.	♃ Decl.	♂ Lat.
	° ′	° ′	° ′	° ′	° ′	° ′	° ′	° ′	° ′
1	0 N 4	17 S 46	0 S 47	13 S 2	1 S 15	22 N 5	0 N 20	20 N 31	1 N 9
4	0 4	17 48	0 47	13 5	1 16	22 6	0 20	20 22	1 9
7	0 4	17 49	0 47	13 7	1 16	22 6	0 21	20 14	1 9
10	0 4	17 50	0 47	13 10	1 16	22 7	0 21	20 6	1 9
13	0 4	17 52	0 47	13 12	1 16	22 7	0 21	19 57	1 9
16	0 4	17 53	0 47	13 15	1 16	22 8	0 22	19 48	1 9
19	0 4	17 54	0 47	13 17	1 16	22 8	0 22	19 40	1 9
22	0 4	17 56	0 47	13 19	1 16	22 8	0 22	19 31	1 9
25	0 4	17 57	0 47	13 22	1 16	22 8	0 23	19 22	1 9
28	0 4	17 58	0 47	13 24	1 16	22 8	0 23	19 13	1 9
31	0 4	17 59	0 47	13 27	1 16	22 9	0 23	19 4	1 9

DEZEMBER 2003

Day	♆ Long.	♅ Long.	♄ Long.	♃ Long.	♂ Long.	♀ Long.	☿ Long.	♇ Long.
	° ′	° ′	° ′	° ′	° ′	° ′	° ′	° ′
1	10 ♒ 50	29 ♒ 6	12 ♋ 5	17 ♍ 7	21 ♓ 18	4 ♑ 55	27 ♐ 28	19 ♐ 22
2	10 52	29 8	12 R 1	17 13	21 50	6 9	28 49	19 24
3	10 53	29 9	11 57	17 19	22 23	7 24	0 ♑ 8	19 26
4	10 54	29 10	11 54	17 25	22 56	8 38	1 26	19 28
5	10 56	29 11	11 50	17 30	23 28	9 52	2 42	19 31
6	10 57	29 13	11 46	17 36	24 1	11 7	3 56	19 33
7	10 59	29 14	11 42	17 41	24 35	12 21	5 7	19 35
8	11 0	29 16	11 37	17 46	25 8	13 35	6 15	19 37
9	11 2	29 17	11 33	17 51	25 41	14 50	7 19	19 40
10	11 3	29 19	11 29	17 55	26 15	16 4	8 20	19 42
11	11 5	29 20	11 25	18 0	26 49	17 18	9 16	19 44
12	11 6	29 22	11 20	18 4	27 23	18 33	10 6	19 47
13	11 8	29 24	11 16	18 8	27 57	19 47	10 51	19 49
14	11 9	29 25	11 11	18 12	28 31	21 1	11 28	19 51
15	11 11	29 27	11 7	18 16	29 6	22 15	11 58	19 53
16	11 13	29 29	11 2	18 20	29 40	23 29	12 20	19 56
17	11 14	29 31	10 58	18 23	0 ♈ 15	24 44	12 32	19 58
18	11 16	29 33	10 53	18 27	0 50	25 58	12 34	20 0
19	11 18	29 35	10 48	18 30	1 25	27 12	12 R 24	20 2
20	11 20	29 37	10 44	18 33	2 0	28 26	12 4	20 5
21	11 21	29 39	10 39	18 35	2 35	29 40	11 31	20 7
22	11 23	29 41	10 34	18 38	3 11	0 ♒ 54	10 47	20 9
23	11 25	29 43	10 29	18 40	3 46	2 8	9 52	20 11
24	11 27	29 45	10 24	18 43	4 22	3 22	8 48	20 14
25	11 29	29 47	10 19	18 45	4 57	4 36	7 35	20 16
26	11 31	29 50	10 15	18 46	5 33	5 50	6 17	20 18
27	11 32	29 52	10 10	18 48	6 9	7 4	4 55	20 20
28	11 34	29 54	10 5	18 49	6 45	8 18	3 33	20 22
29	11 36	29 57	10 0	18 51	7 21	9 32	2 13	20 25
30	11 38	29 59	9 55	18 52	7 57	10 46	0 58	20 27
31	11 40	0 ♓ 1	9 50	18 53	8 34	11 59	29 ♐ 49	20 29

Day	♂ Decl.	♀ Lat.	♀ Decl.	☿ Lat.	☿ Decl.	♇ Lat.	♇ Decl.	☊
	° ′	° ′	° ′	° ′	° ′	° ′	° ′	° ′
1	4 S 16	1 S 24	24 S 45	2 S 26	25 S 50	8 N 39	14 S 23	19 ♉ 21
4	3 31	1 29	24 38	2 23	25 49	8 39	14 24	19 11
7	2 46	1 34	24 25	2 15	25 35	8 38	14 25	19 2
10	2 0	1 38	24 6	1 59	25 10	8 38	14 26	18 52
13	1 14	1 42	23 40	1 34	24 34	8 38	14 27	18 43
16	0 28	1 45	23 7	0 59	23 50	8 37	14 27	18 33
19	0 N 18	1 47	22 28	0 11	23 3	8 37	14 28	18 24
22	1 5	1 49	21 44	0 N 46	22 14	8 37	14 29	18 14
25	1 52	1 50	20 53	1 45	21 29	8 37	14 29	18 4
28	2 39	1 50	19 58	2 34	20 50	8 37	14 30	17 55
31	3 26	1 50	18 57	3 3	20 23	8 37	14 30	17 45

2004 JANUAR

Day	Sidereal Time H	M	S	☉ Long. °	′	″	☉ Decl. °	′	☽ Long. °	′	☽ Lat. °	′	☽ Decl. °	′
1	6	39	59	9 ♑	53	35	23 S	4	27 ♈	29	1 S	55	8 N	47
2	6	43	55	10	54	43	23	0	9 ♉	23	0	53	13	47
3	6	47	52	11	55	52	22	54	21	11	0 N	10	18	13
4	6	51	48	12	57	0	22	49	2 ♊	57	1	13	21	56
5	6	55	45	13	58	8	22	42	14	46	2	13	24	46
6	6	59	41	14	59	16	22	36	26	41	3	7	26	31
7	7	3	38	16	0	24	22	29	8 ♋	43	3	53	27	2
8	7	7	35	17	1	32	22	21	20	55	4	29	26	15
9	7	11	31	18	2	39	22	13	3 ♌	17	4	53	24	10
10	7	15	28	19	3	47	22	5	15	51	5	3	20	54
11	7	19	24	20	4	54	21	56	28	35	4	59	16	38
12	7	23	21	21	6	2	21	47	11 ♍	31	4	39	11	32
13	7	27	17	22	7	9	21	37	24	39	4	4	5	52
14	7	31	14	23	8	16	21	27	8 ♎	1	3	16	0 S	11
15	7	35	11	24	9	23	21	17	21	37	2	15	6	20
16	7	39	7	25	10	30	21	6	5 ♏	29	1	6	12	19
17	7	43	4	26	11	37	20	55	19	38	0 S	9	17	47
18	7	47	0	27	12	44	20	43	4 ♐	2	1	25	22	21
19	7	50	57	28	13	50	20	31	18	40	2	36	25	32
20	7	54	53	29	14	56	20	19	3 ♑	26	3	37	27	0
21	7	58	50	0 ♒	16	2	20	6	18	14	4	23	26	33
22	8	2	46	1	17	6	19	52	2 ♒	55	4	52	24	14
23	8	6	43	2	18	11	19	39	17	22	5	1	20	25
24	8	10	40	3	19	14	19	25	1 ♓	27	4	52	15	30
25	8	14	36	4	20	17	19	11	15	6	4	26	9	57
26	8	18	33	5	21	18	18	56	28	19	3	46	4	8
27	8	22	29	6	22	19	18	41	11 ♈	6	2	56	1 N	41
28	8	26	26	7	23	18	18	26	23	31	1	59	7	17
29	8	30	22	8	24	17	18	10	5 ♉	38	0	58	12	29
30	8	34	19	9	25	14	17	54	17	33	0 N	5	17	9
31	8	38	15	10	26	10	17	37	29	21	1	7	21	6

Day	♆ Lat. °	′	♆ Decl. °	′	♅ Lat. °	′	♅ Decl. °	′	♄ Lat. °	′	♄ Decl. °	′	♃ Lat. °	′	♃ Decl. °	′	♂ Lat. °	′
1	0 S	2	17 S	18	0 S	44	12 S	8	0 S	40	22 N	25	1 N	13	5 N	31	0 N	4
4	0	2	17	17	0	44	12	6	0	39	22	27	1	14	5	31	0	8
7	0	2	17	15	0	44	12	3	0	39	22	28	1	14	5	32	0	12
10	0	2	17	13	0	44	12	0	0	39	22	29	1	15	5	34	0	15
13	0	2	17	11	0	44	11	57	0	38	22	31	1	16	5	37	0	19
16	0	2	17	10	0	44	11	54	0	38	22	32	1	17	5	40	0	22
19	0	2	17	8	0	44	11	50	0	38	22	33	1	18	5	44	0	26
22	0	2	17	6	0	44	11	47	0	37	22	34	1	18	5	48	0	29
25	0	2	17	4	0	44	11	44	0	37	22	35	1	19	5	53	0	31
28	0	2	17	2	0	44	11	40	0	36	22	37	1	20	5	59	0	34
31	0	2	17	0	0	44	11	37	0	36	22	38	1	21	6	5	0	37

JANUAR 2004

Day	♆ Long.	♅ Long.	♄ Long.	♃ Long.	♂ Long.	♀ Long.	☿ Long.	♇ Long.
	° ′	° ′	° ′	° ′	° ′	° ′	° ′	° ′
1	11 ♒ 42	0 ♓ 4	9 ♋ 45	18 ♍ 53	9 ♈ 10	13 ♒ 13	28 ♐ 49	20 ♐ 31
2	11 44	0 6	9 R 40	18 54	9 46	14 27	27 R 58	20 33
3	11 46	0 9	9 35	18 54	10 23	15 41	27 18	20 35
4	11 48	0 11	9 30	18 54	10 59	16 54	26 48	20 37
5	11 50	0 14	9 25	18 R 54	11 36	18 8	26 28	20 40
6	11 52	0 17	9 20	18 54	12 13	19 21	26 18	20 42
7	11 55	0 19	9 15	18 53	12 50	20 35	26 17	20 44
8	11 57	0 22	9 10	18 52	13 26	21 48	26 D 25	20 46
9	11 59	0 25	9 6	18 52	14 3	23 1	26 41	20 48
10	12 1	0 28	9 1	18 51	14 40	24 15	27 5	20 50
11	12 3	0 30	8 56	18 49	15 18	25 28	27 35	20 52
12	12 5	0 33	8 51	18 48	15 55	26 41	28 10	20 54
13	12 7	0 36	8 46	18 46	16 32	27 54	28 52	20 56
14	12 9	0 39	8 42	18 44	17 9	29 8	29 38	20 58
15	12 12	0 42	8 37	18 42	17 46	0 ♓ 21	0 ♑ 28	21 0
16	12 14	0 45	8 32	18 40	18 24	1 34	1 22	21 2
17	12 16	0 48	8 28	18 38	19 1	2 47	2 20	21 4
18	12 18	0 51	8 23	18 35	19 39	3 59	3 21	21 6
19	12 20	0 54	8 19	18 32	20 16	5 12	4 25	21 8
20	12 23	0 57	8 14	18 29	20 54	6 25	5 31	21 9
21	12 25	1 0	8 10	18 26	21 31	7 38	6 39	21 11
22	12 27	1 3	8 5	18 23	22 9	8 50	7 50	21 13
23	12 29	1 6	8 1	18 19	22 47	10 3	9 2	21 15
24	12 32	1 9	7 57	18 16	23 25	11 15	10 17	21 17
25	12 34	1 12	7 53	18 12	24 2	12 28	11 32	21 18
26	12 36	1 16	7 48	18 8	24 40	13 40	12 50	21 20
27	12 38	1 19	7 44	18 3	25 18	14 52	14 8	21 22
28	12 41	1 22	7 40	17 59	25 56	16 4	15 28	21 24
29	12 43	1 25	7 37	17 54	26 34	17 16	16 49	21 25
30	12 45	1 29	7 33	17 50	27 12	18 28	18 12	21 27
31	12 48	1 32	7 29	17 45	27 50	19 40	19 35	21 29

Day	♂ Decl.	♀ Lat.	♀ Decl.	☿ Lat.	☿ Decl.	♇ Lat.	♇ Decl.	☊
	° ′	° ′	° ′	° ′	° ′	° ′	° ′	° ′
1	3 N 41	1 S 50	18 S 36	3 N 8	20 S 18	8 N 37	14 S 30	17 ♉ 42
4	4 28	1 48	17 29	3 10	20 14	8 37	14 31	17 33
7	5 15	1 46	16 18	2 57	20 27	8 37	14 31	17 23
10	6 1	1 43	15 3	2 35	20 50	8 37	14 32	17 14
13	6 47	1 39	13 45	2 8	21 18	8 37	14 32	17 4
16	7 33	1 35	12 23	1 40	21 46	8 37	14 32	16 55
19	8 19	1 29	10 59	1 11	22 11	8 37	14 32	16 45
22	9 4	1 23	9 32	0 43	22 30	8 37	14 32	16 36
25	9 49	1 16	8 3	0 16	22 40	8 38	14 32	16 26
28	10 33	1 8	6 33	0 S 9	22 42	8 38	14 32	16 16
31	11 17	1 0	5 1	0 32	22 33	8 38	14 32	16 7

2004 FEBRUAR

Day	Sidereal Time	☉ Long.	☉ Decl.	☽ Long.	☽ Lat.	☽ Decl.
	H M S	° ′ ″	° ′	° ′	° ′	° ′
1	8 42 12	11 ♒ 27 5	17 S 21	11 ♊ 8	2 N 6	24 N 11
2	8 46 9	12 27 58	17 4	22 59	3 0	26 15
3	8 50 5	13 28 51	16 47	4 ♋ 59	3 46	27 7
4	8 54 2	14 29 42	16 29	17 9	4 23	26 41
5	8 57 58	15 30 32	16 11	29 33	4 48	24 56
6	9 1 55	16 31 20	15 53	12 ♌ 12	4 59	21 55
7	9 5 51	17 32 8	15 35	25 5	4 56	17 48
8	9 9 48	18 32 54	15 16	8 ♍ 11	4 37	12 46
9	9 13 44	19 33 39	14 57	21 29	4 2	7 5
10	9 17 41	20 34 24	14 38	4 ♎ 57	3 14	1 0
11	9 21 38	21 35 7	14 19	18 33	2 14	5 S 12
12	9 25 34	22 35 49	13 59	2 ♏ 19	1 6	11 14
13	9 29 31	23 36 30	13 39	16 12	0 S 7	16 48
14	9 33 27	24 37 9	13 19	0 ♐ 14	1 20	21 30
15	9 37 24	25 37 48	12 59	14 23	2 29	25 0
16	9 41 20	26 38 25	12 38	28 39	3 29	26 55
17	9 45 17	27 39 2	12 17	13 ♑ 0	4 17	27 4
18	9 49 13	28 39 37	11 56	27 20	4 48	25 24
19	9 53 10	29 40 10	11 35	11 ♒ 35	5 1	22 7
20	9 57 7	0 ♓ 40 42	11 14	25 40	4 55	17 35
21	10 1 3	1 41 13	10 52	9 ♓ 29	4 32	12 13
22	10 5 0	2 41 42	10 31	22 58	3 55	6 23
23	10 8 56	3 42 9	10 9	6 ♈ 5	3 7	0 25
24	10 12 53	4 42 35	9 47	18 51	2 7	5 N 25
25	10 16 49	5 42 58	9 25	1 ♉ 16	1 5	10 54
26	10 20 46	6 43 20	9 3	13 25	0 0	15 51
27	10 24 43	7 43 40	8 40	25 22	1 N 3	20 7
28	10 28 39	8 43 58	8 18	7 ♊ 12	2 3	23 32
29	10 32 36	9 44 14	7 55	19 0	2 57	25 56

Day	♆ Lat.	♆ Decl.	♅ Lat.	♅ Decl.	♄ Lat.	♄ Decl.	♃ Lat.	♃ Decl.	♂ Lat.
	° ′	° ′	° ′	° ′	° ′	° ′	° ′	° ′	° ′
1	0 S 2	17 S 0	0 S 44	11 S 35	0 S 36	22 N 38	1 N 21	6 N 7	0 N 38
4	0 2	16 58	0 44	11 32	0 35	22 39	1 22	6 14	0 40
7	0 2	16 56	0 44	11 28	0 35	22 40	1 22	6 21	0 43
10	0 2	16 54	0 44	11 25	0 35	22 41	1 23	6 29	0 45
13	0 2	16 52	0 44	11 21	0 34	22 42	1 23	6 37	0 47
16	0 2	16 50	0 44	11 17	0 34	22 43	1 24	6 46	0 49
19	0 2	16 48	0 44	11 13	0 33	22 43	1 24	6 54	0 51
22	0 2	16 46	0 44	11 10	0 33	22 44	1 25	7 3	0 53
25	0 2	16 45	0 44	11 6	0 32	22 45	1 25	7 13	0 54
28	0 2	16 43	0 44	11 2	0 32	22 45	1 25	7 22	0 56

FEBRUAR 2004

Day	♆ Long.	♅ Long.	♄ Long.	♃ Long.	♂ Long.	♀ Long.	☿ Long.	♇ Long.
	° ′	° ′	° ′	° ′	° ′	° ′	° ′	° ′
1	12 ♒ 50	1 ♓ 35	7 ♋ 25	17 ♍ 40	28 ♈ 28	20 ♓ 52	20 ♑ 59	21 ♐ 30
2	12 52	1 38	7 R 22	17 R 35	29 6	22 4	22 24	21 32
3	12 54	1 42	7 18	17 29	29 44	23 15	23 51	21 33
4	12 57	1 45	7 15	17 24	0 ♉ 22	24 27	25 18	21 35
5	12 59	1 48	7 11	17 18	1 0	25 38	26 45	21 36
6	13 1	1 52	7 8	17 12	1 38	26 49	28 14	21 38
7	13 4	1 55	7 5	17 6	2 16	28 0	29 44	21 39
8	13 6	1 59	7 2	17 0	2 55	29 12	1 ♒ 14	21 41
9	13 8	2 2	6 59	16 54	3 33	0 ♈ 22	2 46	21 42
10	13 10	2 5	6 56	16 48	4 11	1 33	4 18	21 44
11	13 13	2 9	6 53	16 41	4 49	2 44	5 51	21 45
12	13 15	2 12	6 50	16 35	5 28	3 55	7 24	21 46
13	13 17	2 16	6 48	16 28	6 6	5 5	8 59	21 48
14	13 19	2 19	6 45	16 21	6 44	6 15	10 34	21 49
15	13 22	2 22	6 43	16 15	7 22	7 25	12 11	21 50
16	13 24	2 26	6 41	16 8	8 1	8 36	13 48	21 51
17	13 26	2 29	6 38	16 1	8 39	9 45	15 26	21 53
18	13 28	2 33	6 36	15 53	9 18	10 55	17 5	21 54
19	13 31	2 36	6 34	15 46	9 56	12 5	18 45	21 55
20	13 33	2 40	6 32	15 39	10 34	13 14	20 25	21 56
21	13 35	2 43	6 31	15 31	11 13	14 24	22 7	21 57
22	13 37	2 47	6 29	15 24	11 51	15 33	23 49	21 58
23	13 39	2 50	6 27	15 16	12 30	16 42	25 33	21 59
24	13 41	2 54	6 26	15 9	13 8	17 51	27 17	22 0
25	13 44	2 57	6 25	15 1	13 46	18 59	29 3	22 1
26	13 46	3 0	6 23	14 54	14 25	20 8	0 ♓ 49	22 2
27	13 48	3 4	6 22	14 46	15 3	21 16	2 36	22 3
28	13 50	3 7	6 21	14 38	15 42	22 24	4 25	22 4
29	13 52	3 11	6 20	14 30	16 20	23 32	6 14	22 5

Day	♂ Decl.	♀ Lat.	♀ Decl.	☿ Lat.	☿ Decl.	♇ Lat.	♇ Decl.	☊
	° ′	° ′	° ′	° ′	° ′	° ′	° ′	° ′
1	11 N 31	0 S 57	4 S 30	0 S 40	22 S 27	8 N 39	14 S 32	16 ♉ 4
4	12 14	0 48	2 56	1 0	22 4	8 39	14 32	15 54
7	12 56	0 38	1 22	1 18	21 29	8 39	14 32	15 45
10	13 37	0 27	0 N 12	1 34	20 42	8 40	14 32	15 35
13	14 17	0 16	1 47	1 47	19 44	8 40	14 32	15 26
16	14 57	0 4	3 21	1 57	18 33	8 41	14 31	15 16
19	15 36	0 N 8	4 54	2 4	17 10	8 41	14 31	15 7
22	16 13	0 21	6 26	2 7	15 35	8 42	14 31	14 57
25	16 50	0 34	7 58	2 7	13 47	8 42	14 30	14 48
28	17 26	0 47	9 27	2 2	11 47	8 43	14 30	14 38

2004 MÄRZ

Day	Sidereal Time	☉ Long.	☉ Decl.	☽ Long.	☽ Lat.	☽ Decl.
	H M S	° ′ ″	° ′	° ′	° ′	° ′
1	10 36 32	10 ♓ 44 28	7 S 32	0 ♋ 53	3 N 45	27 N 11
2	10 40 29	11 44 40	7 10	12 55	4 23	27 10
3	10 44 25	12 44 49	6 47	25 10	4 50	25 51
4	10 48 22	13 44 57	6 23	7 ♌ 42	5 3	23 13
5	10 52 18	14 45 3	6 0	20 32	5 2	19 25
6	10 56 15	15 45 7	5 37	3 ♍ 41	4 45	14 34
7	11 0 11	16 45 9	5 14	17 8	4 12	8 56
8	11 4 8	17 45 10	4 50	0 ♎ 51	3 24	2 47
9	11 8 5	18 45 8	4 27	14 45	2 23	3 S 37
10	11 12 1	19 45 5	4 3	28 47	1 12	9 55
11	11 15 58	20 45 0	3 40	12 ♏ 54	0 S 3	15 45
12	11 19 54	21 44 53	3 16	27 4	1 18	20 46
13	11 23 51	22 44 45	2 53	11 ♐ 13	2 29	24 35
14	11 27 47	23 44 35	2 29	25 22	3 31	26 52
15	11 31 44	24 44 23	2 5	9 ♑ 28	4 19	27 25
16	11 35 40	25 44 9	1 42	23 29	4 52	26 11
17	11 39 37	26 43 54	1 18	7 ♒ 25	5 7	23 22
18	11 43 34	27 43 37	0 54	21 13	5 5	19 14
19	11 47 30	28 43 18	0 30	4 ♓ 49	4 45	14 9
20	11 51 27	29 42 57	0 7	18 13	4 9	8 29
21	11 55 23	0 ♈ 42 35	0 N 17	1 ♈ 21	3 21	2 32
22	11 59 20	1 42 10	0 41	14 13	2 24	3 N 24
23	12 3 16	2 41 43	1 4	26 48	1 20	9 5
24	12 7 13	3 41 14	1 28	9 ♉ 8	0 14	14 19
25	12 11 9	4 40 43	1 52	21 14	0 N 52	18 54
26	12 15 6	5 40 10	2 15	3 ♊ 10	1 55	22 40
27	12 19 3	6 39 34	2 39	15 1	2 52	25 27
28	12 22 59	7 38 56	3 2	26 50	3 42	27 6
29	12 26 56	8 38 16	3 26	8 ♋ 43	4 23	27 31
30	12 30 52	9 37 34	3 49	20 45	4 53	26 39
31	12 34 49	10 36 49	4 12	3 ♌ 1	5 10	24 30

Day	♆ Lat.	♆ Decl.	♅ Lat.	♅ Decl.	♄ Lat.	♄ Decl.	♃ Lat.	♃ Decl.	♂ Lat.
	° ′	° ′	° ′	° ′	° ′	° ′	° ′	° ′	° ′
1	0 S 2	16 S 42	0 S 44	11 S 0	0 S 31	22 N 46	1 N 26	7 N 28	0 N 57
4	0 2	16 40	0 44	10 56	0 31	22 46	1 26	7 37	0 58
7	0 2	16 38	0 44	10 52	0 31	22 47	1 26	7 46	1 0
10	0 2	16 36	0 44	10 49	0 30	22 47	1 26	7 56	1 1
13	0 3	16 35	0 44	10 45	0 30	22 48	1 26	8 4	1 2
16	0 3	16 33	0 44	10 42	0 29	22 48	1 26	8 13	1 3
19	0 3	16 32	0 44	10 38	0 29	22 48	1 26	8 22	1 5
22	0 3	16 30	0 44	10 35	0 28	22 49	1 26	8 30	1 6
25	0 3	16 29	0 44	10 31	0 28	22 49	1 26	8 37	1 6
28	0 3	16 27	0 44	10 28	0 27	22 49	1 26	8 45	1 7
31	0 3	16 26	0 44	10 25	0 27	22 49	1 25	8 51	1 8

MÄRZ 2004

Day	♆ Long.	♅ Long.	♄ Long.	♃ Long.	♂ Long.	♀ Long.	☿ Long.	♇ Long.
	° ′	° ′	° ′	° ′	° ′	° ′	° ′	° ′
1	13 ♒ 54	3 ♓ 14	6 ♋ 19	14 ♍ 22	16 ♉ 59	24 ♈ 40	8 ♓ 5	22 ♐ 5
2	13 56	3 18	6 R 19	14 R 15	17 37	25 48	9 56	22 6
3	13 58	3 21	6 18	14 7	18 16	26 55	11 48	22 7
4	14 0	3 25	6 18	13 59	18 54	28 2	13 42	22 8
5	14 2	3 28	6 17	13 51	19 32	29 9	15 36	22 8
6	14 4	3 31	6 17	13 43	20 11	0 ♉ 16	17 31	22 9
7	14 6	3 35	6 17	13 35	20 49	1 22	19 26	22 9
8	14 8	3 38	6 17	13 28	21 28	2 28	21 23	22 10
9	14 10	3 41	6 D 17	13 20	22 6	3 34	23 20	22 11
10	14 12	3 45	6 17	13 12	22 45	4 40	25 17	22 11
11	14 14	3 48	6 17	13 4	23 23	5 46	27 15	22 11
12	14 16	3 52	6 18	12 57	24 2	6 51	29 13	22 12
13	14 18	3 55	6 18	12 49	24 40	7 56	1 ♈ 10	22 12
14	14 20	3 58	6 19	12 41	25 19	9 1	3 8	22 13
15	14 22	4 1	6 20	12 34	25 57	10 5	5 4	22 13
16	14 24	4 5	6 21	12 26	26 36	11 9	7 0	22 13
17	14 26	4 8	6 22	12 19	27 14	12 13	8 54	22 14
18	14 27	4 11	6 23	12 11	27 52	13 17	10 46	22 14
19	14 29	4 14	6 24	12 4	28 31	14 20	12 37	22 14
20	14 31	4 18	6 25	11 57	29 9	15 23	14 24	22 14
21	14 33	4 21	6 27	11 50	29 48	16 26	16 9	22 14
22	14 34	4 24	6 28	11 43	0 ♊ 26	17 28	17 50	22 14
23	14 36	4 27	6 30	11 36	1 5	18 30	19 27	22 14
24	14 38	4 30	6 32	11 29	1 43	19 31	20 59	22 15
25	14 39	4 33	6 34	11 22	2 22	20 32	22 27	22 15
26	14 41	4 37	6 36	11 16	3 0	21 33	23 49	22 R 14
27	14 42	4 40	6 38	11 9	3 38	22 34	25 6	22 14
28	14 44	4 43	6 40	11 3	4 17	23 34	26 17	22 14
29	14 46	4 46	6 42	10 56	4 55	24 33	27 22	22 14
30	14 47	4 49	6 44	10 50	5 34	25 32	28 20	22 14
31	14 49	4 52	6 47	10 44	6 12	26 31	29 11	22 14

Day	♂ Decl.	♀ Lat.	♀ Decl.	☿ Lat.	☿ Decl.	♇ Lat.	♇ Decl.	☊
	° ′	° ′	° ′	° ′	° ′	° ′	° ′	° ′
1	17 N 49	0 N 57	10 N 26	1 S 57	10 S 21	8 N 43	14 S 29	14 ♉ 32
4	18 23	1 11	11 52	1 45	8 1	8 44	14 29	14 22
7	18 55	1 25	13 16	1 28	5 32	8 45	14 28	14 13
10	19 27	1 39	14 38	1 6	2 53	8 45	14 28	14 3
13	19 57	1 53	15 56	0 38	0 7	8 46	14 27	13 53
16	20 25	2 8	17 12	0 7	2 N 41	8 47	14 27	13 44
19	20 53	2 22	18 24	0 N 29	5 25	8 47	14 26	13 34
22	21 19	2 36	19 32	1 6	8 1	8 48	14 25	13 25
25	21 43	2 50	20 37	1 43	10 20	8 48	14 25	13 15
28	22 6	3 3	21 37	2 17	12 16	8 49	14 24	13 6
31	22 28	3 16	22 33	2 45	13 45	8 50	14 24	12 56

2004 APRIL

Day	Sidereal Time	☉ Long.	☉ Decl.	☽ Long.	☽ Lat.	☽ Decl.
	H M S	° ′ ″	° ′	° ′	° ′	° ′
1	12 38 45	11♈ 36 2	4 N 35	15 ♌ 34	5 N 12	21 N 8
2	12 42 42	12 35 13	4 58	28 29	5 0	16 41
3	12 46 38	13 34 21	5 21	11 ♍ 46	4 31	11 19
4	12 50 35	14 33 28	5 44	25 25	3 46	5 16
5	12 54 32	15 32 32	6 7	9 ♎ 26	2 46	1 S 11
6	12 58 28	16 31 34	6 30	23 43	1 35	7 44
7	13 2 25	17 30 34	6 52	8 ♏ 12	0 17	13 58
8	13 6 21	18 29 33	7 15	22 47	1 S 3	19 29
9	13 10 18	19 28 29	7 37	7 ♐ 22	2 19	23 49
10	13 14 14	20 27 24	8 0	21 52	3 25	26 36
11	13 18 11	21 26 17	8 22	6 ♑ 12	4 18	27 36
12	13 22 7	22 25 8	8 44	20 22	4 55	26 45
13	13 26 4	23 23 58	9 5	4 ♒ 17	5 13	24 15
14	13 30 1	24 22 45	9 27	17 59	5 14	20 25
15	13 33 57	25 21 31	9 49	1 ♓ 26	4 57	15 35
16	13 37 54	26 20 16	10 10	14 39	4 24	10 6
17	13 41 50	27 18 58	10 31	27 38	3 39	4 17
18	13 45 47	28 17 39	10 52	10 ♈ 23	2 43	1 N 37
19	13 49 43	29 16 17	11 13	22 56	1 40	7 22
20	13 53 40	0 ♉ 14 54	11 34	5 ♉ 16	0 33	12 45
21	13 57 36	1 13 29	11 54	17 25	0 N 34	17 34
22	14 1 33	2 12 2	12 14	29 25	1 39	21 38
23	14 5 30	3 10 33	12 34	11 ♊ 18	2 39	24 46
24	14 9 26	4 9 2	12 54	23 8	3 32	26 48
25	14 13 23	5 7 29	13 14	4 ♋ 57	4 16	27 37
26	14 17 19	6 5 54	13 33	16 51	4 49	27 10
27	14 21 16	7 4 17	13 52	28 52	5 10	25 27
28	14 25 12	8 2 37	14 11	11 ♌ 6	5 18	22 32
29	14 29 9	9 0 56	14 30	23 36	5 11	18 32
30	14 33 5	9 59 12	14 49	6 ♍ 28	4 48	13 36

Day	♆ Lat.	♆ Decl.	♅ Lat.	♅ Decl.	♄ Lat.	♄ Decl.	♃ Lat.	♃ Decl.	♂ Lat.
	° ′	° ′	° ′	° ′	° ′	° ′	° ′	° ′	° ′
1	0 S 3	16 S 26	0 S 44	10 S 24	0 S 27	22 N 49	1 N 25	8 N 53	1 N 8
4	0 3	16 24	0 44	10 21	0 26	22 49	1 25	9 0	1 9
7	0 3	16 23	0 44	10 18	0 26	22 49	1 25	9 5	1 10
10	0 3	16 22	0 44	10 15	0 26	22 49	1 24	9 10	1 11
13	0 3	16 21	0 44	10 12	0 25	22 49	1 24	9 15	1 11
16	0 3	16 20	0 44	10 9	0 25	22 48	1 23	9 18	1 12
19	0 3	16 20	0 45	10 7	0 24	22 48	1 23	9 22	1 12
22	0 3	16 19	0 45	10 4	0 24	22 48	1 22	9 24	1 13
25	0 3	16 18	0 45	10 2	0 24	22 47	1 22	9 26	1 13
28	0 3	16 18	0 45	9 59	0 23	22 47	1 21	9 27	1 13

APRIL 2004

Day	♆ Long.	♅ Long.	♄ Long.	♃ Long.	♂ Long.	♀ Long.	☿ Long.	♇ Long.
	° ′	° ′	° ′	° ′	° ′	° ′	° ′	° ′
1	14 ♒ 50	4 ♓ 55	6 ♋ 50	10 ♍ 38	6 ♊ 50	27 ♉ 29	29 ♈ 56	22 ♐ 14
2	14 51	4 57	6 52	10 R 33	7 29	28 27	0 ♉ 33	22 R 13
3	14 53	5 0	6 55	10 27	8 7	29 24	1 4	22 13
4	14 54	5 3	6 58	10 22	8 45	0 ♊ 21	1 27	22 13
5	14 56	5 6	7 1	10 16	9 24	1 17	1 44	22 12
6	14 57	5 9	7 4	10 11	10 2	2 13	1 53	22 12
7	14 58	5 12	7 7	10 6	10 40	3 8	1 56	22 12
8	14 59	5 14	7 11	10 1	11 19	4 2	1 R 51	22 11
9	15 1	5 17	7 14	9 56	11 57	4 56	1 41	22 11
10	15 2	5 20	7 17	9 52	12 35	5 49	1 24	22 10
11	15 3	5 22	7 21	9 47	13 14	6 42	1 2	22 10
12	15 4	5 25	7 25	9 43	13 52	7 34	0 34	22 9
13	15 5	5 28	7 28	9 39	14 30	8 25	0 2	22 8
14	15 6	5 30	7 32	9 35	15 9	9 15	29 ♈ 27	22 8
15	15 8	5 33	7 36	9 32	15 47	10 5	28 48	22 7
16	15 9	5 35	7 40	9 28	16 25	10 54	28 7	22 6
17	15 10	5 38	7 44	9 25	17 3	11 42	27 24	22 6
18	15 11	5 40	7 49	9 21	17 42	12 30	26 41	22 5
19	15 11	5 42	7 53	9 18	18 20	13 16	25 58	22 4
20	15 12	5 45	7 57	9 16	18 58	14 2	25 16	22 3
21	15 13	5 47	8 2	9 13	19 36	14 46	24 35	22 2
22	15 14	5 49	8 6	9 10	20 14	15 30	23 57	22 2
23	15 15	5 52	8 11	9 8	20 53	16 12	23 21	22 1
24	15 16	5 54	8 16	9 6	21 31	16 54	22 49	22 0
25	15 16	5 56	8 21	9 4	22 9	17 35	22 21	21 59
26	15 17	5 58	8 26	9 2	22 47	18 14	21 57	21 58
27	15 18	6 0	8 30	9 1	23 25	18 52	21 38	21 57
28	15 18	6 2	8 36	8 59	24 3	19 29	21 23	21 56
29	15 19	6 4	8 41	8 58	24 42	20 5	21 13	21 55
30	15 20	6 6	8 46	8 57	25 20	20 39	21 8	21 54

Day	♂ Decl.	♀ Lat.	♀ Decl.	☿ Lat.	☿ Decl.	♇ Lat.	♇ Decl.	☊
	° ′	° ′	° ′	° ′	° ′	° ′	° ′	° ′
1	22 N 35	3 N 20	22 N 51	2 N 52	14 N 8	8 N 50	14 S 23	12 ♉ 53
4	22 54	3 33	23 41	3 8	14 55	8 51	14 23	12 44
7	23 12	3 44	24 27	3 13	15 9	8 51	14 22	12 34
10	23 28	3 55	25 8	3 4	14 50	8 52	14 21	12 25
13	23 43	4 5	25 44	2 42	14 0	8 52	14 21	12 15
16	23 56	4 14	26 16	2 7	12 46	8 53	14 20	12 5
19	24 7	4 21	26 43	1 22	11 18	8 53	14 19	11 56
22	24 17	4 28	27 5	0 32	9 47	8 54	14 19	11 46
25	24 25	4 32	27 22	0 S 19	8 25	8 54	14 18	11 37
28	24 32	4 35	27 35	1 6	7 20	8 55	14 17	11 27

2004 MAI

Day	Sidereal Time	☉ Long.	☉ Decl.	☽ Long.	☽ Lat.	☽ Decl.
	H M S	° ′ ″	° ′	° ′	° ′	° ′
1	14 37 2	10 ♉ 57 27	15 N 7	19 ♍ 44	4 N 9	7 N 53
2	14 40 59	11 55 40	15 25	3 ♎ 25	3 15	1 38
3	14 44 55	12 53 50	15 43	17 32	2 8	4 S 55
4	14 48 52	13 51 59	16 0	2 ♏ 2	0 51	11 23
5	14 52 48	14 50 6	16 17	16 49	0 S 31	17 21
6	14 56 45	15 48 12	16 34	1 ♐ 46	1 51	22 20
7	15 0 41	16 46 16	16 51	16 46	3 4	25 50
8	15 4 38	17 44 18	17 7	1 ♑ 40	4 5	27 30
9	15 8 34	18 42 19	17 23	16 20	4 48	27 12
10	15 12 31	19 40 19	17 39	0 ♒ 43	5 12	25 4
11	15 16 28	20 38 17	17 55	14 44	5 16	21 27
12	15 20 24	21 36 14	18 10	28 23	5 3	16 46
13	15 24 21	22 34 10	18 25	11 ♓ 41	4 33	11 24
14	15 28 17	23 32 4	18 39	24 39	3 51	5 39
15	15 32 14	24 29 57	18 54	7 ♈ 21	2 57	0 N 12
16	15 36 10	25 27 49	19 8	19 48	1 56	5 57
17	15 40 7	26 25 39	19 21	2 ♉ 3	0 51	11 23
18	15 44 3	27 23 29	19 35	14 9	0 N 16	16 20
19	15 48 0	28 21 17	19 48	26 8	1 21	20 36
20	15 51 57	29 19 3	20 0	8 ♊ 1	2 22	23 59
21	15 55 53	0 ♊ 16 48	20 13	19 51	3 17	26 19
22	15 59 50	1 14 32	20 25	1 ♋ 40	4 3	27 29
23	16 3 46	2 12 14	20 36	13 31	4 39	27 22
24	16 7 43	3 9 55	20 47	25 26	5 3	26 1
25	16 11 39	4 7 34	20 58	7 ♌ 28	5 14	23 27
26	16 15 36	5 5 12	21 9	19 41	5 11	19 49
27	16 19 32	6 2 48	21 19	2 ♍ 10	4 53	15 16
28	16 23 29	7 0 23	21 29	14 57	4 21	9 57
29	16 27 26	7 57 57	21 38	28 6	3 34	4 2
30	16 31 22	8 55 29	21 47	11 ♎ 41	2 34	2 S 15
31	16 35 19	9 53 0	21 56	25 43	1 23	8 39

Day	♆ Lat.	♆ Decl.	♅ Lat.	♅ Decl.	♄ Lat.	♄ Decl.	♃ Lat.	♃ Decl.	♂ Lat.
	° ′	° ′	° ′	° ′	° ′	° ′	° ′	° ′	° ′
1	0 S 3	16 S 17	0 S 45	9 S 57	0 S 23	22 N 46	1 N 21	9 N 28	1 N 14
4	0 3	16 17	0 45	9 55	0 22	22 45	1 20	9 28	1 14
7	0 3	16 16	0 45	9 54	0 22	22 44	1 20	9 27	1 14
10	0 3	16 16	0 45	9 52	0 22	22 43	1 19	9 26	1 14
13	0 3	16 16	0 45	9 51	0 21	22 42	1 18	9 24	1 15
16	0 3	16 16	0 45	9 49	0 21	22 41	1 18	9 22	1 15
19	0 3	16 16	0 46	9 48	0 21	22 40	1 17	9 19	1 15
22	0 3	16 16	0 46	9 47	0 20	22 39	1 17	9 15	1 15
25	0 3	16 16	0 46	9 46	0 20	22 38	1 16	9 11	1 15
28	0 3	16 17	0 46	9 45	0 20	22 36	1 16	9 6	1 15
31	0 3	16 17	0 46	9 45	0 19	22 35	1 15	9 1	1 15

MAI 2004

Day	♆ Long.	♅ Long.	♄ Long.	♃ Long.	♂ Long.	♀ Long.	☿ Long.	♇ Long.
	° ′	° ′	° ′	° ′	° ′	° ′	° ′	° ′
1	15 ♒ 20	6 ♓ 8	8 ♋ 51	8 ♍ 56	25 ♊ 58	21 ♊ 12	21 ♈ 8	21 ♐ 53
2	15 21	6 10	8 56	8 R 55	26 36	21 44	21 13	21 R 51
3	15 21	6 12	9 2	8 55	27 14	22 14	21 22	21 50
4	15 22	6 14	9 7	8 55	27 52	22 42	21 36	21 49
5	15 22	6 15	9 13	8 55	28 30	23 9	21 55	21 48
6	15 23	6 17	9 19	8 D 55	29 8	23 34	22 18	21 47
7	15 23	6 19	9 24	8 55	29 46	23 58	22 45	21 45
8	15 23	6 20	9 30	8 55	0 ♋ 24	24 20	23 17	21 44
9	15 24	6 22	9 36	8 56	1 2	24 40	23 52	21 43
10	15 24	6 23	9 42	8 57	1 40	24 58	24 32	21 42
11	15 24	6 25	9 48	8 58	2 18	25 14	25 15	21 40
12	15 24	6 26	9 54	8 59	2 56	25 28	26 2	21 39
13	15 24	6 28	10 0	9 0	3 34	25 40	26 52	21 38
14	15 25	6 29	10 6	9 2	4 12	25 51	27 46	21 36
15	15 25	6 30	10 12	9 3	4 50	25 58	28 42	21 35
16	15 25	6 32	10 18	9 5	5 28	26 4	29 42	21 33
17	15 25	6 33	10 25	9 7	6 6	26 7	0 ♉ 45	21 32
18	15 R 25	6 34	10 31	9 10	6 44	26 9	1 51	21 31
19	15 25	6 35	10 37	9 12	7 22	26 R 7	3 0	21 29
20	15 25	6 36	10 44	9 15	8 0	26 4	4 12	21 28
21	15 25	6 37	10 50	9 17	8 38	25 57	5 26	21 26
22	15 24	6 38	10 57	9 20	9 16	25 49	6 43	21 25
23	15 24	6 39	11 4	9 23	9 54	25 38	8 2	21 23
24	15 24	6 40	11 10	9 27	10 32	25 25	9 24	21 22
25	15 24	6 41	11 17	9 30	11 10	25 9	10 49	21 20
26	15 24	6 42	11 24	9 34	11 48	24 51	12 16	21 19
27	15 23	6 42	11 31	9 37	12 26	24 30	13 45	21 17
28	15 23	6 43	11 37	9 41	13 4	24 8	15 17	21 15
29	15 23	6 44	11 44	9 45	13 42	23 43	16 52	21 14
30	15 22	6 44	11 51	9 50	14 20	23 16	18 29	21 12
31	15 22	6 45	11 58	9 54	14 57	22 47	20 8	21 11

Day	♂ Decl.	♀ Lat.	♀ Decl.	☿ Lat.	☿ Decl.	♇ Lat.	♇ Decl.	☊
	° ′	° ′	° ′	° ′	° ′	° ′	° ′	° ′
1	24 N 36	4 N 36	27 N 44	1 S 46	6 N 36	8 N 55	14 S 17	11 ♉ 18
4	24 39	4 34	27 48	2 20	6 15	8 56	14 16	11 8
7	24 41	4 30	27 48	2 46	6 17	8 56	14 16	10 59
10	24 40	4 23	27 43	3 3	6 40	8 56	14 15	10 49
13	24 38	4 13	27 35	3 14	7 20	8 57	14 15	10 40
16	24 34	3 59	27 21	3 18	8 17	8 57	14 14	10 30
19	24 29	3 40	27 3	3 15	9 27	8 57	14 14	10 21
22	24 22	3 18	26 40	3 6	10 49	8 57	14 13	10 11
25	24 13	2 51	26 12	2 52	12 21	8 57	14 13	10 2
28	24 2	2 19	25 38	2 33	13 59	8 57	14 13	9 52
31	23 50	1 44	24 58	2 9	15 42	8 57	14 12	9 42

2004 JUNI

Day	Sidereal Time	☉ Long.	☉ Decl.	☽ Long.	☽ Lat.	☽ Decl.
	H M S	° ′ ″	° ′	° ′	° ′	° ′
1	16 39 15	10 Ⅱ 50 29	22 N 4	10 ♏ 12	0 N 4	14 S 48
2	16 43 12	11 47 58	22 12	25 3	1 S 16	20 16
3	16 47 8	12 45 25	22 20	10 ♐ 10	2 33	24 29
4	16 51 5	13 42 51	22 27	25 25	3 39	27 0
5	16 55 1	14 40 17	22 34	10 ♑ 36	4 29	27 29
6	16 58 58	15 37 41	22 40	25 35	5 1	25 57
7	17 2 55	16 35 5	22 46	10 ♒ 12	5 11	22 41
8	17 6 51	17 32 28	22 51	24 25	5 2	18 8
9	17 10 48	18 29 51	22 57	8 ♓ 9	4 36	12 47
10	17 14 44	19 27 13	23 1	21 27	3 56	7 0
11	17 18 41	20 24 34	23 6	4 ♈ 20	3 5	1 6
12	17 22 37	21 21 55	23 10	16 54	2 6	4 N 42
13	17 26 34	22 19 16	23 13	29 11	1 2	10 13
14	17 30 30	23 16 36	23 16	11 ♉ 15	0 N 3	15 15
15	17 34 27	24 13 56	23 19	23 12	1 7	19 40
16	17 38 24	25 11 15	23 21	5 Ⅱ 3	2 8	23 14
17	17 42 20	26 8 33	23 23	16 53	3 3	25 49
18	17 46 17	27 5 52	23 25	28 42	3 50	27 16
19	17 50 13	28 3 9	23 26	10 ♋ 33	4 27	27 27
20	17 54 10	29 0 26	23 26	22 28	4 52	26 22
21	17 58 6	29 57 43	23 26	4 ♌ 28	5 5	24 5
22	18 2 3	0 ♋ 54 59	23 26	16 35	5 4	20 42
23	18 5 59	1 52 14	23 26	28 52	4 50	16 23
24	18 9 56	2 49 28	23 25	11 ♍ 22	4 21	11 19
25	18 13 53	3 46 42	23 23	24 8	3 39	5 41
26	18 17 49	4 43 56	23 21	7 ♎ 12	2 45	0 S 20
27	18 21 46	5 41 8	23 19	20 40	1 40	6 32
28	18 25 42	6 38 21	23 16	4 ♏ 32	0 27	12 36
29	18 29 39	7 35 33	23 13	18 50	0 S 50	18 13
30	18 33 35	8 32 44	23 10	3 ♐ 32	2 5	22 54

Day	♆ Lat.	♆ Decl.	♅ Lat.	♅ Decl.	♄ Lat.	♄ Decl.	♃ Lat.	♃ Decl.	♂ Lat.
	° ′	° ′	° ′	° ′	° ′	° ′	° ′	° ′	° ′
1	0 S 3	16 S 17	0 S 46	9 S 45	0 S 19	22 N 34	1 N 15	8 N 59	1 N 15
4	0 3	16 18	0 46	9 44	0 19	22 32	1 14	8 53	1 15
7	0 4	16 18	0 46	9 44	0 19	22 31	1 14	8 46	1 15
10	0 4	16 19	0 46	9 44	0 18	22 29	1 13	8 39	1 15
13	0 4	16 20	0 47	9 44	0 18	22 27	1 13	8 32	1 14
16	0 4	16 20	0 47	9 45	0 18	22 25	1 12	8 24	1 14
19	0 4	16 21	0 47	9 45	0 18	22 23	1 12	8 15	1 14
22	0 4	16 22	0 47	9 46	0 17	22 21	1 11	8 6	1 14
25	0 4	16 23	0 47	9 47	0 17	22 18	1 11	7 57	1 14
28	0 4	16 24	0 47	9 48	0 17	22 16	1 10	7 47	1 13

JUNI 2004

Day	♆ Long.	♅ Long.	♄ Long.	♃ Long.	♂ Long.	♀ Long.	☿ Long.	♇ Long.
	° ′	° ′	° ′	° ′	° ′	° ′	° ′	° ′
1	15 ♒ 21	6 ♓ 45	12 ♋ 5	9 ♍ 59	15 ♋ 35	22 ♊ 16	21 ♉ 50	21 ♐ 9
2	15 R 21	6 46	12 12	10 3	16 13	21 R 44	23 34	21 R 7
3	15 20	6 46	12 20	10 8	16 51	21 10	25 20	21 6
4	15 20	6 46	12 27	10 13	17 29	20 35	27 9	21 4
5	15 19	6 47	12 34	10 19	18 7	19 59	29 0	21 3
6	15 19	6 47	12 41	10 24	18 45	19 23	0 ♊ 54	21 1
7	15 18	6 47	12 48	10 29	19 22	18 45	2 49	20 59
8	15 17	6 47	12 56	10 35	20 0	18 8	4 47	20 58
9	15 17	6 47	13 3	10 41	20 38	17 30	6 48	20 56
10	15 16	6 48	13 10	10 47	21 16	16 53	8 50	20 55
11	15 15	6 48	13 18	10 53	21 54	16 15	10 54	20 53
12	15 14	6 R 47	13 25	10 59	22 32	15 39	13 0	20 51
13	15 14	6 47	13 32	11 5	23 9	15 3	15 7	20 50
14	15 13	6 47	13 40	11 12	23 47	14 29	17 16	20 48
15	15 12	6 47	13 47	11 18	24 25	13 56	19 26	20 46
16	15 11	6 47	13 55	11 25	25 3	13 24	21 37	20 45
17	15 10	6 47	14 2	11 32	25 41	12 54	23 48	20 43
18	15 9	6 46	14 10	11 39	26 18	12 26	26 0	20 41
19	15 8	6 46	14 18	11 46	26 56	11 59	28 12	20 40
20	15 7	6 45	14 25	11 53	27 34	11 35	0 ♋ 23	20 38
21	15 6	6 45	14 33	12 1	28 12	11 13	2 34	20 37
22	15 5	6 44	14 40	12 8	28 50	10 53	4 45	20 35
23	15 4	6 44	14 48	12 16	29 27	10 35	6 54	20 33
24	15 3	6 43	14 56	12 24	0 ♌ 5	10 20	9 3	20 32
25	15 2	6 43	15 3	12 32	0 43	10 7	11 10	20 30
26	15 1	6 42	15 11	12 40	1 21	9 56	13 15	20 29
27	15 0	6 41	15 19	12 48	1 59	9 48	15 19	20 27
28	14 59	6 40	15 27	12 56	2 36	9 42	17 21	20 26
29	14 57	6 40	15 34	13 4	3 14	9 39	19 21	20 24
30	14 56	6 39	15 42	13 13	3 52	9 38	21 19	20 23

Day	♂ Decl.	♀ Lat.	♀ Decl.	☿ Lat.	☿ Decl.	♇ Lat.	♇ Decl.	☊
	° ′	° ′	° ′	° ′	° ′	° ′	° ′	° ′
1	23 N46	1 N31	24 N43	2 S 0	16 N 17	8 N57	14 S 12	9 ♉ 39
4	23 32	0 51	23 57	1 32	18 2	8 57	14 12	9 30
7	23 16	0 9	23 7	1 1	19 44	8 57	14 12	9 20
10	22 59	0 S 34	22 14	0 28	21 19	8 57	14 12	9 11
13	22 41	1 15	21 22	0 N 5	22 41	8 56	14 12	9 1
16	22 20	1 54	20 31	0 36	23 46	8 56	14 12	8 52
19	21 59	2 30	19 45	1 4	24 29	8 56	14 12	8 42
22	21 36	3 1	19 5	1 26	24 47	8 55	14 12	8 33
25	21 12	3 28	18 32	1 42	24 40	8 55	14 12	8 23
28	20 46	3 50	18 7	1 51	24 9	8 54	14 12	8 14

2004 JULI

Day	Sidereal Time	☉ Long.	☉ Decl.	☽ Long.	☽ Lat.	☽ Decl.
	H M S	° ′ ″	° ′	° ′	° ′	° ′
1	18 37 32	9 ♋ 29 55	23 N 6	18 ♐ 34	3 S 12	26 S 9
2	18 41 28	10 27 7	23 2	3 ♑ 47	4 8	27 30
3	18 45 25	11 24 17	22 57	19 2	4 45	26 47
4	18 49 22	12 21 28	22 52	4 ♒ 8	5 2	24 7
5	18 53 18	13 18 39	22 46	18 55	4 59	19 53
6	18 57 15	14 15 50	22 41	3 ♓ 16	4 37	14 36
7	19 1 11	15 13 2	22 34	17 8	3 59	8 45
8	19 5 8	16 10 13	22 28	0 ♈ 30	3 9	2 41
9	19 9 4	17 7 25	22 21	13 25	2 10	3 N 18
10	19 13 1	18 4 38	22 13	25 58	1 7	8 59
11	19 16 57	19 1 51	22 5	8 ♉ 12	0 3	14 12
12	19 20 54	19 59 4	21 57	20 13	1 N 1	18 46
13	19 24 51	20 56 18	21 49	2 ♊ 5	2 1	22 33
14	19 28 47	21 53 32	21 40	13 54	2 55	25 22
15	19 32 44	22 50 47	21 30	25 43	3 42	27 4
16	19 36 40	23 48 2	21 21	7 ♋ 34	4 19	27 32
17	19 40 37	24 45 18	21 11	19 30	4 45	26 43
18	19 44 33	25 42 34	21 0	1 ♌ 32	4 59	24 40
19	19 48 30	26 39 51	20 49	13 40	4 59	21 29
20	19 52 27	27 37 8	20 38	25 59	4 45	17 19
21	19 56 23	28 34 25	20 27	8 ♍ 27	4 18	12 23
22	20 0 20	29 31 43	20 15	21 6	3 37	6 51
23	20 4 16	0 ♌ 29 0	20 3	3 ♎ 57	2 45	0 57
24	20 8 13	1 26 20	19 50	17 4	1 43	5 S 7
25	20 12 9	2 23 37	19 38	0 ♏ 28	0 34	11 6
26	20 16 6	3 20 56	19 24	14 13	0 S 38	16 43
27	20 20 2	4 18 16	19 11	28 19	1 50	21 35
28	20 23 59	5 15 36	18 57	12 ♐ 46	2 57	25 15
29	20 27 56	6 12 56	18 43	27 32	3 53	27 18
30	20 31 52	7 10 17	18 29	12 ♑ 30	4 34	27 24
31	20 35 49	8 7 39	18 14	27 33	4 57	25 30

Day	♆ Lat.	♆ Decl.	♅ Lat.	♅ Decl.	♄ Lat.	♄ Decl.	♃ Lat.	♃ Decl.	♂ Lat.
	° ′	° ′	° ′	° ′	° ′	° ′	° ′	° ′	° ′
1	0 S 4	16 S 25	0 S 47	9 S 49	0 S 16	22 N 14	1 N 10	7 N 37	1 N 13
4	0 4	16 26	0 47	9 50	0 16	22 11	1 9	7 26	1 13
7	0 4	16 28	0 47	9 51	0 16	22 9	1 9	7 16	1 12
10	0 4	16 28	0 48	9 53	0 16	22 6	1 9	7 4	1 12
13	0 4	16 30	0 48	9 54	0 15	22 3	1 8	6 53	1 12
16	0 4	16 31	0 48	9 56	0 15	22 0	1 8	6 41	1 11
19	0 4	16 33	0 48	9 58	0 15	21 58	1 8	6 29	1 11
22	0 4	16 34	0 48	10 0	0 15	21 55	1 7	6 16	1 10
25	0 4	16 36	0 48	10 2	0 14	21 52	1 7	6 3	1 10
28	0 4	16 37	0 48	10 4	0 14	21 49	1 7	5 50	1 9
31	0 4	16 39	0 48	10 6	0 14	21 46	1 6	5 37	1 9

JULI 2004

Day	♆ Long.	♅ Long.	♄ Long.	♃ Long.	♂ Long.	♀ Long.	☿ Long.	♇ Long.
	° ′	° ′	° ′	° ′	° ′	° ′	° ′	° ′
1	14 ♒ 55	6 ♓ 38	15 ♋ 50	13 ♍ 21	4 ♌ 30	9 ♊ 39	23 ♋ 16	20 ♐ 21
2	14 R 54	6 R 37	15 58	13 30	5 8	9 43	25 10	20 R 20
3	14 52	6 36	16 5	13 39	5 45	9 48	27 3	20 18
4	14 51	6 35	16 13	13 48	6 23	9 56	28 53	20 17
5	14 50	6 34	16 21	13 57	7 1	10 6	0 ♌ 41	20 15
6	14 49	6 32	16 29	14 6	7 39	10 19	2 27	20 14
7	14 47	6 31	16 37	14 15	8 16	10 33	4 12	20 12
8	14 46	6 30	16 44	14 24	8 54	10 49	5 54	20 11
9	14 44	6 29	16 52	14 34	9 32	11 7	7 34	20 9
10	14 43	6 27	17 0	14 43	10 10	11 27	9 12	20 8
11	14 42	6 26	17 8	14 53	10 48	11 48	10 48	20 7
12	14 40	6 25	17 15	15 3	11 25	12 12	12 22	20 5
13	14 39	6 23	17 23	15 12	12 3	12 37	13 54	20 4
14	14 37	6 22	17 31	15 22	12 41	13 3	15 24	20 3
15	14 36	6 20	17 39	15 32	13 19	13 32	16 51	20 1
16	14 34	6 19	17 47	15 42	13 57	14 1	18 17	20 0
17	14 33	6 17	17 54	15 52	14 35	14 32	19 40	19 59
18	14 31	6 16	18 2	16 3	15 12	15 5	21 1	19 58
19	14 30	6 14	18 10	16 13	15 50	15 39	22 20	19 56
20	14 28	6 12	18 18	16 23	16 28	16 14	23 37	19 55
21	14 27	6 11	18 25	16 34	17 6	16 50	24 51	19 54
22	14 25	6 9	18 33	16 44	17 44	17 27	26 3	19 53
23	14 24	6 7	18 41	16 55	18 22	18 6	27 13	19 52
24	14 22	6 5	18 48	17 6	18 59	18 46	28 20	19 51
25	14 20	6 3	18 56	17 16	19 37	19 27	29 24	19 50
26	14 19	6 2	19 4	17 27	20 15	20 8	0 ♍ 26	19 49
27	14 17	6 0	19 11	17 38	20 53	20 51	1 24	19 48
28	14 16	5 58	19 19	17 49	21 31	21 35	2 20	19 47
29	14 14	5 56	19 26	18 0	22 9	22 19	3 13	19 46
30	14 12	5 54	19 34	18 11	22 47	23 5	4 2	19 45
31	14 11	5 52	19 42	18 23	23 25	23 51	4 49	19 44

Day	♂ Decl.	♀ Lat.	♀ Decl.	☿ Lat.	☿ Decl.	♇ Lat.	♇ Decl.	☊
	° ′	° ′	° ′	° ′	° ′	° ′	° ′	° ′
1	20 N 19	4 S 8	17 N 49	1 N 54	23 N 19	8 N 54	14 S 13	8 ♉ 4
4	19 51	4 22	17 37	1 51	22 11	8 53	14 13	7 54
7	19 22	4 32	17 33	1 41	20 51	8 52	14 13	7 45
10	18 51	4 38	17 33	1 27	19 21	8 52	14 14	7 35
13	18 19	4 42	17 39	1 8	17 44	8 51	14 14	7 26
16	17 47	4 43	17 48	0 45	16 4	8 50	14 15	7 16
19	17 13	4 42	18 0	0 18	14 21	8 49	14 15	7 7
22	16 38	4 38	18 14	0 S 12	12 39	8 49	14 16	6 57
25	16 2	4 33	18 29	0 44	10 59	8 48	14 16	6 48
28	15 25	4 27	18 44	1 19	9 25	8 47	14 17	6 38
31	14 48	4 19	18 59	1 56	7 57	8 46	14 18	6 29

2004 AUGUST

Day	Sidereal Time			☉ Long.			☉ Decl.		☽ Long.		☽ Lat.		☽ Decl.	
	H	M	S	°	′	″	°	′	°	′	°	′	°	′
1	20	39	45	9 ♌	5	2	17 N	59	12 ♒	30	4 S	59	21 S	49
2	20	43	42	10	2	25	17	44	27	13	4	41	16	50
3	20	47	38	10	59	49	17	28	11 ♓	34	4	5	11	0
4	20	51	35	11	57	15	17	12	25	28	3	16	4	48
5	20	55	31	12	54	41	16	56	8 ♈	53	2	17	1 N	25
6	20	59	28	13	52	9	16	40	21	52	1	13	7	23
7	21	3	25	14	49	38	16	23	4 ♉	26	0	7	12	53
8	21	7	21	15	47	8	16	6	16	42	0 N	57	17	44
9	21	11	18	16	44	39	15	49	28	43	1	58	21	48
10	21	15	14	17	42	12	15	32	10 ♊	36	2	53	24	53
11	21	19	11	18	39	47	15	14	22	26	3	40	26	53
12	21	23	7	19	37	22	14	56	4 ♋	16	4	18	27	40
13	21	27	4	20	34	59	14	38	16	11	4	44	27	10
14	21	31	0	21	32	37	14	19	28	13	4	59	25	23
15	21	34	57	22	30	17	14	1	10 ♌	25	5	0	22	26
16	21	38	54	23	27	58	13	42	22	47	4	47	18	26
17	21	42	50	24	25	40	13	23	5 ♍	20	4	20	13	35
18	21	46	47	25	23	24	13	3	18	4	3	39	8	5
19	21	50	43	26	21	8	12	44	0 ♎	59	2	47	2	9
20	21	54	40	27	18	54	12	24	14	6	1	45	3 S	57
21	21	58	36	28	16	41	12	4	27	24	0	36	9	59
22	22	2	33	29	14	29	11	44	10 ♏	56	0 S	36	15	40
23	22	6	29	0 ♍	12	19	11	24	24	41	1	47	20	40
24	22	10	26	1	10	9	11	4	8 ♐	41	2	53	24	36
25	22	14	23	2	8	1	10	43	22	55	3	49	27	4
26	22	18	19	3	5	54	10	22	7 ♑	22	4	32	27	45
27	22	22	16	4	3	48	10	1	21	58	4	58	26	32
28	22	26	12	5	1	44	9	40	6 ♒	37	5	4	23	31
29	22	30	9	5	59	41	9	19	21	13	4	51	19	1
30	22	34	5	6	57	40	8	57	5 ♓	38	4	19	13	27
31	22	38	2	7	55	40	8	36	19	46	3	32	7	18

Day	♆ Lat.		♆ Decl.		♅ Lat.		♅ Decl.		♄ Lat.		♄ Decl.		♃ Lat.		♃ Decl.		♂ Lat.	
	°	′	°	′	°	′	°	′	°	′	°	′	°	′	°	′	°	′
1	0 S	4	16 S	39	0 S	48	10 S	7	0 S	14	21 N	45	1 N	6	5 N	32	1 N	9
4	0	4	16	40	0	48	10	10	0	14	21	42	1	6	5	19	1	8
7	0	4	16	42	0	48	10	12	0	13	21	39	1	6	5	5	1	7
10	0	4	16	43	0	48	10	14	0	13	21	36	1	6	4	51	1	7
13	0	4	16	45	0	48	10	17	0	13	21	32	1	6	4	37	1	6
16	0	4	16	46	0	48	10	20	0	13	21	29	1	5	4	22	1	5
19	0	4	16	48	0	48	10	22	0	13	21	26	1	5	4	8	1	5
22	0	4	16	49	0	48	10	25	0	12	21	23	1	5	3	53	1	4
25	0	5	16	50	0	48	10	27	0	12	21	20	1	5	3	38	1	3
28	0	5	16	52	0	48	10	30	0	12	21	17	1	5	3	23	1	3
31	0	5	16	53	0	48	10	33	0	12	21	14	1	5	3	8	1	2

AUGUST 2004

Day	♆ Long.	♅ Long.	♄ Long.	♃ Long.	♂ Long.	♀ Long.	☿ Long.	♇ Long.
	° '	° '	° '	° '	° '	° '	° '	° '
1	14 ♒ 9	5 ♓ 50	19 ♋ 49	18 ♍ 34	24 ♌ 3	24 ♊ 38	5 ♍ 31	19 ♐ 43
2	14 R 8	5 R 48	19 57	18 45	24 40	25 26	6 10	19 R 42
3	14 6	5 46	20 4	18 57	25 18	26 15	6 45	19 41
4	14 4	5 43	20 11	19 8	25 56	27 4	7 16	19 40
5	14 3	5 41	20 19	19 20	26 34	27 54	7 43	19 40
6	14 1	5 39	20 26	19 31	27 12	28 45	8 5	19 39
7	13 59	5 37	20 34	19 43	27 50	29 36	8 23	19 38
8	13 58	5 35	20 41	19 55	28 28	0 ♋ 28	8 36	19 38
9	13 56	5 33	20 48	20 6	29 6	1 21	8 44	19 37
10	13 54	5 30	20 55	20 18	29 44	2 14	8 47	19 36
11	13 53	5 28	21 3	20 30	0 ♍ 22	3 8	8 R 44	19 36
12	13 51	5 26	21 10	20 42	1 0	4 3	8 36	19 35
13	13 50	5 24	21 17	20 54	1 38	4 57	8 23	19 35
14	13 48	5 21	21 24	21 6	2 16	5 53	8 4	19 34
15	13 46	5 19	21 31	21 18	2 54	6 49	7 40	19 34
16	13 45	5 17	21 38	21 30	3 32	7 45	7 10	19 33
17	13 43	5 14	21 45	21 42	4 10	8 42	6 35	19 33
18	13 42	5 12	21 52	21 54	4 48	9 40	5 56	19 32
19	13 40	5 10	21 59	22 7	5 27	10 37	5 12	19 32
20	13 38	5 7	22 6	22 19	6 5	11 36	4 25	19 32
21	13 37	5 5	22 13	22 31	6 43	12 34	3 35	19 31
22	13 35	5 2	22 20	22 44	7 21	13 33	2 43	19 31
23	13 34	5 0	22 26	22 56	7 59	14 33	1 49	19 31
24	13 32	4 58	22 33	23 8	8 37	15 33	0 56	19 31
25	13 31	4 55	22 40	23 21	9 15	16 33	0 4	19 31
26	13 29	4 53	22 46	23 33	9 54	17 33	29 ♌ 14	19 31
27	13 28	4 51	22 53	23 46	10 32	18 34	28 27	19 30
28	13 26	4 48	22 59	23 58	11 10	19 36	27 44	19 30
29	13 25	4 46	23 6	24 11	11 48	20 37	27 7	19 30
30	13 23	4 43	23 12	24 24	12 26	21 39	26 36	19 D 30
31	13 22	4 41	23 19	24 36	13 5	22 41	26 11	19 30

Day	♂ Decl.	♀ Lat.	♀ Decl.	☿ Lat.	☿ Decl.	♇ Lat.	♇ Decl.	☊
	° '	° '	° '	° '	° '	° '	° '	° '
1	14 N 35	4 S 16	19 N 4	2 S 8	7 N 30	8 N 45	14 S 18	6 ♉ 26
4	13 56	4 7	19 18	2 45	6 17	8 44	14 19	6 16
7	13 17	3 56	19 30	3 20	5 19	8 43	14 20	6 6
10	12 36	3 45	19 40	3 53	4 40	8 42	14 21	5 57
13	11 55	3 33	19 48	4 21	4 24	8 41	14 22	5 47
16	11 14	3 20	19 53	4 39	4 34	8 40	14 23	5 38
19	10 31	3 7	19 54	4 44	5 11	8 39	14 24	5 28
22	9 48	2 54	19 52	4 34	6 14	8 38	14 25	5 19
25	9 5	2 40	19 46	4 7	7 36	8 36	14 26	5 9
28	8 21	2 25	19 36	3 25	9 3	8 35	14 27	5 0
31	7 36	2 11	19 22	2 33	10 23	8 34	14 28	4 50

2004 SEPTEMBER

Day	Sidereal Time	☉ Long.	☉ Decl.	☽ Long.	☽ Lat.	☽ Decl.
	H M S	° ′ ″	° ′	° ′	° ′	° ′
1	22 41 58	8 ♍ 53 42	8 N 14	3 ♈ 32	2 S 33	0 S 56
2	22 45 55	9 51 45	7 52	16 54	1 27	5 N 18
3	22 49 52	10 49 51	7 30	29 51	0 19	11 8
4	22 53 48	11 47 58	7 8	12 ♉ 27	0 N 49	16 21
5	22 57 45	12 46 7	6 46	24 44	1 53	20 46
6	23 1 41	13 44 18	6 24	6 ♊ 48	2 50	24 15
7	23 5 38	14 42 31	6 1	18 42	3 40	26 37
8	23 9 34	15 40 46	5 39	0 ♋ 34	4 20	27 46
9	23 13 31	16 39 3	5 16	12 26	4 48	27 38
10	23 17 27	17 37 22	4 53	24 24	5 5	26 14
11	23 21 24	18 35 43	4 31	6 ♌ 32	5 8	23 36
12	23 25 21	19 34 6	4 8	18 52	4 56	19 52
13	23 29 17	20 32 31	3 45	1 ♍ 26	4 31	15 11
14	23 33 14	21 30 58	3 22	14 15	3 51	9 46
15	23 37 10	22 29 27	2 59	27 18	2 59	3 49
16	23 41 7	23 27 57	2 36	10 ♎ 35	1 56	2 S 24
17	23 45 3	24 26 30	2 13	24 4	0 46	8 38
18	23 49 0	25 25 4	1 49	7 ♏ 45	0 S 29	14 33
19	23 52 56	26 23 40	1 26	21 34	1 42	19 48
20	23 56 53	27 22 18	1 3	5 ♐ 32	2 50	24 1
21	0 0 50	28 20 57	0 39	19 36	3 49	26 50
22	0 4 46	29 19 38	0 16	3 ♑ 47	4 34	27 57
23	0 8 43	0 ♎ 18 21	0 S 8	18 1	5 2	27 13
24	0 12 39	1 17 6	0 31	2 ♒ 16	5 12	24 43
25	0 16 36	2 15 52	0 54	16 29	5 3	20 42
26	0 20 32	3 14 40	1 17	0 ♓ 37	4 36	15 33
27	0 24 29	4 13 30	1 41	14 35	3 52	9 38
28	0 28 25	5 12 22	2 4	28 19	2 55	3 21
29	0 32 22	6 11 15	2 27	11 ♈ 47	1 50	2 N 58
30	0 36 19	7 10 11	2 51	24 56	0 40	9 2

Day	♆ Lat.	♆ Decl.	♅ Lat.	♅ Decl.	♄ Lat.	♄ Decl.	♃ Lat.	♃ Decl.	♂ Lat.
	° ′	° ′	° ′	° ′	° ′	° ′	° ′	° ′	° ′
1	0 S 5	16 S 53	0 S 48	10 S 34	0 S 12	21 N 13	1 N 5	3 N 3	1 N 2
4	0 5	16 55	0 48	10 36	0 11	21 10	1 5	2 48	1 1
7	0 5	16 56	0 48	10 39	0 11	21 7	1 5	2 33	1 0
10	0 5	16 57	0 48	10 41	0 11	21 5	1 5	2 17	0 59
13	0 5	16 58	0 48	10 44	0 11	21 2	1 5	2 2	0 58
16	0 5	16 59	0 48	10 46	0 10	20 59	1 5	1 46	0 58
19	0 5	17 0	0 48	10 49	0 10	20 57	1 5	1 31	0 57
22	0 5	17 1	0 48	10 51	0 10	20 54	1 5	1 16	0 56
25	0 5	17 2	0 48	10 53	0 10	20 52	1 5	1 0	0 55
28	0 5	17 3	0 48	10 55	0 9	20 50	1 5	0 45	0 54

SEPTEMBER 2004

Day	♆ Long.	♅ Long.	♄ Long.	♃ Long.	♂ Long.	♀ Long.	☿ Long.	♇ Long.
	° ′	° ′	° ′	° ′	° ′	° ′	° ′	° ′
1	13 ♒ 20	4 ♓ 39	23 ♋ 25	24 ♍ 49	13 ♍ 43	23 ♋ 44	25 ♌ 55	19 ♐ 30
2	13 R 19	4 R 36	23 31	25 2	14 21	24 47	25 R 46	19 31
3	13 17	4 34	23 37	25 14	15 0	25 50	25 45	19 31
4	13 16	4 31	23 43	25 27	15 38	26 53	25 D 53	19 31
5	13 15	4 29	23 49	25 40	16 16	27 57	26 10	19 31
6	13 13	4 27	23 55	25 53	16 55	29 1	26 36	19 31
7	13 12	4 24	24 1	26 6	17 33	0 ♌ 5	27 10	19 32
8	13 11	4 22	24 7	26 18	18 11	1 9	27 52	19 32
9	13 9	4 20	24 13	26 31	18 50	2 14	28 42	19 32
10	13 8	4 17	24 18	26 44	19 28	3 19	29 40	19 33
11	13 7	4 15	24 24	26 57	20 7	4 24	0 ♍ 45	19 33
12	13 6	4 13	24 30	27 10	20 45	5 30	1 57	19 34
13	13 4	4 11	24 35	27 23	21 23	6 35	3 15	19 34
14	13 3	4 8	24 41	27 36	22 2	7 41	4 38	19 34
15	13 2	4 6	24 46	27 49	22 41	8 47	6 7	19 35
16	13 1	4 4	24 51	28 2	23 19	9 54	7 39	19 36
17	13 0	4 2	24 56	28 15	23 58	11 0	9 16	19 36
18	12 59	3 59	25 2	28 28	24 36	12 7	10 56	19 37
19	12 58	3 57	25 7	28 41	25 15	13 14	12 38	19 38
20	12 56	3 55	25 12	28 54	25 53	14 21	14 23	19 38
21	12 55	3 53	25 16	29 6	26 32	15 28	16 9	19 39
22	12 54	3 51	25 21	29 19	27 11	16 36	17 57	19 40
23	12 53	3 49	25 26	29 32	27 49	17 44	19 46	19 41
24	12 52	3 47	25 31	29 45	28 28	18 52	21 35	19 41
25	12 52	3 45	25 35	29 58	29 7	20 0	23 25	19 42
26	12 51	3 43	25 40	0 ♎ 11	29 45	21 8	25 15	19 43
27	12 50	3 41	25 44	0 24	0 ♎ 24	22 16	27 6	19 44
28	12 49	3 39	25 48	0 37	1 3	23 25	28 55	19 45
29	12 48	3 37	25 53	0 50	1 42	24 34	0 ♎ 45	19 46
30	12 47	3 35	25 57	1 3	2 20	25 42	2 34	19 47

Day	♂ Decl.	♀ Lat.	♀ Decl.	☿ Lat.	☿ Decl.	♇ Lat.	♇ Decl.	☊
	° ′	° ′	° ′	° ′	° ′	° ′	° ′	° ′
1	7 N 21	2 S 6	19 N 17	2 S 14	10 N 47	8 N 34	14 S 29	4 ♉ 47
4	6 36	1 52	18 57	1 18	11 40	8 33	14 30	4 37
7	5 51	1 38	18 32	0 24	12 4	8 31	14 31	4 28
10	5 5	1 23	18 4	0 N 22	11 56	8 30	14 33	4 18
13	4 18	1 9	17 30	0 59	11 14	8 29	14 34	4 9
16	3 32	0 55	16 53	1 26	10 1	8 28	14 35	3 59
19	2 45	0 42	16 11	1 42	8 24	8 27	14 37	3 50
22	1 59	0 28	15 25	1 50	6 27	8 25	14 38	3 40
25	1 11	0 15	14 34	1 50	4 18	8 24	14 39	3 31
28	0 24	0 3	13 40	1 45	2 2	8 23	14 41	3 21

2004 OKTOBER

Day	Sidereal Time	☉ Long.	☉ Decl.	☽ Long.	☽ Lat.	☽ Decl.
	H M S	° ′ ″	° ′	° ′	° ′	° ′
1	0 40 15	8 ♎ 9 9	3 S 14	7 ♉ 46	0 N 30	14 N 35
2	0 44 12	9 8 9	3 37	20 18	1 38	19 24
3	0 48 8	10 7 11	4 1	2 ♊ 34	2 40	23 17
4	0 52 5	11 6 15	4 24	14 38	3 33	26 5
5	0 56 1	12 5 22	4 47	26 34	4 17	27 40
6	0 59 58	13 4 31	5 10	8 ♋ 26	4 49	27 58
7	1 3 54	14 3 42	5 33	20 19	5 9	26 59
8	1 7 51	15 2 55	5 56	2 ♌ 18	5 16	24 46
9	1 11 48	16 2 11	6 19	14 27	5 9	21 24
10	1 15 44	17 1 29	6 41	26 51	4 47	17 3
11	1 19 41	18 0 49	7 4	9 ♍ 31	4 11	11 53
12	1 23 37	19 0 12	7 27	22 31	3 22	6 4
13	1 27 34	19 59 36	7 49	5 ♎ 51	2 20	0 S 10
14	1 31 30	20 59 3	8 11	19 29	1 10	6 33
15	1 35 27	21 58 32	8 34	3 ♏ 23	0 S 7	12 45
16	1 39 23	22 58 3	8 56	17 31	1 24	18 24
17	1 43 20	23 57 35	9 18	1 ♐ 48	2 37	23 5
18	1 47 17	24 57 10	9 40	16 9	3 41	26 22
19	1 51 13	25 56 46	10 1	0 ♑ 31	4 30	27 56
20	1 55 10	26 56 24	10 23	14 49	5 3	27 38
21	1 59 6	27 56 4	10 44	29 2	5 17	25 31
22	2 3 3	28 55 46	11 6	13 ♒ 6	5 11	21 51
23	2 6 59	29 55 29	11 27	26 59	4 48	17 1
24	2 10 56	0 ♏ 55 14	11 48	10 ♓ 42	4 8	11 23
25	2 14 52	1 55 1	12 8	24 12	3 15	5 18
26	2 18 49	2 54 49	12 29	7 ♈ 29	2 13	0 N 56
27	2 22 46	3 54 40	12 49	20 33	1 4	7 2
28	2 26 42	4 54 32	13 10	3 ♉ 22	0 N 7	12 45
29	2 30 39	5 54 26	13 29	15 59	1 16	17 50
30	2 34 35	6 54 22	13 49	28 22	2 20	22 4
31	2 38 32	7 54 20	14 9	10 ♊ 33	3 17	25 17

Day	♆ Lat.	♆ Decl.	♅ Lat.	♅ Decl.	♄ Lat.	♄ Decl.	♃ Lat.	♃ Decl.	♂ Lat.
	° ′	° ′	° ′	° ′	° ′	° ′	° ′	° ′	° ′
1	0 S 5	17 S 3	0 S 48	10 S 57	0 S 9	20 N 48	1 N 5	0 N 29	0 N 53
4	0 5	17 4	0 48	10 59	0 9	20 46	1 5	0 14	0 52
7	0 5	17 4	0 48	11 1	0 9	20 44	1 5	0 S 1	0 51
10	0 5	17 5	0 48	11 2	0 9	20 42	1 5	0 16	0 50
13	0 5	17 5	0 48	11 4	0 8	20 41	1 6	0 31	0 49
16	0 5	17 6	0 48	11 5	0 8	20 39	1 6	0 46	0 48
19	0 5	17 6	0 48	11 6	0 8	20 38	1 6	1 1	0 46
22	0 5	17 6	0 48	11 7	0 8	20 37	1 6	1 16	0 45
25	0 5	17 6	0 47	11 8	0 7	20 37	1 6	1 30	0 44
28	0 5	17 6	0 47	11 9	0 7	20 36	1 7	1 44	0 43
31	0 5	17 6	0 47	11 10	0 7	20 36	1 7	1 58	0 42

OKTOBER 2004

Day	♆ Long.	♅ Long.	♄ Long.	♃ Long.	♂ Long.	♀ Long.	☿ Long.	♇ Long.
	° ′	° ′	° ′	° ′	° ′	° ′	° ′	° ′
1	12 ♒ 47	3 ♓ 33	26 ♋ 1	1 ♎ 16	2 ♎ 59	26 ♌ 52	4 ♎ 22	19 ♐ 48
2	12 R 46	3 R 31	26 5	1 29	3 38	28 1	6 10	19 49
3	12 45	3 30	26 9	1 42	4 17	29 10	7 58	19 50
4	12 44	3 28	26 12	1 55	4 56	0 ♍ 20	9 44	19 51
5	12 44	3 26	26 16	2 8	5 35	1 29	11 30	19 53
6	12 43	3 24	26 20	2 21	6 14	2 39	13 15	19 54
7	12 43	3 23	26 23	2 33	6 53	3 49	14 59	19 55
8	12 42	3 21	26 27	2 46	7 32	4 59	16 43	19 56
9	12 42	3 20	26 30	2 59	8 11	6 9	18 26	19 57
10	12 41	3 18	26 33	3 12	8 50	7 20	20 8	19 59
11	12 41	3 17	26 36	3 25	9 29	8 30	21 49	20 0
12	12 40	3 15	26 39	3 37	10 8	9 41	23 30	20 1
13	12 40	3 14	26 42	3 50	10 47	10 52	25 9	20 3
14	12 39	3 12	26 45	4 3	11 26	12 2	26 48	20 4
15	12 39	3 11	26 48	4 16	12 5	13 13	28 27	20 6
16	12 39	3 10	26 50	4 28	12 44	14 25	0 ♏ 4	20 7
17	12 38	3 8	26 53	4 41	13 24	15 36	1 41	20 9
18	12 38	3 7	26 55	4 53	14 3	16 47	3 18	20 10
19	12 38	3 6	26 57	5 6	14 42	17 59	4 53	20 12
20	12 38	3 5	27 0	5 18	15 21	19 10	6 28	20 13
21	12 38	3 4	27 2	5 31	16 1	20 22	8 3	20 15
22	12 38	3 3	27 4	5 43	16 40	21 34	9 37	20 16
23	12 38	3 2	27 6	5 56	17 19	22 45	11 10	20 18
24	12 38	3 1	27 7	6 8	17 59	23 57	12 43	20 20
25	12 D 38	3 0	27 9	6 20	18 38	25 9	14 15	20 21
26	12 38	2 59	27 11	6 33	19 18	26 21	15 47	20 23
27	12 38	2 58	27 12	6 45	19 57	27 34	17 18	20 25
28	12 38	2 58	27 13	6 57	20 36	28 46	18 48	20 27
29	12 38	2 57	27 14	7 9	21 16	29 58	20 18	20 28
30	12 38	2 56	27 16	7 21	21 55	1 ♎ 11	21 48	20 30
31	12 38	2 56	27 17	7 34	22 35	2 23	23 17	20 32

Day	♂ Decl.	♀ Lat.	♀ Decl.	☿ Lat.	☿ Decl.	♇ Lat.	♇ Decl.	☊
	° ′	° ′	° ′	° ′	° ′	° ′	° ′	° ′
1	0 S 23	0 N 9	12 N 42	1 N 34	0 S 18	8 N 22	14 S 42	3 ♉ 12
4	1 10	0 20	11 40	1 20	2 38	8 21	14 43	3 2
7	1 57	0 31	10 36	1 4	4 56	8 20	14 45	2 53
10	2 44	0 41	9 28	0 45	7 10	8 19	14 46	2 43
13	3 31	0 51	8 17	0 26	9 20	8 17	14 47	2 34
16	4 18	1 0	7 4	0 5	11 25	8 16	14 49	2 24
19	5 5	1 8	5 48	0 S 15	13 23	8 15	14 50	2 15
22	5 51	1 16	4 30	0 35	15 15	8 14	14 51	2 5
25	6 37	1 22	3 11	0 56	17 0	8 14	14 53	1 55
28	7 23	1 28	1 50	1 15	18 37	8 13	14 54	1 46
31	8 9	1 34	0 29	1 33	20 6	8 12	14 55	1 36

2004 NOVEMBER

Day	Sidereal Time	☉ Long.	☉ Decl.	☽ Long.	☽ Lat.	☽ Decl.
	H M S	° ′ ″	° ′	° ′	° ′	° ′
1	2 42 28	8 ♏ 54 20	14 S 28	22 ♊ 35	4 N 5	27 N 18
2	2 46 25	9 54 22	14 47	4 ♋ 31	4 41	28 3
3	2 50 21	10 54 27	15 6	16 22	5 5	27 29
4	2 54 18	11 54 33	15 25	28 14	5 16	25 40
5	2 58 15	12 54 41	15 43	10 ♌ 12	5 13	22 43
6	3 2 11	13 54 52	16 1	22 18	4 57	18 45
7	3 6 8	14 55 4	16 19	4 ♍ 39	4 27	13 57
8	3 10 4	15 55 19	16 36	17 19	3 44	8 27
9	3 14 1	16 55 35	16 54	0 ♎ 20	2 47	2 26
10	3 17 57	17 55 54	17 11	13 45	1 40	3 S 53
11	3 21 54	18 56 14	17 27	27 36	0 25	10 13
12	3 25 50	19 56 36	17 44	11 ♏ 49	0 S 53	16 13
13	3 29 47	20 57 0	18 0	26 21	2 9	21 26
14	3 33 44	21 57 25	18 15	11 ♐ 6	3 18	25 23
15	3 37 40	22 57 52	18 31	25 56	4 14	27 37
16	3 41 37	23 58 20	18 46	10 ♑ 44	4 53	27 52
17	3 45 33	24 58 50	19 1	25 22	5 12	26 11
18	3 49 30	25 59 21	19 15	9 ♒ 46	5 12	22 48
19	3 53 26	26 59 54	19 29	23 51	4 52	18 9
20	3 57 23	28 0 27	19 43	7 ♓ 37	4 16	12 40
21	4 1 19	29 1 2	19 56	21 5	3 26	6 41
22	4 5 16	0 ♐ 1 38	20 9	4 ♈ 15	2 26	0 33
23	4 9 13	1 2 16	20 22	17 10	1 20	5 N 30
24	4 13 9	2 2 54	20 34	29 51	0 12	11 14
25	4 17 6	3 3 34	20 46	12 ♉ 21	0 N 56	16 26
26	4 21 2	4 4 15	20 58	24 41	2 1	20 53
27	4 24 59	5 4 57	21 9	6 ♊ 52	2 59	24 23
28	4 28 55	6 5 40	21 20	18 56	3 48	26 46
29	4 32 52	7 6 25	21 30	0 ♋ 54	4 27	27 53
30	4 36 48	8 7 11	21 40	12 47	4 54	27 37

Day	♆ Lat.	♆ Decl.	♅ Lat.	♅ Decl.	♄ Lat.	♄ Decl.	♃ Lat.	♃ Decl.	♂ Lat.
	° ′	° ′	° ′	° ′	° ′	° ′	° ′	° ′	° ′
1	0 S 5	17 S 6	0 S 47	11 S 10	0 S 7	20 N 36	1 N 7	2 S 3	0 N 41
4	0 5	17 6	0 47	11 10	0 6	20 35	1 7	2 17	0 40
7	0 5	17 5	0 47	11 11	0 6	20 36	1 8	2 30	0 39
10	0 5	17 5	0 47	11 11	0 6	20 36	1 8	2 44	0 37
13	0 5	17 4	0 47	11 11	0 6	20 36	1 9	2 57	0 36
16	0 5	17 4	0 47	11 10	0 5	20 37	1 9	3 9	0 35
19	0 5	17 3	0 46	11 10	0 5	20 38	1 9	3 22	0 33
22	0 5	17 2	0 46	11 9	0 5	20 39	1 10	3 34	0 32
25	0 5	17 2	0 46	11 9	0 4	20 40	1 10	3 46	0 30
28	0 5	17 1	0 46	11 8	0 4	20 42	1 11	3 57	0 29

NOVEMBER 2004

Day	♆ Long.	♅ Long.	♄ Long.	♃ Long.	♂ Long.	♀ Long.	☿ Long.	♇ Long.
	° ′	° ′	° ′	° ′	° ′	° ′	° ′	° ′
1	12 ♒ 39	2 ♓ 55	27 ♋ 17	7 ♌ 46	23 ♌ 15	3 ♌ 36	24 ♏ 45	20 ♐ 34
2	12 39	2 R 55	27 18	7 57	23 54	4 49	26 13	20 36
3	12 39	2 54	27 19	8 9	24 34	6 2	27 41	20 37
4	12 39	2 54	27 19	8 21	25 13	7 15	29 7	20 39
5	12 40	2 53	27 20	8 33	25 53	8 28	0 ♐ 34	20 41
6	12 40	2 53	27 20	8 45	26 33	9 41	1 59	20 43
7	12 41	2 53	27 20	8 56	27 13	10 54	3 24	20 45
8	12 41	2 52	27 20	9 8	27 52	12 7	4 48	20 47
9	12 42	2 52	27 R 20	9 20	28 32	13 20	6 11	20 49
10	12 42	2 52	27 20	9 31	29 12	14 34	7 34	20 51
11	12 43	2 52	27 20	9 42	29 52	15 47	8 55	20 53
12	12 43	2 52	27 20	9 54	0 ♏ 32	17 1	10 15	20 55
13	12 44	2 D 52	27 19	10 5	1 12	18 14	11 35	20 57
14	12 45	2 52	27 19	10 16	1 51	19 28	12 52	20 59
15	12 45	2 52	27 18	10 27	2 31	20 41	14 9	21 1
16	12 46	2 53	27 17	10 38	3 11	21 55	15 24	21 3
17	12 47	2 53	27 16	10 49	3 51	23 9	16 37	21 5
18	12 48	2 53	27 15	11 0	4 31	24 23	17 47	21 7
19	12 49	2 53	27 14	11 11	5 12	25 37	18 56	21 10
20	12 49	2 54	27 13	11 22	5 52	26 51	20 1	21 12
21	12 50	2 54	27 11	11 32	6 32	28 5	21 4	21 14
22	12 51	2 55	27 10	11 43	7 12	29 19	22 3	21 16
23	12 52	2 55	27 8	11 54	7 52	0 ♏ 33	22 59	21 18
24	12 53	2 56	27 7	12 4	8 32	1 47	23 49	21 20
25	12 54	2 57	27 5	12 14	9 13	3 1	24 35	21 22
26	12 55	2 57	27 3	12 24	9 53	4 15	25 15	21 25
27	12 56	2 58	27 1	12 35	10 33	5 29	25 49	21 27
28	12 58	2 59	26 59	12 45	11 13	6 44	26 16	21 29
29	12 59	3 0	26 57	12 55	11 54	7 58	26 34	21 31
30	13 0	3 1	26 54	13 4	12 34	9 12	26 44	21 33

Day	♂ Decl.	♀ Lat.	♀ Decl.	☿ Lat.	☿ Decl.	♇ Lat.	♇ Decl.	☊
	° ′	° ′	° ′	° ′	° ′	° ′	° ′	° ′
1	8 S 24	1 N 35	0 N 1	1 S 39	20 S 33	8 N 11	14 S 56	1 ♉ 33
4	9 8	1 39	1 S 21	1 55	21 50	8 11	14 57	1 24
7	9 53	1 42	2 44	2 10	22 57	8 10	14 58	1 14
10	10 36	1 45	4 7	2 21	23 54	8 9	14 59	1 5
13	11 20	1 47	5 30	2 30	24 39	8 8	15 0	0 55
16	12 2	1 48	6 52	2 35	25 13	8 7	15 1	0 46
19	12 44	1 48	8 13	2 36	25 34	8 7	15 2	0 36
22	13 25	1 47	9 33	2 30	25 41	8 6	15 3	0 26
25	14 5	1 46	10 51	2 16	25 35	8 6	15 4	0 17
28	14 44	1 44	12 7	1 52	25 15	8 5	15 5	0 7

2004 DEZEMBER

Day	Sidereal Time	☉ Long.	☉ Decl.	☽ Long.	☽ Lat.	☽ Decl.
	H M S	° ′ ″	° ′	° ′	° ′	° ′
1	4 40 45	9 ♐ 7 58	21 S 49	24 ♋ 39	5 N 8	26 N 14
2	4 44 42	10 8 47	21 58	6 ♌ 30	5 9	23 37
3	4 48 38	11 9 37	22 7	18 26	4 56	20 0
4	4 52 35	12 10 29	22 15	0 ♍ 30	4 31	15 31
5	4 56 31	13 11 22	22 23	12 46	3 53	10 21
6	5 0 28	14 12 16	22 30	25 19	3 2	4 39
7	5 4 24	15 13 11	22 37	8 ♎ 14	2 2	1 S 24
8	5 8 21	16 14 8	22 44	21 34	0 52	7 36
9	5 12 17	17 15 6	22 50	5 ♏ 23	0 S 22	13 40
10	5 16 14	18 16 5	22 55	19 40	1 38	19 13
11	5 20 11	19 17 5	23 1	4 ♐ 23	2 49	23 47
12	5 24 7	20 18 6	23 5	19 25	3 49	26 50
13	5 28 4	21 19 8	23 9	4 ♑ 37	4 35	27 56
14	5 32 0	22 20 10	23 13	19 50	5 1	26 56
15	5 35 57	23 21 13	23 16	4 ♒ 51	5 5	23 59
16	5 39 53	24 22 17	23 19	19 34	4 50	19 32
17	5 43 50	25 23 21	23 22	3 ♓ 53	4 16	14 4
18	5 47 46	26 24 25	23 24	17 44	3 28	8 3
19	5 51 43	27 25 30	23 25	1 ♈ 10	2 30	1 50
20	5 55 40	28 26 35	23 26	14 12	1 24	4 N 17
21	5 59 36	29 27 41	23 26	26 55	0 19	10 5
22	6 3 33	0 ♑ 28 46	23 26	9 ♉ 23	0 N 47	15 22
23	6 7 29	1 29 52	23 26	21 38	1 50	19 57
24	6 11 26	2 30 58	23 25	3 ♊ 45	2 47	23 38
25	6 15 22	3 32 4	23 24	15 45	3 36	26 16
26	6 19 19	4 33 11	23 22	27 42	4 15	27 40
27	6 23 16	5 34 18	23 19	9 ♋ 35	4 43	27 48
28	6 27 12	6 35 25	23 17	21 28	4 58	26 38
29	6 31 9	7 36 32	23 13	3 ♌ 20	5 1	24 17
30	6 35 5	8 37 40	23 10	15 14	4 50	20 52
31	6 39 2	9 38 48	23 5	27 12	4 26	16 36

Day	♆ Lat.	♆ Decl.	♅ Lat.	♅ Decl.	♄ Lat.	♄ Decl.	♃ Lat.	♃ Decl.	♂ Lat.
	° ′	° ′	° ′	° ′	° ′	° ′	° ′	° ′	° ′
1	0 S 5	17 S 0	0 S 46	11 S 7	0 S 4	20 N 43	1 N 11	4 S 8	0 N 27
4	0 5	16 59	0 46	11 5	0 4	20 45	1 12	4 18	0 26
7	0 6	16 57	0 46	11 4	0 3	20 47	1 12	4 29	0 24
10	0 6	16 56	0 46	11 2	0 3	20 49	1 13	4 38	0 22
13	0 6	16 55	0 46	11 1	0 3	20 51	1 13	4 48	0 21
16	0 6	16 54	0 45	10 59	0 2	20 54	1 14	4 57	0 19
19	0 6	16 52	0 45	10 57	0 2	20 56	1 15	5 5	0 17
22	0 6	16 51	0 45	10 55	0 2	20 59	1 15	5 13	0 16
25	0 6	16 49	0 45	10 52	0 1	21 2	1 16	5 20	0 14
28	0 6	16 48	0 45	10 50	0 1	21 4	1 17	5 27	0 12
31	0 6	16 46	0 45	10 47	0 1	21 7	1 17	5 34	0 10

DEZEMBER 2004

Day	♆ Long.	♅ Long.	♄ Long.	♃ Long.	♂ Long.	♀ Long.	☿ Long.	♇ Long.
	° ′	° ′	° ′	° ′	° ′	° ′	° ′	° ′
1	13 ♒ 1	3 ♓ 2	26 ♋ 52	13 ♌ 14	13 ♏ 14	10 ♏ 27	26 ♐ 44	21 ♐ 36
2	13 2	3 3	26 R 49	13 24	13 55	11 41	26 R 34	21 38
3	13 4	3 4	26 47	13 33	14 35	12 56	26 13	21 40
4	13 5	3 5	26 44	13 43	15 16	14 10	25 40	21 42
5	13 6	3 6	26 41	13 52	15 56	15 25	24 57	21 45
6	13 8	3 7	26 38	14 1	16 37	16 39	24 3	21 47
7	13 9	3 8	26 35	14 10	17 18	17 54	22 59	21 49
8	13 10	3 10	26 32	14 19	17 58	19 9	21 47	21 51
9	13 12	3 11	26 29	14 28	18 39	20 23	20 29	21 54
10	13 13	3 12	26 26	14 37	19 19	21 38	19 7	21 56
11	13 15	3 14	26 22	14 46	20 0	22 53	17 44	21 58
12	13 16	3 15	26 19	14 54	20 41	24 7	16 22	22 0
13	13 18	3 17	26 15	15 3	21 22	25 22	15 6	22 2
14	13 20	3 19	26 12	15 11	22 2	26 37	13 56	22 5
15	13 21	3 20	26 8	15 19	22 43	27 52	12 55	22 7
16	13 23	3 22	26 4	15 27	23 24	29 7	12 4	22 9
17	13 24	3 24	26 1	15 35	24 5	0 ♐ 22	11 23	22 11
18	13 26	3 25	25 57	15 43	24 46	1 36	10 54	22 14
19	13 28	3 27	25 53	15 50	25 27	2 51	10 35	22 16
20	13 30	3 29	25 49	15 58	26 8	4 6	10 28	22 18
21	13 31	3 31	25 45	16 5	26 49	5 21	10 D 30	22 20
22	13 33	3 33	25 40	16 13	27 30	6 36	10 41	22 23
23	13 35	3 35	25 36	16 20	28 11	7 51	11 1	22 25
24	13 37	3 37	25 32	16 27	28 52	9 6	11 29	22 27
25	13 38	3 39	25 27	16 33	29 33	10 21	12 4	22 29
26	13 40	3 41	25 23	16 40	0 ♐ 14	11 36	12 44	22 32
27	13 42	3 43	25 19	16 47	0 55	12 51	13 30	22 34
28	13 44	3 45	25 14	16 53	1 36	14 6	14 21	22 36
29	13 46	3 48	25 10	16 59	2 18	15 21	15 17	22 38
30	13 48	3 50	25 5	17 5	2 59	16 36	16 16	22 40
31	13 50	3 52	25 0	17 11	3 40	17 51	17 19	22 42

Day	♂ Decl.	♀ Lat.	♀ Decl.	☿ Lat.	☿ Decl.	♇ Lat.	♇ Decl.	☊
	° ′	° ′	° ′	° ′	° ′	° ′	° ′	° ′
1	15 S 23	1 N 42	13 S 21	1 S 17	24 S 41	8 N 5	15 S 6	29 ♈ 58
4	16 0	1 38	14 31	0 28	23 50	8 4	15 7	29 48
7	16 37	1 35	15 39	0 N 30	22 45	8 4	15 8	29 39
10	17 12	1 30	16 43	1 30	21 30	8 3	15 9	29 29
13	17 46	1 25	17 44	2 18	20 19	8 3	15 9	29 20
16	18 19	1 20	18 40	2 47	19 29	8 3	15 10	29 10
19	18 51	1 14	19 31	2 56	19 8	8 2	15 11	29 1
22	19 21	1 7	20 18	2 50	19 15	8 2	15 11	28 51
25	19 50	1 1	21 0	2 34	19 42	8 2	15 12	28 42
28	20 17	0 54	21 36	2 12	20 20	8 2	15 12	28 32
31	20 43	0 47	22 7	1 47	21 3	8 2	15 13	28 23

2005 JANUAR

Day	Sidereal Time			☉ Long.			☉ Decl.		☽ Long.		☽ Lat.		☽ Decl.	
	H	M	S	°	′	″	°	′	°	′	°	′	°	′
1	6	42	58	10 ♑	39	56	23 S	1	9 ♍	17	3 N	51	11 N	39
2	6	46	55	11	41	5	22	56	21	32	3	4	6	10
3	6	50	51	12	42	14	22	50	4 ♎	1	2	8	0	21
4	6	54	48	13	43	23	22	44	16	48	1	3	5 S	38
5	6	58	45	14	44	33	22	38	29	59	0 S	6	11	34
6	7	2	41	15	45	42	22	31	13 ♏	37	1	18	17	10
7	7	6	38	16	46	52	22	23	27	45	2	27	22	2
8	7	10	34	17	48	2	22	15	12 ♐	20	3	29	25	43
9	7	14	31	18	49	12	22	7	27	21	4	17	27	42
10	7	18	27	19	50	22	21	58	12 ♑	37	4	49	27	38
11	7	22	24	20	51	31	21	49	27	59	5	0	25	28
12	7	26	20	21	52	41	21	40	13 ♒	15	4	50	21	28
13	7	30	17	22	53	49	21	30	28	14	4	19	16	8
14	7	34	14	23	54	58	21	19	12 ♓	48	3	33	10	2
15	7	38	10	24	56	5	21	9	26	52	2	34	3	37
16	7	42	7	25	57	13	20	57	10 ♈	26	1	29	2 N	46
17	7	46	3	26	58	19	20	46	23	32	0	21	8	49
18	7	50	0	27	59	24	20	34	6 ♉	14	0 N	46	14	19
19	7	53	56	29	0	29	20	22	18	38	1	49	19	7
20	7	57	53	0 ♒	1	33	20	9	0 ♊	48	2	46	23	1
21	8	1	49	1	2	36	19	56	12	47	3	34	25	52
22	8	5	46	2	3	38	19	42	24	42	4	13	27	33
23	8	9	43	3	4	39	19	28	6 ♋	34	4	41	27	57
24	8	13	39	4	5	39	19	14	18	25	4	56	27	3
25	8	17	36	5	6	39	18	59	0 ♌	19	4	59	24	56
26	8	21	32	6	7	38	18	45	12	15	4	48	21	44
27	8	25	29	7	8	36	18	29	24	15	4	24	17	35
28	8	29	25	8	9	33	18	14	6 ♍	21	3	49	12	43
29	8	33	22	9	10	29	17	58	18	34	3	2	7	19
30	8	37	18	10	11	25	17	41	0 ♎	55	2	7	1	34
31	8	41	15	11	12	20	17	25	13	28	1	4	4 S	20

Day	♆ Lat.		♆ Decl.		♅ Lat.		♅ Decl.		♄ Lat.		♄ Decl.		♃ Lat.		♃ Decl.		♂ Lat.	
	°	′	°	′	°	′	°	′	°	′	°	′	°	′	°	′	°	′
1	0 S	6	16 S	45	0 S	45	10 S	46	0 S	1	21 N	8	1 N	18	5 S	36	0 N	9
4	0	6	16	44	0	45	10	44	0 N	0	21	11	1	18	5	41	0	7
7	0	6	16	42	0	45	10	41	0	0	21	14	1	19	5	46	0	5
10	0	6	16	40	0	45	10	38	0	0	21	17	1	20	5	51	0	3
13	0	6	16	38	0	45	10	35	0	1	21	20	1	20	5	54	0	1
16	0	6	16	36	0	45	10	32	0	1	21	23	1	21	5	58	0 S	1
19	0	6	16	35	0	44	10	28	0	1	21	25	1	22	6	0	0	3
22	0	6	16	33	0	44	10	25	0	2	21	28	1	23	6	2	0	5
25	0	6	16	31	0	44	10	22	0	2	21	31	1	24	6	4	0	7
28	0	6	16	29	0	44	10	18	0	2	21	34	1	24	6	4	0	10
31	0	6	16	27	0	44	10	15	0	3	21	36	1	25	6	4	0	12

JANUAR 2005

Day	♆ Long.	♅ Long.	♄ Long.	♃ Long.	♂ Long.	♀ Long.	☿ Long.	♇ Long.
	° ′	° ′	° ′	° ′	° ′	° ′	° ′	° ′
1	13 ♒ 52	3 ♓ 55	24 ♋ 56	17 ♌ 17	4 ♐ 21	19 ♐ 6	18 ♐ 24	22 ♐ 45
2	13 54	3 57	24 R 51	17 23	5 3	20 21	19 33	22 47
3	13 56	3 59	24 46	17 28	5 44	21 36	20 43	22 49
4	13 58	4 2	24 41	17 33	6 26	22 52	21 56	22 51
5	14 0	4 4	24 37	17 39	7 7	24 7	23 11	22 53
6	14 2	4 7	24 32	17 44	7 48	25 22	24 27	22 55
7	14 4	4 9	24 27	17 48	8 30	26 37	25 45	22 57
8	14 6	4 12	24 22	17 53	9 11	27 52	27 4	22 59
9	14 8	4 15	24 17	17 57	9 53	29 7	28 24	23 1
10	14 10	4 17	24 12	18 2	10 35	0 ♑ 22	29 46	23 3
11	14 12	4 20	24 7	18 6	11 16	1 38	1 ♑ 9	23 5
12	14 15	4 23	24 2	18 10	11 58	2 53	2 32	23 8
13	14 17	4 26	23 57	18 14	12 39	4 8	3 57	23 10
14	14 19	4 28	23 52	18 17	13 21	5 23	5 22	23 12
15	14 21	4 31	23 47	18 21	14 3	6 38	6 48	23 13
16	14 23	4 34	23 42	18 24	14 45	7 53	8 15	23 15
17	14 25	4 37	23 38	18 27	15 26	9 9	9 42	23 17
18	14 28	4 40	23 33	18 30	16 8	10 24	11 10	23 19
19	14 30	4 43	23 28	18 33	16 50	11 39	12 39	23 21
20	14 32	4 46	23 23	18 35	17 32	12 54	14 9	23 23
21	14 34	4 49	23 18	18 38	18 14	14 9	15 39	23 25
22	14 36	4 52	23 13	18 40	18 56	15 24	17 9	23 27
23	14 39	4 55	23 8	18 42	19 38	16 39	18 41	23 29
24	14 41	4 58	23 3	18 44	20 20	17 55	20 13	23 30
25	14 43	5 1	22 59	18 45	21 2	19 10	21 45	23 32
26	14 45	5 4	22 54	18 47	21 44	20 25	23 18	23 34
27	14 48	5 7	22 49	18 48	22 26	21 40	24 52	23 36
28	14 50	5 10	22 44	18 49	23 8	22 55	26 27	23 38
29	14 52	5 13	22 40	18 50	23 50	24 10	28 2	23 39
30	14 55	5 17	22 35	18 50	24 32	25 26	29 38	23 41
31	14 57	5 20	22 31	18 51	25 14	26 41	1 ♒ 14	23 43

Day	♂ Decl.	♀ Lat.	♀ Decl.	☿ Lat.	☿ Decl.	♇ Lat.	♇ Decl.	☊
	° ′	° ′	° ′	° ′	° ′	° ′	° ′	° ′
1	20 S 52	0 N 44	22 S 15	1 N 39	21 S 18	8 N 2	15 S 13	28 ♈ 19
4	21 16	0 37	22 38	1 13	21 59	8 2	15 13	28 10
7	21 38	0 29	22 55	0 47	22 35	8 2	15 14	28 0
10	21 59	0 21	23 5	0 22	23 4	8 2	15 14	27 51
13	22 18	0 14	23 9	0 S 2	23 25	8 2	15 14	27 41
16	22 35	0 6	23 6	0 24	23 35	8 2	15 14	27 32
19	22 50	0 S 2	22 58	0 45	23 35	8 2	15 14	27 22
22	23 4	0 9	22 42	1 4	23 24	8 2	15 15	27 13
25	23 15	0 17	22 21	1 21	23 1	8 2	15 15	27 3
28	23 25	0 24	21 53	1 35	22 25	8 3	15 15	26 54
31	23 33	0 31	21 20	1 47	21 38	8 3	15 15	26 44

2005 FEBRUAR

Day	Sidereal Time			☉ Long.			☉ Decl.		☽ Long.		☽ Lat.		☽ Decl.	
	H	M	S	°	′	″	°	′	°	′	°	′	°	′
1	8	45	12	12 ♒	13	14	17 S	8	26 ♎	16	0 S	3	10 S	12
2	8	49	8	13	14	7	16	51	9 ♏	24	1	12	15	46
3	8	53	5	14	15	0	16	33	22	53	2	19	20	44
4	8	57	1	15	15	52	16	16	6 ♐	47	3	20	24	44
5	9	0	58	16	16	43	15	57	21	7	4	10	27	18
6	9	4	54	17	17	33	15	39	5 ♑	50	4	45	28	3
7	9	8	51	18	18	21	15	21	20	52	5	1	26	47
8	9	12	47	19	19	9	15	2	6 ♒	3	4	57	23	33
9	9	16	44	20	19	56	14	43	21	13	4	31	18	42
10	9	20	41	21	20	41	14	23	6 ♓	12	3	47	12	45
11	9	24	37	22	21	25	14	4	20	51	2	49	6	13
12	9	28	34	23	22	7	13	44	5 ♈	3	1	42	0 N	27
13	9	32	30	24	22	48	13	24	18	46	0	31	6	52
14	9	36	27	25	23	28	13	4	2 ♉	0	0 N	40	12	47
15	9	40	23	26	24	5	12	43	14	49	1	46	17	58
16	9	44	20	27	24	41	12	22	27	16	2	46	22	14
17	9	48	16	28	25	16	12	1	9 ♊	28	3	36	25	26
18	9	52	13	29	25	48	11	40	21	27	4	17	27	26
19	9	56	10	0 ♓	26	19	11	19	3 ♋	21	4	45	28	9
20	10	0	6	1	26	48	10	58	15	11	5	2	27	34
21	10	4	3	2	27	15	10	36	27	3	5	5	25	44
22	10	7	59	3	27	40	10	14	8 ♌	59	4	55	22	45
23	10	11	56	4	28	4	9	52	21	1	4	32	18	47
24	10	15	52	5	28	26	9	30	3 ♍	10	3	57	14	1
25	10	19	49	6	28	46	9	8	15	28	3	10	8	39
26	10	23	45	7	29	5	8	46	27	55	2	13	2	52
27	10	27	42	8	29	22	8	23	10 ♎	32	1	9	3 S	6
28	10	31	39	9	29	37	8	1	23	20	0	0	9	3

Day	♆ Lat.		♆ Decl.		♅ Lat.		♅ Decl.		♄ Lat.		♄ Decl.		♃ Lat.		♃ Decl.		♂ Lat.	
	°	′	°	′	°	′	°	′	°	′	°	′	°	′	°	′	°	′
1	0 S	6	16 S	26	0 S	44	10 S	13	0 N	3	21 N	37	1 N	25	6 S	4	0 S	13
4	0	6	16	24	0	44	10	10	0	3	21	39	1	26	6	3	0	15
7	0	6	16	22	0	44	10	6	0	3	21	42	1	27	6	2	0	17
10	0	6	16	20	0	44	10	2	0	4	21	44	1	28	6	0	0	20
13	0	6	16	18	0	44	9	59	0	4	21	46	1	28	5	57	0	22
16	0	6	16	16	0	44	9	55	0	4	21	48	1	29	5	54	0	25
19	0	6	16	14	0	44	9	51	0	5	21	50	1	30	5	50	0	27
22	0	6	16	12	0	44	9	47	0	5	21	52	1	30	5	45	0	30
25	0	6	16	10	0	44	9	43	0	5	21	53	1	31	5	40	0	33
28	0	6	16	9	0	44	9	39	0	5	21	55	1	32	5	35	0	35

FEBRUAR 2005

Day	♆ Long.	♅ Long.	♄ Long.	♃ Long.	♂ Long.	♀ Long.	☿ Long.	♇ Long.
	° ′	° ′	° ′	° ′	° ′	° ′	° ′	° ′
1	14 ♒ 59	5 ♓ 23	22 ♋ 26	18 ♎ 51	25 ♐ 56	27 ♑ 56	2 ♒ 51	23 ♐ 44
2	15 1	5 26	22 R 22	18 51	26 39	29 11	4 29	23 46
3	15 4	5 30	22 17	18 R 51	27 21	0 ♒ 26	6 8	23 47
4	15 6	5 33	22 13	18 51	28 3	1 41	7 47	23 49
5	15 8	5 36	22 9	18 50	28 45	2 56	9 27	23 51
6	15 10	5 39	22 4	18 50	29 28	4 12	11 8	23 52
7	15 13	5 43	22 0	18 49	0 ♑ 10	5 27	12 49	23 54
8	15 15	5 46	21 56	18 48	0 52	6 42	14 31	23 55
9	15 17	5 49	21 52	18 47	1 35	7 57	16 15	23 56
10	15 20	5 53	21 48	18 45	2 17	9 12	17 58	23 58
11	15 22	5 56	21 44	18 44	3 0	10 27	19 43	23 59
12	15 24	6 0	21 40	18 42	3 42	11 42	21 29	24 1
13	15 26	6 3	21 36	18 40	4 25	12 57	23 15	24 2
14	15 29	6 6	21 33	18 38	5 7	14 13	25 2	24 3
15	15 31	6 10	21 29	18 35	5 50	15 28	26 50	24 5
16	15 33	6 13	21 26	18 33	6 33	16 43	28 39	24 6
17	15 35	6 17	21 22	18 30	7 15	17 58	0 ♓ 29	24 7
18	15 38	6 20	21 19	18 27	7 58	19 13	2 19	24 8
19	15 40	6 23	21 16	18 24	8 40	20 28	4 10	24 9
20	15 42	6 27	21 12	18 21	9 23	21 43	6 2	24 11
21	15 44	6 30	21 9	18 17	10 6	22 58	7 54	24 12
22	15 46	6 34	21 6	18 14	10 49	24 13	9 46	24 13
23	15 49	6 37	21 3	18 10	11 31	25 28	11 39	24 14
24	15 51	6 41	21 1	18 6	12 14	26 43	13 32	24 15
25	15 53	6 44	20 58	18 2	12 57	27 58	15 25	24 16
26	15 55	6 48	20 55	17 58	13 40	29 13	17 17	24 17
27	15 57	6 51	20 53	17 53	14 23	0 ♓ 28	19 10	24 18
28	15 59	6 55	20 50	17 49	15 6	1 43	21 1	24 19

Day	♂ Decl.	♀ Lat.	♀ Decl.	☿ Lat.	☿ Decl.	♇ Lat.	♇ Decl.	☊
	° ′	° ′	° ′	° ′	° ′	° ′	° ′	° ′
1	23 S 35	0 S 33	21 S 7	1 S 51	21 S 19	8 N 3	15 S 14	26 ♈ 41
4	23 40	0 40	20 26	1 59	20 14	8 3	15 14	26 31
7	23 44	0 46	19 40	2 4	18 57	8 4	15 14	26 22
10	23 45	0 52	18 48	2 5	17 26	8 4	15 14	26 12
13	23 44	0 58	17 51	2 3	15 42	8 5	15 14	26 3
16	23 42	1 3	16 50	1 56	13 46	8 5	15 14	25 53
19	23 37	1 8	15 44	1 45	11 37	8 5	15 13	25 44
22	23 30	1 12	14 35	1 28	9 16	8 6	15 13	25 34
25	23 21	1 16	13 22	1 6	6 46	8 6	15 12	25 25
28	23 10	1 19	12 5	0 38	4 9	8 7	15 12	25 15

2005 MÄRZ

Day	Sidereal Time	☉ Long.	☉ Decl.	☽ Long.	☽ Lat.	☽ Decl.
	H M S	° ′ ″	° ′	° ′	° ′	° ′
1	10 35 35	10 ♓ 29 51	7 S 38	6 ♏ 20	1 S 9	14 S 43
2	10 39 32	11 30 4	7 15	19 35	2 17	19 50
3	10 43 28	12 30 15	6 52	3 ♐ 7	3 18	24 1
4	10 47 25	13 30 24	6 29	16 56	4 10	26 56
5	10 51 21	14 30 32	6 6	1 ♑ 4	4 47	28 13
6	10 55 18	15 30 38	5 43	15 28	5 8	27 38
7	10 59 14	16 30 43	5 19	0 ≈ 6	5 8	25 9
8	11 3 11	17 30 46	4 56	14 52	4 49	20 58
9	11 7 8	18 30 47	4 33	29 39	4 10	15 29
10	11 11 4	19 30 46	4 9	14 ♓ 19	3 15	9 10
11	11 15 1	20 30 43	3 46	28 46	2 8	2 27
12	11 18 57	21 30 39	3 22	12 ♈ 52	0 55	4 N 14
13	11 22 54	22 30 32	2 58	26 34	0 N 20	10 33
14	11 26 50	23 30 24	2 35	9 ♉ 52	1 31	16 13
15	11 30 47	24 30 13	2 11	22 46	2 36	20 59
16	11 34 43	25 30 0	1 47	5 ♊ 19	3 31	24 39
17	11 38 40	26 29 45	1 24	17 35	4 16	27 6
18	11 42 37	27 29 28	1 N 0	29 38	4 48	28 14
19	11 46 33	28 29 8	0 S 36	11 ♋ 33	5 8	28 3
20	11 50 30	29 28 46	0 12	23 25	5 14	26 34
21	11 54 26	0 ♈ 28 22	0 N 11	5 ♌ 18	5 7	23 54
22	11 58 23	1 27 56	0 35	17 17	4 46	20 12
23	12 2 19	2 27 27	0 59	29 23	4 13	15 38
24	12 6 16	3 26 56	1 22	11 ♍ 41	3 27	10 22
25	12 10 12	4 26 24	1 46	24 11	2 31	4 37
26	12 14 9	5 25 49	2 9	6 ♎ 55	1 26	1 S 25
27	12 18 6	6 25 12	2 33	19 52	0 16	7 31
28	12 22 2	7 24 33	2 56	3 ♏ 2	0 S 57	13 25
29	12 25 59	8 23 53	3 20	16 26	2 7	18 47
30	12 29 55	9 23 10	3 43	0 ♐ 1	3 12	23 17
31	12 33 52	10 22 26	4 7	13 48	4 6	26 32

Day	♆ Lat.	♆ Decl.	♅ Lat.	♅ Decl.	♄ Lat.	♄ Decl.	♃ Lat.	♃ Decl.	♂ Lat.
	° ′	° ′	° ′	° ′	° ′	° ′	° ′	° ′	° ′
1	0 S 6	16 S 8	0 S 44	9 S 38	0 N 6	21 N 55	1 N 32	5 S 33	0 S 36
4	0 6	16 6	0 44	9 34	0 6	21 57	1 32	5 26	0 39
7	0 6	16 4	0 44	9 31	0 6	21 58	1 33	5 19	0 42
10	0 6	16 3	0 44	9 27	0 6	21 59	1 33	5 12	0 45
13	0 6	16 1	0 44	9 23	0 7	21 59	1 34	5 5	0 47
16	0 6	15 59	0 44	9 19	0 7	22 0	1 34	4 57	0 50
19	0 7	15 57	0 44	9 16	0 7	22 1	1 35	4 48	0 53
22	0 7	15 56	0 44	9 12	0 7	22 1	1 35	4 40	0 56
25	0 7	15 54	0 44	9 8	0 8	22 1	1 35	4 31	0 59
28	0 7	15 53	0 44	9 5	0 8	22 1	1 35	4 22	1 2
31	0 7	15 52	0 44	9 1	0 8	22 1	1 35	4 13	1 5

MÄRZ 2005

Day	♆ Long. ° ′	♅ Long. ° ′	♄ Long. ° ′	♃ Long. ° ′	♂ Long. ° ′	♀ Long. ° ′	☿ Long. ° ′	♇ Long. ° ′
1	16 ♒ 2	6 ♓ 58	20 ♋ 48	17 ♎ 44	15 ♑ 48	2 ♓ 58	22 ♓ 51	24 ♐ 19
2	16 4	7 1	20 R 46	17 R 39	16 31	4 13	24 40	24 20
3	16 6	7 5	20 44	17 34	17 14	5 28	26 27	24 21
4	16 8	7 8	20 41	17 29	17 57	6 43	28 12	24 22
5	16 10	7 12	20 40	17 23	18 40	7 58	29 54	24 23
6	16 12	7 15	20 38	17 18	19 23	9 12	1 ♈ 32	24 23
7	16 14	7 19	20 36	17 12	20 6	10 27	3 7	24 24
8	16 16	7 22	20 34	17 6	20 49	11 42	4 37	24 25
9	16 18	7 25	20 33	17 0	21 33	12 57	6 3	24 25
10	16 20	7 29	20 32	16 54	22 16	14 12	7 23	24 26
11	16 22	7 32	20 30	16 48	22 59	15 27	8 37	24 26
12	16 24	7 36	20 29	16 42	23 42	16 42	9 44	24 27
13	16 26	7 39	20 28	16 35	24 25	17 56	10 44	24 27
14	16 28	7 42	20 27	16 29	25 8	19 11	11 37	24 28
15	16 30	7 46	20 26	16 22	25 52	20 26	12 23	24 28
16	16 32	7 49	20 25	16 16	26 35	21 41	13 0	24 29
17	16 34	7 52	20 25	16 9	27 18	22 56	13 29	24 29
18	16 35	7 56	20 24	16 2	28 1	24 10	13 50	24 29
19	16 37	7 59	20 24	15 55	28 45	25 25	14 2	24 30
20	16 39	8 2	20 24	15 48	29 28	26 40	14 6	24 30
21	16 41	8 5	20 23	15 40	0 ♒ 11	27 54	14 R 2	24 30
22	16 43	8 9	20 23	15 33	0 55	29 9	13 51	24 30
23	16 44	8 12	20 D 23	15 26	1 38	0 ♈ 24	13 31	24 30
24	16 46	8 15	20 24	15 19	2 21	1 38	13 5	24 30
25	16 48	8 18	20 24	15 11	3 5	2 53	12 33	24 31
26	16 49	8 21	20 24	15 4	3 48	4 8	11 56	24 31
27	16 51	8 25	20 25	14 56	4 31	5 22	11 13	24 31
28	16 53	8 28	20 25	14 48	5 15	6 37	10 27	24 R 31
29	16 54	8 31	20 26	14 41	5 58	7 51	9 38	24 30
30	16 56	8 34	20 27	14 33	6 42	9 6	8 48	24 30
31	16 57	8 37	20 28	14 26	7 25	10 20	7 57	24 30

Day	♂ Decl. ° ′	♀ Lat. ° ′	♀ Decl. ° ′	☿ Lat. ° ′	☿ Decl. ° ′	♇ Lat. ° ′	♇ Decl. ° ′	☊ ° ′
1	23 S 6	1 S 20	11 S 39	0 S 28	3 S 16	8 N 7	15 S 12	25 ♈ 12
4	22 53	1 22	10 19	0 N 7	0 37	8 8	15 11	25 2
7	22 37	1 24	8 57	0 45	1 N 56	8 8	15 11	24 53
10	22 20	1 25	7 32	1 26	4 15	8 9	15 11	24 43
13	22 1	1 26	6 5	2 6	6 11	8 9	15 10	24 34
16	21 40	1 26	4 37	2 42	7 37	8 10	15 9	24 24
19	21 17	1 26	3 8	3 9	8 27	8 11	15 9	24 15
22	20 52	1 25	1 38	3 26	8 37	8 11	15 8	24 5
25	20 26	1 23	0 8	3 27	8 8	8 12	15 8	23 56
28	19 58	1 21	1 N 23	3 13	7 6	8 12	15 7	23 46
31	19 28	1 18	2 53	2 44	5 40	8 13	15 7	23 37

2005 APRIL

Day	Sidereal Time	☉ Long.	☉ Decl.	☽ Long.	☽ Lat.	☽ Decl.
	H M S	° ′ ″	° ′	° ′	° ′	° ′
1	12 37 48	11♈ 21 40	4 N 30	27 ♐ 46	4 S 47	28 S 12
2	12 41 45	12 20 52	4 53	11 ♑ 52	5 11	28 4
3	12 45 41	13 20 2	5 16	26 6	5 16	26 6
4	12 49 38	14 19 10	5 39	10 ≈ 25	5 2	22 28
5	12 53 35	15 18 17	6 2	24 46	4 29	17 29
6	12 57 31	16 17 22	6 24	9 ♓ 4	3 39	11 33
7	13 1 28	17 16 25	6 47	23 15	2 36	5 4
8	13 5 24	18 15 26	7 10	7 ♈ 17	1 25	1 N 35
9	13 9 21	19 14 25	7 32	21 3	0 10	8 4
10	13 13 17	20 13 22	7 54	4 ♉ 32	1 N 5	14 3
11	13 17 14	21 12 17	8 16	17 43	2 14	19 15
12	13 21 10	22 11 10	8 38	0 ♊ 34	3 15	23 26
13	13 25 7	23 10 1	9 0	13 7	4 4	26 25
14	13 29 4	24 8 50	9 22	25 25	4 42	28 3
15	13 33 0	25 7 36	9 43	7 ♋ 30	5 6	28 19
16	13 36 57	26 6 20	10 5	19 27	5 17	27 15
17	13 40 53	27 5 2	10 26	1 ♌ 20	5 14	24 57
18	13 44 50	28 3 42	10 47	13 14	4 57	21 35
19	13 48 46	29 2 19	11 8	25 14	4 28	17 19
20	13 52 43	0♉ 0 55	11 29	7 ♍ 23	3 46	12 18
21	13 56 39	0 59 28	11 49	19 45	2 53	6 43
22	14 0 36	1 57 59	12 9	2 ♎ 24	1 51	0 44
23	14 4 33	2 56 29	12 30	15 21	0 41	5 S 25
24	14 8 29	3 54 56	12 49	28 38	0 S 32	11 29
25	14 12 26	4 53 21	13 9	12 ♏ 12	1 45	17 10
26	14 16 22	5 51 45	13 29	26 3	2 54	22 5
27	14 20 19	6 50 7	13 48	10 ♐ 6	3 52	25 48
28	14 24 15	7 48 27	14 7	24 19	4 38	27 56
29	14 28 12	8 46 46	14 26	8 ♑ 36	5 6	28 15
30	14 32 8	9 45 3	14 44	22 54	5 15	26 40

Day	♆ Lat.	♆ Decl.	♅ Lat.	♅ Decl.	♄ Lat.	♄ Decl.	♃ Lat.	♃ Decl.	♂ Lat.
	° ′	° ′	° ′	° ′	° ′	° ′	° ′	° ′	° ′
1	0 S 7	15 S 51	0 S 44	9 S 0	0 N 8	22 N 1	1 N 35	4 S 10	1 S 6
4	0 7	15 50	0 44	8 57	0 9	22 1	1 35	4 1	1 9
7	0 7	15 49	0 45	8 54	0 9	22 0	1 35	3 52	1 12
10	0 7	15 47	0 45	8 51	0 9	21 59	1 35	3 44	1 15
13	0 7	15 46	0 45	8 48	0 9	21 59	1 35	3 35	1 18
16	0 7	15 45	0 45	8 45	0 10	21 58	1 35	3 26	1 21
19	0 7	15 44	0 45	8 42	0 10	21 57	1 35	3 18	1 25
22	0 7	15 44	0 45	8 39	0 10	21 55	1 34	3 10	1 28
25	0 7	15 43	0 45	8 37	0 10	21 54	1 34	3 3	1 31
28	0 7	15 42	0 45	8 34	0 10	21 53	1 33	2 56	1 34

APRIL 2005

Day	♆ Long.	♅ Long.	♄ Long.	♃ Long.	♂ Long.	♀ Long.	☿ Long.	♇ Long.
	° ′	° ′	° ′	° ′	° ′	° ′	° ′	° ′
1	16 ♒ 59	8 ♓ 40	20 ♋ 29	14 ♎ 18	8 ♒ 9	11 ♈ 35	7 ♈ 7	24 ♐ 30
2	17 0	8 43	20 30	14 R 10	8 52	12 49	6 R 18	24 R 30
3	17 2	8 46	20 31	14 2	9 36	14 4	5 31	24 30
4	17 3	8 49	20 33	13 55	10 19	15 18	4 48	24 30
5	17 5	8 52	20 34	13 47	11 3	16 33	4 8	24 29
6	17 6	8 55	20 36	13 39	11 46	17 47	3 32	24 29
7	17 8	8 58	20 37	13 32	12 30	19 2	3 1	24 29
8	17 9	9 1	20 39	13 24	13 13	20 16	2 36	24 28
9	17 10	9 3	20 41	13 16	13 57	21 30	2 15	24 28
10	17 11	9 6	20 43	13 9	14 40	22 45	2 0	24 27
11	17 13	9 9	20 45	13 1	15 24	23 59	1 50	24 27
12	17 14	9 12	20 47	12 53	16 7	25 13	1 46	24 26
13	17 15	9 15	20 50	12 46	16 51	26 28	1 D 47	24 26
14	17 16	9 17	20 52	12 38	17 34	27 42	1 53	24 25
15	17 17	9 20	20 55	12 31	18 18	28 56	2 4	24 25
16	17 19	9 22	20 57	12 24	19 2	0 ♉ 11	2 20	24 24
17	17 20	9 25	21 0	12 16	19 45	1 25	2 41	24 23
18	17 21	9 28	21 3	12 9	20 29	2 39	3 6	24 23
19	17 22	9 30	21 6	12 2	21 12	3 53	3 36	24 22
20	17 23	9 33	21 9	11 55	21 56	5 7	4 10	24 21
21	17 24	9 35	21 12	11 48	22 39	6 22	4 48	24 21
22	17 25	9 38	21 15	11 41	23 23	7 36	5 29	24 20
23	17 25	9 40	21 18	11 34	24 7	8 50	6 14	24 19
24	17 26	9 42	21 22	11 28	24 50	10 4	7 3	24 18
25	17 27	9 45	21 25	11 21	25 34	11 18	7 55	24 17
26	17 28	9 47	21 29	11 14	26 17	12 32	8 50	24 16
27	17 29	9 49	21 33	11 8	27 1	13 46	9 49	24 15
28	17 29	9 51	21 36	11 2	27 44	15 0	10 50	24 14
29	17 30	9 53	21 40	10 56	28 28	16 14	11 54	24 13
30	17 31	9 56	21 44	10 50	29 11	17 28	13 0	24 12

Day	♂ Decl.	♀ Lat.	♀ Decl.	☿ Lat.	☿ Decl.	♇ Lat.	♇ Decl.	☊
	° ′	° ′	° ′	° ′	° ′	° ′	° ′	° ′
1	19 S 18	1 S 17	3 N 23	2 N 31	5 N 8	8 N 13	15 S 6	23 ♈ 33
4	18 46	1 14	4 53	1 48	3 33	8 14	15 6	23 24
7	18 13	1 10	6 22	1 0	2 7	8 14	15 5	23 14
10	17 38	1 6	7 50	0 12	0 58	8 15	15 5	23 5
13	17 2	1 1	9 16	0 S 33	0 12	8 15	15 4	22 55
16	16 25	0 56	10 40	1 12	0 S 11	8 16	15 3	22 46
19	15 46	0 50	12 1	1 46	0 11	8 16	15 3	22 36
22	15 6	0 44	13 21	2 12	0 N 9	8 17	15 2	22 27
25	14 25	0 38	14 37	2 33	0 48	8 17	15 2	22 17
28	13 44	0 32	15 50	2 47	1 44	8 18	15 1	22 8

2005 MAI

Day	Sidereal Time	☉ Long.	☉ Decl.	☽ Long.	☽ Lat.	☽ Decl.
	H M S	° ′ ″	° ′	° ′	° ′	° ′
1	14 36 5	10 ♉ 43 19	15 N 3	7 ♒ 10	5 S 5	23 S 24
2	14 40 2	11 41 33	15 21	21 21	4 37	18 45
3	14 43 58	12 39 45	15 38	5 ♓ 25	3 52	13 7
4	14 47 55	13 37 56	15 56	19 19	2 54	6 54
5	14 51 51	14 36 6	16 13	3 ♈ 4	1 46	0 25
6	14 55 48	15 34 14	16 30	16 37	0 34	6 N 1
7	14 59 44	16 32 21	16 47	29 58	0 N 40	12 5
8	15 3 41	17 30 26	17 3	13 ♉ 7	1 49	17 31
9	15 7 37	18 28 29	17 20	26 1	2 52	22 3
10	15 11 34	19 26 31	17 36	8 ♊ 41	3 45	25 28
11	15 15 31	20 24 31	17 51	21 8	4 27	27 35
12	15 19 27	21 22 29	18 6	3 ♋ 22	4 55	28 19
13	15 23 24	22 20 26	18 21	15 26	5 10	27 41
14	15 27 20	23 18 21	18 36	27 22	5 11	25 46
15	15 31 17	24 16 14	18 50	9 ♌ 15	4 59	22 44
16	15 35 13	25 14 6	19 4	21 8	4 34	18 46
17	15 39 10	26 11 55	19 18	3 ♍ 7	3 57	14 2
18	15 43 6	27 9 43	19 32	15 15	3 8	8 42
19	15 47 3	28 7 30	19 45	27 38	2 11	2 56
20	15 51 0	29 5 15	19 57	10 ♎ 20	1 5	3 S 6
21	15 54 56	0 ♊ 2 58	20 10	23 24	0 S 6	9 11
22	15 58 53	1 0 39	20 22	6 ♏ 53	1 18	15 3
23	16 2 49	1 58 20	20 33	20 45	2 28	20 19
24	16 6 46	2 55 59	20 45	4 ♐ 59	3 30	24 35
25	16 10 42	3 53 37	20 56	19 29	4 20	27 21
26	16 14 39	4 51 13	21 6	4 ♑ 10	4 54	28 16
27	16 18 36	5 48 49	21 17	18 53	5 8	27 11
28	16 22 32	6 46 23	21 27	3 ♒ 32	5 2	24 15
29	16 26 29	7 43 57	21 36	18 1	4 37	19 49
30	16 30 25	8 41 30	21 45	2 ♓ 15	3 55	14 20
31	16 34 22	9 39 2	21 54	16 13	3 0	8 12

Day	♆ Lat.	♆ Decl.	♅ Lat.	♅ Decl.	♄ Lat.	♄ Decl.	♃ Lat.	♃ Decl.	♂ Lat.
	° ′	° ′	° ′	° ′	° ′	° ′	° ′	° ′	° ′
1	0 S 7	15 S 42	0 S 45	8 S 32	0 N 11	21 N 51	1 N 33	2 S 49	1 S 37
4	0 7	15 41	0 45	8 30	0 11	21 49	1 32	2 43	1 40
7	0 7	15 41	0 45	8 28	0 11	21 47	1 32	2 37	1 43
10	0 7	15 40	0 46	8 26	0 11	21 45	1 31	2 32	1 46
13	0 7	15 40	0 46	8 24	0 12	21 43	1 31	2 28	1 49
16	0 7	15 40	0 46	8 22	0 12	21 40	1 30	2 24	1 52
19	0 7	15 40	0 46	8 21	0 12	21 38	1 29	2 21	1 55
22	0 7	15 40	0 46	8 20	0 12	21 35	1 29	2 18	1 58
25	0 7	15 40	0 46	8 19	0 12	21 33	1 28	2 16	2 1
28	0 7	15 40	0 46	8 18	0 13	21 30	1 27	2 15	2 4
31	0 8	15 41	0 46	8 17	0 13	21 27	1 26	2 14	2 7

MAI 2005

Day	♆ Long.	♅ Long.	♄ Long.	♃ Long.	♂ Long.	♀ Long.	☿ Long.	♇ Long.
	° ′	° ′	° ′	° ′	° ′	° ′	° ′	° ′
1	17 ♒ 31	9 ♓ 58	21 ♋ 48	10 ♌ 44	29 ♒ 55	18 ♉ 42	14 ♈ 9	24 ♐ 11
2	17 32	10 0	21 52	10 R 38	0 ♓ 38	19 56	15 21	24 R 10
3	17 33	10 2	21 57	10 32	1 22	21 10	16 35	24 9
4	17 33	10 4	22 1	10 27	2 5	22 24	17 52	24 8
5	17 34	10 6	22 5	10 21	2 49	23 38	19 11	24 7
6	17 34	10 7	22 10	10 16	3 32	24 52	20 32	24 6
7	17 35	10 9	22 14	10 11	4 16	26 6	21 55	24 5
8	17 35	10 11	22 19	10 6	4 59	27 19	23 20	24 3
9	17 35	10 13	22 24	10 1	5 42	28 33	24 48	24 2
10	17 36	10 15	22 28	9 57	6 26	29 47	26 18	24 1
11	17 36	10 16	22 33	9 52	7 9	1 ♊ 1	27 50	24 0
12	17 36	10 18	22 38	9 48	7 52	2 15	29 24	23 58
13	17 37	10 19	22 43	9 44	8 36	3 29	1 ♉ 0	23 57
14	17 37	10 21	22 48	9 40	9 19	4 42	2 38	23 56
15	17 37	10 23	22 54	9 36	10 2	5 56	4 18	23 54
16	17 37	10 24	22 59	9 32	10 45	7 10	6 0	23 53
17	17 37	10 25	23 4	9 29	11 29	8 23	7 44	23 52
18	17 37	10 27	23 10	9 25	12 12	9 37	9 31	23 50
19	17 37	10 28	23 15	9 22	12 55	10 51	11 19	23 49
20	17 37	10 29	23 21	9 19	13 38	12 4	13 9	23 47
21	17 R 37	10 31	23 26	9 16	14 21	13 18	15 2	23 46
22	17 37	10 32	23 32	9 14	15 4	14 32	16 56	23 45
23	17 37	10 33	23 38	9 11	15 47	15 45	18 53	23 43
24	17 37	10 34	23 43	9 9	16 30	16 59	20 51	23 42
25	17 37	10 35	23 49	9 7	17 13	18 12	22 52	23 40
26	17 37	10 36	23 55	9 5	17 55	19 26	24 54	23 39
27	17 37	10 37	24 1	9 3	18 38	20 39	26 58	23 37
28	17 36	10 38	24 7	9 2	19 21	21 53	29 4	23 36
29	17 36	10 39	24 13	9 0	20 4	23 6	1 ♊ 11	23 34
30	17 36	10 39	24 20	8 59	20 46	24 20	3 20	23 32
31	17 35	10 40	24 26	8 58	21 29	25 33	5 29	23 31

Day	♂ Decl.	♀ Lat.	♀ Decl.	☿ Lat.	☿ Decl.	♇ Lat.	♇ Decl.	☊
	° ′	° ′	° ′	° ′	° ′	° ′	° ′	° ′
1	13 S 1	0 S 25	16 N 59	2 S 55	2 N 54	8 N 18	15 S 1	21 ♈ 58
4	12 17	0 18	18 5	2 57	4 16	8 18	15 0	21 49
7	11 33	0 11	19 6	2 54	5 50	8 19	15 0	21 39
10	10 48	0 3	20 3	2 46	7 34	8 19	14 59	21 30
13	10 2	0 N 4	20 55	2 33	9 26	8 19	14 59	21 20
16	9 16	0 11	21 41	2 15	11 24	8 19	14 59	21 10
19	8 29	0 19	22 23	1 52	13 27	8 20	14 58	21 1
22	7 42	0 26	22 58	1 26	15 31	8 20	14 58	20 51
25	6 54	0 33	23 28	0 57	17 34	8 20	14 58	20 42
28	6 7	0 40	23 51	0 26	19 32	8 20	14 57	20 32
31	5 19	0 47	24 9	0 N 6	21 19	8 20	14 57	20 23

2005 JUNI

Day	Sidereal Time	☉ Long.	☉ Decl.	☽ Long.	☽ Lat.	☽ Decl.
	H M S	° ′ ″	° ′	° ′	° ′	° ′
1	16 38 18	10 ♊ 36 33	22 N 2	29 ♓ 55	1 S 55	1 S 48
2	16 42 15	11 34 3	22 10	13 ♈ 21	0 45	4 N 34
3	16 46 11	12 31 32	22 18	26 33	0 N 26	10 38
4	16 50 8	13 29 1	22 25	9 ♉ 32	1 34	16 9
5	16 54 5	14 26 29	22 32	22 18	2 36	20 52
6	16 58 1	15 23 56	22 38	4 ♊ 54	3 30	24 33
7	17 1 58	16 21 22	22 45	17 20	4 13	27 2
8	17 5 54	17 18 48	22 50	29 36	4 43	28 9
9	17 9 51	18 16 12	22 55	11 ♋ 43	5 0	27 54
10	17 13 47	19 13 36	23 0	23 42	5 4	26 21
11	17 17 44	20 10 58	23 5	5 ♌ 36	4 54	23 37
12	17 21 40	21 8 20	23 9	17 27	4 32	19 55
13	17 25 37	22 5 41	23 12	29 19	3 58	15 25
14	17 29 34	23 3 1	23 16	11 ♍ 15	3 13	10 19
15	17 33 30	24 0 20	23 18	23 21	2 19	4 46
16	17 37 27	24 57 37	23 21	5 ♎ 42	1 18	1 S 4
17	17 41 23	25 54 54	23 23	18 22	0 11	7 1
18	17 45 20	26 52 11	23 24	1 ♏ 26	0 S 58	12 52
19	17 49 16	27 49 26	23 25	14 57	2 6	18 20
20	17 53 13	28 46 41	23 26	28 57	3 9	23 0
21	17 57 9	29 43 55	23 26	13 ♐ 24	4 2	26 24
22	18 1 6	0 ♋ 41 9	23 26	28 12	4 40	28 6
23	18 5 3	1 38 22	23 26	13 ♑ 14	5 0	27 45
24	18 8 59	2 35 35	23 25	28 21	4 58	25 21
25	18 12 56	3 32 48	23 24	13 ♒ 21	4 37	21 14
26	18 16 52	4 30 0	23 22	28 8	3 57	15 49
27	18 20 49	5 27 13	23 20	12 ♓ 34	3 2	9 39
28	18 24 45	6 24 25	23 17	26 37	1 58	3 9
29	18 28 42	7 21 38	23 14	10 ♈ 17	0 49	3 N 20
30	18 32 38	8 18 51	23 11	23 35	0 N 22	9 30

Day	♆ Lat.	♆ Decl.	♅ Lat.	♅ Decl.	♄ Lat.	♄ Decl.	♃ Lat.	♃ Decl.	♂ Lat.
	° ′	° ′	° ′	° ′	° ′	° ′	° ′	° ′	° ′
1	0 S 8	15 S 41	0 S 46	8 S 17	0 N 13	21 N 26	1 N 26	2 S 14	2 S 8
4	0 8	15 41	0 46	8 16	0 13	21 22	1 25	2 14	2 10
7	0 8	15 42	0 46	8 16	0 13	21 19	1 24	2 15	2 13
10	0 8	15 42	0 47	8 15	0 14	21 16	1 24	2 16	2 16
13	0 8	15 43	0 47	8 15	0 14	21 12	1 23	2 18	2 18
16	0 8	15 44	0 47	8 15	0 14	21 8	1 22	2 21	2 21
19	0 8	15 45	0 47	8 16	0 14	21 4	1 21	2 24	2 23
22	0 8	15 46	0 47	8 16	0 14	21 1	1 21	2 28	2 25
25	0 8	15 47	0 47	8 17	0 15	20 57	1 20	2 32	2 28
28	0 8	15 48	0 47	8 17	0 15	20 52	1 19	2 37	2 30

JUNI 2005

Day	♆ Long.	♅ Long.	♄ Long.	♃ Long.	♂ Long.	♀ Long.	☿ Long.	♇ Long.
	° ′	° ′	° ′	° ′	° ′	° ′	° ′	° ′
1	17 ♒ 35	10 ♓ 41	24 ♋ 32	8 ♎ 57	22 ♓ 12	26 ♊ 47	7 ♊ 40	23 ♐ 29
2	17 R 35	10 42	24 38	8 R 56	22 54	28 0	9 52	23 R 28
3	17 34	10 42	24 45	8 56	23 36	29 13	12 4	23 26
4	17 34	10 43	24 51	8 56	24 19	0 ♋ 27	14 16	23 25
5	17 33	10 43	24 58	8 55	25 1	1 40	16 28	23 23
6	17 33	10 44	25 4	8 D 55	25 43	2 54	18 39	23 21
7	17 32	10 44	25 11	8 56	26 26	4 7	20 50	23 20
8	17 32	10 44	25 18	8 56	27 8	5 20	23 1	23 18
9	17 31	10 45	25 24	8 57	27 50	6 33	25 10	23 17
10	17 30	10 45	25 31	8 57	28 32	7 47	27 18	23 15
11	17 30	10 45	25 38	8 58	29 14	9 0	29 24	23 13
12	17 29	10 45	25 45	8 59	29 56	10 13	1 ♋ 28	23 12
13	17 28	10 46	25 51	9 1	0 ♈ 37	11 27	3 31	23 10
14	17 28	10 46	25 58	9 2	1 19	12 40	5 32	23 8
15	17 27	10 46	26 5	9 4	2 1	13 53	7 30	23 7
16	17 26	10 R 46	26 12	9 6	2 42	15 6	9 27	23 5
17	17 25	10 46	26 19	9 8	3 24	16 19	11 21	23 4
18	17 24	10 45	26 26	9 10	4 5	17 32	13 13	23 2
19	17 23	10 45	26 34	9 12	4 46	18 45	15 3	23 0
20	17 22	10 45	26 41	9 15	5 27	19 58	16 51	22 59
21	17 21	10 45	26 48	9 17	6 8	21 11	18 36	22 57
22	17 21	10 44	26 55	9 20	6 49	22 25	20 19	22 56
23	17 20	10 44	27 2	9 23	7 30	23 38	21 59	22 54
24	17 18	10 44	27 10	9 27	8 11	24 51	23 37	22 52
25	17 17	10 43	27 17	9 30	8 52	26 3	25 13	22 51
26	17 16	10 43	27 24	9 33	9 32	27 16	26 46	22 49
27	17 15	10 42	27 32	9 37	10 13	28 29	28 17	22 48
28	17 14	10 42	27 39	9 41	10 53	29 42	29 46	22 46
29	17 13	10 41	27 46	9 45	11 33	0 ♌ 55	1 ♌ 12	22 44
30	17 12	10 40	27 54	9 49	12 13	2 8	2 35	22 43

Day	♂ Decl.	♀ Lat.	♀ Decl.	☿ Lat.	☿ Decl.	♇ Lat.	♇ Decl.	☊
	° ′	° ′	° ′	° ′	° ′	° ′	° ′	° ′
1	5 S 3	0 N 49	24 N 13	0 N 17	21 N 52	8 N 20	14 S 57	20 ♈ 20
4	4 15	0 56	24 22	0 47	23 17	8 20	14 57	20 10
7	3 27	1 2	24 24	1 13	24 21	8 20	14 57	20 1
10	2 40	1 8	24 20	1 35	24 59	8 20	14 57	19 51
13	1 52	1 13	24 10	1 50	25 13	8 19	14 57	19 42
16	1 5	1 18	23 53	1 58	25 4	8 19	14 57	19 32
19	0 18	1 23	23 30	2 0	24 34	8 19	14 57	19 22
22	0 N 29	1 27	23 0	1 55	23 48	8 18	14 57	19 13
25	1 15	1 30	22 25	1 44	22 48	8 18	14 57	19 3
28	2 0	1 33	21 44	1 27	21 37	8 18	14 57	18 54

2005 JULI

Day	Sidereal Time	☉ Long.	☉ Decl.	☽ Long.	☽ Lat.	☽ Decl.
	H M S	° ′ ″	° ′	° ′	° ′	° ′
1	18 36 35	9 ♋ 16 3	23 N 7	6 ♉ 35	1 N 29	15 N 7
2	18 40 32	10 13 16	23 3	19 19	2 31	19 58
3	18 44 28	11 10 29	22 58	1 ♊ 50	3 24	23 51
4	18 48 25	12 7 42	22 53	14 11	4 6	26 35
5	18 52 21	13 4 56	22 48	26 23	4 37	28 0
6	18 56 18	14 2 9	22 42	8 ♋ 29	4 55	28 4
7	19 0 14	14 59 22	22 36	20 28	4 59	26 48
8	19 4 11	15 56 36	22 29	2 ♌ 23	4 51	24 21
9	19 8 7	16 53 49	22 22	14 14	4 29	20 51
10	19 12 4	17 51 3	22 15	26 4	3 57	16 32
11	19 16 1	18 48 17	22 7	7 ♍ 55	3 13	11 35
12	19 19 57	19 45 30	21 59	19 51	2 21	6 11
13	19 23 54	20 42 44	21 51	1 ♎ 56	1 22	0 29
14	19 27 50	21 39 57	21 42	14 15	0 18	5 S 20
15	19 31 47	22 37 11	21 33	26 52	0 S 48	11 6
16	19 35 43	23 34 24	21 23	9 ♏ 52	1 56	16 35
17	19 39 40	24 31 38	21 13	23 19	2 56	21 27
18	19 43 36	25 28 52	21 3	7 ♐ 16	3 50	25 18
19	19 47 33	26 26 6	20 52	21 43	4 31	27 41
20	19 51 30	27 23 20	20 41	6 ♑ 35	4 55	28 12
21	19 55 26	28 20 35	20 30	21 45	5 0	26 37
22	19 59 23	29 17 51	20 18	7 ≈ 4	4 43	23 4
23	20 3 19	0 ♌ 15 7	20 6	22 19	4 6	17 57
24	20 7 16	1 12 23	19 53	7 ♓ 20	3 12	11 47
25	20 11 12	2 9 41	19 41	22 0	2 7	5 7
26	20 15 9	3 6 59	19 28	6 ♈ 14	0 55	1 N 38
27	20 19 5	4 4 18	19 14	20 0	0 N 18	8 6
28	20 23 2	5 1 38	19 1	3 ♉ 20	1 28	14 0
29	20 26 59	5 58 59	18 47	16 17	2 31	19 7
30	20 30 55	6 56 21	18 32	28 56	3 25	23 15
31	20 34 52	7 53 44	18 18	11 ♊ 19	4 8	26 13

Day	♆ Lat.	♆ Decl.	♅ Lat.	♅ Decl.	♄ Lat.	♄ Decl.	♃ Lat.	♃ Decl.	♂ Lat.
	° ′	° ′	° ′	° ′	° ′	° ′	° ′	° ′	° ′
1	0 S 8	15 S 49	0 S 47	8 S 18	0 N 15	20 N 48	1 N 18	2 S 43	2 S 32
4	0 8	15 50	0 48	8 19	0 15	20 44	1 18	2 49	2 34
7	0 8	15 51	0 48	8 20	0 16	20 39	1 17	2 56	2 36
10	0 8	15 52	0 48	8 22	0 16	20 35	1 16	3 3	2 38
13	0 8	15 54	0 48	8 23	0 16	20 30	1 15	3 11	2 39
16	0 8	15 55	0 48	8 25	0 16	20 26	1 15	3 19	2 41
19	0 8	15 56	0 48	8 27	0 17	20 21	1 14	3 27	2 42
22	0 8	15 58	0 48	8 28	0 17	20 16	1 13	3 36	2 43
25	0 8	15 59	0 48	8 30	0 17	20 12	1 13	3 46	2 45
28	0 8	16 1	0 48	8 32	0 17	20 7	1 12	3 56	2 46
31	0 8	16 2	0 48	8 35	0 18	20 2	1 12	4 6	2 47

JULI 2005

Day	♆ Long.	♅ Long.	♄ Long.	♃ Long.	♂ Long.	♀ Long.	☿ Long.	♇ Long.
	° ′	° ′	° ′	° ′	° ′	° ′	° ′	° ′
1	17 ♒ 11	10 ♓ 40	28 ♋ 1	9 ♎ 53	12 ♈ 53	3 ♌ 21	3 ♌ 57	22 ♐ 41
2	17 R 9	10 R 39	28 9	9 58	13 33	4 34	5 15	22 R 40
3	17 8	10 38	28 16	10 3	14 13	5 47	6 31	22 38
4	17 7	10 37	28 24	10 7	14 52	6 59	7 45	22 37
5	17 6	10 36	28 32	10 12	15 32	8 12	8 55	22 35
6	17 4	10 35	28 39	10 17	16 11	9 25	10 3	22 34
7	17 3	10 34	28 47	10 23	16 50	10 38	11 8	22 32
8	17 2	10 33	28 54	10 28	17 29	11 50	12 10	22 31
9	17 1	10 32	29 2	10 34	18 8	13 3	13 9	22 30
10	16 59	10 31	29 10	10 39	18 47	14 16	14 5	22 28
11	16 58	10 30	29 17	10 45	19 25	15 28	14 58	22 27
12	16 56	10 29	29 25	10 51	20 4	16 41	15 48	22 25
13	16 55	10 27	29 33	10 57	20 42	17 53	16 33	22 24
14	16 54	10 26	29 40	11 4	21 20	19 6	17 16	22 23
15	16 52	10 25	29 48	11 10	21 58	20 18	17 54	22 21
16	16 51	10 23	29 56	11 17	22 35	21 31	18 29	22 20
17	16 49	10 22	0 ♌ 3	11 23	23 13	22 43	18 59	22 19
18	16 48	10 20	0 11	11 30	23 50	23 56	19 25	22 17
19	16 46	10 19	0 19	11 37	24 27	25 8	19 47	22 16
20	16 45	10 17	0 27	11 44	25 4	26 20	20 5	22 15
21	16 43	10 16	0 34	11 51	25 41	27 32	20 18	22 14
22	16 42	10 14	0 42	11 59	26 17	28 45	20 26	22 13
23	16 40	10 13	0 50	12 6	26 54	29 57	20 29	22 11
24	16 39	10 11	0 58	12 14	27 30	1 ♍ 9	20 R 27	22 10
25	16 37	10 9	1 5	12 21	28 6	2 21	20 20	22 9
26	16 35	10 8	1 13	12 29	28 41	3 34	20 8	22 8
27	16 34	10 6	1 21	12 37	29 17	4 46	19 51	22 7
28	16 32	10 4	1 29	12 45	29 52	5 58	19 30	22 6
29	16 31	10 2	1 36	12 53	0 ♉ 27	7 10	19 3	22 5
30	16 29	10 0	1 44	13 2	1 2	8 22	18 33	22 4
31	16 27	9 58	1 52	13 10	1 36	9 34	17 58	22 3

Day	♂ Decl.	♀ Lat.	♀ Decl.	☿ Lat.	☿ Decl.	♇ Lat.	♇ Decl.	☊
	° ′	° ′	° ′	° ′	° ′	° ′	° ′	° ′
1	2 N 45	1 N 36	20 N 58	1 N 5	20 N 20	8 N 17	14 S 58	18 ♈ 44
4	3 29	1 37	20 6	0 39	18 58	8 17	14 58	18 35
7	4 13	1 39	19 9	0 8	17 34	8 16	14 58	18 25
10	4 56	1 39	18 8	0 S 27	16 11	8 15	14 59	18 16
13	5 37	1 39	17 2	1 5	14 51	8 15	14 59	18 6
16	6 18	1 38	15 53	1 45	13 37	8 14	15 0	17 57
19	6 58	1 36	14 39	2 27	12 33	8 13	15 0	17 47
22	7 36	1 34	13 23	3 8	11 42	8 12	15 1	17 38
25	8 14	1 31	12 3	3 47	11 7	8 11	15 1	17 28
28	8 50	1 27	10 41	4 21	10 51	8 11	15 2	17 19
31	9 26	1 23	9 16	4 45	10 55	8 10	15 3	17 9

2005 AUGUST

Day	Sidereal Time			☉ Long.			☉ Decl.		☽ Long.		☽ Lat.		☽ Decl.	
	H	M	S	°	′	″	°	′	°	′	°	′	°	′
1	20	38	48	8 ♌ 51		8	18 N	3	23 ♊	31	4 N 39		27 N 55	
2	20	42	45	9	48	34	17	48	5 ♋	34	4	57	28	16
3	20	46	41	10	46	0	17	32	17	31	5	2	27	17
4	20	50	38	11	43	27	17	16	29	25	4	54	25	3
5	20	54	34	12	40	56	17	0	11 ♌	16	4	33	21	46
6	20	58	31	13	38	25	16	44	23	7	4	0	17	35
7	21	2	28	14	35	55	16	27	4 ♍ 59		3	17	12	44
8	21	6	24	15	33	27	16	10	16	54	2	25	7	24
9	21	10	21	16	30	59	15	53	28	54	1	25	1	44
10	21	14	17	17	28	32	15	36	11 ♎	4	0	22	4 S	3
11	21	18	14	18	26	6	15	18	23	25	0 S 44		9	47
12	21	22	10	19	23	41	15	0	6 ♏	1	1	50	15	15
13	21	26	7	20	21	16	14	42	19	0	2	51	20	13
14	21	30	3	21	18	53	14	24	2 ♐	22	3	46	24	19
15	21	34	0	22	16	30	14	5	16	11	4	29	27	11
16	21	37	57	23	14	9	13	46	0 ♑	28	4	57	28	23
17	21	41	53	24	11	49	13	27	15	10	5	7	27	39
18	21	45	50	25	9	30	13	8	0 ♒	13	4	56	24	55
19	21	49	46	26	7	12	12	49	15	27	4	24	20	24
20	21	53	43	27	4	55	12	29	0 ♓	43	3	34	14	33
21	21	57	39	28	2	40	12	9	15	48	2	29	7	53
22	22	1	36	29	0	26	11	49	0 ♈	36	1	15	0	54
23	22	5	32	29	58	14	11	29	14	58	0 N	3	5 N 54	
24	22	9	29	0 ♍ 56		3	11	9	28	53	1	18	12	17
25	22	13	26	1	53	54	10	48	12 ♉	20	2	26	17	51
26	22	17	22	2	51	47	10	27	25	21	3	24	22	24
27	22	21	19	3	49	41	10	6	8 ♊	1	4	10	25	45
28	22	25	15	4	47	37	9	45	20	23	4	43	27	48
29	22	29	12	5	45	35	9	24	2 ♋	32	5	4	28	28
30	22	33	8	6	43	35	9	3	14	31	5	10	27	47
31	22	37	5	7	41	37	8	41	26	25	5	3	25	50

Day	♆ Lat.		♆ Decl.		♅ Lat.		♅ Decl.		♄ Lat.		♄ Decl.		♃ Lat.		♃ Decl.		♂ Lat.	
	°	′	°	′	°	′	°	′	°	′	°	′	°	′	°	′	°	′
1	0 S	8	16 S	3	0 S 48		8 S 35		0 N 18		20 N	0	1 N 11		4 S	9	2 S 47	
4	0	8	16	4	0	49	8	38	0	18	19	55	1	11	4	20	2	47
7	0	8	16	6	0	49	8	40	0	18	19	50	1	10	4	31	2	48
10	0	8	16	7	0	49	8	42	0	18	19	45	1	10	4	42	2	48
13	0	9	16	9	0	49	8	45	0	19	19	40	1	9	4	54	2	48
16	0	9	16	10	0	49	8	48	0	19	19	35	1	9	5	6	2	48
19	0	9	16	12	0	49	8	50	0	19	19	30	1	8	5	18	2	48
22	0	9	16	13	0	49	8	53	0	20	19	25	1	8	5	31	2	48
25	0	9	16	14	0	49	8	56	0	20	19	20	1	7	5	43	2	47
28	0	9	16	16	0	49	8	58	0	20	19	15	1	7	5	56	2	46
31	0	9	16	17	0	49	9	1	0	21	19	10	1	7	6	9	2	45

AUGUST 2005

Day	♆ Long.	♅ Long.	♄ Long.	♃ Long.	♂ Long.	♀ Long.	☿ Long.	♇ Long.
	° ′	° ′	° ′	° ′	° ′	° ′	° ′	° ′
1	16 ♒ 26	9 ♓ 56	2 ♌ 0	13 ♎ 18	2 ♉ 10	10 ♍ 46	17 ♌ 20	22 ♐ 2
2	16 R 24	9 R 55	2 7	13 27	2 44	11 58	16 R 39	22 R 1
3	16 23	9 53	2 15	13 36	3 18	13 9	15 55	22 0
4	16 21	9 51	2 23	13 45	3 51	14 21	15 10	21 59
5	16 19	9 49	2 30	13 54	4 25	15 33	14 24	21 58
6	16 18	9 46	2 38	14 3	4 57	16 45	13 37	21 58
7	16 16	9 44	2 46	14 12	5 30	17 56	12 52	21 57
8	16 14	9 42	2 53	14 21	6 2	19 8	12 8	21 56
9	16 13	9 40	3 1	14 31	6 34	20 20	11 26	21 55
10	16 11	9 38	3 9	14 40	7 6	21 31	10 48	21 55
11	16 10	9 36	3 16	14 50	7 37	22 43	10 13	21 54
12	16 8	9 34	3 24	14 59	8 8	23 54	9 44	21 53
13	16 6	9 31	3 31	15 9	8 39	25 6	9 20	21 53
14	16 5	9 29	3 39	15 19	9 9	26 17	9 2	21 52
15	16 3	9 27	3 46	15 29	9 39	27 28	8 50	21 52
16	16 1	9 25	3 54	15 39	10 8	28 40	8 46	21 51
17	16 0	9 22	4 1	15 49	10 38	29 51	8 D 48	21 51
18	15 58	9 20	4 9	15 59	11 6	1 ♎ 2	8 58	21 50
19	15 57	9 18	4 16	16 9	11 35	2 13	9 15	21 50
20	15 55	9 16	4 24	16 20	12 3	3 24	9 40	21 49
21	15 53	9 13	4 31	16 30	12 31	4 35	10 12	21 49
22	15 52	9 11	4 38	16 41	12 58	5 46	10 52	21 49
23	15 50	9 9	4 46	16 51	13 25	6 57	11 39	21 48
24	15 49	9 6	4 53	17 2	13 51	8 8	12 33	21 48
25	15 47	9 4	5 0	17 13	14 17	9 19	13 34	21 48
26	15 46	9 1	5 7	17 24	14 42	10 30	14 41	21 48
27	15 44	8 59	5 14	17 35	15 7	11 40	15 55	21 47
28	15 43	8 57	5 21	17 46	15 32	12 51	17 14	21 47
29	15 41	8 54	5 29	17 57	15 56	14 2	18 40	21 47
30	15 40	8 52	5 36	18 8	16 20	15 12	20 10	21 47
31	15 38	8 49	5 43	18 19	16 43	16 22	21 44	21 47

Day	♂ Decl.	♀ Lat.	♀ Decl.	☿ Lat.	☿ Decl.	♇ Lat.	♇ Decl.	☊
	° ′	° ′	° ′	° ′	° ′	° ′	° ′	° ′
1	9 N 37	1 N 21	8 N 47	4 S 50	11 N 2	8 N 9	15 S 3	17 ♈ 6
4	10 11	1 16	7 19	4 56	11 34	8 8	15 4	16 56
7	10 43	1 10	5 50	4 46	12 22	8 7	15 5	16 47
10	11 14	1 3	4 20	4 20	13 21	8 6	15 6	16 37
13	11 43	0 56	2 48	3 41	14 22	8 5	15 6	16 28
16	12 12	0 48	1 16	2 54	15 17	8 4	15 7	16 18
19	12 38	0 39	0 S 17	2 1	15 59	8 3	15 8	16 9
22	13 4	0 30	1 50	1 9	16 24	8 2	15 9	15 59
25	13 28	0 21	3 23	0 21	16 25	8 1	15 10	15 50
28	13 50	0 10	4 55	0 N 22	16 1	8 0	15 12	15 40
31	14 12	0 0	6 26	0 56	15 9	7 59	15 13	15 31

2005 SEPTEMBER

Day	Sidereal Time	☉ Long.	☉ Decl.	☽ Long.	☽ Lat.	☽ Decl.
	H M S	° ′ ″	° ′	° ′	° ′	° ′
1	22 41 1	8 ♍ 39 40	8 N 19	8 ♌ 16	4 N 43	22 N 45
2	22 44 58	9 37 46	7 58	20 7	4 11	18 45
3	22 48 55	10 35 53	7 36	2 ♍ 0	3 28	14 0
4	22 52 51	11 34 1	7 14	13 57	2 36	8 42
5	22 56 48	12 32 12	6 51	26 0	1 35	3 3
6	23 0 44	13 30 24	6 29	8 ♎ 11	0 30	2 S 47
7	23 4 41	14 28 37	6 7	20 31	0 S 37	8 35
8	23 8 37	15 26 52	5 44	3 ♏ 3	1 44	14 9
9	23 12 34	16 25 9	5 22	15 49	2 47	19 14
10	23 16 30	17 23 28	4 59	28 52	3 43	23 31
11	23 20 27	18 21 47	4 36	12 ♐ 14	4 28	26 41
12	23 24 24	19 20 9	4 13	25 57	4 59	28 22
13	23 28 20	20 18 32	3 50	10 ♑ 2	5 14	28 16
14	23 32 17	21 16 56	3 27	24 28	5 9	26 17
15	23 36 13	22 15 23	3 4	9 ♒ 12	4 44	22 31
16	23 40 10	23 13 51	2 41	24 7	4 0	17 15
17	23 44 6	24 12 20	2 18	9 ♓ 6	2 59	10 55
18	23 48 3	25 10 52	1 55	24 1	1 47	4 1
19	23 51 59	26 9 25	1 32	8 ♈ 43	0 28	3 N 2
20	23 55 56	27 8 1	1 8	23 5	0 N 52	9 46
21	23 59 53	28 6 38	0 45	7 ♉ 3	2 6	15 51
22	0 3 49	29 5 18	0 22	20 36	3 11	20 58
23	0 7 46	0 ♎ 3 59	0 S 2	3 ♊ 43	4 3	24 52
24	0 11 42	1 2 43	0 25	16 27	4 42	27 25
25	0 15 39	2 1 29	0 48	28 52	5 6	28 32
26	0 19 35	3 0 17	1 12	11 ♋ 2	5 16	28 14
27	0 23 32	3 59 8	1 35	23 2	5 12	26 36
28	0 27 28	4 58 0	1 58	4 ♌ 55	4 55	23 49
29	0 31 25	5 56 55	2 22	16 45	4 26	20 2
30	0 35 22	6 55 52	2 45	28 38	3 44	15 27

Day	♆ Lat.	♆ Decl.	♅ Lat.	♅ Decl.	♄ Lat.	♄ Decl.	♃ Lat.	♃ Decl.	♂ Lat.
	° ′	° ′	° ′	° ′	° ′	° ′	° ′	° ′	° ′
1	0 S 9	16 S 18	0 S 49	9 S 2	0 N 21	19 N 9	1 N 6	6 S 14	2 S 45
4	0 9	16 19	0 49	9 5	0 21	19 4	1 6	6 27	2 43
7	0 9	16 20	0 49	9 7	0 21	18 59	1 6	6 41	2 41
10	0 9	16 22	0 49	9 10	0 22	18 55	1 5	6 54	2 39
13	0 9	16 23	0 49	9 12	0 22	18 50	1 5	7 8	2 37
16	0 9	16 24	0 49	9 15	0 22	18 46	1 5	7 22	2 34
19	0 9	16 25	0 49	9 18	0 23	18 41	1 4	7 36	2 31
22	0 9	16 26	0 49	9 20	0 23	18 37	1 4	7 50	2 27
25	0 9	16 27	0 49	9 22	0 23	18 33	1 4	8 4	2 23
28	0 9	16 28	0 49	9 25	0 24	18 29	1 4	8 18	2 19

SEPTEMBER 2005

Day	♆ Long.	♅ Long.	♄ Long.	♃ Long.	♂ Long.	♀ Long.	☿ Long.	♇ Long.
	° ′	° ′	° ′	° ′	° ′	° ′	° ′	° ′
1	15 ♒ 37	8 ♓ 47	5 ♌ 50	18 ♎ 30	17 ♉ 5	17 ♎ 33	23 ♌ 23	21 ♐ 47
2	15 R 35	8 R 45	5 57	18 42	17 27	18 43	25 5	21 47
3	15 34	8 42	6 3	18 53	17 49	19 53	26 51	21 47
4	15 32	8 40	6 10	19 5	18 9	21 4	28 38	21 47
5	15 31	8 38	6 17	19 16	18 30	22 14	0 ♍ 29	21 47
6	15 29	8 35	6 24	19 28	18 50	23 24	2 20	21 47
7	15 28	8 33	6 30	19 40	19 9	24 34	4 14	21 48
8	15 27	8 30	6 37	19 51	19 27	25 44	6 8	21 48
9	15 25	8 28	6 44	20 3	19 45	26 54	8 2	21 48
10	15 24	8 26	6 50	20 15	20 3	28 3	9 57	21 48
11	15 23	8 23	6 57	20 27	20 19	29 13	11 53	21 49
12	15 21	8 21	7 3	20 39	20 35	0 ♏ 23	13 47	21 49
13	15 20	8 19	7 10	20 51	20 51	1 32	15 42	21 49
14	15 19	8 16	7 16	21 3	21 5	2 42	17 36	21 50
15	15 18	8 14	7 22	21 15	21 20	3 51	19 30	21 50
16	15 16	8 12	7 28	21 27	21 33	5 0	21 22	21 51
17	15 15	8 9	7 35	21 39	21 45	6 9	23 14	21 51
18	15 14	8 7	7 41	21 51	21 57	7 18	25 5	21 52
19	15 13	8 5	7 47	22 4	22 9	8 27	26 56	21 52
20	15 12	8 3	7 53	22 16	22 19	9 36	28 45	21 53
21	15 11	8 0	7 59	22 28	22 29	10 45	0 ♎ 33	21 54
22	15 10	7 58	8 4	22 41	22 37	11 54	2 21	21 54
23	15 9	7 56	8 10	22 53	22 45	13 2	4 7	21 55
24	15 8	7 54	8 16	23 6	22 53	14 11	5 53	21 56
25	15 7	7 52	8 22	23 18	22 59	15 19	7 37	21 57
26	15 6	7 50	8 27	23 31	23 5	16 28	9 21	21 57
27	15 5	7 48	8 33	23 44	23 9	17 36	11 3	21 58
28	15 4	7 46	8 38	23 56	23 13	18 44	12 45	21 59
29	15 3	7 44	8 43	24 9	23 16	19 52	14 25	22 0
30	15 2	7 42	8 49	24 22	23 18	21 0	16 5	22 1

Day	♂ Decl.	♀ Lat.	♀ Decl.	☿ Lat.	☿ Decl.	♇ Lat.	♇ Decl.	☊
	° ′	° ′	° ′	° ′	° ′	° ′	° ′	° ′
1	14 N 18	0 S 4	6 S 57	1 N 6	14 N 46	7 N 58	15 S 13	15 ♈ 27
4	14 38	0 15	8 27	1 28	13 20	7 57	15 14	15 18
7	14 55	0 26	9 55	1 42	11 33	7 56	15 15	15 8
10	15 12	0 38	11 22	1 48	9 30	7 55	15 17	14 59
13	15 27	0 49	12 47	1 47	7 17	7 54	15 18	14 49
16	15 40	1 1	14 9	1 40	4 57	7 53	15 19	14 40
19	15 52	1 14	15 29	1 29	2 35	7 52	15 20	14 30
22	16 3	1 26	16 46	1 14	0 12	7 50	15 21	14 21
25	16 13	1 38	17 59	0 57	2 S 9	7 49	15 23	14 11
28	16 20	1 50	19 9	0 39	4 27	7 48	15 24	14 2

2005 OKTOBER

Day	Sidereal Time			☉ Long.			☉ Decl.		☽ Long.			☽ Lat.		☽ Decl.	
	H	M	S	°	′	″	°	′	°		′	°	′	°	′
1	0	39	18	7 ♎	54	52	3 S	8	10 ♍		35	2 N	53	10 N	16
2	0	43	15	8	53	53	3	32	22		40	1	53	4	39
3	0	47	11	9	52	57	3	55	4 ♎		54	0	48	1 S	13
4	0	51	8	10	52	2	4	18	17		20	0 S	21	7	8
5	0	55	4	11	51	10	4	41	29		57	1	30	12	51
6	0	59	1	12	50	20	5	4	12 ♏		48	2	35	18	9
7	1	2	58	13	49	31	5	27	25		52	3	34	22	41
8	1	6	54	14	48	45	5	50	9 ♐		10	4	22	26	8
9	1	10	51	15	48	0	6	13	22		43	4	56	28	10
10	1	14	47	16	47	17	6	36	6 ♑		29	5	15	28	31
11	1	18	44	17	46	35	6	59	20		29	5	15	27	4
12	1	22	40	18	45	56	7	21	4 ♒		41	4	56	23	53
13	1	26	37	19	45	18	7	44	19		4	4	19	19	12
14	1	30	33	20	44	43	8	6	3 ♓		34	3	25	13	22
15	1	34	30	21	44	8	8	28	18		6	2	17	6	48
16	1	38	27	22	43	36	8	50	2 ♈		36	1	1	0 N	6
17	1	42	23	23	43	6	9	12	16		58	0 N	18	6	57
18	1	46	20	24	42	38	9	34	1 ♉		7	1	35	13	21
19	1	50	16	25	42	12	9	56	14		58	2	45	18	57
20	1	54	13	26	41	48	10	18	28		29	3	43	23	27
21	1	58	9	27	41	25	10	39	11 ♊		37	4	28	26	36
22	2	2	6	28	41	6	11	1	24		24	4	59	28	18
23	2	6	2	29	40	48	11	22	6 ♋		52	5	14	28	29
24	2	9	59	0 ♏	40	32	11	43	19		4	5	14	27	16
25	2	13	56	1	40	19	12	3	1 ♌		5	5	1	24	49
26	2	17	52	2	40	8	12	24	12		58	4	35	21	19
27	2	21	49	3	39	59	12	44	24		49	3	57	16	59
28	2	25	45	4	39	53	13	5	6 ♍		42	3	9	11	59
29	2	29	42	5	39	48	13	25	18		42	2	13	6	30
30	2	33	38	6	39	46	13	44	0 ♎		53	1	9	0	42
31	2	37	35	7	39	45	14	4	13		18	0	1	5 S	14

Day	♆ Lat.	♆ Decl.	♅ Lat.	♅ Decl.	♄ Lat.	♄ Decl.	♃ Lat.	♃ Decl.	♂ Lat.
	° ′	° ′	° ′	° ′	° ′	° ′	° ′	° ′	° ′
1	0 S 9	16 S 28	0 S 49	9 S 27	0 N 24	18 N 25	1 N 3	8 S 32	2 S 13
4	0 9	16 29	0 48	9 29	0 25	18 22	1 3	8 46	2 8
7	0 9	16 30	0 48	9 31	0 25	18 18	1 3	9 1	2 2
10	0 9	16 30	0 48	9 33	0 25	18 15	1 3	9 15	1 55
13	0 9	16 31	0 48	9 34	0 26	18 12	1 3	9 29	1 48
16	0 9	16 31	0 48	9 36	0 26	18 9	1 3	9 43	1 40
19	0 9	16 31	0 48	9 38	0 27	18 6	1 3	9 57	1 31
22	0 9	16 32	0 48	9 39	0 27	18 4	1 2	10 11	1 22
25	0 9	16 32	0 48	9 40	0 27	18 2	1 2	10 25	1 13
28	0 9	16 32	0 48	9 41	0 28	18 0	1 2	10 39	1 3
31	0 9	16 32	0 48	9 42	0 28	17 58	1 2	10 52	0 53

OKTOBER 2005

Day	♆ Long.	♅ Long.	♄ Long.	♃ Long.	♂ Long.	♀ Long.	☿ Long.	♇ Long.
	° ′	° ′	° ′	° ′	° ′	° ′	° ′	° ′
1	15 ♒ 1	7 ♓ 40	8 ♌ 54	24 ♎ 34	23 ♉ 20	22 ♏ 7	17 ♎ 44	22 ♐ 2
2	15 R 0	7 R 38	8 59	24 47	23 20	23 15	19 22	22 3
3	15 0	7 36	9 4	25 0	23 R 19	24 22	20 59	22 4
4	14 59	7 34	9 9	25 13	23 18	25 30	22 36	22 5
5	14 58	7 32	9 14	25 25	23 16	26 37	24 11	22 6
6	14 57	7 30	9 19	25 38	23 12	27 44	25 46	22 7
7	14 57	7 28	9 24	25 51	23 8	28 51	27 20	22 8
8	14 56	7 27	9 28	26 4	23 3	29 57	28 54	22 9
9	14 56	7 25	9 33	26 17	22 58	1 ♐ 4	0 ♏ 26	22 11
10	14 55	7 23	9 37	26 30	22 51	2 10	1 58	22 12
11	14 54	7 21	9 42	26 43	22 43	3 17	3 29	22 13
12	14 54	7 20	9 46	26 56	22 35	4 23	4 59	22 14
13	14 53	7 18	9 50	27 9	22 25	5 29	6 28	22 16
14	14 53	7 17	9 55	27 22	22 15	6 34	7 57	22 17
15	14 53	7 15	9 59	27 35	22 4	7 40	9 25	22 18
16	14 52	7 14	10 3	27 48	21 52	8 45	10 52	22 20
17	14 52	7 12	10 6	28 1	21 40	9 50	12 19	22 21
18	14 52	7 11	10 10	28 14	21 26	10 55	13 44	22 23
19	14 51	7 10	10 14	28 27	21 12	12 0	15 9	22 24
20	14 51	7 8	10 18	28 40	20 57	13 4	16 33	22 26
21	14 51	7 7	10 21	28 53	20 42	14 9	17 56	22 27
22	14 51	7 6	10 24	29 6	20 26	15 13	19 18	22 29
23	14 50	7 5	10 28	29 19	20 9	16 16	20 39	22 30
24	14 50	7 3	10 31	29 32	19 51	17 20	21 59	22 32
25	14 50	7 2	10 34	29 45	19 33	18 23	23 18	22 33
26	14 50	7 1	10 37	29 58	19 14	19 26	24 36	22 35
27	14 50	7 0	10 40	0 ♏ 12	18 55	20 29	25 53	22 37
28	14 D 50	6 59	10 43	0 25	18 36	21 32	27 8	22 38
29	14 50	6 58	10 46	0 38	18 16	22 34	28 22	22 40
30	14 50	6 58	10 48	0 51	17 55	23 36	29 34	22 42
31	14 50	6 57	10 51	1 4	17 35	24 37	0 ♐ 44	22 44

Day	♂ Decl.	♀ Lat.	♀ Decl.	☿ Lat.	☿ Decl.	♇ Lat.	♇ Decl.	☊
	° ′	° ′	° ′	° ′	° ′	° ′	° ′	° ′
1	16 N 27	2 S 1	20 S 15	0 N 19	6 S 40	7 N 47	15 S 25	13 ♈ 52
4	16 32	2 13	21 17	0 S 2	8 50	7 46	15 26	13 42
7	16 36	2 24	22 15	0 23	10 53	7 45	15 28	13 33
10	16 38	2 35	23 7	0 45	12 51	7 44	15 29	13 23
13	16 38	2 45	23 55	1 6	14 42	7 43	15 30	13 14
16	16 38	2 55	24 38	1 26	16 27	7 42	15 31	13 4
19	16 35	3 4	25 16	1 45	18 3	7 41	15 33	12 55
22	16 32	3 12	25 48	2 3	19 31	7 40	15 34	12 45
25	16 27	3 20	26 15	2 19	20 50	7 39	15 35	12 36
28	16 21	3 26	26 36	2 32	21 59	7 38	15 36	12 26
31	16 14	3 32	26 51	2 42	22 57	7 37	15 37	12 17

2005 NOVEMBER

Day	Sidereal Time			☉ Long.			☉ Decl.		☽ Long.		☽ Lat.		☽ Decl.	
	H	M	S	°	′	″	°	′	°	′	°	′	°	′
1	2	41	31	8 ♏	39	47	14 S	23	25 ♎	59	1 S	8	11 S	5
2	2	45	28	9	39	51	14	43	8 ♏	57	2	15	16	36
3	2	49	25	10	39	56	15	1	22	11	3	16	21	28
4	2	53	21	11	40	4	15	20	5 ♐	41	4	8	25	19
5	2	57	18	12	40	13	15	38	19	25	4	46	27	46
6	3	1	14	13	40	23	15	57	3 ♑	19	5	7	28	31
7	3	5	11	14	40	35	16	15	17	20	5	11	27	28
8	3	9	7	15	40	49	16	32	1 ♒	27	4	57	24	39
9	3	13	4	16	41	5	16	49	15	36	4	24	20	21
10	3	17	0	17	41	21	17	6	29	46	3	35	14	54
11	3	20	57	18	41	39	17	23	13 ♓	55	2	33	8	41
12	3	24	54	19	41	59	17	40	28	0	1	22	2	3
13	3	28	50	20	42	20	17	56	12 ♈	2	0	7	4 N	39
14	3	32	47	21	42	43	18	12	25	56	1 N	8	11	5
15	3	36	43	22	43	7	18	27	9 ♉	41	2	19	16	54
16	3	40	40	23	43	33	18	42	23	13	3	20	21	48
17	3	44	36	24	44	0	18	57	6 ♊	31	4	9	25	29
18	3	48	33	25	44	28	19	12	19	31	4	43	27	44
19	3	52	29	26	44	59	19	26	2 ♋	15	5	3	28	28
20	3	56	26	27	45	31	19	40	14	42	5	8	27	44
21	4	0	23	28	46	5	19	53	26	54	4	59	25	40
22	4	4	19	29	46	40	20	6	8 ♌	54	4	36	22	28
23	4	8	16	0 ♐	47	17	20	19	20	47	4	2	18	23
24	4	12	12	1	47	56	20	31	2 ♍	36	3	18	13	37
25	4	16	9	2	48	36	20	43	14	29	2	25	8	20
26	4	20	5	3	49	18	20	55	26	29	1	25	2	42
27	4	24	2	4	50	2	21	6	8 ♎	41	0	20	3 S	8
28	4	27	58	5	50	47	21	17	21	11	0 S	47	8	59
29	4	31	55	6	51	34	21	27	4 ♏	1	1	53	14	38
30	4	35	52	7	52	22	21	37	17	14	2	55	19	47

Day	♆ Lat.		♆ Decl.		♅ Lat.		♅ Decl.		♄ Lat.		♄ Decl.		♃ Lat.		♃ Decl.		♂ Lat.	
	°	′	°	′	°	′	°	′	°	′	°	′	°	′	°	′	°	′
1	0 S	9	16 S	32	0 S	48	9 S	42	0 N	28	17 N	57	1 N	2	10 S	57	0 S	50
4	0	9	16	32	0	48	9	43	0	29	17	56	1	2	11	10	0	39
7	0	9	16	31	0	47	9	43	0	29	17	55	1	2	11	23	0	29
10	0	9	16	31	0	47	9	44	0	30	17	54	1	2	11	37	0	18
13	0	9	16	30	0	47	9	44	0	30	17	53	1	2	11	50	0	8
16	0	9	16	30	0	47	9	44	0	31	17	53	1	2	12	2	0 N	2
19	0	9	16	29	0	47	9	44	0	31	17	53	1	3	12	15	0	11
22	0	9	16	29	0	47	9	43	0	32	17	53	1	3	12	27	0	20
25	0	9	16	28	0	47	9	43	0	32	17	54	1	3	12	40	0	29
28	0	9	16	27	0	47	9	42	0	32	17	55	1	3	12	52	0	37

NOVEMBER 2005

Day	♆ Long.	♅ Long.	♄ Long.	♃ Long.	♂ Long.	♀ Long.	☿ Long.	♇ Long.
	° ′	° ′	° ′	° ′	° ′	° ′	° ′	° ′
1	14 ♒ 51	6 ♓ 56	10 ♌ 53	1 ♏ 17	17 ♉ 14	25 ♐ 38	1 ♐ 52	22 ♐ 45
2	14 51	6 R 55	10 55	1 30	16 R 53	26 39	2 58	22 47
3	14 51	6 55	10 58	1 43	16 32	27 40	4 1	22 49
4	14 51	6 54	11 0	1 56	16 10	28 40	5 1	22 51
5	14 52	6 53	11 2	2 9	15 49	29 40	5 59	22 53
6	14 52	6 53	11 4	2 22	15 28	0 ♑ 39	6 53	22 54
7	14 52	6 52	11 5	2 35	15 7	1 38	7 43	22 56
8	14 53	6 52	11 7	2 48	14 45	2 37	8 28	22 58
9	14 53	6 52	11 9	3 1	14 24	3 35	9 9	23 0
10	14 54	6 51	11 10	3 13	14 4	4 33	9 44	23 2
11	14 54	6 51	11 11	3 26	13 43	5 30	10 13	23 4
12	14 55	6 51	11 12	3 39	13 23	6 26	10 35	23 6
13	14 55	6 51	11 14	3 52	13 3	7 22	10 50	23 8
14	14 56	6 50	11 15	4 5	12 44	8 18	10 56	23 10
15	14 56	6 50	11 15	4 17	12 25	9 13	10 R 54	23 12
16	14 57	6 50	11 16	4 30	12 7	10 7	10 42	23 14
17	14 58	6 D 50	11 17	4 43	11 49	11 1	10 20	23 16
18	14 58	6 50	11 17	4 56	11 31	11 55	9 47	23 18
19	14 59	6 51	11 18	5 8	11 15	12 47	9 4	23 20
20	15 0	6 51	11 18	5 21	10 58	13 39	8 11	23 22
21	15 1	6 51	11 18	5 33	10 43	14 30	7 9	23 24
22	15 2	6 51	11 19	5 46	10 28	15 21	5 59	23 26
23	15 3	6 52	11 R 18	5 58	10 14	16 10	4 42	23 29
24	15 4	6 52	11 18	6 11	10 1	16 59	3 21	23 31
25	15 4	6 52	11 18	6 23	9 48	17 47	1 59	23 33
26	15 5	6 53	11 18	6 35	9 36	18 34	0 39	23 35
27	15 6	6 53	11 17	6 48	9 25	19 21	29 ♏ 22	23 37
28	15 8	6 54	11 17	7 0	9 14	20 6	28 12	23 39
29	15 9	6 55	11 16	7 12	9 5	20 50	27 10	23 41
30	15 10	6 55	11 15	7 24	8 56	21 34	26 18	23 44

Day	♂ Decl.	♀ Lat.	♀ Decl.	☿ Lat.	☿ Decl.	♇ Lat.	♇ Decl.	☊
	° ′	° ′	° ′	° ′	° ′	° ′	° ′	° ′
1	16 N 11	3 S 33	26 S 55	2 S 45	23 S 13	7 N 37	15 S 38	12 ♈ 14
4	16 3	3 37	27 3	2 49	23 55	7 36	15 39	12 4
7	15 55	3 39	27 5	2 48	24 22	7 35	15 40	11 54
10	15 46	3 41	27 2	2 39	24 32	7 34	15 41	11 45
13	15 38	3 40	26 54	2 21	24 23	7 34	15 42	11 35
16	15 30	3 38	26 41	1 50	23 51	7 33	15 43	11 26
19	15 23	3 34	26 23	1 5	22 52	7 32	15 44	11 16
22	15 17	3 29	26 1	0 8	21 26	7 32	15 45	11 7
25	15 13	3 21	25 34	0 N 54	19 41	7 31	15 46	10 57
28	15 10	3 10	25 4	1 46	18 2	7 31	15 47	10 48

2005 DEZEMBER

Day	Sidereal Time	☉ Long.	☉ Decl.	☽ Long.	☽ Lat.	☽ Decl.
	H M S	° ′ ″	° ′	° ′	° ′	° ′
1	4 39 48	8 ♐ 53 11	21 S 47	0 ♐ 50	3 S 49	24 S 4
2	4 43 45	9 54 2	21 56	14 46	4 31	27 3
3	4 47 41	10 54 54	22 5	28 58	4 56	28 22
4	4 51 38	11 55 46	22 13	13 ♑ 21	5 4	27 48
5	4 55 34	12 56 40	22 21	27 49	4 52	25 22
6	4 59 31	13 57 34	22 29	12 ♒ 15	4 21	21 18
7	5 3 27	14 58 30	22 36	26 35	3 35	16 1
8	5 7 24	15 59 26	22 42	10 ♓ 46	2 35	9 56
9	5 11 21	17 0 22	22 48	24 46	1 27	3 25
10	5 15 17	18 1 20	22 54	8 ♈ 35	0 15	3 N 11
11	5 19 14	19 2 18	22 59	22 14	0 N 57	9 33
12	5 23 10	20 3 16	23 4	5 ♉ 43	2 5	15 24
13	5 27 7	21 4 16	23 8	19 2	3 6	20 27
14	5 31 3	22 5 15	23 12	2 ♊ 10	3 55	24 26
15	5 35 0	23 6 16	23 16	15 7	4 31	27 6
16	5 38 56	24 7 17	23 19	27 52	4 53	28 19
17	5 42 53	25 8 19	23 21	10 ♋ 25	5 1	28 2
18	5 46 50	26 9 21	23 23	22 44	4 54	26 21
19	5 50 46	27 10 25	23 25	4 ♌ 52	4 33	23 25
20	5 54 43	28 11 29	23 26	16 50	4 1	19 37
21	5 58 39	29 12 33	23 26	28 41	3 19	15 2
22	6 2 36	0 ♑ 13 39	23 26	10 ♍ 29	2 28	9 55
23	6 6 32	1 14 45	23 26	22 19	1 31	4 26
24	6 10 29	2 15 52	23 25	4 ♎ 17	0 29	1 S 16
25	6 14 25	3 17 0	23 24	16 26	0 S 36	7 1
26	6 18 22	4 18 8	23 22	28 54	1 40	12 38
27	6 22 19	5 19 17	23 20	11 ♏ 45	2 41	17 34
28	6 26 15	6 20 26	23 17	25 2	3 35	22 30
29	6 30 12	7 21 36	23 14	8 ♐ 48	4 19	26 2
30	6 34 8	8 22 46	23 11	22 59	4 48	28 3
31	6 38 5	9 23 56	23 6	7 ♑ 33	5 0	28 13

Day	♆ Lat.	♆ Decl.	♅ Lat.	♅ Decl.	♄ Lat.	♄ Decl.	♃ Lat.	♃ Decl.	♂ Lat.
	° ′	° ′	° ′	° ′	° ′	° ′	° ′	° ′	° ′
1	0 S 9	16 S 26	0 S 46	9 S 41	0 N 33	17 N 56	1 N 3	13 S 3	0 N 45
4	0 9	16 25	0 46	9 40	0 33	17 57	1 3	13 15	0 52
7	0 9	16 24	0 46	9 39	0 34	17 59	1 3	13 26	0 58
10	0 9	16 23	0 46	9 37	0 34	18 1	1 4	13 37	1 4
13	0 9	16 21	0 46	9 36	0 35	18 3	1 4	13 47	1 9
16	0 10	16 20	0 46	9 34	0 35	18 6	1 4	13 58	1 14
19	0 10	16 19	0 46	9 32	0 36	18 8	1 4	14 8	1 19
22	0 10	16 17	0 46	9 30	0 36	18 11	1 5	14 17	1 23
25	0 10	16 16	0 46	9 28	0 37	18 14	1 5	14 27	1 26
28	0 10	16 14	0 45	9 26	0 37	18 17	1 5	14 36	1 29
31	0 10	16 12	0 45	9 23	0 38	18 21	1 5	14 44	1 32

DEZEMBER 2005

Day	♆ Long.	♅ Long.	♄ Long.	♃ Long.	♂ Long.	♀ Long.	☿ Long.	♇ Long.
	° ′	° ′	° ′	° ′	° ′	° ′	° ′	° ′
1	15 ♒ 11	6 ♓ 56	11 ♌ 14	7 ♏ 37	8 ♉ 48	22 ♑ 16	25 ♏ 38	23 ♐ 46
2	15 12	6 57	11 R 13	7 49	8 R 41	22 57	25 R 8	23 48
3	15 13	6 58	11 12	8 1	8 35	23 37	24 51	23 50
4	15 14	6 59	11 11	8 13	8 29	24 16	24 44	23 52
5	15 16	7 0	11 10	8 24	8 24	24 53	24 D 48	23 55
6	15 17	7 1	11 8	8 36	8 21	25 29	25 2	23 57
7	15 18	7 2	11 6	8 48	8 18	26 4	25 26	23 59
8	15 20	7 3	11 5	9 0	8 15	26 38	25 57	24 1
9	15 21	7 4	11 3	9 11	8 14	27 10	26 35	24 3
10	15 22	7 5	11 1	9 23	8 13	27 40	27 20	24 6
11	15 24	7 6	10 59	9 34	8 D 14	28 9	28 11	24 8
12	15 25	7 8	10 57	9 46	8 15	28 36	29 7	24 10
13	15 27	7 9	10 55	9 57	8 17	29 1	0 ♐ 7	24 12
14	15 28	7 10	10 53	10 9	8 19	29 25	1 11	24 15
15	15 30	7 12	10 50	10 20	8 23	29 47	2 19	24 17
16	15 31	7 13	10 48	10 31	8 27	0 ♒ 6	3 29	24 19
17	15 33	7 15	10 45	10 42	8 32	0 24	4 42	24 21
18	15 35	7 16	10 42	10 53	8 37	0 40	5 57	24 23
19	15 36	7 18	10 39	11 4	8 43	0 54	7 14	24 26
20	15 38	7 20	10 37	11 15	8 50	1 5	8 33	24 28
21	15 40	7 21	10 34	11 26	8 58	1 14	9 54	24 30
22	15 41	7 23	10 31	11 36	9 6	1 21	11 15	24 32
23	15 43	7 25	10 27	11 47	9 15	1 26	12 38	24 35
24	15 45	7 27	10 24	11 57	9 25	1 28	14 2	24 37
25	15 47	7 29	10 21	12 8	9 35	1 R 28	15 27	24 39
26	15 48	7 31	10 17	12 18	9 46	1 25	16 52	24 41
27	15 50	7 33	10 14	12 28	9 58	1 20	18 19	24 43
28	15 52	7 35	10 10	12 38	10 10	1 13	19 46	24 46
29	15 54	7 37	10 7	12 48	10 23	1 2	21 13	24 48
30	15 56	7 39	10 3	12 58	10 36	0 50	22 42	24 50
31	15 58	7 41	9 59	13 8	10 50	0 35	24 10	24 52

Day	♂ Decl.	♀ Lat.	♀ Decl.	☿ Lat.	☿ Decl.	♇ Lat.	♇ Decl.	☊
	° ′	° ′	° ′	° ′	° ′	° ′	° ′	° ′
1	15 N 8	2 S 58	24 S 31	2 N 22	16 S 52	7 N 30	15 S 48	10 ♈ 38
4	15 9	2 42	23 55	2 39	16 23	7 29	15 48	10 29
7	15 11	2 24	23 17	2 40	16 32	7 29	15 49	10 19
10	15 15	2 2	22 37	2 30	17 8	7 29	15 50	10 10
13	15 22	1 38	21 57	2 14	18 0	7 28	15 51	10 0
16	15 29	1 9	21 15	1 53	19 0	7 28	15 51	9 51
19	15 39	0 37	20 34	1 30	20 2	7 28	15 52	9 41
22	15 50	0 2	19 53	1 7	21 1	7 27	15 52	9 31
25	16 3	0 N 37	19 14	0 43	21 56	7 27	15 53	9 22
28	16 17	1 19	18 36	0 20	22 43	7 27	15 53	9 12
31	16 32	2 4	18 0	0 S 3	23 21	7 27	15 54	9 3

2006 JANUAR

Day	Sidereal Time	☉ Long.	☉ Decl.	☽ Long.	☽ Lat.	☽ Decl.
	H M S	° ′ ″	° ′	° ′	° ′	° ′
1	6 42 1	10 ♑ 25 6	23 S 2	22 ♐ 23	4 S 52	26 S 23
2	6 45 58	11 26 17	22 57	7 ≈ 18	4 24	22 42
3	6 49 54	12 27 27	22 51	22 10	3 38	17 34
4	6 53 51	13 28 37	22 45	6 ♓ 51	2 38	11 27
5	6 57 48	14 29 47	22 39	21 17	1 29	4 49
6	7 1 44	15 30 57	22 32	5 ♈ 24	0 16	1 N 54
7	7 5 41	16 32 6	22 25	19 12	0 N 57	8 24
8	7 9 37	17 33 15	22 17	2 ♉ 41	2 5	14 22
9	7 13 34	18 34 24	22 9	15 55	3 5	19 33
10	7 17 30	19 35 32	22 1	28 55	3 54	23 43
11	7 21 27	20 36 39	21 52	11 ♊ 43	4 30	26 39
12	7 25 23	21 37 46	21 42	24 21	4 52	28 11
13	7 29 20	22 38 53	21 32	6 ♋ 48	5 0	28 16
14	7 33 17	23 39 59	21 22	19 6	4 54	26 56
15	7 37 13	24 41 5	21 11	1 ♌ 14	4 35	24 21
16	7 41 10	25 42 10	21 0	13 15	4 3	20 44
17	7 45 6	26 43 15	20 49	25 9	3 21	16 18
18	7 49 3	27 44 20	20 37	6 ♍ 58	2 31	11 17
19	7 52 59	28 45 24	20 25	18 45	1 33	5 53
20	7 56 56	29 46 28	20 12	0 ♎ 34	0 32	0 16
21	8 0 52	0 ≈ 47 31	19 59	12 30	0 S 31	5 S 25
22	8 4 49	1 48 35	19 45	24 37	1 34	11 0
23	8 8 46	2 49 37	19 32	7 ♏ 1	2 35	16 17
24	8 12 42	3 50 40	19 18	19 47	3 29	21 2
25	8 16 39	4 51 41	19 3	2 ♐ 59	4 14	24 55
26	8 20 35	5 52 43	18 48	16 41	4 47	27 32
27	8 24 32	6 53 43	18 33	0 ♑ 52	5 3	28 30
28	8 28 28	7 54 43	18 17	15 31	5 1	27 31
29	8 32 25	8 55 42	18 2	0 ≈ 31	4 37	24 33
30	8 36 21	9 56 40	17 45	15 42	3 55	19 52
31	8 40 18	10 57 37	17 29	0 ♓ 55	2 55	13 53

Day	Ψ Lat.	Ψ Decl.	♅ Lat.	♅ Decl.	♄ Lat.	♄ Decl.	♃ Lat.	♃ Decl.	♂ Lat.
	° ′	° ′	° ′	° ′	° ′	° ′	° ′	° ′	° ′
1	0 S 10	16 S 12	0 S 45	9 S 23	0 N 38	18 N 22	1 N 6	14 S 47	1 N 33
4	0 10	16 10	0 45	9 20	0 38	18 26	1 6	14 55	1 35
7	0 10	16 8	0 45	9 17	0 38	18 29	1 6	15 3	1 37
10	0 10	16 6	0 45	9 14	0 39	18 33	1 7	15 11	1 39
13	0 10	16 4	0 45	9 11	0 39	18 37	1 7	15 18	1 41
16	0 10	16 3	0 45	9 8	0 40	18 41	1 7	15 24	1 42
19	0 10	16 1	0 45	9 5	0 40	18 45	1 8	15 31	1 44
22	0 10	15 59	0 45	9 2	0 40	18 50	1 8	15 37	1 45
25	0 10	15 57	0 45	8 58	0 41	18 54	1 9	15 42	1 46
28	0 10	15 55	0 45	8 55	0 41	18 58	1 9	15 47	1 46
31	0 10	15 53	0 45	8 51	0 41	19 2	1 10	15 52	1 47

JANUAR 2006

Day	♆ Long.	♅ Long.	♄ Long.	♃ Long.	♂ Long.	♀ Long.	☿ Long.	♇ Long.
	° ′	° ′	° ′	° ′	° ′	° ′	° ′	° ′
1	16 ♒ 0	7 ♓ 43	9 ♌ 55	13 ♏ 18	11 ♉ 4	0 ♒ 17	25 ♐ 39	24 ♐ 54
2	16 2	7 45	9 R 51	13 27	11 ♉ 19	29 ♑ 58	27 9	24 56
3	16 4	7 48	9 47	13 37	11 35	29 35	28 39	24 59
4	16 6	7 50	9 43	13 46	11 51	29 11	0 ♑ 10	25 1
5	16 8	7 52	9 39	13 56	12 7	28 45	1 41	25 3
6	16 10	7 55	9 35	14 5	12 24	28 16	3 12	25 5
7	16 12	7 57	9 30	14 14	12 41	27 46	4 44	25 7
8	16 14	7 59	9 26	14 23	12 59	27 14	6 16	25 9
9	16 16	8 2	9 22	14 32	13 18	26 41	7 48	25 11
10	16 18	8 4	9 17	14 40	13 37	26 6	9 21	25 13
11	16 20	8 7	9 13	14 49	13 56	25 31	10 55	25 15
12	16 22	8 10	9 8	14 58	14 16	24 55	12 29	25 17
13	16 24	8 12	9 4	15 6	14 36	24 18	14 3	25 19
14	16 26	8 15	8 59	15 14	14 56	23 41	15 38	25 21
15	16 28	8 18	8 54	15 22	15 17	23 4	17 13	25 23
16	16 31	8 20	8 50	15 30	15 38	22 28	18 49	25 25
17	16 33	8 23	8 45	15 38	16 0	21 52	20 25	25 27
18	16 35	8 26	8 40	15 46	16 22	21 17	22 2	25 29
19	16 37	8 29	8 35	15 53	16 44	20 42	23 39	25 31
20	16 39	8 32	8 31	16 1	17 7	20 9	25 17	25 33
21	16 42	8 34	8 26	16 8	17 30	19 38	26 55	25 35
22	16 44	8 37	8 21	16 15	17 53	19 8	28 34	25 37
23	16 46	8 40	8 16	16 22	18 17	18 40	0 ♒ 14	25 39
24	16 48	8 43	8 11	16 29	18 41	18 14	1 54	25 41
25	16 50	8 46	8 6	16 36	19 5	17 50	3 35	25 43
26	16 53	8 49	8 1	16 43	19 30	17 29	5 16	25 44
27	16 55	8 52	7 56	16 49	19 55	17 9	6 58	25 46
28	16 57	8 55	7 51	16 55	20 20	16 52	8 41	25 48
29	16 59	8 58	7 46	17 2	20 45	16 38	10 24	25 50
30	17 2	9 1	7 42	17 8	21 11	16 26	12 8	25 51
31	17 4	9 5	7 37	17 13	21 37	16 16	13 52	25 53

Day	♂ Decl.	♀ Lat.	♀ Decl.	☿ Lat.	☿ Decl.	♇ Lat.	♇ Decl.	☊
	° ′	° ′	° ′	° ′	° ′	° ′	° ′	° ′
1	16 N 37	2 N 19	17 S 49	0 S 10	23 S 32	7 N 27	15 S 54	9 ♈ 0
4	16 54	3 6	17 17	0 31	23 57	7 27	15 54	8 50
7	17 12	3 52	16 49	0 50	24 12	7 27	15 54	8 41
10	17 30	4 37	16 23	1 8	24 14	7 27	15 55	8 31
13	17 49	5 18	16 2	1 24	24 5	7 27	15 55	8 22
16	18 9	5 53	15 45	1 38	23 44	7 27	15 55	8 12
19	18 30	6 22	15 33	1 49	23 9	7 27	15 55	8 3
22	18 50	6 44	15 24	1 58	22 22	7 27	15 55	7 53
25	19 11	6 58	15 20	2 3	21 21	7 27	15 55	7 43
28	19 32	7 6	15 20	2 5	20 6	7 27	15 55	7 34
31	19 53	7 7	15 23	2 3	18 38	7 27	15 55	7 24

2006 FEBRUAR

Day	Sidereal Time	☉ Long.	☉ Decl.	☽ Long.	☽ Lat.	☽ Decl.
	H M S	° ′ ″	° ′	° ′	° ′	° ′
1	8 44 15	11 ≈ 58 33	17 S 12	15 ♓ 58	1 S 44	7 S 8
2	8 48 11	12 59 28	16 55	0 ♈ 44	0 26	0 7
3	8 52 8	14 0 22	16 38	15 8	0 N 51	6 N 45
4	8 56 4	15 1 14	16 20	29 7	2 3	13 5
5	9 0 1	16 2 5	16 2	12 ♉ 42	3 6	18 36
6	9 3 57	17 2 55	15 44	25 54	3 58	23 5
7	9 7 54	18 3 43	15 25	8 ♊ 47	4 35	26 18
8	9 11 50	19 4 29	15 6	21 25	4 59	28 8
9	9 15 47	20 5 14	14 47	3 ♋ 48	5 8	28 31
10	9 19 44	21 5 58	14 28	16 2	5 3	27 29
11	9 23 40	22 6 40	14 8	28 7	4 44	25 10
12	9 27 37	23 7 21	13 49	10 ♌ 5	4 13	21 46
13	9 31 33	24 8 0	13 29	21 59	3 31	17 30
14	9 35 30	25 8 38	13 8	3 ♍ 49	2 40	12 35
15	9 39 26	26 9 15	12 48	15 38	1 42	7 14
16	9 43 23	27 9 50	12 27	27 27	0 39	1 37
17	9 47 20	28 10 24	12 6	9 ♎ 19	0 S 25	4 S 5
18	9 51 16	29 10 56	11 45	21 18	1 29	9 41
19	9 55 13	0 ♓ 11 27	11 24	3 ♏ 28	2 31	15 2
20	9 59 9	1 11 57	11 3	15 51	3 26	19 52
21	10 3 6	2 12 26	10 41	28 34	4 13	23 57
22	10 7 2	3 12 53	10 20	11 ♐ 40	4 48	26 57
23	10 10 59	4 13 19	9 58	25 13	5 9	28 30
24	10 14 55	5 13 44	9 36	9 ♑ 13	5 13	28 19
25	10 18 52	6 14 7	9 13	23 41	4 56	26 14
26	10 22 49	7 14 28	8 51	8 ≈ 33	4 20	22 18
27	10 26 45	8 14 48	8 29	23 40	3 25	16 51
28	10 30 42	9 15 7	8 6	8 ♓ 56	2 15	10 19

Day	♆ Lat.	♆ Decl.	♅ Lat.	♅ Decl.	♄ Lat.	♄ Decl.	♃ Lat.	♃ Decl.	♂ Lat.
	° ′	° ′	° ′	° ′	° ′	° ′	° ′	° ′	° ′
1	0 S 10	15 S 52	0 S 45	8 S 50	0 N 41	19 N 3	1 N 10	15 S 53	1 N 47
4	0 10	15 50	0 45	8 46	0 42	19 7	1 10	15 57	1 47
7	0 10	15 48	0 44	8 43	0 42	19 11	1 11	16 1	1 48
10	0 10	15 46	0 44	8 39	0 42	19 15	1 11	16 4	1 48
13	0 10	15 44	0 44	8 35	0 42	19 19	1 12	16 7	1 48
16	0 10	15 42	0 44	8 31	0 43	19 22	1 12	16 9	1 48
19	0 10	15 40	0 44	8 28	0 43	19 26	1 13	16 11	1 48
22	0 10	15 38	0 44	8 24	0 43	19 29	1 13	16 12	1 48
25	0 10	15 36	0 44	8 20	0 43	19 32	1 14	16 13	1 48
28	0 10	15 34	0 44	8 16	0 43	19 35	1 14	16 13	1 48

FEBRUAR 2006

Day	♆ Long.	♅ Long.	♄ Long.	♃ Long.	♂ Long.	♀ Long.	☿ Long.	♇ Long.
	° ′	° ′	° ′	° ′	° ′	° ′	° ′	° ′
1	17 ♒ 6	9 ♓ 8	7 ♌ 32	17 ♏ 19	22 ♉ 3	16 ♑ 9	15 ♒ 38	25 ♐ 55
2	17 8	9 11	7 R 27	17 25	22 29	16 R 5	17 23	25 56
3	17 11	9 14	7 22	17 30	22 56	16 3	19 10	25 58
4	17 13	9 17	7 17	17 35	23 23	16 D 3	20 56	26 0
5	17 15	9 20	7 12	17 40	23 50	16 5	22 43	26 1
6	17 18	9 24	7 7	17 45	24 18	16 10	24 31	26 3
7	17 20	9 27	7 3	17 50	24 45	16 18	26 19	26 4
8	17 22	9 30	6 58	17 55	25 13	16 27	28 6	26 6
9	17 24	9 33	6 53	17 59	25 41	16 39	29 54	26 7
10	17 27	9 37	6 48	18 3	26 9	16 53	1 ♓ 42	26 9
11	17 29	9 40	6 44	18 7	26 38	17 9	3 29	26 10
12	17 31	9 43	6 39	18 11	27 6	17 27	5 16	26 12
13	17 34	9 47	6 35	18 15	27 35	17 47	7 1	26 13
14	17 36	9 50	6 30	18 18	28 4	18 9	8 46	26 15
15	17 38	9 54	6 26	18 22	28 33	18 33	10 29	26 16
16	17 40	9 57	6 21	18 25	29 2	18 58	12 10	26 17
17	17 43	10 0	6 17	18 28	29 32	19 25	13 48	26 18
18	17 45	10 4	6 12	18 31	0 ♊ 1	19 54	15 23	26 20
19	17 47	10 7	6 8	18 33	0 31	20 24	16 55	26 21
20	17 49	10 10	6 4	18 36	1 1	20 56	18 23	26 22
21	17 52	10 14	6 0	18 38	1 31	21 29	19 46	26 23
22	17 54	10 17	5 56	18 40	2 2	22 4	21 3	26 24
23	17 56	10 21	5 52	18 42	2 32	22 40	22 14	26 26
24	17 58	10 24	5 48	18 44	3 3	23 17	23 19	26 27
25	18 0	10 28	5 44	18 45	3 33	23 56	24 16	26 28
26	18 3	10 31	5 40	18 47	4 4	24 36	25 5	26 29
27	18 5	10 35	5 36	18 48	4 35	25 17	25 45	26 30
28	18 7	10 38	5 32	18 49	5 6	25 59	26 17	26 31

Day	♂ Decl.	♀ Lat.	♀ Decl.	☿ Lat.	☿ Decl.	♇ Lat.	♇ Decl.	☊
	° ′	° ′	° ′	° ′	° ′	° ′	° ′	° ′
1	20 N 0	7 N 6	15 S 24	2 S 2	18 S 5	7 N 27	15 S 55	7 ♈ 21
4	20 21	7 1	15 31	1 54	16 19	7 28	15 55	7 12
7	20 42	6 51	15 38	1 41	14 20	7 28	15 55	7 2
10	21 2	6 38	15 47	1 23	12 10	7 28	15 55	6 53
13	21 23	6 23	15 56	0 59	9 51	7 29	15 54	6 43
16	21 42	6 5	16 4	0 28	7 26	7 29	15 54	6 34
19	22 1	5 46	16 11	0 N 9	5 2	7 29	15 54	6 24
22	22 20	5 26	16 16	0 50	2 47	7 30	15 53	6 14
25	22 38	5 5	16 18	1 35	0 50	7 30	15 53	6 5
28	22 55	4 44	16 18	2 19	0 N 39	7 31	15 53	5 55

2006 MÄRZ

Day	Sidereal Time	☉ Long.	☉ Decl.	☽ Long.	☽ Lat.	☽ Decl.
	H M S	° ′ ″	° ′	° ′	° ′	° ′
1	10 34 38	10 ♓ 15 23	7 S 43	24 ♓ 8	0 S 56	3 S 11
2	10 38 35	11 15 38	7 21	9 ♈ 8	0 N 26	4 N 1
3	10 42 31	12 15 51	6 58	23 47	1 45	10 51
4	10 46 28	13 16 2	6 35	8 ♉ 1	2 55	16 57
5	10 50 24	14 16 10	6 11	21 48	3 53	21 58
6	10 54 21	15 16 17	5 48	5 ♊ 9	4 36	25 41
7	10 58 18	16 16 22	5 25	18 6	5 3	27 56
8	11 2 14	17 16 24	5 2	0 ♋ 42	5 15	28 42
9	11 6 11	18 16 25	4 38	13 1	5 13	27 59
10	11 10 7	19 16 23	4 15	25 8	4 56	25 57
11	11 14 4	20 16 19	3 51	7 ♌ 6	4 26	22 47
12	11 18 0	21 16 13	3 28	18 58	3 46	18 43
13	11 21 57	22 16 5	3 4	0 ♍ 47	2 55	13 56
14	11 25 53	23 15 55	2 40	12 36	1 58	8 39
15	11 29 50	24 15 43	2 17	24 26	0 55	3 3
16	11 33 47	25 15 29	1 53	6 ♎ 21	0 S 11	2 S 42
17	11 37 43	26 15 13	1 29	18 22	1 17	8 23
18	11 41 40	27 14 55	1 6	0 ♏ 30	2 20	13 50
19	11 45 36	28 14 36	0 42	12 50	3 18	18 50
20	11 49 33	29 14 14	0 18	25 22	4 7	23 6
21	11 53 29	0 ♈ 13 51	0 N 6	8 ♐ 10	4 45	26 22
22	11 57 26	1 13 26	0 29	21 17	5 10	28 18
23	12 1 22	2 13 0	0 53	4 ♑ 44	5 18	28 39
24	12 5 19	3 12 31	1 17	18 34	5 9	27 15
25	12 9 16	4 12 1	1 40	2 ♒ 46	4 40	24 5
26	12 13 12	5 11 29	2 4	17 18	3 53	19 21
27	12 17 9	6 10 55	2 27	2 ♓ 7	2 49	13 21
28	12 21 5	7 10 19	2 51	17 7	1 34	6 32
29	12 25 2	8 9 41	3 14	2 ♈ 9	0 12	0 N 41
30	12 28 58	9 9 1	3 38	17 6	1 N 11	7 48
31	12 32 55	10 8 19	4 1	1 ♉ 48	2 27	14 24

Day	♆ Lat.	♆ Decl.	♅ Lat.	♅ Decl.	♄ Lat.	♄ Decl.	♃ Lat.	♃ Decl.	♂ Lat.
	° ′	° ′	° ′	° ′	° ′	° ′	° ′	° ′	° ′
1	0 S 10	15 S 33	0 S 44	8 S 14	0 N 43	19 N 36	1 N 15	16 S 14	1 N 48
4	0 10	15 31	0 44	8 11	0 44	19 39	1 15	16 13	1 47
7	0 10	15 29	0 44	8 7	0 44	19 41	1 16	16 13	1 47
10	0 10	15 27	0 44	8 3	0 44	19 44	1 16	16 12	1 47
13	0 10	15 26	0 44	7 59	0 44	19 46	1 17	16 10	1 46
16	0 10	15 24	0 44	7 55	0 44	19 47	1 17	16 8	1 46
19	0 10	15 22	0 44	7 51	0 44	19 49	1 18	16 6	1 45
22	0 10	15 20	0 44	7 47	0 44	19 50	1 18	16 3	1 45
25	0 11	15 19	0 44	7 44	0 44	19 51	1 18	16 0	1 44
28	0 11	15 17	0 45	7 40	0 44	19 52	1 19	15 56	1 43
31	0 11	15 16	0 45	7 36	0 44	19 53	1 19	15 52	1 43

MÄRZ 2006

Day	♆ Long.	♅ Long.	♄ Long.	♃ Long.	♂ Long.	♀ Long.	☿ Long.	♇ Long.
	° ′	° ′	° ′	° ′	° ′	° ′	° ′	° ′
1	18 ♒ 9	10 ♓ 41	5 ♌ 29	18 ♏ 50	5 ♊ 37	26 ♑ 42	26 ♓ 40	26 ♐ 32
2	18 11	10 45	5 R 25	18 50	6 9	27 26	26 52	26 33
3	18 13	10 48	5 22	18 51	6 40	28 11	26 56	26 33
4	18 16	10 52	5 19	18 51	7 12	28 57	26 R 50	26 34
5	18 18	10 55	5 15	18 51	7 43	29 44	26 34	26 35
6	18 20	10 59	5 12	18 R 51	8 15	0 ♒ 31	26 10	26 36
7	18 22	11 2	5 9	18 51	8 47	1 20	25 38	26 37
8	18 24	11 5	5 6	18 50	9 19	2 9	24 59	26 37
9	18 26	11 9	5 3	18 49	9 51	2 59	24 13	26 38
10	18 28	11 12	5 0	18 48	10 23	3 50	23 22	26 39
11	18 30	11 16	4 57	18 47	10 56	4 41	22 28	26 39
12	18 32	11 19	4 55	18 46	11 28	5 33	21 30	26 40
13	18 34	11 23	4 52	18 45	12 0	6 26	20 32	26 40
14	18 36	11 26	4 50	18 43	12 33	7 20	19 33	26 41
15	18 38	11 29	4 47	18 41	13 6	8 14	18 36	26 41
16	18 40	11 33	4 45	18 39	13 38	9 8	17 41	26 42
17	18 42	11 36	4 43	18 37	14 11	10 3	16 50	26 42
18	18 44	11 39	4 41	18 35	14 44	10 59	16 3	26 43
19	18 45	11 43	4 39	18 32	15 17	11 55	15 21	26 43
20	18 47	11 46	4 37	18 29	15 50	12 52	14 45	26 43
21	18 49	11 49	4 36	18 26	16 23	13 49	14 14	26 44
22	18 51	11 53	4 34	18 23	16 57	14 47	13 49	26 44
23	18 53	11 56	4 32	18 20	17 30	15 45	13 31	26 44
24	18 55	11 59	4 31	18 17	18 3	16 43	13 19	26 44
25	18 56	12 3	4 30	18 13	18 37	17 42	13 12	26 45
26	18 58	12 6	4 28	18 9	19 10	18 42	13 12	26 45
27	19 0	12 9	4 27	18 5	19 44	19 41	13 D 17	26 45
28	19 1	12 12	4 26	18 1	20 18	20 41	13 28	26 45
29	19 3	12 15	4 25	17 57	20 51	21 42	13 44	26 45
30	19 5	12 19	4 25	17 52	21 25	22 43	14 5	26 R 45
31	19 6	12 22	4 24	17 48	21 59	23 44	14 31	26 45

Day	♂ Decl.	♀ Lat.	♀ Decl.	☿ Lat.	☿ Decl.	♇ Lat.	♇ Decl.	☊
	° ′	° ′	° ′	° ′	° ′	° ′	° ′	° ′
1	23 N 0	4 N 37	16 S 17	2 N 33	1 N 0	7 N 31	15 S 53	5 ♈ 52
4	23 16	4 15	16 12	3 8	1 37	7 31	15 52	5 43
7	23 32	3 53	16 4	3 32	1 31	7 32	15 52	5 33
10	23 46	3 32	15 52	3 39	0 43	7 32	15 51	5 24
13	23 59	3 10	15 35	3 28	0 S 34	7 33	15 51	5 14
16	24 11	2 49	15 15	3 1	2 5	7 33	15 50	5 5
19	24 22	2 28	14 50	2 22	3 35	7 34	15 50	4 55
22	24 32	2 8	14 21	1 37	4 52	7 34	15 49	4 46
25	24 41	1 48	13 48	0 52	5 48	7 35	15 49	4 36
28	24 48	1 29	13 11	0 9	6 22	7 35	15 48	4 26
31	24 54	1 10	12 30	0 S 31	6 34	7 36	15 48	4 17

2006 APRIL

Day	Sidereal Time	☉ Long.	☉ Decl.	☽ Long.	☽ Lat.	☽ Decl.
	H M S	° ′ ″	° ′	° ′	° ′	° ′
1	12 36 51	11 ♈ 7 35	4 N 24	16 ♉ 9	3 N 32	20 N 3
2	12 40 48	12 6 49	4 47	0 Ⅱ 5	4 23	24 27
3	12 44 45	13 6 1	5 10	13 35	4 57	27 20
4	12 48 41	14 5 10	5 33	26 39	5 14	28 38
5	12 52 38	15 4 17	5 56	9 ♋ 20	5 16	28 22
6	12 56 34	16 3 22	6 19	21 41	5 3	26 40
7	13 0 31	17 2 24	6 42	3 ♌ 48	4 36	23 46
8	13 4 27	18 1 25	7 4	15 43	3 58	19 55
9	13 8 24	19 0 23	7 27	27 33	3 10	15 18
10	13 12 20	19 59 18	7 49	9 ♍ 21	2 14	10 8
11	13 16 17	20 58 12	8 11	21 10	1 13	4 37
12	13 20 14	21 57 3	8 33	3 ♎ 5	0 7	1 S 7
13	13 24 10	22 55 53	8 55	15 8	0 S 59	6 52
14	13 28 7	23 54 40	9 17	27 21	2 3	12 27
15	13 32 3	24 53 25	9 38	9 ♏ 45	3 3	17 38
16	13 36 0	25 52 9	10 0	22 22	3 54	22 8
17	13 39 56	26 50 51	10 21	5 ♐ 11	4 35	25 40
18	13 43 53	27 49 31	10 42	18 15	5 2	27 56
19	13 47 49	28 48 9	11 3	1 ♑ 32	5 14	28 40
20	13 51 46	29 46 45	11 24	15 5	5 9	27 42
21	13 55 43	0 ♉ 45 20	11 44	28 52	4 46	25 3
22	13 59 39	1 43 53	12 5	12 ♒ 54	4 6	20 52
23	14 3 36	2 42 25	12 25	27 9	3 9	15 25
24	14 7 32	3 40 55	12 45	11 ♓ 36	2 0	9 4
25	14 11 29	4 39 23	13 4	26 12	0 43	2 10
26	14 15 25	5 37 50	13 24	10 ♈ 51	0 N 37	4 N 52
27	14 19 22	6 36 14	13 43	25 28	1 54	11 37
28	14 23 18	7 34 37	14 2	9 ♉ 56	3 3	17 41
29	14 27 15	8 32 58	14 21	24 10	4 0	22 41
30	14 31 12	9 31 18	14 40	8 Ⅱ 4	4 40	26 16

Day	♆ Lat.	♆ Decl.	♅ Lat.	♅ Decl.	♄ Lat.	♄ Decl.	♃ Lat.	♃ Decl.	♂ Lat.
	° ′	° ′	° ′	° ′	° ′	° ′	° ′	° ′	° ′
1	0 S 11	15 S 15	0 S 45	7 S 35	0 N 44	19 N 53	1 N 19	15 S 51	1 N 43
4	0 11	15 14	0 45	7 32	0 45	19 53	1 20	15 46	1 42
7	0 11	15 13	0 45	7 28	0 45	19 53	1 20	15 41	1 41
10	0 11	15 11	0 45	7 25	0 45	19 53	1 20	15 36	1 40
13	0 11	15 10	0 45	7 22	0 45	19 53	1 20	15 31	1 40
16	0 11	15 9	0 45	7 19	0 45	19 52	1 20	15 25	1 39
19	0 11	15 8	0 45	7 16	0 45	19 51	1 20	15 19	1 38
22	0 11	15 7	0 45	7 13	0 45	19 50	1 21	15 13	1 37
25	0 11	15 6	0 45	7 10	0 45	19 49	1 20	15 6	1 36
28	0 11	15 5	0 45	7 7	0 45	19 47	1 20	15 0	1 36

APRIL 2006

Day	♆ Long.	♅ Long.	♄ Long.	♃ Long.	♂ Long.	♀ Long.	☿ Long.	♇ Long.
	° ′	° ′	° ′	° ′	° ′	° ′	° ′	° ′
1	19 ♒ 8	12 ♓ 25	4 ♌ 23	17 ♏ 43	22 ♊ 33	24 ♒ 45	15 ♓ 1	26 ♐ 45
2	19 9	12 28	4 R 23	17 R 38	23 7	25 47	15 36	26 R 45
3	19 11	12 31	4 23	17 33	23 41	26 49	16 14	26 44
4	19 12	12 34	4 22	17 28	24 15	27 51	16 57	26 44
5	19 14	12 37	4 22	17 23	24 49	28 54	17 43	26 44
6	19 15	12 40	4 22	17 17	25 23	29 57	18 32	26 44
7	19 17	12 43	4 D 22	17 11	25 58	1 ♓ 0	19 25	26 44
8	19 18	12 46	4 23	17 6	26 32	2 3	20 20	26 43
9	19 20	12 49	4 23	17 0	27 6	3 7	21 19	26 43
10	19 21	12 52	4 23	16 54	27 41	4 11	22 20	26 43
11	19 22	12 55	4 24	16 48	28 15	5 15	23 24	26 42
12	19 24	12 58	4 25	16 41	28 50	6 19	24 31	26 42
13	19 25	13 1	4 25	16 35	29 24	7 24	25 40	26 41
14	19 26	13 3	4 26	16 29	29 59	8 28	26 51	26 41
15	19 27	13 6	4 27	16 22	0 ♋ 33	9 33	28 5	26 40
16	19 29	13 9	4 28	16 15	1 8	10 39	29 21	26 40
17	19 30	13 12	4 29	16 9	1 43	11 44	0 ♈ 39	26 39
18	19 31	13 14	4 31	16 2	2 17	12 49	1 58	26 39
19	19 32	13 17	4 32	15 55	2 52	13 55	3 20	26 38
20	19 33	13 20	4 34	15 48	3 27	15 1	4 44	26 37
21	19 34	13 22	4 35	15 41	4 2	16 7	6 10	26 37
22	19 35	13 25	4 37	15 33	4 37	17 13	7 38	26 36
23	19 36	13 27	4 39	15 26	5 12	18 19	9 7	26 35
24	19 37	13 30	4 41	15 19	5 47	19 26	10 38	26 34
25	19 38	13 32	4 43	15 12	6 22	20 33	12 11	26 34
26	19 39	13 35	4 45	15 4	6 57	21 39	13 46	26 33
27	19 40	13 37	4 47	14 57	7 32	22 46	15 23	26 32
28	19 40	13 40	4 50	14 49	8 7	23 54	17 1	26 31
29	19 41	13 42	4 52	14 42	8 42	25 1	18 42	26 30
30	19 42	13 44	4 54	14 34	9 18	26 8	20 24	26 29

Day	♂ Decl.	♀ Lat.	♀ Decl.	☿ Lat.	☿ Decl.	♇ Lat.	♇ Decl.	☊
	° ′	° ′	° ′	° ′	° ′	° ′	° ′	° ′
1	24 N 56	1 N 4	12 S 15	0 S 43	6 S 34	7 N 36	15 S 48	4 ♈ 14
4	25 1	0 47	11 29	1 15	6 19	7 37	15 47	4 4
7	25 4	0 30	10 39	1 43	5 46	7 37	15 47	3 55
10	25 5	0 14	9 46	2 5	4 57	7 38	15 46	3 45
13	25 6	0 S 1	8 49	2 22	3 53	7 38	15 46	3 36
16	25 5	0 16	7 49	2 33	2 36	7 39	15 45	3 26
19	25 3	0 29	6 47	2 40	1 7	7 39	15 45	3 17
22	24 59	0 42	5 42	2 42	0 N 33	7 39	15 44	3 7
25	24 54	0 54	4 34	2 38	2 23	7 40	15 44	2 58
28	24 47	1 5	3 25	2 30	4 22	7 40	15 43	2 48

2006 MAI

Day	Sidereal Time	☉ Long.	☉ Decl.	☽ Long.	☽ Lat.	☽ Decl.
	H M S	° ' "	° '	° '	° '	° '
1	14 35 8	10 ♉ 29 35	14 N 58	21 ♊ 35	5 N 4	28 N 14
2	14 39 5	11 27 51	15 16	4 ♋ 42	5 11	28 32
3	14 43 1	12 26 4	15 34	17 26	5 2	27 17
4	14 46 58	13 24 16	15 52	29 50	4 39	24 44
5	14 50 54	14 22 26	16 9	11 ♌ 58	4 4	21 6
6	14 54 51	15 20 33	16 26	23 54	3 19	16 41
7	14 58 47	16 18 39	16 43	5 ♍ 44	2 26	11 40
8	15 2 44	17 16 43	17 0	17 32	1 26	6 15
9	15 6 41	18 14 45	17 16	29 24	0 23	0 35
10	15 10 37	19 12 45	17 32	11 ♎ 24	0 S 42	5 S 9
11	15 14 34	20 10 43	17 47	23 35	1 46	10 48
12	15 18 30	21 8 40	18 3	6 ♏ 1	2 46	16 8
13	15 22 27	22 6 35	18 18	18 42	3 39	20 53
14	15 26 23	23 4 29	18 33	1 ♐ 39	4 21	24 45
15	15 30 20	24 2 21	18 47	14 52	4 51	27 27
16	15 34 16	25 0 12	19 1	28 18	5 5	28 31
17	15 38 13	25 58 1	19 14	11 ♑ 57	5 3	27 55
18	15 42 10	26 55 49	19 28	25 45	4 42	25 37
19	15 46 6	27 53 36	19 42	9 ♒ 41	4 5	21 46
20	15 50 3	28 51 22	19 54	23 44	3 13	16 39
21	15 53 59	29 49 7	20 7	7 ♓ 51	2 9	10 38
22	15 57 56	0 ♊ 46 51	20 19	22 2	0 57	4 2
23	16 1 52	1 44 33	20 31	6 ♈ 16	0 N 19	2 N 47
24	16 5 49	2 42 15	20 42	20 30	1 34	9 27
25	16 9 45	3 39 55	20 53	4 ♉ 42	2 42	15 38
26	16 13 42	4 37 34	21 4	18 46	3 40	20 56
27	16 17 39	5 35 13	21 14	2 ♊ 40	4 24	25 0
28	16 21 35	6 32 50	21 24	16 20	4 52	27 34
29	16 25 32	7 30 26	21 33	29 41	5 3	28 29
30	16 29 28	8 28 0	21 43	12 ♋ 42	4 58	27 46
31	16 33 25	9 25 33	21 52	25 23	4 38	25 41

Day	♆ Lat.	♆ Decl.	♅ Lat.	♅ Decl.	♄ Lat.	♄ Decl.	♃ Lat.	♃ Decl.	♂ Lat.
	° '	° '	° '	° '	° '	° '	° '	° '	° '
1	0 S 11	15 S 5	0 S 45	7 S 5	0 N 45	19 N 45	1 N 20	14 S 53	1 N 35
4	0 11	15	4	0 45	7 2	0 45	19 43	1 20	14 47	1 34
7	0 11	15	4	0 45	7 0	0 45	19 41	1 20	14 40	1 33
10	0 11	15	3	0 46	6 58	0 45	19 38	1 20	14 34	1 32
13	0 11	15	3	0 46	6 56	0 45	19 36	1 19	14 27	1 31
16	0 11	15	3	0 46	6 54	0 45	19 33	1 19	14 21	1 30
19	0 11	15	3	0 46	6 52	0 45	19 30	1 19	14 15	1 29
22	0 11	15	3	0 46	6 51	0 45	19 26	1 18	14 9	1 28
25	0 11	15	3	0 46	6 49	0 45	19 23	1 18	14 3	1 27
28	0 12	15	3	0 46	6 48	0 45	19 19	1 17	13 58	1 26
31	0 12	15	3	0 46	6 47	0 45	19 15	1 17	13 52	1 25

MAI 2006

Day	♆ Long.	♅ Long.	♄ Long.	♃ Long.	♂ Long.	♀ Long.	☿ Long.	♇ Long.
	° ′	° ′	° ′	° ′	° ′	° ′	° ′	° ′
1	19 ♒ 43	13 ♓ 46	4 ♌ 57	14 ♏ 26	9 ♋ 53	27 ♓ 16	22 ♈ 8	26 ♐ 28
2	19 43	13 49	5 0	14 R 19	10 28	28 23	23 53	26 R 27
3	19 44	13 51	5 3	14 11	11 3	29 31	25 41	26 26
4	19 45	13 53	5 6	14 3	11 39	0 ♈ 39	27 30	26 25
5	19 45	13 55	5 9	13 56	12 14	1 47	29 21	26 24
6	19 46	13 57	5 12	13 48	12 50	2 55	1 ♉ 14	26 23
7	19 46	13 59	5 15	13 41	13 25	4 3	3 8	26 22
8	19 47	14 1	5 18	13 33	14 0	5 11	5 5	26 21
9	19 47	14 3	5 22	13 25	14 36	6 19	7 3	26 20
10	19 48	14 5	5 25	13 18	15 11	7 28	9 3	26 18
11	19 48	14 7	5 29	13 10	15 47	8 36	11 4	26 17
12	19 48	14 9	5 33	13 3	16 23	9 45	13 8	26 16
13	19 49	14 10	5 36	12 55	16 58	10 53	15 12	26 15
14	19 49	14 12	5 40	12 48	17 34	12 2	17 19	26 13
15	19 49	14 14	5 44	12 40	18 9	13 11	19 26	26 12
16	19 49	14 15	5 48	12 33	18 45	14 20	21 35	26 11
17	19 50	14 17	5 52	12 26	19 21	15 29	23 45	26 9
18	19 50	14 18	5 57	12 18	19 57	16 38	25 55	26 8
19	19 50	14 20	6 1	12 11	20 32	17 47	28 6	26 7
20	19 50	14 21	6 5	12 4	21 8	18 57	0 ♊ 18	26 5
21	19 50	14 23	6 10	11 57	21 44	20 6	2 29	26 4
22	19 50	14 24	6 14	11 50	22 20	21 15	4 41	26 3
23	19 50	14 26	6 19	11 43	22 56	22 25	6 51	26 1
24	19 R 50	14 27	6 24	11 37	23 32	23 34	9 1	26 0
25	19 50	14 28	6 28	11 30	24 8	24 44	11 10	25 58
26	19 50	14 29	6 33	11 23	24 43	25 54	13 18	25 57
27	19 50	14 30	6 38	11 17	25 19	27 3	15 24	25 55
28	19 50	14 31	6 43	11 11	25 55	28 13	17 28	25 54
29	19 50	14 33	6 48	11 4	26 31	29 23	19 31	25 52
30	19 49	14 34	6 53	10 58	27 8	0 ♉ 33	21 31	25 51
31	19 49	14 35	6 59	10 52	27 44	1 43	23 29	25 49

Day	♂ Decl.	♀ Lat.	♀ Decl.	☿ Lat.	☿ Decl.	♇ Lat.	♇ Decl.	☊
	° ′	° ′	° ′	° ′	° ′	° ′	° ′	° ′
1	24 N 39	1 S 14	2 S 14	2 S 18	6 N 29	7 N 41	15 S 43	2 ♈ 38
4	24 29	1 23	1 1	2 0	8 43	7 41	15 42	2 29
7	24 18	1 31	0 N 13	1 39	11 1	7 41	15 42	2 19
10	24 6	1 38	1 27	1 13	13 21	7 42	15 42	2 10
13	23 52	1 44	2 43	0 44	15 41	7 42	15 41	2 0
16	23 37	1 50	3 58	0 14	17 56	7 42	15 41	1 51
19	23 20	1 54	5 14	0 N 18	20 2	7 42	15 41	1 41
22	23 2	1 57	6 29	0 48	21 52	7 42	15 40	1 32
25	22 43	1 59	7 44	1 16	23 22	7 42	15 40	1 22
28	22 23	2 1	8 57	1 38	24 29	7 42	15 40	1 13
31	22 1	2 2	10 10	1 55	25 12	7 42	15 40	1 3

Day	Sidereal Time			☉ Long.			☉ Decl.		☽ Long.		☽ Lat.		☽ Decl.	
	H	M	S	°	′	″	°	′	°	′	°	′	°	′
1	16	37	21	10 ♊	23	6	22 N	0	7 ♌	46	4 N	6	22 N	17
2	16	41	18	11	20	36	22	9	19	53	3	23	18	3
3	16	45	14	12	18	6	22	16	1 ♍	50	2	31	13	11
4	16	49	11	13	15	34	22	24	13	40	1	34	7	52
5	16	53	8	14	13	1	22	30	25	29	0	32	2	17
6	16	57	4	15	10	27	22	37	7 ♎	22	0 S	31	3 S	24
7	17	1	1	16	7	51	22	43	19	25	1	34	9	3
8	17	4	57	17	5	15	22	49	1 ♏	42	2	33	14	27
9	17	8	54	18	2	37	22	54	14	17	3	26	19	24
10	17	12	50	18	59	59	22	59	27	12	4	10	23	36
11	17	16	47	19	57	19	23	4	10 ♐	28	4	42	26	40
12	17	20	43	20	54	39	23	8	24	4	4	59	28	17
13	17	24	40	21	51	58	23	11	7 ♑	55	4	59	28	10
14	17	28	37	22	49	17	23	15	22	0	4	40	26	15
15	17	32	33	23	46	35	23	18	6 ♒	11	4	5	22	40
16	17	36	30	24	43	52	23	20	20	26	3	14	17	44
17	17	40	26	25	41	10	23	22	4 ♓	41	2	11	11	49
18	17	44	23	26	38	26	23	24	18	52	1 N	0	5	19
19	17	48	19	27	35	43	23	25	2 ♈	59	0	15	1 N	25
20	17	52	16	28	32	59	23	26	17	0	1	28	8	2
21	17	56	13	29	30	15	23	26	0 ♉	55	2	35	14	13
22	18	0	9	0 ♋	27	31	23	26	14	44	3	32	19	38
23	18	4	6	1	24	47	23	26	28	23	4	17	23	58
24	18	8	2	2	22	2	23	25	11 ♊	53	4	46	26	56
25	18	11	59	3	19	17	23	24	25	10	5	0	28	21
26	18	15	55	4	16	32	23	22	8 ♋	14	4	57	28	7
27	18	19	52	5	13	47	23	20	21	1	4	39	26	24
28	18	23	48	6	11	1	23	18	3 ♌	33	4	8	23	23
29	18	27	45	7	8	15	23	15	15	49	3	26	19	23
30	18	31	42	8	5	29	23	12	27	52	2	35	14	39

Day	♆ Lat.		♆ Decl.		♅ Lat.		♅ Decl.		♄ Lat.		♄ Decl.		♃ Lat.		♃ Decl.		♂ Lat.	
	°	′	°	′	°	′	°	′	°	′	°	′	°	′	°	′	°	′
1	0 S	12	15 S	3	0 S	46	6 S	47	0 N	45	19 N	14	1 N	16	13 S	51	1 N	25
4	0	12	15	4	0	46	6	46	0	45	19	10	1	16	13	46	1	24
7	0	12	15	4	0	47	6	45	0	45	19	6	1	15	13	42	1	23
10	0	12	15	5	0	47	6	45	0	45	19	1	1	14	13	38	1	22
13	0	12	15	5	0	47	6	44	0	45	18	57	1	14	13	35	1	21
16	0	12	15	6	0	47	6	44	0	46	18	52	1	13	13	32	1	20
19	0	12	15	7	0	47	6	44	0	46	18	47	1	12	13	29	1	19
22	0	12	15	8	0	47	6	44	0	46	18	42	1	11	13	27	1	18
25	0	12	15	9	0	47	6	45	0	46	18	37	1	11	13	26	1	17
28	0	12	15	10	0	47	6	45	0	46	18	31	1	10	13	25	1	16

JUNI 2006

Day	♆ Long.	♅ Long.	♄ Long.	♃ Long.	♂ Long.	♀ Long.	☿ Long.	♇ Long.
	° ′	° ′	° ′	° ′	° ′	° ′	° ′	° ′
1	19 ♒ 49	14 ♓ 35	7 ♌ 4	10 ♏ 46	28 ♋ 20	2 ♉ 53	25 ♊ 25	25 ♐ 48
2	19 R 48	14 36	7 9	10 R 41	28 56	4 3	27 18	25 R 46
3	19 48	14 37	7 15	10 35	29 32	5 13	29 9	25 45
4	19 48	14 38	7 20	10 29	0 ♌ 8	6 24	0 ♋ 57	25 43
5	19 47	14 39	7 26	10 24	0 44	7 34	2 43	25 41
6	19 47	14 39	7 32	10 19	1 21	8 44	4 25	25 40
7	19 46	14 40	7 37	10 14	1 57	9 55	6 5	25 38
8	19 46	14 40	7 43	10 9	2 33	11 5	7 43	25 37
9	19 45	14 41	7 49	10 4	3 9	12 16	9 17	25 35
10	19 45	14 41	7 55	10 0	3 46	13 26	10 49	25 34
11	19 44	14 42	8 1	9 55	4 22	14 37	12 18	25 32
12	19 44	14 42	8 7	9 51	4 58	15 47	13 45	25 30
13	19 43	14 43	8 13	9 47	5 35	16 58	15 8	25 29
14	19 42	14 43	8 19	9 43	6 11	18 9	16 28	25 27
15	19 42	14 43	8 25	9 39	6 47	19 19	17 46	25 25
16	19 41	14 43	8 31	9 35	7 24	20 30	19 0	25 24
17	19 40	14 43	8 38	9 32	8 0	21 41	20 12	25 22
18	19 39	14 44	8 44	9 28	8 37	22 52	21 20	25 21
19	19 38	14 44	8 50	9 25	9 13	24 3	22 25	25 19
20	19 38	14 R 44	8 57	9 22	9 50	25 14	23 28	25 17
21	19 37	14 43	9 3	9 19	10 26	26 25	24 26	25 16
22	19 36	14 43	9 10	9 17	11 3	27 36	25 22	25 14
23	19 35	14 43	9 17	9 14	11 39	28 47	26 13	25 13
24	19 34	14 43	9 23	9 12	12 16	29 59	27 2	25 11
25	19 33	14 43	9 30	9 10	12 53	1 ♊ 10	27 46	25 9
26	19 32	14 42	9 37	9 8	13 29	2 21	28 27	25 8
27	19 31	14 42	9 43	9 6	14 6	3 32	29 4	25 6
28	19 30	14 42	9 50	9 4	14 43	4 44	29 36	25 5
29	19 29	14 41	9 57	9 3	15 20	5 55	0 ♌ 5	25 3
30	19 28	14 41	10 4	9 2	15 56	7 7	0 29	25 2

Day	♂ Decl.	♀ Lat.	♀ Decl.	☿ Lat.	☿ Decl.	♇ Lat.	♇ Decl.	☊
	° ′	° ′	° ′	° ′	° ′	° ′	° ′	° ′
1	21 N 53	2 S 2	10 N 34	1 N 59	25 N 21	7 N 42	15 S 40	1 ♈ 0
4	21 29	2 1	11 44	2 6	25 33	7 42	15 40	0 50
7	21 4	2 0	12 53	2 7	25 25	7 42	15 40	0 41
10	20 38	1 58	13 59	2 1	25 0	7 42	15 40	0 31
13	20 11	1 56	15 3	1 47	24 22	7 42	15 40	0 22
16	19 43	1 52	16 4	1 28	23 33	7 42	15 40	0 12
19	19 13	1 48	17 2	1 2	22 36	7 42	15 40	0 3
22	18 42	1 44	17 56	0 31	21 35	7 41	15 40	29 53
25	18 10	1 39	18 47	0 S 5	20 31	7 41	15 40	29 44
28	17 37	1 33	19 33	0 46	19 29	7 40	15 40	29 34

2006 JULI

Day	Sidereal Time	☉ Long.	☉ Decl.	☽ Long.	☽ Lat.	☽ Decl.
	H M S	° ′ ″	° ′	° ′	° ′	° ′
1	18 35 38	9 ♋ 2 42	23 N 8	9 ♍ 46	1 N 38	9 N 25
2	18 39 35	9 59 55	23 4	21 35	0 37	3 54
3	18 43 31	10 57 7	22 59	3 ♎ 24	0 S 25	1 S 44
4	18 47 28	11 54 19	22 54	15 17	1 27	7 21
5	18 51 24	12 51 31	22 49	27 20	2 26	12 48
6	18 55 21	13 48 43	22 43	9 ♏ 39	3 20	17 51
7	18 59 17	14 45 54	22 37	22 18	4 5	22 17
8	19 3 14	15 43 5	22 31	5 ♐ 21	4 39	25 46
9	19 7 11	16 40 16	22 24	18 48	4 58	27 55
10	19 11 7	17 37 27	22 17	2 ♑ 40	5 1	28 26
11	19 15 4	18 34 39	22 9	16 52	4 46	27 6
12	19 19 0	19 31 50	22 1	1 ♒ 21	4 13	23 58
13	19 22 57	20 29 2	21 53	15 58	3 22	19 16
14	19 26 53	21 26 14	21 44	0 ♓ 36	2 18	13 25
15	19 30 50	22 23 27	21 35	15 11	1 6	6 51
16	19 34 46	23 20 40	21 25	29 36	0 N 11	0 N 1
17	19 38 43	24 17 53	21 15	13 ♈ 50	1 26	6 46
18	19 42 40	25 15 8	21 5	27 50	2 34	13 6
19	19 46 36	26 12 23	20 55	11 ♉ 36	3 33	18 41
20	19 50 33	27 9 39	20 44	25 10	4 18	23 14
21	19 54 29	28 6 55	20 32	8 ♊ 30	4 49	26 28
22	19 58 26	29 4 12	20 21	21 38	5 4	28 13
23	20 2 22	0 ♌ 1 30	20 9	4 ♋ 35	5 2	28 24
24	20 6 19	0 58 49	19 56	17 16	4 46	27 3
25	20 10 15	1 56 9	19 44	29 47	4 16	24 22
26	20 14 12	2 53 29	19 31	12 ♌ 5	3 35	20 36
27	20 18 9	3 50 49	19 18	24 12	2 44	16 2
28	20 22 5	4 48 11	19 4	6 ♍ 9	1 47	10 54
29	20 26 2	5 45 32	18 50	17 59	0 45	5 26
30	20 29 58	6 42 55	18 36	29 46	0 S 19	0 S 12
31	20 33 55	7 40 18	18 21	11 ♎ 33	1 21	5 49

Day	♆ Lat.	♆ Decl.	♅ Lat.	♅ Decl.	♄ Lat.	♄ Decl.	♃ Lat.	♃ Decl.	♂ Lat.
	° ′	° ′	° ′	° ′	° ′	° ′	° ′	° ′	° ′
1	0 S 12	15 S 11	0 S 48	6 S 46	0 N 46	18 N 26	1 N 9	13 S 25	1 N 14
4	0 12	15 12	0 48	6 47	0 46	18 20	1 8	13 25	1 13
7	0 12	15 13	0 48	6 48	0 46	18 15	1 8	13 25	1 12
10	0 12	15 14	0 48	6 49	0 47	18 9	1 7	13 26	1 11
13	0 12	15 16	0 48	6 50	0 47	18 3	1 6	13 28	1 10
16	0 12	15 17	0 48	6 52	0 47	17 57	1 5	13 30	1 9
19	0 12	15 18	0 48	6 53	0 47	17 51	1 4	13 33	1 8
22	0 12	15 20	0 48	6 55	0 47	17 44	1 4	13 36	1 6
25	0 12	15 21	0 48	6 57	0 47	17 38	1 3	13 40	1 5
28	0 12	15 23	0 48	6 59	0 48	17 32	1 2	13 44	1 4
31	0 12	15 24	0 48	7 1	0 48	17 25	1 1	13 48	1 3

JULI 2006

Day	♆ Long. °	′	♅ Long. °	′	♄ Long. °	′	♃ Long. °	′	♂ Long. °	′	♀ Long. °	′	☿ Long. °	′	♇ Long. °	′
1	19 ♒	27	14 ♓	40	10 ♌	11	9 ♏	1	16 ♌	33	8 ♊	18	0 ♌	49	25 ♐	0
2	19 R	25	14 R	40	10	18	9 R	0	17	10	9	30	1	4	24 R	58
3	19	24	14	39	10	25	8	59	17	47	10	41	1	15	24	57
4	19	23	14	38	10	32	8	59	18	24	11	53	1	21	24	55
5	19	22	14	38	10	39	8	58	19	0	13	5	1	23	24	54
6	19	21	14	37	10	46	8	58	19	37	14	16	1 R	19	24	52
7	19	19	14	36	10	54	8 D	58	20	14	15	28	1	12	24	51
8	19	18	14	35	11	1	8	58	20	51	16	40	0	59	24	49
9	19	17	14	34	11	8	8	59	21	28	17	52	0	42	24	48
10	19	15	14	33	11	15	8	59	22	5	19	3	0	21	24	46
11	19	14	14	32	11	23	9	0	22	42	20	15	29 ♋	56	24	45
12	19	13	14	31	11	30	9	1	23	19	21	27	29	27	24	44
13	19	11	14	30	11	37	9	2	23	56	22	39	28	55	24	42
14	19	10	14	29	11	45	9	4	24	33	23	51	28	21	24	41
15	19	9	14	28	11	52	9	5	25	10	25	3	27	43	24	39
16	19	7	14	27	11	59	9	7	25	48	26	15	27	5	24	38
17	19	6	14	26	12	7	9	8	26	25	27	28	26	25	24	37
18	19	4	14	24	12	14	9	10	27	2	28	40	25	44	24	35
19	19	3	14	23	12	22	9	13	27	39	29	52	25	4	24	34
20	19	1	14	22	12	29	9	15	28	16	1 ♋	4	24	26	24	33
21	19	0	14	20	12	37	9	18	28	54	2	17	23	48	24	32
22	18	58	14	19	12	44	9	20	29	31	3	29	23	14	24	30
23	18	57	14	17	12	52	9	23	0 ♍	8	4	41	22	42	24	29
24	18	55	14	16	13	0	9	26	0	45	5	54	22	14	24	28
25	18	54	14	14	13	7	9	29	1	23	7	6	21	50	24	27
26	18	52	14	13	13	15	9	33	2	0	8	19	21	30	24	26
27	18	51	14	11	13	22	9	36	2	38	9	31	21	16	24	25
28	18	49	14	9	13	30	9	40	3	15	10	44	21	7	24	23
29	18	48	14	8	13	38	9	44	3	53	11	57	21	4	24	22
30	18	46	14	6	13	45	9	48	4	30	13	9	21 D	7	24	21
31	18	44	14	4	13	53	9	52	5	8	14	22	21	16	24	20

Day	♂ Decl. °	′	♀ Lat. °	′	♀ Decl. °	′	☿ Lat. °	′	☿ Decl. °	′	♇ Lat. °	′	♇ Decl. °	′	☊ °	′
1	17 N	4	1 S	27	20 N	16	1 S	30	18 N	30	7 N	40	15 S	41	29 ♓	25
4	16	29	1	20	20	53	2	16	17	38	7	39	15	41	29	15
7	15	53	1	13	21	26	3	3	16	55	7	39	15	41	29	6
10	15	16	1	6	21	53	3	45	16	24	7	38	15	42	28	56
13	14	38	0	59	22	16	4	21	16	7	7	38	15	42	28	46
16	14	0	0	51	22	32	4	46	16	4	7	37	15	43	28	37
19	13	21	0	43	22	43	4	57	16	15	7	36	15	43	28	27
22	12	41	0	35	22	49	4	53	16	38	7	36	15	44	28	18
25	12	0	0	27	22	48	4	34	17	10	7	35	15	44	28	8
28	11	18	0	18	22	42	4	3	17	47	7	34	15	45	27	59
31	10	36	0	10	22	30	3	22	18	25	7	33	15	46	27	49

2006 AUGUST

Day	Sidereal Time	☉ Long.	☉ Decl.	☽ Long.	☽ Lat.	☽ Decl.
	H M S	° ′ ″	° ′	° ′	° ′	° ′
1	20 37 51	8 ♌ 37 41	18 N 6	23 ♌ 26	2 S 21	11 S 17
2	20 41 48	9 35 6	17 51	5 ♍ 28	3 16	16 25
3	20 45 44	10 32 30	17 36	17 46	4 2	21 0
4	20 49 41	11 29 56	17 20	0 ♐ 24	4 38	24 46
5	20 53 38	12 27 22	17 4	13 27	5 2	27 24
6	20 57 34	13 24 49	16 48	26 56	5 9	28 33
7	21 1 31	14 22 17	16 31	10 ♑ 53	4 59	27 58
8	21 5 27	15 19 45	16 14	25 15	4 31	25 31
9	21 9 24	16 17 15	15 57	9 ♒ 58	3 43	21 20
10	21 13 20	17 14 46	15 40	24 53	2 41	15 45
11	21 17 17	18 12 17	15 22	9 ♓ 53	1 26	9 11
12	21 21 13	19 9 50	15 5	24 50	0 6	2 9
13	21 25 10	20 7 25	14 47	9 ♈ 35	1 N 14	4 N 56
14	21 29 7	21 5 0	14 28	24 3	2 28	11 38
15	21 33 3	22 2 37	14 10	8 ♉ 12	3 31	17 34
16	21 37 0	23 0 16	13 51	22 1	4 20	22 28
17	21 40 56	23 57 56	13 32	5 ♊ 30	4 54	26 2
18	21 44 53	24 55 38	13 13	18 40	5 11	28 7
19	21 48 49	25 53 21	12 53	1 ♋ 33	5 11	28 37
20	21 52 46	26 51 6	12 34	14 12	4 57	27 36
21	21 56 42	27 48 52	12 14	26 38	4 28	25 13
22	22 0 39	28 46 40	11 54	8 ♌ 52	3 48	21 42
23	22 4 36	29 44 29	11 34	20 57	2 58	17 19
24	22 8 32	0 ♍ 42 20	11 13	2 ♍ 54	2 1	12 19
25	22 12 29	1 40 13	10 53	14 45	0 58	6 54
26	22 16 25	2 38 6	10 32	26 33	0 S 7	1 16
27	22 20 22	3 36 2	10 11	8 ♎ 19	1 11	4 S 23
28	22 24 18	4 33 58	9 50	20 7	2 13	9 54
29	22 28 15	5 31 56	9 29	2 ♏ 1	3 9	15 4
30	22 32 11	6 29 55	9 8	14 4	3 58	19 50
31	22 36 8	7 27 56	8 46	26 21	4 36	23 49

Day	♆ Lat.	♆ Decl.	♅ Lat.	♅ Decl.	♄ Lat.	♄ Decl.	♃ Lat.	♃ Decl.	♂ Lat.
	° ′	° ′	° ′	° ′	° ′	° ′	° ′	° ′	° ′
1	0 S 13	15 S 25	0 S 49	7 S 1	0 N 48	17 N 23	1 N 1	13 S 50	1 N 2
4	0 13	15 26	0 49	7 4	0 48	17 17	1 0	13 55	1 1
7	0 13	15 28	0 49	7 6	0 48	17 10	1 0	14 0	1 0
10	0 13	15 29	0 49	7 8	0 49	17 4	0 59	14 6	0 59
13	0 13	15 31	0 49	7 11	0 49	16 57	0 58	14 13	0 57
16	0 13	15 33	0 49	7 13	0 49	16 50	0 57	14 19	0 56
19	0 13	15 34	0 49	7 16	0 49	16 44	0 57	14 26	0 55
22	0 13	15 36	0 49	7 19	0 50	16 37	0 56	14 34	0 53
25	0 13	15 37	0 49	7 21	0 50	16 31	0 56	14 41	0 52
28	0 13	15 39	0 49	7 24	0 50	16 24	0 55	14 49	0 51
31	0 13	15 40	0 49	7 27	0 51	16 17	0 54	14 57	0 49

AUGUST 2006

Day	♆ Long.	♅ Long.	♄ Long.	♃ Long.	♂ Long.	♀ Long.	☿ Long.	♇ Long.
	° ′	° ′	° ′	° ′	° ′	° ′	° ′	° ′
1	18 ♒ 43	14 ♓ 3	14 ♌ 1	9 ♏ 56	5 ♍ 45	15 ♋ 35	21 ♋ 31	24 ♐ 19
2	18 R 41	14 R 1	14 8	10 1	6 23	16 48	21 52	24 R 18
3	18 40	13 59	14 16	10 6	7 0	18 1	22 20	24 17
4	18 38	13 57	14 24	10 10	7 38	19 14	22 55	24 16
5	18 36	13 55	14 31	10 15	8 16	20 26	23 35	24 15
6	18 35	13 53	14 39	10 21	8 53	21 39	24 22	24 15
7	18 33	13 51	14 47	10 26	9 31	22 52	25 15	24 14
8	18 31	13 49	14 55	10 31	10 9	24 5	26 14	24 13
9	18 30	13 47	15 2	10 37	10 46	25 19	27 19	24 12
10	18 28	13 45	15 10	10 43	11 24	26 32	28 30	24 11
11	18 27	13 43	15 18	10 49	12 2	27 45	29 46	24 11
12	18 25	13 41	15 25	10 55	12 40	28 58	1 ♌ 8	24 10
13	18 23	13 39	15 33	11 1	13 18	0 ♌ 11	2 35	24 9
14	18 22	13 37	15 41	11 7	13 56	1 25	4 7	24 9
15	18 20	13 35	15 48	11 14	14 34	2 38	5 43	24 8
16	18 18	13 32	15 56	11 20	15 12	3 51	7 23	24 7
17	18 17	13 30	16 4	11 27	15 50	5 5	9 7	24 7
18	18 15	13 28	16 11	11 34	16 28	6 18	10 54	24 6
19	18 14	13 26	16 19	11 41	17 6	7 32	12 44	24 6
20	18 12	13 23	16 27	11 48	17 44	8 45	14 37	24 5
21	18 10	13 21	16 34	11 55	18 22	9 59	16 32	24 5
22	18 9	13 19	16 42	12 3	19 0	11 12	18 28	24 4
23	18 7	13 17	16 50	12 10	19 38	12 26	20 26	24 4
24	18 6	13 14	16 57	12 18	20 16	13 40	22 25	24 4
25	18 4	13 12	17 5	12 26	20 55	14 53	24 24	24 3
26	18 2	13 10	17 12	12 34	21 33	16 7	26 24	24 3
27	18 1	13 7	17 20	12 42	22 11	17 21	28 23	24 3
28	17 59	13 5	17 27	12 50	22 50	18 35	0 ♍ 23	24 3
29	17 58	13 3	17 35	12 58	23 28	19 49	2 22	24 2
30	17 56	13 0	17 42	13 7	24 6	21 3	4 20	24 2
31	17 55	12 58	17 50	13 15	24 45	22 17	6 18	24 2

Day	♂ Decl.	♀ Lat.	♀ Decl.	☿ Lat.	☿ Decl.	♇ Lat.	♇ Decl.	☊
	° ′	° ′	° ′	° ′	° ′	° ′	° ′	° ′
1	10 N 22	0 S 8	22 N 24	3 S 8	18 N 38	7 N 33	15 S 46	27 ♓ 46
4	9 39	0 N 1	22 4	2 21	19 10	7 32	15 47	27 37
7	8 56	0 8	21 38	1 33	19 34	7 31	15 48	27 27
10	8 11	0 16	21 7	0 46	19 42	7 30	15 48	27 18
13	7 27	0 24	20 30	0 3	19 32	7 29	15 49	27 8
16	6 42	0 31	19 47	0 N 34	18 58	7 28	15 50	26 58
19	5 56	0 38	19 0	1 4	18 0	7 27	15 51	26 49
22	5 10	0 45	18 8	1 26	16 39	7 26	15 52	26 39
25	4 24	0 51	17 11	1 40	14 57	7 25	15 53	26 30
28	3 37	0 57	16 9	1 46	12 59	7 24	15 54	26 20
31	2 51	1 2	15 4	1 45	10 50	7 23	15 55	26 11

2006 SEPTEMBER

Day	Sidereal Time			☉ Long.			☉ Decl.			☽ Long.			☽ Lat.			☽ Decl.	
	H	M	S	°	′	″	°	′		°	′		°	′		°	′
1	22	40	5	8 ♍ 25	58		8 N 25			8 ♐ 57			5 S 3			26 S 47	
2	22	44	1	9	24	1	8	3		21	55		5	16		28	22
3	22	47	58	10	22	6	7	41		5 ♑ 18			5	12		28	31
4	22	51	54	11	20	12	7	19		19	9		4	50		26	51
5	22	55	51	12	18	20	6	57		3 ♒ 28			4	10		23	25
6	22	59	47	13	16	29	6	34		18	10		3	12		18	26
7	23	3	44	14	14	40	6	12		3 ♓ 11			2	0		12	13
8	23	7	40	15	12	53	5	50		18	21		0	39		5	12
9	23	11	37	16	11	7	5	27		3 ♈ 33			0 N 45			2 N 6	
10	23	15	34	17	9	23	5	4		18	35		2	5		9	13
11	23	19	30	18	7	41	4	42		3 ♉ 21			3	16		15	42
12	23	23	27	19	6	1	4	19		17	44		4	12		21	9
13	23	27	23	20	4	23	3	56		1 ♊ 43			4	52		25	16
14	23	31	20	21	2	48	3	33		15	16		5	13		27	49
15	23	35	16	22	1	14	3	10		28	26		5	18		28	43
16	23	39	13	22	59	42	2	47		11 ♋ 13			5	6		28	2
17	23	43	9	23	58	13	2	24		23	43		4	40		25	57
18	23	47	6	24	56	45	2	0		5 ♌ 57			4	2		22	41
19	23	51	3	25	55	20	1	37		18	1		3	13		18	30
20	23	54	59	26	53	57	1	14		29	56		2	17		13	38
21	23	58	56	27	52	36	0	51		11 ♍ 46			1	15		8	18
22	0	2	52	28	51	17	0	27		23	33		0	10		2	43
23	0	6	49	29	50	0	0	4		5 ♎ 20			0 S 55			2 S 58	
24	0	10	45	0 ♎ 48	45		0 S 19			17	9		1	58		8	33
25	0	14	42	1	47	32	0	43		29	2		2	56		13	53
26	0	18	38	2	46	20	1	6		11 ♏ 2			3	47		18	44
27	0	22	35	3	45	11	1	29		23	11		4	29		22	54
28	0	26	32	4	44	3	1	53		5 ♐ 32			4	58		26	7
29	0	30	28	5	42	57	2	16		18	9		5	15		28	8
30	0	34	25	6	41	53	2	40		1 ♑ 4			5	15		28	42

Day	♆ Lat.	♆ Decl.	♅ Lat.	♅ Decl.	♄ Lat.	♄ Decl.	♃ Lat.	♃ Decl.	♂ Lat.
	° ′	° ′	° ′	° ′	° ′	° ′	° ′	° ′	° ′
1	0 S 13	15 S 40	0 S 49	7 S 28	0 N 51	16 N 15	0 N 54	15 S 0	0 N 49
4	0 13	15 42	0 49	7 30	0 51	16 9	0 53	15 9	0 48
7	0 13	15 43	0 49	7 33	0 51	16 2	0 53	15 17	0 46
10	0 13	15 45	0 49	7 36	0 52	15 56	0 52	15 26	0 45
13	0 13	15 46	0 49	7 39	0 52	15 50	0 52	15 35	0 43
16	0 13	15 47	0 49	7 41	0 52	15 44	0 51	15 45	0 42
19	0 13	15 48	0 49	7 44	0 53	15 38	0 51	15 54	0 41
22	0 13	15 49	0 49	7 47	0 53	15 32	0 50	16 4	0 39
25	0 13	15 50	0 49	7 49	0 54	15 26	0 50	16 13	0 38
28	0 13	15 51	0 49	7 52	0 54	15 20	0 49	16 23	0 36

SEPTEMBER 2006

Day	♆ Long.	♅ Long.	♄ Long.	♃ Long.	♂ Long.	♀ Long.	☿ Long.	♇ Long.
	° ′	° ′	° ′	° ′	° ′	° ′	° ′	° ′
1	17 ♒ 53	12 ♓ 55	17 ♌ 57	13 ♏ 24	25 ♍ 23	23 ♌ 31	8 ♍ 15	24 ♐ 2
2	17 R 52	12 R 53	18 4	13 33	26 2	24 45	10 11	24 R 2
3	17 50	12 51	18 12	13 42	26 40	25 59	12 5	24 2
4	17 49	12 48	18 19	13 50	27 19	27 13	13 59	24 D 2
5	17 47	12 46	18 26	14 0	27 57	28 27	15 52	24 2
6	17 46	12 43	18 34	14 9	28 36	29 41	17 44	24 2
7	17 44	12 41	18 41	14 18	29 15	0 ♍ 55	19 34	24 2
8	17 43	12 39	18 48	14 28	29 53	2 9	21 23	24 2
9	17 42	12 36	18 55	14 37	0 ♎ 32	3 23	23 11	24 2
10	17 40	12 34	19 2	14 47	1 11	4 38	24 58	24 3
11	17 39	12 31	19 9	14 56	1 50	5 52	26 44	24 3
12	17 38	12 29	19 16	15 6	2 28	7 6	28 29	24 3
13	17 36	12 27	19 23	15 16	3 7	8 21	0 ♎ 12	24 3
14	17 35	12 24	19 30	15 26	3 46	9 35	1 55	24 4
15	17 34	12 22	19 37	15 36	4 25	10 49	3 36	24 4
16	17 32	12 20	19 44	15 46	5 4	12 4	5 16	24 5
17	17 31	12 17	19 51	15 57	5 43	13 18	6 56	24 5
18	17 30	12 15	19 58	16 7	6 22	14 33	8 34	24 5
19	17 29	12 13	20 5	16 18	7 1	15 47	10 11	24 6
20	17 28	12 10	20 11	16 28	7 40	17 2	11 47	24 6
21	17 26	12 8	20 18	16 39	8 19	18 17	13 22	24 7
22	17 25	12 6	20 25	16 50	8 59	19 31	14 56	24 8
23	17 24	12 4	20 31	17 0	9 38	20 46	16 29	24 8
24	17 23	12 1	20 38	17 11	10 17	22 0	18 2	24 9
25	17 22	11 59	20 44	17 22	10 56	23 15	19 33	24 10
26	17 21	11 57	20 51	17 33	11 36	24 30	21 3	24 10
27	17 20	11 55	20 57	17 45	12 15	25 45	22 32	24 11
28	17 19	11 53	21 3	17 56	12 55	26 59	24 1	24 12
29	17 18	11 50	21 10	18 7	13 34	28 14	25 28	24 13
30	17 17	11 48	21 16	18 18	14 14	29 29	26 54	24 13

Day	♂ Decl.	♀ Lat.	♀ Decl.	☿ Lat.	☿ Decl.	♇ Lat.	♇ Decl.	☊
	° ′	° ′	° ′	° ′	° ′	° ′	° ′	° ′
1	2 N 35	1 N 4	14 N 41	1 N 44	10 N 5	7 N 23	15 S 56	26 ♓ 8
4	1 48	1 8	13 31	1 36	7 47	7 22	15 57	25 58
7	1 0	1 13	12 17	1 24	5 25	7 21	15 58	25 49
10	0 13	1 16	11 0	1 9	3 3	7 20	15 59	25 39
13	0 S 35	1 19	9 40	0 52	0 42	7 18	16 0	25 30
16	1 22	1 22	8 18	0 32	1 S 36	7 17	16 1	25 20
19	2 10	1 24	6 53	0 11	3 52	7 16	16 2	25 10
22	2 58	1 25	5 27	0 S 11	6 3	7 15	16 3	25 1
25	3 45	1 26	4 0	0 33	8 9	7 14	16 5	24 51
28	4 33	1 26	2 31	0 55	10 10	7 13	16 6	24 42

2006 OKTOBER

Day	Sidereal Time	☉ Long.	☉ Decl.	☽ Long.	☽ Lat.	☽ Decl.
	H M S	° ′ ″	° ′	° ′	° ′	° ′
1	0 38 21	7 ♎ 40 50	3 S 3	14 ♉ 21	5 S 0	27 S 38
2	0 42 18	8 39 50	3 26	28 1	4 27	24 55
3	0 46 14	9 38 51	3 49	12 ♒ 6	3 38	20 39
4	0 50 11	10 37 54	4 13	26 35	2 33	15 3
5	0 54 7	11 36 59	4 36	11 ♓ 25	1 17	8 28
6	0 58 4	12 36 6	4 59	26 30	0 N 6	1 18
7	1 2 1	13 35 14	5 22	11 ♈ 41	1 29	5 N 59
8	1 5 57	14 34 25	5 45	26 49	2 45	12 54
9	1 9 54	15 33 38	6 8	11 ♉ 45	3 49	18 59
10	1 13 50	16 32 52	6 30	26 21	4 36	23 48
11	1 17 47	17 32 10	6 53	10 ♊ 31	5 5	27 3
12	1 21 43	18 31 29	7 16	24 13	5 15	28 34
13	1 25 40	19 30 50	7 38	7 ♋ 28	5 8	28 21
14	1 29 36	20 30 14	8 1	20 17	4 45	26 36
15	1 33 33	21 29 41	8 23	2 ♌ 45	4 10	23 36
16	1 37 30	22 29 9	8 45	14 55	3 24	19 36
17	1 41 26	23 28 40	9 7	26 54	2 29	14 53
18	1 45 23	24 28 13	9 29	8 ♍ 44	1 29	9 40
19	1 49 19	25 27 48	9 51	20 31	0 26	4 9
20	1 53 16	26 27 25	10 13	2 ♎ 17	0 S 39	1 S 30
21	1 57 12	27 27 5	10 34	14 7	1 42	7 8
22	2 1 9	28 26 47	10 55	26 2	2 41	12 33
23	2 5 6	29 26 30	11 17	8 ♏ 5	3 33	17 33
24	2 9 2	0 ♏ 26 16	11 38	20 16	4 16	21 55
25	2 12 59	1 26 3	11 58	2 ♐ 38	4 48	25 23
26	2 16 55	2 25 53	12 19	15 12	5 6	27 41
27	2 20 52	3 25 44	12 40	27 57	5 10	28 35
28	2 24 48	4 25 36	13 0	10 ♑ 57	4 58	27 56
29	2 28 45	5 25 31	13 20	24 13	4 30	25 42
30	2 32 41	6 25 27	13 40	7 ♒ 46	3 47	21 58
31	2 36 38	7 25 25	13 59	21 39	2 49	16 57

Day	♆ Lat.	♆ Decl.	♅ Lat.	♅ Decl.	♄ Lat.	♄ Decl.	♃ Lat.	♃ Decl.	♂ Lat.
	° ′	° ′	° ′	° ′	° ′	° ′	° ′	° ′	° ′
1	0 S 13	15 S 52	0 S 49	7 S 54	0 N 55	15 N 14	0 N 49	16 S 33	0 N 35
4	0 13	15 53	0 49	7 56	0 55	15 9	0 48	16 43	0 33
7	0 13	15 54	0 49	7 58	0 55	15 4	0 48	16 53	0 32
10	0 13	15 54	0 49	8 0	0 56	14 59	0 48	17 3	0 30
13	0 13	15 55	0 49	8 2	0 56	14 54	0 47	17 13	0 29
16	0 13	15 55	0 48	8 4	0 57	14 49	0 47	17 23	0 27
19	0 13	15 56	0 48	8 6	0 57	14 45	0 46	17 33	0 25
22	0 13	15 56	0 48	8 8	0 58	14 41	0 46	17 43	0 24
25	0 13	15 56	0 48	8 9	0 58	14 37	0 46	17 53	0 22
28	0 13	15 56	0 48	8 10	0 59	14 33	0 45	18 2	0 21
31	0 13	15 56	0 48	8 11	1 0	14 30	0 45	18 12	0 19

OKTOBER 2006

Day	♆ Long.	♅ Long.	♄ Long.	♃ Long.	♂ Long.	♀ Long.	☿ Long.	♇ Long.
	° ′	° ′	° ′	° ′	° ′	° ′	° ′	° ′
1	17 ♒ 16	11 ♓ 46	21 ♌ 22	18 ♏ 30	14 ♎ 53	0 ♎ 44	28 ♎ 20	24 ♐ 14
2	17 R 15	11 R 44	21 28	18 41	15 33	1 59	29 44	24 15
3	17 14	11 42	21 34	18 53	16 12	3 13	1 ♏ 7	24 16
4	17 14	11 40	21 40	19 5	16 52	4 28	2 29	24 17
5	17 13	11 38	21 46	19 16	17 31	5 43	3 50	24 18
6	17 12	11 36	21 52	19 28	18 11	6 58	5 10	24 19
7	17 11	11 34	21 57	19 40	18 51	8 13	6 29	24 20
8	17 11	11 32	22 3	19 52	19 31	9 28	7 46	24 21
9	17 10	11 30	22 9	20 4	20 11	10 43	9 2	24 22
10	17 9	11 29	22 14	20 16	20 50	11 58	10 17	24 24
11	17 9	11 27	22 20	20 28	21 30	13 13	11 30	24 25
12	17 8	11 25	22 25	20 40	22 10	14 28	12 41	24 26
13	17 8	11 23	22 30	20 52	22 50	15 43	13 51	24 27
14	17 7	11 22	22 36	21 4	23 30	16 58	14 59	24 28
15	17 7	11 20	22 41	21 17	24 10	18 13	16 4	24 30
16	17 6	11 18	22 46	21 29	24 50	19 28	17 8	24 31
17	17 6	11 17	22 51	21 42	25 31	20 43	18 9	24 32
18	17 5	11 15	22 56	21 54	26 11	21 58	19 7	24 34
19	17 5	11 14	23 1	22 6	26 51	23 13	20 2	24 35
20	17 5	11 12	23 6	22 19	27 31	24 28	20 54	24 36
21	17 4	11 11	23 10	22 32	28 12	25 44	21 42	24 38
22	17 4	11 9	23 15	22 44	28 52	26 59	22 27	24 39
23	17 4	11 8	23 20	22 57	29 32	28 14	23 7	24 41
24	17 4	11 7	23 24	23 10	0 ♏ 13	29 29	23 42	24 42
25	17 3	11 5	23 29	23 22	0 53	0 ♏ 44	24 11	24 44
26	17 3	11 4	23 33	23 35	1 34	1 59	24 35	24 46
27	17 3	11 3	23 37	23 48	2 14	3 15	24 52	24 47
28	17 3	11 2	23 41	24 1	2 55	4 30	25 2	24 49
29	17 3	11 1	23 45	24 14	3 36	5 45	25 5	24 50
30	17 D 3	11 0	23 49	24 27	4 16	7 0	24 R 59	24 52
31	17 3	10 59	23 53	24 40	4 57	8 15	24 44	24 54

Day	♂ Decl.	♀ Lat.	♀ Decl.	☿ Lat.	☿ Decl.	♇ Lat.	♇ Decl.	☊
	° ′	° ′	° ′	° ′	° ′	° ′	° ′	° ′
1	5 S 20	1 N 26	1 N 1	1 S 17	12 S 5	7 N 12	16 S 7	24 ♓ 32
4	6 7	1 25	0 S 29	1 39	13 53	7 11	16 8	24 23
7	6 54	1 23	1 59	1 59	15 34	7 10	16 9	24 13
10	7 40	1 21	3 29	2 19	17 6	7 9	16 10	24 4
13	8 26	1 18	4 59	2 36	18 28	7 8	16 11	23 54
16	9 12	1 15	6 27	2 50	19 40	7 7	16 13	23 45
19	9 57	1 11	7 55	3 0	20 39	7 6	16 14	23 35
22	10 42	1 7	9 21	3 6	21 23	7 5	16 15	23 26
25	11 26	1 3	10 45	3 5	21 48	7 4	16 16	23 16
28	12 10	0 57	12 7	2 55	21 51	7 3	16 17	23 7
31	12 52	0 52	13 26	2 33	21 25	7 2	16 18	22 57

2006 NOVEMBER

Day	Sidereal Time	☉ Long.	☉ Decl.	☽ Long.	☽ Lat.	☽ Decl.
	H M S	° ′ ″	° ′	° ′	° ′	° ′
1	2 40 35	8 ♏ 25 24	14 S 19	5 ♓ 50	1 S 40	10 S 55
2	2 44 31	9 25 25	14 38	20 19	0 23	4 11
3	2 48 28	10 25 28	14 57	5 ♈ 4	0 N 57	2 N 53
4	2 52 24	11 25 32	15 16	19 58	2 13	9 51
5	2 56 21	12 25 39	15 34	4 ♉ 55	3 20	16 18
6	3 0 17	13 25 47	15 52	19 45	4 13	21 44
7	3 4 14	14 25 56	16 10	4 ♊ 21	4 49	25 44
8	3 8 10	15 26 8	16 28	18 35	5 5	28 1
9	3 12 7	16 26 21	16 45	2 ♋ 24	5 4	28 28
10	3 16 4	17 26 37	17 2	15 44	4 45	27 13
11	3 20 0	18 26 54	17 19	28 38	4 12	24 33
12	3 23 57	19 27 13	17 36	11 ♌ 8	3 28	20 46
13	3 27 53	20 27 35	17 52	23 20	2 35	16 11
14	3 31 50	21 27 58	18 8	5 ♍ 18	1 37	11 4
15	3 35 46	22 28 23	18 23	17 7	0 35	5 38
16	3 39 43	23 28 50	18 39	28 54	0 S 28	0 1
17	3 43 39	24 29 19	18 54	10 ♎ 42	1 30	5 S 36
18	3 47 36	25 29 49	19 8	22 36	2 28	11 5
19	3 51 33	26 30 21	19 22	4 ♏ 39	3 20	16 13
20	3 55 29	27 30 55	19 36	16 53	4 4	20 47
21	3 59 26	28 31 31	19 50	29 20	4 37	24 31
22	4 3 22	29 32 8	20 3	12 ♐ 0	4 57	27 8
23	4 7 19	0 ♐ 32 46	20 16	24 53	5 2	28 22
24	4 11 15	1 33 26	20 28	7 ♑ 58	4 51	28 3
25	4 15 12	2 34 6	20 41	21 13	4 25	26 8
26	4 19 8	3 34 48	20 52	4 ♒ 40	3 44	22 43
27	4 23 5	4 35 32	21 4	18 18	2 50	18 2
28	4 27 2	5 36 16	21 14	2 ♓ 6	1 45	12 21
29	4 30 58	6 37 1	21 25	16 6	0 32	5 59
30	4 34 55	7 37 47	21 35	0 ♈ 17	0 N 43	0 N 46

Day	♆ Lat.	♆ Decl.	♅ Lat.	♅ Decl.	♄ Lat.	♄ Decl.	♃ Lat.	♃ Decl.	♂ Lat.
	° ′	° ′	° ′	° ′	° ′	° ′	° ′	° ′	° ′
1	0 S 13	15 S 56	0 S 48	8 S 12	1 N 0	14 N 29	0 N 45	18 S 15	0 N 18
4	0 13	15 56	0 48	8 13	1 0	14 26	0 45	18 25	0 17
7	0 13	15 56	0 48	8 13	1 1	14 23	0 45	18 35	0 15
10	0 13	15 55	0 48	8 14	1 1	14 20	0 44	18 44	0 13
13	0 13	15 55	0 47	8 14	1 2	14 18	0 44	18 53	0 12
16	0 13	15 55	0 47	8 14	1 3	14 17	0 44	19 2	0 10
19	0 13	15 54	0 47	8 15	1 3	14 15	0 44	19 11	0 8
22	0 13	15 53	0 47	8 14	1 4	14 14	0 43	19 20	0 6
25	0 13	15 53	0 47	8 14	1 5	14 13	0 43	19 29	0 5
28	0 13	15 52	0 47	8 14	1 5	14 13	0 43	19 37	0 3

NOVEMBER 2006

Day	♆ Long. ° ′	♅ Long. ° ′	♄ Long. ° ′	♃ Long. ° ′	♂ Long. ° ′	♀ Long. ° ′	☿ Long. ° ′	♇ Long. ° ′
1	17 ♒ 3	10 ♓ 58	23 ♌ 57	24 ♏ 53	5 ♏ 38	9 ♏ 31	24 ♏ 20	24 ♐ 55
2	17 3	10 R 57	24 0	25 6	6 19	10 46	23 R 47	24 57
3	17 3	10 56	24 4	25 19	6 59	12 1	23 4	24 59
4	17 4	10 55	24 8	25 32	7 40	13 16	22 12	25 1
5	17 4	10 54	24 11	25 45	8 21	14 32	21 11	25 2
6	17 4	10 54	24 14	25 58	9 2	15 47	20 3	25 4
7	17 4	10 53	24 17	26 11	9 43	17 2	18 49	25 6
8	17 5	10 52	24 20	26 25	10 24	18 17	17 31	25 8
9	17 5	10 52	24 23	26 38	11 5	19 33	16 12	25 10
10	17 5	10 51	24 26	26 51	11 46	20 48	14 53	25 12
11	17 6	10 51	24 29	27 4	12 28	22 3	13 38	25 13
12	17 6	10 50	24 32	27 17	13 9	23 18	12 29	25 15
13	17 7	10 50	24 34	27 31	13 50	24 34	11 28	25 17
14	17 7	10 49	24 37	27 44	14 32	25 49	10 37	25 19
15	17 8	10 49	24 39	27 57	15 13	27 4	9 56	25 21
16	17 8	10 49	24 42	28 11	15 54	28 20	9 27	25 23
17	17 9	10 49	24 44	28 24	16 36	29 35	9 9	25 25
18	17 10	10 49	24 46	28 37	17 17	0 ♐ 50	9 4	25 27
19	17 10	10 48	24 48	28 51	17 59	2 6	9 D 9	25 29
20	17 11	10 48	24 50	29 4	18 40	3 21	9 25	25 31
21	17 12	10 D 48	24 51	29 17	19 22	4 36	9 50	25 33
22	17 12	10 48	24 53	29 31	20 4	5 52	10 24	25 35
23	17 13	10 49	24 54	29 44	20 45	7 7	11 6	25 37
24	17 14	10 49	24 56	29 57	21 27	8 22	11 54	25 39
25	17 15	10 49	24 57	0 ♐ 11	22 9	9 38	12 49	25 42
26	17 16	10 49	24 58	0 24	22 51	10 53	13 49	25 44
27	17 17	10 50	24 59	0 37	23 33	12 8	14 54	25 46
28	17 18	10 50	25 0	0 51	24 15	13 24	16 3	25 48
29	17 19	10 50	25 1	1 4	24 57	14 39	17 15	25 50
30	17 20	10 51	25 2	1 17	25 39	15 54	18 30	25 52

Day	♂ Decl. ° ′	♀ Lat. ° ′	♀ Decl. ° ′	☿ Lat. ° ′	☿ Decl. ° ′	♇ Lat. ° ′	♇ Decl. ° ′	☊ ° ′
1	13 S 7	0 N 50	13 S 52	2 S 23	21 S 9	7 N 2	16 S 18	22 ♓ 54
4	13 48	0 44	15 7	1 41	19 57	7 1	16 19	22 44
7	14 29	0 38	16 19	0 46	18 10	7 0	16 20	22 35
10	15 9	0 31	17 27	0 N 15	16 3	7 0	16 21	22 25
13	15 48	0 24	18 31	1 12	14 8	6 59	16 22	22 16
16	16 26	0 18	19 30	1 54	12 50	6 58	16 23	22 6
19	17 3	0 10	20 25	2 18	12 22	6 57	16 24	21 57
22	17 39	0 3	21 14	2 27	12 37	6 57	16 25	21 47
25	18 14	0 S 4	21 58	2 24	13 24	6 56	16 26	21 38
28	18 47	0 11	22 36	2 13	14 31	6 56	16 27	21 28

2006 DEZEMBER

Day	Sidereal Time H M S	☉ Long. ° ′ ″	☉ Decl. ° ′	☽ Long. ° ′	☽ Lat. ° ′	☽ Decl. ° ′
1	4 38 51	8 ♐ 38 34	21 S 45	14 ♈ 38	1 N 56	7 N 33
2	4 42 48	9 39 22	21 54	29 7	3 2	14 0
3	4 46 44	10 40 11	22 3	13 ♉ 39	3 56	19 41
4	4 50 41	11 41 1	22 11	28 8	4 35	24 13
5	4 54 37	12 41 52	22 19	12 ♊ 28	4 57	27 11
6	4 58 34	13 42 44	22 27	26 31	4 59	28 23
7	5 2 31	14 43 37	22 34	10 ♋ 14	4 45	27 46
8	5 6 27	15 44 32	22 41	23 33	4 14	25 34
9	5 10 24	16 45 27	22 47	6 ♌ 28	3 32	22 4
10	5 14 20	17 46 23	22 53	19 1	2 40	17 39
11	5 18 17	18 47 21	22 58	1 ♍ 14	1 42	12 37
12	5 22 13	19 48 20	23 3	13 14	0 40	7 12
13	5 26 10	20 49 20	23 7	25 4	0 S 23	1 37
14	5 30 6	21 50 21	23 11	6 ♎ 52	1 24	4 S 1
15	5 34 3	22 51 23	23 15	18 41	2 22	9 31
16	5 38 0	23 52 26	23 18	0 ♏ 38	3 14	14 43
17	5 41 56	24 53 29	23 21	12 47	3 58	19 27
18	5 45 53	25 54 34	23 23	25 11	4 32	23 28
19	5 49 49	26 55 40	23 24	7 ♐ 51	4 54	26 27
20	5 53 46	27 56 46	23 25	20 50	5 0	28 7
21	5 57 42	28 57 53	23 26	4 ♑ 4	4 51	28 13
22	6 1 39	29 59 0	23 26	17 34	4 26	26 40
23	6 5 35	1 ♑ 0 7	23 26	1 ♒ 14	3 45	23 32
24	6 9 32	2 1 15	23 26	15 4	2 50	19 1
25	6 13 29	3 2 23	23 24	28 59	1 45	13 28
26	6 17 25	4 3 32	23 23	12 ♓ 59	0 33	7 11
27	6 21 22	5 4 40	23 21	27 1	0 N 42	0 33
28	6 25 18	6 5 48	23 18	11 ♈ 6	1 54	6 N 8
29	6 29 15	7 6 57	23 15	25 12	2 59	12 31
30	6 33 11	8 8 5	23 11	9 ♉ 19	3 53	18 16
31	6 37 8	9 9 13	23 7	23 24	4 33	23 1

Day	♆ Lat. ° ′	♆ Decl. ° ′	♅ Lat. ° ′	♅ Decl. ° ′	♄ Lat. ° ′	♄ Decl. ° ′	♃ Lat. ° ′	♃ Decl. ° ′	♂ Lat. ° ′
1	0 S 13	15 S 51	0 S 47	8 S 13	1 N 6	14 N 12	0 N 43	19 S 46	0 N 1
4	0 13	15 50	0 47	8 12	1 6	14 13	0 43	19 54	0 S 1
7	0 13	15 49	0 46	8 11	1 7	14 13	0 43	20 2	0 3
10	0 13	15 47	0 46	8 10	1 8	14 14	0 42	20 9	0 4
13	0 13	15 46	0 46	8 9	1 8	14 15	0 42	20 17	0 6
16	0 13	15 45	0 46	8 7	1 9	14 17	0 42	20 24	0 8
19	0 13	15 43	0 46	8 5	1 10	14 19	0 42	20 31	0 10
22	0 13	15 42	0 46	8 4	1 10	14 21	0 42	20 38	0 12
25	0 13	15 40	0 46	8 2	1 11	14 23	0 42	20 45	0 14
28	0 14	15 39	0 46	7 59	1 11	14 26	0 42	20 51	0 16
31	0 14	15 37	0 46	7 57	1 12	14 29	0 42	20 57	0 18

DEZEMBER 2006

Day	♆ Long.	♅ Long.	♄ Long.	♃ Long.	♂ Long.	♀ Long.	☿ Long.	♇ Long.
	° ′	° ′	° ′	° ′	° ′	° ′	° ′	° ′
1	17 ♒ 21	10 ♓ 51	25 ♌ 3	1 ♐ 31	26 ♏ 21	17 ♐ 10	19 ♏ 48	25 ♐ 54
2	17 22	10 52	25 3	1 44	27 3	18 25	21 8	25 56
3	17 23	10 53	25 4	1 57	27 45	19 40	22 30	25 59
4	17 24	10 53	25 4	2 11	28 27	20 56	23 53	26 1
5	17 26	10 54	25 4	2 24	29 9	22 11	25 18	26 3
6	17 27	10 55	25 4	2 37	29 52	23 26	26 44	26 5
7	17 28	10 56	25 R 4	2 50	0 ♐ 34	24 42	28 11	26 7
8	17 29	10 57	25 4	3 4	1 16	25 57	29 39	26 10
9	17 31	10 57	25 4	3 17	1 59	27 12	1 ♐ 7	26 12
10	17 32	10 58	25 3	3 30	2 41	28 27	2 36	26 14
11	17 33	10 59	25 3	3 43	3 24	29 43	4 6	26 16
12	17 35	11 1	25 2	3 56	4 6	0 ♑ 58	5 36	26 18
13	17 36	11 2	25 1	4 9	4 49	2 13	7 6	26 21
14	17 38	11 3	25 1	4 22	5 31	3 29	8 37	26 23
15	17 39	11 4	25 0	4 35	6 14	4 44	10 8	26 25
16	17 41	11 5	24 59	4 48	6 57	5 59	11 39	26 27
17	17 42	11 7	24 57	5 1	7 40	7 15	13 11	26 29
18	17 44	11 8	24 56	5 14	8 22	8 30	14 43	26 32
19	17 45	11 9	24 55	5 27	9 5	9 45	16 15	26 34
20	17 47	11 11	24 53	5 40	9 48	11 1	17 47	26 36
21	17 48	11 12	24 52	5 53	10 31	12 16	19 19	26 38
22	17 50	11 14	24 50	6 6	11 14	13 31	20 52	26 40
23	17 52	11 16	24 48	6 19	11 57	14 46	22 25	26 43
24	17 54	11 17	24 46	6 31	12 40	16 2	23 58	26 45
25	17 55	11 19	24 44	6 44	13 23	17 17	25 31	26 47
26	17 57	11 21	24 42	6 57	14 6	18 32	27 4	26 49
27	17 59	11 23	24 40	7 9	14 50	19 47	28 38	26 51
28	18 1	11 24	24 38	7 22	15 33	21 3	0 ♑ 12	26 54
29	18 2	11 26	24 35	7 34	16 16	22 18	1 46	26 56
30	18 4	11 28	24 33	7 47	16 59	23 33	3 21	26 58
31	18 6	11 30	24 30	7 59	17 43	24 48	4 56	27 0

Day	♂ Decl.	♀ Lat.	♀ Decl.	☿ Lat.	☿ Decl.	♇ Lat.	♇ Decl.	☊
	° ′	° ′	° ′	° ′	° ′	° ′	° ′	° ′
1	19 S 19	0 S 18	23 S 7	1 N 57	15 S 48	6 N 55	16 S 27	21 ♓ 19
4	19 50	0 26	23 33	1 38	17 10	6 55	16 28	21 9
7	20 19	0 33	23 52	1 17	18 30	6 54	16 29	20 59
10	20 46	0 39	24 5	0 55	19 47	6 54	16 29	20 50
13	21 12	0 46	24 11	0 33	20 57	6 53	16 30	20 40
16	21 36	0 52	24 10	0 11	22 0	6 53	16 30	20 31
19	21 59	0 58	24 3	0 S 10	22 54	6 52	16 31	20 21
22	22 19	1 4	23 49	0 31	23 38	6 52	16 31	20 12
25	22 38	1 9	23 28	0 50	24 11	6 52	16 32	20 2
28	22 55	1 14	23 1	1 7	24 34	6 52	16 32	19 53
31	23 10	1 19	22 27	1 23	24 44	6 51	16 33	19 43

2007 JANUAR

Day	Sidereal Time	☉ Long.	☉ Decl.	☽ Long.	☽ Lat.	☽ Decl.
	H M S	° ′ ″	° ′	° ′	° ′	° ′
1	6 41 4	10 ♂ 10 21	23 S 3	7 ♊ 24	4 N 56	26 N 25
2	6 45 1	11 11 29	22 58	21 17	5 2	28 10
3	6 48 58	12 12 37	22 53	4 ♋ 57	4 50	28 11
4	6 52 54	13 13 45	22 47	18 22	4 23	26 31
5	6 56 51	14 14 53	22 41	1 ♌ 29	3 41	23 25
6	7 0 47	15 16 1	22 34	14 16	2 50	19 15
7	7 4 44	16 17 9	22 27	26 45	1 51	14 20
8	7 8 40	17 18 17	22 19	8 ♍ 58	0 48	8 57
9	7 12 37	18 19 26	22 11	20 58	0 S 17	3 20
10	7 16 33	19 20 34	22 3	2 ♎ 49	1 19	2 S 20
11	7 20 30	20 21 42	21 54	14 37	2 18	7 53
12	7 24 27	21 22 50	21 44	26 27	3 12	13 11
13	7 28 23	22 23 59	21 35	8 ♏ 25	3 57	18 3
14	7 32 20	23 25 7	21 25	20 35	4 33	22 17
15	7 36 16	24 26 15	21 14	3 ♐ 2	4 57	25 37
16	7 40 13	25 27 23	21 3	15 49	5 6	27 46
17	7 44 9	26 28 30	20 52	28 58	5 1	28 27
18	7 48 6	27 29 37	20 40	12 ♑ 29	4 38	27 28
19	7 52 2	28 30 44	20 28	26 20	3 58	24 47
20	7 55 59	29 31 50	20 15	10 ♒ 26	3 4	20 34
21	7 59 56	0 ♒ 32 55	20 2	24 43	1 57	15 7
22	8 3 52	1 34 0	19 49	9 ♓ 6	0 42	8 49
23	8 7 49	2 35 4	19 35	23 29	0 N 35	2 3
24	8 11 45	3 36 7	19 21	7 ♈ 49	1 51	4 N 48
25	8 15 42	4 37 9	19 7	22 3	2 59	11 21
26	8 19 38	5 38 9	18 52	6 ♉ 9	3 55	17 16
27	8 23 35	6 39 9	18 37	20 6	4 37	22 13
28	8 27 31	7 40 8	18 21	3 ♊ 54	5 2	25 53
29	8 31 28	8 41 5	18 5	17 31	5 10	28 0
30	8 35 25	9 42 1	17 49	0 ♋ 57	5 1	28 27
31	8 39 21	10 42 57	17 33	14 10	4 36	27 15

Day	♆ Lat.	♆ Decl.	♅ Lat.	♅ Decl.	♄ Lat.	♄ Decl.	♃ Lat.	♃ Decl.	♂ Lat.
	° ′	° ′	° ′	° ′	° ′	° ′	° ′	° ′	° ′
1	0 S 14	15 S 37	0 S 46	7 S 56	1 N 12	14 N 30	0 N 42	20 S 59	0 S 18
4	0 14	15 35	0 45	7 54	1 13	14 34	0 42	21 5	0 20
7	0 14	15 33	0 45	7 51	1 13	14 37	0 42	21 10	0 22
10	0 14	15 31	0 45	7 48	1 14	14 41	0 42	21 16	0 24
13	0 14	15 29	0 45	7 46	1 14	14 45	0 42	21 21	0 26
16	0 14	15 27	0 45	7 43	1 15	14 50	0 42	21 25	0 28
19	0 14	15 25	0 45	7 39	1 15	14 54	0 42	21 30	0 30
22	0 14	15 23	0 45	7 36	1 16	14 59	0 42	21 34	0 32
25	0 14	15 21	0 45	7 33	1 16	15 4	0 42	21 38	0 34
28	0 14	15 19	0 45	7 30	1 17	15 8	0 42	21 42	0 36
31	0 14	15 17	0 45	7 26	1 17	15 13	0 42	21 46	0 38

JANUAR 2007

Day	♆ Long. ° ′	♅ Long. ° ′	♄ Long. ° ′	♃ Long. ° ′	♂ Long. ° ′	♀ Long. ° ′	☿ Long. ° ′	♇ Long. ° ′
1	18 ♒ 8	11 ♓ 32	24 ♌ 27	8 ♐ 12	18 ♐ 26	26 ♑ 4	6 ♑ 31	27 ♐ 2
2	18 10	11 34	24 R 25	8 24	19 9	27 19	8 6	27 5
3	18 12	11 36	24 22	8 36	19 53	28 34	9 42	27 7
4	18 14	11 38	24 19	8 48	20 36	29 49	11 18	27 9
5	18 16	11 41	24 16	9 0	21 20	1 ♒ 4	12 54	27 11
6	18 18	11 43	24 13	9 12	22 4	2 19	14 31	27 13
7	18 20	11 45	24 9	9 24	22 47	3 35	16 8	27 15
8	18 22	11 47	24 6	9 36	23 31	4 50	17 46	27 17
9	18 24	11 50	24 3	9 48	24 15	6 5	19 24	27 19
10	18 26	11 52	23 59	10 0	24 58	7 20	21 2	27 21
11	18 28	11 54	23 55	10 12	25 42	8 35	22 41	27 24
12	18 30	11 57	23 52	10 23	26 26	9 50	24 20	27 26
13	18 32	11 59	23 48	10 35	27 10	11 5	26 0	27 28
14	18 34	12 2	23 44	10 47	27 54	12 20	27 40	27 30
15	18 36	12 4	23 40	10 58	28 38	13 35	29 21	27 32
16	18 38	12 7	23 36	11 9	29 22	14 50	1 ♒ 2	27 34
17	18 40	12 10	23 32	11 21	0 ♑ 6	16 5	2 43	27 36
18	18 43	12 12	23 28	11 32	0 50	17 20	4 25	27 38
19	18 45	12 15	23 24	11 43	1 34	18 35	6 7	27 40
20	18 47	12 18	23 20	11 54	2 18	19 50	7 49	27 42
21	18 49	12 20	23 16	12 5	3 3	21 5	9 32	27 44
22	18 51	12 23	23 11	12 16	3 47	22 20	11 14	27 45
23	18 53	12 26	23 7	12 27	4 31	23 35	12 57	27 47
24	18 56	12 29	23 3	12 37	5 15	24 50	14 40	27 49
25	18 58	12 32	22 58	12 48	6 0	26 5	16 22	27 51
26	19 0	12 35	22 54	12 59	6 44	27 20	18 4	27 53
27	19 2	12 38	22 49	13 9	7 29	28 34	19 46	27 55
28	19 5	12 40	22 45	13 19	8 13	29 49	21 26	27 57
29	19 7	12 43	22 40	13 30	8 58	1 ♓ 4	23 6	27 58
30	19 9	12 46	22 35	13 40	9 42	2 19	24 44	28 0
31	19 11	12 49	22 31	13 50	10 27	3 33	26 20	28 2

Day	♂ Decl. ° ′	♀ Lat. ° ′	♀ Decl. ° ′	☿ Lat. ° ′	☿ Decl. ° ′	♇ Lat. ° ′	♇ Decl. ° ′	☊ ° ′
1	23 S 14	1 S 20	22 S 15	1 S 28	24 S 45	6 N 51	16 S 33	19 ♓ 40
4	23 27	1 24	21 33	1 41	24 38	6 51	16 33	19 30
7	23 37	1 27	20 46	1 52	24 19	6 51	16 33	19 21
10	23 45	1 30	19 53	2 0	23 46	6 51	16 33	19 11
13	23 51	1 32	18 55	2 5	23 0	6 51	16 34	19 2
16	23 54	1 34	17 52	2 6	21 59	6 51	16 34	18 52
19	23 56	1 34	16 45	2 4	20 45	6 51	16 34	18 43
22	23 55	1 35	15 34	1 57	19 16	6 51	16 34	18 33
25	23 52	1 34	14 18	1 44	17 35	6 51	16 34	18 24
28	23 47	1 33	13 0	1 26	15 43	6 51	16 34	18 14
31	23 40	1 32	11 38	1 1	13 41	6 51	16 34	18 5

2007 FEBRUAR

Day	Sidereal Time			☉ Long.			☉ Decl.		☽ Long.		☽ Lat.		☽ Decl.	
	H	M	S	°	′	″	°	′	°	′	°	′	°	′
1	8	43	18	11 ♒	43	51	17 S	16	27 ♋	10	3 N	56	24 N	35
2	8	47	14	12	44	44	16	59	9 ♌	57	3	6	20	44
3	8	51	11	13	45	36	16	42	22	29	2	7	16	1
4	8	55	7	14	46	26	16	24	4 ♍	48	1	3	10	43
5	8	59	4	15	47	16	16	6	16	55	0 S	3	5	7
6	9	3	0	16	48	5	15	48	28	52	1	8	0 S	36
7	9	6	57	17	48	53	15	30	10 ♎	43	2	10	6	14
8	9	10	54	18	49	40	15	11	22	31	3	6	11	38
9	9	14	50	19	50	25	14	52	4 ♏	21	3	54	16	39
10	9	18	47	20	51	10	14	33	16	18	4	33	21	4
11	9	22	43	21	51	54	14	13	28	27	5	0	24	41
12	9	26	40	22	52	37	13	53	10 ♐	52	5	14	27	15
13	9	30	36	23	53	18	13	33	23	37	5	13	28	29
14	9	34	33	24	53	59	13	13	6 ♑	47	4	55	28	11
15	9	38	29	25	54	38	12	53	20	22	4	21	26	12
16	9	42	26	26	55	16	12	32	4 ♒	21	3	31	22	35
17	9	46	23	27	55	52	12	12	18	43	2	26	17	31
18	9	50	19	28	56	27	11	51	3 ♓	21	1	10	11	22
19	9	54	16	29	57	1	11	29	18	10	0 N	11	4	30
20	9	58	12	0 ♓	57	33	11	8	3 ♈	1	1	32	2 N	36
21	10	2	9	1	58	3	10	46	17	47	2	46	9	32
22	10	6	5	2	58	31	10	25	2 ♉	22	3	49	15	53
23	10	10	2	3	58	58	10	3	16	42	4	36	21	14
24	10	13	58	4	59	22	9	41	0 ♊	44	5	6	25	17
25	10	17	55	5	59	45	9	19	14	28	5	17	27	47
26	10	21	52	7	0	6	8	56	27	53	5	11	28	36
27	10	25	48	8	0	25	8	34	11 ♋	2	4	48	27	46
28	10	29	45	9	0	41	8	11	23	54	4	11	25	27

Day	♆ Lat.		♆ Decl.		♅ Lat.		♅ Decl.		♄ Lat.		♄ Decl.		♃ Lat.		♃ Decl.		♂ Lat.	
	°	′	°	′	°	′	°	′	°	′	°	′	°	′	°	′	°	′
1	0 S	14	15 S	16	0 S	45	7 S	25	1 N	17	15 N	15	0 N	42	21 S	47	0 S	39
4	0	14	15	14	0	45	7	21	1	17	15	20	0	42	21	50	0	41
7	0	14	15	12	0	45	7	18	1	18	15	25	0	42	21	54	0	43
10	0	14	15	10	0	45	7	14	1	18	15	30	0	42	21	56	0	45
13	0	14	15	8	0	44	7	10	1	18	15	35	0	42	21	59	0	47
16	0	14	15	6	0	44	7	6	1	19	15	40	0	42	22	2	0	48
19	0	14	15	4	0	44	7	2	1	19	15	45	0	42	22	4	0	50
22	0	14	15	2	0	44	6	58	1	19	15	50	0	42	22	6	0	52
25	0	14	15	0	0	44	6	54	1	19	15	54	0	43	22	8	0	54
28	0	14	14	58	0	44	6	50	1	19	15	59	0	43	22	10	0	56

FEBRUAR 2007

Day	♆ Long.	♅ Long.	♄ Long.	♃ Long.	♂ Long.	♀ Long.	☿ Long.	♇ Long.
	° ′	° ′	° ′	° ′	° ′	° ′	° ′	° ′
1	19 ♒ 14	12 ♓ 53	22 ♌ 26	14 ♐ 0	11 ♑ 11	4 ♓ 48	27 ♒ 54	28 ♐ 4
2	19 16	12 56	22 R 21	14 9	11 56	6 3	29 26	28 5
3	19 18	12 59	22 16	14 19	12 41	7 17	0 ♓ 54	28 7
4	19 20	13 2	22 11	14 29	13 25	8 32	2 18	28 9
5	19 23	13 5	22 7	14 38	14 10	9 46	3 38	28 10
6	19 25	13 8	22 2	14 48	14 55	11 1	4 52	28 12
7	19 27	13 11	21 57	14 57	15 40	12 15	6 1	28 13
8	19 30	13 14	21 52	15 6	16 25	13 30	7 3	28 15
9	19 32	13 18	21 47	15 15	17 9	14 44	7 57	28 17
10	19 34	13 21	21 42	15 24	17 54	15 59	8 44	28 18
11	19 36	13 24	21 37	15 33	18 39	17 13	9 21	28 20
12	19 39	13 27	21 32	15 42	19 24	18 27	9 49	28 21
13	19 41	13 31	21 28	15 50	20 9	19 42	10 7	28 22
14	19 43	13 34	21 23	15 59	20 54	20 56	10 14	28 24
15	19 45	13 37	21 18	16 7	21 39	22 10	10 R 11	28 25
16	19 48	13 41	21 13	16 15	22 25	23 24	9 57	28 27
17	19 50	13 44	21 8	16 23	23 10	24 38	9 33	28 28
18	19 52	13 47	21 3	16 31	23 55	25 52	8 59	28 29
19	19 55	13 51	20 59	16 39	24 40	27 6	8 17	28 31
20	19 57	13 54	20 54	16 46	25 25	28 20	7 27	28 32
21	19 59	13 57	20 49	16 54	26 11	29 34	6 30	28 33
22	20 1	14 1	20 44	17 1	26 56	0 ♈ 48	5 29	28 34
23	20 4	14 4	20 40	17 9	27 41	2 2	4 24	28 35
24	20 6	14 8	20 35	17 16	28 27	3 16	3 18	28 37
25	20 8	14 11	20 30	17 23	29 12	4 30	2 13	28 38
26	20 10	14 14	20 26	17 29	29 57	5 44	1 9	28 39
27	20 12	14 18	20 21	17 36	0 ♒ 43	6 57	0 8	28 40
28	20 15	14 21	20 17	17 43	1 28	8 11	29 ♒ 11	28 41

Day	♂ Decl.	♀ Lat.	♀ Decl.	☿ Lat.	☿ Decl.	♇ Lat.	♇ Decl.	☊
	° ′	° ′	° ′	° ′	° ′	° ′	° ′	° ′
1	23 S 37	1 S 31	11 S 10	0 S 51	13 S 0	6 N 52	16 S 34	18 ♓ 2
4	23 26	1 29	9 45	0 16	10 54	6 52	16 34	17 52
7	23 13	1 26	8 17	0 N 26	8 54	6 52	16 33	17 42
10	22 59	1 22	6 47	1 12	7 11	6 52	16 33	17 33
13	22 42	1 17	5 16	2 1	5 54	6 52	16 33	17 23
16	22 22	1 13	3 44	2 47	5 15	6 53	16 33	17 14
19	22 1	1 7	2 10	3 23	5 20	6 53	16 32	17 4
22	21 38	1 1	0 37	3 42	6 4	6 53	16 32	16 55
25	21 12	0 54	0 N 57	3 40	7 15	6 54	16 32	16 45
28	20 45	0 47	2 31	3 20	8 38	6 54	16 32	16 36

2007 MÄRZ

Day	Sidereal Time	☉ Long.	☉ Decl.	☽ Long.	☽ Lat.	☽ Decl.
	H M S	° ′ ″	° ′	° ′	° ′	° ′
1	10 33 41	10 ♓ 0 56	7 S 49	6 ♌ 33	3 N 23	21 N 54
2	10 37 38	11 1 9	7 26	18 59	2 25	17 26
3	10 41 34	12 1 20	7 3	1 ♍ 15	1 22	12 19
4	10 45 31	13 1 30	6 40	13 21	0 16	6 47
5	10 49 28	14 1 37	6 17	25 19	0 S 51	1 5
6	10 53 24	15 1 43	5 54	7 ♎ 12	1 54	4 S 37
7	10 57 21	16 1 47	5 31	19 1	2 53	10 7
8	11 1 17	17 1 49	5 7	0 ♏ 51	3 44	15 15
9	11 5 14	18 1 49	4 44	12 41	4 25	19 51
10	11 9 10	19 1 48	4 20	24 39	4 56	23 42
11	11 13 7	20 1 45	3 57	6 ♐ 47	5 13	26 35
12	11 17 3	21 1 41	3 33	19 9	5 17	28 16
13	11 21 0	22 1 35	3 10	1 ♑ 49	5 6	28 32
14	11 24 57	23 1 27	2 46	14 52	4 39	27 14
15	11 28 53	24 1 17	2 22	28 21	3 56	24 20
16	11 32 50	25 1 6	1 59	12 ♒ 12	2 57	19 57
17	11 36 46	26 0 53	1 35	26 38	1 46	14 18
18	11 40 43	27 0 38	1 11	11 ♓ 22	0 26	7 42
19	11 44 39	28 0 21	0 48	26 23	0 N 57	0 34
20	11 48 36	29 0 2	0 24	11 ♈ 33	2 17	6 N 40
21	11 52 32	29 59 41	0 N 0	26 41	3 26	13 30
22	11 56 29	0 ♈ 59 17	0 24	11 ♉ 39	4 21	19 28
23	12 0 26	1 58 52	0 47	26 19	4 58	24 9
24	12 4 22	2 58 24	1 11	10 ♊ 35	5 15	27 14
25	12 8 19	3 57 54	1 35	24 27	5 13	28 32
26	12 12 15	4 57 22	1 58	7 ♋ 53	4 54	28 5
27	12 16 12	5 56 48	2 22	20 55	4 19	26 5
28	12 20 8	6 56 11	2 45	3 ♌ 37	3 33	22 48
29	12 24 5	7 55 32	3 9	16 3	2 38	18 33
30	12 28 1	8 54 51	3 32	28 15	1 37	13 36
31	12 31 58	9 54 7	3 55	10 ♍ 18	0 32	8 5

Day	♆ Lat.	♆ Decl.	♅ Lat.	♅ Decl.	♄ Lat.	♄ Decl.	♃ Lat.	♃ Decl.	♂ Lat.
	° ′	° ′	° ′	° ′	° ′	° ′	° ′	° ′	° ′
1	0 S 14	14 S 57	0 S 44	6 S 49	1 N 19	16 N 0	0 N 43	22 S 10	0 S 57
4	0 14	14 55	0 44	6 45	1 20	16 5	0 43	22 12	0 59
7	0 14	14 53	0 44	6 41	1 20	16 9	0 43	22 13	1 0
10	0 14	14 51	0 44	6 37	1 20	16 12	0 43	22 14	1 2
13	0 14	14 49	0 44	6 33	1 20	16 16	0 43	22 15	1 4
16	0 14	14 47	0 44	6 29	1 20	16 19	0 43	22 16	1 6
19	0 14	14 45	0 44	6 25	1 20	16 23	0 43	22 17	1 7
22	0 14	14 44	0 44	6 21	1 20	16 25	0 44	22 18	1 9
25	0 14	14 42	0 44	6 18	1 20	16 28	0 44	22 18	1 11
28	0 14	14 40	0 44	6 14	1 20	16 30	0 44	22 18	1 12
31	0 14	14 39	0 45	6 10	1 19	16 32	0 44	22 19	1 14

MÄRZ 2007

Day	♆ Long.	♅ Long.	♄ Long.	♃ Long.	♂ Long.	♀ Long.	☿ Long.	♇ Long.
	° ′	° ′	° ′	° ′	° ′	° ′	° ′	° ′
1	20 ♒ 17	14 ♓ 25	20 ♌ 12	17 ♐ 49	2 ♒ 14	9 ♈ 24	28 ♒ 20	28 ♐ 42
2	20 19	14 28	20 R 8	17 55	2 59	10 38	27 R 35	28 43
3	20 21	14 32	20 3	18 1	3 45	11 51	26 56	28 44
4	20 23	14 35	19 59	18 7	4 30	13 5	26 24	28 45
5	20 25	14 38	19 55	18 13	5 16	14 18	25 59	28 46
6	20 27	14 42	19 51	18 18	6 1	15 31	25 41	28 46
7	20 30	14 45	19 47	18 24	6 47	16 45	25 29	28 47
8	20 32	14 49	19 42	18 29	7 33	17 58	25 25	28 48
9	20 34	14 52	19 38	18 34	8 18	19 11	25 D 27	28 49
10	20 36	14 56	19 35	18 39	9 4	20 24	25 35	28 50
11	20 38	14 59	19 31	18 44	9 50	21 37	25 49	28 50
12	20 40	15 3	19 27	18 49	10 35	22 50	26 8	28 51
13	20 42	15 6	19 23	18 53	11 21	24 3	26 32	28 52
14	20 44	15 9	19 19	18 57	12 7	25 16	27 2	28 52
15	20 46	15 13	19 16	19 1	12 53	26 28	27 35	28 53
16	20 48	15 16	19 12	19 5	13 39	27 41	28 13	28 53
17	20 50	15 20	19 9	19 9	14 24	28 54	28 55	28 54
18	20 52	15 23	19 6	19 13	15 10	0 ♉ 6	29 41	28 54
19	20 54	15 26	19 2	19 16	15 56	1 19	0 ♓ 30	28 55
20	20 56	15 30	18 59	19 19	16 42	2 31	1 23	28 55
21	20 58	15 33	18 56	19 22	17 28	3 43	2 18	28 55
22	20 59	15 36	18 53	19 25	18 14	4 56	3 16	28 56
23	21 1	15 40	18 50	19 28	19 0	6 8	4 18	28 56
24	21 3	15 43	18 47	19 30	19 46	7 20	5 21	28 56
25	21 5	15 46	18 45	19 33	20 32	8 32	6 27	28 57
26	21 7	15 50	18 42	19 35	21 18	9 44	7 36	28 57
27	21 8	15 53	18 40	19 37	22 3	10 56	8 46	28 57
28	21 10	15 56	18 37	19 39	22 49	12 8	9 59	28 57
29	21 12	16 0	18 35	19 40	23 35	13 19	11 14	28 57
30	21 14	16 3	18 32	19 42	24 21	14 31	12 30	28 57
31	21 15	16 6	18 30	19 43	25 7	15 42	13 49	28 57

Day	♂ Decl.	♀ Lat.	♀ Decl.	☿ Lat.	☿ Decl.	♇ Lat.	♇ Decl.	☊
	° ′	° ′	° ′	° ′	° ′	° ′	° ′	° ′
1	20 S 35	0 S 45	3 N 3	3 N 10	9 S 4	6 N 54	16 S 31	16 ♓ 33
4	20 5	0 37	4 36	2 34	10 18	6 55	16 31	16 23
7	19 33	0 28	6 9	1 53	11 15	6 55	16 31	16 13
10	18 59	0 20	7 40	1 11	11 52	6 55	16 30	16 4
13	18 24	0 11	9 10	0 31	12 11	6 56	16 30	15 54
16	17 47	0 2	10 37	0 S 6	12 11	6 56	16 29	15 45
19	17 8	0 N 8	12 3	0 39	11 54	6 57	16 29	15 35
22	16 28	0 18	13 26	1 8	11 22	6 57	16 29	15 26
25	15 46	0 27	14 47	1 32	10 34	6 58	16 28	15 16
28	15 3	0 37	16 4	1 53	9 34	6 58	16 28	15 7
31	14 18	0 47	17 18	2 8	8 21	6 59	16 27	14 57

2007 APRIL

Day	Sidereal Time			☉ Long.			☉ Decl.		☽ Long.		☽ Lat.		☽ Decl.	
	H	M	S	°	′	″	°	′	°	′	°	′	°	′
1	12	35	55	10 ♈	53	21	4 N	19	22 ♍	13	0 S	33	2 N	34
2	12	39	51	11	52	33	4	42	4 ♎	5	1	37	3 S	6
3	12	43	48	12	51	44	5	5	15	54	2	36	8	40
4	12	47	44	13	50	52	5	28	27	43	3	29	13	54
5	12	51	41	14	49	58	5	51	9 ♏	35	4	12	18	40
6	12	55	37	15	49	2	6	14	21	30	4	45	22	43
7	12	59	34	16	48	4	6	36	3 ♐	32	5	5	25	51
8	13	3	30	17	47	5	6	59	15	43	5	12	27	51
9	13	7	27	18	46	3	7	21	28	7	5	5	28	30
10	13	11	24	19	45	0	7	44	10 ♑	45	4	43	27	42
11	13	15	20	20	43	56	8	6	23	43	4	7	25	24
12	13	19	17	21	42	49	8	28	7 ♒	0	3	16	21	40
13	13	23	13	22	41	41	8	50	20	47	2	12	16	39
14	13	27	10	23	40	30	9	12	4 ♓	58	0	58	10	35
15	13	31	6	24	39	19	9	33	19	33	0 N	22	3	48
16	13	35	3	25	38	5	9	55	4 ♈	19	1	41	3 N	20
17	13	38	59	26	36	49	10	16	19	41	2	55	10	24
18	13	42	56	27	35	31	10	37	4 ♉	57	3	56	16	52
19	13	46	53	28	34	12	10	58	20	6	4	40	22	15
20	13	50	49	29	32	50	11	19	5 ♊	0	5	4	26	7
21	13	54	46	0 ♉	31	26	11	39	19	30	5	8	28	8
22	13	58	42	1	30	1	12	0	3 ♋	33	4	53	28	16
23	14	2	39	2	28	33	12	20	17	6	4	22	26	40
24	14	6	35	3	27	3	12	40	0 ♌	11	3	38	23	39
25	14	10	32	4	25	30	13	0	12	52	2	44	19	35
26	14	14	28	5	23	56	13	19	25	13	1	45	14	45
27	14	18	25	6	22	20	13	39	7 ♍	20	0	41	9	28
28	14	22	22	7	20	41	13	58	19	16	0 S	23	3	54
29	14	26	18	8	19	0	14	17	1 ♎	6	1	25	1 S	45
30	14	30	15	9	17	18	14	35	12	54	2	24	7	18

Day	♆ Lat.	♆ Decl.	♅ Lat.	♅ Decl.	♄ Lat.	♄ Decl.	♃ Lat.	♃ Decl.	♂ Lat.
	° ′	° ′	° ′	° ′	° ′	° ′	° ′	° ′	° ′
1	0 S 15	14 S 38	0 S 45	6 S 9	1 N 19	16 N 33	0 N 44	22 S 19	1 S 14
4	0 15	14 37	0 45	6 5	1 19	16 35	0 44	22 19	1 16
7	0 15	14 35	0 45	6 2	1 19	16 36	0 44	22 19	1 17
10	0 15	14 34	0 45	5 58	1 19	16 36	0 44	22 18	1 19
13	0 15	14 33	0 45	5 55	1 19	16 38	0 44	22 18	1 20
16	0 15	14 31	0 45	5 51	1 19	16 38	0 44	22 18	1 21
19	0 15	14 30	0 45	5 48	1 19	16 38	0 44	22 17	1 22
22	0 15	14 29	0 45	5 45	1 18	16 38	0 44	22 17	1 24
25	0 15	14 28	0 45	5 42	1 18	16 37	0 44	22 16	1 25
28	0 15	14 27	0 45	5 39	1 18	16 36	0 44	22 15	1 26

APRIL 2007

Day	♆ Long.	♅ Long.	♄ Long.	♃ Long.	♂ Long.	♀ Long.	☿ Long.	♇ Long.
	° ′	° ′	° ′	° ′	° ′	° ′	° ′	° ′
1	21 ♒ 17	16 ♓ 9	18 ♌ 28	19 ♐ 44	25 ♒ 53	16 ♉ 54	15 ♓ 9	28 ♐ 57
2	21 19	16 12	18 R 26	19 45	26 39	18 5	16 31	28 R 57
3	21 20	16 16	18 25	19 45	27 25	19 16	17 55	28 57
4	21 22	16 19	18 23	19 46	28 11	20 28	19 21	28 57
5	21 23	16 22	18 21	19 46	28 57	21 39	20 48	28 57
6	21 25	16 25	18 20	19 46	29 43	22 50	22 16	28 57
7	21 26	16 28	18 18	19 R 46	0 ♓ 29	24 0	23 47	28 57
8	21 28	16 31	18 17	19 46	1 16	25 11	25 19	28 56
9	21 29	16 34	18 16	19 45	2 2	26 22	26 52	28 56
10	21 31	16 37	18 14	19 45	2 48	27 33	28 27	28 56
11	21 32	16 40	18 13	19 44	3 34	28 43	0 ♈ 4	28 56
12	21 33	16 43	18 13	19 43	4 20	29 53	1 42	28 55
13	21 35	16 46	18 12	19 42	5 6	1 ♊ 4	3 22	28 55
14	21 36	16 49	18 11	19 40	5 52	2 14	5 3	28 55
15	21 37	16 52	18 10	19 39	6 38	3 24	6 46	28 54
16	21 39	16 55	18 10	19 37	7 24	4 34	8 30	28 54
17	21 40	16 58	18 10	19 35	8 10	5 44	10 16	28 53
18	21 41	17 1	18 9	19 33	8 56	6 53	12 4	28 53
19	21 42	17 3	18 9	19 30	9 42	8 3	13 53	28 52
20	21 43	17 6	18 9	19 28	10 28	9 13	15 44	28 51
21	21 44	17 9	18 D 9	19 25	11 14	10 22	17 36	28 51
22	21 45	17 11	18 9	19 22	12 0	11 31	19 30	28 50
23	21 46	17 14	18 10	19 19	12 46	12 40	21 26	28 49
24	21 48	17 17	18 10	19 16	13 32	13 49	23 23	28 49
25	21 48	17 19	18 11	19 13	14 18	14 58	25 21	28 48
26	21 49	17 22	18 11	19 9	15 4	16 7	27 22	28 47
27	21 50	17 24	18 12	19 5	15 50	17 15	29 23	28 46
28	21 51	17 27	18 13	19 1	16 36	18 24	1 ♉ 26	28 46
29	21 52	17 29	18 14	18 57	17 22	19 32	3 31	28 45
30	21 53	17 32	18 15	18 53	18 7	20 40	5 37	28 44

Day	♂ Decl.	♀ Lat.	♀ Decl.	☿ Lat.	☿ Decl.	♇ Lat.	♇ Decl.	☊
	° ′	° ′	° ′	° ′	° ′	° ′	° ′	° ′
1	14 S 3	0 N 51	17 N 42	2 S 13	7 S 53	6 N 59	16 S 27	14 ♓ 54
4	13 17	1 1	18 50	2 23	6 24	6 59	16 27	14 45
7	12 30	1 10	19 55	2 28	4 44	7 0	16 26	14 35
10	11 42	1 20	20 55	2 29	2 54	7 0	16 26	14 25
13	10 53	1 30	21 50	2 26	0 54	7 1	16 25	14 16
16	10 3	1 39	22 40	2 18	1 N 16	7 1	16 25	14 6
19	9 12	1 48	23 25	2 5	3 33	7 1	16 24	13 57
22	8 21	1 56	24 5	1 48	5 57	7 2	16 24	13 47
25	7 29	2 4	24 39	1 27	8 27	7 2	16 24	13 38
28	6 36	2 11	25 7	1 2	11 1	7 3	16 23	13 28

2007 MAI

Day	Sidereal Time	☉ Long.	☉ Decl.	☽ Long.	☽ Lat.	☽ Decl.
	H M S	° ′ ″	° ′	° ′	° ′	° ′
1	14 34 11	10 ♉ 15 34	14 N 54	24 ♎ 43	3 S 16	12 S 37
2	14 38 8	11 13 47	15 12	6 ♏ 35	4 0	17 29
3	14 42 4	12 11 59	15 30	18 32	4 33	21 43
4	14 46 1	13 10 10	15 48	0 ♐ 36	4 55	25 5
5	14 49 57	14 8 18	16 5	12 47	5 4	27 21
6	14 53 54	15 6 25	16 22	25 8	4 58	28 19
7	14 57 51	16 4 31	16 39	7 ♑ 39	4 38	27 51
8	15 1 47	17 2 35	16 56	20 23	4 5	25 55
9	15 5 44	18 0 38	17 12	3 ♒ 22	3 18	22 36
10	15 9 40	18 58 39	17 28	16 39	2 19	18 4
11	15 13 37	19 56 39	17 44	0 ♓ 15	1 11	12 30
12	15 17 33	20 54 38	17 59	14 14	0 N 3	6 10
13	15 21 30	21 52 35	18 13	28 35	1 18	0 N 38
14	15 25 26	22 50 31	18 29	13 ♈ 16	2 30	7 33
15	15 29 23	23 48 26	18 44	28 13	3 33	14 9
16	15 33 20	24 46 19	18 58	13 ♉ 18	4 22	19 59
17	15 37 16	25 44 11	19 12	28 23	4 52	24 32
18	15 41 13	26 42 2	19 25	13 ♊ 16	5 2	27 22
19	15 45 9	27 39 51	19 38	27 49	4 52	28 17
20	15 49 6	28 37 38	19 51	11 ♋ 56	4 24	27 17
21	15 53 2	29 35 24	20 4	25 35	3 42	24 39
22	15 56 59	0 ♊ 33 8	20 16	8 ♌ 44	2 49	20 47
23	16 0 55	1 30 51	20 28	21 29	1 49	16 4
24	16 4 52	2 28 32	20 39	3 ♍ 51	0 46	10 49
25	16 8 49	3 26 11	20 51	15 57	0 S 18	5 16
26	16 12 45	4 23 49	21 1	27 53	1 20	0 S 23
27	16 16 42	5 21 26	21 12	9 ♎ 42	2 18	5 58
28	16 20 38	6 19 1	21 22	21 31	3 10	11 19
29	16 24 35	7 16 35	21 32	3 ♏ 22	3 54	16 18
30	16 28 31	8 14 7	21 41	15 18	4 28	20 42
31	16 32 28	9 11 39	21 50	27 24	4 50	24 17

Day	♆ Lat.	♆ Decl.	♅ Lat.	♅ Decl.	♄ Lat.	♄ Decl.	♃ Lat.	♃ Decl.	♂ Lat.
	° ′	° ′	° ′	° ′	° ′	° ′	° ′	° ′	° ′
1	0 S 15	14 S 27	0 S 45	5 S 36	1 N 18	16 N 35	0 N 44	22 S 14	1 S 27
4	0 15	14 26	0 45	5 34	1 18	16 34	0 44	22 13	1 27
7	0 15	14 26	0 45	5 31	1 18	16 32	0 44	22 11	1 28
10	0 15	14 25	0 45	5 29	1 17	16 30	0 44	22 10	1 29
13	0 15	14 25	0 46	5 26	1 17	16 28	0 44	22 9	1 29
16	0 15	14 24	0 46	5 24	1 17	16 25	0 44	22 7	1 30
19	0 15	14 24	0 46	5 22	1 17	16 23	0 44	22 5	1 30
22	0 15	14 24	0 46	5 21	1 17	16 19	0 43	22 4	1 31
25	0 15	14 24	0 46	5 19	1 16	16 16	0 43	22 2	1 31
28	0 16	14 24	0 46	5 18	1 16	16 12	0 43	22 0	1 31
31	0 16	14 24	0 46	5 16	1 16	16 9	0 43	21 58	1 31

MAI 2007

Day	♆ Long.	♅ Long.	♄ Long.	♃ Long.	♂ Long.	♀ Long.	☿ Long.	♇ Long.
	° ′	° ′	° ′	° ′	° ′	° ′	° ′	° ′
1	21 ♒ 54	17 ♓ 34	18 ♌ 16	18 ♐ 49	18 ♓ 53	21 ♊ 48	7 ♉ 44	28 ♐ 43
2	21 55	17 37	18 17	18 R 44	19 39	22 56	9 52	28 R 42
3	21 55	17 39	18 18	18 40	20 25	24 3	12 0	28 41
4	21 56	17 41	18 20	18 35	21 11	25 11	14 10	28 40
5	21 57	17 44	18 21	18 30	21 57	26 18	16 20	28 39
6	21 57	17 46	18 23	18 25	22 42	27 25	18 30	28 38
7	21 58	17 48	18 25	18 19	23 28	28 32	20 39	28 37
8	21 58	17 50	18 27	18 14	24 14	29 39	22 49	28 36
9	21 59	17 52	18 29	18 8	25 0	0 ♋ 46	24 58	28 35
10	22 0	17 54	18 31	18 3	25 45	1 52	27 6	28 34
11	22 0	17 56	18 33	17 57	26 31	2 58	29 12	28 33
12	22 0	17 58	18 35	17 51	27 17	4 4	1 ♊ 17	28 31
13	22 1	18 0	18 38	17 45	28 2	5 10	3 20	28 30
14	22 1	18 2	18 40	17 39	28 48	6 16	5 21	28 29
15	22 2	18 4	18 43	17 32	29 34	7 21	7 20	28 28
16	22 2	18 6	18 45	17 26	0 ♈ 19	8 26	9 17	28 27
17	22 2	18 8	18 48	17 19	1 5	9 31	11 11	28 25
18	22 2	18 9	18 51	17 13	1 50	10 36	13 2	28 24
19	22 3	18 11	18 54	17 6	2 36	11 41	14 50	28 23
20	22 3	18 13	18 57	16 59	3 21	12 45	16 35	28 21
21	22 3	18 14	19 0	16 52	4 6	13 49	18 17	28 20
22	22 3	18 16	19 3	16 45	4 52	14 53	19 56	28 19
23	22 3	18 17	19 7	16 38	5 37	15 57	21 32	28 17
24	22 3	18 19	19 10	16 31	6 22	17 0	23 4	28 16
25	22 3	18 20	19 14	16 24	7 7	18 3	24 34	28 14
26	22 R 3	18 22	19 17	16 16	7 53	19 6	26 0	28 13
27	22 3	18 23	19 21	16 9	8 38	20 8	27 22	28 12
28	22 3	18 24	19 25	16 2	9 23	21 10	28 42	28 10
29	22 3	18 26	19 28	15 54	10 8	22 12	29 57	28 9
30	22 3	18 27	19 32	15 47	10 53	23 13	1 ♋ 10	28 7
31	22 3	18 28	19 36	15 39	11 38	24 15	2 18	28 6

Day	♂ Decl.	♀ Lat.	♀ Decl.	☿ Lat.	☿ Decl.	♇ Lat.	♇ Decl.	☊
	° ′	° ′	° ′	° ′	° ′	° ′	° ′	° ′
1	5 S 43	2 N 18	25 N 29	0 S 33	13 N 34	7 N 3	16 S 23	13 ♓ 19
4	4 50	2 24	25 45	0 2	16 4	7 3	16 22	13 9
7	3 57	2 30	25 56	0 N 30	18 24	7 3	16 22	13 0
10	3 3	2 34	26 0	1 1	20 29	7 4	16 22	12 50
13	2 9	2 38	25 58	1 28	22 16	7 4	16 22	12 41
16	1 15	2 41	25 51	1 50	23 39	7 4	16 21	12 31
19	0 21	2 43	25 38	2 6	24 40	7 4	16 21	12 22
22	0 N 32	2 43	25 19	2 16	25 19	7 4	16 21	12 12
25	1 26	2 43	24 55	2 17	25 37	7 5	16 21	12 2
28	2 19	2 42	24 26	2 11	25 37	7 5	16 21	11 53
31	3 12	2 39	23 52	1 58	25 23	7 5	16 21	11 43

2007 JUNI

Day	Sidereal Time	☉ Long.	☉ Decl.	☽ Long.	☽ Lat.	☽ Decl.
	H M S	° ′ ″	° ′	° ′	° ′	° ′
1	16 36 24	10 Ⅱ 9 9	21 N 58	9 ♐ 38	4 S 59	26 S 50
2	16 40 21	11 6 38	22 7	22 3	4 55	28 6
3	16 44 18	12 4 6	22 14	4 ♑ 39	4 36	27 57
4	16 48 14	13 1 33	22 22	17 26	4 3	26 19
5	16 52 11	13 58 59	22 29	0 ♒ 24	3 16	23 16
6	16 56 7	14 56 25	22 35	13 34	2 19	18 58
7	17 0 4	15 53 50	22 42	26 57	1 13	13 41
8	17 4 0	16 51 14	22 47	10 ♓ 34	0 2	7 38
9	17 7 57	17 48 38	22 53	24 27	1 N 11	1 7
10	17 11 53	18 46 1	22 58	8 ♈ 36	2 21	5 N 34
11	17 15 50	19 43 24	23 3	23 1	3 23	12 5
12	17 19 47	20 40 46	23 7	7 ♉ 37	4 13	18 2
13	17 23 43	21 38 7	23 11	22 22	4 46	22 58
14	17 27 40	22 35 28	23 14	7 Ⅱ 6	5 1	26 26
15	17 31 36	23 32 49	23 17	21 43	4 55	28 5
16	17 35 33	24 30 8	23 20	6 ♋ 4	4 31	27 49
17	17 39 29	25 27 27	23 22	20 5	3 51	25 45
18	17 43 26	26 24 46	23 24	3 ♌ 40	2 59	22 14
19	17 47 22	27 22 3	23 25	16 50	1 58	17 40
20	17 51 19	28 19 20	23 26	29 35	0 54	12 27
21	17 55 16	29 16 37	23 26	12 ♍ 0	0 S 12	6 53
22	17 59 12	0 ♋ 13 52	23 26	24 8	1 16	1 10
23	18 3 9	1 11 7	23 26	6 ♎ 5	2 15	4 S 29
24	18 7 5	2 8 21	23 25	17 56	3 8	9 56
25	18 11 2	3 5 34	23 24	29 46	3 53	15 2
26	18 14 58	4 2 47	23 23	11 ♏ 40	4 29	19 35
27	18 18 55	5 0 0	23 21	23 42	4 52	23 25
28	18 22 51	5 57 11	23 18	5 ♐ 55	5 3	26 16
29	18 26 48	6 54 23	23 16	18 21	4 59	27 54
30	18 30 45	7 51 34	23 12	1 ♑ 1	4 41	28 7

Day	♆ Lat.	♆ Decl.	♅ Lat.	♅ Decl.	♄ Lat.	♄ Decl.	♃ Lat.	♃ Decl.	♂ Lat.
	° ′	° ′	° ′	° ′	° ′	° ′	° ′	° ′	° ′
1	0 S 16	14 S 24	0 S 46	5 S 15	1 N 16	16 N 7	0 N 43	21 S 57	1 S 31
4	0 16	14 25	0 46	5 15	1 16	16 3	0 42	21 55	1 31
7	0 16	14 25	0 46	5 14	1 16	15 59	0 42	21 53	1 31
10	0 16	14 26	0 47	5 13	1 16	15 54	0 41	21 50	1 31
13	0 16	14 26	0 47	5 12	1 16	15 49	0 41	21 48	1 31
16	0 16	14 27	0 47	5 12	1 16	15 44	0 41	21 46	1 30
19	0 16	14 28	0 47	5 12	1 15	15 39	0 40	21 44	1 30
22	0 16	14 29	0 47	5 12	1 15	15 33	0 40	21 41	1 29
25	0 16	14 29	0 47	5 12	1 15	15 27	0 39	21 39	1 29
28	0 16	14 30	0 47	5 12	1 15	15 22	0 39	21 37	1 28

2007 JULI

Day	Sidereal Time	☉ Long.	☉ Decl.	☽ Long.	☽ Lat.	☽ Decl.
	H M S	° ′ ″	° ′	° ′	° ′	° ′
1	18 34 41	8 ♋ 48 45	23 N 9	13 ♑ 54	4 S 9	26 S 50
2	18 38 38	9 45 56	23 5	27 1	3 23	24 4
3	18 42 34	10 43 7	23 0	10 ♒ 20	2 25	19 58
4	18 46 31	11 40 18	22 56	23 49	1 18	14 48
5	18 50 27	12 37 30	22 50	7 ♓ 29	0 5	8 51
6	18 54 24	13 34 41	22 45	21 18	1 N 8	2 24
7	18 58 20	14 31 53	22 39	5 ♈ 17	2 19	4 N 13
8	19 2 17	15 29 5	22 32	19 23	3 21	10 41
9	19 6 14	16 26 17	22 26	3 ♉ 37	4 12	16 40
10	19 10 10	17 23 30	22 19	17 56	4 48	21 46
11	19 14 7	18 20 43	22 11	2 ♊ 17	5 5	25 36
12	19 18 3	19 17 57	22 3	16 35	5 4	27 48
13	19 22 0	20 15 11	21 55	0 ♋ 46	4 44	28 10
14	19 25 56	21 12 25	21 46	14 45	4 7	26 43
15	19 29 53	22 9 40	21 37	28 27	3 16	23 40
16	19 33 50	23 6 55	21 28	11 ♌ 49	2 16	19 25
17	19 37 46	24 4 10	21 18	24 51	1 9	14 20
18	19 41 43	25 1 25	21 8	7 ♍ 32	0 1	8 46
19	19 45 39	25 58 41	20 57	19 55	1 S 6	2 59
20	19 49 36	26 55 57	20 46	2 ♎ 3	2 8	2 S 47
21	19 53 32	27 53 13	20 35	14 1	3 4	8 22
22	19 57 29	28 50 30	20 24	25 53	3 52	13 36
23	20 1 25	29 47 46	20 12	7 ♏ 45	4 30	18 21
24	20 5 22	0 ♌ 45 3	19 59	19 41	4 56	22 24
25	20 9 19	1 42 21	19 47	1 ♐ 46	5 10	25 34
26	20 13 15	2 39 39	19 34	14 4	5 9	27 36
27	20 17 12	3 36 57	19 21	26 37	4 54	28 18
28	20 21 8	4 34 16	19 7	9 ♑ 28	4 24	27 30
29	20 25 5	5 31 35	18 53	22 37	3 40	25 9
30	20 29 1	6 28 55	18 39	6 ♒ 4	2 42	21 23
31	20 32 58	7 26 16	18 25	19 46	1 34	16 23

Day	♆ Lat.	♆ Decl.	♅ Lat.	♅ Decl.	♄ Lat.	♄ Decl.	♃ Lat.	♃ Decl.	♂ Lat.
	° ′	° ′	° ′	° ′	° ′	° ′	° ′	° ′	° ′
1	0 S 16	14 S 31	0 S 47	5 S 12	1 N 15	15 N 15	0 N 38	21 S 35	1 S 27
4	0 16	14 33	0 47	5 13	1 15	15 9	0 37	21 34	1 26
7	0 16	14 34	0 48	5 14	1 15	15 3	0 37	21 32	1 25
10	0 16	14 35	0 48	5 15	1 15	14 56	0 36	21 30	1 23
13	0 16	14 36	0 48	5 16	1 15	14 50	0 36	21 29	1 22
16	0 16	14 38	0 48	5 17	1 15	14 43	0 35	21 28	1 21
19	0 16	14 39	0 48	5 18	1 15	14 36	0 35	21 27	1 19
22	0 16	14 41	0 48	5 20	1 15	14 29	0 34	21 26	1 18
25	0 17	14 42	0 48	5 22	1 15	14 22	0 33	21 26	1 16
28	0 17	14 44	0 48	5 23	1 15	14 14	0 33	21 25	1 14
31	0 17	14 45	0 48	5 25	1 15	14 7	0 32	21 25	1 12

JUNI 2007

Day	♆ Long.	♅ Long.	♄ Long.	♃ Long.	♂ Long.	♀ Long.	☿ Long.	♇ Long.
	° ′	° ′	° ′	° ′	° ′	° ′	° ′	° ′
1	22 ♒ 2	18 ♓ 29	19 ♌ 41	15 ♐ 32	12 ♈ 23	25 ♋ 15	3 ♋ 23	28 ♐ 4
2	22 R 2	18 30	19 45	15 R 24	13 8	26 16	4 25	28 R 3
3	22 2	18 31	19 49	15 16	13 53	27 16	5 23	28 1
4	22 2	18 32	19 53	15 9	14 37	28 16	6 16	28 0
5	22 1	18 33	19 58	15 1	15 22	29 15	7 6	27 58
6	22 1	18 34	20 2	14 54	16 7	0 ♌ 14	7 52	27 57
7	22 1	18 35	20 7	14 46	16 51	1 13	8 34	27 55
8	22 0	18 35	20 12	14 38	17 36	2 11	9 12	27 53
9	22 0	18 36	20 17	14 31	18 21	3 9	9 46	27 52
10	21 59	18 37	20 21	14 23	19 5	4 6	10 15	27 50
11	21 59	18 38	20 26	14 15	19 49	5 3	10 40	27 49
12	21 58	18 38	20 31	14 8	20 34	6 0	11 0	27 47
13	21 58	18 39	20 36	14 0	21 18	6 55	11 16	27 45
14	21 57	18 39	20 42	13 53	22 2	7 51	11 27	27 44
15	21 56	18 40	20 47	13 45	22 47	8 46	11 34	27 42
16	21 56	18 40	20 52	13 38	23 31	9 40	11 36	27 41
17	21 55	18 40	20 57	13 31	24 15	10 34	11 R 34	27 39
18	21 54	18 41	21 3	13 23	24 59	11 27	11 27	27 37
19	21 53	18 41	21 8	13 16	25 43	12 20	11 16	27 36
20	21 53	18 41	21 14	13 9	26 27	13 12	11 1	27 34
21	21 52	18 41	21 19	13 2	27 10	14 3	10 42	27 33
22	21 51	18 41	21 25	12 55	27 54	14 54	10 19	27 31
23	21 50	18 41	21 31	12 48	28 38	15 44	9 53	27 29
24	21 49	18 41	21 37	12 41	29 21	16 34	9 24	27 28
25	21 48	18 R 41	21 42	12 34	0 ♉ 5	17 22	8 53	27 26
26	21 47	18 41	21 48	12 27	0 48	18 10	8 20	27 25
27	21 46	18 41	21 54	12 21	1 32	18 57	7 45	27 23
28	21 45	18 41	22 0	12 14	2 15	19 43	7 10	27 21
29	21 44	18 41	22 7	12 8	2 58	20 28	6 34	27 20
30	21 43	18 40	22 13	12 2	3 41	21 13	5 59	27 18

Day	♂ Decl.	♀ Lat.	♀ Decl.	☿ Lat.	☿ Decl.	♇ Lat.	♇ Decl.	☊
	° ′	° ′	° ′	° ′	° ′	° ′	° ′	° ′
1	3 N 29	2 N 38	23 N 40	1 N 52	25 N 15	7 N 5	16 S 21	11 ♓ 40
4	4 21	2 33	23 0	1 28	24 46	7 5	16 20	11 31
7	5 13	2 27	22 17	0 58	24 7	7 5	16 20	11 21
10	6 4	2 19	21 29	0 21	23 23	7 4	16 21	11 12
13	6 54	2 10	20 39	0 S 23	22 35	7 4	16 21	11 2
16	7 44	2 0	19 45	1 10	21 46	7 4	16 21	10 53
19	8 33	1 47	18 49	2 0	20 58	7 4	16 21	10 43
22	9 20	1 33	17 51	2 49	20 13	7 4	16 21	10 34
25	10 7	1 17	16 51	3 34	19 35	7 3	16 21	10 24
28	10 53	0 59	15 50	4 10	19 5	7 3	16 22	10 14

JULI 2007

Day	♆ Long.	♅ Long.	♄ Long.	♃ Long.	♂ Long.	♀ Long.	☿ Long.	♇ Long.
	° ′	° ′	° ′	° ′	° ′	° ′	° ′	° ′
1	21 ♒ 42	18 ♓ 40	22 ♌ 19	11 ♐ 55	4 ♉ 24	21 ♌ 56	5 ♋ 25	27 ♐ 17
2	21 R 41	18 R 40	22 25	11 R 49	5 7	22 39	4 R 52	27 R 15
3	21 40	18 39	22 31	11 44	5 50	23 20	4 22	27 14
4	21 39	18 39	22 38	11 38	6 33	24 1	3 54	27 12
5	21 38	18 38	22 44	11 32	7 16	24 40	3 30	27 11
6	21 37	18 38	22 51	11 27	7 59	25 19	3 9	27 9
7	21 36	18 37	22 57	11 21	8 41	25 56	2 52	27 8
8	21 34	18 36	23 4	11 16	9 24	26 32	2 39	27 6
9	21 33	18 36	23 10	11 11	10 6	27 7	2 32	27 5
10	21 32	18 35	23 17	11 6	10 48	27 40	2 29	27 3
11	21 30	18 34	23 24	11 1	11 31	28 12	2 D 31	27 2
12	21 29	18 33	23 30	10 56	12 13	28 43	2 38	27 0
13	21 28	18 33	23 37	10 52	12 55	29 12	2 50	26 59
14	21 27	18 32	23 44	10 48	13 37	29 40	3 8	26 57
15	21 25	18 31	23 51	10 43	14 18	0 ♍ 6	3 31	26 56
16	21 24	18 30	23 58	10 39	15 0	0 30	4 0	26 55
17	21 22	18 29	24 5	10 36	15 42	0 53	4 34	26 53
18	21 21	18 27	24 12	10 32	16 23	1 15	5 13	26 52
19	21 20	18 26	24 19	10 28	17 5	1 34	5 58	26 50
20	21 18	18 25	24 26	10 25	17 46	1 51	6 47	26 49
21	21 17	18 24	24 33	10 22	18 27	2 7	7 42	26 48
22	21 15	18 23	24 40	10 19	19 8	2 20	8 42	26 47
23	21 14	18 21	24 47	10 16	19 49	2 32	9 48	26 45
24	21 12	18 20	24 54	10 13	20 30	2 41	10 58	26 44
25	21 11	18 19	25 2	10 11	21 11	2 49	12 13	26 43
26	21 9	18 17	25 9	10 9	21 52	2 54	13 33	26 42
27	21 8	18 16	25 16	10 6	22 32	2 57	14 57	26 40
28	21 6	18 14	25 23	10 5	23 13	2 57	16 26	26 39
29	21 5	18 13	25 31	10 3	23 53	2 R 55	17 59	26 38
30	21 3	18 11	25 38	10 1	24 33	2 51	19 37	26 37
31	21 1	18 10	25 45	10 0	25 13	2 45	21 18	26 36

Day	♂ Decl.	♀ Lat.	♀ Decl.	☿ Lat.	☿ Decl.	♇ Lat.	♇ Decl.	☊
	° ′	° ′	° ′	° ′	° ′	° ′	° ′	° ′
1	11 N 38	0 N 39	14 N 49	4 S 35	18 N 45	7 N 3	16 S 22	10 ♓ 5
4	12 21	0 17	13 47	4 46	18 37	7 2	16 22	9 55
7	13 3	0 S 7	12 45	4 43	18 42	7 2	16 23	9 46
10	13 45	0 34	11 45	4 27	18 58	7 1	16 23	9 36
13	14 24	1 3	10 46	4 2	19 23	7 1	16 23	9 27
16	15 3	1 34	9 49	3 28	19 55	7 0	16 24	9 17
19	15 40	2 8	8 55	2 49	20 29	6 59	16 25	9 8
22	16 16	2 44	8 5	2 7	21 2	6 59	16 25	8 58
25	16 50	3 22	7 20	1 24	21 29	6 58	16 26	8 49
28	17 23	4 1	6 40	0 41	21 45	6 57	16 26	8 39
31	17 54	4 41	6 7	0 2	21 43	6 56	16 27	8 30

2007 AUGUST

Day	Sidereal Time	☉ Long.	☉ Decl.	☽ Long.	☽ Lat.	☽ Decl.
	H M S	° ′ ″	° ′	° ′	° ′	° ′
1	20 36 54	8 ♌ 23 38	18 N 10	3 ♓ 41	0 S 20	10 S 28
2	20 40 51	9 21 1	17 55	17 45	0 N 57	3 58
3	20 44 48	10 18 25	17 39	1 ♈ 56	2 11	2 N 46
4	20 48 44	11 15 49	17 24	16 10	3 17	9 24
5	20 52 41	12 13 16	17 8	0 ♉ 25	4 12	15 33
6	20 56 37	13 10 43	16 52	14 39	4 50	20 51
7	21 0 34	14 8 11	16 35	28 48	5 11	24 56
8	21 4 30	15 5 41	16 17	12 ♊ 51	5 13	27 31
9	21 8 27	16 3 12	16 1	26 46	4 56	28 20
10	21 12 23	17 0 45	15 44	10 ♋ 30	4 23	27 24
11	21 16 20	17 58 18	15 27	24 2	3 36	24 50
12	21 20 17	18 55 53	15 9	7 ♌ 20	2 37	20 58
13	21 24 13	19 53 30	14 51	20 22	1 31	16 8
14	21 28 10	20 51 7	14 33	3 ♍ 8	0 22	10 41
15	21 32 6	21 48 45	14 14	15 39	0 S 47	4 56
16	21 36 3	22 46 25	13 55	27 56	1 53	0 S 54
17	21 39 59	23 44 6	13 37	10 ♎ 1	2 53	6 37
18	21 43 56	24 41 48	13 17	21 58	3 44	12 1
19	21 47 52	25 39 31	12 58	3 ♏ 50	4 25	16 57
20	21 51 49	26 37 15	12 38	15 41	4 55	21 14
21	21 55 46	27 35 0	12 19	27 37	5 12	24 42
22	21 59 42	28 32 46	11 59	9 ♐ 42	5 16	27 7
23	22 3 39	29 30 34	11 39	21 59	5 6	28 17
24	22 7 35	0 ♍ 28 23	11 18	4 ♑ 34	4 41	28 2
25	22 11 32	1 26 13	10 58	17 30	4 1	26 17
26	22 15 28	2 24 4	10 37	0 ♒ 47	3 8	23 2
27	22 19 25	3 21 56	10 16	14 27	2 2	18 27
28	22 23 21	4 19 50	9 55	28 28	0 48	12 35
29	22 27 18	5 17 46	9 34	12 ♓ 47	0 N 31	6 17
30	22 31 15	6 15 43	9 13	27 19	1 49	0 N 36
31	22 35 11	7 13 42	8 51	11 ♈ 57	3 1	7 30

Day	♆ Lat.	♆ Decl.	♅ Lat.	♅ Decl.	♄ Lat.	♄ Decl.	♃ Lat.	♃ Decl.	♂ Lat.
	° ′	° ′	° ′	° ′	° ′	° ′	° ′	° ′	° ′
1	0 S 17	14 S 46	0 S 48	5 S 26	1 N 16	14 N 5	0 N 32	21 S 25	1 S 11
4	0 17	14 47	0 48	5 28	1 16	13 57	0 31	21 25	1 9
7	0 17	14 49	0 49	5 30	1 16	13 50	0 31	21 26	1 7
10	0 17	14 50	0 49	5 33	1 16	13 42	0 30	21 27	1 5
13	0 17	14 52	0 49	5 35	1 16	13 34	0 29	21 28	1 2
16	0 17	14 54	0 49	5 37	1 16	13 26	0 29	21 29	1 N 0
19	0 17	14 55	0 49	5 40	1 16	13 19	0 28	21 30	0 S 57
22	0 17	14 57	0 49	5 43	1 17	13 11	0 28	21 32	0 54
25	0 17	14 58	0 49	5 45	1 17	13 3	0 27	21 34	0 51
28	0 17	15 0	0 49	5 48	1 17	12 55	0 27	21 36	0 48
31	0 17	15 1	0 49	5 51	1 17	12 48	0 26	21 38	0 45

AUGUST 2007

Day	♆ Long.	♅ Long.	♄ Long.	♃ Long.	♂ Long.	♀ Long.	☿ Long.	♇ Long.
	° ′	° ′	° ′	° ′	° ′	° ′	° ′	° ′
1	21 ♒ 0	18 ♓ 8	25 ♌ 53	9 ♐ 59	25 ♉ 53	2 ♍ 36	23 ♋ 3	26 ♐ 35
2	20 R 58	18 R 6	26 0	9 R 58	26 33	2 R 25	24 51	26 R 34
3	20 57	18 4	26 8	9 57	27 13	2 11	26 43	26 33
4	20 55	18 3	26 15	9 56	27 52	1 55	28 37	26 32
5	20 53	18 1	26 23	9 56	28 32	1 37	0 ♌ 33	26 31
6	20 52	17 59	26 30	9 55	29 11	1 16	2 32	26 30
7	20 50	17 57	26 38	9 55	29 50	0 53	4 32	26 29
8	20 49	17 55	26 45	9 D 55	0 ♊ 29	0 28	6 34	26 28
9	20 47	17 54	26 53	9 56	1 8	0 2	8 37	26 27
10	20 45	17 52	27 0	9 56	1 47	29 ♌ 33	10 40	26 26
11	20 44	17 50	27 8	9 57	2 25	29 3	12 43	26 26
12	20 42	17 48	27 15	9 58	3 4	28 31	14 47	26 25
13	20 40	17 46	27 23	9 59	3 42	27 57	16 51	26 24
14	20 39	17 44	27 31	10 0	4 20	27 23	18 54	26 23
15	20 37	17 42	27 38	10 1	4 58	26 47	20 56	26 23
16	20 36	17 39	27 46	10 3	5 36	26 11	22 58	26 22
17	20 34	17 37	27 53	10 4	6 14	25 34	24 58	26 21
18	20 32	17 35	28 1	10 6	6 51	24 57	26 58	26 21
19	20 31	17 33	28 9	10 8	7 29	24 20	28 56	26 20
20	20 29	17 31	28 16	10 11	8 6	23 43	0 ♍ 54	26 20
21	20 27	17 29	28 24	10 13	8 43	23 6	2 50	26 19
22	20 26	17 26	28 32	10 16	9 20	22 30	4 44	26 19
23	20 24	17 24	28 39	10 19	9 56	21 54	6 38	26 18
24	20 23	17 22	28 47	10 22	10 33	21 20	8 30	26 18
25	20 21	17 20	28 55	10 25	11 9	20 47	10 21	26 17
26	20 19	17 17	29 2	10 28	11 45	20 16	12 10	26 17
27	20 18	17 15	29 10	10 32	12 21	19 46	13 58	26 17
28	20 16	17 13	29 17	10 35	12 57	19 18	15 45	26 16
29	20 15	17 11	29 25	10 39	13 33	18 52	17 30	26 16
30	20 13	17 8	29 33	10 43	14 8	18 28	19 14	26 16
31	20 12	17 6	29 40	10 47	14 43	18 6	20 57	26 16

Day	♂ Decl.	♀ Lat.	♀ Decl.	☿ Lat.	☿ Decl.	♇ Lat.	♇ Decl.	☊
	° ′	° ′	° ′	° ′	° ′	° ′	° ′	° ′
1	18 N 4	4 S 55	5 N 58	0 N 11	21 N 39	6 N 56	16 S 27	8 ♓ 26
4	18 34	5 35	5 34	0 44	21 9	6 55	16 28	8 17
7	19 1	6 13	5 20	1 10	20 16	6 54	16 29	8 7
10	19 28	6 49	5 14	1 29	19 0	6 54	16 30	7 58
13	19 52	7 20	5 17	1 41	17 24	6 53	16 30	7 48
16	20 15	7 45	5 29	1 46	15 32	6 52	16 31	7 39
19	20 37	8 3	5 48	1 44	13 28	6 51	16 32	7 29
22	20 57	8 13	6 14	1 37	11 16	6 50	16 33	7 20
25	21 16	8 15	6 43	1 25	9 0	6 49	16 34	7 10
28	21 33	8 10	7 16	1 10	6 42	6 48	16 35	7 1
31	21 49	7 58	7 48	0 52	4 23	6 47	16 36	6 51

2007 SEPTEMBER

Day	Sidereal Time	☉ Long.	☉ Decl.	☽ Long.	☽ Lat.	☽ Decl.
	H M S	° ′ ″	° ′	° ′	° ′	° ′
1	22 39 8	8 ♍ 11 43	8 N 30	26 ♈ 35	4 N 1	14 N 0
2	22 43 4	9 9 45	8 8	11 ♉ 8	4 45	19 41
3	22 47 1	10 7 50	7 46	25 32	5 11	24 10
4	22 50 57	11 5 56	7 24	9 ♊ 42	5 17	27 8
5	22 54 54	12 4 4	7 2	23 37	5 4	28 21
6	22 58 50	13 2 14	6 40	7 ♋ 16	4 34	27 48
7	23 2 47	14 0 26	6 17	20 40	3 50	25 38
8	23 6 44	14 58 40	5 55	3 ♌ 48	2 54	22 8
9	23 10 40	15 56 56	5 32	16 42	1 51	17 35
10	23 14 37	16 55 14	5 10	29 23	0 43	12 21
11	23 18 33	17 53 34	4 47	11 ♍ 51	0 S 26	6 43
12	23 22 30	18 51 56	4 24	24 9	1 33	0 54
13	23 26 26	19 50 19	4 1	6 ♎ 17	2 35	4 S 52
14	23 30 23	20 48 45	3 38	18 17	3 29	10 23
15	23 34 19	21 47 12	3 15	0 ♏ 11	4 13	15 29
16	23 38 16	22 45 40	2 52	12 2	4 46	19 59
17	23 42 13	23 44 11	2 29	23 53	5 7	23 42
18	23 46 9	24 42 43	2 6	5 ♐ 47	5 15	26 26
19	23 50 6	25 41 17	1 43	17 49	5 9	28 1
20	23 54 2	26 39 52	1 20	0 ♑ 4	4 50	28 16
21	23 57 59	27 38 29	0 56	12 35	4 16	27 6
22	0 1 55	28 37 8	0 33	25 27	3 29	24 28
23	0 5 52	29 35 49	0 10	8 ♒ 43	2 29	20 29
24	0 9 48	0 ♎ 34 31	0 S 14	22 26	1 19	15 17
25	0 13 45	1 33 15	0 37	6 ♓ 35	0 3	9 8
26	0 17 42	2 32 1	1 1	21 7	1 N 16	2 21
27	0 21 38	3 30 49	1 24	5 ♈ 59	2 32	4 N 42
28	0 25 35	4 29 39	1 47	21 1	3 38	11 34
29	0 29 31	5 28 31	2 11	6 ♉ 5	4 29	17 46
30	0 33 28	6 27 26	2 34	21 2	5 1	22 51

Day	♆ Lat.	♆ Decl.	♅ Lat.	♅ Decl.	♄ Lat.	♄ Decl.	♃ Lat.	♃ Decl.	♂ Lat.
	° ′	° ′	° ′	° ′	° ′	° ′	° ′	° ′	° ′
1	0 S 17	15 S 2	0 S 49	5 S 52	1 N 17	12 N 45	0 N 26	21 S 39	0 S 44
4	0 17	15 3	0 49	5 54	1 18	12 37	0 25	21 41	0 41
7	0 17	15 5	0 49	5 57	1 18	12 30	0 25	21 44	0 37
10	0 17	15 6	0 49	6 0	1 18	12 22	0 24	21 47	0 34
13	0 17	15 7	0 49	6 3	1 19	12 14	0 24	21 50	0 30
16	0 17	15 9	0 49	6 6	1 19	12 7	0 23	21 53	0 26
19	0 17	15 10	0 49	6 8	1 19	11 59	0 23	21 56	0 22
22	0 17	15 11	0 49	6 11	1 20	11 52	0 22	21 59	0 18
25	0 17	15 12	0 49	6 14	1 20	11 45	0 22	22 3	0 13
28	0 17	15 13	0 49	6 16	1 20	11 37	0 21	22 6	0 9

SEPTEMBER 2007

Day	♆ Long.	♅ Long.	♄ Long.	♃ Long.	♂ Long.	♀ Long.	☿ Long.	♇ Long.
	° ′	° ′	° ′	° ′	° ′	° ′	° ′	° ′
1	20 ♒ 10	17 ♓ 3	29 ♌ 48	10 ♐ 52	15 ♊ 18	17 ♌ 47	22 ♍ 38	26 ♐ 15
2	20 R 9	17 R 1	29 55	10 56	15 53	17 R 29	24 19	26 R 15
3	20 7	16 59	0 ♍ 3	11 1	16 27	17 14	25 58	26 15
4	20 6	16 56	0 11	11 6	17 2	17 2	27 35	26 15
5	20 4	16 54	0 18	11 11	17 36	16 52	29 12	26 15
6	20 3	16 52	0 26	11 16	18 10	16 44	0 ♎ 47	26 15
7	20 1	16 49	0 33	11 21	18 43	16 39	2 21	26 D 15
8	20 0	16 47	0 41	11 27	19 17	16 36	3 54	26 15
9	19 58	16 44	0 48	11 33	19 50	16 36	5 26	26 15
10	19 57	16 42	0 56	11 38	20 23	16 D 38	6 57	26 15
11	19 55	16 40	1 3	11 44	20 56	16 42	8 26	26 15
12	19 54	16 37	1 10	11 50	21 28	16 48	9 54	26 16
13	19 53	16 35	1 18	11 57	22 1	16 57	11 21	26 16
14	19 51	16 32	1 25	12 3	22 33	17 8	12 47	26 16
15	19 50	16 30	1 33	12 10	23 5	17 21	14 12	26 16
16	19 49	16 28	1 40	12 16	23 36	17 35	15 35	26 17
17	19 47	16 25	1 47	12 23	24 7	17 52	16 57	26 17
18	19 46	16 23	1 54	12 30	24 38	18 11	18 18	26 17
19	19 45	16 21	2 2	12 37	25 9	18 32	19 37	26 18
20	19 44	16 18	2 9	12 45	25 39	18 54	20 55	26 18
21	19 42	16 16	2 16	12 52	26 9	19 19	22 11	26 19
22	19 41	16 14	2 23	13 0	26 39	19 45	23 26	26 19
23	19 40	16 11	2 30	13 7	27 9	20 12	24 39	26 20
24	19 39	16 9	2 37	13 15	27 38	20 41	25 51	26 20
25	19 38	16 7	2 44	13 23	28 7	21 12	27 0	26 21
26	19 37	16 4	2 51	13 31	28 35	21 44	28 8	26 22
27	19 36	16 2	2 58	13 39	29 4	22 18	29 14	26 22
28	19 35	16 0	3 5	13 48	29 32	22 52	0 ♏ 18	26 23
29	19 33	15 58	3 12	13 56	29 59	23 29	1 19	26 24
30	19 33	15 55	3 19	14 5	0 ♋ 26	24 6	2 18	26 24

Day	♂ Decl.	♀ Lat.	♀ Decl.	☿ Lat.	☿ Decl.	♇ Lat.	♇ Decl.	☊
	° ′	° ′	° ′	° ′	° ′	° ′	° ′	° ′
1	21 N 54	7 S 53	7 N 59	0 N 46	3 N 37	6 N 47	16 S 36	6 ♓ 48
4	22 8	7 34	8 30	0 25	1 21	6 46	16 37	6 38
7	22 20	7 11	8 59	0 3	0 S 53	6 45	16 38	6 29
10	22 32	6 45	9 24	0 S 20	3 4	6 44	16 39	6 19
13	22 42	6 17	9 45	0 44	5 10	6 43	16 40	6 10
16	22 51	5 48	10 1	1 8	7 11	6 42	16 41	6 0
19	22 59	5 19	10 13	1 32	9 5	6 41	16 42	5 51
22	23 6	4 49	10 19	1 55	10 53	6 39	16 44	5 41
25	23 12	4 20	10 19	2 18	12 33	6 38	16 45	5 32
28	23 17	3 51	10 15	2 39	14 3	6 37	16 46	5 22

2007 OKTOBER

Day	Sidereal Time	☉ Long.	☉ Decl.	☽ Long.	☽ Lat.	☽ Decl.
	H M S	° ′ ″	° ′	° ′	° ′	° ′
1	0 37 24	7 ♎ 26 22	2 S 57	5 ♊ 43	5 N 13	26 N 23
2	0 41 21	8 25 21	3 20	20 5	5 4	28 8
3	0 45 17	9 24 21	3 44	4 ♋ 3	4 38	28 0
4	0 49 14	10 23 25	4 7	17 37	3 56	26 11
5	0 53 11	11 22 30	4 30	0 ♌ 50	3 3	22 57
6	0 57 7	12 21 38	4 53	13 43	2 2	18 39
7	1 1 4	13 20 48	5 16	26 20	0 56	13 37
8	1 5 0	14 20 0	5 39	8 ♍ 43	0 S 11	8 8
9	1 8 57	15 19 15	6 2	20 56	1 17	2 25
10	1 12 53	16 18 31	6 25	3 ♎ 1	2 18	3 S 19
11	1 16 50	17 17 50	6 48	15 0	3 13	8 52
12	1 20 46	18 17 11	7 10	26 55	3 58	14 4
13	1 24 43	19 16 34	7 33	8 ♏ 46	4 33	18 44
14	1 28 40	20 15 59	7 55	20 37	4 56	22 40
15	1 32 36	21 15 26	8 18	2 ♐ 29	5 7	25 40
16	1 36 33	22 14 54	8 40	14 24	5 4	27 34
17	1 40 29	23 14 25	9 2	26 26	4 48	28 11
18	1 44 26	24 13 57	9 24	8 ♑ 38	4 19	27 28
19	1 48 22	25 13 31	9 46	21 4	3 37	25 21
20	1 52 19	26 13 7	10 7	3 ♒ 49	2 43	21 56
21	1 56 15	27 12 45	10 29	16 57	1 40	17 20
22	2 0 12	28 12 24	10 50	0 ♓ 32	0 28	11 43
23	2 4 9	29 12 5	11 11	14 36	0 N 47	5 21
24	2 8 5	0 ♏ 11 48	11 33	29 8	2 1	1 N 31
25	2 12 2	1 11 33	11 53	14 ♈ 4	3 9	8 27
26	2 15 58	2 11 20	12 14	29 17	4 5	15 2
27	2 19 55	3 11 8	12 35	14 ♉ 37	4 44	20 44
28	2 23 51	4 10 59	12 55	29 52	5 3	25 3
29	2 27 48	5 10 52	13 15	14 ♊ 52	5 0	27 33
30	2 31 44	6 10 46	13 35	29 29	4 37	28 4
31	2 35 41	7 10 43	13 55	13 ♋ 38	3 58	26 4

Day	♆ Lat.	♆ Decl.	♅ Lat.	♅ Decl.	♄ Lat.	♄ Decl.	♃ Lat.	♃ Decl.	♂ Lat.
	° ′	° ′	° ′	° ′	° ′	° ′	° ′	° ′	° ′
1	0 S 17	15 S 14	0 S 49	6 S 19	1 N 21	11 N 30	0 N 21	22 S 10	0 S 4
4	0 17	15 15	0 49	6 21	1 21	11 23	0 20	22 13	0 N 1
7	0 17	15 16	0 49	6 24	1 22	11 17	0 20	22 17	0 6
10	0 17	15 16	0 49	6 26	1 22	11 10	0 19	22 21	0 11
13	0 17	15 17	0 49	6 28	1 23	11 4	0 19	22 24	0 17
16	0 17	15 18	0 48	6 30	1 23	10 57	0 18	22 28	0 23
19	0 17	15 18	0 48	6 32	1 24	10 51	0 18	22 31	0 29
22	0 17	15 18	0 48	6 34	1 24	10 46	0 18	22 35	0 35
25	0 17	15 19	0 48	6 35	1 25	10 40	0 17	22 38	0 42
28	0 17	15 19	0 48	6 37	1 26	10 35	0 17	22 41	0 49
31	0 17	15 19	0 48	6 38	1 26	10 30	0 16	22 45	0 56

OKTOBER 2007

Day	♆ Long.	♅ Long.	♄ Long.	♃ Long.	♂ Long.	♀ Long.	☿ Long.	♇ Long.
	° ′	° ′	° ′	° ′	° ′	° ′	° ′	° ′
1	19 ♒ 32	15 ♓ 53	3 ♍ 26	14 ♐ 14	0 ♋ 53	24 ♌ 45	3 ♏ 14	26 ♐ 25
2	19 R 31	15 R 51	3 33	14 22	1 20	25 25	4 7	26 26
3	19 30	15 49	3 39	14 31	1 46	26 6	4 57	26 27
4	19 29	15 47	3 46	14 40	2 12	26 48	5 43	26 28
5	19 28	15 45	3 53	14 50	2 37	27 31	6 26	26 29
6	19 27	15 43	3 59	14 59	3 2	28 15	7 4	26 30
7	19 26	15 41	4 6	15 8	3 27	29 0	7 38	26 31
8	19 25	15 39	4 12	15 18	3 51	29 47	8 7	26 32
9	19 25	15 37	4 18	15 28	4 15	0 ♍ 34	8 31	26 33
10	19 24	15 35	4 25	15 37	4 38	1 22	8 49	26 34
11	19 23	15 33	4 31	15 47	5 1	2 10	9 0	26 35
12	19 23	15 31	4 37	15 57	5 23	3 0	9 5	26 36
13	19 22	15 29	4 44	16 7	5 45	3 50	9 R 2	26 37
14	19 21	15 27	4 50	16 17	6 7	4 41	8 52	26 38
15	19 21	15 25	4 56	16 28	6 28	5 33	8 34	26 39
16	19 20	15 23	5 2	16 38	6 49	6 26	8 7	26 41
17	19 20	15 22	5 8	16 49	7 9	7 19	7 32	26 42
18	19 19	15 20	5 14	16 59	7 28	8 13	6 48	26 43
19	19 19	15 18	5 19	17 10	7 47	9 8	5 56	26 45
20	19 19	15 17	5 25	17 21	8 6	10 3	4 57	26 46
21	19 18	15 15	5 31	17 31	8 24	10 58	3 52	26 47
22	19 18	15 13	5 37	17 42	8 42	11 55	2 41	26 49
23	19 17	15 12	5 42	17 53	8 58	12 52	1 27	26 50
24	19 17	15 10	5 48	18 4	9 15	13 49	0 11	26 51
25	19 17	15 9	5 53	18 16	9 31	14 47	28 ♎ 57	26 53
26	19 17	15 8	5 58	18 27	9 46	15 45	27 45	26 54
27	19 17	15 6	6 4	18 38	10 0	16 44	26 39	26 56
28	19 16	15 5	6 9	18 50	10 14	17 44	25 41	26 58
29	19 16	15 4	6 14	19 1	10 28	18 43	24 51	26 59
30	19 16	15 2	6 19	19 13	10 41	19 44	24 12	27 1
31	19 16	15 1	6 24	19 25	10 53	20 44	23 44	27 2

Day	♂ Decl.	♀ Lat.	♀ Decl.	☿ Lat.	☿ Decl.	♇ Lat.	♇ Decl.	☊
	° ′	° ′	° ′	° ′	° ′	° ′	° ′	° ′
1	23 N 22	3 S 23	10 N 5	2 S 57	15 S 22	6 N 36	16 S 47	5 ♓ 13
4	23 26	2 56	9 49	3 12	16 27	6 35	16 48	5 3
7	23 30	2 30	9 29	3 23	17 15	6 34	16 49	4 54
10	23 33	2 4	9 3	3 27	17 42	6 33	16 50	4 44
13	23 36	1 40	8 33	3 21	17 41	6 33	16 51	4 35
16	23 39	1 17	7 58	3 4	17 7	6 32	16 52	4 25
19	23 41	0 55	7 18	2 31	15 53	6 31	16 53	4 15
22	23 44	0 34	6 34	1 43	14 1	6 30	16 54	4 6
25	23 48	0 14	5 47	0 44	11 47	6 29	16 55	3 56
28	23 51	0 N 4	4 55	0 N 17	9 39	6 28	16 56	3 47
31	23 55	0 22	4 0	1 9	8 8	6 27	16 57	3 37

2007 NOVEMBER

Day	Sidereal Time			☉ Long.			☉ Decl.		☽ Long.		☽ Lat.		☽ Decl.	
	H	M	S	°	′	″	°	′	°	′	°	′	°	′
1	2	39	38	8 ♏	10	42	14 S	14	27 ♋	18	3 N	6	23 N	44
2	2	43	34	9	10	43	14	33	10 ♌	31	2	6	19	37
3	2	47	31	10	10	47	14	52	23	20	1	1	14	42
4	2	51	27	11	10	52	15	11	5 ♍	49	0 S	5	9	18
5	2	55	24	12	11	0	15	30	18	3	1	9	3	40
6	2	59	20	13	11	9	15	48	0 ♎	6	2	10	2 S	1
7	3	3	17	14	11	21	16	6	12	3	3	3	7	34
8	3	7	13	15	11	34	16	24	23	55	3	49	12	49
9	3	11	10	16	11	50	16	41	5 ♏	46	4	24	17	36
10	3	15	7	17	12	7	16	58	17	37	4	48	21	41
11	3	19	3	18	12	26	17	15	29	30	4	59	24	55
12	3	23	0	19	12	47	17	32	11 ♐	26	4	57	27	4
13	3	26	56	20	13	9	17	48	23	27	4	42	27	59
14	3	30	53	21	13	33	18	4	5 ♑	33	4	15	27	34
15	3	34	49	22	13	58	18	20	17	48	3	35	25	48
16	3	38	46	23	14	25	18	35	0 ♒	15	2	44	22	46
17	3	42	42	24	14	53	18	50	12	57	1	44	18	35
18	3	46	39	25	15	22	19	5	25	59	0	37	13	27
19	3	50	36	26	15	53	19	19	9 ♓	24	0 N	33	7	32
20	3	54	32	27	16	25	19	33	23	15	1	44	1	5
21	3	58	29	28	16	58	19	47	7 ♈	33	2	51	5 N	37
22	4	2	25	29	17	32	20	0	22	17	3	48	12	12
23	4	6	22	0 ♐	18	8	20	13	7 ♉	22	4	31	18	14
24	4	10	18	1	18	45	20	25	22	39	4	55	23	11
25	4	14	15	2	19	23	20	38	7 ♊	57	4	58	26	32
26	4	18	11	3	20	3	20	49	23	5	4	40	27	56
27	4	22	8	4	20	44	21	1	7 ♋	52	4	4	27	16
28	4	26	5	5	21	27	21	12	22	12	3	13	24	47
29	4	30	1	6	22	11	21	22	6 ♌	2	2	12	20	53
30	4	33	58	7	22	57	21	33	19	22	1	5	16	3

Day	♆ Lat.		♆ Decl.		♅ Lat.		♅ Decl.		♄ Lat.		♄ Decl.		♃ Lat.		♃ Decl.		♂ Lat.	
	°	′	°	′	°	′	°	′	°	′	°	′	°	′	°	′	°	′
1	0 S	17	15 S	19	0 S	48	6 S	39	1 N	26	10 N	28	0 N	16	22 S	46	0 N	58
4	0	17	15	19	0	48	6	40	1	27	10	23	0	16	22	49	1	6
7	0	17	15	19	0	48	6	41	1	28	10	19	0	16	22	52	1	14
10	0	17	15	19	0	48	6	42	1	28	10	15	0	15	22	54	1	22
13	0	17	15	18	0	47	6	42	1	29	10	11	0	15	22	57	1	30
16	0	17	15	18	0	47	6	43	1	30	10	8	0	15	23	0	1	38
19	0	17	15	17	0	47	6	43	1	30	10	4	0	14	23	2	1	47
22	0	17	15	17	0	47	6	43	1	31	10	1	0	14	23	4	1	56
25	0	17	15	16	0	47	6	43	1	32	9	59	0	14	23	6	2	5
28	0	17	15	15	0	47	6	43	1	32	9	57	0	13	23	8	2	14

NOVEMBER 2007

Day	♆ Long.	♅ Long.	♄ Long.	♃ Long.	♂ Long.	♀ Long.	☿ Long.	♇ Long.
	° ′	° ′	° ′	° ′	° ′	° ′	° ′	° ′
1	19 ♒ 16	15 ♓ 0	6 ♍ 29	19 ♐ 36	11 ♋ 4	21 ♍ 45	23 ♌ 27	27 ♐ 4
2	19 16	14 R 59	6 34	19 48	11 15	22 47	23 R 22	27 6
3	19 16	14 58	6 39	20 0	11 25	23 49	23 D 28	27 7
4	19 16	14 57	6 43	20 12	11 34	24 51	23 44	27 9
5	19 16	14 56	6 48	20 24	11 42	25 54	24 11	27 11
6	19 17	14 55	6 52	20 36	11 50	26 57	24 47	27 12
7	19 17	14 54	6 57	20 49	11 57	28 0	25 31	27 14
8	19 17	14 53	7 1	21 1	12 4	29 4	26 23	27 16
9	19 17	14 52	7 5	21 13	12 9	0 ♎ 8	27 21	27 18
10	19 18	14 52	7 9	21 25	12 14	1 12	28 25	27 20
11	19 18	14 51	7 13	21 38	12 18	2 17	29 34	27 21
12	19 18	14 50	7 17	21 50	12 21	3 22	0 ♏ 47	27 23
13	19 19	14 50	7 21	22 3	12 24	4 27	2 4	27 25
14	19 19	14 49	7 25	22 16	12 25	5 33	3 24	27 27
15	19 20	14 49	7 29	22 28	12 26	6 39	4 47	27 29
16	19 20	14 48	7 32	22 41	12 R 26	7 45	6 12	27 31
17	19 21	14 48	7 36	22 54	12 25	8 51	7 39	27 33
18	19 21	14 47	7 39	23 7	12 23	9 58	9 7	27 35
19	19 22	14 47	7 43	23 19	12 20	11 4	10 36	27 37
20	19 22	14 47	7 46	23 32	12 17	12 12	12 7	27 39
21	19 23	14 47	7 49	23 45	12 13	13 19	13 38	27 41
22	19 24	14 46	7 52	23 58	12 7	14 26	15 10	27 43
23	19 24	14 46	7 55	24 11	12 1	15 34	16 43	27 45
24	19 25	14 46	7 58	24 25	11 54	16 42	18 16	27 47
25	19 26	14 D 46	8 1	24 38	11 46	17 50	19 49	27 49
26	19 27	14 46	8 3	24 51	11 38	18 58	21 22	27 51
27	19 28	14 47	8 6	25 4	11 28	20 7	22 56	27 53
28	19 29	14 47	8 8	25 17	11 18	21 15	24 30	27 55
29	19 30	14 47	8 10	25 31	11 7	22 24	26 4	27 57
30	19 30	14 47	8 13	25 44	10 54	23 33	27 38	27 59

Day	♂ Decl.	♀ Lat.	♀ Decl.	☿ Lat.	☿ Decl.	♇ Lat.	♇ Decl.	☊
	° ′	° ′	° ′	° ′	° ′	° ′	° ′	° ′
1	23 N 57	0 N 27	3 N 41	1 N 23	7 S 49	6 N 27	16 S 57	3 ♓ 34
4	24 2	0 43	2 42	1 55	7 26	6 26	16 58	3 25
7	24 7	0 57	1 40	2 11	7 50	6 25	16 59	3 15
10	24 14	1 10	0 36	2 16	8 48	6 24	17 0	3 6
13	24 21	1 22	0 S 31	2 11	10 9	6 24	17 1	2 56
16	24 29	1 33	1 39	1 59	11 42	6 23	17 2	2 46
19	24 39	1 43	2 48	1 44	13 21	6 22	17 2	2 37
22	24 49	1 51	3 59	1 26	15 1	6 22	17 3	2 27
25	25 0	1 58	5 10	1 6	16 38	6 21	17 4	2 18
28	25 11	2 4	6 22	0 45	18 10	6 20	17 5	2 8

2007 DEZEMBER

Day	Sidereal Time			☉ Long.			☉ Decl.		☽ Long.			☽ Lat.		☽ Decl.	
	H	M	S	°	′	″	°	′	°	′		°	′	°	′
1	4	37	54	8 ♐ 23	44		21 S 42		2 ♍	15		0 S	2	10 N 38
2	4	41	51	9	24	32	21	52	14	45		1	8	4	58
3	4	45	47	10	25	23	22	1	26	58		2	9	0 S	46
4	4	49	44	11	26	14	22	9	8 ♎	58		3	3	6	21
5	4	53	40	12	27	7	22	17	20	52		3	48	11	40
6	4	57	37	13	28	1	22	25	2 ♏	42		4	24	16	32
7	5	1	34	14	28	56	22	32	14	32		4	47	20	46
8	5	5	30	15	29	53	22	39	26	25		4	59	24	12
9	5	9	27	16	30	50	22	45	8 ♐	23		4	57	26	36
10	5	13	23	17	31	49	22	51	20	27		4	43	27	47
11	5	17	20	18	32	48	22	57	2 ♑	37		4	15	27	39
12	5	21	16	19	33	49	23	2	14	55		3	35	26	9
13	5	25	13	20	34	50	23	6	27	22		2	44	23	22
14	5	29	10	21	35	51	23	10	9 ♒	59		1	44	19	25
15	5	33	6	22	36	54	23	14	22	48		0	38	14	31
16	5	37	3	23	37	56	23	17	5 ♓	52		0 N 31		8	52
17	5	40	59	24	38	59	23	20	19	14		1	41	2	43
18	5	44	56	25	40	3	23	22	2 ♈	56		2	46	3 N 43
19	5	48	52	26	41	7	23	24	17	0		3	43	10	7
20	5	52	49	27	42	11	23	25	1 ♉	26		4	28	16	9
21	5	56	45	28	43	15	23	26	16	9		4	55	21	23
22	6	0	42	29	44	20	23	26	1 ♊	6		5	4	25	20
23	6	4	39	0 ♑ 45	25		23	26	16	6		4	51	27	33
24	6	8	35	1	46	31	23	26	1 ♋	2		4	19	27	45
25	6	12	32	2	47	37	23	25	15	44		3	30	25	59
26	6	16	28	3	48	43	23	23	0 ♌	4		2	29	22	34
27	6	20	25	4	49	50	23	21	13	58		1	20	17	55
28	6	24	21	5	50	58	23	19	27	24		0	9	12	31
29	6	28	18	6	52	5	23	16	10 ♍	23		1 S	1	6	44
30	6	32	14	7	53	14	23	12	22	59		2	5	0	52
31	6	36	11	8	54	22	23	8	5 ♎	16		3	2	4 S 53

Day	♆ Lat.	♆ Decl.	♅ Lat.	♅ Decl.	♄ Lat.	♄ Decl.	♃ Lat.	♃ Decl.	♂ Lat.
	° ′	° ′	° ′	° ′	° ′	° ′	° ′	° ′	° ′
1	0 S 17	15 S 14	0 S 47	6 S 43	1 N 33	9 N 55	0 N 13	23 S 10	2 N 23
4	0 17	15 13	0 47	6 42	1 34	9 54	0 13	23 11	2 32
7	0 17	15 12	0 47	6 41	1 35	9 52	0 12	23 12	2 41
10	0 17	15 11	0 46	6 40	1 35	9 52	0 12	23 13	2 49
13	0 17	15 10	0 46	6 39	1 36	9 51	0 12	23 14	2 57
16	0 17	15 8	0 46	6 38	1 37	9 51	0 12	23 15	3 4
19	0 17	15 7	0 46	6 36	1 38	9 52	0 11	23 15	3 11
22	0 17	15 6	0 46	6 35	1 38	9 53	0 11	23 15	3 17
25	0 17	15 4	0 46	6 33	1 39	9 54	0 11	23 15	3 22
28	0 17	15 2	0 46	6 31	1 40	9 55	0 10	23 15	3 26
31	0 17	15 1	0 46	6 29	1 40	9 57	0 10	23 14	3 29

DEZEMBER 2007

Day	♆ Long.	♅ Long.	♄ Long.	♃ Long.	♂ Long.	♀ Long.	☿ Long.	♇ Long.
	° ′	° ′	° ′	° ′	° ′	° ′	° ′	° ′
1	19 ♒ 31	14 ♓ 47	8 ♍ 15	25 ♐ 57	10 ♋ 41	24 ♎ 43	29 ♏ 12	28 ♐ 1
2	19 33	14 48	8 17	26 11	10 R 28	25 52	0 ♐ 46	28 3
3	19 34	14 48	8 19	26 24	10 13	27 1	2 20	28 5
4	19 35	14 49	8 20	26 38	9 58	28 11	3 54	28 8
5	19 36	14 49	8 22	26 51	9 42	29 21	5 28	28 10
6	19 37	14 50	8 24	27 5	9 25	0 ♏ 31	7 2	28 12
7	19 38	14 50	8 25	27 18	9 7	1 41	8 36	28 14
8	19 39	14 51	8 26	27 32	8 49	2 51	10 10	28 16
9	19 41	14 52	8 28	27 45	8 30	4 2	11 44	28 18
10	19 42	14 53	8 29	27 59	8 11	5 12	13 18	28 21
11	19 43	14 53	8 30	28 13	7 50	6 23	14 52	28 23
12	19 44	14 54	8 31	28 26	7 30	7 34	16 26	28 25
13	19 46	14 55	8 31	28 40	7 9	8 45	18 0	28 27
14	19 47	14 56	8 32	28 54	6 47	9 56	19 34	28 29
15	19 49	14 57	8 33	29 7	6 25	11 7	21 9	28 32
16	19 50	14 58	8 33	29 21	6 3	12 18	22 43	28 34
17	19 51	14 59	8 33	29 35	5 40	13 30	24 17	28 36
18	19 53	15 1	8 34	29 48	5 17	14 41	25 52	28 38
19	19 54	15 2	8 34	0 ♑ 2	4 54	15 53	27 27	28 40
20	19 56	15 3	8 34	0 16	4 30	17 4	29 2	28 42
21	19 58	15 4	8 R 34	0 30	4 6	18 16	0 ♑ 37	28 45
22	19 59	15 6	8 34	0 43	3 43	19 28	2 12	28 47
23	20 1	15 7	8 33	0 57	3 19	20 40	3 48	28 49
24	20 2	15 9	8 33	1 11	2 55	21 52	5 23	28 51
25	20 4	15 10	8 32	1 25	2 32	23 4	6 59	28 53
26	20 6	15 12	8 32	1 39	2 8	24 16	8 35	28 56
27	20 8	15 13	8 31	1 52	1 45	25 29	10 12	28 58
28	20 9	15 15	8 30	2 6	1 22	26 41	11 48	29 0
29	20 11	15 17	8 29	2 20	0 59	27 53	13 25	29 2
30	20 13	15 18	8 28	2 34	0 36	29 6	15 2	29 4
31	20 15	15 20	8 27	2 47	0 14	0 ♐ 18	16 39	29 7

Day	♂ Decl.	♀ Lat.	♀ Decl.	☿ Lat.	☿ Decl.	♇ Lat.	♇ Decl.	☊
	° ′	° ′	° ′	° ′	° ′	° ′	° ′	° ′
1	25 N 23	2 N 9	7 S 34	0 N 24	19 S 36	6 N 20	17 S 5	1 ♓ 59
4	25 35	2 13	8 45	0 3	20 53	6 19	17 6	1 49
7	25 48	2 16	9 56	0 S 18	22 2	6 19	17 6	1 40
10	26 0	2 18	11 6	0 37	23 1	6 18	17 7	1 30
13	26 11	2 18	12 14	0 56	23 49	6 18	17 8	1 21
16	26 22	2 18	13 20	1 13	24 27	6 18	17 8	1 11
19	26 31	2 17	14 24	1 28	24 53	6 17	17 8	1 2
22	26 40	2 15	15 26	1 42	25 7	6 17	17 9	0 52
25	26 46	2 12	16 25	1 53	25 8	6 17	17 9	0 43
28	26 52	2 8	17 20	2 2	24 56	6 16	17 10	0 33
31	26 56	2 4	18 12	2 7	24 30	6 16	17 10	0 24

2008 JANUAR

Day	Sidereal Time	☉ Long.	☉ Decl.	☽ Long.	☽ Lat.	☽ Decl.
	H M S	° ′ ″	° ′	° ′	° ′	° ′
1	6 40 8	9 ♑ 55 31	23 S 4	17 ♌ 19	3 S 50	10 S 21
2	6 44 4	10 56 41	22 59	29 14	4 27	15 22
3	6 48 1	11 57 51	22 54	11 ♍ 5	4 53	19 47
4	6 51 57	12 59 1	22 48	22 56	5 6	23 26
5	6 55 54	14 0 11	22 42	4 ♐ 52	5 6	26 7
6	6 59 50	15 1 22	22 36	16 55	4 52	27 39
7	7 3 47	16 2 33	22 29	29 7	4 25	27 51
8	7 7 43	17 3 43	22 21	11 ♑ 29	3 45	26 41
9	7 11 40	18 4 54	22 13	24 3	2 54	24 9
10	7 15 37	19 6 4	22 5	6 ♒ 48	1 53	20 24
11	7 19 33	20 7 14	21 56	19 45	0 45	15 36
12	7 23 30	21 8 23	21 47	2 ♓ 53	0 N 26	10 2
13	7 27 26	22 9 32	21 37	16 13	1 37	3 57
14	7 31 23	23 10 40	21 27	29 46	2 44	2 N 25
15	7 35 19	24 11 48	21 17	13 ♈ 32	3 43	8 45
16	7 39 16	25 12 55	21 6	27 31	4 29	14 46
17	7 43 12	26 14 1	20 54	11 ♉ 42	5 0	20 5
18	7 47 9	27 15 7	20 43	26 5	5 12	24 19
19	7 51 6	28 16 12	20 31	10 ♊ 34	5 5	27 3
20	7 55 2	29 17 16	20 18	25 6	4 38	27 59
21	7 58 59	0 ♒ 18 19	20 5	9 ♋ 35	3 54	26 59
22	8 2 55	1 19 21	19 52	23 54	2 55	24 12
23	8 6 52	2 20 23	19 38	7 ♌ 57	1 47	20 0
24	8 10 48	3 21 24	19 24	21 42	0 33	14 48
25	8 14 45	4 22 25	19 10	5 ♍ 4	0 S 40	9 2
26	8 18 41	5 23 25	18 55	18 4	1 49	3 2
27	8 22 38	6 24 24	18 40	0 ♎ 44	2 52	2 S 55
28	8 26 35	7 25 22	18 25	13 5	3 44	8 36
29	8 30 31	8 26 20	18 9	25 12	4 26	13 52
30	8 34 28	9 27 18	17 53	7 ♏ 9	4 55	18 33
31	8 38 24	10 28 14	17 37	19 2	5 12	22 28

Day	♆ Lat.	♆ Decl.	♅ Lat.	♅ Decl.	♄ Lat.	♄ Decl.	♃ Lat.	♃ Decl.	♂ Lat.
	° ′	° ′	° ′	° ′	° ′	° ′	° ′	° ′	° ′
1	0 S 17	15 S 0	0 S 46	6 S 28	1 N 41	9 N 58	0 N 10	23 S 14	3 N 30
4	0 17	14 58	0 45	6 26	1 41	10 0	0 10	23 13	3 32
7	0 17	14 57	0 45	6 23	1 42	10 3	0 10	23 12	3 34
10	0 17	14 55	0 45	6 21	1 43	10 6	0 9	23 11	3 34
13	0 17	14 53	0 45	6 18	1 44	10 10	0 9	23 10	3 34
16	0 17	14 51	0 45	6 15	1 44	10 13	0 9	23 8	3 33
19	0 18	14 49	0 45	6 12	1 45	10 17	0 8	23 6	3 32
22	0 18	14 47	0 45	6 9	1 45	10 21	0 8	23 5	3 30
25	0 18	14 45	0 45	6 6	1 46	10 26	0 8	23 2	3 28
28	0 18	14 43	0 45	6 2	1 47	10 31	0 8	23 0	3 26
31	0 18	14 40	0 45	5 59	1 47	10 36	0 7	22 58	3 23

JANUAR 2008

Day	♆ Long.	♅ Long.	♄ Long.	♃ Long.	♂ Long.	♀ Long.	☿ Long.	♇ Long.
	° ′	° ′	° ′	° ′	° ′	° ′	° ′	° ′
1	20 ♒ 16	15 ♓ 22	8 ♍ 25	3 ♑ 1	29 ♊ 52	1 ♐ 31	18 ♑ 17	29 ♐ 9
2	20 18	15 24	8 R 24	3 15	29 R 30	2 44	19 54	29 11
3	20 20	15 26	8 22	3 28	29 9	3 56	21 32	29 13
4	20 22	15 28	8 21	3 42	28 49	5 9	23 10	29 15
5	20 24	15 30	8 19	3 56	28 29	6 22	24 48	29 17
6	20 26	15 32	8 17	4 9	28 9	7 35	26 26	29 19
7	20 28	15 34	8 15	4 23	27 50	8 48	28 3	29 22
8	20 30	15 36	8 13	4 37	27 32	10 1	29 41	29 24
9	20 32	15 38	8 11	4 50	27 15	11 14	1 ♒ 18	29 26
10	20 34	15 40	8 9	5 4	26 58	12 27	2 55	29 28
11	20 36	15 43	8 6	5 18	26 42	13 40	4 31	29 30
12	20 38	15 45	8 4	5 31	26 26	14 54	6 6	29 32
13	20 40	15 47	8 2	5 45	26 11	16 7	7 41	29 34
14	20 42	15 50	7 59	5 58	25 58	17 20	9 14	29 36
15	20 44	15 52	7 56	6 12	25 44	18 34	10 45	29 38
16	20 46	15 54	7 53	6 25	25 32	19 47	12 14	29 40
17	20 48	15 57	7 50	6 38	25 21	21 0	13 41	29 42
18	20 50	15 59	7 47	6 52	25 10	22 14	15 5	29 44
19	20 53	16 2	7 44	7 5	25 0	23 27	16 25	29 46
20	20 55	16 4	7 41	7 18	24 51	24 41	17 41	29 48
21	20 57	16 7	7 38	7 32	24 43	25 54	18 52	29 50
22	20 59	16 10	7 35	7 45	24 35	27 8	19 58	29 52
23	21 1	16 12	7 31	7 58	24 28	28 22	20 57	29 54
24	21 3	16 15	7 28	8 11	24 23	29 35	21 49	29 56
25	21 6	16 18	7 24	8 24	24 18	0 ♑ 49	22 33	29 58
26	21 8	16 21	7 20	8 37	24 13	2 3	23 8	0 ♑ 0
27	21 10	16 23	7 17	8 50	24 10	3 16	23 34	0 2
28	21 12	16 26	7 13	9 3	24 7	4 30	23 49	0 3
29	21 14	16 29	7 9	9 16	24 6	5 44	23 53	0 5
30	21 17	16 32	7 5	9 29	24 4	6 58	23 R 45	0 7
31	21 19	16 35	7 1	9 42	24 4	8 12	23 27	0 9

Day	♂ Decl.	♀ Lat.	♀ Decl.	☿ Lat.	☿ Decl.	♇ Lat.	♇ Decl.	☊
	° ′	° ′	° ′	° ′	° ′	° ′	° ′	° ′
1	26 N 56	2 N 2	18 S 28	2 S 8	24 S 19	6 N 16	17 S 10	0 ♓ 20
4	26 58	1 57	19 15	2 9	23 34	6 16	17 10	0 11
7	26 59	1 51	19 57	2 6	22 36	6 16	17 10	0 1
10	26 58	1 44	20 34	1 57	21 24	6 15	17 10	29 52
13	26 57	1 37	21 7	1 43	20 0	6 15	17 11	29 42
16	26 55	1 29	21 34	1 22	18 26	6 15	17 11	29 33
19	26 53	1 21	21 55	0 53	16 45	6 15	17 11	29 23
22	26 50	1 13	22 11	0 16	15 4	6 15	17 11	29 14
25	26 47	1 5	22 22	0 N 30	13 32	6 15	17 11	29 4
28	26 44	0 56	22 26	1 21	12 19	6 15	17 11	28 55
31	26 41	0 47	22 24	2 13	11 36	6 15	17 11	28 45

2008 FEBRUAR

Day	Sidereal Time	☉ Long.	☉ Decl.	☽ Long.	☽ Lat.	☽ Decl.
	H M S	° ′ ″	° ′	° ′	° ′	° ′
1	8 42 21	11 ≈ 29 10	17 S 20	0 ♐ 55	5 S 15	25 S 29
2	8 46 17	12 30 5	17 3	12 52	5 5	27 23
3	8 50 14	13 30 59	16 46	24 58	4 41	28 1
4	8 54 10	14 31 53	16 28	7 ♑ 15	4 4	27 18
5	8 58 7	15 32 45	16 10	19 47	3 15	25 11
6	9 2 4	16 33 37	15 52	2 ≈ 36	2 15	21 46
7	9 6 0	17 34 27	15 34	15 40	1 6	17 12
8	9 9 57	18 35 16	15 15	29 0	0 N 7	11 43
9	9 13 53	19 36 4	14 56	12 ♓ 34	1 22	5 35
10	9 17 50	20 36 50	14 37	26 21	2 32	0 N 53
11	9 21 46	21 37 35	14 18	10 ♈ 17	3 35	7 22
12	9 25 43	22 38 18	13 58	24 21	4 25	13 33
13	9 29 39	23 39 0	13 38	8 ♉ 30	4 59	19 3
14	9 33 36	24 39 40	13 18	22 42	5 16	23 32
15	9 37 33	25 40 19	12 58	6 ♊ 54	5 13	26 36
16	9 41 29	26 40 55	12 37	21 3	4 51	27 59
17	9 45 26	27 41 30	12 17	5 ♋ 9	4 12	27 32
18	9 49 22	28 42 4	11 56	19 7	3 18	25 20
19	9 53 19	29 42 35	11 34	2 ♌ 56	2 13	21 40
20	9 57 15	0 ♓ 43 5	11 13	16 33	1 2	16 51
21	10 1 12	1 43 34	10 52	29 56	0 S 12	11 18
22	10 5 8	2 44 0	10 30	13 ♍ 3	1 24	5 22
23	10 9 5	3 44 25	10 8	25 54	2 30	0 S 40
24	10 13 2	4 44 49	9 46	8 ♎ 29	3 27	6 32
25	10 16 58	5 45 11	9 24	20 49	4 14	12 3
26	10 20 55	6 45 32	9 2	2 ♏ 58	4 48	17 0
27	10 24 51	7 45 51	8 39	14 57	5 9	21 14
28	10 28 48	8 46 8	8 17	26 50	5 16	24 35
29	10 32 44	9 46 25	7 54	8 ♐ 43	5 11	26 52

Day	♆ Lat.	♆ Decl.	♅ Lat.	♅ Decl.	♄ Lat.	♄ Decl.	♃ Lat.	♃ Decl.	♂ Lat.
	° ′	° ′	° ′	° ′	° ′	° ′	° ′	° ′	° ′
1	0 S 18	14 S 40	0 S 45	5 S 58	1 N 47	10 N 37	0 N 7	22 S 57	3 N 22
4	0 18	14 38	0 45	5 54	1 48	10 42	0 7	22 54	3 19
7	0 18	14 35	0 45	5 51	1 48	10 48	0 7	22 51	3 16
10	0 18	14 33	0 44	5 47	1 49	10 53	0 7	22 48	3 12
13	0 18	14 31	0 44	5 43	1 49	10 59	0 6	22 45	3 9
16	0 18	14 29	0 44	5 39	1 50	11 4	0 6	22 42	3 6
19	0 18	14 27	0 44	5 35	1 50	11 10	0 6	22 39	3 2
22	0 18	14 24	0 44	5 31	1 50	11 15	0 5	22 36	2 59
25	0 18	14 22	0 44	5 27	1 50	11 21	0 5	22 33	2 55
28	0 18	14 20	0 44	5 23	1 51	11 26	0 5	22 29	2 52

FEBRUAR 2008

Day	♆ Long.	♅ Long.	♄ Long.	♃ Long.	♂ Long.	♀ Long.	☿ Long.	♇ Long.
	° ′	° ′	° ′	° ′	° ′	° ′	° ′	° ′
1	21 ♒ 21	16 ♓ 38	6 ♍ 57	9 ♑ 55	24 ♊ 5	9 ♑ 25	22 ♒ 57	0 ♑ 11
2	21 23	16 41	6 R 53	10 8	24 6	10 39	22 R 17	0 12
3	21 26	16 44	6 49	10 20	24 8	11 53	21 27	0 14
4	21 28	16 47	6 44	10 33	24 10	13 7	20 29	0 16
5	21 30	16 50	6 40	10 45	24 14	14 21	19 24	0 17
6	21 32	16 53	6 36	10 58	24 18	15 35	18 15	0 19
7	21 35	16 56	6 31	11 10	24 23	16 49	17 3	0 21
8	21 37	16 59	6 27	11 23	24 28	18 3	15 51	0 22
9	21 39	17 2	6 22	11 35	24 34	19 17	14 40	0 24
10	21 42	17 5	6 18	11 47	24 41	20 31	13 32	0 25
11	21 44	17 8	6 13	11 59	24 49	21 45	12 28	0 27
12	21 46	17 12	6 9	12 11	24 57	22 59	11 31	0 28
13	21 48	17 15	6 4	12 24	25 5	24 13	10 41	0 30
14	21 51	17 18	5 59	12 35	25 15	25 27	9 58	0 31
15	21 53	17 21	5 55	12 47	25 25	26 41	9 23	0 33
16	21 55	17 25	5 50	12 59	25 35	27 56	8 55	0 34
17	21 58	17 28	5 45	13 11	25 46	29 10	8 36	0 36
18	22 0	17 31	5 40	13 23	25 58	0 ♒ 24	8 24	0 37
19	22 2	17 34	5 36	13 34	26 10	1 38	8 19	0 38
20	22 4	17 38	5 31	13 46	26 23	2 52	8 D 22	0 40
21	22 7	17 41	5 26	13 57	26 36	4 6	8 31	0 41
22	22 9	17 44	5 21	14 8	26 50	5 20	8 47	0 42
23	22 11	17 48	5 16	14 20	27 4	6 34	9 8	0 44
24	22 13	17 51	5 12	14 31	27 19	7 48	9 34	0 45
25	22 16	17 55	5 7	14 42	27 34	9 3	10 6	0 46
26	22 18	17 58	5 2	14 53	27 50	10 17	10 42	0 47
27	22 20	18 1	4 57	15 4	28 6	11 31	11 23	0 48
28	22 22	18 5	4 52	15 15	28 23	12 45	12 7	0 49
29	22 25	18 8	4 47	15 25	28 40	13 59	12 55	0 50

Day	♂ Decl.	♀ Lat.	♀ Decl.	☿ Lat.	☿ Decl.	♇ Lat.	♇ Decl.	☊
	° ′	° ′	° ′	° ′	° ′	° ′	° ′	° ′
1	26 N 40	0 N 44	22 S 22	2 N 30	11 S 30	6 N 15	17 S 11	28 ♒ 42
4	26 37	0 35	22 13	3 12	11 37	6 16	17 10	28 32
7	26 35	0 26	21 57	3 37	12 17	6 16	17 10	28 23
10	26 32	0 17	21 36	3 39	13 15	6 16	17 10	28 13
13	26 30	0 8	21 8	3 23	14 18	6 16	17 10	28 4
16	26 27	0 S 1	20 35	2 54	15 14	6 16	17 10	27 54
19	26 25	0 9	19 57	2 17	15 58	6 17	17 9	27 45
22	26 23	0 18	19 13	1 39	16 28	6 17	17 9	27 35
25	26 20	0 26	18 24	1 2	16 43	6 17	17 9	27 26
28	26 18	0 33	17 31	0 26	16 45	6 17	17 8	27 16

2008 MÄRZ

Day	Sidereal Time	☉ Long.	☉ Decl.	☽ Long.	☽ Lat.	☽ Decl.
	H M S	° ′ ″	° ′	° ′	° ′	° ′
1	10 36 41	10 ♓ 46 39	7 S 31	20 ♐ 40	4 S 51	27 S 57
2	10 40 37	11 46 52	7 9	2 ♑ 45	4 19	27 44
3	10 44 34	12 47 4	6 46	15 3	3 35	26 9
4	10 48 31	13 47 14	6 23	27 39	2 39	23 13
5	10 52 27	14 47 22	5 59	10 ♒ 34	1 33	19 5
6	10 56 24	15 47 29	5 36	23 51	0 21	13 54
7	11 0 20	16 47 34	5 13	7 ♓ 29	0 N 54	7 56
8	11 4 17	17 47 36	4 49	21 28	2 7	1 26
9	11 8 13	18 47 37	4 26	5 ♈ 43	3 14	5 N 15
10	11 12 10	19 47 36	4 3	20 10	4 10	11 44
11	11 16 6	20 47 33	3 39	4 ♉ 42	4 49	17 37
12	11 20 3	21 47 28	3 15	19 13	5 11	22 30
13	11 24 0	22 47 21	2 52	3 ♊ 38	5 12	25 59
14	11 27 56	23 47 11	2 28	17 54	4 54	27 46
15	11 31 53	24 46 59	2 4	1 ♋ 57	4 19	27 44
16	11 35 49	25 46 45	1 41	15 47	3 29	25 58
17	11 39 46	26 46 29	1 17	29 23	2 28	22 41
18	11 43 42	27 46 10	0 53	12 ♌ 47	1 20	18 15
19	11 47 39	28 45 50	0 30	25 57	0 9	13 0
20	11 51 35	29 45 27	0 6	8 ♍ 56	1 S 2	7 16
21	11 55 32	0 ♈ 45 2	0 N 18	21 42	2 8	1 20
22	11 59 29	1 44 35	0 42	4 ♎ 18	3 7	4 S 34
23	12 3 25	2 44 6	1 5	16 42	3 56	10 11
24	12 7 22	3 43 35	1 29	28 56	4 33	15 21
25	12 11 18	4 43 2	1 53	11 ♏ 0	4 58	19 50
26	12 15 15	5 42 27	2 16	22 58	5 9	23 29
27	12 19 11	6 41 51	2 40	4 ♐ 51	5 7	26 8
28	12 23 8	7 41 12	3 3	16 43	4 52	27 37
29	12 27 4	8 40 32	3 26	28 38	4 24	27 49
30	12 31 1	9 39 50	3 50	10 ♑ 41	3 44	26 44
31	12 34 58	10 39 6	4 13	22 56	2 53	24 20

Day	♆ Lat.	♆ Decl.	♅ Lat.	♅ Decl.	♄ Lat.	♄ Decl.	♃ Lat.	♃ Decl.	♂ Lat.
	° ′	° ′	° ′	° ′	° ′	° ′	° ′	° ′	° ′
1	0 S 18	14 S 19	0 S 44	5 S 21	1 N 51	11 N 30	0 N 5	22 S 27	2 N 50
4	0 18	14 17	0 44	5 17	1 51	11 35	0 4	22 23	2 46
7	0 18	14 15	0 44	5 13	1 51	11 41	0 4	22 20	2 43
10	0 18	14 13	0 44	5 9	1 51	11 46	0 4	22 17	2 40
13	0 18	14 11	0 44	5 5	1 51	11 51	0 4	22 13	2 37
16	0 18	14 9	0 44	5 1	1 51	11 56	0 3	22 10	2 33
19	0 18	14 7	0 44	4 57	1 51	12 0	0 3	22 7	2 30
22	0 18	14 5	0 44	4 53	1 51	12 4	0 3	22 4	2 27
25	0 18	14 3	0 44	4 49	1 51	12 8	0 2	22 1	2 24
28	0 18	14 1	0 44	4 45	1 51	12 12	0 2	21 58	2 21
31	0 18	14 0	0 44	4 41	1 51	12 16	0 2	21 55	2 18

MÄRZ 2008

Day	♆ Long.	♅ Long.	♄ Long.	♃ Long.	♂ Long.	♀ Long.	☿ Long.	♇ Long.
	° ′	° ′	° ′	° ′	° ′	° ′	° ′	° ′
1	22 ♒ 27	18 ♓ 12	4 ♍ 43	15 ♑ 36	28 ♊ 57	15 ♒ 13	13 ♒ 47	0 ♑ 51
2	22 29	18 15	4 R 38	15 46	29 15	16 28	14 41	0 52
3	22 31	18 18	4 33	15 57	29 33	17 42	15 39	0 53
4	22 33	18 22	4 28	16 7	29 52	18 56	16 39	0 54
5	22 35	18 25	4 24	16 17	0 ♋ 11	20 10	17 42	0 55
6	22 38	18 29	4 19	16 27	0 30	21 24	18 48	0 56
7	22 40	18 32	4 14	16 37	0 50	22 39	19 55	0 57
8	22 42	18 36	4 10	16 47	1 10	23 53	21 5	0 58
9	22 44	18 39	4 5	16 57	1 31	25 7	22 17	0 59
10	22 46	18 42	4 0	17 7	1 52	26 21	23 30	0 59
11	22 48	18 46	3 56	17 16	2 13	27 35	24 46	1 0
12	22 50	18 49	3 51	17 26	2 34	28 49	26 3	1 1
13	22 52	18 53	3 47	17 35	2 56	0 ♓ 4	27 22	1 1
14	22 54	18 56	3 42	17 44	3 18	1 18	28 42	1 2
15	22 56	19 0	3 38	17 53	3 41	2 32	0 ♓ 4	1 3
16	22 58	19 3	3 34	18 2	4 4	3 46	1 28	1 3
17	23 0	19 6	3 30	18 11	4 27	5 0	2 53	1 4
18	23 2	19 10	3 25	18 20	4 50	6 15	4 19	1 4
19	23 4	19 13	3 21	18 28	5 14	7 29	5 47	1 5
20	23 6	19 17	3 17	18 37	5 37	8 43	7 17	1 5
21	23 8	19 20	3 13	18 45	6 2	9 57	8 47	1 6
22	23 10	19 23	3 9	18 53	6 26	11 11	10 19	1 6
23	23 12	19 27	3 5	19 1	6 51	12 25	11 53	1 6
24	23 14	19 30	3 1	19 9	7 16	13 39	13 27	1 7
25	23 15	19 34	2 58	19 17	7 41	14 54	15 3	1 7
26	23 17	19 37	2 54	19 25	8 6	16 8	16 41	1 7
27	23 19	19 40	2 50	19 32	8 32	17 22	18 19	1 7
28	23 21	19 43	2 47	19 39	8 58	18 36	19 59	1 8
29	23 23	19 47	2 43	19 47	9 24	19 50	21 41	1 8
30	23 24	19 50	2 40	19 54	9 50	21 4	23 24	1 8
31	23 26	19 53	2 37	20 1	10 16	22 18	25 8	1 8

Day	♂ Decl.	♀ Lat.	♀ Decl.	☿ Lat.	☿ Decl.	♇ Lat.	♇ Decl.	☊
	° ′	° ′	° ′	° ′	° ′	° ′	° ′	° ′
1	26 N 16	0 S 38	16 S 53	0 N 4	16 S 38	6 N 18	17 S 8	27 ♒ 10
4	26 13	0 45	15 52	0 S 27	16 16	6 18	17 8	27 0
7	26 9	0 52	14 47	0 54	15 41	6 18	17 7	26 51
10	26 5	0 58	13 39	1 17	14 54	6 19	17 7	26 41
13	26 1	1 4	12 27	1 37	13 55	6 19	17 7	26 32
16	25 56	1 9	11 12	1 54	12 43	6 19	17 6	26 22
19	25 50	1 14	9 54	2 6	11 21	6 20	17 6	26 13
22	25 44	1 18	8 34	2 15	9 47	6 20	17 6	26 3
25	25 37	1 22	7 12	2 20	8 2	6 21	17 5	25 53
28	25 29	1 24	5 48	2 20	6 7	6 21	17 5	25 44
31	25 21	1 27	4 23	2 16	4 1	6 21	17 4	25 34

2008 APRIL

Day	Sidereal Time	☉ Long.	☉ Decl.	☽ Long.	☽ Lat.	☽ Decl.
	H M S	° ′ ″	° ′	° ′	° ′	° ′
1	12 38 54	11 ♈ 38 20	4 N 36	5 ♒ 29	1 S 53	20 S 44
2	12 42 51	12 37 33	4 59	18 24	0 46	16 2
3	12 46 47	13 36 43	5 22	1 ♓ 43	0 N 26	10 27
4	12 50 44	14 35 52	5 45	15 30	1 39	4 12
5	12 54 40	15 34 59	6 8	29 42	2 48	2 N 27
6	12 58 37	16 34 4	6 31	14 ♈ 18	3 47	9 8
7	13 2 33	17 33 6	6 53	29 9	4 32	15 25
8	13 6 30	18 32 7	7 16	14 ♉ 8	4 59	20 50
9	13 10 27	19 31 6	7 38	29 5	5 6	24 55
10	13 14 23	20 30 2	8 0	13 ♊ 52	4 52	27 17
11	13 18 20	21 28 56	8 23	28 22	4 19	27 45
12	13 22 16	22 27 48	8 45	12 ♋ 31	3 31	26 21
13	13 26 13	23 26 38	9 6	26 19	2 32	23 23
14	13 30 9	24 25 25	9 28	9 ♌ 47	1 26	19 11
15	13 34 6	25 24 10	9 49	22 55	0 17	14 9
16	13 38 2	26 22 53	10 11	5 ♍ 48	0 S 52	8 35
17	13 41 59	27 21 34	10 32	18 27	1 56	2 47
18	13 45 56	28 20 12	10 53	0 ♎ 56	2 54	3 S 2
19	13 49 52	29 18 49	11 14	13 15	3 43	8 40
20	13 53 49	0 ♉ 17 24	11 34	25 27	4 21	13 54
21	13 57 45	1 15 56	11 55	7 ♏ 32	4 47	18 33
22	14 1 42	2 14 27	12 15	19 30	5 0	22 25
23	14 5 38	3 12 56	12 35	1 ♐ 25	5 0	25 20
24	14 9 35	4 11 23	12 55	13 17	4 46	27 8
25	14 13 31	5 9 48	13 15	25 9	4 21	27 41
26	14 17 28	6 8 12	13 34	7 ♑ 4	3 44	26 58
27	14 21 25	7 6 34	13 53	19 5	2 56	24 59
28	14 25 21	8 4 55	14 12	1 ♒ 18	2 0	21 49
29	14 29 18	9 3 14	14 31	13 47	0 57	17 36
30	14 33 14	10 1 31	14 49	26 37	0 N 11	12 29

Day	♆ Lat.	♆ Decl.	♅ Lat.	♅ Decl.	♄ Lat.	♄ Decl.	♃ Lat.	♃ Decl.	♂ Lat.
	° ′	° ′	° ′	° ′	° ′	° ′	° ′	° ′	° ′
1	0 S 18	13 S 59	0 S 44	4 S 40	1 N 51	12 N 17	0 N 2	21 S 54	2 N 18
4	0 18	13 58	0 44	4 36	1 50	12 20	0 1	21 52	2 15
7	0 19	13 56	0 44	4 32	1 50	12 23	0 1	21 49	2 12
10	0 19	13 55	0 44	4 29	1 50	12 25	0 1	21 47	2 9
13	0 19	13 53	0 44	4 25	1 50	12 27	0 0	21 45	2 7
16	0 19	13 52	0 45	4 22	1 49	12 29	0 0	21 43	2 4
19	0 19	13 51	0 45	4 18	1 49	12 31	0 0	21 42	2 1
22	0 19	13 50	0 45	4 15	1 49	12 32	0 S 1	21 40	1 59
25	0 19	13 49	0 45	4 12	1 48	12 33	0 1	21 39	1 56
28	0 19	13 48	0 45	4 9	1 48	12 33	0 1	21 38	1 54

APRIL 2008

Day	♆ Long.	♅ Long.	♄ Long.	♃ Long.	♂ Long.	♀ Long.	☿ Long.	♇ Long.
	° ′	° ′	° ′	° ′	° ′	° ′	° ′	° ′
1	23 ♒ 28	19 ♓ 57	2 ♍ 33	20 ♑ 7	10 ♋ 43	23 ♓ 32	26 ♓ 53	1 ♑ 8
2	23 29	20 0	2 R 30	20 14	11 10	24 47	28 40	1 8
3	23 31	20 3	2 27	20 21	11 37	26 1	0 ♈ 29	1 R 8
4	23 33	20 6	2 24	20 27	12 4	27 15	2 18	1 8
5	23 34	20 9	2 21	20 33	12 32	28 29	4 10	1 8
6	23 36	20 13	2 19	20 39	12 59	29 43	6 2	1 8
7	23 37	20 16	2 16	20 45	13 27	0 ♈ 57	7 56	1 8
8	23 39	20 19	2 13	20 51	13 55	2 11	9 52	1 7
9	23 40	20 22	2 11	20 56	14 23	3 25	11 49	1 7
10	23 42	20 25	2 8	21 2	14 52	4 39	13 47	1 7
11	23 43	20 28	2 6	21 7	15 20	5 53	15 46	1 7
12	23 45	20 31	2 4	21 12	15 49	7 7	17 47	1 6
13	23 46	20 34	2 2	21 17	16 18	8 21	19 49	1 6
14	23 47	20 37	2 0	21 21	16 47	9 35	21 53	1 6
15	23 49	20 40	1 58	21 26	17 16	10 49	23 57	1 5
16	23 50	20 43	1 56	21 30	17 45	12 3	26 3	1 5
17	23 51	20 46	1 54	21 35	18 14	13 17	28 9	1 5
18	23 52	20 49	1 53	21 39	18 44	14 31	0 ♉ 16	1 4
19	23 54	20 52	1 51	21 42	19 14	15 45	2 23	1 4
20	23 55	20 55	1 50	21 46	19 43	16 59	4 31	1 3
21	23 56	20 58	1 48	21 50	20 13	18 13	6 38	1 2
22	23 57	21 0	1 47	21 53	20 43	19 27	8 45	1 2
23	23 58	21 3	1 46	21 56	21 14	20 41	10 52	1 1
24	23 59	21 6	1 45	21 59	21 44	21 55	12 58	1 0
25	24 0	21 9	1 44	22 2	22 14	23 9	15 2	1 0
26	24 1	21 11	1 43	22 5	22 45	24 23	17 5	0 59
27	24 2	21 14	1 43	22 7	23 16	25 37	19 6	0 58
28	24 3	21 16	1 42	22 9	23 47	26 51	21 5	0 58
29	24 4	21 19	1 42	22 11	24 18	28 5	23 1	0 57
30	24 5	21 22	1 41	22 13	24 49	29 18	24 55	0 56

Day	♂ Decl.	♀ Lat.	♀ Decl.	☿ Lat.	☿ Decl.	♇ Lat.	♇ Decl.	☊
	° ′	° ′	° ′	° ′	° ′	° ′	° ′	° ′
1	25 N 17	1 S 27	3 S 54	2 S 14	3 S 17	6 N 22	17 S 4	25 ♒ 31
4	25 8	1 29	2 27	2 4	0 59	6 22	17 4	25 22
7	24 57	1 30	1 N 0	1 50	1 N 28	6 22	17 3	25 12
10	24 45	1 30	0 28	1 32	4 2	6 23	17 3	25 3
13	24 32	1 30	1 56	1 9	6 42	6 23	17 3	24 53
16	24 19	1 29	3 24	0 41	9 25	6 23	17 2	24 44
19	24 4	1 28	4 51	0 11	12 8	6 24	17 2	24 34
22	23 48	1 26	6 18	0 N 21	14 45	6 24	17 2	24 24
25	23 31	1 23	7 43	0 53	17 12	6 25	17 1	24 15
28	23 13	1 20	9 6	1 24	19 22	6 25	17 1	24 5

2008 MAI

Day	Sidereal Time	☉ Long.	☉ Decl.	☽ Long.	☽ Lat.	☽ Decl.
	H M S	° ′ ″	° ′	° ′	° ′	° ′
1	14 37 11	10 ♉ 59 47	15 N 8	9 ♓ 53	1 N 20	6 S 38
2	14 41 7	11 58 2	15 26	23 37	2 27	0 17
3	14 45 4	12 56 15	15 43	7 ♈ 50	3 28	6 N 17
4	14 49 0	13 54 26	16 1	22 31	4 16	12 43
5	14 52 57	14 52 36	16 18	7 ♉ 33	4 48	18 34
6	14 56 54	15 50 44	16 35	22 48	5 0	23 18
7	15 0 50	16 48 50	16 52	8 ♊ 3	4 51	26 26
8	15 4 47	17 46 54	17 8	23 9	4 22	27 37
9	15 8 43	18 44 57	17 24	7 ♋ 55	3 35	26 47
10	15 12 40	19 42 58	17 40	22 18	2 36	24 10
11	15 16 36	20 40 57	17 55	6 ♌ 13	1 29	20 10
12	15 20 33	21 38 54	18 11	19 42	0 19	15 13
13	15 24 30	22 36 50	18 25	2 ♍ 47	0 S 50	9 42
14	15 28 26	23 34 44	18 40	15 33	1 54	3 56
15	15 32 23	24 32 35	18 54	28 2	2 52	1 S 51
16	15 36 19	25 30 26	19 8	10 ♎ 20	3 41	7 28
17	15 40 16	26 28 14	19 22	22 28	4 19	12 44
18	15 44 12	27 26 1	19 35	4 ♏ 30	4 44	17 29
19	15 48 9	28 23 47	19 48	16 27	4 58	21 30
20	15 52 5	29 21 30	20 1	28 21	4 58	24 38
21	15 56 2	0 ♊ 19 13	20 13	10 ♐ 14	4 45	26 41
22	15 59 59	1 16 54	20 25	22 6	4 20	27 31
23	16 3 55	2 14 34	20 37	4 ♑ 0	3 43	27 6
24	16 7 52	3 12 13	20 48	15 58	2 56	25 24
25	16 11 48	4 9 51	20 59	28 2	2 1	22 32
26	16 15 45	5 7 28	21 9	10 ♒ 17	1 N 0	18 37
27	16 19 41	6 5 4	21 19	22 46	0 6	13 50
28	16 23 38	7 2 39	21 29	5 ♓ 34	1 13	8 20
29	16 27 34	8 0 13	21 39	18 44	2 18	2 20
30	16 31 31	8 57 47	21 48	2 ♈ 22	3 18	3 N 58
31	16 35 28	9 55 19	21 56	16 28	4 8	10 17

Day	♆ Lat.	♆ Decl.	♅ Lat.	♅ Decl.	♄ Lat.	♄ Decl.	♃ Lat.	♃ Decl.	♂ Lat.
	° ′	° ′	° ′	° ′	° ′	° ′	° ′	° ′	° ′
1	0 S 19	13 S 47	0 S 45	4 S 6	1 N 48	12 N 33	0 S 2	21 S 38	1 N 52
4	0 19	13 47	0 45	4 3	1 47	12 33	0 2	21 38	1 49
7	0 19	13 46	0 45	4 1	1 47	12 32	0 3	21 38	1 47
10	0 19	13 45	0 45	3 58	1 47	12 31	0 3	21 38	1 45
13	0 19	13 45	0 45	3 55	1 46	12 30	0 3	21 39	1 42
16	0 19	13 45	0 45	3 53	1 46	12 28	0 4	21 39	1 40
19	0 19	13 45	0 45	3 51	1 46	12 26	0 4	21 41	1 38
22	0 19	13 44	0 45	3 49	1 45	12 24	0 5	21 42	1 36
25	0 19	13 44	0 46	3 47	1 45	12 22	0 5	21 44	1 34
28	0 20	13 44	0 46	3 45	1 44	12 19	0 6	21 46	1 31
31	0 20	13 44	0 46	3 44	1 44	12 15	0 6	21 48	1 29

MAI 2008

Day	♆ Long. ° ′	♅ Long. ° ′	♄ Long. ° ′	♃ Long. ° ′	♂ Long. ° ′	♀ Long. ° ′	☿ Long. ° ′	♇ Long. ° ′
1	24 ♒ 6	21 ♓ 24	1 ♍ 41	22 ♑ 15	25 ♋ 20	0 ♉ 32	26 ♉ 46	0 ♑ 55
2	24 7	21 27	1 R 41	22 16	25 51	1 46	28 33	0 R 54
3	24 7	21 29	1 41	22 18	26 22	3 0	0 ♊ 18	0 53
4	24 8	21 31	1 D 41	22 19	26 54	4 14	1 59	0 52
5	24 9	21 34	1 41	22 20	27 26	5 28	3 36	0 51
6	24 10	21 36	1 41	22 21	27 57	6 42	5 9	0 50
7	24 10	21 38	1 41	22 21	28 29	7 56	6 39	0 49
8	24 11	21 41	1 42	22 21	29 1	9 9	8 5	0 48
9	24 11	21 43	1 42	22 22	29 33	10 23	9 27	0 47
10	24 12	21 45	1 43	22 R 22	0 ♌ 5	11 37	10 45	0 46
11	24 13	21 47	1 44	22 21	0 37	12 51	11 59	0 45
12	24 13	21 49	1 45	22 21	1 9	14 5	13 9	0 44
13	24 13	21 51	1 46	22 20	1 42	15 19	14 14	0 43
14	24 14	21 54	1 47	22 20	2 14	16 32	15 15	0 42
15	24 14	21 56	1 48	22 19	2 47	17 46	16 12	0 40
16	24 15	21 57	1 49	22 18	3 19	19 0	17 4	0 39
17	24 15	21 59	1 51	22 16	3 52	20 14	17 52	0 38
18	24 15	22 1	1 52	22 15	4 25	21 27	18 35	0 37
19	24 16	22 3	1 54	22 13	4 58	22 41	19 14	0 35
20	24 16	22 5	1 56	22 11	5 31	23 55	19 48	0 34
21	24 16	22 7	1 58	22 9	6 4	25 9	20 17	0 33
22	24 16	22 8	1 59	22 7	6 37	26 22	20 42	0 31
23	24 16	22 10	2 1	22 4	7 10	27 36	21 1	0 30
24	24 16	22 12	2 4	22 2	7 43	28 50	21 16	0 29
25	24 16	22 13	2 6	21 59	8 17	0 ♊ 4	21 27	0 27
26	24 17	22 15	2 8	21 56	8 50	1 17	21 32	0 26
27	24 17	22 16	2 11	21 53	9 23	2 31	21 33	0 25
28	24 R 16	22 18	2 13	21 50	9 57	3 45	21 R 29	0 23
29	24 16	22 19	2 16	21 46	10 31	4 59	21 21	0 22
30	24 16	22 20	2 18	21 42	11 4	6 12	21 8	0 20
31	24 16	22 22	2 21	21 39	11 38	7 26	20 52	0 19

Day	♂ Decl. ° ′	♀ Lat. ° ′	♀ Decl. ° ′	☿ Lat. ° ′	☿ Decl. ° ′	♇ Lat. ° ′	♇ Decl. ° ′	☊ ° ′
1	22 N 54	1 S 16	10 N 28	1 N 50	21 N 13	6 N 25	17 S 1	23 ♒ 56
4	22 34	1 12	11 48	2 11	22 41	6 25	17 0	23 46
7	22 12	1 8	13 5	2 24	23 47	6 26	17 0	23 37
10	21 50	1 3	14 20	2 30	24 32	6 26	17 0	23 27
13	21 27	0 57	15 31	2 27	24 57	6 26	17 0	23 18
16	21 2	0 51	16 39	2 16	25 4	6 26	17 0	23 8
19	20 36	0 45	17 43	1 56	24 56	6 26	17 0	22 59
22	20 10	0 39	18 43	1 27	24 34	6 27	16 59	22 49
25	19 42	0 32	19 38	0 50	24 0	6 27	16 59	22 40
28	19 13	0 26	20 29	0 6	23 15	6 27	16 59	22 30
31	18 43	0 19	21 15	0 S 44	22 23	6 27	16 59	22 21

2008 JUNI

Day	Sidereal Time	☉ Long.	☉ Decl.	☽ Long.	☽ Lat.	☽ Decl.
	H M S	° ′ ″	° ′	° ′	° ′	° ′
1	16 39 24	10 ♊ 52 50	22 N 5	1 ♉ 2	4 N 44	16 N 25
2	16 43 21	11 50 21	22 12	15 59	5 1	21 25
3	16 47 17	12 47 51	22 20	1 ♊ 12	4 58	25 15
4	16 51 14	13 45 19	22 27	16 30	4 33	27 17
5	16 55 10	14 42 47	22 34	1 ♋ 42	3 49	27 15
6	16 59 7	15 40 14	22 40	16 38	2 50	25 13
7	17 3 3	16 37 40	22 46	1 ♌ 11	1 42	21 33
8	17 7 0	17 35 4	22 52	15 15	0 28	16 43
9	17 10 57	18 32 28	22 57	28 52	0 S 44	11 11
10	17 14 53	19 29 51	23 1	12 ♍ 1	1 52	5 20
11	17 18 50	20 27 12	23 6	24 48	2 52	0 S 34
12	17 22 46	21 24 33	23 10	7 ♎ 16	3 42	6 17
13	17 26 43	22 21 51	23 13	19 30	4 22	11 39
14	17 30 39	23 19 11	23 16	1 ♏ 33	4 48	16 31
15	17 34 36	24 16 29	23 19	13 30	5 3	20 42
16	17 38 32	25 13 45	23 21	25 23	5 3	24 1
17	17 42 29	26 11 1	23 23	7 ♐ 15	4 51	26 18
18	17 46 26	27 8 17	23 25	19 8	4 26	27 25
19	17 50 22	28 5 32	23 26	1 ♑ 3	3 49	27 16
20	17 54 19	29 2 46	23 26	13 3	3 2	25 49
21	17 58 15	0 ♋ 0 0	23 26	25 9	2 7	23 11
22	18 2 12	0 57 14	23 26	7 ♒ 22	1 5	19 28
23	18 6 8	1 54 27	23 26	19 45	0 N 2	14 52
24	18 10 5	2 51 41	23 25	2 ♓ 21	1 9	9 33
25	18 14 1	3 48 54	23 23	15 13	2 15	3 45
26	18 17 58	4 46 7	23 21	28 25	3 15	2 N 21
27	18 21 55	5 43 20	23 19	11 ♈ 59	4 6	8 30
28	18 25 51	6 40 34	23 16	25 56	4 44	14 25
29	18 29 48	7 37 47	23 13	10 ♉ 17	5 6	19 44
30	18 33 44	8 35 0	23 10	24 59	5 8	23 59

Day	♆ Lat.	♆ Decl.	♅ Lat.	♅ Decl.	♄ Lat.	♄ Decl.	♃ Lat.	♃ Decl.	♂ Lat.
	° ′	° ′	° ′	° ′	° ′	° ′	° ′	° ′	° ′
1	0 S 20	13 S 44	0 S 46	3 S 43	1 N 44	12 N 14	0 S 6	21 S 49	1 N 29
4	0 20	13 45	0 46	3 42	1 44	12 11	0 7	21 51	1 26
7	0 20	13 45	0 46	3 41	1 43	12 7	0 7	21 54	1 24
10	0 20	13 46	0 46	3 40	1 43	12 2	0 8	21 57	1 22
13	0 20	13 46	0 46	3 39	1 43	11 58	0 8	22 0	1 20
16	0 20	13 47	0 46	3 39	1 42	11 53	0 9	22 3	1 18
19	0 20	13 47	0 46	3 38	1 42	11 48	0 9	22 6	1 16
22	0 20	13 48	0 47	3 38	1 42	11 43	0 10	22 10	1 14
25	0 20	13 49	0 47	3 38	1 42	11 37	0 10	22 13	1 12
28	0 20	13 50	0 47	3 38	1 41	11 31	0 10	22 17	1 10

JUNI 2008

Day	♆ Long.	♅ Long.	♄ Long.	♃ Long.	♂ Long.	♀ Long.	☿ Long.	♇ Long.
	° ′	° ′	° ′	° ′	° ′	° ′	° ′	° ′
1	24 ♒ 16	22 ♓ 23	2 ♍ 24	21 ♑ 35	12 ♌ 12	8 ♊ 40	20 ♊ 32	0 ♑ 17
2	24 R 16	22 24	2 27	21 R 30	12 46	9 54	20 R 8	0 R 16
3	24 16	22 25	2 30	21 26	13 20	11 7	19 42	0 14
4	24 15	22 27	2 33	21 22	13 54	12 21	19 13	0 13
5	24 15	22 28	2 37	21 17	14 28	13 35	18 42	0 11
6	24 15	22 29	2 40	21 12	15 2	14 49	18 10	0 10
7	24 14	22 30	2 43	21 7	15 36	16 2	17 37	0 8
8	24 14	22 31	2 47	21 2	16 11	17 16	17 3	0 7
9	24 14	22 31	2 50	20 57	16 45	18 30	16 30	0 5
10	24 13	22 32	2 54	20 51	17 19	19 43	15 58	0 4
11	24 13	22 33	2 58	20 46	17 54	20 57	15 27	0 2
12	24 12	22 34	3 2	20 40	18 28	22 11	14 57	0 0
13	24 12	22 35	3 6	20 34	19 3	23 25	14 30	29 ♐ 59
14	24 11	22 35	3 10	20 28	19 38	24 38	14 6	29 57
15	24 11	22 36	3 14	20 22	20 12	25 52	13 45	29 56
16	24 10	22 36	3 18	20 16	20 47	27 6	13 28	29 54
17	24 9	22 37	3 22	20 10	21 22	28 19	13 15	29 52
18	24 9	22 37	3 27	20 3	21 57	29 33	13 5	29 51
19	24 8	22 38	3 31	19 57	22 32	0 ♋ 47	13 0	29 49
20	24 7	22 38	3 36	19 50	23 7	2 0	13 0	29 48
21	24 6	22 38	3 40	19 43	23 42	3 14	13 D 4	29 46
22	24 6	22 39	3 45	19 36	24 17	4 28	13 13	29 44
23	24 5	22 39	3 50	19 30	24 52	5 42	13 26	29 43
24	24 4	22 39	3 55	19 22	25 28	6 55	13 44	29 41
25	24 3	22 39	4 0	19 15	26 3	8 9	14 7	29 40
26	24 2	22 39	4 5	19 8	26 38	9 23	14 35	29 38
27	24 1	22 39	4 10	19 1	27 14	10 36	15 7	29 36
28	24 0	22 R 39	4 15	18 54	27 49	11 50	15 44	29 35
29	23 59	22 39	4 20	18 46	28 25	13 4	16 25	29 33
30	23 58	22 39	4 25	18 39	29 0	14 18	17 11	29 32

Day	♂ Decl.	♀ Lat.	♀ Decl.	☿ Lat.	☿ Decl.	♇ Lat.	♇ Decl.	☊
	° ′	° ′	° ′	° ′	° ′	° ′	° ′	° ′
1	18 N 33	0 S 16	21 N 29	1 S 1	22 N 5	6 N 27	16 S 59	22 ♒ 17
4	18 2	0 9	22 7	1 53	21 7	6 27	16 59	22 8
7	17 30	0 2	22 40	2 43	20 10	6 27	16 59	21 58
10	16 57	0 N 5	23 7	3 25	19 18	6 27	17 0	21 49
13	16 23	0 12	23 28	3 57	18 37	6 26	17 0	21 39
16	15 48	0 19	23 43	4 17	18 10	6 26	17 0	21 30
19	15 12	0 26	23 52	4 25	17 59	6 26	17 0	21 20
22	14 36	0 33	23 54	4 21	18 4	6 26	17 0	21 11
25	13 58	0 39	23 50	4 8	18 24	6 25	17 1	21 1
28	13 20	0 46	23 40	3 46	18 56	6 25	17 1	20 52

2008 JULI

Day	Sidereal Time	☉ Long.	☉ Decl.	☽ Long.	☽ Lat.	☽ Decl.
	H M S	° ′ ″	° ′	° ′	° ′	° ′
1	18 37 41	9 ♋ 32 14	23 N 6	9 ♊ 57	4 N 50	26 N 43
2	18 41 37	10 29 27	23 2	25 2	4 11	27 32
3	18 45 34	11 26 40	22 57	10 ♋ 5	3 15	26 18
4	18 49 30	12 23 54	22 52	24 56	2 7	23 13
5	18 53 27	13 21 7	22 46	9 ♌ 29	0 51	18 42
6	18 57 24	14 18 20	22 40	23 37	0 S 26	13 15
7	19 1 20	15 15 33	22 34	7 ♍ 19	1 39	7 18
8	19 5 17	16 12 46	22 27	20 34	2 44	1 13
9	19 9 13	17 9 59	22 20	3 ♎ 25	3 39	4 S 43
10	19 13 10	18 7 11	22 13	15 56	4 22	10 18
11	19 17 6	19 4 24	22 5	28 11	4 52	15 22
12	19 21 3	20 1 36	21 57	10 ♏ 14	5 9	19 46
13	19 24 59	20 58 49	21 48	22 9	5 12	23 20
14	19 28 56	21 56 2	21 39	4 ♐ 2	5 2	25 54
15	19 32 53	22 53 14	21 30	15 54	4 39	27 19
16	19 36 49	23 50 27	21 20	27 50	4 3	27 28
17	19 40 46	24 47 40	21 10	9 ♑ 51	3 17	26 21
18	19 44 42	25 44 53	21 0	21 59	2 21	23 58
19	19 48 39	26 42 7	20 49	4 ♒ 16	1 18	20 27
20	19 52 35	27 39 22	20 38	16 44	0 10	15 59
21	19 56 32	28 36 37	20 26	29 23	0 N 59	10 46
22	20 0 28	29 33 52	20 15	12 ♓ 15	2 7	5 1
23	20 4 25	0 ♌ 31 9	20 2	25 22	3 9	1 N 3
24	20 8 22	1 28 26	19 50	8 ♈ 43	4 2	7 10
25	20 12 18	2 25 44	19 37	22 21	4 43	13 4
26	20 16 15	3 23 3	19 24	6 ♉ 16	5 8	18 27
27	20 20 11	4 20 23	19 10	20 27	5 16	22 56
28	20 24 8	5 17 44	18 57	4 ♊ 52	5 5	26 5
29	20 28 4	6 15 6	18 43	19 28	4 32	27 32
30	20 32 1	7 12 29	18 28	4 ♋ 9	3 42	27 4
31	20 35 57	8 9 53	18 13	18 50	2 37	24 43

Day	♆ Lat.	♆ Decl.	♅ Lat.	♅ Decl.	♄ Lat.	♄ Decl.	♃ Lat.	♃ Decl.	♂ Lat.
	° ′	° ′	° ′	° ′	° ′	° ′	° ′	° ′	° ′
1	0 S 20	13 S 51	0 S 47	3 S 38	1 N 41	11 N 25	0 S 11	22 S 20	1 N 8
4	0 20	13 52	0 47	3 39	1 41	11 19	0 11	22 24	1 7
7	0 20	13 54	0 47	3 39	1 41	11 13	0 12	22 27	1 5
10	0 20	13 55	0 47	3 40	1 40	11 6	0 12	22 31	1 3
13	0 20	13 56	0 47	3 41	1 40	10 59	0 13	22 34	1 1
16	0 20	13 57	0 47	3 42	1 40	10 52	0 13	22 37	0 59
19	0 21	13 59	0 48	3 43	1 40	10 45	0 13	22 40	0 57
22	0 21	14 0	0 48	3 44	1 40	10 38	0 14	22 43	0 55
25	0 21	14 2	0 48	3 46	1 40	10 30	0 14	22 46	0 53
28	0 21	14 3	0 48	3 48	1 40	10 23	0 15	22 49	0 51
31	0 21	14 5	0 48	3 49	1 40	10 15	0 15	22 52	0 49

JULI 2008

Day	♆ Long.	♅ Long.	♄ Long.	♃ Long.	♂ Long.	♀ Long.	☿ Long.	♇ Long.
	° ′	° ′	° ′	° ′	° ′	° ′	° ′	° ′
1	23 ♒ 57	22 ♓ 39	4 ♍ 31	18 ♑ 31	29 ♌ 36	15 ♋ 31	18 ♊ 1	29 ♐ 30
2	23 R 56	22 R 39	4 36	18 R 24	0 ♍ 12	16 45	18 56	29 R 29
3	23 55	22 38	4 41	18 16	0 47	17 59	19 55	29 27
4	23 54	22 38	4 47	18 9	1 23	19 13	20 58	29 26
5	23 53	22 38	4 53	18 1	1 59	20 26	22 5	29 24
6	23 52	22 37	4 58	17 53	2 35	21 40	23 17	29 22
7	23 51	22 37	5 4	17 46	3 11	22 54	24 33	29 21
8	23 49	22 36	5 10	17 38	3 47	24 8	25 52	29 19
9	23 48	22 36	5 16	17 30	4 23	25 21	27 16	29 18
10	23 47	22 35	5 21	17 22	4 59	26 35	28 43	29 16
11	23 46	22 35	5 27	17 15	5 35	27 49	0 ♋ 15	29 15
12	23 44	22 34	5 33	17 7	6 11	29 3	1 50	29 14
13	23 43	22 33	5 40	16 59	6 48	0 ♌ 16	3 29	29 12
14	23 42	22 32	5 46	16 52	7 24	1 30	5 11	29 11
15	23 41	22 32	5 52	16 44	8 0	2 44	6 57	29 9
16	23 39	22 31	5 58	16 36	8 37	3 58	8 46	29 8
17	23 38	22 30	6 4	16 29	9 13	5 11	10 38	29 6
18	23 36	22 29	6 11	16 21	9 50	6 25	12 32	29 5
19	23 35	22 28	6 17	16 14	10 26	7 39	14 30	29 4
20	23 34	22 27	6 23	16 6	11 3	8 53	16 29	29 2
21	23 32	22 26	6 30	15 59	11 39	10 6	18 31	29 1
22	23 31	22 25	6 36	15 52	12 16	11 20	20 34	29 0
23	23 29	22 23	6 43	15 44	12 53	12 34	22 39	28 58
24	23 28	22 22	6 50	15 37	13 30	13 48	24 45	28 57
25	23 26	22 21	6 56	15 30	14 7	15 2	26 51	28 56
26	23 25	22 20	7 3	15 23	14 44	16 15	28 58	28 55
27	23 23	22 18	7 10	15 16	15 20	17 29	1 ♌ 5	28 54
28	23 22	22 17	7 17	15 9	15 58	18 43	3 12	28 52
29	23 20	22 16	7 23	15 2	16 35	19 57	5 18	28 51
30	23 19	22 14	7 30	14 56	17 12	21 10	7 24	28 50
31	23 17	22 13	7 37	14 49	17 49	22 24	9 29	28 49

Day	♂ Decl.	♀ Lat.	♀ Decl.	☿ Lat.	☿ Decl.	♇ Lat.	♇ Decl.	☊
	° ′	° ′	° ′	° ′	° ′	° ′	° ′	° ′
1	12 N 41	0 N 52	23 N 23	3 S 18	19 N 37	6 N 25	17 S 1	20 ♒ 42
4	12 1	0 57	23 0	2 45	20 24	6 24	17 2	20 33
7	11 21	1 3	22 31	2 8	21 12	6 24	17 2	20 23
10	10 39	1 7	21 56	1 29	21 57	6 23	17 3	20 13
13	9 57	1 12	21 16	0 50	22 33	6 23	17 3	20 4
16	9 15	1 16	20 30	0 12	22 57	6 22	17 4	19 54
19	8 32	1 19	19 38	0 N 23	23 2	6 22	17 4	19 45
22	7 48	1 22	18 42	0 53	22 44	6 21	17 5	19 35
25	7 4	1 25	17 41	1 17	22 2	6 20	17 5	19 26
28	6 20	1 27	16 35	1 34	20 58	6 20	17 6	19 16
31	5 35	1 28	15 26	1 43	19 32	6 19	17 7	19 7

2008 AUGUST

Day	Sidereal Time	☉ Long.	☉ Decl.	☽ Long.	☽ Lat.	☽ Decl.
	H M S	° ′ ″	° ′	° ′	° ′	° ′
1	20 39 54	9 ♌ 7 18	17 N 58	3 ♌ 23	1 N 23	20 N 45
2	20 43 51	10 4 43	17 43	17 43	0 5	15 36
3	20 47 47	11 2 10	17 28	1 ♍ 44	1 S 13	9 44
4	20 51 44	11 59 37	17 12	15 23	2 23	3 33
5	20 55 40	12 57 6	16 56	28 39	3 25	2 S 36
6	20 59 37	13 54 35	16 39	11 ♎ 33	4 14	8 27
7	21 3 33	14 52 5	16 22	24 6	4 49	13 49
8	21 7 30	15 49 35	16 6	6 ♏ 23	5 10	18 31
9	21 11 26	16 47 7	15 48	18 28	5 17	22 24
10	21 15 23	17 44 39	15 31	0 ♐ 24	5 10	25 17
11	21 19 20	18 42 12	15 13	12 17	4 50	27 4
12	21 23 16	19 39 46	14 55	24 10	4 18	27 36
13	21 27 13	20 37 21	14 37	6 ♑ 8	3 34	26 52
14	21 31 9	21 34 58	14 19	18 15	2 40	24 51
15	21 35 6	22 32 35	14 0	0 ♒ 32	1 38	21 38
16	21 39 2	23 30 13	13 41	13 3	0 31	17 23
17	21 42 59	24 27 53	13 22	25 48	0 N 40	12 17
18	21 46 55	25 25 33	13 3	8 ♓ 48	1 50	6 34
19	21 50 52	26 23 16	12 43	22 3	2 55	0 28
20	21 54 49	27 20 59	12 23	5 ♈ 32	3 57	5 N 44
21	21 58 45	28 18 45	12 4	19 14	4 36	11 47
22	22 2 42	29 16 32	11 43	3 ♉ 6	5 5	17 19
23	22 6 38	0 ♍ 14 20	11 23	17 8	5 16	22 0
24	22 10 35	1 12 11	11 3	1 ♊ 17	5 8	25 27
25	22 14 31	2 10 3	10 42	15 31	4 42	27 19
26	22 18 28	3 7 56	10 21	29 48	3 58	27 24
27	22 22 24	4 5 52	10 0	14 ♋ 5	2 59	25 40
28	22 26 21	5 3 49	9 39	28 18	1 50	22 17
29	22 30 18	6 1 48	9 18	12 ♌ 25	0 34	17 37
30	22 34 14	6 59 49	8 57	26 22	0 S 43	12 3
31	22 38 11	7 57 51	8 35	10 ♍ 5	1 56	6 0

Day	♆ Lat.	♆ Decl.	♅ Lat.	♅ Decl.	♄ Lat.	♄ Decl.	♃ Lat.	♃ Decl.	♂ Lat.
	° ′	° ′	° ′	° ′	° ′	° ′	° ′	° ′	° ′
1	0 S 21	14 S 5	0 S 48	3 S 50	1 N 40	10 N 12	0 S 15	22 S 53	0 N 49
4	0 21	14 7	0 48	3 52	1 40	10 5	0 15	22 55	0 47
7	0 21	14 9	0 48	3 54	1 39	9 57	0 16	22 57	0 45
10	0 21	14 10	0 48	3 56	1 39	9 48	0 16	22 59	0 43
13	0 21	14 12	0 48	3 59	1 39	9 40	0 16	23 1	0 41
16	0 21	14 14	0 48	4 1	1 40	9 32	0 17	23 3	0 40
19	0 21	14 15	0 48	4 4	1 40	9 24	0 17	23 4	0 38
22	0 21	14 17	0 48	4 6	1 40	9 15	0 17	23 5	0 36
25	0 21	14 18	0 48	4 9	1 40	9 7	0 17	23 6	0 34
28	0 21	14 20	0 49	4 11	1 40	8 58	0 18	23 7	0 32
31	0 21	14 22	0 49	4 14	1 40	8 50	0 18	23 8	0 30

AUGUST 2008

Day	♆ Long.	♅ Long.	♄ Long.	♃ Long.	♂ Long.	♀ Long.	☿ Long.	♇ Long.
	° ′	° ′	° ′	° ′	° ′	° ′	° ′	° ′
1	23 ♒ 16	22 ♓ 11	7 ♍ 44	14 ♑ 43	18 ♍ 26	23 ♌ 38	11 ♌ 33	28 ♐ 48
2	23 R 14	22 R 10	7 51	14 R 36	19 3	24 52	13 36	28 R 47
3	23 12	22 8	7 58	14 30	19 41	26 5	15 38	28 46
4	23 11	22 6	8 5	14 24	20 18	27 19	17 38	28 45
5	23 9	22 5	8 12	14 18	20 55	28 33	19 37	28 44
6	23 8	22 3	8 19	14 12	21 33	29 47	21 35	28 43
7	23 6	22 1	8 26	14 7	22 10	1 ♍ 0	23 31	28 42
8	23 4	21 59	8 34	14 1	22 48	2 14	25 26	28 41
9	23 3	21 58	8 41	13 56	23 26	3 28	27 19	28 40
10	23 1	21 56	8 48	13 50	24 3	4 42	29 10	28 39
11	23 0	21 54	8 55	13 45	24 41	5 55	1 ♍ 0	28 38
12	22 58	21 52	9 2	13 40	25 19	7 9	2 49	28 37
13	22 56	21 50	9 10	13 36	25 57	8 23	4 36	28 37
14	22 55	21 48	9 17	13 31	26 34	9 37	6 21	28 36
15	22 53	21 46	9 24	13 26	27 12	10 50	8 5	28 35
16	22 51	21 44	9 32	13 22	27 50	12 4	9 48	28 34
17	22 50	21 42	9 39	13 18	28 28	13 18	11 29	28 34
18	22 48	21 40	9 47	13 14	29 6	14 31	13 9	28 33
19	22 46	21 38	9 54	13 10	29 44	15 45	14 47	28 32
20	22 45	21 36	10 1	13 6	0 ♎ 23	16 59	16 24	28 32
21	22 43	21 34	10 9	13 3	1 1	18 12	17 59	28 31
22	22 42	21 32	10 16	13 0	1 39	19 26	19 33	28 31
23	22 40	21 30	10 24	12 56	2 17	20 40	21 5	28 30
24	22 38	21 27	10 31	12 54	2 56	21 53	22 36	28 30
25	22 37	21 25	10 39	12 51	3 34	23 7	24 6	28 29
26	22 35	21 23	10 46	12 48	4 13	24 21	25 34	28 29
27	22 34	21 21	10 54	12 46	4 51	25 34	27 1	28 29
28	22 32	21 18	11 1	12 44	5 30	26 48	28 26	28 28
29	22 30	21 16	11 9	12 42	6 8	28 1	29 50	28 28
30	22 29	21 14	11 16	12 40	6 47	29 15	1 ♎ 13	28 28
31	22 27	21 11	11 24	12 38	7 26	0 ♎ 29	2 33	28 27

Day	♂ Decl.	♀ Lat.	♀ Decl.	☿ Lat.	☿ Decl.	♇ Lat.	♇ Decl.	☊
	° ′	° ′	° ′	° ′	° ′	° ′	° ′	° ′
1	5 N 19	1 N 28	15 N 2	1 N 45	19 N 0	6 N 19	17 S 7	19 ♒ 4
4	4 34	1 29	13 48	1 46	17 14	6 18	17 8	18 54
7	3 48	1 29	12 30	1 41	15 16	6 17	17 8	18 45
10	3 1	1 28	11 9	1 32	13 11	6 17	17 9	18 35
13	2 15	1 27	9 46	1 18	11 2	6 16	17 10	18 25
16	1 28	1 25	8 20	1 0	8 50	6 15	17 11	18 16
19	0 41	1 22	6 53	0 40	6 37	6 14	17 12	18 6
22	0 S 6	1 19	5 24	0 18	4 25	6 13	17 13	17 57
25	0 54	1 15	3 53	0 S 6	2 15	6 12	17 13	17 47
28	1 41	1 11	2 22	0 31	0 9	6 11	17 14	17 38
31	2 29	1 6	0 49	0 57	1 S 53	6 10	17 15	17 28

2008 SEPTEMBER

Day	Sidereal Time	☉ Long.	☉ Decl.	☽ Long.	☽ Lat.	☽ Decl.
	H M S	° ′ ″	° ′	° ′	° ′	° ′
1	22 42 7	8 ♍ 55 55	8 N 13	23 ♍ 32	3 S 1	0 S 12
2	22 46 4	9 54 0	7 51	6 ♎ 40	3 55	6 14
3	22 50 0	10 52 8	7 29	19 30	4 35	11 53
4	22 53 57	11 50 16	7 7	2 ♏ 3	5 2	16 54
5	22 57 53	12 48 27	6 45	14 20	5 13	21 7
6	23 1 50	13 46 38	6 23	26 24	5 11	24 23
7	23 5 47	14 44 51	6 0	8 ♐ 21	4 55	26 33
8	23 9 43	15 43 6	5 38	20 13	4 26	27 30
9	23 13 40	16 41 22	5 15	2 ♑ 6	3 47	27 12
10	23 17 36	17 39 40	4 53	14 5	2 57	25 37
11	23 21 33	18 38 0	4 30	26 14	1 58	22 50
12	23 25 29	19 36 20	4 7	8 ♒ 38	0 53	18 57
13	23 29 26	20 34 43	3 44	21 19	0 N 16	14 8
14	23 33 22	21 33 8	3 21	4 ♓ 19	1 26	8 35
15	23 37 19	22 31 34	2 58	17 40	2 33	2 31
16	23 41 16	23 30 2	2 35	1 ♈ 20	3 33	3 N 47
17	23 45 12	24 28 32	2 12	15 17	4 21	10 1
18	23 49 9	25 27 4	1 48	29 26	4 54	15 51
19	23 53 5	26 25 38	1 25	13 ♉ 42	5 9	20 52
20	23 57 2	27 24 14	1 2	28 1	5 5	24 40
21	0 0 58	28 22 52	0 39	12 ♊ 20	4 42	26 56
22	0 4 55	29 21 33	0 15	26 33	4 2	27 26
23	0 8 51	0 ♎ 20 15	0 S 8	10 ♋ 40	3 8	26 8
24	0 12 48	1 19 0	0 32	24 39	2 2	23 12
25	0 16 45	2 17 48	0 55	8 ♌ 29	0 51	18 57
26	0 20 41	3 16 37	1 18	22 10	0 S 23	13 46
27	0 24 38	4 15 28	1 42	5 ♍ 40	1 35	7 58
28	0 28 34	5 14 22	2 5	19 0	2 40	1 54
29	0 32 31	6 13 18	2 28	2 ♎ 7	3 35	4 S 8
30	0 36 27	7 12 16	2 52	15 1	4 19	9 53

Day	♆ Lat.	♆ Decl.	♅ Lat.	♅ Decl.	♄ Lat.	♄ Decl.	♃ Lat.	♃ Decl.	♂ Lat.
	° ′	° ′	° ′	° ′	° ′	° ′	° ′	° ′	° ′
1	0 S 21	14 S 22	0 S 49	4 S 15	1 N 40	8 N 47	0 S 18	23 S 8	0 N 30
4	0 21	14 24	0 49	4 18	1 40	8 38	0 18	23 9	0 28
7	0 21	14 25	0 49	4 21	1 40	8 30	0 18	23 9	0 26
10	0 21	14 27	0 49	4 24	1 41	8 21	0 19	23 9	0 24
13	0 21	14 28	0 49	4 26	1 41	8 13	0 19	23 9	0 22
16	0 21	14 29	0 49	4 29	1 41	8 5	0 19	23 9	0 21
19	0 21	14 31	0 49	4 32	1 41	7 56	0 19	23 9	0 19
22	0 21	14 32	0 49	4 35	1 42	7 48	0 19	23 9	0 17
25	0 21	14 33	0 49	4 38	1 42	7 40	0 20	23 8	0 15
28	0 21	14 34	0 49	4 40	1 42	7 31	0 20	23 7	0 13

SEPTEMBER 2008

Day	♆ Long.	♅ Long.	♄ Long.	♃ Long.	♂ Long.	♀ Long.	☿ Long.	♇ Long.
	° ′	° ′	° ′	° ′	° ′	° ′	° ′	° ′
1	22 ♒ 26	21 ♓ 9	11 ♍ 32	12 ♑ 37	8 ♎ 4	1 ♎ 42	3 ♎ 53	28 ♐ 27
2	22 R 24	21 R 7	11 39	12 R 35	8 43	2 56	5 10	28 R 27
3	22 23	21 4	11 47	12 34	9 22	4 9	6 26	28 27
4	22 21	21 2	11 54	12 33	10 1	5 23	7 40	28 27
5	22 20	21 0	12 2	12 33	10 40	6 37	8 53	28 27
6	22 18	20 57	12 9	12 32	11 19	7 50	10 3	28 26
7	22 17	20 55	12 17	12 32	11 58	9 4	11 12	28 26
8	22 15	20 53	12 24	12 32	12 37	10 17	12 18	28 D 26
9	22 14	20 50	12 32	12 D 32	13 16	11 31	13 22	28 26
10	22 12	20 48	12 40	12 32	13 56	12 44	14 24	28 27
11	22 11	20 45	12 47	12 32	14 35	13 57	15 24	28 27
12	22 9	20 43	12 55	12 33	15 14	15 11	16 20	28 27
13	22 8	20 41	13 2	12 34	15 54	16 24	17 14	28 27
14	22 7	20 38	13 10	12 35	16 33	17 38	18 5	28 27
15	22 5	20 36	13 17	12 36	17 12	18 51	18 53	28 27
16	22 4	20 33	13 25	12 37	17 52	20 5	19 37	28 28
17	22 3	20 31	13 32	12 39	18 32	21 18	20 18	28 28
18	22 1	20 29	13 40	12 41	19 11	22 31	20 54	28 28
19	22 0	20 26	13 47	12 43	19 51	23 45	21 26	28 29
20	21 59	20 24	13 55	12 45	20 31	24 58	21 54	28 29
21	21 57	20 22	14 2	12 47	21 10	26 11	22 17	28 29
22	21 56	20 19	14 9	12 50	21 50	27 25	22 34	28 30
23	21 55	20 17	14 17	12 53	22 30	28 38	22 45	28 30
24	21 54	20 14	14 24	12 56	23 10	29 51	22 50	28 31
25	21 53	20 12	14 31	12 59	23 50	1 ♏ 4	22 R 49	28 31
26	21 52	20 10	14 39	13 2	24 30	2 18	22 41	28 32
27	21 50	20 7	14 46	13 5	25 10	3 31	22 25	28 33
28	21 49	20 5	14 53	13 9	25 51	4 44	22 2	28 33
29	21 48	20 3	15 1	13 13	26 31	5 57	21 32	28 34
30	21 47	20 1	15 8	13 17	27 11	7 11	20 54	28 35

Day	♂ Decl.	♀ Lat.	♀ Decl.	☿ Lat.	☿ Decl.	♇ Lat.	♇ Decl.	☊
	° ′	° ′	° ′	° ′	° ′	° ′	° ′	° ′
1	2 S 45	1 N 4	0 N 18	1 S 6	2 S 33	6 N 10	17 S 16	17 ♒ 25
4	3 32	0 59	1 S 14	1 32	4 27	6 9	17 16	17 16
7	4 20	0 53	2 47	1 59	6 15	6 8	17 17	17 6
10	5 7	0 46	4 19	2 24	7 54	6 7	17 18	16 56
13	5 54	0 39	5 51	2 49	9 22	6 6	17 19	16 47
16	6 42	0 32	7 22	3 11	10 37	6 5	17 20	16 37
19	7 28	0 24	8 51	3 30	11 36	6 4	17 21	16 28
22	8 15	0 16	10 19	3 43	12 14	6 3	17 22	16 18
25	9 1	0 7	11 44	3 49	12 25	6 2	17 23	16 9
28	9 47	0 S 2	13 7	3 45	12 3	6 1	17 24	15 59

2008 OKTOBER

Day	Sidereal Time H	M	S	☉ Long. °	′	″	☉ Decl. °	′	☽ Long. °	′	☽ Lat. °	′	☽ Decl. °	′
1	0	40	24	8 ♎	11	16	3 S	15	27 ♎	41	4 S	48	15 S	8
2	0	44	20	9	10	18	3	38	10 ♏	7	5	4	19	39
3	0	48	17	10	9	21	4	1	22	20	5	5	23	15
4	0	52	14	11	8	27	4	25	4 ♐	22	4	52	25	48
5	0	56	10	12	7	35	4	48	16	17	4	27	27	9
6	1	0	7	13	6	44	5	11	28	7	3	50	27	16
7	1	4	3	14	5	55	5	34	9 ♑	58	3	4	26	7
8	1	8	0	15	5	8	5	57	21	54	2	9	23	47
9	1	11	56	16	4	23	6	19	4 ♒	2	1	8	20	20
10	1	15	53	17	3	39	6	42	16	26	0	2	15	56
11	1	19	49	18	2	57	7	5	29	10	1 N	6	10	44
12	1	23	46	19	2	18	7	27	12 ♓	19	2	12	4	55
13	1	27	43	20	1	40	7	50	25	53	3	12	1 N	18
14	1	31	39	21	1	4	8	12	9 ♈	52	4	3	7	38
15	1	35	36	22	0	30	8	34	24	13	4	40	13	44
16	1	39	32	22	59	58	8	57	8 ♉	50	4	59	19	10
17	1	43	29	23	59	28	9	19	23	34	4	59	23	30
18	1	47	25	24	59	0	9	40	8 ♊	19	4	40	26	17
19	1	51	22	25	58	35	10	2	22	56	4	2	27	16
20	1	55	18	26	58	12	10	24	7 ♋	21	3	9	26	22
21	1	59	15	27	57	51	10	45	21	31	2	5	23	46
22	2	3	12	28	57	32	11	6	5 ♌	24	0	54	19	48
23	2	7	8	29	57	15	11	27	19	1	0 S	18	14	51
24	2	11	5	0 ♏	57	1	11	48	2 ♍	23	1	27	9	16
25	2	15	1	1	56	49	12	9	15	32	2	31	3	23
26	2	18	58	2	56	39	12	30	28	30	3	26	2 S	33
27	2	22	54	3	56	32	12	50	11 ♎	16	4	9	8	16
28	2	26	51	4	56	26	13	10	23	52	4	40	13	35
29	2	30	47	5	56	22	13	30	6 ♏	18	4	56	18	16
30	2	34	44	6	56	21	13	50	18	33	4	59	22	8
31	2	38	41	7	56	21	14	9	0 ♐	39	4	48	24	59

Day	♆ Lat. °	′	♆ Decl. °	′	♅ Lat. °	′	♅ Decl. °	′	♄ Lat. °	′	♄ Decl. °	′	♃ Lat. °	′	♃ Decl. °	′	♂ Lat. °	′
1	0 S	21	14 S	35	0 S	48	4 S	43	1 N	43	7 N	23	0 S	20	23 S	6	0 N	11
4	0	21	14	36	0	48	4	45	1	43	7	15	0	20	23	5	0	10
7	0	21	14	37	0	48	4	48	1	43	7	8	0	20	23	3	0	8
10	0	21	14	38	0	48	4	50	1	44	7	0	0	20	23	2	0	6
13	0	21	14	38	0	48	4	53	1	44	6	52	0	21	23	0	0	4
16	0	21	14	39	0	48	4	55	1	45	6	45	0	21	22	58	0	2
19	0	21	14	39	0	48	4	57	1	45	6	38	0	21	22	56	0	1
22	0	21	14	40	0	48	4	59	1	46	6	31	0	21	22	54	0 S	1
25	0	21	14	40	0	48	5	1	1	46	6	24	0	21	22	51	0	3
28	0	21	14	40	0	48	5	2	1	47	6	17	0	21	22	48	0	5
31	0	21	14	41	0	48	5	4	1	47	6	11	0	22	22	45	0	7

OKTOBER 2008

Day	♆ Long.	♅ Long.	♄ Long.	♃ Long.	♂ Long.	♀ Long.	☿ Long.	♇ Long.
	° ′	° ′	° ′	° ′	° ′	° ′	° ′	° ′
1	21 ♒ 46	19 ♓ 58	15 ♍ 15	13 ♑ 21	27 ♎ 51	8 ♏ 24	20 ♎ 9	28 ♐ 35
2	21 R 45	19 R 56	15 22	13 25	28 32	9 37	19 R 17	28 36
3	21 44	19 54	15 29	13 30	29 12	10 50	18 19	28 37
4	21 43	19 52	15 36	13 35	29 53	12 3	17 16	28 38
5	21 42	19 50	15 43	13 39	0 ♏ 33	13 16	16 9	28 39
6	21 42	19 47	15 50	13 44	1 14	14 29	14 59	28 40
7	21 41	19 45	15 57	13 50	1 55	15 42	13 49	28 40
8	21 40	19 43	16 4	13 55	2 35	16 55	12 40	28 41
9	21 39	19 41	16 11	14 1	3 16	18 8	11 35	28 42
10	21 38	19 39	16 18	14 6	3 57	19 21	10 34	28 43
11	21 38	19 37	16 25	14 12	4 38	20 34	9 40	28 44
12	21 37	19 35	16 32	14 18	5 19	21 47	8 55	28 45
13	21 36	19 33	16 39	14 24	6 0	23 0	8 19	28 47
14	21 36	19 31	16 45	14 31	6 41	24 13	7 53	28 48
15	21 35	19 29	16 52	14 37	7 22	25 26	7 38	28 49
16	21 34	19 27	16 59	14 44	8 3	26 39	7 34	28 50
17	21 34	19 25	17 5	14 51	8 44	27 51	7 D 42	28 51
18	21 33	19 24	17 12	14 58	9 25	29 4	7 59	28 52
19	21 33	19 22	17 18	15 5	10 7	0 ♐ 17	8 27	28 54
20	21 32	19 20	17 25	15 12	10 48	1 30	9 5	28 55
21	21 32	19 18	17 31	15 20	11 29	2 42	9 51	28 56
22	21 32	19 17	17 37	15 27	12 11	3 55	10 45	28 58
23	21 31	19 15	17 44	15 35	12 52	5 8	11 46	28 59
24	21 31	19 13	17 50	15 43	13 34	6 20	12 53	29 0
25	21 31	19 12	17 56	15 51	14 16	7 33	14 5	29 2
26	21 30	19 10	18 2	15 59	14 57	8 46	15 22	29 3
27	21 30	19 9	18 8	16 7	15 39	9 58	16 44	29 5
28	21 30	19 7	18 14	16 15	16 21	11 11	18 8	29 6
29	21 30	19 6	18 20	16 24	17 3	12 23	19 35	29 8
30	21 30	19 4	18 26	16 33	17 45	13 36	21 5	29 9
31	21 29	19 3	18 32	16 41	18 27	14 48	22 37	29 11

Day	♂ Decl.	♀ Lat.	♀ Decl.	☿ Lat.	☿ Decl.	♇ Lat.	♇ Decl.	☊
	° ′	° ′	° ′	° ′	° ′	° ′	° ′	° ′
1	10 S 32	0 S 10	14 S 28	3 S 26	11 S 3	6 N 0	17 S 25	15 ♒ 50
4	11 17	0 19	15 45	2 51	9 25	5 59	17 26	15 40
7	12 1	0 28	17 0	2 0	7 18	5 59	17 27	15 31
10	12 44	0 38	18 10	1 0	5 6	5 58	17 28	15 21
13	13 27	0 47	19 16	0 N 0	3 18	5 57	17 29	15 12
16	14 9	0 56	20 18	0 51	2 13	5 56	17 30	15 2
19	14 50	1 5	21 16	1 29	1 59	5 55	17 31	14 53
22	15 31	1 13	22 8	1 53	2 31	5 54	17 32	14 43
25	16 10	1 22	22 55	2 4	3 39	5 53	17 33	14 34
28	16 48	1 30	23 36	2 6	5 10	5 52	17 34	14 24
31	17 25	1 38	24 11	2 0	6 57	5 52	17 34	14 14

2008 NOVEMBER

Day	Sidereal Time			☉ Long.			☉ Decl.		☽ Long.		☽ Lat.		☽ Decl.	
	H	M	S	°	′	″	°	′	°	′	°	′	°	′
1	2	42	37	8 ♏	56	23	14 S	29	12 ♐	37	4 S	24	26 S	41
2	2	46	34	9	56	27	14	48	24	28	3	49	27	8
3	2	50	30	10	56	32	15	7	6 ♑	16	3	5	26	22
4	2	54	27	11	56	39	15	25	18	5	2	12	24	23
5	2	58	23	12	56	48	15	44	29	59	1	13	21	20
6	3	2	20	13	56	58	16	2	12 ♒	3	0	10	17	20
7	3	6	16	14	57	10	16	19	24	23	0 N	55	12	32
8	3	10	13	15	57	23	16	37	7 ♓	3	1	59	7	5
9	3	14	10	16	57	38	16	54	20	10	2	59	1	9
10	3	18	6	17	57	54	17	11	3 ♈	45	3	51	5 N	1
11	3	22	3	18	58	12	17	28	17	51	4	31	11	10
12	3	25	59	19	58	31	17	44	2 ♉	23	4	54	16	54
13	3	29	56	20	58	52	18	0	17	17	4	59	21	46
14	3	33	52	21	59	15	18	16	2 ♊	23	4	43	25	16
15	3	37	49	22	59	39	18	31	17	32	4	8	26	58
16	3	41	46	24	0	6	18	46	2 ♋	33	3	15	26	40
17	3	45	42	25	0	33	19	1	17	18	2	10	24	28
18	3	49	39	26	1	3	19	16	1 ♌	41	0	58	20	44
19	3	53	35	27	1	34	19	30	15	42	0 S	16	15	53
20	3	57	32	28	2	7	19	43	29	19	1	27	10	21
21	4	1	28	29	2	42	19	57	12 ♍	35	2	32	4	30
22	4	5	25	0 ♐	3	19	20	10	25	33	3	27	1 S	24
23	4	9	21	1	3	57	20	22	8 ♎	16	4	10	7	6
24	4	13	18	2	4	37	20	35	20	46	4	41	12	27
25	4	17	15	3	5	19	20	47	3 ♏	7	4	58	17	13
26	4	21	11	4	6	2	20	58	15	18	5	1	21	13
27	4	25	8	5	6	46	21	9	27	23	4	51	24	17
28	4	29	4	6	7	32	21	20	9 ♐	21	4	27	26	15
29	4	33	1	7	8	20	21	30	21	13	3	52	27	1
30	4	36	57	8	9	8	21	40	3 ♑	3	3	8	26	32

Day	♆ Lat.		♆ Decl.		♅ Lat.		♅ Decl.		♄ Lat.		♄ Decl.		♃ Lat.		♃ Decl.		♂ Lat.	
	°	′	°	′	°	′	°	′	°	′	°	′	°	′	°	′	°	′
1	0 S	21	14 S	41	0 S	48	5 S	4	1 N	48	6 N	9	0 S	22	22 S	44	0 S	7
4	0	21	14	41	0	48	5	6	1	48	6	3	0	22	22	41	0	9
7	0	21	14	40	0	48	5	7	1	49	5	57	0	22	22	37	0	11
10	0	21	14	40	0	47	5	8	1	49	5	52	0	22	22	33	0	13
13	0	21	14	40	0	47	5	9	1	50	5	46	0	22	22	29	0	14
16	0	21	14	40	0	47	5	9	1	51	5	41	0	22	22	25	0	16
19	0	21	14	39	0	47	5	10	1	51	5	37	0	22	22	20	0	18
22	0	21	14	38	0	47	5	10	1	52	5	32	0	23	22	16	0	20
25	0	21	14	38	0	47	5	10	1	53	5	28	0	23	22	10	0	22
28	0	21	14	37	0	47	5	10	1	54	5	25	0	23	22	5	0	23

NOVEMBER 2008

Day	♆ Long.	♅ Long.	♄ Long.	♃ Long.	♂ Long.	♀ Long.	☿ Long.	♇ Long.
	° ′	° ′	° ′	° ′	° ′	° ′	° ′	° ′
1	21 ♒ 29	19 ♓ 2	18 ♍ 38	16 ♑ 50	19 ♏ 9	16 ♐ 0	24 ♌ 10	29 ♐ 12
2	21 R 29	19 R 1	18 43	16 59	19 51	17 13	25 44	29 14
3	21 D 29	18 59	18 49	17 9	20 33	18 25	27 20	29 16
4	21 29	18 58	18 54	17 18	21 15	19 37	28 56	29 17
5	21 30	18 57	19 0	17 27	21 57	20 50	0 ♏ 33	29 19
6	21 30	18 56	19 5	17 37	22 40	22 2	2 10	29 21
7	21 30	18 55	19 11	17 47	23 22	23 14	3 47	29 22
8	21 30	18 54	19 16	17 56	24 4	24 26	5 24	29 24
9	21 30	18 53	19 21	18 6	24 47	25 38	7 2	29 26
10	21 30	18 52	19 26	18 16	25 29	26 50	8 40	29 28
11	21 31	18 51	19 31	18 27	26 12	28 2	10 17	29 29
12	21 31	18 50	19 36	18 37	26 54	29 14	11 54	29 31
13	21 31	18 50	19 41	18 47	27 37	0 ♑ 26	13 32	29 33
14	21 32	18 49	19 46	18 58	28 20	1 38	15 9	29 35
15	21 32	18 48	19 50	19 8	29 3	2 50	16 45	29 37
16	21 33	18 48	19 55	19 19	29 45	4 1	18 22	29 39
17	21 33	18 47	20 0	19 30	0 ♐ 28	5 13	19 58	29 41
18	21 34	18 47	20 4	19 41	1 11	6 24	21 34	29 43
19	21 34	18 46	20 9	19 52	1 54	7 36	23 10	29 44
20	21 35	18 46	20 13	20 3	2 37	8 47	24 46	29 46
21	21 35	18 45	20 17	20 14	3 20	9 59	26 21	29 48
22	21 36	18 45	20 21	20 25	4 3	11 10	27 57	29 50
23	21 37	18 45	20 25	20 36	4 47	12 22	29 32	29 52
24	21 37	18 45	20 29	20 48	5 30	13 33	1 ♐ 7	29 54
25	21 38	18 44	20 33	20 59	6 13	14 44	2 41	29 56
26	21 39	18 44	20 37	21 11	6 57	15 55	4 16	29 58
27	21 40	18 44	20 41	21 23	7 40	17 6	5 51	0 ♑ 0
28	21 41	18 44	20 44	21 35	8 24	18 17	7 25	0 2
29	21 41	18 D 44	20 48	21 47	9 7	19 28	8 59	0 5
30	21 42	18 44	20 51	21 59	9 51	20 39	10 33	0 7

Day	♂ Decl.	♀ Lat.	♀ Decl.	☿ Lat.	☿ Decl.	♇ Lat.	♇ Decl.	☊
	° ′	° ′	° ′	° ′	° ′	° ′	° ′	° ′
1	17 S 38	1 S 40	24 S 22	1 N 56	7 S 34	5 N 51	17 S 35	14 ♒ 11
4	18 13	1 47	24 49	1 43	9 29	5 50	17 36	14 2
7	18 47	1 54	25 10	1 27	11 25	5 50	17 36	13 52
10	19 20	2 0	25 24	1 9	13 18	5 49	17 37	13 43
13	19 52	2 6	25 32	0 49	15 7	5 48	17 38	13 33
16	20 22	2 11	25 33	0 29	16 50	5 48	17 39	13 24
19	20 50	2 15	25 28	0 9	18 26	5 47	17 39	13 14
22	21 17	2 18	25 16	0 S 12	19 53	5 46	17 40	13 5
25	21 42	2 21	24 58	0 31	21 13	5 46	17 40	12 55
28	22 5	2 23	24 33	0 50	22 22	5 45	17 41	12 45

2008 DEZEMBER

Day	Sidereal Time	☉ Long.	☉ Decl.	☽ Long.	☽ Lat.	☽ Decl.
	H M S	° ' "	° '	° '	° '	° '
1	4 40 54	9 ♐ 9 57	21 S 50	14 ♑ 50	2 S 15	24 S 51
2	4 44 50	10 10 48	21 59	26 39	1 16	22 4
3	4 48 47	11 11 39	22 7	8 ♒ 33	0 13	18 20
4	4 52 44	12 12 32	22 15	20 36	0 N 51	13 49
5	4 56 40	13 13 25	22 23	2 ♓ 53	1 55	8 40
6	5 0 37	14 14 19	22 31	15 29	2 54	3 3
7	5 4 33	15 15 13	22 37	28 29	3 46	2 N 51
8	5 8 30	16 16 9	22 44	11 ♈ 56	4 28	8 50
9	5 12 26	17 17 5	22 50	25 54	4 56	14 36
10	5 16 23	18 18 2	22 55	10 ♉ 21	5 6	19 46
11	5 20 19	19 18 59	23 1	25 14	4 56	23 52
12	5 24 16	20 19 57	23 5	10 ♊ 25	4 26	26 24
13	5 28 13	21 20 56	23 9	25 44	3 36	26 58
14	5 32 9	22 21 56	23 13	11 ♋ 0	2 31	25 30
15	5 36 6	23 22 57	23 16	26 2	1 16	22 11
16	5 40 2	24 23 59	23 19	10 ♌ 44	0 S 2	17 30
17	5 43 59	25 25 1	23 22	25 0	1 19	11 57
18	5 47 55	26 26 4	23 24	8 ♍ 48	2 29	5 58
19	5 51 52	27 27 8	23 25	22 10	3 28	0 S 5
20	5 55 48	28 28 13	23 26	5 ♎ 9	4 14	5 56
21	5 59 45	29 29 19	23 26	17 48	4 47	11 24
22	6 3 42	0 ♑ 30 26	23 26	0 ♏ 11	5 6	16 18
23	6 7 38	1 31 33	23 26	12 22	5 10	20 28
24	6 11 35	2 32 41	23 25	24 24	5 0	23 43
25	6 15 31	3 33 50	23 23	6 ♐ 20	4 38	25 55
26	6 19 28	4 34 59	23 22	18 12	4 3	26 57
27	6 23 24	5 36 8	23 19	0 ♑ 2	3 18	26 45
28	6 27 21	6 37 18	23 16	11 51	2 25	25 19
29	6 31 17	7 38 28	23 13	23 42	1 25	22 45
30	6 35 14	8 39 38	23 9	5 ♒ 36	0 21	19 13
31	6 39 11	9 40 48	23 5	17 36	0 N 45	14 51

Day	♆ Lat.	♆ Decl.	♅ Lat.	♅ Decl.	♄ Lat.	♄ Decl.	♃ Lat.	♃ Decl.	♂ Lat.
	° '	° '	° '	° '	° '	° '	° '	° '	° '
1	0 S 21	14 S 36	0 S 47	5 S 10	1 N 54	5 N 21	0 S 23	22 S 0	0 S 25
4	0 21	14 35	0 46	5 10	1 55	5 18	0 23	21 54	0 27
7	0 21	14 34	0 46	5 9	1 56	5 16	0 23	21 48	0 28
10	0 21	14 33	0 46	5 8	1 57	5 13	0 24	21 41	0 30
13	0 21	14 32	0 46	5 7	1 57	5 12	0 24	21 35	0 32
16	0 21	14 30	0 46	5 6	1 58	5 10	0 24	21 28	0 34
19	0 21	14 29	0 46	5 5	1 59	5 9	0 24	21 21	0 35
22	0 21	14 27	0 46	5 3	2 0	5 8	0 24	21 13	0 37
25	0 21	14 26	0 46	5 2	2 1	5 8	0 24	21 6	0 38
28	0 21	14 24	0 45	5 0	2 2	5 8	0 25	20 58	0 40
31	0 21	14 22	0 45	4 58	2 2	5 9	0 25	20 50	0 42

DEZEMBER 2008

Day	♆ Long.	♅ Long.	♄ Long.	♃ Long.	♂ Long.	♀ Long.	☿ Long.	♇ Long.
	° ′	° ′	° ′	° ′	° ′	° ′	° ′	° ′
1	21 ♒ 43	18 ♓ 45	20 ♍ 54	22 ♑ 11	10 ♐ 34	21 ♑ 49	12 ♐ 7	0 ♑ 9
2	21 44	18 45	20 58	22 23	11 18	23 0	13 41	0 11
3	21 45	18 45	21 1	22 35	12 2	24 10	15 15	0 13
4	21 46	18 45	21 4	22 47	12 46	25 21	16 49	0 15
5	21 47	18 46	21 7	23 0	13 29	26 31	18 23	0 17
6	21 49	18 46	21 9	23 12	14 13	27 41	19 57	0 19
7	21 50	18 47	21 12	23 24	14 57	28 51	21 31	0 21
8	21 51	18 47	21 15	23 37	15 41	0 ♒ 1	23 5	0 23
9	21 52	18 48	21 17	23 50	16 25	1 11	24 38	0 26
10	21 53	18 48	21 20	24 2	17 9	2 21	26 12	0 28
11	21 54	18 49	21 22	24 15	17 53	3 30	27 46	0 30
12	21 56	18 50	21 24	24 28	18 38	4 40	29 20	0 32
13	21 57	18 50	21 26	24 41	19 22	5 49	0 ♑ 54	0 34
14	21 58	18 51	21 28	24 54	20 6	6 58	2 28	0 36
15	22 0	18 52	21 30	25 7	20 50	8 7	4 2	0 39
16	22 1	18 53	21 32	25 20	21 35	9 16	5 36	0 41
17	22 3	18 54	21 34	25 33	22 19	10 25	7 10	0 43
18	22 4	18 55	21 35	25 46	23 4	11 34	8 43	0 45
19	22 6	18 56	21 37	25 59	23 48	12 42	10 17	0 47
20	22 7	18 57	21 38	26 13	24 33	13 50	11 50	0 50
21	22 9	18 58	21 39	26 26	25 17	14 58	13 24	0 52
22	22 10	18 59	21 40	26 39	26 2	16 6	14 56	0 54
23	22 12	19 1	21 41	26 53	26 47	17 14	16 29	0 56
24	22 13	19 2	21 42	27 6	27 32	18 22	18 0	0 58
25	22 15	19 3	21 43	27 20	28 16	19 29	19 31	1 0
26	22 17	19 5	21 44	27 33	29 1	20 36	21 1	1 3
27	22 18	19 6	21 44	27 47	29 46	21 43	22 30	1 5
28	22 20	19 8	21 45	28 1	0 ♑ 31	22 50	23 58	1 7
29	22 22	19 9	21 45	28 14	1 16	23 57	25 24	1 9
30	22 24	19 11	21 46	28 28	2 1	25 3	26 48	1 11
31	22 25	19 13	21 46	28 42	2 46	26 9	28 10	1 13

Day	♂ Decl.	♀ Lat.	♀ Decl.	☿ Lat.	☿ Decl.	♇ Lat.	♇ Decl.	☊
	° ′	° ′	° ′	° ′	° ′	° ′	° ′	° ′
1	22 S 27	2 S 23	24 S 2	1 S 8	23 S 22	5 N 44	17 S 42	12 ♒ 36
4	22 46	2 23	23 25	1 24	24 11	5 44	17 42	12 26
7	23 4	2 22	22 42	1 39	24 49	5 43	17 43	12 17
10	23 19	2 20	21 54	1 52	25 15	5 43	17 43	12 7
13	23 32	2 17	21 1	2 2	25 28	5 43	17 44	11 58
16	23 44	2 12	20 4	2 9	25 28	5 42	17 44	11 48
19	23 53	2 7	19 1	2 13	25 15	5 42	17 44	11 39
22	24 0	2 0	17 55	2 13	24 49	5 41	17 45	11 29
25	24 4	1 52	16 45	2 9	24 9	5 41	17 45	11 20
28	24 6	1 43	15 31	1 59	23 16	5 41	17 45	11 10
31	24 6	1 33	14 15	1 42	22 11	5 40	17 45	11 1

Day	Sidereal Time H	M	S	☉ Long. °	′	″	☉ Decl. °	′	☽ Long. °	′	☽ Lat. °	′	☽ Decl. °	′
1	6	43	7	10 ♑	41	58	23 S	0	29 ♒	45	1 N	49	9 S	51
2	6	47	4	11	43	8	22	55	12 ♓	7	2	50	4	24
3	6	51	0	12	44	18	22	50	24	44	3	44	1 N	20
4	6	54	57	13	45	27	22	44	7 ♈	40	4	28	7	8
5	6	58	53	14	46	36	22	37	21	0	4	59	12	48
6	7	2	50	15	47	45	22	30	4 ♉	46	5	14	18	2
7	7	6	46	16	48	54	22	23	18	57	5	11	22	26
8	7	10	43	17	50	2	22	15	3 ♊	33	4	48	25	34
9	7	14	40	18	51	10	22	7	18	30	4	5	27	0
10	7	18	36	19	52	17	21	58	3 ♋	38	3	4	26	27
11	7	22	33	20	53	24	21	49	18	51	1	51	23	56
12	7	26	29	21	54	31	21	39	3 ♌	56	0	30	19	45
13	7	30	26	22	55	37	21	29	18	46	0 S	52	14	22
14	7	34	22	23	56	44	21	19	3 ♍	14	2	9	8	19
15	7	38	19	24	57	50	21	8	17	16	3	15	2	2
16	7	42	15	25	58	55	20	57	0 ♎	49	4	9	4 S	8
17	7	46	12	27	0	1	20	45	13	57	4	47	9	54
18	7	50	9	28	1	6	20	33	26	41	5	10	15	6
19	7	54	5	29	2	11	20	21	9 ♏	5	5	17	19	32
20	7	58	2	0 ♒	3	16	20	8	21	14	5	10	23	3
21	8	1	58	1	4	20	19	55	3 ♐	13	4	50	25	32
22	8	5	55	2	5	24	19	42	15	5	4	18	26	52
23	8	9	51	3	6	28	19	28	26	54	3	34	26	58
24	8	13	48	4	7	31	19	13	8 ♑	42	2	42	25	50
25	8	17	44	5	8	33	18	59	20	34	1	42	23	33
26	8	21	41	6	9	35	18	44	2 ♒	31	0	37	20	12
27	8	25	38	7	10	35	18	29	14	35	0 N	30	15	59
28	8	29	34	8	11	35	18	13	26	48	1	36	11	5
29	8	33	31	9	12	34	17	57	9 ♓	11	2	39	5	40
30	8	37	27	10	13	32	17	41	21	47	3	35	0 N	2
31	8	41	24	11	14	28	17	24	4 ♈	36	4	21	5	50

Day	♆ Lat. °	′	♆ Decl. °	′	♅ Lat. °	′	♅ Decl. °	′	♄ Lat. °	′	♄ Decl. °	′	♃ Lat. °	′	♃ Decl. °	′	♂ Lat. °	′
1	0 S	21	14 S	22	0 S	45	4 S	57	2 N	3	5 N	9	0 S	25	20 S	47	0 S	42
4	0	21	14	20	0	45	4	55	2	4	5	10	0	25	20	38	0	44
7	0	21	14	18	0	45	4	53	2	4	5	11	0	25	20	30	0	45
10	0	21	14	16	0	45	4	50	2	5	5	13	0	26	20	21	0	47
13	0	21	14	14	0	45	4	48	2	6	5	15	0	26	20	12	0	48
16	0	21	14	12	0	45	4	45	2	7	5	17	0	26	20	2	0	50
19	0	21	14	10	0	45	4	42	2	7	5	20	0	26	19	53	0	51
22	0	21	14	8	0	45	4	39	2	8	5	23	0	27	19	43	0	52
25	0	21	14	6	0	45	4	36	2	9	5	27	0	27	19	33	0	54
28	0	21	14	4	0	44	4	33	2	10	5	31	0	27	19	23	0	55
31	0	21	14	2	0	44	4	29	2	10	5	35	0	27	19	13	0	56

JANUAR 2009

Day	♆ Long.	♅ Long.	♄ Long.	♃ Long.	♂ Long.	♀ Long.	☿ Long.	♇ Long.
	° ′	° ′	° ′	° ′	° ′	° ′	° ′	° ′
1	22 ♒ 27	19 ♓ 14	21 ♍ 46	28 ♑ 56	3 ♑ 32	27 ♒ 15	29 ♑ 29	1 ♑ 16
2	22 29	19 16	21 R 46	29 10	4 17	28 20	0 ♒ 44	1 18
3	22 31	19 18	21 45	29 23	5 2	29 26	1 56	1 20
4	22 33	19 20	21 45	29 37	5 47	0 ♓ 31	3 4	1 22
5	22 34	19 21	21 45	29 51	6 33	1 35	4 6	1 24
6	22 36	19 23	21 44	0 ♒ 5	7 18	2 40	5 2	1 26
7	22 38	19 25	21 44	0 19	8 3	3 44	5 51	1 28
8	22 40	19 27	21 43	0 33	8 49	4 48	6 33	1 31
9	22 42	19 29	21 42	0 47	9 34	5 51	7 6	1 33
10	22 44	19 31	21 41	1 1	10 20	6 54	7 29	1 35
11	22 46	19 33	21 40	1 15	11 5	7 57	7 43	1 37
12	22 48	19 36	21 39	1 29	11 51	9 0	7 45	1 39
13	22 50	19 38	21 38	1 43	12 36	10 2	7 R 36	1 41
14	22 52	19 40	21 36	1 57	13 22	11 3	7 14	1 43
15	22 54	19 42	21 35	2 12	14 8	12 5	6 42	1 45
16	22 56	19 45	21 33	2 26	14 54	13 6	5 58	1 47
17	22 58	19 47	21 31	2 40	15 39	14 6	5 4	1 49
18	23 1	19 49	21 30	2 54	16 25	15 6	4 1	1 51
19	23 3	19 52	21 28	3 8	17 11	16 6	2 51	1 53
20	23 5	19 54	21 26	3 22	17 57	17 5	1 36	1 55
21	23 7	19 57	21 24	3 37	18 43	18 4	0 18	1 57
22	23 9	19 59	21 21	3 51	19 29	19 2	29 ♑ 1	1 59
23	23 11	20 2	21 19	4 5	20 15	19 59	27 46	2 1
24	23 13	20 4	21 17	4 19	21 1	20 56	26 35	2 3
25	23 16	20 7	21 14	4 33	21 47	21 53	25 30	2 5
26	23 18	20 10	21 12	4 48	22 33	22 49	24 32	2 7
27	23 20	20 12	21 9	5 2	23 19	23 44	23 42	2 8
28	23 22	20 15	21 6	5 16	24 5	24 39	23 1	2 10
29	23 24	20 18	21 3	5 30	24 52	25 33	22 29	2 12
30	23 27	20 21	21 0	5 44	25 38	26 26	22 6	2 14
31	23 29	20 24	20 57	5 59	26 24	27 19	21 52	2 16

Day	♂ Decl.	♀ Lat.	♀ Decl.	☿ Lat.	☿ Decl.	♇ Lat.	♇ Decl.	☊
	° ′	° ′	° ′	° ′	° ′	° ′	° ′	° ′
1	24 S 6	1 S 29	13 S 49	1 S 35	21 S 48	5 N 40	17 S 45	10 ♒ 57
4	24 2	1 17	12 29	1 7	20 33	5 40	17 46	10 48
7	23 57	1 4	11 8	0 30	19 17	5 40	17 46	10 38
10	23 49	0 49	9 44	0 N 17	18 7	5 40	17 46	10 29
13	23 38	0 33	8 19	1 11	17 13	5 40	17 46	10 19
16	23 26	0 16	6 53	2 7	16 44	5 40	17 46	10 10
19	23 11	0 N 2	5 27	2 55	16 41	5 40	17 46	10 0
22	22 53	0 22	4 0	3 25	17 1	5 39	17 46	9 51
25	22 33	0 43	2 34	3 32	17 34	5 39	17 46	9 41
28	22 12	1 5	1 8	3 20	18 11	5 39	17 46	9 32
31	21 47	1 28	0 N 17	2 56	18 46	5 39	17 46	9 22

2009 FEBRUAR

Day	Sidereal Time			☉ Long.			☉ Decl.		☽ Long.		☽ Lat.		☽ Decl.	
	H	M	S	°	′	″	°	′	°	′	°	′	°	′
1	8	45	20	12≈	15	23	17 S	7	17♈	40	4 N	55	11 N	29
2	8	49	17	13	16	17	16	50	1♉	2	5	14	16	44
3	8	53	13	14	17	10	16	33	14	42	5	16	21	17
4	8	57	10	15	18	1	16	15	28	40	5	0	24	44
5	9	1	7	16	18	51	15	57	12♊	57	4	25	26	43
6	9	5	3	17	19	39	15	38	27	29	3	32	26	57
7	9	9	0	18	20	26	15	20	12♋	14	2	24	25	16
8	9	12	56	19	21	12	15	1	27	4	1	7	21	50
9	9	16	53	20	21	56	14	42	11♌	53	0 S	15	16	59
10	9	20	49	21	22	39	14	23	26	34	1	35	11	10
11	9	24	46	22	23	21	14	3	11♍	0	2	47	4	52
12	9	28	42	23	24	2	13	43	25	4	3	48	1 S	31
13	9	32	39	24	24	41	13	23	8♎	45	4	33	7	39
14	9	36	36	25	25	19	13	3	22	0	5	2	13	14
15	9	40	32	26	25	56	12	42	4♏	51	5	15	18	5
16	9	44	29	27	26	31	12	22	17	20	5	13	22	0
17	9	48	25	28	27	6	12	1	29	32	4	56	24	52
18	9	52	22	29	27	39	11	40	11♐	32	4	27	26	34
19	9	56	18	0♓	28	10	11	18	23	23	3	47	27	3
20	10	0	15	1	28	41	10	57	5♑	12	2	57	26	17
21	10	4	11	2	29	10	10	35	17	1	1	59	24	20
22	10	8	8	3	29	38	10	13	28	57	0	56	21	17
23	10	12	5	4	30	4	9	52	11≈	0	0 N	10	17	19
24	10	16	1	5	30	29	9	29	23	16	1	17	12	33
25	10	19	58	6	30	52	9	7	5♓	44	2	21	7	14
26	10	23	54	7	31	13	8	45	18	27	3	19	1	31
27	10	27	51	8	31	33	8	22	1♈	24	4	8	4 N	21
28	10	31	47	9	31	50	8	0	14	35	4	45	10	7

Day	♆ Lat.	♆ Decl.	♅ Lat.	♅ Decl.	♄ Lat.	♄ Decl.	♃ Lat.	♃ Decl.	♂ Lat.
	° ′	° ′	° ′	° ′	° ′	° ′	° ′	° ′	° ′
1	0 S 21	14 S 1	0 S 44	4 S 28	2 N 11	5 N 36	0 S 28	19 S 10	0 S 57
4	0 21	13 59	0 44	4 25	2 11	5 41	0 28	18 59	0 58
7	0 22	13 57	0 44	4 21	2 12	5 46	0 28	18 49	0 59
10	0 22	13 54	0 44	4 17	2 12	5 51	0 28	18 38	1 N 0
13	0 22	13 52	0 44	4 14	2 13	5 56	0 29	18 28	1 S 1
16	0 22	13 50	0 44	4 10	2 14	6 1	0 29	18 17	1 2
19	0 22	13 48	0 44	4 6	2 14	6 7	0 29	18 6	1 3
22	0 22	13 45	0 44	4 2	2 14	6 12	0 30	17 55	1 4
25	0 22	13 43	0 44	4 17	2 15	6 18	0 30	17 44	1 5
28	0 22	13 41	0 44	3 54	2 15	6 24	0 31	17 33	1 6

FEBRUAR 2009

Day	♆ Long.	♅ Long.	♄ Long.	♃ Long.	♂ Long.	♀ Long.	☿ Long.	♇ Long.
	° ′	° ′	° ′	° ′	° ′	° ′	° ′	° ′
1	23 ♒ 31	20 ♓ 26	20 ♍ 54	6 ♒ 13	27 ♑ 10	28 ♓ 11	21 ♑ 45	2 ♑ 17
2	23 33	20 29	20 R 51	6 27	27 57	29 2	21 47	2 19
3	23 36	20 32	20 48	6 41	28 43	29 52	21 56	2 21
4	23 38	20 35	20 44	6 55	29 29	0 ♈ 42	22 11	2 23
5	23 40	20 38	20 41	7 9	0 ♒ 16	1 30	22 33	2 24
6	23 42	20 41	20 37	7 23	1 2	2 18	23 1	2 26
7	23 45	20 44	20 34	7 37	1 49	3 5	23 34	2 28
8	23 47	20 47	20 30	7 52	2 35	3 50	24 12	2 29
9	23 49	20 50	20 26	8 6	3 22	4 35	24 54	2 31
10	23 52	20 53	20 22	8 20	4 8	5 19	25 40	2 33
11	23 54	20 56	20 19	8 34	4 55	6 2	26 30	2 34
12	23 56	20 59	20 15	8 48	5 41	6 43	27 24	2 36
13	23 58	21 3	20 11	9 2	6 28	7 24	28 20	2 37
14	24 1	21 6	20 7	9 16	7 15	8 3	29 20	2 39
15	24 3	21 9	20 2	9 30	8 1	8 41	0 ♒ 22	2 40
16	24 5	21 12	19 58	9 43	8 48	9 18	1 27	2 42
17	24 8	21 15	19 54	9 57	9 35	9 53	2 33	2 43
18	24 10	21 19	19 50	10 11	10 21	10 27	3 42	2 44
19	24 12	21 22	19 45	10 25	11 8	10 59	4 53	2 46
20	24 14	21 25	19 41	10 39	11 55	11 30	6 6	2 47
21	24 17	21 28	19 37	10 52	12 42	11 59	7 21	2 48
22	24 19	21 32	19 32	11 6	13 28	12 27	8 37	2 50
23	24 21	21 35	19 28	11 20	14 15	12 53	9 55	2 51
24	24 23	21 38	19 23	11 33	15 2	13 17	11 14	2 52
25	24 26	21 42	19 19	11 47	15 49	13 39	12 35	2 53
26	24 28	21 45	19 14	12 1	16 36	14 0	13 57	2 55
27	24 30	21 48	19 9	12 14	17 23	14 18	15 20	2 56
28	24 32	21 52	19 5	12 28	18 10	14 35	16 45	2 57

Day	♂ Decl.	♀ Lat.	♀ Decl.	☿ Lat.	☿ Decl.	♇ Lat.	♇ Decl.	☊
	° ′	° ′	° ′	° ′	° ′	° ′	° ′	° ′
1	21 S 39	1 N 36	0 N 45	2 N 46	18 S 57	5 N 40	17 S 45	9 ♒ 19
4	21 12	2 1	2 8	2 13	19 25	5 40	17 45	9 9
7	20 43	2 27	3 29	1 39	19 46	5 40	17 45	9 0
10	20 12	2 55	4 47	1 5	19 57	5 40	17 45	8 50
13	19 38	3 23	6 3	0 32	19 58	5 40	17 45	8 41
16	19 3	3 52	7 14	0 2	19 48	5 40	17 44	8 31
19	18 26	4 22	8 22	0 S 25	19 27	5 40	17 44	8 22
22	17 48	4 53	9 25	0 50	18 54	5 40	17 44	8 12
25	17 8	5 24	10 21	1 12	18 11	5 41	17 44	8 3
28	16 26	5 54	11 11	1 30	17 15	5 41	17 43	7 53

2009 MÄRZ

Day	Sidereal Time	☉ Long.	☉ Decl.	☽ Long.	☽ Lat.	☽ Decl.
	H M S	° ′ ″	° ′	° ′	° ′	° ′
1	10 35 44	10 ⋌ 32 6	7 S 37	27 ♈ 59	5 N 7	15 N 31
2	10 39 40	11 32 20	7 14	11 ♉ 35	5 12	20 15
3	10 43 37	12 32 32	6 51	25 22	4 59	23 57
4	10 47 34	13 32 41	6 28	9 ♊ 19	4 29	26 17
5	10 51 30	14 32 49	6 5	23 25	3 43	26 59
6	10 55 27	15 32 54	5 42	7 ♋ 38	2 42	25 54
7	10 59 23	16 32 58	5 18	21 58	1 30	23 8
8	11 3 20	17 32 59	4 55	6 ♌ 20	0 13	18 54
9	11 7 16	18 32 58	4 32	20 42	1 S 5	13 34
10	11 11 13	19 32 56	4 8	4 ♍ 59	2 18	7 33
11	11 15 9	20 32 51	3 45	19 6	3 21	1 13
12	11 19 6	21 32 44	3 21	2 ♎ 59	4 12	5 S 2
13	11 23 3	22 32 36	2 57	16 33	4 47	10 55
14	11 26 59	23 32 25	2 34	29 47	5 5	16 9
15	11 30 56	24 32 13	2 10	12 ♏ 39	5 7	20 31
16	11 34 52	25 31 59	1 46	25 11	4 55	23 50
17	11 38 49	26 31 43	1 23	7 ♐ 26	4 29	25 58
18	11 42 45	27 31 26	0 59	19 27	3 52	26 52
19	11 46 42	28 31 6	0 35	1 ♑ 19	3 5	26 31
20	11 50 38	29 30 45	0 12	13 8	2 10	24 57
21	11 54 35	0 ♈ 30 23	0 N 12	24 58	1 10	22 17
22	11 58 32	1 29 58	0 36	6 ≈ 56	0 6	18 38
23	12 2 28	2 29 32	1 0	19 5	0 N 59	14 10
24	12 6 25	3 29 3	1 23	1 ⋌ 29	2 3	9 2
25	12 10 21	4 28 33	1 47	14 11	3 1	3 26
26	12 14 18	5 28 1	2 10	27 12	3 52	2 N 26
27	12 18 14	6 27 27	2 34	10 ♈ 32	4 31	8 20
28	12 22 11	7 26 50	2 57	24 9	4 56	13 57
29	12 26 7	8 26 12	3 21	8 ♉ 0	5 4	18 58
30	12 30 4	9 25 31	3 44	22 0	4 54	23 0
31	12 34 1	10 24 49	4 7	6 ♊ 6	4 26	25 42

Day	♆ Lat.	♆ Decl.	♅ Lat.	♅ Decl.	♄ Lat.	♄ Decl.	♃ Lat.	♃ Decl.	♂ Lat.
	° ′	° ′	° ′	° ′	° ′	° ′	° ′	° ′	° ′
1	0 S 22	13 S 40	0 S 44	3 S 53	2 N 15	6 N 26	0 S 31	17 S 30	1 S 6
4	0 22	13 38	0 44	3 49	2 16	6 31	0 31	17 19	1 7
7	0 22	13 36	0 44	3 45	2 16	6 37	0 31	17 8	1 7
10	0 22	13 34	0 44	3 40	2 16	6 43	0 32	16 57	1 8
13	0 22	13 32	0 44	3 36	2 16	6 49	0 32	16 46	1 8
16	0 22	13 30	0 44	3 32	2 16	6 54	0 33	16 35	1 9
19	0 22	13 28	0 44	3 28	2 16	7 0	0 33	16 24	1 9
22	0 22	13 26	0 44	3 24	2 16	7 5	0 34	16 14	1 10
25	0 22	13 24	0 44	3 20	2 16	7 11	0 34	16 3	1 10
28	0 22	13 22	0 44	3 16	2 16	7 16	0 35	15 53	1 10
31	0 22	13 20	0 44	3 12	2 16	7 21	0 35	15 42	1 10

MÄRZ 2009

Day	♆ Long.	♅ Long.	♄ Long.	♃ Long.	♂ Long.	♀ Long.	☿ Long.	♇ Long.
	° ′	° ′	° ′	° ′	° ′	° ′	° ′	° ′
1	24 ♒ 35	21 ♓ 55	19 ♍ 0	12 ♒ 41	18 ♒ 56	14 ♈ 49	18 ♒ 11	2 ♑ 58
2	24 37	21 58	18 R 55	12 54	19 43	15 1	19 38	2 59
3	24 39	22 2	18 50	13 8	20 30	15 11	21 6	3 0
4	24 41	22 5	18 46	13 21	21 17	15 19	22 36	3 1
5	24 43	22 9	18 41	13 34	22 4	15 24	24 6	3 2
6	24 46	22 12	18 36	13 47	22 51	15 27	25 38	3 3
7	24 48	22 16	18 31	14 0	23 38	15 28	27 11	3 4
8	24 50	22 19	18 27	14 13	24 25	15 R 26	28 45	3 5
9	24 52	22 22	18 22	14 26	25 12	15 21	0 ♓ 20	3 6
10	24 54	22 26	18 17	14 39	25 59	15 15	1 57	3 6
11	24 56	22 29	18 12	14 52	26 46	15 5	3 34	3 7
12	24 58	22 33	18 8	15 5	27 33	14 53	5 13	3 8
13	25 0	22 36	18 3	15 18	28 20	14 39	6 52	3 9
14	25 2	22 40	17 58	15 30	29 7	14 22	8 33	3 10
15	25 5	22 43	17 53	15 43	29 54	14 3	10 15	3 10
16	25 7	22 46	17 49	15 56	0 ♓ 41	13 41	11 59	3 11
17	25 9	22 50	17 44	16 8	1 28	13 17	13 43	3 11
18	25 11	22 53	17 39	16 21	2 15	12 51	15 29	3 12
19	25 13	22 57	17 34	16 33	3 2	12 23	17 16	3 13
20	25 15	23 0	17 30	16 45	3 49	11 53	19 4	3 13
21	25 17	23 4	17 25	16 57	4 36	11 22	20 54	3 14
22	25 18	23 7	17 21	17 10	5 23	10 49	22 44	3 14
23	25 20	23 10	17 16	17 22	6 10	10 14	24 37	3 14
24	25 22	23 14	17 12	17 34	6 57	9 39	26 30	3 15
25	25 24	23 17	17 7	17 45	7 44	9 2	28 24	3 15
26	25 26	23 21	17 3	17 57	8 31	8 25	0 ♈ 20	3 16
27	25 28	23 24	16 58	18 9	9 17	7 47	2 17	3 16
28	25 30	23 27	16 54	18 21	10 4	7 10	4 15	3 16
29	25 32	23 31	16 50	18 32	10 51	6 32	6 14	3 16
30	25 33	23 34	16 45	18 44	11 38	5 55	8 15	3 16
31	25 35	23 37	16 41	18 55	12 25	5 18	10 16	3 17

Day	♂ Decl.	♀ Lat.	♀ Decl.	☿ Lat.	☿ Decl.	♇ Lat.	♇ Decl.	☊
	° ′	° ′	° ′	° ′	° ′	° ′	° ′	° ′
1	16 S 11	6 N 5	11 N 26	1 S 36	16 S 54	5 N 41	17 S 43	7 ♒ 50
4	15 27	6 34	12 5	1 51	15 43	5 41	17 43	7 40
7	14 42	7 3	12 35	2 2	14 21	5 42	17 43	7 31
10	13 55	7 29	12 54	2 9	12 48	5 42	17 42	7 21
13	13 7	7 51	13 0	2 13	11 3	5 42	17 42	7 12
16	12 18	8 9	12 54	2 13	9 7	5 42	17 41	7 2
19	11 28	8 21	12 34	2 9	7 1	5 43	17 41	6 53
22	10 37	8 25	12 0	2 0	4 43	5 43	17 41	6 43
25	9 45	8 21	11 15	1 47	2 17	5 43	17 40	6 34
28	8 52	8 9	10 19	1 30	0 N 19	5 44	17 40	6 24
31	7 59	7 48	9 16	1 7	3 2	5 44	17 40	6 15

Day	Sidereal Time	☉ Long.	☉ Decl.	☽ Long.	☽ Lat.	☽ Decl.
	H M S	° ′ ″	° ′	° ′	° ′	° ′
1	12 37 57	11♈ 24 3	4 N 31	20♊ 15	3 N 42	26 N 46
2	12 41 54	12 23 16	4 54	4♋ 24	2 44	26 6
3	12 45 50	13 22 26	5 17	18 31	1 36	23 45
4	12 49 47	14 21 34	5 40	2♌ 36	0 23	19 57
5	12 53 43	15 20 40	6 3	16 37	0 S 51	15 2
6	12 57 40	16 19 44	6 25	0♍ 33	2 2	9 22
7	13 1 36	17 18 45	6 48	14 23	3 5	3 18
8	13 5 33	18 17 44	7 10	28 4	3 56	2 S 51
9	13 9 30	19 16 41	7 33	11♎ 35	4 34	8 46
10	13 13 26	20 15 36	7 55	24 52	4 55	14 12
11	13 17 23	21 14 29	8 17	7♏ 53	5 1	18 52
12	13 21 19	22 13 19	8 39	20 37	4 51	22 35
13	13 25 16	23 12 9	9 1	3♐ 4	4 28	25 9
14	13 29 12	24 10 56	9 23	15 17	3 53	26 29
15	13 33 9	25 9 41	9 44	27 17	3 8	26 32
16	13 37 5	26 8 25	10 6	9♑ 9	2 15	25 22
17	13 41 2	27 7 7	10 27	20 58	1 16	23 3
18	13 44 59	28 5 47	10 48	2♒ 48	0 14	19 46
19	13 48 55	29 4 26	11 9	14 46	0 N 49	15 37
20	13 52 52	0♉ 3 3	11 29	26 57	1 51	10 47
21	13 56 48	1 1 38	11 50	9♓ 25	2 49	5 25
22	14 0 45	2 0 11	12 10	22 15	3 41	0 N 18
23	14 4 41	2 58 43	12 30	5♈ 28	4 22	6 11
24	14 8 38	3 57 13	12 50	19 5	4 49	11 56
25	14 12 34	4 55 41	13 10	3♉ 3	5 0	17 14
26	14 16 31	5 54 7	13 29	17 19	4 53	21 41
27	14 20 28	6 52 32	13 49	1♊ 47	4 27	24 53
28	14 24 24	7 50 54	14 8	16 18	3 44	26 27
29	14 28 21	8 49 14	14 26	0♋ 48	2 46	26 12
30	14 32 17	9 47 33	14 45	15 12	1 38	24 12

Day	♆ Lat.	♆ Decl.	♅ Lat.	♅ Decl.	♄ Lat.	♄ Decl.	♃ Lat.	♃ Decl.	♂ Lat.
	° ′	° ′	° ′	° ′	° ′	° ′	° ′	° ′	° ′
1	0 S 22	13 S 20	0 S 44	3 S 11	2 N 16	7 N 22	0 S 35	15 S 39	1 S 10
4	0 22	13 18	0 44	3 7	2 16	7 27	0 36	15 29	1 10
7	0 22	13 17	0 44	3 3	2 16	7 31	0 36	15 19	1 10
10	0 22	13 15	0 44	2 59	2 15	7 35	0 37	15 10	1 10
13	0 22	13 14	0 44	2 56	2 15	7 39	0 37	15 1	1 10
16	0 23	13 12	0 44	2 52	2 15	7 42	0 38	14 52	1 10
19	0 23	13 11	0 44	2 49	2 14	7 45	0 38	14 43	1 9
22	0 23	13 10	0 44	2 45	2 14	7 48	0 39	14 34	1 9
25	0 23	13 9	0 44	2 42	2 14	7 50	0 40	14 26	1 9
28	0 23	13 8	0 44	2 39	2 13	7 52	0 40	14 19	1 8

APRIL 2009

Day	♆ Long.	♅ Long.	♄ Long.	♃ Long.	♂ Long.	♀ Long.	☿ Long.	♇ Long.
	° ′	° ′	° ′	° ′	° ′	° ′	° ′	° ′
1	25 ♒ 37	23 ♓ 41	16 ♍ 37	19 ♒ 6	13 ♓ 12	4 ♈ 42	12 ♈ 18	3 ♑ 17
2	25 39	23 44	16 R 33	19 18	13 59	4 R 7	14 21	3 17
3	25 40	23 47	16 29	19 29	14 46	3 34	16 25	3 17
4	25 42	23 50	16 25	19 40	15 33	3 1	18 29	3 17
5	25 44	23 54	16 21	19 51	16 20	2 31	20 33	3 17
6	25 45	23 57	16 17	20 1	17 7	2 2	22 38	3 R 17
7	25 47	24 0	16 14	20 12	17 53	1 35	24 42	3 17
8	25 48	24 3	16 10	20 23	18 40	1 11	26 45	3 17
9	25 50	24 7	16 6	20 33	19 27	0 48	28 48	3 17
10	25 51	24 10	16 3	20 44	20 14	0 28	0 ♉ 49	3 16
11	25 53	24 13	15 59	20 54	21 1	0 10	2 49	3 16
12	25 54	24 16	15 56	21 4	21 ♓ 47	29 ♓ 55	4 47	3 16
13	25 56	24 19	15 53	21 14	22 34	29 R 42	6 42	3 16
14	25 57	24 22	15 49	21 24	23 21	29 31	8 35	3 16
15	25 59	24 25	15 46	21 34	24 7	29 23	10 25	3 15
16	26 0	24 28	15 43	21 44	24 54	29 17	12 12	3 15
17	26 1	24 31	15 40	21 53	25 41	29 14	13 55	3 14
18	26 3	24 34	15 37	22 3	26 27	29 13	15 34	3 14
19	26 4	24 37	15 34	22 12	27 14	29 D 15	17 10	3 14
20	26 5	24 40	15 32	22 22	28 0	29 19	18 41	3 13
21	26 6	24 43	15 29	22 31	28 47	29 25	20 7	3 13
22	26 8	24 46	15 27	22 40	29 34	29 33	21 29	3 12
23	26 9	24 49	15 24	22 49	0 ♈ 20	29 44	22 47	3 12
24	26 10	24 52	15 22	22 58	1 7	29 57	23 59	3 11
25	26 11	24 55	15 19	23 6	1 53	0 ♈ 11	25 7	3 10
26	26 12	24 58	15 17	23 15	2 39	0 28	26 9	3 10
27	26 13	25 0	15 15	23 23	3 26	0 47	27 6	3 9
28	26 14	25 3	15 13	23 31	4 12	1 7	27 58	3 8
29	26 15	25 6	15 11	23 40	4 58	1 29	28 45	3 8
30	26 16	25 8	15 9	23 48	5 45	1 53	29 27	3 7

Day	♂ Decl.	♀ Lat.	♀ Decl.	☿ Lat.	☿ Decl.	♇ Lat.	♇ Decl.	☊
	° ′	° ′	° ′	° ′	° ′	° ′	° ′	° ′
1	7 S 41	7 N 40	8 N 54	0 S 59	3 N 58	5 N 44	17 S 40	6 ♒ 12
4	6 47	7 10	7 47	0 31	6 46	5 45	17 39	6 2
7	5 52	6 36	6 41	0 N 1	9 35	5 45	17 39	5 52
10	4 57	5 57	5 39	0 34	12 18	5 45	17 39	5 43
13	4 1	5 17	4 43	1 8	14 49	5 46	17 38	5 33
16	3 6	4 36	3 56	1 39	17 4	5 46	17 38	5 24
19	2 10	3 55	3 17	2 7	18 59	5 46	17 38	5 14
22	1 14	3 15	2 48	2 28	20 31	5 46	17 37	5 5
25	0 18	2 37	2 29	2 41	21 39	5 47	17 37	4 55
28	0 N 38	2 1	2 18	2 45	22 24	5 47	17 37	4 46

2009 MAI

Day	Sidereal Time	☉ Long.	☉ Decl.	☽ Long.	☽ Lat.	☽ Decl.
	H M S	° ′ ″	° ′	° ′	° ′	° ′
1	14 36 14	10 ♉ 45 49	15 N 3	29 ♋ 26	0 N 25	20 N 40
2	14 40 10	11 44 3	15 21	13 ♌ 29	0 S 50	15 59
3	14 44 7	12 42 16	15 39	27 21	2 0	10 31
4	14 48 3	13 40 26	15 57	11 ♍ 1	3 2	4 38
5	14 52 0	14 38 34	16 14	24 30	3 53	1 S 23
6	14 55 57	15 36 41	16 31	7 ♎ 48	4 31	7 14
7	14 59 53	16 34 45	16 48	20 55	4 54	12 42
8	15 3 50	17 32 48	17 4	3 ♏ 50	5 1	17 31
9	15 7 46	18 30 49	17 20	16 33	4 53	21 28
10	15 11 43	19 28 49	17 36	29 3	4 31	24 21
11	15 15 39	20 26 47	17 52	11 ♐ 20	3 57	26 3
12	15 19 36	21 24 43	18 7	23 26	3 12	26 28
13	15 23 32	22 22 38	18 22	5 ♑ 22	2 19	25 39
14	15 27 29	23 20 32	18 37	17 12	1 21	23 40
15	15 31 26	24 18 24	18 51	29 0	0 19	20 40
16	15 35 22	25 16 15	19 5	10 ≈ 50	0 N 44	16 49
17	15 39 19	26 14 5	19 19	22 47	1 46	12 15
18	15 43 15	27 11 54	19 32	4 ♓ 57	2 44	7 9
19	15 47 12	28 9 42	19 45	17 25	3 35	1 40
20	15 51 8	29 7 28	19 58	0 ♈ 16	4 18	4 N 3
21	15 55 5	0 ♊ 5 13	20 10	13 32	4 48	9 46
22	15 59 1	1 2 57	20 22	27 16	5 3	15 13
23	16 2 58	2 0 40	20 34	11 ♉ 26	5 1	20 1
24	16 6 55	2 58 22	20 45	25 58	4 39	23 45
25	16 10 51	3 56 2	20 56	10 ♊ 45	3 58	25 59
26	16 14 48	4 53 42	21 7	25 39	3 0	26 22
27	16 18 44	5 51 19	21 17	10 ♋ 33	1 51	24 51
28	16 22 41	6 48 56	21 27	25 17	0 34	21 38
29	16 26 37	7 46 31	21 36	9 ♌ 47	0 S 44	17 6
30	16 30 34	8 44 5	21 46	23 59	1 58	11 41
31	16 34 30	9 41 37	21 54	7 ♍ 53	3 3	5 47

Day	♆ Lat.	♆ Decl.	♅ Lat.	♅ Decl.	♄ Lat.	♄ Decl.	♃ Lat.	♃ Decl.	♂ Lat.
	° ′	° ′	° ′	° ′	° ′	° ′	° ′	° ′	° ′
1	0 S 23	13 S 7	0 S 44	2 S 35	2 N 13	7 N 54	0 S 41	14 S 11	1 S 8
4	0 23	13 6	0 44	2 32	2 12	7 55	0 42	14 4	1 7
7	0 23	13 5	0 44	2 30	2 12	7 56	0 42	13 58	1 6
10	0 23	13 5	0 45	2 27	2 11	7 57	0 43	13 52	1 5
13	0 23	13 4	0 45	2 24	2 11	7 57	0 44	13 46	1 4
16	0 23	13 4	0 45	2 22	2 10	7 57	0 44	13 41	1 4
19	0 23	13 3	0 45	2 19	2 10	7 56	0 45	13 37	1 3
22	0 23	13 3	0 45	2 17	2 9	7 55	0 46	13 32	1 1
25	0 23	13 3	0 45	2 15	2 9	7 54	0 46	13 29	1 0
28	0 23	13 3	0 45	2 13	2 8	7 53	0 47	13 26	0 59
31	0 24	13 3	0 45	2 11	2 8	7 51	0 48	13 23	0 58

MAI 2009

Day	♆ Long.	♅ Long.	♄ Long.	♃ Long.	♂ Long.	♀ Long.	☿ Long.	♇ Long.
	° ′	° ′	° ′	° ′	° ′	° ′	° ′	° ′
1	26 ♒ 17	25 ♓ 11	15 ♍ 8	23 ♒ 55	6 ♈ 31	2 ♈ 19	0 ♊ 3	3 ♑ 6
2	26 18	25 14	15 R 6	24 3	7 17	2 46	0 33	3 R 5
3	26 19	25 16	15 5	24 11	8 3	3 15	0 59	3 4
4	26 20	25 19	15 3	24 18	8 50	3 45	1 18	3 3
5	26 20	25 21	15 2	24 25	9 36	4 17	1 33	3 3
6	26 21	25 24	15 1	24 32	10 22	4 50	1 42	3 2
7	26 22	25 26	15 0	24 39	11 8	5 25	1 45	3 1
8	26 23	25 29	14 59	24 46	11 54	6 0	1 R 44	3 0
9	26 23	25 31	14 58	24 53	12 40	6 37	1 37	2 59
10	26 24	25 33	14 57	24 59	13 26	7 15	1 26	2 58
11	26 25	25 36	14 56	25 6	14 12	7 55	1 11	2 57
12	26 25	25 38	14 56	25 12	14 57	8 35	0 51	2 56
13	26 26	25 40	14 55	25 18	15 43	9 16	0 28	2 55
14	26 26	25 42	14 55	25 24	16 29	9 59	0 1	2 53
15	26 27	25 45	14 55	25 30	17 15	10 42	29 ♉ 31	2 52
16	26 27	25 47	14 55	25 35	18 0	11 26	29 0	2 51
17	26 27	25 49	14 54	25 41	18 46	12 11	28 26	2 50
18	26 28	25 51	14 D 55	25 46	19 32	12 58	27 52	2 49
19	26 28	25 53	14 55	25 51	20 17	13 44	27 17	2 47
20	26 29	25 55	14 55	25 56	21 3	14 32	26 42	2 46
21	26 29	25 57	14 55	26 1	21 48	15 20	26 8	2 45
22	26 29	25 59	14 56	26 5	22 34	16 10	25 35	2 44
23	26 29	26 1	14 56	26 10	23 19	16 59	25 4	2 42
24	26 29	26 2	14 57	26 14	24 4	17 50	24 36	2 41
25	26 30	26 4	14 58	26 18	24 50	18 41	24 10	2 40
26	26 30	26 6	14 59	26 22	25 35	19 33	23 47	2 38
27	26 30	26 7	15 0	26 26	26 20	20 25	23 28	2 37
28	26 30	26 9	15 1	26 29	27 5	21 19	23 13	2 36
29	26 30	26 11	15 2	26 33	27 50	22 12	23 2	2 34
30	26 R 30	26 12	15 3	26 36	28 35	23 6	22 55	2 33
31	26 30	26 14	15 5	26 39	29 20	24 1	22 53	2 31

Day	♂ Decl.	♀ Lat.	♀ Decl.	☿ Lat.	☿ Decl.	♇ Lat.	♇ Decl.	☊
	° ′	° ′	° ′	° ′	° ′	° ′	° ′	° ′
1	1 N 33	1 N 28	2 N 16	2 N 40	22 N 46	5 N 47	17 S 37	4 ♒ 36
4	2 28	0 57	2 22	2 25	22 47	5 48	17 37	4 27
7	3 23	0 28	2 35	1 59	22 27	5 48	17 36	4 17
10	4 18	0 2	2 54	1 22	21 47	5 48	17 36	4 8
13	5 12	0 S 22	3 20	0 37	20 51	5 48	17 36	3 58
16	6 5	0 44	3 51	0 S 13	19 43	5 48	17 36	3 49
19	6 58	1 4	4 27	1 6	18 29	5 48	17 36	3 39
22	7 50	1 21	5 6	1 56	17 17	5 49	17 36	3 29
25	8 41	1 37	5 49	2 40	16 14	5 49	17 36	3 20
28	9 31	1 51	6 36	3 15	15 26	5 49	17 36	3 10
31	10 20	2 3	7 24	3 39	14 57	5 49	17 36	3 1

Day	Sidereal Time			☉ Long.			☉ Decl.		☽ Long.		☽ Lat.		☽ Decl.	
	H	M	S	°	′	″	°	′	°	′	°	′	°	′
1	16	38	27	10 ♊	39	8	22 N	3	21 ♍	29	3 S	56	0 S	14
2	16	42	24	11	36	38	22	11	4 ♎	47	4	35	6	7
3	16	46	20	12	34	6	22	18	17	50	4	59	11	36
4	16	50	17	13	31	33	22	25	0 ♏	40	5	8	16	30
5	16	54	13	14	28	59	22	32	13	16	5	1	20	36
6	16	58	10	15	26	24	22	39	25	41	4	40	23	43
7	17	2	6	16	23	48	22	45	7 ♐	56	4	7	25	41
8	17	6	3	17	21	11	22	50	20	1	3	22	26	26
9	17	9	59	18	18	33	22	56	1 ♑	59	2	29	25	55
10	17	13	56	19	15	55	23	0	13	50	1	30	24	13
11	17	17	53	20	13	15	23	5	25	38	0	27	21	28
12	17	21	49	21	10	35	23	9	7 ♒	25	0 N	37	17	50
13	17	25	46	22	7	55	23	12	19	16	1	39	13	28
14	17	29	42	23	5	14	23	16	1 ♓	14	2	39	8	34
15	17	33	39	24	2	33	23	18	13	24	3	32	3	16
16	17	37	35	24	59	51	23	21	25	51	4	16	2 N	16
17	17	41	32	25	57	9	23	23	8 ♈	39	4	49	7	52
18	17	45	28	26	54	27	23	24	21	52	5	9	13	17
19	17	49	25	27	51	44	23	25	5 ♉	33	5	11	18	16
20	17	53	22	28	49	1	23	26	19	42	4	56	22	24
21	17	57	18	29	46	18	23	26	4 ♊	16	4	20	25	16
22	18	1	15	0 ♋	43	34	23	26	19	11	3	27	26	26
23	18	5	11	1	40	50	23	26	4 ♋	17	2	18	25	41
24	18	9	8	2	38	6	23	25	19	25	1	0	23	1
25	18	13	4	3	35	21	23	23	4 ♌	27	0 S	22	18	47
26	18	17	1	4	32	35	23	22	19	15	1	42	13	26
27	18	20	57	5	29	50	23	20	3 ♍	42	2	53	7	27
28	18	24	54	6	27	3	23	17	17	46	3	52	1	16
29	18	28	51	7	24	17	23	14	1 ♎	27	4	36	4 S	48
30	18	32	47	8	21	29	23	11	14	44	5	4	10	28

Day	♆ Lat.		♆ Decl.		♅ Lat.		♅ Decl.		♄ Lat.		♄ Decl.		♃ Lat.		♃ Decl.		♂ Lat.	
	°	′	°	′	°	′	°	′	°	′	°	′	°	′	°	′	°	′
1	0 S	24	13 S	3	0 S	45	2 S	11	2 N	8	7 N	50	0 S	48	13 S	23	0 S	57
4	0	24	13	3	0	45	2	9	2	7	7	47	0	49	13	21	0	56
7	0	24	13	4	0	45	2	8	2	7	7	45	0	50	13	20	0	54
10	0	24	13	4	0	46	2	7	2	6	7	41	0	51	13	19	0	53
13	0	24	13	5	0	46	2	6	2	5	7	38	0	52	13	19	0	51
16	0	24	13	5	0	46	2	5	2	5	7	34	0	52	13	20	0	50
19	0	24	13	6	0	46	2	4	2	5	7	30	0	53	13	21	0	48
22	0	24	13	7	0	46	2	4	2	4	7	26	0	54	13	23	0	46
25	0	24	13	7	0	46	2	3	2	4	7	21	0	55	13	25	0	44
28	0	24	13	8	0	46	2	3	2	3	7	16	0	56	13	28	0	43

JUNI 2009

Day	♆ Long.	♅ Long.	♄ Long.	♃ Long.	♂ Long.	♀ Long.	☿ Long.	♇ Long.
	° ′	° ′	° ′	° ′	° ′	° ′	° ′	° ′
1	26 ♒ 30	26 ♓ 15	15 ♍ 6	26 ♒ 41	0 ♉ 5	24 ♈ 56	22 ♉ 55	2 ♑ 30
2	26 R 30	26 17	15 8	26 44	0 50	25 52	23 1	2 R 29
3	26 30	26 18	15 9	26 47	1 35	26 48	23 12	2 27
4	26 29	26 19	15 11	26 49	2 20	27 44	23 28	2 26
5	26 29	26 21	15 13	26 51	3 4	28 41	23 48	2 24
6	26 29	26 22	15 15	26 53	3 49	29 38	24 12	2 23
7	26 29	26 23	15 17	26 54	4 34	0 ♉ 36	24 40	2 21
8	26 28	26 24	15 19	26 56	5 18	1 34	25 13	2 20
9	26 28	26 25	15 22	26 57	6 3	2 33	25 50	2 18
10	26 28	26 26	15 24	26 58	6 47	3 32	26 31	2 16
11	26 27	26 27	15 26	26 59	7 31	4 31	27 16	2 15
12	26 27	26 28	15 29	27 0	8 16	5 31	28 5	2 13
13	26 26	26 29	15 32	27 0	9 0	6 31	28 57	2 12
14	26 26	26 30	15 34	27 1	9 44	7 31	29 54	2 10
15	26 25	26 31	15 37	27 1	10 28	8 32	0 ♊ 54	2 9
16	26 25	26 32	15 40	27 R 1	11 12	9 33	1 57	2 7
17	26 24	26 32	15 43	27 1	11 56	10 34	3 5	2 6
18	26 24	26 33	15 46	27 0	12 40	11 35	4 15	2 4
19	26 23	26 34	15 50	27 0	13 24	12 37	5 30	2 2
20	26 22	26 34	15 53	26 59	14 8	13 39	6 47	2 1
21	26 22	26 35	15 56	26 58	14 52	14 41	8 8	1 59
22	26 21	26 35	16 0	26 57	15 36	15 44	9 32	1 58
23	26 20	26 36	16 3	26 55	16 19	16 47	11 0	1 56
24	26 19	26 36	16 7	26 54	17 3	17 50	12 30	1 54
25	26 19	26 36	16 11	26 52	17 46	18 53	14 4	1 53
26	26 18	26 37	16 15	26 50	18 30	19 57	15 41	1 51
27	26 17	26 37	16 18	26 48	19 13	21 0	17 21	1 50
28	26 16	26 37	16 22	26 45	19 56	22 4	19 5	1 48
29	26 15	26 37	16 27	26 43	20 40	23 9	20 51	1 46
30	26 14	26 37	16 31	26 40	21 23	24 13	22 40	1 45

Day	♂ Decl.	♀ Lat.	♀ Decl.	☿ Lat.	☿ Decl.	♇ Lat.	♇ Decl.	☊
	° ′	° ′	° ′	° ′	° ′	° ′	° ′	° ′
1	10 N 36	2 S 7	7 N 41	3 S 45	14 N 52	5 N 49	17 S 36	2 ♒ 58
4	11 24	2 17	8 32	3 56	14 50	5 49	17 36	2 48
7	12 11	2 25	9 25	3 57	15 6	5 49	17 36	2 39
10	12 57	2 32	10 19	3 50	15 38	5 49	17 36	2 29
13	13 41	2 37	11 13	3 36	16 25	5 48	17 37	2 20
16	14 24	2 41	12 7	3 15	17 22	5 48	17 37	2 10
19	15 6	2 44	13 1	2 49	18 27	5 48	17 37	2 1
22	15 46	2 45	13 55	2 19	19 36	5 48	17 37	1 51
25	16 25	2 45	14 47	1 45	20 45	5 48	17 38	1 41
28	17 2	2 44	15 38	1 10	21 50	5 47	17 38	1 32

2009 JULI

Day	Sidereal Time	☉ Long.	☉ Decl.	☽ Long.	☽ Lat.	☽ Decl.
	H M S	° ′ ″	° ′	° ′	° ′	° ′
1	18 36 44	9 ♋ 18 42	23 N 7	27 ♎ 41	5 S 15	15 S 33
2	18 40 40	10 15 54	23 3	10 ♏ 21	5 10	19 50
3	18 44 37	11 13 5	22 58	22 45	4 52	23 9
4	18 48 33	12 10 17	22 53	4 ♐ 58	4 20	25 23
5	18 52 30	13 7 28	22 48	17 0	3 37	26 24
6	18 56 26	14 4 39	22 42	28 56	2 44	26 10
7	19 0 23	15 1 50	22 36	10 ♑ 47	1 45	24 45
8	19 4 20	15 59 1	22 29	22 35	0 42	22 14
9	19 8 16	16 56 12	22 22	4 ♒ 23	0 N 23	18 47
10	19 12 13	17 53 23	22 15	16 13	1 28	14 35
11	19 16 9	18 50 35	22 7	28 8	2 29	9 48
12	19 20 6	19 47 47	21 59	10 ♓ 10	3 24	4 36
13	19 24 2	20 45 0	21 50	22 24	4 11	0 N 49
14	19 27 59	21 42 13	21 41	4 ♈ 53	4 47	6 19
15	19 31 55	22 39 26	21 32	17 40	5 10	11 42
16	19 35 52	23 36 40	21 23	0 ♉ 49	5 17	16 43
17	19 39 49	24 33 55	21 13	14 23	5 8	21 3
18	19 43 45	25 31 11	21 2	28 23	4 40	24 21
19	19 47 42	26 28 27	20 52	12 ♊ 48	3 54	26 12
20	19 51 38	27 25 43	20 40	27 35	2 52	26 17
21	19 55 35	28 23 1	20 29	12 ♋ 38	1 36	24 26
22	19 59 31	29 20 19	20 17	27 48	0 13	20 49
23	20 3 28	0 ♌ 17 37	20 5	12 ♌ 56	1 S 10	15 48
24	20 7 25	1 14 56	19 53	27 54	2 28	9 53
25	20 11 21	2 12 15	19 40	12 ♍ 34	3 34	3 32
26	20 15 18	3 9 35	19 27	26 49	4 26	2 S 48
27	20 19 14	4 6 56	19 14	10 ♎ 39	5 0	8 49
28	20 23 11	5 4 17	19 0	24 2	5 16	14 13
29	20 27 7	6 1 38	18 46	7 ♏ 0	5 16	18 49
30	20 31 4	6 59 0	18 32	19 37	5 0	22 26
31	20 35 0	7 56 23	18 17	1 ♐ 56	4 30	24 57

Day	♆ Lat.	♆ Decl.	♅ Lat.	♅ Decl.	♄ Lat.	♄ Decl.	♃ Lat.	♃ Decl.	♂ Lat.
	° ′	° ′	° ′	° ′	° ′	° ′	° ′	° ′	° ′
1	0 S 24	13 S 9	0 S 46	2 S 3	2 N 3	7 N 11	0 S 56	13 S 31	0 S 41
4	0 24	13 10	0 46	2 3	2 2	7 5	0 57	13 35	0 39
7	0 24	13 12	0 47	2 4	2 2	6 59	0 58	13 40	0 37
10	0 24	13 13	0 47	2 4	2 1	6 53	0 59	13 45	0 34
13	0 24	13 14	0 47	2 5	2 1	6 47	0 59	13 51	0 32
16	0 25	13 16	0 47	2 6	2 1	6 41	1 0	13 57	0 30
19	0 25	13 17	0 47	2 7	2 0	6 34	1 1	14 3	0 28
22	0 25	13 18	0 47	2 8	2 0	6 27	1 1	14 10	0 25
25	0 25	13 20	0 47	2 9	2 0	6 20	1 2	14 17	0 23
28	0 25	13 21	0 47	2 11	1 59	6 13	1 3	14 24	0 21
31	0 25	13 23	0 47	2 12	1 59	6 5	1 3	14 32	0 18

JULI 2009

Day	♆ Long.	♅ Long.	♄ Long.	♃ Long.	♂ Long.	♀ Long.	☿ Long.	♇ Long.
	° ′	° ′	° ′	° ′	° ′	° ′	° ′	° ′
1	26 ♒ 13	26 ♓ 37	16 ♍ 35	26 ♒ 37	22 ♉ 6	25 ♉ 17	24 ♊ 32	1 ♑ 43
2	26 R 12	26 R 37	16 39	26 R 34	22 49	26 22	26 27	1 R 42
3	26 11	26 37	16 44	26 31	23 32	27 27	28 24	1 40
4	26 10	26 37	16 48	26 28	24 15	28 32	0 ♋ 24	1 39
5	26 9	26 37	16 53	26 24	24 58	29 37	2 26	1 37
6	26 8	26 37	16 57	26 20	25 40	0 ♊ 43	4 30	1 36
7	26 7	26 37	17 2	26 16	26 23	1 48	6 35	1 34
8	26 6	26 36	17 7	26 12	27 6	2 54	8 42	1 33
9	26 5	26 36	17 12	26 8	27 48	4 0	10 50	1 31
10	26 3	26 36	17 16	26 3	28 30	5 6	12 58	1 29
11	26 2	26 35	17 21	25 59	29 13	6 13	15 8	1 28
12	26 1	26 35	17 27	25 54	29 55	7 19	17 17	1 27
13	26 0	26 34	17 32	25 49	0 ♊ 37	8 26	19 27	1 25
14	25 59	26 33	17 37	25 44	1 20	9 32	21 36	1 24
15	25 57	26 33	17 42	25 39	2 2	10 39	23 45	1 22
16	25 56	26 32	17 47	25 33	2 44	11 46	25 52	1 21
17	25 55	26 31	17 53	25 28	3 25	12 53	27 59	1 19
18	25 53	26 31	17 58	25 22	4 7	14 1	0 ♌ 5	1 18
19	25 52	26 30	18 4	25 16	4 49	15 8	2 9	1 17
20	25 51	26 29	18 9	25 10	5 31	16 16	4 13	1 15
21	25 49	26 28	18 15	25 4	6 12	17 23	6 14	1 14
22	25 48	26 27	18 21	24 58	6 54	18 31	8 14	1 12
23	25 46	26 26	18 27	24 51	7 35	19 39	10 13	1 11
24	25 45	26 25	18 32	24 45	8 17	20 47	12 9	1 10
25	25 43	26 24	18 38	24 38	8 58	21 55	14 4	1 9
26	25 42	26 23	18 44	24 32	9 39	23 4	15 58	1 7
27	25 41	26 22	18 50	24 25	10 20	24 12	17 49	1 6
28	25 39	26 21	18 56	24 18	11 1	25 21	19 39	1 5
29	25 38	26 19	19 2	24 11	11 42	26 29	21 28	1 4
30	25 36	26 18	19 9	24 4	12 23	27 38	23 14	1 2
31	25 34	26 17	19 15	23 57	13 4	28 47	24 59	1 1

Day	♂ Decl.	♀ Lat.	♀ Decl.	☿ Lat.	☿ Decl.	♇ Lat.	♇ Decl.	☊
	° ′	° ′	° ′	° ′	° ′	° ′	° ′	° ′
1	17 N 38	2 S 43	16 N 27	0 S 34	22 N 46	5 N 47	17 S 39	1 ♒ 22
4	18 12	2 40	17 14	0 N 1	23 28	5 47	17 39	1 13
7	18 45	2 36	17 58	0 34	23 50	5 46	17 39	1 3
10	19 16	2 31	18 40	1 1	23 49	5 46	17 40	0 54
13	19 45	2 26	19 18	1 23	23 24	5 45	17 40	0 44
16	20 13	2 20	19 53	1 38	22 35	5 45	17 41	0 35
19	20 39	2 13	20 24	1 46	21 24	5 44	17 42	0 25
22	21 3	2 6	20 51	1 48	19 57	5 44	17 42	0 16
25	21 25	1 58	21 14	1 44	18 16	5 43	17 43	0 6
28	21 45	1 50	21 32	1 35	16 25	5 43	17 43	29 ♑ 57
31	22 4	1 41	21 45	1 21	14 28	5 42	17 44	29 47

2009 AUGUST

Day	Sidereal Time	☉ Long.	☉ Decl.	☽ Long.	☽ Lat.	☽ Decl.
	H M S	° ′ ″	° ′	° ′	° ′	° ′
1	20 38 57	8 ♌ 53 46	18 N 2	14 ♐ 2	3 S 49	26 S 17
2	20 42 54	9 51 9	17 47	25 58	2 59	26 21
3	20 46 50	10 48 33	17 31	7 ♑ 48	2 1	25 14
4	20 50 47	11 45 59	17 16	19 36	0 59	22 58
5	20 54 43	12 43 24	16 59	1 ♒ 24	0 N 6	19 44
6	20 58 40	13 40 51	16 43	13 15	1 12	15 42
7	21 2 36	14 38 19	16 26	25 11	2 14	11 1
8	21 6 33	15 35 48	16 10	7 ♓ 15	3 11	5 54
9	21 10 29	16 33 18	15 52	19 28	4 0	0 30
10	21 14 26	17 30 49	15 35	1 ♈ 52	4 38	4 N 59
11	21 18 23	18 28 22	15 17	14 29	5 4	10 22
12	21 22 19	19 25 56	15 0	27 22	5 15	15 26
13	21 26 16	20 23 31	14 41	10 ♉ 32	5 10	19 53
14	21 30 12	21 21 8	14 23	24 1	4 49	23 26
15	21 34 9	22 18 46	14 4	7 ♊ 51	4 10	25 43
16	21 38 5	23 16 26	13 46	22 2	3 15	26 26
17	21 42 2	24 14 8	13 27	6 ♋ 32	2 6	25 23
18	21 45 58	25 11 50	13 7	21 19	0 48	22 33
19	21 49 55	26 9 34	12 48	6 ♌ 16	0 S 34	18 10
20	21 53 52	27 7 20	12 28	21 16	1 54	12 37
21	21 57 48	28 5 7	12 7	6 ♍ 11	3 5	6 22
22	22 1 45	29 2 56	11 48	20 52	4 3	0 S 7
23	22 5 41	0 ♍ 0 45	11 28	5 ♎ 12	4 45	6 25
24	22 9 38	0 58 36	11 8	19 8	5 8	12 14
25	22 13 34	1 56 29	10 47	2 ♏ 36	5 13	17 16
26	22 17 31	2 54 22	10 26	15 39	5 1	21 19
27	22 21 27	3 52 17	10 5	28 18	4 35	24 15
28	22 25 24	4 50 14	9 44	10 ♐ 36	3 57	25 56
29	22 29 21	5 48 11	9 23	22 40	3 9	26 22
30	22 33 17	6 46 10	9 2	4 ♑ 34	2 13	25 35
31	22 37 14	7 44 10	8 40	16 22	1 13	23 38

Day	♆ Lat.	♆ Decl.	♅ Lat.	♅ Decl.	♄ Lat.	♄ Decl.	♃ Lat.	♃ Decl.	♂ Lat.
	° ′	° ′	° ′	° ′	° ′	° ′	° ′	° ′	° ′
1	0 S 25	13 S 24	0 S 47	2 S 13	1 N 59	6 N 3	1 S 3	14 S 35	0 S 17
4	0 25	13 25	0 47	2 15	1 59	5 55	1 4	14 42	0 15
7	0 25	13 27	0 48	2 16	1 59	5 47	1 4	14 50	0 12
10	0 25	13 29	0 48	2 18	1 59	5 39	1 5	14 58	0 10
13	0 25	13 30	0 48	2 21	1 58	5 31	1 5	15 6	0 7
16	0 25	13 32	0 48	2 23	1 58	5 23	1 5	15 14	0 4
19	0 25	13 34	0 48	2 25	1 58	5 14	1 6	15 22	0 1
22	0 25	13 35	0 48	2 28	1 58	5 5	1 6	15 30	0 N 2
25	0 25	13 37	0 48	2 30	1 58	4 57	1 6	15 37	0 5
28	0 25	13 39	0 48	2 33	1 58	4 49	1 6	15 45	0 8
31	0 25	13 40	0 48	2 36	1 58	4 40	1 6	15 52	0 11

AUGUST 2009

Day	♆ Long.	♅ Long.	♄ Long.	♃ Long.	♂ Long.	♀ Long.	☿ Long.	♇ Long.
	° ′	° ′	° ′	° ′	° ′	° ′	° ′	° ′
1	25 ♒ 33	26 ♓ 15	19 ♍ 21	23 ♒ 49	13 ♊ 45	29 ♊ 56	26 ♌ 42	1 ♑ 0
2	25 R 31	26 R 14	19 27	23 R 42	14 25	1 ♋ 5	28 24	0 R 59
3	25 30	26 13	19 34	23 35	15 6	2 14	0 ♍ 4	0 58
4	25 28	26 11	19 40	23 27	15 46	3 24	1 42	0 57
5	25 27	26 10	19 47	23 20	16 26	4 33	3 18	0 56
6	25 25	26 8	19 53	23 12	17 7	5 42	4 53	0 55
7	25 23	26 7	20 0	23 4	17 47	6 52	6 27	0 54
8	25 22	26 5	20 6	22 57	18 27	8 2	7 58	0 53
9	25 20	26 3	20 13	22 49	19 7	9 11	9 28	0 52
10	25 19	26 2	20 19	22 41	19 47	10 21	10 56	0 51
11	25 17	26 0	20 26	22 33	20 26	11 31	12 23	0 50
12	25 15	25 58	20 33	22 25	21 6	12 41	13 48	0 49
13	25 14	25 56	20 40	22 18	21 46	13 52	15 11	0 48
14	25 12	25 54	20 47	22 10	22 25	15 2	16 32	0 47
15	25 11	25 53	20 53	22 2	23 4	16 12	17 51	0 47
16	25 9	25 51	21 0	21 54	23 44	17 23	19 9	0 46
17	25 7	25 49	21 7	21 46	24 23	18 33	20 25	0 45
18	25 6	25 47	21 14	21 38	25 2	19 44	21 39	0 44
19	25 4	25 45	21 21	21 31	25 41	20 55	22 50	0 44
20	25 2	25 43	21 28	21 23	26 20	22 5	24 0	0 43
21	25 1	25 41	21 35	21 15	26 59	23 16	25 8	0 42
22	24 59	25 39	21 42	21 7	27 37	24 27	26 13	0 42
23	24 57	25 37	21 49	21 0	28 16	25 38	27 16	0 41
24	24 56	25 35	21 57	20 52	28 54	26 50	28 16	0 41
25	24 54	25 33	22 4	20 44	29 33	28 1	29 14	0 40
26	24 53	25 30	22 11	20 37	0 ♋ 11	29 12	0 ♎ 8	0 40
27	24 51	25 28	22 18	20 29	0 49	0 ♌ 23	1 0	0 39
28	24 49	25 26	22 25	20 22	1 27	1 35	1 49	0 39
29	24 48	25 24	22 33	20 15	2 5	2 46	2 34	0 38
30	24 46	25 22	22 40	20 7	2 43	3 58	3 16	0 38
31	24 45	25 19	22 47	20 0	3 20	5 10	3 54	0 38

Day	♂ Decl.	♀ Lat.	♀ Decl.	☿ Lat.	☿ Decl.	♇ Lat.	♇ Decl.	☊
	° ′	° ′	° ′	° ′	° ′	° ′	° ′	° ′
1	22 N 10	1 S 38	21 N 48	1 N 15	13 N 47	5 N 42	17 S 44	29 ♑ 44
4	22 26	1 29	21 55	0 56	11 45	5 41	17 45	29 34
7	22 40	1 19	21 56	0 35	9 41	5 40	17 46	29 25
10	22 53	1 10	21 53	0 10	7 37	5 40	17 47	29 15
13	23 4	1 N 0	21 44	0 S 16	5 36	5 39	17 47	29 6
16	23 13	0 S 50	21 29	0 44	3 37	5 38	17 48	28 56
19	23 21	0 40	21 9	1 13	1 43	5 37	17 49	28 47
22	23 27	0 30	20 44	1 43	0 S 4	5 36	17 50	28 37
25	23 31	0 20	20 14	2 13	1 43	5 36	17 51	28 28
28	23 33	0 10	19 38	2 42	3 12	5 35	17 51	28 18
31	23 34	0 1	18 58	3 10	4 27	5 34	17 52	28 9

Day	Sidereal Time			☉ Long.			☉ Decl.		☽ Long.		☽ Lat.		☽ Decl.	
	H	M	S	°	′	″	°	′	°	′	°	′	°	′
1	22	41	10	8 ♍	42	12	8 N	18	28 ♑	10	0 S	9	20 S	40
2	22	45	7	9	40	15	7	57	10 ♒	0	0 N	55	16	51
3	22	49	3	10	38	19	7	35	21	57	1	58	12	20
4	22	53	0	11	36	25	7	13	4 ♓	3	2	55	7	18
5	22	56	56	12	34	33	6	50	16	20	3	45	1	56
6	23	0	53	13	32	43	6	28	28	49	4	26	3 N	35
7	23	4	50	14	30	54	6	6	11 ♈	30	4	53	9	3
8	23	8	46	15	29	7	5	43	24	23	5	7	14	12
9	23	12	43	16	27	22	5	21	7 ♉	30	5	5	18	49
10	23	16	39	17	25	39	4	58	20	49	4	46	22	33
11	23	20	36	18	23	59	4	35	4 ♊	22	4	12	25	8
12	23	24	32	19	22	20	4	12	18	8	3	22	26	16
13	23	28	29	20	20	43	3	49	2 ♋	8	2	20	25	45
14	23	32	25	21	19	9	3	26	16	22	1	7	23	33
15	23	36	22	22	17	36	3	3	0 ♌	48	0 S	10	19	49
16	23	40	19	23	16	6	2	40	15	22	1	27	14	50
17	23	44	15	24	14	37	2	17	0 ♍	2	2	39	8	59
18	23	48	12	25	13	11	1	54	14	39	3	40	2	40
19	23	52	8	26	11	46	1	31	29	8	4	26	3 S	43
20	23	56	5	27	10	24	1	7	13 ♎	21	4	54	9	47
21	0	0	1	28	9	3	0	44	27	14	5	5	15	13
22	0	3	58	29	7	45	0	21	10 ♏	42	4	58	19	44
23	0	7	54	0 ♎	6	28	0 S	3	23	46	4	35	23	9
24	0	11	51	1	5	13	0	26	6 ♐	26	3	59	25	18
25	0	15	48	2	3	59	0	49	18	46	3	13	26	10
26	0	19	44	3	2	48	1	13	0 ♑	50	2	19	25	45
27	0	23	41	4	1	38	1	36	12	43	1	20	24	10
28	0	27	37	5	0	29	1	59	24	32	0	18	21	31
29	0	31	34	5	59	23	2	23	6 ♒	20	0 N	45	17	58
30	0	35	30	6	58	18	2	46	18	14	1	46	13	41

Day	♆ Lat.		♆ Decl.		♅ Lat.		♅ Decl.		♄ Lat.		♄ Decl.		♃ Lat.		♃ Decl.		♂ Lat.	
	°	′	°	′	°	′	°	′	°	′	°	′	°	′	°	′	°	′
1	0 S	25	13 S	41	0 S	48	2 S	36	1 N	58	4 N	37	1 S	6	15 S	54	0 N	12
4	0	25	13	42	0	48	2	39	1	58	4	28	1	7	16	1	0	15
7	0	25	13	44	0	48	2	42	1	58	4	20	1	7	16	7	0	18
10	0	25	13	45	0	48	2	45	1	58	4	11	1	7	16	12	0	21
13	0	25	13	47	0	48	2	48	1	58	4	2	1	6	16	18	0	24
16	0	25	13	48	0	48	2	51	1	58	3	53	1	6	16	23	0	28
19	0	25	13	50	0	48	2	53	1	58	3	44	1	6	16	27	0	31
22	0	25	13	51	0	48	2	56	1	58	3	36	1	6	16	31	0	35
25	0	25	13	52	0	48	2	59	1	59	3	27	1	6	16	34	0	38
28	0	25	13	53	0	48	3	2	1	59	3	18	1	6	16	37	0	42

SEPTEMBER 2009

Day	♆ Long.	♅ Long.	♄ Long.	♃ Long.	♂ Long.	♀ Long.	☿ Long.	♇ Long.
	° ′	° ′	° ′	° ′	° ′	° ′	° ′	° ′
1	24 ♒ 43	25 ♓ 17	22 ♍ 55	19 ♒ 53	3 ♋ 58	6 ♌ 22	4 ♎ 28	0 ♑ 37
2	24 R 41	25 R 15	23 2	19 R 46	4 35	7 33	4 58	0 R 37
3	24 40	25 13	23 9	19 39	5 13	8 45	5 23	0 37
4	24 38	25 10	23 17	19 33	5 50	9 57	5 44	0 37
5	24 37	25 8	23 24	19 26	6 27	11 9	5 59	0 36
6	24 35	25 6	23 31	19 20	7 4	12 22	6 9	0 36
7	24 34	25 3	23 39	19 13	7 41	13 34	6 13	0 36
8	24 32	25 1	23 46	19 7	8 17	14 46	6 R 11	0 36
9	24 31	24 59	23 54	19 1	8 54	15 58	6 3	0 36
10	24 29	24 56	24 1	18 55	9 30	17 11	5 49	0 36
11	24 28	24 54	24 9	18 49	10 7	18 23	5 28	0 D 36
12	24 26	24 51	24 16	18 43	10 43	19 36	5 0	0 36
13	24 25	24 49	24 24	18 37	11 19	20 49	4 26	0 36
14	24 23	24 47	24 31	18 32	11 55	22 1	3 45	0 36
15	24 22	24 44	24 39	18 27	12 31	23 14	2 58	0 36
16	24 21	24 42	24 46	18 21	13 6	24 27	2 6	0 37
17	24 19	24 39	24 54	18 16	13 42	25 40	1 9	0 37
18	24 18	24 37	25 1	18 12	14 17	26 53	0 9	0 37
19	24 17	24 35	25 9	18 7	14 53	28 6	29 ♍ 6	0 37
20	24 15	24 32	25 16	18 2	15 28	29 19	28 2	0 38
21	24 14	24 30	25 23	17 58	16 3	0 ♍ 32	26 58	0 38
22	24 13	24 27	25 31	17 54	16 37	1 45	25 57	0 38
23	24 11	24 25	25 38	17 50	17 12	2 59	24 59	0 39
24	24 10	24 23	25 46	17 46	17 46	4 12	24 6	0 39
25	24 9	24 20	25 53	17 43	18 21	5 25	23 19	0 40
26	24 8	24 18	26 1	17 39	18 55	6 39	22 40	0 40
27	24 7	24 15	26 8	17 36	19 29	7 52	22 10	0 41
28	24 6	24 13	26 16	17 33	20 3	9 6	21 49	0 41
29	24 4	24 11	26 23	17 30	20 36	10 20	21 38	0 42
30	24 3	24 8	26 31	17 27	21 10	11 33	21 38	0 42

Day	♂ Decl.	♀ Lat.	♀ Decl.	☿ Lat.	☿ Decl.	♇ Lat.	♇ Decl.	☊
	° ′	° ′	° ′	° ′	° ′	° ′	° ′	° ′
1	23 N 34	0 N 2	18 N 43	3 S 19	4 S 49	5 N 34	17 S 53	28 ♑ 5
4	23 33	0 11	17 56	3 42	5 41	5 33	17 53	27 56
7	23 31	0 20	17 4	4 1	6 9	5 32	17 54	27 46
10	23 27	0 29	16 8	4 11	6 9	5 31	17 55	27 37
13	23 22	0 37	15 8	4 10	5 35	5 30	17 56	27 27
16	23 15	0 44	14 4	3 54	4 25	5 29	17 57	27 18
19	23 8	0 52	12 56	3 21	2 43	5 28	17 58	27 8
22	22 59	0 58	11 45	2 33	0 44	5 27	17 59	26 59
25	22 49	1 4	10 31	1 34	1 N 13	5 26	18 0	26 49
28	22 38	1 10	9 14	0 34	2 43	5 25	18 1	26 40

2009 OKTOBER

Day	Sidereal Time	☉ Long.	☉ Decl.	☽ Long.	☽ Lat.	☽ Decl.
	H M S	° ′ ″	° ′	° ′	° ′	° ′
1	0 39 27	7 ♎ 57 16	3 S 9	0 ♓ 17	2 N 43	8 S 50
2	0 43 23	8 56 15	3 33	12 32	3 34	3 24
3	0 47 20	9 55 16	3 56	25 3	4 15	1 N 56
4	0 51 17	10 54 19	4 19	7 ♈ 49	4 44	7 27
5	0 55 13	11 53 24	4 42	20 51	4 59	12 46
6	0 59 10	12 52 31	5 5	4 ♉ 8	4 59	17 35
7	1 3 6	13 51 40	5 28	17 37	4 42	21 35
8	1 7 3	14 50 51	5 51	1 ♊ 16	4 9	24 28
9	1 10 59	15 50 5	6 14	15 3	3 21	25 55
10	1 14 56	16 49 21	6 37	28 56	2 20	25 46
11	1 18 52	17 48 39	6 59	12 ♋ 56	1 11	23 59
12	1 22 49	18 48 0	7 22	27 1	0 S 3	20 42
13	1 26 46	19 47 23	7 44	11 ♌ 10	1 17	16 11
14	1 30 42	20 46 48	8 7	25 23	2 26	10 45
15	1 34 39	21 46 15	8 29	9 ♍ 37	3 27	4 46
16	1 38 35	22 45 45	8 51	23 49	4 14	1 S 26
17	1 42 32	23 45 16	9 13	7 ♎ 54	4 45	7 30
18	1 46 28	24 44 50	9 35	21 47	4 59	13 7
19	1 50 25	25 44 26	9 57	5 ♏ 25	4 56	17 58
20	1 54 21	26 44 4	10 18	18 48	4 36	21 49
21	1 58 18	27 43 44	10 40	1 ♐ 42	4 2	24 27
22	2 2 15	28 43 26	11 1	14 19	3 17	25 47
23	2 6 11	29 43 10	11 22	26 38	2 24	25 48
24	2 10 8	0 ♏ 42 55	11 43	8 ♑ 38	1 25	24 34
25	2 14 4	1 42 42	12 4	20 35	0 23	22 15
26	2 18 1	2 42 31	12 25	2 ♒ 23	0 N 39	18 59
27	2 21 57	3 42 22	12 45	14 12	1 40	14 58
28	2 25 54	4 42 14	13 5	26 6	2 37	10 21
29	2 29 50	5 42 9	13 25	8 ♓ 12	3 28	5 17
30	2 33 47	6 42 3	13 45	20 33	4 10	0 N 5
31	2 37 44	7 42 1	14 5	3 ♈ 13	4 41	5 34

Day	♆ Lat.	♆ Decl.	♅ Lat.	♅ Decl.	♄ Lat.	♄ Decl.	♃ Lat.	♃ Decl.	♂ Lat.
	° ′	° ′	° ′	° ′	° ′	° ′	° ′	° ′	° ′
1	0 S 25	13 S 54	0 S 48	3 S 5	1 N 59	3 N 9	1 S 5	16 S 39	0 N 46
4	0 25	13 55	0 48	3 7	1 59	3 1	1 5	16 41	0 50
7	0 25	13 56	0 48	3 10	2 0	2 52	1 5	16 42	0 54
10	0 25	13 57	0 48	3 12	2 0	2 44	1 5	16 43	0 58
13	0 25	13 58	0 48	3 15	2 0	2 36	1 4	16 43	1 2
16	0 25	13 59	0 48	3 17	2 0	2 28	1 4	16 42	1 6
19	0 25	13 59	0 48	3 20	2 1	2 20	1 4	16 41	1 10
22	0 25	14 0	0 48	3 22	2 1	2 12	1 3	16 39	1 15
25	0 25	14 0	0 48	3 24	2 2	2 4	1 3	16 37	1 20
28	0 25	14 1	0 47	3 26	2 2	1 57	1 3	16 34	1 24
31	0 25	14 1	0 47	3 27	2 3	1 49	1 2	16 31	1 29

OKTOBER 2009

Day	♆ Long.	♅ Long.	♄ Long.	♃ Long.	♂ Long.	♀ Long.	☿ Long.	♇ Long.
	° ′	° ′	° ′	° ′	° ′	° ′	° ′	° ′
1	24 ♒ 2	24 ♓ 6	26 ♍ 38	17 ♒ 25	21 ♋ 43	12 ♍ 47	21 ♍ 48	0 ♑ 43
2	24 R 1	24 R 4	26 45	17 R 22	22 16	14 1	22 7	0 44
3	24 0	24 2	26 53	17 20	22 49	15 14	22 37	0 45
4	23 59	23 59	27 0	17 18	23 22	16 28	23 16	0 45
5	23 58	23 57	27 7	17 17	23 55	17 42	24 4	0 46
6	23 57	23 55	27 15	17 15	24 27	18 56	24 59	0 47
7	23 56	23 53	27 22	17 14	24 59	20 10	26 2	0 48
8	23 55	23 50	27 29	17 13	25 31	21 24	27 12	0 49
9	23 55	23 48	27 37	17 12	26 3	22 38	28 27	0 49
10	23 54	23 46	27 44	17 11	26 35	23 53	29 47	0 50
11	23 53	23 44	27 51	17 10	27 6	25 7	1 ♎ 12	0 51
12	23 52	23 42	27 58	17 10	27 38	26 21	2 40	0 52
13	23 51	23 40	28 5	17 10	28 9	27 35	4 12	0 53
14	23 51	23 38	28 12	17 D 10	28 39	28 50	5 46	0 54
15	23 50	23 36	28 20	17 10	29 10	0 ♎ 4	7 23	0 56
16	23 49	23 34	28 27	17 11	29 40	1 18	9 1	0 57
17	23 49	23 32	28 34	17 11	0 ♌ 11	2 33	10 40	0 58
18	23 48	23 30	28 41	17 12	0 41	3 47	12 21	0 59
19	23 47	23 28	28 48	17 13	1 10	5 2	14 2	1 0
20	23 47	23 26	28 54	17 15	1 40	6 16	15 43	1 1
21	23 46	23 24	29 1	17 16	2 9	7 31	17 25	1 3
22	23 46	23 22	29 8	17 18	2 38	8 46	19 8	1 4
23	23 46	23 20	29 15	17 20	3 7	10 0	20 50	1 5
24	23 45	23 19	29 22	17 22	3 35	11 15	22 32	1 6
25	23 45	23 17	29 29	17 24	4 3	12 30	24 14	1 8
26	23 44	23 15	29 35	17 27	4 31	13 45	25 55	1 9
27	23 44	23 13	29 42	17 29	4 59	14 59	27 37	1 11
28	23 44	23 12	29 49	17 32	5 26	16 14	29 18	1 12
29	23 44	23 10	29 55	17 35	5 53	17 29	0 ♏ 58	1 13
30	23 43	23 9	0 ♎ 2	17 38	6 20	18 44	2 38	1 15
31	23 43	23 7	0 8	17 42	6 47	19 59	4 18	1 16

Day	♂ Decl.	♀ Lat.	♀ Decl.	☿ Lat.	☿ Decl.	♇ Lat.	♇ Decl.	☊
	° ′	° ′	° ′	° ′	° ′	° ′	° ′	° ′
1	22 N 26	1 N 15	7 N 55	0 N 19	3 N 33	5 N 25	18 S 2	26 ♑ 30
4	22 14	1 20	6 34	1 2	3 37	5 24	18 2	26 21
7	22 1	1 23	5 10	1 32	2 59	5 23	18 3	26 11
10	21 47	1 27	3 45	1 51	1 47	5 22	18 4	26 1
13	21 32	1 29	2 19	1 58	0 9	5 21	18 5	25 52
16	21 18	1 31	0 52	1 58	1 S 46	5 20	18 6	25 42
19	21 3	1 32	0 S 35	1 51	3 50	5 19	18 7	25 33
22	20 47	1 33	2 3	1 39	5 58	5 18	18 8	25 23
25	20 32	1 33	3 31	1 24	8 5	5 18	18 8	25 14
28	20 16	1 32	4 58	1 7	10 11	5 17	18 9	25 4
31	20 1	1 31	6 25	0 48	12 12	5 16	18 10	24 55

2009 NOVEMBER

Day	Sidereal Time	☉ Long.	☉ Decl.	☽ Long.	☽ Lat.	☽ Decl.
	H M S	° ′ ″	° ′	° ′	° ′	° ′
1	2 41 40	8 ♏ 42 0	14 S 24	16 ♈ 13	4 N 58	10 N 58
2	2 45 37	9 42 1	14 43	29 34	5 0	15 59
3	2 49 33	10 42 4	15 2	13 ♉ 14	4 45	20 20
4	2 53 30	11 42 8	15 21	27 8	4 12	23 37
5	2 57 26	12 42 15	15 39	11 ♊ 13	3 24	25 30
6	3 1 23	13 42 23	15 57	25 25	2 23	25 45
7	3 5 19	14 42 34	16 15	9 ♋ 38	1 13	24 18
8	3 9 16	15 42 46	16 33	23 51	0 S 2	21 18
9	3 13 13	16 43 0	16 50	8 ♌ 1	1 16	17 2
10	3 17 9	17 43 17	17 7	22 6	2 26	11 50
11	3 21 6	18 43 35	17 24	6 ♍ 6	3 26	6 4
12	3 25 2	19 43 56	17 40	20 0	4 14	0 4
13	3 28 59	20 44 18	17 56	3 ♎ 47	4 47	5 S 53
14	3 32 55	21 44 42	18 12	17 25	5 2	11 29
15	3 36 52	22 45 8	18 28	0 ♏ 53	5 1	16 29
16	3 40 48	23 45 36	18 43	14 7	4 44	20 35
17	3 44 45	24 46 6	18 58	27 7	4 12	23 36
18	3 48 42	25 46 37	19 12	9 ♐ 51	3 27	25 21
19	3 52 38	26 47 10	19 26	22 19	2 34	25 47
20	3 56 35	27 47 44	19 40	4 ♑ 32	1 34	24 56
21	4 0 31	28 48 19	19 54	16 33	0 31	22 55
22	4 4 28	29 48 56	20 7	28 25	0 N 33	19 56
23	4 8 24	0 ♐ 49 34	20 19	10 ♒ 13	1 35	16 9
24	4 12 21	1 50 13	20 32	22 1	2 33	11 45
25	4 16 17	2 50 53	20 44	3 ♓ 54	3 25	6 53
26	4 20 14	3 51 34	20 55	15 59	4 9	1 42
27	4 24 11	4 52 16	21 6	28 20	4 42	3 N 39
28	4 28 7	5 53 0	21 17	11 ♈ 1	5 3	9 0
29	4 32 4	6 53 44	21 28	24 6	5 8	14 7
30	4 36 0	7 54 30	21 38	7 ♉ 35	4 57	18 43

Day	♆ Lat.	♆ Decl.	♅ Lat.	♅ Decl.	♄ Lat.	♄ Decl.	♃ Lat.	♃ Decl.	♂ Lat.
	° ′	° ′	° ′	° ′	° ′	° ′	° ′	° ′	° ′
1	0 S 25	14 S 1	0 S 47	3 S 28	2 N 3	1 N 47	1 S 2	16 S 30	1 N 31
4	0 25	14 1	0 47	3 29	2 3	1 40	1 2	16 26	1 36
7	0 25	14 1	0 47	3 31	2 4	1 33	1 1	16 21	1 41
10	0 25	14 1	0 47	3 32	2 4	1 26	1 1	16 16	1 47
13	0 25	14 0	0 47	3 33	2 5	1 20	1 1	16 11	1 52
16	0 25	14 0	0 47	3 34	2 5	1 14	1 0	16 4	1 58
19	0 25	14 0	0 47	3 35	2 6	1 8	1 N 0	15 58	2 4
22	0 25	13 59	0 47	3 35	2 7	1 2	1 0	15 51	2 10
25	0 25	13 58	0 46	3 36	2 7	0 57	0 S 59	15 43	2 16
28	0 25	13 58	0 46	3 36	2 8	0 52	0 59	15 35	2 23

NOVEMBER 2009

Day	♆ Long.	♅ Long.	♄ Long.	♃ Long.	♂ Long.	♀ Long.	☿ Long.	♇ Long.
	° ′	° ′	° ′	° ′	° ′	° ′	° ′	° ′
1	23 ♒ 43	23 ♓ 6	0 ♎ 15	17 ♒ 45	7 ♌ 13	21 ♎ 14	5 ♏ 57	1 ♑ 18
2	23 R 43	23 R 4	0 21	17 49	7 39	22 29	7 36	1 19
3	23 43	23 3	0 27	17 53	8 4	23 44	9 14	1 21
4	23 43	23 1	0 33	17 57	8 30	24 59	10 52	1 23
5	23 43	23 0	0 40	18 2	8 55	26 14	12 30	1 24
6	23 D 43	22 59	0 46	18 6	9 19	27 29	14 7	1 26
7	23 43	22 58	0 52	18 11	9 44	28 44	15 44	1 27
8	23 43	22 57	0 58	18 16	10 7	29 59	17 20	1 29
9	23 43	22 55	1 4	18 21	10 31	1 ♏ 14	18 56	1 31
10	23 43	22 54	1 10	18 26	10 54	2 29	20 31	1 33
11	23 43	22 53	1 16	18 32	11 17	3 44	22 7	1 34
12	23 44	22 52	1 22	18 37	11 40	5 0	23 42	1 36
13	23 44	22 51	1 27	18 43	12 2	6 15	25 16	1 38
14	23 44	22 50	1 33	18 49	12 23	7 30	26 50	1 40
15	23 45	22 49	1 39	18 55	12 45	8 45	28 24	1 41
16	23 45	22 49	1 44	19 1	13 6	10 1	29 58	1 43
17	23 45	22 48	1 50	19 8	13 26	11 16	1 ♐ 32	1 45
18	23 46	22 47	1 55	19 15	13 46	12 31	3 5	1 47
19	23 46	22 47	2 0	19 21	14 6	13 46	4 38	1 49
20	23 47	22 46	2 6	19 28	14 25	15 2	6 11	1 51
21	23 47	22 45	2 11	19 35	14 44	16 17	7 43	1 53
22	23 48	22 45	2 16	19 43	15 2	17 32	9 16	1 54
23	23 48	22 44	2 21	19 50	15 20	18 48	10 48	1 56
24	23 49	22 44	2 26	19 58	15 37	20 3	12 20	1 58
25	23 50	22 44	2 31	20 5	15 54	21 19	13 52	2 0
26	23 50	22 43	2 36	20 13	16 10	22 34	15 23	2 2
27	23 51	22 43	2 41	20 21	16 26	23 49	16 55	2 4
28	23 52	22 43	2 45	20 29	16 41	25 5	18 26	2 6
29	23 53	22 43	2 50	20 38	16 56	26 20	19 57	2 8
30	23 54	22 42	2 54	20 46	17 10	27 35	21 28	2 10

Day	♂ Decl.	♀ Lat.	♀ Decl.	☿ Lat.	☿ Decl.	♇ Lat.	♇ Decl.	☊
	° ′	° ′	° ′	° ′	° ′	° ′	° ′	° ′
1	19 N 56	1 N 30	6 S 53	0 N 41	12 S 51	5 N 16	18 S 10	24 ♑ 52
4	19 41	1 28	8 18	0 21	14 45	5 15	18 11	24 42
7	19 26	1 25	9 42	0 1	16 32	5 14	18 11	24 33
10	19 12	1 22	11 3	0 S 19	18 11	5 14	18 12	24 23
13	18 59	1 18	12 22	0 39	19 42	5 13	18 13	24 13
16	18 46	1 14	13 39	0 57	21 5	5 12	18 13	24 4
19	18 34	1 9	14 52	1 15	22 18	5 12	18 14	23 54
22	18 24	1 4	16 2	1 32	23 21	5 11	18 15	23 45
25	18 14	0 58	17 9	1 46	24 13	5 10	18 15	23 35
28	18 6	0 53	18 11	1 59	24 55	5 10	18 16	23 26

2009 DEZEMBER

Day	Sidereal Time	☉ Long.	☉ Decl.	☽ Long.	☽ Lat.	☽ Decl.
	H M S	° ′ ″	° ′	° ′	° ′	° ′
1	4 39 57	8 ♐ 55 16	21 S 47	21 ♉ 29	4 N 29	22 N 27
2	4 43 53	9 56 4	21 56	5 ♊ 43	3 43	24 55
3	4 47 50	10 56 53	22 5	20 13	2 42	25 46
4	4 51 46	11 57 43	22 13	4 ♋ 52	1 30	24 51
5	4 55 43	12 58 35	22 21	19 33	0 11	22 12
6	4 59 40	13 59 27	22 29	4 ♌ 10	1 S 8	18 7
7	5 3 36	15 0 21	22 36	18 38	2 22	13 0
8	5 7 33	16 1 16	22 42	2 ♍ 53	3 26	7 14
9	5 11 29	17 2 12	22 48	16 54	4 17	1 13
10	5 15 26	18 3 10	22 54	0 ♎ 41	4 52	4 S 44
11	5 19 22	19 4 8	22 59	14 12	5 10	10 22
12	5 23 19	20 5 8	23 4	27 30	5 11	15 25
13	5 27 15	21 6 9	23 8	10 ♏ 34	4 56	19 40
14	5 31 12	22 7 11	23 12	23 25	4 25	22 54
15	5 35 9	23 8 13	23 16	6 ♐ 3	3 43	24 58
16	5 39 5	24 9 17	23 19	18 29	2 50	25 46
17	5 43 2	25 10 21	23 21	0 ♑ 44	1 50	25 16
18	5 46 58	26 11 26	23 23	12 48	0 46	23 35
19	5 50 55	27 12 32	23 25	24 44	0 N 20	20 51
20	5 54 51	28 13 38	23 26	6 ♒ 33	1 24	17 16
21	5 58 48	29 14 44	23 26	18 20	2 25	13 2
22	6 2 44	0 ♑ 15 51	23 26	0 ♓ 8	3 19	8 19
23	6 6 41	1 16 58	23 26	12 1	4 6	3 16
24	6 10 38	2 18 5	23 25	24 3	4 42	1 N 57
25	6 14 34	3 19 12	23 24	6 ♈ 20	5 6	7 12
26	6 18 31	4 20 19	23 22	18 57	5 16	12 17
27	6 22 27	5 21 27	23 20	1 ♉ 57	5 11	17 0
28	6 26 24	6 22 34	23 17	15 22	4 49	21 3
29	6 30 20	7 23 42	23 14	29 16	4 9	24 3
30	6 34 17	8 24 49	23 10	13 ♊ 35	3 13	25 38
31	6 38 13	9 25 57	23 6	28 16	2 3	25 29

Day	♆ Lat.	♆ Decl.	♅ Lat.	♅ Decl.	♄ Lat.	♄ Decl.	♃ Lat.	♃ Decl.	♂ Lat.
	° ′	° ′	° ′	° ′	° ′	° ′	° ′	° ′	° ′
1	0 S 25	13 S 57	0 S 46	3 S 36	2 N 9	0 N 47	0 S 59	15 S 27	2 N 29
4	0 25	13 56	0 46	3 36	2 10	0 43	0 58	15 18	2 36
7	0 25	13 55	0 46	3 36	2 10	0 39	0 58	15 9	2 43
10	0 25	13 54	0 46	3 35	2 11	0 35	0 58	14 59	2 51
13	0 25	13 53	0 46	3 34	2 12	0 32	0 58	14 49	2 58
16	0 25	13 51	0 46	3 34	2 13	0 28	0 57	14 39	3 5
19	0 25	13 50	0 45	3 32	2 13	0 26	0 57	14 28	3 13
22	0 25	13 48	0 45	3 31	2 14	0 24	0 57	14 17	3 21
25	0 25	13 47	0 45	3 30	2 15	0 22	0 57	14 5	3 28
28	0 25	13 45	0 45	3 28	2 16	0 20	0 57	13 53	3 36
31	0 25	13 44	0 45	3 26	2 17	0 19	0 56	13 41	3 43

DEZEMBER 2009

Day	♆ Long.	♅ Long.	♄ Long.	♃ Long.	♂ Long.	♀ Long.	☿ Long.	♇ Long.
	° ′	° ′	° ′	° ′	° ′	° ′	° ′	° ′
1	23 ♒ 54	22 ♓ 42	2 ♎ 59	20 ♒ 55	17 ♌ 24	28 ♏ 51	22 ♐ 58	2 ♑ 12
2	23 55	22 R 42	3 3	21 4	17 37	0 ♐ 6	24 28	2 14
3	23 56	22 D 42	3 7	21 13	17 49	1 22	25 58	2 17
4	23 57	22 42	3 12	21 22	18 1	2 37	27 27	2 19
5	23 58	22 43	3 16	21 31	18 13	3 53	28 56	2 21
6	23 59	22 43	3 20	21 40	18 23	5 8	0 ♑ 24	2 23
7	24 0	22 43	3 24	21 49	18 33	6 24	1 52	2 25
8	24 1	22 43	3 27	21 59	18 43	7 39	3 19	2 27
9	24 2	22 44	3 31	22 9	18 51	8 54	4 45	2 29
10	24 4	22 44	3 35	22 18	19 0	10 10	6 10	2 31
11	24 5	22 44	3 38	22 28	19 7	11 25	7 34	2 33
12	24 6	22 45	3 42	22 38	19 14	12 41	8 56	2 35
13	24 7	22 45	3 45	22 49	19 20	13 56	10 17	2 38
14	24 9	22 46	3 48	22 59	19 25	15 12	11 36	2 40
15	24 10	22 47	3 52	23 9	19 30	16 27	12 52	2 42
16	24 11	22 47	3 55	23 20	19 33	17 43	14 6	2 44
17	24 13	22 48	3 58	23 30	19 36	18 59	15 17	2 46
18	24 14	22 49	4 0	23 41	19 39	20 14	16 24	2 48
19	24 15	22 50	4 3	23 52	19 40	21 30	17 26	2 51
20	24 17	22 51	4 6	24 3	19 41	22 45	18 24	2 53
21	24 18	22 52	4 9	24 14	19 41	24 1	19 17	2 55
22	24 20	22 53	4 11	24 25	19 R 40	25 16	20 3	2 57
23	24 21	22 54	4 13	24 36	19 39	26 32	20 42	2 59
24	24 23	22 55	4 16	24 48	19 37	27 47	21 12	3 1
25	24 24	22 56	4 18	24 59	19 33	29 3	21 34	3 3
26	24 26	22 57	4 20	25 11	19 30	0 ♑ 18	21 46	3 6
27	24 28	22 58	4 22	25 22	19 25	1 34	21 47	3 8
28	24 29	23 0	4 24	25 34	19 19	2 49	21 R 37	3 10
29	24 31	23 1	4 25	25 46	19 13	4 5	21 15	3 12
30	24 33	23 2	4 27	25 58	19 6	5 20	20 41	3 14
31	24 34	23 4	4 29	26 10	18 57	6 36	19 56	3 16

Day	♂ Decl.	♀ Lat.	♀ Decl.	☿ Lat.	☿ Decl.	♇ Lat.	♇ Decl.	☊
	° ′	° ′	° ′	° ′	° ′	° ′	° ′	° ′
1	17 N 59	0 N 46	19 S 9	2 S 9	25 S 24	5 N 9	18 S 16	23 ♑ 16
4	17 54	0 40	20 2	2 17	25 41	5 9	18 16	23 7
7	17 51	0 33	20 50	2 20	25 46	5 8	18 17	22 57
10	17 50	0 26	21 33	2 20	25 37	5 8	18 17	22 48
13	17 50	0 19	22 10	2 14	25 16	5 7	18 18	22 38
16	17 53	0 12	22 40	2 1	24 42	5 7	18 18	22 29
19	17 58	0 5	23 5	1 41	23 58	5 6	18 18	22 19
22	18 5	0 S 3	23 24	1 11	23 7	5 6	18 18	22 10
25	18 15	0 10	23 36	0 30	22 12	5 6	18 19	22 0
28	18 26	0 17	23 41	0 N 21	21 22	5 5	18 19	21 50
31	18 40	0 24	23 40	1 19	20 40	5 5	18 19	21 41

2010 JANUAR

Day	Sidereal Time	☉ Long.	☉ Decl.	☽ Long.	☽ Lat.	☽ Decl.
	H M S	° ′ ″	° ′	° ′	° ′	° ′
1	6 42 10	10 ♑ 27 5	23 S 2	13 ♋ 13	0 N 44	23 N 30
2	6 46 7	11 28 12	22 57	28 18	0 S 40	19 51
3	6 50 3	12 29 20	22 51	13 ♌ 20	2 0	14 54
4	6 54 0	13 30 28	22 45	28 13	3 12	9 6
5	6 57 56	14 31 37	22 39	12 ♍ 49	4 10	2 54
6	7 1 53	15 32 45	22 32	27 5	4 51	3 S 17
7	7 5 49	16 33 54	22 25	10 ♎ 57	5 13	9 8
8	7 9 46	17 35 3	22 17	24 28	5 18	14 24
9	7 13 42	18 36 12	22 9	7 ♏ 37	5 18	18 51
10	7 17 39	19 37 21	22 0	20 27	4 37	22 19
11	7 21 36	20 38 30	21 51	3 ♐ 1	3 57	24 38
12	7 25 32	21 39 39	21 42	15 22	3 6	25 43
13	7 29 29	22 40 48	21 32	27 32	2 8	25 32
14	7 33 25	23 41 56	21 22	9 ♑ 33	1 4	24 9
15	7 37 22	24 43 5	21 11	21 28	0 N 2	21 42
16	7 41 18	25 44 13	21 0	3 ♒ 18	1 7	18 20
17	7 45 15	26 45 20	20 48	15 6	2 9	14 15
18	7 49 11	27 46 27	20 36	26 53	3 6	9 38
19	7 53 8	28 47 33	20 23	8 ♓ 43	3 55	4 40
20	7 57 5	29 48 39	20 11	20 39	4 34	0 N 29
21	8 1 1	0 ♒ 49 43	19 58	2 ♈ 43	5 1	5 41
22	8 4 58	1 50 47	19 45	14 59	5 15	10 45
23	8 8 54	2 51 49	19 31	27 31	5 15	15 29
24	8 12 51	3 52 51	19 17	10 ♉ 23	4 59	19 40
25	8 16 47	4 53 52	19 2	23 39	4 27	23 0
26	8 20 44	5 54 52	18 48	7 ♊ 21	3 39	25 8
27	8 24 40	6 55 50	18 32	21 31	2 37	25 46
28	8 28 37	7 56 48	18 17	6 ♋ 6	1 22	24 46
29	8 32 34	8 57 44	18 1	21 2	0 0	21 47
30	8 36 30	9 58 40	17 45	6 ♌ 13	1 S 23	17 22
31	8 40 27	10 59 35	17 28	21 29	2 41	11 48

Day	♆ Lat.	♆ Decl.	♅ Lat.	♅ Decl.	♄ Lat.	♄ Decl.	♃ Lat.	♃ Decl.	♂ Lat.
	° ′	° ′	° ′	° ′	° ′	° ′	° ′	° ′	° ′
1	0 S 25	13 S 43	0 S 45	3 S 26	2 N 17	0 N 19	0 S 56	13 S 37	3 N 46
4	0 25	13 41	0 45	3 24	2 18	0 18	0 56	13 24	3 53
7	0 25	13 39	0 45	3 22	2 19	0 18	0 56	13 11	4 0
10	0 25	13 37	0 45	3 19	2 20	0 18	0 56	12 58	4 6
13	0 25	13 35	0 44	3 17	2 21	0 18	0 56	12 44	4 12
16	0 25	13 33	0 44	3 14	2 21	0 19	0 56	12 30	4 18
19	0 25	13 31	0 44	3 12	2 22	0 20	0 56	12 16	4 22
22	0 25	13 29	0 44	3 9	2 23	0 22	0 56	12 2	4 26
25	0 25	13 27	0 44	3 6	2 24	0 24	0 56	11 47	4 29
28	0 25	13 25	0 44	3 3	2 25	0 26	0 56	11 32	4 31
31	0 25	13 23	0 44	2 59	2 26	0 29	0 56	11 17	4 32

JANUAR 2010

Day	♆ Long.	♅ Long.	♄ Long.	♃ Long.	♂ Long.	♀ Long.	☿ Long.	♇ Long.
	° ′	° ′	° ′	° ′	° ′	° ′	° ′	° ′
1	24 ♒ 36	23 ♓ 5	4 ♎ 30	26 ♒ 22	18 ♌ 49	7 ♑ 51	19 ♑ 0	3 ♑ 19
2	24 38	23 7	4 31	26 34	18 R 39	9 7	17 R 55	3 21
3	24 40	23 9	4 33	26 46	18 28	10 22	16 42	3 23
4	24 41	23 10	4 34	26 59	18 17	11 38	15 24	3 25
5	24 43	23 12	4 35	27 11	18 5	12 53	14 3	3 27
6	24 45	23 14	4 36	27 24	17 52	14 9	12 42	3 29
7	24 47	23 15	4 36	27 36	17 38	15 24	11 24	3 31
8	24 49	23 17	4 37	27 49	17 24	16 40	10 10	3 34
9	24 51	23 19	4 38	28 2	17 9	17 55	9 3	3 36
10	24 53	23 21	4 38	28 15	16 53	19 11	8 5	3 38
11	24 55	23 23	4 38	28 27	16 36	20 26	7 15	3 40
12	24 57	23 25	4 39	28 40	16 18	21 42	6 36	3 42
13	24 59	23 27	4 39	28 53	16 0	22 57	6 6	3 44
14	25 1	23 29	4 39	29 6	15 42	24 13	5 46	3 46
15	25 3	23 31	4 R 39	29 20	15 22	25 28	5 35	3 48
16	25 5	23 33	4 38	29 33	15 2	26 43	5 34	3 50
17	25 7	23 35	4 38	29 46	14 42	27 59	5 D 40	3 52
18	25 9	23 38	4 38	29 59	14 21	29 14	5 55	3 54
19	25 11	23 40	4 37	0 ♓ 13	13 59	0 ♒ 30	6 16	3 56
20	25 13	23 42	4 37	0 26	13 37	1 45	6 43	3 58
21	25 15	23 44	4 36	0 40	13 15	3 1	7 17	4 0
22	25 17	23 47	4 35	0 53	12 52	4 16	7 56	4 2
23	25 19	23 49	4 34	1 7	12 29	5 31	8 39	4 4
24	25 22	23 52	4 33	1 20	12 6	6 47	9 27	4 6
25	25 24	23 54	4 32	1 34	11 42	8 2	10 19	4 8
26	25 26	23 57	4 31	1 48	11 18	9 18	11 14	4 10
27	25 28	23 59	4 29	2 2	10 55	10 33	12 12	4 12
28	25 30	24 2	4 28	2 15	10 31	11 48	13 14	4 14
29	25 32	24 5	4 26	2 29	10 7	13 4	14 18	4 15
30	25 35	24 7	4 24	2 43	9 43	14 19	15 24	4 17
31	25 37	24 10	4 23	2 57	9 19	15 34	16 32	4 19

Day	♂ Decl.	♀ Lat.	♀ Decl.	☿ Lat.	☿ Decl.	♇ Lat.	♇ Decl.	☊
	° ′	° ′	° ′	° ′	° ′	° ′	° ′	° ′
1	18 N 46	0 S 26	23 S 38	1 N 38	20 S 28	5 N 5	18 S 19	21 ♑ 38
4	19 2	0 33	23 29	2 31	20 3	5 5	18 19	21 28
7	19 21	0 39	23 12	3 6	19 51	5 4	18 19	21 19
10	19 41	0 46	22 49	3 20	19 52	5 4	18 19	21 9
13	20 3	0 52	22 20	3 14	20 4	5 4	18 19	21 0
16	20 26	0 57	21 45	2 54	20 25	5 4	18 19	20 50
19	20 49	1 2	21 4	2 28	20 50	5 4	18 19	20 41
22	21 12	1 7	20 17	1 58	21 14	5 4	18 19	20 31
25	21 35	1 12	19 24	1 27	21 35	5 4	18 19	20 22
28	21 57	1 15	18 27	0 57	21 50	5 4	18 19	20 12
31	22 17	1 19	17 25	0 28	21 57	5 4	18 19	20 2

2010 FEBRUAR

Day	Sidereal Time	☉ Long.	☉ Decl.	☽ Long.	☽ Lat.	☽ Decl.
	H M S	° ′ ″	° ′	° ′	° ′	° ′
1	8 44 23	12 ≈ 0 28	17 S 11	6 ♍ 40	3 S 46	5 N 33
2	8 48 20	13 1 21	16 54	21 37	4 35	0 S 53
3	8 52 16	14 2 13	16 37	6 ♎ 11	5 5	7 7
4	8 56 13	15 3 4	16 19	20 18	5 15	12 48
5	9 0 9	16 3 54	16 1	3 ♏ 11	5 7	17 39
6	9 4 6	17 4 43	15 43	17 9	4 43	21 28
7	9 8 3	18 5 32	15 24	29 57	4 5	24 7
8	9 11 59	19 6 19	15 6	12 ♐ 25	3 16	25 31
9	9 15 56	20 7 6	14 47	24 36	2 20	25 39
10	9 19 52	21 7 51	14 27	6 ♑ 36	1 18	24 34
11	9 23 49	22 8 35	14 8	18 29	0 13	22 23
12	9 27 45	23 9 18	13 48	0 ≈ 17	0 N 51	19 15
13	9 31 42	24 10 0	13 28	12 5	1 53	15 21
14	9 35 38	25 10 40	13 8	23 53	2 50	10 53
15	9 39 35	26 11 20	12 47	5 ♓ 44	3 40	5 59
16	9 43 32	27 11 57	12 27	17 41	4 21	0 52
17	9 47 28	28 12 33	12 6	29 44	4 50	4 N 20
18	9 51 25	29 13 7	11 45	11 ♈ 55	5 7	9 25
19	9 55 21	0 ♓ 13 40	11 23	24 17	5 9	14 12
20	9 59 18	1 14 11	11 2	6 ♉ 52	4 57	18 29
21	10 3 14	2 14 40	10 40	19 43	4 30	22 0
22	10 7 11	3 15 7	10 19	2 ♊ 52	3 49	24 28
23	10 11 7	4 15 32	9 57	16 23	2 53	25 37
24	10 15 4	5 15 55	9 35	0 ♋ 18	1 46	25 12
25	10 19 1	6 16 17	9 13	14 36	0 30	23 8
26	10 22 57	7 16 36	8 50	29 17	0 S 49	19 30
27	10 26 54	8 16 54	8 28	14 ♌ 15	2 7	14 32
28	10 30 50	9 17 10	8 5	29 25	3 16	8 37

Day	♆ Lat.	♆ Decl.	♅ Lat.	♅ Decl.	♄ Lat.	♄ Decl.	♃ Lat.	♃ Decl.	♂ Lat.
	° ′	° ′	° ′	° ′	° ′	° ′	° ′	° ′	° ′
1	0 S 25	13 S 22	0 S 44	2 S 58	2 N 26	0 N 30	0 S 56	11 S 12	4 N 32
4	0 25	13 20	0 44	2 55	2 27	0 33	0 56	10 57	4 32
7	0 25	13 17	0 44	2 51	2 27	0 37	0 56	10 41	4 30
10	0 25	13 15	0 44	2 48	2 28	0 41	0 56	10 26	4 28
13	0 25	13 13	0 44	2 44	2 29	0 45	0 56	10 10	4 25
16	0 25	13 11	0 44	2 40	2 29	0 49	0 56	9 54	4 21
19	0 25	13 8	0 43	2 37	2 30	0 54	0 56	9 38	4 16
22	0 25	13 6	0 43	2 33	2 31	0 59	0 56	9 22	4 11
25	0 26	13 4	0 43	2 29	2 31	1 4	0 56	9 6	4 6
28	0 26	13 1	0 43	2 25	2 32	1 9	0 56	8 49	4 0

FEBRUAR 2010

Day	♆ Long.	♅ Long.	♄ Long.	♃ Long.	♂ Long.	♀ Long.	☿ Long.	♇ Long.
	° ′	° ′	° ′	° ′	° ′	° ′	° ′	° ′
1	25 ♒ 39	24 ♓ 13	4 ♎ 21	3 ♓ 11	8 ♌ 55	16 ♒ 50	17 ♑ 43	4 ♑ 21
2	25 41	24 15	4 R 19	3 25	8 R 31	18 5	18 55	4 23
3	25 44	24 18	4 17	3 39	8 7	19 20	20 10	4 24
4	25 46	24 21	4 14	3 53	7 44	20 35	21 25	4 26
5	25 48	24 24	4 12	4 7	7 21	21 51	22 43	4 28
6	25 50	24 27	4 10	4 22	6 58	23 6	24 1	4 30
7	25 53	24 30	4 7	4 36	6 36	24 21	25 21	4 31
8	25 55	24 32	4 5	4 50	6 14	25 36	26 42	4 33
9	25 57	24 35	4 2	5 4	5 52	26 52	28 5	4 35
10	25 59	24 38	3 59	5 19	5 31	28 7	29 28	4 36
11	26 2	24 41	3 57	5 33	5 10	29 22	0 ♒ 53	4 38
12	26 4	24 44	3 54	5 47	4 50	0 ♓ 37	2 18	4 39
13	26 6	24 48	3 51	6 1	4 30	1 52	3 45	4 41
14	26 9	24 51	3 48	6 16	4 11	3 8	5 13	4 43
15	26 11	24 54	3 44	6 30	3 53	4 23	6 41	4 44
16	26 13	24 57	3 41	6 45	3 35	5 38	8 11	4 46
17	26 15	25 0	3 38	6 59	3 18	6 53	9 42	4 47
18	26 18	25 3	3 34	7 13	3 2	8 8	11 13	4 48
19	26 20	25 6	3 31	7 28	2 47	9 23	12 46	4 50
20	26 22	25 9	3 27	7 42	2 32	10 38	14 19	4 51
21	26 24	25 13	3 24	7 57	2 18	11 53	15 53	4 53
22	26 27	25 16	3 20	8 11	2 4	13 8	17 29	4 54
23	26 29	25 19	3 16	8 26	1 52	14 23	19 5	4 55
24	26 31	25 22	3 12	8 40	1 40	15 38	20 42	4 57
25	26 34	25 26	3 9	8 55	1 29	16 53	22 20	4 58
26	26 36	25 29	3 5	9 9	1 19	18 8	23 59	4 59
27	26 38	25 32	3 1	9 24	1 9	19 23	25 39	5 0
28	26 40	25 36	2 56	9 38	1 0	20 38	27 20	5 2

Day	♂ Decl.	♀ Lat.	♀ Decl.	☿ Lat.	☿ Decl.	♇ Lat.	♇ Decl.	☊
	° ′	° ′	° ′	° ′	° ′	° ′	° ′	° ′
1	22 N 24	1 S 20	17 S 4	0 N 19	21 S 57	5 N 4	18 S 19	19 ♑ 59
4	22 42	1 22	15 56	0 S 8	21 51	5 4	18 18	19 50
7	22 59	1 25	14 44	0 32	21 35	5 4	18 18	19 40
10	23 13	1 26	13 28	0 54	21 8	5 4	18 18	19 31
13	23 25	1 27	12 10	1 14	20 30	5 4	18 18	19 21
16	23 35	1 28	10 48	1 31	19 41	5 4	18 18	19 12
19	23 42	1 27	9 24	1 45	18 39	5 4	18 17	19 2
22	23 47	1 27	7 58	1 56	17 26	5 4	18 17	18 53
25	23 49	1 25	6 29	2 4	16 1	5 4	18 17	18 43
28	23 50	1 23	4 59	2 8	14 24	5 4	18 16	18 33

2010 MÄRZ

Day	Sidereal Time	☉ Long.	☉ Decl.	☽ Long.	☽ Lat.	☽ Decl.
	H M S	° ′ ″	° ′	° ′	° ′	° ′
1	10 34 47	10 ♓ 17 24	7 S 42	14 ♍ 37	4 S 11	2 N 12
2	10 38 43	11 17 36	7 20	29 39	4 48	4 S 16
3	10 42 40	12 17 47	6 57	14 ♎ 23	5 6	10 22
4	10 46 36	13 17 56	6 34	28 42	5 3	15 43
5	10 50 33	14 18 4	6 11	12 ♏ 32	4 42	20 4
6	10 54 30	15 18 9	5 47	25 52	4 7	23 13
7	10 58 26	16 18 13	5 24	8 ♐ 44	3 20	25 3
8	11 2 23	17 18 16	5 1	21 13	2 25	25 33
9	11 6 19	18 18 17	4 37	3 ♑ 24	1 24	24 48
10	11 10 16	19 18 16	4 14	15 22	0 22	22 55
11	11 14 12	20 18 14	3 50	27 11	0 N 42	20 2
12	11 18 9	21 18 10	3 27	8 ♒ 58	1 43	16 22
13	11 22 5	22 18 4	3 3	20 45	2 39	12 3
14	11 26 2	23 17 56	2 40	2 ♓ 36	3 29	7 17
15	11 29 59	24 17 47	2 16	14 34	4 10	2 14
16	11 33 55	25 17 35	1 52	26 40	4 40	2 N 58
17	11 37 52	26 17 21	1 28	8 ♈ 55	4 58	8 6
18	11 41 48	27 17 6	1 5	21 21	5 2	12 59
19	11 45 45	28 16 48	0 41	3 ♉ 57	4 51	17 23
20	11 49 41	29 16 28	0 17	16 44	4 25	21 4
21	11 53 38	0 ♈ 16 6	0 N 6	29 44	3 46	23 46
22	11 57 34	1 15 42	0 30	12 ♊ 57	2 54	25 14
23	12 1 31	2 15 15	0 54	26 25	1 51	25 15
24	12 5 28	3 14 46	1 17	10 ♋ 11	0 41	23 43
25	12 9 24	4 14 15	1 41	24 15	0 S 34	20 42
26	12 13 21	5 13 42	2 5	8 ♌ 36	1 48	16 22
27	12 17 17	6 13 6	2 28	23 14	2 56	11 0
28	12 21 14	7 12 28	2 52	8 ♍ 1	3 53	4 57
29	12 25 10	8 11 48	3 15	22 57	4 34	1 S 24
30	12 29 7	9 11 6	3 38	7 ♎ 46	4 57	7 37
31	12 33 3	10 10 22	4 2	22 23	4 59	13 20

Day	♆ Lat.	♆ Decl.	♅ Lat.	♅ Decl.	♄ Lat.	♄ Decl.	♃ Lat.	♃ Decl.	♂ Lat.
	° ′	° ′	° ′	° ′	° ′	° ′	° ′	° ′	° ′
1	0 S 26	13 S 1	0 S 43	2 S 24	2 N 32	1 N 11	0 S 56	8 S 44	3 N 58
4	0 26	12 58	0 43	2 20	2 32	1 16	0 56	8 28	3 52
7	0 26	12 56	0 43	2 15	2 33	1 22	0 57	8 11	3 46
10	0 26	12 54	0 43	2 11	2 33	1 28	0 57	7 55	3 40
13	0 26	12 52	0 43	2 7	2 33	1 33	0 57	7 39	3 33
16	0 26	12 50	0 43	2 3	2 34	1 39	0 57	7 22	3 27
19	0 26	12 48	0 43	1 59	2 34	1 45	0 57	7 6	3 20
22	0 26	12 46	0 43	1 55	2 34	1 51	0 58	6 50	3 14
25	0 26	12 44	0 43	1 51	2 34	1 56	0 58	6 34	3 8
28	0 26	12 42	0 43	1 47	2 34	2 2	0 58	6 17	3 2
31	0 26	12 40	0 43	1 43	2 34	2 8	0 59	6 1	2 56

MÄRZ 2010

Day	♆ Long. °	′	♅ Long. °	′	♄ Long. °	′	♃ Long. °	′	♂ Long. °	′	♀ Long. °	′	☿ Long. °	′	♇ Long. °	′
1	26 ♒	43	25 ♓	39	2 ♎	52	9 ♓	53	0 ♌	53	21 ♓	53	29 ♒	2	5 ♑	3
2	26	45	25	42	2 R	48	10	7	0 R	46	23	7	0 ♓	46	5	4
3	26	47	25	46	2	44	10	22	0	39	24	22	2	30	5	5
4	26	49	25	49	2	40	10	36	0	34	25	37	4	15	5	6
5	26	51	25	52	2	35	10	51	0	29	26	52	6	1	5	7
6	26	54	25	56	2	31	11	5	0	25	28	6	7	49	5	8
7	26	56	25	59	2	27	11	20	0	22	29	21	9	37	5	9
8	26	58	26	3	2	22	11	34	0	20	0 ♈	36	11	27	5	10
9	27	0	26	6	2	18	11	49	0	18	1	51	13	17	5	11
10	27	2	26	9	2	13	12	3	0	17	3	5	15	9	5	12
11	27	4	26	13	2	9	12	17	0	17	4	20	17	2	5	13
12	27	7	26	16	2	4	12	32	0 D	18	5	34	18	56	5	13
13	27	9	26	20	1	59	12	46	0	19	6	49	20	51	5	14
14	27	11	26	23	1	55	13	1	0	21	8	4	22	47	5	15
15	27	13	26	26	1	50	13	15	0	24	9	18	24	44	5	16
16	27	15	26	30	1	45	13	29	0	27	10	33	26	42	5	16
17	27	17	26	33	1	41	13	44	0	31	11	47	28	40	5	17
18	27	19	26	37	1	36	13	58	0	36	13	1	0 ♈	39	5	18
19	27	21	26	40	1	31	14	12	0	42	14	16	2	39	5	18
20	27	23	26	44	1	27	14	27	0	48	15	30	4	39	5	19
21	27	25	26	47	1	22	14	41	0	54	16	45	6	40	5	20
22	27	27	26	50	1	17	14	55	1	2	17	59	8	40	5	20
23	27	29	26	54	1	12	15	9	1	10	19	13	10	40	5	21
24	27	31	26	57	1	8	15	23	1	18	20	27	12	39	5	21
25	27	33	27	1	1	3	15	38	1	28	21	42	14	38	5	21
26	27	35	27	4	0	58	15	52	1	37	22	56	16	35	5	22
27	27	37	27	8	0	54	16	6	1	48	24	10	18	31	5	22
28	27	39	27	11	0	49	16	20	1	59	25	24	20	25	5	23
29	27	40	27	14	0	44	16	34	2	10	26	38	22	16	5	23
30	27	42	27	18	0	40	16	48	2	22	27	52	24	5	5	23
31	27	44	27	21	0	35	17	2	2	35	29	6	25	50	5	23

Day	♂ Decl. °	′	♀ Lat. °	′	♀ Decl. °	′	☿ Lat. °	′	☿ Decl. °	′	♇ Lat. °	′	♇ Decl. °	′	☊ °	′
1	23 N	50	1 S	23	4 S	29	2 S	9	13 S	49	5 N	4	18 S	16	18 ♑	30
4	23	48	1	20	2	58	2	8	11	56	5	5	18	16	18	21
7	23	45	1	17	1	26	2	3	9	52	5	5	18	16	18	11
10	23	40	1	13	0 N	7	1	54	7	36	5	5	18	15	18	2
13	23	33	1	9	1	39	1	41	5	10	5	5	18	15	17	52
16	23	25	1	4	3	12	1	22	2	34	5	6	18	15	17	43
19	23	16	0	58	4	44	0	58	0 N	10	5	6	18	14	17	33
22	23	5	0	53	6	14	0	30	2	58	5	6	18	14	17	24
25	22	53	0	47	7	44	0 N	2	5	48	5	6	18	14	17	14
28	22	40	0	40	9	12	0	37	8	33	5	7	18	13	17	5
31	22	26	0	33	10	38	1	13	11	7	5	7	18	13	16	55

2010 APRIL

Day	Sidereal Time	☉ Long.	☉ Decl.	☽ Long.	☽ Lat.	☽ Decl.
	H M S	° ′ ″	° ′	° ′	° ′	° ′
1	12 37 0	11♈ 9 35	4 N 25	6 ♏ 40	4 S 43	18 S 11
2	12 40 57	12 8 47	4 48	20 31	4 10	21 54
3	12 44 53	13 7 57	5 11	3 ♐ 55	3 25	24 17
4	12 48 50	14 7 5	5 34	16 52	2 30	25 16
5	12 52 46	15 6 12	5 57	29 25	1 29	24 55
6	12 56 43	16 5 16	6 20	11 ♉ 39	0 26	23 21
7	13 0 39	17 4 19	6 42	23 38	0 N 37	20 45
8	13 4 36	18 3 20	7 5	5 ♒ 29	1 38	17 18
9	13 8 32	19 2 19	7 27	17 17	2 35	13 12
10	13 12 29	20 1 16	7 50	29 6	3 25	8 35
11	13 16 26	21 0 12	8 12	11 ♓ 1	4 6	3 38
12	13 20 22	21 59 5	8 34	23 6	4 37	1 N 30
13	13 24 19	22 57 57	8 56	5 ♈ 22	4 55	6 39
14	13 28 15	23 56 47	9 18	17 52	5 0	11 37
15	13 32 12	24 55 35	9 39	0 ♉ 34	4 50	16 12
16	13 36 8	25 54 21	10 1	13 29	4 25	20 5
17	13 40 5	26 53 5	10 22	26 36	3 46	23 3
18	13 44 1	27 51 46	10 43	9 ♊ 54	2 54	24 48
19	13 47 58	28 50 26	11 4	23 23	1 51	25 7
20	13 51 55	29 49 3	11 24	7 ♋ 2	0 41	23 56
21	13 55 51	0 ♉ 47 38	11 45	20 51	0 S 32	21 18
22	13 59 48	1 46 11	12 5	4 ♌ 51	1 44	17 22
23	14 3 44	2 44 42	12 26	19 1	2 51	12 25
24	14 7 41	3 43 11	12 45	3 ♍ 20	3 47	6 45
25	14 11 37	4 41 38	13 5	17 46	4 30	0 41
26	14 15 34	5 40 2	13 25	2 ♎ 13	4 56	5 S 24
27	14 19 30	6 38 25	13 44	16 38	5 2	11 11
28	14 23 27	7 36 45	14 3	0 ♏ 53	4 50	16 18
29	14 27 24	8 35 4	14 22	14 52	4 20	20 26
30	14 31 20	9 33 21	14 40	28 32	3 36	23 21

Day	♆ Lat.	♆ Decl.	♅ Lat.	♅ Decl.	♄ Lat.	♄ Decl.	♃ Lat.	♃ Decl.	♂ Lat.
	° ′	° ′	° ′	° ′	° ′	° ′	° ′	° ′	° ′
1	0 S 26	12 S 39	0 S 43	1 S 42	2 N 34	2 N 9	0 S 59	5 S 56	2 N 54
4	0 26	12 38	0 43	1 38	2 34	2 15	0 59	5 40	2 49
7	0 26	12 36	0 43	1 34	2 34	2 20	0 59	5 24	2 43
10	0 26	12 34	0 43	1 30	2 34	2 25	1 N 0	5 9	2 38
13	0 26	12 33	0 43	1 26	2 34	2 30	1 S 0	4 53	2 32
16	0 26	12 31	0 43	1 22	2 33	2 34	1 1	4 38	2 27
19	0 26	12 30	0 43	1 19	2 33	2 39	1 1	4 23	2 22
22	0 27	12 29	0 43	1 15	2 33	2 43	1 1	4 8	2 18
25	0 27	12 28	0 44	1 12	2 32	2 47	1 2	3 54	2 13
28	0 27	12 26	0 44	1 8	2 32	2 50	1 2	3 40	2 8

APRIL 2010

Day	♆ Long.	♅ Long.	♄ Long.	♃ Long.	♂ Long.	♀ Long.	☿ Long.	♇ Long.
	° ′	° ′	° ′	° ′	° ′	° ′	° ′	° ′
1	27 ♒ 46	27 ♓ 24	0 ♎ 30	17 ♓ 16	2 ♌ 48	0 ♉ 20	27 ♈ 32	5 ♑ 24
2	27 48	27 28	0 R 26	17 29	3 1	1 34	29 9	5 24
3	27 49	27 31	0 21	17 43	3 15	2 48	0 ♉ 42	5 24
4	27 51	27 34	0 17	17 57	3 30	4 2	2 11	5 24
5	27 53	27 38	0 12	18 11	3 45	5 16	3 34	5 24
6	27 55	27 41	0 8	18 24	4 0	6 29	4 52	5 24
7	27 56	27 44	0 3	18 38	4 16	7 43	6 5	5 24
8	27 58	27 48	29 ♍ 59	18 52	4 33	8 57	7 12	5 R 24
9	27 59	27 51	29 55	19 5	4 49	10 11	8 13	5 24
10	28 1	27 54	29 50	19 19	5 6	11 24	9 8	5 24
11	28 3	27 57	29 46	19 32	5 24	12 38	9 56	5 24
12	28 4	28 1	29 42	19 45	5 42	13 52	10 39	5 24
13	28 6	28 4	29 38	19 59	6 0	15 5	11 15	5 24
14	28 7	28 7	29 33	20 12	6 19	16 19	11 44	5 23
15	28 9	28 10	29 29	20 25	6 38	17 32	12 7	5 23
16	28 10	28 13	29 25	20 38	6 58	18 46	12 24	5 23
17	28 11	28 16	29 22	20 51	7 18	19 59	12 35	5 22
18	28 13	28 20	29 18	21 4	7 38	21 12	12 39	5 22
19	28 14	28 23	29 14	21 17	7 59	22 26	12 R 37	5 22
20	28 15	28 26	29 10	21 30	8 19	23 39	12 29	5 21
21	28 17	28 29	29 6	21 43	8 41	24 52	12 16	5 21
22	28 18	28 32	29 3	21 56	9 2	26 5	11 57	5 20
23	28 19	28 35	28 59	22 9	9 24	27 19	11 34	5 20
24	28 20	28 38	28 56	22 21	9 46	28 32	11 6	5 19
25	28 22	28 41	28 52	22 34	10 9	29 45	10 35	5 19
26	28 23	28 43	28 49	22 46	10 32	0 ♊ 58	10 1	5 18
27	28 24	28 46	28 46	22 59	10 55	2 11	9 24	5 18
28	28 25	28 49	28 43	23 11	11 18	3 24	8 46	5 17
29	28 26	28 52	28 40	23 23	11 42	4 37	8 6	5 16
30	28 27	28 55	28 37	23 35	12 6	5 49	7 27	5 16

Day	♂ Decl.	♀ Lat.	♀ Decl.	☿ Lat.	☿ Decl.	♇ Lat.	♇ Decl.	☊
	° ′	° ′	° ′	° ′	° ′	° ′	° ′	° ′
1	22 N 22	0 S 31	11 N 7	1 N 25	11 N 55	5 N 7	18 S 13	16 ♑ 52
4	22 6	0 23	12 30	1 58	14 5	5 7	18 13	16 42
7	21 50	0 16	13 50	2 27	15 51	5 7	18 12	16 33
10	21 32	0 8	15 8	2 48	17 11	5 8	18 12	16 23
13	21 14	0 N 0	16 22	3 0	18 4	5 8	18 12	16 14
16	20 54	0 8	17 32	3 2	18 27	5 8	18 12	16 4
19	20 34	0 16	18 38	2 52	18 21	5 9	18 11	15 55
22	20 12	0 24	19 40	2 29	17 47	5 9	18 11	15 45
25	19 50	0 33	20 37	1 54	16 48	5 9	18 11	15 36
28	19 26	0 41	21 30	1 9	15 31	5 9	18 11	15 26

2010 MAI

Day	Sidereal Time	☉ Long.	☉ Decl.	☽ Long.	☽ Lat.	☽ Decl.
	H M S	° ′ ″	° ′	° ′	° ′	° ′
1	14 35 17	10 ♉ 31 37	14 N 59	11 ♐ 49	2 S 41	24 S 52
2	14 39 13	11 29 50	15 17	24 43	1 40	25 0
3	14 43 10	12 28 2	15 35	7 ♉ 16	0 35	23 49
4	14 47 6	13 26 13	15 52	19 32	0 N 31	21 31
5	14 51 3	14 24 22	16 10	1 ≈ 33	1 34	18 17
6	14 54 59	15 22 29	16 27	13 26	2 32	14 22
7	14 58 56	16 20 36	16 44	25 16	3 23	9 54
8	15 2 53	17 18 40	17 0	7 ♓ 8	4 6	5 5
9	15 6 49	18 16 44	17 16	19 7	4 39	0 2
10	15 10 46	19 14 46	17 32	1 ♈ 16	4 59	5 N 5
11	15 14 42	20 12 46	17 48	13 40	5 6	10 6
12	15 18 39	21 10 45	18 3	26 21	4 58	14 48
13	15 22 35	22 8 43	18 18	9 ♉ 18	4 35	18 56
14	15 26 32	23 6 39	18 33	22 32	3 57	22 13
15	15 30 28	24 4 34	18 47	6 ♊ 2	3 5	24 21
16	15 34 25	25 2 27	19 2	19 44	2 1	25 3
17	15 38 22	26 0 18	19 15	3 ♋ 37	0 49	24 12
18	15 42 18	26 58 8	19 29	17 36	0 S 26	21 51
19	15 46 15	27 55 56	19 42	1 ♌ 41	1 41	18 9
20	15 50 11	28 53 43	19 55	15 50	2 50	13 23
21	15 54 8	29 51 28	20 7	0 ♍ 0	3 48	7 55
22	15 58 4	0 ♊ 49 11	20 19	14 11	4 33	2 2
23	16 2 1	1 46 53	20 31	28 19	5 0	3 S 55
24	16 5 57	2 44 33	20 42	12 ♎ 24	5 10	9 39
25	16 9 54	3 42 11	20 54	26 21	5 1	14 51
26	16 13 51	4 39 49	21 4	10 ♏ 8	4 35	19 12
27	16 17 47	5 37 24	21 15	23 42	3 54	22 28
28	16 21 44	6 34 59	21 24	7 ♐ 1	3 0	24 26
29	16 25 40	7 32 32	21 34	20 2	1 58	25 2
30	16 29 37	8 30 5	21 43	2 ♑ 45	0 52	24 16
31	16 33 33	9 27 36	21 52	15 12	0 N 16	22 18

Day	♆ Lat.	♆ Decl.	♅ Lat.	♅ Decl.	♄ Lat.	♄ Decl.	♃ Lat.	♃ Decl.	♂ Lat.
	° ′	° ′	° ′	° ′	° ′	° ′	° ′	° ′	° ′
1	0 S 27	12 S 25	0 S 44	1 S 5	2 N 31	2 N 53	1 S 3	3 S 26	2 N 4
4	0 27	12 25	0 44	1 2	2 31	2 56	1 3	3 12	2 0
7	0 27	12 24	0 44	0 59	2 30	2 59	1 4	2 59	1 56
10	0 27	12 23	0 44	0 56	2 30	3 1	1 4	2 45	1 51
13	0 27	12 22	0 44	0 53	2 29	3 3	1 5	2 33	1 47
16	0 27	12 22	0 44	0 50	2 29	3 4	1 6	2 20	1 44
19	0 27	12 21	0 44	0 48	2 28	3 5	1 6	2 8	1 40
22	0 27	12 21	0 44	0 45	2 28	3 6	1 7	1 57	1 36
25	0 27	12 21	0 44	0 43	2 27	3 6	1 8	1 46	1 33
28	0 27	12 21	0 44	0 41	2 26	3 6	1 8	1 35	1 29
31	0 27	12 21	0 44	0 39	2 26	3 5	1 9	1 25	1 26

MAI 2010

Day	♆ Long.	♅ Long.	♄ Long.	♃ Long.	♂ Long.	♀ Long.	☿ Long.	♇ Long.
	° ′	° ′	° ′	° ′	° ′	° ′	° ′	° ′
1	28 ♒ 28	28 ♓ 58	28 ♍ 34	23 ♓ 48	12 ♌ 30	7 ♊ 2	6 ♉ 47	5 ♑ 15
2	28 29	29 0	28 R 31	24 0	12 54	8 15	6 R 9	5 R 14
3	28 30	29 3	28 28	24 11	13 19	9 28	5 33	5 14
4	28 31	29 6	28 26	24 23	13 44	10 40	4 59	5 13
5	28 32	29 8	28 23	24 35	14 9	11 53	4 28	5 12
6	28 33	29 11	28 21	24 47	14 35	13 6	4 0	5 11
7	28 33	29 14	28 18	24 58	15 0	14 18	3 36	5 10
8	28 34	29 16	28 16	25 10	15 26	15 31	3 16	5 9
9	28 35	29 19	28 14	25 21	15 52	16 43	3 0	5 8
10	28 36	29 21	28 12	25 33	16 19	17 56	2 49	5 7
11	28 36	29 24	28 9	25 44	16 45	19 8	2 42	5 6
12	28 37	29 26	28 8	25 55	17 12	20 20	2 40	5 5
13	28 38	29 29	28 6	26 6	17 39	21 33	2 D 43	5 4
14	28 38	29 31	28 4	26 17	18 6	22 45	2 50	5 3
15	28 39	29 33	28 2	26 28	18 34	23 57	3 2	5 2
16	28 39	29 35	28 1	26 39	19 1	25 9	3 18	5 1
17	28 40	29 38	27 59	26 49	19 29	26 21	3 39	5 0
18	28 40	29 40	27 58	27 0	19 57	27 33	4 4	4 59
19	28 41	29 42	27 57	27 10	20 25	28 45	4 34	4 58
20	28 41	29 44	27 56	27 21	20 54	29 57	5 7	4 56
21	28 42	29 46	27 55	27 31	21 22	1 ♋ 9	5 44	4 55
22	28 42	29 48	27 54	27 41	21 51	2 21	6 25	4 54
23	28 42	29 50	27 53	27 51	22 20	3 32	7 10	4 53
24	28 42	29 52	27 52	28 1	22 49	4 44	7 59	4 51
25	28 43	29 54	27 51	28 11	23 18	5 56	8 51	4 50
26	28 43	29 56	27 51	28 20	23 48	7 7	9 46	4 49
27	28 43	29 58	27 50	28 30	24 17	8 19	10 45	4 48
28	28 43	0 ♈ 0	27 50	28 39	24 47	9 30	11 47	4 46
29	28 43	0 R 2	27 50	28 48	25 17	10 41	12 52	4 45
30	28 43	0 D 3	27 50	28 58	25 47	11 53	14 0	4 44
31	28 43	0 5	27 50	29 7	26 17	13 4	15 11	4 42

Day	♂ Decl.	♀ Lat.	♀ Decl.	☿ Lat.	☿ Decl.	♇ Lat.	♇ Decl.	☊
	° ′	° ′	° ′	° ′	° ′	° ′	° ′	° ′
1	19 N 2	0 N 49	22 N 17	0 N 19	14 N 5	5 N 10	18 S 11	15 ♑ 17
4	18 37	0 56	22 59	0 S 32	12 40	5 10	18 11	15 7
7	18 10	1 4	23 34	1 21	11 27	5 10	18 11	14 57
10	17 43	1 11	24 4	2 3	10 31	5 10	18 10	14 48
13	17 15	1 18	24 28	2 38	9 56	5 10	18 10	14 38
16	16 46	1 25	24 46	3 4	9 44	5 10	18 10	14 29
19	16 15	1 31	24 57	3 21	9 53	5 10	18 10	14 19
22	15 44	1 37	25 2	3 30	10 21	5 11	18 10	14 10
25	15 12	1 42	25 0	3 31	11 7	5 11	18 11	14 0
28	14 40	1 47	24 52	3 25	12 6	5 11	18 11	13 51
31	14 6	1 51	24 38	3 14	13 18	5 11	18 11	13 41

Day	Sidereal Time	☉ Long.	☉ Decl.	☽ Long.	☽ Lat.	☽ Decl.
	H M S	° ′ ″	° ′	° ′	° ′	° ′
1	16 37 30	10 ♊ 25 6	22 N 1	27 ♑ 24	1 N 22	19 S 20
2	16 41 26	11 22 36	22 9	9 ♒ 26	2 23	15 35
3	16 45 23	12 20 4	22 16	21 19	3 18	11 16
4	16 49 20	13 17 32	22 24	3 ♓ 10	4 4	6 33
5	16 53 16	14 14 59	22 31	15 3	4 39	1 36
6	16 57 13	15 12 26	22 37	27 3	5 3	3 N 28
7	17 1 9	16 9 52	22 43	9 ♈ 15	5 14	8 28
8	17 5 6	17 7 17	22 49	21 41	5 10	13 14
9	17 9 2	18 4 42	22 54	4 ♉ 27	4 51	17 34
10	17 12 59	19 2 5	22 59	17 34	4 16	21 10
11	17 16 55	19 59 29	23 4	1 ♊ 1	3 27	23 44
12	17 20 52	20 56 51	23 8	14 49	2 24	24 58
13	17 24 49	21 54 13	23 11	28 54	1 12	24 38
14	17 28 45	22 51 34	23 15	13 ♋ 12	0 S 7	22 40
15	17 32 42	23 48 54	23 18	27 38	1 25	19 14
16	17 36 38	24 46 13	23 20	12 ♌ 7	2 39	14 37
17	17 40 35	25 43 32	23 22	26 35	3 42	9 10
18	17 44 31	26 40 50	23 24	10 ♍ 56	4 31	3 17
19	17 48 28	27 38 7	23 25	25 9	5 3	2 S 43
20	17 52 24	28 35 23	23 26	9 ♎ 12	5 16	8 29
21	17 56 21	29 32 38	23 26	23 1	5 11	13 45
22	18 0 18	0 ♋ 29 53	23 26	6 ♏ 38	4 48	18 15
23	18 4 14	1 27 7	23 26	20 1	4 10	21 45
24	18 8 11	2 24 20	23 25	3 ♐ 9	3 19	24 2
25	18 12 7	3 21 33	23 24	16 4	2 19	25 0
26	18 16 4	4 18 46	23 22	28 45	1 13	24 38
27	18 20 0	5 15 58	23 20	11 ♑ 13	0 4	23 2
28	18 23 57	6 13 9	23 18	23 29	1 N 4	20 21
29	18 27 53	7 10 21	23 15	5 ♒ 35	2 8	16 49
30	18 31 50	8 7 33	23 11	17 33	3 5	12 38

Day	♆ Lat.	♆ Decl.	♅ Lat.	♅ Decl.	♄ Lat.	♄ Decl.	♃ Lat.	♃ Decl.	♂ Lat.
	° ′	° ′	° ′	° ′	° ′	° ′	° ′	° ′	° ′
1	0 S 27	12 S 21	0 S 44	0 S 38	2 N 25	3 N 5	1 S 9	1 S 21	1 N 25
4	0 28	12 21	0 45	0 36	2 25	3 4	1 10	1 12	1 21
7	0 28	12 21	0 45	0 35	2 24	3 3	1 11	1 2	1 18
10	0 28	12 22	0 45	0 33	2 24	3 1	1 11	0 54	1 15
13	0 28	12 22	0 45	0 32	2 23	2 59	1 12	0 46	1 12
16	0 28	12 22	0 45	0 31	2 22	2 57	1 13	0 38	1 9
19	0 28	12 23	0 45	0 30	2 22	2 54	1 14	0 31	1 6
22	0 28	12 24	0 45	0 29	2 21	2 51	1 15	0 25	1 3
25	0 28	12 25	0 45	0 29	2 20	2 48	1 15	0 19	1 0
28	0 28	12 26	0 45	0 28	2 20	2 44	1 16	0 14	0 57

JUNI 2010

Day	♆ Long.	♅ Long.	♄ Long.	♃ Long.	♂ Long.	♀ Long.	☿ Long.	♇ Long.
	° ′	° ′	° ′	° ′	° ′	° ′	° ′	° ′
1	28 ♒ 43	0 ♈ 7	27 ♍ 50	29 ♓ 16	26 ♌ 47	14 ♋ 15	16 ♉ 25	4 ♑ 41
2	28 R 43	0 8	27 50	29 24	27 18	15 26	17 42	4 R 39
3	28 43	0 10	27 50	29 33	27 48	16 37	19 2	4 38
4	28 43	0 11	27 51	29 41	28 19	17 48	20 24	4 36
5	28 43	0 13	27 51	29 50	28 50	18 59	21 49	4 35
6	28 43	0 14	27 52	29 58	29 21	20 10	23 17	4 34
7	28 43	0 16	27 52	0 ♈ 6	29 52	21 21	24 48	4 32
8	28 43	0 17	27 53	0 14	0 ♍ 23	22 31	26 22	4 31
9	28 42	0 18	27 54	0 22	0 55	23 42	27 58	4 29
10	28 42	0 20	27 55	0 30	1 26	24 53	29 37	4 28
11	28 42	0 21	27 56	0 37	1 58	26 3	1 ♊ 18	4 26
12	28 41	0 22	27 57	0 45	2 30	27 14	3 2	4 24
13	28 41	0 23	27 59	0 52	3 2	28 24	4 49	4 23
14	28 41	0 24	28 0	0 59	3 34	29 34	6 38	4 21
15	28 40	0 25	28 2	1 6	4 6	0 ♌ 44	8 30	4 20
16	28 40	0 26	28 3	1 13	4 38	1 55	10 24	4 18
17	28 39	0 27	28 5	1 19	5 11	3 5	12 21	4 17
18	28 39	0 28	28 7	1 26	5 43	4 14	14 20	4 15
19	28 38	0 29	28 9	1 32	6 16	5 24	16 21	4 14
20	28 37	0 30	28 11	1 38	6 49	6 34	18 24	4 12
21	28 37	0 30	28 13	1 45	7 22	7 44	20 29	4 10
22	28 36	0 31	28 15	1 50	7 55	8 53	22 36	4 9
23	28 36	0 32	28 17	1 56	8 28	10 3	24 44	4 7
24	28 35	0 32	28 19	2 2	9 1	11 12	26 53	4 6
25	28 34	0 33	28 22	2 7	9 34	12 21	29 3	4 4
26	28 33	0 33	28 24	2 12	10 8	13 31	1 ♋ 14	4 3
27	28 33	0 34	28 27	2 17	10 41	14 40	3 25	4 1
28	28 32	0 34	28 30	2 22	11 15	15 49	5 36	3 59
29	28 31	0 34	28 33	2 27	11 49	16 57	7 47	3 58
30	28 30	0 35	28 36	2 31	12 22	18 6	9 58	3 56

Day	♂ Decl.	♀ Lat.	♀ Decl.	☿ Lat.	☿ Decl.	♇ Lat.	♇ Decl.	☊
	° ′	° ′	° ′	° ′	° ′	° ′	° ′	° ′
1	13 N 55	1 N 52	24 N 32	3 S 8	13 N 44	5 N 11	18 S 11	13 ♑ 38
4	13 20	1 55	24 9	2 49	15 8	5 11	18 11	13 28
7	12 44	1 57	23 41	2 25	16 37	5 11	18 11	13 19
10	12 8	1 59	23 6	1 58	18 9	5 11	18 11	13 9
13	11 30	2 0	22 26	1 27	19 40	5 10	18 12	13 0
16	10 52	2 0	21 41	0 54	21 7	5 10	18 12	12 50
19	10 14	1 59	20 51	0 20	22 25	5 10	18 12	12 41
22	9 34	1 58	19 56	0 N 13	23 27	5 10	18 13	12 31
25	8 54	1 55	18 56	0 44	24 10	5 10	18 13	12 22
28	8 13	1 52	17 53	1 10	24 29	5 9	18 13	12 12

2010 JULI

Day	Sidereal Time	☉ Long.			☉ Decl.		☽ Long.		☽ Lat.		☽ Decl.	
	H M S	°	′	″	°	′	°	′	°	′	°	′
1	18 35 47	9 ♋	4	44	23 N	8	29 ≈	25	3 N 54		8 S	1
2	18 39 43	10	1	56	23	4	11 ♓	16	4	33	3	8
3	18 43 40	10	59	8	22	59	23	9	5	0	1 N 53	
4	18 47 36	11	56	20	22	54	5 ♈	8	5	15	6	52
5	18 51 33	12	53	32	22	49	17	19	5	16	11	39
6	18 55 29	13	50	45	22	43	29	44	5	2	16	5
7	18 59 26	14	47	57	22	37	12 ♉	29	4	34	19	55
8	19 3 22	15	45	10	22	31	25	37	3	50	22	53
9	19 7 19	16	42	24	22	24	9 ♊	9	2	52	24	39
10	19 11 16	17	39	37	22	16	23	5	1	43	24	58
11	19 15 12	18	36	51	22	9	7 ♋	25	0	25	23	39
12	19 19 9	19	34	5	22	1	22	3	0 S 55		20	43
13	19 23 5	20	31	20	21	52	6 ♌	52	2	14	16	24
14	19 27 2	21	28	34	21	43	21	46	3	23	11	3
15	19 30 58	22	25	49	21	34	6 ♍	37	4	18	5	5
16	19 34 55	23	23	3	21	25	21	18	4	56	1 S 5	
17	19 38 51	24	20	18	21	15	5 ♎	43	5	15	7	5
18	19 42 48	25	17	33	21	5	19	49	5	14	12	35
19	19 46 45	26	14	48	20	54	3 ♏	34	4	54	17	19
20	19 50 41	27	12	4	20	43	16	59	4	19	21	3
21	19 54 38	28	9	19	20	32	0 ♐	5	3	31	23	36
22	19 58 34	29	6	35	20	20	12	55	2	34	24	53
23	20 2 31	0 ♌	3	51	20	8	25	30	1	30	24	51
24	20 6 27	1	1	8	19	56	7 ♑	53	0	22	23	35
25	20 10 24	1	58	25	19	43	20	6	0 N 45		21	12
26	20 14 20	2	55	42	19	30	2 ≈	11	1	49	17	54
27	20 18 17	3	53	0	19	17	14	9	2	48	13	54
28	20 22 14	4	50	19	19	3	26	2	3	39	9	24
29	20 26 10	5	47	39	18	49	7 ♓	53	4	21	4	35
30	20 30 7	6	45	0	18	35	19	44	4	51	0 N 24	
31	20 34 3	7	42	21	18	20	1 ♈	38	5	9	5	22

Day	♆ Lat.	♆ Decl.	♅ Lat.	♅ Decl.	♄ Lat.	♄ Decl.	♃ Lat.	♃ Decl.	♂ Lat.
	° ′	° ′	° ′	° ′	° ′	° ′	° ′	° ′	° ′
1	0 S 28	12 S 26	0 S 45	0 S 28	2 N 19	2 N 40	1 S 17	0 S 9	0 N 54
4	0 28	12 28	0 46	0 28	2 18	2 36	1 18	0 5	0 51
7	0 28	12 29	0 46	0 28	2 18	2 31	1 19	0 2	0 49
10	0 28	12 30	0 46	0 28	2 17	2 26	1 20	0 N 1	0 46
13	0 28	12 31	0 46	0 29	2 17	2 21	1 21	0 3	0 43
16	0 29	12 32	0 46	0 29	2 16	2 15	1 22	0 4	0 41
19	0 29	12 34	0 46	0 30	2 16	2 9	1 23	0 5	0 38
22	0 29	12 35	0 46	0 31	2 15	2 3	1 23	0 4	0 36
25	0 29	12 37	0 46	0 32	2 15	1 57	1 24	0 4	0 33
28	0 29	12 38	0 46	0 33	2 14	1 51	1 25	0 2	0 31
31	0 29	12 40	0 47	0 35	2 14	1 44	1 26	0 0	0 28

JULI 2010

Day	♆ Long.	♅ Long.	♄ Long.	♃ Long.	♂ Long.	♀ Long.	☿ Long.	♇ Long.
	° ′	° ′	° ′	° ′	° ′	° ′	° ′	° ′
1	28 ♒ 29	0 ♈ 35	28 ♍ 39	2 ♈ 36	12 ♍ 56	19 ♌ 15	12 ♋ 8	3 ♑ 55
2	28 R 28	0 35	28 42	2 40	13 30	20 23	14 17	3 R 53
3	28 27	0 35	28 45	2 44	14 5	21 32	16 25	3 52
4	28 26	0 35	28 48	2 48	14 39	22 40	18 31	3 50
5	28 25	0 36	28 52	2 51	15 13	23 48	20 36	3 48
6	28 24	0 36	28 55	2 55	15 48	24 56	22 40	3 47
7	28 23	0 R 35	28 59	2 58	16 22	26 4	24 42	3 45
8	28 22	0 35	29 2	3 1	16 57	27 12	26 42	3 44
9	28 21	0 35	29 6	3 4	17 31	28 20	28 40	3 42
10	28 20	0 35	29 10	3 7	18 6	29 27	0 ♌ 37	3 41
11	28 19	0 35	29 14	3 9	18 41	0 ♍ 35	2 31	3 39
12	28 18	0 35	29 18	3 11	19 16	1 42	4 24	3 38
13	28 16	0 34	29 22	3 14	19 51	2 49	6 15	3 36
14	28 15	0 34	29 26	3 15	20 26	3 56	8 4	3 35
15	28 14	0 33	29 30	3 17	21 2	5 3	9 51	3 33
16	28 13	0 33	29 34	3 19	21 37	6 10	11 36	3 32
17	28 11	0 32	29 39	3 20	22 12	7 17	13 19	3 30
18	28 10	0 32	29 43	3 21	22 48	8 23	15 0	3 29
19	28 9	0 31	29 48	3 22	23 23	9 29	16 40	3 28
20	28 8	0 31	29 52	3 23	23 59	10 35	18 17	3 26
21	28 6	0 30	29 57	3 24	24 35	11 41	19 53	3 25
22	28 5	0 29	0 ♎ 2	3 24	25 11	12 47	21 27	3 23
23	28 3	0 28	0 6	3 24	25 47	13 52	22 58	3 22
24	28 2	0 28	0 11	3 R 24	26 23	14 58	24 28	3 21
25	28 1	0 27	0 16	3 24	26 59	16 3	25 56	3 19
26	27 59	0 26	0 21	3 24	27 35	17 8	27 22	3 18
27	27 58	0 25	0 26	3 23	28 11	18 13	28 46	3 17
28	27 56	0 24	0 31	3 22	28 48	19 17	0 ♍ 8	3 16
29	27 55	0 23	0 37	3 21	29 24	20 21	1 28	3 14
30	27 53	0 22	0 42	3 20	0 ♎ 1	21 26	2 45	3 13
31	27 52	0 20	0 47	3 19	0 37	22 29	4 1	3 12

Day	♂ Decl.	♀ Lat.	♀ Decl.	☿ Lat.	☿ Decl.	♇ Lat.	♇ Decl.	☊
	° ′	° ′	° ′	° ′	° ′	° ′	° ′	° ′
1	7 N 32	1 N 48	16 N 45	1 N 30	24 N 23	5 N 9	18 S 14	12 ♑ 3
4	6 50	1 42	15 34	1 44	23 52	5 9	18 14	11 53
7	6 8	1 36	14 20	1 51	23 0	5 8	18 15	11 44
10	5 25	1 29	13 3	1 51	21 49	5 8	18 15	11 34
13	4 41	1 21	11 44	1 45	20 25	5 8	18 16	11 25
16	3 57	1 12	10 22	1 35	18 49	5 7	18 16	11 15
19	3 13	1 2	8 58	1 19	17 6	5 7	18 17	11 6
22	2 28	0 51	7 33	1 0	15 18	5 6	18 18	10 56
25	1 43	0 39	6 6	0 36	13 27	5 6	18 18	10 46
28	0 57	0 26	4 39	0 10	11 35	5 5	18 19	10 37
31	0 11	0 12	3 10	0 S 19	9 44	5 5	18 20	10 27

2010 AUGUST

Day	Sidereal Time	☉ Long.	☉ Decl.	☽ Long.	☽ Lat.	☽ Decl.
	H M S	° ′ ″	° ′	° ′	° ′	° ′
1	20 38 0	8 ♌ 39 44	18 N 6	13 ♈ 37	5 N 13	10 N 11
2	20 41 56	9 37 8	17 50	25 47	5 4	14 40
3	20 45 53	10 34 33	17 35	8 ♉ 9	4 40	18 39
4	20 49 49	11 31 59	17 19	20 50	4 3	21 52
5	20 53 46	12 29 26	17 3	3 ♊ 53	3 12	24 4
6	20 57 43	13 26 54	16 47	17 21	2 9	24 59
7	21 1 39	14 24 24	16 30	1 ♋ 16	0 56	24 22
8	21 5 36	15 21 55	16 14	15 37	0 S 22	22 10
9	21 9 32	16 19 27	15 57	0 ♌ 22	1 40	18 26
10	21 13 29	17 17 0	15 39	15 25	2 54	13 27
11	21 17 25	18 14 34	15 22	0 ♍ 37	3 55	7 35
12	21 21 22	19 12 9	15 4	15 47	4 40	1 18
13	21 25 18	20 9 45	14 46	0 ♎ 47	5 5	4 S 59
14	21 29 15	21 7 23	14 27	15 28	5 10	10 51
15	21 33 12	22 5 1	14 9	29 44	4 55	15 58
16	21 37 8	23 2 40	13 50	13 ♏ 33	4 22	20 4
17	21 41 5	24 0 21	13 31	26 57	3 37	22 59
18	21 45 1	24 58 2	13 12	9 ♐ 56	2 41	24 35
19	21 48 58	25 55 44	12 53	22 35	1 39	24 52
20	21 52 54	26 53 28	12 33	4 ♑ 58	0 33	23 54
21	21 56 51	27 51 13	12 13	17 9	0 N 32	21 48
22	22 0 47	28 48 58	11 53	29 11	1 36	18 46
23	22 4 44	29 46 45	11 33	11 ♒ 6	2 34	14 58
24	22 8 41	0 ♍ 44 34	11 13	22 59	3 26	10 37
25	22 12 37	1 42 24	10 52	4 ♓ 50	4 8	5 53
26	22 16 34	2 40 15	10 31	16 42	4 39	0 58
27	22 20 30	3 38 8	10 10	28 35	4 59	4 N 0
28	22 24 27	4 36 2	9 49	10 ♈ 32	5 5	8 51
29	22 28 23	5 33 59	9 28	22 36	4 58	13 24
30	22 32 20	6 31 57	9 7	4 ♉ 47	4 38	17 28
31	22 36 16	7 29 56	8 45	17 11	4 4	20 51

Day	♆ Lat.	♆ Decl.	♅ Lat.	♅ Decl.	♄ Lat.	♄ Decl.	♃ Lat.	♃ Decl.	♂ Lat.
	° ′	° ′	° ′	° ′	° ′	° ′	° ′	° ′	° ′
1	0 S 29	12 S 41	0 S 47	0 S 35	2 N 14	1 N 42	1 S 26	0 S 1	0 N 28
4	0 29	12 42	0 47	0 37	2 13	1 35	1 27	0 4	0 25
7	0 29	12 44	0 47	0 38	2 13	1 27	1 28	0 8	0 23
10	0 29	12 46	0 47	0 40	2 12	1 20	1 29	0 12	0 20
13	0 29	12 47	0 47	0 42	2 12	1 13	1 30	0 17	0 18
16	0 29	12 49	0 47	0 44	2 12	1 5	1 31	0 23	0 16
19	0 29	12 51	0 47	0 47	2 11	0 57	1 31	0 29	0 14
22	0 29	12 52	0 47	0 49	2 11	0 49	1 32	0 36	0 11
25	0 29	12 54	0 47	0 51	2 11	0 41	1 33	0 44	0 9
28	0 29	12 56	0 47	0 54	2 11	0 33	1 33	0 52	0 7
31	0 29	12 57	0 47	0 56	2 10	0 24	1 34	1 N 0	0 5

AUGUST 2010

Day	♆ Long.	♅ Long.	♄ Long.	♃ Long.	♂ Long.	♀ Long.	☿ Long.	♇ Long.
	° ′	° ′	° ′	° ′	° ′	° ′	° ′	° ′
1	27 ♒ 50	0 ♈ 19	0 ♎ 53	3 ♈ 17	1 ♎ 14	23 ♍ 33	5 ♍ 14	3 ♑ 11
2	27 R 49	0 R 18	0 58	3 R 15	1 51	24 37	6 25	3 R 9
3	27 47	0 17	1 4	3 13	2 27	25 40	7 34	3 8
4	27 46	0 16	1 9	3 11	3 4	26 43	8 41	3 7
5	27 44	0 14	1 15	3 9	3 41	27 45	9 44	3 6
6	27 43	0 13	1 21	3 6	4 18	28 48	10 46	3 5
7	27 41	0 11	1 26	3 4	4 56	29 50	11 44	3 4
8	27 39	0 10	1 32	3 1	5 33	0 ♎ 52	12 40	3 3
9	27 38	0 8	1 38	2 58	6 10	1 54	13 32	3 2
10	27 36	0 7	1 44	2 54	6 48	2 55	14 22	3 1
11	27 35	0 5	1 50	2 51	7 25	3 56	15 8	3 0
12	27 33	0 4	1 56	2 47	8 3	4 57	15 51	2 59
13	27 31	0 2	2 2	2 43	8 40	5 57	16 30	2 58
14	27 30	0 0	2 8	2 39	9 18	6 57	17 5	2 57
15	27 ♒ 28	29 ♓ 59	2 15	2 35	9 56	7 57	17 36	2 56
16	27 26	29 R 57	2 21	2 31	10 33	8 56	18 2	2 56
17	27 25	29 55	2 27	2 26	11 11	9 55	18 25	2 55
18	27 23	29 53	2 34	2 21	11 49	10 54	18 42	2 54
19	27 22	29 51	2 40	2 16	12 27	11 52	18 54	2 53
20	27 20	29 50	2 46	2 11	13 6	12 50	19 2	2 52
21	27 18	29 48	2 53	2 6	13 44	13 47	19 3	2 52
22	27 17	29 46	2 59	2 1	14 22	14 44	19 R 0	2 51
23	27 15	29 44	3 6	1 55	15 0	15 41	18 50	2 50
24	27 13	29 42	3 13	1 50	15 39	16 37	18 35	2 50
25	27 12	29 40	3 19	1 44	16 17	17 32	18 14	2 49
26	27 10	29 38	3 26	1 38	16 56	18 27	17 47	2 49
27	27 9	29 36	3 33	1 32	17 35	19 22	17 14	2 48
28	27 7	29 34	3 39	1 26	18 13	20 16	16 36	2 48
29	27 5	29 31	3 46	1 19	18 52	21 10	15 53	2 47
30	27 4	29 29	3 53	1 13	19 31	22 3	15 5	2 47
31	27 2	29 27	4 0	1 6	20 10	22 55	14 13	2 46

Day	♂ Decl.	♀ Lat.	♀ Decl.	☿ Lat.	☿ Decl.	♇ Lat.	♇ Decl.	☊
	° ′	° ′	° ′	° ′	° ′	° ′	° ′	° ′
1	0 S 4	0 N 8	2 N 41	0 S 29	9 N 8	5 N 4	18 S 20	10 ♑ 24
4	0 50	0 S 7	1 12	1 1	7 23	5 4	18 20	10 15
7	1 37	0 23	0 S 17	1 34	5 43	5 3	18 21	10 5
10	2 23	0 39	1 46	2 8	4 11	5 2	18 22	9 56
13	3 10	0 57	3 14	2 42	2 51	5 2	18 23	9 46
16	3 56	1 15	4 41	3 15	1 44	5 1	18 23	9 37
19	4 43	1 34	6 8	3 45	0 56	5 0	18 24	9 27
22	5 29	1 53	7 33	4 11	0 31	5 0	18 25	9 17
25	6 16	2 13	8 56	4 28	0 32	4 59	18 26	9 8
28	7 2	2 34	10 18	4 34	1 5	4 58	18 27	8 58
31	7 48	2 55	11 37	4 25	2 7	4 57	18 27	8 49

2010 SEPTEMBER

Day	Sidereal Time	☉ Long.	☉ Decl.	☽ Long.	☽ Lat.	☽ Decl.
	H M S	° ′ ″	° ′	° ′	° ′	° ′
1	22 40 13	8 ♍ 27 58	8 N 24	29 ♉ 49	3 N 18	23 N 20
2	22 44 10	9 26 2	8 2	12 ♊ 46	2 20	24 39
3	22 48 6	10 24 7	7 40	26 6	1 14	24 37
4	22 52 3	11 22 14	7 18	9 ♋ 52	0 1	23 5
5	22 55 59	12 20 24	6 56	24 5	1 S 14	20 5
6	22 59 56	13 18 35	6 34	8 ♌ 44	2 27	15 43
7	23 3 52	14 16 48	6 11	23 44	3 30	10 18
8	23 7 49	15 15 2	5 49	8 ♍ 58	4 20	4 11
9	23 11 45	16 13 19	5 26	24 16	4 52	2 S 11
10	23 15 42	17 11 37	5 3	9 ♎ 26	5 3	8 22
11	23 19 39	18 9 57	4 41	24 18	4 53	13 57
12	23 23 35	19 8 19	4 18	8 ♏ 45	4 24	18 35
13	23 27 32	20 6 43	3 55	22 43	3 40	21 59
14	23 31 28	21 5 8	3 32	6 ♐ 11	2 45	24 3
15	23 35 25	22 3 34	3 9	19 11	1 43	24 43
16	23 39 21	23 2 2	2 46	1 ♑ 49	0 38	24 3
17	23 43 18	24 0 32	2 23	14 7	0 N 27	22 14
18	23 47 14	24 59 4	2 0	26 12	1 30	19 26
19	23 51 11	25 57 37	1 36	8 ♒ 9	2 28	15 51
20	23 55 8	26 56 12	1 13	20 0	3 19	11 40
21	23 59 4	27 54 49	0 50	1 ♓ 50	4 1	7 4
22	0 3 1	28 53 27	0 26	13 42	4 33	2 13
23	0 6 57	29 52 7	0 3	25 36	4 52	2 N 44
24	0 10 54	0 ♎ 50 50	0 S 20	7 ♈ 36	5 0	7 36
25	0 14 50	1 49 34	0 44	19 41	4 53	12 13
26	0 18 47	2 48 20	1 7	1 ♉ 54	4 34	16 24
27	0 22 43	3 47 9	1 30	14 14	4 1	19 56
28	0 26 40	4 46 0	1 54	26 45	3 16	22 36
29	0 30 37	5 44 52	2 17	9 ♊ 27	2 21	24 12
30	0 34 33	6 43 48	2 40	22 25	1 18	24 31

Day	♆ Lat.	♆ Decl.	♅ Lat.	♅ Decl.	♄ Lat.	♄ Decl.	♃ Lat.	♃ Decl.	♂ Lat.
	° ′	° ′	° ′	° ′	° ′	° ′	° ′	° ′	° ′
1	0 S 29	12 S 58	0 S 47	0 S 57	2 N 10	0 N 22	1 S 34	1 S 3	0 N 4
4	0 29	13 0	0 47	1 N 0	2 10	0 13	1 34	1 11	0 2
7	0 29	13 1	0 47	1 S 3	2 10	0 5	1 35	1 20	0 0
10	0 29	13 3	0 47	1 6	2 10	0 S 4	1 35	1 30	0 S 2
13	0 29	13 4	0 47	1 8	2 10	0 13	1 36	1 39	0 4
16	0 29	13 6	0 47	1 11	2 10	0 21	1 36	1 49	0 6
19	0 29	13 7	0 47	1 14	2 10	0 30	1 36	1 59	0 8
22	0 29	13 9	0 47	1 17	2 10	0 39	1 36	2 8	0 10
25	0 29	13 10	0 47	1 20	2 10	0 47	1 36	2 18	0 12
28	0 29	13 11	0 47	1 23	2 10	0 56	1 36	2 27	0 14

SEPTEMBER 2010

Day	♆ Long.	♅ Long.	♄ Long.	♃ Long.	♂ Long.	♀ Long.	☿ Long.	♇ Long.
	° ′	° ′	° ′	° ′	° ′	° ′	° ′	° ′
1	27 ♒ 0	29 ♓ 25	4 ♎ 7	0 ♈ 59	20 ♎ 49	23 ♎ 47	13 ♍ 19	2 ♑ 46
2	26 R 59	29 R 23	4 14	0 R 52	21 28	24 38	12 R 22	2 R 46
3	26 57	29 20	4 21	0 45	22 7	25 28	11 25	2 45
4	26 56	29 18	4 28	0 38	22 46	26 18	10 28	2 45
5	26 54	29 16	4 35	0 31	23 26	27 7	9 32	2 45
6	26 53	29 14	4 42	0 24	24 5	27 55	8 40	2 45
7	26 51	29 11	4 49	0 17	24 44	28 43	7 51	2 44
8	26 49	29 9	4 56	0 9	25 24	29 30	7 8	2 44
9	26 48	29 7	5 3	0 2	26 4	0 ♏ 16	6 31	2 44
10	26 46	29 4	5 ♎ 10	29 ♓ 54	26 43	1 1	6 1	2 44
11	26 45	29 2	5 18	29 R 46	27 23	1 45	5 40	2 44
12	26 43	29 0	5 25	29 39	28 3	2 28	5 26	2 44
13	26 42	28 57	5 32	29 31	28 43	3 11	5 22	2 D 44
14	26 41	28 55	5 39	29 23	29 23	3 52	5 D 27	2 44
15	26 39	28 53	5 46	29 15	0 ♏ 3	4 32	5 41	2 44
16	26 38	28 50	5 54	29 7	0 43	5 11	6 5	2 44
17	26 36	28 48	6 1	28 59	1 23	5 50	6 37	2 44
18	26 35	28 45	6 8	28 51	2 3	6 26	7 19	2 44
19	26 33	28 43	6 16	28 43	2 43	7 2	8 8	2 45
20	26 32	28 41	6 23	28 35	3 24	7 36	9 6	2 45
21	26 31	28 38	6 30	28 27	4 4	8 9	10 10	2 45
22	26 29	28 36	6 38	28 19	4 45	8 41	11 22	2 45
23	26 28	28 33	6 45	28 11	5 25	9 11	12 39	2 46
24	26 27	28 31	6 52	28 3	6 6	9 40	14 2	2 46
25	26 26	28 29	7 0	27 55	6 47	10 7	15 29	2 46
26	26 24	28 26	7 7	27 47	7 27	10 33	17 1	2 47
27	26 23	28 24	7 15	27 39	8 8	10 57	18 36	2 47
28	26 22	28 21	7 22	27 31	8 49	11 19	20 14	2 48
29	26 21	28 19	7 29	27 24	9 30	11 40	21 55	2 48
30	26 20	28 17	7 37	27 16	10 11	11 58	23 38	2 49

Day	♂ Decl.	♀ Lat.	♀ Decl.	☿ Lat.	☿ Decl.	♇ Lat.	♇ Decl.	☊
	° ′	° ′	° ′	° ′	° ′	° ′	° ′	° ′
1	8 S 4	3 S 2	12 S 3	4 S 19	2 N 34	4 N 57	18 S 28	8 ♑ 46
4	8 49	3 24	13 19	3 47	4 8	4 56	18 29	8 36
7	9 35	3 46	14 32	3 1	5 50	4 55	18 29	8 27
10	10 20	4 8	15 42	2 5	7 22	4 54	18 30	8 17
13	11 5	4 31	16 48	1 7	8 30	4 54	18 31	8 8
16	11 49	4 53	17 51	0 12	9 5	4 53	18 32	7 58
19	12 33	5 15	18 49	0 N 34	9 2	4 52	18 33	7 49
22	13 16	5 36	19 42	1 9	8 22	4 51	18 34	7 39
25	13 58	5 57	20 29	1 34	7 10	4 50	18 34	7 29
28	14 40	6 17	21 11	1 48	5 31	4 49	18 35	7 20

2010 OKTOBER

Day	Sidereal Time H M S	☉ Long. ° ′ ″	☉ Decl. ° ′	☽ Long. ° ′	☽ Lat. ° ′	☽ Decl. ° ′
1	0 38 30	7 ♎ 42 45	3 S 4	5 ♋ 41	0 N 8	23 N 27
2	0 42 26	8 41 45	3 27	19 19	1 S 3	21 0
3	0 46 23	9 40 47	3 50	3 ♌ 19	2 13	17 15
4	0 50 19	10 39 51	4 13	17 43	3 16	12 24
5	0 54 16	11 38 57	4 36	2 ♍ 28	4 8	6 44
6	0 58 12	12 38 6	5 0	17 28	4 43	0 36
7	1 2 9	13 37 17	5 23	2 ♎ 36	4 59	5 S 37
8	1 6 6	14 36 30	5 46	17 40	4 55	11 28
9	1 10 2	15 36 45	6 8	2 ♏ 32	4 30	16 34
10	1 13 59	16 35 1	6 31	17 1	3 48	20 34
11	1 17 55	17 34 20	6 54	1 ♐ 3	2 54	23 12
12	1 21 52	18 33 41	7 16	14 37	1 51	24 23
13	1 25 48	19 33 4	7 39	27 42	0 44	24 24
14	1 29 45	20 32 28	8 1	10 ♑ 23	0 N 24	22 38
15	1 33 41	21 31 55	8 24	22 43	1 28	20 5
16	1 37 38	22 31 23	8 46	4 ♒ 48	2 27	16 41
17	1 41 35	23 30 53	9 8	16 44	3 18	12 40
18	1 45 31	24 30 24	9 30	28 35	4 1	8 12
19	1 49 28	25 29 58	9 52	10 ♓ 25	4 33	3 27
20	1 53 24	26 29 33	10 13	22 19	4 54	1 N 27
21	1 57 21	27 29 10	10 35	4 ♈ 18	5 2	6 19
22	2 1 17	28 28 49	10 56	16 26	4 56	11 1
23	2 5 14	29 28 30	11 17	28 42	4 36	15 19
24	2 9 10	0 ♏ 28 13	11 38	11 ♉ 8	4 4	19 2
25	2 13 7	1 27 58	11 59	23 45	3 19	21 55
26	2 17 4	2 27 45	12 20	6 ♊ 31	2 23	23 45
27	2 21 0	3 27 34	12 40	19 28	1 19	24 20
28	2 24 57	4 27 25	13 0	2 ♋ 37	0 10	23 34
29	2 28 53	5 27 19	13 20	15 59	1 S 1	21 28
30	2 32 50	6 27 15	13 40	29 37	2 11	18 6
31	2 36 46	7 27 12	14 0	13 ♌ 31	3 13	13 41

Day	♆ Lat.	♆ Decl.	♅ Lat.	♅ Decl.	♄ Lat.	♄ Decl.	♃ Lat.	♃ Decl.	♂ Lat.
	° ′	° ′	° ′	° ′	° ′	° ′	° ′	° ′	° ′
1	0 S 29	13 S 13	0 S 47	1 S 25	2 N 10	1 S 5	1 S 36	2 S 36	0 S 16
4	0 29	13 14	0 47	1 28	2 10	1 14	1 36	2 45	0 18
7	0 29	13 15	0 47	1 31	2 10	1 22	1 36	2 54	0 20
10	0 29	13 16	0 47	1 34	2 10	1 31	1 35	3 2	0 22
13	0 29	13 16	0 47	1 36	2 10	1 39	1 35	3 10	0 23
16	0 29	13 17	0 47	1 39	2 11	1 48	1 35	3 17	0 25
19	0 29	13 18	0 47	1 41	2 11	1 56	1 34	3 24	0 27
22	0 29	13 19	0 47	1 43	2 11	2 4	1 34	3 30	0 29
25	0 29	13 19	0 47	1 46	2 11	2 12	1 33	3 36	0 30
28	0 29	13 19	0 47	1 48	2 12	2 20	1 32	3 41	0 32
31	0 29	13 20	0 47	1 50	2 12	2 28	1 32	3 45	0 34

OKTOBER 2010

Day	♆ Long.	♅ Long.	♄ Long.	♃ Long.	♂ Long.	♀ Long.	☿ Long.	♇ Long.
	° ′	° ′	° ′	° ′	° ′	° ′	° ′	° ′
1	26 ♒ 18	28 ♓ 14	7 ♎ 44	27 ♓ 8	10 ♏ 52	12 ♏ 15	25 ♍ 22	2 ♑ 49
2	26 R 17	28 R 12	7 52	27 R 0	11 34	12 30	27 7	2 50
3	26 16	28 10	7 59	26 53	12 15	12 43	28 53	2 51
4	26 15	28 7	8 6	26 45	12 56	12 53	0 ♎ 40	2 51
5	26 14	28 5	8 14	26 38	13 38	13 2	2 27	2 52
6	26 13	28 3	8 21	26 30	14 19	13 8	4 14	2 53
7	26 12	28 0	8 29	26 23	15 1	13 12	6 1	2 53
8	26 11	27 58	8 36	26 16	15 42	13 14	7 48	2 54
9	26 10	27 56	8 43	26 9	16 24	13 R 14	9 35	2 55
10	26 9	27 54	8 51	26 1	17 6	13 11	11 21	2 56
11	26 8	27 51	8 58	25 55	17 47	13 6	13 7	2 57
12	26 8	27 49	9 5	25 48	18 29	12 58	14 52	2 58
13	26 7	27 47	9 13	25 41	19 11	12 48	16 37	2 59
14	26 6	27 45	9 20	25 34	19 53	12 35	18 21	3 0
15	26 5	27 43	9 27	25 28	20 35	12 20	20 4	3 1
16	26 4	27 40	9 35	25 22	21 17	12 3	21 47	3 2
17	26 4	27 38	9 42	25 16	22 0	11 44	23 29	3 3
18	26 3	27 36	9 49	25 10	22 42	11 22	25 11	3 4
19	26 2	27 34	9 57	25 4	23 24	10 58	26 51	3 5
20	26 2	27 32	10 4	24 58	24 7	10 32	28 32	3 6
21	26 1	27 30	10 11	24 52	24 49	10 4	0 ♏ 11	3 7
22	26 1	27 28	10 18	24 47	25 32	9 34	1 50	3 8
23	26 0	27 26	10 25	24 42	26 14	9 3	3 28	3 10
24	26 0	27 24	10 32	24 37	26 57	8 30	5 6	3 11
25	25 59	27 23	10 39	24 32	27 40	7 56	6 43	3 12
26	25 59	27 21	10 47	24 27	28 22	7 21	8 19	3 13
27	25 58	27 19	10 54	24 22	29 5	6 45	9 55	3 15
28	25 58	27 17	11 1	24 18	29 48	6 9	11 31	3 16
29	25 58	27 15	11 8	24 14	0 ♐ 31	5 33	13 6	3 17
30	25 57	27 14	11 15	24 10	1 14	4 56	14 40	3 19
31	25 57	27 12	11 21	24 6	1 57	4 20	16 14	3 20

Day	♂ Decl.	♀ Lat.	♀ Decl.	☿ Lat.	☿ Decl.	♇ Lat.	♇ Decl.	☊
	° ′	° ′	° ′	° ′	° ′	° ′	° ′	° ′
1	15 S 20	6 S 35	21 S 46	1 N 53	3 N 35	4 N 49	18 S 36	7 ♑ 10
4	16 0	6 51	22 13	1 51	1 26	4 48	18 37	7 1
7	16 39	7 4	22 31	1 44	0 S 48	4 47	18 38	6 51
10	17 17	7 13	22 40	1 32	3 5	4 46	18 38	6 42
13	17 54	7 18	22 38	1 16	5 21	4 45	18 39	6 32
16	18 29	7 18	22 23	0 59	7 35	4 44	18 40	6 23
19	19 3	7 12	21 57	0 40	9 44	4 44	18 41	6 13
22	19 36	6 59	21 17	0 20	11 47	4 43	18 41	6 4
25	20 8	6 38	20 25	0 0	13 45	4 42	18 42	5 54
28	20 38	6 10	19 23	0 S 20	15 36	4 41	18 43	5 45
31	21 6	5 36	18 14	0 40	17 20	4 41	18 43	5 35

2010 NOVEMBER

Day	Sidereal Time	☉ Long.	☉ Decl.	☽ Long.	☽ Lat.	☽ Decl.
	H M S	° ′ ″	° ′	° ′	° ′	° ′
1	2 40 43	8 ♏ 27 12	14 S 19	27 ♌ 41	4 S 6	8 N 26
2	2 44 39	9 27 15	14 39	12 ♍ 7	4 43	2 39
3	2 48 36	10 27 19	14 57	26 44	5 3	3 S 20
4	2 52 33	11 27 25	15 16	11 ♎ 28	5 3	9 11
5	2 56 29	12 27 33	15 35	26 10	4 44	14 30
6	3 0 26	13 27 44	15 53	10 ♏ 44	4 5	18 56
7	3 4 22	14 27 56	16 11	25 2	3 12	22 8
8	3 8 19	15 28 10	16 28	8 ♐ 58	2 9	23 55
9	3 12 15	16 28 25	16 46	22 30	1 N 0	24 13
10	3 16 12	17 28 42	17 3	5 ♑ 37	0 11	23 8
11	3 20 8	18 29 1	17 20	18 21	1 19	20 52
12	3 24 5	19 29 21	17 36	0 ♒ 44	2 22	17 41
13	3 28 2	20 29 43	17 52	12 53	3 17	13 48
14	3 31 58	21 30 6	18 8	24 50	4 2	9 26
15	3 35 55	22 30 31	18 24	6 ♓ 42	4 37	4 46
16	3 39 51	23 30 57	18 39	18 34	4 59	0 N 4
17	3 43 48	24 31 24	18 54	0 ♈ 30	5 9	4 56
18	3 47 44	25 31 52	19 9	12 33	5 6	9 39
19	3 51 41	26 32 22	19 23	24 47	4 49	14 4
20	3 55 37	27 32 54	19 37	7 ♉ 14	4 17	17 59
21	3 59 34	28 33 26	19 50	19 55	3 33	21 8
22	4 3 31	29 34 1	20 3	2 ♊ 50	2 37	23 17
23	4 7 27	0 ♐ 34 36	20 16	15 58	1 31	24 13
24	4 11 24	1 35 13	20 29	29 18	0 20	23 46
25	4 15 20	2 35 52	20 41	12 ♋ 50	0 S 54	21 55
26	4 19 17	3 36 32	20 52	26 32	2 6	18 47
27	4 23 13	4 37 14	21 4	10 ♌ 23	3 11	14 34
28	4 27 10	5 37 58	21 15	24 22	4 6	9 32
29	4 31 6	6 38 43	21 25	8 ♍ 29	4 46	3 58
30	4 35 3	7 39 29	21 35	22 42	5 9	1 S 50

Day	♆ Lat.	♆ Decl.	♅ Lat.	♅ Decl.	♄ Lat.	♄ Decl.	♃ Lat.	♃ Decl.	♂ Lat.
	° ′	° ′	° ′	° ′	° ′	° ′	° ′	° ′	° ′
1	0 S 29	13 S 20	0 S 47	1 S 50	2 N 12	2 S 31	1 S 32	3 S 46	0 S 34
4	0 29	13 20	0 47	1 52	2 12	2 38	1 31	3 50	0 36
7	0 29	13 20	0 46	1 54	2 13	2 46	1 30	3 52	0 37
10	0 29	13 20	0 46	1 55	2 13	2 53	1 29	3 54	0 39
13	0 29	13 20	0 46	1 57	2 14	3 0	1 29	3 55	0 40
16	0 29	13 19	0 46	1 58	2 14	3 7	1 28	3 55	0 42
19	0 29	13 19	0 46	1 59	2 15	3 14	1 27	3 55	0 43
22	0 29	13 19	0 46	2 0	2 15	3 20	1 26	3 54	0 45
25	0 29	13 18	0 46	2 0	2 16	3 26	1 26	3 52	0 46
28	0 29	13 17	0 46	2 1	2 16	3 32	1 25	3 49	0 48

NOVEMBER 2010

Day	♆ Long.	♅ Long.	♄ Long.	♃ Long.	♂ Long.	♀ Long.	☿ Long.	♇ Long.
	° ′	° ′	° ′	° ′	° ′	° ′	° ′	° ′
1	25 ♒ 57	27 ♓ 10	11 ♎ 28	24 ♓ 2	2 ♐ 41	3 ♏ 44	17 ♏ 48	3 ♑ 22
2	25 R 57	27 R 9	11 35	23 R 59	3 24	3 R 8	19 21	3 23
3	25 56	27 7	11 42	23 55	4 7	2 34	20 54	3 25
4	25 56	27 6	11 49	23 52	4 51	2 1	22 26	3 26
5	25 56	27 4	11 56	23 49	5 34	1 29	23 58	3 28
6	25 56	27 3	12 2	23 47	6 18	0 59	25 29	3 29
7	25 56	27 1	12 9	23 44	7 1	0 30	27 0	3 31
8	25 D 56	27 0	12 16	23 42	7 45	0 4	28 31	3 33
9	25 56	26 59	12 22	23 40	8 28	29 ♎ 39	0 ♐ 1	3 34
10	25 56	26 57	12 29	23 38	9 12	29 16	1 31	3 36
11	25 56	26 56	12 35	23 36	9 56	28 56	3 0	3 37
12	25 57	26 55	12 42	23 35	10 40	28 38	4 29	3 39
13	25 57	26 54	12 48	23 33	11 24	28 23	5 58	3 41
14	25 57	26 53	12 54	23 32	12 8	28 9	7 26	3 43
15	25 57	26 52	13 1	23 31	12 52	27 59	8 53	3 44
16	25 57	26 51	13 7	23 31	13 36	27 50	10 20	3 46
17	25 58	26 50	13 13	23 30	14 20	27 44	11 47	3 48
18	25 58	26 49	13 19	23 30	15 4	27 41	13 12	3 50
19	25 58	26 48	13 25	23 30	15 49	27 40	14 37	3 52
20	25 59	26 47	13 31	23 D 30	16 33	27 D 42	16 2	3 53
21	25 59	26 46	13 37	23 30	17 17	27 46	17 25	3 55
22	26 0	26 45	13 43	23 31	18 2	27 52	18 48	3 57
23	26 0	26 45	13 49	23 32	18 46	28 0	20 9	3 59
24	26 1	26 44	13 55	23 33	19 31	28 11	21 30	4 1
25	26 1	26 44	14 1	23 34	20 16	28 24	22 48	4 3
26	26 2	26 43	14 6	23 35	21 0	28 39	24 6	4 5
27	26 3	26 43	14 12	23 37	21 45	28 57	25 21	4 7
28	26 3	26 42	14 17	23 39	22 30	29 16	26 35	4 9
29	26 4	26 42	14 23	23 41	23 15	29 37	27 46	4 11
30	26 5	26 41	14 28	23 43	24 0	0 ♏ 0	28 54	4 13

Day	♂ Decl.	♀ Lat.	♀ Decl.	☿ Lat.	☿ Decl.	♇ Lat.	♇ Decl.	☊
	° ′	° ′	° ′	° ′	° ′	° ′	° ′	° ′
1	21 S 15	5 S 23	17 S 49	0 S 47	17 S 53	4 N 40	18 S 44	5 ♑ 32
4	21 41	4 42	16 35	1 6	19 26	4 40	18 44	5 22
7	22 6	3 58	15 21	1 24	20 51	4 39	18 45	5 13
10	22 28	3 12	14 12	1 41	22 6	4 38	18 45	5 3
13	22 49	2 26	13 10	1 56	23 12	4 37	18 46	4 54
16	23 8	1 42	12 18	2 9	24 7	4 37	18 46	4 44
19	23 24	1 0	11 35	2 19	24 51	4 36	18 47	4 35
22	23 39	0 21	11 3	2 26	25 24	4 36	18 47	4 25
25	23 51	0 N 14	10 41	2 30	25 44	4 35	18 48	4 16
28	24 1	0 47	10 29	2 28	25 51	4 34	18 48	4 6

Day	Sidereal Time			☉ Long.			☉ Decl.		☽ Long.		☽ Lat.		☽ Decl.	
	H	M	S	°	′	″	°	′	°	′	°	′	°	′
1	4	39	0	8 ♐	40	18	21 S	45	6 ♎	59	5 S	13	7 S	34
2	4	42	56	9	41	7	21	54	21	15	4	58	12	54
3	4	46	53	10	41	58	22	3	5 ♏	28	4	25	17	30
4	4	50	49	11	42	50	22	11	19	33	3	36	21	5
5	4	54	46	12	43	44	22	19	3 ♐	26	2	35	23	22
6	4	58	42	13	44	38	22	27	17	4	1	26	24	14
7	5	2	39	14	45	34	22	34	0 ♑	23	0	13	23	39
8	5	6	35	15	46	31	22	41	13	24	0 N	58	21	48
9	5	10	32	16	47	28	22	47	26	5	2	6	18	53
10	5	14	29	17	48	26	22	53	8 ♒	29	3	5	15	10
11	5	18	25	18	49	26	22	58	20	39	3	55	10	53
12	5	22	22	19	50	25	23	3	2 ♓	38	4	34	6	16
13	5	26	18	20	51	25	23	7	14	32	5	1	1	28
14	5	30	15	21	52	26	23	11	26	24	5	15	3 N	23
15	5	34	11	22	53	27	23	15	8 ♈	19	5	15	8	8
16	5	38	8	23	54	29	23	18	20	23	5	2	12	37
17	5	42	4	24	55	31	23	20	2 ♉	39	4	35	16	41
18	5	46	1	25	56	34	23	23	15	11	3	54	20	7
19	5	49	58	26	57	37	23	24	28	1	3	1	22	39
20	5	53	54	27	58	41	23	25	11 ♊	11	1	57	24	3
21	5	57	51	28	59	45	23	26	24	39	0	45	24	4
22	6	1	47	0 ♑	0	49	23	26	8 ♋	25	0 S	31	22	39
23	6	5	44	1	1	55	23	26	22	25	1	47	19	49
24	6	9	40	2	3	0	23	25	6 ♌	36	2	57	15	46
25	6	13	37	3	4	7	23	24	20	53	3	56	10	48
26	6	17	33	4	5	14	23	22	5 ♍	13	4	41	5	14
27	6	21	30	5	6	21	23	20	19	31	5	9	0 S	35
28	6	25	27	6	7	29	23	18	3 ♎	45	5	17	6	20
29	6	29	23	7	8	38	23	15	17	52	5	6	11	43
30	6	33	20	8	9	47	23	11	1 ♏	49	4	37	16	26
31	6	37	16	9	10	56	23	7	15	37	3	53	20	13

Day	♆ Lat.		♆ Decl.		♅ Lat.		♅ Decl.		♄ Lat.		♄ Decl.		♃ Lat.		♃ Decl.		♂ Lat.	
	°	′	°	′	°	′	°	′	°	′	°	′	°	′	°	′	°	′
1	0 S	29	13 S	17	0 S	46	2 S	1	2 N	17	3 S	38	1 S	24	3 S	46	0 S	49
4	0	29	13	16	0	45	2	1	2	18	3	43	1	23	3	42	0	50
7	0	29	13	15	0	45	2	1	2	18	3	49	1	22	3	37	0	51
10	0	29	13	14	0	45	2	1	2	19	3	53	1	22	3	31	0	52
13	0	29	13	12	0	45	2	0	2	20	3	58	1	21	3	25	0	54
16	0	29	13	11	0	45	2	0	2	20	4	2	1	20	3	18	0	55
19	0	29	13	10	0	45	1	59	2	21	4	6	1	19	3	11	0	56
22	0	29	13	8	0	45	1	58	2	22	4	10	1	18	3	3	0	57
25	0	29	13	7	0	45	1	57	2	23	4	13	1	18	2	54	0	57
28	0	29	13	5	0	44	1	55	2	23	4	16	1	17	2	45	0	58
31	0	29	13	4	0	44	1	54	2	24	4	19	1	16	2	35	0	59

DEZEMBER 2010

Day	♆ Long.	♅ Long.	♄ Long.	♃ Long.	♂ Long.	♀ Long.	☿ Long.	♇ Long.
	° ′	° ′	° ′	° ′	° ′	° ′	° ′	° ′
1	26 ♒ 6	26 ♓ 41	14 ♎ 34	23 ♓ 46	24 ♐ 45	0 ♏ 25	0 ♑ 0	4 ♑ 15
2	26 7	26 R 41	14 39	23 48	25 30	0 52	1 1	4 17
3	26 7	26 41	14 44	23 51	26 15	1 20	1 59	4 19
4	26 8	26 41	14 49	23 54	27 0	1 50	2 52	4 21
5	26 9	26 40	14 54	23 57	27 45	2 22	3 40	4 23
6	26 10	26 40	14 59	24 1	28 30	2 55	4 23	4 25
7	26 11	26 D 40	15 4	24 4	29 16	3 29	4 58	4 27
8	26 12	26 40	15 9	24 8	0 ♑ 1	4 5	5 26	4 29
9	26 13	26 41	15 14	24 12	0 46	4 43	5 45	4 31
10	26 14	26 41	15 18	24 16	1 32	5 21	5 55	4 33
11	26 15	26 41	15 23	24 21	2 17	6 1	5 R 55	4 35
12	26 17	26 41	15 27	24 25	3 3	6 42	5 44	4 37
13	26 18	26 42	15 32	24 30	3 48	7 24	5 22	4 39
14	26 19	26 42	15 36	24 35	4 34	8 7	4 48	4 41
15	26 20	26 42	15 41	24 40	5 20	8 52	4 3	4 44
16	26 21	26 43	15 45	24 45	6 5	9 37	3 7	4 46
17	26 23	26 43	15 49	24 51	6 51	10 24	2 2	4 48
18	26 24	26 44	15 53	24 56	7 37	11 11	0 49	4 50
19	26 25	26 45	15 57	25 2	8 23	11 59	29 ♐ 29	4 52
20	26 27	26 45	16 1	25 8	9 9	12 48	28 7	4 54
21	26 28	26 46	16 4	25 15	9 55	13 38	26 44	4 56
22	26 30	26 47	16 8	25 21	10 41	14 29	25 24	4 58
23	26 31	26 48	16 11	25 27	11 27	15 20	24 9	5 1
24	26 32	26 49	16 15	25 34	12 13	16 12	23 0	5 3
25	26 34	26 50	16 18	25 41	12 59	17 5	22 1	5 5
26	26 36	26 51	16 22	25 48	13 45	17 59	21 11	5 7
27	26 37	26 52	16 25	25 55	14 31	18 53	20 32	5 9
28	26 39	26 53	16 28	26 3	15 17	19 48	20 3	5 11
29	26 40	26 54	16 31	26 10	16 4	20 44	19 46	5 14
30	26 42	26 55	16 34	26 18	16 50	21 40	19 38	5 16
31	26 44	26 56	16 37	26 26	17 36	22 37	19 D 40	5 18

Day	♂ Decl.	♀ Lat.	♀ Decl.	☿ Lat.	☿ Decl.	♇ Lat.	♇ Decl.	☊
	° ′	° ′	° ′	° ′	° ′	° ′	° ′	° ′
1	24 S 9	1 N 15	10 S 26	2 S 20	25 S 46	4 N 34	18 S 49	3 ♑ 57
4	24 14	1 41	10 32	2 4	25 29	4 33	18 49	3 47
7	24 17	2 3	10 45	1 39	25 0	4 33	18 49	3 38
10	24 18	2 23	11 4	1 2	24 20	4 32	18 50	3 28
13	24 16	2 39	11 28	0 13	23 33	4 32	18 50	3 18
16	24 12	2 53	11 57	0 N 45	22 39	4 31	18 50	3 9
19	24 6	3 5	12 30	1 44	21 43	4 31	18 50	2 59
22	23 57	3 14	13 6	2 31	20 51	4 31	18 50	2 50
25	23 45	3 21	13 44	2 58	20 14	4 30	18 51	2 40
28	23 32	3 26	14 23	3 5	20 0	4 30	18 51	2 31
31	23 15	3 29	15 3	2 56	20 7	4 29	18 51	2 21

Day	Sidereal Time			☉ Long.			☉ Decl.		☽ Long.		☽ Lat.		☽ Decl.	
	H	M	S	°	′	″	°	′	°	′	°	′	°	′
1	6	41	13	10 ♑	12	6	23 S	3	29 ♏	13	2 S	55	22 S	50
2	6	45	9	11	13	17	22	58	12 ♐	38	1	49	24	7
3	6	49	6	12	14	27	22	52	25	50	0	39	24	1
4	6	53	2	13	15	38	22	47	8 ♑	48	0 N	33	22	36
5	6	56	59	14	16	49	22	40	21	33	1	42	20	2
6	7	0	56	15	17	59	22	34	4 ♒	4	2	45	16	34
7	7	4	52	16	19	10	22	26	16	23	3	38	12	27
8	7	8	49	17	20	20	22	19	28	31	4	21	7	54
9	7	12	45	18	21	30	22	11	10 ♓	29	4	53	3	7
10	7	16	42	19	22	39	22	2	22	23	5	11	1 N	44
11	7	20	38	20	23	48	21	53	4 ♈	14	5	15	6	30
12	7	24	35	21	24	57	21	44	16	8	5	7	11	4
13	7	28	31	22	26	5	21	34	28	10	4	45	15	15
14	7	32	28	23	27	12	21	24	10 ♉	23	4	9	18	52
15	7	36	25	24	28	19	21	13	22	53	3	22	21	44
16	7	40	21	25	29	25	21	2	5 ♊	43	2	23	23	36
17	7	44	18	26	30	30	20	51	18	57	1	15	24	13
18	7	48	14	27	31	35	20	39	2 ♋	35	0	0	23	25
19	7	52	11	28	32	39	20	27	16	38	1 S	16	21	9
20	7	56	7	29	33	43	20	14	1 ♌	2	2	29	17	30
21	8	0	4	0 ♒	34	46	20	1	15	42	3	34	12	43
22	8	4	0	1	35	48	19	48	0 ♍	30	4	25	7	10
23	8	7	57	2	36	50	19	34	15	18	4	58	1	12
24	8	11	54	3	37	51	19	20	29	59	5	12	4 S	46
25	8	15	50	4	38	52	19	6	14 ♎	28	5	5	10	23
26	8	19	47	5	39	53	18	51	28	40	4	40	15	21
27	8	23	43	6	40	52	18	36	12 ♏	33	3	59	19	23
28	8	27	40	7	41	52	18	21	26	8	3	4	22	16
29	8	31	36	8	42	50	18	5	9 ♐	25	2	2	23	52
30	8	35	33	9	43	48	17	49	22	27	0	54	24	7
31	8	39	29	10	44	46	17	32	5 ♑	16	0 N	16	23	4

Day	♆ Lat.		♆ Decl.		♅ Lat.		♅ Decl.		♄ Lat.		♄ Decl.		♃ Lat.		♃ Decl.		♂ Lat.	
	°	′	°	′	°	′	°	′	°	′	°	′	°	′	°	′	°	′
1	0 S	29	13 S	3	0 S	44	1 S	53	2 N	24	4 S	19	1 S	16	2 S	32	0 S	59
4	0	29	13	1	0	44	1	51	2	25	4	21	1	15	2	21	1	0
7	0	29	12	59	0	44	1	50	2	26	4	23	1	15	2	10	1	1
10	0	29	12	57	0	44	1	47	2	27	4	25	1	14	1	59	1	2
13	0	29	12	55	0	44	1	45	2	28	4	26	1	14	1	47	1	2
16	0	29	12	53	0	44	1	43	2	29	4	26	1	13	1	35	1	3
19	0	29	12	51	0	44	1	40	2	30	4	27	1	12	1	22	1	3
22	0	29	12	49	0	44	1	38	2	30	4	26	1	12	1	9	1	4
25	0	29	12	47	0	43	1	35	2	31	4	26	1	11	0	55	1	4
28	0	29	12	45	0	43	1	32	2	32	4	25	1	11	0	41	1	4
31	0	29	12	43	0	43	1	29	2	33	4	24	1	10	0	27	1	4

JANUAR 2011

Day	♆ Long.	♅ Long.	♄ Long.	♃ Long.	♂ Long.	♀ Long.	☿ Long.	♇ Long.
	° ′	° ′	° ′	° ′	° ′	° ′	° ′	° ′
1	26 ♒ 45	26 ♓ 58	16 ♎ 39	26 ♓ 33	18 ♑ 23	23 ♏ 34	19 ♐ 50	5 ♑ 20
2	26 47	26 59	16 42	26 42	19 9	24 32	20 9	5 22
3	26 49	27 0	16 44	26 50	19 56	25 30	20 35	5 24
4	26 50	27 2	16 47	26 58	20 42	26 29	21 8	5 26
5	26 52	27 3	16 49	27 7	21 29	27 29	21 46	5 29
6	26 54	27 5	16 51	27 16	22 15	28 28	22 30	5 31
7	26 56	27 6	16 53	27 24	23 2	29 29	23 19	5 33
8	26 58	27 8	16 55	27 33	23 49	0 ♐ 29	24 12	5 35
9	27 0	27 10	16 57	27 43	24 35	1 30	25 9	5 37
10	27 1	27 11	16 59	27 52	25 22	2 32	26 9	5 39
11	27 3	27 13	17 1	28 1	26 9	3 34	27 12	5 41
12	27 5	27 15	17 2	28 11	26 56	4 36	28 18	5 43
13	27 7	27 17	17 4	28 20	27 43	5 38	29 27	5 45
14	27 9	27 19	17 5	28 30	28 29	6 41	0 ♑ 37	5 47
15	27 11	27 21	17 6	28 40	29 16	7 44	1 50	5 49
16	27 13	27 23	17 8	28 50	0 ♒ 3	8 48	3 4	5 51
17	27 15	27 25	17 9	29 0	0 50	9 52	4 20	5 54
18	27 17	27 27	17 10	29 10	1 37	10 56	5 37	5 56
19	27 19	27 29	17 10	29 21	2 24	12 0	6 56	5 58
20	27 21	27 31	17 11	29 31	3 11	13 5	8 16	6 0
21	27 23	27 33	17 12	29 42	3 58	14 10	9 37	6 2
22	27 25	27 35	17 12	29 53	4 45	15 15	10 59	6 4
23	27 28	27 37	17 13	0 ♈ 4	5 32	16 21	12 23	6 6
24	27 30	27 40	17 13	0 14	6 19	17 26	13 47	6 7
25	27 32	27 42	17 13	0 26	7 6	18 32	15 12	6 9
26	27 34	27 45	17 13	0 37	7 53	19 39	16 38	6 11
27	27 36	27 47	17 R 13	0 48	8 41	20 45	18 5	6 13
28	27 38	27 49	17 13	0 59	9 28	21 52	19 32	6 15
29	27 40	27 52	17 13	1 11	10 15	22 58	21 1	6 17
30	27 43	27 54	17 13	1 22	11 2	24 5	22 30	6 19
31	27 45	27 57	17 12	1 34	11 49	25 13	24 0	6 21

Day	♂ Decl.	♀ Lat.	♀ Decl.	☿ Lat.	☿ Decl.	♇ Lat.	♇ Decl.	☊
	° ′	° ′	° ′	° ′	° ′	° ′	° ′	° ′
1	23 S 9	3 N 30	15 S 17	2 N 50	20 S 13	4 N 29	18 S 51	2 ♑ 18
4	22 50	3 31	15 57	2 29	20 40	4 29	18 51	2 9
7	22 28	3 30	16 37	2 4	21 12	4 29	18 51	1 59
10	22 4	3 28	17 16	1 37	21 46	4 29	18 51	1 49
13	21 38	3 25	17 53	1 9	22 17	4 28	18 51	1 40
16	21 10	3 20	18 28	0 42	22 42	4 28	18 51	1 30
19	20 39	3 14	19 1	0 16	22 59	4 28	18 51	1 21
22	20 6	3 8	19 31	0 S 8	23 7	4 28	18 50	1 11
25	19 32	3 0	19 57	0 31	23 5	4 28	18 50	1 2
28	18 55	2 52	20 20	0 52	22 52	4 28	18 50	0 52
31	18 16	2 43	20 38	1 10	22 28	4 28	18 50	0 43

2011 FEBRUAR

Day	Sidereal Time	☉ Long.	☉ Decl.	☽ Long.	☽ Lat.	☽ Decl.
	H M S	° ′ ″	° ′	° ′	° ′	° ′
1	8 43 26	11 ≈ 45 42	17 S 16	17 ♉ 53	1 N 23	20 S 52
2	8 47 23	12 46 38	16 58	0 ≈ 19	2 26	17 42
3	8 51 19	13 47 32	16 41	12 37	3 21	13 49
4	8 55 16	14 48 26	16 23	24 46	4 6	9 24
5	8 59 12	15 49 18	16 6	6 ♓ 48	4 39	4 42
6	9 3 9	16 50 9	15 47	18 44	5 0	0 N 8
7	9 7 5	17 50 59	15 29	0 ♈ 36	5 7	4 56
8	9 11 2	18 51 47	15 10	12 27	5 2	9 33
9	9 14 58	19 52 34	14 51	24 20	4 43	13 49
10	9 18 55	20 53 19	14 32	6 ♉ 18	4 12	17 35
11	9 22 52	21 54 3	14 12	18 27	3 30	20 40
12	9 26 48	22 54 45	13 53	0 ♊ 51	2 36	22 53
13	9 30 45	23 55 26	13 33	13 36	1 34	23 59
14	9 34 41	24 56 5	13 13	26 44	0 25	23 49
15	9 38 38	25 56 42	12 52	10 ♋ 21	0 S 48	22 14
16	9 42 34	26 57 18	12 32	24 26	2 1	19 15
17	9 46 31	27 57 52	12 11	8 ♌ 59	3 7	15 0
18	9 50 27	28 58 25	11 50	23 54	4 3	9 44
19	9 54 24	29 58 56	11 29	9 ♍ 4	4 42	3 43
20	9 58 21	0 ♓ 59 27	11 7	24 17	5 2	2 S 21
21	10 2 17	1 59 54	10 46	9 ♎ 23	5 0	8 19
22	10 6 14	3 0 21	10 24	24 13	4 39	13 42
23	10 10 10	4 0 46	10 2	8 ♏ 41	3 59	18 10
24	10 14 7	5 1 10	9 40	22 42	3 7	21 27
25	10 18 3	6 1 32	9 18	6 ♐ 18	2 5	23 24
26	10 22 0	7 1 54	8 56	19 30	0 58	23 59
27	10 25 56	8 2 13	8 33	2 ♑ 22	0 N 10	23 15
28	10 29 53	9 2 31	8 11	14 57	1 16	21 20

Day	♆ Lat.	♆ Decl.	♅ Lat.	♅ Decl.	♄ Lat.	♄ Decl.	♃ Lat.	♃ Decl.	♂ Lat.
	° ′	° ′	° ′	° ′	° ′	° ′	° ′	° ′	° ′
1	0 S 29	12 S 42	0 S 43	1 S 28	2 N 33	4 S 24	1 S 10	0 S 22	1 S 5
4	0 29	12 40	0 43	1 24	2 34	4 22	1 10	0 8	1 5
7	0 29	12 37	0 43	1 21	2 35	4 20	1 9	0 N 7	1 5
10	0 29	12 35	0 43	1 18	2 36	4 18	1 9	0 22	1 5
13	0 29	12 33	0 43	1 14	2 36	4 15	1 8	0 38	1 5
16	0 29	12 30	0 43	1 10	2 37	4 12	1 8	0 53	1 5
19	0 29	12 28	0 43	1 7	2 38	4 9	1 8	1 9	1 5
22	0 29	12 26	0 43	1 3	2 39	4 5	1 7	1 25	1 4
25	0 29	12 23	0 43	0 59	2 39	4 1	1 7	1 42	1 4
28	0 29	12 21	0 43	0 55	2 40	3 57	1 7	1 58	1 4

FEBRUAR 2011

Day	♆ Long.	♅ Long.	♄ Long.	♃ Long.	♂ Long.	♀ Long.	☿ Long.	♇ Long.
	° ′	° ′	° ′	° ′	° ′	° ′	° ′	° ′
1	27 ♒ 47	27 ♓ 59	17 ♎ 12	1 ♈ 46	12 ♒ 37	26 ♐ 20	25 ♑ 30	6 ♑ 23
2	27 49	28 2	17 R 11	1 58	13 24	27 28	27 2	6 24
3	27 51	28 5	17 10	2 9	14 11	28 35	28 34	6 26
4	27 54	28 7	17 9	2 21	14 58	29 43	0 ♒ 7	6 28
5	27 56	28 10	17 8	2 34	15 46	0 ♑ 51	1 40	6 30
6	27 58	28 13	17 7	2 46	16 33	2 0	3 15	6 31
7	28 0	28 16	17 6	2 58	17 20	3 8	4 50	6 33
8	28 3	28 19	17 5	3 10	18 8	4 16	6 26	6 35
9	28 5	28 21	17 3	3 23	18 55	5 25	8 2	6 37
10	28 7	28 24	17 2	3 35	19 42	6 34	9 40	6 38
11	28 9	28 27	17 0	3 48	20 30	7 43	11 18	6 40
12	28 12	28 30	16 58	4 1	21 17	8 52	12 57	6 42
13	28 14	28 33	16 57	4 13	22 4	10 1	14 37	6 43
14	28 16	28 36	16 55	4 26	22 52	11 10	16 17	6 45
15	28 19	28 39	16 53	4 39	23 39	12 20	17 59	6 46
16	28 21	28 42	16 51	4 52	24 27	13 29	19 41	6 48
17	28 23	28 45	16 48	5 5	25 14	14 39	21 24	6 49
18	28 25	28 48	16 46	5 18	26 1	15 49	23 8	6 51
19	28 28	28 51	16 44	5 31	26 49	16 58	24 54	6 52
20	28 30	28 54	16 41	5 44	27 36	18 8	26 39	6 54
21	28 32	28 57	16 39	5 58	28 24	19 18	28 26	6 55
22	28 35	29 1	16 36	6 11	29 11	20 28	0 ♓ 14	6 56
23	28 37	29 4	16 33	6 24	29 58	21 39	2 3	6 58
24	28 39	29 7	16 31	6 38	0 ♓ 46	22 49	3 53	6 59
25	28 41	29 10	16 28	6 51	1 33	23 59	5 43	7 1
26	28 44	29 13	16 25	7 5	2 21	25 10	7 35	7 2
27	28 46	29 17	16 22	7 18	3 8	26 20	9 27	7 3
28	28 48	29 20	16 18	7 32	3 55	27 31	11 20	7 4

Day	♂ Decl.	♀ Lat.	♀ Decl.	☿ Lat.	☿ Decl.	♇ Lat.	♇ Decl.	☊
	° ′	° ′	° ′	° ′	° ′	° ′	° ′	° ′
1	18 S 3	2 N 40	20 S 44	1 S 16	22 S 17	4 N 28	18 S 50	0 ♑ 40
4	17 22	2 30	20 57	1 32	21 37	4 28	18 50	0 30
7	16 40	2 19	21 5	1 45	20 45	4 28	18 49	0 21
10	15 56	2 8	21 8	1 55	19 41	4 28	18 49	0 11
13	15 10	1 57	21 7	2 2	18 24	4 28	18 49	0 1
16	14 23	1 45	21 0	2 6	16 54	4 28	18 49	29 52
19	13 35	1 34	20 49	2 6	15 12	4 28	18 48	29 42
22	12 46	1 22	20 32	2 2	13 17	4 28	18 48	29 33
25	11 55	1 10	20 10	1 53	11 10	4 28	18 48	29 23
28	11 4	0 58	19 42	1 40	8 52	4 28	18 47	29 14

2011 MÄRZ

Day	Sidereal Time			☉ Long.			☉ Decl.			☽ Long.			☽ Lat.			☽ Decl.		
	H	M	S	°	′	″	°	′		°	′		°	′		°	′	
1	10	33	50	10 ♓	2	48	7 S	48		27 ♉	19		2 N	17		18 S	27	
2	10	37	46	11	3	3	7	25		9 ♒	31		3	11		14	48	
3	10	41	43	12	3	17	7	2		21	36		3	56		10	35	
4	10	45	39	13	3	28	6	39		3 ♓	36		4	30		6	0	
5	10	49	36	14	3	38	6	16		15	31		4	51		1	14	
6	10	53	32	15	3	47	5	53		27	24		5	0		3 N	33	
7	10	57	29	16	3	53	5	30		9 ♈	16		4	56		8	12	
8	11	1	25	17	3	57	5	6		21	8		4	38		12	32	
9	11	5	22	18	3	59	4	43		3 ♉	2		4	9		16	25	
10	11	9	19	19	4	0	4	20		15	2		3	28		19	40	
11	11	13	15	20	3	58	3	56		27	10		2	38		22	5	
12	11	17	12	21	3	53	3	33		9 ♊	31		1	39		23	31	
13	11	21	8	22	3	47	3	9		22	10		0	34		23	46	
14	11	25	5	23	3	38	2	45		5 ♋	12		0 S	35		22	46	
15	11	29	1	24	3	28	2	22		18	40		1	44		20	26	
16	11	32	58	25	3	15	1	58		2 ♌	37		2	49		16	50	
17	11	36	54	26	3	0	1	34		17	3		3	46		12	8	
18	11	40	51	27	2	42	1	10		1 ♍	56		4	29		6	35	
19	11	44	48	28	2	23	0	47		17	8		4	55		0	33	
20	11	48	44	29	2	2	0	23		2 ♎	30		4	59		5 S	34	
21	11	52	41	0 ♈	1	39	0 N	1		17	51		4	42		11	20	
22	11	56	37	1	1	13	0	24		2 ♏	55		4	5		16	20	
23	12	0	34	2	0	46	0	48		17	38		3	13		20	11	
24	12	4	30	3	0	17	1	12		1 ♐	53		2	10		22	40	
25	12	8	27	3	59	46	1	35		15	38		1	2		23	41	
26	12	12	23	4	59	14	1	59		28	56		0 N	8		23	18	
27	12	16	20	5	58	40	2	23		11 ♑	48		1	15		21	40	
28	12	20	17	6	58	3	2	46		24	20		2	17		19	0	
29	12	24	13	7	57	25	3	9		6 ♒	37		3	11		15	32	
30	12	28	10	8	56	46	3	33		18	42		3	56		11	29	
31	12	32	6	9	56	4	3	56		0 ♓	40		4	29		7	2	

Day	♆ Lat.	♆ Decl.	♅ Lat.	♅ Decl.	♄ Lat.	♄ Decl.	♃ Lat.	♃ Decl.	♂ Lat.
	° ′	° ′	° ′	° ′	° ′	° ′	° ′	° ′	° ′
1	0 S 29	12 S 20	0 S 43	0 S 54	2 N 40	3 S 56	1 S 7	2 N 3	1 S 4
4	0 29	12 18	0 43	0 50	2 41	3 51	1 6	2 20	1 3
7	0 29	12 16	0 43	0 46	2 41	3 47	1 6	2 37	1 3
10	0 29	12 13	0 43	0 42	2 42	3 42	1 6	2 53	1 2
13	0 30	12 11	0 43	0 38	2 42	3 37	1 6	3 10	1 1
16	0 30	12 9	0 42	0 34	2 43	3 32	1 6	3 27	1 1
19	0 30	12 7	0 42	0 29	2 43	3 26	1 5	3 44	1 0
22	0 30	12 5	0 42	0 25	2 43	3 21	1 5	4 1	0 59
25	0 30	12 3	0 42	0 21	2 44	3 15	1 5	4 18	0 58
28	0 30	12 1	0 42	0 17	2 44	3 10	1 5	4 35	0 57
31	0 30	11 59	0 42	0 13	2 44	3 4	1 5	4 52	0 56

MÄRZ 2011

Day	♆ Long.	♅ Long.	♄ Long.	♃ Long.	♂ Long.	♀ Long.	☿ Long.	♇ Long.
	° ′	° ′	° ′	° ′	° ′	° ′	° ′	° ′
1	28 ♒ 50	29 ♓ 23	16 ♎ 15	7 ♈ 46	4 ♓ 43	28 ♑ 42	13 ♓ 14	7 ♑ 5
2	28 53	29 26	16 R 12	7 59	5 30	29 52	15 8	7 7
3	28 55	29 30	16 9	8 13	6 17	1 ♒ 3	17 3	7 8
4	28 57	29 33	16 5	8 27	7 5	2 14	18 59	7 9
5	28 59	29 36	16 2	8 41	7 52	3 25	20 54	7 10
6	29 2	29 40	15 58	8 55	8 39	4 36	22 50	7 11
7	29 4	29 43	15 54	9 9	9 27	5 47	24 46	7 12
8	29 6	29 46	15 51	9 23	10 14	6 58	26 41	7 13
9	29 8	29 50	15 47	9 37	11 1	8 10	28 36	7 14
10	29 10	29 53	15 43	9 51	11 49	9 21	0 ♈ 30	7 15
11	29 13	29 57	15 39	10 5	12 36	10 32	2 22	7 16
12	29 15	0 ♈ 0	15 35	10 19	13 23	11 44	4 13	7 17
13	29 17	0 R 3	15 31	10 33	14 10	12 55	6 2	7 18
14	29 19	0 D 7	15 27	10 47	14 58	14 7	7 48	7 19
15	29 21	0 10	15 23	11 2	15 45	15 18	9 31	7 19
16	29 23	0 14	15 18	11 16	16 32	16 30	11 11	7 20
17	29 25	0 17	15 14	11 30	17 19	17 41	12 46	7 21
18	29 27	0 20	15 10	11 44	18 6	18 53	14 18	7 22
19	29 29	0 24	15 6	11 59	18 54	20 5	15 44	7 22
20	29 32	0 27	15 1	12 13	19 41	21 16	17 4	7 23
21	29 34	0 31	14 57	12 27	20 28	22 28	18 19	7 24
22	29 36	0 34	14 52	12 42	21 15	23 40	19 28	7 24
23	29 38	0 38	14 48	12 56	22 2	24 52	20 30	7 25
24	29 40	0 41	14 43	13 11	22 49	26 4	21 25	7 25
25	29 42	0 44	14 39	13 25	23 36	27 16	22 12	7 26
26	29 44	0 48	14 34	13 40	24 23	28 28	22 53	7 26
27	29 45	0 51	14 30	13 54	25 10	29 40	23 26	7 27
28	29 47	0 55	14 25	14 8	25 57	0 ♓ 52	23 51	7 27
29	29 49	0 58	14 21	14 23	26 44	2 4	24 9	7 28
30	29 51	1 2	14 16	14 37	27 30	3 16	24 19	7 28
31	29 53	1 5	14 11	14 52	28 17	4 28	24 22	7 28

Day	♂ Decl.	♀ Lat.	♀ Decl.	☿ Lat.	☿ Decl.	♇ Lat.	♇ Decl.	☊
	° ′	° ′	° ′	° ′	° ′	° ′	° ′	° ′
1	10 S 46	0 N 54	19 S 32	1 S 35	8 S 3	4 N 28	18 S 47	29 ♐ 11
4	9 53	0 42	18 58	1 15	5 31	4 28	18 47	29 1
7	9 0	0 31	18 20	0 50	2 50	4 28	18 47	28 52
10	8 5	0 19	17 36	0 19	0 6	4 28	18 46	28 42
13	7 10	0 8	16 48	0 N 16	2 N 38	4 29	18 46	28 33
16	6 15	0 S 2	15 56	0 54	5 15	4 29	18 46	28 23
19	5 19	0 13	15 0	1 32	7 36	4 29	18 46	28 13
22	4 23	0 23	13 59	2 9	9 36	4 29	18 45	28 4
25	3 26	0 32	12 56	2 41	11 8	4 29	18 45	27 54
28	2 29	0 41	11 49	3 5	12 7	4 29	18 45	27 45
31	1 33	0 50	10 39	3 18	12 31	4 30	18 44	27 35

2011 APRIL

Day	Sidereal Time	☉ Long.	☉ Decl.	☽ Long.	☽ Lat.	☽ Decl.
	H M S	° ′ ″	° ′	° ′	° ′	° ′
1	12 36 3	10 ♈ 55 21	4 N 19	12 ♓ 34	4 N 51	2 S 22
2	12 39 59	11 54 35	4 43	24 26	5 0	2 N 23
3	12 43 56	12 53 48	5 6	6 ♈ 17	4 56	7 1
4	12 47 52	13 52 58	5 29	18 10	4 39	11 25
5	12 51 49	14 52 7	5 51	0 ♉ 6	4 10	15 24
6	12 55 46	15 51 13	6 14	12 6	3 29	18 47
7	12 59 42	16 50 18	6 37	24 13	2 38	21 25
8	13 3 39	17 49 20	7 0	6 ♊ 27	1 40	23 2
9	13 7 35	18 48 19	7 22	18 53	0 36	23 34
10	13 11 32	19 47 17	7 44	1 ♋ 34	0 S 32	22 54
11	13 15 28	20 46 12	8 6	14 34	1 39	21 0
12	13 19 25	21 45 5	8 29	27 56	2 43	17 55
13	13 23 21	22 43 56	8 50	11 ♌ 44	3 40	13 45
14	13 27 18	23 42 44	9 12	25 57	4 25	8 43
15	13 31 15	24 41 31	9 34	10 ♍ 36	4 54	3 3
16	13 35 11	25 40 15	9 55	25 35	5 4	2 S 54
17	13 39 8	26 38 57	10 17	10 ♎ 46	4 53	8 45
18	13 43 4	27 37 37	10 38	25 59	4 21	14 5
19	13 47 1	28 36 15	10 59	11 ♏ 4	3 31	18 30
20	13 50 57	29 34 52	11 19	25 51	2 28	21 37
21	13 54 54	0 ♉ 33 26	11 40	10 ♐ 13	1 17	23 15
22	13 58 50	1 31 59	12 0	24 7	0 3	23 22
23	14 2 47	2 30 30	12 21	7 ♑ 32	1 N 8	22 5
24	14 6 44	3 28 59	12 41	20 31	2 14	19 40
25	14 10 40	4 27 26	13 0	3 ♒ 7	3 11	16 21
26	14 14 37	5 25 52	13 20	15 25	3 58	12 25
27	14 18 33	6 24 17	13 39	27 31	4 34	8 3
28	14 22 30	7 22 40	13 58	9 ♓ 27	4 57	3 26
29	14 26 26	8 21 1	14 17	21 19	5 7	1 N 16
30	14 30 23	9 19 21	14 36	3 ♈ 10	5 4	5 55

Day	♆ Lat.	♆ Decl.	♅ Lat.	♅ Decl.	♄ Lat.	♄ Decl.	♃ Lat.	♃ Decl.	♂ Lat.
	° ′	° ′	° ′	° ′	° ′	° ′	° ′	° ′	° ′
1	0 S 30	11 S 58	0 S 42	0 S 12	2 N 44	3 S 3	1 S 5	4 N 57	0 S 56
4	0 30	11 56	0 42	0 8	2 44	2 57	1 5	5 14	0 55
7	0 30	11 54	0 42	0 4	2 44	2 52	1 5	5 31	0 54
10	0 30	11 53	0 42	0 N 0	2 44	2 46	1 5	5 47	0 53
13	0 30	11 51	0 43	0 4	2 44	2 41	1 5	6 4	0 52
16	0 30	11 50	0 43	0 8	2 44	2 36	1 5	6 20	0 50
19	0 30	11 48	0 43	0 12	2 44	2 31	1 5	6 37	0 49
22	0 30	11 47	0 43	0 15	2 44	2 26	1 5	6 53	0 48
25	0 30	11 45	0 43	0 19	2 43	2 21	1 5	7 9	0 46
28	0 30	11 44	0 43	0 22	2 43	2 17	1 5	7 25	0 45

APRIL 2011

Day	♆ Long.	♅ Long.	♄ Long.	♃ Long.	♂ Long.	♀ Long.	☿ Long.	♇ Long.
	° ′	° ′	° ′	° ′	° ′	° ′	° ′	° ′
1	29 ♒ 55	1 ♈ 8	14 ♎ 7	15 ♈ 6	29 ♓ 4	5 ♓ 40	24 ♈ 17	7 ♑ 28
2	29 57	1 12	14 R 2	15 21	29 51	6 52	24 R 6	7 29
3	29 58	1 15	13 57	15 35	0 ♈ 38	8 4	23 48	7 29
4	0 ♓ 0	1 18	13 53	15 50	1 24	9 17	23 24	7 29
5	0 2	1 22	13 48	16 4	2 11	10 29	22 54	7 29
6	0 4	1 25	13 43	16 19	2 58	11 41	22 20	7 29
7	0 5	1 29	13 39	16 33	3 44	12 54	21 41	7 29
8	0 7	1 32	13 34	16 48	4 31	14 6	20 59	7 29
9	0 9	1 35	13 29	17 2	5 18	15 18	20 15	7 30
10	0 10	1 38	13 25	17 17	6 4	16 31	19 29	7 R 29
11	0 12	1 42	13 20	17 32	6 51	17 43	18 42	7 29
12	0 14	1 45	13 16	17 46	7 37	18 55	17 56	7 29
13	0 15	1 48	13 11	18 0	8 24	20 8	17 11	7 29
14	0 17	1 52	13 6	18 15	9 10	21 20	16 28	7 29
15	0 18	1 55	13 2	18 29	9 56	22 33	15 48	7 29
16	0 20	1 58	12 57	18 44	10 43	23 45	15 11	7 29
17	0 21	2 1	12 53	18 58	11 29	24 58	14 37	7 29
18	0 23	2 4	12 48	19 13	12 15	26 10	14 8	7 28
19	0 24	2 8	12 44	19 27	13 1	27 23	13 43	7 28
20	0 26	2 11	12 40	19 42	13 47	28 35	13 24	7 28
21	0 27	2 14	12 35	19 56	14 34	29 48	13 9	7 27
22	0 28	2 17	12 31	20 10	15 20	1 ♈ 0	12 59	7 27
23	0 30	2 20	12 27	20 25	16 6	2 13	12 54	7 26
24	0 31	2 23	12 23	20 39	16 52	3 26	12 D 55	7 26
25	0 32	2 26	12 18	20 53	17 38	4 38	13 0	7 26
26	0 33	2 29	12 14	21 8	18 24	5 51	13 10	7 25
27	0 35	2 32	12 10	21 22	19 9	7 3	13 25	7 25
28	0 36	2 35	12 6	21 36	19 55	8 16	13 45	7 24
29	0 37	2 38	12 2	21 50	20 41	9 29	14 9	7 23
30	0 38	2 41	11 58	22 4	21 27	10 41	14 38	7 23

Day	♂ Decl.	♀ Lat.	♀ Decl.	☿ Lat.	☿ Decl.	♇ Lat.	♇ Decl.	☊
	° ′	° ′	° ′	° ′	° ′	° ′	° ′	° ′
1	1 S 14	0 S 52	10 S 15	3 N 20	12 N 31	4 N 30	18 S 44	27 ♐ 32
4	0 17	1 0	9 1	3 15	12 6	4 30	18 44	27 23
7	0 N 40	1 7	7 45	2 55	11 9	4 30	18 44	27 13
10	1 36	1 14	6 27	2 22	9 48	4 30	18 44	27 4
13	2 32	1 19	5 7	1 38	8 16	4 31	18 43	26 54
16	3 28	1 24	3 46	0 49	6 44	4 31	18 43	26 44
19	4 23	1 29	2 24	0 0	5 25	4 31	18 43	26 35
22	5 18	1 32	1 1	0 S 47	4 24	4 31	18 43	26 25
25	6 12	1 35	0 N 23	1 28	3 47	4 31	18 43	26 16
28	7 6	1 38	1 47	2 2	3 33	4 32	18 43	26 6

2011 MAI

Day	Sidereal Time	☉ Long.	☉ Decl.	☽ Long.	☽ Lat.	☽ Decl.
	H M S	° ′ ″	° ′	° ′	° ′	° ′
1	14 34 19	10 ♉ 17 39	14 N 54	15 ♈ 3	4 N 48	10 N 21
2	14 38 16	11 15 55	15 13	27 0	4 19	14 26
3	14 42 13	12 14 9	15 30	9 ♉ 3	3 38	17 57
4	14 46 9	13 12 22	15 48	21 13	2 47	20 45
5	14 50 6	14 10 33	16 5	3 ♊ 31	1 48	22 37
6	14 54 2	15 8 43	16 23	15 59	0 42	23 24
7	14 57 59	16 6 50	16 39	28 39	0 S 26	23 0
8	15 1 55	17 4 56	16 56	11 ♋ 31	1 35	21 22
9	15 5 52	18 2 59	17 12	24 40	2 40	18 34
10	15 9 48	19 1 1	17 28	8 ♌ 5	3 38	14 44
11	15 13 45	19 59 1	17 44	21 50	4 25	10 3
12	15 17 42	20 56 59	18 0	5 ♍ 54	4 57	4 44
13	15 21 38	21 54 55	18 15	20 17	5 12	0 S 56
14	15 25 35	22 52 50	18 29	4 ♎ 56	5 6	6 39
15	15 29 31	23 50 43	18 44	19 45	4 41	12 3
16	15 33 28	24 48 34	18 58	4 ♏ 37	3 56	16 46
17	15 37 24	25 46 23	19 12	19 24	2 55	20 24
18	15 41 21	26 44 12	19 26	3 ♐ 59	1 45	22 40
19	15 45 17	27 41 58	19 39	18 15	0 29	23 24
20	15 49 14	28 39 44	19 52	2 ♑ 7	0 N 47	22 38
21	15 53 11	29 37 28	20 4	15 35	1 58	20 34
22	15 57 7	0 ♊ 35 10	20 16	28 38	3 1	17 29
23	16 1 4	1 32 52	20 28	11 ♒ 19	3 53	13 38
24	16 5 0	2 30 33	20 40	23 42	4 33	9 19
25	16 8 57	3 28 13	20 51	5 ♓ 50	5 0	4 43
26	16 12 53	4 25 51	21 2	17 48	5 13	0 1
27	16 16 50	5 23 29	21 12	29 42	5 13	4 N 40
28	16 20 46	6 21 6	21 22	11 ♈ 34	5 0	9 10
29	16 24 43	7 18 42	21 32	23 29	4 33	13 21
30	16 28 40	8 16 16	21 41	5 ♉ 30	3 55	17 2
31	16 32 36	9 13 50	21 50	17 40	3 5	20 3

Day	♆ Lat.	♆ Decl.	♅ Lat.	♅ Decl.	♄ Lat.	♄ Decl.	♃ Lat.	♃ Decl.	♂ Lat.
	° ′	° ′	° ′	° ′	° ′	° ′	° ′	° ′	° ′
1	0 S 31	11 S 43	0 S 43	0 N 26	2 N 43	2 S 13	1 S 5	7 N 41	0 S 43
4	0 31	11 42	0 43	0 29	2 42	2 9	1 5	7 56	0 42
7	0 31	11 41	0 43	0 32	2 42	2 5	1 5	8 12	0 40
10	0 31	11 40	0 43	0 36	2 41	2 2	1 5	8 27	0 39
13	0 31	11 40	0 43	0 39	2 41	1 59	1 6	8 42	0 37
16	0 31	11 39	0 43	0 41	2 40	1 56	1 6	8 56	0 35
19	0 31	11 39	0 43	0 44	2 40	1 53	1 6	9 11	0 33
22	0 31	11 38	0 43	0 47	2 39	1 51	1 6	9 25	0 32
25	0 31	11 38	0 43	0 49	2 38	1 49	1 6	9 39	0 30
28	0 31	11 38	0 43	0 52	2 38	1 48	1 7	9 52	0 28
31	0 31	11 38	0 43	0 54	2 37	1 47	1 7	10 5	0 26

MAI 2011

Day	♆ Long.	♅ Long.	♄ Long.	♃ Long.	♂ Long.	♀ Long.	☿ Long.	♇ Long.
	° ′	° ′	° ′	° ′	° ′	° ′	° ′	° ′
1	0 ♓ 39	2 ♈ 44	11 ♎ 55	22 ♈ 18	22 ♈ 13	11 ♈ 54	15 ♈ 10	7 ♑ 22
2	0 40	2 47	11 R 51	22 33	22 58	13 7	15 47	7 R 21
3	0 41	2 50	11 47	22 47	23 44	14 20	16 28	7 21
4	0 42	2 52	11 44	23 1	24 29	15 32	17 12	7 20
5	0 43	2 55	11 40	23 15	25 15	16 45	17 59	7 19
6	0 44	2 58	11 36	23 29	26 0	17 58	18 51	7 18
7	0 45	3 1	11 33	23 43	26 46	19 11	19 45	7 18
8	0 46	3 3	11 30	23 57	27 31	20 23	20 42	7 17
9	0 47	3 6	11 26	24 10	28 16	21 36	21 43	7 16
10	0 47	3 9	11 23	24 24	29 2	22 49	22 46	7 15
11	0 48	3 11	11 20	24 38	29 47	24 2	23 52	7 14
12	0 49	3 14	11 17	24 52	0 ♉ 32	25 14	25 1	7 13
13	0 50	3 16	11 14	25 5	1 17	26 27	26 13	7 12
14	0 50	3 19	11 11	25 19	2 2	27 40	27 27	7 11
15	0 51	3 21	11 8	25 33	2 47	28 53	28 44	7 10
16	0 51	3 24	11 6	25 46	3 32	0 ♉ 6	0 ♉ 3	7 9
17	0 52	3 26	11 3	26 0	4 17	1 19	1 24	7 8
18	0 53	3 28	11 0	26 13	5 2	2 31	2 48	7 7
19	0 53	3 31	10 58	26 27	5 47	3 44	4 14	7 6
20	0 54	3 33	10 55	26 40	6 32	4 57	5 43	7 5
21	0 54	3 35	10 53	26 53	7 16	6 10	7 14	7 4
22	0 54	3 38	10 51	27 6	8 1	7 23	8 47	7 2
23	0 55	3 40	10 49	27 20	8 46	8 36	10 22	7 1
24	0 55	3 42	10 47	27 33	9 30	9 49	12 0	7 0
25	0 56	3 44	10 45	27 46	10 15	11 1	13 40	6 59
26	0 56	3 46	10 43	27 59	10 59	12 14	15 22	6 57
27	0 56	3 48	10 41	28 12	11 44	13 27	17 7	6 56
28	0 56	3 50	10 40	28 25	12 28	14 40	18 54	6 55
29	0 56	3 52	10 38	28 38	13 12	15 53	20 43	6 54
30	0 57	3 54	10 37	28 50	13 56	17 6	22 34	6 52
31	0 57	3 56	10 35	29 3	14 41	18 19	24 27	6 51

Day	♂ Decl.	♀ Lat.	♀ Decl.	☿ Lat.	☿ Decl.	♇ Lat.	♇ Decl.	☊
	° ′	° ′	° ′	° ′	° ′	° ′	° ′	° ′
1	7 N 59	1 S 39	3 N 11	2 S 29	3 N 41	4 N 32	18 S 43	25 ♐ 57
4	8 51	1 40	4 34	2 49	4 9	4 32	18 43	25 47
7	9 42	1 40	5 57	3 2	4 55	4 32	18 43	25 38
10	10 32	1 40	7 19	3 8	5 57	4 32	18 43	25 28
13	11 21	1 39	8 40	3 8	7 12	4 32	18 43	25 19
16	12 9	1 37	9 59	3 2	8 38	4 32	18 43	25 9
19	12 55	1 35	11 16	2 51	10 15	4 33	18 43	25 0
22	13 41	1 32	12 31	2 35	11 59	4 33	18 43	24 50
25	14 25	1 28	13 44	2 14	13 48	4 33	18 43	24 41
28	15 8	1 24	14 54	1 50	15 41	4 33	18 43	24 31
31	15 49	1 20	16 0	1 21	17 34	4 33	18 43	24 22

2011 JUNI

Day	Sidereal Time	☉ Long.	☉ Decl.	☽ Long.	☽ Lat.	☽ Decl.
	H M S	° ′ ″	° ′	° ′	° ′	° ′
1	16 36 33	10 ♊ 11 23	21 N 59	0 ♊ 1	2 N 6	22 N 12
2	16 40 29	11 8 55	22 7	12 35	0 59	23 17
3	16 44 26	12 6 26	22 14	25 21	0 S 11	23 11
4	16 48 22	13 3 55	22 22	8 ♋ 21	1 22	21 49
5	16 52 19	14 1 24	22 29	21 35	2 30	19 15
6	16 56 15	14 58 51	22 35	5 ♌ 2	3 31	15 36
7	17 0 12	15 56 17	22 42	18 42	4 21	11 5
8	17 4 9	16 53 42	22 47	2 ♍ 34	4 56	5 57
9	17 8 5	17 51 6	22 53	16 39	5 15	0 26
10	17 12 2	18 48 29	22 58	0 ♎ 53	5 14	5 S 9
11	17 15 58	19 45 51	23 3	15 14	4 54	10 31
12	17 19 55	20 43 11	23 7	29 39	4 16	15 20
13	17 23 51	21 40 31	23 11	14 ♏ 4	3 21	19 16
14	17 27 48	22 37 50	23 14	28 25	2 14	21 59
15	17 31 44	23 35 8	23 17	12 ♐ 36	1 N 0	23 18
16	17 35 41	24 32 25	23 19	26 33	0 17	23 6
17	17 39 38	25 29 42	23 22	10 ♑ 13	1 32	21 31
18	17 43 34	26 26 58	23 23	23 34	2 39	18 46
19	17 47 31	27 24 13	23 25	6 ♒ 34	3 37	15 8
20	17 51 27	28 21 29	23 26	19 15	4 22	10 53
21	17 55 24	29 18 44	23 26	1 ♓ 39	4 54	6 18
22	17 59 20	0 ♋ 15 58	23 26	13 49	5 12	1 33
23	18 3 17	1 13 13	23 26	25 49	5 16	3 N 11
24	18 7 13	2 10 27	23 25	7 ♈ 43	5 7	7 46
25	18 11 10	3 7 42	23 24	19 37	4 44	12 3
26	18 15 7	4 4 56	23 22	1 ♉ 33	4 9	15 54
27	18 19 3	5 2 10	23 20	13 37	3 23	19 9
28	18 23 0	5 59 24	23 18	25 53	2 27	21 36
29	18 26 56	6 56 38	23 15	8 ♊ 24	1 22	23 4
30	18 30 53	7 53 52	23 12	21 11	0 13	23 21

Day	♆ Lat.	♆ Decl.	♅ Lat.	♅ Decl.	♄ Lat.	♄ Decl.	♃ Lat.	♃ Decl.	♂ Lat.
	° ′	° ′	° ′	° ′	° ′	° ′	° ′	° ′	° ′
1	0 S 31	11 S 38	0 S 43	0 N 55	2 N 37	1 S 47	1 S 7	10 N 10	0 S 25
4	0 31	11 38	0 44	0 57	2 36	1 46	1 7	10 23	0 24
7	0 32	11 38	0 44	0 58	2 35	1 46	1 8	10 35	0 22
10	0 32	11 38	0 44	1 0	2 35	1 46	1 8	10 48	0 20
13	0 32	11 38	0 44	1 2	2 34	1 46	1 8	10 59	0 18
16	0 32	11 39	0 44	1 3	2 33	1 47	1 9	11 11	0 16
19	0 32	11 39	0 44	1 4	2 33	1 48	1 9	11 22	0 14
22	0 32	11 40	0 44	1 5	2 32	1 50	1 10	11 33	0 12
25	0 32	11 41	0 44	1 6	2 31	1 52	1 10	11 43	0 9
28	0 32	11 42	0 44	1 7	2 30	1 54	1 10	11 53	0 7

JUNI 2011

Day	♆ Long.	♅ Long.	♄ Long.	♃ Long.	♂ Long.	♀ Long.	☿ Long.	♇ Long.
	° ′	° ′	° ′	° ′	° ′	° ′	° ′	° ′
1	0 ♓ 57	3 ♈ 58	10 ♎ 34	29 ♈ 16	15 ♉ 25	19 ♉ 32	26 ♉ 23	6 ♑ 50
2	0 57	3 59	10 R 33	29 28	16 9	20 45	28 20	6 R 48
3	0 57	4 1	10 32	29 41	16 53	21 58	0 ♊ 20	6 47
4	0 R 57	4 3	10 31	29 53	17 37	23 11	2 22	6 45
5	0 57	4 5	10 30	0 ♉ 5	18 21	24 24	4 26	6 44
6	0 57	4 6	10 29	0 18	19 5	25 37	6 31	6 43
7	0 57	4 8	10 28	0 30	19 48	26 50	8 38	6 41
8	0 57	4 9	10 28	0 42	20 32	28 3	10 46	6 40
9	0 56	4 11	10 27	0 54	21 16	29 16	12 56	6 38
10	0 56	4 12	10 27	1 6	21 59	0 ♊ 29	15 7	6 37
11	0 56	4 14	10 27	1 18	22 43	1 43	17 18	6 35
12	0 56	4 15	10 27	1 30	23 26	2 56	19 30	6 34
13	0 55	4 16	10 27	1 41	24 10	4 9	21 42	6 32
14	0 55	4 18	10 D 27	1 53	24 53	5 22	23 54	6 31
15	0 55	4 19	10 27	2 4	25 37	6 35	26 5	6 29
16	0 54	4 20	10 27	2 16	26 20	7 48	28 16	6 28
17	0 54	4 21	10 27	2 27	27 3	9 1	0 ♋ 27	6 26
18	0 53	4 22	10 28	2 38	27 46	10 14	2 36	6 25
19	0 53	4 23	10 28	2 50	28 29	11 28	4 44	6 23
20	0 52	4 24	10 29	3 1	29 12	12 41	6 50	6 21
21	0 52	4 25	10 30	3 12	29 55	13 54	8 55	6 20
22	0 51	4 26	10 30	3 22	0 ♊ 38	15 7	10 58	6 18
23	0 51	4 27	10 31	3 33	1 21	16 20	12 59	6 17
24	0 50	4 28	10 32	3 44	2 4	17 34	14 58	6 15
25	0 49	4 28	10 34	3 54	2 46	18 47	16 55	6 14
26	0 49	4 29	10 35	4 5	3 29	20 0	18 50	6 12
27	0 48	4 30	10 36	4 15	4 12	21 14	20 43	6 10
28	0 47	4 30	10 38	4 26	4 54	22 27	22 34	6 9
29	0 46	4 31	10 39	4 36	5 37	23 40	24 23	6 7
30	0 46	4 31	10 41	4 46	6 19	24 54	26 10	6 6

Day	♂ Decl.	♀ Lat.	♀ Decl.	☿ Lat.	☿ Decl.	♇ Lat.	♇ Decl.	☊
	° ′	° ′	° ′	° ′	° ′	° ′	° ′	° ′
1	16 N 3	1 S 18	16 N 21	1 S 11	18 N 11	4 N 33	18 S 43	24 ♐ 18
4	16 42	1 13	17 23	0 40	19 59	4 33	18 44	24 9
7	17 20	1 8	18 21	0 7	21 37	4 33	18 44	23 59
10	17 57	1 2	19 15	0 N 25	23 1	4 33	18 44	23 50
13	18 32	0 56	20 4	0 54	24 4	4 32	18 45	23 40
16	19 5	0 49	20 48	1 19	24 44	4 32	18 45	23 31
19	19 36	0 42	21 27	1 38	24 59	4 32	18 45	23 21
22	20 6	0 35	22 1	1 50	24 49	4 32	18 46	23 12
25	20 33	0 28	22 30	1 56	24 17	4 32	18 46	23 2
28	21 0	0 21	22 53	1 55	23 26	4 32	18 47	22 53

2011 JULI

Day	Sidereal Time	☉ Long.	☉ Decl.	☽ Long.	☽ Lat.	☽ Decl.
	H M S	° ′ ″	° ′	° ′	° ′	° ′
1	18 34 49	8♋51 6	23 N 8	4♋ 16	0 S 59	22 N 23
2	18 38 46	9 48 20	23 4	17 39	2 9	20 8
3	18 42 42	10 45 33	23 0	1♌ 18	3 14	16 43
4	18 46 39	11 42 46	22 55	15 11	4 8	12 20
5	18 50 36	12 39 59	22 50	29 15	4 47	7 15
6	18 54 32	13 37 12	22 44	13♍ 26	5 10	1 44
7	18 58 29	14 34 25	22 38	27 40	5 14	3 S 52
8	19 2 25	15 31 37	22 32	11♎ 55	4 58	9 17
9	19 6 22	16 28 49	22 25	26 8	4 24	14 12
10	19 10 18	17 26 1	22 18	10♏ 17	3 35	18 18
11	19 14 15	18 23 13	22 10	24 18	2 33	21 19
12	19 18 11	19 20 25	22 3	8♐ 12	1 22	23 1
13	19 22 8	20 17 37	21 54	21 56	0 8	23 19
14	19 26 5	21 14 49	21 46	5♑ 28	1 N 6	22 13
15	19 30 1	22 12 1	21 36	18 48	2 15	19 53
16	19 33 58	23 9 14	21 27	1≈ 53	3 15	16 34
17	19 37 54	24 6 27	21 17	14 43	4 5	12 31
18	19 41 51	25 3 40	21 7	27 18	4 41	8 1
19	19 45 47	26 0 54	20 57	9♓ 38	5 3	3 16
20	19 49 44	26 58 8	20 46	21 47	5 11	1 N 30
21	19 53 40	27 55 23	20 34	3♈ 46	5 6	6 10
22	19 57 37	28 52 39	20 23	15 39	4 47	10 34
23	20 1 34	29 49 56	20 11	27 32	4 16	14 35
24	20 5 30	0♌ 47 13	19 59	9♉ 27	3 34	18 1
25	20 9 27	1 44 31	19 46	21 32	2 42	20 45
26	20 13 23	2 41 51	19 33	3♊ 49	1 42	22 35
27	20 17 20	3 39 11	19 20	16 24	0 35	23 20
28	20 21 16	4 36 32	19 6	29 32	0 S 35	22 51
29	20 25 13	5 33 53	18 53	12♋ 39	1 45	21 5
30	20 29 9	6 31 16	18 38	26 21	2 51	18 5
31	20 33 6	7 28 39	18 24	10♌ 25	3 48	13 58

Day	♆ Lat.	♆ Decl.	♅ Lat.	♅ Decl.	♄ Lat.	♄ Decl.	♃ Lat.	♃ Decl.	♂ Lat.
	° ′	° ′	° ′	° ′	° ′	° ′	° ′	° ′	° ′
1	0 S 32	11 S 43	0 S 44	1 N 7	2 N 30	1 S 57	1 S 11	12 N 3	0 S 5
4	0 32	11 44	0 45	1 8	2 29	2 0	1 11	12 12	0 3
7	0 32	11 45	0 45	1 8	2 28	2 3	1 12	12 21	0 1
10	0 32	11 46	0 45	1 8	2 27	2 6	1 12	12 29	0 N 1
13	0 32	11 47	0 45	1 8	2 27	2 10	1 13	12 37	0 3
16	0 33	11 48	0 45	1 7	2 26	2 14	1 13	12 45	0 6
19	0 33	11 50	0 45	1 7	2 25	2 19	1 14	12 52	0 8
22	0 33	11 51	0 45	1 6	2 25	2 24	1 15	12 58	0 10
25	0 33	11 53	0 45	1 5	2 24	2 29	1 15	13 4	0 12
28	0 33	11 54	0 45	1 4	2 23	2 34	1 16	13 10	0 15
31	0 33	11 56	0 45	1 3	2 23	2 40	1 16	13 15	0 17

JULI 2011

Day	♆ Long.	♅ Long.	♄ Long.	♃ Long.	♂ Long.	♀ Long.	☿ Long.	♇ Long.
	° ′	° ′	° ′	° ′	° ′	° ′	° ′	° ′
1	0 ♓ 45	4 ♈ 32	10 ♎ 42	4 ♉ 56	7 ♊ 2	26 ♊ 7	27 ♋ 54	6 ♑ 4
2	0 R 44	4 32	10 44	5 5	7 44	27 20	29 37	6 R 3
3	0 43	4 33	10 46	5 15	8 26	28 34	1 ♌ 17	6 1
4	0 42	4 33	10 48	5 25	9 8	29 47	2 55	5 59
5	0 41	4 33	10 50	5 34	9 50	1 ♋ 1	4 30	5 58
6	0 40	4 34	10 53	5 43	10 33	2 14	6 4	5 56
7	0 39	4 34	10 55	5 53	11 15	3 27	7 35	5 55
8	0 38	4 34	10 57	6 2	11 56	4 41	9 4	5 53
9	0 37	4 34	11 0	6 11	12 38	5 54	10 31	5 52
10	0 36	4 34	11 2	6 19	13 20	7 8	11 56	5 50
11	0 35	4 R 34	11 5	6 28	14 2	8 21	13 18	5 49
12	0 34	4 34	11 8	6 37	14 44	9 35	14 38	5 47
13	0 33	4 34	11 11	6 45	15 25	10 49	15 56	5 46
14	0 32	4 34	11 13	6 53	16 7	12 2	17 11	5 44
15	0 31	4 33	11 16	7 2	16 48	13 16	18 23	5 43
16	0 29	4 33	11 20	7 10	17 30	14 29	19 34	5 41
17	0 28	4 33	11 23	7 18	18 11	15 43	20 41	5 40
18	0 27	4 32	11 26	7 25	18 52	16 57	21 46	5 38
19	0 26	4 32	11 29	7 33	19 34	18 10	22 48	5 37
20	0 24	4 32	11 33	7 40	20 15	19 24	23 47	5 35
21	0 23	4 31	11 37	7 48	20 56	20 38	24 43	5 34
22	0 22	4 31	11 40	7 55	21 37	21 51	25 36	5 33
23	0 20	4 30	11 44	8 2	22 18	23 5	26 25	5 31
24	0 19	4 29	11 48	8 9	22 59	24 19	27 12	5 30
25	0 18	4 29	11 52	8 15	23 40	25 33	27 54	5 29
26	0 16	4 28	11 55	8 22	24 20	26 46	28 33	5 27
27	0 15	4 27	12 0	8 28	25 1	28 0	29 9	5 26
28	0 13	4 26	12 4	8 35	25 42	29 14	29 40	5 25
29	0 12	4 25	12 8	8 41	26 22	0 ♌ 28	0 ♍ 7	5 23
30	0 11	4 24	12 12	8 47	27 3	1 42	0 29	5 22
31	0 9	4 24	12 16	8 52	27 43	2 56	0 47	5 21

Day	♂ Decl.	♀ Lat.	♀ Decl.	☿ Lat.	☿ Decl.	♇ Lat.	♇ Decl.	☊
	° ′	° ′	° ′	° ′	° ′	° ′	° ′	° ′
1	21 N 24	0 S 13	23 N 9	1 N 48	22 N 21	4 N 31	18 S 47	22 ♐ 43
4	21 46	0 6	23 20	1 36	21 3	4 31	18 48	22 33
7	22 7	0 N 1	23 25	1 18	19 38	4 31	18 48	22 24
10	22 25	0 9	23 23	0 56	18 6	4 30	18 49	22 14
13	22 42	0 16	23 16	0 29	16 32	4 30	18 49	22 5
16	22 57	0 23	23 2	0 S 1	14 56	4 30	18 50	21 55
19	23 9	0 30	22 42	0 34	13 23	4 29	18 50	21 46
22	23 20	0 36	22 16	1 10	11 54	4 29	18 51	21 36
25	23 29	0 42	21 44	1 48	10 31	4 28	18 52	21 27
28	23 37	0 48	21 6	2 27	9 18	4 28	18 52	21 17
31	23 42	0 54	20 23	3 5	8 18	4 27	18 53	21 8

2011 AUGUST

Day	Sidereal Time	☉ Long.	☉ Decl.	☽ Long.	☽ Lat.	☽ Decl.
	H M S	° ′ ″	° ′	° ′	° ′	° ′
1	20 37 3	8 ♌ 26 4	18 N 9	24 ♌ 45	4 S 32	8 N 59
2	20 40 59	9 23 28	17 54	9 ♍ 16	4 59	3 28
3	20 44 56	10 20 54	17 39	23 52	5 7	2 S 16
4	20 48 52	11 18 20	17 23	8 ♎ 26	4 55	7 52
5	20 52 49	12 15 48	17 7	22 52	4 25	12 59
6	20 56 45	13 13 15	16 51	7 ♏ 7	3 38	17 39
7	21 0 42	14 10 44	16 34	21 9	2 39	20 36
8	21 4 38	15 8 13	16 18	4 ♐ 56	1 31	22 37
9	21 8 35	16 5 43	16 1	18 30	0 20	23 16
10	21 12 31	17 3 14	15 43	1 ♑ 51	0 N 52	22 34
11	21 16 28	18 0 46	15 26	15 0	1 59	20 37
12	21 20 25	18 58 18	15 8	27 57	2 59	17 38
13	21 24 21	19 55 52	14 50	10 ♒ 44	3 49	13 52
14	21 28 18	20 53 27	14 32	23 18	4 27	9 32
15	21 32 14	21 51 3	14 13	5 ♓ 42	4 52	4 53
16	21 36 11	22 48 40	13 55	17 55	5 3	0 7
17	21 40 7	23 46 19	13 36	29 59	5 0	4 N 35
18	21 44 4	24 43 59	13 17	11 ♈ 55	4 44	9 4
19	21 48 0	25 41 40	12 57	23 46	4 16	13 11
20	21 51 57	26 39 23	12 38	5 ♉ 37	3 37	16 48
21	21 55 54	27 37 8	12 18	17 30	2 48	19 44
22	21 59 50	28 34 54	11 58	29 32	1 51	21 51
23	22 3 47	29 32 42	11 38	11 ♊ 48	0 48	23 0
24	22 7 43	0 ♍ 30 30	11 17	24 22	0 S 19	23 1
25	22 11 40	1 28 23	10 57	7 ♋ 19	1 26	21 48
26	22 15 36	2 26 16	10 36	20 43	2 31	19 21
27	22 19 33	3 24 11	10 15	4 ♌ 35	3 30	15 43
28	22 23 29	4 22 7	9 54	18 53	4 17	11 5
29	22 27 26	5 20 5	9 33	3 ♍ 33	4 48	5 43
30	22 31 23	6 18 4	9 12	18 28	5 1	0 S 3
31	22 35 19	7 16 5	8 50	3 ♎ 29	4 53	5 52

Day	♆ Lat.	♆ Decl.	♅ Lat.	♅ Decl.	♄ Lat.	♄ Decl.	♃ Lat.	♃ Decl.	♂ Lat.
	° ′	° ′	° ′	° ′	° ′	° ′	° ′	° ′	° ′
1	0 S 33	11 S 56	0 S 46	1 N 3	2 N 23	2 S 41	1 S 17	13 N 17	0 N 18
4	0 33	11 58	0 46	1 2	2 22	2 47	1 17	13 21	0 20
7	0 33	12 0	0 46	1 0	2 21	2 53	1 18	13 25	0 22
10	0 33	12 1	0 46	0 58	2 21	3 0	1 18	13 28	0 24
13	0 33	12 3	0 46	0 56	2 20	3 6	1 19	13 31	0 27
16	0 33	12 5	0 46	0 54	2 20	3 13	1 20	13 33	0 29
19	0 33	12 7	0 46	0 52	2 19	3 20	1 20	13 35	0 31
22	0 33	12 8	0 46	0 50	2 19	3 27	1 21	13 36	0 34
25	0 33	12 10	0 46	0 48	2 18	3 34	1 22	13 37	0 36
28	0 33	12 12	0 46	0 45	2 18	3 42	1 22	13 37	0 39
31	0 33	12 14	0 46	0 43	2 18	3 49	1 23	13 37	0 41

AUGUST 2011

Day	♆ Long.	♅ Long.	♄ Long.	♃ Long.	♂ Long.	♀ Long.	☿ Long.	♇ Long.
	° ′	° ′	° ′	° ′	° ′	° ′	° ′	° ′
1	0 ♓ 8	4 ♈ 23	12 ♎ 21	8 ♉ 58	28 ♊ 24	4 ♌ 10	1 ♍ 1	5 ♑ 20
2	0 R 6	4 R 21	12 25	9 3	29 4	5 24	1 9	5 R 18
3	0 5	4 20	12 30	9 9	29 44	6 38	1 12	5 17
4	0 3	4 19	12 35	9 14	0 ♋ 25	7 52	1 R 11	5 16
5	0 2	4 18	12 39	9 18	1 5	9 6	1 4	5 15
6	0 0	4 17	12 44	9 23	1 45	10 20	0 51	5 14
7	29 ♒ 58	4 16	12 49	9 28	2 25	11 34	0 34	5 13
8	29 57	4 14	12 54	9 32	3 5	12 48	0 11	5 11
9	29 55	4 13	12 59	9 36	3 45	14 2	29 ♌ 43	5 10
10	29 54	4 12	13 4	9 40	4 25	15 16	29 11	5 9
11	29 52	4 10	13 9	9 44	5 4	16 30	28 34	5 8
12	29 51	4 9	13 14	9 48	5 44	17 44	27 53	5 7
13	29 49	4 7	13 20	9 51	6 23	18 58	27 9	5 6
14	29 47	4 6	13 25	9 55	7 3	20 12	26 22	5 5
15	29 46	4 4	13 30	9 58	7 42	21 26	25 32	5 5
16	29 44	4 3	13 36	10 1	8 22	22 41	24 42	5 4
17	29 42	4 1	13 41	10 3	9 1	23 55	23 52	5 3
18	29 41	3 59	13 47	10 6	9 40	25 9	23 2	5 2
19	29 39	3 58	13 53	10 8	10 20	26 23	22 14	5 1
20	29 38	3 56	13 58	10 10	10 59	27 37	21 29	5 0
21	29 36	3 54	14 4	10 12	11 38	28 52	20 48	5 0
22	29 34	3 52	14 10	10 14	12 17	0 ♍ 6	20 11	4 59
23	29 33	3 50	14 16	10 16	12 56	1 20	19 40	4 58
24	29 31	3 49	14 22	10 17	13 34	2 34	19 15	4 57
25	29 29	3 47	14 28	10 18	14 13	3 49	18 56	4 57
26	29 28	3 45	14 34	10 19	14 52	5 3	18 45	4 56
27	29 26	3 43	14 40	10 20	15 31	6 17	18 42	4 56
28	29 24	3 41	14 46	10 21	16 9	7 32	18 D 47	4 55
29	29 23	3 39	14 52	10 21	16 48	8 46	19 0	4 54
30	29 21	3 37	14 58	10 21	17 26	10 1	19 20	4 54
31	29 20	3 35	15 4	10 R 21	18 4	11 15	19 50	4 53

Day	♂ Decl.	♀ Lat.	♀ Decl.	☿ Lat.	☿ Decl.	♇ Lat.	♇ Decl.	☊
	° ′	° ′	° ′	° ′	° ′	° ′	° ′	° ′
1	23 N 43	0 N 56	20 N 7	3 S 18	8 N 2	4 N 27	18 S 53	21 ♐ 5
4	23 46	1 1	19 17	3 53	7 25	4 26	18 54	20 55
7	23 47	1 6	18 22	4 23	7 10	4 26	18 55	20 45
10	23 46	1 10	17 22	4 43	7 20	4 25	18 55	20 36
13	23 44	1 14	16 18	4 51	7 54	4 25	18 56	20 26
16	23 39	1 17	15 10	4 42	8 51	4 24	18 57	20 17
19	23 34	1 20	13 58	4 17	10 2	4 23	18 58	20 7
22	23 26	1 22	12 43	3 38	11 18	4 23	18 58	19 58
25	23 17	1 23	11 24	2 48	12 29	4 22	18 59	19 48
28	23 6	1 24	10 3	1 54	13 24	4 21	19 0	19 39
31	22 54	1 25	8 39	0 59	13 56	4 20	19 1	19 29

2011 SEPTEMBER

Day	Sidereal Time	☉ Long.	☉ Decl.	☽ Long.	☽ Lat.	☽ Decl.
	H M S	° ′ ″	° ′	° ′	° ′	° ′
1	22 39 16	8 ♍ 14 8	8 N 29	18 ♎ 25	4 S 25	11 S 18
2	22 43 12	9 12 12	8 7	3 ♏ 10	3 40	16 1
3	22 47 9	10 10 17	7 45	17 36	2 42	19 40
4	22 51 5	11 8 24	7 23	1 ♐ 42	1 34	22 2
5	22 55 2	12 6 32	7 1	15 27	0 – 23	23 1
6	22 58 58	13 4 41	6 39	28 51	0 N 48	22 38
7	23 2 55	14 2 53	6 17	11 ♑ 59	1 55	21 0
8	23 6 52	15 1 5	5 54	24 51	2 54	18 16
9	23 10 48	15 59 19	5 32	7 ♒ 30	3 44	14 47
10	23 14 45	16 57 35	5 9	19 59	4 22	10 40
11	23 18 41	17 55 52	4 46	2 ♓ 19	4 47	6 11
12	23 22 38	18 54 11	4 23	14 31	4 59	1 30
13	23 26 34	19 52 32	4 1	26 35	4 57	3 N 11
14	23 30 31	20 50 55	3 38	8 ♈ 33	4 42	7 42
15	23 34 27	21 49 20	3 15	20 25	4 15	11 54
16	23 38 24	22 47 46	2 51	2 ♉ 15	3 36	15 38
17	23 42 21	23 46 15	2 28	14 5	2 49	18 45
18	23 46 17	24 44 46	2 5	25 57	1 54	21 5
19	23 50 14	25 43 19	1 42	7 ♊ 58	0 53	22 30
20	23 54 10	26 41 54	1 19	20 10	0 S 12	22 53
21	23 58 7	27 40 31	0 55	2 ♋ 41	1 17	22 7
22	0 2 3	28 39 10	0 32	15 34	2 21	20 12
23	0 6 0	29 37 52	0 9	28 54	3 19	17 8
24	0 9 56	0 ♎ 36 35	0 S 15	12 ♌ 44	4 7	13 2
25	0 13 53	1 35 21	0 38	27 3	4 42	8 4
26	0 17 50	2 34 9	1 1	11 ♍ 49	5 0	2 30
27	0 21 46	3 32 59	1 25	26 55	4 57	3 S 19
28	0 25 43	4 31 52	1 48	12 ♎ 10	4 34	9 0
29	0 29 39	5 30 46	2 11	27 25	3 51	14 8
30	0 33 36	6 29 42	2 35	12 ♏ 27	2 52	18 18

Day	♆ Lat.	♆ Decl.	♅ Lat.	♅ Decl.	♄ Lat.	♄ Decl.	♃ Lat.	♃ Decl.	♂ Lat.
	° ′	° ′	° ′	° ′	° ′	° ′	° ′	° ′	° ′
1	0 S 33	12 S 14	0 S 46	0 N 42	2 N 18	3 S 52	1 S 23	13 N 36	0 N 42
4	0 33	12 16	0 46	0 39	2 17	3 59	1 24	13 35	0 44
7	0 33	12 18	0 46	0 37	2 17	4 7	1 24	13 34	0 47
10	0 33	12 19	0 46	0 34	2 17	4 15	1 25	13 31	0 49
13	0 33	12 21	0 46	0 31	2 16	4 23	1 25	13 28	0 52
16	0 33	12 22	0 46	0 29	2 16	4 31	1 26	13 25	0 54
19	0 33	12 24	0 46	0 26	2 16	4 39	1 27	13 21	0 57
22	0 33	12 25	0 46	0 23	2 16	4 48	1 27	13 17	0 59
25	0 33	12 27	0 46	0 20	2 15	4 56	1 27	13 12	1 2
28	0 33	12 28	0 46	0 17	2 15	5 4	1 28	13 7	1 5

SEPTEMBER 2011

Day	♆ Long. ° ′	♅ Long. ° ′	♄ Long. ° ′	♃ Long. ° ′	♂ Long. ° ′	♀ Long. ° ′	☿ Long. ° ′	♇ Long. ° ′
1	29 ♒ 18	3 ♈ 33	15 ♎ 11	10 ♉ 21	18 ♋ 42	12 ♍ 29	20 ♌ 27	4 ♑ 53
2	29 R 16	3 R 30	15 17	10 R 20	19 21	13 44	21 12	4 R 53
3	29 15	3 28	15 24	10 20	19 59	14 58	22 4	4 52
4	29 13	3 26	15 30	10 19	20 37	16 13	23 4	4 52
5	29 12	3 24	15 37	10 18	21 15	17 27	24 11	4 52
6	29 10	3 22	15 43	10 17	21 53	18 42	25 24	4 51
7	29 8	3 20	15 50	10 15	22 30	19 56	26 43	4 51
8	29 7	3 17	15 56	10 14	23 8	21 10	28 8	4 51
9	29 5	3 15	16 3	10 12	23 46	22 25	29 37	4 51
10	29 4	3 13	16 10	10 10	24 23	23 39	1 ♍ 11	4 50
11	29 2	3 10	16 16	10 8	25 1	24 54	2 49	4 50
12	29 1	3 8	16 23	10 5	25 38	26 8	4 31	4 50
13	28 59	3 6	16 30	10 3	26 15	27 23	6 15	4 50
14	28 58	3 4	16 37	10 0	26 53	28 37	8 1	4 50
15	28 56	3 1	16 44	9 57	27 30	29 52	9 49	4 50
16	28 55	2 59	16 50	9 54	28 7	1 ♎ 6	11 39	4 D 50
17	28 53	2 56	16 57	9 50	28 44	2 21	13 30	4 50
18	28 52	2 54	17 4	9 47	29 21	3 36	15 22	4 50
19	28 50	2 52	17 11	9 43	29 57	4 50	17 14	4 50
20	28 49	2 49	17 18	9 39	0 ♌ 34	6 5	19 6	4 50
21	28 48	2 47	17 25	9 35	1 11	7 19	20 58	4 51
22	28 46	2 45	17 32	9 31	1 47	8 34	22 50	4 51
23	28 45	2 42	17 40	9 26	2 24	9 48	24 42	4 51
24	28 44	2 40	17 47	9 21	3 0	11 3	26 33	4 51
25	28 42	2 37	17 54	9 17	3 36	12 18	28 23	4 52
26	28 41	2 35	18 1	9 12	4 13	13 32	0 ♎ 13	4 52
27	28 40	2 32	18 8	9 6	4 49	14 47	2 2	4 52
28	28 38	2 30	18 15	9 1	5 25	16 1	3 51	4 53
29	28 37	2 28	18 22	8 56	6 0	17 16	5 38	4 53
30	28 36	2 25	18 30	8 50	6 36	18 31	7 25	4 54

Day	♂ Decl. ° ′	♀ Lat. ° ′	♀ Decl. ° ′	☿ Lat. ° ′	☿ Decl. ° ′	♇ Lat. ° ′	♇ Decl. ° ′	☊ ° ′
1	22 N 49	1 N 25	8 N 11	0 S 42	14 N 1	4 N 20	19 S 1	19 ♐ 26
4	22 35	1 25	6 44	0 N 6	13 55	4 19	19 2	19 16
7	22 20	1 24	5 16	0 45	13 19	4 19	19 3	19 7
10	22 3	1 22	3 47	1 15	12 13	4 18	19 3	18 57
13	21 45	1 20	2 16	1 35	10 42	4 17	19 4	18 48
16	21 25	1 17	0 45	1 46	8 50	4 16	19 5	18 38
19	21 5	1 14	0 S 47	1 50	6 44	4 16	19 6	18 29
22	20 43	1 11	2 19	1 46	4 28	4 15	19 6	18 19
25	20 21	1 6	3 50	1 38	2 8	4 14	19 7	18 10
28	19 58	1 2	5 21	1 25	0 S 13	4 13	19 8	18 0

2011 OKTOBER

Day	Sidereal Time	☉ Long.	☉ Decl.	☽ Long.	☽ Lat.	☽ Decl.
	H M S	° ′ ″	° ′	° ′	° ′	° ′
1	0 37 32	7 ♎ 28 40	2 S 58	27 ♏ 9	1 S 43	21 S 12
2	0 41 29	8 27 39	3 21	11 ♐ 27	0 29	22 38
3	0 45 25	9 26 41	3 45	25 19	0 N 45	22 36
4	0 49 22	10 25 44	4 8	8 ♑ 46	1 54	21 15
5	0 53 19	11 24 49	4 31	21 50	2 55	18 47
6	0 57 15	12 23 56	4 54	4 ♒ 35	3 46	15 28
7	1 1 12	13 23 5	5 17	17 4	4 23	11 31
8	1 5 8	14 22 16	5 40	29 22	4 50	7 10
9	1 9 5	15 21 28	6 3	11 ♓ 30	5 2	2 35
10	1 13 1	16 20 42	6 26	23 32	5 1	2 N 2
11	1 16 58	17 19 58	6 48	5 ♈ 29	4 46	6 33
12	1 20 54	18 19 17	7 11	17 22	4 19	10 48
13	1 24 51	19 18 37	7 34	29 13	3 41	14 38
14	1 28 48	20 17 59	7 56	11 ♉ 3	2 53	17 53
15	1 32 44	21 17 23	8 18	22 55	1 58	20 24
16	1 36 41	22 16 50	8 40	4 ♊ 51	0 56	22 2
17	1 40 37	23 16 19	9 3	16 55	0 S 8	22 40
18	1 44 34	24 15 50	9 25	29 9	1 13	22 13
19	1 48 30	25 15 23	9 46	11 ♋ 39	2 17	20 40
20	1 52 27	26 14 59	10 8	24 28	3 15	18 2
21	1 56 23	27 14 36	10 30	7 ♌ 42	4 4	14 24
22	2 0 20	28 14 17	10 51	21 23	4 42	9 55
23	2 4 17	29 13 59	11 12	5 ♍ 33	5 4	4 46
24	2 8 13	0 ♏ 13 43	11 33	20 9	5 7	0 S 47
25	2 12 10	1 13 30	11 54	5 ♎ 4	4 50	6 28
26	2 16 6	2 13 19	12 15	20 21	4 12	11 50
27	2 20 3	3 13 10	12 35	5 ♏ 37	3 16	16 29
28	2 23 59	4 13 3	12 56	20 47	2 7	19 59
29	2 27 56	5 12 57	13 16	5 ♐ 41	0 50	22 4
30	2 31 52	6 12 54	13 36	20 11	0 N 29	22 36
31	2 35 49	7 12 52	13 55	4 ♑ 15	1 44	21 38

Day	♆ Lat.	♆ Decl.	♅ Lat.	♅ Decl.	♄ Lat.	♄ Decl.	♃ Lat.	♃ Decl.	♂ Lat.
	° ′	° ′	° ′	° ′	° ′	° ′	° ′	° ′	° ′
1	0 S 33	12 S 29	0 S 46	0 N 14	2 N 15	5 S 13	1 S 28	13 N 1	1 N 7
4	0 33	12 31	0 46	0 11	2 15	5 21	1 29	12 55	1 10
7	0 33	12 32	0 46	0 9	2 15	5 29	1 29	12 48	1 13
10	0 33	12 33	0 46	0 6	2 15	5 37	1 29	12 42	1 15
13	0 33	12 34	0 46	0 3	2 15	5 46	1 29	12 34	1 18
16	0 33	12 35	0 46	0 1	2 15	5 54	1 29	12 27	1 21
19	0 33	12 35	0 46	0 S 2	2 15	6 2	1 29	12 19	1 24
22	0 33	12 36	0 46	0 4	2 15	6 10	1 29	12 12	1 27
25	0 33	12 37	0 46	0 7	2 15	6 18	1 29	12 4	1 30
28	0 33	12 37	0 46	0 9	2 16	6 26	1 29	11 56	1 33
31	0 33	12 37	0 46	0 11	2 16	6 34	1 29	11 48	1 36

OKTOBER 2011

Day	♆ Long.	♅ Long.	♄ Long.	♃ Long.	♂ Long.	♀ Long.	☿ Long.	♇ Long.
	° ′	° ′	° ′	° ′	° ′	° ′	° ′	° ′
1	28 ♒ 35	2 ♈ 23	18 ♎ 37	8 ♉ 44	7 ♌ 12	19 ♎ 45	9 ♎ 11	4 ♑ 54
2	28 R 34	2 R 20	18 44	8 R 38	7 48	21 0	10 56	4 55
3	28 32	2 18	18 51	8 32	8 23	22 14	12 40	4 55
4	28 31	2 16	18 59	8 26	8 59	23 29	14 24	4 56
5	28 30	2 13	19 6	8 19	9 34	24 44	16 6	4 56
6	28 29	2 11	19 13	8 13	10 9	25 58	17 48	4 57
7	28 28	2 9	19 21	8 6	10 44	27 13	19 29	4 58
8	28 27	2 6	19 28	7 59	11 19	28 27	21 8	4 58
9	28 26	2 4	19 35	7 53	11 54	29 42	22 48	4 59
10	28 25	2 2	19 42	7 46	12 29	0 ♏ 57	24 26	5 0
11	28 24	1 59	19 50	7 38	13 3	2 11	26 4	5 1
12	28 23	1 57	19 57	7 31	13 38	3 26	27 41	5 2
13	28 22	1 55	20 4	7 24	14 12	4 41	29 17	5 2
14	28 21	1 52	20 12	7 16	14 47	5 55	0 ♏ 52	5 3
15	28 21	1 50	20 19	7 9	15 21	7 10	2 27	5 4
16	28 20	1 48	20 26	7 1	15 55	8 24	4 1	5 5
17	28 19	1 46	20 34	6 54	16 29	9 39	5 35	5 6
18	28 18	1 44	20 41	6 46	17 3	10 54	7 7	5 7
19	28 17	1 41	20 48	6 38	17 37	12 8	8 40	5 8
20	28 17	1 39	20 56	6 30	18 10	13 23	10 11	5 9
21	28 16	1 37	21 3	6 22	18 44	14 37	11 42	5 10
22	28 15	1 35	21 10	6 14	19 17	15 52	13 12	5 11
23	28 15	1 33	21 18	6 6	19 50	17 7	14 42	5 13
24	28 14	1 31	21 25	5 58	20 24	18 21	16 11	5 14
25	28 14	1 29	21 32	5 50	20 57	19 36	17 40	5 15
26	28 13	1 27	21 39	5 42	21 29	20 50	19 7	5 16
27	28 13	1 25	21 47	5 34	22 2	22 5	20 35	5 17
28	28 12	1 23	21 54	5 26	22 35	23 20	22 1	5 19
29	28 12	1 21	22 1	5 18	23 7	24 34	23 27	5 20
30	28 12	1 19	22 8	5 9	23 39	25 49	24 52	5 21
31	28 11	1 18	22 16	5 1	24 12	27 4	26 16	5 23

Day	♂ Decl.	♀ Lat.	♀ Decl.	☿ Lat.	☿ Decl.	♇ Lat.	♇ Decl.	☊
	° ′	° ′	° ′	° ′	° ′	° ′	° ′	° ′
1	19 N 33	0 N 57	6 S 51	1 N 10	2 S 34	4 N 12	19 S 9	17 ♐ 51
4	19 8	0 51	8 20	0 52	4 52	4 12	19 9	17 41
7	18 42	0 45	9 47	0 33	7 7	4 11	19 10	17 32
10	18 16	0 39	11 12	0 13	9 16	4 10	19 11	17 22
13	17 49	0 32	12 35	0 S 8	11 20	4 9	19 11	17 13
16	17 21	0 25	13 55	0 28	13 18	4 9	19 12	17 3
19	16 53	0 18	15 12	0 49	15 10	4 8	19 13	16 54
22	16 25	0 10	16 26	1 9	16 54	4 7	19 13	16 44
25	15 56	0 3	17 35	1 28	18 30	4 6	19 14	16 34
28	15 27	0 S 5	18 41	1 46	19 59	4 6	19 15	16 25
31	14 58	0 13	19 43	2 2	21 18	4 5	19 15	16 15

2011 NOVEMBER

Day	Sidereal Time	☉ Long.	☉ Decl.	☽ Long.	☽ Lat.	☽ Decl.
	H M S	° ′ ″	° ′	° ′	° ′	° ′
1	2 39 46	8 ♏ 12 52	14 S 15	17 ♑ 50	2 N 50	19 S 26
2	2 43 42	9 12 54	14 34	1 ♒ 0	3 46	16 16
3	2 47 39	10 12 57	14 53	13 47	4 28	12 24
4	2 51 35	11 13 2	15 12	26 15	4 56	8 7
5	2 55 32	12 13 8	15 30	8 ♓ 28	5 10	3 36
6	2 59 28	13 13 16	15 48	20 31	5 11	1 N 0
7	3 3 25	14 13 26	16 6	2 ♈ 27	4 57	5 31
8	3 7 21	15 13 37	16 24	14 19	4 31	9 49
9	3 11 18	16 13 50	16 42	26 10	3 54	13 44
10	3 15 15	17 14 4	16 59	8 ♉ 1	3 6	17 7
11	3 19 11	18 14 20	17 16	19 56	2 10	19 48
12	3 23 8	19 14 38	17 32	1 ♊ 55	1 7	21 39
13	3 27 4	20 14 58	17 48	14 0	0 2	22 30
14	3 31 1	21 15 19	18 4	26 14	1 S 5	22 18
15	3 34 57	22 15 42	18 20	8 ♋ 38	2 10	21 0
16	3 38 54	23 16 8	18 35	21 16	3 10	18 38
17	3 42 50	24 16 34	18 50	4 ♌ 10	4 2	15 18
18	3 46 47	25 17 3	19 5	17 23	4 42	11 9
19	3 50 44	26 17 34	19 19	0 ♍ 57	5 8	6 20
20	3 54 40	27 18 6	19 33	14 54	5 16	1 5
21	3 58 37	28 18 41	19 47	29 13	5 6	4 S 22
22	4 2 33	29 19 17	20 0	13 ♎ 52	4 35	9 42
23	4 6 30	0 ♐ 19 54	20 13	28 45	3 46	14 33
24	4 10 26	1 20 33	20 26	13 ♏ 46	2 41	18 32
25	4 14 23	2 21 14	20 38	28 46	1 25	21 16
26	4 18 19	3 21 56	20 50	13 ♐ 36	0 4	22 30
27	4 22 16	4 22 40	21 1	28 9	1 N 16	22 9
28	4 26 13	5 23 24	21 12	12 ♑ 19	2 30	20 23
29	4 30 9	6 24 10	21 23	26 3	3 32	17 28
30	4 34 6	7 24 57	21 33	9 ♒ 21	4 21	13 43

Day	♆ Lat.	♆ Decl.	♅ Lat.	♅ Decl.	♄ Lat.	♄ Decl.	♃ Lat.	♃ Decl.	♂ Lat.
	° ′	° ′	° ′	° ′	° ′	° ′	° ′	° ′	° ′
1	0 S 33	12 S 38	0 S 46	0 S 12	2 N 16	6 S 37	1 S 29	11 N 45	1 N 37
4	0 33	12 38	0 46	0 14	2 16	6 44	1 28	11 38	1 40
7	0 33	12 38	0 46	0 16	2 16	6 52	1 28	11 30	1 43
10	0 33	12 38	0 46	0 17	2 16	6 59	1 28	11 22	1 46
13	0 33	12 38	0 45	0 19	2 17	7 7	1 27	11 15	1 50
16	0 33	12 38	0 45	0 20	2 17	7 14	1 27	11 8	1 53
19	0 33	12 37	0 45	0 22	2 17	7 21	1 26	11 2	1 56
22	0 33	12 37	0 45	0 23	2 18	7 27	1 25	10 56	2 0
25	0 33	12 36	0 45	0 24	2 18	7 34	1 25	10 50	2 4
28	0 33	12 36	0 45	0 24	2 19	7 40	1 24	10 45	2 7

NOVEMBER 2011

Day	♆ Long.	♅ Long.	♄ Long.	♃ Long.	♂ Long.	♀ Long.	☿ Long.	♇ Long.
	° ′	° ′	° ′	° ′	° ′	° ′	° ′	° ′
1	28 ♒ 11	1 ♈ 16	22 ♎ 23	4 ♉ 53	24 ♌ 44	28 ♏ 18	27 ♏ 40	5 ♑ 24
2	28 R 11	1 R 14	22 30	4 R 45	25 15	29 33	29 2	5 25
3	28 10	1 12	22 37	4 37	25 47	0 ♐ 47	0 ♐ 24	5 27
4	28 10	1 11	22 44	4 29	26 19	2 2	1 45	5 28
5	28 10	1 9	22 51	4 21	26 50	3 16	3 5	5 30
6	28 10	1 7	22 58	4 13	27 21	4 31	4 23	5 31
7	28 10	1 6	23 5	4 5	27 52	5 46	5 41	5 33
8	28 10	1 4	23 12	3 57	28 23	7 0	6 56	5 34
9	28 10	1 3	23 19	3 49	28 54	8 15	8 11	5 36
10	28 10	1 1	23 26	3 42	29 25	9 29	9 23	5 38
11	28 D 10	1 0	23 33	3 34	29 55	10 44	10 34	5 39
12	28 10	0 58	23 40	3 26	0 ♍ 25	11 58	11 42	5 41
13	28 10	0 57	23 47	3 19	0 55	13 13	12 48	5 42
14	28 10	0 56	23 53	3 12	1 25	14 27	13 51	5 44
15	28 10	0 55	24 0	3 4	1 55	15 42	14 51	5 46
16	28 10	0 53	24 7	2 57	2 24	16 56	15 48	5 47
17	28 10	0 52	24 14	2 50	2 53	18 11	16 40	5 49
18	28 11	0 51	24 20	2 43	3 22	19 25	17 28	5 51
19	28 11	0 50	24 27	2 36	3 51	20 40	18 11	5 53
20	28 11	0 49	24 34	2 30	4 20	21 54	18 48	5 55
21	28 12	0 48	24 40	2 23	4 48	23 9	19 19	5 56
22	28 12	0 47	24 47	2 17	5 17	24 23	19 43	5 58
23	28 13	0 46	24 53	2 10	5 45	25 38	20 0	6 0
24	28 13	0 45	24 59	2 4	6 12	26 52	20 7	6 2
25	28 14	0 45	25 6	1 58	6 40	28 7	20 R 5	6 4
26	28 14	0 44	25 12	1 52	7 7	29 21	19 53	6 6
27	28 15	0 43	25 18	1 46	7 34	0 ♑ 36	19 31	6 7
28	28 15	0 42	25 24	1 41	8 1	1 50	18 57	6 9
29	28 16	0 42	25 31	1 36	8 28	3 4	18 13	6 11
30	28 17	0 41	25 37	1 30	8 54	4 19	17 18	6 13

Day	♂ Decl.	♀ Lat.	♀ Decl.	☿ Lat.	☿ Decl.	♇ Lat.	♇ Decl.	☊
	° ′	° ′	° ′	° ′	° ′	° ′	° ′	° ′
1	14 N 48	0 S 16	20 S 2	2 S 7	21 S 42	4 N 5	19 S 15	16 ♐ 12
4	14 19	0 23	20 57	2 21	22 49	4 4	19 16	16 3
7	13 49	0 31	21 47	2 32	23 44	4 3	19 16	15 53
10	13 20	0 39	22 31	2 39	24 28	4 3	19 17	15 44
13	12 51	0 46	23 9	2 41	25 0	4 2	19 17	15 34
16	12 23	0 54	23 41	2 38	25 18	4 1	19 18	15 25
19	11 54	1 1	24 7	2 27	25 22	4 1	19 18	15 15
22	11 26	1 7	24 27	2 7	25 9	4 0	19 18	15 5
25	10 59	1 14	24 39	1 35	24 38	4 0	19 19	14 56
28	10 32	1 20	24 45	0 49	23 47	3 59	19 19	14 46

2011 DEZEMBER

Day	Sidereal Time	☉ Long.	☉ Decl.	☽ Long.	☽ Lat.	☽ Decl.
	H M S	° ′ ″	° ′	° ′	° ′	° ′
1	4 38 2	8 ♐ 25 45	21 S 43	22 ♒ 15	4 N 55	9 S 26
2	4 41 59	9 26 34	21 52	4 ♓ 47	5 14	4 53
3	4 45 55	10 27 24	22 1	17 2	5 18	0 15
4	4 49 52	11 28 15	22 9	29 4	5 7	4 N 20
5	4 53 48	12 29 6	22 17	10 ♈ 58	4 44	8 41
6	4 57 45	13 29 58	22 25	22 48	4 9	12 43
7	5 1 42	14 30 52	22 32	4 ♉ 39	3 23	16 15
8	5 5 38	15 31 46	22 39	16 32	2 28	19 9
9	5 9 35	16 32 40	22 45	28 33	1 26	21 14
10	5 13 31	17 33 36	22 51	10 ♊ 42	0 20	22 23
11	5 17 28	18 34 33	22 57	23 1	0 S 48	22 27
12	5 21 24	19 35 30	23 2	5 ♋ 32	1 55	21 24
13	5 25 21	20 36 29	23 6	18 15	2 57	19 16
14	5 29 17	21 37 28	23 10	1 ♌ 11	3 52	16 7
15	5 33 14	22 38 29	23 14	14 21	4 35	12 8
16	5 37 11	23 39 30	23 17	27 45	5 4	7 30
17	5 41 7	24 40 33	23 20	11 ♍ 23	5 17	2 25
18	5 45 4	25 41 36	23 22	25 15	5 11	2 S 53
19	5 49 0	26 42 40	23 24	9 ♎ 21	4 47	8 6
20	5 52 57	27 43 45	23 25	23 39	4 5	12 59
21	5 56 53	28 44 51	23 26	8 ♏ 7	3 7	17 10
22	6 0 50	29 45 58	23 26	22 40	1 57	20 19
23	6 4 46	0 ♑ 47 5	23 26	7 ♐ 15	0 39	22 9
24	6 8 43	1 48 13	23 26	21 44	0 N 41	22 30
25	6 12 40	2 49 22	23 24	6 ♑ 3	1 57	21 21
26	6 16 36	3 50 31	23 23	20 7	3 5	18 53
27	6 20 33	4 51 40	23 21	3 ♒ 49	4 0	15 24
28	6 24 29	5 52 49	23 18	17 10	4 41	11 13
29	6 28 26	6 53 59	23 15	0 ♓ 7	5 6	6 39
30	6 32 22	7 55 8	23 12	12 44	5 15	1 56
31	6 36 19	8 56 18	23 8	25 2	5 9	2 N 45

Day	♆ Lat.	♆ Decl.	♅ Lat.	♅ Decl.	♄ Lat.	♄ Decl.	♃ Lat.	♃ Decl.	♂ Lat.
	° ′	° ′	° ′	° ′	° ′	° ′	° ′	° ′	° ′
1	0 S 33	12 S 35	0 S 45	0 S 25	2 N 19	7 S 47	1 S 23	10 N 40	2 N 11
4	0 33	12 34	0 45	0 25	2 20	7 53	1 22	10 36	2 15
7	0 33	12 33	0 45	0 25	2 20	7 58	1 21	10 33	2 19
10	0 33	12 32	0 44	0 25	2 21	8 4	1 21	10 30	2 23
13	0 33	12 31	0 44	0 25	2 21	8 9	1 20	10 27	2 27
16	0 33	12 30	0 44	0 25	2 22	8 14	1 19	10 26	2 32
19	0 33	12 29	0 44	0 24	2 22	8 19	1 18	10 25	2 36
22	0 33	12 27	0 44	0 24	2 23	8 23	1 17	10 24	2 41
25	0 33	12 26	0 44	0 23	2 24	8 27	1 16	10 25	2 45
28	0 33	12 24	0 44	0 22	2 24	8 31	1 15	10 26	2 50
31	0 33	12 23	0 44	0 20	2 25	8 35	1 14	10 27	2 55

DEZEMBER 2011

Day	♆ Long.	♅ Long.	♄ Long.	♃ Long.	♂ Long.	♀ Long.	☿ Long.	♇ Long.
	° ′	° ′	° ′	° ′	° ′	° ′	° ′	° ′
1	28 ♒ 17	0 ♈ 41	25 ♎ 43	1 ♉ 25	9 ♍ 20	5 ♑ 33	16 ♐ 14	6 ♑ 15
2	28 18	0 R 40	25 49	1 R 20	9 46	6 48	15 R 2	6 17
3	28 19	0 40	25 55	1 16	10 11	8 2	13 43	6 19
4	28 20	0 40	26 1	1 11	10 37	9 16	12 21	6 21
5	28 20	0 39	26 6	1 7	11 2	10 31	10 59	6 23
6	28 21	0 39	26 12	1 3	11 26	11 45	9 38	6 25
7	28 22	0 39	26 18	0 59	11 51	12 59	8 21	6 27
8	28 23	0 39	26 23	0 55	12 15	14 14	7 12	6 29
9	28 24	0 39	26 29	0 51	12 39	15 28	6 12	6 31
10	28 25	0 39	26 35	0 48	13 2	16 42	5 21	6 33
11	28 26	0 D 39	26 40	0 45	13 26	17 56	4 42	6 35
12	28 27	0 39	26 45	0 42	13 49	19 10	4 14	6 37
13	28 28	0 39	26 51	0 39	14 11	20 25	3 57	6 39
14	28 29	0 39	26 56	0 37	14 33	21 39	3 51	6 42
15	28 31	0 39	27 1	0 34	14 55	22 53	3 D 56	6 44
16	28 32	0 39	27 6	0 32	15 17	24 7	4 9	6 46
17	28 33	0 40	27 11	0 30	15 38	25 21	4 32	6 48
18	28 34	0 40	27 16	0 28	15 59	26 35	5 2	6 50
19	28 35	0 41	27 21	0 27	16 19	27 49	5 39	6 52
20	28 37	0 41	27 26	0 25	16 39	29 3	6 22	6 54
21	28 38	0 42	27 31	0 24	16 59	0 ♒ 17	7 11	6 56
22	28 39	0 42	27 35	0 23	17 18	1 31	8 5	6 58
23	28 41	0 43	27 40	0 23	17 37	2 45	9 3	7 1
24	28 42	0 43	27 44	0 22	17 55	3 59	10 4	7 3
25	28 44	0 44	27 49	0 22	18 13	5 13	11 9	7 5
26	28 45	0 45	27 53	0 22	18 31	6 27	12 17	7 7
27	28 47	0 46	27 57	0 D 22	18 48	7 41	13 28	7 9
28	28 48	0 47	28 1	0 22	19 5	8 55	14 41	7 11
29	28 50	0 48	28 5	0 23	19 21	10 8	15 56	7 13
30	28 51	0 49	28 9	0 24	19 37	11 22	17 12	7 15
31	28 53	0 50	28 13	0 25	19 52	12 36	18 31	7 18

Day	♂ Decl.	♀ Lat.	♀ Decl.	☿ Lat.	☿ Decl.	♇ Lat.	♇ Decl.	☊
	° ′	° ′	° ′	° ′	° ′	° ′	° ′	° ′
1	10 N 6	1 S 26	24 S 45	0 N 8	22 S 35	3 N 58	19 S 19	14 ♐ 37
4	9 40	1 31	24 37	1 9	21 8	3 58	19 20	14 27
7	9 16	1 36	24 23	2 1	19 43	3 57	19 20	14 18
10	8 52	1 40	24 3	2 34	18 40	3 57	19 20	14 8
13	8 29	1 43	23 35	2 48	18 11	3 56	19 20	13 59
16	8 8	1 46	23 2	2 47	18 15	3 56	19 20	13 49
19	7 48	1 48	22 22	2 34	18 43	3 56	19 20	13 40
22	7 29	1 50	21 36	2 15	19 26	3 55	19 21	13 30
25	7 11	1 51	20 45	1 52	20 15	3 55	19 21	13 21
28	6 56	1 51	19 49	1 28	21 6	3 54	19 21	13 11
31	6 41	1 50	18 47	1 3	21 53	3 54	19 21	13 2

2012 JANUAR

Day	Sidereal Time	☉ Long.	☉ Decl.	☽ Long.	☽ Lat.	☽ Decl.
	H M S	° ′ ″	° ′	° ′	° ′	° ′
1	6 40 15	9 ♑ 57 27	23 S 4	7 ♈ 6	4 N 50	7 N 15
2	6 44 12	10 58 36	22 59	19 1	4 18	11 25
3	6 48 9	11 59 45	22 54	0 ♉ 51	3 35	15 8
4	6 52 5	13 0 54	22 48	12 41	2 44	18 15
5	6 56 2	14 2 2	22 42	24 37	1 45	20 37
6	6 59 58	15 3 11	22 35	6 ♊ 41	0 40	22 5
7	7 3 55	16 4 19	22 28	18 59	0 S 27	22 32
8	7 7 51	17 5 27	22 21	1 ♋ 32	1 34	21 52
9	7 11 48	18 6 34	22 13	14 21	2 38	20 3
10	7 15 44	19 7 42	22 4	27 27	3 34	17 10
11	7 19 41	20 8 49	21 56	10 ♌ 49	4 21	13 20
12	7 23 38	21 9 56	21 46	24 25	4 53	8 46
13	7 27 34	22 11 3	21 37	8 ♍ 12	5 9	3 43
14	7 31 31	23 12 10	21 27	22 7	5 7	1 S 34
15	7 35 27	24 13 17	21 16	6 ♎ 9	4 46	6 49
16	7 39 24	25 14 24	21 5	20 14	4 9	11 45
17	7 43 20	26 15 30	20 54	4 ♏ 22	3 16	16 3
18	7 47 17	27 16 37	20 42	18 31	2 11	19 26
19	7 51 13	28 17 43	20 30	2 ♐ 39	0 58	21 38
20	7 55 10	29 18 49	20 18	16 45	0 N 18	22 29
21	7 59 7	0 ♒ 19 54	20 5	0 ♑ 46	1 32	21 57
22	8 3 3	1 20 59	19 51	14 39	2 40	19 59
23	8 7 0	2 22 3	19 38	28 21	3 38	16 56
24	8 10 56	3 23 7	19 24	11 ♒ 50	4 22	13 2
25	8 14 53	4 24 10	19 9	25 1	4 51	8 36
26	8 18 49	5 25 12	18 55	7 ♓ 55	5 5	3 53
27	8 22 46	6 26 13	18 40	20 30	5 3	0 N 53
28	8 26 42	7 27 13	18 24	2 ♈ 48	4 48	5 31
29	8 30 39	8 28 12	18 9	14 53	4 19	9 51
30	8 34 36	9 29 10	17 53	26 48	3 40	13 44
31	8 38 32	10 30 6	17 36	8 ♉ 37	2 51	17 4

Day	♆ Lat.	♆ Decl.	♅ Lat.	♅ Decl.	♄ Lat.	♄ Decl.	♃ Lat.	♃ Decl.	♂ Lat.
	° ′	° ′	° ′	° ′	° ′	° ′	° ′	° ′	° ′
1	0 S 33	12 S 22	0 S 44	0 S 20	2 N 25	8 S 36	1 S 14	10 N 28	2 N 56
4	0 33	12 20	0 43	0 18	2 26	8 39	1 13	10 31	3 1
7	0 33	12 18	0 43	0 17	2 27	8 42	1 12	10 34	3 6
10	0 33	12 16	0 43	0 15	2 27	8 45	1 11	10 38	3 12
13	0 33	12 14	0 43	0 13	2 28	8 47	1 10	10 42	3 17
16	0 33	12 12	0 43	0 10	2 29	8 49	1 9	10 47	3 22
19	0 33	12 10	0 43	0 8	2 30	8 50	1 8	10 53	3 27
22	0 33	12 8	0 43	0 6	2 31	8 52	1 7	10 59	3 33
25	0 33	12 6	0 43	0 3	2 31	8 53	1 7	11 5	3 38
28	0 33	12 4	0 43	0 N 0	2 32	8 53	1 6	11 12	3 43
31	0 33	12 2	0 42	0 3	2 33	8 53	1 5	11 20	3 48

JANUAR 2012

Day	♆ Long.	♅ Long.	♄ Long.	♃ Long.	♂ Long.	♀ Long.	☿ Long.	♇ Long.
	° ′	° ′	° ′	° ′	° ′	° ′	° ′	° ′
1	28 ♒ 55	0 ♈ 51	28 ♎ 17	0 ♉ 26	20 ♍ 7	13 ♒ 50	19 ♐ 50	7 ♑ 20
2	28 56	0 52	28 21	0 27	20 21	15 3	21 11	7 22
3	28 58	0 53	28 25	0 29	20 35	16 17	22 33	7 24
4	29 0	0 54	28 28	0 30	20 48	17 30	23 56	7 26
5	29 1	0 56	28 32	0 32	21 1	18 44	25 20	7 28
6	29 3	0 57	28 35	0 35	21 13	19 57	26 45	7 30
7	29 5	0 58	28 38	0 37	21 24	21 10	28 10	7 32
8	29 7	1 0	28 41	0 40	21 35	22 24	29 36	7 35
9	29 8	1 1	28 44	0 42	21 46	23 37	1 ♑ 3	7 37
10	29 10	1 3	28 47	0 45	21 56	24 50	2 31	7 39
11	29 12	1 4	28 50	0 49	22 5	26 3	3 59	7 41
12	29 14	1 6	28 53	0 52	22 13	27 16	5 28	7 43
13	29 16	1 7	28 56	0 56	22 21	28 29	6 57	7 45
14	29 18	1 9	28 58	0 59	22 29	29 42	8 27	7 47
15	29 20	1 11	29 1	1 3	22 36	0 ♓ 55	9 58	7 49
16	29 22	1 13	29 3	1 7	22 42	2 8	11 29	7 51
17	29 24	1 15	29 6	1 12	22 47	3 21	13 0	7 53
18	29 26	1 16	29 8	1 16	22 52	4 34	14 32	7 55
19	29 28	1 18	29 10	1 21	22 56	5 46	16 5	7 57
20	29 30	1 20	29 12	1 26	22 59	6 59	17 38	7 59
21	29 32	1 22	29 14	1 31	23 2	8 12	19 12	8 1
22	29 34	1 24	29 16	1 36	23 4	9 24	20 46	8 3
23	29 36	1 26	29 17	1 42	23 5	10 36	22 21	8 5
24	29 38	1 29	29 19	1 47	23 5	11 49	23 56	8 7
25	29 40	1 31	29 20	1 53	23 R 5	13 1	25 32	8 9
26	29 42	1 33	29 22	1 59	23 4	14 13	27 9	8 11
27	29 44	1 35	29 23	2 5	23 2	15 25	28 46	8 13
28	29 46	1 38	29 24	2 12	22 59	16 37	0 ♒ 24	8 15
29	29 49	1 40	29 25	2 18	22 56	17 49	2 2	8 17
30	29 51	1 42	29 26	2 25	22 51	19 1	3 41	8 19
31	29 53	1 45	29 27	2 32	22 46	20 13	5 21	8 21

Day	♂ Decl.	♀ Lat.	♀ Decl.	☿ Lat.	☿ Decl.	♇ Lat.	♇ Decl.	☊
	° ′	° ′	° ′	° ′	° ′	° ′	° ′	° ′
1	6 N 37	1 S 50	18 S 26	0 N 55	22 S 8	3 N 54	19 S 21	12 ♐ 58
4	6 26	1 48	17 18	0 30	22 48	3 54	19 21	12 49
7	6 16	1 46	16 7	0 7	23 19	3 53	19 21	12 39
10	6 8	1 43	14 51	0 S 16	23 41	3 53	19 20	12 30
13	6 3	1 39	13 32	0 37	23 52	3 53	19 20	12 20
16	6 0	1 34	12 10	0 56	23 52	3 53	19 20	12 11
19	5 59	1 28	10 45	1 14	23 41	3 52	19 20	12 1
22	6 1	1 22	9 18	1 29	23 18	3 52	19 20	11 52
25	6 5	1 14	7 49	1 42	22 42	3 52	19 20	11 42
28	6 12	1 7	6 18	1 52	21 54	3 52	19 19	11 33
31	6 21	0 58	4 46	2 0	20 52	3 52	19 19	11 23

2012 FEBRUAR

Day	Sidereal Time	☉ Long.	☉ Decl.	☽ Long.	☽ Lat.	☽ Decl.
	H M S	° ′ ″	° ′	° ′	° ′	° ′
1	8 42 29	11 ♒ 31 2	17 S 20	20 ♉ 27	1 N 55	19 N 42
2	8 46 25	12 31 56	17 3	2 ♊ 22	0 54	21 31
3	8 50 22	13 32 48	16 45	14 28	0 S 11	22 21
4	8 54 18	14 33 40	16 28	26 49	1 16	22 8
5	8 58 15	15 34 30	16 10	9 ♋ 30	2 19	20 47
6	9 2 11	16 35 19	15 52	22 32	3 17	18 19
7	9 6 8	17 36 7	15 33	5 ♌ 58	4 5	14 49
8	9 10 5	18 36 53	15 15	19 44	4 40	10 28
9	9 14 1	19 37 39	14 56	3 ♍ 48	4 59	5 28
10	9 17 58	20 38 23	14 37	18 4	5 0	0 7
11	9 21 54	21 39 6	14 17	2 ♎ 26	4 42	5 S 17
12	9 25 51	22 39 47	13 57	16 50	4 7	10 24
13	9 29 47	23 40 28	13 38	1 ♏ 10	3 15	14 56
14	9 33 44	24 41 8	13 17	15 22	2 12	18 33
15	9 37 40	25 41 46	12 57	29 26	1 2	21 2
16	9 41 37	26 42 23	12 37	13 ♐ 21	0 N 11	22 13
17	9 45 34	27 43 0	12 16	27 7	1 23	22 1
18	9 49 30	28 43 34	11 55	10 ♑ 43	2 29	20 31
19	9 53 27	29 44 8	11 34	24 10	3 26	17 53
20	9 57 23	0 ♓ 44 40	11 12	7 ♒ 27	4 11	14 21
21	10 1 20	1 45 11	10 51	20 33	4 42	10 11
22	10 5 16	2 45 40	10 29	3 ♓ 27	4 58	5 37
23	10 9 13	3 46 7	10 7	16 7	4 58	0 53
24	10 13 9	4 46 33	9 45	28 33	4 45	3 N 47
25	10 17 6	5 46 58	9 23	10 ♈ 46	4 18	8 13
26	10 21 3	6 47 20	9 1	22 48	3 40	12 16
27	10 24 59	7 47 40	8 39	4 ♉ 41	2 53	15 48
28	10 28 56	8 47 59	8 16	16 29	1 59	18 39
29	10 32 52	9 48 15	7 54	28 17	0 59	20 44

Day	♆ Lat.	♆ Decl.	♅ Lat.	♅ Decl.	♄ Lat.	♄ Decl.	♃ Lat.	♃ Decl.	♂ Lat.
	° ′	° ′	° ′	° ′	° ′	° ′	° ′	° ′	° ′
1	0 S 33	12 S 1	0 S 42	0 N 4	2 N 33	8 S 53	1 S 5	11 N 23	3 N 50
4	0 33	11 58	0 42	0 7	2 34	8 53	1 4	11 31	3 54
7	0 33	11 56	0 42	0 10	2 35	8 53	1 3	11 39	3 59
10	0 33	11 54	0 42	0 13	2 36	8 52	1 2	11 48	4 2
13	0 33	11 51	0 42	0 17	2 37	8 51	1 2	11 58	4 6
16	0 33	11 49	0 42	0 20	2 37	8 49	1 1	12 8	4 9
19	0 33	11 47	0 42	0 24	2 38	8 47	1 0	12 18	4 11
22	0 33	11 44	0 42	0 27	2 39	8 45	0 59	12 28	4 12
25	0 33	11 42	0 42	0 31	2 40	8 43	0 59	12 39	4 13
28	0 33	11 39	0 42	0 35	2 40	8 40	0 58	12 50	4 13

FEBRUAR 2012

Day	♆ Long.	♅ Long.	♄ Long.	♃ Long.	♂ Long.	♀ Long.	☿ Long.	♇ Long.
	° ′	° ′	° ′	° ′	° ′	° ′	° ′	° ′
1	29 ♒ 55	1 ♈ 47	29 ♎ 28	2 ♉ 39	22 ♍ 41	21 ♓ 24	7 ♒ 2	8 ♑ 22
2	29 57	1 50	29 29	2 46	22 R 34	22 36	8 43	8 24
3	29 59	1 52	29 29	2 53	22 27	23 47	10 25	8 26
4	0 ♓ 2	1 55	29 30	3 0	22 19	24 58	12 7	8 28
5	0 4	1 57	29 30	3 8	22 10	26 9	13 51	8 30
6	0 6	2 0	29 30	3 16	22 0	27 20	15 35	8 32
7	0 8	2 2	29 30	3 24	21 50	28 31	17 20	8 33
8	0 11	2 5	29 30	3 32	21 38	29 42	19 5	8 35
9	0 13	2 8	29 R 30	3 40	21 26	0 ♈ 53	20 51	8 37
10	0 15	2 11	29 30	3 48	21 13	2 3	22 38	8 38
11	0 17	2 13	29 30	3 57	21 0	3 14	24 26	8 40
12	0 20	2 16	29 29	4 5	20 45	4 24	26 14	8 42
13	0 22	2 19	29 29	4 14	20 30	5 34	28 3	8 43
14	0 24	2 22	29 28	4 23	20 15	6 44	29 53	8 45
15	0 26	2 25	29 27	4 32	19 58	7 54	1 ♓ 43	8 47
16	0 29	2 28	29 27	4 41	19 41	9 4	3 33	8 48
17	0 31	2 31	29 26	4 50	19 23	10 14	5 24	8 50
18	0 33	2 34	29 25	5 0	19 5	11 23	7 15	8 51
19	0 36	2 37	29 23	5 9	18 46	12 33	9 6	8 53
20	0 38	2 40	29 22	5 19	18 26	13 42	10 56	8 54
21	0 40	2 43	29 21	5 29	18 6	14 51	12 46	8 56
22	0 42	2 46	29 19	5 39	17 45	16 0	14 36	8 57
23	0 45	2 49	29 18	5 49	17 24	17 8	16 24	8 59
24	0 47	2 52	29 16	5 59	17 2	18 17	18 11	9 0
25	0 49	2 55	29 15	6 9	16 40	19 25	19 56	9 1
26	0 51	2 58	29 13	6 19	16 18	20 33	21 39	9 3
27	0 54	3 1	29 11	6 30	15 55	21 41	23 19	9 4
28	0 56	3 4	29 9	6 40	15 32	22 49	24 56	9 5
29	0 58	3 8	29 7	6 51	15 9	23 57	26 29	9 7

Day	♂ Decl.	♀ Lat.	♀ Decl.	☿ Lat.	☿ Decl.	♇ Lat.	♇ Decl.	☊
	° ′	° ′	° ′	° ′	° ′	° ′	° ′	° ′
1	6 N 25	0 S 55	4 S 15	2 S 2	20 S 28	3 N 52	19 S 19	11 ♐ 20
4	6 38	0 45	2 41	2 5	19 9	3 52	19 19	11 10
7	6 54	0 35	1 7	2 4	17 37	3 52	19 19	11 1
10	7 12	0 24	0 N 27	1 59	15 51	3 52	19 18	10 51
13	7 32	0 13	2 1	1 50	13 52	3 52	19 18	10 42
16	7 54	0 1	3 35	1 36	11 41	3 51	19 18	10 32
19	8 18	0 N 12	5 8	1 16	9 20	3 51	19 18	10 23
22	8 43	0 25	6 41	0 50	6 50	3 51	19 17	10 13
25	9 9	0 38	8 11	0 19	4 16	3 52	19 17	10 4
28	9 35	0 52	9 41	0 N 18	1 44	3 52	19 17	9 54

2012 MÄRZ

Day	Sidereal Time	☉ Long.	☉ Decl.	☽ Long.	☽ Lat.	☽ Decl.
	H M S	° ′ ″	° ′	° ′	° ′	° ′
1	10 36 49	10 ♓ 48 30	7 S 31	10 ♊ 11	0 S 4	21 N 55
2	10 40 45	11 48 42	7 8	22 15	1 7	22 6
3	10 44 42	12 48 53	6 45	4 ♋ 35	2 9	21 13
4	10 48 38	13 49 1	6 22	17 16	3 6	19 15
5	10 52 35	14 49 7	5 59	0 ♌ 23	3 55	16 14
6	10 56 32	15 49 12	5 35	13 56	4 33	12 17
7	11 0 28	16 49 14	5 12	27 56	4 55	7 34
8	11 4 25	17 49 15	4 49	12 ♍ 19	5 0	2 18
9	11 8 21	18 49 13	4 25	27 0	4 46	3 S 11
10	11 12 18	19 49 10	4 2	11 ♎ 49	4 12	8 32
11	11 16 14	20 49 5	3 38	26 39	3 21	13 24
12	11 20 11	21 48 58	3 15	11 ♏ 22	2 17	17 25
13	11 24 7	22 48 50	2 51	25 52	1 5	20 16
14	11 28 4	23 48 39	2 27	10 ♐ 6	0 N 10	21 48
15	11 32 1	24 48 27	2 4	24 2	1 23	21 55
16	11 35 57	25 48 14	1 40	7 ♑ 42	2 30	20 43
17	11 39 54	26 47 58	1 16	21 5	3 27	18 23
18	11 43 50	27 47 41	0 53	4 ♒ 15	4 12	15 7
19	11 47 47	28 47 22	0 29	17 11	4 43	11 11
20	11 51 43	29 47 1	0 5	29 56	4 59	6 49
21	11 55 40	0 ♈ 46 38	0 N 19	12 ♓ 31	5 1	2 14
22	11 59 36	1 46 14	0 42	24 54	4 48	2 N 23
23	12 3 33	2 45 47	1 6	7 ♈ 7	4 23	6 51
24	12 7 30	3 45 19	1 30	19 11	3 45	10 59
25	12 11 26	4 44 48	1 53	1 ♉ 7	2 58	14 38
26	12 15 23	5 44 15	2 17	12 57	2 3	17 41
27	12 19 19	6 43 40	2 40	24 44	1 4	19 59
28	12 23 16	7 43 3	3 4	6 ♊ 31	0 1	21 24
29	12 27 12	8 42 23	3 27	18 24	1 S 3	21 53
30	12 31 9	9 41 41	3 50	0 ♋ 26	2 4	21 22
31	12 35 5	10 40 57	4 14	12 44	3 1	19 49

Day	♆ Lat.	♆ Decl.	♅ Lat.	♅ Decl.	♄ Lat.	♄ Decl.	♃ Lat.	♃ Decl.	♂ Lat.
	° ′	° ′	° ′	° ′	° ′	° ′	° ′	° ′	° ′
1	0 S 33	11 S 38	0 S 42	0 N 38	2 N 41	8 S 38	0 S 58	12 N 57	4 N 12
4	0 33	11 35	0 42	0 42	2 41	8 35	0 57	13 8	4 10
7	0 33	11 33	0 42	0 45	2 42	8 32	0 57	13 20	4 8
10	0 33	11 31	0 42	0 49	2 43	8 28	0 56	13 31	4 4
13	0 33	11 29	0 42	0 54	2 43	8 24	0 55	13 43	4 0
16	0 33	11 26	0 42	0 58	2 44	8 20	0 55	13 55	3 55
19	0 33	11 24	0 42	1 2	2 44	8 16	0 54	14 7	3 49
22	0 33	11 22	0 41	1 6	2 45	8 11	0 54	14 19	3 43
25	0 33	11 20	0 41	1 10	2 45	8 7	0 53	14 32	3 36
28	0 34	11 18	0 41	1 14	2 45	8 2	0 53	14 44	3 29
31	0 34	11 16	0 41	1 18	2 46	7 57	0 53	14 56	3 21

MÄRZ 2012

Day	♆ Long.	♅ Long.	♄ Long.	♃ Long.	♂ Long.	♀ Long.	☿ Long.	♇ Long.
	° ′	° ′	° ′	° ′	° ′	° ′	° ′	° ′
1	1 ♓ 1	3 ♈ 11	29 ♎ 4	7 ♉ 2	14 ♍ 46	25 ♈ 4	27 ♓ 58	9 ♑ 8
2	1 3	3 14	29 R 2	7 13	14 R 22	26 11	29 22	9 9
3	1 5	3 17	29 0	7 24	13 58	27 18	0 ♈ 40	9 10
4	1 7	3 21	28 57	7 35	13 35	28 25	1 52	9 11
5	1 10	3 24	28 55	7 46	13 11	29 31	2 57	9 12
6	1 12	3 27	28 52	7 57	12 47	0 ♉ 37	3 55	9 14
7	1 14	3 31	28 49	8 9	12 24	1 43	4 45	9 15
8	1 16	3 34	28 46	8 20	12 0	2 49	5 27	9 16
9	1 18	3 37	28 43	8 32	11 37	3 54	6 1	9 17
10	1 21	3 41	28 40	8 44	11 14	5 0	6 26	9 18
11	1 23	3 44	28 37	8 55	10 51	6 5	6 42	9 19
12	1 25	3 47	28 34	9 7	10 28	7 9	6 49	9 20
13	1 27	3 51	28 31	9 19	10 6	8 14	6 R 48	9 20
14	1 29	3 54	28 28	9 31	9 44	9 18	6 38	9 21
15	1 31	3 57	28 24	9 43	9 22	10 22	6 20	9 22
16	1 34	4 1	28 21	9 55	9 1	11 25	5 54	9 23
17	1 36	4 4	28 17	10 7	8 40	12 28	5 21	9 24
18	1 38	4 8	28 14	10 20	8 20	13 31	4 42	9 24
19	1 40	4 11	28 10	10 32	8 1	14 34	3 58	9 25
20	1 42	4 14	28 6	10 45	7 42	15 36	3 10	9 26
21	1 44	4 18	28 3	10 57	7 23	16 38	2 18	9 27
22	1 46	4 21	27 59	11 10	7 5	17 39	1 25	9 27
23	1 48	4 25	27 55	11 22	6 48	18 41	0 31	9 28
24	1 50	4 28	27 51	11 35	6 32	19 ♉ 41	29 ♓ 37	9 28
25	1 52	4 32	27 47	11 48	6 16	20 42	28 R 45	9 29
26	1 54	4 35	27 43	12 1	6 1	21 42	27 55	9 29
27	1 56	4 38	27 39	12 14	5 46	22 41	27 8	9 30
28	1 58	4 42	27 35	12 27	5 33	23 40	26 25	9 30
29	2 0	4 45	27 30	12 40	5 20	24 39	25 47	9 31
30	2 2	4 49	27 26	12 53	5 8	25 37	25 14	9 31
31	2 4	4 52	27 22	13 6	4 57	26 34	24 47	9 31

Day	♂ Decl.	♀ Lat.	♀ Decl.	☿ Lat.	☿ Decl.	♇ Lat.	♇ Decl.	☊
	° ′	° ′	° ′	° ′	° ′	° ′	° ′	° ′
1	9 N 52	1 N 2	10 N 39	0 N 45	0 S 7	3 N 52	19 S 16	9 ♐ 48
4	10 18	1 16	12 5	1 27	2 N 5	3 52	19 16	9 38
7	10 43	1 30	13 29	2 9	3 52	3 52	19 16	9 29
10	11 7	1 45	14 50	2 47	5 6	3 52	19 16	9 19
13	11 29	1 59	16 8	3 16	5 41	3 52	19 15	9 10
16	11 49	2 14	17 23	3 32	5 35	3 52	19 15	9 0
19	12 6	2 28	18 34	3 32	4 49	3 52	19 15	8 51
22	12 21	2 43	19 42	3 15	3 33	3 52	19 14	8 41
25	12 33	2 57	20 46	2 43	2 0	3 52	19 14	8 32
28	12 43	3 10	21 45	2 1	0 26	3 53	19 14	8 22
31	12 49	3 23	22 41	1 15	0 S 56	3 53	19 14	8 12

2012 APRIL

Day	Sidereal Time	☉ Long.	☉ Decl.	☽ Long.	☽ Lat.	☽ Decl.
	H M S	° ′ ″	° ′	° ′	° ′	° ′
1	12 39 2	11♈ 40 11	4 N 37	25 ♋ 22	3 S 51	17 N 16
2	12 42 58	12 39 22	5 0	8 ♌ 25	4 31	13 48
3	12 46 55	13 38 31	5 23	21 57	4 57	9 30
4	12 50 52	14 37 38	5 46	5 ♍ 57	5 7	4 34
5	12 54 48	15 36 42	6 9	20 25	4 58	0 S 46
6	12 58 45	16 35 45	6 31	5 ♎ 15	4 29	6 12
7	13 2 41	17 34 45	6 54	20 19	3 41	11 21
8	13 6 38	18 33 44	7 17	5 ♏ 29	2 37	15 40
9	13 10 34	19 32 40	7 39	20 33	1 22	19 12
10	13 14 31	20 31 35	8 1	5 ♐ 24	0 3	21 15
11	13 18 27	21 30 27	8 23	19 55	1 N 15	21 48
12	13 22 24	22 29 18	8 45	4 ♑ 3	2 26	20 56
13	13 26 21	23 28 8	9 7	17 49	3 27	18 49
14	13 30 17	24 26 55	9 29	1 ♒ 12	4 15	15 44
15	13 34 14	25 25 41	9 50	14 15	4 49	11 57
16	13 38 10	26 24 25	10 11	27 2	5 7	7 42
17	13 42 7	27 23 7	10 33	9 ♓ 33	5 10	3 12
18	13 46 3	28 21 48	10 54	21 53	4 58	1 N 21
19	13 50 0	29 20 27	11 14	4 ♈ 2	4 33	5 47
20	13 53 56	0 ♉ 19 4	11 35	16 4	3 57	9 57
21	13 57 53	1 17 39	11 55	27 58	3 10	13 42
22	14 1 50	2 16 12	12 16	9 ♉ 48	2 15	16 53
23	14 5 46	3 14 44	12 36	21 36	1 14	19 21
24	14 9 43	4 13 13	12 56	3 ♊ 23	0 10	21 0
25	14 13 39	5 11 40	13 15	15 13	0 S 55	21 43
26	14 17 36	6 10 6	13 35	27 8	1 58	21 27
27	14 21 32	7 8 29	13 54	9 ♋ 13	2 56	20 11
28	14 25 29	8 6 50	14 13	21 32	3 48	17 58
29	14 29 25	9 5 9	14 31	4 ♌ 9	4 30	14 51
30	14 33 22	10 3 26	14 50	17 8	4 59	10 57

Day	♆ Lat.	♆ Decl.	♅ Lat.	♅ Decl.	♄ Lat.	♄ Decl.	♃ Lat.	♃ Decl.	♂ Lat.
	° ′	° ′	° ′	° ′	° ′	° ′	° ′	° ′	° ′
1	0 S 34	11 S 15	0 S 41	1 N 19	2 N 46	7 S 56	0 S 52	15 N 0	3 N 19
4	0 34	11 13	0 41	1 23	2 46	7 51	0 52	15 12	3 11
7	0 34	11 11	0 41	1 27	2 46	7 46	0 52	15 25	3 3
10	0 34	11 10	0 41	1 31	2 46	7 41	0 51	15 37	2 55
13	0 34	11 8	0 42	1 35	2 46	7 36	0 51	15 49	2 48
16	0 34	11 6	0 42	1 39	2 46	7 31	0 50	16 1	2 40
19	0 34	11 5	0 42	1 43	2 46	7 26	0 50	16 13	2 33
22	0 34	11 3	0 42	1 47	2 46	7 21	0 50	16 25	2 25
25	0 34	11 2	0 42	1 50	2 46	7 16	0 49	16 37	2 18
28	0 34	11 1	0 42	1 54	2 46	7 11	0 49	16 49	2 11

APRIL 2012

Day	♆ Long.	♅ Long.	♄ Long.	♃ Long.	♂ Long.	♀ Long.	☿ Long.	♇ Long.
	° ′	° ′	° ′	° ′	° ′	° ′	° ′	° ′
1	2 ♓ 6	4 ♈ 56	27 ♎ 17	13 ♉ 19	4 ♍ 46	27 ♉ 32	24 ♓ 24	9 ♑ 32
2	2 7	4 59	27 R 13	13 32	4 R 36	28 28	24 R 8	9 32
3	2 9	5 2	27 9	13 46	4 27	29 24	23 57	9 32
4	2 11	5 6	27 4	13 59	4 19	0 ♊ 20	23 52	9 32
5	2 13	5 9	27 0	14 12	4 12	1 15	23 D 52	9 33
6	2 15	5 13	26 55	14 26	4 5	2 9	23 58	9 33
7	2 16	5 16	26 51	14 39	3 59	3 3	24 9	9 33
8	2 18	5 19	26 46	14 53	3 54	3 56	24 25	9 33
9	2 20	5 23	26 42	15 6	3 50	4 48	24 46	9 33
10	2 21	5 26	26 37	15 20	3 47	5 40	25 12	9 33
11	2 23	5 29	26 33	15 33	3 44	6 31	25 42	9 R 33
12	2 25	5 33	26 28	15 47	3 42	7 21	26 16	9 33
13	2 26	5 36	26 23	16 1	3 41	8 11	26 54	9 33
14	2 28	5 39	26 19	16 15	3 40	9 0	27 36	9 33
15	2 29	5 43	26 14	16 28	3 D 40	9 48	28 22	9 33
16	2 31	5 46	26 10	16 42	3 42	10 35	29 11	9 33
17	2 33	5 49	26 5	16 56	3 43	11 21	0 ♈ 3	9 32
18	2 34	5 52	26 0	17 10	3 46	12 6	0 59	9 32
19	2 35	5 56	25 56	17 24	3 49	12 51	1 57	9 32
20	2 37	5 59	25 51	17 38	3 53	13 34	2 58	9 32
21	2 38	6 2	25 47	17 52	3 57	14 16	4 2	9 31
22	2 40	6 5	25 42	18 6	4 2	14 58	5 9	9 31
23	2 41	6 8	25 37	18 20	4 8	15 38	6 18	9 31
24	2 42	6 11	25 33	18 34	4 15	16 17	7 30	9 30
25	2 44	6 14	25 28	18 48	4 22	16 55	8 44	9 30
26	2 45	6 18	25 24	19 2	4 30	17 31	10 0	9 29
27	2 46	6 21	25 19	19 16	4 38	18 7	11 18	9 29
28	2 47	6 24	25 15	19 30	4 47	18 41	12 39	9 28
29	2 49	6 27	25 11	19 44	4 57	19 13	14 2	9 28
30	2 50	6 30	25 6	19 58	5 7	19 44	15 26	9 27

Day	♂ Decl.	♀ Lat.	♀ Decl.	☿ Lat.	☿ Decl.	♇ Lat.	♇ Decl.	☊
	° ′	° ′	° ′	° ′	° ′	° ′	° ′	° ′
1	12 N 51	3 N 28	22 N 59	0 N 59	1 S 19	3 N 53	19 S 14	8 ♐ 9
4	12 53	3 40	23 48	0 13	2 15	3 53	19 13	8 0
7	12 53	3 52	24 33	0 S 30	2 47	3 53	19 13	7 50
10	12 51	4 3	25 14	1 7	2 56	3 53	19 13	7 41
13	12 46	4 13	25 49	1 39	2 45	3 53	19 13	7 31
16	12 39	4 21	26 20	2 5	2 14	3 54	19 13	7 22
19	12 29	4 29	26 47	2 24	1 26	3 54	19 13	7 12
22	12 17	4 35	27 8	2 39	0 23	3 54	19 13	7 3
25	12 3	4 39	27 25	2 47	0 N 54	3 54	19 13	6 53
28	11 47	4 41	27 38	2 50	2 23	3 54	19 13	6 43

2012 MAI

Day	Sidereal Time	☉ Long.	☉ Decl.	☽ Long.	☽ Lat.	☽ Decl.
	H M S	° ′ ″	° ′	° ′	° ′	° ′
1	14 37 19	11 ♉ 1 41	15 N 8	0 ♍ 32	5 S 14	6 N 23
2	14 41 15	11 59 55	15 26	14 25	5 11	1 21
3	14 45 12	12 58 6	15 44	28 44	4 49	3 S 55
4	14 49 8	13 56 15	16 1	13 ♎ 28	4 7	9 7
5	14 53 5	14 54 22	16 18	28 31	3 8	13 52
6	14 57 1	15 52 28	16 35	13 ♏ 44	1 55	17 47
7	15 0 58	16 50 32	16 52	28 57	0 34	20 28
8	15 4 54	17 48 34	17 8	14 ♐ 0	0 N 49	21 40
9	15 8 51	18 46 35	17 24	28 46	2 8	21 18
10	15 12 48	19 44 35	17 40	13 ♑ 9	3 16	19 32
11	15 16 44	20 42 33	17 56	27 7	4 10	16 39
12	15 20 41	21 40 29	18 11	10 ♒ 38	4 49	12 56
13	15 24 37	22 38 25	18 26	23 44	5 13	8 43
14	15 28 34	23 36 19	18 40	6 ♓ 29	5 17	4 13
15	15 32 30	24 34 12	18 55	18 55	5 8	0 N 20
16	15 36 27	25 32 4	19 9	1 ♈ 7	4 45	4 48
17	15 40 23	26 29 54	19 22	13 8	4 10	9 2
18	15 44 20	27 27 43	19 35	25 2	3 25	12 52
19	15 48 17	28 25 31	19 48	6 ♉ 51	2 30	16 10
20	15 52 13	29 23 18	20 1	18 38	1 30	18 49
21	15 56 10	0 ♊ 21 3	20 13	0 ♊ 26	0 25	20 39
22	16 0 6	1 18 47	20 25	12 17	0 S 40	21 36
23	16 4 3	2 16 30	20 37	24 13	1 45	21 34
24	16 7 59	3 14 11	20 48	6 ♋ 17	2 45	20 32
25	16 11 56	4 11 51	20 59	18 30	3 39	18 33
26	16 15 52	5 9 29	21 9	0 ♌ 56	4 23	15 40
27	16 19 49	6 7 6	21 20	13 38	4 56	12 0
28	16 23 46	7 4 42	21 29	26 38	5 14	7 42
29	16 27 42	8 2 16	21 39	9 ♍ 59	5 17	2 56
30	16 31 39	8 59 49	21 48	23 42	5 1	2 S 7
31	16 35 35	9 57 20	21 56	7 ♎ 49	4 27	7 12

Day	♆ Lat.	♆ Decl.	♅ Lat.	♅ Decl.	♄ Lat.	♄ Decl.	♃ Lat.	♃ Decl.	♂ Lat.
	° ′	° ′	° ′	° ′	° ′	° ′	° ′	° ′	° ′
1	0 S 34	11 S 58	0 S 42	1 N 58	2 N 46	7 S 7	0 S 49	17 N 1	2 N 5
4	0 34	10 58	0 42	2 1	2 45	7 3	0 49	17 12	1 58
7	0 35	10 58	0 42	2 4	2 45	6 58	0 48	17 23	1 52
10	0 35	10 57	0 42	2 8	2 45	6 54	0 48	17 35	1 45
13	0 35	10 56	0 42	2 11	2 44	6 50	0 48	17 46	1 40
16	0 35	10 55	0 42	2 14	2 44	6 47	0 48	17 56	1 34
19	0 35	10 55	0 42	2 17	2 43	6 44	0 48	18 7	1 28
22	0 35	10 54	0 42	2 19	2 43	6 41	0 47	18 18	1 23
25	0 35	10 54	0 42	2 22	2 42	6 38	0 47	18 28	1 18
28	0 35	10 54	0 42	2 24	2 42	6 35	0 47	18 38	1 13
31	0 35	10 53	0 42	2 27	2 41	6 33	0 47	18 48	1 8

MAI 2012

Day	♆ Long.	♅ Long.	♄ Long.	♃ Long.	♂ Long.	♀ Long.	☿ Long.	♇ Long.
	° ′	° ′	° ′	° ′	° ′	° ′	° ′	° ′
1	2 ♓ 51	6 ♈ 33	25 ♎ 2	20 ♉ 13	5 ♍ 18	20 ♊ 14	16 ♈ 53	9 ♑ 27
2	2 52	6 36	24 R 58	20 27	5 29	20 42	18 22	9 R 26
3	2 53	6 39	24 53	20 41	5 41	21 9	19 52	9 25
4	2 54	6 41	24 49	20 55	5 54	21 33	21 25	9 25
5	2 55	6 44	24 45	21 9	6 7	21 57	23 0	9 24
6	2 56	6 47	24 41	21 23	6 20	22 18	24 36	9 23
7	2 57	6 50	24 37	21 38	6 34	22 37	26 15	9 22
8	2 58	6 53	24 33	21 52	6 49	22 55	27 55	9 21
9	2 59	6 56	24 29	22 6	7 4	23 10	29 38	9 21
10	3 0	6 58	24 25	22 20	7 19	23 24	1 ♉ 22	9 20
11	3 0	7 1	24 21	22 35	7 35	23 35	3 8	9 19
12	3 1	7 4	24 17	22 49	7 52	23 45	4 57	9 18
13	3 2	7 6	24 13	23 3	8 9	23 52	6 47	9 17
14	3 3	7 9	24 9	23 17	8 26	23 57	8 39	9 16
15	3 3	7 12	24 6	23 31	8 44	24 0	10 33	9 15
16	3 4	7 14	24 2	23 46	9 2	24 0	12 29	9 14
17	3 5	7 17	23 59	24 0	9 21	23 R 58	14 27	9 13
18	3 5	7 19	23 55	24 14	9 40	23 53	16 27	9 12
19	3 6	7 21	23 52	24 28	9 59	23 47	18 28	9 11
20	3 6	7 24	23 48	24 42	10 19	23 37	20 32	9 10
21	3 7	7 26	23 45	24 57	10 39	23 26	22 36	9 9
22	3 7	7 29	23 42	25 11	10 59	23 12	24 43	9 8
23	3 8	7 31	23 39	25 25	11 20	22 55	26 51	9 6
24	3 8	7 33	23 36	25 39	11 42	22 36	29 0	9 5
25	3 8	7 35	23 33	25 53	12 3	22 15	1 ♊ 10	9 4
26	3 9	7 38	23 30	26 7	12 25	21 52	3 21	9 3
27	3 9	7 40	23 27	26 21	12 48	21 26	5 33	9 2
28	3 9	7 42	23 25	26 36	13 10	20 59	7 45	9 0
29	3 10	7 44	23 22	26 50	13 33	20 29	9 57	8 59
30	3 10	7 46	23 19	27 4	13 57	19 58	12 8	8 58
31	3 10	7 48	23 17	27 18	14 20	19 26	14 20	8 56

Day	♂ Decl.	♀ Lat.	♀ Decl.	☿ Lat.	☿ Decl.	♇ Lat.	♇ Decl.	☊
	° ′	° ′	° ′	° ′	° ′	° ′	° ′	° ′
1	11 N 30	4 N 42	27 N 46	2 S 48	4 N 3	3 N 54	19 S 13	6 ♐ 34
4	11 11	4 39	27 49	2 41	5 52	3 54	19 13	6 24
7	10 50	4 34	27 48	2 29	7 49	3 55	19 13	6 15
10	10 27	4 26	27 42	2 12	9 53	3 55	19 13	6 5
13	10 3	4 14	27 32	1 51	12 2	3 55	19 13	5 56
16	9 38	3 58	27 16	1 26	14 13	3 55	19 13	5 46
19	9 11	3 38	26 56	0 58	16 24	3 55	19 13	5 37
22	8 43	3 14	26 29	0 27	18 31	3 55	19 13	5 27
25	8 14	2 44	25 57	0 N 5	20 28	3 55	19 13	5 18
28	7 44	2 10	25 18	0 36	22 11	3 55	19 14	5 8
31	7 12	1 33	24 33	1 4	23 35	3 55	19 14	4 59

2012 JUNI

Day	Sidereal Time			☉ Long.			☉ Decl.		☽ Long.		☽ Lat.		☽ Decl.	
	H	M	S	°	′	″	°	′	°	′	°	′	°	′
1	16	39	32	10 ♊	54	50	22 N	5	22 ♎	18	3 S	36	12 S	1
2	16	43	28	11	52	19	22	13	7 ♏	6	2	29	16	14
3	16	47	25	12	49	46	22	20	22	6	1	11	19	26
4	16	51	21	13	47	13	22	27	7 ♐	12	0 N	12	21	19
5	16	55	18	14	44	38	22	34	22	13	1	34	21	39
6	16	59	15	15	42	3	22	40	7 ♑	3	2	49	20	27
7	17	3	11	16	39	27	22	46	21	33	3	50	17	55
8	17	7	8	17	36	50	22	52	5 ♒	39	4	37	14	23
9	17	11	4	18	34	12	22	57	19	18	5	5	10	12
10	17	15	1	19	31	34	23	1	2 ♓	30	5	17	5	39
11	17	18	57	20	28	55	23	6	15	19	5	12	1 N	0
12	17	22	54	21	26	16	23	10	27	46	4	52	3	35
13	17	26	50	22	23	36	23	13	9 ♈	56	4	20	7	55
14	17	30	47	23	20	56	23	16	21	55	3	37	11	53
15	17	34	44	24	18	16	23	19	3 ♉	45	2	45	15	21
16	17	38	40	25	15	35	23	21	15	32	1	46	18	11
17	17	42	37	26	12	53	23	23	27	20	0	43	20	15
18	17	46	33	27	10	12	23	24	9 ♊	11	0 S	23	21	27
19	17	50	30	28	7	29	23	25	21	9	1	28	21	41
20	17	54	26	29	4	47	23	26	3 ♋	15	2	29	20	55
21	17	58	23	0 ♋	2	4	23	26	15	32	3	25	19	9
22	18	2	19	0	59	20	23	26	28	0	4	11	16	27
23	18	6	16	1	56	35	23	25	10 ♌	41	4	46	12	58
24	18	10	13	2	53	51	23	24	23	36	5	7	8	49
25	18	14	9	3	51	5	23	23	6 ♍	45	5	13	4	11
26	18	18	6	4	48	19	23	21	20	10	5	2	0 S	44
27	18	22	2	5	45	32	23	19	3 ♎	52	4	34	5	43
28	18	25	59	6	42	45	23	16	17	49	3	49	10	31
29	18	29	55	7	39	58	23	13	2 ♏	3	2	49	14	50
30	18	33	52	8	37	10	23	9	16	31	1	38	18	20

Day	♆ Lat.		♆ Decl.		♅ Lat.		♅ Decl.		♄ Lat.		♄ Decl.		♃ Lat.		♃ Decl.		♂ Lat.	
	°	′	°	′	°	′	°	′	°	′	°	′	°	′	°	′	°	′
1	0 S	35	10 S	53	0 S	42	2 N	28	2 N	41	6 S	32	0 S	47	18 N	51	1 N	6
4	0	35	10	53	0	42	2	30	2	40	6	31	0	47	19	0	1	1
7	0	35	10	54	0	43	2	32	2	39	6	29	0	47	19	9	0	57
10	0	36	10	54	0	43	2	34	2	39	6	28	0	47	19	18	0	53
13	0	36	10	54	0	43	2	35	2	38	6	27	0	46	19	27	0	48
16	0	36	10	54	0	43	2	37	2	37	6	27	0	46	19	36	0	44
19	0	36	10	55	0	43	2	38	2	36	6	27	0	46	19	44	0	40
22	0	36	10	56	0	43	2	39	2	36	6	27	0	46	19	52	0	36
25	0	36	10	56	0	43	2	40	2	35	6	27	0	46	20	0	0	32
28	0	36	10	57	0	43	2	41	2	34	6	28	0	46	20	7	0	29

JUNI 2012

Day	♆ Long.	♅ Long.	♄ Long.	♃ Long.	♂ Long.	♀ Long.	☿ Long.	♇ Long.
	° ′	° ′	° ′	° ′	° ′	° ′	° ′	° ′
1	3 ♓ 10	7 ♈ 50	23 ♎ 15	27 ♉ 32	14 ♍ 44	18 ♊ 51	16 ♊ 30	8 ♑ 55
2	3 10	7 52	23 R 12	27 46	15 8	18 R 16	18 40	8 R 54
3	3 10	7 54	23 10	28 0	15 33	17 40	20 48	8 52
4	3 10	7 56	23 8	28 14	15 58	17 3	22 55	8 51
5	3 10	7 57	23 6	28 27	16 23	16 26	25 0	8 50
6	3 R 10	7 59	23 4	28 41	16 48	15 48	27 3	8 48
7	3 10	8 1	23 2	28 55	17 14	15 10	29 4	8 47
8	3 10	8 3	23 1	29 9	17 40	14 33	1 ♋ 4	8 45
9	3 10	8 4	22 59	29 23	18 6	13 56	3 0	8 44
10	3 10	8 6	22 57	29 37	18 33	13 19	4 55	8 43
11	3 10	8 7	22 56	29 50	18 59	12 44	6 48	8 41
12	3 10	8 9	22 55	0 ♊ 4	19 26	12 10	8 38	8 40
13	3 9	8 10	22 53	0 18	19 53	11 37	10 25	8 38
14	3 9	8 12	22 52	0 31	20 21	11 6	12 10	8 37
15	3 9	8 13	22 51	0 45	20 49	10 36	13 53	8 35
16	3 8	8 15	22 50	0 58	21 17	10 9	15 33	8 34
17	3 8	8 16	22 49	1 12	21 45	9 43	17 11	8 32
18	3 8	8 17	22 48	1 25	22 13	9 19	18 46	8 31
19	3 7	8 18	22 48	1 39	22 42	8 58	20 18	8 29
20	3 7	8 19	22 47	1 52	23 10	8 39	21 48	8 27
21	3 6	8 20	22 47	2 5	23 40	8 22	23 16	8 26
22	3 6	8 21	22 46	2 19	24 9	8 7	24 41	8 24
23	3 5	8 23	22 46	2 32	24 38	7 55	26 3	8 23
24	3 5	8 23	22 46	2 45	25 8	7 45	27 22	8 21
25	3 4	8 24	22 46	2 58	25 38	7 38	28 39	8 20
26	3 3	8 25	22 D 46	3 11	26 8	7 33	29 53	8 18
27	3 3	8 26	22 46	3 24	26 38	7 30	1 ♌ 4	8 17
28	3 2	8 27	22 46	3 37	27 8	7 30	2 13	8 15
29	3 1	8 28	22 46	3 50	27 39	7 D 32	3 18	8 13
30	3 0	8 28	22 47	4 3	28 10	7 36	4 20	8 12

Day	♂ Decl.	♀ Lat.	♀ Decl.	☿ Lat.	☿ Decl.	♇ Lat.	♇ Decl.	☊
	° ′	° ′	° ′	° ′	° ′	° ′	° ′	° ′
1	7 N 2	1 N 19	24 N 17	1 N 13	23 N 58	3 N 55	19 S 14	4 ♐ 55
4	6 29	0 38	23 27	1 35	24 50	3 55	19 14	4 46
7	5 55	0 S 4	22 33	1 51	25 17	3 55	19 15	4 36
10	5 20	0 46	21 38	2 0	25 21	3 55	19 15	4 27
13	4 45	1 27	20 45	2 3	25 4	3 55	19 15	4 17
16	4 8	2 4	19 56	1 58	24 29	3 54	19 16	4 8
19	3 31	2 37	19 12	1 48	23 41	3 54	19 16	3 58
22	2 53	3 6	18 35	1 31	22 41	3 54	19 17	3 49
25	2 14	3 31	18 7	1 9	21 33	3 54	19 17	3 39
28	1 35	3 51	17 45	0 42	20 21	3 54	19 18	3 30

2012 JULI

Day	Sidereal Time	☉ Long.	☉ Decl.	☽ Long.	☽ Lat.	☽ Decl.
	H M S	° ′ ″	° ′	° ′	° ′	° ′
1	18 37 48	9 ♋ 34 21	23 N 5	1 ♐ 11	0 S 19	20 S 42
2	18 41 45	10 31 33	23 1	15 56	1 N 1	21 41
3	18 45 42	11 28 44	22 56	0 ♑ 41	2 17	21 9
4	18 49 38	12 25 55	22 51	15 20	3 23	19 11
5	18 53 35	13 23 6	22 46	29 44	4 16	16 2
6	18 57 31	14 20 17	22 40	13 ♒ 48	4 51	12 2
7	19 1 28	15 17 28	22 34	27 29	5 8	7 31
8	19 5 24	16 14 39	22 27	10 ♓ 44	5 8	2 47
9	19 9 21	17 11 51	22 20	23 35	4 53	1 N 56
10	19 13 17	18 9 3	22 12	6 ♈ 4	4 23	6 26
11	19 17 14	19 6 16	22 4	18 16	3 43	10 36
12	19 21 11	20 3 29	21 56	0 ♉ 14	2 53	14 15
13	19 25 7	21 0 42	21 48	12 5	1 57	17 19
14	19 29 4	21 57 57	21 39	23 52	0 56	19 38
15	19 33 0	22 55 11	21 29	5 ♊ 42	0 S 8	21 7
16	19 36 57	23 52 26	21 20	17 38	1 12	21 40
17	19 40 53	24 49 42	21 10	29 43	2 13	21 13
18	19 44 50	25 46 58	20 59	12 ♋ 2	3 10	19 45
19	19 48 46	26 44 15	20 48	24 34	3 57	17 19
20	19 52 43	27 41 32	20 37	7 ♌ 22	4 34	14 0
21	19 56 40	28 38 49	20 26	20 24	4 57	9 59
22	20 0 36	29 36 7	20 14	3 ♍ 39	5 5	5 25
23	20 4 33	0 ♌ 33 25	20 2	17 7	4 57	0 32
24	20 8 29	1 30 44	19 49	0 ♎ 46	4 31	4 S 27
25	20 12 26	2 28 3	19 36	14 34	3 50	9 16
26	20 16 22	3 25 23	19 23	28 32	2 54	13 40
27	20 20 19	4 22 42	19 10	12 ♏ 38	1 47	17 20
28	20 24 15	5 20 3	18 56	26 50	0 34	20 0
29	20 28 12	6 17 23	18 42	11 ♐ 9	0 N 43	21 24
30	20 32 9	7 14 45	18 27	25 30	1 57	21 25
31	20 36 5	8 12 7	18 13	9 ♑ 51	3 3	20 2

Day	♆ Lat.	♆ Decl.	♅ Lat.	♅ Decl.	♄ Lat.	♄ Decl.	♃ Lat.	♃ Decl.	♂ Lat.
	° ′	° ′	° ′	° ′	° ′	° ′	° ′	° ′	° ′
1	0 S 36	10 S 58	0 S 43	2 N 42	2 N 33	6 S 29	0 S 46	20 N 14	0 N 25
4	0 36	10 59	0 43	2 43	2 32	6 31	0 46	20 21	0 22
7	0 36	11 0	0 43	2 43	2 32	6 33	0 46	20 28	0 18
10	0 36	11 1	0 44	2 43	2 31	6 35	0 46	20 34	0 15
13	0 36	11 2	0 44	2 43	2 30	6 37	0 46	20 40	0 12
16	0 37	11 4	0 44	2 43	2 29	6 40	0 46	20 46	0 9
19	0 37	11 5	0 44	2 43	2 29	6 43	0 46	20 52	0 6
22	0 37	11 7	0 44	2 42	2 28	6 47	0 46	20 57	0 3
25	0 37	11 8	0 44	2 41	2 27	6 50	0 46	21 2	0 0
28	0 37	11 10	0 44	2 41	2 26	6 54	0 46	21 7	0 S 3
31	0 37	11 11	0 44	2 40	2 26	6 59	0 46	21 12	0 6

JULI 2012

Day	♆ Long.	♅ Long.	♄ Long.	♃ Long.	♂ Long.	♀ Long.	☿ Long.	♇ Long.
	° ′	° ′	° ′	° ′	° ′	° ′	° ′	° ′
1	3 ♓ 0	8 ♈ 29	22 ♎ 47	4 ♊ 16	28 ♍ 41	7 ♊ 43	5 ♌ 19	8 ♑ 10
2	2 R 59	8 29	22 48	4 29	29 12	7 51	6 15	8 R 9
3	2 58	8 30	22 49	4 41	29 43	8 2	7 8	8 7
4	2 57	8 30	22 50	4 54	0 ♎ 15	8 15	7 57	8 6
5	2 56	8 31	22 50	5 6	0 47	8 30	8 42	8 4
6	2 55	8 31	22 51	5 19	1 19	8 46	9 24	8 3
7	2 54	8 32	22 53	5 31	1 51	9 5	10 2	8 1
8	2 53	8 32	22 54	5 44	2 23	9 25	10 36	7 59
9	2 52	8 32	22 55	5 56	2 55	9 48	11 6	7 58
10	2 51	8 32	22 56	6 8	3 28	10 11	11 32	7 56
11	2 50	8 32	22 58	6 20	4 0	10 37	11 53	7 55
12	2 49	8 33	23 0	6 32	4 33	11 4	12 10	7 53
13	2 48	8 33	23 1	6 44	5 6	11 33	12 23	7 52
14	2 47	8 R 33	23 3	6 56	5 40	12 3	12 30	7 50
15	2 46	8 33	23 5	7 8	6 13	12 34	12 33	7 49
16	2 45	8 32	23 7	7 20	6 46	13 7	12 R 31	7 47
17	2 43	8 32	23 9	7 32	7 20	13 42	12 24	7 46
18	2 42	8 32	23 11	7 43	7 54	14 17	12 13	7 44
19	2 41	8 32	23 13	7 55	8 28	14 54	11 57	7 43
20	2 40	8 32	23 16	8 6	9 2	15 32	11 36	7 42
21	2 38	8 31	23 18	8 17	9 36	16 11	11 10	7 40
22	2 37	8 31	23 21	8 29	10 10	16 51	10 41	7 39
23	2 36	8 30	23 23	8 40	10 45	17 32	10 8	7 37
24	2 35	8 30	23 26	8 51	11 19	18 14	9 31	7 36
25	2 33	8 29	23 29	9 2	11 54	18 57	8 52	7 35
26	2 32	8 29	23 32	9 13	12 29	19 41	8 11	7 33
27	2 30	8 28	23 35	9 24	13 4	20 26	7 28	7 32
28	2 29	8 27	23 38	9 34	13 39	21 11	6 45	7 31
29	2 28	8 27	23 41	9 45	14 14	21 58	6 1	7 29
30	2 26	8 26	23 44	9 55	14 50	22 45	5 18	7 28
31	2 25	8 25	23 47	10 6	15 25	23 34	4 37	7 27

Day	♂ Decl.	♀ Lat.	♀ Decl.	☿ Lat.	☿ Decl.	♇ Lat.	♇ Decl.	☊
	° ′	° ′	° ′	° ′	° ′	° ′	° ′	° ′
1	0 N 55	4 S 7	17 N 32	0 N 9	19 N 5	3 N 53	19 S 18	3 ♐ 20
4	0 14	4 19	17 25	0 S 27	17 51	3 53	19 19	3 11
7	0 S 27	4 28	17 24	1 7	16 39	3 53	19 19	3 1
10	1 9	4 34	17 28	1 50	15 34	3 53	19 20	2 52
13	1 51	4 37	17 36	2 34	14 38	3 52	19 21	2 42
16	2 33	4 37	17 47	3 17	13 54	3 52	19 21	2 32
19	3 16	4 35	18 1	3 56	13 26	3 51	19 22	2 23
22	3 59	4 32	18 17	4 29	13 14	3 51	19 23	2 13
25	4 42	4 26	18 33	4 51	13 22	3 51	19 23	2 4
28	5 26	4 20	18 50	4 58	13 46	3 50	19 24	1 54
31	6 10	4 12	19 5	4 50	14 24	3 50	19 25	1 45

2012 AUGUST

Day	Sidereal Time	☉ Long.	☉ Decl.	☽ Long.	☽ Lat.	☽ Decl.
	H M S	° ′ ″	° ′	° ′	° ′	° ′
1	20 40 2	9 ♌ 9 29	17 N 58	24 ♉ 8	3 N 57	17 S 24
2	20 43 58	10 6 53	17 42	8 ♒ 14	4 36	13 46
3	20 47 55	11 4 17	17 27	22 5	4 58	9 27
4	20 51 51	12 1 42	17 11	5 ♓ 36	5 2	4 46
5	20 55 48	12 59 8	16 55	18 47	4 50	0 N 1
6	20 59 44	13 56 36	16 38	1 ♈ 35	4 24	4 40
7	21 3 41	14 54 4	16 22	14 3	3 46	9 0
8	21 7 38	15 51 34	16 5	26 15	2 58	12 53
9	21 11 34	16 49 5	15 48	8 ♉ 13	2 2	16 11
10	21 15 31	17 46 37	15 30	20 4	1 3	18 46
11	21 19 27	18 44 11	15 12	1 ♊ 52	0 0	20 32
12	21 23 24	19 41 46	14 54	13 44	1 S 2	21 25
13	21 27 20	20 39 23	14 36	25 43	2 3	21 19
14	21 31 17	21 37 1	14 18	7 ♋ 55	2 59	20 14
15	21 35 13	22 34 40	13 59	20 24	3 47	18 9
16	21 39 10	23 32 21	13 40	3 ♌ 10	4 25	15 8
17	21 43 7	24 30 3	13 21	16 16	4 51	11 20
18	21 47 3	25 27 46	13 2	29 41	5 1	6 53
19	21 51 0	26 25 31	12 42	13 ♍ 21	4 54	2 1
20	21 54 56	27 23 17	12 23	27 13	4 30	3 S 1
21	21 58 53	28 21 4	12 3	11 ♎ 14	3 49	7 58
22	22 2 49	29 18 52	11 43	25 20	2 54	12 30
23	22 6 46	0 ♍ 16 42	11 22	9 ♏ 28	1 49	16 22
24	22 10 42	1 14 33	11 2	23 37	0 36	19 16
25	22 14 39	2 12 25	10 41	7 ♐ 44	0 N 38	20 58
26	22 18 36	3 10 18	10 20	21 49	1 50	21 21
27	22 22 32	4 8 12	9 59	5 ♑ 50	2 55	20 23
28	22 26 29	5 6 8	9 38	19 48	3 50	18 11
29	22 30 25	6 4 5	9 17	3 ♒ 38	4 30	14 58
30	22 34 22	7 2 4	8 56	17 20	4 54	10 58
31	22 38 18	8 0 4	8 34	0 ♓ 49	5 1	6 29

Day	♆ Lat.	♆ Decl.	♅ Lat.	♅ Decl.	♄ Lat.	♄ Decl.	♃ Lat.	♃ Decl.	♂ Lat.
	° ′	° ′	° ′	° ′	° ′	° ′	° ′	° ′	° ′
1	0 S 37	11 S 12	0 S 44	2 N 39	2 N 25	7 S 0	0 S 46	21 N 13	0 S 7
4	0 37	11 13	0 44	2 38	2 25	7 5	0 47	21 17	0 9
7	0 37	11 15	0 44	2 37	2 24	7 10	0 47	21 21	0 12
10	0 37	11 17	0 45	2 35	2 23	7 15	0 47	21 25	0 14
13	0 37	11 19	0 45	2 34	2 23	7 20	0 47	21 29	0 17
16	0 37	11 20	0 45	2 32	2 22	7 25	0 47	21 32	0 19
19	0 37	11 22	0 45	2 30	2 21	7 31	0 47	21 35	0 22
22	0 37	11 24	0 45	2 28	2 21	7 37	0 47	21 38	0 24
25	0 37	11 26	0 45	2 26	2 20	7 43	0 47	21 40	0 26
28	0 37	11 28	0 45	2 23	2 20	7 50	0 48	21 43	0 28
31	0 37	11 29	0 45	2 21	2 19	7 56	0 48	21 45	0 31

AUGUST 2012

Day	♆ Long.	♅ Long.	♄ Long.	♃ Long.	♂ Long.	♀ Long.	☿ Long.	♇ Long.
	° ′	° ′	° ′	° ′	° ′	° ′	° ′	° ′
1	2 ♓ 23	8 ♈ 24	23 ♎ 51	10 ♊ 16	16 ♎ 1	24 ♊ 22	3 ♌ 58	7 ♑ 25
2	2 R 22	8 R 23	23 54	10 26	16 37	25 12	3 R 22	7 R 24
3	2 20	8 22	23 58	10 36	17 13	26 2	2 50	7 23
4	2 19	8 22	24 2	10 46	17 49	26 53	2 22	7 22
5	2 17	8 20	24 5	10 56	18 25	27 45	1 59	7 21
6	2 16	8 19	24 9	11 6	19 1	28 37	1 42	7 19
7	2 14	8 18	24 13	11 16	19 38	29 30	1 31	7 18
8	2 13	8 17	24 17	11 25	20 14	0 ♋ 23	1 26	7 17
9	2 11	8 16	24 21	11 35	20 51	1 17	1 D 28	7 16
10	2 10	8 15	24 25	11 44	21 28	2 12	1 37	7 15
11	2 8	8 13	24 30	11 53	22 4	3 7	1 52	7 14
12	2 6	8 12	24 34	12 2	22 41	4 2	2 14	7 13
13	2 5	8 11	24 38	12 11	23 18	4 59	2 44	7 12
14	2 3	8 9	24 43	12 20	23 56	5 55	3 20	7 11
15	2 2	8 8	24 47	12 29	24 33	6 52	4 4	7 10
16	2 0	8 6	24 52	12 37	25 10	7 50	4 54	7 9
17	1 58	8 5	24 56	12 46	25 48	8 48	5 51	7 8
18	1 57	8 3	25 1	12 54	26 26	9 46	6 54	7 7
19	1 55	8 2	25 6	13 2	27 3	10 45	8 4	7 7
20	1 53	8 0	25 11	13 10	27 41	11 44	9 19	7 6
21	1 52	7 58	25 16	13 18	28 19	12 43	10 40	7 5
22	1 50	7 57	25 21	13 26	28 57	13 43	12 7	7 4
23	1 49	7 55	25 26	13 33	29 36	14 44	13 38	7 3
24	1 47	7 53	25 31	13 41	0 ♏ 14	15 44	15 14	7 3
25	1 45	7 51	25 36	13 48	0 52	16 45	16 53	7 2
26	1 44	7 50	25 42	13 55	1 31	17 46	18 37	7 1
27	1 42	7 48	25 47	14 2	2 9	18 48	20 23	7 1
28	1 40	7 46	25 52	14 9	2 48	19 50	22 13	7 0
29	1 39	7 44	25 58	14 16	3 27	20 52	24 4	7 0
30	1 37	7 42	26 3	14 22	4 6	21 55	25 58	6 59
31	1 35	7 40	26 9	14 29	4 45	22 58	27 52	6 59

Day	♂ Decl.	♀ Lat.	♀ Decl.	☿ Lat.	☿ Decl.	♇ Lat.	♇ Decl.	☊
	° ′	° ′	° ′	° ′	° ′	° ′	° ′	° ′
1	6 S 24	4 S 9	19 N 11	4 S 44	14 N 40	3 N 49	19 S 25	1 ♐ 42
4	7 8	3 59	19 25	4 16	15 28	3 49	19 26	1 32
7	7 52	3 49	19 37	3 36	16 18	3 48	19 26	1 23
10	8 35	3 38	19 47	2 49	17 3	3 48	19 27	1 13
13	9 19	3 26	19 55	1 59	17 37	3 47	19 28	1 4
16	10 2	3 13	19 59	1 9	17 56	3 47	19 29	0 54
19	10 46	3 0	20 0	0 22	17 54	3 46	19 29	0 44
22	11 29	2 47	19 58	0 N 20	17 29	3 45	19 30	0 35
25	12 11	2 33	19 51	0 54	16 38	3 45	19 31	0 25
28	12 53	2 19	19 40	1 19	15 22	3 44	19 32	0 16
31	13 35	2 5	19 25	1 36	13 43	3 43	19 32	0 6

2012 SEPTEMBER

Day	Sidereal Time	☉ Long.	☉ Decl.	☽ Long.	☽ Lat.	☽ Decl.
	H M S	° ′ ″	° ′	° ′	° ′	° ′
1	22 42 15	8 ♍ 58 5	8 N 12	14 ♓ 3	4 N 52	1 S 47
2	22 46 11	9 56 8	7 51	27 0	4 27	2 N 54
3	22 50 8	10 54 13	7 29	9 ♈ 40	3 50	7 21
4	22 54 5	11 52 20	7 6	22 2	3 3	11 25
5	22 58 1	12 50 28	6 44	4 ♉ 10	2 8	14 55
6	23 1 58	13 48 39	6 22	16 7	1 8	17 45
7	23 5 54	14 46 51	6 0	27 57	0 6	19 48
8	23 9 51	15 45 6	5 37	9 ♊ 44	0 S 57	20 58
9	23 13 47	16 43 22	5 14	21 36	1 57	21 13
10	23 17 44	17 41 40	4 52	3 ♋ 36	2 53	20 30
11	23 21 40	18 40 1	4 29	15 50	3 42	18 49
12	23 25 37	19 38 23	4 6	28 24	4 22	16 12
13	23 29 33	20 36 48	3 43	11 ♌ 18	4 50	12 44
14	23 33 30	21 35 14	3 20	24 37	5 3	8 33
15	23 37 27	22 33 43	2 57	8 ♍ 18	4 59	3 50
16	23 41 23	23 32 13	2 34	22 20	4 37	1 S 12
17	23 45 20	24 30 45	2 11	6 ♎ 37	3 58	6 16
18	23 49 16	25 29 19	1 48	21 4	3 11	11 3
19	23 53 13	26 27 55	1 24	5 ♏ 34	1 56	15 12
20	23 57 9	27 26 33	1 1	20 3	0 42	18 25
21	0 1 6	28 25 12	0 38	4 ♐ 25	0 N 35	20 27
22	0 5 2	29 23 53	0 14	18 39	1 49	21 8
23	0 8 59	0 ♎ 22 36	0 S 9	2 ♑ 42	2 56	20 29
24	0 12 56	1 21 21	0 32	16 34	3 51	18 35
25	0 16 52	2 20 7	0 56	0 ♒ 15	4 32	15 40
26	0 20 49	3 18 55	1 19	13 44	4 57	11 57
27	0 24 45	4 17 45	1 42	27 1	5 6	7 42
28	0 28 42	5 16 36	2 6	10 ♓ 7	4 59	3 10
29	0 32 38	6 15 30	2 29	22 59	4 36	1 N 27
30	0 36 35	7 14 25	2 52	5 ♈ 38	4 1	5 55

Day	♆ Lat.	♆ Decl.	♅ Lat.	♅ Decl.	♄ Lat.	♄ Decl.	♃ Lat.	♃ Decl.	♂ Lat.
	° ′	° ′	° ′	° ′	° ′	° ′	° ′	° ′	° ′
1	0 S 37	11 S 30	0 S 45	2 N 20	2 N 19	7 S 58	0 S 48	21 N 45	0 S 31
4	0 37	11 32	0 45	2 18	2 18	8 5	0 48	21 47	0 33
7	0 37	11 33	0 45	2 15	2 18	8 12	0 48	21 49	0 35
10	0 37	11 35	0 45	2 13	2 18	8 19	0 48	21 50	0 37
13	0 37	11 37	0 45	2 10	2 17	8 26	0 48	21 52	0 39
16	0 37	11 38	0 45	2 7	2 17	8 33	0 48	21 53	0 41
19	0 37	11 40	0 45	2 4	2 16	8 40	0 49	21 54	0 43
22	0 37	11 41	0 45	2 2	2 16	8 47	0 49	21 54	0 45
25	0 37	11 43	0 45	1 59	2 16	8 55	0 49	21 55	0 46
28	0 37	11 44	0 45	1 56	2 15	9 2	0 49	21 55	0 48

SEPTEMBER 2012

Day	♆ Long.	♅ Long.	♄ Long.	♃ Long.	♂ Long.	♀ Long.	☿ Long.	♇ Long.
	° ′	° ′	° ′	° ′	° ′	° ′	° ′	° ′
1	1 ♓ 34	7 ♈ 38	26 ♎ 15	14 ♊ 35	5 ♏ 24	24 ♋ 1	29 ♌ 48	6 ♑ 58
2	1 R 32	7 R 36	26 20	14 41	6 3	25 4	1 ♍ 45	6 R 58
3	1 31	7 34	26 26	14 47	6 43	26 8	3 42	6 57
4	1 29	7 32	26 32	14 53	7 22	27 12	5 39	6 57
5	1 27	7 30	26 38	14 58	8 1	28 16	7 36	6 56
6	1 26	7 28	26 44	15 4	8 41	29 21	9 32	6 56
7	1 24	7 25	26 50	15 9	9 21	0 ♌ 25	11 29	6 56
8	1 23	7 23	26 56	15 14	10 1	1 30	13 24	6 55
9	1 21	7 21	27 2	15 19	10 40	2 35	15 19	6 55
10	1 19	7 19	27 8	15 24	11 20	3 41	17 13	6 55
11	1 18	7 17	27 14	15 29	12 1	4 47	19 6	6 55
12	1 16	7 14	27 20	15 33	12 41	5 52	20 58	6 55
13	1 15	7 12	27 26	15 37	13 21	6 59	22 49	6 55
14	1 13	7 10	27 33	15 41	14 1	8 5	24 39	6 54
15	1 12	7 7	27 39	15 45	14 42	9 11	26 28	6 54
16	1 10	7 5	27 46	15 49	15 22	10 18	28 16	6 54
17	1 9	7 3	27 52	15 52	16 3	11 25	0 ♎ 3	6 D 54
18	1 7	7 0	27 58	15 56	16 44	12 32	1 49	6 54
19	1 6	6 58	28 5	15 59	17 25	13 40	3 34	6 54
20	1 4	6 56	28 12	16 2	18 6	14 47	5 18	6 55
21	1 3	6 53	28 18	16 4	18 47	15 55	7 0	6 55
22	1 2	6 51	28 25	16 7	19 28	17 3	8 42	6 55
23	1 0	6 49	28 31	16 9	20 9	18 11	10 23	6 55
24	0 59	6 46	28 38	16 12	20 50	19 19	12 3	6 55
25	0 58	6 44	28 45	16 14	21 31	20 27	13 42	6 56
26	0 56	6 41	28 52	16 15	22 13	21 36	15 19	6 56
27	0 55	6 39	28 58	16 17	22 54	22 45	16 56	6 56
28	0 54	6 36	29 5	16 18	23 36	23 54	18 32	6 56
29	0 52	6 34	29 12	16 20	24 18	25 3	20 8	6 57
30	0 51	6 32	29 19	16 21	25 0	26 12	21 42	6 57

Day	♂ Decl.	♀ Lat.	♀ Decl.	☿ Lat.	☿ Decl.	♇ Lat.	♇ Decl.	☊
	° ′	° ′	° ′	° ′	° ′	° ′	° ′	° ′
1	13 S 49	2 S 1	19 N 20	1 N 40	13 N 6	3 N 43	19 S 33	0 ♐ 3
4	14 30	1 46	18 59	1 47	11 5	3 43	19 33	29 54
7	15 10	1 32	18 33	1 46	8 54	3 42	19 34	29 44
10	15 49	1 18	18 4	1 40	6 35	3 41	19 35	29 35
13	16 28	1 4	17 29	1 29	4 13	3 40	19 36	29 25
16	17 6	0 51	16 51	1 15	1 50	3 40	19 36	29 15
19	17 43	0 37	16 8	0 58	0 S 31	3 39	19 37	29 6
22	18 19	0 24	15 20	0 40	2 51	3 38	19 38	28 56
25	18 53	0 12	14 29	0 20	5 6	3 38	19 38	28 47
28	19 27	0 N 1	13 34	0 S 2	7 17	3 37	19 39	28 37

2012 OKTOBER

Day	Sidereal Time	☉ Long.	☉ Decl.	☽ Long.	☽ Lat.	☽ Decl.
	H M S	° ′ ″	° ′	° ′	° ′	° ′
1	0 40 31	8 ♎ 13 23	3 S 16	18 ♈ 4	3 N 14	10 N 4
2	0 44 28	9 12 22	3 39	0 ♉ 17	2 18	13 44
3	0 48 25	10 11 24	4 2	12 18	1 18	16 46
4	0 52 21	11 10 27	4 25	24 12	0 14	19 3
5	0 56 18	12 9 33	4 48	6 ♊ 0	0 S 50	20 29
6	1 0 14	13 8 41	5 11	17 46	1 52	21 1
7	1 4 11	14 7 52	5 34	29 37	2 49	20 37
8	1 8 7	15 7 4	5 57	11 ♋ 36	3 40	19 17
9	1 12 4	16 6 19	6 20	23 49	4 21	17 3
10	1 16 0	17 5 36	6 43	6 ♌ 20	4 52	13 58
11	1 19 57	18 4 56	7 6	19 15	5 9	10 9
12	1 23 54	19 4 18	7 28	2 ♍ 35	5 10	5 44
13	1 27 50	20 3 42	7 51	16 22	4 53	0 52
14	1 31 47	21 3 8	8 13	0 ♎ 34	4 18	4 S 11
15	1 35 43	22 2 36	8 35	15 7	3 26	9 8
16	1 39 40	23 2 7	8 57	29 55	2 20	13 37
17	1 43 36	24 1 39	9 19	14 ♏ 50	1 3	17 17
18	1 47 33	25 1 13	9 41	29 43	0 N 18	19 47
19	1 51 29	26 0 50	10 3	14 ♐ 28	1 38	20 55
20	1 55 26	27 0 28	10 24	28 59	2 50	20 36
21	1 59 23	28 0 8	10 46	13 ♑ 12	3 50	18 58
22	2 3 19	28 59 49	11 7	27 7	4 35	16 14
23	2 7 16	29 59 32	11 28	10 ♒ 42	5 3	12 41
24	2 11 12	0 ♏ 59 18	11 49	23 59	5 14	8 34
25	2 15 9	1 59 4	12 10	7 ♓ 0	5 9	4 9
26	2 19 5	2 58 53	12 30	19 46	4 49	0 N 22
27	2 23 2	3 58 43	12 51	2 ♈ 19	4 15	4 49
28	2 26 58	4 58 35	13 11	14 40	3 29	8 59
29	2 30 55	5 58 29	13 31	26 50	2 34	12 45
30	2 34 52	6 58 25	13 50	8 ♉ 52	1 34	15 56
31	2 38 48	7 58 22	14 10	20 47	0 29	18 25

Day	♆ Lat.	♆ Decl.	♅ Lat.	♅ Decl.	♄ Lat.	♄ Decl.	♃ Lat.	♃ Decl.	♂ Lat.
	° ′	° ′	° ′	° ′	° ′	° ′	° ′	° ′	° ′
1	0 S 37	11 S 46	0 S 45	1 N 53	2 N 15	9 S 10	0 S 49	21 N 55	0 S 49
4	0 37	11 47	0 45	1 50	2 15	9 17	0 49	21 55	0 51
7	0 37	11 48	0 45	1 47	2 15	9 25	0 50	21 55	0 52
10	0 37	11 49	0 45	1 45	2 15	9 32	0 50	21 55	0 54
13	0 37	11 50	0 45	1 42	2 14	9 40	0 50	21 54	0 55
16	0 37	11 51	0 45	1 39	2 14	9 48	0 50	21 54	0 57
19	0 37	11 52	0 45	1 36	2 14	9 55	0 50	21 53	0 58
22	0 37	11 53	0 45	1 34	2 14	10 3	0 50	21 52	0 59
25	0 37	11 53	0 45	1 31	2 14	10 10	0 50	21 50	1 0
28	0 37	11 54	0 45	1 29	2 14	10 18	0 50	21 49	1 1
31	0 37	11 54	0 45	1 27	2 14	10 25	0 50	21 48	1 2

OKTOBER 2012

Day	♆ Long.	♅ Long.	♄ Long.	♃ Long.	♂ Long.	♀ Long.	☿ Long.	♇ Long.
	° ′	° ′	° ′	° ′	° ′	° ′	° ′	° ′
1	0 ♓ 50	6 ♈ 29	29 ♎ 26	16 ♊ 21	25 ♏ 41	27 ♌ 21	23 ♎ 15	6 ♑ 58
2	0 R 49	6 R 27	29 33	16 22	26 23	28 31	24 48	6 58
3	0 47	6 24	29 40	16 22	27 5	29 40	26 20	6 59
4	0 46	6 22	29 47	16 23	27 47	0 ♍ 50	27 51	6 59
5	0 45	6 20	29 54	16 23	28 30	2 0	29 21	7 0
6	0 44	6 17	0 ♏ 1	16 R 22	29 12	3 10	0 ♏ 50	7 0
7	0 43	6 15	0 8	16 22	29 54	4 20	2 18	7 1
8	0 42	6 12	0 15	16 21	0 ♐ 37	5 30	3 46	7 2
9	0 41	6 10	0 22	16 21	1 19	6 41	5 13	7 2
10	0 40	6 8	0 29	16 20	2 2	7 52	6 38	7 3
11	0 39	6 5	0 36	16 18	2 45	9 2	8 3	7 4
12	0 38	6 3	0 44	16 17	3 27	10 13	9 27	7 5
13	0 37	6 1	0 51	16 15	4 10	11 24	10 50	7 5
14	0 36	5 58	0 58	16 14	4 53	12 35	12 12	7 6
15	0 35	5 56	1 5	16 12	5 36	13 46	13 33	7 7
16	0 34	5 54	1 12	16 9	6 19	14 58	14 53	7 8
17	0 33	5 51	1 20	16 7	7 2	16 9	16 12	7 9
18	0 33	5 49	1 27	16 4	7 46	17 21	17 30	7 10
19	0 32	5 47	1 34	16 2	8 29	18 32	18 46	7 11
20	0 31	5 45	1 41	15 59	9 12	19 44	20 1	7 12
21	0 30	5 43	1 49	15 55	9 56	20 56	21 14	7 13
22	0 30	5 40	1 56	15 52	10 39	22 8	22 26	7 14
23	0 29	5 38	2 3	15 48	11 23	23 20	23 36	7 15
24	0 29	5 36	2 10	15 45	12 7	24 32	24 44	7 16
25	0 28	5 34	2 18	15 41	12 50	25 44	25 50	7 17
26	0 27	5 32	2 25	15 37	13 34	26 56	26 53	7 19
27	0 27	5 30	2 32	15 32	14 18	28 9	27 54	7 20
28	0 26	5 28	2 39	15 28	15 2	29 21	28 52	7 21
29	0 26	5 26	2 47	15 23	15 46	0 ♎ 34	29 47	7 22
30	0 25	5 24	2 54	15 18	16 30	1 46	0 ♐ 38	7 24
31	0 25	5 22	3 1	15 13	17 14	2 59	1 25	7 25

Day	♂ Decl.	♀ Lat.	♀ Decl.	☿ Lat.	☿ Decl.	♇ Lat.	♇ Decl.	☊
	° ′	° ′	° ′	° ′	° ′	° ′	° ′	° ′
1	19 S 59	0 N 12	12 N 35	0 S 23	9 S 24	3 N 36	19 S 40	28 ♏ 28
4	20 30	0 23	11 33	0 45	11 24	3 35	19 40	28 18
7	20 59	0 34	10 27	1 6	13 18	3 35	19 41	28 9
10	21 27	0 44	9 18	1 27	15 6	3 34	19 42	27 59
13	21 53	0 53	8 7	1 47	16 46	3 33	19 42	27 50
16	22 17	1 2	6 53	2 5	18 18	3 33	19 43	27 40
19	22 40	1 10	5 36	2 22	19 41	3 32	19 43	27 31
22	23 1	1 17	4 18	2 36	20 54	3 31	19 44	27 21
25	23 20	1 24	2 59	2 48	21 56	3 30	19 44	27 12
28	23 37	1 29	1 37	2 55	22 45	3 30	19 45	27 2
31	23 51	1 34	0 15	2 56	23 19	3 29	19 45	26 53

Day	Sidereal Time	☉ Long.	☉ Decl.	☽ Long.	☽ Lat.	☽ Decl.
	H M S	° ′ ″	° ′	° ′	° ′	° ′
1	2 42 45	8 ♏ 58 22	14 S 29	2 ♊ 37	0 S 36	20 N 5
2	2 46 41	9 58 23	14 48	14 24	1 40	20 52
3	2 50 38	10 58 27	15 7	26 11	2 40	20 44
4	2 54 34	11 58 32	15 26	8 ♋ 2	3 32	19 40
5	2 58 31	12 58 40	15 44	20 2	4 17	17 43
6	3 2 27	13 58 49	16 2	2 ♌ 13	4 50	14 57
7	3 6 24	14 59 1	16 20	14 41	5 11	11 28
8	3 10 21	15 59 15	16 37	27 30	5 17	7 22
9	3 14 17	16 59 31	16 55	10 ♍ 43	5 7	2 48
10	3 18 14	17 59 48	17 11	24 24	4 40	2 S 3
11	3 22 10	19 0 8	17 28	8 ♎ 31	3 55	6 58
12	3 26 7	20 0 30	17 44	23 5	2 53	11 39
13	3 30 3	21 0 53	18 1	7 ♏ 59	1 39	15 44
14	3 34 0	22 1 18	18 16	23 6	0 16	18 49
15	3 37 56	23 1 45	18 32	8 ♐ 18	1 N 8	20 35
16	3 41 53	24 2 13	18 47	23 23	2 26	20 50
17	3 45 50	25 2 43	19 2	8 ♑ 15	3 34	19 37
18	3 49 46	26 3 14	19 16	22 47	4 26	17 8
19	3 53 43	27 3 47	19 30	6 ♒ 54	5 1	13 41
20	3 57 39	28 4 20	19 44	20 35	5 17	9 37
21	4 1 36	29 4 55	19 57	3 ♓ 52	5 16	5 11
22	4 5 32	0 ♐ 5 32	20 10	16 46	4 58	0 39
23	4 9 29	1 6 9	20 23	29 22	4 26	3 N 49
24	4 13 25	2 6 47	20 35	11 ♈ 42	3 43	8 2
25	4 17 22	3 7 27	20 47	23 50	2 50	11 53
26	4 21 19	4 8 8	20 58	5 ♉ 49	1 50	15 12
27	4 25 15	5 8 50	21 9	17 41	0 47	17 51
28	4 29 12	6 9 33	21 20	29 31	0 S 19	19 44
29	4 33 8	7 10 18	21 30	11 ♊ 19	1 24	20 45
30	4 37 5	8 11 3	21 40	23 7	2 24	20 51

Day	♆ Lat.	♆ Decl.	♅ Lat.	♅ Decl.	♄ Lat.	♄ Decl.	♃ Lat.	♃ Decl.	♂ Lat.
	° ′	° ′	° ′	° ′	° ′	° ′	° ′	° ′	° ′
1	0 S 37	11 S 54	0 S 45	1 N 26	2 N 14	10 S 27	0 S 50	21 N 47	1 S 3
4	0 37	11 55	0 45	1 24	2 14	10 35	0 50	21 45	1 3
7	0 37	11 55	0 45	1 22	2 14	10 42	0 50	21 43	1 4
10	0 37	11 55	0 44	1 20	2 14	10 49	0 50	21 41	1 5
13	0 37	11 55	0 44	1 18	2 14	10 56	0 49	21 39	1 6
16	0 37	11 55	0 44	1 17	2 15	11 3	0 49	21 37	1 7
19	0 37	11 55	0 44	1 15	2 15	11 10	0 49	21 34	1 7
22	0 37	11 54	0 44	1 14	2 15	11 16	0 49	21 31	1 8
25	0 37	11 54	0 44	1 13	2 15	11 23	0 48	21 29	1 8
28	0 37	11 53	0 44	1 12	2 16	11 29	0 48	21 26	1 9

NOVEMBER 2012

Day	♆ Long. ° ′	♅ Long. ° ′	♄ Long. ° ′	♃ Long. ° ′	♂ Long. ° ′	♀ Long. ° ′	☿ Long. ° ′	♇ Long. ° ′
1	0 ♓ 25	5 ♈ 20	3 ♏ 8	15 ♊ 8	17 ♐ 59	4 ♎ 12	2 ♐ 7	7 ♑ 26
2	0 R 24	5 R 18	3 16	15 R 3	18 43	5 25	2 45	7 28
3	0 24	5 16	3 23	14 57	19 27	6 38	3 17	7 29
4	0 24	5 15	3 30	14 51	20 12	7 51	3 43	7 30
5	0 24	5 13	3 37	14 46	20 56	9 4	4 2	7 32
6	0 23	5 11	3 44	14 40	21 41	10 17	4 14	7 33
7	0 23	5 9	3 52	14 33	22 25	11 30	4 18	7 35
8	0 23	5 8	3 59	14 27	23 10	12 43	4 R 13	7 36
9	0 23	5 6	4 6	14 21	23 55	13 57	3 59	7 38
10	0 23	5 5	4 13	14 14	24 40	15 10	3 36	7 39
11	0 23	5 3	4 20	14 8	25 25	16 24	3 2	7 41
12	0 D 23	5 1	4 27	14 1	26 10	17 37	2 18	7 42
13	0 23	5 0	4 34	13 54	26 55	18 51	1 25	7 44
14	0 23	4 59	4 41	13 47	27 40	20 5	0 22	7 46
15	0 23	4 57	4 48	13 40	28 25	21 19	29 ♏ 12	7 47
16	0 23	4 56	4 55	13 32	29 10	22 32	27 56	7 49
17	0 23	4 55	5 2	13 25	29 55	23 46	26 36	7 51
18	0 24	4 53	5 9	13 18	0 ♑ 41	25 0	25 15	7 52
19	0 24	4 52	5 16	13 10	1 26	26 14	23 55	7 54
20	0 24	4 51	5 23	13 2	2 12	27 28	22 39	7 56
21	0 24	4 50	5 30	12 55	2 57	28 42	21 30	7 58
22	0 25	4 49	5 37	12 47	3 43	29 56	20 30	7 59
23	0 25	4 48	5 44	12 39	4 28	1 ♏ 10	19 39	8 1
24	0 26	4 47	5 51	12 31	5 14	2 25	19 0	8 3
25	0 26	4 46	5 57	12 23	6 0	3 39	18 32	8 5
26	0 27	4 45	6 4	12 15	6 45	4 53	18 15	8 7
27	0 27	4 44	6 11	12 7	7 31	6 7	18 10	8 9
28	0 28	4 43	6 17	11 59	8 17	7 22	18 D 16	8 10
29	0 28	4 42	6 24	11 51	9 3	8 36	18 32	8 12
30	0 29	4 42	6 31	11 43	9 49	9 51	18 57	8 14

Day	♂ Decl. ° ′	♀ Lat. ° ′	♀ Decl. ° ′	☿ Lat. ° ′	☿ Decl. ° ′	♇ Lat. ° ′	♇ Decl. ° ′	☊ ° ′
1	23 S 56	1 N 36	0 S 12	2 S 55	23 S 27	3 N 29	19 S 45	26 ♏ 49
4	24 8	1 40	1 35	2 46	23 37	3 28	19 46	26 40
7	24 17	1 43	2 58	2 27	23 25	3 28	19 46	26 30
10	24 25	1 45	4 22	1 55	22 45	3 27	19 47	26 21
13	24 30	1 47	5 44	1 8	21 33	3 26	19 47	26 11
16	24 33	1 47	7 7	0 10	19 51	3 26	19 47	26 2
19	24 33	1 47	8 28	0 N 51	17 55	3 25	19 48	25 52
22	24 31	1 47	9 47	1 43	16 13	3 25	19 48	25 43
25	24 26	1 45	11 5	2 17	15 9	3 24	19 48	25 33
28	24 19	1 43	12 21	2 33	14 49	3 24	19 48	25 24

2012 DEZEMBER

Day	Sidereal Time			☉ Long.			☉ Decl.		☽ Long.		☽ Lat.		☽ Decl.	
	H	M	S	°	′	″	°	′	°	′	°	′	°	′
1	4	41	1	9 ♐ 11	50		21 S 50		4 ♋ 59		3 S 19		20 N 2	
2	4	44	58	10	12	38	21	59	16	56	4	6	18	18
3	4	48	54	11	13	28	22	7	29	0	4	42	15	45
4	4	52	51	12	14	19	22	15	11 ♌ 15		5	6	12	30
5	4	56	48	13	15	11	22	23	23	43	5	16	8	38
6	5	0	44	14	16	5	22	31	6 ♍ 29		5	11	4	19
7	5	4	41	15	17	0	22	37	19	34	4	50	0 S 19	
8	5	8	37	16	17	56	22	44	3 ♎ 3		4	12	5	4
9	5	12	34	17	18	53	22	50	16	58	3	19	9	44
10	5	16	30	18	19	52	22	55	1 ♏ 17		2	12	13	59
11	5	20	27	19	20	52	23	1	16	0	0	55	17	30
12	5	24	23	20	21	52	23	5	1 ♐ 1		0 N 28		19	54
13	5	28	20	21	22	54	23	9	16	13	1	49	20	55
14	5	32	17	22	23	56	23	13	1 ♑ 26		3	3	20	23
15	5	36	13	23	24	59	23	16	16	30	4	3	18	24
16	5	40	10	24	26	3	23	19	1 ♒ 17		4	45	15	14
17	5	44	6	25	27	7	23	21	15	38	5	9	11	13
18	5	48	3	26	28	12	23	23	29	32	5	13	6	45
19	5	51	59	27	29	19	23	25	12 ♓ 56		5	0	2	5
20	5	55	56	28	30	22	23	26	25	54	4	31	2 N 31	
21	5	59	52	29	31	28	23	26	8 ♈ 28		3	50	6	53
22	6	3	49	0 ♑ 32		34	23	26	20	44	3	0	10	52
23	6	7	46	1	33	40	23	26	2 ♉ 46		2	2	14	20
24	6	11	42	2	34	46	23	25	14	39	1	0	17	11
25	6	15	39	3	35	53	23	23	26	27	0 S 4		19	17
26	6	19	35	4	36	59	23	21	8 ♊ 14		1	8	20	34
27	6	23	32	5	38	6	23	19	20	2	2	9	20	55
28	6	27	28	6	39	13	23	16	1 ♋ 56		3	4	20	21
29	6	31	25	7	40	20	23	13	13	55	3	52	18	52
30	6	35	21	8	41	28	23	9	26	2	4	29	16	32
31	6	39	18	9	42	35	23	5	8 ♌ 19		4	55	13	26

Day	♆ Lat.	♆ Decl.	♅ Lat.	♅ Decl.	♄ Lat.	♄ Decl.	♃ Lat.	♃ Decl.	♂ Lat.
	° ′	° ′	° ′	° ′	° ′	° ′	° ′	° ′	° ′
1	0 S 37	11 S 52	0 S 44	1 N 12	2 N 16	11 S 35	0 S 48	21 N 23	1 S 9
4	0 37	11 52	0 44	1 11	2 16	11 41	0 47	21 20	1 9
7	0 37	11 51	0 44	1 11	2 17	11 47	0 47	21 17	1 10
10	0 37	11 50	0 43	1 10	2 17	11 52	0 46	21 14	1 10
13	0 37	11 49	0 43	1 10	2 17	11 58	0 46	21 11	1 10
16	0 37	11 47	0 43	1 11	2 18	12 3	0 45	21 8	1 10
19	0 37	11 46	0 43	1 11	2 18	12 8	0 45	21 5	1 10
22	0 37	11 45	0 43	1 11	2 19	12 13	0 44	21 3	1 10
25	0 37	11 43	0 43	1 12	2 19	12 17	0 44	21 0	1 10
28	0 37	11 42	0 43	1 13	2 20	12 22	0 43	20 58	1 9
31	0 37	11 40	0 43	1 14	2 20	12 26	0 42	20 55	1 9

DEZEMBER 2012

Day	♆ Long.	♅ Long.	♄ Long.	♃ Long.	♂ Long.	♀ Long.	☿ Long.	♇ Long.
	° ′	° ′	° ′	° ′	° ′	° ′	° ′	° ′
1	0 ♓ 30	4 ♈ 41	6 ♏ 37	11 ♊ 34	10 ♑ 35	11 ♏ 5	19 ♏ 30	8 ♑ 16
2	0 30	4 R 40	6 44	11 R 26	11 21	12 20	20 11	8 18
3	0 31	4 40	6 50	11 18	12 7	13 34	20 59	8 20
4	0 32	4 39	6 56	11 10	12 53	14 49	21 52	8 22
5	0 32	4 39	7 3	11 2	13 39	16 3	22 50	8 24
6	0 33	4 38	7 9	10 54	14 26	17 18	23 53	8 26
7	0 34	4 38	7 15	10 45	15 12	18 33	24 59	8 28
8	0 35	4 38	7 21	10 37	15 58	19 47	26 9	8 30
9	0 36	4 38	7 28	10 29	16 45	21 2	27 22	8 32
10	0 37	4 37	7 34	10 21	17 31	22 17	28 37	8 34
11	0 38	4 37	7 40	10 13	18 17	23 32	29 55	8 36
12	0 39	4 37	7 46	10 5	19 4	24 46	1 ♐ 14	8 38
13	0 40	4 37	7 52	9 57	19 50	26 1	2 35	8 40
14	0 41	4 37	7 58	9 50	20 37	27 16	3 57	8 42
15	0 42	4 D 37	8 3	9 42	21 24	28 31	5 21	8 44
16	0 43	4 37	8 9	9 34	22 10	29 46	6 46	8 46
17	0 44	4 37	8 15	9 26	22 57	1 ♐ 1	8 11	8 48
18	0 46	4 38	8 20	9 19	23 44	2 16	9 38	8 50
19	0 47	4 38	8 26	9 12	24 31	3 31	11 5	8 52
20	0 48	4 38	8 32	9 4	25 17	4 46	12 32	8 55
21	0 49	4 38	8 37	8 57	26 4	6 1	14 1	8 57
22	0 51	4 39	8 42	8 50	26 51	7 16	15 29	8 59
23	0 52	4 39	8 48	8 43	27 38	8 31	16 59	9 1
24	0 54	4 40	8 53	8 36	28 25	9 46	18 28	9 3
25	0 55	4 40	8 58	8 29	29 12	11 1	19 58	9 5
26	0 56	4 41	9 3	8 23	29 59	12 16	21 29	9 7
27	0 58	4 42	9 8	8 16	0 ♒ 46	13 31	23 0	9 9
28	0 59	4 42	9 13	8 10	1 33	14 46	24 31	9 11
29	1 1	4 43	9 18	8 4	2 20	16 1	26 2	9 14
30	1 2	4 44	9 23	7 58	3 7	17 16	27 34	9 16
31	1 4	4 45	9 28	7 52	3 54	18 31	29 6	9 18

Day	♂ Decl.	♀ Lat.	♀ Decl.	☿ Lat.	☿ Decl.	♇ Lat.	♇ Decl.	☊
	° ′	° ′	° ′	° ′	° ′	° ′	° ′	° ′
1	24 S 10	1 N 40	13 S 34	2 N 34	15 S 8	3 N 23	19 S 48	25 ♏ 14
4	23 58	1 37	14 44	2 25	15 54	3 22	19 49	25 4
7	23 43	1 33	15 51	2 10	16 55	3 22	19 49	24 55
10	23 27	1 28	16 55	1 50	18 3	3 21	19 49	24 45
13	23 7	1 23	17 55	1 29	19 13	3 21	19 49	24 36
16	22 46	1 18	18 50	1 6	20 21	3 21	19 49	24 26
19	22 22	1 12	19 41	0 43	21 23	3 20	19 49	24 17
22	21 56	1 5	20 27	0 20	22 19	3 20	19 49	24 7
25	21 27	0 59	21 7	0 S 2	23 5	3 19	19 49	23 58
28	20 56	0 52	21 43	0 23	23 42	3 19	19 49	23 48
31	20 24	0 44	22 12	0 43	24 9	3 19	19 49	23 39

2013 JANUAR

Day	Sidereal Time	☉ Long.	☉ Decl.	☾ Long.	☾ Lat.	☾ Decl.
	H M S	° ′ ″	° ′	° ′	° ′	° ′
1	6 43 15	10 ♑ 43 44	23 S 0	20 ♌ 45	5 S 7	9 N 43
2	6 47 11	11 44 52	22 55	3 ♍ 23	5 5	5 31
3	6 51 8	12 46 0	22 49	16 14	4 47	1 1
4	6 55 4	13 47 9	22 43	29 20	4 14	3 S 37
5	6 59 1	14 48 18	22 37	12 ♎ 43	3 27	8 12
6	7 2 57	15 49 28	22 30	26 25	2 27	12 28
7	7 6 54	16 50 37	22 22	10 ♏ 28	1 16	16 10
8	7 10 50	17 51 47	22 15	24 50	0 N 1	18 58
9	7 14 47	18 52 57	22 6	9 ♐ 31	1 19	20 35
10	7 18 44	19 54 6	21 58	24 25	2 32	20 47
11	7 22 40	20 55 16	21 49	9 ♑ 26	3 36	19 31
12	7 26 37	21 56 25	21 39	24 24	4 24	16 54
13	7 30 33	22 57 34	21 29	9 ♒ 10	4 54	13 13
14	7 34 30	23 58 42	21 19	23 37	5 5	8 51
15	7 38 26	24 59 50	21 8	7 ♓ 37	4 56	4 7
16	7 42 23	26 0 58	20 57	21 10	4 31	0 N 39
17	7 46 19	27 2 5	20 45	4 ♈ 14	3 53	5 14
18	7 50 16	28 3 11	20 33	16 53	3 3	9 27
19	7 54 13	29 4 16	20 21	29 11	2 7	13 10
20	7 58 9	0 ♒ 5 20	20 8	11 ♉ 13	1 6	16 14
21	8 2 6	1 6 23	19 55	23 5	0 3	18 36
22	8 6 2	2 7 26	19 41	4 ♊ 52	0 S 59	20 8
23	8 9 59	3 8 27	19 27	16 39	1 59	20 48
24	8 13 55	4 9 28	19 13	28 30	2 54	20 32
25	8 17 52	5 10 28	18 58	10 ♋ 29	3 41	19 21
26	8 21 48	6 11 27	18 43	22 38	4 20	17 16
27	8 25 45	7 12 25	18 28	4 ♌ 59	4 46	14 23
28	8 29 42	8 13 22	18 12	17 32	4 59	10 49
29	8 33 38	9 14 18	17 56	0 ♍ 17	4 58	6 43
30	8 37 35	10 15 13	17 40	13 13	4 42	2 15
31	8 41 31	11 16 8	17 24	26 21	4 10	2 S 22

Day	♆ Lat.	♆ Decl.	♅ Lat.	♅ Decl.	♄ Lat.	♄ Decl.	♃ Lat.	♃ Decl.	♂ Lat.
	° ′	° ′	° ′	° ′	° ′	° ′	° ′	° ′	° ′
1	0 S 37	11 S 39	0 S 43	1 N 15	2 N 20	12 S 27	0 S 42	20 N 55	1 S 9
4	0 37	11 38	0 42	1 16	2 21	12 31	0 42	20 53	1 9
7	0 37	11 36	0 42	1 17	2 22	12 34	0 41	20 51	1 8
10	0 37	11 34	0 42	1 19	2 22	12 37	0 40	20 49	1 8
13	0 37	11 32	0 42	1 21	2 23	12 40	0 39	20 48	1 7
16	0 37	11 30	0 42	1 23	2 24	12 43	0 39	20 47	1 6
19	0 37	11 28	0 42	1 25	2 24	12 45	0 38	20 46	1 6
22	0 37	11 26	0 42	1 27	2 25	12 47	0 37	20 46	1 5
25	0 37	11 23	0 42	1 30	2 26	12 49	0 37	20 46	1 4
28	0 37	11 21	0 42	1 32	2 26	12 51	0 36	20 46	1 3
31	0 37	11 19	0 41	1 35	2 27	12 52	0 35	20 47	1 3

JANUAR 2013

Day	♆ Long.	♅ Long.	♄ Long.	♃ Long.	♂ Long.	♀ Long.	☿ Long.	♇ Long.
	° ′	° ′	° ′	° ′	° ′	° ′	° ′	° ′
1	1 ♓ 6	4 ♈ 46	9 ♏ 33	7 ♊ 46	4 ♒ 41	19 ♐ 46	0 ♑ 38	9 ♑ 20
2	1 7	4 47	9 37	7 R 40	5 28	21 1	2 11	9 22
3	1 9	4 48	9 42	7 35	6 15	22 16	3 44	9 24
4	1 10	4 49	9 46	7 30	7 3	23 31	5 18	9 26
5	1 12	4 50	9 50	7 25	7 50	24 46	6 51	9 28
6	1 14	4 51	9 55	7 20	8 37	26 2	8 26	9 30
7	1 16	4 52	9 59	7 15	9 24	27 17	10 0	9 33
8	1 17	4 54	10 3	7 10	10 12	28 32	11 35	9 35
9	1 19	4 55	10 7	7 6	10 59	29 47	13 10	9 37
10	1 21	4 56	10 11	7 2	11 46	1 ♑ 2	14 46	9 39
11	1 23	4 58	10 15	6 58	12 34	2 17	16 22	9 41
12	1 25	4 59	10 19	6 54	13 21	3 33	17 59	9 43
13	1 26	5 1	10 22	6 50	14 8	4 48	19 36	9 45
14	1 28	5 2	10 26	6 47	14 56	6 3	21 14	9 47
15	1 30	5 4	10 30	6 44	15 43	7 18	22 52	9 49
16	1 32	5 6	10 33	6 41	16 30	8 33	24 30	9 51
17	1 34	5 7	10 36	6 38	17 18	9 49	26 9	9 53
18	1 36	5 9	10 40	6 35	18 5	11 4	27 49	9 55
19	1 38	5 11	10 43	6 33	18 53	12 19	29 29	9 57
20	1 40	5 13	10 46	6 31	19 40	13 34	1 ♒ 10	9 59
21	1 42	5 14	10 49	6 29	20 27	14 49	2 51	10 1
22	1 44	5 16	10 52	6 27	21 15	16 5	4 33	10 3
23	1 46	5 18	10 54	6 25	22 2	17 20	6 15	10 5
24	1 48	5 20	10 57	6 24	22 50	18 35	7 58	10 7
25	1 50	5 22	11 0	6 22	23 37	19 50	9 41	10 9
26	1 52	5 24	11 2	6 21	24 25	21 5	11 25	10 11
27	1 54	5 27	11 5	6 21	25 12	22 20	13 9	10 13
28	1 57	5 29	11 7	6 20	25 59	23 36	14 54	10 15
29	1 59	5 31	11 9	6 20	26 47	24 51	16 39	10 17
30	2 1	5 33	11 11	6 19	27 34	26 6	18 24	10 19
31	2 3	5 35	11 13	6 D 19	28 22	27 21	20 10	10 21

Day	♂ Decl.	♀ Lat.	♀ Decl.	☿ Lat.	☿ Decl.	♇ Lat.	♇ Decl.	☊
	° ′	° ′	° ′	° ′	° ′	° ′	° ′	° ′
1	20 S 12	0 N 42	22 S 21	0 S 49	24 S 15	3 N 19	19 S 49	23 ♏ 36
4	19 37	0 34	22 42	1 7	24 26	3 18	19 49	23 26
7	19 0	0 27	22 58	1 22	24 26	3 18	19 48	23 16
10	18 20	0 19	23 7	1 36	24 13	3 18	19 48	23 7
13	17 39	0 11	23 10	1 48	23 47	3 17	19 48	22 57
16	16 57	0 4	23 6	1 57	23 8	3 17	19 48	22 48
19	16 12	0 S 4	22 56	2 3	22 15	3 17	19 48	22 38
22	15 27	0 12	22 40	2 5	21 9	3 17	19 47	22 29
25	14 39	0 19	22 17	2 4	19 49	3 16	19 47	22 19
28	13 51	0 26	21 48	1 58	18 15	3 16	19 47	22 10
31	13 1	0 33	21 14	1 48	16 28	3 16	19 47	22 0

Day	Sidereal Time			☉ Long.			☉ Decl.		☽ Long.		☽ Lat.		☽ Decl.	
	H	M	S	°	′	″	°	′	°	′	°	′	°	′
1	8	45	28	12 ♒	17	2	17 S	7	9 ♎	39	3 S	24	6 S	57
2	8	49	24	13	17	55	16	49	23	9	2	27	11	16
3	8	53	21	14	18	47	16	32	6 ♏	50	1	20	15	3
4	8	57	17	15	19	39	16	14	20	44	0	7	18	3
5	9	1	14	16	20	29	15	56	4 ♐	52	1 N	7	20	0
6	9	5	10	17	21	19	15	38	19	11	2	18	20	42
7	9	9	7	18	22	8	15	19	3 ♑	40	3	21	20	2
8	9	13	4	19	22	55	15	0	18	16	4	11	18	3
9	9	17	0	20	23	42	14	41	2 ♒	51	4	45	14	54
10	9	20	57	21	24	27	14	22	17	19	4	59	10	53
11	9	24	53	22	25	11	14	2	1 ♓	33	4	55	6	19
12	9	28	50	23	25	54	13	42	15	27	4	34	1	31
13	9	32	46	24	26	35	13	22	28	58	3	57	3 N	13
14	9	36	43	25	27	15	13	2	12 ♈	3	3	9	7	40
15	9	40	39	26	27	53	12	42	24	44	2	12	11	38
16	9	44	36	27	28	30	12	21	7 ♉	5	1	11	15	0
17	9	48	33	28	29	4	12	0	19	10	0	8	17	38
18	9	52	29	29	29	37	11	39	1 ♊	4	0 S	55	19	28
19	9	56	26	0 ♓	30	8	11	18	12	52	1	55	20	26
20	10	0	22	1	30	38	10	56	24	41	2	50	20	30
21	10	4	19	2	31	5	10	35	6 ♋	34	3	38	19	39
22	10	8	15	3	31	31	10	13	18	38	4	17	17	54
23	10	12	12	4	31	55	9	51	0 ♌	55	4	45	15	19
24	10	16	8	5	32	17	9	29	13	27	4	59	12	0
25	10	20	5	6	32	38	9	7	26	16	5	0	8	4
26	10	24	2	7	32	56	8	44	9 ♍	21	4	44	3	41
27	10	27	58	8	33	13	8	22	22	40	4	13	0 S	58
28	10	31	55	9	33	29	7	59	6 ♎	12	3	27	5	38

Day	♆ Lat.		♆ Decl.		♅ Lat.		♅ Decl.		♄ Lat.		♄ Decl.		♃ Lat.		♃ Decl.		♂ Lat.	
	°	′	°	′	°	′	°	′	°	′	°	′	°	′	°	′	°	′
1	0 S	37	11 S	18	0 S	41	1 N	36	2 N	27	12 S	52	0 S	35	20 N	47	1 S	2
4	0	37	11	16	0	41	1	39	2	28	12	53	0	34	20	48	1	1
7	0	37	11	13	0	41	1	42	2	29	12	54	0	34	20	50	1	0
10	0	37	11	11	0	41	1	45	2	29	12	54	0	33	20	51	0	59
13	0	37	11	9	0	41	1	49	2	30	12	54	0	32	20	53	0	58
16	0	37	11	6	0	41	1	52	2	31	12	54	0	32	20	55	0	57
19	0	37	11	4	0	41	1	56	2	32	12	53	0	31	20	58	0	55
22	0	37	11	1	0	41	1	59	2	32	12	52	0	30	21	0	0	54
25	0	37	10	59	0	41	2	3	2	33	12	51	0	30	21	3	0	53
28	0	37	10	56	0	41	2	6	2	34	12	50	0	29	21	6	0	51

FEBRUAR 2013

Day	♆ Long.	♅ Long.	♄ Long.	♃ Long.	♂ Long.	♀ Long.	☿ Long.	♇ Long.
	° ′	° ′	° ′	° ′	° ′	° ′	° ′	° ′
1	2 ♓ 5	5 ♈ 38	11 ♏ 15	6 ♊ 20	29 ♒ 9	28 ♑ 36	21 ♒ 56	10 ♑ 23
2	2 7	5 40	11 17	6 20	29 57	29 51	23 41	10 24
3	2 10	5 43	11 19	6 21	0 ♓ 44	1 ♒ 7	25 27	10 26
4	2 12	5 45	11 20	6 21	1 31	2 22	27 12	10 28
5	2 14	5 47	11 22	6 23	2 19	3 37	28 56	10 30
6	2 16	5 50	11 23	6 24	3 6	4 52	0 ♓ 39	10 32
7	2 18	5 52	11 24	6 25	3 54	6 7	2 22	10 33
8	2 21	5 55	11 25	6 27	4 41	7 22	4 2	10 35
9	2 23	5 58	11 26	6 29	5 28	8 38	5 41	10 37
10	2 25	6 0	11 27	6 31	6 16	9 53	7 18	10 39
11	2 27	6 3	11 28	6 33	7 3	11 8	8 51	10 40
12	2 30	6 6	11 29	6 35	7 50	12 23	10 21	10 42
13	2 32	6 8	11 30	6 38	8 38	13 38	11 47	10 44
14	2 34	6 11	11 30	6 41	9 25	14 53	13 8	10 45
15	2 36	6 14	11 31	6 44	10 12	16 8	14 23	10 47
16	2 39	6 17	11 31	6 47	11 0	17 23	15 33	10 48
17	2 41	6 20	11 31	6 50	11 47	18 38	16 35	10 50
18	2 43	6 23	11 31	6 54	12 34	19 54	17 30	10 52
19	2 46	6 25	11 31	6 58	13 21	21 9	18 17	10 53
20	2 48	6 28	11 R 31	7 2	14 9	22 24	18 55	10 55
21	2 50	6 31	11 31	7 6	14 56	23 39	19 24	10 56
22	2 52	6 34	11 31	7 10	15 43	24 54	19 43	10 57
23	2 55	6 37	11 31	7 15	16 30	26 9	19 52	10 59
24	2 57	6 40	11 30	7 19	17 17	27 24	19 R 51	11 0
25	2 59	6 43	11 29	7 24	18 4	28 39	19 40	11 2
26	3 1	6 47	11 29	7 29	18 52	29 54	19 20	11 3
27	3 4	6 50	11 28	7 34	19 39	1 ♓ 9	18 50	11 4
28	3 6	6 53	11 27	7 40	20 26	2 24	18 12	11 6

Day	♂ Decl.	♀ Lat.	♀ Decl.	☿ Lat.	☿ Decl.	♇ Lat.	♇ Decl.	☊
	° ′	° ′	° ′	° ′	° ′	° ′	° ′	° ′
1	12 S 44	0 S 35	21 S 1	1 S 43	15 S 49	3 N 16	19 S 47	21 ♏ 57
4	11 53	0 42	20 19	1 25	13 47	3 16	19 46	21 48
7	11 1	0 48	19 31	1 1	11 35	3 16	19 46	21 38
10	10 8	0 54	18 38	0 30	9 18	3 16	19 46	21 28
13	9 14	0 59	17 41	0 N 8	7 2	3 16	19 45	21 19
16	8 19	1 4	16 39	0 50	4 55	3 16	19 45	21 9
19	7 24	1 9	15 32	1 37	3 9	3 16	19 45	21 0
22	6 28	1 13	14 22	2 22	1 53	3 16	19 44	20 50
25	5 31	1 16	13 8	3 2	1 18	3 15	19 44	20 41
28	4 35	1 19	11 51	3 31	1 26	3 15	19 44	20 31

2013 MÄRZ

Day	Sidereal Time			☉ Long.			☉ Decl.		☽ Long.		☽ Lat.		☽ Decl.	
	H	M	S	°	′	″	°	′	°	′	°	′	°	′
1	10	35	51	10 ♓	33	43	7 S	36	19 ♎	53	2 S	29	10 S	4
2	10	39	48	11	33	55	7	13	3 ♏	42	1	21	14	1
3	10	43	44	12	34	6	6	50	17	38	0	8	17	13
4	10	47	41	13	34	15	6	27	1 ♐	38	1 N	6	19	24
5	10	51	37	14	34	22	6	4	15	43	2	17	20	24
6	10	55	34	15	34	28	5	41	29	51	3	20	20	7
7	10	59	31	16	34	32	5	18	14 ♑	2	4	10	18	33
8	11	3	27	17	34	35	4	54	28	12	4	45	15	52
9	11	7	24	18	34	36	4	31	12 ♒	19	5	2	12	16
10	11	11	20	19	34	36	4	8	26	20	5	1	8	1
11	11	15	17	20	34	33	3	44	10 ♓	9	4	43	3	24
12	11	19	13	21	34	29	3	20	23	43	4	9	1 N	19
13	11	23	10	22	34	22	2	57	6 ♈	58	3	22	5	51
14	11	27	6	23	34	14	2	33	19	54	2	25	10	1
15	11	31	3	24	34	4	2	9	2 ♉	31	1	22	13	38
16	11	35	0	25	33	51	1	46	14	50	0	17	16	34
17	11	38	56	26	33	37	1	22	26	55	0 S	48	18	42
18	11	42	53	27	33	20	0	58	8 ♊	50	1	50	19	58
19	11	46	49	28	33	1	0	35	20	40	2	47	20	20
20	11	50	46	29	32	39	0	11	2 ♋	30	3	37	19	48
21	11	54	42	0 ♈	32	16	0 N	13	14	25	4	18	18	23
22	11	58	39	1	31	50	0	37	26	30	4	48	16	8
23	12	2	35	2	31	22	1	0	8 ♌	50	5	5	13	8
24	12	6	32	3	30	51	1	24	21	28	5	8	9	28
25	12	10	29	4	30	19	1	47	4 ♍	27	4	56	5	17
26	12	14	25	5	29	44	2	11	17	46	4	27	0	44
27	12	18	22	6	29	7	2	35	1 ♎	24	3	43	3 S	58
28	12	22	18	7	28	29	2	58	15	20	2	45	8	34
29	12	26	15	8	27	48	3	21	29	28	1	35	12	46
30	12	30	11	9	27	5	3	45	13 ♏	44	0	19	16	16
31	12	34	8	10	26	21	4	8	28	4	0 N	59	18	46

Day	♆ Lat.		♆ Decl.		♅ Lat.		♅ Decl.		♄ Lat.		♄ Decl.		♃ Lat.		♃ Decl.		♂ Lat.	
	°	′	°	′	°	′	°	′	°	′	°	′	°	′	°	′	°	′
1	0 S	37	10 S	56	0 S	41	2 N	8	2 N	34	12 S	49	0 S	29	21 N	7	0 S	51
4	0	37	10	53	0	41	2	12	2	35	12	47	0	28	21	11	0	49
7	0	37	10	51	0	41	2	15	2	35	12	45	0	28	21	14	0	48
10	0	37	10	48	0	41	2	19	2	36	12	43	0	27	21	18	0	46
13	0	37	10	46	0	40	2	23	2	37	12	41	0	27	21	22	0	45
16	0	37	10	44	0	40	2	27	2	37	12	38	0	26	21	26	0	43
19	0	37	10	41	0	40	2	31	2	38	12	35	0	26	21	30	0	42
22	0	37	10	39	0	40	2	35	2	38	12	32	0	25	21	35	0	40
25	0	37	10	37	0	40	2	39	2	39	12	29	0	25	21	39	0	38
28	0	37	10	35	0	40	2	44	2	39	12	25	0	24	21	43	0	37
31	0	37	10	33	0	40	2	48	2	40	12	21	0	24	21	48	0	35

MÄRZ 2013

Day	♆ Long.	♅ Long.	♄ Long.	♃ Long.	♂ Long.	♀ Long.	☿ Long.	♇ Long.
	° ′	° ′	° ′	° ′	° ′	° ′	° ′	° ′
1	3 ♓ 8	6 ♈ 56	11 ♏ 26	7 ♊ 45	21 ♓ 13	3 ♓ 39	17 ♓ 27	11 ♑ 7
2	3 11	6 59	11 R 25	7 51	22 0	4 54	16 R 36	11 8
3	3 13	7 2	11 24	7 57	22 47	6 9	15 40	11 9
4	3 15	7 5	11 22	8 3	23 33	7 23	14 40	11 11
5	3 17	7 9	11 21	8 9	24 20	8 38	13 39	11 12
6	3 20	7 12	11 19	8 16	25 7	9 53	12 37	11 13
7	3 22	7 15	11 18	8 22	25 54	11 8	11 36	11 14
8	3 24	7 18	11 16	8 29	26 41	12 23	10 38	11 15
9	3 26	7 22	11 14	8 36	27 28	13 38	9 42	11 16
10	3 29	7 25	11 12	8 43	28 14	14 53	8 51	11 17
11	3 31	7 28	11 11	8 50	29 1	16 8	8 6	11 18
12	3 33	7 32	11 8	8 57	29 48	17 23	7 26	11 19
13	3 35	7 35	11 6	9 4	0 ♈ 35	18 37	6 52	11 20
14	3 37	7 38	11 4	9 12	1 21	19 52	6 24	11 21
15	3 39	7 42	11 2	9 20	2 8	21 7	6 3	11 22
16	3 42	7 45	10 59	9 28	2 54	22 22	5 49	11 23
17	3 44	7 48	10 57	9 36	3 41	23 36	5 40	11 24
18	3 46	7 52	10 54	9 44	4 27	24 51	5 38	11 25
19	3 48	7 55	10 51	9 52	5 14	26 6	5 D 42	11 25
20	3 50	7 59	10 49	10 0	6 0	27 21	5 52	11 26
21	3 52	8 2	10 46	10 9	6 47	28 35	6 7	11 27
22	3 54	8 5	10 43	10 18	7 33	29 50	6 28	11 28
23	3 56	8 9	10 40	10 26	8 19	1 ♈ 5	6 53	11 28
24	3 58	8 12	10 37	10 35	9 6	2 19	7 23	11 29
25	4 0	8 16	10 34	10 44	9 52	3 34	7 57	11 29
26	4 2	8 19	10 30	10 54	10 38	4 49	8 35	11 30
27	4 4	8 22	10 27	11 3	11 24	6 3	9 17	11 31
28	4 6	8 26	10 24	11 12	12 10	7 18	10 3	11 31
29	4 8	8 29	10 20	11 22	12 56	8 32	10 52	11 32
30	4 10	8 33	10 17	11 31	13 42	9 47	11 45	11 32
31	4 12	8 36	10 13	11 41	14 28	11 1	12 40	11 32

Day	♂ Decl.	♀ Lat.	♀ Decl.	☿ Lat.	☿ Decl.	♇ Lat.	♇ Decl.	☊
	° ′	° ′	° ′	° ′	° ′	° ′	° ′	° ′
1	4 S 16	1 S 20	11 S 25	3 N 36	1 S 38	3 N 15	19 S 44	20 ♏ 28
4	3 19	1 23	10 4	3 41	2 38	3 15	19 43	20 19
7	2 22	1 24	8 41	3 27	4 1	3 16	19 43	20 9
10	1 25	1 26	7 16	2 58	5 30	3 16	19 43	19 59
13	0 27	1 26	5 49	2 18	6 51	3 16	19 42	19 50
16	0 N 30	1 26	4 21	1 34	7 55	3 16	19 42	19 40
19	1 26	1 26	2 52	0 51	8 38	3 16	19 42	19 31
22	2 23	1 24	1 21	0 9	9 0	3 16	19 42	19 21
25	3 19	1 23	0 N 9	0 S 28	9 1	3 16	19 41	19 12
28	4 15	1 20	1 40	1 1	8 44	3 16	19 41	19 2
31	5 10	1 18	3 10	1 28	8 10	3 16	19 41	18 53

2013 APRIL

Day	Sidereal Time	☉ Long.	☉ Decl.	☽ Long.	☽ Lat.	☽ Decl.
	H M S	° ′ ″	° ′	° ′	° ′	° ′
1	12 38 4	11♈25 35	4 N 31	12♐24	2 N 13	20 S 5
2	12 42 1	12 24 46	4 54	26 40	3 19	20 5
3	12 45 58	13 23 56	5 17	10♑52	4 12	18 49
4	12 49 54	14 23 5	5 40	24 56	4 49	16 24
5	12 53 51	15 22 11	6 3	8♒51	5 9	13 4
6	12 57 47	16 21 16	6 26	22 36	5 11	9 4
7	13 1 44	17 20 19	6 49	6♓11	4 56	4 40
8	13 5 40	18 19 20	7 11	19 33	4 27	0 5
9	13 9 37	19 18 19	7 33	2♈41	3 39	4 N 25
10	13 13 33	20 17 16	7 56	15 35	2 44	8 39
11	13 17 30	21 16 11	8 18	28 14	1 41	12 25
12	13 21 27	22 15 5	8 40	10♉39	0 34	15 34
13	13 25 23	23 13 56	9 2	22 51	0 S 33	17 57
14	13 29 20	24 12 45	9 23	4♊52	1 37	19 31
15	13 33 16	25 11 32	9 45	16 46	2 37	20 10
16	13 37 13	26 10 16	10 6	28 36	3 30	19 56
17	13 41 9	27 8 59	10 27	10♋26	4 14	18 48
18	13 45 6	28 7 39	10 48	22 21	4 48	16 51
19	13 49 2	29 6 17	11 9	4♌26	5 9	14 9
20	13 52 59	0♉4 53	11 30	16 45	5 16	10 47
21	13 56 56	1 3 27	11 50	29 23	5 9	6 52
22	14 0 52	2 1 59	12 11	12♍22	4 46	2 31
23	14 4 49	3 0 28	12 31	25 46	4 6	2 S 5
24	14 8 45	3 58 56	12 51	9♎34	3 12	6 44
25	14 12 42	4 57 22	13 10	23 44	2 4	11 8
26	14 16 38	5 55 45	13 30	8♏12	0 47	14 59
27	14 20 35	6 54 7	13 49	22 53	0 N 34	17 57
28	14 24 31	7 52 28	14 8	7♐40	1 53	19 43
29	14 28 28	8 50 46	14 27	22 26	3 5	20 8
30	14 32 25	9 49 3	14 45	7♑4	4 4	19 11

Day	♆ Lat.	♆ Decl.	♅ Lat.	♅ Decl.	♄ Lat.	♄ Decl.	♃ Lat.	♃ Decl.	♂ Lat.
	° ′	° ′	° ′	° ′	° ′	° ′	° ′	° ′	° ′
1	0 S 37	10 S 32	0 S 40	2 N 49	2 N 40	12 S 20	0 S 23	21 N 49	0 S 34
4	0 37	10 30	0 40	2 53	2 40	12 16	0 23	21 54	0 32
7	0 37	10 28	0 40	2 57	2 40	12 12	0 22	21 58	0 31
10	0 38	10 26	0 40	3 1	2 41	12 8	0 22	22 3	0 29
13	0 38	10 25	0 40	3 5	2 41	12 4	0 22	22 7	0 27
16	0 38	10 23	0 40	3 9	2 41	12 0	0 21	22 11	0 25
19	0 38	10 21	0 40	3 13	2 41	11 55	0 21	22 16	0 23
22	0 38	10 20	0 40	3 17	2 41	11 51	0 20	22 20	0 21
25	0 38	10 18	0 40	3 20	2 41	11 47	0 20	22 24	0 19
28	0 38	10 17	0 40	3 24	2 41	11 42	0 19	22 28	0 18

APRIL 2013

Day	♆ Long.	♅ Long.	♄ Long.	♃ Long.	♂ Long.	♀ Long.	☿ Long.	♇ Long.
	° ′	° ′	° ′	° ′	° ′	° ′	° ′	° ′
1	4 ♓ 14	8 ♈ 40	10 ♏ 9	11 ♊ 51	15 ♈ 14	12 ♈ 16	13 ♓ 39	11 ♑ 33
2	4 16	8 43	10 R 6	12 1	16 0	13 30	14 40	11 33
3	4 18	8 46	10 2	12 11	16 46	14 45	15 44	11 34
4	4 20	8 50	9 58	12 21	17 32	15 59	16 50	11 34
5	4 22	8 53	9 54	12 32	18 17	17 14	17 59	11 34
6	4 24	8 57	9 50	12 42	19 3	18 28	19 10	11 34
7	4 25	9 0	9 46	12 52	19 49	19 43	20 23	11 34
8	4 27	9 4	9 42	13 3	20 34	20 57	21 38	11 35
9	4 29	9 7	9 38	13 14	21 20	22 11	22 56	11 35
10	4 31	9 10	9 34	13 24	22 6	23 26	24 15	11 35
11	4 32	9 14	9 30	13 35	22 51	24 40	25 36	11 35
12	4 34	9 17	9 25	13 46	23 37	25 54	26 59	11 35
13	4 36	9 20	9 21	13 57	24 22	27 9	28 24	11 35
14	4 37	9 24	9 17	14 8	25 7	28 23	29 51	11 R 35
15	4 39	9 27	9 13	14 20	25 53	29 37	1 ♈ 19	11 35
16	4 41	9 30	9 8	14 31	26 38	0 ♉ 52	2 49	11 35
17	4 42	9 34	9 4	14 42	27 23	2 6	4 21	11 35
18	4 44	9 37	8 59	14 54	28 8	3 20	5 55	11 35
19	4 45	9 40	8 55	15 5	28 53	4 34	7 30	11 34
20	4 47	9 44	8 51	15 17	29 38	5 48	9 7	11 34
21	4 48	9 47	8 46	15 29	0 ♉ 23	7 2	10 45	11 34
22	4 50	9 50	8 42	15 40	1 8	8 17	12 26	11 34
23	4 51	9 53	8 37	15 52	1 53	9 31	14 8	11 33
24	4 52	9 57	8 32	16 4	2 38	10 45	15 51	11 33
25	4 54	10 0	8 28	16 16	3 23	11 59	17 37	11 33
26	4 55	10 3	8 23	16 28	4 8	13 13	19 24	11 32
27	4 56	10 6	8 19	16 40	4 52	14 27	21 12	11 32
28	4 58	10 9	8 14	16 53	5 37	15 41	23 3	11 31
29	4 59	10 12	8 10	17 5	6 22	16 55	24 55	11 31
30	5 0	10 15	8 5	17 17	7 6	18 9	26 49	11 30

Day	♂ Decl.	♀ Lat.	♀ Decl.	☿ Lat.	☿ Decl.	♇ Lat.	♇ Decl.	☊
	° ′	° ′	° ′	° ′	° ′	° ′	° ′	° ′
1	5 N 28	1 S 17	3 N 40	1 S 37	7 S 55	3 N 16	19 S 41	18 ♏ 50
4	6 23	1 13	5 10	1 58	7 1	3 16	19 41	18 40
7	7 17	1 9	6 39	2 15	5 52	3 16	19 41	18 31
10	8 9	1 5	8 6	2 27	4 32	3 16	19 41	18 21
13	9 2	1 N 0	9 32	2 34	2 59	3 16	19 40	18 11
16	9 53	0 S 54	10 55	2 36	1 16	3 17	19 40	18 2
19	10 43	0 49	12 17	2 34	0 N 37	3 17	19 40	17 52
22	11 32	0 43	13 35	2 27	2 40	3 17	19 40	17 43
25	12 20	0 36	14 51	2 15	4 50	3 17	19 40	17 33
28	13 7	0 30	16 4	1 59	7 7	3 17	19 40	17 24

Day	Sidereal Time	☉ Long.	☉ Decl.	☽ Long.	☽ Lat.	☽ Decl.
	H M S	° ′ ″	° ′	° ′	° ′	° ′
1	14 36 21	10 ♉ 47 19	15 N 4	21 ♑ 30	4 N 47	17 S 0
2	14 40 18	11 45 32	15 22	5 ♒ 40	5 12	13 49
3	14 44 14	12 43 45	15 39	19 32	5 17	9 56
4	14 48 11	13 41 56	15 57	3 ♓ 7	5 5	5 37
5	14 52 7	14 40 5	16 14	16 24	4 36	1 7
6	14 56 4	15 38 13	16 31	29 25	3 54	3 N 21
7	15 0 0	16 36 20	16 48	12 ♈ 12	3 1	7 36
8	15 3 57	17 34 25	17 4	24 45	2 0	11 27
9	15 7 54	18 32 28	17 21	7 ♉ 6	0 54	14 44
10	15 11 50	19 30 30	17 36	19 16	0 S 13	17 20
11	15 15 47	20 28 31	17 52	1 ♊ 19	1 19	19 8
12	15 19 43	21 26 30	18 7	13 14	2 21	20 3
13	15 23 40	22 24 27	18 22	25 5	3 17	20 4
14	15 27 36	23 22 22	18 37	6 ♋ 55	4 4	19 12
15	15 31 33	24 20 16	18 51	18 45	4 40	17 30
16	15 35 29	25 18 8	19 5	0 ♌ 40	5 5	15 3
17	15 39 26	26 15 59	19 19	12 45	5 16	11 55
18	15 43 23	27 13 47	19 32	25 2	5 14	8 15
19	15 47 19	28 11 34	19 45	7 ♍ 36	4 56	4 8
20	15 51 16	29 9 20	19 58	20 31	4 24	0 S 17
21	15 55 12	0 ♊ 7 3	20 10	3 ♎ 51	3 36	4 50
22	15 59 9	1 4 46	20 22	17 37	2 35	9 18
23	16 3 5	2 2 26	20 34	1 ♏ 50	1 22	13 23
24	16 7 2	3 0 6	20 45	16 26	0 2	16 47
25	16 10 58	3 57 44	20 56	1 ♐ 21	1 N 20	19 8
26	16 14 55	4 55 20	21 7	16 27	2 37	20 9
27	16 18 52	5 52 56	21 17	1 ♑ 34	3 43	19 43
28	16 22 48	6 50 30	21 27	16 34	4 33	17 54
29	16 26 45	7 48 4	21 36	1 ♒ 19	5 4	14 55
30	16 30 41	8 45 37	21 46	15 43	5 15	11 6
31	16 34 38	9 43 8	21 54	29 42	5 7	6 47

Day	♆ Lat.	♆ Decl.	♅ Lat.	♅ Decl.	♄ Lat.	♄ Decl.	♃ Lat.	♃ Decl.	♂ Lat.
	° ′	° ′	° ′	° ′	° ′	° ′	° ′	° ′	° ′
1	0 S 38	10 S 16	0 S 40	3 N 28	2 N 41	11 S 38	0 S 19	22 N 32	0 S 16
4	0 38	10 14	0 40	3 31	2 41	11 34	0 19	22 36	0 14
7	0 38	10 13	0 41	3 35	2 41	11 30	0 18	22 39	0 12
10	0 38	10 12	0 41	3 38	2 41	11 26	0 18	22 43	0 10
13	0 38	10 11	0 41	3 41	2 40	11 22	0 18	22 46	0 8
16	0 39	10 11	0 41	3 44	2 40	11 18	0 17	22 49	0 6
19	0 39	10 10	0 41	3 47	2 40	11 14	0 17	22 52	0 4
22	0 39	10 10	0 41	3 50	2 39	11 11	0 17	22 55	0 2
25	0 39	10 9	0 41	3 53	2 39	11 7	0 16	22 58	0 N 0
28	0 39	10 9	0 41	3 56	2 38	11 4	0 16	23 0	0 2
31	0 39	10 9	0 41	3 58	2 38	11 1	0 16	23 3	0 4

MAI 2013

Day	♆ Long.	♅ Long.	♄ Long.	♃ Long.	♂ Long.	♀ Long.	☿ Long.	♇ Long.
	° ′	° ′	° ′	° ′	° ′	° ′	° ′	° ′
1	5 ♓ 1	10 ♈ 18	8 ♏ 1	17 ♊ 30	7 ♉ 51	19 ♉ 23	28 ♈ 45	11 ♑ 30
2	5 3	10 21	7 R 56	17 42	8 35	20 37	0 ♉ 42	11 R 29
3	5 4	10 25	7 52	17 54	9 20	21 51	2 41	11 29
4	5 5	10 28	7 47	18 7	10 4	23 5	4 41	11 28
5	5 6	10 31	7 42	18 20	10 48	24 19	6 44	11 27
6	5 7	10 33	7 38	18 32	11 32	25 32	8 47	11 27
7	5 8	10 36	7 34	18 45	12 17	26 46	10 52	11 26
8	5 9	10 39	7 29	18 58	13 1	28 0	12 59	11 25
9	5 10	10 42	7 25	19 11	13 45	29 14	15 7	11 24
10	5 11	10 45	7 20	19 23	14 29	0 ♊ 28	17 16	11 24
11	5 12	10 48	7 16	19 36	15 13	1 42	19 25	11 23
12	5 13	10 51	7 11	19 49	15 57	2 55	21 36	11 22
13	5 13	10 53	7 7	20 2	16 41	4 9	23 46	11 21
14	5 14	10 56	7 3	20 15	17 25	5 23	25 57	11 20
15	5 15	10 59	6 59	20 28	18 8	6 37	28 8	11 19
16	5 16	11 2	6 54	20 42	18 52	7 50	0 ♊ 19	11 18
17	5 16	11 4	6 50	20 55	19 36	9 4	2 29	11 17
18	5 17	11 7	6 46	21 8	20 19	10 18	4 38	11 16
19	5 18	11 9	6 42	21 21	21 3	11 31	6 45	11 15
20	5 18	11 12	6 38	21 34	21 46	12 45	8 52	11 14
21	5 19	11 15	6 34	21 48	22 30	13 58	10 56	11 13
22	5 19	11 17	6 30	22 1	23 13	15 12	12 59	11 12
23	5 20	11 20	6 26	22 14	23 57	16 26	14 59	11 11
24	5 20	11 22	6 22	22 28	24 40	17 39	16 57	11 10
25	5 21	11 24	6 18	22 41	25 23	18 53	18 53	11 9
26	5 21	11 27	6 15	22 55	26 6	20 6	20 47	11 8
27	5 22	11 29	6 11	23 8	26 50	21 20	22 37	11 6
28	5 22	11 31	6 8	23 22	27 33	22 33	24 25	11 5
29	5 22	11 34	6 4	23 35	28 16	23 47	26 10	11 4
30	5 23	11 36	6 0	23 49	28 59	25 0	27 52	11 3
31	5 23	11 38	5 57	24 2	29 42	26 13	29 32	11 1

Day	♂ Decl.	♀ Lat.	♀ Decl.	☿ Lat.	☿ Decl.	♇ Lat.	♇ Decl.	☊
	° ′	° ′	° ′	° ′	° ′	° ′	° ′	° ′
1	13 N 53	0 S 23	17 N 12	1 S 38	9 N 30	3 N 17	19 S 40	17 ♏ 14
4	14 37	0 16	18 17	1 13	11 56	3 17	19 40	17 5
7	15 20	0 9	19 18	0 45	14 22	3 17	19 40	16 55
10	16 1	0 1	20 13	0 15	16 45	3 17	19 41	16 46
13	16 42	0 N 6	21 4	0 N 17	18 59	3 17	19 41	16 36
16	17 20	0 13	21 50	0 47	20 59	3 17	19 41	16 27
19	17 57	0 21	22 30	1 16	22 41	3 17	19 41	16 17
22	18 33	0 28	23 5	1 39	24 0	3 17	19 41	16 8
25	19 6	0 35	23 33	1 57	24 55	3 17	19 42	15 58
28	19 38	0 42	23 56	2 8	25 27	3 17	19 42	15 48
31	20 9	0 49	24 12	2 11	25 37	3 17	19 42	15 39

2013 JUNI

Day	Sidereal Time	☉ Long.	☉ Decl.	☽ Long.	☽ Lat.	☽ Decl.
	H M S	° ′ ″	° ′	° ′	° ′	° ′
1	16 38 34	10 Ⅱ 40 39	22 N 3	13 ♓ 16	4 N 42	2 S 14
2	16 42 31	11 38 9	22 11	26 27	4 2	2 N 18
3	16 46 27	12 35 39	22 18	9 ♈ 17	3 12	6 37
4	16 50 24	13 33 7	22 25	21 49	2 13	10 33
5	16 54 20	14 30 35	22 32	4 ♉ 7	1 9	13 58
6	16 58 17	15 28 2	22 39	16 15	0 3	16 45
7	17 2 14	16 25 29	22 45	28 14	1 S 3	18 45
8	17 6 10	17 22 55	22 50	10 Ⅱ 8	2 5	19 55
9	17 10 7	18 20 19	22 55	21 59	3 1	20 11
10	17 14 3	19 17 43	23 0	3 ♋ 48	3 49	19 34
11	17 18 0	20 15 6	23 5	15 38	4 28	18 5
12	17 21 56	21 12 29	23 9	27 31	4 55	15 50
13	17 25 53	22 9 50	23 12	9 ♌ 29	5 9	12 55
14	17 29 49	23 7 10	23 15	21 35	5 10	9 25
15	17 33 46	24 4 30	23 18	3 ♍ 53	4 56	5 29
16	17 37 43	25 1 48	23 21	16 25	4 29	1 14
17	17 41 39	25 59 6	23 22	29 16	3 47	3 S 11
18	17 45 36	26 56 23	23 24	12 ♎ 29	2 52	7 35
19	17 49 32	27 53 39	23 25	26 8	1 46	11 44
20	17 53 29	28 50 54	23 26	10 ♏ 13	0 32	15 23
21	17 57 25	29 48 9	23 26	24 44	0 N 47	18 12
22	18 1 22	0 ♋ 45 23	23 26	9 ♐ 38	2 4	19 51
23	18 5 18	1 42 37	23 25	24 48	3 14	20 6
24	18 9 15	2 39 50	23 25	10 ♑ 5	4 10	18 54
25	18 13 12	3 37 2	23 23	25 18	4 48	16 21
26	18 17 8	4 34 15	23 21	10 ♒ 17	5 6	12 45
27	18 21 5	5 31 28	23 19	24 54	5 4	8 27
28	18 25 1	6 28 40	23 17	9 ♓ 3	4 42	3 49
29	18 28 58	7 25 52	23 14	22 43	4 5	0 N 52
30	18 32 54	8 23 5	23 10	5 ♈ 55	3 16	5 21

Day	♆ Lat.	♆ Decl.	♅ Lat.	♅ Decl.	♄ Lat.	♄ Decl.	♃ Lat.	♃ Decl.	♂ Lat.
	° ′	° ′	° ′	° ′	° ′	° ′	° ′	° ′	° ′
1	0 S 39	10 S 8	0 S 41	3 N 59	2 N 38	11 S 0	0 S 15	23 N 3	0 N 4
4	0 39	10 8	0 41	4 1	2 37	10 58	0 15	23 5	0 6
7	0 39	10 8	0 41	4 4	2 36	10 55	0 15	23 7	0 8
10	0 39	10 9	0 41	4 6	2 36	10 53	0 15	23 9	0 10
13	0 39	10 9	0 41	4 8	2 35	10 51	0 14	23 10	0 12
16	0 39	10 9	0 41	4 9	2 34	10 50	0 14	23 11	0 14
19	0 40	10 10	0 42	4 11	2 34	10 49	0 14	23 12	0 16
22	0 40	10 10	0 42	4 12	2 33	10 48	0 13	23 13	0 18
25	0 40	10 11	0 42	4 14	2 32	10 47	0 13	23 13	0 20
28	0 40	10 11	0 42	4 15	2 31	10 47	0 13	23 13	0 21

JUNI 2013

Day	♆ Long.	♅ Long.	♄ Long.	♃ Long.	♂ Long.	♀ Long.	☿ Long.	♇ Long.
	° ′	° ′	° ′	° ′	° ′	° ′	° ′	° ′
1	5 ♓ 23	11 ♈ 40	5 ♏ 54	24 ♊ 16	0 ♊ 24	27 ♊ 27	1 ♋ 8	11 ♑ 0
2	5 23	11 42	5 R 50	24 30	1 7	28 40	2 42	10 R 59
3	5 23	11 44	5 47	24 43	1 50	29 54	4 12	10 58
4	5 24	11 46	5 44	24 57	2 33	1 ♋ 7	5 40	10 56
5	5 24	11 48	5 41	25 11	3 15	2 20	7 4	10 55
6	5 24	11 50	5 38	25 24	3 58	3 34	8 26	10 54
7	5 24	11 52	5 35	25 38	4 41	4 47	9 44	10 52
8	5 R 24	11 54	5 32	25 52	5 23	6 0	10 59	10 51
9	5 24	11 56	5 30	26 5	6 6	7 13	12 11	10 49
10	5 24	11 58	5 27	26 19	6 48	8 27	13 20	10 48
11	5 24	11 59	5 24	26 33	7 30	9 40	14 25	10 47
12	5 23	12 1	5 22	26 47	8 13	10 53	15 27	10 45
13	5 23	12 3	5 20	27 0	8 55	12 6	16 26	10 44
14	5 23	12 4	5 17	27 14	9 37	13 19	17 21	10 42
15	5 23	12 6	5 15	27 28	10 19	14 33	18 12	10 41
16	5 23	12 7	5 13	27 42	11 1	15 46	19 0	10 39
17	5 22	12 9	5 11	27 55	11 43	16 59	19 43	10 38
18	5 22	12 10	5 9	28 9	12 25	18 12	20 23	10 36
19	5 22	12 12	5 7	28 23	13 7	19 25	20 59	10 35
20	5 21	12 13	5 5	28 37	13 49	20 38	21 30	10 33
21	5 21	12 14	5 3	28 51	14 31	21 51	21 58	10 32
22	5 20	12 15	5 2	29 4	15 13	23 4	22 20	10 30
23	5 20	12 17	5 0	29 18	15 54	24 17	22 39	10 29
24	5 19	12 18	4 59	29 32	16 36	25 30	22 53	10 27
25	5 19	12 19	4 58	29 46	17 18	26 43	23 2	10 26
26	5 18	12 20	4 56	29 59	17 59	27 56	23 7	10 24
27	5 18	12 21	4 55	0 ♋ 13	18 41	29 8	23 7	10 22
28	5 17	12 22	4 54	0 27	19 22	0 ♌ 21	23 R 3	10 21
29	5 16	12 23	4 53	0 41	20 3	1 34	22 54	10 19
30	5 16	12 24	4 52	0 54	20 45	2 47	22 41	10 18

Day	♂ Decl.	♀ Lat.	♀ Decl.	☿ Lat.	☿ Decl.	♇ Lat.	♇ Decl.	☊
	° ′	° ′	° ′	° ′	° ′	° ′	° ′	° ′
1	20 N 18	0 N 51	24 N 16	2 N 11	25 N 37	3 N 17	19 S 43	15 ♏ 36
4	20 46	0 58	24 23	2 5	25 24	3 17	19 43	15 26
7	21 12	1 4	24 25	1 52	24 57	3 17	19 43	15 17
10	21 37	1 9	24 19	1 33	24 18	3 17	19 44	15 7
13	21 59	1 15	24 8	1 6	23 31	3 17	19 44	14 58
16	22 19	1 20	23 50	0 34	22 39	3 17	19 45	14 48
19	22 38	1 24	23 25	0 S 4	21 44	3 17	19 45	14 39
22	22 55	1 28	22 55	0 47	20 49	3 16	19 46	14 29
25	23 9	1 31	22 18	1 34	19 56	3 16	19 46	14 20
28	23 22	1 34	21 37	2 22	19 8	3 16	19 47	14 10

2013 JULI

Day	Sidereal Time H M S	☉ Long. ° ′ ″	☉ Decl. ° ′	☽ Long. ° ′	☽ Lat. ° ′	☽ Decl. ° ′
1	18 36 51	9 ♋ 20 17	23 N 6	18 ♈ 43	2 N 19	9 N 28
2	18 40 47	10 17 30	23 2	1 ♉ 10	1 16	13 4
3	18 44 44	11 14 43	22 58	13 21	0 11	16 2
4	18 48 41	12 11 56	22 53	25 21	0 S 53	18 15
5	18 52 37	13 9 9	22 47	7 ♊ 14	1 54	19 39
6	18 56 34	14 6 23	22 41	19 3	2 50	20 10
7	19 0 30	15 3 36	22 35	0 ♋ 52	3 38	19 48
8	19 4 27	16 0 50	22 29	12 42	4 17	18 34
9	19 8 23	16 58 4	22 22	24 36	4 45	16 32
10	19 12 20	17 55 17	22 14	6 ♌ 35	5 0	13 47
11	19 16 16	18 52 31	22 6	18 41	5 2	10 26
12	19 20 13	19 49 45	21 58	0 ♍ 54	4 51	6 37
13	19 24 10	20 46 59	21 50	13 18	4 25	2 29
14	19 28 6	21 44 13	21 41	25 54	3 47	1 S 50
15	19 32 3	22 41 28	21 32	8 ♎ 45	2 56	6 10
16	19 35 59	23 38 42	21 22	21 55	1 55	10 19
17	19 39 56	24 35 56	21 12	5 ♏ 26	0 46	14 3
18	19 43 52	25 33 10	21 2	19 21	0 N 28	17 7
19	19 47 49	26 30 25	20 51	3 ♐ 40	1 42	19 13
20	19 51 45	27 27 40	20 40	18 21	2 51	20 5
21	19 55 42	28 24 55	20 29	3 ♑ 21	3 50	19 34
22	19 59 39	29 22 10	20 17	18 31	4 33	17 39
23	20 3 35	0 ♌ 19 26	20 5	3 ♒ 42	4 57	14 31
24	20 7 32	1 16 43	19 52	18 42	5 0	10 27
25	20 11 28	2 14 0	19 40	3 ♓ 23	4 43	5 51
26	20 15 25	3 11 18	19 26	17 38	4 9	1 4
27	20 19 21	4 8 37	19 13	1 ♈ 24	3 21	3 N 38
28	20 23 18	5 5 57	18 59	14 41	2 24	8 0
29	20 27 14	6 3 17	18 45	27 31	1 21	11 51
30	20 31 11	7 0 39	18 31	9 ♉ 58	0 16	15 3
31	20 35 8	7 58 2	18 16	22 9	0 S 49	17 27

Day	♆ Lat. ° ′	♆ Decl. ° ′	♅ Lat. ° ′	♅ Decl. ° ′	♄ Lat. ° ′	♄ Decl. ° ′	♃ Lat. ° ′	♃ Decl. ° ′	♂ Lat. ° ′
1	0 S 40	10 S 12	0 S 42	4 N 16	2 N 31	10 S 46	0 S 13	23 N 13	0 N 23
4	0 40	10 13	0 42	4 16	2 30	10 47	0 12	23 13	0 25
7	0 40	10 14	0 42	4 17	2 29	10 47	0 12	23 13	0 27
10	0 40	10 15	0 42	4 17	2 28	10 48	0 12	23 12	0 29
13	0 40	10 17	0 42	4 18	2 27	10 49	0 12	23 11	0 31
16	0 40	10 18	0 42	4 18	2 27	10 50	0 11	23 10	0 33
19	0 40	10 19	0 42	4 18	2 26	10 52	0 11	23 9	0 34
22	0 41	10 21	0 43	4 18	2 25	10 54	0 11	23 8	0 36
25	0 41	10 22	0 43	4 17	2 24	10 56	0 10	23 6	0 38
28	0 41	10 24	0 43	4 17	2 23	10 59	0 10	23 5	0 40
31	0 41	10 25	0 43	4 16	2 23	11 2	0 10	23 3	0 41

JULI 2013

Day	♆ Long.	♅ Long.	♄ Long.	♃ Long.	♂ Long.	♀ Long.	☿ Long.	♇ Long.
	° ′	° ′	° ′	° ′	° ′	° ′	° ′	° ′
1	5 ♓ 15	12 ♈ 25	4 ♏ 52	1 ♋ 8	21 ♊ 26	4 ♌ 0	22 ♋ 24	10 ♑ 16
2	5 R 14	12 25	4 R 51	1 22	22 7	5 13	22 R 2	10 R 15
3	5 13	12 26	4 50	1 35	22 49	6 25	21 37	10 13
4	5 13	12 27	4 50	1 49	23 30	7 38	21 9	10 12
5	5 12	12 28	4 50	2 2	24 11	8 51	20 38	10 10
6	5 11	12 28	4 49	2 16	24 52	10 3	20 4	10 8
7	5 10	12 29	4 49	2 30	25 33	11 16	19 28	10 7
8	5 9	12 29	4 49	2 43	26 14	12 29	18 51	10 5
9	5 8	12 30	4 D 49	2 57	26 55	13 41	18 13	10 4
10	5 7	12 30	4 49	3 10	27 36	14 54	17 35	10 2
11	5 6	12 30	4 49	3 24	28 16	16 6	16 58	10 1
12	5 5	12 31	4 50	3 37	28 57	17 19	16 21	9 59
13	5 4	12 31	4 50	3 51	29 38	18 31	15 47	9 58
14	5 3	12 31	4 51	4 4	0 ♋ 18	19 44	15 15	9 56
15	5 2	12 31	4 51	4 17	0 59	20 56	14 46	9 55
16	5 1	12 31	4 52	4 31	1 40	22 9	14 21	9 53
17	5 0	12 31	4 53	4 44	2 20	23 21	14 0	9 52
18	4 59	12 31	4 54	4 57	3 1	24 33	13 43	9 50
19	4 57	12 R 31	4 55	5 11	3 41	25 45	13 31	9 49
20	4 56	12 31	4 56	5 24	4 21	26 58	13 24	9 47
21	4 55	12 31	4 57	5 37	5 2	28 10	13 23	9 46
22	4 54	12 31	4 58	5 50	5 42	29 22	13 D 27	9 44
23	4 53	12 31	5 0	6 3	6 22	0 ♍ 34	13 37	9 43
24	4 51	12 31	5 1	6 16	7 2	1 46	13 52	9 42
25	4 50	12 30	5 3	6 29	7 42	2 58	14 14	9 40
26	4 49	12 30	5 5	6 42	8 22	4 10	14 41	9 39
27	4 47	12 29	5 6	6 55	9 2	5 22	15 14	9 37
28	4 46	12 29	5 8	7 8	9 42	6 34	15 54	9 36
29	4 45	12 28	5 10	7 21	10 22	7 46	16 39	9 35
30	4 43	12 28	5 12	7 34	11 2	8 58	17 30	9 33
31	4 42	12 27	5 14	7 46	11 42	10 10	18 26	9 32

Day	♂ Decl.	♀ Lat.	♀ Decl.	☿ Lat.	☿ Decl.	♇ Lat.	♇ Decl.	☊
	° ′	° ′	° ′	° ′	° ′	° ′	° ′	° ′
1	23 N 33	1 N 37	20 N 49	3 S 9	18 N 28	3 N 16	19 S 47	14 ♏ 0
4	23 42	1 38	19 56	3 51	17 58	3 16	19 48	13 51
7	23 49	1 39	18 59	4 25	17 39	3 15	19 49	13 41
10	23 54	1 39	17 57	4 47	17 32	3 15	19 49	13 32
13	23 57	1 39	16 51	4 54	17 38	3 15	19 50	13 22
16	23 58	1 38	15 40	4 47	17 54	3 14	19 51	13 13
19	23 57	1 36	14 26	4 27	18 20	3 14	19 51	13 3
22	23 55	1 34	13 9	3 55	18 51	3 14	19 52	12 54
25	23 51	1 30	11 49	3 16	19 25	3 13	19 53	12 44
28	23 45	1 26	10 26	2 33	19 58	3 13	19 53	12 35
31	23 37	1 22	9 1	1 47	20 24	3 12	19 54	12 25

2013 AUGUST

Day	Sidereal Time	☉ Long.	☉ Decl.	☽ Long.	☽ Lat.	☽ Decl.
	H M S	° ′ ″	° ′	° ′	° ′	° ′
1	20 39 4	8 ♌ 55 26	18 N 1	4 ♊ 7	1 S 50	19 N 10
2	20 43 1	9 52 51	17 46	15 58	2 45	19 58
3	20 46 57	10 50 17	17 31	27 47	3 33	19 52
4	20 50 54	11 47 44	17 15	9 ♋ 37	4 12	18 54
5	20 54 50	12 45 12	16 59	21 31	4 41	17 6
6	20 58 47	13 42 42	16 42	3 ♌ 31	4 57	14 33
7	21 2 43	14 40 12	16 26	15 40	4 59	11 22
8	21 6 40	15 37 43	16 9	27 57	4 48	7 40
9	21 10 37	16 35 16	15 52	10 ♍ 23	4 23	3 36
10	21 14 33	17 32 49	15 34	23 0	3 45	0 S 40
11	21 18 30	18 30 23	15 17	5 ♎ 48	2 55	4 59
12	21 22 26	19 27 58	14 59	18 48	1 56	9 9
13	21 26 23	20 25 34	14 41	2 ♏ 0	0 48	12 56
14	21 30 19	21 23 11	14 22	15 33	0 N 23	16 8
15	21 34 16	22 20 49	14 4	29 22	1 35	18 28
16	21 38 12	23 18 28	13 45	13 ♐ 29	2 42	19 44
17	21 42 9	24 16 8	13 26	27 55	3 41	19 45
18	21 46 6	25 13 49	13 7	12 ♑ 35	4 26	18 26
19	21 50 2	26 11 31	12 47	27 26	4 54	15 52
20	21 53 59	27 9 14	12 27	12 ♒ 19	5 2	12 16
21	21 57 55	28 6 59	12 8	27 6	4 49	7 56
22	22 1 52	29 4 45	11 48	11 ♓ 38	4 19	3 13
23	22 5 48	0 ♍ 2 32	11 27	25 48	3 32	1 N 35
24	22 9 45	1 0 21	11 7	9 ♈ 33	2 35	6 3
25	22 13 41	1 58 12	10 46	22 51	1 31	10 17
26	22 17 38	2 56 4	10 26	5 ♉ 43	0 23	13 48
27	22 21 35	3 53 58	10 5	18 13	0 S 43	16 34
28	22 25 31	4 51 53	9 43	0 ♊ 25	1 46	18 30
29	22 29 28	5 49 51	9 22	12 25	2 43	19 35
30	22 33 24	6 47 50	9 1	24 18	3 33	19 46
31	22 37 21	7 45 51	8 39	6 ♋ 8	4 13	19 5

Day	♆ Lat.	♆ Decl.	♅ Lat.	♅ Decl.	♄ Lat.	♄ Decl.	♃ Lat.	♃ Decl.	♂ Lat.
	° ′	° ′	° ′	° ′	° ′	° ′	° ′	° ′	° ′
1	0 S 41	10 S 26	0 S 43	4 N 16	2 N 22	11 S 3	0 S 10	23 N 2	0 N 42
4	0 41	10 27	0 43	4 15	2 22	11 6	0 10	23 0	0 44
7	0 41	10 29	0 43	4 13	2 21	11 9	0 9	22 58	0 46
10	0 41	10 31	0 43	4 12	2 20	11 13	0 9	22 55	0 47
13	0 41	10 33	0 43	4 11	2 19	11 17	0 9	22 53	0 49
16	0 41	10 34	0 43	4 9	2 19	11 21	0 9	22 50	0 51
19	0 41	10 36	0 43	4 8	2 18	11 25	0 8	22 47	0 52
22	0 41	10 38	0 43	4 6	2 17	11 30	0 8	22 45	0 54
25	0 41	10 40	0 43	4 4	2 17	11 34	0 8	22 42	0 56
28	0 41	10 42	0 44	4 2	2 16	11 39	0 8	22 39	0 58
31	0 41	10 44	0 44	3 59	2 15	11 44	0 7	22 36	0 59

AUGUST 2013

Day	♆ Long.	♅ Long.	♄ Long.	♃ Long.	♂ Long.	♀ Long.	☿ Long.	♇ Long.
	° ′	° ′	° ′	° ′	° ′	° ′	° ′	° ′
1	4 ♓ 40	12 ♈ 27	5 ♏ 17	7 ♋ 59	12 ♋ 22	11 ♍ 22	19 ♋ 29	9 ♑ 31
2	4 R 39	12 R 26	5 19	8 12	13 1	12 34	20 36	9 R 30
3	4 37	12 25	5 21	8 24	13 41	13 45	21 49	9 28
4	4 36	12 24	5 24	8 37	14 21	14 57	23 8	9 27
5	4 34	12 24	5 27	8 49	15 0	16 9	24 31	9 26
6	4 33	12 23	5 29	9 2	15 40	17 20	26 0	9 25
7	4 31	12 22	5 32	9 14	16 19	18 32	27 32	9 24
8	4 30	12 21	5 35	9 26	16 59	19 43	29 10	9 22
9	4 28	12 20	5 38	9 39	17 38	20 55	0 ♌ 51	9 21
10	4 27	12 19	5 41	9 51	18 17	22 6	2 36	9 20
11	4 25	12 18	5 44	10 3	18 57	23 18	4 24	9 19
12	4 24	12 16	5 47	10 15	19 36	24 29	6 15	9 18
13	4 22	12 15	5 51	10 27	20 15	25 40	8 9	9 17
14	4 21	12 14	5 54	10 39	20 54	26 52	10 4	9 16
15	4 19	12 13	5 57	10 51	21 33	28 3	12 2	9 15
16	4 17	12 11	6 1	11 3	22 12	29 14	14 1	9 14
17	4 16	12 10	6 5	11 14	22 51	0 ♎ 25	16 2	9 13
18	4 14	12 9	6 8	11 26	23 30	1 36	18 2	9 12
19	4 13	12 7	6 12	11 37	24 9	2 47	20 4	9 11
20	4 11	12 6	6 16	11 49	24 48	3 58	22 5	9 10
21	4 9	12 4	6 20	12 0	25 27	5 9	24 7	9 9
22	4 8	12 3	6 24	12 12	26 6	6 20	26 7	9 9
23	4 6	12 1	6 28	12 23	26 44	7 30	28 8	9 8
24	4 4	11 59	6 32	12 34	27 23	8 41	0 ♍ 7	9 7
25	4 3	11 58	6 37	12 45	28 2	9 52	2 6	9 6
26	4 1	11 56	6 41	12 56	28 40	11 2	4 4	9 6
27	3 59	11 54	6 46	13 7	29 19	12 13	6 1	9 5
28	3 58	11 53	6 50	13 18	29 57	13 23	7 57	9 4
29	3 56	11 51	6 55	13 28	0 ♌ 35	14 34	9 51	9 4
30	3 55	11 49	6 59	13 39	1 14	15 44	11 44	9 3
31	3 53	11 47	7 4	13 50	1 52	16 54	13 36	9 2

Day	♂ Decl.	♀ Lat.	♀ Decl.	☿ Lat.	☿ Decl.	♇ Lat.	♇ Decl.	☊
	° ′	° ′	° ′	° ′	° ′	° ′	° ′	° ′
1	23 N 34	1 N 20	8 N 32	1 S 32	20 N 31	3 N 12	19 S 54	12 ♏ 22
4	23 23	1 14	7 4	0 47	20 41	3 12	19 55	12 12
7	23 12	1 8	5 35	0 5	20 34	3 11	19 56	12 3
10	22 58	1 1	4 4	0 N 32	20 6	3 11	19 57	11 53
13	22 43	0 54	2 33	1 1	19 13	3 10	19 57	11 44
16	22 27	0 46	1 0	1 24	17 57	3 10	19 58	11 34
19	22 8	0 37	0 S 33	1 38	16 21	3 9	19 59	11 25
22	21 49	0 28	2 5	1 45	14 27	3 9	19 59	11 15
25	21 28	0 18	3 38	1 45	12 22	3 8	20 0	11 6
28	21 6	0 7	5 10	1 40	10 8	3 7	20 1	10 56
31	20 42	0 S 3	6 41	1 29	7 49	3 7	20 2	10 47

2013 SEPTEMBER

Day	Sidereal Time	☉ Long.	☉ Decl.	☽ Long.	☽ Lat.	☽ Decl.
	H M S	° ′ ″	° ′	° ′	° ′	° ′
1	22 41 17	8 ♍ 43 54	8 N 18	18 ♋ 0	4 S 43	17 N 33
2	22 45 14	9 41 59	7 56	29 59	5 0	15 16
3	22 49 10	10 40 6	7 34	12 ♌ 6	5 4	12 18
4	22 53 7	11 38 14	7 12	24 25	4 54	8 45
5	22 57 4	12 36 24	6 50	6 ♍ 56	4 30	4 47
6	23 1 0	13 34 36	6 27	19 39	3 52	0 32
7	23 4 57	14 32 49	6 5	2 ♎ 35	3 2	3 S 48
8	23 8 53	15 31 5	5 42	15 42	2 1	8 3
9	23 12 50	16 29 21	5 20	29 1	0 53	11 57
10	23 16 46	17 27 40	4 57	12 ♏ 31	0 N 20	15 17
11	23 20 43	18 26 0	4 34	26 12	1 32	17 48
12	23 24 39	19 24 21	4 12	10 ♐ 4	2 40	19 19
13	23 28 36	20 22 44	3 49	24 7	3 40	19 39
14	23 32 33	21 21 9	3 26	8 ♑ 21	4 26	18 45
15	23 36 29	22 19 35	3 3	22 43	4 57	16 39
16	23 40 26	23 18 3	2 40	7 ♒ 10	5 8	13 30
17	23 44 22	24 16 33	2 16	21 37	5 1	9 33
18	23 48 19	25 15 4	1 53	5 ♓ 58	4 34	5 4
19	23 52 15	26 13 37	1 30	20 8	3 51	0 22
20	23 56 12	27 12 13	1 7	4 ♈ 2	2 55	4 N 16
21	0 0 8	28 10 49	0 43	17 35	1 50	8 36
22	0 4 5	29 9 28	0 20	0 ♉ 46	0 40	12 22
23	0 8 2	0 ♎ 8 9	0 S 3	13 36	0 S 29	15 27
24	0 11 58	1 6 53	0 27	26 6	1 36	17 43
25	0 15 55	2 5 38	0 50	8 ♊ 20	2 37	19 7
26	0 19 51	3 4 25	1 13	20 21	3 30	19 36
27	0 23 48	4 3 15	1 37	2 ♋ 15	4 13	19 12
28	0 27 44	5 2 7	2 0	14 7	4 45	17 58
29	0 31 41	6 1 1	2 23	26 1	5 5	15 56
30	0 35 37	6 59 58	2 47	8 ♌ 2	5 13	13 13

Day	♆ Lat.	♆ Decl.	♅ Lat.	♅ Decl.	♄ Lat.	♄ Decl.	♃ Lat.	♃ Decl.	♂ Lat.
	° ′	° ′	° ′	° ′	° ′	° ′	° ′	° ′	° ′
1	0 S 41	10 S 44	0 S 44	3 N 59	2 N 15	11 S 46	0 S 7	22 N 35	1 N 0
4	0 41	10 46	0 44	3 56	2 14	11 51	0 7	22 32	1 1
7	0 41	10 48	0 44	3 54	2 14	11 57	0 7	22 29	1 3
10	0 41	10 49	0 44	3 51	2 13	12 3	0 6	22 26	1 5
13	0 41	10 51	0 44	3 49	2 13	12 8	0 6	22 23	1 7
16	0 41	10 53	0 44	3 46	2 12	12 14	0 6	22 20	1 8
19	0 41	10 54	0 44	3 44	2 12	12 20	0 6	22 17	1 10
22	0 41	10 56	0 44	3 41	2 11	12 27	0 5	22 14	1 11
25	0 41	10 58	0 44	3 38	2 11	12 33	0 5	22 12	1 13
28	0 41	10 59	0 44	3 35	2 10	12 39	0 5	22 9	1 15

SEPTEMBER 2013

Day	♆ Long.	♅ Long.	♄ Long.	♃ Long.	♂ Long.	♀ Long.	☿ Long.	♇ Long.
	° ′	° ′	° ′	° ′	° ′	° ′	° ′	° ′
1	3 ♓ 51	11 ♈ 45	7 ♏ 9	14 ♋ 0	2 ♌ 30	18 ♎ 4	15 ♍ 27	9 ♑ 2
2	3 R 50	11 R 43	7 14	14 10	3 9	19 14	17 17	9 R 1
3	3 48	11 41	7 19	14 21	3 47	20 24	19 5	9 1
4	3 46	11 39	7 24	14 31	4 25	21 34	20 53	9 0
5	3 45	11 37	7 29	14 41	5 3	22 44	22 39	9 0
6	3 43	11 35	7 34	14 51	5 41	23 54	24 23	9 0
7	3 42	11 33	7 39	15 1	6 19	25 4	26 7	8 59
8	3 40	11 31	7 44	15 10	6 57	26 14	27 49	8 59
9	3 38	11 29	7 50	15 20	7 35	27 23	29 30	8 58
10	3 37	11 27	7 55	15 29	8 13	28 33	1 ♎ 10	8 58
11	3 35	11 25	8 0	15 39	8 51	29 42	2 49	8 58
12	3 34	11 23	8 6	15 48	9 28	0 ♏ 52	4 27	8 58
13	3 32	11 20	8 11	15 57	10 6	2 1	6 4	8 57
14	3 30	11 18	8 17	16 6	10 44	3 10	7 39	8 57
15	3 29	11 16	8 23	16 15	11 21	4 19	9 14	8 57
16	3 27	11 14	8 28	16 24	11 59	5 28	10 47	8 57
17	3 26	11 11	8 34	16 33	12 36	6 37	12 19	8 57
18	3 24	11 9	8 40	16 41	13 14	7 46	13 51	8 57
19	3 23	11 7	8 46	16 50	13 51	8 54	15 21	8 57
20	3 21	11 5	8 52	16 58	14 28	10 3	16 50	8 D 57
21	3 20	11 2	8 58	17 6	15 6	11 11	18 18	8 57
22	3 19	11 0	9 4	17 14	15 43	12 20	19 45	8 57
23	3 17	10 58	9 10	17 22	16 20	13 28	21 11	8 57
24	3 16	10 55	9 16	17 30	16 57	14 36	22 36	8 57
25	3 14	10 53	9 22	17 37	17 34	15 44	24 0	8 58
26	3 13	10 50	9 29	17 45	18 11	16 52	25 22	8 58
27	3 12	10 48	9 35	17 52	18 48	18 0	26 44	8 58
28	3 10	10 46	9 41	17 59	19 25	19 8	28 4	8 58
29	3 9	10 43	9 48	18 6	20 2	20 15	29 22	8 59
30	3 8	10 41	9 54	18 13	20 39	21 23	0 ♏ 40	8 59

Day	♂ Decl.	♀ Lat.	♀ Decl.	☿ Lat.	☿ Decl.	♇ Lat.	♇ Decl.	☊
	° ′	° ′	° ′	° ′	° ′	° ′	° ′	° ′
1	20 N 34	0 S 7	7 S 12	1 N 25	7 N 3	3 N 7	20 S 2	10 ♏ 43
4	20 9	0 18	8 41	1 10	4 42	3 6	20 3	10 34
7	19 43	0 30	10 10	0 53	2 21	3 5	20 3	10 24
10	19 15	0 41	11 36	0 33	0 2	3 5	20 4	10 15
13	18 47	0 53	13 0	0 12	2 S 13	3 4	20 5	10 5
16	18 17	1 6	14 22	0 S 10	4 25	3 3	20 5	9 56
19	17 47	1 18	15 42	0 33	6 33	3 3	20 6	9 46
22	17 16	1 30	16 58	0 56	8 35	3 2	20 7	9 37
25	16 43	1 42	18 11	1 19	10 32	3 1	20 7	9 27
28	16 11	1 54	19 20	1 41	12 21	3 1	20 8	9 18

2013 OKTOBER

Day	Sidereal Time H	M	S	☉ Long. °	′	″	☉ Decl. °	′	☽ Long. °	′	☽ Lat. °	′	☽ Decl. °	′
1	0	39	34	7 ♎	58	56	3 S	10	20 ♌	14	5 S	6	9 N	54
2	0	43	30	8	57	57	3	33	2 ♍	40	4	44	6	6
3	0	47	27	9	57	0	3	56	15	22	4	9	1	56
4	0	51	24	10	56	6	4	20	28	21	3	20	2 S	24
5	0	55	20	11	55	13	4	43	11 ♎	36	2	19	6	43
6	0	59	17	12	54	22	5	6	25	7	1	9	10	48
7	1	3	13	13	53	34	5	29	8 ♏	51	0 N	6	14	21
8	1	7	10	14	52	47	5	52	22	46	1	22	17	9
9	1	11	6	15	52	2	6	15	6 ♐	49	2	33	18	56
10	1	15	3	16	51	19	6	37	20	57	3	36	19	32
11	1	18	59	17	50	38	7	0	5 ♑	8	4	26	18	54
12	1	22	56	18	49	58	7	23	19	21	5	0	17	6
13	1	26	53	19	49	20	7	45	3 ♒	32	5	15	14	15
14	1	30	49	20	48	45	8	7	17	39	5	11	10	36
15	1	34	46	21	48	11	8	30	1 ♓	41	4	49	6	22
16	1	38	42	22	47	38	8	52	15	33	4	10	1	51
17	1	42	39	23	47	8	9	14	29	15	3	17	2 N	43
18	1	46	35	24	46	39	9	36	12 ♈	43	2	14	7	5
19	1	50	32	25	46	13	9	57	25	56	1	5	11	2
20	1	54	28	26	45	48	10	19	8 ♉	53	0 S	6	14	22
21	1	58	25	27	45	26	10	41	21	34	1	16	16	56
22	2	2	22	28	45	5	11	2	3 ♊	59	2	21	18	38
23	2	6	18	29	44	47	11	23	16	11	3	18	19	27
24	2	10	15	0 ♏	44	30	11	44	28	12	4	5	19	21
25	2	14	11	1	44	16	12	5	10 ♋	6	4	41	18	23
26	2	18	8	2	44	5	12	25	21	58	5	5	16	37
27	2	22	4	3	43	55	12	46	3 ♌	52	5	17	14	9
28	2	26	1	4	43	48	13	6	15	52	5	14	11	4
29	2	29	57	5	43	42	13	26	28	4	4	58	7	29
30	2	33	54	6	43	39	13	46	10 ♍	30	4	27	3	30
31	2	37	51	7	43	38	14	5	23	16	3	43	0 S	44

Day	♆ Lat. °	′	♆ Decl. °	′	♅ Lat. °	′	♅ Decl. °	′	♄ Lat. °	′	♄ Decl. °	′	♃ Lat. °	′	♃ Decl. °	′	♂ Lat. °	′
1	0 S	41	11 S	1	0 S	44	3 N	32	2 N	10	12 S	45	0 S	4	22 N	7	1 N	16
4	0	41	11	2	0	44	3	29	2	10	12	52	0	4	22	4	1	18
7	0	41	11	3	0	44	3	27	2	9	12	58	0	4	22	2	1	20
10	0	41	11	4	0	44	3	24	2	9	13	5	0	4	22	0	1	21
13	0	41	11	5	0	44	3	21	2	9	13	12	0	3	21	58	1	23
16	0	41	11	6	0	44	3	18	2	8	13	18	0	3	21	57	1	25
19	0	41	11	7	0	44	3	16	2	8	13	25	0	3	21	55	1	26
22	0	41	11	8	0	44	3	13	2	8	13	31	0	2	21	54	1	28
25	0	41	11	9	0	44	3	10	2	8	13	38	0	2	21	53	1	29
28	0	41	11	9	0	44	3	8	2	8	13	45	0	1	21	52	1	31
31	0	41	11	10	0	43	3	6	2	7	13	51	0	1	21	52	1	33

OKTOBER 2013

Day	♆ Long.	♅ Long.	♄ Long.	♃ Long.	♂ Long.	♀ Long.	☿ Long.	♇ Long.
	° ′	° ′	° ′	° ′	° ′	° ′	° ′	° ′
1	3 ♓ 6	10 ♈ 38	10 ♏ 0	18 ♋ 20	21 ♌ 15	22 ♏ 30	1 ♏ 56	8 ♑ 59
2	3 R 5	10 R 36	10 7	18 27	21 52	23 37	3 11	9 0
3	3 4	10 33	10 13	18 33	22 29	24 44	4 24	9 0
4	3 3	10 31	10 20	18 40	23 5	25 51	5 35	9 1
5	3 1	10 29	10 27	18 46	23 42	26 58	6 45	9 1
6	3 0	10 26	10 33	18 52	24 18	28 4	7 53	9 2
7	2 59	10 24	10 40	18 58	24 55	29 11	8 59	9 2
8	2 58	10 21	10 47	19 3	25 31	0 ♐ 17	10 2	9 3
9	2 57	10 19	10 53	19 9	26 7	1 23	11 3	9 3
10	2 56	10 17	11 0	19 14	26 44	2 29	12 2	9 4
11	2 55	10 14	11 7	19 19	27 20	3 35	12 58	9 5
12	2 54	10 12	11 14	19 24	27 56	4 40	13 50	9 5
13	2 53	10 9	11 21	19 29	28 32	5 46	14 39	9 6
14	2 52	10 7	11 27	19 34	29 8	6 51	15 25	9 7
15	2 51	10 5	11 34	19 38	29 44	7 56	16 6	9 8
16	2 50	10 2	11 41	19 43	0 ♍ 20	9 1	16 43	9 8
17	2 49	10 0	11 48	19 47	0 55	10 5	17 15	9 9
18	2 48	9 58	11 55	19 51	1 31	11 9	17 41	9 10
19	2 47	9 55	12 2	19 54	2 7	12 14	18 2	9 11
20	2 46	9 53	12 9	19 58	2 42	13 17	18 16	9 12
21	2 46	9 51	12 16	20 1	3 18	14 21	18 23	9 13
22	2 45	9 48	12 23	20 5	3 53	15 24	18 R 22	9 14
23	2 44	9 46	12 30	20 8	4 29	16 27	18 14	9 15
24	2 43	9 44	12 37	20 11	5 4	17 30	17 57	9 16
25	2 43	9 42	12 45	20 13	5 39	18 33	17 31	9 17
26	2 42	9 40	12 52	20 16	6 15	19 35	16 56	9 18
27	2 41	9 37	12 59	20 18	6 50	20 37	16 12	9 19
28	2 41	9 35	13 6	20 20	7 25	21 39	15 19	9 21
29	2 40	9 33	13 13	20 22	8 0	22 40	14 18	9 22
30	2 40	9 31	13 20	20 24	8 35	23 41	13 10	9 23
31	2 39	9 29	13 27	20 25	9 9	24 41	11 57	9 24

Day	♂ Decl.	♀ Lat.	♀ Decl.	☿ Lat.	☿ Decl.	♇ Lat.	♇ Decl.	☊
	° ′	° ′	° ′	° ′	° ′	° ′	° ′	° ′
1	15 N 37	2 S 6	20 S 26	2 S 3	14 S 4	3 N 0	20 S 8	9 ♏ 8
4	15 3	2 18	21 27	2 23	15 38	2 59	20 9	8 59
7	14 28	2 29	22 24	2 41	17 1	2 59	20 10	8 49
10	13 53	2 40	23 16	2 56	18 14	2 58	20 10	8 40
13	13 17	2 50	24 3	3 8	19 13	2 58	20 11	8 30
16	12 40	3 0	24 46	3 14	19 56	2 57	20 11	8 20
19	12 4	3 9	25 23	3 13	20 17	2 56	20 12	8 11
22	11 27	3 17	25 54	3 3	20 13	2 56	20 12	8 1
25	10 49	3 25	26 21	2 40	19 36	2 55	20 12	7 52
28	10 12	3 31	26 41	2 1	18 22	2 54	20 13	7 42
31	9 34	3 36	26 56	1 8	16 30	2 54	20 13	7 33

2013 NOVEMBER

Day	Sidereal Time	☉ Long.	☉ Decl.	☽ Long.	☽ Lat.	☽ Decl.
	H M S	° ′ ″	° ′	° ′	° ′	° ′
1	2 41 47	8 ♏ 43 40	14 S 25	6 ♎ 23	2 S 46	5 S 4
2	2 45 44	9 43 43	14 44	19 53	1 38	9 17
3	2 49 40	10 43 48	15 2	3 ♏ 43	0 22	13 6
4	2 53 37	11 43 55	15 21	17 52	0 N 56	16 16
5	2 57 33	12 44 4	15 39	2 ♐ 15	2 12	18 27
6	3 1 30	13 44 14	15 58	16 47	3 20	19 28
7	3 5 26	14 44 26	16 15	1 ♑ 21	4 16	19 10
8	3 9 23	15 44 40	16 33	15 53	4 54	17 37
9	3 13 20	16 44 56	16 50	0 ♒ 17	5 14	14 58
10	3 17 16	17 45 12	17 7	14 30	5 15	11 27
11	3 21 13	18 45 31	17 24	28 29	4 57	7 22
12	3 25 9	19 45 50	17 40	12 ♓ 14	4 21	2 57
13	3 29 6	20 46 12	17 57	25 44	3 32	1 N 33
14	3 33 2	21 46 34	18 12	9 ♈ 0	2 33	5 54
15	3 36 59	22 46 58	18 28	22 2	1 26	9 55
16	3 40 55	23 47 24	18 43	4 ♉ 52	0 16	13 24
17	3 44 52	24 47 51	18 58	17 29	0 S 53	16 12
18	3 48 49	25 48 19	19 12	29 56	1 59	18 12
19	3 52 45	26 48 49	19 27	12 ♊ 11	2 59	19 18
20	3 56 42	27 49 21	19 40	24 18	3 49	19 30
21	4 0 38	28 49 54	19 54	6 ♋ 16	4 29	18 49
22	4 4 35	29 50 28	20 7	18 10	4 56	17 18
23	4 8 31	0 ♐ 51 5	20 20	0 ♌ 1	5 11	15 4
24	4 12 28	1 51 43	20 32	11 53	5 13	12 12
25	4 16 24	2 52 23	20 44	23 51	5 1	8 49
26	4 20 21	3 53 4	20 55	5 ♍ 59	4 36	5 2
27	4 24 18	4 53 47	21 7	18 22	3 58	0 57
28	4 28 14	5 54 32	21 17	1 ♎ 3	3 7	3 S 16
29	4 32 11	6 55 18	21 28	14 8	2 5	7 29
30	4 36 7	7 56 5	21 38	27 39	0 54	11 28

Day	♆ Lat.	♆ Decl.	♅ Lat.	♅ Decl.	♄ Lat.	♄ Decl.	♃ Lat.	♃ Decl.	♂ Lat.
	° ′	° ′	° ′	° ′	° ′	° ′	° ′	° ′	° ′
1	0 S 41	11 S 10	0 S 43	3 N 5	2 N 7	13 S 53	0 S 1	21 N 52	1 N 33
4	0 41	11 11	0 43	3 2	2 7	14 0	0 1	21 52	1 35
7	0 41	11 11	0 43	3 0	2 7	14 6	0 N 0	21 52	1 37
10	0 41	11 11	0 43	2 58	2 7	14 13	0 0	21 53	1 38
13	0 41	11 11	0 43	2 56	2 7	14 19	0 1	21 53	1 40
16	0 41	11 11	0 43	2 55	2 7	14 25	0 1	21 54	1 42
19	0 41	11 11	0 43	2 53	2 7	14 31	0 1	21 56	1 44
22	0 41	11 10	0 43	2 52	2 7	14 37	0 2	21 57	1 45
25	0 41	11 10	0 43	2 50	2 7	14 43	0 2	21 59	1 47
28	0 41	11 10	0 43	2 49	2 7	14 49	0 3	22 1	1 49

NOVEMBER 2013

Day	♆ Long.	♅ Long.	♄ Long.	♃ Long.	♂ Long.	♀ Long.	☿ Long.	♇ Long.
	° ′	° ′	° ′	° ′	° ′	° ′	° ′	° ′
1	2 ♓ 39	9 ♈ 27	13 ♏ 35	20 ♋ 27	9 ♍ 44	25 ♐ 42	10 ♏ 41	9 ♑ 25
2	2 R 39	9 R 25	13 42	20 28	10 19	26 42	9 R 23	9 27
3	2 38	9 23	13 49	20 29	10 53	27 41	8 6	9 28
4	2 38	9 21	13 56	20 29	11 28	28 40	6 53	9 29
5	2 37	9 19	14 3	20 30	12 2	29 39	5 46	9 31
6	2 37	9 17	14 11	20 30	12 37	0 ♑ 37	4 46	9 32
7	2 37	9 16	14 18	20 31	13 11	1 35	3 57	9 34
8	2 37	9 14	14 25	20 R 30	13 45	2 32	3 18	9 35
9	2 37	9 12	14 32	20 30	14 19	3 29	2 50	9 36
10	2 36	9 10	14 39	20 30	14 53	4 26	2 34	9 38
11	2 36	9 8	14 47	20 29	15 27	5 21	2 30	9 39
12	2 36	9 7	14 54	20 28	16 1	6 17	2 D 37	9 41
13	2 36	9 5	15 1	20 27	16 35	7 11	2 54	9 42
14	2 36	9 4	15 8	20 26	17 8	8 6	3 21	9 44
15	2 D 36	9 2	15 15	20 24	17 42	8 59	3 57	9 46
16	2 36	9 0	15 23	20 23	18 15	9 52	4 40	9 47
17	2 36	8 59	15 30	20 21	18 49	10 44	5 31	9 49
18	2 36	8 58	15 37	20 19	19 22	11 35	6 28	9 51
19	2 37	8 56	15 44	20 17	19 55	12 26	7 31	9 52
20	2 37	8 55	15 51	20 14	20 28	13 16	8 38	9 54
21	2 37	8 53	15 58	20 12	21 1	14 5	9 49	9 56
22	2 37	8 52	16 5	20 9	21 34	14 54	11 3	9 57
23	2 38	8 51	16 12	20 6	22 7	15 41	12 21	9 59
24	2 38	8 50	16 19	20 2	22 40	16 28	13 41	10 1
25	2 38	8 49	16 26	19 59	23 12	17 14	15 3	10 3
26	2 39	8 48	16 33	19 55	23 45	17 59	16 27	10 4
27	2 39	8 46	16 40	19 52	24 17	18 42	17 53	10 6
28	2 40	8 45	16 47	19 48	24 49	19 25	19 20	10 8
29	2 40	8 44	16 54	19 43	25 21	20 7	20 48	10 10
30	2 41	8 44	17 1	19 39	25 53	20 47	22 17	10 12

Day	♂ Decl.	♀ Lat.	♀ Decl.	☿ Lat.	☿ Decl.	♇ Lat.	♇ Decl.	☊
	° ′	° ′	° ′	° ′	° ′	° ′	° ′	° ′
1	9 N 22	3 S 38	27 S 0	0 S 48	15 S 48	2 N 53	20 S 13	7 ♏ 30
4	8 44	3 41	27 7	0 N 13	13 36	2 53	20 14	7 20
7	8 6	3 44	27 9	1 9	11 45	2 52	20 14	7 11
10	7 28	3 45	27 6	1 49	10 39	2 52	20 14	7 1
13	6 50	3 44	26 58	2 13	10 24	2 51	20 15	6 52
16	6 12	3 41	26 45	2 22	10 51	2 51	20 15	6 42
19	5 35	3 37	26 27	2 20	11 49	2 50	20 15	6 32
22	4 57	3 31	26 6	2 10	13 5	2 49	20 15	6 23
25	4 20	3 22	25 40	1 55	14 31	2 49	20 15	6 13
28	3 43	3 11	25 11	1 36	16 1	2 48	20 15	6 4

2013 DEZEMBER

Day	Sidereal Time			☉ Long.			☉ Decl.			☽ Long.			☽ Lat.		☽ Decl.	
	H	M	S	°	′	″	°	′		°	′		°	′	°	′
1	4	40	4	8 ♐	56	54	21 S	47		11 ♏	37		0 N	23	14 S	58
2	4	44	0	9	57	45	21	56		26	1		1	40	17	39
3	4	47	57	10	58	36	22	5		10 ♐	45		2	51	19	14
4	4	51	53	11	59	29	22	13		25	42		3	53	19	30
5	4	55	50	13	0	22	22	21		10 ♑	45		4	38	18	23
6	4	59	47	14	1	17	22	29		25	43		5	4	16	1
7	5	3	43	15	2	12	22	36		10 ♒	28		5	10	12	38
8	5	7	40	16	3	9	22	42		24	55		4	56	8	34
9	5	11	36	17	4	6	22	48		8 ♓	59		4	24	4	7
10	5	15	33	18	5	3	22	54		22	40		3	38	0 N	25
11	5	19	29	19	6	1	22	59		6 ♈	0		2	40	4	50
12	5	23	26	20	7	0	23	4		19	0		1	36	8	56
13	5	27	22	21	8	0	23	8		1 ♉	44		0	29	12	32
14	5	31	19	22	9	0	23	12		14	15		0 S	39	15	30
15	5	35	16	23	10	0	23	16		26	35		1	43	17	43
16	5	39	12	24	11	1	23	18		8 ♊	46		2	42	19	5
17	5	43	9	25	12	3	23	21		20	51		3	33	19	34
18	5	47	5	26	13	5	23	23		2 ♋	50		4	15	19	10
19	5	51	2	27	14	8	23	24		14	45		4	47	17	55
20	5	54	58	28	15	12	23	25		26	38		5	1	15	54
21	5	58	55	29	16	16	23	26		8 ♌	29		5	5	13	14
22	6	2	51	0 ♑	17	21	23	26		20	22		4	56	10	1
23	6	6	48	1	18	27	23	26		2 ♍	20		4	34	6	23
24	6	10	45	2	19	33	23	25		14	25		4	0	2	27
25	6	14	41	3	20	40	23	24		26	43		3	13	1 S	39
26	6	18	38	4	21	48	23	22		9 ♎	18		2	17	5	47
27	6	22	34	5	22	56	23	20		22	15		1	12	9	47
28	6	26	31	6	24	5	23	17		5 ♏	38		0	1	13	25
29	6	30	27	7	25	15	23	14		19	30		1 N	12	16	27
30	6	34	24	8	26	24	23	10		3 ♐	51		2	23	18	34
31	6	38	20	9	27	34	23	6		18	39		3	27	19	31

Day	♆ Lat.	♆ Decl.	♅ Lat.	♅ Decl.	♄ Lat.	♄ Decl.	♃ Lat.	♃ Decl.	♂ Lat.
	° ′	° ′	° ′	° ′	° ′	° ′	° ′	° ′	° ′
1	0 S 41	11 S 9	0 S 43	2 N 48	2 N 7	14 S 55	0 N 3	22 N 4	1 N 51
4	0 41	11 8	0 42	2 47	2 8	15 0	0 4	22 6	1 52
7	0 41	11 7	0 42	2 47	2 8	15 6	0 4	22 9	1 54
10	0 41	11 6	0 42	2 46	2 8	15 11	0 4	22 12	1 56
13	0 41	11 5	0 42	2 46	2 8	15 16	0 5	22 15	1 58
16	0 41	11 4	0 42	2 46	2 8	15 21	0 5	22 18	2 0
19	0 41	11 3	0 42	2 46	2 9	15 26	0 6	22 21	2 2
22	0 40	11 2	0 42	2 46	2 9	15 30	0 6	22 24	2 4
25	0 40	11 1	0 42	2 47	2 9	15 35	0 7	22 28	2 6
28	0 40	10 59	0 41	2 47	2 10	15 39	0 7	22 31	2 8
31	0 40	10 57	0 41	2 48	2 10	15 43	0 8	22 34	2 10

DEZEMBER 2013

Day	♆ Long.	♅ Long.	♄ Long.	♃ Long.	♂ Long.	♀ Long.	☿ Long.	♇ Long.
	° ′	° ′	° ′	° ′	° ′	° ′	° ′	° ′
1	2 ♓ 41	8 ♈ 43	17 ♏ 8	19 ♋ 35	26 ♍ 25	21 ♑ 27	23 ♏ 46	10 ♑ 14
2	2 42	8 R 42	17 15	19 R 30	26 57	22 5	25 16	10 15
3	2 42	8 41	17 22	19 25	27 28	22 42	26 47	10 17
4	2 43	8 40	17 28	19 20	28 0	23 17	28 18	10 19
5	2 44	8 40	17 35	19 15	28 31	23 51	29 50	10 21
6	2 45	8 39	17 42	19 10	29 3	24 24	1 ♐ 22	10 23
7	2 45	8 39	17 49	19 4	29 34	24 55	2 54	10 25
8	2 46	8 38	17 55	18 58	0 ♎ 5	25 25	4 26	10 27
9	2 47	8 38	18 2	18 52	0 35	25 53	5 58	10 29
10	2 48	8 37	18 8	18 47	1 6	26 19	7 31	10 31
11	2 49	8 37	18 15	18 40	1 37	26 44	9 3	10 33
12	2 50	8 36	18 21	18 34	2 7	27 6	10 36	10 35
13	2 51	8 36	18 28	18 28	2 37	27 27	12 9	10 37
14	2 52	8 36	18 34	18 21	3 7	27 46	13 42	10 39
15	2 53	8 36	18 41	18 15	3 37	28 3	15 15	10 41
16	2 54	8 36	18 47	18 8	4 7	28 18	16 49	10 43
17	2 55	8 36	18 53	18 1	4 37	28 30	18 22	10 45
18	2 56	8 36	19 0	17 54	5 6	28 41	19 56	10 47
19	2 57	8 D 36	19 6	17 47	5 35	28 49	21 29	10 49
20	2 58	8 36	19 12	17 40	6 4	28 55	23 3	10 51
21	3 0	8 36	19 18	17 32	6 33	28 58	24 37	10 53
22	3 1	8 36	19 24	17 25	7 2	28 59	26 11	10 55
23	3 2	8 36	19 30	17 17	7 31	28 R 58	27 45	10 58
24	3 3	8 37	19 36	17 10	7 59	28 54	29 20	11 0
25	3 5	8 37	19 42	17 2	8 27	28 48	0 ♑ 54	11 2
26	3 6	8 37	19 48	16 54	8 55	28 39	2 29	11 4
27	3 8	8 38	19 53	16 46	9 23	28 28	4 5	11 6
28	3 9	8 38	19 59	16 39	9 51	28 14	5 40	11 8
29	3 10	8 39	20 5	16 31	10 18	27 58	7 16	11 10
30	3 12	8 39	20 10	16 23	10 45	27 39	8 52	11 12
31	3 13	8 40	20 16	16 15	11 12	27 18	10 28	11 14

Day	♂ Decl.	♀ Lat.	♀ Decl.	☿ Lat.	☿ Decl.	♇ Lat.	♇ Decl.	☊
	° ′	° ′	° ′	° ′	° ′	° ′	° ′	° ′
1	3 N 7	2 S 57	24 S 39	1 N 16	17 S 29	2 N 48	20 S 15	5 ♏ 54
4	2 31	2 40	24 4	0 55	18 54	2 47	20 16	5 45
7	1 55	2 21	23 27	0 33	20 12	2 47	20 16	5 35
10	1 20	1 58	22 49	0 12	21 22	2 46	20 16	5 26
13	0 46	1 31	22 10	0 S 9	22 24	2 46	20 16	5 16
16	0 12	1 1	21 30	0 29	23 16	2 46	20 16	5 7
19	0 S 21	0 28	20 51	0 48	23 58	2 45	20 15	4 57
22	0 54	0 N 10	20 12	1 6	24 29	2 45	20 15	4 48
25	1 26	0 51	19 34	1 22	24 48	2 44	20 15	4 38
28	1 56	1 35	18 58	1 36	24 55	2 44	20 15	4 29
31	2 26	2 21	18 24	1 48	24 49	2 44	20 15	4 19

2014 JANUAR

Day	Sidereal Time	☉ Long.	☉ Decl.	☽ Long.	☽ Lat.	☽ Decl.
	H M S	° ′ ″	° ′	° ′	° ′	° ′
1	6 42 17	10 ♑ 28 45	23 S 1	3 ♉ 47	4 N 18	19 S 6
2	6 46 14	11 29 55	22 56	19 6	4 50	17 17
3	6 50 10	12 31 6	22 51	4 ♒ 24	5 2	14 16
4	6 54 7	13 32 16	22 45	19 30	4 53	10 20
5	6 58 3	14 33 26	22 38	4 ♓ 15	4 24	5 51
6	7 2 0	15 34 36	22 32	18 34	3 39	1 9
7	7 5 56	16 35 46	22 24	2 ♈ 24	2 43	3 N 27
8	7 9 53	17 36 55	22 17	15 46	1 39	7 43
9	7 13 49	18 38 4	22 8	28 43	0 32	11 31
10	7 17 46	19 39 12	22 0	11 ♉ 20	0 S 35	14 40
11	7 21 42	20 40 20	21 51	23 40	1 38	17 6
12	7 25 39	21 41 28	21 41	5 ♊ 50	2 36	18 43
13	7 29 36	22 42 34	21 31	17 51	3 27	19 27
14	7 33 32	23 43 41	21 21	29 47	4 7	19 19
15	7 37 29	24 44 46	21 10	11 ♋ 40	4 37	18 19
16	7 41 25	25 45 52	20 59	23 33	4 55	16 33
17	7 45 22	26 46 56	20 48	5 ♌ 26	4 59	14 4
18	7 49 18	27 48 1	20 36	17 20	4 51	11 1
19	7 53 15	28 49 5	20 24	29 17	4 30	7 30
20	7 57 11	29 50 8	20 11	11 ♍ 20	3 56	3 40
21	8 1 8	0 ♒ 51 11	19 58	23 29	3 12	0 S 21
22	8 5 5	1 52 14	19 44	5 ♎ 48	2 18	4 25
23	8 9 1	2 53 16	19 31	18 21	1 16	8 22
24	8 12 58	3 54 18	19 16	1 ♏ 13	0 9	12 2
25	8 16 54	4 55 20	19 2	14 27	1 N 1	15 12
26	8 20 51	5 56 20	18 47	28 7	2 9	17 38
27	8 24 47	6 57 21	18 32	12 ♐ 15	3 12	19 5
28	8 28 44	7 58 20	18 16	26 51	4 4	19 20
29	8 32 40	8 59 19	18 0	11 ♑ 50	4 41	18 15
30	8 36 37	10 0 17	17 44	27 4	4 59	15 51
31	8 40 34	11 1 14	17 28	12 ♒ 24	4 55	12 21

Day	♆ Lat.	♆ Decl.	♅ Lat.	♅ Decl.	♄ Lat.	♄ Decl.	♃ Lat.	♃ Decl.	♂ Lat.
	° ′	° ′	° ′	° ′	° ′	° ′	° ′	° ′	° ′
1	0 S 40	10 S 56	0 S 41	2 N 49	2 N 10	15 S 44	0 N 8	22 N 36	2 N 10
4	0 40	10 55	0 41	2 50	2 11	15 48	0 8	22 39	2 12
7	0 40	10 53	0 41	2 51	2 11	15 52	0 9	22 42	2 14
10	0 40	10 51	0 41	2 52	2 12	15 55	0 9	22 45	2 17
13	0 40	10 49	0 41	2 54	2 12	15 58	0 9	22 48	2 19
16	0 40	10 47	0 41	2 56	2 13	16 1	0 10	22 51	2 21
19	0 40	10 45	0 41	2 58	2 13	16 4	0 10	22 54	2 23
22	0 40	10 43	0 40	3 0	2 14	16 7	0 10	22 57	2 25
25	0 40	10 41	0 40	3 2	2 14	16 9	0 11	22 59	2 27
28	0 40	10 38	0 40	3 4	2 15	16 11	0 11	23 1	2 29
31	0 40	10 36	0 40	3 7	2 15	16 13	0 12	23 3	2 32

JANUAR 2014

Day	♆ Long.	♅ Long.	♄ Long.	♃ Long.	♂ Long.	♀ Long.	☿ Long.	♇ Long.
	° ′	° ′	° ′	° ′	° ′	° ′	° ′	° ′
1	3 ♓ 15	8 ♈ 41	20 ♏ 21	16 ♋ 7	11 ♎ 39	26 ♑ 55	12 ♑ 5	11 ♑ 16
2	3 16	8 42	20 27	15 R 59	12 5	26 R 30	13 42	11 18
3	3 18	8 42	20 32	15 51	12 32	26 2	15 19	11 21
4	3 20	8 43	20 37	15 42	12 58	25 33	16 57	11 23
5	3 21	8 44	20 43	15 34	13 24	25 2	18 35	11 25
6	3 23	8 45	20 48	15 26	13 49	24 30	20 13	11 27
7	3 25	8 46	20 53	15 18	14 14	23 56	21 52	11 29
8	3 26	8 47	20 58	15 10	14 40	23 21	23 31	11 31
9	3 28	8 48	21 3	15 2	15 4	22 46	25 11	11 33
10	3 30	8 49	21 8	14 54	15 29	22 9	26 50	11 35
11	3 32	8 51	21 12	14 46	15 53	21 32	28 30	11 37
12	3 33	8 52	21 17	14 38	16 17	20 56	0 ♒ 10	11 39
13	3 35	8 53	21 22	14 30	16 41	20 19	1 51	11 41
14	3 37	8 55	21 26	14 22	17 4	19 43	3 31	11 43
15	3 39	8 56	21 31	14 14	17 28	19 7	5 12	11 46
16	3 41	8 57	21 35	14 6	17 50	18 32	6 52	11 48
17	3 43	8 59	21 39	13 58	18 13	17 59	8 33	11 50
18	3 45	9 1	21 44	13 51	18 35	17 26	10 13	11 52
19	3 46	9 2	21 48	13 43	18 57	16 56	11 53	11 54
20	3 48	9 4	21 52	13 36	19 19	16 27	13 32	11 56
21	3 50	9 5	21 56	13 28	19 40	16 0	15 10	11 58
22	3 52	9 7	22 0	13 21	20 1	15 35	16 47	12 0
23	3 54	9 9	22 4	13 14	20 21	15 12	18 23	12 2
24	3 56	9 11	22 7	13 6	20 42	14 51	19 57	12 4
25	3 58	9 13	22 11	12 59	21 1	14 33	21 29	12 6
26	4 1	9 15	22 15	12 52	21 21	14 17	22 58	12 8
27	4 3	9 17	22 18	12 46	21 40	14 4	24 24	12 10
28	4 5	9 19	22 21	12 39	21 59	13 53	25 46	12 11
29	4 7	9 21	22 25	12 32	22 17	13 45	27 4	12 13
30	4 9	9 23	22 28	12 26	22 35	13 39	28 16	12 15
31	4 11	9 25	22 31	12 19	22 52	13 35	29 23	12 17

Day	♂ Decl.	♀ Lat.	♀ Decl.	☿ Lat.	☿ Decl.	♇ Lat.	♇ Decl.	☊
	° ′	° ′	° ′	° ′	° ′	° ′	° ′	° ′
1	2 S 36	2 N 36	18 S 13	1 S 51	24 S 44	2 N 43	20 S 15	4 ♏ 16
4	3 5	3 23	17 42	2 0	24 21	2 43	20 15	4 6
7	3 33	4 9	17 14	2 5	23 43	2 43	20 14	3 57
10	4 0	4 51	16 49	2 7	22 52	2 42	20 14	3 47
13	4 25	5 29	16 29	2 5	21 47	2 42	20 14	3 38
16	4 50	6 1	16 12	1 58	20 28	2 42	20 14	3 28
19	5 13	6 26	15 59	1 46	18 56	2 42	20 13	3 19
22	5 35	6 43	15 51	1 28	17 12	2 41	20 13	3 9
25	5 56	6 54	15 47	1 3	15 20	2 41	20 13	3 0
28	6 15	6 58	15 47	0 30	13 24	2 41	20 13	2 50
31	6 33	6 57	15 49	0 N 10	11 32	2 41	20 12	2 41

2014 FEBRUAR

Day	Sidereal Time			☉ Long.			☉ Decl.		☽ Long.		☽ Lat.		☽ Decl.	
	H	M	S	°	′	″	°	′	°	′	°	′	°	′
1	8	44	30	12 ♒	2	11	17 S	11	27 ♒	38	4 N	31	8 S	3
2	8	48	27	13	3	6	16	54	12 ♓	34	3	48	3	20
3	8	52	23	14	4	0	16	36	27	5	2	52	1 N	28
4	8	56	20	15	4	52	16	19	11 ♈	6	1	46	6	1
5	9	0	16	16	5	44	16	1	24	37	0	37	10	7
6	9	4	13	17	6	33	15	42	7 ♉	41	0 S	32	13	34
7	9	8	9	18	7	22	15	24	20	20	1	38	16	15
8	9	12	6	19	8	9	15	5	2 ♊	41	2	37	18	8
9	9	16	3	20	8	54	14	46	14	47	3	28	19	8
10	9	19	59	21	9	38	14	27	26	45	4	9	19	15
11	9	23	56	22	10	21	14	7	8 ♋	37	4	39	18	31
12	9	27	52	23	11	2	13	47	20	28	4	57	16	59
13	9	31	49	24	11	41	13	27	2 ♌	20	5	2	14	44
14	9	35	45	25	12	19	13	7	14	15	4	54	11	52
15	9	39	42	26	12	55	12	47	26	15	4	32	8	29
16	9	43	38	27	13	30	12	26	8 ♍	21	3	59	4	45
17	9	47	35	28	14	4	12	5	20	33	3	14	0	46
18	9	51	32	29	14	36	11	44	2 ♎	54	2	19	3 S	17
19	9	55	28	0 ♓	15	7	11	23	15	24	1	17	7	15
20	9	59	25	1	15	37	11	1	28	5	0	10	10	57
21	10	3	21	2	16	5	10	40	11 ♏	2	0 N	59	14	12
22	10	7	18	3	16	32	10	18	24	16	2	6	16	48
23	10	11	14	4	16	58	9	56	7 ♐	50	3	9	18	31
24	10	15	11	5	17	22	9	34	21	47	4	1	19	10
25	10	19	7	6	17	45	9	12	6 ♑	5	4	40	18	38
26	10	23	4	7	18	6	8	50	20	45	5	2	16	51
27	10	27	1	8	18	26	8	27	5 ♒	39	5	5	13	56
28	10	30	57	9	18	44	8	5	20	40	4	46	10	5

Day	♆ Lat.		♆ Decl.		♅ Lat.		♅ Decl.		♄ Lat.		♄ Decl.		♃ Lat.		♃ Decl.		♂ Lat.	
	°	′	°	′	°	′	°	′	°	′	°	′	°	′	°	′	°	′
1	0 S	40	10 S	35	0 S	40	3 N	8	2 N	15	16 S	14	0 N	12	23 N	4	2 N	32
4	0	40	10	33	0	40	3	10	2	16	16	15	0	12	23	6	2	34
7	0	40	10	30	0	40	3	13	2	17	16	17	0	12	23	8	2	36
10	0	40	10	28	0	40	3	16	2	17	16	18	0	13	23	9	2	38
13	0	40	10	26	0	40	3	19	2	18	16	19	0	13	23	11	2	40
16	0	40	10	23	0	40	3	23	2	18	16	19	0	13	23	12	2	42
19	0	40	10	21	0	40	3	26	2	19	16	20	0	13	23	13	2	44
22	0	40	10	18	0	40	3	29	2	20	16	20	0	14	23	14	2	46
25	0	40	10	16	0	39	3	33	2	20	16	20	0	14	23	15	2	48
28	0	40	10	13	0	39	3	36	2	21	16	19	0	14	23	16	2	49

FEBRUAR 2014

Day	♆ Long.	♅ Long.	♄ Long.	♃ Long.	♂ Long.	♀ Long.	☿ Long.	♇ Long.
	° ′	° ′	° ′	° ′	° ′	° ′	° ′	° ′
1	4 ♓ 13	9 ♈ 27	22 ♏ 34	12 ♋ 13	23 ♌ 9	13 ♑ 35	0 ♓ 23	12 ♑ 19
2	4 15	9 29	22 37	12 R 7	23 26	13 36	1 16	12 21
3	4 17	9 31	22 40	12 1	23 42	13 40	2 0	12 23
4	4 20	9 34	22 43	11 56	23 58	13 46	2 35	12 25
5	4 22	9 36	22 45	11 50	24 13	13 55	3 1	12 26
6	4 24	9 38	22 48	11 45	24 28	14 5	3 16	12 28
7	4 26	9 41	22 50	11 39	24 42	14 18	3 20	12 30
8	4 28	9 43	22 53	11 34	24 56	14 33	3 R 14	12 32
9	4 31	9 46	22 55	11 29	25 9	14 50	2 57	12 34
10	4 33	9 48	22 57	11 25	25 22	15 9	2 29	12 35
11	4 35	9 51	22 59	11 20	25 34	15 30	1 51	12 37
12	4 37	9 53	23 1	11 16	25 46	15 53	1 3	12 39
13	4 40	9 56	23 3	11 11	25 57	16 17	0 9	12 40
14	4 42	9 58	23 5	11 7	26 7	16 44	29 ♒ 8	12 42
15	4 44	10 1	23 6	11 3	26 17	17 12	28 2	12 44
16	4 46	10 4	23 8	11 0	26 27	17 41	26 54	12 45
17	4 49	10 6	23 9	10 56	26 36	18 12	25 45	12 47
18	4 51	10 9	23 11	10 53	26 44	18 45	24 37	12 49
19	4 53	10 12	23 12	10 50	26 52	19 19	23 32	12 50
20	4 55	10 15	23 13	10 47	26 59	19 54	22 30	12 52
21	4 58	10 18	23 14	10 44	27 5	20 31	21 34	12 53
22	5 0	10 21	23 15	10 42	27 11	21 9	20 44	12 55
23	5 2	10 23	23 16	10 39	27 16	21 48	20 0	12 56
24	5 5	10 26	23 17	10 37	27 20	22 28	19 24	12 58
25	5 7	10 29	23 17	10 35	27 24	23 10	18 55	12 59
26	5 9	10 32	23 18	10 33	27 27	23 52	18 33	13 0
27	5 11	10 35	23 18	10 32	27 29	24 36	18 18	13 2
28	5 14	10 38	23 19	10 30	27 31	25 21	18 11	13 3

Day	♂ Decl.	♀ Lat.	♀ Decl.	☿ Lat.	☿ Decl.	♇ Lat.	♇ Decl.	☊
	° ′	° ′	° ′	° ′	° ′	° ′	° ′	° ′
1	6 S 38	6 N 56	15 S 51	0 N 25	10 S 57	2 N 41	20 S 12	2 ♏ 37
4	6 54	6 49	15 57	1 13	9 25	2 41	20 12	2 28
7	7 8	6 38	16 5	2 4	8 21	2 40	20 11	2 18
10	7 21	6 24	16 13	2 51	7 56	2 40	20 11	2 9
13	7 32	6 9	16 21	3 26	8 12	2 40	20 11	1 59
16	7 41	5 51	16 28	3 42	9 3	2 40	20 10	1 50
19	7 48	5 33	16 33	3 38	10 14	2 40	20 10	1 40
22	7 53	5 13	16 37	3 16	11 29	2 40	20 10	1 31
25	7 56	4 53	16 38	2 42	12 35	2 40	20 9	1 21
28	7 58	4 32	16 37	2 3	13 26	2 40	20 9	1 12

2014 MÄRZ

Day	Sidereal Time H	M	S	☉ Long. °	′	″	☉ Decl. °	′	☽ Long. °	′	☽ Lat. °	′	☽ Decl. °	′
1	10	34	54	10 ♓	19	1	7 S	42	5 ♓	40	4 N	8	5 S	35
2	10	38	50	11	19	15	7	19	20	29	3	13	0	49
3	10	42	47	12	19	28	6	56	4 ♈	59	2	7	3 N	55
4	10	46	43	13	19	39	6	33	19	3	0	55	8	18
5	10	50	40	14	19	49	6	10	2 ♉	41	0 S	19	12	6
6	10	54	36	15	19	56	5	47	15	51	1	29	15	10
7	10	58	33	16	20	1	5	23	28	37	2	33	17	22
8	11	2	30	17	20	4	5	0	11 ♊	3	3	27	18	41
9	11	6	26	18	20	4	4	37	23	12	4	11	19	5
10	11	10	23	19	20	3	4	13	5 ♋	11	4	43	18	37
11	11	14	19	20	20	0	3	50	17	4	5	3	17	20
12	11	18	16	21	19	54	3	26	28	55	5	10	15	19
13	11	22	12	22	19	46	3	3	10 ♌	49	5	4	12	39
14	11	26	9	23	19	36	2	39	22	48	4	44	9	26
15	11	30	5	24	19	24	2	15	4 ♍	54	4	11	5	49
16	11	34	2	25	19	10	1	52	17	10	3	27	1	54
17	11	37	59	26	18	55	1	28	29	36	2	31	2 S	9
18	11	41	55	27	18	37	1	4	12 ♎	13	1	28	6	10
19	11	45	52	28	18	17	0	40	25	1	0	19	9	59
20	11	49	48	29	17	55	0	17	8 ♏	2	0 N	52	13	22
21	11	53	45	0 ♈	17	32	0 N	7	21	15	2	1	16	7
22	11	57	41	1	17	7	0	31	4 ♐	41	3	6	18	2
23	12	1	38	2	16	40	0	54	18	22	4	0	18	56
24	12	5	34	3	16	11	1	18	2 ♑	18	4	42	18	43
25	12	9	31	4	15	40	1	42	16	27	5	7	17	20
26	12	13	28	5	15	8	2	5	0 ♒	48	5	14	14	52
27	12	17	24	6	14	34	2	29	15	18	5	1	11	27
28	12	21	21	7	13	58	2	52	29	53	4	29	7	19
29	12	25	17	8	13	20	3	16	14 ♓	26	3	39	2	46
30	12	29	14	9	12	40	3	39	28	51	2	36	1 N	55
31	12	33	10	10	11	58	4	2	13 ♈	3	1	23	6	26

Day	♆ Lat. °	′	♆ Decl. °	′	♅ Lat. °	′	♅ Decl. °	′	♄ Lat. °	′	♄ Decl. °	′	♃ Lat. °	′	♃ Decl. °	′	♂ Lat. °	′
1	0 S	40	10 S	12	0 S	39	3 N	38	2 N	21	16 S	19	0 N	14	23 N	16	2 N	49
4	0	40	10	10	0	39	3	41	2	22	16	19	0	15	23	16	2	50
7	0	41	10	7	0	39	3	45	2	22	16	18	0	15	23	16	2	51
10	0	41	10	5	0	39	3	49	2	23	16	17	0	15	23	17	2	51
13	0	41	10	3	0	39	3	53	2	24	16	16	0	15	23	17	2	52
16	0	41	10	0	0	39	3	57	2	24	16	14	0	15	23	16	2	51
19	0	41	9	58	0	39	4	1	2	25	16	13	0	16	23	16	2	50
22	0	41	9	56	0	39	4	5	2	25	16	11	0	16	23	16	2	49
25	0	41	9	53	0	39	4	9	2	26	16	9	0	16	23	15	2	47
28	0	41	9	51	0	39	4	13	2	26	16	7	0	16	23	14	2	45
31	0	41	9	49	0	39	4	17	2	27	16	4	0	16	23	13	2	41

MÄRZ 2014

Day	♆ Long.	♅ Long.	♄ Long.	♃ Long.	♂ Long.	♀ Long.	☿ Long.	♇ Long.
	° ′	° ′	° ′	° ′	° ′	° ′	° ′	° ′
1	5 ♓ 16	10 ♈ 41	23 ♏ 19	10 ♋ 29	27 ♎ 31	26 ♑ 6	18 ♒ 10	13 ♑ 4
2	5 18	10 44	23 19	10 R 28	27 32	26 53	18 16	13 6
3	5 21	10 48	23 19	10 28	27 R 31	27 40	18 28	13 7
4	5 23	10 51	23 R 19	10 27	27 30	28 28	18 46	13 8
5	5 25	10 54	23 19	10 27	27 28	29 17	19 9	13 10
6	5 27	10 57	23 18	10 26	27 25	0 ♒ 7	19 37	13 11
7	5 30	11 0	23 18	10 D 26	27 21	0 57	20 10	13 12
8	5 32	11 3	23 18	10 27	27 17	1 48	20 48	13 13
9	5 34	11 7	23 17	10 27	27 12	2 40	21 29	13 14
10	5 36	11 10	23 16	10 28	27 6	3 33	22 14	13 15
11	5 39	11 13	23 16	10 28	26 59	4 26	23 3	13 16
12	5 41	11 16	23 15	10 29	26 52	5 20	23 55	13 17
13	5 43	11 20	23 14	10 31	26 43	6 14	24 50	13 18
14	5 45	11 23	23 13	10 32	26 34	7 9	25 48	13 19
15	5 47	11 26	23 11	10 34	26 25	8 4	26 48	13 20
16	5 50	11 30	23 10	10 35	26 14	9 0	27 51	13 21
17	5 52	11 33	23 9	10 37	26 3	9 57	28 57	13 22
18	5 54	11 36	23 7	10 39	25 51	10 54	0 ♓ 5	13 23
19	5 56	11 40	23 6	10 42	25 38	11 51	1 15	13 24
20	5 58	11 43	23 4	10 44	25 24	12 49	2 27	13 25
21	6 0	11 46	23 2	10 47	25 10	13 48	3 41	13 25
22	6 2	11 50	23 0	10 50	24 55	14 46	4 57	13 26
23	6 5	11 53	22 58	10 53	24 40	15 46	6 15	13 27
24	6 7	11 56	22 56	10 56	24 23	16 45	7 35	13 28
25	6 9	12 0	22 54	11 0	24 6	17 45	8 56	13 28
26	6 11	12 3	22 52	11 3	23 49	18 45	10 19	13 29
27	6 13	12 7	22 50	11 7	23 30	19 46	11 44	13 30
28	6 15	12 10	22 47	11 11	23 12	20 47	13 10	13 30
29	6 17	12 14	22 45	11 15	22 52	21 48	14 38	13 31
30	6 19	12 17	22 42	11 19	22 32	22 50	16 7	13 31
31	6 21	12 20	22 40	11 24	22 12	23 52	17 38	13 32

Day	♂ Decl.	♀ Lat.	♀ Decl.	☿ Lat.	☿ Decl.	♇ Lat.	♇ Decl.	☊
	° ′	° ′	° ′	° ′	° ′	° ′	° ′	° ′
1	7 S 57	4 N 25	16 S 35	1 N 49	13 S 39	2 N 40	20 S 9	1 ♏ 8
4	7 56	4 4	16 29	1 9	14 6	2 40	20 9	0 59
7	7 52	3 42	16 19	0 31	14 16	2 40	20 8	0 49
10	7 46	3 21	16 6	0 S 4	14 10	2 40	20 8	0 40
13	7 38	3 1	15 48	0 36	13 49	2 40	20 8	0 30
16	7 28	2 40	15 26	1 4	13 13	2 40	20 7	0 21
19	7 16	2 20	15 0	1 27	12 24	2 40	20 7	0 11
22	7 1	2 0	14 29	1 47	11 21	2 40	20 7	0 2
25	6 45	1 41	13 55	2 3	10 7	2 40	20 7	29 52
28	6 28	1 22	13 16	2 15	8 41	2 40	20 7	29 43
31	6 9	1 4	12 33	2 22	7 4	2 40	20 6	29 33

2014 APRIL

Day	Sidereal Time	☉ Long.	☉ Decl.	☽ Long.	☽ Lat.	☽ Decl.
	H M S	° ′ ″	° ′	° ′	° ′	° ′
1	12 37 7	11 ♈ 11 14	4 N 26	26 ♈ 57	0 N 8	10 N 30
2	12 41 3	12 10 28	4 49	10 ♉ 29	1 S 7	13 55
3	12 45 0	13 9 40	5 12	23 39	2 15	16 30
4	12 48 57	14 8 50	5 35	6 ♊ 28	3 15	18 11
5	12 52 53	15 7 58	5 58	18 57	4 5	18 55
6	12 56 50	16 7 3	6 20	1 ♋ 10	4 41	18 44
7	13 0 46	17 6 6	6 43	13 12	5 5	17 43
8	13 4 43	18 5 7	7 6	25 7	5 16	15 56
9	13 8 39	19 4 5	7 28	7 ♌ 0	5 13	13 28
10	13 12 36	20 3 1	7 50	18 55	4 57	10 27
11	13 16 32	21 1 55	8 12	0 ♍ 56	4 27	6 58
12	13 20 29	22 0 47	8 34	13 7	3 45	3 10
13	13 24 26	22 59 36	8 56	25 31	2 52	0 S 51
14	13 28 22	23 58 24	9 18	8 ♎ 9	1 50	4 55
15	13 32 19	24 57 9	9 40	21 3	0 40	8 50
16	13 36 15	25 55 53	10 1	4 ♏ 14	0 N 33	12 25
17	13 40 12	26 54 35	10 22	17 39	1 45	15 25
18	13 44 8	27 53 14	10 43	1 ♐ 17	2 53	17 36
19	13 48 5	28 51 52	11 4	15 8	3 51	18 47
20	13 52 1	29 50 29	11 25	29 8	4 37	18 49
21	13 55 58	0 ♉ 49 3	11 45	13 ♑ 15	5 6	17 42
22	13 59 54	1 47 36	12 6	27 26	5 17	15 29
23	14 3 51	2 46 8	12 26	11 ♒ 40	5 9	12 20
24	14 7 48	3 44 37	12 46	25 54	4 41	8 28
25	14 11 44	4 43 5	13 6	10 ♓ 4	3 57	4 8
26	14 15 41	5 41 32	13 25	24 9	2 59	0 N 25
27	14 19 37	6 39 57	13 44	8 ♈ 5	1 50	4 54
28	14 23 34	7 38 20	14 3	21 51	0 36	9 4
29	14 27 30	8 36 41	14 22	5 ♉ 22	0 S 39	12 42
30	14 31 27	9 35 1	14 41	18 38	1 50	15 37

Day	♆ Lat.	♆ Decl.	♅ Lat.	♅ Decl.	♄ Lat.	♄ Decl.	♃ Lat.	♃ Decl.	♂ Lat.
	° ′	° ′	° ′	° ′	° ′	° ′	° ′	° ′	° ′
1	0 S 41	9 S 48	0 S 39	4 N 18	2 N 27	16 S 3	0 N 17	23 N 13	2 N 40
4	0 41	9 46	0 39	4 22	2 27	16 1	0 17	23 12	2 36
7	0 41	9 44	0 39	4 26	2 28	15 58	0 17	23 11	2 31
10	0 41	9 42	0 39	4 30	2 28	15 55	0 17	23 9	2 26
13	0 41	9 40	0 39	4 34	2 28	15 52	0 17	23 8	2 20
16	0 41	9 39	0 39	4 38	2 29	15 49	0 17	23 6	2 14
19	0 41	9 37	0 39	4 42	2 29	15 46	0 18	23 4	2 7
22	0 41	9 35	0 39	4 46	2 29	15 42	0 18	23 2	1 59
25	0 42	9 34	0 39	4 49	2 29	15 39	0 18	22 59	1 52
28	0 42	9 32	0 39	4 53	2 29	15 36	0 18	22 57	1 44

APRIL 2014

Day	♆ Long.	♅ Long.	♄ Long.	♃ Long.	♂ Long.	♀ Long.	☿ Long.	♇ Long.
	° ′	° ′	° ′	° ′	° ′	° ′	° ′	° ′
1	6 ♓ 23	12 ♈ 24	22 ♏ 37	11 ♋ 29	21 ♌ 51	24 ♒ 54	19 ♓ 10	13 ♑ 32
2	6 25	12 27	22 R 34	11 33	21 R 30	25 57	20 44	13 33
3	6 27	12 31	22 31	11 38	21 9	27 0	22 19	13 33
4	6 29	12 34	22 28	11 44	20 47	28 3	23 55	13 33
5	6 30	12 38	22 25	11 49	20 24	29 6	25 33	13 34
6	6 32	12 41	22 22	11 54	20 2	0 ♓ 10	27 13	13 34
7	6 34	12 44	22 19	12 0	19 39	1 13	28 54	13 34
8	6 36	12 48	22 15	12 6	19 16	2 17	0 ♈ 36	13 34
9	6 38	12 51	22 12	12 12	18 54	3 22	2 20	13 35
10	6 40	12 55	22 9	12 18	18 31	4 26	4 6	13 35
11	6 41	12 58	22 5	12 24	18 7	5 31	5 53	13 35
12	6 43	13 1	22 2	12 31	17 44	6 36	7 41	13 35
13	6 45	13 5	21 58	12 37	17 22	7 41	9 31	13 35
14	6 46	13 8	21 54	12 44	16 59	8 46	11 22	13 35
15	6 48	13 12	21 51	12 51	16 36	9 52	13 15	13 35
16	6 50	13 15	21 47	12 58	16 13	10 57	15 10	13 R 35
17	6 51	13 18	21 43	13 5	15 51	12 3	17 6	13 35
18	6 53	13 22	21 39	13 12	15 29	13 9	19 3	13 35
19	6 55	13 25	21 35	13 19	15 7	14 15	21 2	13 35
20	6 56	13 28	21 31	13 27	14 46	15 21	23 3	13 35
21	6 58	13 32	21 27	13 35	14 25	16 28	25 5	13 35
22	6 59	13 35	21 23	13 42	14 5	17 35	27 8	13 34
23	7 1	13 38	21 19	13 50	13 44	18 41	29 12	13 34
24	7 2	13 42	21 15	13 58	13 25	19 48	1 ♉ 18	13 34
25	7 4	13 45	21 11	14 7	13 6	20 55	3 24	13 34
26	7 5	13 48	21 6	14 15	12 47	22 2	5 32	13 33
27	7 6	13 51	21 2	14 23	12 29	23 10	7 40	13 33
28	7 8	13 55	20 58	14 32	12 12	24 17	9 49	13 32
29	7 9	13 58	20 53	14 41	11 56	25 25	11 58	13 32
30	7 10	14 1	20 49	14 49	11 40	26 33	14 7	13 32

Day	♂ Decl.	♀ Lat.	♀ Decl.	☿ Lat.	☿ Decl.	♇ Lat.	♇ Decl.	☊
	° ′	° ′	° ′	° ′	° ′	° ′	° ′	° ′
1	6 S 2	0 N 58	12 S 18	2 S 24	6 S 29	2 N 40	20 S 6	29 ♎ 30
4	5 42	0 41	11 31	2 25	4 38	2 40	20 6	29 20
7	5 21	0 25	10 39	2 23	2 37	2 40	20 6	29 11
10	5 0	0 9	9 45	2 15	0 27	2 40	20 6	29 1
13	4 39	0 S 6	8 47	2 4	1 N 52	2 40	20 6	28 52
16	4 19	0 20	7 46	1 48	4 19	2 40	20 6	28 42
19	4 0	0 33	6 42	1 27	6 52	2 40	20 6	28 33
22	3 43	0 45	5 36	1 2	9 29	2 40	20 6	28 23
25	3 27	0 56	4 28	0 34	12 7	2 40	20 6	28 14
28	3 14	1 7	3 17	0 3	14 42	2 40	20 6	28 4

2014 MAI

Day	Sidereal Time	☉ Long.	☉ Decl.	☽ Long.	☽ Lat.	☽ Decl.
	H M S	° ′ ″	° ′	° ′	° ′	° ′
1	14 35 23	10 ♉ 33 18	14 N 59	1 ♊ 38	2 S 54	17 N 39
2	14 39 20	11 31 34	15 17	14 21	3 48	18 45
3	14 43 17	12 29 48	15 35	26 48	4 29	18 55
4	14 47 13	13 28 0	15 53	9 ♋ 2	4 58	18 10
5	14 51 10	14 26 11	16 10	21 4	5 13	16 38
6	14 55 6	15 24 19	16 27	3 ♌ 0	5 14	14 23
7	14 59 3	16 22 25	16 44	14 53	5 2	11 33
8	15 2 59	17 20 30	17 0	26 48	4 37	8 14
9	15 6 56	18 18 32	17 17	8 ♍ 49	4 0	4 33
10	15 10 52	19 16 33	17 33	21 2	3 11	0 38
11	15 14 49	20 14 32	17 48	3 ♎ 29	2 13	3 S 25
12	15 18 46	21 12 29	18 4	16 15	1 6	7 24
13	15 22 42	22 10 24	18 19	29 22	0 N 6	11 9
14	15 26 39	23 8 18	18 33	12 ♏ 50	1 19	14 26
15	15 30 35	24 6 10	18 48	26 39	2 30	16 59
16	15 34 32	25 4 1	19 2	10 ♐ 45	3 32	18 33
17	15 38 28	26 1 51	19 16	25 4	4 20	18 58
18	15 42 25	26 59 39	19 29	9 ♑ 30	4 57	18 10
19	15 46 21	27 57 26	19 42	23 59	5 12	16 11
20	15 50 18	28 55 11	19 55	8 ♒ 24	5 5	13 12
21	15 54 15	29 52 56	20 7	22 43	4 44	9 28
22	15 58 11	0 ♊ 50 40	20 19	6 ♓ 51	4 4	5 13
23	16 2 8	1 48 22	20 31	20 48	3 9	0 45
24	16 6 4	2 46 4	20 43	4 ♈ 32	2 5	3 N 43
25	16 10 1	3 43 44	20 54	18 4	0 54	7 55
26	16 13 57	4 41 23	21 4	1 ♉ 23	0 S 18	11 40
27	16 17 54	5 39 2	21 15	14 31	1 28	14 47
28	16 21 50	6 36 39	21 25	27 26	2 33	17 6
29	16 25 47	7 34 15	21 34	10 ♊ 9	3 29	18 32
30	16 29 44	8 31 50	21 43	22 40	4 13	19 1
31	16 33 40	9 29 24	21 52	4 ♋ 59	4 45	18 36

Day	♆ Lat.	♆ Decl.	♅ Lat.	♅ Decl.	♄ Lat.	♄ Decl.	♃ Lat.	♃ Decl.	♂ Lat.
	° ′	° ′	° ′	° ′	° ′	° ′	° ′	° ′	° ′
1	0 S 42	9 S 31	0 S 39	4 N 57	2 N 29	15 S 32	0 N 18	22 N 54	1 N 36
4	0 42	9 30	0 39	5 1	2 29	15 29	0 18	22 51	1 28
7	0 42	9 28	0 39	5 4	2 29	15 25	0 19	22 48	1 20
10	0 42	9 27	0 39	5 7	2 29	15 22	0 19	22 45	1 12
13	0 42	9 26	0 39	5 11	2 29	15 18	0 19	22 41	1 5
16	0 42	9 26	0 39	5 14	2 29	15 15	0 19	22 37	0 57
19	0 42	9 25	0 39	5 17	2 29	15 11	0 19	22 33	0 50
22	0 42	9 24	0 39	5 20	2 28	15 8	0 19	22 29	0 43
25	0 43	9 24	0 39	5 23	2 28	15 5	0 20	22 25	0 36
28	0 43	9 23	0 39	5 26	2 28	15 2	0 20	22 20	0 29
31	0 43	9 23	0 39	5 29	2 27	14 59	0 20	22 15	0 23

MAI 2014

Day	♆ Long.	♅ Long.	♄ Long.	♃ Long.	♂ Long.	♀ Long.	☿ Long.	♇ Long.
	° ′	° ′	° ′	° ′	° ′	° ′	° ′	° ′
1	7 ♓ 12	14 ♈ 4	20 ♏ 45	14 ♋ 58	11 ♎ 24	27 ♓ 40	16 ♉ 16	13 ♑ 31
2	7 13	14 7	20 R 40	15 7	11 R 10	28 48	18 24	13 R 31
3	7 14	14 10	20 36	15 16	10 56	29 56	20 32	13 30
4	7 15	14 13	20 31	15 26	10 43	1 ♈ 4	22 38	13 30
5	7 16	14 17	20 27	15 35	10 31	2 13	24 42	13 29
6	7 18	14 20	20 22	15 45	10 19	3 21	26 45	13 28
7	7 19	14 23	20 18	15 54	10 8	4 29	28 46	13 28
8	7 20	14 26	20 13	16 4	9 58	5 38	0 ♊ 45	13 27
9	7 21	14 29	20 9	16 14	9 49	6 47	2 41	13 26
10	7 22	14 32	20 4	16 23	9 41	7 55	4 35	13 26
11	7 23	14 35	20 0	16 33	9 33	9 4	6 26	13 25
12	7 24	14 37	19 55	16 43	9 27	10 13	8 13	13 24
13	7 25	14 40	19 51	16 54	9 21	11 22	9 58	13 23
14	7 25	14 43	19 46	17 4	9 15	12 31	11 39	13 22
15	7 26	14 46	19 42	17 14	9 11	13 40	13 17	13 22
16	7 27	14 49	19 37	17 25	9 8	14 49	14 51	13 21
17	7 28	14 52	19 33	17 35	9 5	15 58	16 22	13 20
18	7 29	14 54	19 28	17 46	9 3	17 8	17 50	13 19
19	7 29	14 57	19 24	17 56	9 2	18 17	19 14	13 18
20	7 30	15 0	19 20	18 7	9 1	19 27	20 34	13 17
21	7 31	15 2	19 15	18 18	9 D 2	20 36	21 51	13 16
22	7 31	15 5	19 11	18 29	9 3	21 46	23 4	13 15
23	7 32	15 8	19 6	18 40	9 5	22 55	24 13	13 14
24	7 33	15 10	19 2	18 51	9 7	24 5	25 18	13 13
25	7 33	15 13	18 58	19 2	9 11	25 15	26 20	13 12
26	7 34	15 15	18 54	19 14	9 15	26 25	27 17	13 11
27	7 34	15 18	18 49	19 25	9 20	27 35	28 10	13 9
28	7 34	15 20	18 45	19 36	9 25	28 45	29 0	13 8
29	7 35	15 23	18 41	19 48	9 31	29 55	29 45	13 7
30	7 35	15 25	18 37	19 59	9 38	1 ♉ 5	0 ♋ 25	13 6
31	7 36	15 27	18 33	20 11	9 46	2 15	1 2	13 5

Day	♂ Decl.	♀ Lat.	♀ Decl.	☿ Lat.	☿ Decl.	♇ Lat.	♇ Decl.	☊
	° ′	° ′	° ′	° ′	° ′	° ′	° ′	° ′
1	3 S 2	1 S 16	2 S 6	0 N 29	17 N 10	2 N 40	20 S 6	27 ♎ 55
4	2 53	1 25	0 52	1 0	19 24	2 40	20 6	27 45
7	2 47	1 33	0 N 22	1 28	21 19	2 40	20 6	27 36
10	2 44	1 39	1 37	1 52	22 53	2 40	20 7	27 26
13	2 43	1 45	2 53	2 9	24 4	2 40	20 7	27 16
16	2 45	1 50	4 9	2 19	24 53	2 40	20 7	27 7
19	2 49	1 54	5 25	2 22	25 22	2 40	20 7	26 57
22	2 56	1 57	6 40	2 17	25 32	2 40	20 8	26 48
25	3 5	1 59	7 55	2 4	25 27	2 40	20 8	26 38
28	3 17	2 0	9 9	1 42	25 8	2 40	20 8	26 29
31	3 31	2 1	10 22	1 13	24 39	2 40	20 9	26 19

2014 JUNI

Day	Sidereal Time			☉ Long.			☉ Decl.		☽ Long.			☽ Lat.			☽ Decl.	
	H	M	S	°	′	″	°	′	°	′		°	′		°	′
1	16	37	37	10 ♊ 26	56		22 N	1	17 ♋	8		5 S	4		17 N	19
2	16	41	33	11	24	28	22	9	29	8		5	8		15	18
3	16	45	30	12	21	58	22	16	11 ♌	2		5	0		12	39
4	16	49	26	13	19	27	22	24	22	54		4	38		9	30
5	16	53	23	14	16	55	22	31	4 ♍ 47			4	5		5	57
6	16	57	19	15	14	21	22	37	16	46		3	21		2	8
7	17	1	16	16	11	46	22	43	28	57		2	26		1 S	49
8	17	5	13	17	9	11	22	49	11 ♎ 24			1	24		5	48
9	17	9	9	18	6	34	22	54	24	12		0	16		9	38
10	17	13	6	19	3	56	22	59	7 ♏ 23			0 N	54		13	7
11	17	17	2	20	1	17	23	4	21	1		2	4		16	1
12	17	20	59	20	58	37	23	8	5 ♐ 5			3	9		18	3
13	17	24	55	21	55	56	23	11	19	32		4	3		18	59
14	17	28	52	22	53	15	23	15	4 ♑ 15			4	42		18	41
15	17	32	48	23	50	33	23	18	19	8		5	2		17	5
16	17	36	45	24	47	51	23	20	4 ♒ 2			5	2		14	21
17	17	40	42	25	45	8	23	22	18	48		4	42		10	43
18	17	44	38	26	42	24	23	24	3 ♓ 20			4	4		6	29
19	17	48	35	27	39	41	23	25	17	34		3	12		1	58
20	17	52	31	28	36	57	23	26	1 ♈ 28			2	9		2 N	33
21	17	56	28	29	34	13	23	26	15	2		1	0		6	51
22	18	0	24	0 ♋ 31	29		23	26	28	19		0 S	10		10	43
23	18	4	21	1	28	44	23	26	11 ♉ 21			1	19		13	59
24	18	8	17	2	26	0	23	25	24	8		2	22		16	31
25	18	12	14	3	23	15	23	23	6 ♊ 45			3	17		18	12
26	18	16	11	4	20	30	23	22	19	11		4	2		18	59
27	18	20	7	5	17	45	23	20	1 ♋ 28			4	35		18	51
28	18	24	4	6	14	59	23	17	13	37		4	55		17	51
29	18	28	0	7	12	14	23	14	25	39		5	2		16	4
30	18	31	57	8	9	28	23	11	7 ♌ 35			4	55		13	37

Day	♆ Lat.	♆ Decl.	♅ Lat.	♅ Decl.	♄ Lat.	♄ Decl.	♃ Lat.	♃ Decl.	♂ Lat.
	° ′	° ′	° ′	° ′	° ′	° ′	° ′	° ′	° ′
1	0 S 43	9 S 23	0 S 40	5 N 30	2 N 27	14 S 58	0 N 20	22 N 13	0 N 21
4	0 43	9 23	0 40	5 32	2 27	14 55	0 20	22 8	0 15
7	0 43	9 23	0 40	5 34	2 26	14 52	0 20	22 3	0 9
10	0 43	9 23	0 40	5 37	2 26	14 50	0 21	21 57	0 3
13	0 43	9 23	0 40	5 39	2 25	14 48	0 21	21 51	0 S 2
16	0 43	9 23	0 40	5 41	2 25	14 46	0 21	21 45	0 7
19	0 43	9 23	0 40	5 42	2 24	14 44	0 21	21 39	0 12
22	0 43	9 24	0 40	5 44	2 24	14 42	0 21	21 32	0 17
25	0 44	9 24	0 40	5 46	2 23	14 40	0 21	21 25	0 21
28	0 44	9 25	0 40	5 47	2 22	14 39	0 22	21 19	0 25

JUNI 2014

Day	♆ Long.	♅ Long.	♄ Long.	♃ Long.	♂ Long.	♀ Long.	☿ Long.	♇ Long.
	° ′	° ′	° ′	° ′	° ′	° ′	° ′	° ′
1	7 ♓ 36	15 ♈ 30	18 ♏ 29	20 ♋ 23	9 ♎ 54	3 ♉ 26	1 ♋ 34	13 ♑ 3
2	7 36	15 32	18 R 25	20 34	10 3	4 36	2 2	13 R 2
3	7 36	15 34	18 21	20 46	10 12	5 46	2 25	13 1
4	7 37	15 36	18 17	20 58	10 23	6 57	2 43	13 0
5	7 37	15 38	18 13	21 10	10 34	8 7	2 57	12 58
6	7 37	15 41	18 9	21 22	10 45	9 18	3 6	12 57
7	7 37	15 43	18 6	21 34	10 57	10 28	3 11	12 56
8	7 37	15 45	18 2	21 46	11 10	11 39	3 R 11	12 54
9	7 37	15 47	17 58	21 58	11 23	12 49	3 6	12 53
10	7 37	15 49	17 55	22 10	11 37	14 0	2 57	12 52
11	7 R 37	15 51	17 51	22 23	11 51	15 11	2 44	12 50
12	7 37	15 52	17 48	22 35	12 6	16 21	2 27	12 49
13	7 37	15 54	17 45	22 47	12 22	17 32	2 7	12 47
14	7 37	15 56	17 41	23 0	12 38	18 43	1 43	12 46
15	7 37	15 58	17 38	23 12	12 54	19 54	1 16	12 44
16	7 37	16 0	17 35	23 25	13 11	21 5	0 46	12 43
17	7 36	16 1	17 32	23 37	13 29	22 16	0 15	12 42
18	7 36	16 3	17 29	23 50	13 47	23 27	29 ♊ 42	12 40
19	7 36	16 4	17 26	24 2	14 5	24 38	29 8	12 39
20	7 35	16 6	17 23	24 15	14 24	25 49	28 33	12 37
21	7 35	16 7	17 20	24 28	14 43	27 0	27 59	12 36
22	7 35	16 9	17 18	24 40	15 3	28 12	27 26	12 34
23	7 34	16 10	17 15	24 53	15 24	29 23	26 54	12 33
24	7 34	16 12	17 13	25 6	15 44	0 ♊ 34	26 24	12 31
25	7 33	16 13	17 10	25 19	16 6	1 46	25 56	12 30
26	7 33	16 14	17 8	25 32	16 27	2 57	25 31	12 28
27	7 32	16 15	17 6	25 45	16 49	4 8	25 10	12 26
28	7 32	16 17	17 3	25 58	17 12	5 20	24 52	12 25
29	7 31	16 18	17 1	26 11	17 34	6 31	24 38	12 23
30	7 31	16 19	16 59	26 24	17 58	7 43	24 29	12 22

Day	♂ Decl.	♀ Lat.	♀ Decl.	☿ Lat.	☿ Decl.	♇ Lat.	♇ Decl.	☊
	° ′	° ′	° ′	° ′	° ′	° ′	° ′	° ′
1	3 S 36	2 S 1	10 N 46	1 N 2	24 N 28	2 N 40	20 S 9	26 ♎ 16
4	3 53	2 0	11 56	0 23	23 47	2 40	20 9	26 7
7	4 12	1 59	13 5	0 S 22	23 2	2 40	20 10	25 57
10	4 33	1 57	14 11	1 12	22 13	2 40	20 10	25 47
13	4 55	1 54	15 14	2 3	21 22	2 39	20 11	25 38
16	5 19	1 51	16 15	2 52	20 34	2 39	20 11	25 28
19	5 44	1 47	17 12	3 35	19 51	2 39	20 12	25 19
22	6 11	1 42	18 6	4 9	19 16	2 39	20 13	25 9
25	6 39	1 37	18 56	4 30	18 52	2 39	20 13	25 0
28	7 8	1 31	19 42	4 38	18 42	2 39	20 14	24 50

2014 JULI

Day	Sidereal Time	☉ Long.	☉ Decl.	☽ Long.	☽ Lat.	☽ Decl.
	H M S	° ′ ″	° ′	° ′	° ′	° ′
1	18 35 53	9 ♋ 6 41	23 N 7	19 ♌ 26	4 S 35	10 N 38
2	18 39 50	10 3 55	23 3	1 ♍ 16	4 4	7 13
3	18 43 46	11 1 8	22 59	13 8	3 22	3 31
4	18 47 43	11 58 21	22 54	25 6	2 31	0 S 21
5	18 51 40	12 55 33	22 48	7 ♎ 14	1 32	4 17
6	18 55 36	13 52 45	22 43	19 38	0 28	8 6
7	18 59 33	14 49 57	22 37	2 ♏ 22	0 N 40	11 40
8	19 3 29	15 47 9	22 30	15 32	1 47	14 47
9	19 7 26	16 44 21	22 23	29 10	2 51	17 11
10	19 11 22	17 41 32	22 16	13 ♐ 18	3 46	18 39
11	19 15 19	18 38 44	22 8	27 53	4 29	18 56
12	19 19 15	19 35 55	22 0	12 ♑ 50	4 54	17 56
13	19 23 12	20 33 7	21 52	28 0	5 0	15 40
14	19 27 9	21 30 19	21 43	13 ♒ 13	4 44	12 18
15	19 31 5	22 27 32	21 34	28 19	4 9	8 10
16	19 35 2	23 24 45	21 24	13 ♓ 7	3 17	3 36
17	19 38 58	24 21 59	21 14	27 33	2 13	1 N 4
18	19 42 55	25 19 13	21 4	11 ♈ 34	1 4	5 33
19	19 46 51	26 16 28	20 54	25 9	0 S 8	9 37
20	19 50 48	27 13 43	20 43	8 ♉ 22	1 17	13 5
21	19 54 44	28 10 59	20 31	21 15	2 20	15 49
22	19 58 41	29 8 16	20 20	3 ♊ 51	3 15	17 43
23	20 2 38	0 ♌ 5 34	20 8	16 15	4 0	18 45
24	20 6 34	1 2 53	19 55	28 29	4 33	18 53
25	20 10 31	2 0 12	19 43	10 ♋ 34	4 53	18 9
26	20 14 27	2 57 32	19 30	22 34	5 0	16 36
27	20 18 24	3 54 53	19 16	4 ♌ 30	4 54	14 22
28	20 22 20	4 52 14	19 3	16 22	4 35	11 33
29	20 26 17	5 49 37	18 49	28 12	4 4	8 16
30	20 30 13	6 46 59	18 34	10 ♍ 3	3 23	4 40
31	20 34 10	7 44 23	18 20	21 56	2 32	0 52

Day	♆ Lat.	♆ Decl.	♅ Lat.	♅ Decl.	♄ Lat.	♄ Decl.	♃ Lat.	♃ Decl.	♂ Lat.
	° ′	° ′	° ′	° ′	° ′	° ′	° ′	° ′	° ′
1	0 S 44	9 S 26	0 S 40	5 N 48	2 N 21	14 S 38	0 N 22	21 N 11	0 S 29
4	0 44	9 27	0 40	5 49	2 21	14 37	0 22	21 4	0 33
7	0 44	9 28	0 40	5 50	2 20	14 37	0 22	20 56	0 37
10	0 44	9 29	0 41	5 51	2 19	14 37	0 23	20 49	0 40
13	0 44	9 30	0 41	5 51	2 19	14 37	0 23	20 41	0 44
16	0 44	9 31	0 41	5 51	2 18	14 37	0 23	20 33	0 47
19	0 44	9 32	0 41	5 52	2 17	14 37	0 23	20 24	0 50
22	0 44	9 34	0 41	5 52	2 16	14 38	0 24	20 16	0 53
25	0 44	9 35	0 41	5 52	2 15	14 39	0 24	20 7	0 56
28	0 45	9 37	0 41	5 51	2 15	14 40	0 24	19 58	0 58
31	0 45	9 38	0 41	5 51	2 14	14 42	0 24	19 50	1 1

JULI 2014

Day	♆ Long.	♅ Long.	♄ Long.	♃ Long.	♂ Long.	♀ Long.	☿ Long.	♇ Long.
	° ′	° ′	° ′	° ′	° ′	° ′	° ′	° ′
1	7 ♓ 30	16 ♈ 20	16 ♏ 57	26 ♋ 37	18 ♎ 21	8 ♊ 55	24 ♊ 24	12 ♑ 20
2	7 R 29	16 21	16 R 56	26 50	18 45	10 6	24 R 24	12 R 19
3	7 29	16 22	16 54	27 3	19 9	11 18	24 D 29	12 17
4	7 28	16 23	16 52	27 16	19 34	12 30	24 38	12 16
5	7 27	16 24	16 51	27 29	19 59	13 41	24 53	12 14
6	7 26	16 24	16 49	27 42	20 25	14 53	25 12	12 13
7	7 26	16 25	16 48	27 55	20 50	16 5	25 37	12 11
8	7 25	16 26	16 46	28 9	21 16	17 17	26 7	12 9
9	7 24	16 27	16 45	28 22	21 43	18 29	26 41	12 8
10	7 23	16 27	16 44	28 35	22 10	19 41	27 21	12 6
11	7 22	16 28	16 43	28 48	22 37	20 53	28 6	12 5
12	7 21	16 28	16 42	29 1	23 4	22 5	28 55	12 3
13	7 20	16 29	16 41	29 15	23 32	23 17	29 49	12 2
14	7 19	16 29	16 41	29 28	24 0	24 29	0 ♋ 48	12 0
15	7 18	16 29	16 40	29 41	24 28	25 41	1 52	11 59
16	7 17	16 30	16 40	29 55	24 56	26 53	3 0	11 57
17	7 16	16 30	16 39	0 ♌ 8	25 25	28 5	4 13	11 56
18	7 15	16 30	16 39	0 21	25 54	29 18	5 31	11 54
19	7 14	16 30	16 39	0 35	26 24	0 ♋ 30	6 53	11 53
20	7 13	16 31	16 39	0 48	26 53	1 42	8 19	11 51
21	7 11	16 31	16 38	1 1	27 23	2 55	9 49	11 50
22	7 10	16 31	16 D 39	1 15	27 53	4 7	11 24	11 48
23	7 9	16 R 31	16 39	1 28	28 24	5 20	13 2	11 47
24	7 8	16 31	16 39	1 41	28 55	6 32	14 44	11 46
25	7 7	16 31	16 39	1 55	29 26	7 45	16 30	11 44
26	7 5	16 30	16 40	2 8	29 57	8 57	18 19	11 43
27	7 4	16 30	16 40	2 21	0 ♏ 28	10 10	20 11	11 41
28	7 3	16 30	16 41	2 35	1 0	11 23	22 6	11 40
29	7 1	16 30	16 42	2 48	1 32	12 36	24 4	11 39
30	7 0	16 29	16 43	3 1	2 4	13 48	26 3	11 37
31	6 59	16 29	16 44	3 15	2 36	15 1	28 4	11 36

Day	♂ Decl.	♀ Lat.	♀ Decl.	☿ Lat.	☿ Decl.	♇ Lat.	♇ Decl.	☊
	° ′	° ′	° ′	° ′	° ′	° ′	° ′	° ′
1	7 S 39	1 S 25	20 N 23	4 S 34	18 N 46	2 N 38	20 S 14	24 ♎ 41
4	8 10	1 18	21 0	4 18	19 2	2 38	20 15	24 31
7	8 42	1 11	21 32	3 53	19 29	2 38	20 16	24 22
10	9 15	1 4	21 59	3 21	20 4	2 38	20 16	24 12
13	9 49	0 56	22 20	2 44	20 42	2 37	20 17	24 3
16	10 23	0 48	22 36	2 4	21 20	2 37	20 18	23 53
19	10 58	0 40	22 46	1 23	21 53	2 37	20 19	23 44
22	11 33	0 32	22 50	0 42	22 15	2 36	20 19	23 34
25	12 8	0 24	22 48	0 3	22 22	2 36	20 20	23 25
28	12 44	0 16	22 41	0 N 31	22 8	2 36	20 21	23 15
31	13 20	0 8	22 28	1 0	21 32	2 35	20 21	23 5

2014 AUGUST

Day	Sidereal Time	☉ Long.	☉ Decl.	☽ Long.	☽ Lat.	☽ Decl.
	H M S	° ′ ″	° ′	° ′	° ′	° ′
1	20 38 6	8 ♌ 41 47	18 N 5	3 ♎ 55	1 S 34	3 S 0
2	20 42 3	9 39 11	17 50	16 4	0 31	6 48
3	20 46 0	10 36 37	17 34	28 27	0 N 35	10 23
4	20 49 56	11 34 3	17 19	11 ♏ 8	1 40	13 35
5	20 53 53	12 31 29	17 3	24 14	2 43	16 12
6	20 57 49	13 28 56	16 46	7 ♐ 46	3 39	18 0
7	21 1 46	14 26 24	16 30	21 48	4 23	18 48
8	21 5 42	15 23 53	16 13	6 ♑ 18	4 53	18 25
9	21 9 39	16 21 23	15 56	21 14	5 3	16 46
10	21 13 35	17 18 54	15 39	6 ♒ 26	4 53	13 56
11	21 17 32	18 16 25	15 21	21 45	4 22	10 7
12	21 21 29	19 13 58	15 3	7 ♓ 0	3 33	5 39
13	21 25 25	20 11 32	14 45	22 0	2 29	0 54
14	21 29 22	21 9 8	14 27	6 ♈ 38	1 17	3 N 48
15	21 33 18	22 6 44	14 8	20 49	0 1	8 9
16	21 37 15	23 4 23	13 49	4 ♉ 32	1 S 18	11 54
17	21 41 11	24 2 2	13 30	17 48	2 18	14 55
18	21 45 8	24 59 43	13 11	0 ♊ 41	3 16	17 6
19	21 49 4	25 57 26	12 52	13 15	4 3	18 22
20	21 53 1	26 55 10	12 32	25 33	4 37	18 45
21	21 56 58	27 52 56	12 12	7 ♋ 40	4 58	18 15
22	22 0 54	28 50 44	11 52	19 40	5 6	16 57
23	22 4 51	29 48 33	11 32	1 ♌ 40	5 1	14 55
24	22 8 47	0 ♍ 46 24	11 12	13 25	4 42	12 17
25	22 12 44	1 44 16	10 51	25 16	4 12	9 9
26	22 16 40	2 42 10	10 31	7 ♍ 8	3 30	5 38
27	22 20 37	3 40 5	10 10	19 3	2 39	1 54
28	22 24 33	4 38 1	9 49	1 ♎ 2	1 40	1 S 57
29	22 28 30	5 35 59	9 27	13 8	0 36	5 45
30	22 32 27	6 33 59	9 6	25 24	0 N 30	9 21
31	22 36 23	7 32 0	8 45	7 ♏ 52	1 36	12 37

Day	♆ Lat.	♆ Decl.	♅ Lat.	♅ Decl.	♄ Lat.	♄ Decl.	♃ Lat.	♃ Decl.	♂ Lat.
	° ′	° ′	° ′	° ′	° ′	° ′	° ′	° ′	° ′
1	0 S 45	9 S 39	0 S 41	5 N 50	2 N 14	14 S 42	0 N 24	19 N 47	1 S 2
4	0 45	9 41	0 41	5 50	2 13	14 44	0 25	19 37	1 4
7	0 45	9 42	0 41	5 49	2 12	14 46	0 25	19 28	1 6
10	0 45	9 44	0 41	5 48	2 11	14 48	0 25	19 19	1 8
13	0 45	9 46	0 42	5 47	2 10	14 51	0 26	19 9	1 10
16	0 45	9 48	0 42	5 45	2 10	14 54	0 26	19 0	1 12
19	0 45	9 49	0 42	5 44	2 9	14 56	0 26	18 50	1 14
22	0 45	9 51	0 42	5 42	8 15	0	0 27	18 41	1 16
25	0 45	9 53	0 42	5 41	2 7	15 3	0 27	18 31	1 18
28	0 45	9 55	0 42	5 39	2 7	15 6	0 27	18 21	1 19
31	0 45	9 57	0 42	5 37	2 6	15 10	0 28	18 12	1 20

AUGUST 2014

Day	♆ Long.	♅ Long.	♄ Long.	♃ Long.	♂ Long.	♀ Long.	☿ Long.	♇ Long.
	° ′	° ′	° ′	° ′	° ′	° ′	° ′	° ′
1	6 ♓ 57	16 ♈ 28	16 ♏ 45	3 ♌ 28	3 ♏ 9	16 ♋ 14	0 ♌ 7	11 ♑ 35
2	6 R 56	16 R 28	16 46	3 41	3 42	17 27	2 11	11 R 33
3	6 54	16 27	16 47	3 54	4 15	18 40	4 15	11 32
4	6 53	16 27	16 48	4 8	4 48	19 53	6 20	11 31
5	6 52	16 26	16 50	4 21	5 21	21 6	8 25	11 30
6	6 50	16 25	16 51	4 34	5 55	22 19	10 30	11 28
7	6 49	16 25	16 53	4 47	6 29	23 32	12 35	11 27
8	6 47	16 24	16 55	5 1	7 3	24 45	14 39	11 26
9	6 46	16 23	16 56	5 14	7 37	25 58	16 43	11 25
10	6 44	16 22	16 58	5 27	8 12	27 11	18 45	11 24
11	6 43	16 21	17 0	5 40	8 46	28 24	20 47	11 22
12	6 41	16 20	17 2	5 53	9 21	29 38	22 47	11 21
13	6 39	16 19	17 4	6 6	9 56	0 ♌ 51	24 46	11 20
14	6 38	16 18	17 7	6 20	10 31	2 4	26 44	11 19
15	6 36	16 17	17 9	6 33	11 7	3 18	28 40	11 18
16	6 35	16 16	17 12	6 46	11 42	4 31	0 ♍ 35	11 17
17	6 33	16 15	17 14	6 59	12 18	5 45	2 29	11 16
18	6 32	16 14	17 17	7 12	12 54	6 58	4 21	11 15
19	6 30	16 12	17 19	7 25	13 30	8 12	6 12	11 14
20	6 28	16 11	17 22	7 38	14 6	9 25	8 1	11 13
21	6 27	16 10	17 25	7 51	14 43	10 39	9 49	11 12
22	6 25	16 8	17 28	8 3	15 19	11 53	11 36	11 11
23	6 23	16 7	17 31	8 16	15 56	13 6	13 21	11 11
24	6 22	16 5	17 34	8 29	16 33	14 20	15 5	11 10
25	6 20	16 4	17 38	8 42	17 10	15 34	16 47	11 9
26	6 19	16 2	17 41	8 55	17 48	16 48	18 28	11 8
27	6 17	16 1	17 44	9 7	18 25	18 1	20 8	11 7
28	6 15	15 59	17 48	9 20	19 3	19 15	21 46	11 7
29	6 14	15 58	17 51	9 32	19 40	20 29	23 23	11 6
30	6 12	15 56	17 55	9 45	20 18	21 43	24 59	11 5
31	6 10	15 54	17 59	9 58	20 56	22 57	26 34	11 5

Day	♂ Decl.	♀ Lat.	♀ Decl.	☿ Lat.	☿ Decl.	♇ Lat.	♇ Decl.	☊
	° ′	° ′	° ′	° ′	° ′	° ′	° ′	° ′
1	13 S 32	0 S 5	22 N 22	1 N 8	21 N 14	2 N 35	20 S 22	23 ♎ 2
4	14 7	0 N 3	22 1	1 28	20 7	2 35	20 22	22 53
7	14 43	0 11	21 34	1 40	18 38	2 34	20 23	22 43
10	15 19	0 18	21 1	1 45	16 52	2 34	20 24	22 34
13	15 54	0 26	20 23	1 44	14 54	2 33	20 25	22 24
16	16 29	0 33	19 40	1 38	12 47	2 33	20 25	22 15
19	17 4	0 40	18 51	1 27	10 35	2 32	20 26	22 5
22	17 38	0 46	17 58	1 12	8 19	2 32	20 27	21 56
25	18 12	0 52	17 0	0 54	6 3	2 31	20 28	21 46
28	18 45	0 58	15 58	0 34	3 47	2 31	20 28	21 36
31	19 17	1 3	14 52	0 12	1 33	2 30	20 29	21 27

2014 SEPTEMBER

Day	Sidereal Time	☉ Long.	☉ Decl.	☽ Long.	☽ Lat.	☽ Decl.
	H M S	° ′ ″	° ′	° ′	° ′	° ′
1	22 40 20	8 ♍ 30 2	8 N 23	20 ♏ 37	2 N 39	15 S 21
2	22 44 16	9 28 5	8 1	3 ♐ 41	3 36	17 21
3	22 48 13	10 26 10	7 39	17 8	4 22	18 28
4	22 52 9	11 24 17	7 17	1 ♑ 1	4 55	18 31
5	22 56 6	12 22 25	6 55	15 19	5 10	17 25
6	23 0 2	13 20 34	6 33	0 ♒ 0	5 6	15 9
7	23 3 59	14 18 45	6 10	14 59	4 42	11 51
8	23 7 56	15 16 57	5 48	0 ♓ 7	3 57	7 43
9	23 11 52	16 15 11	5 25	15 16	2 56	3 5
10	23 15 49	17 13 27	5 3	0 ♈ 16	1 44	1 N 41
11	23 19 45	18 11 45	4 40	14 57	0 25	6 17
12	23 23 42	19 10 4	4 17	29 14	0 S 53	10 23
13	23 27 38	20 8 26	3 54	13 ♉ 5	2 5	13 46
14	23 31 35	21 6 50	3 31	26 28	3 9	16 18
15	23 35 31	22 5 15	3 8	9 ♊ 26	4 1	17 54
16	23 39 28	23 3 43	2 45	22 3	4 39	18 33
17	23 43 25	24 2 13	2 22	4 ♋ 22	5 3	18 19
18	23 47 21	25 0 45	1 59	16 28	5 14	17 14
19	23 51 18	25 59 19	1 36	28 25	5 10	15 24
20	23 55 14	26 57 55	1 12	10 ♌ 17	4 54	12 57
21	23 59 11	27 56 34	0 49	22 8	4 25	9 57
22	0 3 7	28 55 14	0 26	4 ♍ 0	3 44	6 34
23	0 7 4	29 53 57	0 2	15 56	2 53	2 53
24	0 11 0	0 ♎ 52 41	0 S 21	27 58	1 55	0 S 57
25	0 14 57	1 51 28	0 44	10 ♎ 8	0 50	4 47
26	0 18 54	2 50 17	1 8	22 28	0 N 18	8 28
27	0 22 50	3 49 7	1 31	4 ♏ 58	1 26	11 49
28	0 26 47	4 47 59	1 54	17 41	2 31	14 41
29	0 30 43	5 46 53	2 18	0 ♐ 37	3 30	16 51
30	0 34 40	6 45 49	2 41	13 50	4 19	18 11

Day	♆ Lat.	♆ Decl.	♅ Lat.	♅ Decl.	♄ Lat.	♄ Decl.	♃ Lat.	♃ Decl.	♂ Lat.
	° ′	° ′	° ′	° ′	° ′	° ′	° ′	° ′	° ′
1	0 S 45	9 S 57	0 S 42	5 N 36	2 N 6	15 S 11	0 N 28	18 N 8	1 S 21
4	0 45	9 59	0 42	5 34	2 5	15 15	0 28	17 59	1 22
7	0 45	10 1	0 42	5 32	2 5	15 19	0 28	17 49	1 23
10	0 45	10 3	0 42	5 29	2 4	15 24	0 29	17 39	1 25
13	0 45	10 5	0 42	5 27	2 3	15 28	0 29	17 30	1 26
16	0 45	10 6	0 42	5 24	2 3	15 33	0 30	17 20	1 27
19	0 45	10 8	0 42	5 22	2 2	15 37	0 30	17 11	1 27
22	0 45	10 10	0 42	5 19	2 1	15 42	0 30	17 1	1 28
25	0 45	10 11	0 42	5 16	2 1	15 47	0 31	16 52	1 29
28	0 45	10 13	0 42	5 14	2 0	15 52	0 31	16 43	1 29

SEPTEMBER 2014

Day	♆ Long.	♅ Long.	♄ Long.	♃ Long.	♂ Long.	♀ Long.	☿ Long.	♇ Long.
	° ′	° ′	° ′	° ′	° ′	° ′	° ′	° ′
1	6 ♓ 9	15 ♈ 52	18 ♏ 3	10 ♌ 10	21 ♏ 34	24 ♌ 11	28 ♍ 7	11 ♑ 4
2	6 R 7	15 R 51	18 7	10 22	22 13	25 25	29 39	11 R 3
3	6 5	15 49	18 11	10 35	22 51	26 39	1 ♎ 9	11 3
4	6 4	15 47	18 15	10 47	23 30	27 53	2 39	11 2
5	6 2	15 45	18 19	10 59	24 9	29 7	4 7	11 2
6	6 1	15 43	18 23	11 12	24 48	0 ♍ 22	5 33	11 1
7	5 59	15 41	18 27	11 24	25 27	1 36	6 59	11 1
8	5 57	15 39	18 32	11 36	26 6	2 50	8 23	11 1
9	5 56	15 37	18 36	11 48	26 45	4 4	9 46	11 0
10	5 54	15 35	18 41	12 0	27 24	5 18	11 7	11 0
11	5 52	15 33	18 45	12 12	28 4	6 33	12 27	10 59
12	5 51	15 31	18 50	12 24	28 44	7 47	13 45	10 59
13	5 49	15 29	18 55	12 36	29 24	9 1	15 2	10 59
14	5 48	15 27	18 59	12 47	0 ♐ 3	10 16	16 17	10 59
15	5 46	15 25	19 4	12 59	0 44	11 30	17 31	10 58
16	5 45	15 23	19 9	13 11	1 24	12 45	18 43	10 58
17	5 43	15 20	19 14	13 22	2 4	13 59	19 53	10 58
18	5 41	15 18	19 19	13 34	2 45	15 14	21 1	10 58
19	5 40	15 16	19 24	13 45	3 25	16 28	22 7	10 58
20	5 38	15 14	19 30	13 56	4 6	17 43	23 11	10 58
21	5 37	15 11	19 35	14 8	4 47	18 58	24 12	10 58
22	5 35	15 9	19 40	14 19	5 28	20 12	25 11	10 D 58
23	5 34	15 7	19 45	14 30	6 9	21 27	26 8	10 58
24	5 33	15 4	19 51	14 41	6 50	22 41	27 1	10 58
25	5 31	15 2	19 56	14 52	7 31	23 56	27 52	10 58
26	5 30	15 0	20 2	15 3	8 13	25 11	28 39	10 58
27	5 28	14 57	20 8	15 14	8 54	26 26	29 23	10 58
28	5 27	14 55	20 13	15 24	9 36	27 40	0 ♏ 2	10 59
29	5 25	14 53	20 19	15 35	10 17	28 55	0 38	10 59
30	5 24	14 50	20 25	15 45	10 59	0 ♎ 10	1 9	10 59

Day	♂ Decl.	♀ Lat.	♀ Decl.	☿ Lat.	☿ Decl.	♇ Lat.	♇ Decl.	☊
	° ′	° ′	° ′	° ′	° ′	° ′	° ′	° ′
1	19 S 27	1 N 5	14 N 29	0 N 4	0 N 49	2 N 30	20 S 29	21 ♎ 24
4	19 58	1 9	13 17	0 S 20	1 S 21	2 30	20 30	21 14
7	20 28	1 13	12 3	0 44	3 27	2 29	20 31	21 5
10	20 57	1 17	10 45	1 9	5 27	2 28	20 31	20 55
13	21 25	1 20	9 25	1 34	7 22	2 28	20 32	20 46
16	21 51	1 22	8 3	1 59	9 10	2 27	20 33	20 36
19	22 16	1 24	6 38	2 22	10 49	2 27	20 33	20 27
22	22 40	1 25	5 11	2 44	12 18	2 26	20 34	20 17
25	23 1	1 26	3 43	3 4	13 35	2 25	20 34	20 8
28	23 22	1 26	2 14	3 20	14 37	2 25	20 35	19 58

2014 OKTOBER

Day	Sidereal Time	☉ Long.	☉ Decl.	☽ Long.	☽ Lat.	☽ Decl.
	H M S	° ′ ″	° ′	° ′	° ′	° ′
1	0 38 36	7 ♎ 44 47	3 S 4	27 ♐ 19	4 N 54	18 S 30
2	0 42 33	8 43 46	3 28	11 ♑ 7	5 14	17 45
3	0 46 29	9 42 47	3 51	25 13	5 15	15 55
4	0 50 26	10 41 50	4 14	9 ♒ 36	5 7	13 4
5	0 54 23	11 40 55	4 37	24 13	4 20	9 21
6	0 58 19	12 40 2	5 0	8 ♓ 58	3 25	5 2
7	1 2 16	13 39 10	5 23	23 46	2 17	0 23
8	1 6 12	14 38 21	5 46	8 ♈ 29	1 0	4 N 16
9	1 10 9	15 37 33	6 9	23 0	0 S 21	8 37
10	1 14 5	16 36 48	6 32	7 ♉ 13	1 38	12 22
11	1 18 2	17 36 4	6 54	21 4	2 48	15 19
12	1 21 58	18 35 23	7 17	4 ♊ 31	3 46	17 20
13	1 25 55	19 34 44	7 40	17 34	4 31	18 22
14	1 29 52	20 34 7	8 2	0 ♋ 15	5 1	18 26
15	1 33 48	21 33 33	8 24	12 37	5 16	17 36
16	1 37 45	22 33 0	8 46	24 45	5 15	15 59
17	1 41 41	23 32 30	9 8	6 ♌ 42	5 3	13 42
18	1 45 38	24 32 3	9 30	18 34	4 37	10 52
19	1 49 34	25 31 37	9 52	0 ♍ 25	3 59	7 35
20	1 53 31	26 31 14	10 14	12 19	3 11	4 0
21	1 57 27	27 30 53	10 35	24 20	2 14	0 12
22	2 1 24	28 30 34	10 57	6 ♎ 30	1 10	3 S 39
23	2 5 21	29 30 18	11 18	18 53	0 2	7 26
24	2 9 17	0 ♏ 30 3	11 39	1 ♏ 29	1 N 7	10 56
25	2 13 14	1 29 50	12 0	14 20	2 14	14 0
26	2 17 10	2 29 39	12 20	27 25	3 16	16 24
27	2 21 7	3 29 30	12 41	10 ♐ 44	4 8	17 58
28	2 25 3	4 29 23	13 1	24 15	4 47	18 32
29	2 29 0	5 29 18	13 21	7 ♑ 59	5 10	18 2
30	2 32 56	6 29 14	13 41	21 53	5 16	16 28
31	2 36 53	7 29 12	14 0	5 ♒ 56	5 3	13 54

Day	♆ Lat.	♆ Decl.	♅ Lat.	♅ Decl.	♄ Lat.	♄ Decl.	♃ Lat.	♃ Decl.	♂ Lat.
	° ′	° ′	° ′	° ′	° ′	° ′	° ′	° ′	° ′
1	0 S 45	10 S 14	0 S 42	5 N 11	2 N 0	15 S 57	0 N 32	16 N 34	1 S 30
4	0 45	10 16	0 42	5 8	1 59	16 2	0 32	16 25	1 30
7	0 45	10 17	0 42	5 5	1 59	16 7	0 33	16 17	1 31
10	0 45	10 18	0 42	5 2	1 59	16 12	0 33	16 8	1 31
13	0 45	10 20	0 42	5 0	1 58	16 18	0 34	16 0	1 31
16	0 45	10 21	0 42	4 57	1 58	16 23	0 34	15 53	1 31
19	0 45	10 22	0 42	4 54	1 57	16 29	0 35	15 45	1 31
22	0 45	10 23	0 42	4 51	1 57	16 34	0 35	15 38	1 31
25	0 45	10 23	0 42	4 49	1 57	16 39	0 36	15 31	1 31
28	0 45	10 24	0 42	4 46	1 56	16 45	0 37	15 24	1 31
31	0 45	10 25	0 42	4 44	1 56	16 50	0 37	15 18	1 30

OKTOBER 2014

Day	♆ Long.	♅ Long.	♄ Long.	♃ Long.	♂ Long.	♀ Long.	☿ Long.	♇ Long.
	° ′	° ′	° ′	° ′	° ′	° ′	° ′	° ′
1	5 ♓ 23	14 ♈ 48	20 ♏ 31	15 ♌ 56	11 ♐ 41	1 ♎ 25	1 ♏ 34	10 ♑ 59
2	5 R 21	14 R 45	20 36	16 6	12 23	2 40	1 55	11 0
3	5 20	14 43	20 42	16 16	13 5	3 54	2 9	11 0
4	5 19	14 41	20 48	16 27	13 48	5 9	2 17	11 0
5	5 18	14 38	20 54	16 37	14 30	6 24	2 19	11 1
6	5 16	14 36	21 1	16 47	15 12	7 39	2 R 13	11 1
7	5 15	14 33	21 7	16 56	15 55	8 54	2 0	11 2
8	5 14	14 31	21 13	17 6	16 38	10 9	1 39	11 2
9	5 13	14 28	21 19	17 16	17 20	11 24	1 9	11 3
10	5 12	14 26	21 25	17 25	18 3	12 39	0 32	11 3
11	5 11	14 24	21 32	17 35	18 46	13 54	29 ♎ 47	11 4
12	5 9	14 21	21 38	17 44	19 29	15 9	28 54	11 5
13	5 8	14 19	21 44	17 53	20 12	16 24	27 55	11 5
14	5 7	14 16	21 51	18 2	20 55	17 39	26 50	11 6
15	5 6	14 14	21 57	18 11	21 39	18 54	25 40	11 7
16	5 5	14 11	22 4	18 20	22 22	20 9	24 28	11 7
17	5 4	14 9	22 10	18 29	23 6	21 24	23 14	11 8
18	5 3	14 7	22 17	18 38	23 49	22 39	22 2	11 9
19	5 3	14 4	22 24	18 46	24 33	23 54	20 54	11 10
20	5 2	14 2	22 30	18 55	25 16	25 9	19 50	11 11
21	5 1	14 0	22 37	19 3	26 0	26 25	18 54	11 12
22	5 0	13 57	22 44	19 11	26 44	27 40	18 7	11 12
23	4 59	13 55	22 50	19 19	27 28	28 55	17 30	11 13
24	4 58	13 53	22 57	19 27	28 12	0 ♏ 10	17 4	11 14
25	4 58	13 50	23 4	19 35	28 56	1 25	16 49	11 15
26	4 57	13 48	23 11	19 42	29 41	2 40	16 46	11 16
27	4 56	13 46	23 18	19 50	0 ♑ 25	3 56	16 D 54	11 17
28	4 56	13 44	23 25	19 57	1 9	5 11	17 12	11 19
29	4 55	13 41	23 31	20 4	1 54	6 26	17 40	11 20
30	4 54	13 39	23 38	20 11	2 38	7 41	18 18	11 21
31	4 54	13 37	23 45	20 18	3 23	8 56	19 4	11 22

Day	♂ Decl.	♀ Lat.	♀ Decl.	☿ Lat.	☿ Decl.	♇ Lat.	♇ Decl.	☊
	° ′	° ′	° ′	° ′	° ′	° ′	° ′	° ′
1	23 S 40	1 N 25	0 N 45	3 S 32	15 S 20	2 N 24	20 S 35	19 ♎ 48
4	23 57	1 24	0 S 45	3 36	15 38	2 24	20 36	19 39
7	24 12	1 23	2 16	3 30	15 27	2 23	20 36	19 29
10	24 25	1 20	3 46	3 11	14 38	2 23	20 37	19 20
13	24 35	1 17	5 15	2 36	13 10	2 22	20 37	19 10
16	24 44	1 14	6 44	1 46	11 7	2 21	20 38	19 1
19	24 51	1 10	8 11	0 45	8 51	2 21	20 38	18 51
22	24 55	1 6	9 37	0 N 15	6 53	2 20	20 38	18 42
25	24 57	1 1	11 1	1 6	5 36	2 20	20 39	18 32
28	24 57	0 56	12 22	1 42	5 11	2 19	20 39	18 23
31	24 54	0 50	13 41	2 3	5 34	2 18	20 39	18 13

2014 NOVEMBER

Day	Sidereal Time	☉ Long.	☉ Decl.	☽ Long.	☽ Lat.	☽ Decl.
	H M S	° ′ ″	° ′	° ′	° ′	° ′
1	2 40 49	8 ♏ 29 11	14 S 20	20 ♒ 7	4 N 31	10 S 29
2	2 44 46	9 29 13	14 39	4 ♓ 23	3 43	6 26
3	2 48 43	10 29 15	14 58	18 43	2 40	2 0
4	2 52 39	11 29 20	15 17	3 ♈ 2	1 28	2 N 33
5	2 56 36	12 29 26	15 35	17 17	0 11	6 57
6	3 0 32	13 29 34	15 53	1 ♉ 25	1 S 7	10 55
7	3 4 29	14 29 43	16 11	15 21	2 19	14 13
8	3 8 25	15 29 54	16 29	29 0	3 22	16 39
9	3 12 22	16 30 7	16 46	12 ♊ 22	4 12	18 7
10	3 16 18	17 30 22	17 3	25 23	4 47	18 34
11	3 20 15	18 30 39	17 20	8 ♋ 5	5 8	18 4
12	3 24 12	19 30 58	17 36	20 29	5 13	16 43
13	3 28 8	20 31 18	17 53	2 ♌ 38	5 4	14 38
14	3 32 5	21 31 41	18 9	14 36	4 42	11 57
15	3 36 1	22 32 5	18 24	26 28	4 8	8 48
16	3 39 58	23 32 31	18 39	8 ♍ 18	3 23	5 19
17	3 43 54	24 32 59	18 54	20 13	2 30	1 35
18	3 47 51	25 33 29	19 9	2 ♎ 15	1 29	2 S 16
19	3 51 47	26 34 1	19 23	14 31	0 23	6 5
20	3 55 44	27 34 35	19 37	27 4	0 N 45	9 44
21	3 59 41	28 35 10	19 51	9 ♏ 55	1 52	13 1
22	4 3 37	29 35 47	20 4	23 6	2 55	15 43
23	4 7 34	0 ♐ 36 25	20 16	6 ♐ 36	3 50	17 38
24	4 11 30	1 37 4	20 29	20 22	4 32	18 34
25	4 15 27	2 37 45	20 41	4 ♑ 22	4 59	18 23
26	4 19 23	3 38 27	20 53	18 30	5 8	17 4
27	4 23 20	4 39 10	21 4	2 ♒ 43	4 59	14 43
28	4 27 16	5 39 55	21 15	16 57	4 31	11 27
29	4 31 13	6 40 40	21 25	1 ♓ 8	3 46	7 33
30	4 35 10	7 41 26	21 35	15 15	2 48	3 14

Day	♆ Lat.	♆ Decl.	♅ Lat.	♅ Decl.	♄ Lat.	♄ Decl.	♃ Lat.	♃ Decl.	♂ Lat.
	° ′	° ′	° ′	° ′	° ′	° ′	° ′	° ′	° ′
1	0 S 45	10 S 25	0 S 42	4 N 43	1 N 56	16 S 52	0 N 37	15 N 16	1 S 30
4	0 45	10 25	0 42	4 41	1 56	16 57	0 38	15 11	1 30
7	0 45	10 26	0 42	4 38	1 56	17 3	0 39	15 6	1 29
10	0 45	10 26	0 42	4 36	1 55	17 8	0 39	15 1	1 29
13	0 45	10 26	0 42	4 34	1 55	17 13	0 40	14 57	1 28
16	0 45	10 26	0 42	4 32	1 55	17 18	0 41	14 53	1 27
19	0 45	10 26	0 41	4 30	1 55	17 23	0 41	14 50	1 27
22	0 45	10 26	0 41	4 29	1 55	17 29	0 42	14 47	1 26
25	0 45	10 26	0 41	4 27	1 55	17 34	0 43	14 45	1 25
28	0 45	10 25	0 41	4 26	1 55	17 38	0 43	14 43	1 24

NOVEMBER 2014

Day	♆ Long.	♅ Long.	♄ Long.	♃ Long.	♂ Long.	♀ Long.	☿ Long.	♇ Long.
	° ′	° ′	° ′	° ′	° ′	° ′	° ′	° ′
1	4 ♓ 53	13 ♈ 35	23 ♏ 52	20 ♌ 25	4 ♑ 7	10 ♏ 12	19 ♎ 57	11 ♑ 23
2	4 R 53	13 R 33	23 59	20 32	4 52	11 27	20 58	11 24
3	4 52	13 31	24 6	20 38	5 37	12 42	22 4	11 26
4	4 52	13 29	24 13	20 44	6 22	13 57	23 15	11 27
5	4 52	13 27	24 20	20 51	7 7	15 13	24 30	11 28
6	4 51	13 25	24 27	20 57	7 52	16 28	25 49	11 30
7	4 51	13 23	24 35	21 2	8 37	17 43	27 11	11 31
8	4 51	13 21	24 42	21 8	9 22	18 58	28 36	11 32
9	4 50	13 19	24 49	21 14	10 7	20 14	0 ♏ 3	11 34
10	4 50	13 17	24 56	21 19	10 52	21 29	1 32	11 35
11	4 50	13 15	25 3	21 24	11 38	22 44	3 3	11 36
12	4 50	13 13	25 10	21 29	12 23	23 59	4 35	11 38
13	4 50	13 11	25 17	21 34	13 8	25 15	6 7	11 39
14	4 49	13 10	25 24	21 39	13 54	26 30	7 41	11 41
15	4 49	13 8	25 31	21 43	14 39	27 45	9 15	11 42
16	4 49	13 6	25 39	21 48	15 25	29 1	10 49	11 44
17	4 D 49	13 4	25 46	21 52	16 11	0 ♐ 16	12 24	11 46
18	4 49	13 3	25 53	21 56	16 56	1 31	13 59	11 47
19	4 49	13 1	26 0	22 0	17 42	2 46	15 34	11 49
20	4 50	13 0	26 7	22 3	18 28	4 2	17 9	11 50
21	4 50	12 58	26 14	22 7	19 14	5 17	18 45	11 52
22	4 50	12 57	26 22	22 10	20 0	6 32	20 20	11 54
23	4 50	12 55	26 29	22 13	20 46	7 48	21 55	11 55
24	4 50	12 54	26 36	22 16	21 32	9 3	23 31	11 57
25	4 51	12 53	26 43	22 19	22 18	10 18	25 6	11 59
26	4 51	12 51	26 50	22 22	23 4	11 34	26 41	12 1
27	4 51	12 50	26 57	22 24	23 50	12 49	28 16	12 2
28	4 52	12 49	27 4	22 26	24 36	14 4	29 50	12 4
29	4 52	12 48	27 11	22 28	25 22	15 20	1 ♐ 25	12 6
30	4 53	12 47	27 18	22 30	26 9	16 35	3 0	12 8

Day	♂ Decl.	♀ Lat.	♀ Decl.	☿ Lat.	☿ Decl.	♇ Lat.	♇ Decl.	☊
	° ′	° ′	° ′	° ′	° ′	° ′	° ′	° ′
1	24 S 53	0 N 48	14 S 6	2 N 7	5 S 51	2 N 18	20 S 40	18 ♎ 10
4	24 47	0 42	15 21	2 12	7 0	2 18	20 40	18 0
7	24 39	0 36	16 32	2 7	8 29	2 17	20 40	17 51
10	24 28	0 29	17 39	1 57	10 11	2 17	20 40	17 41
13	24 15	0 23	18 42	1 42	11 57	2 16	20 40	17 32
16	24 0	0 16	19 41	1 25	13 44	2 15	20 40	17 22
19	23 42	0 9	20 34	1 5	15 28	2 15	20 41	17 13
22	23 22	0 1	21 23	0 45	17 6	2 14	20 41	17 3
25	22 59	0 S 6	22 5	0 24	18 39	2 14	20 41	16 54
28	22 35	0 13	22 42	0 4	20 3	2 13	20 41	16 44

2014 DEZEMBER

Day	Sidereal Time	☉ Long.	☉ Decl.	☽ Long.	☽ Lat.	☽ Decl.
	H M S	° ′ ″	° ′	° ′	° ′	° ′
1	4 39 6	8 ♐ 42 14	21 S 45	29 ♓ 16	1 N 40	1 N 14
2	4 43 3	9 43 2	21 54	13 ♈ 11	0 26	5 37
3	4 46 59	10 43 51	22 3	26 59	0 S 48	9 39
4	4 50 56	11 44 41	22 11	10 ♉ 39	1 58	13 9
5	4 54 52	12 45 32	22 20	24 9	3 1	15 53
6	4 58 49	13 46 24	22 27	7 ♊ 28	3 53	17 44
7	5 2 45	14 47 17	22 34	20 33	4 31	18 36
8	5 6 42	15 48 11	22 41	3 ♋ 24	4 55	18 29
9	5 10 39	16 49 6	22 47	16 0	5 4	17 27
10	5 14 35	17 50 2	22 53	28 21	4 58	15 37
11	5 18 32	18 50 59	22 58	10 ♌ 28	4 39	13 8
12	5 22 28	19 51 57	23 3	22 25	4 8	10 7
13	5 26 25	20 52 57	23 7	4 ♍ 16	3 27	6 44
14	5 30 21	21 53 57	23 11	16 5	2 36	3 5
15	5 34 18	22 54 58	23 15	27 57	1 39	0 S 42
16	5 38 14	23 56 1	23 19	9 ♎ 59	0 37	4 31
17	5 42 11	24 57 4	23 20	22 14	0 N 29	8 13
18	5 46 8	25 58 9	23 22	4 ♏ 49	1 34	11 39
19	5 50 4	26 59 14	23 24	17 47	2 37	14 37
20	5 54 1	28 0 20	23 25	1 ♐ 10	3 32	16 56
21	5 57 57	29 1 26	23 26	14 58	4 17	18 20
22	6 1 54	0 ♑ 2 33	23 26	29 8	4 48	18 38
23	6 5 50	1 3 41	23 26	13 ♑ 36	5 1	17 45
24	6 9 47	2 4 49	23 25	28 14	4 54	15 42
25	6 13 43	3 5 57	23 24	12 ♒ 54	4 28	12 39
26	6 17 40	4 7 6	23 22	27 30	3 45	8 49
27	6 21 37	5 8 14	23 20	11 ♓ 55	2 48	4 30
28	6 25 33	6 9 23	23 18	26 8	1 41	0 N 0
29	6 29 30	7 10 31	23 14	10 ♈ 5	0 29	4 26
30	6 33 26	8 11 40	23 11	23 49	0 S 44	8 34
31	6 37 23	9 12 48	23 7	7 ♉ 18	1 53	12 10

Day	♆ Lat.	♆ Decl.	♅ Lat.	♅ Decl.	♄ Lat.	♄ Decl.	♃ Lat.	♃ Decl.	♂ Lat.
	° ′	° ′	° ′	° ′	° ′	° ′	° ′	° ′	° ′
1	0 S 45	10 S 25	0 S 41	4 N 25	1 N 55	17 S 43	0 N 44	14 N 42	1 S 23
4	0 44	10 24	0 41	4 24	1 55	17 48	0 45	14 41	1 22
7	0 44	10 23	0 41	4 23	1 55	17 53	0 46	14 41	1 20
10	0 44	10 22	0 41	4 22	1 55	17 57	0 46	14 42	1 19
13	0 44	10 21	0 41	4 21	1 55	18 2	0 47	14 43	1 18
16	0 44	10 20	0 41	4 21	1 55	18 6	0 48	14 45	1 16
19	0 44	10 19	0 40	4 21	1 55	18 10	0 48	14 47	1 15
22	0 44	10 18	0 40	4 21	1 55	18 14	0 49	14 50	1 13
25	0 44	10 16	0 40	4 21	1 55	18 18	0 50	14 54	1 12
28	0 44	10 15	0 40	4 22	1 56	18 22	0 51	14 58	1 10
31	0 44	10 13	0 40	4 22	1 56	18 25	0 51	15 2	1 9

DEZEMBER 2014

Day	♆ Long.	♅ Long.	♄ Long.	♃ Long.	♂ Long.	♀ Long.	☿ Long.	♇ Long.
	° ′	° ′	° ′	° ′	° ′	° ′	° ′	° ′
1	4 ♓ 53	12 ♈ 46	27 ♏ 26	22 ♌ 32	26 ♑ 55	17 ♐ 50	4 ♐ 34	12 ♑ 9
2	4 54	12 R 45	27 33	22 33	27 41	19 6	6 9	12 11
3	4 54	12 44	27 40	22 34	28 28	20 21	7 43	12 13
4	4 55	12 43	27 47	22 35	29 14	21 36	9 18	12 15
5	4 55	12 42	27 54	22 36	0 ♒ 0	22 51	10 52	12 17
6	4 56	12 41	28 1	22 37	0 47	24 7	12 26	12 19
7	4 57	12 40	28 8	22 37	1 33	25 22	14 0	12 21
8	4 57	12 39	28 15	22 37	2 20	26 37	15 34	12 23
9	4 58	12 39	28 21	22 38	3 6	27 53	17 9	12 25
10	4 59	12 38	28 28	22 R 37	3 53	29 8	18 43	12 27
11	5 0	12 38	28 35	22 37	4 40	0 ♑ 23	20 17	12 28
12	5 1	12 37	28 42	22 37	5 26	1 39	21 52	12 30
13	5 2	12 37	28 49	22 36	6 13	2 54	23 26	12 32
14	5 3	12 36	28 56	22 35	7 0	4 9	25 1	12 34
15	5 3	12 36	29 2	22 34	7 46	5 24	26 35	12 36
16	5 4	12 35	29 9	22 32	8 33	6 40	28 10	12 38
17	5 5	12 35	29 16	22 31	9 20	7 55	29 45	12 40
18	5 7	12 35	29 23	22 29	10 7	9 10	1 ♑ 20	12 42
19	5 8	12 35	29 29	22 27	10 53	10 26	2 55	12 44
20	5 9	12 35	29 36	22 25	11 40	11 41	4 30	12 46
21	5 10	12 34	29 42	22 23	12 27	12 56	6 6	12 48
22	5 11	12 34	29 49	22 20	13 14	14 11	7 41	12 51
23	5 12	12 D 34	29 55	22 18	14 1	15 27	9 17	12 53
24	5 13	12 35	0 ♐ 2	22 15	14 48	16 42	10 53	12 55
25	5 15	12 35	0 8	22 12	15 35	17 57	12 29	12 57
26	5 16	12 35	0 15	22 9	16 22	19 12	14 5	12 59
27	5 17	12 35	0 21	22 5	17 9	20 28	15 41	13 1
28	5 19	12 35	0 27	22 2	17 56	21 43	17 17	13 3
29	5 20	12 36	0 33	21 58	18 42	22 58	18 53	13 5
30	5 22	12 36	0 40	21 54	19 29	24 13	20 29	13 7
31	5 23	12 37	0 46	21 50	20 16	25 28	22 4	13 9

Day	♂ Decl.	♀ Lat.	♀ Decl.	☿ Lat.	☿ Decl.	♇ Lat.	♇ Decl.	☊
	° ′	° ′	° ′	° ′	° ′	° ′	° ′	° ′
1	22 S 8	0 S 20	23 S 13	0 S 17	21 S 20	2 N 13	20 S 41	16 ♌ 35
4	21 38	0 27	23 38	0 36	22 26	2 12	20 41	16 25
7	21 7	0 34	23 56	0 55	23 23	2 12	20 41	16 16
10	20 34	0 41	24 7	1 12	24 9	2 12	20 41	16 6
13	19 58	0 48	24 12	1 28	24 44	2 11	20 40	15 57
16	19 21	0 54	24 10	1 41	25 7	2 11	20 40	15 47
19	18 42	1 N 0	24 1	1 53	25 17	2 10	20 40	15 37
22	18 1	1 S 6	23 46	2 2	25 15	2 10	20 40	15 28
25	17 19	1 11	23 24	2 8	24 59	2 9	20 40	15 18
28	16 34	1 16	22 56	2 11	24 29	2 9	20 40	15 9
31	15 49	1 20	22 21	2 9	23 45	2 9	20 39	14 59

2015 JANUAR

Day	Sidereal Time	☉ Long.	☉ Decl.	☽ Long.	☽ Lat.	☽ Decl.
	H M S	° ′ ″	° ′	° ′	° ′	° ′
1	6 41 19	10 ♑ 13 57	23 S 2	20 ♉ 36	2 S 54	15 N 6
2	6 45 16	11 15 5	22 58	3 ♊ 43	3 45	17 12
3	6 49 12	12 16 13	22 52	16 38	4 24	18 23
4	6 53 9	13 17 21	22 46	29 23	4 49	18 37
5	6 57 6	14 18 29	22 40	11 ♋ 58	4 59	17 56
6	7 1 2	15 19 37	22 33	24 21	4 55	16 24
7	7 4 59	16 20 45	22 26	6 ♌ 33	4 38	14 9
8	7 8 55	17 21 53	22 18	18 36	4 8	11 7
9	7 12 52	18 23 0	22 10	0 ♍ 30	3 27	8 4
10	7 16 48	19 24 8	22 2	12 19	2 38	4 30
11	7 20 45	20 25 16	21 53	24 6	1 42	0 47
12	7 24 41	21 26 24	21 44	5 ♎ 57	0 41	2 S 59
13	7 28 38	22 27 31	21 34	17 55	0 N 22	6 41
14	7 32 35	23 28 39	21 24	0 ♏ 7	1 26	10 10
15	7 36 31	24 29 47	21 13	12 39	2 27	13 18
16	7 40 28	25 30 54	21 2	25 34	3 23	15 52
17	7 44 24	26 32 1	20 51	8 ♐ 57	4 9	17 41
18	7 48 21	27 33 8	20 39	22 50	4 43	18 32
19	7 52 17	28 34 14	20 27	7 ♑ 10	5 0	18 15
20	7 56 14	29 35 20	20 14	21 53	4 58	16 45
21	8 0 10	0 ♒ 36 26	20 1	6 ♒ 52	4 36	14 6
22	8 4 7	1 37 31	19 48	21 57	3 54	10 29
23	8 8 4	2 38 34	19 34	6 ♓ 58	2 57	6 13
24	8 12 0	3 39 37	19 20	21 46	1 48	1 37
25	8 15 57	4 40 40	19 5	6 ♈ 16	0 33	3 N 0
26	8 19 53	5 41 41	18 51	20 25	0 S 42	7 19
27	8 23 50	6 42 41	18 36	4 ♉ 11	1 53	11 8
28	8 27 46	7 43 40	18 20	17 37	2 56	14 16
29	8 31 43	8 44 37	18 4	0 ♊ 45	3 48	16 35
30	8 35 39	9 45 34	17 48	13 37	4 27	18 1
31	8 39 36	10 46 29	17 32	26 15	4 52	18 33

Day	♆ Lat.	♆ Decl.	♅ Lat.	♅ Decl.	♄ Lat.	♄ Decl.	♃ Lat.	♃ Decl.	♂ Lat.
	° ′	° ′	° ′	° ′	° ′	° ′	° ′	° ′	° ′
1	0 S 44	10 S 13	0 S 40	4 N 22	1 N 56	18 S 26	0 N 51	15 N 4	1 S 8
4	0 44	10 11	0 40	4 23	1 56	18 30	0 52	15 9	1 6
7	0 44	10 9	0 40	4 24	1 56	18 33	0 53	15 15	1 5
10	0 44	10 7	0 40	4 25	1 57	18 36	0 53	15 21	1 3
13	0 44	10 5	0 39	4 27	1 57	18 39	0 54	15 27	1 1
16	0 44	10 3	0 39	4 28	1 57	18 42	0 55	15 34	0 59
19	0 44	10 1	0 39	4 30	1 58	18 45	0 55	15 41	0 57
22	0 44	9 59	0 39	4 32	1 58	18 47	0 56	15 48	0 55
25	0 44	9 57	0 39	4 34	1 58	18 49	0 56	15 56	0 53
28	0 44	9 55	0 39	4 36	1 59	18 51	0 57	16 3	0 51
31	0 44	9 52	0 39	4 38	1 59	18 53	0 57	16 11	0 49

JANUAR 2015

Day	♆ Long.	♅ Long.	♄ Long.	♃ Long.	♂ Long.	♀ Long.	☿ Long.	♇ Long.
	° ′	° ′	° ′	° ′	° ′	° ′	° ′	° ′
1	5 ♓ 24	12 ♈ 37	0 ♐ 52	21 ♌ 45	21 ♒ 3	26 ♑ 44	23 ♑ 40	13 ♑ 11
2	5 26	12 38	0 58	21 R 41	21 50	27 59	25 15	13 13
3	5 27	12 38	1 4	21 36	22 37	29 14	26 49	13 15
4	5 29	12 39	1 10	21 31	23 24	0 ♒ 29	28 23	13 17
5	5 31	12 40	1 16	21 26	24 11	1 44	29 56	13 20
6	5 32	12 40	1 21	21 21	24 58	2 59	1 ♒ 28	13 22
7	5 34	12 41	1 27	21 16	25 45	4 14	2 58	13 24
8	5 35	12 42	1 33	21 10	26 32	5 30	4 27	13 26
9	5 37	12 43	1 39	21 5	27 19	6 45	5 54	13 28
10	5 39	12 44	1 44	20 59	28 6	8 0	7 18	13 30
11	5 40	12 45	1 50	20 53	28 53	9 15	8 40	13 32
12	5 42	12 46	1 55	20 47	29 40	10 30	9 58	13 34
13	5 44	12 47	2 1	20 41	0 ♓ 27	11 45	11 11	13 36
14	5 46	12 48	2 6	20 34	1 14	13 0	12 21	13 38
15	5 48	12 49	2 11	20 28	2 1	14 15	13 24	13 40
16	5 49	12 51	2 16	20 21	2 48	15 30	14 21	13 42
17	5 51	12 52	2 22	20 15	3 35	16 45	15 11	13 44
18	5 53	12 53	2 27	20 8	4 22	18 0	15 54	13 46
19	5 55	12 55	2 32	20 1	5 9	19 15	16 27	13 48
20	5 57	12 56	2 37	19 54	5 56	20 30	16 50	13 50
21	5 59	12 58	2 41	19 47	6 43	21 45	17 3	13 52
22	6 1	12 59	2 46	19 40	7 29	22 59	17 5	13 54
23	6 3	13 1	2 51	19 32	8 16	24 14	16 R 55	13 56
24	6 5	13 2	2 56	19 25	9 3	25 29	16 34	13 58
25	6 7	13 4	3 0	19 17	9 50	26 44	16 2	14 0
26	6 9	13 6	3 5	19 10	10 37	27 59	15 18	14 2
27	6 11	13 7	3 9	19 2	11 24	29 14	14 25	14 4
28	6 13	13 9	3 13	18 55	12 10	0 ♓ 28	13 24	14 6
29	6 15	13 11	3 18	18 47	12 57	1 43	12 16	14 8
30	6 17	13 13	3 22	18 39	13 44	2 58	11 3	14 10
31	6 19	13 15	3 26	18 31	14 31	4 12	9 49	14 12

Day	♂ Decl.	♀ Lat.	♀ Decl.	☿ Lat.	☿ Decl.	♇ Lat.	♇ Decl.	☊
	° ′	° ′	° ′	° ′	° ′	° ′	° ′	° ′
1	15 S 33	1 S 21	22 S 8	2 S 8	23 S 28	2 N 9	20 S 39	14 ♌ 56
4	14 46	1 25	21 26	2 0	22 26	2 8	20 39	14 47
7	13 57	1 28	20 37	1 46	21 12	2 8	20 39	14 37
10	13 7	1 31	19 44	1 25	19 48	2 8	20 38	14 28
13	12 16	1 33	18 45	0 55	18 18	2 7	20 38	14 18
16	11 24	1 34	17 41	0 17	16 48	2 7	20 38	14 8
19	10 31	1 35	16 33	0 N 29	15 27	2 7	20 37	13 59
22	9 37	1 35	15 21	1 22	14 25	2 6	20 37	13 49
25	8 42	1 34	14 5	2 16	13 52	2 6	20 37	13 40
28	7 47	1 33	12 46	3 2	13 54	2 6	20 36	13 30
31	6 51	1 32	11 23	3 31	14 24	2 6	20 36	13 21

2015 FEBRUAR

Day	Sidereal Time	☉ Long.	☉ Decl.	☽ Long.	☽ Lat.	☽ Decl.
	H M S	° ′ ″	° ′	° ′	° ′	° ′
1	8 43 32	11 ≈ 47 24	17 S 15	8 ♋ 43	5 S 3	18 N 7
2	8 47 29	12 48 17	16 58	21 1	5 0	16 51
3	8 51 26	13 49 9	16 41	3 ♌ 10	4 43	14 51
4	8 55 22	14 49 59	16 23	15 12	4 14	12 14
5	8 59 19	15 50 49	16 5	27 8	3 33	9 7
6	9 3 15	16 51 37	15 47	8 ♍ 59	2 44	5 40
7	9 7 12	17 52 25	15 28	20 47	1 47	2 1
8	9 11 8	18 53 11	15 10	2 ♎ 35	0 46	1 S 43
9	9 15 5	19 53 57	14 51	14 26	0 N 18	5 25
10	9 19 1	20 54 41	14 31	26 25	1 22	8 55
11	9 22 58	21 55 24	14 12	8 ♏ 36	2 23	12 6
12	9 26 55	22 56 7	13 52	21 3	3 19	14 49
13	9 30 51	23 56 48	13 32	3 ♐ 53	4 7	16 53
14	9 34 48	24 57 28	13 12	17 10	4 43	18 7
15	9 38 44	25 58 7	12 52	0 ♑ 57	5 5	18 21
16	9 42 41	26 58 44	12 31	15 9	5 8	17 28
17	9 46 37	27 59 20	12 10	29 51	4 53	15 25
18	9 50 34	28 59 55	11 49	14 ≈ 53	4 16	12 17
19	9 54 30	0 ♓ 0 29	11 28	0 ♓ 7	3 22	8 17
20	9 58 27	1 1 1	11 7	15 22	2 13	3 44
21	10 2 24	2 1 31	10 45	0 ♈ 28	0 54	1 N 1
22	10 6 20	3 1 59	10 23	15 17	0 S 26	5 37
23	10 10 17	4 2 26	10 2	29 43	1 43	9 46
24	10 14 13	5 2 51	9 40	13 ♉ 43	2 50	13 14
25	10 18 10	6 3 14	9 17	27 16	3 48	15 51
26	10 22 6	7 3 35	8 55	10 ♊ 26	4 31	17 33
27	10 26 3	8 3 54	8 33	23 16	4 59	18 18
28	10 29 59	9 4 11	8 10	5 ♋ 47	5 11	18 7

Day	♆ Lat.	♆ Decl.	♅ Lat.	♅ Decl.	♄ Lat.	♄ Decl.	♃ Lat.	♃ Decl.	♂ Lat.
	° ′	° ′	° ′	° ′	° ′	° ′	° ′	° ′	° ′
1	0 S 44	9 S 52	0 S 39	4 N 39	1 N 59	18 S 54	0 N 57	16 N 13	0 S 49
4	0 44	9 49	0 39	4 41	2 0	18 56	0 58	16 21	0 47
7	0 44	9 47	0 39	4 44	2 0	18 57	0 58	16 29	0 45
10	0 44	9 44	0 38	4 47	2 1	18 59	0 58	16 36	0 43
13	0 44	9 42	0 38	4 50	2 1	19 0	0 58	16 44	0 41
16	0 44	9 39	0 38	4 53	2 1	19 1	0 59	16 51	0 38
19	0 44	9 37	0 38	4 56	2 2	19 2	0 59	16 58	0 36
22	0 44	9 34	0 38	4 59	2 2	19 3	0 59	17 5	0 34
25	0 44	9 32	0 38	5 2	2 3	19 3	0 59	17 11	0 32
28	0 44	9 29	0 38	5 6	2 3	19 4	0 59	17 17	0 30

FEBRUAR 2015

Day	♆ Long.	♅ Long.	♄ Long.	♃ Long.	♂ Long.	♀ Long.	☿ Long.	♇ Long.
	° ′	° ′	° ′	° ′	° ′	° ′	° ′	° ′
1	6 ♓ 21	13 ♈ 17	3 ♐ 30	18 ♌ 23	15 ♓ 17	5 ♓ 27	8 ♒ 34	14 ♑ 14
2	6 23	13 19	3 34	18 R 15	16 4	6 42	7 R 21	14 16
3	6 25	13 21	3 38	18 8	16 51	7 56	6 13	14 18
4	6 28	13 23	3 42	18 0	17 37	9 11	5 9	14 20
5	6 30	13 25	3 45	17 52	18 24	10 25	4 13	14 21
6	6 32	13 28	3 49	17 44	19 11	11 40	3 23	14 23
7	6 34	13 30	3 52	17 36	19 57	12 54	2 42	14 25
8	6 36	13 32	3 56	17 28	20 44	14 8	2 9	14 27
9	6 38	13 34	3 59	17 20	21 30	15 23	1 45	14 29
10	6 41	13 37	4 2	17 12	22 17	16 37	1 28	14 30
11	6 43	13 39	4 6	17 4	23 3	17 51	1 20	14 32
12	6 45	13 42	4 9	16 56	23 50	19 6	1 19	14 34
13	6 47	13 44	4 12	16 48	24 36	20 20	1 D 25	14 36
14	6 50	13 46	4 14	16 40	25 22	21 34	1 38	14 37
15	6 52	13 49	4 17	16 32	26 9	22 48	1 57	14 39
16	6 54	13 52	4 20	16 25	26 55	24 2	2 22	14 41
17	6 56	13 54	4 23	16 17	27 41	25 16	2 52	14 42
18	6 59	13 57	4 25	16 9	28 28	26 30	3 26	14 44
19	7 1	13 59	4 27	16 2	29 14	27 44	4 6	14 45
20	7 3	14 2	4 30	15 54	0 ♈ 0	28 58	4 49	14 47
21	7 5	14 5	4 32	15 47	0 46	0 ♈ 12	5 37	14 49
22	7 8	14 8	4 34	15 39	1 32	1 26	6 28	14 50
23	7 10	14 10	4 36	15 32	2 18	2 40	7 22	14 52
24	7 12	14 13	4 38	15 25	3 4	3 54	8 19	14 53
25	7 14	14 16	4 40	15 18	3 50	5 7	9 19	14 55
26	7 17	14 19	4 42	15 11	4 36	6 21	10 21	14 56
27	7 19	14 22	4 43	15 4	5 22	7 35	11 26	14 57
28	7 21	14 25	4 45	14 57	6 8	8 48	12 33	14 59

Day	♂ Decl.	♀ Lat.	♀ Decl.	☿ Lat.	☿ Decl.	♇ Lat.	♇ Decl.	☊
	° ′	° ′	° ′	° ′	° ′	° ′	° ′	° ′
1	6 S 33	1 S 31	10 S 55	3 N 36	14 S 39	2 N 6	20 S 36	13 ♌ 18
4	5 36	1 28	9 29	3 35	15 30	2 5	20 35	13 8
7	4 40	1 25	8 1	3 17	16 21	2 5	20 35	12 59
10	3 43	1 21	6 31	2 48	17 6	2 5	20 35	12 49
13	2 46	1 16	5 0	2 13	17 41	2 5	20 34	12 40
16	1 49	1 11	3 27	1 36	18 4	2 5	20 34	12 30
19	0 52	1 5	1 54	1 0	18 15	2 5	20 34	12 20
22	0 N 5	0 59	0 20	0 26	18 14	2 4	20 33	12 11
25	1 2	0 52	1 N 14	0 S 5	18 0	2 4	20 33	12 1
28	1 59	0 45	2 48	0 33	17 34	2 4	20 32	11 52

2015 MÄRZ

Day	Sidereal Time	☉ Long.	☉ Decl.	☽ Long.	☽ Lat.	☽ Decl.
	H M S	° ′ ″	° ′	° ′	° ′	° ′
1	10 33 56	10 ♓ 4 26	7 S 47	18 ♋ 5	5 S 10	17 N 6
2	10 37 53	11 4 40	7 25	0 ♌ 12	4 54	15 19
3	10 41 49	12 4 51	7 2	12 11	4 26	12 53
4	10 45 46	13 5 0	6 39	24 5	3 46	9 56
5	10 49 42	14 5 8	6 16	5 ♍ 55	2 57	6 36
6	10 53 39	15 5 13	5 52	17 44	2 0	3 1
7	10 57 35	16 5 17	5 29	29 34	0 57	0 S 42
8	11 1 32	17 5 19	5 6	11 ♎ 26	0 N 8	4 21
9	11 5 28	18 5 19	4 42	23 23	1 13	7 57
10	11 9 25	19 5 17	4 19	5 ♏ 28	2 16	11 12
11	11 13 22	20 5 14	3 55	17 44	3 14	14 1
12	11 17 18	21 5 9	3 32	0 ♐ 15	4 4	16 14
13	11 21 15	22 5 3	3 8	13 4	4 43	17 42
14	11 25 11	23 4 54	2 45	26 15	5 8	18 15
15	11 29 8	24 4 44	2 21	9 ♑ 51	5 17	17 48
16	11 33 4	25 4 33	1 57	23 53	5 8	16 17
17	11 37 1	26 4 19	1 34	8 ♒ 20	4 39	13 41
18	11 40 57	27 4 4	1 10	23 8	3 51	10 10
19	11 44 54	28 3 47	0 46	8 ♓ 11	2 47	5 55
20	11 48 51	29 3 28	0 22	23 22	1 31	1 15
21	11 52 47	0 ♈ 3 7	0 N 1	8 ♈ 30	0 8	3 N 30
22	11 56 44	1 2 44	0 25	23 27	1 S 14	7 57
23	12 0 40	2 2 18	0 49	8 ♉ 4	2 30	11 50
24	12 4 37	3 1 51	1 12	22 16	3 34	14 53
25	12 8 33	4 1 22	1 36	6 ♊ 2	4 24	16 59
26	12 12 30	5 0 50	2 0	19 20	4 58	18 4
27	12 16 26	6 0 16	2 23	2 ♋ 15	5 15	18 10
28	12 20 23	6 59 40	2 47	14 48	5 17	17 22
29	12 24 20	7 59 1	3 10	27 3	5 4	15 46
30	12 28 16	8 58 20	3 33	9 ♌ 6	4 38	13 30
31	12 32 13	9 57 36	3 57	21 1	4 0	10 42

Day	♆ Lat.	♆ Decl.	♅ Lat.	♅ Decl.	♄ Lat.	♄ Decl.	♃ Lat.	♃ Decl.	♂ Lat.
	° ′	° ′	° ′	° ′	° ′	° ′	° ′	° ′	° ′
1	0 S 44	9 S 29	0 S 38	5 N 7	2 N 4	19 S 4	0 N 59	17 N 19	0 S 29
4	0 44	9 26	0 38	5 11	2 4	19 4	0 59	17 25	0 27
7	0 44	9 24	0 38	5 14	2 5	19 4	0 59	17 30	0 25
10	0 44	9 21	0 38	5 18	2 5	19 4	0 59	17 35	0 23
13	0 44	9 19	0 38	5 22	2 6	19 3	0 59	17 39	0 21
16	0 44	9 16	0 38	5 25	2 6	19 3	0 59	17 43	0 19
19	0 44	9 14	0 38	5 29	2 7	19 2	0 59	17 47	0 17
22	0 44	9 11	0 38	5 33	2 7	19 2	0 59	17 50	0 15
25	0 44	9 9	0 38	5 37	2 7	19 1	0 59	17 52	0 12
28	0 44	9 7	0 37	5 41	2 8	19 0	0 58	17 54	0 10
31	0 45	9 5	0 37	5 45	2 8	18 58	0 58	17 55	0 8

Day	♆ Long.	♅ Long.	♄ Long.	♃ Long.	♂ Long.	♀ Long.	☿ Long.	♇ Long.
	° ′	° ′	° ′	° ′	° ′	° ′	° ′	° ′
1	7 ♓ 24	14 ♈ 28	4 ♐ 46	14 ♌ 51	6 ♈ 54	10 ♈ 2	13 ♒ 43	15 ♑ 0
2	7 26	14 31	4 48	14 R 44	7 40	11 15	14 54	15 1
3	7 28	14 34	4 49	14 38	8 26	12 28	16 7	15 3
4	7 30	14 37	4 50	14 32	9 11	13 42	17 22	15 4
5	7 33	14 40	4 51	14 25	9 57	14 55	18 39	15 5
6	7 35	14 43	4 52	14 19	10 43	16 8	19 57	15 7
7	7 37	14 46	4 53	14 14	11 28	17 21	21 17	15 8
8	7 40	14 49	4 53	14 8	12 14	18 34	22 38	15 9
9	7 42	14 52	4 54	14 2	12 59	19 47	24 1	15 10
10	7 44	14 55	4 55	13 57	13 45	21 0	25 25	15 11
11	7 46	14 58	4 55	13 52	14 30	22 13	26 51	15 13
12	7 49	15 2	4 55	13 47	15 16	23 26	28 18	15 14
13	7 51	15 5	4 55	13 42	16 1	24 39	29 46	15 15
14	7 53	15 8	4 56	13 37	16 46	25 51	1 ♓ 15	15 16
15	7 55	15 11	4 56	13 32	17 32	27 4	2 46	15 17
16	7 57	15 15	4 R 56	13 28	18 17	28 17	4 18	15 18
17	8 0	15 18	4 55	13 24	19 2	29 29	5 52	15 19
18	8 2	15 21	4 55	13 19	19 47	0 ♉ 42	7 26	15 20
19	8 4	15 24	4 55	13 15	20 32	1 54	9 2	15 20
20	8 6	15 28	4 54	13 12	21 17	3 6	10 39	15 21
21	8 8	15 31	4 54	13 8	22 2	4 18	12 18	15 22
22	8 10	15 34	4 53	13 5	22 47	5 31	13 57	15 23
23	8 13	15 38	4 52	13 1	23 32	6 43	15 38	15 24
24	8 15	15 41	4 51	12 58	24 17	7 55	17 20	15 25
25	8 17	15 45	4 50	12 56	25 2	9 7	19 4	15 25
26	8 19	15 48	4 49	12 53	25 47	10 18	20 48	15 26
27	8 21	15 51	4 48	12 50	26 32	11 30	22 35	15 27
28	8 23	15 55	4 47	12 48	27 16	12 42	24 22	15 27
29	8 25	15 58	4 45	12 46	28 1	13 53	26 11	15 28
30	8 27	16 2	4 44	12 44	28 45	15 5	28 1	15 28
31	8 29	16 5	4 42	12 42	29 30	16 16	29 52	15 29

Day	♂ Decl.	♀ Lat.	♀ Decl.	☿ Lat.	☿ Decl.	♇ Lat.	♇ Decl.	☊
	° ′	° ′	° ′	° ′	° ′	° ′	° ′	° ′
1	2 N 17	0 S 42	3 N 19	0 S 42	17 S 23	2 N 4	20 S 32	11 ♌ 49
4	3 14	0 35	4 52	1 6	16 41	2 4	20 32	11 39
7	4 9	0 26	6 25	1 27	15 47	2 4	20 32	11 30
10	5 4	0 17	7 56	1 44	14 41	2 4	20 31	11 20
13	5 59	0 8	9 25	1 58	13 24	2 4	20 31	11 11
16	6 53	0 N 1	10 53	2 8	11 55	2 4	20 31	11 1
19	7 46	0 11	12 18	2 15	10 16	2 4	20 31	10 52
22	8 38	0 21	13 41	2 17	8 25	2 4	20 30	10 42
25	9 30	0 30	15 1	2 16	6 24	2 4	20 30	10 32
28	10 20	0 41	16 17	2 10	4 13	2 4	20 30	10 23
31	11 10	0 51	17 31	1 59	1 53	2 4	20 30	10 13

2015 APRIL

Day	Sidereal Time			☉ Long.			☉ Decl.		☽ Long.		☽ Lat.		☽ Decl.	
	H	M	S	°	′	″	°	′	°	′	°	′	°	′
1	12	36	9	10 ♈	56	51	4 N	20	2 ♍	50	3 S	12	7 N	28
2	12	40	6	11	56	3	4	43	14	38	2	17	3	57
3	12	44	2	12	55	13	5	6	26	28	1	15	0	16
4	12	47	59	13	54	21	5	29	8 ♎	22	0	9	3 S	27
5	12	51	55	14	53	27	5	52	20	22	0 N	57	7	4
6	12	55	52	15	52	32	6	15	2 ♏	30	2	2	10	26
7	12	59	49	16	51	34	6	37	14	48	3	2	13	23
8	13	3	45	17	50	34	7	0	27	17	3	54	15	46
9	13	7	42	18	49	32	7	23	10 ♐	0	4	35	17	25
10	13	11	38	19	48	29	7	45	22	58	5	4	18	12
11	13	15	35	20	47	24	8	7	6 ♑	13	5	17	18	1
12	13	19	31	21	46	17	8	29	19	46	5	13	16	49
13	13	23	28	22	45	8	8	51	3 ♒	38	4	50	14	38
14	13	27	24	23	43	58	9	13	17	50	4	10	11	31
15	13	31	21	24	42	46	9	34	2 ♓	18	3	14	7	38
16	13	35	18	25	41	32	9	56	17	0	2	4	3	14
17	13	39	14	26	40	16	10	17	1 ♈	51	0	45	1 N	25
18	13	43	11	27	38	58	10	38	16	43	0 S	38	6	0
19	13	47	7	28	37	39	10	59	1 ♉	30	1	57	10	10
20	13	51	4	29	36	17	11	20	16	4	3	7	13	40
21	13	55	0	0 ♉	34	54	11	40	0 ♊	18	4	4	16	14
22	13	58	57	1	33	28	12	1	14	9	4	45	17	47
23	14	2	53	2	32	1	12	21	27	34	5	8	18	17
24	14	6	50	3	30	31	12	41	10 ♋	34	5	15	17	47
25	14	10	47	4	29	0	13	1	23	11	5	7	16	24
26	14	14	43	5	27	26	13	20	5 ♌	29	4	44	14	18
27	14	18	40	6	25	50	13	40	17	32	4	9	11	37
28	14	22	36	7	24	12	13	59	29	26	3	24	8	29
29	14	26	33	8	22	32	14	18	11 ♍	15	2	31	5	1
30	14	30	29	9	20	50	14	36	23	3	1	31	1	22

Day	♆ Lat.		♆ Decl.		♅ Lat.		♅ Decl.		♄ Lat.		♄ Decl.		♃ Lat.		♃ Decl.		♂ Lat.	
	°	′	°	′	°	′	°	′	°	′	°	′	°	′	°	′	°	′
1	0 S	45	9 S	4	0 S	37	5 N	46	2 N	8	18 S	58	0 N	58	17 N	56	0 S	8
4	0	45	9	2	0	37	5	50	2	9	18	57	0	58	17	57	0	6
7	0	45	9	0	0	37	5	54	2	9	18	55	0	58	17	57	0	4
10	0	45	8	58	0	37	5	58	2	10	18	53	0	57	17	57	0	2
13	0	45	8	56	0	37	6	2	2	10	18	52	0	57	17	56	0 N	0
16	0	45	8	54	0	37	6	6	2	10	18	50	0	57	17	55	0	2
19	0	45	8	52	0	37	6	10	2	11	18	48	0	57	17	53	0	4
22	0	45	8	50	0	37	6	14	2	11	18	46	0	56	17	51	0	6
25	0	45	8	49	0	37	6	18	2	11	18	43	0	56	17	48	0	8
28	0	45	8	47	0	37	6	21	2	11	18	41	0	56	17	45	0	10

APRIL 2015

Day	♆ Long.	♅ Long.	♄ Long.	♃ Long.	♂ Long.	♀ Long.	☿ Long.	♇ Long.
	° ′	° ′	° ′	° ′	° ′	° ′	° ′	° ′
1	8 ♓ 31	16 ♈ 8	4 ♐ 41	12 ♌ 41	0 ♉ 14	17 ♉ 27	1 ♈ 45	15 ♑ 30
2	8 33	16 12	4 R 39	12 R 39	0 59	18 38	3 39	15 30
3	8 35	16 15	4 37	12 38	1 43	19 50	5 35	15 30
4	8 37	16 19	4 35	12 37	2 28	21 1	7 31	15 31
5	8 39	16 22	4 33	12 36	3 12	22 11	9 30	15 31
6	8 41	16 26	4 31	12 36	3 56	23 22	11 29	15 32
7	8 43	16 29	4 29	12 35	4 40	24 33	13 30	15 32
8	8 45	16 32	4 26	12 35	5 24	25 43	15 31	15 32
9	8 47	16 36	4 24	12 35	6 8	26 54	17 34	15 33
10	8 48	16 39	4 21	12 D 35	6 53	28 4	19 38	15 33
11	8 50	16 43	4 19	12 36	7 37	29 15	21 43	15 33
12	8 52	16 46	4 16	12 36	8 20	0 ♊ 25	23 48	15 33
13	8 54	16 50	4 14	12 37	9 4	1 35	25 54	15 33
14	8 55	16 53	4 11	12 38	9 48	2 45	28 0	15 33
15	8 57	16 56	4 8	12 39	10 32	3 55	0 ♉ 7	15 33
16	8 59	17 0	4 5	12 40	11 16	5 4	2 13	15 34
17	9 1	17 3	4 2	12 42	11 59	6 14	4 18	15 34
18	9 2	17 7	3 59	12 43	12 43	7 23	6 23	15 R 34
19	9 4	17 10	3 56	12 45	13 27	8 33	8 27	15 33
20	9 6	17 13	3 52	12 47	14 10	9 42	10 29	15 33
21	9 7	17 17	3 49	12 49	14 54	10 51	12 29	15 33
22	9 9	17 20	3 46	12 52	15 37	12 0	14 28	15 33
23	9 10	17 23	3 42	12 54	16 21	13 9	16 24	15 33
24	9 12	17 27	3 39	12 57	17 4	14 18	18 17	15 33
25	9 13	17 30	3 35	13 0	17 47	15 26	20 7	15 33
26	9 15	17 33	3 32	13 3	18 31	16 35	21 54	15 32
27	9 16	17 37	3 28	13 6	19 14	17 43	23 37	15 32
28	9 18	17 40	3 24	13 10	19 57	18 51	25 17	15 32
29	9 19	17 43	3 20	13 13	20 40	19 59	26 53	15 31
30	9 20	17 46	3 17	13 17	21 23	21 7	28 25	15 31

Day	♂ Decl.	♀ Lat.	♀ Decl.	☿ Lat.	☿ Decl.	♇ Lat.	♇ Decl.	☊
	° ′	° ′	° ′	° ′	° ′	° ′	° ′	° ′
1	11 N 26	0 N 54	17 N 54	1 S 55	1 S 4	2 N 3	20 S 30	10 ♎ 10
4	12 14	1 4	19 2	1 38	1 N 29	2 3	20 30	10 1
7	13 1	1 14	20 6	1 17	4 8	2 3	20 29	9 51
10	13 47	1 24	21 5	0 52	6 53	2 3	20 29	9 42
13	14 32	1 33	22 0	0 23	9 39	2 3	20 29	9 32
16	15 15	1 42	22 49	0 N 9	12 23	2 3	20 29	9 23
19	15 57	1 51	23 33	0 42	14 59	2 3	20 29	9 13
22	16 37	1 59	24 12	1 14	17 21	2 3	20 29	9 3
25	17 16	2 7	24 45	1 43	19 25	2 3	20 30	8 54
28	17 53	2 15	25 12	2 7	21 8	2 3	20 30	8 44

2015 MAI

Day	Sidereal Time	☉ Long.	☉ Decl.	☽ Long.	☽ Lat.	☽ Decl.
	H M S	° ′ ″	° ′	° ′	° ′	° ′
1	14 34 26	10 ♉ 19 6	14 N 55	4 ♎ 55	0 S 27	2 S 22
2	14 38 22	11 17 20	15 13	16 55	0 N 39	6 3
3	14 42 19	12 15 32	15 31	29 5	1 44	9 32
4	14 46 15	13 13 42	15 48	11 ♏ 27	2 45	12 39
5	14 50 12	14 11 51	16 6	24 2	3 38	15 15
6	14 54 9	15 9 58	16 23	6 ♐ 51	4 22	17 9
7	14 58 5	16 8 3	16 40	19 54	4 53	18 11
8	15 2 2	17 6 7	16 56	3 ♑ 11	5 9	18 15
9	15 5 58	18 4 10	17 13	16 40	5 8	17 18
10	15 9 55	19 2 11	17 29	0 ♒ 21	4 50	15 21
11	15 13 51	20 0 11	17 44	14 14	4 15	12 29
12	15 17 48	20 58 10	18 0	28 17	3 24	8 53
13	15 21 44	21 56 7	18 15	12 ♓ 30	2 20	4 43
14	15 25 41	22 54 3	18 30	26 51	1 7	0 14
15	15 29 38	23 51 57	18 44	11 ♈ 17	0 S 11	4 N 17
16	15 33 34	24 49 51	18 58	25 45	1 29	8 34
17	15 37 31	25 47 43	19 12	10 ♉ 9	2 40	12 20
18	15 41 27	26 45 33	19 26	24 25	3 40	15 19
19	15 45 24	27 43 22	19 39	8 ♊ 27	4 26	17 20
20	15 49 20	28 41 10	19 52	22 11	4 53	18 18
21	15 53 17	29 38 57	20 4	5 ♋ 33	5 7	18 13
22	15 57 13	0 ♊ 36 41	20 16	18 33	5 3	17 9
23	16 1 10	1 34 25	20 28	1 ♌ 11	4 44	15 17
24	16 5 7	2 32 6	20 40	13 30	4 12	12 45
25	16 9 3	3 29 47	20 51	25 35	3 29	9 42
26	16 13 0	4 27 25	21 2	7 ♍ 29	2 38	6 19
27	16 16 56	5 25 3	21 12	19 18	1 41	2 41
28	16 20 53	6 22 38	21 22	1 ♎ 8	0 39	1 S 3
29	16 24 49	7 20 13	21 32	13 2	0 N 25	4 46
30	16 28 46	8 17 46	21 41	25 7	1 28	8 21
31	16 32 42	9 15 17	21 50	7 ♏ 25	2 29	11 38

Day	♆ Lat.	♆ Decl.	♅ Lat.	♅ Decl.	♄ Lat.	♄ Decl.	♃ Lat.	♃ Decl.	♂ Lat.
	° ′	° ′	° ′	° ′	° ′	° ′	° ′	° ′	° ′
1	0 S 45	8 S 46	0 S 37	6 N 25	2 N 11	18 S 39	0 N 56	17 N 42	0 N 12
4	0 45	8 44	0 37	6 29	2 11	18 37	0 55	17 38	0 14
7	0 46	8 43	0 37	6 32	2 12	18 34	0 55	17 34	0 16
10	0 46	8 42	0 37	6 36	2 12	18 32	0 55	17 29	0 17
13	0 46	8 41	0 38	6 39	2 12	18 29	0 55	17 24	0 19
16	0 46	8 40	0 38	6 43	2 11	18 27	0 54	17 18	0 21
19	0 46	8 39	0 38	6 46	2 11	18 24	0 54	17 12	0 23
22	0 46	8 38	0 38	6 49	2 11	18 21	0 54	17 6	0 24
25	0 46	8 38	0 38	6 52	2 11	18 19	0 54	16 59	0 26
28	0 46	8 37	0 38	6 55	2 11	18 16	0 53	16 52	0 28
31	0 46	8 37	0 38	6 58	2 11	18 14	0 53	16 44	0 29

MAI 2015

Day	♆ Long.	♅ Long.	♄ Long.	♃ Long.	♂ Long.	♀ Long.	☿ Long.	♇ Long.
	° ′	° ′	° ′	° ′	° ′	° ′	° ′	° ′
1	9 ♓ 22	17 ♈ 50	3 ♐ 13	13 ♌ 21	22 ♉ 6	22 ♊ 14	29 ♉ 53	15 ♑ 31
2	9 23	17 53	3 R 9	13 25	22 49	23 22	1 ♊ 17	15 R 30
3	9 24	17 56	3 5	13 29	23 32	24 29	2 36	15 30
4	9 26	17 59	3 1	13 34	24 15	25 36	3 51	15 29
5	9 27	18 2	2 57	13 38	24 58	26 43	5 2	15 29
6	9 28	18 6	2 52	13 43	25 40	27 50	6 8	15 28
7	9 29	18 9	2 48	13 48	26 23	28 56	7 10	15 28
8	9 30	18 12	2 44	13 53	27 6	0 ♋ 3	8 7	15 27
9	9 31	18 15	2 40	13 58	27 48	1 9	8 59	15 26
10	9 32	18 18	2 36	14 4	28 31	2 15	9 46	15 26
11	9 33	18 21	2 31	14 9	29 13	3 21	10 29	15 25
12	9 35	18 24	2 27	14 15	29 56	4 26	11 6	15 24
13	9 35	18 27	2 23	14 21	0 ♊ 38	5 32	11 39	15 23
14	9 36	18 30	2 18	14 27	1 20	6 37	12 6	15 23
15	9 37	18 33	2 14	14 33	2 3	7 42	12 29	15 22
16	9 38	18 36	2 9	14 39	2 45	8 47	12 47	15 21
17	9 39	18 39	2 5	14 46	3 27	9 51	12 59	15 20
18	9 40	18 42	2 1	14 52	4 9	10 56	13 7	15 19
19	9 41	18 45	1 56	14 59	4 52	12 0	13 10	15 18
20	9 42	18 47	1 52	15 6	5 34	13 3	13 R 8	15 18
21	9 42	18 50	1 47	15 13	6 16	14 7	13 1	15 17
22	9 43	18 53	1 43	15 20	6 58	15 10	12 50	15 16
23	9 44	18 56	1 38	15 27	7 40	16 13	12 35	15 15
24	9 44	18 58	1 34	15 34	8 22	17 16	12 16	15 14
25	9 45	19 1	1 29	15 42	9 3	18 18	11 53	15 13
26	9 46	19 4	1 25	15 49	9 45	19 20	11 28	15 12
27	9 46	19 6	1 20	15 57	10 27	20 22	10 59	15 10
28	9 47	19 9	1 16	16 5	11 9	21 23	10 29	15 9
29	9 47	19 12	1 11	16 13	11 50	22 24	9 56	15 8
30	9 48	19 14	1 7	16 21	12 32	23 25	9 23	15 7
31	9 48	19 17	1 3	16 29	13 13	24 26	8 49	15 6

Day	♂ Decl.	♀ Lat.	♀ Decl.	☿ Lat.	☿ Decl.	♇ Lat.	♇ Decl.	☊
	° ′	° ′	° ′	° ′	° ′	° ′	° ′	° ′
1	18 N 29	2 N 21	25 N 34	2 N 24	22 N 29	2 N 3	20 S 30	8 ♌ 35
4	19 3	2 27	25 49	2 34	23 27	2 3	20 30	8 25
7	19 36	2 33	25 59	2 35	24 4	2 3	20 30	8 16
10	20 7	2 37	26 2	2 28	24 21	2 3	20 30	8 6
13	20 36	2 41	26 0	2 10	24 20	2 3	20 31	7 57
16	21 3	2 43	25 52	1 44	24 2	2 3	20 31	7 47
19	21 29	2 45	25 38	1 7	23 29	2 3	20 31	7 38
22	21 52	2 45	25 19	0 23	22 43	2 3	20 32	7 28
25	22 14	2 45	24 54	0 S 26	21 46	2 3	20 32	7 19
28	22 34	2 43	24 25	1 19	20 43	2 3	20 33	7 9
31	22 52	2 40	23 51	2 10	19 38	2 3	20 33	7 0

2015 JUNI

Day	Sidereal Time	☉ Long.	☉ Decl.	☽ Long.	☽ Lat.	☽ Decl.
	H M S	° ′ ″	° ′	° ′	° ′	° ′
1	16 36 39	10 Ⅱ 12 48	21 N 59	20 ♏ 0	3 N 23	14 S 28
2	16 40 36	11 10 17	22 7	2 ♐ 53	4 9	16 40
3	16 44 32	12 7 45	22 15	16 4	4 42	18 2
4	16 48 29	13 5 13	22 22	29 31	5 0	18 26
5	16 52 25	14 2 39	22 29	13 ♑ 12	5 2	17 47
6	16 56 22	15 0 5	22 35	27 4	4 46	16 4
7	17 0 18	15 57 30	22 42	11 ♒ 3	4 13	13 24
8	17 4 15	16 54 54	22 47	25 7	3 24	9 56
9	17 8 11	17 52 17	22 53	9 ♓ 14	2 23	5 54
10	17 12 8	18 49 40	22 58	23 22	1 13	1 31
11	17 16 5	19 47 3	23 2	7 ♈ 30	0 S 2	2 N 57
12	17 20 1	20 44 25	23 7	21 37	1 16	7 15
13	17 23 58	21 41 46	23 10	5 ♉ 41	2 25	11 8
14	17 27 54	22 39 7	23 14	19 40	3 25	14 21
15	17 31 51	23 36 28	23 17	3 Ⅱ 31	4 12	16 44
16	17 35 47	24 33 48	23 19	17 11	4 44	18 6
17	17 39 44	25 31 7	23 22	0 ♋ 37	5 0	18 27
18	17 43 40	26 28 26	23 23	13 47	4 59	17 46
19	17 47 37	27 25 44	23 25	26 38	4 42	16 12
20	17 51 34	28 23 2	23 25	9 ♌ 10	4 13	13 54
21	17 55 30	29 20 18	23 26	21 27	3 32	11 0
22	17 59 27	0 ♋ 17 34	23 26	3 ♍ 29	2 42	7 42
23	18 3 23	1 14 50	23 25	15 23	1 46	4 8
24	18 7 20	2 12 5	23 25	27 12	0 45	0 25
25	18 11 16	3 9 19	23 24	9 ♎ 1	0 N 17	3 S 19
26	18 15 13	4 6 32	23 22	20 57	1 20	6 57
27	18 19 9	5 3 45	23 20	3 ♏ 4	2 19	10 21
28	18 23 6	6 0 57	23 18	15 28	3 14	13 23
29	18 27 3	6 58 10	23 15	28 11	4 0	15 51
30	18 30 59	7 55 22	23 12	11 ♐ 16	4 35	17 35

Day	♆ Lat.	♆ Decl.	♅ Lat.	♅ Decl.	♄ Lat.	♄ Decl.	♃ Lat.	♃ Decl.	♂ Lat.
	° ′	° ′	° ′	° ′	° ′	° ′	° ′	° ′	° ′
1	0 S 46	8 S 36	0 S 38	6 N 59	2 N 11	18 S 13	0 N 53	16 N 42	0 N 30
4	0 46	8 36	0 38	7 1	2 10	18 11	0 53	16 34	0 32
7	0 47	8 36	0 38	7 4	2 10	18 9	0 53	16 26	0 33
10	0 47	8 36	0 38	7 6	2 10	18 6	0 53	16 17	0 35
13	0 47	8 36	0 38	7 8	2 9	18 4	0 52	16 8	0 36
16	0 47	8 36	0 38	7 11	2 9	18 2	0 52	15 59	0 38
19	0 47	8 37	0 38	7 13	2 8	18 0	0 52	15 49	0 39
22	0 47	8 37	0 38	7 14	2 8	17 58	0 52	15 39	0 41
25	0 47	8 37	0 38	7 16	2 7	17 57	0 52	15 29	0 42
28	0 47	8 38	0 38	7 18	2 7	17 55	0 52	15 19	0 43

JUNI 2015

Day	♆ Long.	♅ Long.	♄ Long.	♃ Long.	♂ Long.	♀ Long.	☿ Long.	♇ Long.
	° ′	° ′	° ′	° ′	° ′	° ′	° ′	° ′
1	9 ♓ 48	19 ♈ 19	0 ♐ 58	16 ♌ 38	13 ♊ 55	25 ♋ 26	8 ♊ 16	15 ♑ 5
2	9 49	19 21	0 R 54	16 46	14 36	26 25	7 R 43	15 R 4
3	9 49	19 24	0 50	16 55	15 18	27 25	7 11	15 2
4	9 49	19 26	0 45	17 3	15 59	28 24	6 41	15 1
5	9 50	19 28	0 41	17 12	16 40	29 22	6 13	15 0
6	9 50	19 31	0 37	17 21	17 22	0 ♌ 20	5 48	14 59
7	9 50	19 33	0 32	17 30	18 3	1 18	5 26	14 57
8	9 50	19 35	0 28	17 39	18 44	2 15	5 8	14 56
9	9 50	19 37	0 24	17 48	19 25	3 12	4 53	14 55
10	9 50	19 39	0 20	17 58	20 6	4 8	4 43	14 53
11	9 50	19 42	0 16	18 7	20 48	5 4	4 36	14 52
12	9 50	19 44	0 12	18 17	21 29	5 59	4 34	14 51
13	9 R 50	19 46	0 8	18 26	22 10	6 54	4 D 37	14 49
14	9 50	19 48	0 4	18 36	22 50	7 48	4 44	14 48
15	9 50	19 50	0 0	18 46	23 31	8 42	4 55	14 46
16	9 50	19 51	29 ♏ 56	18 56	24 12	9 35	5 12	14 45
17	9 50	19 53	29 52	19 6	24 53	10 27	5 32	14 43
18	9 50	19 55	29 48	19 16	25 34	11 19	5 57	14 42
19	9 50	19 57	29 45	19 26	26 15	12 10	6 27	14 41
20	9 49	19 59	29 41	19 36	26 55	13 1	7 1	14 39
21	9 49	20 0	29 37	19 46	27 36	13 51	7 40	14 38
22	9 49	20 2	29 34	19 57	28 16	14 40	8 22	14 36
23	9 49	20 3	29 30	20 7	28 57	15 28	9 9	14 35
24	9 48	20 5	29 27	20 18	29 38	16 16	10 0	14 33
25	9 48	20 7	29 24	20 29	0 ♋ 18	17 3	10 55	14 32
26	9 47	20 8	29 20	20 39	0 58	17 48	11 54	14 30
27	9 47	20 9	29 17	20 50	1 39	18 33	12 57	14 29
28	9 47	20 11	29 14	21 1	2 19	19 18	14 4	14 27
29	9 46	20 12	29 11	21 12	3 0	20 1	15 15	14 26
30	9 45	20 13	29 8	21 23	3 40	20 43	16 30	14 24

Day	♂ Decl.	♀ Lat.	♀ Decl.	☿ Lat.	☿ Decl.	♇ Lat.	♇ Decl.	☊
	° ′	° ′	° ′	° ′	° ′	° ′	° ′	° ′
1	22 N 58	2 N 38	23 N 39	2 S 26	19 N 17	2 N 3	20 S 33	6 ♌ 56
4	23 13	2 33	22 59	3 8	18 20	2 3	20 34	6 47
7	23 27	2 27	22 15	3 41	17 35	2 3	20 34	6 37
10	23 39	2 19	21 28	4 3	17 6	2 2	20 35	6 28
13	23 48	2 9	20 38	4 13	16 55	2 2	20 35	6 18
16	23 56	1 58	19 45	4 12	17 1	2 2	20 36	6 9
19	24 2	1 45	18 49	4 3	17 24	2 2	20 37	5 59
22	24 6	1 30	17 52	3 45	18 0	2 2	20 37	5 50
25	24 8	1 13	16 53	3 20	18 46	2 2	20 38	5 40
28	24 8	0 54	15 54	2 51	19 40	2 1	20 39	5 31

2015 JULI

Day	Sidereal Time	☉ Long.	☉ Decl.	☽ Long.	☽ Lat.	☽ Decl.
	H M S	° ′ ″	° ′	° ′	° ′	° ′
1	18 34 56	8 ♋ 52 33	23 N 8	24 ♐ 44	4 N 56	18 S 24
2	18 38 52	9 49 44	23 4	8 ♑ 33	5 0	18 10
3	18 42 49	10 46 55	23 0	22 39	4 47	16 49
4	18 46 45	11 44 6	22 55	6 ♒ 57	4 15	14 25
5	18 50 42	12 41 18	22 50	21 21	3 27	11 7
6	18 54 38	13 38 29	22 44	5 ♓ 45	2 26	7 8
7	18 58 35	14 35 40	22 38	20 6	1 15	2 46
8	19 2 32	15 32 52	22 32	4 ♈ 21	0 0	1 N 44
9	19 6 28	16 30 5	22 25	18 27	1 S 14	6 6
10	19 10 25	17 27 17	22 18	2 ♉ 24	2 23	10 4
11	19 14 21	18 24 30	22 10	16 12	3 22	13 27
12	19 18 18	19 21 44	22 2	29 50	4 10	16 3
13	19 22 14	20 18 58	21 54	13 ♊ 18	4 42	17 43
14	19 26 11	21 16 12	21 45	26 34	4 59	18 24
15	19 30 7	22 13 27	21 36	9 ♋ 38	5 0	18 6
16	19 34 4	23 10 42	21 27	22 29	4 46	16 51
17	19 38 1	24 7 57	21 17	5 ♌ 5	4 18	14 49
18	19 41 57	25 5 13	21 7	17 27	3 38	12 8
19	19 45 54	26 2 29	20 56	29 36	2 48	8 59
20	19 49 50	26 59 45	20 45	11 ♍ 34	1 52	5 30
21	19 53 47	27 57 2	20 34	23 25	0 51	1 50
22	19 57 43	28 54 19	20 22	5 ♎ 12	0 N 12	1 S 53
23	20 1 40	29 51 36	20 11	17 1	1 14	5 32
24	20 5 36	0 ♌ 48 54	19 58	28 56	2 14	9 0
25	20 9 33	1 46 12	19 46	11 ♏ 3	3 9	12 9
26	20 13 30	2 43 30	19 33	23 27	3 56	14 49
27	20 17 26	3 40 49	19 20	6 ♐ 12	4 34	16 51
28	20 21 23	4 38 8	19 6	19 22	4 58	18 4
29	20 25 19	5 35 28	18 52	2 ♑ 59	5 6	18 18
30	20 29 16	6 32 48	18 38	17 0	4 57	17 27
31	20 33 12	7 30 9	18 23	1 ♒ 24	4 28	15 29

Day	♆ Lat.	♆ Decl.	♅ Lat.	♅ Decl.	♄ Lat.	♄ Decl.	♃ Lat.	♃ Decl.	♂ Lat.
	° ′	° ′	° ′	° ′	° ′	° ′	° ′	° ′	° ′
1	0 S 47	8 S 39	0 S 39	7 N 19	2 N 6	17 S 54	0 N 52	15 N 8	0 N 45
4	0 48	8 40	0 39	7 20	2 6	17 53	0 52	14 57	0 46
7	0 48	8 40	0 39	7 21	2 5	17 52	0 52	14 46	0 48
10	0 48	8 41	0 39	7 22	2 4	17 51	0 52	14 34	0 49
13	0 48	8 43	0 39	7 23	2 3	17 50	0 51	14 22	0 50
16	0 48	8 44	0 39	7 23	2 3	17 50	0 51	14 10	0 51
19	0 48	8 45	0 39	7 24	2 2	17 49	0 51	13 58	0 53
22	0 48	8 46	0 39	7 24	2 2	17 49	0 51	13 46	0 54
25	0 48	8 48	0 39	7 24	2 1	17 49	0 51	13 33	0 55
28	0 48	8 49	0 39	7 24	2 0	17 50	0 51	13 20	0 56
31	0 48	8 51	0 39	7 24	1 59	17 50	0 52	13 8	0 57

JULI 2015

Day	♆ Long.	♅ Long.	♄ Long.	♃ Long.	♂ Long.	♀ Long.	☿ Long.	♇ Long.
	° ′	° ′	° ′	° ′	° ′	° ′	° ′	° ′
1	9 ♓ 45	20 ♈ 15	29 ♏ 5	21 ♌ 34	4 ♋ 20	21 ♌ 24	17 ♊ 48	14 ♑ 23
2	9 R 44	20 16	29 R 2	21 45	5 0	22 4	19 10	14 R 21
3	9 44	20 17	28 59	21 57	5 40	22 43	20 36	14 20
4	9 43	20 18	28 57	22 8	6 21	23 21	22 5	14 18
5	9 42	20 19	28 54	22 19	7 1	23 58	23 38	14 16
6	9 42	20 20	28 52	22 31	7 41	24 34	25 14	14 15
7	9 41	20 21	28 49	22 42	8 21	25 8	26 54	14 13
8	9 40	20 22	28 47	22 54	9 1	25 41	28 37	14 12
9	9 39	20 23	28 45	23 5	9 41	26 12	0 ♋ 23	14 10
10	9 38	20 24	28 42	23 17	10 20	26 43	2 13	14 9
11	9 38	20 25	28 40	23 29	11 0	27 11	4 5	14 7
12	9 37	20 25	28 38	23 41	11 40	27 39	6 0	14 6
13	9 36	20 26	28 36	23 52	12 20	28 4	7 58	14 4
14	9 35	20 27	28 34	24 4	13 0	28 28	9 58	14 3
15	9 34	20 27	28 33	24 16	13 39	28 50	12 0	14 1
16	9 33	20 28	28 31	24 28	14 19	29 11	14 4	14 0
17	9 32	20 28	28 29	24 40	14 59	29 30	16 9	13 58
18	9 31	20 29	28 28	24 52	15 38	29 47	18 16	13 57
19	9 30	20 29	28 26	25 5	16 18	0 ♍ 1	20 23	13 55
20	9 29	20 29	28 25	25 17	16 57	0 14	22 31	13 54
21	9 28	20 30	28 24	25 29	17 37	0 25	24 39	13 52
22	9 27	20 30	28 23	25 41	18 16	0 34	26 48	13 51
23	9 25	20 30	28 22	25 54	18 56	0 40	28 55	13 49
24	9 24	20 30	28 21	26 6	19 35	0 45	1 ♌ 3	13 48
25	9 23	20 30	28 20	26 18	20 15	0 47	3 9	13 46
26	9 22	20 30	28 19	26 31	20 54	0 R 47	5 15	13 45
27	9 21	20 R 30	28 19	26 43	21 33	0 44	7 20	13 44
28	9 19	20 30	28 18	26 56	22 13	0 39	9 23	13 42
29	9 18	20 30	28 18	27 8	22 52	0 32	11 25	13 41
30	9 17	20 30	28 17	27 21	23 31	0 22	13 25	13 39
31	9 15	20 30	28 17	27 34	24 10	0 10	15 25	13 38

Day	♂ Decl.	♀ Lat.	♀ Decl.	☿ Lat.	☿ Decl.	♇ Lat.	♇ Decl.	☊
	° ′	° ′	° ′	° ′	° ′	° ′	° ′	° ′
1	24 N 7	0 N 33	14 N 53	2 S 17	20 N 36	2 N 1	20 S 39	5 ♌ 21
4	24 3	0 10	13 53	1 41	21 32	2 1	20 40	5 12
7	23 58	0 S 16	12 54	1 3	22 21	2 1	20 41	5 2
10	23 51	0 44	11 55	0 26	22 59	2 1	20 41	4 52
13	23 42	1 14	10 59	0 N 10	23 22	2 0	20 42	4 43
16	23 31	1 47	10 5	0 41	23 23	2 0	20 43	4 33
19	23 19	2 22	9 15	1 8	23 0	2 0	20 44	4 24
22	23 5	2 59	8 28	1 28	22 14	1 59	20 45	4 14
25	22 49	3 38	7 47	1 40	21 5	1 59	20 45	4 5
28	22 32	4 19	7 12	1 46	19 37	1 59	20 46	3 55
31	22 13	4 59	6 44	1 46	17 54	1 58	20 47	3 46

2015 AUGUST

Day	Sidereal Time	☉ Long.	☉ Decl.	☽ Long.	☽ Lat.	☽ Decl.
	H M S	° ′ ″	° ′	° ′	° ′	° ′
1	20 37 9	8 ♌ 27 31	18 N 9	16 ♒ 3	3 N 42	12 S 29
2	20 41 5	9 24 53	17 54	0 ♓ 51	2 40	8 40
3	20 45 2	10 22 17	17 38	15 39	1 28	4 18
4	20 48 58	11 19 42	17 23	0 ♈ 21	0 10	0 N 17
5	20 52 55	12 17 7	17 7	14 51	1 S 8	4 48
6	20 56 52	13 14 34	16 50	29 7	2 20	8 58
7	21 0 48	14 12 3	16 34	13 ♉ 5	3 23	12 32
8	21 4 45	15 9 32	16 17	26 48	4 12	15 20
9	21 8 41	16 7 3	16 0	10 ♊ 14	4 47	17 15
10	21 12 38	17 4 35	15 43	23 25	5 6	18 11
11	21 16 34	18 2 8	15 25	6 ♋ 21	5 8	18 9
12	21 20 31	18 59 43	15 7	19 5	4 55	17 12
13	21 24 27	19 57 19	14 49	1 ♌ 37	4 29	15 26
14	21 28 24	20 54 56	14 31	13 56	3 50	12 59
15	21 32 21	21 52 35	14 13	26 6	3 0	9 59
16	21 36 17	22 50 15	13 54	8 ♍ 6	2 4	6 37
17	21 40 14	23 47 56	13 35	19 58	1 2	3 2
18	21 44 10	24 45 38	13 16	1 ♎ 46	0 N 2	0 S 40
19	21 48 7	25 43 21	12 57	13 32	1 6	4 19
20	21 52 3	26 41 5	12 37	25 20	2 8	7 49
21	21 56 0	27 38 51	12 17	7 ♏ 15	3 4	11 5
22	21 59 56	28 36 38	11 57	19 21	3 53	13 49
23	22 3 53	29 34 25	11 37	1 ♐ 43	4 33	16 3
24	22 7 50	0 ♍ 32 14	11 17	14 26	5 1	17 33
25	22 11 46	1 30 4	10 56	27 33	5 14	18 11
26	22 15 43	2 27 56	10 36	11 ♑ 8	5 10	17 50
27	22 19 39	3 25 49	10 15	25 10	4 47	16 23
28	22 23 36	4 23 43	9 54	9 ♒ 38	4 7	13 52
29	22 27 32	5 21 38	9 33	24 27	3 9	10 24
30	22 31 29	6 19 35	9 11	9 ♓ 30	1 57	6 12
31	22 35 25	7 17 34	8 50	24 37	0 36	1 35

Day	♆ Lat.	♆ Decl.	♅ Lat.	♅ Decl.	♄ Lat.	♄ Decl.	♃ Lat.	♃ Decl.	♂ Lat.
	° ′	° ′	° ′	° ′	° ′	° ′	° ′	° ′	° ′
1	0 S 48	8 S 51	0 S 39	7 N 24	1 N 59	17 S 50	0 N 52	13 N 3	0 N 58
4	0 48	8 53	0 39	7 23	1 58	17 51	0 52	12 50	0 59
7	0 49	8 55	0 40	7 23	1 58	17 52	0 52	12 37	1 0
10	0 49	8 56	0 40	7 22	1 57	17 53	0 52	12 23	1 1
13	0 49	8 58	0 40	7 21	1 56	17 54	0 52	12 10	1 2
16	0 49	9 0	0 40	7 20	1 55	17 56	0 52	11 56	1 3
19	0 49	9 2	0 40	7 19	1 55	17 58	0 52	11 42	1 4
22	0 49	9 4	0 40	7 17	1 54	17 59	0 52	11 28	1 5
25	0 49	9 5	0 40	7 16	1 53	18 2	0 52	11 14	1 6
28	0 49	9 7	0 40	7 14	1 53	18 4	0 53	11 0	1 7
31	0 49	9 9	0 40	7 12	1 52	18 6	0 53	10 46	1 8

AUGUST 2015

Day	♆ Long.	♅ Long.	♄ Long.	♃ Long.	♂ Long.	♀ Long.	☿ Long.	♇ Long.
	° ′	° ′	° ′	° ′	° ′	° ′	° ′	° ′
1	9 ♓ 14	20 ♈ 30	28 ♏ 17	27 ♌ 46	24 ♋ 49	29 ♌ 55	17 ♌ 22	13 ♑ 37
2	9 R 13	20 R 29	28 R 17	27 59	25 28	29 R 38	19 18	13 R 35
3	9 11	20 29	28 D 17	28 12	26 7	29 19	21 13	13 34
4	9 10	20 29	28 17	28 24	26 46	28 58	23 6	13 33
5	9 8	20 28	28 17	28 37	27 25	28 34	24 57	13 31
6	9 7	20 28	28 17	28 50	28 4	28 9	26 47	13 30
7	9 6	20 27	28 18	29 3	28 43	27 41	28 35	13 29
8	9 4	20 27	28 18	29 16	29 22	27 12	0 ♍ 21	13 28
9	9 3	20 26	28 19	29 29	0 ♌ 1	26 41	2 6	13 27
10	9 1	20 25	28 20	29 41	0 40	26 8	3 50	13 25
11	9 0	20 25	28 20	29 54	1 19	25 35	5 31	13 24
12	8 58	20 24	28 21	0 ♍ 7	1 58	25 0	7 12	13 23
13	8 57	20 23	28 22	0 20	2 36	24 24	8 50	13 22
14	8 55	20 22	28 23	0 33	3 15	23 47	10 28	13 21
15	8 54	20 21	28 25	0 46	3 54	23 10	12 3	13 20
16	8 52	20 20	28 26	0 59	4 33	22 33	13 38	13 19
17	8 50	20 19	28 27	1 12	5 11	21 56	15 10	13 18
18	8 49	20 18	28 29	1 25	5 50	21 19	16 41	13 17
19	8 47	20 17	28 30	1 38	6 28	20 42	18 11	13 16
20	8 46	20 16	28 32	1 51	7 7	20 6	19 39	13 15
21	8 44	20 15	28 34	2 4	7 46	19 32	21 6	13 14
22	8 42	20 14	28 36	2 17	8 24	18 58	22 31	13 13
23	8 41	20 12	28 38	2 30	9 3	18 25	23 54	13 12
24	8 39	20 11	28 40	2 43	9 41	17 55	25 16	13 11
25	8 38	20 10	28 42	2 56	10 19	17 25	26 36	13 10
26	8 36	20 8	28 44	3 9	10 58	16 58	27 54	13 9
27	8 34	20 7	28 46	3 22	11 36	16 33	29 11	13 8
28	8 33	20 6	28 49	3 36	12 14	16 9	0 ♎ 26	13 8
29	8 31	20 4	28 51	3 49	12 53	15 48	1 39	13 7
30	8 29	20 3	28 54	4 2	13 31	15 29	2 50	13 6
31	8 28	20 1	28 56	4 15	14 9	15 13	3 59	13 5

Day	♂ Decl.	♀ Lat.	♀ Decl.	☿ Lat.	☿ Decl.	♇ Lat.	♇ Decl.	☊
	° ′	° ′	° ′	° ′	° ′	° ′	° ′	° ′
1	22 N 6	5 S 13	6 N 37	1 N 44	17 N 17	1 N 58	20 S 47	3 ♎ 43
4	21 46	5 52	6 19	1 37	15 20	1 58	20 48	3 33
7	21 23	6 30	6 10	1 24	13 17	1 57	20 49	3 24
10	21 0	7 3	6 10	1 8	11 10	1 57	20 49	3 14
13	20 35	7 31	6 18	0 49	9 1	1 57	20 50	3 4
16	20 9	7 52	6 33	0 27	6 51	1 56	20 51	2 55
19	19 41	8 5	6 55	0 3	4 43	1 56	20 52	2 45
22	19 13	8 11	7 21	0 S 22	2 38	1 55	20 52	2 36
25	18 43	8 8	7 51	0 49	0 36	1 55	20 53	2 26
28	18 12	8 0	8 21	1 16	1 S 20	1 54	20 54	2 17
31	17 40	7 45	8 51	1 44	3 11	1 54	20 54	2 7

2015 SEPTEMBER

Day	Sidereal Time	☉ Long.	☉ Decl.	☽ Long.	☽ Lat.	☽ Decl.
	H M S	° ′ ″	° ′	° ′	° ′	° ′
1	22 39 22	8 ♍ 15 34	8 N 28	9 ♈ 39	0 S 47	3 N 6
2	22 43 19	9 13 36	8 6	24 29	2 5	7 33
3	22 47 15	10 11 40	7 45	9 ♉ 0	3 14	11 26
4	22 51 12	11 9 46	7 23	23 10	4 9	14 32
5	22 55 8	12 7 54	7 0	6 ♊ 56	4 49	16 43
6	22 59 5	13 6 3	6 38	20 21	5 11	17 55
7	23 3 1	14 4 15	6 16	3 ♋ 24	5 16	18 7
8	23 6 58	15 2 28	5 53	16 9	5 6	17 24
9	23 10 54	16 0 44	5 31	28 39	4 41	15 51
10	23 14 51	16 59 1	5 8	10 ♌ 56	4 3	13 35
11	23 18 48	17 57 21	4 46	23 2	3 15	10 46
12	23 22 44	18 55 42	4 23	5 ♍ 0	2 19	7 31
13	23 26 41	19 54 5	4 0	16 52	1 18	4 0
14	23 30 37	20 52 31	3 37	28 40	0 13	0 20
15	23 34 34	21 50 58	3 14	10 ♎ 27	0 N 53	3 S 20
16	23 38 30	22 49 26	2 51	22 14	1 56	6 52
17	23 42 27	23 47 57	2 28	4 ♏ 5	2 57	10 9
18	23 46 23	24 46 29	2 5	16 3	3 46	13 2
19	23 50 20	25 45 3	1 41	28 11	4 28	15 24
20	23 54 17	26 43 39	1 18	10 ♐ 33	4 58	17 6
21	23 58 13	27 42 16	0 55	23 13	5 15	18 1
22	0 2 10	28 40 55	0 31	6 ♑ 15	5 17	18 1
23	0 6 6	29 39 36	0 8	19 42	5 5	17 4
24	0 10 3	0 ♎ 38 18	0 S 15	3 ♒ 35	4 28	15 0
25	0 13 59	1 37 2	0 39	17 54	3 38	12 0
26	0 17 56	2 35 48	1 2	2 ♓ 38	2 31	8 11
27	0 21 52	3 34 36	1 25	17 39	1 14	3 45
28	0 25 49	4 33 26	1 49	2 ♈ 51	0 S 10	0 N 59
29	0 29 46	5 32 18	2 12	18 4	1 33	5 39
30	0 33 42	6 31 12	2 35	3 ♉ 8	2 49	9 54

Day	♆ Lat.	♆ Decl.	♅ Lat.	♅ Decl.	♄ Lat.	♄ Decl.	♃ Lat.	♃ Decl.	♂ Lat.
	° ′	° ′	° ′	° ′	° ′	° ′	° ′	° ′	° ′
1	0 S 49	9 S 10	0 S 40	7 N 12	1 N 52	18 S 7	0 N 53	10 N 42	1 N 8
4	0 49	9 12	0 40	7 10	1 51	18 9	0 53	10 27	1 9
7	0 49	9 14	0 40	7 8	1 50	18 12	0 53	10 13	1 10
10	0 49	9 15	0 40	7 6	1 50	18 15	0 53	9 59	1 11
13	0 49	9 17	0 40	7 3	1 49	18 18	0 54	9 45	1 12
16	0 49	9 19	0 40	7 1	1 48	18 21	0 54	9 31	1 13
19	0 49	9 21	0 40	6 58	1 48	18 24	0 54	9 17	1 13
22	0 49	9 22	0 40	6 56	1 47	18 28	0 54	9 3	1 14
25	0 49	9 24	0 40	6 53	1 46	18 31	0 55	8 49	1 15
28	0 49	9 26	0 40	6 51	1 46	18 35	0 55	8 35	1 16

SEPTEMBER 2015

Day	♆ Long.	♅ Long.	♄ Long.	♃ Long.	♂ Long.	♀ Long.	☿ Long.	♇ Long.
	° ′	° ′	° ′	° ′	° ′	° ′	° ′	° ′
1	8 ♓ 26	19 ♈ 59	28 ♏ 59	4 ♍ 28	14 ♌ 47	14 ♌ 59	5 ♎ 5	13 ♑ 5
2	8 R 24	19 R 58	29 2	4 41	15 26	14 R 47	6 10	13 R 4
3	8 23	19 56	29 5	4 54	16 4	14 38	7 12	13 3
4	8 21	19 54	29 8	5 7	16 42	14 31	8 12	13 3
5	8 20	19 53	29 11	5 20	17 20	14 26	9 9	13 2
6	8 18	19 51	29 14	5 33	17 58	14 24	10 4	13 2
7	8 16	19 49	29 18	5 46	18 36	14 D 24	10 55	13 1
8	8 15	19 47	29 21	5 59	19 14	14 27	11 44	13 1
9	8 13	19 45	29 24	6 12	19 52	14 32	12 28	13 0
10	8 11	19 43	29 28	6 25	20 30	14 39	13 10	13 0
11	8 10	19 41	29 32	6 38	21 8	14 48	13 47	12 59
12	8 8	19 40	29 35	6 51	21 46	15 0	14 21	12 59
13	8 7	19 38	29 39	7 3	22 24	15 13	14 49	12 59
14	8 5	19 35	29 43	7 16	23 2	15 29	15 14	12 58
15	8 3	19 33	29 47	7 29	23 40	15 47	15 33	12 58
16	8 2	19 31	29 51	7 42	24 18	16 6	15 46	12 58
17	8 0	19 29	29 55	7 55	24 55	16 27	15 54	12 58
18	7 59	19 27	29 59	8 8	25 33	16 50	15 56	12 58
19	7 57	19 25	0 ♐ 3	8 20	26 11	17 15	15 R 51	12 57
20	7 55	19 23	0 8	8 33	26 49	17 42	15 39	12 57
21	7 54	19 21	0 12	8 46	27 26	18 10	15 21	12 57
22	7 52	19 18	0 17	8 58	28 4	18 39	14 55	12 57
23	7 51	19 16	0 21	9 11	28 42	19 10	14 22	12 57
24	7 49	19 14	0 26	9 24	29 19	19 43	13 42	12 57
25	7 48	19 12	0 31	9 36	29 57	20 17	12 55	12 D 57
26	7 46	19 9	0 35	9 49	0 ♍ 34	20 52	12 3	12 57
27	7 45	19 7	0 40	10 1	1 12	21 29	11 5	12 57
28	7 44	19 5	0 45	10 14	1 49	22 7	10 2	12 57
29	7 42	19 2	0 50	10 26	2 27	22 46	8 56	12 58
30	7 41	19 0	0 55	10 38	3 4	23 26	7 49	12 58

Day	♂ Decl.	♀ Lat.	♀ Decl.	☿ Lat.	☿ Decl.	♇ Lat.	♇ Decl.	☊
	° ′	° ′	° ′	° ′	° ′	° ′	° ′	° ′
1	17 N 29	7 S 39	9 N 1	1 S 54	3 S 46	1 N 54	20 S 55	2 ♎ 4
4	16 56	7 18	9 29	2 21	5 25	1 53	20 55	1 55
7	16 21	6 54	9 54	2 48	6 53	1 53	20 56	1 45
10	15 46	6 28	10 15	3 12	8 9	1 52	20 57	1 35
13	15 10	6 0	10 31	3 33	9 7	1 52	20 57	1 26
16	14 34	5 32	10 44	3 49	9 44	1 51	20 58	1 16
19	13 56	5 3	10 51	3 58	9 54	1 51	20 58	1 7
22	13 18	4 34	10 53	3 57	9 31	1 50	20 59	0 57
25	12 39	4 6	10 50	3 41	8 30	1 50	20 59	0 48
28	12 0	3 38	10 42	3 9	6 52	1 49	21 0	0 38

2015 OKTOBER

Day	Sidereal Time	☉ Long.	☉ Decl.	☽ Long.	☽ Lat.	☽ Decl.
	H M S	° ′ ″	° ′	° ′	° ′	° ′
1	0 37 39	7 ♎ 30 8	2 S 59	17 ♉ 55	3 S 52	13 N 27
2	0 41 35	8 29 6	3 22	2 ♊ 19	4 39	16 4
3	0 45 32	9 28 6	3 45	16 17	5 7	17 38
4	0 49 28	10 27 9	4 8	29 47	5 18	18 8
5	0 53 25	11 26 13	4 31	12 ♋ 52	5 11	17 39
6	0 57 21	12 25 21	4 55	25 34	4 49	16 17
7	1 1 18	13 24 30	5 18	7 ♌ 57	4 14	14 11
8	1 5 15	14 23 42	5 41	20 5	3 28	11 29
9	1 9 11	15 22 56	6 3	2 ♍ 3	2 34	8 21
10	1 13 8	16 22 12	6 26	13 54	1 34	4 53
11	1 17 4	17 21 30	6 49	25 41	0 30	1 16
12	1 21 1	18 20 51	7 12	7 ♎ 28	0 N 36	2 S 25
13	1 24 57	19 20 16	7 34	19 17	1 40	6 1
14	1 28 54	20 19 38	7 57	1 ♏ 10	2 39	9 23
15	1 32 50	21 19 5	8 19	13 8	3 32	12 24
16	1 36 47	22 18 34	8 41	25 15	4 16	14 55
17	1 40 44	23 18 4	9 3	7 ♐ 32	4 49	16 48
18	1 44 40	24 17 37	9 25	20 1	5 9	17 55
19	1 48 37	25 17 11	9 47	2 ♑ 44	5 14	18 10
20	1 52 33	26 16 47	10 9	15 44	5 4	17 29
21	1 56 30	27 16 25	10 30	29 4	4 37	15 49
22	2 0 26	28 16 4	10 51	12 ♒ 46	3 54	13 14
23	2 4 23	29 15 46	11 13	26 50	2 56	9 49
24	2 8 19	0 ♏ 15 29	11 34	11 ♓ 16	1 45	5 43
25	2 12 16	1 15 13	11 55	26 2	0 26	1 11
26	2 16 12	2 15 0	12 15	11 ♈ 2	0 S 56	3 N 30
27	2 20 9	3 14 49	12 36	26 8	2 15	8 0
28	2 24 6	4 14 39	12 56	11 ♉ 12	3 23	11 58
29	2 28 2	5 14 31	13 16	26 4	4 17	15 6
30	2 31 59	6 14 26	13 36	10 ♊ 37	4 53	17 12
31	2 35 55	7 14 22	13 56	24 44	5 10	18 10

Day	♆ Lat.	♆ Decl.	♅ Lat.	♅ Decl.	♄ Lat.	♄ Decl.	♃ Lat.	♃ Decl.	♂ Lat.
	° ′	° ′	° ′	° ′	° ′	° ′	° ′	° ′	° ′
1	0 S 49	9 S 27	0 S 40	6 N 48	1 N 45	18 S 38	0 N 55	8 N 21	1 N 16
4	0 49	9 29	0 40	6 45	1 45	18 42	0 56	8 8	1 17
7	0 49	9 30	0 40	6 43	1 44	18 46	0 56	7 54	1 18
10	0 49	9 32	0 40	6 41	1 44	18 50	0 57	7 41	1 18
13	0 49	9 33	0 40	6 37	1 43	18 54	0 57	7 28	1 19
16	0 49	9 34	0 40	6 34	1 43	18 57	0 57	7 15	1 20
19	0 49	9 35	0 40	6 32	1 42	19 1	0 58	7 2	1 20
22	0 49	9 36	0 40	6 29	1 42	19 5	0 58	6 49	1 21
25	0 49	9 37	0 40	6 26	1 42	19 9	0 59	6 37	1 22
28	0 49	9 38	0 40	6 24	1 41	19 13	0 59	6 25	1 22
31	0 49	9 39	0 40	6 21	1 41	19 17	1 0	6 13	1 23

OKTOBER 2015

Day	♆ Long.	♅ Long.	♄ Long.	♃ Long.	♂ Long.	♀ Long.	☿ Long.	♇ Long.
	° ′	° ′	° ′	° ′	° ′	° ′	° ′	° ′
1	7 ♓ 39	18 ♈ 58	1 ♐ 0	10 ♍ 51	3 ♍ 42	24 ♌ 7	6 ♎ 41	12 ♑ 58
2	7 R 38	18 R 55	1 5	11 3	4 19	24 50	5 R 35	12 58
3	7 37	18 53	1 11	11 15	4 57	25 33	4 33	12 58
4	7 35	18 50	1 16	11 27	5 34	26 17	3 36	12 59
5	7 34	18 48	1 21	11 40	6 11	27 3	2 46	12 59
6	7 33	18 46	1 27	11 52	6 49	27 49	2 4	12 59
7	7 31	18 43	1 32	12 4	7 26	28 37	1 31	13 0
8	7 30	18 41	1 38	12 16	8 3	29 25	1 8	13 0
9	7 29	18 38	1 43	12 28	8 40	0 ♍ 14	0 56	13 1
10	7 28	18 36	1 49	12 39	9 17	1 3	0 55	13 1
11	7 27	18 33	1 54	12 51	9 55	1 54	1 D 4	13 2
12	7 25	18 31	2 0	13 3	10 32	2 45	1 24	13 2
13	7 24	18 29	2 6	13 15	11 9	3 37	1 54	13 3
14	7 23	18 26	2 12	13 26	11 46	4 30	2 33	13 3
15	7 22	18 24	2 18	13 38	12 23	5 23	3 21	13 4
16	7 21	18 21	2 24	13 49	13 0	6 17	4 16	13 5
17	7 20	18 19	2 30	14 1	13 37	7 12	5 19	13 6
18	7 19	18 16	2 36	14 12	14 14	8 7	6 27	13 6
19	7 18	18 14	2 42	14 24	14 51	9 3	7 42	13 7
20	7 17	18 12	2 48	14 35	15 28	10 0	9 1	13 8
21	7 16	18 9	2 54	14 46	16 5	10 57	10 24	13 9
22	7 15	18 7	3 0	14 57	16 41	11 54	11 51	13 9
23	7 14	18 4	3 7	15 8	17 18	12 52	13 20	13 10
24	7 14	18 2	3 13	15 19	17 55	13 51	14 52	13 11
25	7 13	18 0	3 19	15 30	18 32	14 50	16 26	13 12
26	7 12	17 57	3 26	15 41	19 9	15 49	18 2	13 13
27	7 11	17 55	3 32	15 51	19 45	16 49	19 38	13 14
28	7 11	17 53	3 39	16 2	20 22	17 49	21 16	13 15
29	7 10	17 50	3 45	16 13	20 58	18 50	22 54	13 16
30	7 9	17 48	3 52	16 23	21 35	19 51	24 33	13 17
31	7 9	17 46	3 58	16 33	22 12	20 53	26 12	13 18

Day	♂ Decl.	♀ Lat.	♀ Decl.	☿ Lat.	☿ Decl.	♇ Lat.	♇ Decl.	☊
	° ′	° ′	° ′	° ′	° ′	° ′	° ′	° ′
1	11 N 20	3 S 11	10 N 29	2 S 20	4 S 48	1 N 49	21 S 0	0 ♎ 29
4	10 40	2 44	10 10	1 22	2 41	1 48	21 1	0 19
7	9 59	2 19	9 47	0 21	0 55	1 48	21 1	0 10
10	9 18	1 54	9 19	0 N 33	0 N 8	1 47	21 2	0 0
13	8 36	1 31	8 46	1 14	0 23	1 47	21 2	29 51
16	7 54	1 9	8 8	1 42	0 S 8	1 46	21 2	29 41
19	7 12	0 47	7 27	1 58	1 15	1 45	21 3	29 32
22	6 30	0 27	6 41	2 3	2 48	1 45	21 3	29 22
25	5 47	0 8	5 51	2 0	4 37	1 44	21 3	29 13
28	5 5	0 N 10	4 58	1 51	6 35	1 44	21 4	29 3
31	4 22	0 26	4 1	1 37	8 36	1 43	21 4	28 53

2015 NOVEMBER

Day	Sidereal Time	☉ Long.	☉ Decl.	☽ Long.	☽ Lat.	☽ Decl.
	H M S	° ′ ″	° ′	° ′	° ′	° ′
1	2 39 52	8 ♏ 14 20	14 S 15	8 ♋ 22	5 S 9	18 N 2
2	2 43 48	9 14 21	14 34	21 33	4 51	16 55
3	2 47 45	10 14 24	14 53	4 ♌ 18	4 19	14 59
4	2 51 41	11 14 28	15 12	16 42	3 35	12 24
5	2 55 38	12 14 35	15 31	28 48	2 43	9 20
6	2 59 35	13 14 44	15 49	10 ♍ 43	1 45	5 56
7	3 3 31	14 14 55	16 7	22 31	0 42	2 19
8	3 7 28	15 15 9	16 24	4 ♎ 17	0 N 22	1 S 22
9	3 11 24	16 15 24	16 42	16 5	1 25	5 2
10	3 15 21	17 15 41	16 59	27 58	2 24	8 30
11	3 19 17	18 15 59	17 16	10 ♏ 0	3 18	11 41
12	3 23 14	19 16 20	17 32	22 10	4 3	14 24
13	3 27 10	20 16 42	17 49	4 ♐ 31	4 37	16 30
14	3 31 7	21 17 6	18 5	17 4	4 59	17 51
15	3 35 4	22 17 31	18 20	29 48	5 6	18 20
16	3 39 0	23 17 58	18 36	12 ♑ 44	4 58	17 53
17	3 42 57	24 18 26	18 51	25 53	4 34	16 28
18	3 46 53	25 18 56	19 5	9 ♒ 15	3 55	14 9
19	3 50 50	26 19 27	19 20	22 52	3 2	11 1
20	3 54 46	27 19 59	19 34	6 ♓ 45	1 57	7 13
21	3 58 43	28 20 32	19 47	20 54	0 44	2 56
22	4 2 39	29 21 7	20 0	5 ♈ 17	0 S 33	1 N 36
23	4 6 36	0 ♐ 21 43	20 13	19 54	1 48	6 6
24	4 10 33	1 22 20	20 26	4 ♉ 39	2 58	10 17
25	4 14 29	2 22 58	20 38	19 25	3 55	13 49
26	4 18 26	3 23 38	20 50	4 ♊ 6	4 36	16 27
27	4 22 22	4 24 19	21 1	18 32	4 59	17 59
28	4 26 19	5 25 1	21 12	2 ♋ 38	5 2	18 27
29	4 30 15	6 25 45	21 23	16 19	4 49	17 40
30	4 34 12	7 26 30	21 33	29 34	4 20	16 0

Day	♆ Lat.	♆ Decl.	♅ Lat.	♅ Decl.	♄ Lat.	♄ Decl.	♃ Lat.	♃ Decl.	♂ Lat.
	° ′	° ′	° ′	° ′	° ′	° ′	° ′	° ′	° ′
1	0 S 49	9 S 39	0 S 40	6 N 20	1 N 41	19 S 19	1 N 0	6 N 10	1 N 23
4	0 49	9 39	0 40	6 18	1 40	19 23	1 1	5 58	1 24
7	0 49	9 40	0 40	6 15	1 40	19 27	1 1	5 47	1 24
10	0 49	9 40	0 40	6 13	1 40	19 31	1 2	5 37	1 25
13	0 49	9 40	0 40	6 11	1 39	19 35	1 2	5 27	1 25
16	0 49	9 40	0 40	6 9	1 39	19 39	1 3	5 17	1 26
19	0 48	9 40	0 40	6 7	1 39	19 42	1 4	5 7	1 26
22	0 48	9 40	0 40	6 5	1 39	19 46	1 4	4 59	1 26
25	0 48	9 40	0 40	6 3	1 39	19 50	1 5	4 50	1 27
28	0 48	9 40	0 40	6 2	1 38	19 54	1 6	4 42	1 27

NOVEMBER 2015

Day	♆ Long.	♅ Long.	♄ Long.	♃ Long.	♂ Long.	♀ Long.	☿ Long.	♇ Long.
	° ′	° ′	° ′	° ′	° ′	° ′	° ′	° ′
1	7 ♓ 8	17 ♈ 44	4 ♐ 5	16 ♍ 44	22 ♍ 48	21 ♍ 55	27 ♎ 51	13 ♑ 19
2	7 R 7	17 R 41	4 12	16 54	23 25	22 57	29 31	13 21
3	7 7	17 39	4 18	17 4	24 1	24 0	1 ♏ 10	13 22
4	7 6	17 37	4 25	17 14	24 38	25 3	2 49	13 23
5	7 6	17 35	4 32	17 24	25 14	26 6	4 29	13 24
6	7 5	17 33	4 39	17 33	25 50	27 10	6 8	13 25
7	7 5	17 31	4 45	17 43	26 27	28 14	7 46	13 27
8	7 5	17 29	4 52	17 53	27 3	29 19	9 25	13 28
9	7 4	17 26	4 59	18 2	27 39	0 ♎ 23	11 3	13 29
10	7 4	17 24	5 6	18 12	28 15	1 28	12 41	13 31
11	7 4	17 22	5 13	18 21	28 52	2 34	14 18	13 32
12	7 3	17 20	5 20	18 30	29 28	3 39	15 55	13 33
13	7 3	17 19	5 27	18 39	0 ♎ 4	4 45	17 32	13 35
14	7 3	17 17	5 34	18 48	0 40	5 51	19 9	13 36
15	7 3	17 15	5 41	18 57	1 16	6 57	20 45	13 38
16	7 3	17 13	5 48	19 6	1 52	8 4	22 21	13 39
17	7 3	17 11	5 55	19 14	2 28	9 11	23 57	13 41
18	7 3	17 9	6 2	19 23	3 4	10 18	25 32	13 42
19	7 3	17 8	6 9	19 31	3 40	11 25	27 7	13 44
20	7 D 3	17 6	6 16	19 39	4 16	12 33	28 42	13 45
21	7 3	17 4	6 23	19 47	4 51	13 40	0 ♐ 17	13 47
22	7 3	17 3	6 30	19 55	5 27	14 48	1 51	13 49
23	7 3	17 1	6 37	20 3	6 3	15 57	3 26	13 50
24	7 3	16 59	6 44	20 11	6 38	17 5	5 0	13 52
25	7 3	16 58	6 51	20 18	7 14	18 13	6 34	13 54
26	7 3	16 56	6 58	20 26	7 50	19 22	8 7	13 55
27	7 4	16 55	7 5	20 33	8 25	20 31	9 41	13 57
28	7 4	16 54	7 13	20 40	9 1	21 40	11 15	13 59
29	7 4	16 52	7 20	20 47	9 36	22 49	12 48	14 0
30	7 5	16 51	7 27	20 54	10 11	23 59	14 21	14 2

Day	♂ Decl.	♀ Lat.	♀ Decl.	☿ Lat.	☿ Decl.	♇ Lat.	♇ Decl.	☊
	° ′	° ′	° ′	° ′	° ′	° ′	° ′	° ′
1	4 N 8	0 N 31	3 N 41	1 N 32	9 S 17	1 N 43	21 S 4	28 ♍ 50
4	3 25	0 47	2 41	1 15	11 17	1 43	21 4	28 41
7	2 42	1 0	1 38	0 56	13 13	1 42	21 4	28 31
10	1 59	1 13	0 32	0 36	15 4	1 42	21 4	28 22
13	1 17	1 25	0 S 36	0 16	16 48	1 41	21 4	28 12
16	0 34	1 35	1 45	0 S 4	18 25	1 41	21 4	28 3
19	0 S 8	1 44	2 55	0 24	19 54	1 40	21 4	27 53
22	0 51	1 52	4 7	0 43	21 14	1 40	21 4	27 44
25	1 32	1 59	5 19	1 2	22 25	1 39	21 4	27 34
28	2 14	2 5	6 31	1 19	23 25	1 39	21 4	27 24

2015 DEZEMBER

Day	Sidereal Time	☉ Long.	☉ Decl.	☽ Long.	☽ Lat.	☽ Decl.
	H M S	° ′ ″	° ′	° ′	° ′	° ′
1	4 38 8	8 ♐ 27 17	21 S 43	12 ♌ 23	3 S 38	13 N 36
2	4 42 5	9 28 5	21 52	24 49	2 47	10 37
3	4 46 2	10 28 54	22 1	6 ♍ 58	1 50	7 15
4	4 49 58	11 29 45	22 9	18 53	0 49	3 39
5	4 53 55	12 30 37	22 18	0 ♎ 42	0 N 14	0 S 4
6	4 57 51	13 31 31	22 25	12 29	1 16	3 46
7	5 1 48	14 32 26	22 32	24 19	2 15	7 20
8	5 5 44	15 33 22	22 39	6 ♏ 17	3 8	10 39
9	5 9 41	16 34 19	22 45	18 26	3 54	13 34
10	5 13 37	17 35 18	22 51	0 ♐ 49	4 29	15 56
11	5 17 34	18 36 17	22 57	13 26	4 52	17 35
12	5 21 31	19 37 17	23 2	26 19	5 0	18 23
13	5 25 27	20 38 18	23 6	9 ♑ 25	4 53	18 14
14	5 29 24	21 39 20	23 10	22 43	4 30	17 5
15	5 33 20	22 40 23	23 14	6 ♒ 12	3 52	14 58
16	5 37 17	23 41 26	23 17	19 50	3 0	12 1
17	5 41 13	24 42 29	23 20	3 ♓ 35	1 57	8 22
18	5 45 10	25 43 33	23 22	17 28	0 47	4 14
19	5 49 6	26 44 37	23 24	1 ♈ 29	0 S 27	0 N 11
20	5 53 3	27 45 41	23 25	15 37	1 40	4 36
21	5 57 0	28 46 46	23 26	29 52	2 47	8 49
22	6 0 56	29 47 51	23 26	14 ♉ 10	3 44	12 31
23	6 4 53	0 ♑ 48 57	23 26	28 29	4 27	15 29
24	6 8 49	1 50 2	23 25	12 ♊ 44	4 53	17 29
25	6 12 46	2 51 8	23 24	26 50	5 0	18 24
26	6 16 42	3 52 14	23 23	10 ♋ 40	4 50	18 11
27	6 20 39	4 53 21	23 21	24 11	4 24	16 57
28	6 24 35	5 54 28	23 18	7 ♌ 20	3 44	14 50
29	6 28 32	6 55 35	23 15	20 7	2 53	12 2
30	6 32 29	7 56 43	23 12	2 ♍ 34	1 56	8 46
31	6 36 25	8 57 51	23 8	14 44	0 54	5 11

Day	♆ Lat.	♆ Decl.	♅ Lat.	♅ Decl.	♄ Lat.	♄ Decl.	♃ Lat.	♃ Decl.	♂ Lat.
	° ′	° ′	° ′	° ′	° ′	° ′	° ′	° ′	° ′
1	0 S 48	9 S 39	0 S 39	6 N 0	1 N 38	19 S 57	1 N 6	4 N 35	1 N 28
4	0 48	9 39	0 39	5 59	1 38	20 1	1 7	4 28	1 28
7	0 48	9 38	0 39	5 58	1 38	20 4	1 8	4 21	1 28
10	0 48	9 37	0 39	5 57	1 38	20 8	1 9	4 15	1 29
13	0 48	9 36	0 39	5 56	1 38	20 11	1 9	4 10	1 29
16	0 48	9 35	0 39	5 56	1 38	20 14	1 10	4 6	1 29
19	0 48	9 34	0 39	5 55	1 38	20 17	1 11	4 2	1 29
22	0 48	9 33	0 39	5 55	1 38	20 20	1 12	3 58	1 30
25	0 48	9 32	0 39	5 55	1 38	20 23	1 13	3 55	1 30
28	0 48	9 30	0 38	5 55	1 38	20 26	1 13	3 53	1 30
31	0 48	9 29	0 38	5 55	1 38	20 29	1 14	3 52	1 30

DEZEMBER 2015

Day	♆ Long.	♅ Long.	♄ Long.	♃ Long.	♂ Long.	♀ Long.	☿ Long.	♇ Long.
	° ′	° ′	° ′	° ′	° ′	° ′	° ′	° ′
1	7 ♓ 5	16 ♈ 50	7 ♐ 34	21 ♍ 1	10 ♌ 47	25 ♌ 8	15 ♐ 54	14 ♑ 4
2	7 6	16 R 49	7 41	21 7	11 22	26 18	17 28	14 6
3	7 6	16 47	7 48	21 14	11 57	27 28	19 1	14 8
4	7 7	16 46	7 55	21 20	12 33	28 38	20 34	14 9
5	7 7	16 45	8 2	21 26	13 8	29 48	22 7	14 11
6	7 8	16 44	8 10	21 32	13 43	0 ♏ 58	23 40	14 13
7	7 8	16 43	8 17	21 38	14 18	2 9	25 12	14 15
8	7 9	16 42	8 24	21 44	14 53	3 19	26 45	14 17
9	7 10	16 41	8 31	21 49	15 28	4 30	28 18	14 19
10	7 10	16 40	8 38	21 55	16 3	5 41	29 50	14 21
11	7 11	16 40	8 45	22 0	16 37	6 52	1 ♑ 23	14 22
12	7 12	16 39	8 52	22 5	17 12	8 3	2 55	14 24
13	7 13	16 38	8 59	22 10	17 47	9 14	4 27	14 26
14	7 14	16 38	9 6	22 14	18 22	10 25	5 58	14 28
15	7 14	16 37	9 13	22 19	18 56	11 37	7 30	14 30
16	7 15	16 36	9 20	22 23	19 31	12 48	9 0	14 32
17	7 16	16 36	9 27	22 28	20 5	14 0	10 31	14 34
18	7 17	16 35	9 34	22 32	20 39	15 12	12 0	14 36
19	7 18	16 35	9 41	22 35	21 14	16 23	13 29	14 38
20	7 19	16 35	9 48	22 39	21 48	17 35	14 57	14 40
21	7 20	16 34	9 55	22 43	22 22	18 47	16 23	14 42
22	7 21	16 34	10 1	22 46	22 56	19 59	17 48	14 44
23	7 23	16 34	10 8	22 49	23 30	21 11	19 12	14 46
24	7 24	16 34	10 15	22 52	24 4	22 24	20 34	14 48
25	7 25	16 34	10 22	22 55	24 38	23 36	21 53	14 50
26	7 26	16 34	10 29	22 57	25 12	24 48	23 9	14 52
27	7 27	16 D 34	10 35	23 0	25 46	26 1	24 22	14 54
28	7 29	16 34	10 42	23 2	26 20	27 13	25 32	14 56
29	7 30	16 34	10 49	23 4	26 53	28 26	26 37	14 58
30	7 31	16 34	10 55	23 6	27 27	29 38	27 36	15 0
31	7 33	16 34	11 2	23 8	28 0	0 ♐ 51	28 30	15 2

Day	♂ Decl.	♀ Lat.	♀ Decl.	☿ Lat.	☿ Decl.	♇ Lat.	♇ Decl.	☊
	° ′	° ′	° ′	° ′	° ′	° ′	° ′	° ′
1	2 S 55	2 N 9	7 S 43	1 S 34	24 S 15	1 N 38	21 S 4	27 ♍ 15
4	3 36	2 13	8 55	1 48	24 54	1 38	21 4	27 5
7	4 17	2 15	10 6	2 0	25 20	1 37	21 4	26 56
10	4 57	2 17	11 16	2 8	25 35	1 37	21 4	26 46
13	5 36	2 17	12 24	2 14	25 36	1 37	21 4	26 37
16	6 15	2 17	13 31	2 16	25 24	1 36	21 3	26 27
19	6 54	2 15	14 35	2 14	24 59	1 36	21 3	26 18
22	7 32	2 13	15 36	2 6	24 20	1 35	21 3	26 8
25	8 9	2 10	16 35	1 52	23 30	1 35	21 3	25 59
28	8 46	2 6	17 30	1 30	22 30	1 35	21 2	25 49
31	9 22	2 1	18 21	0 59	21 25	1 34	21 2	25 40

2016 JANUAR

Day	Sidereal Time	☉ Long.	☉ Decl.	☽ Long.	☽ Lat.	☽ Decl.
	H M S	° ′ ″	° ′	° ′	° ′	° ′
1	6 40 22	9 ♑ 59 0	23 S 4	26 ♍ 41	0 N 10	1 N 28
2	6 44 18	11 0 9	22 59	8 ♎ 31	1 12	2 S 17
3	6 48 15	12 1 18	22 53	20 19	2 11	5 55
4	6 52 11	13 2 28	22 48	2 ♏ 10	3 5	9 20
5	6 56 8	14 3 38	22 42	14 10	3 51	12 25
6	7 0 4	15 4 48	22 35	26 24	4 27	15 1
7	7 4 1	16 5 58	22 28	8 ♐ 55	4 52	16 58
8	7 7 58	17 7 9	22 20	21 44	5 3	18 9
9	7 11 54	18 8 19	22 12	4 ♑ 54	4 58	18 23
10	7 15 51	19 9 29	22 4	18 21	4 36	17 37
11	7 19 47	20 10 39	21 55	2 ♒ 4	3 59	15 49
12	7 23 44	21 11 48	21 46	16 0	3 6	13 5
13	7 27 40	22 12 58	21 36	0 ♓ 3	2 2	9 33
14	7 31 37	23 14 6	21 26	14 11	0 50	5 28
15	7 35 33	24 15 14	21 16	28 20	0 S 26	1 4
16	7 39 30	25 16 21	21 5	12 ♈ 28	1 40	3 N 24
17	7 43 27	26 17 28	20 53	26 35	2 48	7 39
18	7 47 23	27 18 34	20 42	10 ♉ 38	3 45	11 27
19	7 51 20	28 19 39	20 30	24 38	4 29	14 35
20	7 55 16	29 20 43	20 17	8 ♊ 32	4 56	16 51
21	7 59 13	0 ♒ 21 47	20 4	22 19	5 6	18 7
22	8 3 9	1 22 49	19 51	5 ♋ 56	4 59	18 20
23	8 7 6	2 23 51	19 37	19 21	4 35	17 31
24	8 11 2	3 24 52	19 23	2 ♌ 31	3 56	15 45
25	8 14 59	4 25 52	19 9	15 25	3 7	13 14
26	8 18 55	5 26 52	18 54	28 2	2 9	10 9
27	8 22 52	6 27 50	18 39	10 ♍ 23	1 5	6 40
28	8 26 49	7 28 49	18 24	22 31	0 N 0	2 58
29	8 30 45	8 29 46	18 8	4 ♎ 28	1 4	0 S 47
30	8 34 42	9 30 43	17 52	16 18	2 6	4 29
31	8 38 38	10 31 39	17 36	28 6	3 1	7 58

Day	♆ Lat.	♆ Decl.	♅ Lat.	♅ Decl.	♄ Lat.	♄ Decl.	♃ Lat.	♃ Decl.	♂ Lat.
	° ′	° ′	° ′	° ′	° ′	° ′	° ′	° ′	° ′
1	0 S 48	9 S 28	0 S 38	5 N 56	1 N 38	20 S 30	1 N 14	3 N 52	1 N 30
4	0 48	9 26	0 38	5 56	1 38	20 32	1 15	3 51	1 30
7	0 48	9 25	0 38	5 57	1 38	20 35	1 16	3 51	1 30
10	0 48	9 23	0 38	5 58	1 38	20 37	1 17	3 52	1 30
13	0 48	9 21	0 38	5 59	1 38	20 39	1 18	3 54	1 30
16	0 48	9 19	0 38	6 0	1 38	20 41	1 19	3 56	1 30
19	0 48	9 17	0 38	6 2	1 39	20 43	1 19	3 59	1 30
22	0 48	9 15	0 37	6 3	1 39	20 45	1 20	4 2	1 29
25	0 47	9 13	0 37	6 5	1 39	20 47	1 21	4 6	1 29
28	0 47	9 10	0 37	6 7	1 39	20 49	1 22	4 11	1 29
31	0 47	9 8	0 37	6 9	1 39	20 50	1 23	4 17	1 28

JANUAR 2016

Day	♆ Long.	♅ Long.	♄ Long.	♃ Long.	♂ Long.	♀ Long.	☿ Long.	♇ Long.
	° ′	° ′	° ′	° ′	° ′	° ′	° ′	° ′
1	7 ♓ 34	16 ♈ 35	11 ♐ 8	23 ♍ 9	28 ♌ 34	2 ♐ 4	29 ♑ 17	15 ♑ 5
2	7 36	16 35	11 15	23 10	29 7	3 17	29 57	15 7
3	7 37	16 35	11 21	23 11	29 40	4 30	0 ♒ 28	15 9
4	7 38	16 36	11 28	23 12	0 ♏ 13	5 43	0 50	15 11
5	7 40	16 36	11 34	23 13	0 46	6 56	1 1	15 13
6	7 41	16 37	11 40	23 13	1 19	8 9	1 2	15 15
7	7 43	16 37	11 47	23 14	1 52	9 22	0 R 51	15 17
8	7 45	16 38	11 53	23 14	2 25	10 35	0 28	15 19
9	7 46	16 39	11 59	23 R 14	2 57	11 48	29 ♑ 53	15 21
10	7 48	16 39	12 5	23 14	3 30	13 1	29 7	15 23
11	7 50	16 40	12 12	23 13	4 3	14 15	28 11	15 25
12	7 51	16 41	12 18	23 12	4 35	15 28	27 6	15 27
13	7 53	16 42	12 24	23 12	5 7	16 42	25 54	15 29
14	7 55	16 43	12 30	23 11	5 39	17 55	24 37	15 31
15	7 56	16 44	12 36	23 9	6 11	19 8	23 18	15 33
16	7 58	16 45	12 41	23 8	6 43	20 22	21 59	15 35
17	8 0	16 46	12 47	23 6	7 15	21 35	20 42	15 37
18	8 2	16 47	12 53	23 5	7 47	22 49	19 31	15 39
19	8 4	16 48	12 59	23 3	8 19	24 3	18 26	15 42
20	8 5	16 50	13 4	23 0	8 50	25 16	17 29	15 44
21	8 7	16 51	13 10	22 58	9 21	26 30	16 40	15 46
22	8 9	16 52	13 16	22 55	9 53	27 44	16 1	15 48
23	8 11	16 54	13 21	22 53	10 24	28 57	15 31	15 50
24	8 13	16 55	13 26	22 50	10 55	0 ♑ 11	15 10	15 52
25	8 15	16 57	13 32	22 47	11 26	1 25	14 59	15 54
26	8 17	16 58	13 37	22 43	11 56	2 39	14 55	15 56
27	8 19	17 0	13 42	22 40	12 27	3 52	15 D 0	15 57
28	8 21	17 1	13 47	22 36	12 57	5 6	15 12	15 59
29	8 23	17 3	13 52	22 32	13 28	6 20	15 31	16 1
30	8 25	17 5	13 58	22 28	13 58	7 34	15 56	16 3
31	8 27	17 6	14 2	22 24	14 28	8 48	16 27	16 5

Day	♂ Decl.	♀ Lat.	♀ Decl.	☿ Lat.	☿ Decl.	♇ Lat.	♇ Decl.	☊
	° ′	° ′	° ′	° ′	° ′	° ′	° ′	° ′
1	9 S 34	2 N 0	18 S 37	0 S 46	21 S 3	1 N 34	21 S 2	25 ♍ 36
4	10 9	1 54	19 23	0 1	19 59	1 34	21 1	25 27
7	10 43	1 48	20 4	0 N 52	19 7	1 33	21 1	25 17
10	11 16	1 41	20 41	1 50	18 33	1 33	21 1	25 8
13	11 49	1 34	21 13	2 41	18 20	1 33	21 0	24 58
16	12 21	1 27	21 39	3 15	18 26	1 32	21 0	24 49
19	12 52	1 19	22 0	3 28	18 44	1 32	21 0	24 39
22	13 22	1 10	22 15	3 20	19 10	1 32	20 59	24 30
25	13 51	1 2	22 24	2 58	19 38	1 32	20 59	24 20
28	14 19	0 53	22 27	2 29	20 6	1 31	20 58	24 11
31	14 46	0 44	22 25	1 57	20 29	1 31	20 58	24 1

2016 FEBRUAR

Day	Sidereal Time			☉ Long.			☉ Decl.		☽ Long.		☽ Lat.		☽ Decl.	
	H	M	S	°	′	″	°	′	°	′	°	′	°	′
1	8	42	35	11 ♒	32	34	17 S	19	9 ♏	57	3 N	50	11 S	10
2	8	46	31	12	33	29	17	2	21	57	4	28	13	56
3	8	50	28	13	34	23	16	45	4 ♐	11	4	56	16	8
4	8	54	24	14	35	16	16	27	16	42	5	10	17	38
5	8	58	21	15	36	8	16	9	29	35	5	9	18	17
6	9	2	18	16	36	59	15	51	12 ♑	51	4	52	17	58
7	9	6	14	17	37	49	15	33	26	31	4	18	16	38
8	9	10	11	18	38	38	15	14	10 ♒	33	3	28	14	16
9	9	14	7	19	39	25	14	55	24	51	2	23	10	59
10	9	18	4	20	40	12	14	36	9 ♓	21	1	9	7	0
11	9	22	0	21	40	57	14	17	23	57	0 S	11	2	34
12	9	25	57	22	41	40	13	57	8 ♈	33	1	30	2 N	1
13	9	29	53	23	42	22	13	37	23	2	2	42	6	26
14	9	33	50	24	43	2	13	17	7 ♉	22	3	44	10	26
15	9	37	47	25	43	41	12	57	21	31	4	31	13	46
16	9	41	43	26	44	18	12	36	5 ♊	25	5	2	16	15
17	9	45	40	27	44	53	12	15	19	6	5	14	17	46
18	9	49	36	28	45	27	11	54	2 ♋	33	5	9	18	15
19	9	53	33	29	45	59	11	33	15	46	4	48	17	44
20	9	57	29	0 ♓	46	29	11	12	28	45	4	12	16	18
21	10	1	26	1	46	57	10	50	11 ♌	31	3	24	14	3
22	10	5	22	2	47	24	10	29	24	5	2	27	11	11
23	10	9	19	3	47	49	10	7	6 ♍	27	1	24	7	51
24	10	13	16	4	48	12	9	45	18	37	0	18	4	14
25	10	17	12	5	48	34	9	23	0 ♎	39	0 N	49	0	29
26	10	21	9	6	48	54	9	0	12	32	1	52	3 S	14
27	10	25	5	7	49	13	8	38	24	22	2	51	6	48
28	10	29	2	8	49	30	8	16	6 ♏	11	3	42	10	5
29	10	32	58	9	49	45	7	53	18	2	4	24	12	58

Day	♆ Lat.		♆ Decl.		♅ Lat.		♅ Decl.		♄ Lat.		♄ Decl.		♃ Lat.		♃ Decl.		♂ Lat.	
	°	′	°	′	°	′	°	′	°	′	°	′	°	′	°	′	°	′
1	0 S	47	9 S	7	0 S	37	6 N	10	1 N	39	20 S	51	1 N	23	4 N	19	1 N	28
4	0	47	9	5	0	37	6	12	1	40	20	52	1	24	4	25	1	28
7	0	47	9	2	0	37	6	14	1	40	20	53	1	24	4	32	1	27
10	0	47	9	0	0	37	6	17	1	40	20	55	1	25	4	39	1	26
13	0	47	8	58	0	37	6	19	1	41	20	56	1	25	4	46	1	26
16	0	47	8	55	0	37	6	22	1	41	20	57	1	26	4	54	1	25
19	0	47	8	52	0	37	6	25	1	41	20	57	1	27	5	3	1	24
22	0	47	8	50	0	36	6	28	1	41	20	58	1	27	5	12	1	23
25	0	48	8	47	0	36	6	31	1	42	20	59	1	27	5	21	1	22
28	0	48	8	45	0	36	6	35	1	42	20	59	1	28	5	30	1	20

FEBRUAR 2016

Day	♆ Long.	♅ Long.	♄ Long.	♃ Long.	♂ Long.	♀ Long.	☿ Long.	♇ Long.
	° ′	° ′	° ′	° ′	° ′	° ′	° ′	° ′
1	8 ♓ 29	17 ♈ 8	14 ♐ 7	22 ♍ 20	14 ♏ 58	10 ♑ 2	17 ♑ 3	16 ♑ 7
2	8 31	17 10	14 12	22 R 15	15 28	11 16	17 43	16 9
3	8 33	17 12	14 17	22 11	15 57	12 30	18 29	16 11
4	8 36	17 14	14 22	22 6	16 27	13 44	19 18	16 13
5	8 38	17 16	14 26	22 1	16 56	14 58	20 11	16 15
6	8 40	17 18	14 31	21 56	17 25	16 12	21 7	16 16
7	8 42	17 20	14 35	21 50	17 54	17 26	22 6	16 18
8	8 44	17 22	14 39	21 45	18 23	18 40	23 7	16 20
9	8 46	17 24	14 44	21 39	18 51	19 54	24 12	16 22
10	8 48	17 26	14 48	21 34	19 20	21 8	25 18	16 24
11	8 51	17 29	14 52	21 28	19 48	22 22	26 27	16 25
12	8 53	17 31	14 56	21 22	20 16	23 36	27 38	16 27
13	8 55	17 33	15 0	21 16	20 44	24 51	28 50	16 29
14	8 57	17 36	15 4	21 9	21 11	26 5	0 ♒ 4	16 31
15	9 0	17 38	15 8	21 3	21 39	27 19	1 20	16 32
16	9 2	17 40	15 12	20 56	22 6	28 33	2 38	16 34
17	9 4	17 43	15 15	20 50	22 33	29 47	3 56	16 36
18	9 6	17 45	15 19	20 43	23 0	1 ♒ 1	5 17	16 37
19	9 9	17 48	15 22	20 36	23 27	2 15	6 38	16 39
20	9 11	17 50	15 26	20 29	23 53	3 30	8 1	16 41
21	9 13	17 53	15 29	20 22	24 19	4 44	9 25	16 42
22	9 15	17 56	15 32	20 15	24 45	5 58	10 50	16 44
23	9 18	17 58	15 35	20 8	25 11	7 12	12 16	16 45
24	9 20	18 1	15 38	20 1	25 36	8 26	13 44	16 47
25	9 22	18 4	15 41	19 53	26 1	9 40	15 12	16 48
26	9 24	18 6	15 44	19 46	26 26	10 55	16 42	16 50
27	9 27	18 9	15 47	19 38	26 51	12 9	18 13	16 51
28	9 29	18 12	15 49	19 31	27 15	13 23	19 44	16 53
29	9 31	18 15	15 52	19 23	27 39	14 37	21 17	16 54

Day	♂ Decl.	♀ Lat.	♀ Decl.	☿ Lat.	☿ Decl.	♇ Lat.	♇ Decl.	☊
	° ′	° ′	° ′	° ′	° ′	° ′	° ′	° ′
1	14 S 55	0 N 41	22 S 22	1 N 46	20 S 36	1 N 31	20 S 58	23 ♍ 58
4	15 21	0 32	22 12	1 14	20 50	1 31	20 57	23 48
7	15 46	0 23	21 55	0 42	20 56	1 30	20 57	23 39
10	16 10	0 14	21 32	0 13	20 52	1 30	20 56	23 29
13	16 33	0 6	21 4	0 S 15	20 38	1 30	20 56	23 20
16	16 56	0 S 3	20 30	0 40	20 13	1 30	20 56	23 10
19	17 17	0 12	19 51	1 2	19 37	1 30	20 55	23 1
22	17 37	0 20	19 6	1 21	18 49	1 29	20 55	22 51
25	17 56	0 28	18 16	1 38	17 50	1 29	20 54	22 42
28	18 15	0 35	17 22	1 51	16 39	1 29	20 54	22 32

2016 MÄRZ

Day	Sidereal Time	☉ Long.	☉ Decl.	☽ Long.	☽ Lat.	☽ Decl.
	H M S	° ′ ″	° ′	° ′	° ′	° ′
1	10 36 55	10 ♓ 50 0	7 S 30	0 ♐ 1	4 N 55	15 S 21
2	10 40 51	11 50 12	7 7	12 13	5 14	17 4
3	10 44 48	12 50 23	6 44	24 41	5 18	18 2
4	10 48 45	13 50 33	6 21	7 ♑ 30	5 6	18 8
5	10 52 41	14 50 41	5 58	20 43	4 39	17 15
6	10 56 38	15 50 47	5 35	4 ♒ 23	3 54	15 22
7	11 0 34	16 50 52	5 12	18 28	2 55	12 31
8	11 4 31	17 50 54	4 48	2 ♓ 51	1 43	8 49
9	11 8 27	18 50 55	4 25	17 44	0 22	4 30
10	11 12 24	19 50 54	4 1	2 ♈ 42	1 S 0	0 N 9
11	11 16 20	20 50 51	3 38	17 43	2 19	4 48
12	11 20 17	21 50 46	3 14	2 ♉ 38	3 28	9 7
13	11 24 14	22 50 39	2 50	17 20	4 22	12 48
14	11 28 10	23 50 30	2 27	1 ♊ 44	4 59	15 38
15	11 32 7	24 50 18	2 3	15 47	5 16	17 26
16	11 36 3	25 50 4	1 39	29 27	5 15	18 11
17	11 40 0	26 49 48	1 16	12 ♋ 47	4 57	17 54
18	11 43 56	27 49 30	0 52	25 46	4 24	16 40
19	11 47 53	28 49 10	0 28	8 ♌ 28	3 38	14 38
20	11 51 49	29 48 47	0 4	20 56	2 43	11 56
21	11 55 46	0 ♈ 48 22	0 N 19	3 ♍ 13	1 42	8 45
22	11 59 43	1 47 55	0 43	15 19	0 36	5 13
23	12 3 39	2 47 26	1 7	27 19	0 N 30	1 32
24	12 7 36	3 46 55	1 30	9 ♎ 13	1 35	2 S 12
25	12 11 32	4 46 22	1 54	21 3	2 35	5 49
26	12 15 29	5 45 47	2 17	2 ♏ 52	3 28	9 12
27	12 19 25	6 45 10	2 41	14 43	4 13	12 13
28	12 23 22	7 44 31	3 4	26 37	4 46	14 45
29	12 27 18	8 43 50	3 28	8 ♐ 38	5 8	16 40
30	12 31 15	9 43 8	3 51	20 49	5 16	17 52
31	12 35 12	10 42 23	4 14	3 ♑ 15	5 10	18 18

Day	♆ Lat.	♆ Decl.	♅ Lat.	♅ Decl.	♄ Lat.	♄ Decl.	♃ Lat.	♃ Decl.	♂ Lat.
	° ′	° ′	° ′	° ′	° ′	° ′	° ′	° ′	° ′
1	0 S 48	8 S 43	0 S 36	6 N 37	1 N 42	21 S 0	1 N 28	5 N 36	1 N 19
4	0 48	8 41	0 36	6 40	1 43	21 0	1 28	5 45	1 18
7	0 48	8 38	0 36	6 44	1 43	21 0	1 28	5 55	1 16
10	0 48	8 36	0 36	6 47	1 43	21 0	1 29	6 4	1 14
13	0 48	8 33	0 36	6 51	1 44	21 1	1 29	6 13	1 12
16	0 48	8 31	0 36	6 55	1 44	21 1	1 29	6 22	1 9
19	0 48	8 28	0 36	6 58	1 44	21 0	1 29	6 31	1 7
22	0 48	8 26	0 36	7 2	1 45	21 0	1 29	6 40	1 4
25	0 48	8 23	0 36	7 6	1 45	21 0	1 29	6 48	1 1
28	0 48	8 21	0 36	7 10	1 46	21 0	1 28	6 56	0 58
31	0 48	8 19	0 36	7 14	1 46	20 59	1 28	7 4	0 54

376

MÄRZ 2016

Day	♆ Long.	♅ Long.	♄ Long.	♃ Long.	♂ Long.	♀ Long.	☿ Long.	♇ Long.
	° ′	° ′	° ′	° ′	° ′	° ′	° ′	° ′
1	9 ♓ 34	18 ♈ 18	15 ♐ 54	19 ♍ 16	28 ♏ 3	15 ♒ 52	22 ♒ 51	16 ♑ 56
2	9 36	18 21	15 57	19 R 8	28 27	17 6	24 26	16 57
3	9 38	18 24	15 59	19 0	28 50	18 20	26 2	16 58
4	9 40	18 26	16 1	18 52	29 13	19 34	27 39	17 0
5	9 43	18 29	16 3	18 45	29 35	20 48	29 17	17 1
6	9 45	18 32	16 5	18 37	29 58	22 3	0 ♓ 57	17 2
7	9 47	18 35	16 7	18 29	0 ♐ 20	23 17	2 37	17 3
8	9 49	18 39	16 9	18 21	0 41	24 31	4 18	17 5
9	9 52	18 42	16 11	18 13	1 3	25 45	6 1	17 6
10	9 54	18 45	16 12	18 6	1 24	27 0	7 44	17 7
11	9 56	18 48	16 14	17 58	1 44	28 14	9 29	17 8
12	9 58	18 51	16 15	17 50	2 5	29 28	11 15	17 9
13	10 1	18 54	16 16	17 42	2 25	0 ♓ 42	13 2	17 10
14	10 3	18 57	16 18	17 34	2 44	1 57	14 50	17 11
15	10 5	19 0	16 19	17 27	3 3	3 11	16 40	17 12
16	10 7	19 4	16 20	17 19	3 22	4 25	18 30	17 13
17	10 10	19 7	16 21	17 11	3 41	5 39	20 22	17 14
18	10 12	19 10	16 21	17 4	3 58	6 53	22 15	17 15
19	10 14	19 13	16 22	16 56	4 16	8 8	24 10	17 16
20	10 16	19 17	16 23	16 49	4 33	9 22	26 5	17 17
21	10 18	19 20	16 23	16 41	4 50	10 36	28 1	17 18
22	10 21	19 23	16 23	16 34	5 6	11 50	29 59	17 19
23	10 23	19 27	16 24	16 27	5 22	13 4	1 ♈ 57	17 20
24	10 25	19 30	16 24	16 19	5 37	14 18	3 57	17 20
25	10 27	19 33	16 24	16 12	5 52	15 33	5 57	17 21
26	10 29	19 37	16 R 24	16 5	6 6	16 47	7 59	17 22
27	10 31	19 40	16 24	15 58	6 20	18 1	10 0	17 23
28	10 33	19 43	16 24	15 51	6 33	19 15	12 3	17 23
29	10 35	19 47	16 23	15 45	6 46	20 29	14 5	17 24
30	10 37	19 50	16 23	15 38	6 58	21 43	16 8	17 25
31	10 39	19 53	16 23	15 31	7 10	22 58	18 11	17 25

Day	♂ Decl.	♀ Lat.	♀ Decl.	☿ Lat.	☿ Decl.	♇ Lat.	♇ Decl.	☊
	° ′	° ′	° ′	° ′	° ′	° ′	° ′	° ′
1	18 S 26	0 S 40	16 S 43	1 S 58	15 S 46	1 N 29	20 S 54	22 ♍ 26
4	18 43	0 47	15 42	2 6	14 16	1 29	20 53	22 16
7	18 59	0 54	14 36	2 11	12 34	1 29	20 53	22 7
10	19 14	1 N 0	13 27	2 11	10 42	1 29	20 53	21 57
13	19 28	1 S 5	12 14	2 8	8 38	1 28	20 52	21 48
16	19 41	1 10	10 59	2 0	6 23	1 28	20 52	21 38
19	19 54	1 15	9 41	1 47	3 58	1 28	20 52	21 29
22	20 6	1 19	8 20	1 30	1 23	1 28	20 52	21 19
25	20 17	1 22	6 58	1 8	1 N 19	1 28	20 51	21 10
28	20 27	1 25	5 33	0 42	4 7	1 28	20 51	21 0
31	20 37	1 27	4 8	0 11	6 57	1 28	20 51	20 51

Day	Sidereal Time			☉ Long.			☉ Decl.		☽ Long.		☽ Lat.		☽ Decl.	
	H	M	S	°	′	″	°	′	°	′	°	′	°	′
1	12	39	8	11 ♈	41	37	4 N	37	15 ♑	59	4 N	48	17 S	43
2	12	43	5	12	40	49	5	1	29	5	4	11	16	14
3	12	47	1	13	40	0	5	24	12 ♒	36	3	19	13	50
4	12	50	58	14	39	8	5	46	26	34	2	14	10	34
5	12	54	54	15	38	15	6	9	10 ♓	58	0	58	6	33
6	12	58	51	16	37	20	6	32	25	46	0 S	23	2	2
7	13	2	47	17	36	22	6	55	10 ♈	50	1	44	2 N	42
8	13	6	44	18	35	23	7	17	26	4	2	58	7	18
9	13	10	41	19	34	22	7	39	11 ♉	16	4	0	11	25
10	13	14	37	20	33	18	8	2	26	18	4	44	14	43
11	13	18	34	21	32	13	8	24	10 ♊	59	5	8	17	0
12	13	22	30	22	31	5	8	46	25	16	5	13	18	9
13	13	26	27	23	29	55	9	7	9 ♋	5	4	59	18	10
14	13	30	23	24	28	43	9	29	22	27	4	28	17	9
15	13	34	20	25	27	28	9	51	5 ♌	24	3	45	15	16
16	13	38	16	26	26	12	10	12	17	59	2	53	12	42
17	13	42	13	27	24	53	10	33	0 ♍	18	1	53	9	36
18	13	46	10	28	23	32	10	54	12	24	0	49	6	9
19	13	50	6	29	22	9	11	15	24	21	0 N	16	2	29
20	13	54	3	0 ♉	20	43	11	35	6 ♎	13	1	20	1 S	15
21	13	57	59	1	19	16	11	56	18	2	2	20	4	55
22	14	1	56	2	17	47	12	16	29	51	3	14	8	24
23	14	5	52	3	16	16	12	36	11 ♏	42	3	59	11	33
24	14	9	49	4	14	43	12	56	23	37	4	34	14	15
25	14	13	45	5	13	8	13	16	5 ♐	37	4	58	16	21
26	14	17	42	6	11	32	13	35	17	45	5	8	17	46
27	14	21	38	7	9	53	13	54	0 ♑	2	5	4	18	22
28	14	25	35	8	8	14	14	13	12	31	4	46	18	6
29	14	29	32	9	6	33	14	32	25	15	4	14	16	55
30	14	33	28	10	4	50	14	50	8 ♒	17	3	28	14	51

Day	♆ Lat.		♆ Decl.		♅ Lat.		♅ Decl.		♄ Lat.		♄ Decl.		♃ Lat.		♃ Decl.		♂ Lat.	
	°	′	°	′	°	′	°	′	°	′	°	′	°	′	°	′	°	′
1	0 S	48	8 S	18	0 S	36	7 N	15	1 N	46	20 S	59	1 N	28	7 N	6	0 N	53
4	0	48	8	16	0	36	7	19	1	46	20	58	1	28	7	13	0	49
7	0	48	8	14	0	36	7	23	1	47	20	58	1	28	7	19	0	44
10	0	48	8	11	0	36	7	26	1	47	20	57	1	27	7	25	0	39
13	0	48	8	9	0	36	7	30	1	47	20	56	1	27	7	31	0	34
16	0	48	8	8	0	36	7	34	1	47	20	55	1	26	7	35	0	29
19	0	49	8	6	0	36	7	38	1	48	20	54	1	26	7	39	0	23
22	0	49	8	4	0	36	7	42	1	48	20	53	1	25	7	43	0	16
25	0	49	8	2	0	36	7	46	1	48	20	52	1	25	7	46	0	9
28	0	49	8	1	0	36	7	49	1	48	20	51	1	24	7	48	0	2

APRIL 2016

Day	♆ Long.	♅ Long.	♄ Long.	♃ Long.	♂ Long.	♀ Long.	☿ Long.	♇ Long.
	° ′	° ′	° ′	° ′	° ′	° ′	° ′	° ′
1	10 ♓ 41	19 ♈ 57	16 ♐ 22	15 ♍ 25	7 ♐ 21	24 ♓ 12	20 ♈ 13	17 ♑ 26
2	10 43	20 0	16 R 21	15 R 19	7 32	25 26	22 14	17 26
3	10 45	20 4	16 20	15 13	7 42	26 40	24 14	17 27
4	10 47	20 7	16 19	15 7	7 51	27 54	26 13	17 27
5	10 49	20 11	16 18	15 1	8 0	29 8	28 10	17 28
6	10 51	20 14	16 17	14 55	8 8	0 ♈ 22	0 ♉ 4	17 28
7	10 53	20 17	16 16	14 49	8 15	1 36	1 57	17 28
8	10 55	20 21	16 15	14 44	8 22	2 51	3 46	17 29
9	10 57	20 24	16 14	14 38	8 29	4 5	5 31	17 29
10	10 59	20 28	16 12	14 33	8 34	5 19	7 14	17 29
11	11 1	20 31	16 10	14 28	8 39	6 33	8 52	17 29
12	11 3	20 35	16 9	14 23	8 43	7 47	10 26	17 30
13	11 4	20 38	16 7	14 18	8 47	9 1	11 55	17 30
14	11 6	20 41	16 5	14 14	8 50	10 15	13 20	17 30
15	11 8	20 45	16 3	14 9	8 52	11 29	14 40	17 30
16	11 10	20 48	16 1	14 5	8 54	12 43	15 54	17 30
17	11 11	20 52	15 59	14 1	8 54	13 57	17 4	17 30
18	11 13	20 55	15 57	13 57	8 54	15 11	18 8	17 30
19	11 15	20 59	15 55	13 53	8 R 54	16 25	19 6	17 R 30
20	11 16	21 2	15 52	13 50	8 52	17 39	19 59	17 30
21	11 18	21 5	15 50	13 46	8 50	18 53	20 46	17 30
22	11 20	21 9	15 47	13 43	8 47	20 7	21 28	17 30
23	11 21	21 12	15 45	13 40	8 43	21 21	22 4	17 30
24	11 23	21 15	15 42	13 37	8 39	22 35	22 34	17 30
25	11 24	21 19	15 39	13 34	8 33	23 49	22 58	17 30
26	11 26	21 22	15 36	13 32	8 27	25 3	23 16	17 29
27	11 27	21 26	15 33	13 29	8 21	26 17	23 29	17 29
28	11 29	21 29	15 30	13 27	8 13	27 31	23 35	17 29
29	11 30	21 32	15 27	13 25	8 5	28 44	23 37	17 29
30	11 32	21 36	15 24	13 23	7 56	29 58	23 R 32	17 28

Day	♂ Decl.	♀ Lat.	♀ Decl.	☿ Lat.	☿ Decl.	♇ Lat.	♇ Decl.	☊
	° ′	° ′	° ′	° ′	° ′	° ′	° ′	° ′
1	20 S 40	1 S 28	3 S 39	0 N 0	7 N 54	1 N 28	20 S 51	20 ♍ 47
4	20 49	1 29	2 12	0 34	10 38	1 28	20 51	20 38
7	20 57	1 30	0 44	1 8	13 13	1 28	20 51	20 28
10	21 5	1 30	0 N 44	1 41	15 31	1 28	20 51	20 19
13	21 12	1 30	2 12	2 9	17 28	1 27	20 51	20 9
16	21 19	1 29	3 40	2 32	19 1	1 27	20 51	20 0
19	21 24	1 27	5 7	2 47	20 10	1 27	20 51	19 50
22	21 30	1 25	6 33	2 52	20 54	1 27	20 51	19 41
25	21 34	1 22	7 58	2 47	21 13	1 27	20 51	19 31
28	21 38	1 19	9 22	2 31	21 7	1 27	20 51	19 22

2016 MAI

Day	Sidereal Time	☉ Long.	☉ Decl.	☽ Long.	☽ Lat.	☽ Decl.
	H M S	° ′ ″	° ′	° ′	° ′	° ′
1	14 37 25	11 ♉ 3 6	15 N 8	21 ♒ 40	2 N 29	11 S 56
2	14 41 21	12 1 20	15 26	5 ♓ 27	1 29	8 16
3	14 45 18	12 59 32	15 44	19 39	0 4	4 2
4	14 49 14	13 57 44	16 2	4 ♈ 14	1 S 14	0 N 33
5	14 53 11	14 55 53	16 19	19 10	2 28	5 13
6	14 57 7	15 54 1	16 36	4 ♉ 19	3 33	9 37
7	15 1 4	16 52 8	16 52	19 32	4 23	13 23
8	15 5 1	17 50 13	17 9	4 ♊ 38	4 54	16 14
9	15 8 57	18 48 16	17 25	19 28	5 5	17 57
10	15 12 54	19 46 17	17 41	3 ♋ 55	4 56	18 27
11	15 16 50	20 44 17	17 56	17 53	4 29	17 47
12	15 20 47	21 42 14	18 11	1 ♌ 21	3 48	16 8
13	15 24 43	22 40 10	18 26	14 21	2 57	13 42
14	15 28 40	23 38 5	18 41	26 58	1 58	10 40
15	15 32 36	24 35 57	18 55	9 ♍ 15	0 55	7 15
16	15 36 33	25 33 48	19 9	21 17	0 N 9	3 35
17	15 40 30	26 31 37	19 22	3 ♎ 11	1 12	0 S 10
18	15 44 26	27 29 24	19 36	15 0	2 13	3 54
19	15 48 23	28 27 10	19 49	26 48	3 4	7 28
20	15 52 19	29 25 2	20 1	8 ♏ 38	3 50	10 45
21	15 56 16	0 ♊ 22 37	20 14	20 34	4 25	13 37
22	16 0 12	1 20 19	20 25	2 ♐ 36	4 50	15 57
23	16 4 9	2 17 59	20 37	14 47	5 1	17 35
24	16 8 5	3 15 38	20 48	27 7	4 58	18 26
25	16 12 2	4 13 15	20 59	9 ♑ 36	4 41	18 25
26	16 15 59	5 10 52	21 10	22 16	4 10	17 29
27	16 19 55	6 8 28	21 20	5 ♒ 8	3 26	15 39
28	16 23 52	7 6 3	21 29	18 14	2 31	12 58
29	16 27 48	8 3 37	21 39	1 ♓ 37	1 26	9 34
30	16 31 45	9 1 10	21 48	15 18	0 14	5 34
31	16 35 41	9 58 42	21 57	29 18	0 S 59	1 11

Day	♆ Lat.	♆ Decl.	♅ Lat.	♅ Decl.	♄ Lat.	♄ Decl.	♃ Lat.	♃ Decl.	♂ Lat.
	° ′	° ′	° ′	° ′	° ′	° ′	° ′	° ′	° ′
1	0 S 49	7 S 59	0 S 36	7 N 53	1 N 48	20 S 50	1 N 24	7 N 50	0 S 6
4	0 49	7 58	0 36	7 57	1 49	20 49	1 23	7 51	0 14
7	0 49	7 56	0 36	8 0	1 49	20 48	1 22	7 51	0 22
10	0 49	7 55	0 36	8 4	1 49	20 46	1 22	7 51	0 31
13	0 49	7 54	0 36	8 7	1 49	20 45	1 21	7 50	0 41
16	0 49	7 53	0 36	8 11	1 49	20 44	1 21	7 48	0 50
19	0 49	7 52	0 36	8 14	1 49	20 42	1 20	7 46	0 59
22	0 50	7 51	0 36	8 17	1 49	20 41	1 19	7 43	1 9
25	0 50	7 51	0 36	8 20	1 49	20 39	1 19	7 39	1 17
28	0 50	7 50	0 36	8 23	1 49	20 38	1 18	7 35	1 26
31	0 50	7 49	0 36	8 26	1 48	20 36	1 18	7 31	1 35

MAI 2016

Day	♆ Long.	♅ Long.	♄ Long.	♃ Long.	♂ Long.	♀ Long.	☿ Long.	♇ Long.
	° ′	° ′	° ′	° ′	° ′	° ′	° ′	° ′
1	11 ♓ 33	21 ♈ 39	15 ♐ 21	13 ♍ 22	7 ♐ 46	1 ♉ 12	23 ♉ 23	17 ♑ 28
2	11 34	21 42	15 R 18	13 R 20	7 R 35	2 26	23 R 9	17 R 27
3	11 36	21 45	15 14	13 19	7 24	3 40	22 50	17 27
4	11 37	21 49	15 11	13 18	7 12	4 54	22 27	17 27
5	11 38	21 52	15 8	13 17	6 59	6 8	22 1	17 26
6	11 39	21 55	15 4	13 16	6 46	7 22	21 31	17 26
7	11 41	21 58	15 0	13 16	6 32	8 36	20 59	17 25
8	11 42	22 1	14 57	13 15	6 17	9 49	20 25	17 24
9	11 43	22 5	14 53	13 15	6 1	11 3	19 49	17 24
10	11 44	22 8	14 49	13 D 15	5 45	12 17	19 13	17 23
11	11 45	22 11	14 45	13 15	5 29	13 31	18 36	17 23
12	11 46	22 14	14 42	13 16	5 12	14 45	18 0	17 22
13	11 47	22 17	14 38	13 16	4 54	15 59	17 25	17 21
14	11 48	22 20	14 34	13 17	4 36	17 12	16 52	17 20
15	11 49	22 23	14 30	13 18	4 17	18 26	16 21	17 20
16	11 50	22 26	14 26	13 19	3 58	19 40	15 53	17 19
17	11 51	22 29	14 22	13 20	3 39	20 54	15 28	17 18
18	11 52	22 32	14 17	13 22	3 19	22 8	15 7	17 17
19	11 53	22 35	14 13	13 23	2 59	23 21	14 49	17 16
20	11 54	22 38	14 9	13 25	2 38	24 35	14 36	17 15
21	11 54	22 41	14 5	13 27	2 18	25 49	14 27	17 15
22	11 55	22 44	14 1	13 29	1 57	27 3	14 22	17 14
23	11 56	22 46	13 56	13 32	1 36	28 16	14 22	17 13
24	11 57	22 49	13 52	13 34	1 15	29 30	14 D 26	17 12
25	11 57	22 52	13 48	13 37	0 54	0 ♊ 44	14 35	17 11
26	11 58	22 55	13 43	13 40	0 33	1 58	14 48	17 10
27	11 59	22 58	13 39	13 43	0 12	3 11	15 6	17 9
28	11 59	23 0	13 34	13 46	29 ♏ 51	4 25	15 28	17 8
29	12 0	23 3	13 30	13 49	29 30	5 39	15 54	17 6
30	12 0	23 6	13 26	13 53	29 9	6 53	16 25	17 5
31	12 1	23 8	13 21	13 56	28 49	8 6	16 59	17 4

Day	♂ Decl.	♀ Lat.	♀ Decl.	☿ Lat.	☿ Decl.	♇ Lat.	♇ Decl.	☊
	° ′	° ′	° ′	° ′	° ′	° ′	° ′	° ′
1	21 S 42	1 S 15	10 N 43	2 N 4	20 N 37	1 N 27	20 S 52	19 ♍ 12
4	21 44	1 11	12 3	1 26	19 46	1 27	20 52	19 2
7	21 46	1 6	13 19	0 39	18 38	1 27	20 52	18 53
10	21 46	1 1	14 33	0 S 12	17 20	1 27	20 52	18 43
13	21 46	0 56	15 44	1 4	16 0	1 27	20 53	18 34
16	21 45	0 50	16 51	1 52	14 48	1 27	20 53	18 24
19	21 43	0 44	17 54	2 34	13 50	1 27	20 54	18 15
22	21 40	0 37	18 54	3 6	13 11	1 26	20 54	18 5
25	21 36	0 31	19 48	3 29	12 53	1 26	20 54	17 56
28	21 31	0 24	20 38	3 42	12 55	1 26	20 55	17 46
31	21 27	0 17	21 23	3 47	13 17	1 26	20 55	17 37

2016 JUNI

Day	Sidereal Time	☉ Long.	☉ Decl.	☽ Long.	☽ Lat.	☽ Decl.
	H M S	° ′ ″	° ′	° ′	° ′	° ′
1	16 39 38	10 ♊ 56 14	22 N 5	13 ♈ 38	2 S 11	3 N 22
2	16 43 34	11 53 44	22 13	28 17	3 16	7 49
3	16 47 31	12 51 14	22 20	13 ♉ 8	4 8	11 50
4	16 51 28	13 48 43	22 27	28 6	4 44	15 7
5	16 55 24	14 46 11	22 34	13 ♊ 1	5 0	17 24
6	16 59 21	15 43 38	22 40	27 45	4 56	18 29
7	17 3 17	16 41 4	22 46	12 ♋ 8	4 33	18 21
8	17 7 14	17 38 29	22 52	26 7	3 54	17 6
9	17 11 10	18 35 53	22 57	9 ♌ 38	3 3	14 54
10	17 15 7	19 33 17	23 1	22 41	2 4	12 0
11	17 19 3	20 30 39	23 6	5 ♍ 20	1 0	8 37
12	17 23 0	21 28 0	23 10	17 39	0 N 5	4 57
13	17 26 57	22 25 20	23 13	29 43	1 8	1 9
14	17 30 53	23 22 39	23 16	11 ♎ 37	2 8	2 S 38
15	17 34 50	24 19 58	23 19	23 27	3 1	6 18
16	17 38 46	25 17 15	23 21	5 ♏ 16	3 47	9 43
17	17 42 43	26 14 32	23 23	17 10	4 23	12 45
18	17 46 39	27 11 47	23 24	29 12	4 48	15 17
19	17 50 36	28 9 3	23 25	11 ♐ 23	5 0	17 11
20	17 54 32	29 6 17	23 26	23 46	4 58	18 19
21	17 58 29	0 ♋ 3 31	23 26	6 ♑ 21	4 42	18 35
22	18 2 26	1 0 45	23 26	19 7	4 11	17 55
23	18 6 22	1 57 59	23 25	2 ♒ 5	3 28	16 19
24	18 10 19	2 55 12	23 24	15 14	2 32	13 51
25	18 14 15	3 52 25	23 23	28 35	1 27	10 36
26	18 18 12	4 49 38	23 21	12 ♓ 7	0 17	6 46
27	18 22 8	5 46 51	23 18	25 51	0 S 56	2 30
28	18 26 5	6 44 4	23 16	9 ♈ 49	2 7	1 N 57
29	18 30 1	7 41 17	23 13	23 59	3 11	6 21
30	18 33 58	8 38 30	23 9	8 ♉ 21	4 4	10 26

Day	♆ Lat.	♆ Decl.	♅ Lat.	♅ Decl.	♄ Lat.	♄ Decl.	♃ Lat.	♃ Decl.	♂ Lat.
	° ′	° ′	° ′	° ′	° ′	° ′	° ′	° ′	° ′
1	0 S 50	7 S 49	0 S 36	8 N 27	1 N 48	20 S 36	1 N 17	7 N 29	1 S 38
4	0 50	7 49	0 36	8 30	1 48	20 34	1 17	7 24	1 46
7	0 50	7 49	0 36	8 32	1 48	20 33	1 16	7 18	1 54
10	0 50	7 49	0 36	8 35	1 48	20 32	1 16	7 11	2 2
13	0 50	7 49	0 36	8 37	1 47	20 30	1 15	7 4	2 9
16	0 51	7 49	0 36	8 39	1 47	20 29	1 15	6 57	2 15
19	0 51	7 49	0 36	8 42	1 47	20 28	1 14	6 49	2 20
22	0 51	7 49	0 36	8 43	1 46	20 26	1 13	6 40	2 26
25	0 51	7 50	0 36	8 45	1 46	20 25	1 13	6 32	2 30
28	0 51	7 50	0 37	8 47	1 46	20 24	1 12	6 22	2 34

JUNI 2016

Day	♆ Long.	♅ Long.	♄ Long.	♃ Long.	♂ Long.	♀ Long.	☿ Long.	♇ Long.
	° ′	° ′	° ′	° ′	° ′	° ′	° ′	° ′
1	12 ♓ 1	23 ♈ 11	13 ♐ 17	14 ♍ 0	28 ♏ 29	9 ♊ 20	17 ♉ 38	17 ♑ 3
2	12 1	23 13	13 R 12	14 4	28 R 9	10 34	18 21	17 R 2
3	12 2	23 16	13 8	14 8	27 49	11 48	19 7	17 1
4	12 2	23 18	13 3	14 13	27 30	13 1	19 57	16 59
5	12 2	23 21	12 59	14 17	27 11	14 15	20 51	16 58
6	12 3	23 23	12 55	14 22	26 53	15 29	21 49	16 57
7	12 3	23 25	12 50	14 27	26 35	16 43	22 49	16 56
8	12 3	23 28	12 46	14 32	26 18	17 56	23 53	16 54
9	12 3	23 30	12 41	14 37	26 1	19 10	25 1	16 53
10	12 4	23 32	12 37	14 42	25 45	20 24	26 12	16 52
11	12 4	23 35	12 32	14 47	25 30	21 38	27 25	16 51
12	12 4	23 37	12 28	14 53	25 15	22 51	28 42	16 49
13	12 4	23 39	12 24	14 59	25 1	24 5	0 ♊ 3	16 48
14	12 4	23 41	12 19	15 4	24 48	25 19	1 26	16 46
15	12 R 4	23 43	12 15	15 10	24 35	26 32	2 52	16 45
16	12 4	23 45	12 11	15 17	24 23	27 46	4 21	16 44
17	12 4	23 47	12 7	15 23	24 12	29 0	5 54	16 42
18	12 4	23 49	12 2	15 29	24 2	0 ♋ 14	7 29	16 41
19	12 3	23 51	11 58	15 36	23 53	1 27	9 7	16 39
20	12 3	23 53	11 54	15 43	23 44	2 41	10 48	16 38
21	12 3	23 55	11 50	15 49	23 36	3 55	12 32	16 37
22	12 3	23 56	11 46	15 56	23 29	5 8	14 19	16 35
23	12 2	23 58	11 42	16 3	23 23	6 22	16 8	16 34
24	12 2	24 0	11 38	16 11	23 18	7 36	18 0	16 32
25	12 2	24 2	11 34	16 18	23 13	8 50	19 55	16 31
26	12 1	24 3	11 30	16 25	23 10	10 3	21 53	16 29
27	12 1	24 5	11 26	16 33	23 7	11 17	23 52	16 28
28	12 1	24 6	11 22	16 41	23 5	12 31	25 54	16 26
29	12 0	24 8	11 19	16 48	23 3	13 44	27 58	16 25
30	12 0	24 9	11 15	16 56	23 3	14 58	0 ♋ 4	16 23

Day	♂ Decl.	♀ Lat.	♀ Decl.	☿ Lat.	☿ Decl.	♇ Lat.	♇ Decl.	☊
	° ′	° ′	° ′	° ′	° ′	° ′	° ′	° ′
1	21 S 25	0 S 14	21 N 37	3 S 46	13 N 28	1 N 26	20 S 56	17 ♍ 34
4	21 20	0 7	22 14	3 40	14 12	1 26	20 56	17 24
7	21 15	0 N 0	22 46	3 27	15 8	1 26	20 57	17 14
10	21 10	0 7	23 12	3 8	16 15	1 26	20 57	17 5
13	21 6	0 14	23 32	2 44	17 29	1 26	20 58	16 55
16	21 3	0 21	23 46	2 15	18 48	1 25	20 59	16 46
19	21 0	0 28	23 54	1 44	20 6	1 25	20 59	16 36
22	21 0	0 35	23 55	1 10	21 22	1 25	21 0	16 27
25	21 0	0 41	23 50	0 35	22 29	1 25	21 1	16 17
28	21 2	0 47	23 38	0 N 0	23 22	1 25	21 2	16 8

2016 JULI

Day	Sidereal Time			☉ Long.			☉ Decl.			☽ Long.			☽ Lat.			☽ Decl.	
	H	M	S	°	′	″	°	′		°	′		°	′		°	′
1	18	37	55	9♋	35	43	23 N	5		22 ♉	51		4 S	41		13 N	57
2	18	41	51	10	32	57	23	1		7 ♊	26		5	1		16	36
3	18	45	48	11	30	10	22	56		21	58		5	1		18	11
4	18	49	44	12	27	24	22	51		6 ♋	21		4	42		18	35
5	18	53	41	13	24	37	22	46		20	29		4	6		17	49
6	18	57	37	14	21	50	22	40		4 ♌	16		3	17		16	0
7	19	1	34	15	19	4	22	33		17	41		2	17		13	22
8	19	5	30	16	16	17	22	27		0 ♍	41		1	12		10	7
9	19	9	27	17	13	31	22	20		13	20		0	6		6	29
10	19	13	24	18	10	44	22	12		25	40		1 N	1		2	40
11	19	17	20	19	7	57	22	4		7 ♎	45		2	3		1 S	11
12	19	21	17	20	5	10	21	56		19	41		2	59		4	56
13	19	25	13	21	2	23	21	47		1 ♏	32		3	46		8	28
14	19	29	10	21	59	36	21	38		13	24		4	24		11	39
15	19	33	6	22	56	49	21	29		25	21		4	51		14	23
16	19	37	3	23	54	3	21	19		7 ♐	27		5	5		16	32
17	19	40	59	24	51	16	21	9		19	46		5	6		17	58
18	19	44	56	25	48	30	20	59		2 ♑	20		4	52		18	33
19	19	48	52	26	45	44	20	48		15	10		4	23		18	14
20	19	52	49	27	42	58	20	37		28	14		3	39		16	56
21	19	56	46	28	40	13	20	25		11 ♒	34		2	43		14	42
22	20	0	42	29	37	29	20	14		25	6		1	37		11	38
23	20	4	39	0 ♌	34	45	20	1		8 ♓	49		0	24		7	53
24	20	8	35	1	32	2	19	49		22	41		0 S	51		3	41
25	20	12	32	2	29	20	19	36		6 ♈	40		2	3		0 N	46
26	20	16	28	3	26	38	19	23		20	46		3	9		5	11
27	20	20	25	4	23	58	19	9		4 ♉	56		4	7		9	20
28	20	24	21	5	21	19	18	56		19	9		4	44		12	57
29	20	28	18	6	18	40	18	41		3 ♊	22		5	6		15	49
30	20	32	15	7	16	3	18	27		17	34		5	10		17	42
31	20	36	11	8	13	27	18	12		1 ♋	39		4	55		18	30

Day	♆ Lat.		♆ Decl.		♅ Lat.		♅ Decl.		♄ Lat.		♄ Decl.		♃ Lat.		♃ Decl.		♂ Lat.	
	°	′	°	′	°	′	°	′	°	′	°	′	°	′	°	′	°	′
1	0 S 51		7 S 51		0 S 37		8 N 48		1 N 45		20 S 23		1 N 12		6 N 13		2 S 38	
4	0	51	7	52	0	37	8	50	1	45	20	22	1	11	6	2	2	41
7	0	51	7	53	0	37	8	51	1	44	20	21	1	11	5	52	2	44
10	0	51	7	54	0	37	8	52	1	44	20	20	1	11	5	41	2	46
13	0	51	7	55	0	37	8	53	1	43	20	20	1	10	5	30	2	48
16	0	52	7	56	0	37	8	54	1	43	20	19	1	10	5	18	2	49
19	0	52	7	57	0	37	8	54	1	42	20	18	1	9	5	6	2	50
22	0	52	7	58	0	37	8	55	1	41	20	18	1	9	4	54	2	51
25	0	52	8	0	0	37	8	55	1	41	20	18	1	9	4	41	2	52
28	0	52	8	1	0	37	8	55	1	40	20	18	1	8	4	29	2	52
31	0	52	8	3	0	37	8	55	1	39	20	18	1	8	4	16	2	53

JULI 2016

Day	♆ Long.	♅ Long.	♄ Long.	♃ Long.	♂ Long.	♀ Long.	☿ Long.	♇ Long.
	° ′	° ′	° ′	° ′	° ′	° ′	° ′	° ′
1	11 ♓ 59	24 ♈ 11	11 ♐ 11	17 ♍ 4	23 ♏ 3	16 ♋ 12	2 ♋ 11	16 ♑ 22
2	11 R 59	24 12	11 R 8	17 13	23 5	17 26	4 19	16 R 20
3	11 58	24 13	11 4	17 21	23 7	18 39	6 28	16 19
4	11 57	24 15	11 1	17 29	23 10	19 53	8 38	16 17
5	11 57	24 16	10 57	17 38	23 13	21 7	10 49	16 15
6	11 56	24 17	10 54	17 46	23 18	22 21	12 59	16 14
7	11 55	24 18	10 51	17 55	23 23	23 34	15 9	16 12
8	11 55	24 19	10 47	18 4	23 29	24 48	17 19	16 11
9	11 54	24 20	10 44	18 13	23 36	26 2	19 28	16 9
10	11 53	24 21	10 41	18 22	23 44	27 16	21 36	16 8
11	11 52	24 22	10 38	18 31	23 52	28 29	23 43	16 6
12	11 51	24 23	10 35	18 40	24 1	29 43	25 49	16 5
13	11 51	24 24	10 32	18 50	24 11	0 ♌ 57	27 54	16 3
14	11 50	24 25	10 30	18 59	24 21	2 11	29 57	16 2
15	11 49	24 25	10 27	19 9	24 33	3 24	1 ♌ 58	16 0
16	11 48	24 26	10 24	19 18	24 45	4 38	3 58	15 59
17	11 47	24 27	10 22	19 28	24 57	5 52	5 56	15 57
18	11 46	24 27	10 19	19 38	25 11	7 6	7 52	15 56
19	11 45	24 28	10 17	19 48	25 25	8 19	9 46	15 54
20	11 44	24 28	10 15	19 58	25 39	9 33	11 39	15 53
21	11 43	24 29	10 12	20 8	25 54	10 47	13 30	15 51
22	11 42	24 29	10 10	20 18	26 10	12 0	15 19	15 50
23	11 40	24 30	10 8	20 28	26 27	13 14	17 7	15 48
24	11 39	24 30	10 6	20 39	26 44	14 28	18 52	15 47
25	11 38	24 30	10 4	20 49	27 2	15 42	20 36	15 45
26	11 37	24 30	10 3	21 0	27 20	16 55	22 18	15 44
27	11 36	24 31	10 1	21 10	27 39	18 9	23 59	15 43
28	11 35	24 31	9 59	21 21	27 58	19 23	25 37	15 41
29	11 33	24 31	9 58	21 32	28 18	20 37	27 14	15 40
30	11 32	24 31	9 56	21 43	28 38	21 50	28 49	15 38
31	11 31	24 R 31	9 55	21 53	28 59	23 4	0 ♍ 22	15 37

Day	♂ Decl.	♀ Lat.	♀ Decl.	☿ Lat.	☿ Decl.	♇ Lat.	♇ Decl.	☊
	° ′	° ′	° ′	° ′	° ′	° ′	° ′	° ′
1	21 S 5	0 N 53	23 N 20	0 N 32	23 N 57	1 N 24	21 S 2	15 ♍ 58
4	21 9	0 59	22 56	1 0	24 9	1 24	21 3	15 49
7	21 15	1 4	22 26	1 22	23 56	1 24	21 4	15 39
10	21 23	1 9	21 50	1 38	23 19	1 24	21 5	15 30
13	21 31	1 13	21 8	1 47	22 20	1 23	21 6	15 20
16	21 41	1 17	20 21	1 49	21 2	1 23	21 6	15 11
19	21 52	1 20	19 29	1 46	19 30	1 23	21 7	15 1
22	22 4	1 23	18 31	1 37	17 47	1 23	21 8	14 51
25	22 17	1 26	17 29	1 23	15 56	1 22	21 9	14 42
28	22 30	1 27	16 23	1 5	14 0	1 22	21 10	14 32
31	22 44	1 28	15 13	0 44	12 2	1 22	21 10	14 23

2016 AUGUST

Day	Sidereal Time	☉ Long.	☉ Decl.	☽ Long.	☽ Lat.	☽ Decl.
	H M S	° ′ ″	° ′	° ′	° ′	° ′
1	20 40 8	9 ♌ 10 51	17 N 57	15 ♋ 35	4 S 23	18 N 10
2	20 44 4	10 8 17	17 42	29 18	3 36	16 46
3	20 48 1	11 5 44	17 26	12 ♌ 45	2 37	14 28
4	20 51 57	12 3 11	17 11	25 54	1 32	11 27
5	20 55 54	13 0 40	16 54	8 ♍ 45	0 23	7 56
6	20 59 50	13 58 9	16 38	21 18	0 N 46	4 9
7	21 3 47	14 55 39	16 21	3 ♎ 35	1 51	0 17
8	21 7 44	15 53 10	16 4	15 39	2 50	3 S 32
9	21 11 40	16 50 42	15 47	27 35	3 42	7 10
10	21 15 37	17 48 15	15 30	9 ♏ 27	4 23	10 29
11	21 19 33	18 45 48	15 12	21 19	4 53	13 23
12	21 23 30	19 43 23	14 54	3 ♐ 18	5 10	15 44
13	21 27 26	20 40 58	14 36	15 26	5 15	17 26
14	21 31 23	21 38 35	14 17	27 48	5 4	18 21
15	21 35 19	22 36 12	13 59	10 ♑ 27	4 39	18 23
16	21 39 16	23 33 50	13 40	23 26	4 0	17 28
17	21 43 13	24 31 30	13 21	6 ♒ 46	3 6	15 35
18	21 47 9	25 29 11	13 1	20 24	2 0	12 47
19	21 51 6	26 26 53	12 42	4 ♓ 20	0 46	9 12
20	21 55 2	27 24 36	12 22	18 29	0 S 32	5 3
21	21 58 59	28 22 21	12 2	2 ♈ 48	1 49	0 33
22	22 2 55	29 20 8	11 42	17 11	2 53	3 N 59
23	22 6 52	0 ♍ 17 56	11 22	1 ♉ 35	3 59	8 17
24	22 10 48	1 15 46	11 1	15 56	4 43	12 5
25	22 14 45	2 13 37	10 41	0 ♊ 11	5 9	15 9
26	22 18 42	3 11 31	10 20	14 17	5 17	17 16
27	22 22 38	4 9 26	9 59	28 12	5 6	18 20
28	22 26 35	5 7 23	9 38	11 ♋ 55	4 37	18 18
29	22 30 31	6 5 21	9 17	25 25	3 53	17 14
30	22 34 28	7 3 22	8 55	8 ♌ 42	2 58	15 13
31	22 38 24	8 1 24	8 34	21 45	1 54	12 27

Day	♆ Lat.	♆ Decl.	♅ Lat.	♅ Decl.	♄ Lat.	♄ Decl.	♃ Lat.	♃ Decl.	♂ Lat.
	° ′	° ′	° ′	° ′	° ′	° ′	° ′	° ′	° ′
1	0 S 52	8 S 3	0 S 37	8 N 55	1 N 39	20 S 18	1 N 8	4 N 11	2 S 53
4	0 52	8 5	0 37	8 55	1 39	20 18	1 8	3 58	2 53
7	0 52	8 7	0 38	8 54	1 38	20 18	1 7	3 44	2 52
10	0 52	8 8	0 38	8 54	1 37	20 19	1 7	3 30	2 52
13	0 52	8 10	0 38	8 53	1 37	20 19	1 7	3 16	2 51
16	0 52	8 12	0 38	8 52	1 36	20 20	1 7	3 2	2 50
19	0 52	8 14	0 38	8 51	1 35	20 21	1 7	2 47	2 49
22	0 53	8 16	0 38	8 50	1 35	20 22	1 6	2 33	2 48
25	0 53	8 18	0 38	8 49	1 34	20 23	1 6	2 18	2 47
28	0 53	8 19	0 38	8 47	1 33	20 24	1 6	2 3	2 46
31	0 53	8 21	0 38	8 46	1 33	20 25	1 6	1 48	2 45

AUGUST 2016

Day	♆ Long.	♅ Long.	♄ Long.	♃ Long.	♂ Long.	♀ Long.	☿ Long.	♇ Long.
	° ′	° ′	° ′	° ′	° ′	° ′	° ′	° ′
1	11 ♓ 29	24 ♈ 31	9 ♐ 54	22 ♍ 4	29 ♏ 21	24 ♌ 18	1 ♍ 54	15 ♑ 36
2	11 R 28	24 R 30	9 R 53	22 15	29 43	25 32	3 24	15 R 34
3	11 27	24 30	9 52	22 27	0 ♐ 5	26 45	4 52	15 33
4	11 25	24 30	9 51	22 38	0 28	27 59	6 18	15 32
5	11 24	24 30	9 50	22 49	0 52	29 13	7 42	15 30
6	11 23	24 29	9 49	23 0	1 16	0 ♍ 27	9 4	15 29
7	11 21	24 29	9 48	23 12	1 40	1 40	10 25	15 28
8	11 20	24 29	9 48	23 23	2 5	2 54	11 44	15 27
9	11 18	24 28	9 47	23 35	2 30	4 8	13 0	15 25
10	11 17	24 28	9 47	23 46	2 56	5 21	14 15	15 24
11	11 15	24 27	9 47	23 58	3 22	6 35	15 27	15 23
12	11 14	24 27	9 47	24 9	3 49	7 49	16 38	15 22
13	11 12	24 26	9 46	24 21	4 16	9 2	17 46	15 21
14	11 11	24 25	9 D 46	24 33	4 43	10 16	18 52	15 20
15	11 9	24 24	9 47	24 45	5 11	11 30	19 55	15 18
16	11 8	24 24	9 47	24 57	5 39	12 43	20 56	15 17
17	11 6	24 23	9 47	25 8	6 8	13 57	21 54	15 16
18	11 5	24 22	9 47	25 20	6 37	15 11	22 49	15 15
19	11 3	24 21	9 48	25 32	7 6	16 24	23 41	15 14
20	11 1	24 20	9 48	25 45	7 36	17 38	24 30	15 13
21	11 0	24 19	9 49	25 57	8 6	18 52	25 16	15 12
22	10 58	24 18	9 50	26 9	8 36	20 5	25 59	15 11
23	10 57	24 17	9 51	26 21	9 7	21 19	26 37	15 10
24	10 55	24 16	9 52	26 33	9 38	22 32	27 12	15 9
25	10 53	24 14	9 53	26 46	10 9	23 46	27 43	15 9
26	10 52	24 13	9 54	26 58	10 40	25 0	28 9	15 8
27	10 50	24 12	9 55	27 10	11 12	26 13	28 30	15 7
28	10 49	24 11	9 57	27 23	11 45	27 27	28 47	15 6
29	10 47	24 9	9 58	27 35	12 17	28 40	28 58	15 5
30	10 45	24 8	10 0	27 48	12 50	29 54	29 4	15 4
31	10 44	24 6	10 1	28 0	13 23	1 ♎ 7	29 5	15 4

Day	♂ Decl.	♀ Lat.	♀ Decl.	☿ Lat.	☿ Decl.	♇ Lat.	♇ Decl.	☊
	° ′	° ′	° ′	° ′	° ′	° ′	° ′	° ′
1	22 S 49	1 N 29	14 N 49	0 N 36	11 N 22	1 N 22	21 S 11	14 ♍ 20
4	23 4	1 29	13 34	0 11	9 23	1 21	21 11	14 10
7	23 18	1 29	12 16	0 S 16	7 25	1 21	21 12	14 1
10	23 33	1 28	10 55	0 45	5 30	1 21	21 13	13 51
13	23 48	1 26	9 31	1 15	3 41	1 20	21 14	13 42
16	24 2	1 24	8 5	1 47	1 58	1 20	21 15	13 32
19	24 17	1 22	6 37	2 18	0 23	1 19	21 15	13 23
22	24 30	1 18	5 8	2 49	1 0	1 19	21 16	13 13
25	24 44	1 14	3 37	3 19	2 S 8	1 19	21 17	13 3
28	24 56	1 10	2 5	3 45	2 58	1 18	21 17	12 54
31	25 7	1 5	0 33	4 7	3 24	1 18	21 18	12 44

2016 SEPTEMBER

Day	Sidereal Time			☉ Long.			☉ Decl.		☽ Long.		☽ Lat.		☽ Decl.	
	H	M	S	°	′	″	°	′	°	′	°	′	°	′
1	22	42	21	8 ♍ 59	28		8 N 12		4 ♍	34	0 S 45		9 N 8	
2	22	46	17	9	57	33	7	50	17	9	0 N 24		5	27
3	22	50	14	10	55	40	7	28	29	31	1	32	1	36
4	22	54	11	11	53	49	7	6	11 ♎ 41		2	34	2 S 15	
5	22	58	7	12	51	59	6	44	23	42	3	29	5	58
6	23	2	4	13	50	11	6	21	5 ♏ 37		4	14	9	24
7	23	6	0	14	48	25	5	59	17	28	4	47	12	27
8	23	9	57	15	46	40	5	36	29	20	5	9	14	59
9	23	13	53	16	44	56	5	14	11 ♐ 17		5	17	16	53
10	23	17	50	17	43	14	4	51	23	23	5	12	18	5
11	23	21	46	18	41	33	4	28	5 ♑ 43		4	52	18	27
12	23	25	43	19	39	55	4	5	18	22	4	18	17	55
13	23	29	40	20	38	18	3	43	1 ♒ 22		3	30	16	26
14	23	33	36	21	36	42	3	20	14	47	2	29	14	1
15	23	37	33	22	35	8	2	56	28	35	1	18	10	45
16	23	41	29	23	33	36	2	33	12 ♓ 48		0	0	6	46
17	23	45	26	24	32	6	2	10	27	19	1 S 20		2	17
18	23	49	22	25	30	38	1	47	12 ♈ 4		2	35	2 N 23	
19	23	53	19	26	29	11	1	24	26	54	3	41	6	56
20	23	57	15	27	27	47	1	0	11 ♉ 44		4	31	11	3
21	0	1	12	28	26	25	0	37	26	25	5	3	14	26
22	0	5	9	29	25	5	0	14	10 ♊ 52		5	16	16	52
23	0	9	5	0 ♎ 23	47		0 S 10		25	1	5	9	18	12
24	0	13	2	1	22	31	0	33	8 ♋ 51		4	44	18	25
25	0	16	58	2	21	18	0	56	22	21	4	3	17	35
26	0	20	55	3	20	7	1	20	5 ♌ 34		3	11	15	48
27	0	24	51	4	18	58	1	43	18	30	2	10	13	14
28	0	28	48	5	17	51	2	6	1 ♍ 11		1	3	10	4
29	0	32	44	6	16	47	2	30	13	40	0 N 5		6	30
30	0	36	41	7	15	44	2	53	25	59	1	12	2	42

Day	♆ Lat.	♆ Decl.	♅ Lat.	♅ Decl.	♄ Lat.	♄ Decl.	♃ Lat.	♃ Decl.	♂ Lat.
	° ′	° ′	° ′	° ′	° ′	° ′	° ′	° ′	° ′
1	0 S 53	8 S 22	0 S 38	8 N 45	1 N 33	20 S 26	1 N 6	1 N 43	2 S 44
4	0 53	8 24	0 38	8 43	1 32	20 27	1 6	1 28	2 42
7	0 53	8 26	0 38	8 41	1 31	20 29	1 6	1 13	2 41
10	0 53	8 28	0 38	8 39	1 31	20 31	1 6	0 57	2 39
13	0 53	8 30	0 38	8 37	1 30	20 32	1 6	0 42	2 37
16	0 53	8 31	0 38	8 35	1 29	20 34	1 6	0 27	2 35
19	0 53	8 33	0 38	8 33	1 29	20 36	1 6	0 13	2 33
22	0 53	8 35	0 38	8 30	1 28	20 38	1 6	0 S 4	2 31
25	0 53	8 37	0 38	8 28	1 28	20 40	1 6	0 20	2 29
28	0 53	8 38	0 38	8 25	1 27	20 43	1 6	0 35	2 27

SEPTEMBER 2016

Day	♆ Long.	♅ Long.	♄ Long.	♃ Long.	♂ Long.	♀ Long.	☿ Long.	♇ Long.
	° ′	° ′	° ′	° ′	° ′	° ′	° ′	° ′
1	10 ♓ 42	24 ♈ 5	10 ♐ 3	28 ♍ 13	13 ♐ 56	2 ♎ 21	28 ♍ 59	15 ♑ 3
2	10 R 40	24 R 3	10 5	28 25	14 30	3 34	28 R 47	15 R 2
3	10 39	24 2	10 7	28 38	15 4	4 48	28 29	15 2
4	10 37	24 0	10 9	28 51	15 38	6 1	28 5	15 1
5	10 35	23 59	10 11	29 3	16 13	7 15	27 35	15 0
6	10 34	23 57	10 13	29 16	16 47	8 28	26 58	15 0
7	10 32	23 55	10 15	29 29	17 22	9 42	26 15	14 59
8	10 30	23 53	10 18	29 41	17 57	10 55	25 27	14 59
9	10 29	23 52	10 20	29 54	18 33	12 9	24 35	14 58
10	10 27	23 50	10 23	0 ♎ 7	19 9	13 22	23 38	14 58
11	10 26	23 48	10 26	0 20	19 44	14 36	22 39	14 57
12	10 24	23 46	10 28	0 33	20 21	15 49	21 38	14 57
13	10 22	23 44	10 31	0 45	20 57	17 2	20 37	14 57
14	10 21	23 42	10 34	0 58	21 33	18 16	19 37	14 56
15	10 19	23 40	10 37	1 11	22 10	19 29	18 39	14 56
16	10 17	23 38	10 40	1 24	22 47	20 42	17 45	14 56
17	10 16	23 36	10 43	1 37	23 24	21 56	16 57	14 56
18	10 14	23 34	10 47	1 50	24 2	23 9	16 15	14 55
19	10 13	23 32	10 50	2 3	24 39	24 22	15 40	14 55
20	10 11	23 30	10 53	2 16	25 17	25 35	15 14	14 55
21	10 10	23 28	10 57	2 29	25 55	26 49	14 57	14 55
22	10 8	23 26	11 1	2 42	26 33	28 2	14 50	14 55
23	10 7	23 24	11 4	2 55	27 12	29 15	14 D 53	14 55
24	10 5	23 21	11 8	3 8	27 50	0 ♏ 28	15 5	14 55
25	10 4	23 19	11 12	3 21	28 29	1 41	15 28	14 55
26	10 2	23 17	11 16	3 34	29 8	2 55	15 59	14 D 55
27	10 1	23 15	11 20	3 47	29 47	4 8	16 40	14 55
28	9 59	23 12	11 24	3 59	0 ♑ 26	5 21	17 30	14 55
29	9 58	23 10	11 28	4 12	1 6	6 34	18 27	14 55
30	9 56	23 8	11 32	4 25	1 45	7 47	19 31	14 55

Day	♂ Decl.	♀ Lat.	♀ Decl.	☿ Lat.	☿ Decl.	♇ Lat.	♇ Decl.	☊
	° ′	° ′	° ′	° ′	° ′	° ′	° ′	° ′
1	25 S 11	1 N 3	0 N 2	4 S 12	3 S 27	1 N 18	21 S 18	12 ♍ 41
4	25 21	0 57	1 S 31	4 22	3 14	1 17	21 19	12 32
7	25 30	0 51	3 4	4 19	2 28	1 17	21 20	12 22
10	25 38	0 44	4 36	4 0	1 9	1 16	21 20	12 13
13	25 44	0 37	6 7	3 23	0 N 36	1 16	21 21	12 3
16	25 49	0 29	7 38	2 33	2 30	1 15	21 21	11 54
19	25 53	0 21	9 7	1 34	4 12	1 15	21 22	11 44
22	25 55	0 13	10 34	0 36	5 26	1 15	21 22	11 35
25	25 55	0 5	11 59	0 N 17	5 59	1 14	21 23	11 25
28	25 53	0 S 4	13 22	0 59	5 50	1 14	21 23	11 15

2016 OKTOBER

Day	Sidereal Time	☉ Long.	☉ Decl.	☽ Long.	☽ Lat.	☽ Decl.
	H M S	° ′ ″	° ′	° ′	° ′	° ′
1	0 40 38	8 ♎ 14 44	3 S 16	8 ♎ 9	2 N 15	1 S 9
2	0 44 34	9 13 46	3 39	20 11	3 11	4 56
3	0 48 31	10 12 50	4 3	2 ♏ 7	3 59	8 28
4	0 52 27	11 11 55	4 26	13 59	4 35	11 39
5	0 56 24	12 11 3	4 49	25 50	5 0	14 21
6	1 0 20	13 10 13	5 12	7 ♐ 41	5 11	16 28
7	1 4 17	14 9 24	5 35	19 37	5 10	17 53
8	1 8 13	15 8 37	5 58	1 ♑ 41	4 54	18 31
9	1 12 10	16 7 52	6 21	13 57	4 26	18 18
10	1 16 7	17 7 9	6 43	26 30	3 44	17 11
11	1 20 3	18 6 27	7 6	9 ♒ 24	2 49	15 11
12	1 24 0	19 5 48	7 29	22 44	1 44	12 18
13	1 27 56	20 5 10	7 51	6 ♓ 31	0 31	8 38
14	1 31 53	21 4 34	8 13	20 46	0 S 47	4 22
15	1 35 49	22 4 0	8 36	5 ♈ 27	2 3	0 N 17
16	1 39 46	23 3 28	8 58	20 27	3 12	5 1
17	1 43 42	24 2 58	9 20	5 ♉ 39	4 9	9 29
18	1 47 39	25 2 30	9 42	20 52	4 48	13 20
19	1 51 35	26 2 4	10 3	5 ♊ 55	5 7	16 15
20	1 55 32	27 1 40	10 25	20 40	5 5	18 2
21	1 59 29	28 1 19	10 46	5 ♋ 2	4 44	18 37
22	2 3 25	29 0 59	11 7	19 3	4 6	18 2
23	2 7 22	0 ♏ 0 42	11 29	2 ♌ 27	3 15	16 26
24	2 11 18	1 0 28	11 49	15 32	2 16	14 1
25	2 15 15	2 0 15	12 10	28 17	1 12	10 57
26	2 19 11	3 0 5	12 31	10 ♍ 44	0 5	7 28
27	2 23 8	3 59 57	12 51	23 0	1 N 1	3 43
28	2 27 4	4 59 51	13 11	5 ♎ 5	2 2	0 S 9
29	2 31 1	5 59 47	13 31	17 5	2 58	3 58
30	2 34 58	6 59 45	13 51	29 0	3 46	7 36
31	2 38 54	7 59 45	14 10	10 ♏ 52	4 23	10 55

Day	♆ Lat.	♆ Decl.	♅ Lat.	♅ Decl.	♄ Lat.	♄ Decl.	♃ Lat.	♃ Decl.	♂ Lat.
	° ′	° ′	° ′	° ′	° ′	° ′	° ′	° ′	° ′
1	0 S 53	8 S 40	0 S 38	8 N 23	1 N 26	20 S 45	1 N 6	0 S 50	2 S 24
4	0 53	8 42	0 38	8 20	1 26	20 47	1 6	1 6	2 22
7	0 53	8 43	0 38	8 17	1 25	20 49	1 6	1 21	2 19
10	0 53	8 44	0 38	8 15	1 25	20 52	1 6	1 36	2 17
13	0 53	8 46	0 38	8 12	1 24	20 54	1 6	1 51	2 14
16	0 53	8 47	0 38	8 9	1 24	20 57	1 6	2 6	2 11
19	0 53	8 48	0 38	8 7	1 23	20 59	1 6	2 21	2 9
22	0 53	8 49	0 38	8 4	1 23	21 2	1 7	2 36	2 6
25	0 53	8 50	0 38	8 1	1 23	21 4	1 7	2 50	2 3
28	0 53	8 51	0 38	7 59	1 22	21 7	1 7	3 5	2 0
31	0 52	8 52	0 38	7 56	1 22	21 9	1 7	3 19	1 57

OKTOBER 2016

Day	♆ Long.	♅ Long.	♄ Long.	♃ Long.	♂ Long.	♀ Long.	☿ Long.	♇ Long.
	° ′	° ′	° ′	° ′	° ′	° ′	° ′	° ′
1	9 ♓ 55	23 ♈ 6	11 ♐ 37	4 ♎ 38	2 ♑ 25	9 ♏ 0	20 ♍ 42	14 ♑ 55
2	9 R 53	23 R 3	11 41	4 51	3 5	10 13	21 59	14 55
3	9 52	23 1	11 46	5 4	3 45	11 26	23 21	14 56
4	9 51	22 58	11 50	5 17	4 25	12 39	24 48	14 56
5	9 49	22 56	11 55	5 30	5 5	13 52	26 18	14 56
6	9 48	22 54	11 59	5 43	5 46	15 5	27 52	14 56
7	9 47	22 51	12 4	5 56	6 26	16 18	29 28	14 57
8	9 45	22 49	12 9	6 9	7 7	17 31	1 ♎ 7	14 57
9	9 44	22 46	12 14	6 22	7 48	18 44	2 47	14 58
10	9 43	22 44	12 19	6 35	8 29	19 57	4 29	14 58
11	9 42	22 42	12 24	6 48	9 10	21 10	6 11	14 59
12	9 41	22 39	12 29	7 0	9 51	22 23	7 55	14 59
13	9 39	22 37	12 34	7 13	10 33	23 35	9 38	15 0
14	9 38	22 34	12 39	7 26	11 14	24 48	11 22	15 0
15	9 37	22 32	12 45	7 39	11 56	26 1	13 7	15 1
16	9 36	22 29	12 50	7 52	12 38	27 14	14 51	15 1
17	9 35	22 27	12 55	8 4	13 20	28 26	16 35	15 2
18	9 34	22 25	13 1	8 17	14 1	29 39	18 19	15 3
19	9 33	22 22	13 6	8 30	14 44	0 ♐ 52	20 2	15 3
20	9 32	22 20	13 12	8 42	15 26	2 4	21 45	15 4
21	9 31	22 17	13 17	8 55	16 8	3 17	23 28	15 5
22	9 30	22 15	13 23	9 8	16 50	4 30	25 10	15 6
23	9 29	22 12	13 29	9 20	17 33	5 42	26 52	15 7
24	9 28	22 10	13 35	9 33	18 16	6 55	28 33	15 7
25	9 27	22 8	13 41	9 45	18 58	8 7	0 ♏ 14	15 8
26	9 26	22 5	13 46	9 58	19 41	9 20	1 54	15 9
27	9 26	22 3	13 52	10 10	20 24	10 32	3 33	15 10
28	9 25	22 0	13 58	10 22	21 7	11 44	5 12	15 11
29	9 24	21 58	14 4	10 35	21 50	12 57	6 51	15 12
30	9 23	21 56	14 11	10 47	22 33	14 9	8 29	15 13
31	9 23	21 53	14 17	10 59	23 17	15 21	10 7	15 14

Day	♂ Decl.	♀ Lat.	♀ Decl.	☿ Lat.	☿ Decl.	♇ Lat.	♇ Decl.	☊
	° ′	° ′	° ′	° ′	° ′	° ′	° ′	° ′
1	25 S 49	0 S 13	14 S 42	1 N 29	5 N 2	1 N 13	21 S 24	11 ♍ 6
4	25 43	0 22	15 59	1 47	3 42	1 13	21 24	10 56
7	25 36	0 31	17 13	1 56	1 59	1 12	21 24	10 47
10	25 26	0 40	18 22	1 56	0 0	1 12	21 25	10 37
13	25 15	0 50	19 28	1 49	2 S 8	1 11	21 25	10 28
16	25 1	0 59	20 29	1 38	4 20	1 11	21 25	10 18
19	24 45	1 8	21 26	1 24	6 32	1 10	21 26	10 9
22	24 28	1 16	22 17	1 7	8 42	1 10	21 26	9 59
25	24 8	1 25	23 3	0 48	10 48	1 9	21 26	9 50
28	23 46	1 33	23 44	0 29	12 48	1 9	21 26	9 40
31	23 21	1 41	24 18	0 9	14 43	1 8	21 26	9 31

2016 NOVEMBER

Day	Sidereal Time	☉ Long.	☉ Decl.	☽ Long.	☽ Lat.	☽ Decl.
	H M S	° ′ ″	° ′	° ′	° ′	° ′
1	2 42 51	8 ♏ 59 47	14 S 30	22 ♏ 43	4 N 49	13 S 47
2	2 46 47	9 59 51	14 49	4 ♐ 35	5 2	16 6
3	2 50 44	10 59 56	15 7	16 29	5 2	17 44
4	2 54 40	12 0 4	15 26	28 27	4 49	18 37
5	2 58 37	13 0 13	15 44	10 ♑ 32	4 23	18 39
6	3 2 33	14 0 23	16 2	22 47	3 44	17 49
7	3 6 30	15 0 35	16 20	5 ♒ 16	2 55	16 7
8	3 10 27	16 0 49	16 38	18 4	1 55	13 35
9	3 14 23	17 1 4	16 55	1 ♓ 14	0 47	10 18
10	3 18 20	18 1 20	17 12	14 51	0 S 25	6 21
11	3 22 16	19 1 38	17 28	28 57	1 38	1 55
12	3 26 13	20 1 58	17 45	13 ♈ 31	2 47	2 N 46
13	3 30 9	21 2 19	18 1	28 29	3 47	7 24
14	3 34 6	22 2 42	18 17	13 ♉ 44	4 31	11 39
15	3 38 2	23 3 6	18 32	29 6	4 56	15 8
16	3 41 59	24 3 32	18 47	14 ♊ 23	5 0	17 33
17	3 45 56	25 3 59	19 2	29 24	4 43	18 43
18	3 49 52	26 4 28	19 16	14 ♋ 0	4 8	18 35
19	3 53 49	27 4 59	19 30	28 7	3 19	17 17
20	3 57 45	28 5 32	19 44	11 ♌ 44	2 19	15 2
21	4 1 42	29 6 6	19 57	24 52	1 15	12 4
22	4 5 38	0 ♐ 6 43	20 10	7 ♍ 36	0 8	8 36
23	4 9 35	1 7 20	20 23	20 0	0 N 58	4 51
24	4 13 31	2 8 0	20 35	2 ♎ 9	1 59	0 58
25	4 17 28	3 8 41	20 47	14 8	2 54	2 S 54
26	4 21 25	4 9 24	20 58	26 2	3 41	6 37
27	4 25 21	5 10 8	21 9	7 ♏ 52	4 18	10 4
28	4 29 18	6 10 54	21 20	19 43	4 44	13 6
29	4 33 14	7 11 41	21 30	1 ♐ 36	4 58	15 37
30	4 37 11	8 12 29	21 40	13 32	4 58	17 29

Day	♆ Lat.	♆ Decl.	♅ Lat.	♅ Decl.	♄ Lat.	♄ Decl.	♃ Lat.	♃ Decl.	♂ Lat.
	° ′	° ′	° ′	° ′	° ′	° ′	° ′	° ′	° ′
1	0 S 52	8 S 52	0 S 38	7 N 55	1 N 22	21 S 10	1 N 7	3 S 24	1 S 56
4	0 52	8 53	0 38	7 53	1 21	21 13	1 8	3 38	1 53
7	0 52	8 53	0 38	7 50	1 21	21 15	1 8	3 51	1 50
10	0 52	8 54	0 38	7 48	1 20	21 18	1 8	4 5	1 47
13	0 52	8 54	0 38	7 46	1 20	21 20	1 9	4 18	1 44
16	0 52	8 54	0 38	7 44	1 20	21 23	1 9	4 31	1 41
19	0 52	8 54	0 38	7 42	1 20	21 25	1 9	4 44	1 38
22	0 52	8 54	0 38	7 40	1 19	21 27	1 10	4 56	1 35
25	0 52	8 54	0 38	7 38	1 19	21 30	1 10	5 8	1 32
28	0 52	8 53	0 38	7 36	1 19	21 32	1 11	5 20	1 29

NOVEMBER 2016

Day	♆ Long.	♅ Long.	♄ Long.	♃ Long.	♂ Long.	♀ Long.	☿ Long.	♇ Long.
	° ′	° ′	° ′	° ′	° ′	° ′	° ′	° ′
1	9 ♓ 22	21 ♈ 51	14 ♐ 23	11 ♎ 12	24 ♑ 0	16 ♐ 34	11 ♏ 44	15 ♑ 15
2	9 R 22	21 R 49	14 29	11 24	24 43	17 46	13 20	15 16
3	9 21	21 46	14 35	11 36	25 27	18 58	14 56	15 18
4	9 20	21 44	14 42	11 48	26 10	20 10	16 32	15 19
5	9 20	21 42	14 48	12 0	26 54	21 22	18 7	15 20
6	9 19	21 40	14 54	12 12	27 38	22 34	19 42	15 21
7	9 19	21 38	15 1	12 24	28 22	23 46	21 17	15 22
8	9 18	21 35	15 7	12 36	29 5	24 58	22 51	15 24
9	9 18	21 33	15 14	12 47	29 49	26 10	24 24	15 25
10	9 18	21 31	15 20	12 59	0 ♒ 33	27 22	25 58	15 26
11	9 17	21 29	15 27	13 11	1 17	28 34	27 31	15 28
12	9 17	21 27	15 34	13 22	2 1	29 46	29 4	15 29
13	9 17	21 25	15 40	13 34	2 46	0 ♑ 57	0 ♐ 36	15 30
14	9 17	21 23	15 47	13 45	3 30	2 9	2 8	15 32
15	9 16	21 21	15 54	13 57	4 14	3 20	3 40	15 33
16	9 16	21 19	16 0	14 8	4 58	4 32	5 12	15 35
17	9 16	21 17	16 7	14 20	5 43	5 43	6 43	15 36
18	9 16	21 15	16 14	14 31	6 27	6 55	8 14	15 37
19	9 16	21 13	16 21	14 42	7 12	8 6	9 45	15 39
20	9 16	21 12	16 28	14 53	7 56	9 17	11 15	15 40
21	9 D 16	21 10	16 34	15 4	8 41	10 29	12 45	15 42
22	9 16	21 8	16 41	15 15	9 25	11 40	14 15	15 44
23	9 16	21 6	16 48	15 26	10 10	12 51	15 44	15 45
24	9 16	21 5	16 55	15 36	10 55	14 2	17 14	15 47
25	9 16	21 3	17 2	15 47	11 40	15 13	18 42	15 48
26	9 16	21 1	17 9	15 58	12 24	16 24	20 11	15 50
27	9 17	21 0	17 16	16 8	13 9	17 34	21 38	15 52
28	9 17	20 58	17 23	16 19	13 54	18 45	23 5	15 53
29	9 17	20 57	17 30	16 29	14 39	19 56	24 32	15 55
30	9 18	20 55	17 37	16 39	15 24	21 6	25 58	15 57

Day	♂ Decl.	♀ Lat.	♀ Decl.	☿ Lat.	☿ Decl.	♇ Lat.	♇ Decl.	☊
	° ′	° ′	° ′	° ′	° ′	° ′	° ′	° ′
1	23 S 13	1 S 43	24 S 28	0 N 2	15 S 19	1 N 8	21 S 26	9 ♍ 27
4	22 46	1 50	24 54	0 S 18	17 4	1 8	21 26	9 18
7	22 17	1 57	25 14	0 38	18 41	1 7	21 26	9 8
10	21 47	2 3	25 28	0 57	20 10	1 7	21 26	8 59
13	21 14	2 8	25 34	1 15	21 30	1 6	21 26	8 49
16	20 39	2 13	25 35	1 32	22 40	1 6	21 26	8 40
19	20 3	2 17	25 28	1 47	23 41	1 6	21 26	8 30
22	19 25	2 20	25 15	2 1	24 30	1 5	21 26	8 21
25	18 45	2 23	24 56	2 11	25 8	1 5	21 26	8 11
28	18 4	2 24	24 30	2 19	25 34	1 4	21 26	8 2

2016 DEZEMBER

Day	Sidereal Time	☉ Long.	☉ Decl.	☽ Long.	☽ Lat.	☽ Decl.
	H M S	° ′ ″	° ′	° ′	° ′	° ′
1	4 41 7	9 ♐ 13 19	21 S 50	25 ♐ 32	4 N 45	18 S 37
2	4 45 4	10 14 10	21 59	7 ♑ 38	4 20	18 54
3	4 49 0	11 15 1	22 7	19 50	3 42	18 19
4	4 52 57	12 15 54	22 16	2 ♒ 12	2 53	16 51
5	4 56 54	13 16 47	22 23	14 45	1 55	14 34
6	5 0 50	14 17 42	22 31	27 33	0 50	11 32
7	5 4 47	15 18 37	22 38	10 ♓ 39	0 S 19	7 52
8	5 8 43	16 19 32	22 44	24 7	1 29	3 42
9	5 12 40	17 20 29	22 50	7 ♈ 59	2 36	0 N 47
10	5 16 36	18 21 26	22 55	22 17	3 35	5 21
11	5 20 33	19 22 24	23 1	6 ♉ 58	4 21	9 43
12	5 24 29	20 23 22	23 5	21 59	4 51	13 34
13	5 28 26	21 24 21	23 9	7 ♊ 10	5 1	16 33
14	5 32 23	22 25 21	23 13	22 21	4 49	18 24
15	5 36 19	23 26 21	23 16	7 ♋ 22	4 18	18 56
16	5 40 16	24 27 23	23 19	22 4	3 30	18 10
17	5 44 12	25 28 25	23 21	6 ♌ 18	2 30	16 16
18	5 48 9	26 29 28	23 23	20 4	1 23	13 28
19	5 52 5	27 30 32	23 25	3 ♍ 20	0 14	10 4
20	5 56 2	28 31 36	23 26	16 10	0 N 54	6 17
21	5 59 58	29 32 41	23 26	28 38	1 58	2 21
22	6 3 55	0 ♑ 33 47	23 26	10 ♎ 48	2 54	1 S 36
23	6 7 52	1 34 54	23 26	22 47	3 43	5 25
24	6 11 48	2 36 2	23 25	4 ♏ 40	4 20	8 59
25	6 15 45	3 37 10	23 23	16 30	4 47	12 11
26	6 19 41	4 38 19	23 21	28 21	5 1	14 53
27	6 23 38	5 39 28	23 19	10 ♐ 17	5 3	17 0
28	6 27 34	6 40 38	23 16	22 18	4 50	18 23
29	6 31 31	7 41 48	23 13	4 ♑ 28	4 25	18 55
30	6 35 27	8 42 58	23 9	16 46	3 47	18 38
31	6 39 24	9 44 8	23 5	29 13	2 57	17 25

Day	♆ Lat.	♆ Decl.	♅ Lat.	♅ Decl.	♄ Lat.	♄ Decl.	♃ Lat.	♃ Decl.	♂ Lat.
	° ′	° ′	° ′	° ′	° ′	° ′	° ′	° ′	° ′
1	0 S 52	8 S 53	0 S 37	7 N 35	1 N 18	21 S 34	1 N 11	5 S 31	1 S 25
4	0 52	8 52	0 37	7 33	1 18	21 36	1 11	5 42	1 22
7	0 52	8 52	0 37	7 32	1 18	21 38	1 12	5 53	1 19
10	0 52	8 51	0 37	7 31	1 18	21 40	1 13	6 3	1 16
13	0 52	8 50	0 37	7 30	1 18	21 42	1 13	6 12	1 13
16	0 52	8 49	0 37	7 29	1 18	21 44	1 14	6 22	1 9
19	0 52	8 48	0 37	7 29	1 17	21 46	1 14	6 31	1 6
22	0 51	8 47	0 37	7 28	1 17	21 48	1 15	6 39	1 3
25	0 51	8 46	0 37	7 28	1 17	21 49	1 15	6 47	1 N 0
28	0 51	8 44	0 37	7 28	1 17	21 51	1 16	6 54	0 S 57
31	0 51	8 43	0 36	7 28	1 17	21 52	1 17	7 1	0 54

DEZEMBER 2016

Day	♆ Long.	♅ Long.	♄ Long.	♃ Long.	♂ Long.	♀ Long.	☿ Long.	♇ Long.
	° ′	° ′	° ′	° ′	° ′	° ′	° ′	° ′
1	9 ♓ 18	20 ♈ 54	17 ♐ 44	16 ♎ 49	16 ♒ 9	22 ♑ 17	27 ♐ 23	15 ♑ 59
2	9 18	20 R 53	17 51	16 59	16 54	23 27	28 47	16 0
3	9 19	20 51	17 58	17 9	17 39	24 37	0 ♑ 10	16 2
4	9 19	20 50	18 5	17 19	18 24	25 47	1 31	16 4
5	9 20	20 49	18 12	17 29	19 9	26 57	2 51	16 6
6	9 20	20 48	18 19	17 39	19 54	28 7	4 9	16 8
7	9 21	20 46	18 27	17 48	20 39	29 17	5 26	16 9
8	9 21	20 45	18 34	17 58	21 25	0 ♒ 27	6 40	16 11
9	9 22	20 44	18 41	18 7	22 10	1 36	7 51	16 13
10	9 23	20 43	18 48	18 16	22 55	2 46	8 59	16 15
11	9 23	20 42	18 55	18 25	23 40	3 55	10 3	16 17
12	9 24	20 41	19 2	18 34	24 25	5 4	11 3	16 19
13	9 25	20 41	19 9	18 43	25 11	6 13	11 59	16 21
14	9 26	20 40	19 16	18 52	25 56	7 22	12 49	16 22
15	9 26	20 39	19 23	19 1	26 41	8 30	13 32	16 24
16	9 27	20 38	19 30	19 9	27 26	9 39	14 9	16 26
17	9 28	20 38	19 37	19 18	28 12	10 47	14 37	16 28
18	9 29	20 37	19 44	19 26	28 57	11 55	14 57	16 30
19	9 30	20 37	19 52	19 34	29 42	13 3	15 7	16 32
20	9 31	20 36	19 59	19 42	0 ♓ 28	14 11	15 R 7	16 34
21	9 32	20 36	20 6	19 50	1 13	15 19	14 55	16 36
22	9 33	20 35	20 13	19 58	1 58	16 26	14 31	16 38
23	9 34	20 35	20 20	20 6	2 44	17 34	13 56	16 40
24	9 35	20 34	20 27	20 13	3 29	18 41	13 10	16 42
25	9 37	20 34	20 34	20 21	4 14	19 48	12 13	16 44
26	9 38	20 34	20 41	20 28	5 0	20 54	11 6	16 46
27	9 39	20 34	20 48	20 35	5 45	22 1	9 52	16 48
28	9 40	20 34	20 54	20 42	6 30	23 7	8 33	16 50
29	9 41	20 34	21 1	20 49	7 16	24 13	7 11	16 52
30	9 43	20 D 34	21 8	20 56	8 1	25 19	5 49	16 54
31	9 44	20 34	21 15	21 2	8 46	26 24	4 31	16 56

Day	♂ Decl.	♀ Lat.	♀ Decl.	☿ Lat.	☿ Decl.	♇ Lat.	♇ Decl.	☊
	° ′	° ′	° ′	° ′	° ′	° ′	° ′	° ′
1	17 S 21	2 S 25	23 S 59	2 S 23	25 S 48	1 N 4	21 S 26	7 ♍ 52
4	16 37	2 24	23 21	2 23	25 49	1 3	21 25	7 43
7	15 51	2 23	22 38	2 18	25 37	1 3	21 25	7 33
10	15 4	2 21	21 49	2 6	25 13	1 3	21 25	7 24
13	14 16	2 17	20 56	1 45	24 39	1 2	21 25	7 14
16	13 27	2 12	19 57	1 15	23 55	1 2	21 24	7 4
19	12 37	2 6	18 55	0 33	23 8	1 1	21 24	6 55
22	11 45	1 59	17 48	0 N 20	22 19	1 1	21 24	6 45
25	10 53	1 51	16 38	1 19	21 34	1 1	21 23	6 36
28	10 0	1 41	15 24	2 14	20 56	1 0	21 23	6 26
31	9 7	1 30	14 8	2 54	20 28	1 0	21 23	6 17

Day	Sidereal Time (H M S)	☉ Long. (° ′ ″)	☉ Decl. (° ′)	☽ Long. (° ′)	☽ Lat. (° ′)	☽ Decl. (° ′)
1	6 43 21	10 ♑ 45 18	23 S 0	11 ♒ 50	1 N 58	15 S 20
2	6 47 17	11 46 29	22 55	24 38	0 53	12 29
3	6 51 14	12 47 39	22 49	7 ♓ 37	0 S 17	8 58
4	6 55 10	13 48 48	22 43	20 51	1 27	4 58
5	6 59 7	14 49 58	22 37	4 ♈ 20	2 34	0 38
6	7 3 3	15 51 7	22 30	18 6	3 33	3 N 49
7	7 7 0	16 52 16	22 22	2 ♉ 11	4 21	8 9
8	7 10 56	17 53 24	22 14	16 33	4 53	12 5
9	7 14 53	18 54 32	22 6	1 ♊ 9	5 8	15 22
10	7 18 50	19 55 40	21 57	15 55	5 2	17 41
11	7 22 46	20 56 47	21 48	0 ♋ 43	4 36	18 50
12	7 26 43	21 57 54	21 39	15 26	3 52	18 42
13	7 30 39	22 59 0	21 29	29 54	2 53	17 20
14	7 34 36	24 0 6	21 18	14 ♌ 3	1 45	14 55
15	7 38 32	25 1 12	21 7	27 49	0 33	11 43
16	7 42 29	26 2 17	20 56	11 ♍ 8	0 N 39	8 0
17	7 46 25	27 3 22	20 45	24 3	1 48	4 1
18	7 50 22	28 4 27	20 33	6 ♎ 37	2 49	0 S 2
19	7 54 19	29 5 31	20 20	18 52	3 41	3 59
20	7 58 15	0 ♒ 6 36	20 7	0 ♏ 55	4 22	7 41
21	8 2 12	1 7 40	19 54	12 49	4 52	11 3
22	8 6 8	2 8 43	19 41	24 41	5 8	13 57
23	8 10 5	3 9 46	19 27	6 ♐ 33	5 12	16 16
24	8 14 1	4 10 49	19 12	18 31	5 2	17 55
25	8 17 58	5 11 51	18 58	0 ♑ 38	4 39	18 47
26	8 21 54	6 12 52	18 43	12 56	4 2	18 47
27	8 25 51	7 13 52	18 28	25 27	3 13	17 53
28	8 29 47	8 14 52	18 12	8 ♒ 11	2 14	16 3
29	8 33 44	9 15 51	17 56	21 8	1 7	13 24
30	8 37 41	10 16 49	17 40	4 ♓ 19	0 S 5	10 1
31	8 41 37	11 17 45	17 23	17 41	1 18	6 4

Day	♆ Lat. (° ′)	♆ Decl. (° ′)	♅ Lat. (° ′)	♅ Decl. (° ′)	♄ Lat. (° ′)	♄ Decl. (° ′)	♃ Lat. (° ′)	♃ Decl. (° ′)	♂ Lat. (° ′)
1	0 S 51	8 S 42	0 S 36	7 N 28	1 N 17	21 S 53	1 N 17	7 S 4	0 S 53
4	0 51	8 40	0 36	7 28	1 17	21 54	1 18	7 10	0 50
7	0 51	8 39	0 36	7 29	1 17	21 55	1 18	7 15	0 47
10	0 51	8 37	0 36	7 30	1 17	21 56	1 19	7 21	0 44
13	0 51	8 35	0 36	7 31	1 17	21 57	1 20	7 25	0 41
16	0 51	8 33	0 36	7 32	1 17	21 58	1 20	7 29	0 38
19	0 51	8 31	0 36	7 33	1 17	21 59	1 21	7 32	0 35
22	0 51	8 29	0 36	7 34	1 17	22 0	1 22	7 35	0 32
25	0 51	8 27	0 36	7 36	1 17	22 1	1 23	7 37	0 29
28	0 51	8 24	0 35	7 37	1 17	22 2	1 23	7 39	0 26
31	0 51	8 22	0 35	7 39	1 17	22 2	1 24	7 40	0 23

JANUAR 2017

Day	♆ Long.	♅ Long.	♄ Long.	♃ Long.	♂ Long.	♀ Long.	☿ Long.	♇ Long.
	° ′	° ′	° ′	° ′	° ′	° ′	° ′	° ′
1	9 ♓ 45	20 ♈ 34	21 ♐ 22	21 ♎ 8	9 ♓ 32	27 ♒ 29	3 ♑ 17	16 ♑ 58
2	9 47	20 34	21 29	21 15	10 17	28 34	2 R 10	17 0
3	9 48	20 34	21 36	21 21	11 2	29 39	1 12	17 2
4	9 50	20 35	21 42	21 27	11 47	0 ♓ 43	0 24	17 4
5	9 51	20 35	21 49	21 33	12 33	1 47	29 ♐ 46	17 7
6	9 53	20 35	21 56	21 38	13 18	2 51	29 18	17 9
7	9 54	20 36	22 2	21 44	14 3	3 54	29 0	17 11
8	9 56	20 36	22 9	21 49	14 48	4 58	28 52	17 13
9	9 57	20 37	22 16	21 54	15 34	6 0	28 D 53	17 15
10	9 59	20 37	22 22	21 59	16 19	7 3	29 2	17 17
11	10 0	20 38	22 29	22 4	17 4	8 5	29 19	17 19
12	10 2	20 38	22 35	22 9	17 49	9 6	29 43	17 21
13	10 4	20 39	22 42	22 13	18 34	10 7	0 ♑ 14	17 23
14	10 5	20 40	22 48	22 18	19 20	11 8	0 50	17 25
15	10 7	20 41	22 55	22 22	20 5	12 8	1 32	17 27
16	10 9	20 42	23 1	22 26	20 50	13 8	2 18	17 29
17	10 11	20 43	23 7	22 30	21 35	14 8	3 8	17 31
18	10 12	20 44	23 13	22 33	22 20	15 7	4 3	17 33
19	10 14	20 45	23 20	22 37	23 5	16 5	5 0	17 35
20	10 16	20 46	23 26	22 40	23 50	17 3	6 1	17 37
21	10 18	20 47	23 32	22 43	24 35	18 0	7 5	17 39
22	10 20	20 48	23 38	22 46	25 20	18 57	8 11	17 41
23	10 22	20 49	23 44	22 49	26 5	19 54	9 19	17 43
24	10 24	20 51	23 50	22 51	26 50	20 49	10 30	17 45
25	10 26	20 52	23 56	22 54	27 35	21 44	11 42	17 47
26	10 28	20 53	24 2	22 56	28 20	22 39	12 56	17 49
27	10 29	20 55	24 8	22 58	29 5	23 33	14 12	17 51
28	10 31	20 56	24 13	23 0	29 50	24 26	15 29	17 53
29	10 33	20 58	24 19	23 1	0 ♈ 34	25 18	16 48	17 55
30	10 36	20 59	24 25	23 3	1 19	26 10	18 7	17 57
31	10 38	21 1	24 30	23 4	2 4	27 1	19 29	17 59

Day	♂ Decl.	♀ Lat.	♀ Decl.	☿ Lat.	☿ Decl.	♇ Lat.	♇ Decl.	☊
	° ′	° ′	° ′	° ′	° ′	° ′	° ′	° ′
1	8 S 49	1 S 27	13 S 42	3 N 3	20 S 21	1 N 0	21 S 22	6 ♍ 14
4	7 54	1 14	12 22	3 14	20 12	0 59	21 22	6 4
7	6 59	1 0	11 1	3 7	20 19	0 59	21 22	5 55
10	6 4	0 45	9 37	2 48	20 38	0 59	21 21	5 45
13	5 8	0 29	8 13	2 23	21 4	0 58	21 21	5 35
16	4 13	0 11	6 47	1 54	21 31	0 58	21 20	5 26
19	3 17	0 N 8	5 22	1 25	21 56	0 58	21 20	5 16
22	2 20	0 29	3 56	0 56	22 15	0 58	21 19	5 7
25	1 24	0 50	2 30	0 28	22 27	0 57	21 19	4 57
28	0 28	1 13	1 5	0 2	22 30	0 57	21 18	4 48
31	0 N 28	1 38	0 N 18	0 S 22	22 24	0 57	21 18	4 38

2017 FEBRUAR

Day	Sidereal Time			☉ Long.			☉ Decl.		☽ Long.		☽ Lat.		☽ Decl.	
	H	M	S	°	′	″	°	′	°	′	°	′	°	′
1	8	45	34	12 ♒	18	41	17 S	6	1 ♈	15	2 S	28	1 S	46
2	8	49	30	13	19	35	16	49	15	0	3	30	2 N	41
3	8	53	27	14	20	28	16	32	28	55	4	20	7	2
4	8	57	23	15	21	19	16	14	12 ♉	59	4	56	11	1
5	9	1	20	16	22	9	15	56	27	10	5	14	14	26
6	9	5	16	17	22	58	15	37	11 ♊	28	5	13	16	59
7	9	9	13	18	23	45	15	19	25	47	4	52	18	30
8	9	13	10	19	24	31	15	0	10 ♋	5	4	14	18	50
9	9	17	6	20	25	16	14	41	24	18	3	20	17	59
10	9	21	3	21	25	59	14	21	8 ♌	20	2	14	16	1
11	9	24	59	22	26	40	14	2	22	8	1	2	13	9
12	9	28	56	23	27	20	13	42	5 ♍	40	0 N	13	9	38
13	9	32	52	24	27	59	13	22	18	52	1	25	5	42
14	9	36	49	25	28	37	13	2	1 ♎	44	2	31	1	37
15	9	40	45	26	29	13	12	41	14	18	3	28	2 S	27
16	9	44	42	27	29	48	12	20	26	37	4	14	6	18
17	9	48	39	28	30	22	11	59	8 ♏	42	4	48	9	51
18	9	52	35	29	30	55	11	38	20	39	5	10	12	56
19	9	56	32	0 ♓	31	26	11	17	2 ♐	32	5	17	15	28
20	10	0	28	1	31	56	10	56	14	25	5	12	17	22
21	10	4	25	2	32	25	10	34	26	24	4	53	18	31
22	10	8	21	3	32	52	10	12	8 ♑	33	4	20	18	50
23	10	12	18	4	33	18	9	50	20	55	3	35	18	16
24	10	16	14	5	33	42	9	28	3 ♒	33	2	38	16	47
25	10	20	11	6	34	5	9	6	16	30	1	32	14	25
26	10	24	8	7	34	26	8	44	29	46	0	20	11	14
27	10	28	4	8	34	46	8	21	13 ♓	20	0 S	55	7	24
28	10	32	1	9	35	4	7	58	27	10	2	8	3	5

Day	♆ Lat.		♆ Decl.		♅ Lat.		♅ Decl.		♄ Lat.		♄ Decl.		♃ Lat.		♃ Decl.		♂ Lat.	
	°	′	°	′	°	′	°	′	°	′	°	′	°	′	°	′	°	′
1	0 S	51	8 S	21	0 S	35	7 N	40	1 N	17	22 S	3	1 N	24	7 S	40	0 S	22
4	0	51	8	19	0	35	7	42	1	17	22	3	1	25	7	40	0	20
7	0	51	8	17	0	35	7	44	1	17	22	4	1	26	7	40	0	17
10	0	51	8	14	0	35	7	47	1	17	22	4	1	27	7	38	0	14
13	0	51	8	12	0	35	7	49	1	18	22	4	1	27	7	37	0	12
16	0	51	8	9	0	35	7	52	1	18	22	5	1	28	7	34	0	9
19	0	51	8	6	0	35	7	54	1	18	22	5	1	29	7	31	0	7
22	0	51	8	4	0	35	7	57	1	18	22	5	1	29	7	28	0	4
25	0	51	8	1	0	35	8	0	1	18	22	5	1	30	7	24	0	2
28	0	51	7	59	0	34	8	3	1	18	22	5	1	31	7	19	0 N	1

FEBRUAR 2017

Day	♆ Long.	♅ Long.	♄ Long.	♃ Long.	♂ Long.	♀ Long.	☿ Long.	♇ Long.
	° ′	° ′	° ′	° ′	° ′	° ′	° ′	° ′
1	10 ♓ 40	21 ♈ 3	24 ♐ 36	23 ♎ 5	2 ♈ 49	27 ♓ 51	20 ♑ 51	18 ♑ 1
2	10 42	21 4	24 41	23 6	3 33	28 40	22 14	18 3
3	10 44	21 6	24 47	23 7	4 18	29 28	23 38	18 4
4	10 46	21 8	24 52	23 7	5 3	0 ♈ 16	25 3	18 6
5	10 48	21 10	24 58	23 8	5 47	1 2	26 30	18 8
6	10 50	21 12	25 3	23 8	6 32	1 48	27 57	18 10
7	10 52	21 14	25 8	23 R 8	7 16	2 32	29 25	18 12
8	10 54	21 15	25 13	23 8	8 1	3 16	0 ♒ 54	18 14
9	10 56	21 18	25 18	23 7	8 45	3 58	2 23	18 15
10	10 59	21 20	25 23	23 7	9 30	4 39	3 54	18 17
11	11 1	21 22	25 28	23 6	10 14	5 19	5 26	18 19
12	11 3	21 24	25 33	23 5	10 59	5 58	6 58	18 21
13	11 5	21 26	25 38	23 4	11 43	6 35	8 31	18 23
14	11 7	21 28	25 42	23 2	12 27	7 12	10 5	18 24
15	11 10	21 30	25 47	23 1	13 11	7 46	11 40	18 26
16	11 12	21 33	25 51	22 59	13 56	8 20	13 16	18 28
17	11 14	21 35	25 56	22 57	14 40	8 52	14 53	18 29
18	11 16	21 37	26 0	22 55	15 24	9 22	16 30	18 31
19	11 19	21 40	26 5	22 53	16 8	9 51	18 9	18 33
20	11 21	21 42	26 9	22 50	16 52	10 18	19 48	18 34
21	11 23	21 45	26 13	22 47	17 36	10 43	21 28	18 36
22	11 25	21 47	26 17	22 45	18 20	11 6	23 9	18 37
23	11 28	21 50	26 21	22 41	19 4	11 28	24 52	18 39
24	11 30	21 52	26 25	22 38	19 48	11 48	26 35	18 40
25	11 32	21 55	26 29	22 35	20 32	12 6	28 19	18 42
26	11 34	21 58	26 33	22 31	21 16	12 21	0 ♓ 4	18 43
27	11 37	22 0	26 36	22 28	22 0	12 35	1 50	18 45
28	11 39	22 3	26 40	22 24	22 44	12 46	3 37	18 46

Day	♂ Decl.	♀ Lat.	♀ Decl.	☿ Lat.	☿ Decl.	♇ Lat.	♇ Decl.	☊
	° ′	° ′	° ′	° ′	° ′	° ′	° ′	° ′
1	0 N 46	1 N 46	0 N 46	0 S 30	22 S 19	0 N 57	21 S 18	4 ♍ 35
4	1 42	2 12	2 7	0 52	21 58	0 56	21 17	4 26
7	2 38	2 39	3 27	1 11	21 26	0 56	21 17	4 16
10	3 33	3 8	4 43	1 28	20 42	0 56	21 16	4 7
13	4 27	3 37	5 56	1 42	19 46	0 56	21 16	3 57
16	5 21	4 7	7 5	1 53	18 39	0 55	21 15	3 47
19	6 15	4 38	8 10	2 2	17 19	0 55	21 15	3 38
22	7 7	5 10	9 9	2 6	15 47	0 55	21 14	3 28
25	8 0	5 42	10 1	2 8	14 3	0 55	21 14	3 19
28	8 51	6 13	10 46	2 5	12 7	0 54	21 13	3 9

2017 MÄRZ

Day	Sidereal Time			☉ Long.			☉ Decl.		☽ Long.			☽ Lat.		☽ Decl.	
	H	M	S	°	′	″	°	′	°		′	°	′	°	′
1	10	35	57	10 ♓	35	19	7 S	36	11 ♈		12	3 S	15	1 N	27
2	10	39	54	11	35	33	7	13	25		24	4	10	5	56
3	10	43	50	12	35	45	6	50	9 ♉		41	4	50	10	7
4	10	47	47	13	35	55	6	27	23		59	5	13	13	43
5	10	51	43	14	36	3	6	4	8 ♊		14	5	16	16	29
6	10	55	40	15	36	9	5	40	22		25	4	59	18	14
7	10	59	37	16	36	12	5	17	6 ♋		28	4	25	18	52
8	11	3	33	17	36	14	4	54	20		22	3	36	18	20
9	11	7	30	18	36	13	4	30	4 ♌		7	2	35	16	43
10	11	11	26	19	36	11	4	7	17		40	1	26	14	10
11	11	15	23	20	36	6	3	43	1 ♍		1	0	13	10	54
12	11	19	19	21	35	59	3	20	14		10	0 N	59	7	8
13	11	23	16	22	35	51	2	56	27		5	2	7	3	6
14	11	27	12	23	35	40	2	33	9 ♎		46	3	7	1	0
15	11	31	9	24	35	28	2	9	22		13	3	57	4 S	59
16	11	35	6	25	35	13	1	45	4 ♏		29	4	35	8	41
17	11	39	2	26	34	57	1	21	16		33	5	1	11	58
18	11	42	59	27	34	39	0	58	28		30	5	13	14	44
19	11	46	55	28	34	19	0	34	10 ♐		23	5	11	16	52
20	11	50	52	29	33	58	0	10	22		16	4	57	18	16
21	11	54	48	0 ♈	33	34	0 N	13	4 ♑		14	4	29	18	53
22	11	58	45	1	33	9	0	37	16		21	3	49	18	39
23	12	2	41	2	32	43	1	1	28		42	2	58	17	31
24	12	6	38	3	32	14	1	24	11 ♒		22	1	57	15	30
25	12	10	35	4	31	44	1	48	24		23	0	48	12	39
26	12	14	31	5	31	11	2	12	7 ♓		48	0 S	26	9	2
27	12	18	28	6	30	37	2	35	21		38	1	38	4	50
28	12	22	24	7	30	1	2	59	5 ♈		50	2	49	0	16
29	12	26	21	8	29	22	3	22	20		20	3	49	4 N	24
30	12	30	17	9	28	42	3	45	5 ♉		1	4	35	8	52
31	12	34	14	10	27	59	4	9	19		46	5	2	12	49

Day	♆ Lat.	♆ Decl.	♅ Lat.	♅ Decl.	♄ Lat.	♄ Decl.	♃ Lat.	♃ Decl.	♂ Lat.
	° ′	° ′	° ′	° ′	° ′	° ′	° ′	° ′	° ′
1	0 S 51	7 S 58	0 S 34	8 N 4	1 N 18	22 S 5	1 N 31	7 S 17	0 N 1
4	0 51	7 55	0 34	8 8	1 19	22 6	1 31	7 12	0 4
7	0 51	7 53	0 34	8 11	1 19	22 6	1 32	7 6	0 6
10	0 51	7 50	0 34	8 14	1 19	22 6	1 33	6 59	0 8
13	0 51	7 48	0 34	8 18	1 19	22 6	1 33	6 52	0 10
16	0 51	7 45	0 34	8 21	1 19	22 5	1 33	6 45	0 12
19	0 51	7 43	0 34	8 25	1 19	22 5	1 34	6 38	0 14
22	0 51	7 40	0 34	8 28	1 20	22 5	1 34	6 30	0 17
25	0 51	7 38	0 34	8 32	1 20	22 5	1 34	6 21	0 19
28	0 51	7 35	0 34	8 36	1 20	22 5	1 35	6 13	0 20
31	0 51	7 33	0 34	8 39	1 20	22 5	1 35	6 4	0 22

MÄRZ 2017

Day	♆ Long. ° ′	♅ Long. ° ′	♄ Long. ° ′	♃ Long. ° ′	♂ Long. ° ′	♀ Long. ° ′	☿ Long. ° ′	♇ Long. ° ′
1	11 ♓ 41	22 ♈ 6	26 ♐ 43	22 ♌ 20	23 ♈ 27	12 ♈ 56	5 ♓ 25	18 ♑ 48
2	11 44	22 9	26 47	22 R 15	24 11	13 2	7 15	18 49
3	11 46	22 11	26 50	22 11	24 55	13 7	9 5	18 51
4	11 48	22 14	26 53	22 6	25 38	13 9	10 56	18 52
5	11 50	22 17	26 56	22 2	26 22	13 R 9	12 48	18 53
6	11 53	22 20	26 59	21 57	27 5	13 6	14 41	18 55
7	11 55	22 23	27 2	21 52	27 49	13 1	16 36	18 56
8	11 57	22 26	27 5	21 47	28 32	12 53	18 31	18 57
9	11 59	22 29	27 8	21 41	29 16	12 43	20 26	18 58
10	12 2	22 32	27 11	21 36	29 59	12 30	22 23	19 0
11	12 4	22 35	27 13	21 30	0 ♉ 42	12 15	24 20	19 1
12	12 6	22 38	27 16	21 24	1 26	11 57	26 18	19 2
13	12 9	22 41	27 18	21 19	2 9	11 37	28 16	19 3
14	12 11	22 44	27 21	21 13	2 52	11 14	0 ♈ 15	19 4
15	12 13	22 47	27 23	21 6	3 35	10 50	2 13	19 5
16	12 15	22 50	27 25	21 0	4 18	10 23	4 11	19 6
17	12 17	22 53	27 27	20 54	5 2	9 54	6 9	19 7
18	12 20	22 57	27 29	20 47	5 45	9 24	8 6	19 8
19	12 22	23 0	27 31	20 41	6 28	8 51	10 2	19 9
20	12 24	23 3	27 33	20 34	7 10	8 18	11 56	19 10
21	12 26	23 6	27 34	20 27	7 53	7 43	13 48	19 11
22	12 29	23 9	27 36	20 20	8 36	7 7	15 39	19 12
23	12 31	23 13	27 37	20 13	9 19	6 30	17 26	19 13
24	12 33	23 16	27 39	20 6	10 2	5 53	19 10	19 14
25	12 35	23 19	27 40	19 59	10 45	5 15	20 50	19 15
26	12 37	23 23	27 41	19 52	11 27	4 37	22 27	19 16
27	12 39	23 26	27 42	19 45	12 10	4 0	23 58	19 16
28	12 41	23 29	27 43	19 37	12 53	3 23	25 25	19 17
29	12 44	23 33	27 44	19 30	13 35	2 46	26 47	19 18
30	12 46	23 36	27 45	19 22	14 18	2 11	28 3	19 18
31	12 48	23 39	27 45	19 15	15 0	1 36	29 13	19 19

Day	♂ Decl. ° ′	♀ Lat. ° ′	♀ Decl. ° ′	☿ Lat. ° ′	☿ Decl. ° ′	♇ Lat. ° ′	♇ Decl. ° ′	☊ ° ′
1	9 N 8	6 N 23	10 N 59	2 S 3	11 S 26	0 N 54	21 S 13	3 ♍ 6
4	9 58	6 53	11 32	1 54	9 14	0 54	21 13	2 57
7	10 47	7 21	11 54	1 41	6 51	0 54	21 13	2 47
10	11 36	7 46	12 5	1 23	4 18	0 54	21 12	2 38
13	12 23	8 6	12 2	1 N 0	1 36	0 54	21 12	2 28
16	13 9	8 21	11 47	0 S 32	1 N 11	0 53	21 12	2 18
19	13 54	8 29	11 17	0 N 1	3 59	0 53	21 11	2 9
22	14 38	8 28	10 36	0 37	6 43	0 53	21 11	1 59
25	15 20	8 19	9 43	1 14	9 16	0 53	21 11	1 50
28	16 2	8 2	8 43	1 49	11 32	0 53	21 11	1 40
31	16 41	7 38	7 38	2 22	13 24	0 53	21 11	1 31

2017 APRIL

Day	Sidereal Time	☉ Long.	☉ Decl.	☽ Long.	☽ Lat.	☽ Decl.
	H M S	° ′ ″	° ′	° ′	° ′	° ′
1	12 38 10	11 ♈ 27 14	4 N 32	4 ♊ 27	5 S 10	15 N 57
2	12 42 7	12 26 27	4 55	18 59	4 58	18 2
3	12 46 4	13 25 38	5 18	3 ♋ 16	4 27	18 57
4	12 50 0	14 24 46	5 41	17 16	3 41	18 40
5	12 53 57	15 23 52	6 4	1 ♌ 0	2 43	17 17
6	12 57 53	16 22 56	6 26	14 26	1 37	14 57
7	13 1 50	17 21 58	6 49	27 38	0 27	11 52
8	13 5 46	18 20 57	7 12	10 ♍ 36	0 N 43	8 15
9	13 9 43	19 19 54	7 34	23 22	1 49	4 18
10	13 13 39	20 18 49	7 56	5 ♎ 58	2 49	0 14
11	13 17 36	21 17 42	8 18	18 23	3 41	3 S 48
12	13 21 33	22 16 33	8 40	0 ♏ 39	4 21	7 37
13	13 25 29	23 15 22	9 2	12 47	4 49	11 5
14	13 29 26	24 14 9	9 24	24 48	5 3	14 4
15	13 33 22	25 12 54	9 45	6 ♐ 43	5 4	16 26
16	13 37 19	26 11 37	10 7	18 35	4 53	18 5
17	13 41 15	27 10 19	10 28	0 ♑ 27	4 28	18 58
18	13 45 12	28 8 59	10 49	12 23	3 52	19 1
19	13 49 8	29 7 37	11 10	24 27	3 5	18 11
20	13 53 5	0 ♉ 6 14	11 30	6 ♒ 45	2 9	16 30
21	13 57 2	1 4 49	11 51	19 21	1 5	13 59
22	14 0 58	2 3 22	12 11	2 ♓ 20	0 S 5	10 43
23	14 4 55	3 1 53	12 31	15 46	1 16	6 46
24	14 8 51	4 0 23	12 51	29 40	2 24	2 20
25	14 12 48	4 58 51	13 11	14 ♈ 2	3 26	2 N 22
26	14 16 44	5 57 17	13 30	28 47	4 16	7 3
27	14 20 41	6 55 42	13 50	13 ♉ 48	4 54	11 23
28	14 24 37	7 54 5	14 9	28 57	5 2	15 0
29	14 28 34	8 52 25	14 27	14 ♊ 1	4 55	17 36
30	14 32 30	9 50 44	14 46	28 53	4 27	18 59

Day	♆ Lat.	♆ Decl.	♅ Lat.	♅ Decl.	♄ Lat.	♄ Decl.	♃ Lat.	♃ Decl.	♂ Lat.
	° ′	° ′	° ′	° ′	° ′	° ′	° ′	° ′	° ′
1	0 S 51	7 S 32	0 S 34	8 N 41	1 N 20	22 S 5	1 N 35	6 S 1	0 N 23
4	0 52	7 30	0 34	8 45	1 21	22 5	1 35	5 53	0 25
7	0 52	7 28	0 34	8 48	1 21	22 4	1 35	5 44	0 27
10	0 52	7 25	0 34	8 52	1 21	22 4	1 35	5 35	0 28
13	0 52	7 23	0 34	8 56	1 21	22 4	1 35	5 27	0 30
16	0 52	7 21	0 34	9 0	1 21	22 4	1 35	5 18	0 32
19	0 52	7 19	0 34	9 3	1 21	22 4	1 34	5 10	0 33
22	0 52	7 18	0 34	9 7	1 22	22 3	1 34	5 2	0 35
25	0 52	7 16	0 34	9 11	1 22	22 3	1 34	4 54	0 36
28	0 52	7 14	0 34	9 15	1 22	22 3	1 33	4 46	0 38

APRIL 2017

Day	♆ Long.	♅ Long.	♄ Long.	♃ Long.	♂ Long.	♀ Long.	☿ Long.	♇ Long.
	° ′	° ′	° ′	° ′	° ′	° ′	° ′	° ′
1	12 ♓ 50	23 ♈ 43	27 ♐ 46	19 ♎ 7	15 ♉ 43	1 ♈ 3	0 ♉ 17	19 ♑ 20
2	12 52	23 46	27 47	19 R 0	16 25	0 R 32	1 15	19 20
3	12 54	23 49	27 47	18 52	17 7	0 2	2 6	19 21
4	12 56	23 53	27 47	18 44	17 ♉ 50	29 ♓ 34	2 50	19 21
5	12 58	23 56	27 47	18 37	18 32	29 R 8	3 27	19 22
6	13 0	24 0	27 47	18 29	19 14	28 45	3 58	19 22
7	13 2	24 3	27 R 47	18 21	19 56	28 23	4 21	19 23
8	13 4	24 7	27 47	18 14	20 38	28 4	4 38	19 23
9	13 6	24 10	27 47	18 6	21 20	27 47	4 48	19 23
10	13 8	24 13	27 47	17 58	22 2	27 32	4 51	19 24
11	13 10	24 17	27 46	17 51	22 44	27 20	4 R 48	19 24
12	13 11	24 20	27 46	17 43	23 26	27 11	4 38	19 24
13	13 13	24 24	27 45	17 35	24 8	27 3	4 23	19 25
14	13 15	24 27	27 44	17 28	24 50	26 59	4 2	19 25
15	13 17	24 31	27 44	17 20	25 32	26 56	3 35	19 25
16	13 19	24 34	27 43	17 12	26 14	26 D 57	3 5	19 25
17	13 20	24 37	27 42	17 5	26 56	26 59	2 30	19 25
18	13 22	24 41	27 41	16 57	27 37	27 4	1 53	19 25
19	13 24	24 44	27 39	16 50	28 19	27 11	1 13	19 25
20	13 26	24 48	27 38	16 43	29 1	27 20	0 32	19 25
21	13 27	24 51	27 37	16 35	29 42	27 32	29 ♈ 49	19 R 25
22	13 29	24 55	27 35	16 28	0 ♊ 24	27 45	29 7	19 25
23	13 31	24 58	27 34	16 21	1 5	28 1	28 26	19 25
24	13 32	25 1	27 32	16 14	1 47	28 18	27 46	19 25
25	13 34	25 5	27 30	16 7	2 28	28 37	27 8	19 25
26	13 35	25 8	27 28	16 0	3 9	28 59	26 33	19 25
27	13 37	25 12	27 26	15 53	3 51	29 22	26 1	19 25
28	13 39	25 15	27 24	15 46	4 32	29 46	25 33	19 25
29	13 40	25 18	27 22	15 40	5 13	0 ♈ 13	25 9	19 24
30	13 41	25 22	27 20	15 33	5 55	0 41	24 49	19 24

Day	♂ Decl.	♀ Lat.	♀ Decl.	☿ Lat.	☿ Decl.	♇ Lat.	♇ Decl.	☊
	° ′	° ′	° ′	° ′	° ′	° ′	° ′	° ′
1	16 N 54	7 N 28	7 N 16	2 N 31	13 N 56	0 N 53	21 S 11	1 ♍ 28
4	17 32	6 55	6 11	2 54	15 10	0 52	21 10	1 18
7	18 9	6 18	5 8	3 7	15 55	0 52	21 10	1 9
10	18 44	5 39	4 12	3 9	16 6	0 52	21 10	0 59
13	19 17	4 58	3 23	2 58	15 46	0 52	21 10	0 50
16	19 49	4 18	2 43	2 34	14 57	0 52	21 10	0 40
19	20 19	3 38	2 13	1 57	13 43	0 52	21 11	0 30
22	20 48	2 59	1 51	1 11	12 16	0 52	21 11	0 21
25	21 15	2 23	1 38	0 20	10 46	0 52	21 11	0 11
28	21 40	1 48	1 34	0 S 30	9 25	0 51	21 11	0 2

2017 MAI

Day	Sidereal Time	☉ Long.	☉ Decl.	☽ Long.	☽ Lat.	☽ Decl.
	H M S	° ′ ″	° ′	° ′	° ′	° ′
1	14 36 27	10 ♉ 49 1	15 N 4	13 ♋ 25	3 S 42	19 N 4
2	14 40 24	11 47 15	15 22	27 33	2 45	17 57
3	14 44 20	12 45 28	15 40	11 ♌ 17	1 40	15 47
4	14 48 17	13 43 39	15 57	24 39	0 31	12 49
5	14 52 13	14 41 48	16 15	7 ♍ 40	0 N 38	9 17
6	14 56 10	15 39 55	16 32	20 24	1 43	5 23
7	15 0 6	16 38 0	16 48	2 ♎ 56	2 43	1 19
8	15 4 3	17 36 3	17 5	15 16	3 33	2 S 44
9	15 7 59	18 34 4	17 21	27 28	4 13	6 38
10	15 11 56	19 32 4	17 37	9 ♏ 33	4 41	10 13
11	15 15 53	20 30 2	17 52	21 33	4 57	13 22
12	15 19 49	21 27 58	18 8	3 ♐ 28	4 59	15 57
13	15 23 46	22 25 53	18 23	15 21	4 48	17 51
14	15 27 42	23 23 47	18 37	27 13	4 25	18 59
15	15 31 39	24 21 39	18 52	9 ♑ 5	3 50	19 18
16	15 35 35	25 19 30	19 6	21 2	3 5	18 45
17	15 39 32	26 17 20	19 19	3 ≈ 6	2 11	17 20
18	15 43 28	27 15 8	19 33	15 23	1 10	15 6
19	15 47 25	28 12 55	19 46	27 56	0 4	12 7
20	15 51 22	29 10 42	19 58	10 ♓ 51	1 S 4	8 29
21	15 55 18	0 ♊ 8 27	20 11	24 11	2 10	4 18
22	15 59 15	1 6 11	20 23	8 ♈ 0	3 12	0 N 14
23	16 3 11	2 3 53	20 34	22 19	4 3	4 55
24	16 7 8	3 1 35	20 46	7 ♉ 5	4 40	9 27
25	16 11 4	3 59 16	20 57	22 11	4 59	13 30
26	16 15 1	4 56 55	21 7	7 ♊ 29	4 56	16 41
27	16 18 57	5 54 33	21 17	22 46	4 33	18 42
28	16 22 54	6 52 10	21 27	7 ♋ 52	3 51	19 22
29	16 26 51	7 49 46	21 37	22 38	2 53	18 48
30	16 30 47	8 47 20	21 46	6 ♌ 58	1 47	16 48
31	16 34 44	9 44 53	21 54	20 51	0 36	13 59

Day	♆ Lat.	♆ Decl.	♅ Lat.	♅ Decl.	♄ Lat.	♄ Decl.	♃ Lat.	♃ Decl.	♂ Lat.
	° ′	° ′	° ′	° ′	° ′	° ′	° ′	° ′	° ′
1	0 S 52	7 S 12	0 S 34	9 N 18	1 N 22	22 S 3	1 N 33	4 S 39	0 N 39
4	0 52	7 11	0 34	9 22	1 22	22 2	1 32	4 32	0 41
7	0 52	7 10	0 34	9 26	1 22	22 2	1 32	4 26	0 42
10	0 53	7 8	0 34	9 29	1 22	22 2	1 31	4 20	0 43
13	0 53	7 7	0 34	9 33	1 22	22 2	1 31	4 15	0 45
16	0 53	7 6	0 34	9 36	1 22	22 1	1 30	4 11	0 46
19	0 53	7 5	0 34	9 39	1 22	22 1	1 29	4 7	0 47
22	0 53	7 4	0 34	9 42	1 22	22 1	1 29	4 3	0 48
25	0 53	7 3	0 34	9 46	1 22	22 1	1 28	4 0	0 50
28	0 53	7 3	0 34	9 49	1 22	22 0	1 27	3 58	0 51
31	0 53	7 2	0 34	9 52	1 22	22 0	1 27	3 56	0 52

MAI 2017

Day	♆ Long.	♅ Long.	♄ Long.	♃ Long.	♂ Long.	♀ Long.	☿ Long.	♇ Long.
	° ′	° ′	° ′	° ′	° ′	° ′	° ′	° ′
1	13 ♓ 43	25 ♈ 25	27 ♐ 18	15 ♌ 27	6 ♊ 36	1 ♈ 10	24 ♈ 34	19 ♑ 24
2	13 44	25 28	27 R 16	15 R 21	7 17	1 41	24 R 23	19 R 23
3	13 46	25 32	27 13	15 14	7 58	2 13	24 18	19 23
4	13 47	25 35	27 11	15 8	8 39	2 47	24 17	19 23
5	13 48	25 38	27 8	15 2	9 20	3 22	24 D 21	19 22
6	13 50	25 42	27 5	14 57	10 1	3 58	24 29	19 22
7	13 51	25 45	27 2	14 51	10 42	4 36	24 42	19 21
8	13 52	25 48	27 0	14 45	11 23	5 14	25 0	19 21
9	13 53	25 51	26 57	14 40	12 4	5 54	25 23	19 20
10	13 55	25 55	26 54	14 35	12 45	6 35	25 49	19 20
11	13 56	25 58	26 51	14 30	13 25	7 17	26 20	19 19
12	13 57	26 1	26 48	14 25	14 6	7 59	26 55	19 18
13	13 58	26 4	26 44	14 20	14 47	8 43	27 33	19 18
14	13 59	26 7	26 41	14 15	15 27	9 28	28 16	19 17
15	14 0	26 10	26 38	14 11	16 8	10 13	29 2	19 16
16	14 1	26 14	26 34	14 6	16 49	11 0	29 52	19 16
17	14 2	26 17	26 31	14 2	17 29	11 47	0 ♉ 45	19 15
18	14 3	26 20	26 27	13 58	18 10	12 35	1 41	19 14
19	14 4	26 23	26 24	13 54	18 50	13 24	2 40	19 13
20	14 5	26 26	26 20	13 50	19 31	14 13	3 43	19 13
21	14 6	26 29	26 16	13 47	20 11	15 3	4 48	19 12
22	14 7	26 32	26 13	13 43	20 51	15 54	5 57	19 11
23	14 8	26 35	26 9	13 40	21 32	16 46	7 8	19 10
24	14 8	26 38	26 5	13 37	22 12	17 38	8 22	19 9
25	14 9	26 41	26 1	13 34	22 52	18 30	9 39	19 8
26	14 10	26 43	25 57	13 32	23 33	19 24	10 58	19 7
27	14 10	26 46	25 53	13 29	24 13	20 18	12 20	19 6
28	14 11	26 49	25 49	13 27	24 53	21 12	13 45	19 5
29	14 12	26 52	25 45	13 25	25 33	22 7	15 12	19 4
30	14 12	26 55	25 41	13 23	26 13	23 2	16 42	19 3
31	14 13	26 57	25 37	13 21	26 53	23 58	18 14	19 2

Day	♂ Decl.	♀ Lat.	♀ Decl.	☿ Lat.	☿ Decl.	♇ Lat.	♇ Decl.	☊
	° ′	° ′	° ′	° ′	° ′	° ′	° ′	° ′
1	22 N 3	1 N 16	1 N 38	1 S 17	8 N 20	0 N 51	21 S 11	29 ♌ 52
4	22 25	0 47	1 49	1 57	7 36	0 51	21 12	29 43
7	22 45	0 19	2 7	2 29	7 15	0 51	21 12	29 33
10	23 2	0 S 6	2 32	2 54	7 17	0 51	21 12	29 24
13	23 19	0 29	3 1	3 10	7 39	0 51	21 13	29 14
16	23 33	0 49	3 36	3 19	8 19	0 51	21 13	29 5
19	23 45	1 8	4 14	3 21	9 15	0 51	21 14	28 55
22	23 56	1 25	4 57	3 17	10 24	0 50	21 14	28 46
25	24 4	1 40	5 43	3 6	11 45	0 50	21 15	28 36
28	24 11	1 53	6 31	2 50	13 15	0 50	21 15	28 27
31	24 16	2 4	7 22	2 30	14 51	0 50	21 16	28 17

Day	Sidereal Time			☉ Long.			☉ Decl.		☽ Long.		☽ Lat.		☽ Decl.	
	H	M	S	°	′	″	°	′	°	′	°	′	°	′
1	16	38	40	10 ♊	42	24	22 N	3	4 ♍	16	0 N	35	10 N	30
2	16	42	37	11	39	55	22	11	17	17	1	43	6	36
3	16	46	33	12	37	24	22	18	29	58	2	43	2	30
4	16	50	30	13	34	51	22	26	12 ♎	22	3	34	1 S	36
5	16	54	26	14	32	18	22	32	24	34	4	14	5	35
6	16	58	23	15	29	43	22	39	6 ♏	38	4	42	9	17
7	17	2	20	16	27	7	22	45	18	35	4	58	12	34
8	17	6	16	17	24	30	22	50	0 ♐	30	5	1	15	21
9	17	10	13	18	21	53	22	56	12	22	4	51	17	28
10	17	14	9	19	19	14	23	0	24	14	4	28	18	51
11	17	18	6	20	16	35	23	5	6 ♑	8	3	53	19	25
12	17	22	2	21	13	55	23	9	18	5	3	8	19	7
13	17	25	59	22	11	14	23	12	0 ♒	7	2	13	17	57
14	17	29	55	23	8	33	23	15	12	17	1	13	15	57
15	17	33	52	24	5	52	23	18	24	37	0	8	13	12
16	17	37	49	25	3	10	23	21	7 ♓	13	0 S	59	9	47
17	17	41	45	26	0	27	23	23	20	7	2	5	5	50
18	17	45	42	26	57	45	23	24	3 ♈	23	3	6	1	30
19	17	49	38	27	55	2	23	25	17	6	3	58	3 N	3
20	17	53	35	28	52	19	23	26	1 ♉	15	4	38	7	34
21	17	57	31	29	49	35	23	26	15	50	5	1	11	46
22	18	1	28	0 ♋	46	52	23	26	0 ♊	47	5	4	15	21
23	18	5	24	1	44	8	23	25	15	57	4	47	17	57
24	18	9	21	2	41	23	23	24	1 ♋	11	4	9	19	17
25	18	13	18	3	38	39	23	23	16	18	3	14	19	14
26	18	17	14	4	35	54	23	21	1 ♌	8	2	6	17	51
27	18	21	11	5	33	8	23	19	15	35	0	52	15	20
28	18	25	7	6	30	22	23	17	29	35	0 N	23	11	59
29	18	29	4	7	27	36	23	14	13 ♍	8	1	35	8	6
30	18	33	0	8	24	50	23	10	26	14	2	39	3	56

Day	♆ Lat.		♆ Decl.		♅ Lat.		♅ Decl.		♄ Lat.		♄ Decl.		♃ Lat.		♃ Decl.		♂ Lat.	
	°	′	°	′	°	′	°	′	°	′	°	′	°	′	°	′	°	′
1	0 S	53	7 S	2	0 S	34	9 N	53	1 N	22	22 S	0	1 N	26	3 S	56	0 N	52
4	0	54	7	1	0	34	9	55	1	22	21	59	1	25	3	55	0	53
7	0	54	7	1	0	34	9	58	1	22	21	59	1	25	3	55	0	54
10	0	54	7	1	0	34	10	1	1	22	21	59	1	24	3	56	0	55
13	0	54	7	1	0	34	10	3	1	21	21	59	1	23	3	57	0	56
16	0	54	7	1	0	34	10	6	1	21	21	58	1	22	3	58	0	57
19	0	54	7	1	0	34	10	8	1	21	21	58	1	21	4	1	0	58
22	0	54	7	1	0	34	10	10	1	21	21	58	1	21	4	4	0	59
25	0	54	7	2	0	34	10	12	1	20	21	57	1	20	4	7	0	59
28	0	54	7	2	0	34	10	14	1	20	21	57	1	19	4	12	1	0

JUNI 2017

Day	♆ Long. °	′	♅ Long. °	′	♄ Long. °	′	♃ Long. °	′	♂ Long. °	′	♀ Long. °	′	☿ Long. °	′	♇ Long. °	′
1	14 ♓	13	27 ♈	0	25 ♐	33	13 ♎	19	27 ♊	33	24 ♈	54	19 ♉	49	19 ♑	1
2	14	14	27	3	25 R	29	13 R	18	28	13	25	51	21	26	19 R	0
3	14	14	27	5	25	24	13	16	28	53	26	48	23	5	18	59
4	14	15	27	8	25	20	13	15	29	33	27	46	24	48	18	57
5	14	15	27	11	25	16	13	14	0 ♋	13	28	44	26	32	18	56
6	14	15	27	13	25	11	13	14	0	53	29	42	28	19	18	55
7	14	16	27	16	25	7	13	13	1	33	0 ♉	41	0 ♊	8	18	54
8	14	16	27	18	25	3	13	13	2	13	1	40	2	0	18	53
9	14	16	27	21	24	58	13	13	2	53	2	39	3	54	18	51
10	14	17	27	23	24	54	13	13	3	32	3	39	5	51	18	50
11	14	17	27	25	24	50	13 D	13	4	12	4	39	7	50	18	49
12	14	17	27	28	24	45	13	13	4	52	5	40	9	51	18	47
13	14	17	27	30	24	41	13	14	5	31	6	40	11	53	18	46
14	14	17	27	32	24	36	13	14	6	11	7	42	13	58	18	45
15	14	17	27	35	24	32	13	15	6	51	8	43	16	5	18	43
16	14	17	27	37	24	27	13	16	7	30	9	44	18	12	18	42
17	14 R	17	27	39	24	23	13	17	8	10	10	46	20	22	18	41
18	14	17	27	41	24	19	13	19	8	49	11	49	22	32	18	39
19	14	17	27	43	24	14	13	21	9	29	12	51	24	43	18	38
20	14	17	27	45	24	10	13	22	10	8	13	54	26	54	18	36
21	14	17	27	47	24	5	13	24	10	48	14	57	29	6	18	35
22	14	17	27	49	24	1	13	26	11	27	16	0	1 ♋	18	18	34
23	14	17	27	51	23	57	13	29	12	6	17	3	3	29	18	32
24	14	16	27	53	23	52	13	31	12	46	18	7	5	40	18	31
25	14	16	27	55	23	48	13	34	13	25	19	11	7	50	18	29
26	14	16	27	57	23	44	13	37	14	4	20	15	9	58	18	28
27	14	15	27	58	23	39	13	40	14	44	21	19	12	6	18	26
28	14	15	28	0	23	35	13	43	15	23	22	23	14	12	18	25
29	14	15	28	2	23	31	13	46	16	2	23	28	16	17	18	23
30	14	14	28	4	23	27	13	49	16	41	24	33	18	20	18	22

Day	♂ Decl. °	′	♀ Lat. °	′	♀ Decl. °	′	☿ Lat. °	′	☿ Decl. °	′	♇ Lat. °	′	♇ Decl. °	′	☊ °	′
1	24 N	17	2 S	8	7 N	39	2 S	22	15 N	25	0 N	50	21 S	16	28 ♌	14
4	24	19	2	17	8	32	1	56	17	6	0	50	21	17	28	4
7	24	20	2	25	9	27	1	26	18	47	0	50	21	17	27	55
10	24	18	2	31	10	22	0	54	20	24	0	49	21	18	27	45
13	24	15	2	36	11	17	0	21	21	52	0	49	21	19	27	36
16	24	10	2	40	12	12	0 N	12	23	7	0	49	21	19	27	26
19	24	3	2	42	13	7	0	42	24	2	0	49	21	20	27	17
22	23	55	2	43	14	1	1	9	24	35	0	49	21	21	27	7
25	23	45	2	43	14	54	1	30	24	42	0	49	21	22	26	58
28	23	33	2	42	15	45	1	44	24	24	0	48	21	22	26	48

2017 JULI

Day	Sidereal Time			☉ Long.			☉ Decl.		☽ Long.		☽ Lat.		☽ Decl.	
	H	M	S	°	′	″	°	′	°	′	°	′	°	′
1	18	36	57	9 ♋	22	2	23 N	6	8 ♎	57	3 N	34	0 S	16
2	18	40	53	10	19	15	23	2	21	21	4	17	4	21
3	18	44	50	11	16	27	22	57	3 ♏	32	4	47	8	11
4	18	48	47	12	13	39	22	52	15	33	5	5	11	38
5	18	52	43	13	10	50	22	47	27	27	5	9	14	35
6	18	56	40	14	8	2	22	41	9 ♐	19	4	59	16	55
7	19	0	36	15	5	13	22	35	21	11	4	37	18	32
8	19	4	33	16	2	24	22	28	3 ♑	6	4	3	19	21
9	19	8	29	16	59	35	22	21	15	5	3	18	19	18
10	19	12	26	17	56	47	22	14	27	10	2	23	18	23
11	19	16	22	18	53	58	22	6	9 ♒	22	1	21	16	36
12	19	20	19	19	51	10	21	58	21	44	0	15	14	2
13	19	24	16	20	48	22	21	50	4 ♓	16	0 S	53	10	46
14	19	28	12	21	45	35	21	41	17	2	2	0	6	58
15	19	32	9	22	42	48	21	31	0 ♈	4	3	2	2	46
16	19	36	5	23	40	2	21	22	13	23	3	56	1 N	39
17	19	40	2	24	37	17	21	12	27	3	4	38	6	6
18	19	43	58	25	34	32	21	1	11 ♉	4	5	5	10	19
19	19	47	55	26	31	47	20	51	25	25	5	13	14	2
20	19	51	51	27	29	4	20	40	10 ♊	4	5	2	16	59
21	19	55	48	28	26	21	20	28	24	55	4	30	18	50
22	19	59	45	29	23	39	20	16	9 ♋	50	3	40	19	25
23	20	3	41	0 ♌	20	57	20	4	24	43	2	35	18	38
24	20	7	38	1	18	16	19	52	9 ♌	24	1	21	16	36
25	20	11	34	2	15	36	19	39	23	47	0	3	13	33
26	20	15	31	3	12	56	19	26	7 ♍	47	1 N	14	9	47
27	20	19	27	4	10	17	19	13	21	22	2	24	5	38
28	20	23	24	5	7	38	18	59	4 ♎	32	3	24	1	19
29	20	27	20	6	5	0	18	45	17	20	4	13	2 S	55
30	20	31	17	7	2	22	18	31	29	47	4	48	6	54
31	20	35	14	7	59	45	18	16	12 ♏	0	5	9	10	32

Day	♆ Lat.		♆ Decl.		♅ Lat.		♅ Decl.		♄ Lat.		♄ Decl.		♃ Lat.		♃ Decl.		♂ Lat.	
	°	′	°	′	°	′	°	′	°	′	°	′	°	′	°	′	°	′
1	0 S	55	7 S	3	0 S	34	10 N	15	1 N	20	21 S	57	1 N	18	4 S	16	1 N	1
4	0	55	7	3	0	35	10	17	1	19	21	56	1	18	4	22	1	2
7	0	55	7	4	0	35	10	18	1	19	21	56	1	17	4	28	1	2
10	0	55	7	5	0	35	10	20	1	19	21	56	1	16	4	34	1	3
13	0	55	7	6	0	35	10	21	1	18	21	56	1	15	4	41	1	3
16	0	55	7	7	0	35	10	22	1	18	21	56	1	15	4	48	1	4
19	0	55	7	8	0	35	10	22	1	17	21	55	1	14	4	56	1	5
22	0	55	7	10	0	35	10	23	1	17	21	55	1	13	5	4	1	5
25	0	55	7	11	0	35	10	24	1	16	21	55	1	13	5	13	1	6
28	0	56	7	12	0	35	10	24	1	16	21	55	1	12	5	22	1	6
31	0	56	7	14	0	35	10	24	1	15	21	55	1	11	5	32	1	7

JULI 2017

Day	♆ Long.	♅ Long.	♄ Long.	♃ Long.	♂ Long.	♀ Long.	☿ Long.	♇ Long.
	° ′	° ′	° ′	° ′	° ′	° ′	° ′	° ′
1	14 ♓ 14	28 ♈ 5	23 ♐ 22	13 ♎ 53	17 ♋ 21	25 ♉ 38	20 ♋ 21	18 ♑ 20
2	14 R 13	28 7	23 R 18	13 57	18 0	26 43	22 21	18 R 19
3	14 13	28 8	23 14	14 1	18 39	27 48	24 18	18 17
4	14 12	28 10	23 10	14 5	19 18	28 54	26 14	18 16
5	14 12	28 11	23 6	14 9	19 57	0 ♊ 0	28 7	18 14
6	14 11	28 12	23 2	14 14	20 36	1 6	29 59	18 13
7	14 11	28 14	22 58	14 18	21 15	2 12	1 ♌ 48	18 11
8	14 10	28 15	22 54	14 23	21 54	3 18	3 36	18 10
9	14 9	28 16	22 50	14 28	22 33	4 24	5 22	18 8
10	14 9	28 17	22 47	14 33	23 12	5 31	7 5	18 7
11	14 8	28 19	22 43	14 38	23 51	6 37	8 47	18 5
12	14 7	28 20	22 39	14 44	24 30	7 44	10 26	18 4
13	14 6	28 21	22 36	14 49	25 9	8 51	12 4	18 2
14	14 5	28 22	22 32	14 55	25 48	9 58	13 39	18 1
15	14 5	28 23	22 28	15 1	26 27	11 5	15 13	17 59
16	14 4	28 24	22 25	15 6	27 5	12 12	16 44	17 58
17	14 3	28 25	22 22	15 13	27 44	13 20	18 14	17 56
18	14 2	28 25	22 18	15 19	28 23	14 28	19 41	17 55
19	14 1	28 26	22 15	15 25	29 2	15 35	21 6	17 53
20	14 0	28 27	22 12	15 32	29 41	16 43	22 29	17 52
21	13 59	28 28	22 9	15 38	0 ♌ 19	17 51	23 50	17 50
22	13 58	28 28	22 6	15 45	0 58	18 59	25 9	17 49
23	13 57	28 29	22 3	15 52	1 37	20 7	26 26	17 47
24	13 56	28 29	22 0	15 59	2 15	21 16	27 40	17 46
25	13 55	28 30	21 57	16 6	2 54	22 24	28 52	17 44
26	13 53	28 30	21 54	16 13	3 33	23 33	0 ♍ 1	17 43
27	13 52	28 31	21 51	16 21	4 11	24 41	1 8	17 41
28	13 51	28 31	21 49	16 28	4 50	25 50	2 13	17 40
29	13 50	28 31	21 46	16 36	5 29	26 59	3 14	17 39
30	13 49	28 31	21 44	16 44	6 7	28 8	4 13	17 37
31	13 47	28 32	21 41	16 52	6 46	29 17	5 9	17 36

Day	♂ Decl.	♀ Lat.	♀ Decl.	☿ Lat.	☿ Decl.	♇ Lat.	♇ Decl.	☊
	° ′	° ′	° ′	° ′	° ′	° ′	° ′	° ′
1	23 N 19	2 S 40	16 N 34	1 N 52	23 N 44	0 N 48	21 S 23	26 ♌ 39
4	23 4	2 37	17 21	1 53	22 45	0 48	21 24	26 29
7	22 47	2 33	18 6	1 48	21 31	0 48	21 25	26 19
10	22 29	2 28	18 47	1 37	20 4	0 47	21 26	26 10
13	22 9	2 23	19 25	1 22	18 29	0 47	21 27	26 0
16	21 47	2 17	20 0	1 2	16 48	0 47	21 27	25 51
19	21 24	2 10	20 30	0 38	15 4	0 47	21 28	25 41
22	21 0	2 3	20 57	0 11	13 19	0 46	21 29	25 32
25	20 34	1 55	21 19	0 S 19	11 35	0 46	21 30	25 22
28	20 7	1 46	21 36	0 51	9 53	0 46	21 31	25 13
31	19 39	1 37	21 49	1 26	8 18	0 46	21 32	25 3

2017 AUGUST

Day	Sidereal Time	☉ Long.	☉ Decl.	☽ Long.	☽ Lat.	☽ Decl.
	H M S	° ′ ″	° ′	° ′	° ′	° ′
1	20 39 10	8 ♌ 57 8	18 N 1	24 ♏ 1	5 N 16	13 S 40
2	20 43 7	9 54 32	17 46	5 ♐ 55	5 9	16 13
3	20 47 3	10 51 57	17 30	17 48	4 50	18 4
4	20 51 0	11 49 22	17 14	29 41	4 18	19 9
5	20 54 56	12 46 48	16 58	11 ♑ 39	3 34	19 22
6	20 58 53	13 44 15	16 42	23 45	2 41	18 43
7	21 2 49	14 41 43	16 25	6 ♒ 0	1 39	17 10
8	21 6 46	15 39 12	16 8	18 27	0 32	14 48
9	21 10 43	16 36 42	15 51	1 ♓ 5	0 S 38	11 41
10	21 14 39	17 34 13	15 34	13 57	1 48	7 58
11	21 18 36	18 31 45	15 16	27 2	2 52	3 49
12	21 22 32	19 29 19	14 58	10 ♈ 21	3 49	0 N 35
13	21 26 29	20 26 54	14 40	23 54	4 34	5 1
14	21 30 25	21 24 30	14 22	7 ♉ 40	5 4	9 16
15	21 34 22	22 22 8	14 3	21 40	5 17	13 4
16	21 38 18	23 19 47	13 44	5 ♊ 52	5 11	16 11
17	21 42 15	24 17 28	13 25	20 13	4 45	18 20
18	21 46 11	25 15 10	13 6	4 ♋ 41	4 2	19 20
19	21 50 8	26 12 54	12 47	19 11	3 3	19 3
20	21 54 5	27 10 40	12 27	3 ♌ 38	1 52	17 31
21	21 58 1	28 8 27	12 7	17 58	0 35	14 54
22	22 1 58	29 6 15	11 47	2 ♍ 4	0 N 43	11 25
23	22 5 54	0 ♍ 4 5	11 27	15 54	1 57	7 22
24	22 9 51	1 1 56	11 6	29 23	3 3	3 2
25	22 13 47	1 59 48	10 46	12 ♎ 32	3 57	1 S 19
26	22 17 44	2 57 42	10 25	25 20	4 38	5 29
27	22 21 40	3 55 37	10 4	7 ♏ 49	5 4	9 19
28	22 25 37	4 53 34	9 43	20 3	5 16	12 40
29	22 29 34	5 51 32	9 22	2 ♐ 5	5 14	15 27
30	22 33 30	6 49 31	9 0	14 0	4 58	17 33
31	22 37 27	7 47 31	8 39	25 53	4 29	18 53

Day	♆ Lat.	♆ Decl.	♅ Lat.	♅ Decl.	♄ Lat.	♄ Decl.	♃ Lat.	♃ Decl.	♂ Lat.
	° ′	° ′	° ′	° ′	° ′	° ′	° ′	° ′	° ′
1	0 S 56	7 S 14	0 S 35	10 N 24	1 N 15	21 S 55	1 N 11	5 S 35	1 N 7
4	0 56	7 16	0 35	10 24	1 15	21 56	1 11	5 45	1 7
7	0 56	7 18	0 35	10 24	1 14	21 56	1 10	5 55	1 8
10	0 56	7 19	0 35	10 24	1 14	21 56	1 9	6 6	1 8
13	0 56	7 21	0 35	10 23	1 13	21 56	1 9	6 17	1 8
16	0 56	7 23	0 36	10 22	1 12	21 57	1 8	6 28	1 9
19	0 56	7 25	0 36	10 22	1 12	21 57	1 8	6 40	1 9
22	0 56	7 26	0 36	10 21	1 11	21 57	1 7	6 52	1 9
25	0 56	7 28	0 36	10 20	1 11	21 58	1 7	7 4	1 9
28	0 56	7 30	0 36	10 18	1 10	21 59	1 6	7 16	1 10
31	0 56	7 32	0 36	10 17	1 10	21 59	1 6	7 29	1 10

AUGUST 2017

Day	♆ Long.	♅ Long.	♄ Long.	♃ Long.	♂ Long.	♀ Long.	☿ Long.	♇ Long.
	° ′	° ′	° ′	° ′	° ′	° ′	° ′	° ′
1	13 ♓ 46	28 ♈ 32	21 ♐ 39	17 ♎ 0	7 ♌ 24	0 ♋ 26	6 ♍ 2	17 ♑ 34
2	13 R 45	28 32	21 R 37	17 8	8 3	1 36	6 52	17 R 33
3	13 44	28 32	21 35	17 16	8 41	2 45	7 38	17 32
4	13 42	28 R 32	21 33	17 25	9 20	3 55	8 21	17 30
5	13 41	28 32	21 31	17 33	9 58	5 4	9 0	17 29
6	13 40	28 32	21 29	17 42	10 37	6 14	9 36	17 28
7	13 38	28 31	21 27	17 50	11 15	7 24	10 7	17 26
8	13 37	28 31	21 25	17 59	11 54	8 34	10 34	17 25
9	13 35	28 31	21 24	18 8	12 32	9 44	10 57	17 24
10	13 34	28 31	21 22	18 17	13 11	10 54	11 15	17 23
11	13 33	28 30	21 21	18 26	13 49	12 4	11 28	17 21
12	13 31	28 30	21 19	18 36	14 27	13 14	11 36	17 20
13	13 30	28 30	21 18	18 45	15 6	14 24	11 39	17 19
14	13 28	28 29	21 17	18 54	15 44	15 35	11 R 36	17 18
15	13 27	28 28	21 16	19 4	16 22	16 45	11 28	17 17
16	13 25	28 28	21 15	19 14	17 1	17 56	11 15	17 16
17	13 24	28 27	21 14	19 23	17 39	19 7	10 56	17 15
18	13 22	28 27	21 13	19 33	18 17	20 17	10 31	17 13
19	13 20	28 26	21 13	19 43	18 56	21 28	10 1	17 12
20	13 19	28 25	21 12	19 53	19 34	22 39	9 26	17 11
21	13 17	28 24	21 12	20 3	20 12	23 50	8 46	17 10
22	13 16	28 23	21 11	20 13	20 51	25 2	8 2	17 9
23	13 14	28 22	21 11	20 24	21 29	26 13	7 14	17 8
24	13 13	28 21	21 11	20 34	22 7	27 24	6 22	17 7
25	13 11	28 20	21 11	20 45	22 45	28 35	5 29	17 6
26	13 9	28 19	21 11	20 55	23 24	29 47	4 35	17 5
27	13 8	28 18	21 D 11	21 6	24 2	0 ♌ 58	3 41	17 5
28	13 6	28 17	21 11	21 16	24 40	2 10	2 47	17 4
29	13 4	28 16	21 11	21 27	25 18	3 22	1 56	17 3
30	13 3	28 15	21 12	21 38	25 56	4 33	1 9	17 2
31	13 1	28 13	21 12	21 49	26 35	5 45	0 25	17 1

Day	♂ Decl.	♀ Lat.	♀ Decl.	☿ Lat.	☿ Decl.	♇ Lat.	♇ Decl.	☊
	° ′	° ′	° ′	° ′	° ′	° ′	° ′	° ′
1	19 N 30	1 S 34	21 N 52	1 S 38	7 N 47	0 N 45	21 S 32	25 ☊ 0
4	19 0	1 25	21 58	2 14	6 22	0 45	21 33	24 51
7	18 29	1 16	21 58	2 50	5 9	0 45	21 34	24 41
10	17 57	1 6	21 53	3 24	4 12	0 45	21 34	24 31
13	17 24	0 56	21 43	3 56	3 33	0 44	21 35	24 22
16	16 49	0 47	21 28	4 22	3 19	0 44	21 36	24 12
19	16 14	0 37	21 7	4 38	3 31	0 44	21 37	24 3
22	15 38	0 27	20 41	4 42	4 12	0 43	21 37	23 53
25	15 1	0 17	20 10	4 29	5 19	0 43	21 38	23 44
28	14 24	0 8	19 33	4 0	6 45	0 42	21 39	23 34
31	13 45	0 N 2	18 52	3 16	8 16	0 42	21 40	23 25

2017 SEPTEMBER

Day	Sidereal Time H	M	S	☉ Long. °	′	″	☉ Decl. °	′	☽ Long. °	′	☽ Lat. °	′	☽ Decl. °	′
1	22	41	23	8 ♍	45	33	8 N	17	7 ♑	47	3 N	49	19 S	24
2	22	45	20	9	43	36	7	55	19	48	2	59	19	2
3	22	49	16	10	41	41	7	33	1 ♒	59	2	0	17	46
4	22	53	13	11	39	47	7	11	14	23	0	54	15	39
5	22	57	9	12	37	55	6	49	27	4	0 S	16	12	44
6	23	1	6	13	36	4	6	27	10 ♓	1	1	26	9	8
7	23	5	3	14	34	15	6	4	23	15	2	33	5	1
8	23	8	59	15	32	28	5	42	6 ♈	46	3	33	0	35
9	23	12	56	16	30	43	5	19	20	30	4	22	3 N	58
10	23	16	52	17	29	0	4	57	4 ♉	26	4	56	8	21
11	23	20	49	18	27	18	4	34	18	30	5	13	12	19
12	23	24	45	19	25	39	4	11	2 ♊	39	5	10	15	37
13	23	28	42	20	24	2	3	48	16	51	4	49	17	59
14	23	32	38	21	22	27	3	25	1 ♋	3	4	11	19	15
15	23	36	35	22	20	54	3	2	15	13	3	17	19	18
16	23	40	32	23	19	23	2	39	29	19	2	11	18	9
17	23	44	28	24	17	54	2	16	13 ♌	19	0	58	15	53
18	23	48	25	25	16	28	1	53	27	11	0 N	17	12	43
19	23	52	21	26	15	3	1	29	10 ♍	53	1	31	8	53
20	23	56	18	27	13	40	1	6	24	23	2	38	4	39
21	0	0	14	28	12	20	0	43	7 ♎	38	3	36	0	17
22	0	4	11	29	11	1	0	20	20	36	4	21	4 S	1
23	0	8	7	0 ♎	9	44	0 S	4	3 ♏	19	4	51	8	3
24	0	12	4	1	8	29	0	27	15	45	5	8	11	38
25	0	16	1	2	7	16	0	51	27	58	5	10	14	40
26	0	19	57	3	6	4	1	14	9 ♐	59	4	58	17	2
27	0	23	54	4	4	55	1	37	21	53	4	33	18	39
28	0	27	50	5	3	47	2	1	3 ♑	44	3	57	19	26
29	0	31	47	6	2	41	2	24	15	38	3	10	19	22
30	0	35	43	7	1	37	2	47	27	38	2	15	18	26

Day	♆ Lat. °	′	♆ Decl. °	′	♅ Lat. °	′	♅ Decl. °	′	♄ Lat. °	′	♄ Decl. °	′	♃ Lat. °	′	♃ Decl. °	′	♂ Lat. °	′
1	0 S	56	7 S	33	0 S	36	10 N	17	1 N	10	21 S	59	1 N	6	7 S	33	1 N	10
4	0	56	7	35	0	36	10	15	1	9	22	0	1	5	7	46	1	10
7	0	56	7	37	0	36	10	13	1	8	22	1	1	5	7	59	1	10
10	0	56	7	39	0	36	10	12	1	8	22	2	1	5	8	12	1	10
13	0	56	7	41	0	36	10	10	1	7	22	3	1	4	8	25	1	10
16	0	56	7	42	0	36	10	8	1	7	22	3	1	4	8	39	1	10
19	0	56	7	44	0	36	10	6	1	6	22	4	1	4	8	52	1	10
22	0	56	7	46	0	36	10	3	1	6	22	5	1	3	9	6	1	10
25	0	56	7	48	0	36	10	1	1	5	22	6	1	3	9	19	1	10
28	0	56	7	50	0	36	9	59	1	5	22	7	1	3	9	33	1	10

SEPTEMBER 2017

Day	♆ Long.	♅ Long.	♄ Long.	♃ Long.	♂ Long.	♀ Long.	☿ Long.	♇ Long.
	° ′	° ′	° ′	° ′	° ′	° ′	° ′	° ′
1	13 ♓ 0	28 ♈ 12	21 ♐ 13	22 ♎ 0	27 ♌ 13	6 ♌ 57	29 ♌ 48	17 ♑ 1
2	12 R 58	28 R 11	21 13	22 11	27 51	8 9	29 R 16	17 R 0
3	12 56	28 9	21 14	22 22	28 29	9 21	28 52	16 59
4	12 55	28 8	21 15	22 33	29 7	10 33	28 35	16 58
5	12 53	28 7	21 16	22 45	29 45	11 45	28 27	16 58
6	12 51	28 5	21 17	22 56	0 ♍ 23	12 58	28 D 27	16 57
7	12 50	28 3	21 18	23 7	1 2	14 10	28 36	16 56
8	12 48	28 2	21 19	23 19	1 40	15 22	28 54	16 56
9	12 46	28 0	21 21	23 30	2 18	16 35	29 20	16 55
10	12 45	27 59	21 22	23 42	2 56	17 47	29 56	16 55
11	12 43	27 57	21 24	23 54	3 34	19 0	0 ♍ 39	16 54
12	12 41	27 55	21 25	24 6	4 12	20 13	1 31	16 54
13	12 40	27 53	21 27	24 17	4 50	21 25	2 30	16 53
14	12 38	27 52	21 29	24 29	5 28	22 38	3 36	16 53
15	12 37	27 50	21 31	24 41	6 6	23 51	4 49	16 53
16	12 35	27 48	21 33	24 53	6 44	25 4	6 8	16 52
17	12 33	27 46	21 35	25 5	7 22	26 17	7 32	16 52
18	12 32	27 44	21 37	25 17	8 0	27 30	9 1	16 52
19	12 30	27 42	21 40	25 29	8 38	28 43	10 34	16 51
20	12 29	27 40	21 42	25 41	9 16	29 56	12 11	16 51
21	12 27	27 38	21 45	25 54	9 54	1 ♍ 10	13 51	16 51
22	12 25	27 36	21 47	26 6	10 32	2 23	15 34	16 51
23	12 24	27 34	21 50	26 18	11 11	3 36	17 18	16 51
24	12 22	27 32	21 53	26 30	11 49	4 50	19 5	16 51
25	12 21	27 30	21 55	26 43	12 27	6 3	20 52	16 50
26	12 19	27 28	21 58	26 55	13 5	7 17	22 40	16 50
27	12 18	27 25	22 1	27 8	13 43	8 30	24 29	16 50
28	12 16	27 23	22 4	27 20	14 21	9 44	26 19	16 D 50
29	12 15	27 21	22 8	27 33	14 59	10 58	28 8	16 50
30	12 13	27 19	22 11	27 45	15 37	12 11	29 57	16 51

Day	♂ Decl.	♀ Lat.	♀ Decl.	☿ Lat.	☿ Decl.	♇ Lat.	♇ Decl.	☊
	° ′	° ′	° ′	° ′	° ′	° ′	° ′	° ′
1	13 N 32	0 N 5	18 N 37	2 S 59	8 N 45	0 N 42	21 S 40	23 ♌ 22
4	12 52	0 14	17 49	2 3	10 2	0 42	21 40	23 12
7	12 12	0 22	16 56	1 6	10 55	0 41	21 41	23 2
10	11 31	0 31	15 59	0 14	11 17	0 41	21 42	22 53
13	10 50	0 39	14 58	0 N 31	11 4	0 40	21 42	22 43
16	10 8	0 46	13 53	1 6	10 17	0 40	21 43	22 34
19	9 25	0 53	12 45	1 31	9 0	0 40	21 43	22 24
22	8 42	1 0	11 33	1 46	7 19	0 39	21 44	22 15
25	7 59	1 6	10 19	1 52	5 20	0 39	21 44	22 5
28	7 15	1 11	9 1	1 50	3 9	0 39	21 45	21 56

2017 OKTOBER

Day	Sidereal Time	☉ Long.	☉ Decl.	☽ Long.	☽ Lat.	☽ Decl.
	H M S	° ′ ″	° ′	° ′	° ′	° ′
1	0 39 40	8 ♎ 0 34	3 S 11	9 ♒ 50	1 N 13	16 S 37
2	0 43 36	8 59 33	3 34	22 19	0 6	13 59
3	0 47 33	9 58 34	3 57	5 ♓ 8	1 S 3	10 36
4	0 51 30	10 57 37	4 20	18 20	2 10	6 37
5	0 55 26	11 56 42	4 43	1 ♈ 54	3 12	2 11
6	0 59 23	12 55 49	5 6	15 49	4 4	2 N 28
7	1 3 19	13 54 58	5 29	0 ♉ 2	4 42	7 5
8	1 7 16	14 54 9	5 52	14 26	5 3	11 21
9	1 11 12	15 53 23	6 15	28 56	5 4	14 58
10	1 15 9	16 52 38	6 38	13 Ⅱ 25	4 46	17 40
11	1 19 5	17 51 56	7 0	27 49	4 11	19 15
12	1 23 2	18 51 16	7 23	12 ♋ 3	3 20	19 35
13	1 26 59	19 50 38	7 45	26 6	2 17	18 41
14	1 30 55	20 50 3	8 8	9 ♌ 57	1 7	16 40
15	1 34 52	21 49 30	8 30	23 37	0 N 5	13 44
16	1 38 48	22 48 59	8 52	7 ♍ 5	1 17	10 6
17	1 42 45	23 48 30	9 14	20 22	2 23	6 0
18	1 46 41	24 48 4	9 36	3 ♎ 28	3 20	1 41
19	1 50 38	25 47 40	9 58	16 23	4 6	2 S 39
20	1 54 34	26 47 18	10 20	29 6	4 39	6 48
21	1 58 31	27 46 58	10 41	11 ♏ 37	4 58	10 36
22	2 2 28	28 46 40	11 2	23 56	5 2	13 52
23	2 6 24	29 46 23	11 23	6 ♐ 4	4 53	16 30
24	2 10 21	0 ♏ 46 9	11 44	18 2	4 31	18 24
25	2 14 17	1 45 56	12 5	29 54	3 57	19 29
26	2 18 14	2 45 46	12 26	11 ♑ 42	3 13	19 43
27	2 22 10	3 45 37	12 46	23 33	2 21	19 4
28	2 26 7	4 45 29	13 7	5 ♒ 30	1 22	17 34
29	2 30 3	5 45 23	13 26	17 39	0 18	15 15
30	2 34 0	6 45 19	13 46	0 ♓ 6	0 S 48	12 11
31	2 37 57	7 45 17	14 6	12 56	1 53	8 26

Day	♆ Lat.	♆ Decl.	♅ Lat.	♅ Decl.	♄ Lat.	♄ Decl.	♃ Lat.	♃ Decl.	♂ Lat.
	° ′	° ′	° ′	° ′	° ′	° ′	° ′	° ′	° ′
1	0 S 56	7 S 51	0 S 36	9 N 56	1 N 4	22 S 9	1 N 2	9 S 47	1 N 10
4	0 56	7 53	0 36	9 54	1 4	22 10	1 2	10 0	1 10
7	0 56	7 54	0 36	9 51	1 3	22 11	1 2	10 14	1 10
10	0 56	7 56	0 36	9 49	1 3	22 12	1 2	10 28	1 10
13	0 56	7 57	0 36	9 46	1 2	22 13	1 2	10 42	1 10
16	0 56	7 59	0 36	9 43	1 2	22 14	1 1	10 55	1 10
19	0 56	8 0	0 36	9 41	1 1	22 15	1 1	11 9	1 10
22	0 56	8 1	0 36	9 38	1 1	22 16	1 1	11 23	1 9
25	0 56	8 2	0 36	9 36	1 0	22 18	1 1	11 36	1 9
28	0 56	8 3	0 36	9 33	1 0	22 19	1 1	11 50	1 9
31	0 56	8 4	0 36	9 30	1 0	22 20	1 1	12 3	1 9

OKTOBER 2017

Day	♆ Long.	♅ Long.	♄ Long.	♃ Long.	♂ Long.	♀ Long.	☿ Long.	♇ Long.
	° ′	° ′	° ′	° ′	° ′	° ′	° ′	° ′
1	12 ♓ 12	27 ♈ 17	22 ♐ 14	27 ♎ 58	16 ♍ 15	13 ♍ 25	1 ♎ 46	16 ♑ 51
2	12 R 10	27 R 14	22 18	28 11	16 52	14 39	3 35	16 51
3	12 9	27 12	22 21	28 23	17 30	15 53	5 23	16 51
4	12 8	27 10	22 25	28 36	18 8	17 7	7 11	16 51
5	12 6	27 7	22 29	28 49	18 46	18 21	8 58	16 51
6	12 5	27 5	22 32	29 2	19 24	19 35	10 44	16 52
7	12 3	27 3	22 36	29 14	20 2	20 49	12 30	16 52
8	12 2	27 0	22 40	29 27	20 40	22 3	14 15	16 52
9	12 1	26 58	22 44	29 40	21 18	23 17	15 59	16 53
10	12 0	26 55	22 48	29 53	21 56	24 31	17 43	16 53
11	11 58	26 53	22 52	0 ♏ 6	22 34	25 46	19 26	16 53
12	11 57	26 51	22 57	0 19	23 12	27 0	21 8	16 54
13	11 56	26 48	23 1	0 32	23 50	28 14	22 49	16 54
14	11 55	26 46	23 5	0 45	24 28	29 29	24 30	16 55
15	11 53	26 43	23 10	0 58	25 6	0 ♎ 43	26 10	16 55
16	11 52	26 41	23 14	1 11	25 44	1 58	27 49	16 56
17	11 51	26 38	23 19	1 24	26 22	3 12	29 27	16 56
18	11 50	26 36	23 24	1 37	27 0	4 27	1 ♏ 5	16 57
19	11 49	26 34	23 28	1 50	27 37	5 41	2 43	16 58
20	11 48	26 31	23 33	2 3	28 15	6 56	4 19	16 58
21	11 47	26 29	23 38	2 16	28 53	8 10	5 55	16 59
22	11 46	26 26	23 43	2 29	29 31	9 25	7 30	17 0
23	11 45	26 24	23 48	2 42	0 ♎ 9	10 40	9 5	17 0
24	11 44	26 21	23 53	2 55	0 47	11 55	10 40	17 1
25	11 43	26 19	23 58	3 8	1 25	13 9	12 13	17 2
26	11 42	26 16	24 4	3 21	2 3	14 24	13 46	17 3
27	11 41	26 14	24 9	3 34	2 41	15 39	15 19	17 4
28	11 40	26 12	24 14	3 48	3 19	16 54	16 51	17 5
29	11 40	26 9	24 20	4 1	3 56	18 9	18 23	17 6
30	11 39	26 7	24 25	4 14	4 34	19 24	19 54	17 7
31	11 38	26 4	24 31	4 27	5 12	20 39	21 24	17 8

Day	♂ Decl.	♀ Lat.	♀ Decl.	☿ Lat.	☿ Decl.	♇ Lat.	♇ Decl.	☊
	° ′	° ′	° ′	° ′	° ′	° ′	° ′	° ′
1	6 N 31	1 N 16	7 N 41	1 N 43	0 N 52	0 N 38	21 S 45	21 ☊ 46
4	5 46	1 20	6 19	1 31	1 S 27	0 38	21 45	21 37
7	5 1	1 24	4 56	1 17	3 46	0 37	21 46	21 27
10	4 16	1 27	3 30	1 0	6 2	0 37	21 46	21 18
13	3 31	1 29	2 4	0 41	8 14	0 36	21 46	21 8
16	2 46	1 31	0 37	0 21	10 22	0 36	21 46	20 59
19	2 0	1 32	0 S 51	0 1	12 24	0 36	21 46	20 49
22	1 15	1 33	2 19	0 S 19	14 19	0 35	21 47	20 39
25	0 30	1 32	3 47	0 40	16 8	0 35	21 47	20 30
28	0 S 16	1 31	5 14	0 59	17 49	0 34	21 47	20 20
31	1 1	1 30	6 40	1 18	19 22	0 34	21 47	20 11

2017 NOVEMBER

Day	Sidereal Time	☉ Long.	☉ Decl.	☽ Long.	☽ Lat.	☽ Decl.
	H M S	° ′ ″	° ′	° ′	° ′	° ′
1	2 41 53	8 ♏ 45 16	14 S 25	26 ♓ 12	2 S 54	4 S 11
2	2 45 50	9 45 17	14 44	9 ♈ 56	3 48	0 N 26
3	2 49 46	10 45 20	15 3	24 6	4 29	5 11
4	2 53 43	11 45 25	15 22	8 ♉ 40	4 54	9 44
5	2 57 39	12 45 31	15 40	23 30	5 0	13 48
6	3 1 36	13 45 39	15 58	8 ♊ 26	4 46	17 0
7	3 5 32	14 45 50	16 16	23 21	4 12	19 5
8	3 9 29	15 46 2	16 33	8 ♋ 6	3 21	19 50
9	3 13 26	16 46 16	16 51	22 34	2 19	19 16
10	3 17 22	17 46 32	17 8	6 ♌ 44	1 9	17 29
11	3 21 19	18 46 50	17 24	20 34	0 N 4	14 42
12	3 25 15	19 47 10	17 41	4 ♍ 4	1 15	11 10
13	3 29 12	20 47 32	17 57	17 18	2 20	7 10
14	3 33 8	21 47 56	18 13	0 ♎ 17	3 16	2 53
15	3 37 5	22 48 21	18 28	13 4	4 2	1 S 27
16	3 41 1	23 48 49	18 43	25 40	4 35	5 39
17	3 44 58	24 49 18	18 58	8 ♏ 6	4 54	9 34
18	3 48 55	25 49 49	19 13	20 23	5 0	13 1
19	3 52 51	26 50 22	19 27	2 ♐ 31	4 52	15 54
20	3 56 48	27 50 56	19 41	14 31	4 30	18 4
21	4 0 44	28 51 32	19 54	26 25	3 57	19 26
22	4 4 41	29 52 9	20 7	8 ♑ 15	3 14	19 57
23	4 8 37	0 ♐ 52 47	20 20	20 4	2 22	19 36
24	4 12 34	1 53 27	20 32	1 ♒ 51	1 24	18 22
25	4 16 30	2 54 7	20 44	13 46	0 22	16 20
26	4 20 27	3 54 49	20 56	25 52	0 S 42	13 33
27	4 24 23	4 55 32	21 7	8 ♓ 15	1 46	10 7
28	4 28 20	5 56 15	21 18	20 59	2 46	6 7
29	4 32 17	6 57 0	21 28	4 ♈ 9	3 40	1 43
30	4 36 13	7 57 46	21 38	17 50	4 23	2 N 56

Day	♆ Lat.	♆ Decl.	♅ Lat.	♅ Decl.	♄ Lat.	♄ Decl.	♃ Lat.	♃ Decl.	♂ Lat.
	° ′	° ′	° ′	° ′	° ′	° ′	° ′	° ′	° ′
1	0 S 56	8 S 4	0 S 36	9 N 30	0 N 59	22 S 20	1 N 1	12 S 7	1 N 8
4	0 56	8 5	0 36	9 27	0 59	22 21	1 1	12 20	1 8
7	0 56	8 5	0 36	9 25	0 59	22 22	1 1	12 33	1 8
10	0 56	8 6	0 36	9 22	0 58	22 23	1 1	12 46	1 7
13	0 56	8 6	0 36	9 20	0 58	22 24	1 1	12 59	1 7
16	0 56	8 7	0 36	9 18	0 58	22 25	1 1	13 11	1 6
19	0 56	8 7	0 36	9 15	0 57	22 26	1 1	13 24	1 6
22	0 56	8 7	0 36	9 13	0 57	22 27	1 1	13 36	1 5
25	0 56	8 7	0 36	9 12	0 57	22 28	1 1	13 48	1 5
28	0 56	8 6	0 35	9 10	0 56	22 28	1 1	13 59	1 4

NOVEMBER 2017

Day	♆ Long.	♅ Long.	♄ Long.	♃ Long.	♂ Long.	♀ Long.	☿ Long.	♇ Long.
	° ′	° ′	° ′	° ′	° ′	° ′	° ′	° ′
1	11 ♓ 37	26 ♈ 2	24 ♐ 36	4 ♏ 40	5 ♎ 50	21 ♎ 54	22 ♏ 54	17 ♑ 9
2	11 R 37	26 R 0	24 42	4 53	6 28	23 9	24 24	17 10
3	11 36	25 57	24 48	5 6	7 6	24 24	25 53	17 11
4	11 35	25 55	24 53	5 19	7 44	25 39	27 22	17 12
5	11 35	25 53	24 59	5 32	8 22	26 54	28 50	17 13
6	11 34	25 50	25 5	5 45	8 59	28 9	0 ♐ 17	17 14
7	11 34	25 48	25 11	5 58	9 37	29 24	1 44	17 15
8	11 33	25 46	25 17	6 11	10 15	0 ♏ 39	3 10	17 16
9	11 33	25 43	25 23	6 24	10 53	1 54	4 36	17 18
10	11 32	25 41	25 29	6 37	11 31	3 9	6 1	17 19
11	11 32	25 39	25 35	6 50	12 9	4 24	7 26	17 20
12	11 31	25 37	25 41	7 3	12 46	5 40	8 49	17 21
13	11 31	25 35	25 48	7 16	13 24	6 55	10 12	17 23
14	11 31	25 33	25 54	7 29	14 2	8 10	11 34	17 24
15	11 30	25 30	26 0	7 42	14 40	9 25	12 54	17 25
16	11 30	25 28	26 6	7 55	15 18	10 41	14 14	17 27
17	11 30	25 26	26 13	8 8	15 56	11 56	15 32	17 28
18	11 30	25 24	26 19	8 21	16 33	13 11	16 49	17 30
19	11 30	25 22	26 26	8 33	17 11	14 27	18 4	17 31
20	11 29	25 20	26 32	8 46	17 49	15 42	19 17	17 33
21	11 29	25 18	26 39	8 59	18 27	16 57	20 28	17 34
22	11 29	25 17	26 45	9 12	19 5	18 13	21 37	17 36
23	11 29	25 15	26 52	9 24	19 42	19 28	22 43	17 37
24	11 D 29	25 13	26 58	9 37	20 20	20 43	23 45	17 39
25	11 29	25 11	27 5	9 49	20 58	21 59	24 44	17 40
26	11 30	25 9	27 12	10 2	21 36	23 14	25 40	17 42
27	11 30	25 8	27 18	10 15	22 14	24 30	26 30	17 43
28	11 30	25 6	27 25	10 27	22 51	25 45	27 15	17 45
29	11 30	25 4	27 32	10 39	23 29	27 0	27 55	17 47
30	11 30	25 3	27 39	10 52	24 7	28 16	28 28	17 48

Day	♂ Decl.	♀ Lat.	♀ Decl.	☿ Lat.	☿ Decl.	♇ Lat.	♇ Decl.	☊
	° ′	° ′	° ′	° ′	° ′	° ′	° ′	° ′
1	1 S 16	1 N 29	7 S 9	1 S 24	19 S 52	0 N 34	21 S 47	20 ♌ 8
4	2 2	1 27	8 34	1 42	21 13	0 33	21 47	19 58
7	2 47	1 24	9 57	1 58	22 25	0 33	21 47	19 49
10	3 31	1 21	11 18	2 11	23 28	0 33	21 47	19 39
13	4 16	1 17	12 37	2 22	24 19	0 32	21 47	19 30
16	5 0	1 13	13 53	2 30	24 59	0 32	21 47	19 20
19	5 44	1 8	15 6	2 34	25 27	0 31	21 46	19 11
22	6 28	1 2	16 15	2 33	25 43	0 31	21 46	19 1
25	7 11	0 57	17 21	2 25	25 45	0 31	21 46	18 51
28	7 54	0 51	18 22	2 10	25 34	0 30	21 46	18 42

2017 DEZEMBER

Day	Sidereal Time			☉ Long.			☉ Decl.		☽ Long.		☽ Lat.		☽ Decl.	
	H	M	S	°	′	″	°	′	°	′	°	′	°	′
1	4	40	10	8 ♐ 58		33	21 S	47	2 ♉	0	4 S	52	7 N	36
2	4	44	6	9	59	21	21	57	16	39	5	3	11	58
3	4	48	3	11	0	10	22	5	1 ♊	40	4	54	15	42
4	4	51	59	12	1	0	22	14	16	53	4	24	18	25
5	4	55	56	13	1	51	22	21	2 ♋	7	3	35	19	50
6	4	59	52	14	2	43	22	29	17	14	2	31	19	49
7	5	3	49	15	3	37	22	36	2 ♌	2	1	19	18	26
8	5	7	46	16	4	32	22	42	16	28	0	2	15	52
9	5	11	42	17	5	27	22	49	0 ♍	29	1 N 12		12	26
10	5	15	39	18	6	24	22	54	14	4	2	20	8	26
11	5	19	35	19	7	23	22	59	27	16	3	19	4	8
12	5	23	32	20	8	22	23	4	10 ♎	9	4	6	0 S	15
13	5	27	28	21	9	22	23	8	22	45	4	40	4	31
14	5	31	25	22	10	24	23	12	5 ♏	8	5	0	8	31
15	5	35	21	23	11	27	23	16	17	21	5	6	12	7
16	5	39	18	24	12	30	23	19	29	26	4	58	15	10
17	5	43	15	25	13	34	23	21	11 ♐	24	4	37	17	34
18	5	47	11	26	14	39	23	23	23	18	4	4	19	12
19	5	51	8	27	15	45	23	24	5 ♑	8	3	21	19	59
20	5	55	4	28	16	51	23	25	16	57	2	29	19	54
21	5	59	1	29	17	58	23	26	28	46	1	30	18	56
22	6	2	57	0 ♑ 19		5	23	26	10 ♒	38	0	27	17	8
23	6	6	54	1	20	12	23	26	22	35	0 S	38	14	35
24	6	10	50	2	21	20	23	25	4 ♓	43	1	42	11	22
25	6	14	47	3	22	27	23	24	17	5	2	43	7	36
26	6	18	44	4	23	35	23	22	29	45	3	37	3	25
27	6	22	40	5	24	43	23	19	12 ♈	49	4	22	1 N	2
28	6	26	37	6	25	50	23	15	26	19	4	54	5	35
29	6	30	33	7	26	58	23	14	10 ♉	18	5	10	10	0
30	6	34	30	8	28	6	23	10	24	45	5	7	13	59
31	6	38	26	9	29	14	23	6	9 ♊	37	4	44	17	13

Day	♆ Lat.	♆ Decl.	♅ Lat.	♅ Decl.	♄ Lat.	♄ Decl.	♃ Lat.	♃ Decl.	♂ Lat.
	° ′	° ′	° ′	° ′	° ′	° ′	° ′	° ′	° ′
1	0 S 55	8 S 6	0 S 35	9 N 8	0 N 56	22 S 29	1 N 1	14 S 11	1 N 3
4	0 55	8 6	0 35	9 6	0 56	22 30	1 1	14 22	1 3
7	0 55	8 5	0 35	9 5	0 56	22 30	1 1	14 33	1 2
10	0 55	8 4	0 35	9 4	0 55	22 31	1 1	14 44	1 1
13	0 55	8 4	0 35	9 3	0 55	22 31	1 2	14 54	1 0
16	0 55	8 3	0 35	9 2	0 55	22 31	1 2	15 4	0 59
19	0 55	8 2	0 35	9 1	0 55	22 32	1 2	15 14	0 59
22	0 55	8 1	0 35	9 0	0 54	22 32	1 2	15 24	0 58
25	0 55	7 59	0 35	9 0	0 54	22 32	1 2	15 33	0 57
28	0 55	7 58	0 35	8 59	0 54	22 32	1 3	15 42	0 56
31	0 55	7 56	0 34	8 59	0 54	22 32	1 3	15 50	0 54

DEZEMBER 2017

Day	♆ Long.	♅ Long.	♄ Long.	♃ Long.	♂ Long.	♀ Long.	☿ Long.	♇ Long.
	° ′	° ′	° ′	° ′	° ′	° ′	° ′	° ′
1	11 ♓ 31	25 ♈ 1	27 ♐ 46	11 ♏ 4	24 ♎ 45	29 ♏ 31	28 ♐ 53	17 ♑ 50
2	11 31	24 R 59	27 52	11 16	25 22	0 ♐ 47	29 10	17 52
3	11 31	24 58	27 59	11 29	26 0	2 2	29 18	17 53
4	11 32	24 56	28 6	11 41	26 38	3 17	29 R 16	17 55
5	11 32	24 55	28 13	11 53	27 15	4 33	29 3	17 57
6	11 32	24 54	28 20	12 5	27 53	5 48	28 40	17 59
7	11 33	24 52	28 27	12 17	28 31	7 4	28 5	18 0
8	11 33	24 51	28 34	12 29	29 8	8 19	27 19	18 2
9	11 34	24 50	28 41	12 41	29 46	9 35	26 22	18 4
10	11 35	24 49	28 48	12 53	0 ♏ 24	10 50	25 16	18 6
11	11 35	24 48	28 55	13 5	1 2	12 6	24 2	18 8
12	11 36	24 46	29 2	13 17	1 39	13 21	22 43	18 10
13	11 36	24 45	29 9	13 28	2 17	14 37	21 20	18 11
14	11 37	24 44	29 16	13 40	2 54	15 52	19 58	18 13
15	11 38	24 43	29 23	13 51	3 32	17 8	18 37	18 15
16	11 39	24 42	29 30	14 3	4 10	18 23	17 22	18 17
17	11 40	24 42	29 37	14 14	4 47	19 39	16 14	18 19
18	11 40	24 41	29 44	14 26	5 25	20 54	15 15	18 21
19	11 41	24 40	29 51	14 37	6 3	22 10	14 27	18 23
20	11 42	24 39	29 58	14 48	6 40	23 25	13 49	18 25
21	11 43	24 39	0 ♑ 5	14 59	7 18	24 41	13 22	18 27
22	11 44	24 38	0 13	15 10	7 55	25 56	13 6	18 29
23	11 45	24 37	0 20	15 21	8 33	27 12	13 0	18 31
24	11 46	24 37	0 27	15 32	9 10	28 28	13 D 4	18 33
25	11 47	24 36	0 34	15 43	9 48	29 43	13 17	18 35
26	11 48	24 36	0 41	15 54	10 25	0 ♑ 59	13 38	18 37
27	11 49	24 36	0 48	16 4	11 3	2 14	14 7	18 39
28	11 51	24 35	0 55	16 15	11 40	3 30	14 42	18 41
29	11 52	24 35	1 2	16 25	12 18	4 45	15 24	18 43
30	11 53	24 35	1 9	16 36	12 55	6 1	16 10	18 45
31	11 54	24 35	1 16	16 46	13 33	7 16	17 2	18 47

Day	♂ Decl.	♀ Lat.	♀ Decl.	☿ Lat.	☿ Decl.	♇ Lat.	♇ Decl.	☊
	° ′	° ′	° ′	° ′	° ′	° ′	° ′	° ′
1	8 S 36	0 N 44	19 S 19	1 S 44	25 S 10	0 N 30	21 S 45	18 ♌ 32
4	9 18	0 38	20 12	1 6	24 32	0 29	21 45	18 23
7	9 59	0 31	20 59	0 16	23 41	0 29	21 45	18 13
10	10 39	0 24	21 40	0 N 44	22 37	0 29	21 45	18 4
13	11 19	0 17	22 16	1 42	21 27	0 28	21 44	17 54
16	11 58	0 10	22 46	2 28	20 23	0 28	21 44	17 45
19	12 37	0 3	23 10	2 53	19 40	0 28	21 43	17 35
22	13 14	0 S 5	23 27	2 58	19 25	0 27	21 43	17 26
25	13 51	0 12	23 38	2 49	19 35	0 27	21 42	17 16
28	14 27	0 19	23 42	2 31	20 3	0 26	21 42	17 7
31	15 2	0 26	23 40	2 9	20 40	0 26	21 41	16 57

2018 JANUAR

Day	Sidereal Time			☉ Long.			☉ Decl.		☽ Long.		☽ Lat.		☽ Decl.	
	H	M	S	°	′	″	°	′	°	′	°	′	°	′
1	6	42	23	10 ♑ 30	21		23 S	1	24 Ⅱ	47	4 S	1	19 N	19
2	6	46	19	11	31	29	22	56	10 ♋	5	3	0	20	4
3	6	50	16	12	32	37	22	51	25	20	1	47	19	19
4	6	54	13	13	33	45	22	45	10 ♌	22	0	27	17	13
5	6	58	9	14	34	53	22	38	25	4	0 N	54	14	0
6	7	2	6	15	36	1	22	31	9 ♍	19	2	8	10	3
7	7	6	2	16	37	10	22	24	23	7	3	13	5	41
8	7	9	59	17	38	18	22	16	6 ♎	29	4	5	1	11
9	7	13	55	18	39	26	22	8	19	25	4	43	3 S	14
10	7	17	52	19	40	35	22	0	2 ♏	1	5	6	7	23
11	7	21	48	20	41	44	21	50	14	21	5	14	11	8
12	7	25	45	21	42	52	21	41	26	27	5	9	14	21
13	7	29	42	22	44	1	21	31	8 ♐	25	4	49	16	57
14	7	33	38	23	45	9	21	21	20	17	4	18	18	48
15	7	37	35	24	46	17	21	10	2 ♑	6	3	35	19	50
16	7	41	31	25	47	25	20	59	13	55	2	43	20	0
17	7	45	28	26	48	33	20	47	25	46	1	44	19	17
18	7	49	24	27	49	40	20	36	7 ♒	40	0	40	17	42
19	7	53	21	28	50	46	20	23	19	40	0 S	27	15	20
20	7	57	17	29	51	51	20	11	1 ♓	48	1	32	12	16
21	8	1	14	0 ♒	52	56	19	57	14	5	2	35	8	39
22	8	5	11	1	54	0	19	44	26	35	3	31	4	35
23	8	9	7	2	55	3	19	30	9 ♈	21	4	18	0	16
24	8	13	4	3	56	5	19	16	22	24	4	54	4 N	10
25	8	17	0	4	57	6	19	1	5 ♉	49	5	14	8	31
26	8	20	57	5	58	6	18	47	19	36	5	17	12	33
27	8	24	53	6	59	5	18	31	3 Ⅱ	46	5	1	15	59
28	8	28	50	8	0	3	18	16	18	18	4	25	18	31
29	8	32	46	9	1	0	18	0	3 ♋	7	3	32	19	52
30	8	36	43	10	1	56	17	44	18	8	2	23	19	50
31	8	40	40	11	2	50	17	27	3 ♌	12	1	5	18	27

Day	♆ Lat.	♆ Decl.	♅ Lat.	♅ Decl.	♄ Lat.	♄ Decl.	♃ Lat.	♃ Decl.	♂ Lat.
	° ′	° ′	° ′	° ′	° ′	° ′	° ′	° ′	° ′
1	0 S 55	7 S 56	0 S 34	8 N 59	0 N 54	22 S 32	1 N 3	15 S 53	0 N 54
4	0 55	7 54	0 34	8 59	0 54	22 32	1 3	16 1	0 53
7	0 55	7 53	0 34	9 0	0 53	22 32	1 4	16 9	0 52
10	0 55	7 51	0 34	9 0	0 53	22 32	1 4	16 16	0 50
13	0 55	7 49	0 34	9 1	0 53	22 31	1 4	16 24	0 49
16	0 55	7 47	0 34	9 1	0 53	22 31	1 5	16 30	0 48
19	0 55	7 45	0 34	9 2	0 53	22 31	1 5	16 37	0 46
22	0 54	7 43	0 34	9 4	0 53	22 30	1 5	16 43	0 45
25	0 54	7 41	0 34	9 5	0 53	22 30	1 6	16 48	0 43
28	0 54	7 39	0 33	9 6	0 53	22 29	1 6	16 53	0 41
31	0 54	7 36	0 33	9 8	0 53	22 28	1 7	16 58	0 39

JANUAR 2018

Day	♆ Long.	♅ Long.	♄ Long.	♃ Long.	♂ Long.	♀ Long.	☿ Long.	♇ Long.
	° ′	° ′	° ′	° ′	° ′	° ′	° ′	° ′
1	11 ♓ 56	24 ♈ 35	1 ♑ 23	16 ♏ 56	14 ♏ 10	8 ♑ 32	17 ♐ 57	18 ♑ 49
2	11 57	24 R 34	1 30	17 6	14 48	9 47	18 57	18 51
3	11 58	24 34	1 37	17 16	15 25	11 3	19 59	18 53
4	12 0	24 D 35	1 44	17 26	16 2	12 18	21 5	18 55
5	12 1	24 35	1 51	17 36	16 40	13 34	22 13	18 57
6	12 2	24 35	1 58	17 45	17 17	14 49	23 23	18 59
7	12 4	24 35	2 5	17 55	17 55	16 5	24 36	19 1
8	12 5	24 35	2 12	18 4	18 32	17 20	25 50	19 3
9	12 7	24 36	2 19	18 14	19 9	18 36	27 6	19 5
10	12 8	24 36	2 26	18 23	19 46	19 51	28 24	19 7
11	12 10	24 36	2 33	18 32	20 24	21 6	29 43	19 9
12	12 12	24 37	2 40	18 41	21 1	22 22	1 ♑ 3	19 11
13	12 13	24 37	2 46	18 50	21 38	23 37	2 25	19 13
14	12 15	24 38	2 53	18 59	22 15	24 53	3 47	19 15
15	12 17	24 38	3 0	19 8	22 53	26 8	5 10	19 17
16	12 18	24 39	3 7	19 16	23 30	27 24	6 35	19 19
17	12 20	24 40	3 13	19 25	24 7	28 39	8 0	19 21
18	12 22	24 41	3 20	19 33	24 44	29 55	9 26	19 23
19	12 23	24 41	3 27	19 41	25 21	1 ♒ 10	10 52	19 25
20	12 25	24 42	3 33	19 49	25 58	2 26	12 20	19 27
21	12 27	24 43	3 40	19 57	26 35	3 41	13 48	19 29
22	12 29	24 44	3 46	20 5	27 12	4 56	15 17	19 31
23	12 31	24 45	3 53	20 12	27 49	6 12	16 46	19 33
24	12 32	24 46	3 59	20 20	28 26	7 27	18 17	19 35
25	12 34	24 47	4 6	20 27	29 3	8 43	19 47	19 37
26	12 36	24 49	4 12	20 34	29 40	9 58	21 19	19 39
27	12 38	24 50	4 19	20 42	0 ♐ 17	11 13	22 51	19 41
28	12 40	24 51	4 25	20 49	0 54	12 29	24 24	19 43
29	12 42	24 52	4 31	20 55	1 31	13 44	25 57	19 45
30	12 44	24 54	4 37	21 2	2 8	14 59	27 31	19 47
31	12 46	24 55	4 44	21 8	2 45	16 15	29 6	19 49

Day	♂ Decl.	♀ Lat.	♀ Decl.	☿ Lat.	☿ Decl.	♇ Lat.	♇ Decl.	☊
	° ′	° ′	° ′	° ′	° ′	° ′	° ′	° ′
1	15 S 14	0 S 28	23 S 38	2 N 0	20 S 54	0 N 26	21 S 41	16 ♌ 54
4	15 48	0 35	23 27	1 34	21 34	0 26	21 41	16 44
7	16 20	0 41	23 9	1 8	22 12	0 25	21 40	16 35
10	16 52	0 47	22 45	0 42	22 44	0 25	21 40	16 25
13	17 23	0 53	22 15	0 17	23 8	0 25	21 39	16 16
16	17 53	0 59	21 38	0 S 7	23 23	0 24	21 39	16 6
19	18 21	1 4	20 56	0 29	23 29	0 24	21 38	15 57
22	18 49	1 8	20 8	0 50	23 23	0 24	21 38	15 47
25	19 15	1 13	19 15	1 8	23 6	0 23	21 37	15 38
28	19 40	1 16	18 17	1 25	22 37	0 23	21 36	15 28
31	20 4	1 20	17 14	1 39	21 57	0 23	21 36	15 19

2018 FEBRUAR

Day	Sidereal Time			☉ Long.			☉ Decl.		☽ Long.			☽ Lat.		☽ Decl.	
	H	M	S	°	′	″	°	′	°		′	°	′	°	′
1	8	44	36	12 ≈	3	44	17 S	10	18 ♌		10	0 N	18	15 N	40
2	8	48	33	13	4	36	16	53	2 ♍		54	1	38	11	58
3	8	52	29	14	5	28	16	36	17		17	2	50	7	38
4	8	56	26	15	6	19	16	18	1 ♎		16	3	50	3	1
5	9	0	22	16	7	8	16	0	14		47	4	35	1 S	36
6	9	4	19	17	7	57	15	42	27		53	5	4	5	59
7	9	8	15	18	8	45	15	23	10 ♏		35	5	17	9	58
8	9	12	12	19	9	32	15	4	22		57	5	15	13	26
9	9	16	9	20	10	18	14	45	5 ♐		4	4	59	16	14
10	9	20	5	21	11	3	14	26	17		0	4	30	18	20
11	9	24	2	22	11	46	14	7	28		50	3	50	19	36
12	9	27	58	23	12	29	13	47	10 ♑		38	3	0	20	1
13	9	31	55	24	13	11	13	27	22		28	2	2	19	33
14	9	35	51	25	13	51	13	6	4 ≈		23	0	59	18	13
15	9	39	48	26	14	30	12	46	16		25	0 S	8	16	3
16	9	43	44	27	15	7	12	25	28		37	1	15	13	8
17	9	47	41	28	15	43	12	5	11 ♓		0	2	19	9	36
18	9	51	38	29	16	18	11	43	23		35	3	18	5	35
19	9	55	34	0 ♓	16	51	11	22	6 ♈		23	4	8	1	16
20	9	59	31	1	17	22	11	1	19		24	4	46	3 N	11
21	10	3	27	2	17	51	10	39	2 ♉		40	5	9	7	33
22	10	7	24	3	18	18	10	18	16		10	5	16	11	37
23	10	11	20	4	18	44	9	56	29		55	5	5	15	9
24	10	15	17	5	19	7	9	34	13 ♊		55	4	36	17	54
25	10	19	13	6	19	29	9	11	28		8	3	50	19	35
26	10	23	10	7	19	49	8	49	12 ♋		34	2	49	20	3
27	10	27	7	8	20	7	8	27	27		8	1	36	19	9
28	10	31	3	9	20	23	8	4	11 ♌		46	0	17	16	59

Day	♆ Lat.	♆ Decl.	♅ Lat.	♅ Decl.	♄ Lat.	♄ Decl.	♃ Lat.	♃ Decl.	♂ Lat.
	° ′	° ′	° ′	° ′	° ′	° ′	° ′	° ′	° ′
1	0 S 54	7 S 35	0 S 33	9 N 8	0 N 53	22 S 28	1 N 7	17 S 0	0 N 39
4	0 54	7 33	0 33	9 10	0 53	22 28	1 7	17 4	0 37
7	0 54	7 31	0 33	9 12	0 53	22 27	1 8	17 8	0 35
10	0 54	7 28	0 33	9 14	0 53	22 26	1 8	17 12	0 33
13	0 54	7 26	0 33	9 17	0 53	22 26	1 9	17 15	0 31
16	0 54	7 23	0 33	9 19	0 53	22 25	1 9	17 17	0 28
19	0 54	7 21	0 33	9 21	0 52	22 24	1 9	17 20	0 26
22	0 54	7 18	0 33	9 24	0 52	22 23	1 10	17 21	0 23
25	0 54	7 15	0 33	9 27	0 52	22 23	1 10	17 23	0 21
28	0 54	7 13	0 32	9 30	0 53	22 22	1 11	17 24	0 18

FEBRUAR 2018

Day	♆ Long.	♅ Long.	♄ Long.	♃ Long.	♂ Long.	♀ Long.	☿ Long.	♇ Long.
	° ′	° ′	° ′	° ′	° ′	° ′	° ′	° ′
1	12 ♓ 48	24 ♈ 57	4 ♑ 50	21 ♏ 15	3 ♐ 21	17 ♒ 30	0 ♒ 41	19 ♑ 51
2	12 50	24 58	4 56	21 21	3 58	18 45	2 17	19 53
3	12 52	25 0	5 2	21 27	4 35	20 0	3 54	19 54
4	12 54	25 1	5 8	21 33	5 11	21 16	5 32	19 56
5	12 56	25 3	5 14	21 39	5 48	22 31	7 10	19 58
6	12 58	25 5	5 20	21 44	6 25	23 46	8 49	20 0
7	13 0	25 6	5 26	21 50	7 1	25 1	10 29	20 2
8	13 3	25 8	5 31	21 55	7 38	26 17	12 9	20 4
9	13 5	25 10	5 37	22 0	8 14	27 32	13 51	20 6
10	13 7	25 12	5 43	22 5	8 51	28 47	15 33	20 7
11	13 9	25 14	5 48	22 10	9 27	0 ♓ 2	17 16	20 9
12	13 11	25 16	5 54	22 15	10 4	1 17	18 59	20 11
13	13 13	25 18	5 59	22 19	10 40	2 33	20 44	20 13
14	13 16	25 20	6 5	22 23	11 16	3 48	22 30	20 14
15	13 18	25 22	6 10	22 28	11 52	5 3	24 16	20 16
16	13 20	25 24	6 16	22 31	12 29	6 18	26 3	20 18
17	13 22	25 26	6 21	22 35	13 5	7 33	27 51	20 20
18	13 24	25 29	6 26	22 39	13 41	8 48	29 40	20 21
19	13 27	25 31	6 31	22 42	14 17	10 3	1 ♓ 30	20 23
20	13 29	25 33	6 36	22 46	14 53	11 18	3 20	20 25
21	13 31	25 35	6 41	22 49	15 29	12 33	5 11	20 26
22	13 33	25 38	6 46	22 51	16 5	13 48	7 3	20 28
23	13 36	25 40	6 51	22 54	16 41	15 3	8 55	20 29
24	13 38	25 43	6 56	22 57	17 17	16 18	10 48	20 31
25	13 40	25 45	7 0	22 59	17 53	17 33	12 42	20 33
26	13 42	25 48	7 5	23 1	18 28	18 48	14 35	20 34
27	13 45	25 50	7 10	23 3	19 4	20 3	16 29	20 36
28	13 47	25 53	7 14	23 5	19 40	21 18	18 22	20 37

Day	♂ Decl.	♀ Lat.	♀ Decl.	☿ Lat.	☿ Decl.	♇ Lat.	♇ Decl.	☊
	° ′	° ′	° ′	° ′	° ′	° ′	° ′	° ′
1	20 S 11	1 S 21	16 S 52	1 S 43	21 S 40	0 N 23	21 S 36	15 ☊ 15
4	20 33	1 23	15 43	1 53	20 43	0 22	21 35	15 6
7	20 54	1 25	14 31	2 1	19 33	0 22	21 35	14 56
10	21 14	1 27	13 15	2 5	18 9	0 22	21 34	14 47
13	21 32	1 27	11 56	2 5	16 33	0 22	21 34	14 37
16	21 49	1 28	10 33	2 2	14 45	0 21	21 33	14 28
19	22 5	1 27	9 9	1 54	12 43	0 21	21 33	14 18
22	22 19	1 26	7 42	1 41	10 29	0 21	21 32	14 9
25	22 32	1 25	6 13	1 24	8 5	0 21	21 32	13 59
28	22 44	1 23	4 43	1 0	5 31	0 20	21 31	13 50

2018 MÄRZ

Day	Sidereal Time	☉ Long.	☉ Decl.	☽ Long.	☽ Lat.	☽ Decl.
	H M S	° ′ ″	° ′	° ′	° ′	° ′
1	10 35 0	10 ♓ 20 37	7 S 41	26 ♌ 23	1 N 3	13 N 43
2	10 38 56	11 20 49	7 18	10 ♍ 51	2 18	9 37
3	10 42 53	12 21 0	6 56	25 6	3 23	5 3
4	10 46 49	13 21 9	6 32	9 ♎ 2	4 15	0 19
5	10 50 46	14 21 16	6 9	22 36	4 50	4 S 18
6	10 54 42	15 21 21	5 46	5 ♏ 46	5 9	8 34
7	10 58 39	16 21 25	5 23	18 33	5 12	12 20
8	11 2 36	17 21 27	5 0	1 ♐ 0	5 0	15 27
9	11 6 32	18 21 27	4 36	13 9	4 35	17 50
10	11 10 29	19 21 26	4 13	25 7	3 58	19 23
11	11 14 25	20 21 23	3 49	6 ♑ 57	3 11	20 5
12	11 18 22	21 21 19	3 26	18 46	2 16	19 53
13	11 22 18	22 21 13	3 2	0 ≈ 37	1 15	18 48
14	11 26 15	23 21 5	2 38	12 35	0 11	16 51
15	11 30 11	24 20 55	2 15	24 45	0 S 56	14 9
16	11 34 8	25 20 43	1 51	7 ♓ 9	2 0	10 45
17	11 38 5	26 20 30	1 27	19 48	3 0	6 48
18	11 42 1	27 20 14	1 3	2 ♈ 44	3 52	2 27
19	11 45 58	28 19 57	0 40	15 56	4 32	2 N 5
20	11 49 54	29 19 37	0 16	29 22	4 58	6 35
21	11 53 51	0 ♈ 19 15	0 N 8	13 ♉ 0	5 8	10 50
22	11 57 47	1 18 51	0 31	26 48	5 0	14 34
23	12 1 44	2 18 25	0 55	10 ♊ 44	4 35	17 33
24	12 5 40	3 17 56	1 19	24 46	3 53	19 27
25	12 9 37	4 17 25	1 42	8 ♋ 53	2 56	20 12
26	12 13 33	5 16 52	2 6	23 3	1 49	19 41
27	12 17 30	6 16 17	2 29	7 ♌ 14	0 35	17 54
28	12 21 27	7 15 39	2 53	21 26	0 N 41	15 1
29	12 25 23	8 14 59	3 16	5 ♍ 34	1 55	11 15
30	12 29 20	9 14 17	3 40	19 38	3 0	6 52
31	12 33 16	10 13 33	4 3	3 ♎ 31	3 54	2 11

Day	♆ Lat.	♆ Decl.	♅ Lat.	♅ Decl.	♄ Lat.	♄ Decl.	♃ Lat.	♃ Decl.	♂ Lat.
	° ′	° ′	° ′	° ′	° ′	° ′	° ′	° ′	° ′
1	0 S 54	7 S 12	0 S 32	9 N 31	0 N 53	22 S 22	1 N 11	17 S 24	0 N 17
4	0 54	7 9	0 32	9 34	0 53	22 21	1 11	17 25	0 14
7	0 54	7 7	0 32	9 37	0 53	22 20	1 12	17 25	0 11
10	0 54	7 4	0 32	9 40	0 53	22 20	1 12	17 24	0 8
13	0 55	7 2	0 32	9 43	0 53	22 19	1 13	17 24	0 5
16	0 55	6 59	0 32	9 46	0 53	22 18	1 13	17 22	0 1
19	0 55	6 56	0 32	9 50	0 53	22 18	1 14	17 21	0 S 3
22	0 55	6 54	0 32	9 53	0 53	22 17	1 14	17 19	0 6
25	0 55	6 51	0 32	9 57	0 53	22 17	1 15	17 16	0 10
28	0 55	6 49	0 32	10 0	0 53	22 16	1 15	17 14	0 15
31	0 55	6 47	0 32	10 4	0 53	22 16	1 15	17 11	0 19

MÄRZ 2018

Day	♆ Long.	♅ Long.	♄ Long.	♃ Long.	♂ Long.	♀ Long.	☿ Long.	♇ Long.
	° ′	° ′	° ′	° ′	° ′	° ′	° ′	° ′
1	13 ♓ 49	25 ♈ 55	7 ♑ 19	23 ♏ 7	20 ♐ 15	22 ♓ 33	20 ♓ 16	20 ♑ 39
2	13 51	25 58	7 23	23 8	20 51	23 47	22 9	20 40
3	13 54	26 1	7 27	23 9	21 26	25 2	24 0	20 41
4	13 56	26 3	7 31	23 10	22 2	26 17	25 51	20 43
5	13 58	26 6	7 36	23 11	22 37	27 32	27 40	20 44
6	14 1	26 9	7 40	23 12	23 12	28 46	29 27	20 46
7	14 3	26 12	7 44	23 12	23 48	0 ♈ 1	1 ♈ 12	20 47
8	14 5	26 15	7 47	23 13	24 23	1 16	2 53	20 48
9	14 7	26 17	7 51	23 13	24 58	2 30	4 31	20 49
10	14 10	26 20	7 55	23 R 13	25 33	3 45	6 6	20 51
11	14 12	26 23	7 59	23 13	26 8	4 59	7 35	20 52
12	14 14	26 26	8 2	23 12	26 43	6 14	9 0	20 53
13	14 16	26 29	8 6	23 11	27 18	7 29	10 19	20 54
14	14 19	26 32	8 9	23 11	27 52	8 43	11 31	20 55
15	14 21	26 35	8 12	23 10	28 27	9 58	12 38	20 57
16	14 23	26 38	8 15	23 8	29 2	11 12	13 37	20 58
17	14 26	26 41	8 19	23 7	29 36	12 26	14 29	20 59
18	14 28	26 44	8 22	23 6	0 ♑ 11	13 41	15 13	21 0
19	14 30	26 47	8 25	23 4	0 45	14 55	15 50	21 1
20	14 32	26 51	8 27	23 2	1 19	16 10	16 18	21 2
21	14 34	26 54	8 30	23 0	1 53	17 24	16 39	21 3
22	14 37	26 57	8 33	22 57	2 28	18 38	16 51	21 4
23	14 39	27 0	8 35	22 55	3 2	19 52	16 55	21 5
24	14 41	27 3	8 38	22 52	3 35	21 7	16 R 51	21 6
25	14 43	27 6	8 40	22 49	4 9	22 21	16 40	21 7
26	14 45	27 10	8 43	22 46	4 43	23 35	16 21	21 7
27	14 48	27 13	8 45	22 43	5 17	24 49	15 56	21 8
28	14 50	27 16	8 47	22 40	5 50	26 3	15 24	21 9
29	14 52	27 20	8 49	22 36	6 23	27 17	14 48	21 10
30	14 54	27 23	8 51	22 33	6 57	28 31	14 7	21 10
31	14 56	27 26	8 53	22 29	7 30	29 45	13 22	21 11

Day	♂ Decl.	♀ Lat.	♀ Decl.	☿ Lat.	☿ Decl.	♇ Lat.	♇ Decl.	☊
	° ′	° ′	° ′	° ′	° ′	° ′	° ′	° ′
1	22 S 48	1 S 22	4 S 13	0 S 51	4 S 39	0 N 20	21 S 31	13 ☊ 46
4	22 58	1 19	2 41	0 21	1 58	0 20	21 31	13 37
7	23 6	1 16	1 9	0 N 15	0 N 42	0 20	21 30	13 27
10	23 14	1 12	0 N 23	0 54	3 14	0 20	21 30	13 18
13	23 20	1 7	1 56	1 34	5 31	0 19	21 30	13 8
16	23 25	1 2	3 28	2 12	7 24	0 19	21 29	12 59
19	23 29	0 57	5 0	2 46	8 47	0 19	21 29	12 49
22	23 31	0 51	6 31	3 11	9 34	0 19	21 29	12 40
25	23 33	0 45	8 0	3 25	9 42	0 18	21 29	12 30
28	23 33	0 38	9 28	3 24	9 12	0 18	21 28	12 21
31	23 33	0 31	10 54	3 7	8 8	0 18	21 28	12 11

2018 APRIL

Day	Sidereal Time	☉ Long.	☉ Decl.	☽ Long.	☽ Lat.	☽ Decl.
	H M S	° ′ ″	° ′	° ′	° ′	° ′
1	12 37 13	11 ♈ 12 47	4 N 26	17 ♎ 11	4 N 34	2 S 32
2	12 41 9	12 11 58	4 49	0 ♏ 34	4 57	7 1
3	12 45 6	13 11 6	5 12	13 38	5 5	11 5
4	12 49 2	14 10 16	5 35	26 23	4 56	14 32
5	12 52 59	15 9 22	5 58	8 ♐ 49	4 34	17 15
6	12 56 56	16 8 26	6 21	20 59	3 59	19 5
7	13 0 52	17 7 28	6 44	2 ♑ 57	3 15	20 9
8	13 4 49	18 6 29	7 6	14 48	2 23	20 15
9	13 8 45	19 5 28	7 29	26 37	1 24	19 27
10	13 12 42	20 4 25	7 51	8 ♒ 29	0 22	17 47
11	13 16 38	21 3 20	8 13	20 30	0 S 42	15 19
12	13 20 35	22 2 13	8 35	2 ♓ 44	1 45	12 8
13	13 24 31	23 1 5	8 57	15 15	2 45	8 20
14	13 28 28	23 59 55	9 19	28 7	3 37	4 4
15	13 32 25	24 58 43	9 40	11 ♈ 20	4 20	0 N 30
16	13 36 21	25 57 29	10 2	24 54	4 48	5 10
17	13 40 18	26 56 13	10 23	8 ♉ 46	5 1	9 40
18	13 44 14	27 54 54	10 44	22 51	4 56	13 43
19	13 48 11	28 53 34	11 5	7 ♊ 6	4 32	17 1
20	13 52 7	29 52 12	11 25	21 23	3 51	19 18
21	13 56 4	0 ♉ 50 48	11 46	5 ♋ 40	2 56	20 23
22	14 0 0	1 49 21	12 6	19 53	1 50	20 9
23	14 3 57	2 47 52	12 26	4 ♌ 0	0 38	18 38
24	14 7 54	3 46 22	12 46	18 1	0 N 36	16 0
25	14 11 50	4 44 49	13 6	1 ♍ 54	1 47	12 28
26	14 15 47	5 43 14	13 26	15 40	2 51	8 17
27	14 19 43	6 41 36	13 45	29 18	3 45	3 43
28	14 23 40	7 39 57	14 4	12 ♎ 46	4 25	0 S 58
29	14 27 36	8 38 16	14 23	26 3	4 51	5 32
30	14 31 33	9 36 33	14 41	9 ♏ 7	5 0	9 47

Day	♆ Lat.	♆ Decl.	♅ Lat.	♅ Decl.	♄ Lat.	♄ Decl.	♃ Lat.	♃ Decl.	♂ Lat.
	° ′	° ′	° ′	° ′	° ′	° ′	° ′	° ′	° ′
1	0 S 55	6 S 46	0 S 32	10 N 5	0 N 53	22 S 16	1 N 15	17 S 9	0 S 21
4	0 55	6 43	0 32	10 9	0 53	22 15	1 16	17 6	0 25
7	0 55	6 41	0 32	10 12	0 53	22 15	1 16	17 2	0 30
10	0 55	6 39	0 32	10 16	0 53	22 15	1 16	16 57	0 35
13	0 55	6 37	0 32	10 20	0 53	22 14	1 16	16 53	0 41
16	0 55	6 35	0 32	10 23	0 53	22 14	1 17	16 48	0 46
19	0 55	6 33	0 32	10 27	0 53	22 14	1 17	16 43	0 52
22	0 55	6 31	0 32	10 31	0 53	22 14	1 17	16 37	0 58
25	0 55	6 29	0 32	10 34	0 53	22 14	1 17	16 32	1 5
28	0 56	6 27	0 32	10 38	0 53	22 15	1 17	16 26	1 11

APRIL 2018

Day	♆ Long.	♅ Long.	♄ Long.	♃ Long.	♂ Long.	♀ Long.	☿ Long.	♇ Long.
	° ′	° ′	° ′	° ′	° ′	° ′	° ′	° ′
1	14 ♓ 58	27 ♈ 29	8 ♑ 54	22 ♏ 25	8 ♑ 3	0 ♉ 59	12 ♈ 34	21 ♑ 12
2	15 0	27 33	8 56	22 R 20	8 36	2 13	11 R 45	21 12
3	15 2	27 36	8 57	22 16	9 9	3 27	10 55	21 13
4	15 4	27 40	8 59	22 11	9 41	4 41	10 6	21 14
5	15 6	27 43	9 0	22 7	10 14	5 54	9 18	21 14
6	15 8	27 46	9 1	22 2	10 47	7 8	8 32	21 15
7	15 10	27 50	9 3	21 57	11 19	8 22	7 49	21 15
8	15 12	27 53	9 4	21 52	11 51	9 36	7 10	21 16
9	15 14	27 56	9 5	21 47	12 23	10 49	6 35	21 16
10	15 16	28 0	9 5	21 41	12 55	12 3	6 4	21 16
11	15 18	28 3	9 6	21 36	13 27	13 16	5 38	21 17
12	15 20	28 7	9 7	21 30	13 58	14 30	5 18	21 17
13	15 22	28 10	9 7	21 24	14 30	15 43	5 2	21 17
14	15 24	28 14	9 8	21 18	15 1	16 57	4 52	21 18
15	15 26	28 17	9 8	21 12	15 32	18 10	4 48	21 18
16	15 28	28 21	9 8	21 6	16 3	19 24	4 D 48	21 18
17	15 30	28 24	9 9	20 59	16 34	20 37	4 54	21 18
18	15 31	28 27	9 9	20 53	17 5	21 50	5 5	21 19
19	15 33	28 31	9 R 9	20 47	17 36	23 4	5 20	21 19
20	15 35	28 34	9 8	20 40	18 6	24 17	5 41	21 19
21	15 37	28 38	9 8	20 33	18 36	25 30	6 5	21 19
22	15 38	28 41	9 8	20 26	19 6	26 43	6 35	21 19
23	15 40	28 45	9 7	20 19	19 36	27 56	7 8	21 19
24	15 42	28 48	9 7	20 12	20 5	29 9	7 45	21 R 19
25	15 43	28 51	9 6	20 5	20 35	0 ♊ 22	8 27	21 19
26	15 45	28 55	9 6	19 58	21 4	1 35	9 11	21 19
27	15 47	28 58	9 5	19 51	21 33	2 48	10 0	21 19
28	15 48	29 2	9 4	19 44	22 2	4 1	10 51	21 18
29	15 50	29 5	9 3	19 36	22 30	5 14	11 46	21 18
30	15 51	29 9	9 2	19 29	22 58	6 27	12 44	21 18

Day	♂ Decl.	♀ Lat.	♀ Decl.	☿ Lat.	☿ Decl.	♇ Lat.	♇ Decl.	☊
	° ′	° ′	° ′	° ′	° ′	° ′	° ′	° ′
1	23 S 32	0 S 29	11 N 22	2 N 58	7 N 42	0 N 18	21 S 28	12 ☊ 8
4	23 30	0 21	12 45	2 23	6 11	0 18	21 28	11 58
7	23 27	0 14	14 5	1 38	4 36	0 18	21 28	11 49
10	23 24	0 6	15 22	0 49	3 10	0 17	21 28	11 39
13	23 19	0 N 2	16 35	0 1	2 1	0 17	21 28	11 30
16	23 14	0 10	17 45	0 S 43	1 15	0 17	21 28	11 20
19	23 8	0 19	18 50	1 22	0 52	0 17	21 28	11 11
22	23 2	0 27	19 51	1 54	0 52	0 17	21 28	11 1
25	22 56	0 35	20 48	2 20	1 12	0 16	21 29	10 52
28	22 49	0 43	21 39	2 39	1 51	0 16	21 29	10 42

2018 MAI

Day	Sidereal Time	☉ Long.	☉ Decl.	☽ Long.	☽ Lat.	☽ Decl.
	H M S	° ′ ″	° ′	° ′	° ′	° ′
1	14 35 29	10 ♉ 34 49	15 N 0	21 ♏ 56	4 N 54	13 S 30
2	14 39 26	11 33 2	15 18	4 ♐ 30	4 34	16 33
3	14 43 23	12 31 14	15 36	16 50	4 1	18 47
4	14 47 19	13 29 24	15 53	28 56	3 18	20 8
5	14 51 16	14 27 33	16 11	10 ♑ 52	2 26	20 34
6	14 55 12	15 25 40	16 28	22 42	1 29	20 4
7	14 59 9	16 23 46	16 44	4 ♒ 31	0 27	18 41
8	15 3 5	17 21 51	17 1	16 22	0 S 36	16 30
9	15 7 2	18 19 54	17 17	28 23	1 38	13 34
10	15 10 58	19 17 55	17 33	10 ♓ 38	2 36	10 0
11	15 14 55	20 15 56	17 49	23 12	3 29	5 54
12	15 18 52	21 13 55	18 4	6 ♈ 9	4 13	1 26
13	15 22 48	22 11 52	18 19	19 31	4 44	3 N 15
14	15 26 45	23 9 49	18 34	3 ♉ 19	5 0	7 55
15	15 30 41	24 7 43	18 48	17 30	4 58	12 16
16	15 34 38	25 5 36	19 2	1 ♊ 58	4 38	16 1
17	15 38 34	26 3 28	19 16	16 38	3 58	18 49
18	15 42 31	27 1 18	19 29	1 ♋ 20	3 3	20 22
19	15 46 27	27 59 7	19 42	15 59	1 56	20 33
20	15 50 24	28 56 54	19 55	0 ♌ 29	0 42	19 22
21	15 54 21	29 54 39	20 8	14 46	0 N 34	16 57
22	15 58 17	0 ♊ 52 23	20 20	28 48	1 47	13 33
23	16 2 14	1 50 5	20 32	12 ♍ 36	2 52	9 28
24	16 6 10	2 47 46	20 43	26 9	3 46	4 59
25	16 10 7	3 45 25	20 54	9 ♎ 29	4 27	0 20
26	16 14 3	4 43 2	21 5	22 37	4 53	4 S 16
27	16 18 0	5 40 38	21 15	5 ♏ 32	5 3	8 36
28	16 21 56	6 38 13	21 25	18 15	4 59	12 28
29	16 25 53	7 35 47	21 34	0 ♐ 47	4 40	15 45
30	16 29 50	8 33 19	21 44	13 6	4 8	18 16
31	16 33 46	9 30 50	21 52	25 15	3 25	19 56

Day	♆ Lat.	♆ Decl.	♅ Lat.	♅ Decl.	♄ Lat.	♄ Decl.	♃ Lat.	♃ Decl.	♂ Lat.
	° ′	° ′	° ′	° ′	° ′	° ′	° ′	° ′	° ′
1	0 S 56	6 S 25	0 S 32	10 N 42	0 N 53	22 S 15	1 N 17	16 S 20	1 S 18
4	0 56	6 24	0 32	10 45	0 53	22 15	1 17	16 14	1 26
7	0 56	6 22	0 32	10 49	0 53	22 15	1 16	16 8	1 33
10	0 56	6 21	0 32	10 52	0 53	22 16	1 16	16 2	1 41
13	0 56	6 20	0 32	10 56	0 53	22 16	1 16	15 56	1 50
16	0 56	6 18	0 32	10 59	0 53	22 17	1 16	15 50	1 59
19	0 56	6 17	0 32	11 2	0 53	22 17	1 15	15 44	2 8
22	0 56	6 16	0 32	11 6	0 53	22 18	1 15	15 38	2 18
25	0 57	6 15	0 32	11 9	0 53	22 19	1 14	15 33	2 28
28	0 57	6 15	0 32	11 12	0 53	22 19	1 14	15 27	2 38
31	0 57	6 14	0 32	11 15	0 53	22 20	1 13	15 22	2 49

MAI 2018

Day	♆ Long.	♅ Long.	♄ Long.	♃ Long.	♂ Long.	♀ Long.	☿ Long.	♇ Long.
	° ′	° ′	° ′	° ′	° ′	° ′	° ′	° ′
1	15 ♓ 53	29 ♈ 12	9 ♑ 1	19 ♏ 22	23 ♑ 26	7 ♊ 40	13 ♈ 45	21 ♑ 18
2	15 54	29 15	8 R 59	19 R 14	23 54	8 52	14 48	21 R 17
3	15 56	29 19	8 58	19 7	24 22	10 5	15 55	21 17
4	15 57	29 22	8 56	18 59	24 49	11 17	17 4	21 17
5	15 59	29 25	8 55	18 51	25 16	12 30	18 15	21 17
6	16 0	29 29	8 53	18 44	25 43	13 43	19 29	21 16
7	16 1	29 32	8 51	18 36	26 10	14 55	20 46	21 16
8	16 3	29 35	8 50	18 29	26 36	16 7	22 4	21 15
9	16 4	29 39	8 48	18 21	27 2	17 20	23 25	21 15
10	16 5	29 42	8 46	18 13	27 27	18 32	24 49	21 14
11	16 6	29 45	8 43	18 6	27 53	19 44	26 14	21 14
12	16 8	29 49	8 41	17 58	28 18	20 57	27 42	21 13
13	16 9	29 52	8 39	17 50	28 43	22 9	29 12	21 13
14	16 10	29 55	8 37	17 43	29 7	23 21	0 ♉ 44	21 12
15	16 11	29 58	8 34	17 35	29 31	24 33	2 18	21 11
16	16 12	0 ♉ 1	8 32	17 28	29 55	25 45	3 55	21 11
17	16 13	0 5	8 29	17 20	0 ♒ 18	26 57	5 33	21 10
18	16 14	0 8	8 26	17 13	0 41	28 9	7 14	21 9
19	16 15	0 11	8 24	17 5	1 4	29 21	8 56	21 9
20	16 16	0 14	8 21	16 58	1 26	0 ♋ 32	10 41	21 8
21	16 17	0 17	8 18	16 51	1 48	1 44	12 28	21 7
22	16 18	0 20	8 15	16 43	2 10	2 56	14 17	21 6
23	16 19	0 23	8 12	16 36	2 31	4 7	16 8	21 5
24	16 20	0 26	8 9	16 29	2 52	5 19	18 1	21 4
25	16 21	0 29	8 6	16 22	3 12	6 31	19 56	21 4
26	16 22	0 32	8 2	16 15	3 32	7 42	21 53	21 3
27	16 22	0 35	7 59	16 8	3 51	8 53	23 53	21 2
28	16 23	0 38	7 56	16 1	4 10	10 5	25 54	21 1
29	16 24	0 41	7 52	15 55	4 29	11 16	27 57	21 0
30	16 24	0 44	7 49	15 48	4 47	12 27	0 ♊ 1	20 59
31	16 25	0 47	7 45	15 41	5 4	13 38	2 8	20 58

Day	♂ Decl.	♀ Lat.	♀ Decl.	☿ Lat.	☿ Decl.	♇ Lat.	♇ Decl.	☊
	° ′	° ′	° ′	° ′	° ′	° ′	° ′	° ′
1	22 S 41	0 N 51	22 N 26	2 S 52	2 N 47	0 N 16	21 S 29	10 ☊ 33
4	22 34	0 59	23 6	2 59	3 57	0 16	21 29	10 23
7	22 27	1 7	23 41	3 0	5 19	0 16	21 30	10 14
10	22 20	1 14	24 10	2 55	6 53	0 16	21 30	10 4
13	22 13	1 21	24 33	2 46	8 36	0 15	21 31	9 55
16	22 6	1 27	24 49	2 31	10 27	0 15	21 31	9 45
19	22 0	1 33	24 59	2 12	12 24	0 15	21 32	9 35
22	21 55	1 39	25 3	1 48	14 24	0 15	21 32	9 26
25	21 50	1 44	25 1	1 21	16 25	0 15	21 33	9 16
28	21 46	1 49	24 51	0 51	18 24	0 15	21 33	9 7
31	21 44	1 52	24 36	0 19	20 17	0 14	21 34	8 57

Day	Sidereal Time	☉ Long.	☉ Decl.	☽ Long.	☽ Lat.	☽ Decl.
	H M S	° ′ ″	° ′	° ′	° ′	° ′
1	16 37 43	10 ♊ 28 20	22 N 1	7 ♑ 15	2 N 33	20 S 41
2	16 41 39	11 25 50	22 9	19 7	1 35	20 30
3	16 45 36	12 23 18	22 17	0 ♒ 55	0 33	19 24
4	16 49 32	13 20 46	22 24	12 42	0 S 30	17 28
5	16 53 29	14 18 13	22 31	24 34	1 32	14 47
6	16 57 25	15 15 39	22 37	6 ♓ 34	2 32	11 27
7	17 1 22	16 13 4	22 43	18 48	3 25	7 35
8	17 5 19	17 10 29	22 49	1 ♈ 21	4 11	3 18
9	17 9 15	18 7 53	22 54	14 17	4 45	1 N 15
10	17 13 12	19 5 17	22 59	27 40	5 5	5 54
11	17 17 8	20 2 40	23 4	11 ♉ 31	5 8	10 24
12	17 21 5	21 0 3	23 8	25 49	4 52	14 29
13	17 25 1	21 57 24	23 11	10 ♊ 29	4 17	17 46
14	17 28 58	22 54 45	23 15	25 24	3 24	19 57
15	17 32 54	23 52 6	23 18	10 ♋ 26	2 17	20 45
16	17 36 51	24 49 26	23 20	25 25	1 N 0	20 4
17	17 40 48	25 46 44	23 22	10 ♌ 15	0 20	18 0
18	17 44 44	26 44 3	23 24	24 48	1 38	14 48
19	17 48 41	27 41 20	23 25	9 ♍ 2	2 48	10 47
20	17 52 37	28 38 37	23 26	22 54	3 46	6 16
21	17 56 34	29 35 52	23 26	6 ♎ 26	4 30	1 35
22	18 0 30	0 ♋ 33 7	23 26	19 39	4 58	3 S 5
23	18 4 27	1 30 22	23 26	2 ♏ 34	5 11	7 29
24	18 8 23	2 27 36	23 25	15 14	5 8	11 29
25	18 12 20	3 24 49	23 23	27 41	4 50	14 55
26	18 16 17	4 22 1	23 22	9 ♐ 57	4 20	17 39
27	18 20 13	5 19 14	23 20	22 3	3 38	19 35
28	18 24 10	6 16 25	23 17	4 ♑ 2	2 47	20 36
29	18 28 6	7 13 37	23 14	15 55	1 48	20 42
30	18 32 3	8 10 48	23 11	27 43	0 45	19 52

Day	♆ Lat.	♆ Decl.	♅ Lat.	♅ Decl.	♄ Lat.	♄ Decl.	♃ Lat.	♃ Decl.	♂ Lat.
	° ′	° ′	° ′	° ′	° ′	° ′	° ′	° ′	° ′
1	0 S 57	6 S 14	0 S 32	11 N 16	0 N 53	22 S 20	1 N 13	15 S 20	2 S 53
4	0 57	6 13	0 32	11 19	0 53	22 21	1 13	15 16	3 4
7	0 57	6 13	0 32	11 22	0 52	22 22	1 12	15 11	3 16
10	0 57	6 12	0 32	11 24	0 52	22 23	1 11	15 7	3 28
13	0 57	6 12	0 32	11 27	0 52	22 23	1 11	15 3	3 41
16	0 57	6 12	0 32	11 29	0 52	22 24	1 10	15 0	3 54
19	0 58	6 12	0 32	11 32	0 52	22 25	1 9	14 57	4 7
22	0 58	6 12	0 32	11 34	0 52	22 26	1 8	14 54	4 20
25	0 58	6 13	0 32	11 36	0 51	22 27	1 8	14 52	4 34
28	0 58	6 13	0 32	11 38	0 51	22 28	1 7	14 51	4 47

JUNI 2018

Day	♆ Long.	♅ Long.	♄ Long.	♃ Long.	♂ Long.	♀ Long.	☿ Long.	♇ Long.
	° ′	° ′	° ′	° ′	° ′	° ′	° ′	° ′
1	16 ♓ 26	0 ♉ 50	7 ♑ 41	15 ♏ 35	5 ♒ 21	14 ♋ 49	4 ♊ 16	20 ♑ 57
2	16 26	0 53	7 R 38	15 R 29	5 38	16 0	6 25	20 R 56
3	16 27	0 55	7 34	15 23	5 54	17 11	8 35	20 55
4	16 27	0 58	7 30	15 17	6 10	18 22	10 46	20 53
5	16 28	1 1	7 26	15 11	6 25	19 33	12 58	20 52
6	16 28	1 4	7 23	15 5	6 39	20 43	15 10	20 51
7	16 29	1 6	7 19	14 59	6 53	21 54	17 22	20 50
8	16 29	1 9	7 15	14 54	7 6	23 4	19 34	20 49
9	16 29	1 11	7 11	14 48	7 19	24 15	21 45	20 48
10	16 30	1 14	7 7	14 43	7 31	25 25	23 56	20 46
11	16 30	1 17	7 2	14 38	7 42	26 36	26 6	20 45
12	16 30	1 19	6 58	14 33	7 53	27 46	28 14	20 44
13	16 30	1 22	6 54	14 28	8 3	28 56	0 ♋ 22	20 43
14	16 31	1 24	6 50	14 23	8 13	0 ♌ 6	2 27	20 41
15	16 31	1 26	6 46	14 19	8 22	1 16	4 31	20 40
16	16 31	1 29	6 41	14 14	8 30	2 26	6 33	20 39
17	16 31	1 31	6 37	14 10	8 37	3 36	8 33	20 37
18	16 31	1 33	6 33	14 6	8 44	4 46	10 31	20 36
19	16 31	1 36	6 29	14 2	8 50	5 55	12 27	20 35
20	16 R 31	1 38	6 24	13 59	8 56	7 5	14 20	20 33
21	16 31	1 40	6 20	13 55	9 0	8 14	16 12	20 32
22	16 31	1 42	6 15	13 52	9 4	9 24	18 1	20 30
23	16 31	1 44	6 11	13 48	9 8	10 33	19 47	20 29
24	16 31	1 46	6 7	13 45	9 10	11 42	21 32	20 28
25	16 30	1 48	6 2	13 42	9 12	12 51	23 14	20 26
26	16 30	1 50	5 58	13 40	9 13	14 0	24 54	20 25
27	16 30	1 52	5 53	13 37	9 13	15 9	26 32	20 23
28	16 30	1 54	5 49	13 35	9 R 13	16 17	28 7	20 22
29	16 29	1 56	5 45	13 33	9 12	17 26	29 40	20 20
30	16 29	1 58	5 40	13 31	9 10	18 35	1 ♌ 11	20 19

Day	♂ Decl.	♀ Lat.	♀ Decl.	☿ Lat.	☿ Decl.	♇ Lat.	♇ Decl.	☊
	° ′	° ′	° ′	° ′	° ′	° ′	° ′	° ′
1	21 S 43	1 N 54	24 N 30	0 S 8	20 N 52	0 N 14	21 S 34	8 ♌ 54
4	21 42	1 57	24 6	0 N 23	22 27	0 14	21 35	8 45
7	21 42	1 59	23 37	0 53	23 43	0 14	21 36	8 35
10	21 44	2 0	23 1	1 18	24 36	0 14	21 36	8 26
13	21 48	2 1	22 21	1 38	25 4	0 14	21 37	8 16
16	21 54	2 1	21 35	1 51	25 8	0 13	21 38	8 6
19	22 1	2 0	20 44	1 58	24 49	0 13	21 39	7 57
22	22 10	1 58	19 48	1 58	24 10	0 13	21 40	7 47
25	22 21	1 55	18 48	1 51	23 16	0 13	21 40	7 38
28	22 34	1 52	17 44	1 39	22 9	0 12	21 41	7 28

2018 JULI

Day	Sidereal Time			☉ Long.			☉ Decl.		☽ Long.		☽ Lat.		☽ Decl.	
	H	M	S	°	′	″	°	′	°	′	°	′	°	′
1	18	35	59	9 ♋	8	0	23 N	7	9 ♒	31	0 S	19	18 S	11
2	18	39	56	10	5	11	23	3	21	19	1	24	15	43
3	18	43	52	11	2	23	22	59	3 ♓	13	2	24	12	34
4	18	47	49	11	59	34	22	54	15	15	3	20	8	53
5	18	51	46	12	56	46	22	48	27	30	4	7	4	47
6	18	55	42	13	53	58	22	43	10 ♈	2	4	44	0	23
7	18	59	39	14	51	11	22	36	22	55	5	8	4 N	9
8	19	3	35	15	48	23	22	30	6 ♉	13	5	16	8	37
9	19	7	32	16	45	36	22	23	19	59	5	7	12	48
10	19	11	28	17	42	50	22	16	4 ♊	11	4	39	16	25
11	19	15	25	18	40	3	22	8	18	49	3	52	19	7
12	19	19	21	19	37	17	22	0	3 ♋	46	2	49	20	34
13	19	23	18	20	34	32	21	52	18	54	1	33	20	34
14	19	27	15	21	31	46	21	43	4 ♌	5	0	10	19	4
15	19	31	11	22	29	1	21	34	19	9	1 N	13	16	14
16	19	35	8	23	26	16	21	24	3 ♍	57	2	29	12	23
17	19	39	4	24	23	31	21	14	18	25	3	35	7	52
18	19	43	1	25	20	46	21	4	2 ♎	28	4	25	3	4
19	19	46	57	26	18	2	20	53	16	6	4	59	1 S	44
20	19	50	54	27	15	17	20	42	29	19	5	15	6	19
21	19	54	50	28	12	33	20	31	12 ♏	11	5	16	10	29
22	19	58	47	29	9	49	20	19	24	44	5	1	14	5
23	20	2	44	0 ♌	7	6	20	7	7 ♐	2	4	32	17	1
24	20	6	40	1	4	22	19	55	19	7	3	52	19	9
25	20	10	37	2	1	40	19	42	1 ♑	4	3	2	20	24
26	20	14	33	2	58	57	19	29	12	56	2	4	20	45
27	20	18	30	3	56	15	19	16	24	44	1	2	20	10
28	20	22	26	4	53	34	19	2	6 ♒	32	0 S	4	18	42
29	20	26	23	5	50	54	18	48	18	22	1	9	16	25
30	20	30	19	6	48	14	18	34	0 ♓	15	2	12	13	26
31	20	34	16	7	45	35	18	20	12	15	3	9	9	52

Day	♆ Lat.		♆ Decl.		♅ Lat.		♅ Decl.		♄ Lat.		♄ Decl.		♃ Lat.		♃ Decl.		♂ Lat.	
	°	′	°	′	°	′	°	′	°	′	°	′	°	′	°	′	°	′
1	0 S	58	6 S	14	0 S	32	11 N	40	0 N	51	22 S	28	1 N	6	14 S	50	5 S	1
4	0	58	6	14	0	32	11	41	0	51	22	29	1	5	14	49	5	14
7	0	58	6	15	0	32	11	43	0	50	22	30	1	5	14	49	5	27
10	0	58	6	16	0	32	11	44	0	50	22	31	1	4	14	50	5	39
13	0	58	6	17	0	32	11	46	0	50	22	32	1	3	14	50	5	51
16	0	59	6	18	0	32	11	47	0	49	22	32	1	2	14	52	6	1
19	0	59	6	19	0	33	11	48	0	49	22	33	1	2	14	54	6	11
22	0	59	6	20	0	33	11	49	0	49	22	34	1	1	14	56	6	19
25	0	59	6	21	0	33	11	49	0	48	22	34	1	0	14	59	6	26
28	0	59	6	23	0	33	11	50	0	48	22	35	0	59	15	2	6	31
31	0	59	6	24	0	33	11	50	0	47	22	36	0	58	15	6	6	34

JULI 2018

Day	♆ Long.	♅ Long.	♄ Long.	♃ Long.	♂ Long.	♀ Long.	☿ Long.	♇ Long.
	° ′	° ′	° ′	° ′	° ′	° ′	° ′	° ′
1	16 ♓ 29	2 ♈ 0	5 ♑ 36	13 ♏ 29	9 ♒ 7	19 ♌ 43	2 ♌ 39	20 ♑ 17
2	16 R 28	2 2	5 R 31	13 R 27	9 R 3	20 51	4 5	20 R 16
3	16 28	2 3	5 27	13 26	8 59	21 59	5 28	20 14
4	16 27	2 5	5 23	13 24	8 54	23 7	6 49	20 13
5	16 27	2 6	5 18	13 23	8 48	24 15	8 8	20 11
6	16 26	2 8	5 14	13 22	8 42	25 23	9 24	20 10
7	16 26	2 10	5 10	13 21	8 35	26 31	10 37	20 8
8	16 25	2 11	5 5	13 21	8 27	27 38	11 48	20 7
9	16 25	2 13	5 1	13 20	8 18	28 46	12 56	20 5
10	16 24	2 14	4 57	13 20	8 9	29 53	14 1	20 4
11	16 23	2 15	4 52	13 20	7 59	1 ♍ 0	15 3	20 2
12	16 23	2 17	4 48	13 D 20	7 48	2 7	16 2	20 1
13	16 22	2 18	4 44	13 21	7 37	3 14	16 59	19 59
14	16 21	2 19	4 40	13 21	7 25	4 20	17 52	19 58
15	16 20	2 20	4 36	13 22	7 13	5 27	18 41	19 56
16	16 20	2 21	4 32	13 23	7 0	6 33	19 28	19 55
17	16 19	2 22	4 28	13 24	6 46	7 39	20 10	19 53
18	16 18	2 23	4 24	13 25	6 32	8 45	20 49	19 52
19	16 17	2 24	4 20	13 27	6 18	9 51	21 24	19 50
20	16 16	2 25	4 16	13 28	6 3	10 57	21 55	19 49
21	16 15	2 26	4 12	13 30	5 48	12 2	22 22	19 47
22	16 14	2 27	4 8	13 32	5 33	13 7	22 44	19 46
23	16 13	2 28	4 5	13 34	5 17	14 12	23 2	19 44
24	16 12	2 29	4 1	13 36	5 1	15 17	23 15	19 43
25	16 11	2 29	3 57	13 39	4 45	16 22	23 24	19 42
26	16 10	2 30	3 54	13 41	4 29	17 26	23 27	19 40
27	16 9	2 31	3 50	13 44	4 12	18 31	23 R 26	19 39
28	16 8	2 31	3 47	13 47	3 56	19 35	23 19	19 37
29	16 7	2 32	3 43	13 50	3 39	20 38	23 8	19 36
30	16 5	2 32	3 40	13 54	3 23	21 42	22 51	19 34
31	16 4	2 32	3 37	13 57	3 7	22 45	22 30	19 33

Day	♂ Decl.	♀ Lat.	♀ Decl.	☿ Lat.	☿ Decl.	♇ Lat.	♇ Decl.	☊
	° ′	° ′	° ′	° ′	° ′	° ′	° ′	° ′
1	22 S 48	1 N 47	16 N 36	1 N 22	20 N 53	0 N 12	21 S 42	7 ♌ 19
4	23 4	1 42	15 24	0 59	19 31	0 12	21 43	7 9
7	23 22	1 35	14 10	0 32	18 5	0 12	21 44	7 0
10	23 41	1 28	12 53	0 0	16 38	0 12	21 45	6 50
13	24 1	1 19	11 33	0 S 34	15 12	0 11	21 46	6 41
16	24 21	1 10	10 11	1 12	13 50	0 11	21 47	6 31
19	24 41	0 59	8 47	1 52	12 36	0 11	21 48	6 22
22	25 0	0 48	7 22	2 33	11 31	0 11	21 48	6 12
25	25 19	0 36	5 56	3 14	10 40	0 10	21 49	6 3
28	25 36	0 22	4 28	3 52	10 6	0 10	21 50	5 53
31	25 51	0 8	3 0	4 24	9 51	0 10	21 51	5 44

2018 AUGUST

Day	Sidereal Time	☉ Long.	☉ Decl.	☽ Long.	☽ Lat.	☽ Decl.
	H M S	° ′ ″	° ′	° ′	° ′	° ′
1	20 38 12	8 ♌ 42 58	18 N 5	24 ♓ 24	3 S 58	5 S 52
2	20 42 9	9 40 21	17 50	6 ♈ 45	4 38	1 34
3	20 46 6	10 37 45	17 34	19 21	5 5	2 N 52
4	20 50 2	11 35 11	17 18	2 ♉ 15	5 17	7 17
5	20 53 59	12 32 38	17 2	15 29	5 13	11 28
6	20 57 55	13 30 6	16 46	29 6	4 52	15 12
7	21 1 52	14 27 35	16 29	13 ♊ 8	4 13	18 11
8	21 5 48	15 25 5	16 13	27 32	3 17	20 8
9	21 9 45	16 22 37	15 56	12 ♋ 17	2 7	20 45
10	21 13 41	17 20 10	15 38	27 17	0 48	19 55
11	21 17 38	18 17 44	15 21	12 ♌ 24	0 N 36	17 39
12	21 21 35	19 15 19	15 3	27 29	1 57	14 10
13	21 25 31	20 12 55	14 45	12 ♍ 19	3 9	9 49
14	21 29 28	21 10 33	14 26	27 1	4 7	4 58
15	21 33 24	22 8 11	14 8	11 ♎ 13	4 48	0 S 2
16	21 37 21	23 5 51	13 49	24 59	5 11	4 51
17	21 41 17	24 3 31	13 30	8 ♏ 18	5 16	9 17
18	21 45 14	25 1 13	13 11	21 12	5 5	13 9
19	21 49 10	25 58 56	12 51	3 ♐ 44	4 40	16 19
20	21 53 7	26 56 39	12 32	15 59	4 4	18 41
21	21 57 4	27 54 24	12 12	28 0	3 14	20 11
22	22 1 0	28 52 10	11 52	9 ♑ 52	2 18	20 46
23	22 4 57	29 49 57	11 32	21 40	1 17	20 25
24	22 8 53	0 ♍ 47 46	11 11	3 ♒ 28	0 13	19 10
25	22 12 50	1 45 36	10 51	15 18	0 S 52	17 4
26	22 16 46	2 43 27	10 30	27 13	1 55	14 14
27	22 20 43	3 41 20	10 9	9 ♓ 16	2 54	10 47
28	22 24 39	4 39 14	9 48	21 28	3 45	6 50
29	22 28 36	5 37 10	9 27	3 ♈ 50	4 26	2 33
30	22 32 33	6 35 7	9 6	16 24	4 55	1 N 54
31	22 36 29	7 33 7	8 44	29 11	5 10	6 20

Day	♆ Lat.	♆ Decl.	♅ Lat.	♅ Decl.	♄ Lat.	♄ Decl.	♃ Lat.	♃ Decl.	♂ Lat.
	° ′	° ′	° ′	° ′	° ′	° ′	° ′	° ′	° ′
1	0 S 59	6 S 25	0 S 33	11 N 50	0 N 47	22 S 36	0 N 58	15 S 7	6 S 35
4	0 59	6 26	0 33	11 51	0 47	22 37	0 57	15 11	6 36
7	0 59	6 28	0 33	11 51	0 47	22 37	0 57	15 16	6 36
10	0 59	6 29	0 33	11 51	0 46	22 38	0 56	15 21	6 34
13	0 59	6 31	0 33	11 50	0 46	22 38	0 55	15 26	6 30
16	1 N 0	6 33	0 33	11 50	0 45	22 39	0 55	15 32	6 25
19	1 0	6 35	0 33	11 49	0 45	22 40	0 54	15 38	6 18
22	1 0	6 37	0 33	11 49	0 44	22 40	0 53	15 45	6 11
25	1 0	6 39	0 33	11 48	0 44	22 41	0 53	15 51	6 3
28	1 0	6 40	0 33	11 47	0 44	22 41	0 52	15 59	5 54
31	1 0	6 42	0 33	11 46	0 43	22 42	0 51	16 6	5 44

AUGUST 2018

Day	♆ Long.	♅ Long.	♄ Long.	♃ Long.	♂ Long.	♀ Long.	☿ Long.	♇ Long.
	° ′	° ′	° ′	° ′	° ′	° ′	° ′	° ′
1	16 ♓ 3	2 ♉ 33	3 ♑ 33	14 ♏ 1	2 ♒ 50	23 ♍ 48	22 ♌ 3	19 ♑ 32
2	16 R 2	2 33	3 R 30	14 5	2 R 34	24 51	21 R 33	19 R 30
3	16 1	2 33	3 27	14 9	2 18	25 54	20 58	19 29
4	15 59	2 34	3 24	14 13	2 3	26 56	20 19	19 27
5	15 58	2 34	3 21	14 17	1 47	27 58	19 37	19 26
6	15 57	2 34	3 18	14 22	1 32	29 0	18 53	19 25
7	15 55	2 34	3 16	14 26	1 18	0 ♎ 1	18 7	19 23
8	15 54	2 34	3 13	14 31	1 4	1 3	17 20	19 22
9	15 53	2 R 34	3 10	14 36	0 50	2 3	16 32	19 21
10	15 51	2 34	3 8	14 41	0 37	3 4	15 45	19 20
11	15 50	2 34	3 5	14 46	0 24	4 4	15 0	19 18
12	15 48	2 33	3 3	14 52	0 12	5 4	14 17	19 17
13	15 47	2 33	3 1	14 57	0 0	6 4	13 38	19 16
14	15 46	2 33	2 58	15 3	29 ♑ 49	7 3	13 3	19 15
15	15 44	2 33	2 56	15 9	29 39	8 2	12 32	19 13
16	15 43	2 32	2 54	15 15	29 30	9 0	12 8	19 12
17	15 41	2 32	2 52	15 21	29 21	9 58	11 49	19 11
18	15 40	2 31	2 50	15 27	29 13	10 56	11 37	19 10
19	15 38	2 31	2 49	15 34	29 6	11 53	11 32	19 9
20	15 37	2 30	2 47	15 40	28 59	12 50	11 D 34	19 8
21	15 35	2 30	2 45	15 47	28 53	13 46	11 44	19 7
22	15 33	2 29	2 44	15 54	28 48	14 42	12 2	19 6
23	15 32	2 28	2 42	16 1	28 44	15 37	12 27	19 5
24	15 30	2 27	2 41	16 8	28 41	16 32	13 0	19 4
25	15 29	2 27	2 40	16 15	28 38	17 26	13 40	19 3
26	15 27	2 26	2 39	16 23	28 36	18 20	14 28	19 2
27	15 26	2 25	2 38	16 30	28 36	19 13	15 23	19 1
28	15 24	2 24	2 37	16 38	28 36	20 6	16 25	19 0
29	15 22	2 23	2 36	16 46	28 D 36	20 58	17 33	18 59
30	15 21	2 22	2 35	16 54	28 38	21 49	18 48	18 58
31	15 19	2 21	2 34	17 2	28 40	22 40	20 9	18 57

Day	♂ Decl.	♀ Lat.	♀ Decl.	☿ Lat.	☿ Decl.	♇ Lat.	♇ Decl.	☊
	° ′	° ′	° ′	° ′	° ′	° ′	° ′	° ′
1	25 S 56	0 N 3	2 N 31	4 S 32	9 N 51	0 N 10	21 S 51	5 ☊ 40
4	26 8	0 S 12	1 2	4 51	10 7	0 9	21 52	5 31
7	26 18	0 28	0 S 26	4 55	10 43	0 9	21 53	5 21
10	26 25	0 45	1 55	4 43	11 36	0 9	21 54	5 12
13	26 29	1 3	3 22	4 15	12 39	0 9	21 55	5 2
16	26 31	1 22	4 49	3 34	13 44	0 8	21 55	4 53
19	26 30	1 41	6 15	2 44	14 41	0 8	21 56	4 43
22	26 27	2 1	7 39	1 51	15 24	0 8	21 57	4 34
25	26 21	2 22	9 2	0 59	15 47	0 7	21 58	4 24
28	26 13	2 43	10 22	0 11	15 45	0 7	21 58	4 15
31	26 2	3 5	11 41	0 N 30	15 15	0 7	21 59	4 5

2018 SEPTEMBER

Day	Sidereal Time	☉ Long.	☉ Decl.	☽ Long.	☽ Lat.	☽ Decl.
	H M S	° ′ ″	° ′	° ′	° ′	° ′
1	22 40 26	8 ♍ 31 8	8 N 22	12 ♉ 12	5 S 10	10 N 34
2	22 44 22	9 29 11	8 1	25 29	4 53	14 23
3	22 48 19	10 27 16	7 39	9 ♊ 3	4 20	17 31
4	22 52 15	11 25 23	7 17	22 54	3 31	19 44
5	22 56 12	12 23 31	6 55	7 ♋ 4	2 28	20 47
6	23 0 8	13 21 42	6 32	21 30	1 15	20 29
7	23 4 5	14 19 55	6 10	6 ♌ 11	0 N 4	18 48
8	23 8 2	15 18 9	5 47	21 0	1 24	15 49
9	23 11 58	16 16 26	5 25	5 ♍ 52	2 38	11 48
10	23 15 55	17 14 44	5 2	20 39	3 41	7 5
11	23 19 51	18 13 4	4 39	5 ♎ 13	4 28	2 2
12	23 23 48	19 11 26	4 17	19 26	4 58	3 S 0
13	23 27 44	20 9 49	3 54	3 ♏ 15	5 9	7 45
14	23 31 41	21 8 14	3 31	16 38	5 3	11 58
15	23 35 37	22 6 41	3 8	29 35	4 41	15 29
16	23 39 34	23 5 10	2 45	12 ♐ 9	4 6	18 11
17	23 43 31	24 3 40	2 22	24 24	3 20	19 59
18	23 47 27	25 2 12	1 58	6 ♑ 24	2 27	20 50
19	23 51 24	26 0 45	1 35	18 16	1 28	20 45
20	23 55 20	26 59 20	1 12	0 ♒ 4	0 25	19 44
21	23 59 17	27 57 57	0 49	11 52	0 S 38	17 51
22	0 3 13	28 56 36	0 25	23 46	1 41	15 11
23	0 7 10	29 55 16	0 2	5 ♓ 48	2 39	11 51
24	0 11 6	0 ♎ 53 58	0 S 21	18 2	3 31	7 58
25	0 15 3	1 52 43	0 45	0 ♈ 29	4 13	3 41
26	0 19 0	2 51 29	1 8	13 9	4 44	0 N 50
27	0 22 56	3 50 17	1 32	26 3	5 1	5 23
28	0 26 53	4 49 7	1 55	9 ♉ 5	5 5	9 46
29	0 30 49	5 48 0	2 18	22 28	4 48	13 44
30	0 34 46	6 46 55	2 42	5 ♊ 57	4 17	17 4

Day	♆ Lat.	♆ Decl.	♅ Lat.	♅ Decl.	♄ Lat.	♄ Decl.	♃ Lat.	♃ Decl.	♂ Lat.
	° ′	° ′	° ′	° ′	° ′	° ′	° ′	° ′	° ′
1	1 N 0	6 S 43	0 S 33	11 N 45	0 N 43	22 S 42	0 N 51	16 S 8	5 S 41
4	1 0	6 45	0 34	11 44	0 43	22 42	0 51	16 16	5 31
7	1 0	6 47	0 34	11 43	0 42	22 43	0 50	16 24	5 20
10	1 0	6 49	0 34	11 41	0 42	22 43	0 49	16 32	5 9
13	1 S 0	6 51	0 34	11 39	0 41	22 43	0 49	16 40	4 58
16	1 0	6 53	0 34	11 38	0 41	22 44	0 48	16 49	4 47
19	1 0	6 55	0 34	11 36	0 40	22 44	0 48	16 57	4 36
22	1 0	6 56	0 34	11 34	0 40	22 45	0 47	17 6	4 25
25	1 0	6 58	0 34	11 32	0 40	22 45	0 47	17 15	4 15
28	1 0	7 0	0 34	11 30	0 39	22 45	0 46	17 24	4 4

SEPTEMBER 2018

Day	♆ Long.	♅ Long.	♄ Long.	♃ Long.	♂ Long.	♀ Long.	☿ Long.	♇ Long.
	° ′	° ′	° ′	° ′	° ′	° ′	° ′	° ′
1	15 ♓ 17	2 ♉ 20	2 ♑ 34	17 ♏ 10	28 ♑ 43	23 ♎ 30	21 ♌ 35	18 ♑ 56
2	15 R 16	2 R 19	2 R 33	17 18	28 47	24 19	23 6	18 R 56
3	15 14	2 17	2 33	17 27	28 52	25 8	24 41	18 55
4	15 12	2 16	2 33	17 35	28 58	25 56	26 20	18 54
5	15 11	2 15	2 32	17 44	29 4	26 43	28 3	18 53
6	15 9	2 13	2 32	17 52	29 11	27 29	29 49	18 53
7	15 8	2 12	2 D 32	18 1	29 19	28 15	1 ♍ 37	18 52
8	15 6	2 11	2 32	18 10	29 28	29 0	3 27	18 51
9	15 4	2 9	2 33	18 19	29 38	29 43	5 18	18 51
10	15 3	2 8	2 33	18 29	29 48	0 ♏ 26	7 11	18 50
11	15 1	2 6	2 33	18 38	29 59	1 8	9 5	18 50
12	14 59	2 5	2 34	18 47	0 ♒ 11	1 49	10 59	18 49
13	14 58	2 3	2 34	18 57	0 23	2 29	12 53	18 49
14	14 56	2 1	2 35	19 6	0 36	3 7	14 47	18 48
15	14 54	2 0	2 36	19 16	0 50	3 45	16 42	18 48
16	14 53	1 58	2 37	19 26	1 5	4 21	18 35	18 47
17	14 51	1 56	2 38	19 36	1 20	4 56	20 29	18 47
18	14 49	1 54	2 39	19 46	1 36	5 30	22 21	18 47
19	14 48	1 52	2 40	19 56	1 52	6 2	24 13	18 46
20	14 46	1 51	2 41	20 6	2 9	6 33	26 4	18 46
21	14 45	1 49	2 43	20 17	2 27	7 3	27 54	18 46
22	14 43	1 47	2 44	20 27	2 45	7 31	29 44	18 45
23	14 41	1 45	2 46	20 38	3 4	7 57	1 ♎ 32	18 45
24	14 40	1 43	2 47	20 48	3 24	8 22	3 20	18 45
25	14 38	1 41	2 49	20 59	3 44	8 45	5 6	18 45
26	14 37	1 39	2 51	21 10	4 5	9 6	6 52	18 45
27	14 35	1 37	2 53	21 20	4 26	9 26	8 36	18 45
28	14 34	1 35	2 55	21 31	4 48	9 44	10 20	18 45
29	14 32	1 33	2 57	21 42	5 10	9 59	12 3	18 45
30	14 31	1 30	2 59	21 53	5 33	10 13	13 45	18 D 45

Day	♂ Decl.	♀ Lat.	♀ Decl.	☿ Lat.	☿ Decl.	♇ Lat.	♇ Decl.	☊
	° ′	° ′	° ′	° ′	° ′	° ′	° ′	° ′
1	25 S 58	3 S 13	12 S 6	0 N 42	14 N 59	0 N 7	21 S 59	4 ♌ 2
4	25 45	3 35	13 21	1 12	13 52	0 6	22 0	3 52
7	25 30	3 58	14 33	1 33	12 21	0 6	22 1	3 43
10	25 13	4 20	15 41	1 44	10 29	0 6	22 1	3 33
13	24 55	4 43	16 46	1 48	8 23	0 5	22 2	3 24
16	24 35	5 6	17 46	1 46	6 8	0 5	22 2	3 14
19	24 13	5 29	18 42	1 38	3 48	0 5	22 3	3 5
22	23 50	5 51	19 32	1 26	1 25	0 4	22 3	2 55
25	23 26	6 12	20 16	1 11	0 S 57	0 4	22 4	2 46
28	23 0	6 31	20 54	0 53	3 17	0 4	22 4	2 36

2018 OKTOBER

Day	Sidereal Time			☉ Long.			☉ Decl.		☽ Long.			☽ Lat.		☽ Decl.	
	H	M	S	°	′	″	°	′	°	′		°	′	°	′
1	0	38	42	7 ♎	45	52	3 S	5	19 ♊	37		3 S 32		19 N 31	
2	0	42	39	8	44	51	3	28	3 ♋	27		2	33	20	51
3	0	46	35	9	43	52	3	51	17	28		1	24	20	54
4	0	50	32	10	42	56	4	15	1 ♌	38		0	10	19	38
5	0	54	29	11	42	2	4	38	15	58		1 N 6		17	6
6	0	58	25	12	41	11	5	1	0 ♍	24		2	18	13	29
7	1	2	22	13	40	21	5	24	14	52		3	21	9	3
8	1	6	18	14	39	34	5	47	29	17		4	11	4	7
9	1	10	15	15	38	49	6	9	13 ♎	34		4	45	0 S 58	
10	1	14	11	16	38	6	6	32	27	35		5	1	5	56
11	1	18	8	17	37	25	6	55	11 ♏	17		4	59	10	29
12	1	22	4	18	36	46	7	18	24	37		4	40	14	23
13	1	26	1	19	36	9	7	40	7 ♐	33		4	8	17	30
14	1	29	58	20	35	33	8	2	20	7		3	24	19	41
15	1	33	54	21	35	0	8	25	2 ♑	23		2	31	20	54
16	1	37	51	22	34	28	8	47	14	24		1	33	21	7
17	1	41	47	23	33	59	9	9	26	15		0	31	20	23
18	1	45	44	24	33	31	9	31	8 ♒	3		0 S 31		18	45
19	1	49	40	25	33	4	9	53	19	53		1	32	16	19
20	1	53	37	26	32	40	10	14	1 ♓	49		2	30	13	10
21	1	57	33	27	32	17	10	36	13	57		3	22	9	25
22	2	1	30	28	31	56	10	57	26	20		4	5	5	12
23	2	5	27	29	31	38	11	18	9 ♈	1		4	37	0	41
24	2	9	23	0 ♏	31	22	11	39	21	59		4	56	3 N 59	
25	2	13	20	1	31	5	12	0	5 ♉	15		4	59	8	34
26	2	17	16	2	30	52	12	21	18	45		4	46	12	49
27	2	21	13	3	30	41	12	41	2 ♊	28		4	16	16	28
28	2	25	9	4	30	32	13	1	16	20		3	31	19	14
29	2	29	6	5	30	25	13	21	0 ♋	18		2	33	20	53
30	2	33	2	6	30	21	13	41	14	20		1	25	21	15
31	2	36	59	7	30	18	14	1	28	24		0	12	20	17

Day	♆ Lat.	♆ Decl.	♅ Lat.	♅ Decl.	♄ Lat.	♄ Decl.	♃ Lat.	♃ Decl.	♂ Lat.
	° ′	° ′	° ′	° ′	° ′	° ′	° ′	° ′	° ′
1	1 S 0	7 S 2	0 S 34	11 N 27	0 N 39	22 S 45	0 N 46	17 S 33	3 S 54
4	1 0	7 3	0 34	11 25	0 38	22 46	0 45	17 42	3 43
7	1 0	7 5	0 34	11 23	0 38	22 46	0 45	17 51	3 33
10	1 0	7 7	0 34	11 20	0 38	22 46	0 44	18 0	3 23
13	1 N 0	7 8	0 34	11 18	0 37	22 46	0 44	18 9	3 14
16	1 0	7 10	0 34	11 15	0 37	22 46	0 44	18 19	3 4
19	1 0	7 11	0 34	11 13	0 36	22 46	0 43	18 28	2 55
22	1 0	7 12	0 34	11 10	0 36	22 46	0 43	18 37	2 46
25	1 0	7 13	0 34	11 8	0 36	22 46	0 43	18 46	2 38
28	1 0	7 14	0 34	11 5	0 35	22 46	0 42	18 55	2 29
31	1 0	7 15	0 34	11 2	0 35	22 46	0 42	19 4	2 21

OKTOBER 2018

Day	♆ Long.	♅ Long.	♄ Long.	♃ Long.	♂ Long.	♀ Long.	☿ Long.	♇ Long.
	° ′	° ′	° ′	° ′	° ′	° ′	° ′	° ′
1	14 ♓ 29	1 ♉ 28	3 ♑ 2	22 ♏ 5	5 ♒ 56	10 ♏ 25	15 ♎ 26	18 ♑ 45
2	14 R 28	1 R 26	3 4	22 16	6 20	10 35	17 6	18 45
3	14 26	1 24	3 6	22 27	6 44	10 42	18 45	18 45
4	14 25	1 22	3 9	22 38	7 9	10 47	20 24	18 45
5	14 23	1 19	3 12	22 50	7 34	10 50	22 1	18 45
6	14 22	1 17	3 15	23 1	8 0	10 51	23 38	18 45
7	14 21	1 15	3 17	23 13	8 26	10 R 49	25 14	18 46
8	14 19	1 12	3 20	23 25	8 52	10 45	26 49	18 46
9	14 18	1 10	3 23	23 36	9 19	10 39	28 24	18 46
10	14 16	1 8	3 27	23 48	9 46	10 30	29 57	18 46
11	14 15	1 5	3 30	24 0	10 14	10 19	1 ♏ 30	18 47
12	14 14	1 3	3 33	24 12	10 42	10 5	3 3	18 47
13	14 13	1 1	3 36	24 24	11 10	9 50	4 34	18 47
14	14 11	0 58	3 40	24 36	11 39	9 31	6 5	18 48
15	14 10	0 56	3 43	24 48	12 8	9 11	7 35	18 48
16	14 9	0 53	3 47	25 0	12 38	8 48	9 4	18 49
17	14 8	0 51	3 51	25 13	13 8	8 23	10 33	18 49
18	14 7	0 48	3 55	25 25	13 38	7 56	12 1	18 50
19	14 5	0 46	3 59	25 37	14 8	7 27	13 28	18 50
20	14 4	0 44	4 3	25 50	14 39	6 57	14 55	18 51
21	14 3	0 41	4 7	26 2	15 10	6 25	16 20	18 52
22	14 2	0 39	4 11	26 15	15 41	5 52	17 45	18 52
23	14 1	0 36	4 15	26 27	16 13	5 17	19 9	18 53
24	14 0	0 34	4 19	26 40	16 45	4 42	20 32	18 54
25	13 59	0 31	4 24	26 52	17 17	4 6	21 55	18 54
26	13 58	0 29	4 28	27 5	17 50	3 29	23 16	18 55
27	13 57	0 26	4 32	27 18	18 22	2 52	24 36	18 56
28	13 56	0 24	4 37	27 30	18 55	2 16	25 55	18 57
29	13 55	0 21	4 42	27 43	19 29	1 40	27 14	18 58
30	13 54	0 19	4 46	27 56	20 2	1 4	28 30	18 59
31	13 54	0 17	4 51	28 9	20 36	0 29	29 46	19 0

Day	♂ Decl.	♀ Lat.	♀ Decl.	☿ Lat.	☿ Decl.	♇ Lat.	♇ Decl.	☊
	° ′	° ′	° ′	° ′	° ′	° ′	° ′	° ′
1	22 S 33	6 S 49	21 S 24	0 N 34	5 S 33	0 N 3	22 S 4	2 ♌ 27
4	22 5	7 4	21 46	0 14	7 45	0 3	22 5	2 17
7	21 35	7 16	21 58	0 S 7	9 52	0 3	22 5	2 7
10	21 4	7 24	21 59	0 28	11 54	0 2	22 5	1 58
13	20 31	7 27	21 49	0 49	13 49	0 2	22 5	1 48
16	19 58	7 24	21 25	1 9	15 37	0 2	22 5	1 39
19	19 23	7 14	20 49	1 29	17 18	0 1	22 6	1 29
22	18 47	6 56	20 0	1 48	18 51	0 1	22 6	1 20
25	18 9	6 32	19 1	2 5	20 15	0 1	22 6	1 10
28	17 31	6 0	17 53	2 20	21 30	0 0	22 6	1 1
31	16 51	5 22	16 40	2 33	22 35	0 0	22 6	0 51

2018 NOVEMBER

Day	Sidereal Time	☉ Long.	☉ Decl.	☽ Long.	☽ Lat.	☽ Decl.
	H M S	° ′ ″	° ′	° ′	° ′	° ′
1	2 40 56	8 ♏ 30 18	14 S 20	12 ♌ 29	1 N 2	18 N 3
2	2 44 52	9 30 20	14 39	26 35	2 13	14 44
3	2 48 49	10 30 24	14 58	10 ♍ 40	3 15	10 34
4	2 52 45	11 30 30	15 17	24 43	4 5	5 51
5	2 56 42	12 30 38	15 35	8 ♎ 42	4 40	0 51
6	3 0 38	13 30 48	15 54	22 33	4 59	4 S 9
7	3 4 35	14 31 0	16 12	6 ♏ 12	5 0	8 52
8	3 8 31	15 31 14	16 29	19 35	4 44	13 4
9	3 12 28	16 31 29	16 47	2 ♐ 42	4 13	16 33
10	3 16 25	17 31 47	17 4	15 30	3 30	19 10
11	3 20 21	18 32 6	17 20	27 59	2 38	20 47
12	3 24 18	19 32 26	17 37	10 ♑ 12	1 39	21 24
13	3 28 14	20 32 49	17 53	22 12	0 37	21 0
14	3 32 11	21 33 12	18 9	4 ♒ 3	0 S 26	19 40
15	3 36 7	22 33 37	18 24	15 51	1 28	17 29
16	3 40 4	23 34 3	18 40	27 40	2 26	14 34
17	3 44 0	24 34 31	18 55	9 ♓ 37	3 19	11 2
18	3 47 57	25 35 0	19 9	21 46	4 3	6 59
19	3 51 54	26 35 30	19 23	4 ♈ 13	4 37	2 34
20	3 55 50	27 36 2	19 37	16 59	4 58	2 N 5
21	3 59 47	28 36 35	19 51	0 ♉ 9	5 5	6 46
22	4 3 43	29 37 9	20 4	13 41	4 54	11 16
23	4 7 40	0 ♐ 37 45	20 17	27 33	4 27	15 17
24	4 11 36	1 38 22	20 29	11 ♊ 41	3 42	18 31
25	4 15 33	2 39 1	20 41	26 0	2 43	20 39
26	4 19 29	3 39 41	20 53	10 ♋ 25	1 34	21 28
27	4 23 26	4 40 23	21 4	24 50	0 18	20 52
28	4 27 23	5 41 6	21 15	9 ♌ 11	0 N 59	18 55
29	4 31 19	6 41 50	21 25	23 26	2 12	15 47
30	4 35 16	7 42 37	21 36	7 ♍ 31	3 16	11 47

Day	♆ Lat.	♆ Decl.	♅ Lat.	♅ Decl.	♄ Lat.	♄ Decl.	♃ Lat.	♃ Decl.	♂ Lat.
	° ′	° ′	° ′	° ′	° ′	° ′	° ′	° ′	° ′
1	1 N 0	7 S 15	0 S 34	11 N 2	0 N 35	22 S 46	0 N 42	19 S 7	2 S 18
4	1 0	7 16	0 34	10 59	0 34	22 46	0 41	19 16	2 10
7	1 0	7 17	0 34	10 57	0 34	22 45	0 41	19 24	2 3
10	0 S 59	7 18	0 34	10 54	0 34	22 45	0 41	19 33	1 55
13	0 59	7 18	0 34	10 52	0 33	22 45	0 41	19 42	1 48
16	0 59	7 18	0 33	10 50	0 33	22 44	0 40	19 50	1 41
19	0 59	7 19	0 33	10 47	0 33	22 44	0 40	19 58	1 34
22	0 59	7 19	0 33	10 45	0 32	22 43	0 40	20 6	1 28
25	0 59	7 19	0 33	10 43	0 32	22 42	0 40	20 14	1 21
28	0 59	7 19	0 33	10 41	0 32	22 42	0 39	20 22	1 15

NOVEMBER 2018

Day	♆ Long.	♅ Long.	♄ Long.	♃ Long.	♂ Long.	♀ Long.	☿ Long.	♇ Long.
	° ′	° ′	° ′	° ′	° ′	° ′	° ′	° ′
1	13 ♓ 53	0 ♉ 14	4 ♑ 56	28 ♏ 22	21 ♒ 10	29 ♎ 55	1 ♐ 0	19 ♑ 0
2	13 R 52	0 R 12	5 1	28 35	21 44	29 R 22	2 12	19 1
3	13 51	0 9	5 6	28 48	22 18	28 51	3 22	19 2
4	13 51	0 7	5 11	29 1	22 53	28 21	4 31	19 3
5	13 50	0 5	5 16	29 14	23 28	27 54	5 37	19 4
6	13 49	0 2	5 21	29 27	24 3	27 28	6 40	19 6
7	13 49	0 0	5 27	29 40	24 38	27 4	7 41	19 7
8	13 48	29 ♈ 57	5 32	29 53	25 13	26 42	8 38	19 8
9	13 47	29 55	5 37	0 ♐ 6	25 49	26 23	9 32	19 9
10	13 47	29 53	5 43	0 20	26 25	26 6	10 21	19 10
11	13 46	29 51	5 48	0 33	27 0	25 52	11 7	19 11
12	13 46	29 48	5 54	0 46	27 37	25 40	11 47	19 13
13	13 46	29 46	5 59	0 59	28 13	25 30	12 21	19 14
14	13 45	29 44	6 5	1 13	28 49	25 23	12 50	19 15
15	13 45	29 42	6 11	1 26	29 26	25 18	13 11	19 16
16	13 44	29 39	6 17	1 39	0 ♓ 2	25 16	13 25	19 18
17	13 44	29 37	6 22	1 52	0 39	25 D 16	13 30	19 19
18	13 44	29 35	6 28	2 6	1 16	25 18	13 R 26	19 20
19	13 44	29 33	6 34	2 19	1 53	25 23	13 12	19 22
20	13 44	29 31	6 40	2 33	2 31	25 31	12 47	19 23
21	13 43	29 29	6 46	2 46	3 8	25 40	12 13	19 25
22	13 43	29 27	6 52	2 59	3 46	25 52	11 27	19 26
23	13 43	29 25	6 59	3 13	4 23	26 6	10 32	19 28
24	13 43	29 23	7 5	3 26	5 1	26 22	9 27	19 29
25	13 43	29 21	7 11	3 39	5 39	26 40	8 15	19 31
26	13 D 43	29 19	7 17	3 53	6 17	27 0	6 57	19 32
27	13 43	29 17	7 24	4 6	6 55	27 22	5 36	19 34
28	13 43	29 15	7 30	4 20	7 33	27 45	4 13	19 35
29	13 43	29 13	7 36	4 33	8 11	28 11	2 53	19 37
30	13 43	29 12	7 43	4 46	8 50	28 38	1 37	19 38

Day	♂ Decl.	♀ Lat.	♀ Decl.	☿ Lat.	☿ Decl.	♇ Lat.	♇ Decl.	☊
	° ′	° ′	° ′	° ′	° ′	° ′	° ′	° ′
1	16 S 38	5 S 9	16 S 15	2 S 36	22 S 54	0 N 0	22 S 6	0 ♌ 48
4	15 56	4 25	15 1	2 44	23 44	0 S 1	22 6	0 39
7	15 14	3 40	13 51	2 47	24 20	0 1	22 6	0 29
10	14 31	2 55	12 47	2 44	24 43	0 1	22 5	0 19
13	13 47	2 10	11 52	2 34	24 49	0 2	22 5	0 10
16	13 2	1 27	11 7	2 13	24 36	0 2	22 5	0 0
19	12 16	0 47	10 33	1 39	24 1	0 2	22 5	29 51
22	11 29	0 10	10 9	0 52	23 1	0 3	22 4	29 41
25	10 42	0 N 24	9 55	0 N 6	21 35	0 3	22 4	29 32
28	9 54	0 54	9 50	1 7	19 54	0 3	22 4	29 22

2018 DEZEMBER

Day	Sidereal Time	☉ Long.	☉ Decl.	☽ Long.	☽ Lat.	☽ Decl.
	H M S	° ′ ″	° ′	° ′	° ′	° ′
1	4 39 12	8 ♐ 43 24	21 S 45	21 ♍ 28	4 N 8	7 N 11
2	4 43 9	9 44 14	21 54	5 ♎ 14	4 45	2 16
3	4 47 5	10 45 4	22 3	18 50	5 4	2 S 41
4	4 51 2	11 45 56	22 12	2 ♏ 15	5 7	7 27
5	4 54 58	12 46 50	22 20	15 28	4 54	11 47
6	4 58 55	13 47 44	22 27	28 29	4 25	15 31
7	5 2 52	14 48 40	22 34	11 ♐ 15	3 43	18 26
8	5 6 48	15 49 37	22 41	23 47	2 52	20 26
9	5 10 45	16 50 34	22 47	6 ♑ 6	1 52	21 25
10	5 14 41	17 51 33	22 53	18 13	0 49	21 23
11	5 18 38	18 52 32	22 58	0 ♒ 9	0 S 16	20 23
12	5 22 34	19 53 32	23 3	11 59	1 20	18 29
13	5 26 31	20 54 33	23 7	23 46	2 20	15 48
14	5 30 27	21 55 34	23 11	5 ♓ 35	3 15	12 29
15	5 34 24	22 56 36	23 15	17 30	4 1	8 38
16	5 38 21	23 57 38	23 18	29 37	4 38	4 24
17	5 42 17	24 58 41	23 20	12 ♈ 1	5 3	0 N 6
18	5 46 14	25 59 44	23 23	24 46	5 13	4 44
19	5 50 10	27 0 48	23 24	7 ♉ 55	5 8	9 17
20	5 54 7	28 1 51	23 25	21 31	4 46	13 32
21	5 58 3	29 2 56	23 26	5 ♊ 32	4 6	17 12
22	6 2 0	0 ♑ 4 0	23 26	19 56	3 9	19 54
23	6 5 56	1 5 6	23 26	4 ♋ 36	2 0	21 22
24	6 9 53	2 6 11	23 25	19 27	0 46	21 21
25	6 13 49	3 7 17	23 24	4 ♌ 19	0 N 41	19 50
26	6 17 46	4 8 24	23 22	19 7	2 0	16 59
27	6 21 43	5 9 31	23 20	3 ♍ 42	3 10	13 5
28	6 25 39	6 10 39	23 17	18 3	4 6	8 30
29	6 29 36	7 11 47	23 14	2 ♎ 5	4 47	3 34
30	6 33 32	8 12 56	23 11	15 48	5 10	1 S 26
31	6 37 29	9 14 5	23 7	29 13	5 16	6 16

Day	♆ Lat.	♆ Decl.	♅ Lat.	♅ Decl.	♄ Lat.	♄ Decl.	♃ Lat.	♃ Decl.	♂ Lat.
	° ′	° ′	° ′	° ′	° ′	° ′	° ′	° ′	° ′
1	0 S 59	7 S 18	0 S 33	10 N 40	0 N 32	22 S 41	0 N 39	20 S 29	1 S 9
4	0 59	7 18	0 33	10 38	0 31	22 40	0 39	20 36	1 3
7	0 59	7 18	0 33	10 36	0 31	22 39	0 39	20 44	0 58
10	0 59	7 17	0 33	10 35	0 31	22 38	0 39	20 50	0 52
13	0 59	7 16	0 33	10 34	0 30	22 37	0 39	20 57	0 47
16	0 59	7 15	0 33	10 32	0 30	22 36	0 38	21 4	0 42
19	0 59	7 14	0 33	10 31	0 30	22 34	0 38	21 10	0 37
22	0 58	7 13	0 32	10 31	0 30	22 33	0 38	21 16	0 33
25	0 58	7 12	0 32	10 30	0 29	22 32	0 38	21 22	0 28
28	0 58	7 11	0 32	10 29	0 29	22 30	0 38	21 27	0 24
31	0 58	7 9	0 32	10 29	0 29	22 29	0 38	21 33	0 19

DEZEMBER 2018

Day	♆ Long.	♅ Long.	♄ Long.	♃ Long.	♂ Long.	♀ Long.	☿ Long.	♇ Long.
	° ′	° ′	° ′	° ′	° ′	° ′	° ′	° ′
1	13 ♓ 44	29 ♈ 10	7 ♑ 49	5 ♐ 0	9 ♓ 28	29 ♎ 7	0 ♐ 29	19 ♑ 40
2	13 44	29 R 8	7 56	5 13	10 7	29 ♎ 38	29 ♏ 29	19 42
3	13 44	29 6	8 2	5 27	10 46	0 ♏ 10	28 40	19 43
4	13 44	29 5	8 9	5 40	11 24	0 44	28 2	19 45
5	13 45	29 3	8 15	5 53	12 3	1 19	27 36	19 47
6	13 45	29 2	8 22	6 7	12 42	1 56	27 20	19 48
7	13 45	29 0	8 29	6 20	13 21	2 34	27 16	19 50
8	13 46	28 59	8 35	6 33	14 0	3 13	27 D 22	19 52
9	13 46	28 57	8 42	6 47	14 40	3 53	27 38	19 54
10	13 47	28 56	8 49	7 0	15 19	4 35	28 3	19 55
11	13 47	28 55	8 56	7 13	15 58	5 17	28 35	19 57
12	13 48	28 53	9 3	7 27	16 38	6 1	29 15	19 59
13	13 49	28 52	9 9	7 40	17 17	6 46	0 ♐ 1	20 1
14	13 49	28 51	9 16	7 53	17 57	7 31	0 52	20 3
15	13 50	28 50	9 23	8 6	18 36	8 18	1 48	20 5
16	13 51	28 48	9 30	8 20	19 16	9 6	2 49	20 6
17	13 51	28 47	9 37	8 33	19 55	9 54	3 53	20 8
18	13 52	28 46	9 44	8 46	20 35	10 44	5 0	20 10
19	13 53	28 45	9 51	8 59	21 15	11 34	6 11	20 12
20	13 54	28 44	9 58	9 12	21 55	12 25	7 23	20 14
21	13 55	28 44	10 5	9 25	22 35	13 17	8 38	20 16
22	13 55	28 43	10 12	9 38	23 15	14 10	9 55	20 18
23	13 56	28 42	10 19	9 51	23 55	15 3	11 14	20 20
24	13 57	28 41	10 26	10 4	24 35	15 57	12 34	20 22
25	13 58	28 41	10 33	10 17	25 15	16 51	13 55	20 24
26	13 59	28 40	10 40	10 30	25 55	17 47	15 18	20 26
27	14 0	28 39	10 47	10 43	26 35	18 42	16 41	20 27
28	14 2	28 39	10 54	10 56	27 15	19 39	18 6	20 29
29	14 3	28 38	11 1	11 8	27 55	20 36	19 31	20 31
30	14 4	28 38	11 8	11 21	28 36	21 33	20 57	20 33
31	14 5	28 37	11 15	11 34	29 16	22 31	22 24	20 35

Day	♂ Decl.	♀ Lat.	♀ Decl.	☿ Lat.	☿ Decl.	♇ Lat.	♇ Decl.	☊
	° ′	° ′	° ′	° ′	° ′	° ′	° ′	° ′
1	9 S 5	1 N 22	9 S 53	1 N 57	18 S 21	0 S 4	22 S 4	29 ♋ 13
4	8 16	1 46	10 5	2 29	17 18	0 4	22 3	29 3
7	7 26	2 6	10 23	2 42	16 55	0 4	22 3	28 54
10	6 36	2 25	10 46	2 41	17 7	0 5	22 2	28 44
13	5 45	2 40	11 15	2 29	17 43	0 5	22 2	28 35
16	4 54	2 53	11 48	2 11	18 35	0 6	22 1	28 25
19	4 2	3 4	12 23	1 50	19 32	0 6	22 1	28 16
22	3 11	3 12	13 2	1 26	20 31	0 6	22 0	28 6
25	2 19	3 18	13 42	1 2	21 26	0 7	22 0	27 56
28	1 27	3 23	14 23	0 38	22 16	0 7	21 59	27 47
31	0 35	3 26	15 5	0 15	22 58	0 7	21 59	27 37

2019 JANUAR

Day	Sidereal Time	☉ Long.	☉ Decl.	☽ Long.	☽ Lat.	☽ Decl.
	H M S	° ′ ″	° ′	° ′	° ′	° ′
1	6 41 25	10 ♑ 15 15	23 S 2	12 ♏ 21	5 N 5	10 S 42
2	6 45 22	11 16 25	22 57	25 14	4 38	14 34
3	6 49 18	12 17 35	22 52	7 ♐ 53	3 59	17 41
4	6 53 15	13 18 46	22 46	20 19	3 9	19 57
5	6 57 12	14 19 56	22 40	2 ♑ 34	2 10	21 15
6	7 1 8	15 21 7	22 33	14 40	1 7	21 32
7	7 5 5	16 22 17	22 26	26 38	0 1	20 49
8	7 9 1	17 23 28	22 18	8 ♒ 30	1 S 5	19 11
9	7 12 58	18 24 38	22 10	20 18	2 7	16 44
10	7 16 54	19 25 48	22 2	2 ♓ 5	3 4	13 36
11	7 20 51	20 26 57	21 53	13 55	3 54	9 55
12	7 24 47	21 28 6	21 43	25 50	4 33	5 50
13	7 28 44	22 29 15	21 34	7 ♈ 56	5 2	1 28
14	7 32 41	23 30 22	21 23	20 16	5 17	3 N 2
15	7 36 37	24 31 30	21 13	2 ♉ 55	5 17	7 31
16	7 40 34	25 32 36	21 2	15 57	5 1	11 48
17	7 44 30	26 33 42	20 50	29 25	4 28	15 39
18	7 48 27	27 34 47	20 39	13 ♊ 20	3 39	18 47
19	7 52 23	28 35 51	20 26	27 43	2 35	20 50
20	7 56 20	29 36 55	20 14	12 ♋ 28	1 19	21 33
21	8 0 16	0 ♒ 37 58	20 1	27 31	0 N 4	20 43
22	8 4 13	1 39 0	19 47	12 ♌ 42	1 27	18 24
23	8 8 10	2 40 2	19 34	27 52	2 44	14 47
24	8 12 6	3 41 3	19 20	12 ♍ 51	3 49	10 15
25	8 16 3	4 42 3	19 5	27 33	4 37	5 13
26	8 19 59	5 43 3	18 50	11 ♎ 51	5 7	0 2
27	8 23 56	6 44 3	18 35	25 44	5 18	5 S 1
28	8 27 52	7 45 2	18 20	9 ♏ 11	5 10	9 39
29	8 31 49	8 46 0	18 4	22 15	4 47	13 42
30	8 35 45	9 46 57	17 48	4 ♐ 58	4 10	17 2
31	8 39 42	10 47 54	17 31	17 23	3 22	19 29

Day	♆ Lat.	♆ Decl.	♅ Lat.	♅ Decl.	♄ Lat.	♄ Decl.	♃ Lat.	♃ Decl.	♂ Lat.
	° ′	° ′	° ′	° ′	° ′	° ′	° ′	° ′	° ′
1	0 S 58	7 S 9	0 S 32	10 N 29	0 N 29	22 S 28	0 N 38	21 S 34	0 S 18
4	0 58	7 7	0 32	10 29	0 29	22 27	0 38	21 39	0 14
7	0 58	7 6	0 32	10 29	0 29	22 25	0 38	21 44	0 10
10	0 58	7 4	0 32	10 29	0 28	22 23	0 38	21 49	0 6
13	0 58	7 2	0 32	10 29	0 28	22 21	0 38	21 53	0 3
16	0 58	7 0	0 32	10 30	0 28	22 19	0 37	21 57	0 N 1
19	0 58	6 58	0 32	10 31	0 28	22 18	0 37	22 1	0 4
22	0 58	6 56	0 31	10 31	0 28	22 16	0 37	22 5	0 7
25	0 58	6 54	0 31	10 32	0 27	22 14	0 37	22 8	0 11
28	0 58	6 52	0 31	10 34	0 27	22 12	0 37	22 11	0 14
31	0 58	6 50	0 31	10 35	0 27	22 10	0 37	22 14	0 16

JANUAR 2019

Day	♆ Long.	♅ Long.	♄ Long.	♃ Long.	♂ Long.	♀ Long.	☿ Long.	♇ Long.
	° ′	° ′	° ′	° ′	° ′	° ′	° ′	° ′
1	14 ♓ 6	28 ♈ 37	11 ♑ 22	11 ♐ 46	29 ♓ 56	23 ♏ 30	23 ♐ 51	20 ♑ 37
2	14 7	28 R 37	11 30	11 59	0 ♈ 36	24 29	25 19	20 39
3	14 9	28 37	11 37	12 11	1 17	25 29	26 48	20 41
4	14 10	28 36	11 44	12 24	1 57	26 29	28 17	20 43
5	14 11	28 36	11 51	12 36	2 38	27 29	29 46	20 45
6	14 13	28 36	11 58	12 49	3 18	28 30	1 ♑ 16	20 47
7	14 14	28 36	12 5	13 1	3 59	29 31	2 47	20 49
8	14 16	28 D 36	12 12	13 13	4 39	0 ♐ 33	4 18	20 51
9	14 17	28 36	12 19	13 25	5 20	1 35	5 49	20 53
10	14 18	28 37	12 26	13 38	6 0	2 37	7 21	20 55
11	14 20	28 37	12 33	13 50	6 41	3 40	8 53	20 57
12	14 21	28 37	12 40	14 2	7 21	4 43	10 26	20 59
13	14 23	28 37	12 47	14 14	8 2	5 46	11 59	21 2
14	14 25	28 38	12 54	14 25	8 42	6 50	13 32	21 4
15	14 26	28 38	13 1	14 37	9 23	7 54	15 6	21 6
16	14 28	28 38	13 8	14 49	10 3	8 58	16 41	21 8
17	14 29	28 39	13 15	15 1	10 44	10 3	18 16	21 10
18	14 31	28 39	13 22	15 12	11 25	11 8	19 51	21 12
19	14 33	28 40	13 29	15 24	12 5	12 13	21 27	21 14
20	14 35	28 41	13 36	15 35	12 46	13 18	23 4	21 16
21	14 36	28 41	13 43	15 47	13 27	14 24	24 41	21 18
22	14 38	28 42	13 50	15 58	14 7	15 30	26 19	21 20
23	14 40	28 43	13 57	16 9	14 48	16 36	27 57	21 22
24	14 42	28 44	14 4	16 20	15 28	17 42	29 36	21 24
25	14 44	28 45	14 10	16 31	16 9	18 49	1 ♒ 15	21 26
26	14 45	28 46	14 17	16 42	16 50	19 55	2 56	21 27
27	14 47	28 47	14 24	16 53	17 30	21 2	4 36	21 29
28	14 49	28 48	14 31	17 4	18 11	22 10	6 18	21 31
29	14 51	28 49	14 37	17 15	18 52	23 17	8 0	21 33
30	14 53	28 50	14 44	17 25	19 32	24 24	9 42	21 35
31	14 55	28 51	14 51	17 36	20 13	25 32	11 26	21 37

Day	♂ Decl.	♀ Lat.	♀ Decl.	☿ Lat.	☿ Decl.	♇ Lat.	♇ Decl.	☊
	° ′	° ′	° ′	° ′	° ′	° ′	° ′	° ′
1	0 S 18	3 N 26	15 S 19	0 N 7	23 S 10	0 S 7	21 S 58	27 ♋ 34
4	0 N 34	3 27	16 1	0 S 15	23 40	0 8	21 58	27 25
7	1 26	3 26	16 42	0 35	24 0	0 8	21 57	27 15
10	2 17	3 24	17 21	0 55	24 8	0 8	21 57	27 6
13	3 9	3 20	17 59	1 12	24 6	0 9	21 56	26 56
16	4 0	3 15	18 34	1 27	23 50	0 9	21 55	26 47
19	4 51	3 10	19 7	1 41	23 23	0 9	21 55	26 37
22	5 41	3 3	19 37	1 51	22 42	0 10	21 54	26 28
25	6 31	2 55	20 3	1 59	21 49	0 10	21 54	26 18
28	7 20	2 47	20 26	2 4	20 42	0 10	21 53	26 8
31	8 9	2 38	20 44	2 5	19 21	0 11	21 52	25 59

2019 FEBRUAR

Day	Sidereal Time			☉ Long.			☉ Decl.			☽ Long.			☽ Lat.			☽ Decl.		
	H	M	S	°	′	″	°	′		°	′		°	′		°	′	
1	8	43	39	11 ≈	48	50	17 S	15		29 ♐	36		2 N	25		21 S	1	
2	8	47	35	12	49	46	16	57		11 ♑	38		1	23		21	33	
3	8	51	32	13	50	40	16	40		23	32		0	18		21	5	
4	8	55	28	14	51	34	16	22		5 ≈	23		0 S	47		19	41	
5	8	59	25	15	52	26	16	5		17	11		1	50		17	26	
6	9	3	21	16	53	17	15	46		28	59		2	48		14	27	
7	9	7	18	17	54	7	15	28		10 ♓	49		3	40		10	54	
8	9	11	14	18	54	56	15	9		22	43		4	21		6	53	
9	9	15	11	19	55	43	14	50		4 ♈	43		4	52		2	36	
10	9	19	8	20	56	29	14	31		16	52		5	10		1 N	51	
11	9	23	4	21	57	13	14	11		29	13		5	14		6	18	
12	9	27	1	22	57	55	13	52		11 ♉	50		5	4		10	34	
13	9	30	57	23	58	36	13	32		24	45		4	37		14	28	
14	9	34	54	24	59	16	13	11		8 ♊	3		3	55		17	47	
15	9	38	50	25	59	53	12	51		21	46		2	59		20	12	
16	9	42	47	27	0	29	12	30		5 ♋	54		1	50		21	28	
17	9	46	43	28	1	4	12	10		20	29		0	32		21	21	
18	9	50	40	29	1	37	11	49		5 ♌	24		0 N	49		19	42	
19	9	54	37	0 ♓	2	8	11	27		20	35		2	8		16	39	
20	9	58	33	1	2	37	11	6		5 ♍	51		3	18		12	26	
21	10	2	30	2	3	5	10	45		21	3		4	14		7	27	
22	10	6	26	3	3	32	10	23		6 ♎	0		4	52		2	5	
23	10	10	23	4	3	57	10	1		20	34		5	9		3 S	15	
24	10	14	19	5	4	21	9	39		4 ♏	40		5	8		8	15	
25	10	18	16	6	4	43	9	17		18	17		4	48		12	39	
26	10	22	12	7	5	3	8	54		1 ♐	26		4	14		16	18	
27	10	26	9	8	5	23	8	32		14	9		3	28		19	3	
28	10	30	6	9	5	41	8	9		26	32		2	33		20	50	

Day	♆ Lat.		♆ Decl.		♅ Lat.		♅ Decl.		♄ Lat.		♄ Decl.		♃ Lat.		♃ Decl.		♂ Lat.	
	°	′	°	′	°	′	°	′	°	′	°	′	°	′	°	′	°	′
1	0 S	58	6 S	49	0 S	31	10 N	35	0 N	27	22 S	9	0 N	37	22 S	15	0 N	17
4	0	58	6	47	0	31	10	37	0	27	22	7	0	37	22	18	0	20
7	0	58	6	44	0	31	10	39	0	27	22	5	0	37	22	21	0	23
10	0	58	6	42	0	31	10	40	0	27	22	3	0	37	22	23	0	25
13	0	58	6	39	0	31	10	42	0	26	22	1	0	37	22	25	0	28
16	0	58	6	37	0	31	10	45	0	26	21	59	0	37	22	27	0	30
19	0	58	6	34	0	31	10	47	0	26	21	57	0	37	22	29	0	32
22	0	58	6	32	0	30	10	49	0	26	21	55	0	37	22	30	0	34
25	0	58	6	29	0	30	10	52	0	26	21	53	0	38	22	32	0	37
28	0	58	6	26	0	30	10	54	0	26	21	51	0	38	22	33	0	39

FEBRUAR 2019

Day	♆ Long.	♅ Long.	♄ Long.	♃ Long.	♂ Long.	♀ Long.	☿ Long.	♇ Long.
	° ′	° ′	° ′	° ′	° ′	° ′	° ′	° ′
1	14 ♓ 57	28 ♈ 53	14 ♑ 57	17 ♐ 46	20 ♈ 54	26 ♐ 40	13 ♒ 9	21 ♑ 39
2	14 59	28 54	15 4	17 56	21 34	27 48	14 54	21 41
3	15 1	28 55	15 10	18 7	22 15	28 56	16 39	21 43
4	15 3	28 57	15 17	18 17	22 56	0 ♑ 4	18 25	21 45
5	15 5	28 58	15 23	18 27	23 36	1 13	20 12	21 47
6	15 7	29 0	15 30	18 37	24 17	2 22	21 59	21 49
7	15 9	29 1	15 36	18 47	24 58	3 30	23 46	21 50
8	15 11	29 3	15 42	18 56	25 38	4 39	25 34	21 52
9	15 13	29 4	15 49	19 6	26 19	5 48	27 23	21 54
10	15 15	29 6	15 55	19 15	26 59	6 57	29 11	21 56
11	15 17	29 8	16 1	19 25	27 40	8 7	1 ♓ 0	21 58
12	15 20	29 10	16 7	19 34	28 20	9 16	2 48	22 0
13	15 22	29 12	16 13	19 43	29 1	10 26	4 37	22 1
14	15 24	29 13	16 20	19 52	29 42	11 35	6 25	22 3
15	15 26	29 15	16 26	20 1	0 ♉ 22	12 45	8 12	22 5
16	15 28	29 17	16 32	20 10	1 3	13 55	9 58	22 7
17	15 30	29 19	16 37	20 18	1 43	15 5	11 43	22 8
18	15 33	29 21	16 43	20 27	2 24	16 15	13 26	22 10
19	15 35	29 23	16 49	20 35	3 4	17 25	15 7	22 12
20	15 37	29 26	16 55	20 44	3 45	18 35	16 45	22 13
21	15 39	29 28	17 1	20 52	4 25	19 45	18 20	22 15
22	15 42	29 30	17 6	21 0	5 6	20 56	19 52	22 17
23	15 44	29 32	17 12	21 8	5 46	22 6	21 19	22 18
24	15 46	29 34	17 17	21 16	6 26	23 17	22 41	22 20
25	15 48	29 37	17 23	21 23	7 7	24 27	23 57	22 21
26	15 51	29 39	17 28	21 31	7 47	25 38	25 7	22 23
27	15 53	29 42	17 34	21 38	8 28	26 49	26 11	22 25
28	15 55	29 44	17 39	21 45	9 8	28 0	27 6	22 26

Day	♂ Decl.	♀ Lat.	♀ Decl.	☿ Lat.	☿ Decl.	♇ Lat.	♇ Decl.	☊
	° ′	° ′	° ′	° ′	° ′	° ′	° ′	° ′
1	8 N 25	2 N 35	20 S 49	2 S 4	18 S 51	0 S 11	21 S 52	25 ♋ 56
4	9 13	2 25	21 1	2 0	17 13	0 11	21 52	25 46
7	10 1	2 14	21 9	1 51	15 21	0 11	21 51	25 37
10	10 47	2 3	21 12	1 38	13 17	0 12	21 50	25 27
13	11 33	1 52	21 10	1 18	11 2	0 12	21 50	25 18
16	12 18	1 41	21 2	0 52	8 38	0 12	21 49	25 8
19	13 2	1 29	20 50	0 20	6 11	0 12	21 49	24 59
22	13 46	1 18	20 32	0 N 17	3 45	0 13	21 48	24 49
25	14 28	1 6	20 9	0 59	1 30	0 13	21 48	24 39
28	15 9	0 54	19 41	1 43	0 N 26	0 13	21 47	24 30

2019 MÄRZ

Day	Sidereal Time	☉ Long.	☉ Decl.	☽ Long.	☽ Lat.	☽ Decl.
	H M S	° ′ ″	° ′	° ′	° ′	° ′
1	10 34 2	10 ♓ 5 57	7 S 47	8 ♉ 39	1 N 33	21 S 36
2	10 37 59	11 6 12	7 24	20 34	0 30	21 22
3	10 41 55	12 6 25	7 1	2 ♒ 24	0 S 34	20 11
4	10 45 52	13 6 37	6 38	14 10	1 36	18 7
5	10 49 48	14 6 46	6 15	25 58	2 34	15 17
6	10 53 45	15 6 55	5 52	7 ♓ 48	3 26	11 49
7	10 57 41	16 7 1	5 29	19 44	4 8	7 52
8	11 1 38	17 7 5	5 5	1 ♈ 46	4 40	3 35
9	11 5 35	18 7 8	4 42	13 57	5 0	0 N 54
10	11 9 31	19 7 8	4 18	26 17	5 6	5 23
11	11 13 28	20 7 7	3 55	8 ♉ 47	4 57	9 44
12	11 17 24	21 7 3	3 31	21 29	4 34	13 43
13	11 21 21	22 6 57	3 8	4 ♊ 26	3 56	17 9
14	11 25 17	23 6 49	2 44	17 40	3 5	19 47
15	11 29 14	24 6 38	2 20	1 ♋ 14	2 3	21 23
16	11 33 10	25 6 26	1 57	15 9	0 51	21 44
17	11 37 7	26 6 11	1 33	29 25	0 N 25	20 41
18	11 41 4	27 5 54	1 9	14 ♌ 2	1 41	18 14
19	11 45 0	28 5 35	0 46	28 56	2 51	14 31
20	11 48 57	29 5 14	0 22	14 ♍ 0	3 51	9 51
21	11 52 53	0 ♈ 4 51	0 N 2	29 4	4 34	4 33
22	11 56 50	1 4 25	0 26	14 ♎ 0	4 58	0 S 56
23	12 0 46	2 3 58	0 49	28 37	5 2	6 17
24	12 4 43	3 3 29	1 13	12 ♏ 50	4 47	11 8
25	12 8 39	4 2 58	1 37	26 34	4 16	15 14
26	12 12 36	5 2 25	2 0	9 ♐ 50	3 31	18 26
27	12 16 33	6 1 50	2 24	22 38	2 38	20 37
28	12 20 29	7 1 14	2 47	5 ♑ 4	1 38	21 43
29	12 24 26	8 0 35	3 11	17 11	0 35	21 45
30	12 28 22	8 59 55	3 34	29 7	0 S 28	20 45
31	12 32 19	9 59 13	3 57	10 ♒ 56	1 30	18 56

Day	♆ Lat.	♆ Decl.	♅ Lat.	♅ Decl.	♄ Lat.	♄ Decl.	♃ Lat.	♃ Decl.	♂ Lat.
	° ′	° ′	° ′	° ′	° ′	° ′	° ′	° ′	° ′
1	0 S 58	6 S 26	0 S 30	10 N 55	0 N 26	21 S 50	0 N 38	22 S 34	0 N 39
4	0 58	6 23	0 30	10 58	0 26	21 48	0 38	22 35	0 41
7	0 58	6 20	0 30	11 1	0 25	21 46	0 38	22 36	0 43
10	0 58	6 18	0 30	11 4	0 25	21 45	0 38	22 37	0 45
13	0 58	6 15	0 30	11 7	0 25	21 43	0 38	22 38	0 46
16	0 58	6 12	0 30	11 10	0 25	21 41	0 38	22 38	0 48
19	0 58	6 10	0 30	11 13	0 25	21 40	0 38	22 39	0 49
22	0 58	6 7	0 30	11 16	0 25	21 38	0 38	22 39	0 51
25	0 58	6 5	0 30	11 20	0 25	21 37	0 38	22 40	0 52
28	0 58	6 2	0 30	11 23	0 25	21 36	0 38	22 40	0 53
31	0 58	6 0	0 30	11 26	0 25	21 34	0 38	22 40	0 55

MÄRZ 2019

Day	♆ Long.	♅ Long.	♄ Long.	♃ Long.	♂ Long.	♀ Long.	☿ Long.	♇ Long.
	° ′	° ′	° ′	° ′	° ′	° ′	° ′	° ′
1	15 ♓ 57	29 ♈ 46	17 ♑ 44	21 ♐ 52	9 ♉ 48	29 ♑ 11	27 ♓ 54	22 ♑ 28
2	16 0	29 49	17 49	21 59	10 29	0 ♒ 22	28 33	22 29
3	16 2	29 51	17 54	22 6	11 9	1 33	29 4	22 30
4	16 4	29 54	17 59	22 12	11 49	2 44	29 25	22 32
5	16 6	29 57	18 4	22 19	12 30	3 55	29 37	22 33
6	16 9	29 59	18 9	22 25	13 10	5 6	29 39	22 35
7	16 11	0 ♉ 2	18 14	22 31	13 50	6 18	29 R 32	22 36
8	16 13	0 5	18 19	22 37	14 30	7 29	29 16	22 37
9	16 16	0 7	18 24	22 43	15 10	8 40	28 52	22 39
10	16 18	0 10	18 28	22 49	15 51	9 52	28 20	22 40
11	16 20	0 13	18 33	22 55	16 31	11 3	27 41	22 41
12	16 22	0 16	18 37	23 0	17 11	12 15	26 56	22 43
13	16 25	0 19	18 42	23 5	17 51	13 26	26 6	22 44
14	16 27	0 22	18 46	23 10	18 31	14 38	25 12	22 45
15	16 29	0 24	18 50	23 15	19 11	15 50	24 16	22 46
16	16 31	0 27	18 54	23 20	19 51	17 2	23 19	22 47
17	16 34	0 30	18 59	23 24	20 31	18 13	22 21	22 49
18	16 36	0 33	19 3	23 29	21 11	19 25	21 25	22 50
19	16 38	0 36	19 6	23 33	21 51	20 37	20 32	22 51
20	16 40	0 39	19 10	23 37	22 31	21 49	19 41	22 52
21	16 43	0 42	19 14	23 41	23 11	23 1	18 55	22 53
22	16 45	0 46	19 18	23 45	23 51	24 13	18 14	22 54
23	16 47	0 49	19 21	23 48	24 31	25 25	17 38	22 55
24	16 49	0 52	19 25	23 52	25 11	26 37	17 8	22 56
25	16 52	0 55	19 28	23 55	25 51	27 49	16 44	22 57
26	16 54	0 58	19 32	23 58	26 31	29 1	16 26	22 57
27	16 56	1 1	19 35	24 0	27 11	0 ♓ 13	16 13	22 58
28	16 58	1 4	19 38	24 3	27 50	1 25	16 7	22 59
29	17 0	1 8	19 41	24 6	28 30	2 37	16 7	23 0
30	17 2	1 11	19 44	24 8	29 10	3 50	16 D 12	23 1
31	17 5	1 14	19 47	24 10	29 50	5 2	16 22	23 2

Day	♂ Decl.	♀ Lat.	♀ Decl.	☿ Lat.	☿ Decl.	♇ Lat.	♇ Decl.	☊
	° ′	° ′	° ′	° ′	° ′	° ′	° ′	° ′
1	15 N 22	0 N 50	19 S 30	1 N 58	0 N 58	0 S 13	21 S 47	24 ♋ 27
4	16 2	0 39	18 55	2 39	2 12	0 14	21 47	24 17
7	16 40	0 27	18 16	3 13	2 46	0 14	21 46	24 8
10	17 17	0 16	17 31	3 33	2 36	0 14	21 46	23 58
13	17 53	0 5	16 42	3 37	1 46	0 14	21 45	23 49
16	18 28	0 S 6	15 49	3 23	0 27	0 15	21 45	23 39
19	19 1	0 16	14 52	2 54	1 S 5	0 15	21 45	23 30
22	19 33	0 26	13 51	2 14	2 36	0 15	21 45	23 20
25	20 4	0 35	12 47	1 28	3 53	0 16	21 44	23 11
28	20 33	0 44	11 39	0 43	4 49	0 16	21 44	23 1
31	21 0	0 52	10 28	0 S 1	5 23	0 16	21 44	22 51

2019 APRIL

Day	Sidereal Time			☉ Long.			☉ Decl.		☽ Long.		☽ Lat.		☽ Decl.	
	H	M	S	°	′	″	°	′	°	′	°	′	°	′
1	12	36	15	10♈	58	30	4 N	21	22 ♒	42	2 S	27	16 S	16
2	12	40	12	11	57	44	4	44	4 ♓	32	3	18	12	55
3	12	44	8	12	56	57	5	7	16	26	4	1	9	3
4	12	48	5	13	56	7	5	30	28	30	4	33	4	47
5	12	52	2	14	55	16	5	53	10♈	43	4	53	0	16
6	12	55	58	15	54	22	6	15	23	8	5	0	4 N	20
7	12	59	55	16	53	27	6	38	5 ♉	44	4	52	8	50
8	13	3	51	17	52	29	7	1	18	31	4	30	13	0
9	13	7	48	18	51	29	7	23	1 ♊	29	3	53	16	39
10	13	11	44	19	50	27	7	45	14	38	3	4	19	31
11	13	15	41	20	49	23	8	8	28	0	2	3	21	22
12	13	19	37	21	48	17	8	30	11 ♋	35	0	55	22	1
13	13	23	34	22	47	8	8	52	25	25	0 N	18	21	21
14	13	27	31	23	45	57	9	13	9 ♌	30	1	31	19	21
15	13	31	27	24	44	43	9	35	23	49	2	40	16	6
16	13	35	24	25	43	28	9	56	8 ♍	21	3	39	11	49
17	13	39	20	26	42	10	10	18	23	1	4	24	6	49
18	13	43	17	27	40	51	10	39	7 ♎	43	4	52	1	24
19	13	47	13	28	39	29	11	0	22	20	5	0	4 S	3
20	13	51	10	29	38	5	11	20	6 ♏	45	4	50	9	12
21	13	55	6	0 ♉	36	39	11	41	20	49	4	22	13	45
22	13	59	3	1	35	12	12	1	4 ♐	30	3	39	17	27
23	14	3	0	2	33	43	12	22	17	46	2	45	20	8
24	14	6	56	3	32	12	12	42	0 ♑	36	1	45	21	41
25	14	10	53	4	30	39	13	1	13	5	0	41	22	7
26	14	14	49	5	29	5	13	21	25	15	0 S	24	21	28
27	14	18	46	6	27	29	13	40	7 ♒	13	1	26	19	51
28	14	22	42	7	25	51	13	59	19	4	2	24	17	23
29	14	26	39	8	24	12	14	18	0 ♓	53	3	16	14	13
30	14	30	35	9	22	32	14	37	12	45	4	0	10	28

Day	♆ Lat.		♆ Decl.		♅ Lat.		♅ Decl.		♄ Lat.		♄ Decl.		♃ Lat.		♃ Decl.		♂ Lat.	
	°	′	°	′	°	′	°	′	°	′	°	′	°	′	°	′	°	′
1	0 S	58	5 S	59	0 S	30	11 N	28	0 N	25	21 S	34	0 N	38	22 S	40	0 N	55
4	0	58	5	56	0	30	11	31	0	24	21	33	0	38	22	41	0	56
7	0	58	5	54	0	30	11	34	0	24	21	32	0	38	22	41	0	57
10	0	58	5	52	0	30	11	38	0	24	21	31	0	38	22	41	0	58
13	0	58	5	50	0	29	11	42	0	24	21	31	0	38	22	41	0	59
16	0	58	5	47	0	29	11	45	0	24	21	30	0	38	22	41	1	0
19	0	59	5	45	0	29	11	49	0	24	21	30	0	38	22	40	1	1
22	0	59	5	43	0	29	11	52	0	24	21	29	0	38	22	40	1	2
25	0	59	5	41	0	29	11	56	0	24	21	29	0	38	22	40	1	3
28	0	59	5	40	0	29	11	59	0	24	21	29	0	38	22	40	1	4

APRIL 2019

Day	♆ Long.	♅ Long.	♄ Long.	♃ Long.	♂ Long.	♀ Long.	☿ Long.	♇ Long.
	° ′	° ′	° ′	° ′	° ′	° ′	° ′	° ′
1	17 ♓ 7	1 ♉ 17	19 ♑ 50	24 ♐ 12	0 ♊ 30	6 ♓ 14	16 ♓ 38	23 ♑ 2
2	17 9	1 21	19 53	24 14	1 9	7 26	16 59	23 3
3	17 11	1 24	19 55	24 15	1 49	8 39	17 24	23 4
4	17 13	1 27	19 58	24 16	2 29	9 51	17 54	23 4
5	17 15	1 31	20 0	24 18	3 8	11 3	18 29	23 5
6	17 17	1 34	20 3	24 19	3 48	12 16	19 7	23 5
7	17 19	1 37	20 5	24 19	4 27	13 28	19 49	23 6
8	17 21	1 41	20 7	24 20	5 7	14 41	20 35	23 6
9	17 23	1 44	20 9	24 20	5 47	15 53	21 24	23 7
10	17 25	1 48	20 11	24 21	6 26	17 6	22 16	23 7
11	17 27	1 51	20 13	24 21	7 6	18 18	23 12	23 8
12	17 29	1 54	20 15	24 R 20	7 45	19 31	24 10	23 8
13	17 31	1 58	20 17	24 20	8 25	20 43	25 11	23 9
14	17 33	2 1	20 18	24 20	9 4	21 56	26 15	23 9
15	17 35	2 5	20 20	24 19	9 43	23 8	27 22	23 9
16	17 37	2 8	20 21	24 18	10 23	24 21	28 31	23 10
17	17 39	2 11	20 23	24 17	11 2	25 33	29 42	23 10
18	17 41	2 15	20 24	24 16	11 42	26 46	0 ♈ 56	23 10
19	17 42	2 18	20 25	24 14	12 21	27 59	2 11	23 10
20	17 44	2 22	20 26	24 13	13 0	29 11	3 29	23 10
21	17 46	2 25	20 27	24 11	13 39	0 ♈ 24	4 49	23 10
22	17 48	2 29	20 28	24 9	14 19	1 36	6 11	23 11
23	17 50	2 32	20 28	24 6	14 58	2 49	7 35	23 11
24	17 51	2 36	20 29	24 4	15 37	4 2	9 1	23 11
25	17 53	2 39	20 30	24 2	16 16	5 15	10 29	23 11
26	17 55	2 42	20 30	23 59	16 56	6 27	11 58	23 R 11
27	17 56	2 46	20 30	23 56	17 35	7 40	13 30	23 11
28	17 58	2 49	20 31	23 53	18 14	8 53	15 3	23 11
29	18 0	2 53	20 31	23 49	18 53	10 5	16 38	23 10
30	18 1	2 56	20 31	23 46	19 32	11 18	18 15	23 10

Day	♂ Decl.	♀ Lat.	♀ Decl.	☿ Lat.	☿ Decl.	♇ Lat.	♇ Decl.	☊
	° ′	° ′	° ′	° ′	° ′	° ′	° ′	° ′
1	21 N 9	0 S 54	10 S 4	0 S 14	5 S 30	0 S 16	21 S 44	22 ♋ 48
4	21 34	1 2	8 50	0 51	5 34	0 16	21 44	22 39
7	21 58	1 9	7 33	1 23	5 19	0 17	21 44	22 29
10	22 20	1 15	6 15	1 50	4 45	0 17	21 44	22 20
13	22 41	1 20	4 55	2 11	3 55	0 17	21 44	22 10
16	23 0	1 25	3 33	2 27	2 50	0 17	21 44	22 1
19	23 17	1 29	2 10	2 38	1 32	0 18	21 44	21 51
22	23 33	1 33	0 47	2 43	0 2	0 18	21 44	21 42
25	23 46	1 36	0 N 37	2 43	1 N 38	0 18	21 44	21 32
28	23 58	1 38	2 1	2 39	3 29	0 18	21 45	21 22

2019 MAI

Day	Sidereal Time	☉ Long.	☉ Decl.	☽ Long.	☽ Lat.	☽ Decl.
	H M S	° ′ ″	° ′	° ′	° ′	° ′
1	14 34 32	10 ♉ 20 49	14 N 55	24 ♓ 44	4 S 33	6 S 16
2	14 38 29	11 19 6	15 13	6 ♈ 54	4 54	1 46
3	14 42 25	12 17 20	15 31	19 18	5 2	2 N 53
4	14 46 22	13 15 33	15 49	1 ♉ 57	4 56	7 31
5	14 50 18	14 13 44	16 6	14 50	4 35	11 55
6	14 54 15	15 11 54	16 23	27 58	3 58	15 50
7	14 58 11	16 10 2	16 40	11 ♊ 18	3 8	19 2
8	15 2 8	17 8 7	16 57	24 49	2 7	21 13
9	15 6 4	18 6 12	17 13	8 ♋ 29	0 58	22 12
10	15 10 1	19 4 14	17 29	22 19	0 N 16	21 51
11	15 13 58	20 2 14	17 45	6 ♌ 15	1 29	20 9
12	15 17 54	21 0 13	18 0	20 20	2 38	17 12
13	15 21 51	21 58 9	18 15	4 ♍ 30	3 37	13 14
14	15 25 47	22 56 4	18 30	18 46	4 24	8 29
15	15 29 44	23 53 57	18 45	3 ♎ 3	4 54	3 17
16	15 33 40	24 51 49	18 59	17 19	5 6	2 S 6
17	15 37 37	25 49 39	19 13	1 ♏ 30	4 59	7 19
18	15 41 33	26 47 27	19 26	15 29	4 34	12 6
19	15 45 30	27 45 14	19 39	29 13	3 53	16 11
20	15 49 27	28 42 59	19 52	12 ♐ 39	3 1	19 19
21	15 53 23	29 40 43	20 5	25 44	2 0	21 23
22	15 57 20	0 ♊ 38 26	20 17	8 ♑ 29	0 54	22 16
23	16 1 16	1 36 7	20 29	20 55	0 S 13	22 2
24	16 5 13	2 33 47	20 40	3 ♒ 6	1 18	20 44
25	16 9 9	3 31 27	20 51	15 6	2 19	18 31
26	16 13 6	4 29 5	21 2	26 58	3 13	15 33
27	16 17 2	5 26 42	21 12	8 ♓ 49	3 59	11 57
28	16 20 59	6 24 19	21 23	20 43	4 35	7 53
29	16 24 56	7 21 54	21 32	2 ♈ 45	4 59	3 29
30	16 28 52	8 19 29	21 41	14 59	5 10	1 N 8
31	16 32 49	9 17 2	21 50	27 29	5 6	5 49

Day	♆ Lat.	♆ Decl.	♅ Lat.	♅ Decl.	♄ Lat.	♄ Decl.	♃ Lat.	♃ Decl.	♂ Lat.
	° ′	° ′	° ′	° ′	° ′	° ′	° ′	° ′	° ′
1	0 S 59	5 S 38	0 S 29	12 N 3	0 N 23	21 S 29	0 N 38	22 S 39	1 N 4
4	0 59	5 36	0 29	12 6	0 23	21 29	0 38	22 39	1 5
7	0 59	5 34	0 29	12 10	0 23	21 30	0 38	22 38	1 6
10	0 59	5 33	0 29	12 13	0 23	21 30	0 38	22 38	1 6
13	0 59	5 32	0 29	12 17	0 23	21 31	0 38	22 37	1 7
16	0 59	5 30	0 29	12 20	0 23	21 32	0 37	22 36	1 7
19	1 N 0	5 29	0 29	12 23	0 23	21 33	0 37	22 35	1 8
22	1 0	5 28	0 29	12 27	0 22	21 34	0 37	22 34	1 8
25	1 0	5 27	0 29	12 30	0 22	21 35	0 37	22 33	1 9
28	1 0	5 26	0 29	12 33	0 22	21 36	0 37	22 32	1 9
31	1 S 0	5 25	0 29	12 36	0 22	21 37	0 36	22 31	1 9

MAI 2019

Day	♆ Long.	♅ Long.	♄ Long.	♃ Long.	♂ Long.	♀ Long.	☿ Long.	♇ Long.
	° ′	° ′	° ′	° ′	° ′	° ′	° ′	° ′
1	18 ♓ 3	3 ♉ 0	20 ♑ 31	23 ♐ 42	20 ♊ 11	12 ♈ 31	19 ♈ 54	23 ♑ 10
2	18 4	3 3	20 R 31	23 R 39	20 50	13 44	21 35	23 R 10
3	18 6	3 6	20 30	23 35	21 29	14 56	23 18	23 10
4	18 7	3 10	20 30	23 31	22 8	16 9	25 2	23 9
5	18 9	3 13	20 30	23 26	22 47	17 22	26 48	23 9
6	18 10	3 17	20 29	23 22	23 26	18 35	28 36	23 9
7	18 12	3 20	20 29	23 17	24 5	19 48	0 ♉ 26	23 8
8	18 13	3 23	20 28	23 13	24 44	21 1	2 18	23 8
9	18 15	3 27	20 27	23 8	25 23	22 13	4 11	23 8
10	18 16	3 30	20 26	23 3	26 2	23 26	6 7	23 7
11	18 17	3 34	20 25	22 57	26 41	24 39	8 4	23 7
12	18 18	3 37	20 24	22 52	27 20	25 52	10 3	23 6
13	18 20	3 40	20 23	22 47	27 59	27 5	12 3	23 6
14	18 21	3 43	20 21	22 41	28 37	28 18	14 6	23 5
15	18 22	3 47	20 20	22 35	29 16	29 31	16 10	23 5
16	18 23	3 50	20 19	22 29	29 55	0 ♉ 43	18 15	23 4
17	18 24	3 53	20 17	22 23	0 ♋ 34	1 56	20 22	23 3
18	18 26	3 57	20 15	22 17	1 13	3 9	22 30	23 3
19	18 27	4 0	20 14	22 11	1 51	4 22	24 40	23 2
20	18 28	4 3	20 12	22 5	2 30	5 35	26 50	23 1
21	18 29	4 6	20 10	21 58	3 9	6 48	29 1	23 1
22	18 30	4 9	20 8	21 52	3 47	8 1	1 ♊ 13	23 0
23	18 31	4 13	20 6	21 45	4 26	9 14	3 24	22 59
24	18 32	4 16	20 4	21 38	5 5	10 27	5 36	22 58
25	18 32	4 19	20 1	21 31	5 43	11 40	7 47	22 57
26	18 33	4 22	19 59	21 24	6 22	12 53	9 57	22 57
27	18 34	4 25	19 56	21 17	7 1	14 6	12 7	22 56
28	18 35	4 28	19 54	21 10	7 39	15 19	14 16	22 55
29	18 36	4 31	19 51	21 3	8 18	16 32	16 23	22 54
30	18 37	4 34	19 49	20 56	8 56	17 45	18 28	22 53
31	18 37	4 37	19 46	20 48	9 35	18 58	20 32	22 52

Day	♂ Decl.	♀ Lat.	♀ Decl.	☿ Lat.	☿ Decl.	♇ Lat.	♇ Decl.	☊
	° ′	° ′	° ′	° ′	° ′	° ′	° ′	° ′
1	24 N 9	1 S 39	3 N 25	2 S 30	5 N 28	0 S 19	21 S 45	21 ♋ 13
4	24 17	1 40	4 49	2 15	7 35	0 19	21 45	21 3
7	24 24	1 40	6 12	1 57	9 48	0 19	21 46	20 54
10	24 29	1 39	7 34	1 34	12 5	0 19	21 46	20 44
13	24 32	1 38	8 54	1 8	14 23	0 19	21 47	20 35
16	24 33	1 36	10 13	0 38	16 39	0 20	21 47	20 25
19	24 33	1 34	11 30	0 7	18 49	0 20	21 48	20 16
22	24 31	1 31	12 45	0 N 25	20 48	0 20	21 48	20 6
25	24 27	1 27	13 57	0 54	22 30	0 20	21 49	19 57
28	24 22	1 23	15 6	1 21	23 51	0 21	21 50	19 47
31	24 15	1 18	16 12	1 42	24 48	0 21	21 50	19 38

2019 JUNI

Day	Sidereal Time			☉ Long.			☉ Decl.		☽ Long.		☽ Lat.		☽ Decl.	
	H	M	S	°	′	″	°	′	°	′	°	′	°	′
1	16	36	45	10 ♊	14	35	21 N	59	10 ♉	18	4 S	48	10 N	21
2	16	40	42	11	12	7	22	7	23	25	4	14	14	32
3	16	44	38	12	9	38	22	15	6 ♊	51	3	25	18	5
4	16	48	35	13	7	7	22	22	20	33	2	24	20	43
5	16	52	31	14	4	36	22	29	4 ♋	29	1	12	22	9
6	16	56	28	15	2	4	22	36	18	35	0 N	4	22	13
7	17	0	25	15	59	30	22	42	2 ♌	48	1	21	20	51
8	17	4	21	16	56	56	22	48	17	3	2	33	18	9
9	17	8	18	17	54	20	22	53	1 ♍	19	3	36	14	22
10	17	12	14	18	51	43	22	58	15	33	4	25	9	46
11	17	16	11	19	49	5	23	3	29	42	4	58	4	40
12	17	20	7	20	46	26	23	7	13 ♎	45	5	13	0 S	37
13	17	24	4	21	43	46	23	11	27	40	5	9	5	50
14	17	28	0	22	41	5	23	14	11 ♏	24	4	47	10	41
15	17	31	57	23	38	23	23	17	24	56	4	10	14	57
16	17	35	54	24	35	41	23	20	8 ♐	15	3	20	18	23
17	17	39	50	25	32	57	23	22	21	18	2	20	20	50
18	17	43	47	26	30	13	23	23	4 ♑	6	1	14	22	9
19	17	47	43	27	27	29	23	25	16	39	0	5	22	19
20	17	51	40	28	24	44	23	26	28	58	1 S	2	21	23
21	17	55	36	29	21	59	23	26	11 ♒	5	2	6	19	28
22	17	59	33	0 ♋	19	13	23	26	23	3	3	3	16	43
23	18	3	29	1	16	27	23	26	4 ♓	55	3	52	13	19
24	18	7	26	2	13	41	23	25	16	46	4	32	9	23
25	18	11	22	3	10	55	23	24	28	41	4	59	5	6
26	18	15	19	4	8	9	23	22	10 ♈	43	5	14	0	35
27	18	19	16	5	5	22	23	20	22	58	5	15	4 N	3
28	18	23	12	6	2	36	23	18	5 ♉	29	5	2	8	36
29	18	27	9	6	59	50	23	15	18	21	4	33	12	55
30	18	31	5	7	57	3	23	12	1 ♊	35	3	49	16	45

Day	♆ Lat.		♆ Decl.		♅ Lat.		♅ Decl.		♄ Lat.		♄ Decl.		♃ Lat.		♃ Decl.		♂ Lat.	
	°	′	°	′	°	′	°	′	°	′	°	′	°	′	°	′	°	′
1	1 S	0	5 S	25	0 S	29	12 N	37	0 N	22	21 S	38	0 N	36	22 S	31	1 N	9
4	1	0	5	24	0	29	12	40	0	22	21	39	0	36	22	29	1	10
7	1	0	5	24	0	29	12	43	0	21	21	41	0	35	22	28	1	10
10	1	0	5	24	0	29	12	45	0	21	21	42	0	35	22	27	1	10
13	1	1	5	23	0	30	12	48	0	21	21	44	0	35	22	25	1	10
16	1	1	5	23	0	30	12	50	0	21	21	46	0	34	22	24	1	10
19	1	1	5	23	0	30	12	53	0	21	21	48	0	34	22	22	1	11
22	1	1	5	23	0	30	12	55	0	20	21	49	0	33	22	21	1	11
25	1	1	5	23	0	30	12	57	0	20	21	51	0	33	22	19	1	11
28	1	1	5	24	0	30	12	59	0	20	21	53	0	32	22	18	1	11

JUNI 2019

Day	♆ Long.	♅ Long.	♄ Long.	♃ Long.	♂ Long.	♀ Long.	☿ Long.	♇ Long.
	° ′	° ′	° ′	° ′	° ′	° ′	° ′	° ′
1	18 ♓ 38	4 ♉ 40	19 ♑ 43	20 ♐ 41	10 ♋ 13	20 ♉ 11	22 ♊ 34	22 ♑ 51
2	18 39	4 43	19 R 40	20 R 34	10 52	21 24	24 34	22 R 50
3	18 39	4 46	19 37	20 26	11 30	22 37	26 31	22 49
4	18 40	4 49	19 34	20 19	12 9	23 50	28 26	22 48
5	18 40	4 52	19 31	20 11	12 47	25 3	0 ♋ 19	22 47
6	18 41	4 54	19 28	20 4	13 26	26 16	2 9	22 46
7	18 41	4 57	19 25	19 56	14 4	27 29	3 56	22 44
8	18 42	5 0	19 21	19 48	14 43	28 42	5 41	22 43
9	18 42	5 3	19 18	19 41	15 21	29 55	7 23	22 42
10	18 43	5 5	19 15	19 33	15 59	1 ♊ 8	9 3	22 41
11	18 43	5 8	19 11	19 25	16 38	2 22	10 40	22 40
12	18 43	5 11	19 7	19 18	17 16	3 35	12 14	22 39
13	18 44	5 13	19 4	19 10	17 55	4 48	13 46	22 37
14	18 44	5 16	19 0	19 2	18 33	6 1	15 14	22 36
15	18 44	5 19	18 56	18 55	19 11	7 14	16 40	22 35
16	18 44	5 21	18 53	18 47	19 50	8 27	18 4	22 34
17	18 44	5 24	18 49	18 40	20 28	9 40	19 24	22 32
18	18 45	5 26	18 45	18 32	21 6	10 54	20 41	22 31
19	18 45	5 28	18 41	18 25	21 44	12 7	21 56	22 30
20	18 45	5 31	18 37	18 17	22 23	13 20	23 8	22 28
21	18 45	5 33	18 33	18 10	23 1	14 33	24 16	22 27
22	18 45	5 35	18 29	18 2	23 39	15 47	25 22	22 26
23	18 R 45	5 38	18 25	17 55	24 17	17 0	26 24	22 24
24	18 45	5 40	18 21	17 48	24 56	18 13	27 23	22 23
25	18 45	5 42	18 17	17 41	25 34	19 26	28 19	22 21
26	18 45	5 44	18 12	17 34	26 12	20 40	29 11	22 20
27	18 44	5 47	18 8	17 27	26 50	21 53	0 ♌ 0	22 19
28	18 44	5 49	18 4	17 20	27 29	23 6	0 45	22 17
29	18 44	5 51	18 0	17 13	28 7	24 20	1 26	22 16
30	18 44	5 53	17 55	17 6	28 45	25 33	2 3	22 14

Day	♂ Decl.	♀ Lat.	♀ Decl.	☿ Lat.	☿ Decl.	♇ Lat.	♇ Decl.	☊
	° ′	° ′	° ′	° ′	° ′	° ′	° ′	° ′
1	24 N 12	1 S 17	16 N 33	1 N 48	25 N 1	0 S 21	21 S 51	19 ♋ 34
4	24 2	1 11	17 35	2 0	25 26	0 21	21 51	19 25
7	23 51	1 6	18 32	2 6	25 28	0 21	21 52	19 15
10	23 38	1 N 0	19 25	2 4	25 12	0 21	21 53	19 6
13	23 24	0 S 53	20 13	1 56	24 39	0 22	21 54	18 56
16	23 8	0 47	20 56	1 42	23 54	0 22	21 54	18 47
19	22 51	0 40	21 35	1 21	22 59	0 22	21 55	18 37
22	22 32	0 33	22 8	0 55	21 58	0 22	21 56	18 28
25	22 11	0 26	22 35	0 23	20 52	0 23	21 57	18 18
28	21 49	0 19	22 57	0 S 14	19 46	0 23	21 58	18 9

2019 JULI

Day	Sidereal Time			☉ Long.			☉ Decl.		☽ Long.		☽ Lat.		☽ Decl.	
	H	M	S	°	′	″	°	′	°	′	°	′	°	′
1	18	35	2	8 ♋ 54	17	23 N	8	15 ♊ 11	2 S 50	19 N 47
2	18	38	58	9	51	30	23	4	29	10	1	41	21	45
3	18	42	55	10	48	44	23	0	13 ♋ 27	0	23	22	22
4	18	46	51	11	45	57	22	55	27	58	0 N 57	21	30
5	18	50	48	12	43	10	22	50	12 ♌ 37	2	14	19	10
6	18	54	45	13	40	23	22	44	27	17	3	23	15	35
7	18	58	41	14	37	36	22	38	11 ♍ 53	4	18	11	4
8	19	2	38	15	34	49	22	32	26	20	4	56	5	59
9	19	6	34	16	32	1	22	25	10 ♎ 34	5	15	0	39
10	19	10	31	17	29	14	22	18	24	32	5	15	4 S 37
11	19	14	27	18	26	26	22	10	8 ♏ 15	4	57	9	34
12	19	18	24	19	23	38	22	2	21	41	4	23	13	57
13	19	22	20	20	20	50	21	54	4 ♐ 51	3	36	17	34
14	19	26	17	21	18	2	21	45	17	46	2	38	20	15
15	19	30	14	22	15	15	21	36	0 ♑ 28	1	34	21	52
16	19	34	10	23	12	27	21	26	12	57	0	26	22	22
17	19	38	7	24	9	40	21	17	25	15	0 S 42	21	46
18	19	42	3	25	6	53	21	6	7 ♒ 24	1	47	20	9
19	19	46	0	26	4	6	20	56	19	24	2	47	17	38
20	19	49	56	27	1	20	20	45	1 ♓ 19	3	39	14	25
21	19	53	53	27	58	35	20	34	13	10	4	21	10	38
22	19	57	49	28	55	50	20	22	25	1	4	52	6	27
23	20	1	46	29	53	6	20	10	6 ♈ 56	5	11	2	1
24	20	5	43	0 ♌ 50	23	19	58	18	57	5	16	2 N 33
25	20	9	39	1	47	41	19	45	1 ♉ 10	5	7	7	4
26	20	13	36	2	45	0	19	33	13	39	4	44	11	25
27	20	17	32	3	42	19	19	19	26	28	4	6	15	22
28	20	21	29	4	39	40	19	6	9 ♊ 40	3	15	18	41
29	20	25	25	5	37	1	18	52	23	18	2	10	21	6
30	20	29	22	6	34	23	18	38	7 ♋ 22	0	56	22	18
31	20	33	18	7	31	47	18	23	21	49	0 N 23	22	3

Day	♆ Lat.	♆ Decl.	♅ Lat.	♅ Decl.	♄ Lat.	♄ Decl.	♃ Lat.	♃ Decl.	♂ Lat.
	° ′	° ′	° ′	° ′	° ′	° ′	° ′	° ′	° ′
1	1 S 1	5 S 24	0 S 30	13 N 1	0 N 20	21 S 55	0 N 32	22 S 16	1 N 11
4	1 1	5 25	0 30	13 3	0 19	21 57	0 31	22 15	1 11
7	1 2	5 25	0 30	13 5	0 19	21 59	0 31	22 14	1 11
10	1 2	5 26	0 30	13 6	0 19	22 1	0 30	22 12	1 11
13	1 2	5 27	0 30	13 8	0 19	22 3	0 30	22 11	1 11
16	1 2	5 28	0 30	13 9	0 18	22 5	0 29	22 10	1 10
19	1 2	5 29	0 30	13 10	0 18	22 7	0 29	22 9	1 10
22	1 2	5 30	0 30	13 11	0 18	22 9	0 28	22 9	1 10
25	1 2	5 31	0 30	13 12	0 18	22 10	0 28	22 8	1 10
28	1 2	5 33	0 30	13 13	0 17	22 12	0 27	22 8	1 10
31	1 3	5 34	0 30	13 14	0 17	22 14	0 26	22 7	1 9

JULI 2019

Day	♆ Long.	♅ Long.	♄ Long.	♃ Long.	♂ Long.	♀ Long.	☿ Long.	♇ Long.
	° ′	° ′	° ′	° ′	° ′	° ′	° ′	° ′
1	18 ♓ 43	5 ♉ 55	17 ♑ 51	16 ♐ 59	29 ♋ 23	26 ♊ 46	2 ♌ 37	22 ♑ 13
2	18 R 43	5 57	17 R 47	16 R 53	0 ♌ 1	28 0	3 6	22 R 11
3	18 43	5 58	17 42	16 46	0 40	29 13	3 31	22 10
4	18 42	6 0	17 38	16 40	1 18	0 ♋ 27	3 51	22 8
5	18 42	6 2	17 34	16 34	1 56	1 40	4 7	22 7
6	18 41	6 4	17 29	16 28	2 34	2 54	4 19	22 5
7	18 41	6 6	17 25	16 22	3 12	4 7	4 26	22 4
8	18 41	6 7	17 20	16 16	3 50	5 21	4 28	22 2
9	18 40	6 9	17 16	16 10	4 28	6 34	4 R 26	22 1
10	18 39	6 11	17 11	16 4	5 7	7 48	4 18	21 59
11	18 39	6 12	17 7	15 59	5 45	9 1	4 7	21 58
12	18 38	6 14	17 3	15 54	6 23	10 15	3 50	21 56
13	18 38	6 15	16 58	15 48	7 1	11 28	3 30	21 55
14	18 37	6 17	16 54	15 43	7 39	12 42	3 5	21 53
15	18 36	6 18	16 49	15 38	8 17	13 56	2 36	21 52
16	18 35	6 19	16 45	15 34	8 55	15 9	2 4	21 50
17	18 35	6 21	16 41	15 29	9 33	16 23	1 29	21 49
18	18 34	6 22	16 36	15 25	10 11	17 37	0 51	21 47
19	18 33	6 23	16 32	15 20	10 49	18 50	0 12	21 46
20	18 32	6 24	16 28	15 16	11 27	20 4	29 ♋ 32	21 44
21	18 31	6 25	16 23	15 12	12 6	21 18	28 50	21 43
22	18 30	6 26	16 19	15 9	12 44	22 31	28 10	21 42
23	18 29	6 27	16 15	15 5	13 22	23 45	27 30	21 40
24	18 29	6 28	16 11	15 1	14 0	24 59	26 51	21 39
25	18 28	6 29	16 6	14 58	14 38	26 13	26 15	21 37
26	18 27	6 30	16 2	14 55	15 16	27 27	25 42	21 36
27	18 26	6 31	15 58	14 52	15 54	28 40	25 12	21 34
28	18 24	6 32	15 54	14 49	16 32	29 54	24 47	21 33
29	18 23	6 32	15 50	14 47	17 10	1 ♌ 8	24 27	21 31
30	18 22	6 33	15 46	14 44	17 48	2 22	24 11	21 30
31	18 21	6 34	15 42	14 42	18 26	3 36	24 1	21 28

Day	♂ Decl.	♀ Lat.	♀ Decl.	☿ Lat.	☿ Decl.	♇ Lat.	♇ Decl.	☊
	° ′	° ′	° ′	° ′	° ′	° ′	° ′	° ′
1	21 N 26	0 S 11	23 N 13	0 S 55	18 N 41	0 S 23	21 S 59	17 ♋ 59
4	21 1	0 4	23 22	1 39	17 41	0 23	22 0	17 50
7	20 35	0 N 4	23 26	2 25	16 49	0 23	22 1	17 40
10	20 8	0 11	23 23	3 10	16 6	0 24	22 2	17 31
13	19 39	0 18	23 14	3 51	15 37	0 24	22 3	17 21
16	19 9	0 25	22 59	4 26	15 23	0 24	22 4	17 11
19	18 39	0 32	22 38	4 49	15 24	0 24	22 5	17 2
22	18 6	0 38	22 11	4 58	15 39	0 25	22 6	16 52
25	17 33	0 44	21 38	4 52	16 7	0 25	22 7	16 43
28	16 59	0 50	20 59	4 31	16 43	0 25	22 8	16 33
31	16 24	0 56	20 15	3 58	17 24	0 25	22 8	16 24

2019 AUGUST

Day	Sidereal Time	☉ Long.	☉ Decl.	☽ Long.	☽ Lat.	☽ Decl.
	H M S	° ′ ″	° ′	° ′	° ′	° ′
1	20 37 15	8 ♌ 29 11	18 N 8	6 ♌ 37	1 N 43	20 N 17
2	20 41 12	9 26 35	17 53	21 37	2 56	17 5
3	20 45 8	10 24 1	17 38	6 ♍ 40	3 58	12 45
4	20 49 5	11 21 28	17 22	21 39	4 43	7 39
5	20 53 1	12 18 55	17 6	6 ♎ 24	5 8	2 11
6	20 56 58	13 16 23	16 50	20 50	5 13	3 S 17
7	21 0 54	14 13 51	16 33	4 ♏ 54	4 59	8 27
8	21 4 51	15 11 21	16 17	18 34	4 29	13 2
9	21 8 47	16 8 51	16 0	1 ♐ 51	3 44	16 52
10	21 12 44	17 6 22	15 42	14 48	2 49	19 46
11	21 16 41	18 3 54	15 25	27 28	1 47	21 38
12	21 20 37	19 1 27	15 7	9 ♑ 53	0 41	22 23
13	21 24 34	19 59 1	14 49	22 7	0 S 25	22 2
14	21 28 30	20 56 35	14 31	4 ♒ 12	1 30	20 40
15	21 32 27	21 54 11	14 12	16 11	2 30	18 22
16	21 36 23	22 51 48	13 54	28 6	3 23	15 19
17	21 40 20	23 49 27	13 35	9 ♓ 58	4 7	11 39
18	21 44 16	24 47 6	13 15	21 49	4 40	7 32
19	21 48 13	25 44 47	12 56	3 ♈ 41	5 1	3 9
20	21 52 10	26 42 30	12 37	15 37	5 9	1 N 23
21	21 56 6	27 40 14	12 17	27 40	5 4	5 54
22	22 0 3	28 38 0	11 57	9 ♉ 52	4 45	10 16
23	22 3 59	29 35 47	11 37	22 18	4 12	14 17
24	22 7 56	0 ♍ 33 37	11 16	5 ♊ 2	3 26	17 45
25	22 11 52	1 31 27	10 56	18 8	2 28	20 27
26	22 15 49	2 29 20	10 35	1 ♋ 39	1 21	22 5
27	22 19 45	3 27 14	10 14	15 37	0 6	22 26
28	22 23 42	4 25 10	9 53	0 ♌ 3	1 N 11	21 18
29	22 27 39	5 23 8	9 32	14 53	2 26	18 41
30	22 31 35	6 21 7	9 11	0 ♍ 1	3 31	14 46
31	22 35 32	7 19 8	8 49	15 18	4 22	9 50

Day	♆ Lat.	♆ Decl.	♅ Lat.	♅ Decl.	♄ Lat.	♄ Decl.	♃ Lat.	♃ Decl.	♂ Lat.
	° ′	° ′	° ′	° ′	° ′	° ′	° ′	° ′	° ′
1	1 S 3	5 S 34	0 S 30	13 N 14	0 N 17	22 S 14	0 N 26	22 S 7	1 N 9
4	1 3	5 36	0 30	13 14	0 17	22 16	0 26	22 7	1 9
7	1 3	5 37	0 30	13 14	0 16	22 18	0 25	22 7	1 9
10	1 3	5 39	0 31	13 15	0 16	22 19	0 25	22 8	1 8
13	1 3	5 41	0 31	13 15	0 16	22 20	0 24	22 8	1 8
16	1 3	5 43	0 31	13 14	0 15	22 22	0 23	22 9	1 8
19	1 3	5 44	0 31	13 14	0 15	22 23	0 23	22 10	1 7
22	1 3	5 46	0 31	13 14	0 15	22 24	0 22	22 11	1 7
25	1 3	5 48	0 31	13 13	0 15	22 25	0 22	22 12	1 6
28	1 3	5 50	0 31	13 12	0 14	22 26	0 21	22 14	1 6
31	1 3	5 52	0 31	13 11	0 14	22 27	0 21	22 16	1 5

AUGUST 2019

Day	♆ Long.	♅ Long.	♄ Long.	♃ Long.	♂ Long.	♀ Long.	☿ Long.	♇ Long.
	° ′	° ′	° ′	° ′	° ′	° ′	° ′	° ′
1	18 ♓ 20	6 ♉ 34	15 ♑ 38	14 ♐ 40	19 ♌ 4	4 ♌ 50	23 ♋ 57	21 ♑ 27
2	18 R 19	6 35	15 R 34	14 R 38	19 42	6 4	23 59	21 R 26
3	18 18	6 35	15 31	14 37	20 21	7 18	24 8	21 24
4	18 16	6 36	15 27	14 35	20 59	8 32	24 22	21 23
5	18 15	6 36	15 23	14 34	21 37	9 46	24 43	21 21
6	18 14	6 36	15 19	14 33	22 15	11 0	25 11	21 20
7	18 13	6 37	15 16	14 32	22 53	12 14	25 45	21 19
8	18 11	6 37	15 12	14 31	23 31	13 28	26 26	21 17
9	18 10	6 37	15 9	14 30	24 9	14 42	27 13	21 16
10	18 9	6 37	15 5	14 30	24 47	15 56	28 7	21 15
11	18 7	6 37	15 2	14 30	25 25	17 10	29 6	21 14
12	18 6	6 37	14 59	14 30	26 3	18 24	0 ♌ 12	21 12
13	18 5	6 R 37	14 56	14 D 30	26 41	19 38	1 24	21 11
14	18 3	6 37	14 52	14 30	27 19	20 53	2 41	21 10
15	18 2	6 37	14 49	14 31	27 58	22 7	4 4	21 9
16	18 0	6 37	14 46	14 32	28 36	23 21	5 31	21 7
17	17 59	6 37	14 43	14 32	29 14	24 35	7 4	21 6
18	17 57	6 36	14 41	14 34	29 52	25 49	8 41	21 5
19	17 56	6 36	14 38	14 35	0 ♍ 30	27 3	10 21	21 4
20	17 54	6 36	14 35	14 36	1 8	28 18	12 6	21 3
21	17 53	6 35	14 32	14 38	1 46	29 32	13 54	21 2
22	17 51	6 35	14 30	14 40	2 24	0 ♍ 46	15 44	21 1
23	17 50	6 34	14 27	14 42	3 3	2 0	17 37	20 59
24	17 48	6 34	14 25	14 44	3 41	3 15	19 32	20 58
25	17 47	6 33	14 23	14 46	4 19	4 29	21 28	20 57
26	17 45	6 32	14 20	14 49	4 57	5 43	23 26	20 56
27	17 43	6 32	14 18	14 52	5 35	6 58	25 24	20 55
28	17 42	6 31	14 16	14 55	6 13	8 12	27 23	20 54
29	17 40	6 30	14 14	14 58	6 52	9 26	29 22	20 54
30	17 39	6 29	14 12	15 1	7 30	10 41	1 ♍ 21	20 53
31	17 37	6 29	14 11	15 4	8 8	11 55	3 19	20 52

Day	♂ Decl.	♀ Lat.	♀ Decl.	☿ Lat.	☿ Decl.	♇ Lat.	♇ Decl.	☊
	° ′	° ′	° ′	° ′	° ′	° ′	° ′	° ′
1	16 N 12	0 N 57	19 N 59	3 S 44	17 N 38	0 S 25	22 S 9	16 ♋ 21
4	15 36	1 3	19 8	3 0	18 17	0 26	22 10	16 11
7	14 58	1 7	18 12	2 13	18 49	0 26	22 11	16 2
10	14 20	1 11	17 11	1 24	19 10	0 26	22 11	15 52
13	13 41	1 15	16 7	0 37	19 15	0 26	22 12	15 43
16	13 1	1 18	14 58	0 N 5	18 58	0 27	22 13	15 33
19	12 21	1 20	13 45	0 41	18 18	0 27	22 14	15 23
22	11 39	1 22	12 29	1 10	17 14	0 27	22 15	15 14
25	10 57	1 24	11 10	1 30	15 46	0 27	22 15	15 4
28	10 15	1 25	9 48	1 42	13 58	0 28	22 16	14 55
31	9 32	1 25	8 24	1 46	11 56	0 28	22 17	14 45

2019 SEPTEMBER

Day	Sidereal Time	☉ Long.	☉ Decl.	☽ Long.	☽ Lat.	☽ Decl.
	H M S	° ′ ″	° ′	° ′	° ′	° ′
1	22 39 28	8 ♍ 17 10	8 N 28	0 ♎ 32	4 N 55	4 N 18
2	22 43 25	9 15 14	8 6	15 34	5 6	1 S 25
3	22 47 21	10 13 19	7 44	0 ♏ 14	4 57	6 55
4	22 51 18	11 11 26	7 22	14 28	4 29	11 53
5	22 55 14	12 9 35	7 0	28 13	3 47	16 4
6	22 59 11	13 7 45	6 38	11 ♐ 31	2 54	19 18
7	23 3 8	14 5 56	6 15	24 24	1 53	21 26
8	23 7 4	15 4 9	5 53	6 ♑ 57	0 48	22 27
9	23 11 1	16 2 23	5 30	19 13	0 S 17	22 21
10	23 14 57	17 0 39	5 8	1 ♒ 18	1 21	21 11
11	23 18 54	17 58 57	4 45	13 15	2 20	19 5
12	23 22 50	18 57 16	4 22	25 7	3 13	16 10
13	23 26 47	19 55 37	3 59	6 ♓ 58	3 57	12 37
14	23 30 43	20 53 59	3 36	18 49	4 30	8 34
15	23 34 40	21 52 24	3 13	0 ♈ 43	4 52	4 11
16	23 38 37	22 50 50	2 50	12 40	5 1	0 N 22
17	23 42 33	23 49 18	2 27	24 41	4 57	4 57
18	23 46 30	24 47 49	2 4	6 ♉ 50	4 40	9 23
19	23 50 26	25 46 21	1 41	19 7	4 9	13 30
20	23 54 23	26 44 56	1 17	1 ♊ 35	3 26	17 7
21	23 58 19	27 43 32	0 54	14 18	2 32	20 0
22	0 2 16	28 42 11	0 31	27 19	1 29	21 55
23	0 6 12	29 40 52	0 8	10 ♋ 42	0 19	22 41
24	0 10 9	0 ♎ 39 36	0 S 16	24 30	0 N 53	22 6
25	0 14 6	1 38 21	0 39	8 ♌ 44	2 5	20 5
26	0 18 2	2 37 9	1 3	23 24	3 11	16 43
27	0 21 59	3 35 59	1 26	8 ♍ 23	4 5	12 12
28	0 25 55	4 34 51	1 49	23 36	4 42	6 51
29	0 29 52	5 33 45	2 13	8 ♎ 51	4 59	1 5
30	0 33 48	6 32 41	2 36	23 58	4 56	4 S 43

Day	♆ Lat.	♆ Decl.	♅ Lat.	♅ Decl.	♄ Lat.	♄ Decl.	♃ Lat.	♃ Decl.	♂ Lat.
	° ′	° ′	° ′	° ′	° ′	° ′	° ′	° ′	° ′
1	1 S 3	5 S 53	0 S 31	13 N 11	0 N 14	22 S 27	0 N 21	22 S 16	1 N 5
4	1 3	5 54	0 31	13 10	0 13	22 28	0 20	22 18	1 5
7	1 3	5 56	0 31	13 9	0 13	22 29	0 19	22 20	1 4
10	1 3	5 58	0 31	13 8	0 13	22 29	0 19	22 22	1 4
13	1 4	6 0	0 31	13 6	0 13	22 30	0 18	22 24	1 3
16	1 4	6 2	0 31	13 5	0 12	22 30	0 18	22 26	1 2
19	1 4	6 4	0 31	13 3	0 12	22 31	0 18	22 29	1 2
22	1 4	6 6	0 31	13 1	0 12	22 31	0 17	22 31	1 1
25	1 4	6 8	0 31	12 59	0 11	22 31	0 17	22 34	1 0
28	1 4	6 10	0 31	12 57	0 11	22 31	0 16	22 36	1 0

SEPTEMBER 2019

Day	♆ Long.	♅ Long.	♄ Long.	♃ Long.	♂ Long.	♀ Long.	☿ Long.	♇ Long.
	° ′	° ′	° ′	° ′	° ′	° ′	° ′	° ′
1	17 ♓ 35	6 ♉ 28	14 ♑ 9	15 ♐ 8	8 ♍ 46	13 ♍ 10	5 ♍ 18	20 ♑ 51
2	17 R 34	6 R 27	14 R 7	15 12	9 24	14 24	7 15	20 R 50
3	17 32	6 26	14 6	15 16	10 3	15 38	9 12	20 49
4	17 31	6 25	14 4	15 20	10 41	16 53	11 8	20 48
5	17 29	6 23	14 3	15 24	11 19	18 7	13 3	20 48
6	17 27	6 22	14 2	15 29	11 57	19 22	14 57	20 47
7	17 26	6 21	14 1	15 33	12 36	20 36	16 50	20 46
8	17 24	6 20	14 0	15 38	13 14	21 51	18 41	20 46
9	17 22	6 19	13 59	15 43	13 52	23 5	20 32	20 45
10	17 21	6 17	13 58	15 48	14 31	24 20	22 22	20 44
11	17 19	6 16	13 57	15 53	15 9	25 34	24 10	20 44
12	17 17	6 14	13 56	15 59	15 47	26 49	25 57	20 43
13	17 16	6 13	13 56	16 5	16 25	28 3	27 44	20 42
14	17 14	6 12	13 55	16 10	17 4	29 18	29 29	20 42
15	17 12	6 10	13 55	16 16	17 42	0 ♎ 32	1 ♎ 13	20 41
16	17 11	6 8	13 55	16 22	18 21	1 47	2 55	20 41
17	17 9	6 7	13 54	16 28	18 59	3 1	4 37	20 41
18	17 8	6 5	13 54	16 35	19 37	4 16	6 18	20 40
19	17 6	6 4	13 D 54	16 41	20 16	5 30	7 58	20 40
20	17 4	6 2	13 55	16 48	20 54	6 45	9 36	20 39
21	17 3	6 0	13 55	16 55	21 32	7 59	11 14	20 39
22	17 1	5 58	13 55	17 2	22 11	9 14	12 50	20 39
23	16 59	5 56	13 55	17 9	22 49	10 28	14 26	20 38
24	16 58	5 55	13 56	17 16	23 28	11 43	16 1	20 38
25	16 56	5 53	13 57	17 24	24 6	12 57	17 35	20 38
26	16 55	5 51	13 57	17 31	24 45	14 12	19 7	20 38
27	16 53	5 49	13 58	17 39	25 23	15 27	20 39	20 38
28	16 51	5 47	13 59	17 47	26 2	16 41	22 10	20 38
29	16 50	5 45	14 0	17 54	26 40	17 56	23 40	20 37
30	16 48	5 43	14 1	18 3	27 19	19 10	25 9	20 37

Day	♂ Decl.	♀ Lat.	♀ Decl.	☿ Lat.	☿ Decl.	♇ Lat.	♇ Decl.	☊
	° ′	° ′	° ′	° ′	° ′	° ′	° ′	° ′
1	9 N 17	1 N 25	7 N 55	1 N 46	11 N 13	0 S 28	22 S 17	14 ♋ 42
4	8 34	1 25	6 29	1 43	8 58	0 28	22 18	14 33
7	7 49	1 23	5 0	1 34	6 38	0 29	22 18	14 23
10	7 5	1 22	3 30	1 21	4 16	0 29	22 19	14 14
13	6 19	1 20	1 59	1 5	1 54	0 29	22 19	14 4
16	5 34	1 17	0 28	0 47	0 S 26	0 29	22 20	13 55
19	4 48	1 13	1 S 4	0 27	2 44	0 30	22 20	13 45
22	4 2	1 9	2 36	0 6	4 58	0 30	22 21	13 35
25	3 16	1 5	4 7	0 S 15	7 8	0 30	22 21	13 26
28	2 29	1 0	5 38	0 38	9 13	0 31	22 21	13 16

2019 OKTOBER

Day	Sidereal Time	☉ Long.	☉ Decl.	☽ Long.	☽ Lat.	☽ Decl.
	H M S	° ′ ″	° ′	° ′	° ′	° ′
1	0 37 45	7 ♎ 31 39	2 S 59	8 ♏ 46	4 N 32	10 S 7
2	0 41 41	8 30 39	3 22	23 8	3 52	14 49
3	0 45 38	9 29 41	3 46	7 ♐ 1	2 59	18 33
4	0 49 35	10 28 44	4 9	20 24	1 57	21 8
5	0 53 31	11 27 50	4 32	3 ♑ 20	0 52	22 32
6	0 57 28	12 26 57	4 55	15 53	0 S 14	22 44
7	1 1 24	13 26 6	5 18	28 7	1 18	21 49
8	1 5 21	14 25 17	5 41	10 ♒ 9	2 17	19 54
9	1 9 17	15 24 30	6 4	22 3	3 10	17 9
10	1 13 14	16 23 44	6 27	3 ♓ 54	3 54	13 42
11	1 17 10	17 23 1	6 49	15 44	4 27	9 44
12	1 21 7	18 22 19	7 12	27 37	4 50	5 22
13	1 25 4	19 21 39	7 35	9 ♈ 36	4 59	0 47
14	1 29 0	20 21 1	7 57	21 40	4 56	3 N 52
15	1 32 57	21 20 25	8 19	3 ♉ 52	4 38	8 26
16	1 36 53	22 19 52	8 42	16 12	4 8	12 44
17	1 40 50	23 19 20	9 4	28 41	3 25	16 32
18	1 44 46	24 18 51	9 26	11 ♊ 20	2 32	19 38
19	1 48 43	25 18 24	9 47	24 11	1 30	21 49
20	1 52 39	26 17 59	10 9	7 ♋ 16	0 22	22 52
21	1 56 36	27 17 37	10 31	20 38	0 N 49	22 46
22	2 0 33	28 17 16	10 52	4 ♌ 18	1 58	21 6
23	2 4 29	29 16 58	11 13	18 20	3 3	18 13
24	2 8 26	0 ♏ 16 42	11 34	2 ♍ 43	3 57	14 11
25	2 12 22	1 16 29	11 55	17 23	4 37	9 14
26	2 16 19	2 16 16	12 16	2 ♎ 17	4 59	3 40
27	2 20 15	3 16 8	12 36	17 15	5 1	2 S 9
28	2 24 12	4 16 1	12 56	2 ♏ 10	4 42	7 48
29	2 28 8	5 15 56	13 17	16 51	4 5	12 57
30	2 32 5	6 15 52	13 36	1 ♐ 11	3 13	17 15
31	2 36 2	7 15 51	13 56	15 5	2 10	20 27

Day	♆ Lat.	♆ Decl.	♅ Lat.	♅ Decl.	♄ Lat.	♄ Decl.	♃ Lat.	♃ Decl.	♂ Lat.
	° ′	° ′	° ′	° ′	° ′	° ′	° ′	° ′	° ′
1	1 S 4	6 S 12	0 S 31	12 N 55	0 N 11	22 S 31	0 N 16	22 S 39	0 N 59
4	1 4	6 13	0 31	12 53	0 11	22 31	0 15	22 42	0 58
7	1 4	6 15	0 31	12 51	0 10	22 31	0 15	22 44	0 57
10	1 4	6 17	0 31	12 49	0 10	22 30	0 14	22 47	0 57
13	1 3	6 18	0 31	12 46	0 10	22 30	0 14	22 50	0 56
16	1 3	6 20	0 31	12 44	0 9	22 29	0 13	22 52	0 55
19	1 3	6 21	0 31	12 42	0 9	22 29	0 13	22 55	0 54
22	1 3	6 22	0 31	12 39	0 9	22 28	0 13	22 57	0 53
25	1 3	6 24	0 31	12 37	0 8	22 27	0 12	22 59	0 52
28	1 3	6 25	0 31	12 34	0 8	22 26	0 12	23 2	0 51
31	1 3	6 26	0 31	12 32	0 8	22 25	0 12	23 4	0 50

OKTOBER 2019

Day	♆ Long.	♅ Long.	♄ Long.	♃ Long.	♂ Long.	♀ Long.	☿ Long.	♇ Long.
	° ′	° ′	° ′	° ′	° ′	° ′	° ′	° ′
1	16 ♓ 47	5 ♉ 41	14 ♑ 2	18 ♐ 11	27 ♍ 58	20 ♎ 25	26 ♎ 37	20 ♑ 37
2	16 R 45	5 R 39	14 4	18 19	28 36	21 40	28 5	20 R 37
3	16 44	5 37	14 5	18 28	29 15	22 54	29 31	20 D 37
4	16 42	5 34	14 6	18 36	29 53	24 9	0 ♏ 56	20 37
5	16 41	5 32	14 8	18 45	0 ♎ 32	25 23	2 20	20 37
6	16 39	5 30	14 10	18 54	1 11	26 38	3 44	20 38
7	16 38	5 28	14 12	19 3	1 49	27 52	5 6	20 38
8	16 37	5 26	14 13	19 12	2 28	29 7	6 27	20 38
9	16 35	5 23	14 15	19 21	3 7	0 ♏ 22	7 47	20 38
10	16 34	5 21	14 17	19 30	3 45	1 36	9 5	20 38
11	16 32	5 19	14 20	19 40	4 24	2 51	10 23	20 39
12	16 31	5 16	14 22	19 49	5 3	4 5	11 39	20 39
13	16 30	5 14	14 24	19 59	5 41	5 20	12 54	20 39
14	16 28	5 12	14 27	20 8	6 20	6 35	14 7	20 40
15	16 27	5 9	14 29	20 18	6 59	7 49	15 18	20 40
16	16 26	5 7	14 32	20 28	7 38	9 4	16 28	20 40
17	16 25	5 5	14 35	20 38	8 17	10 18	17 36	20 41
18	16 23	5 2	14 37	20 49	8 55	11 33	18 42	20 41
19	16 22	5 0	14 40	20 59	9 34	12 47	19 45	20 42
20	16 21	4 57	14 43	21 9	10 13	14 2	20 47	20 42
21	16 20	4 55	14 46	21 20	10 52	15 17	21 45	20 43
22	16 19	4 52	14 50	21 30	11 31	16 31	22 40	20 43
23	16 18	4 50	14 53	21 41	12 10	17 46	23 32	20 44
24	16 17	4 48	14 56	21 52	12 49	19 0	24 20	20 45
25	16 15	4 45	15 0	22 3	13 28	20 15	25 5	20 45
26	16 14	4 43	15 3	22 14	14 7	21 30	25 44	20 46
27	16 13	4 40	15 7	22 25	14 46	22 44	26 19	20 47
28	16 12	4 38	15 10	22 36	15 25	23 59	26 48	20 48
29	16 11	4 35	15 14	22 47	16 4	25 13	27 11	20 48
30	16 11	4 33	15 18	22 58	16 43	26 28	27 28	20 49
31	16 10	4 30	15 22	23 10	17 22	27 42	27 37	20 50

Day	♂ Decl.	♀ Lat.	♀ Decl.	☿ Lat.	☿ Decl.	♇ Lat.	♇ Decl.	☊
	° ′	° ′	° ′	° ′	° ′	° ′	° ′	° ′
1	1 N 43	0 N 55	7 S 8	1 N 0	11 S 12	0 S 31	22 S 22	13 ♋ 7
4	0 56	0 49	8 36	1 S 21	13 4	0 31	22 22	12 57
7	0 9	0 43	10 3	1 42	14 50	0 31	22 22	12 48
10	0 S 38	0 37	11 27	2 2	16 27	0 32	22 22	12 38
13	1 24	0 30	12 50	2 21	17 56	0 32	22 23	12 29
16	2 11	0 23	14 9	2 37	19 16	0 32	22 23	12 19
19	2 58	0 15	15 26	2 50	20 24	0 33	22 23	12 10
22	3 44	0 8	16 39	2 59	21 20	0 33	22 23	12 0
25	4 31	0 0	17 48	3 4	22 0	0 33	22 23	11 51
28	5 17	0 S 8	18 53	3 1	22 22	0 33	22 23	11 41
31	6 3	0 15	19 54	2 49	22 22	0 34	22 23	11 32

2019 NOVEMBER

Day	Sidereal Time	☉ Long.	☉ Decl.	☽ Long.	☽ Lat.	☽ Decl.
	H M S	° ′ ″	° ′	° ′	° ′	° ′
1	2 39 58	8 ♏ 15 51	14 S 16	28 ♐ 32	1 N 2	22 S 23
2	2 43 55	9 15 53	14 35	11 ♑ 32	0 S 7	23 3
3	2 47 51	10 15 57	14 54	24 9	1 13	22 29
4	2 51 48	11 16 2	15 13	6 ≈ 27	2 15	20 50
5	2 55 44	12 16 9	15 31	18 30	3 10	18 17
6	2 59 41	13 16 17	15 49	0 ♓ 25	3 55	14 59
7	3 3 37	14 16 21	16 7	12 16	4 30	11 7
8	3 7 34	15 16 39	16 25	24 8	4 54	6 50
9	3 11 31	16 16 52	16 42	6 ♈ 4	5 5	2 16
10	3 15 27	17 17 7	17 0	18 8	5 2	2 N 27
11	3 19 24	18 17 23	17 16	0 ♉ 21	4 46	7 7
12	3 23 20	19 17 41	17 33	12 45	4 16	11 36
13	3 27 17	20 18 1	17 49	25 21	3 33	15 39
14	3 31 13	21 18 22	18 5	8 ♊ 8	2 39	19 3
15	3 35 10	22 18 45	18 21	21 6	1 36	21 33
16	3 39 6	23 19 10	18 36	4 ♋ 15	0 26	22 56
17	3 43 3	24 19 37	18 51	17 36	0 N 45	23 2
18	3 47 0	25 20 5	19 6	1 ♌ 9	1 56	21 47
19	3 50 56	26 20 35	19 20	14 54	3 1	19 15
20	3 54 53	27 21 7	19 34	28 52	3 57	15 34
21	3 58 49	28 21 41	19 48	13 ♍ 2	4 39	10 57
22	4 2 46	29 22 17	20 1	27 23	5 4	5 41
23	4 6 42	0 ♐ 22 54	20 14	11 ♎ 52	5 10	0 4
24	4 10 39	1 23 33	20 26	26 23	4 56	5 S 34
25	4 14 35	2 24 14	20 38	10 ♏ 51	4 24	10 54
26	4 18 32	3 24 56	20 50	25 9	3 35	15 35
27	4 22 29	4 25 40	21 2	9 ♐ 13	2 34	19 18
28	4 26 25	5 26 25	21 12	22 57	1 25	21 50
29	4 30 22	6 27 11	21 23	6 ♑ 19	0 13	23 4
30	4 34 18	7 27 58	21 33	19 19	0 S 58	23 0

Day	♆ Lat.	♆ Decl.	♅ Lat.	♅ Decl.	♄ Lat.	♄ Decl.	♃ Lat.	♃ Decl.	♂ Lat.
	° ′	° ′	° ′	° ′	° ′	° ′	° ′	° ′	° ′
1	1 S 3	6 S 26	0 S 31	12 N 31	0 N 8	22 S 25	0 N 12	23 S 5	0 N 50
4	1 3	6 27	0 31	12 29	0 8	22 24	0 11	23 7	0 49
7	1 3	6 28	0 31	12 26	0 7	22 22	0 11	23 9	0 48
10	1 3	6 28	0 31	12 24	0 7	22 21	0 11	23 10	0 47
13	1 3	6 29	0 31	12 21	0 7	22 19	0 10	23 12	0 45
16	1 3	6 29	0 31	12 19	0 7	22 18	0 10	23 13	0 44
19	1 3	6 30	0 31	12 17	0 6	22 16	0 10	23 15	0 43
22	1 3	6 30	0 31	12 15	0 6	22 14	0 9	23 16	0 42
25	1 3	6 30	0 31	12 13	0 6	22 12	0 9	23 17	0 40
28	1 3	6 30	0 31	12 11	0 6	22 10	0 9	23 17	0 39

NOVEMBER 2019

Day	♆ Long.	♅ Long.	♄ Long.	♃ Long.	♂ Long.	♀ Long.	☿ Long.	♇ Long.
	° ′	° ′	° ′	° ′	° ′	° ′	° ′	° ′
1	16 ♓ 9	4 ♉ 28	15 ♑ 26	23 ♐ 21	18 ♎ 1	28 ♏ 57	27 ♏ 38	20 ♑ 51
2	16 R 8	4 R 25	15 30	23 33	18 40	0 ♐ 11	27 R 31	20 52
3	16 7	4 23	15 34	23 44	19 19	1 26	27 15	20 53
4	16 6	4 21	15 38	23 56	19 58	2 41	26 49	20 54
5	16 6	4 18	15 43	24 8	20 37	3 55	26 14	20 55
6	16 5	4 16	15 47	24 20	21 17	5 10	25 29	20 56
7	16 4	4 13	15 52	24 32	21 56	6 24	24 34	20 57
8	16 3	4 11	15 56	24 44	22 35	7 39	23 32	20 58
9	16 3	4 8	16 1	24 56	23 14	8 53	22 22	20 59
10	16 2	4 6	16 5	25 8	23 54	10 8	21 6	21 0
11	16 2	4 4	16 10	25 20	24 33	11 22	19 47	21 1
12	16 1	4 1	16 15	25 32	25 12	12 37	18 27	21 2
13	16 1	3 59	16 20	25 45	25 51	13 51	17 9	21 3
14	16 0	3 57	16 25	25 57	26 31	15 6	15 55	21 5
15	16 0	3 54	16 30	26 10	27 10	16 20	14 47	21 6
16	15 59	3 52	16 35	26 22	27 50	17 35	13 48	21 7
17	15 59	3 50	16 40	26 35	28 29	18 49	12 58	21 8
18	15 59	3 47	16 45	26 47	29 8	20 3	12 20	21 10
19	15 58	3 45	16 51	27 0	29 48	21 18	11 54	21 11
20	15 58	3 43	16 56	27 13	0 ♏ 27	22 32	11 39	21 12
21	15 58	3 41	17 2	27 26	1 7	23 47	11 36	21 14
22	15 58	3 39	17 7	27 39	1 46	25 1	11 D 43	21 15
23	15 57	3 37	17 13	27 52	2 26	26 16	12 1	21 17
24	15 57	3 34	17 18	28 5	3 5	27 30	12 28	21 18
25	15 57	3 32	17 24	28 18	3 45	28 45	13 3	21 19
26	15 57	3 30	17 30	28 31	4 24	29 59	13 46	21 21
27	15 57	3 28	17 35	28 44	5 4	1 ♑ 13	14 36	21 22
28	15 57	3 26	17 41	28 57	5 44	2 28	15 32	21 24
29	15 D 57	3 24	17 47	29 10	6 23	3 42	16 32	21 25
30	15 57	3 22	17 53	29 23	7 3	4 56	17 37	21 27

Day	♂ Decl.	♀ Lat.	♀ Decl.	☿ Lat.	☿ Decl.	♇ Lat.	♇ Decl.	☊
	° ′	° ′	° ′	° ′	° ′	° ′	° ′	° ′
1	6 S 18	0 S 18	20 S 13	2 S 42	22 S 16	0 S 34	22 S 23	11 ♋ 28
4	7 3	0 26	21 7	2 13	21 36	0 34	22 23	11 19
7	7 48	0 34	21 56	1 29	20 21	0 34	22 22	11 9
10	8 33	0 41	22 39	0 33	18 33	0 35	22 22	11 0
13	9 17	0 49	23 16	0 N 29	16 29	0 35	22 22	10 50
16	10 1	0 56	23 47	1 23	14 39	0 35	22 22	10 41
19	10 44	1 3	24 12	2 2	13 28	0 36	22 21	10 31
22	11 26	1 10	24 30	2 23	13 5	0 36	22 21	10 22
25	12 8	1 16	24 42	2 29	13 23	0 36	22 21	10 12
28	12 49	1 22	24 47	2 24	14 11	0 37	22 20	10 3

Day	Sidereal Time			☉ Long.			☉ Decl.		☽ Long.		☽ Lat.		☽ Decl.	
	H	M	S	°	′	″	°	′	°	′	°	′	°	′
1	4	38	15	8 ♐	28	46	21 S	43	1 ♒	57	2 S	4	21 S	44
2	4	42	11	9	29	36	21	52	14	18	3	3	19	27
3	4	46	8	10	30	26	22	1	26	24	3	53	16	21
4	4	50	4	11	31	17	22	10	8 ♓	21	4	31	12	38
5	4	54	1	12	32	9	22	18	20	14	4	58	8	26
6	4	57	58	13	33	2	22	25	2 ♈	6	5	12	3	56
7	5	1	54	14	33	56	22	33	14	4	5	13	0 N	44
8	5	5	51	15	34	50	22	39	26	10	5	0	5	27
9	5	9	47	16	35	45	22	46	8 ♉	29	4	33	10	1
10	5	13	44	17	36	41	22	52	21	3	3	52	14	17
11	5	17	40	18	37	38	22	57	3 ♊	52	2	59	18	0
12	5	21	37	19	38	36	23	2	16	59	1	55	20	53
13	5	25	33	20	39	34	23	6	0 ♋	20	0	44	22	42
14	5	29	30	21	40	33	23	11	13	55	0 N	30	23	13
15	5	33	27	22	41	34	23	14	27	43	1	45	22	20
16	5	37	23	23	42	35	23	17	11 ♌	39	2	54	20	4
17	5	41	20	24	43	37	23	20	25	43	3	53	16	36
18	5	45	16	25	44	40	23	22	9 ♍	51	4	38	12	10
19	5	49	13	26	45	44	23	24	24	2	5	7	7	4
20	5	53	9	27	46	49	23	25	8 ♎	13	5	17	1	36
21	5	57	6	28	47	54	23	26	22	22	5	7	3 S	57
22	6	1	2	29	49	1	23	26	6 ♏	27	4	40	9	16
23	6	4	59	0 ♑	50	8	23	26	20	26	3	56	14	4
24	6	8	56	1	51	16	23	25	4 ♐	14	2	58	18	4
25	6	12	52	2	52	24	23	24	17	51	1	51	21	2
26	6	16	49	3	53	33	23	23	1 ♑	13	0	40	22	46
27	6	20	45	4	54	42	23	21	14	20	0 S	33	23	13
28	6	24	42	5	55	52	23	18	27	10	1	42	22	24
29	6	28	38	6	57	2	23	15	9 ♒	44	2	45	20	28
30	6	32	35	7	58	12	23	12	22	3	3	39	17	37
31	6	36	31	8	59	21	23	8	4 ♓	10	4	23	14	3

Day	♆ Lat.		♆ Decl.		♅ Lat.		♅ Decl.		♄ Lat.		♄ Decl.		♃ Lat.		♃ Decl.		♂ Lat.	
	°	′	°	′	°	′	°	′	°	′	°	′	°	′	°	′	°	′
1	1 S	2	6 S	30	0 S	31	12 N	9	0 N	5	22 S	8	0 N	8	23 S	18	0 N	38
4	1	2	6	30	0	31	12	7	0	5	22	6	0	8	23	18	0	36
7	1	2	6	29	0	31	12	5	0	5	22	4	0	8	23	18	0	35
10	1	2	6	29	0	30	12	4	0	5	22	1	0	7	23	18	0	34
13	1	2	6	28	0	30	12	2	0	4	21	59	0	7	23	18	0	32
16	1	2	6	27	0	30	12	1	0	4	21	56	0	7	23	17	0	31
19	1	2	6	26	0	30	12	0	0	4	21	54	0	6	23	17	0	29
22	1	2	6	25	0	30	11	59	0	4	21	51	0	6	23	16	0	27
25	1	2	6	24	0	30	11	58	0	4	21	48	0	6	23	14	0	26
28	1	2	6	23	0	30	11	57	0	3	21	45	0	6	23	13	0	24
31	1	2	6	22	0	30	11	57	0	3	21	42	0	5	23	11	0	22

DEZEMBER 2019

Day	♆ Long.	♅ Long.	♄ Long.	♃ Long.	♂ Long.	♀ Long.	☿ Long.	♇ Long.
	° ′	° ′	° ′	° ′	° ′	° ′	° ′	° ′
1	15 ♓ 57	3 ♉ 21	17 ♑ 59	29 ♐ 37	7 ♏ 43	6 ♑ 11	18 ♏ 46	21 ♑ 29
2	15 57	3 R 19	18 5	29 50	8 22	7 25	19 59	21 30
3	15 57	3 17	18 11	0 ♑ 3	9 2	8 39	21 14	21 32
4	15 58	3 15	18 17	0 17	9 42	9 54	22 31	21 33
5	15 58	3 13	18 23	0 30	10 22	11 8	23 51	21 35
6	15 58	3 12	18 30	0 44	11 1	12 22	25 13	21 37
7	15 59	3 10	18 36	0 57	11 41	13 36	26 36	21 38
8	15 59	3 8	18 42	1 11	12 21	14 51	28 0	21 40
9	15 59	3 7	18 49	1 24	13 1	16 5	29 25	21 42
10	16 0	3 5	18 55	1 38	13 41	17 19	0 ♐ 52	21 44
11	16 0	3 4	19 1	1 51	14 21	18 33	2 19	21 45
12	16 1	3 2	19 8	2 5	15 1	19 47	3 47	21 47
13	16 1	3 1	19 14	2 19	15 41	21 1	5 16	21 49
14	16 2	2 59	19 21	2 32	16 20	22 16	6 45	21 51
15	16 2	2 58	19 27	2 46	17 0	23 30	8 15	21 52
16	16 3	2 57	19 34	3 0	17 40	24 44	9 45	21 54
17	16 3	2 55	19 41	3 13	18 20	25 58	11 15	21 56
18	16 4	2 54	19 47	3 27	19 0	27 12	12 46	21 58
19	16 5	2 53	19 54	3 41	19 41	28 26	14 17	22 0
20	16 6	2 52	20 1	3 55	20 21	29 40	15 48	22 2
21	16 6	2 51	20 8	4 8	21 1	0 ♒ 54	17 20	22 4
22	16 7	2 50	20 14	4 22	21 41	2 7	18 51	22 5
23	16 8	2 49	20 21	4 36	22 21	3 21	20 24	22 7
24	16 9	2 48	20 28	4 50	23 1	4 35	21 56	22 9
25	16 10	2 47	20 35	5 4	23 41	5 49	23 28	22 11
26	16 11	2 46	20 42	5 17	24 22	7 3	25 1	22 13
27	16 12	2 45	20 49	5 31	25 2	8 17	26 34	22 15
28	16 13	2 44	20 56	5 45	25 42	9 30	28 7	22 17
29	16 14	2 44	21 3	5 59	26 22	10 44	29 41	22 19
30	16 15	2 43	21 10	6 13	27 3	11 58	1 ♑ 15	22 21
31	16 16	2 42	21 17	6 27	27 43	13 11	2 49	22 23

Day	♂ Decl.	♀ Lat.	♀ Decl.	☿ Lat.	☿ Decl.	♇ Lat.	♇ Decl.	☊
	° ′	° ′	° ′	° ′	° ′	° ′	° ′	° ′
1	13 S 29	1 S 28	24 S 45	2 N 12	15 S 18	0 S 37	22 S 20	9 ♋ 53
4	14 8	1 33	24 37	1 54	16 33	0 37	22 19	9 44
7	14 47	1 37	24 21	1 34	17 52	0 38	22 19	9 34
10	15 25	1 41	23 59	1 13	19 9	0 38	22 18	9 24
13	16 1	1 45	23 31	0 50	20 21	0 38	22 18	9 15
16	16 37	1 48	22 56	0 28	21 27	0 38	22 17	9 5
19	17 11	1 50	22 16	0 6	22 25	0 39	22 17	8 56
22	17 45	1 51	21 29	0 S 15	23 13	0 39	22 16	8 46
25	18 17	1 52	20 37	0 35	23 52	0 39	22 15	8 37
28	18 48	1 52	19 40	0 54	24 19	0 40	22 15	8 27
31	19 17	1 51	18 38	1 11	24 35	0 40	22 14	8 18

2020 JANUAR

Day	Sidereal Time			☉ Long.			☉ Decl.			☽ Long.			☽ Lat.			☽ Decl.	
	H	M	S	°	′	″	°	′		°		′	°	′		°	′
1	6	40	28	10 ♉	0	31	23 S	4		16 ♓		8	4 S	54		9 S	59
2	6	44	25	11	1	41	22	59		28		1	5	12		5	34
3	6	48	21	12	2	50	22	53		9 ♈		53	5	17		0	57
4	6	52	18	13	4	0	22	48		21		50	5	9		3 N	43
5	6	56	14	14	5	9	22	42		3 ♉		55	4	47		8	19
6	7	0	11	15	6	17	22	35		16		14	4	11		12	41
7	7	4	7	16	7	26	22	28		28		50	3	22		16	36
8	7	8	4	17	8	34	22	20		11 ♊		46	2	22		19	50
9	7	12	0	18	9	42	22	12		25		4	1	13		22	7
10	7	15	57	19	10	49	22	4		8 ♋		43	0 N	2		23	11
11	7	19	54	20	11	57	21	55		22		43	1	18		22	49
12	7	23	50	21	13	4	21	46		6 ♌		59	2	32		20	58
13	7	27	47	22	14	11	21	36		21		26	3	36		17	46
14	7	31	43	23	15	17	21	26		5 ♍		59	4	27		13	27
15	7	35	40	24	16	24	21	15		20		31	5	1		8	22
16	7	39	36	25	17	30	21	5		4 ♎		57	5	15		2	52
17	7	43	33	26	18	36	20	53		19		13	5	10		2 S	44
18	7	47	29	27	19	42	20	41		3 ♏		15	4	46		8	7
19	7	51	26	28	20	48	20	29		17		7	4	6		13	0
20	7	55	23	29	21	54	20	17		0 ♐		44	3	13		17	9
21	7	59	19	0 ♒	22	59	20	4		14		6	2	10		20	20
22	8	3	16	1	24	3	19	51		27		16	1	1		22	24
23	8	7	12	2	25	8	19	37		10 ♑		13	0 S	10		23	13
24	8	11	9	3	26	11	19	23		22		59	1	19		22	47
25	8	15	5	4	27	14	19	9		5 ♒		32	2	23		21	12
26	8	19	2	5	28	16	18	54		17		55	3	20		18	38
27	8	22	58	6	29	18	18	39		0 ♓		8	4	6		15	16
28	8	26	55	7	30	18	18	24		12		11	4	41		11	19
29	8	30	52	8	31	17	18	8		24		8	5	3		6	58
30	8	34	48	9	32	16	17	52		6 ♈		0	5	12		2	23
31	8	38	45	10	33	13	17	35		17		51	5	7		2 N	16

Day	♆ Lat.		♆ Decl.		♅ Lat.		♅ Decl.		♄ Lat.		♄ Decl.		♃ Lat.		♃ Decl.		♂ Lat.	
	°	′	°	′	°	′	°	′	°	′	°	′	°	′	°	′	°	′
1	1 S	2	6 S	21	0 S	30	11 N	56	0 N	3	21 S	41	0 N	5	23 S	11	0 N	22
4	1	2	6	20	0	30	11	56	0	3	21	38	0	5	23	9	0	20
7	1	1	6	18	0	30	11	56	0	3	21	35	0	5	23	7	0	18
10	1	1	6	17	0	29	11	56	0	2	21	32	0	4	23	4	0	16
13	1	1	6	15	0	29	11	56	0	2	21	28	0	4	23	2	0	14
16	1	1	6	13	0	29	11	56	0	2	21	25	0	4	22	59	0	12
19	1	1	6	11	0	29	11	57	0	2	21	22	0	4	22	56	0	10
22	1	1	6	9	0	29	11	57	0	2	21	18	0	3	22	53	0	8
25	1	1	6	7	0	29	11	58	0	1	21	15	0	3	22	50	0	6
28	1	1	6	5	0	29	11	59	0	1	21	11	0	3	22	47	0	4
31	1	1	6	3	0	29	12	0	0	1	21	8	0	2	22	43	0	1

JANUAR 2020

Day	♆ Long.	♅ Long.	♄ Long.	♃ Long.	♂ Long.	♀ Long.	☿ Long.	♇ Long.
	° ′	° ′	° ′	° ′	° ′	° ′	° ′	° ′
1	16 ♓ 17	2 ♉ 42	21 ♑ 24	6 ♑ 40	28 ♏ 23	14 ♒ 25	4 ♑ 23	22 ♑ 25
2	16 18	2 R 41	21 31	6 54	29 4	15 38	5 58	22 27
3	16 20	2 41	21 38	7 8	29 44	16 52	7 33	22 29
4	16 21	2 41	21 45	7 22	0 ♐ 24	18 5	9 8	22 31
5	16 22	2 40	21 52	7 36	1 5	19 18	10 44	22 33
6	16 23	2 40	21 59	7 49	1 45	20 32	12 20	22 35
7	16 25	2 40	22 6	8 3	2 26	21 45	13 56	22 37
8	16 26	2 40	22 13	8 17	3 6	22 58	15 33	22 39
9	16 27	2 39	22 20	8 31	3 47	24 11	17 10	22 41
10	16 29	2 39	22 27	8 44	4 27	25 24	18 48	22 43
11	16 30	2 39	22 34	8 58	5 8	26 37	20 26	22 45
12	16 32	2 D 39	22 41	9 12	5 48	27 50	22 4	22 47
13	16 33	2 39	22 49	9 26	6 29	29 3	23 43	22 49
14	16 35	2 39	22 56	9 39	7 10	0 ♓ 16	25 22	22 51
15	16 36	2 40	23 3	9 53	7 50	1 29	27 2	22 53
16	16 38	2 40	23 10	10 7	8 31	2 42	28 42	22 55
17	16 39	2 40	23 17	10 20	9 11	3 54	0 ♒ 23	22 57
18	16 41	2 40	23 24	10 34	9 52	5 7	2 4	22 59
19	16 43	2 41	23 31	10 47	10 33	6 19	3 46	23 1
20	16 44	2 41	23 38	11 1	11 14	7 32	5 28	23 3
21	16 46	2 42	23 45	11 14	11 54	8 44	7 11	23 5
22	16 48	2 42	23 52	11 28	12 35	9 57	8 53	23 7
23	16 49	2 43	24 0	11 41	13 16	11 9	10 36	23 9
24	16 51	2 44	24 7	11 55	13 57	12 21	12 20	23 11
25	16 53	2 44	24 14	12 8	14 38	13 33	14 3	23 12
26	16 55	2 45	24 21	12 21	15 18	14 45	15 47	23 14
27	16 57	2 46	24 28	12 35	15 59	15 57	17 30	23 16
28	16 58	2 47	24 35	12 48	16 40	17 9	19 13	23 18
29	17 0	2 48	24 42	13 1	17 21	18 20	20 56	23 20
30	17 2	2 49	24 49	13 14	18 2	19 32	22 38	23 22
31	17 4	2 50	24 56	13 27	18 43	20 43	24 19	23 24

Day	♂ Decl.	♀ Lat.	♀ Decl.	☿ Lat.	☿ Decl.	♇ Lat.	♇ Decl.	☊
	° ′	° ′	° ′	° ′	° ′	° ′	° ′	° ′
1	19 S 27	1 S 50	18 S 16	1 S 16	24 S 38	0 S 40	22 S 14	8 ♋ 15
4	19 55	1 48	17 8	1 31	24 38	0 40	22 13	8 5
7	20 21	1 46	15 55	1 44	24 26	0 41	22 13	7 55
10	20 46	1 42	14 39	1 54	24 0	0 41	22 12	7 46
13	21 9	1 38	13 20	2 1	23 21	0 41	22 11	7 36
16	21 31	1 33	11 57	2 5	22 28	0 42	22 11	7 27
19	21 52	1 27	10 32	2 6	21 21	0 42	22 10	7 17
22	22 10	1 20	9 5	2 2	20 0	0 42	22 9	7 8
25	22 27	1 13	7 35	1 54	18 25	0 43	22 8	6 58
28	22 43	1 5	6 4	1 40	16 38	0 43	22 8	6 49
31	22 56	0 56	4 32	1 20	14 40	0 43	22 7	6 39

2020 FEBRUAR

Day	Sidereal Time	☉ Long.	☉ Decl.	☽ Long.	☽ Lat.	☽ Decl.
	H M S	° ′ ″	° ′	° ′	° ′	° ′
1	8 42 41	11 ♒ 34 9	17 S 19	29 ♈ 46	4 S 50	6 N 52
2	8 46 38	12 35 3	17 2	11 ♉ 48	4 19	11 15
3	8 50 34	13 35 56	16 44	24 2	3 36	15 17
4	8 54 31	14 36 48	16 27	6 ♊ 34	2 42	18 44
5	8 58 27	15 37 39	16 9	19 27	1 39	21 23
6	9 2 24	16 38 28	15 51	2 ♋ 46	0 28	22 57
7	9 6 21	17 39 16	15 32	16 32	0 N 47	23 12
8	9 10 17	18 40 3	15 14	0 ♌ 44	2 1	21 58
9	9 14 14	19 40 48	14 55	15 20	3 9	19 15
10	9 18 10	20 41 32	14 36	0 ♍ 12	4 5	15 13
11	9 22 7	21 42 15	14 16	15 13	4 45	10 12
12	9 26 3	22 42 57	13 56	0 ♎ 13	5 6	4 35
13	9 30 0	23 43 37	13 37	15 3	5 5	1 S 14
14	9 33 56	24 44 16	13 16	29 37	4 45	6 53
15	9 37 53	25 44 54	12 56	13 ♏ 49	4 8	12 2
16	9 41 50	26 45 31	12 36	27 39	3 17	16 26
17	9 45 46	27 46 7	12 15	11 ♐ 7	2 16	19 52
18	9 49 43	28 46 42	11 54	24 16	1 9	22 9
19	9 53 39	29 47 15	11 33	7 ♑ 8	0 1	23 14
20	9 57 36	0 ♓ 47 47	11 11	19 46	1 S 7	23 5
21	10 1 32	1 48 18	10 50	2 ♒ 12	2 10	21 46
22	10 5 29	2 48 47	10 28	14 29	3 5	19 26
23	10 9 25	3 49 14	10 6	26 39	3 52	16 16
24	10 13 22	4 49 40	9 44	8 ♓ 42	4 28	12 27
25	10 17 19	5 50 5	9 22	20 40	4 52	8 10
26	10 21 15	6 50 27	9 0	2 ♈ 34	5 2	3 36
27	10 25 12	7 50 48	8 38	14 25	5 0	1 N 4
28	10 29 8	8 51 7	8 15	26 17	4 45	5 43
29	10 33 5	9 51 24	7 52	8 ♉ 11	4 17	10 10

Day	♆ Lat.	♆ Decl.	♅ Lat.	♅ Decl.	♄ Lat.	♄ Decl.	♃ Lat.	♃ Decl.	♂ Lat.
	° ′	° ′	° ′	° ′	° ′	° ′	° ′	° ′	° ′
1	1 S 1	6 S 2	0 S 29	12 N 0	0 N 1	21 S 7	0 N 2	22 S 42	0 N 1
4	1 1	6 0	0 29	12 2	0 1	21 3	0 2	22 38	0 S 2
7	1 1	5 57	0 29	12 3	0 0	20 59	0 2	22 34	0 4
10	1 1	5 55	0 28	12 5	0 0	20 56	0 1	22 30	0 7
13	1 1	5 52	0 28	12 6	0 0	20 52	0 1	22 26	0 9
16	1 1	5 50	0 28	12 8	0 0	20 49	0 1	22 22	0 12
19	1 1	5 47	0 28	12 10	0 S 1	20 45	0 1	22 17	0 14
22	1 1	5 45	0 28	12 12	0 1	20 42	0 0	22 13	0 17
25	1 1	5 42	0 28	12 15	0 1	20 38	0 0	22 9	0 20
28	1 1	5 39	0 28	12 17	0 1	20 35	0 0	22 4	0 23

FEBRUAR 2020

Day	♆ Long.	♅ Long.	♄ Long.	♃ Long.	♂ Long.	♀ Long.	☿ Long.	♇ Long.
	° ′	° ′	° ′	° ′	° ′	° ′	° ′	° ′
1	17 ♓ 6	2 ♉ 51	25 ♑ 2	13 ♑ 40	19 ♐ 24	21 ♓ 55	25 ♒ 59	23 ♑ 26
2	17 8	2 52	25 9	13 53	20 5	23 6	27 38	23 28
3	17 10	2 53	25 16	14 6	20 46	24 17	29 14	23 30
4	17 12	2 54	25 23	14 19	21 27	25 28	0 ♓ 49	23 32
5	17 14	2 55	25 30	14 32	22 8	26 39	2 20	23 34
6	17 16	2 57	25 37	14 45	22 49	27 50	3 48	23 36
7	17 18	2 58	25 44	14 58	23 30	29 1	5 12	23 37
8	17 20	2 59	25 50	15 10	24 11	0 ♈ 11	6 31	23 39
9	17 22	3 1	25 57	15 23	24 52	1 22	7 44	23 41
10	17 24	3 2	26 4	15 36	25 33	2 32	8 52	23 43
11	17 26	3 4	26 10	15 48	26 14	3 42	9 53	23 45
12	17 28	3 5	26 17	16 1	26 56	4 52	10 46	23 47
13	17 30	3 7	26 24	16 13	27 37	6 2	11 30	23 48
14	17 33	3 9	26 30	16 25	28 18	7 12	12 6	23 50
15	17 35	3 11	26 37	16 38	28 59	8 22	12 32	23 52
16	17 37	3 12	26 43	16 50	29 40	9 31	12 48	23 54
17	17 39	3 14	26 50	17 2	0 ♑ 22	10 40	12 54	23 55
18	17 41	3 16	26 56	17 14	1 3	11 50	12 R 49	23 57
19	17 43	3 18	27 3	17 26	1 44	12 59	12 34	23 59
20	17 46	3 20	27 9	17 38	2 25	14 7	12 8	24 1
21	17 48	3 22	27 15	17 50	3 7	15 16	11 34	24 2
22	17 50	3 24	27 21	18 2	3 48	16 25	10 51	24 4
23	17 52	3 26	27 28	18 13	4 29	17 33	10 1	24 6
24	17 54	3 28	27 34	18 25	5 11	18 41	9 4	24 7
25	17 57	3 30	27 40	18 36	5 52	19 49	8 4	24 9
26	17 59	3 32	27 46	18 48	6 34	20 57	7 0	24 10
27	18 1	3 35	27 52	18 59	7 15	22 4	5 55	24 12
28	18 3	3 37	27 58	19 10	7 56	23 12	4 51	24 13
29	18 6	3 39	28 4	19 22	8 38	24 19	3 48	24 15

Day	♂ Decl.	♀ Lat.	♀ Decl.	☿ Lat.	☿ Decl.	♇ Lat.	♇ Decl.	☊
	° ′	° ′	° ′	° ′	° ′	° ′	° ′	° ′
1	23 S 0	0 S 53	4 S 1	1 S 12	13 S 59	0 S 43	22 S 7	6 ♋ 36
4	23 11	0 43	2 27	0 43	11 52	0 44	22 6	6 27
7	23 21	0 32	0 53	0 7	9 43	0 44	22 6	6 17
10	23 28	0 21	0 N 41	0 N 35	7 42	0 44	22 5	6 7
13	23 34	0 9	2 15	1 22	5 59	0 45	22 4	5 58
16	23 38	0 N 3	3 49	2 10	4 45	0 45	22 4	5 48
19	23 40	0 16	5 22	2 54	4 10	0 45	22 3	5 39
22	23 40	0 29	6 54	3 27	4 18	0 46	22 2	5 29
25	23 38	0 43	8 25	3 42	5 6	0 46	22 2	5 20
28	23 35	0 57	9 54	3 38	6 21	0 46	22 1	5 10

2020 MÄRZ

Day	Sidereal Time	☉ Long.	☉ Decl.	☽ Long.	☽ Lat.	☽ Decl.
	H M S	° ′ ″	° ′	° ′	° ′	° ′
1	10 37 1	10 ♓ 51 39	7 S 30	20 ♉ 11	3 S 38	14 N 17
2	10 40 58	11 51 52	7 7	2 ♊ 22	2 48	17 53
3	10 44 54	12 52 3	6 44	14 49	1 49	20 46
4	10 48 51	13 52 12	6 21	27 35	0 43	22 41
5	10 52 48	14 52 19	5 57	10 ♋ 47	0 N 27	23 27
6	10 56 44	15 52 23	5 34	24 28	1 38	22 50
7	11 0 41	16 52 26	5 11	8 ♌ 38	2 45	20 45
8	11 4 37	17 52 27	4 48	23 16	3 44	17 17
9	11 8 34	18 52 26	4 24	8 ♍ 11	4 28	12 36
10	11 12 30	19 52 22	4 1	23 34	4 54	7 4
11	11 16 27	20 52 17	3 37	8 ♎ 53	5 0	1 4
12	11 20 23	21 52 10	3 13	24 4	4 44	4 S 56
13	11 24 20	22 52 2	2 50	8 ♏ 57	4 10	10 32
14	11 28 17	23 51 51	2 26	23 25	3 19	15 24
15	11 32 13	24 51 39	2 2	7 ♐ 25	2 18	19 16
16	11 36 10	25 51 25	1 39	20 58	1 12	21 56
17	11 40 6	26 51 9	1 15	4 ♑ 3	0 3	23 20
18	11 44 3	27 50 52	0 51	16 51	1 S 4	23 26
19	11 47 59	28 50 33	0 28	29 20	2 6	22 21
20	11 51 56	29 50 12	0 4	11 ♒ 36	3 2	20 13
21	11 55 52	0 ♈ 49 49	0 N 20	23 42	3 48	17 12
22	11 59 49	1 49 24	0 44	5 ♓ 42	4 23	13 30
23	12 3 46	2 48 58	1 7	17 38	4 47	9 18
24	12 7 42	3 48 29	1 31	29 31	4 58	4 45
25	12 11 39	4 47 59	1 54	11 ♈ 23	4 56	0 3
26	12 15 35	5 47 26	2 18	23 15	4 42	4 N 40
27	12 19 32	6 46 52	2 42	5 ♉ 9	4 14	9 14
28	12 23 28	7 46 15	3 5	17 6	3 36	13 29
29	12 27 25	8 45 36	3 28	29 10	2 47	17 15
30	12 31 21	9 44 54	3 52	11 ♊ 23	1 50	20 19
31	12 35 18	10 44 11	4 15	23 49	0 47	22 31

Day	♆ Lat.	♆ Decl.	♅ Lat.	♅ Decl.	♄ Lat.	♄ Decl.	♃ Lat.	♃ Decl.	♂ Lat.
	° ′	° ′	° ′	° ′	° ′	° ′	° ′	° ′	° ′
1	1 S 1	5 S 38	0 S 28	12 N 19	0 S 1	20 S 33	0 S 1	22 S 1	0 S 25
4	1 1	5 35	0 28	12 21	0 2	20 30	0 1	21 57	0 28
7	1 1	5 32	0 28	12 24	0 2	20 26	0 1	21 52	0 31
10	1 1	5 30	0 28	12 26	0 2	20 23	0 1	21 48	0 34
13	1 1	5 27	0 28	12 29	0 2	20 20	0 2	21 44	0 37
16	1 1	5 24	0 28	12 32	0 2	20 17	0 2	21 40	0 39
19	1 1	5 22	0 28	12 35	0 3	20 15	0 2	21 35	0 43
22	1 1	5 19	0 27	12 38	0 3	20 12	0 3	21 31	0 47
25	1 1	5 17	0 27	12 41	0 3	20 9	0 3	21 27	0 50
28	1 1	5 14	0 27	12 45	0 3	20 7	0 3	21 23	0 54
31	1 1	5 11	0 27	12 48	0 4	20 5	0 4	21 19	0 57

MÄRZ 2020

Day	♆ Long.	♅ Long.	♄ Long.	♃ Long.	♂ Long.	♀ Long.	☿ Long.	♇ Long.
	° ′	° ′	° ′	° ′	° ′	° ′	° ′	° ′
1	18 ♓ 8	3 ♉ 42	28 ♑ 10	19 ♑ 33	9 ♑ 19	25 ♈ 26	2 ♓ 48	24 ♑ 17
2	18 10	3 44	28 16	19 44	10 1	26 32	1 R 53	24 18
3	18 13	3 46	28 21	19 55	10 42	27 39	1 3	24 19
4	18 15	3 49	28 27	20 5	11 24	28 45	0 19	24 21
5	18 17	3 51	28 33	20 16	12 5	29 51	29 ♒ 41	24 22
6	18 19	3 54	28 38	20 27	12 47	0 ♉ 57	29 10	24 24
7	18 22	3 57	28 44	20 37	13 28	2 2	28 45	24 25
8	18 24	3 59	28 49	20 48	14 10	3 7	28 28	24 27
9	18 26	4 2	28 55	20 58	14 51	4 12	28 17	24 28
10	18 28	4 4	29 0	21 8	15 33	5 17	28 13	24 29
11	18 31	4 7	29 5	21 18	16 14	6 21	28 D 15	24 30
12	18 33	4 10	29 11	21 28	16 56	7 25	28 23	24 32
13	18 35	4 13	29 16	21 38	17 37	8 29	28 37	24 33
14	18 38	4 15	29 21	21 48	18 19	9 33	28 56	24 34
15	18 40	4 18	29 26	21 58	19 1	10 36	29 21	24 35
16	18 42	4 21	29 31	22 7	19 42	11 39	29 50	24 37
17	18 44	4 24	29 36	22 17	20 24	12 41	0 ♓ 24	24 38
18	18 47	4 27	29 41	22 26	21 6	13 43	1 1	24 39
19	18 49	4 30	29 45	22 35	21 47	14 45	1 43	24 40
20	18 51	4 33	29 50	22 45	22 29	15 47	2 29	24 41
21	18 53	4 36	29 55	22 53	23 11	16 48	3 18	24 42
22	18 56	4 39	29 59	23 2	23 52	17 48	4 10	24 43
23	18 58	4 42	0 ♒ 4	23 11	24 34	18 49	5 5	24 44
24	19 0	4 45	0 8	23 20	25 16	19 48	6 3	24 45
25	19 2	4 48	0 12	23 28	25 57	20 48	7 4	24 46
26	19 5	4 51	0 17	23 36	26 39	21 47	8 8	24 47
27	19 7	4 54	0 21	23 45	27 21	22 45	9 14	24 48
28	19 9	4 57	0 25	23 53	28 2	23 43	10 22	24 49
29	19 11	5 0	0 29	24 1	28 44	24 41	11 33	24 49
30	19 13	5 4	0 33	24 8	29 26	25 38	12 46	24 50
31	19 15	5 7	0 37	24 16	0 ♒ 8	26 34	14 0	24 51

Day	♂ Decl.	♀ Lat.	♀ Decl.	☿ Lat.	☿ Decl.	♇ Lat.	♇ Decl.	☊
	° ′	° ′	° ′	° ′	° ′	° ′	° ′	° ′
1	23 S 31	1 N 7	10 N 52	3 N 25	7 S 17	0 S 47	22 S 1	5 ♋ 4
4	23 24	1 21	12 18	2 53	8 39	0 47	22 1	4 54
7	23 16	1 36	13 41	2 14	9 49	0 47	22 0	4 45
10	23 5	1 51	15 1	1 31	10 40	0 47	22 0	4 35
13	22 53	2 6	16 19	0 49	11 11	0 48	21 59	4 26
16	22 39	2 20	17 33	0 10	11 22	0 48	21 59	4 16
19	22 23	2 35	18 44	0 S 25	11 15	0 48	21 59	4 7
22	22 6	2 50	19 51	0 57	10 52	0 49	21 58	3 57
25	21 47	3 4	20 54	1 23	10 12	0 49	21 58	3 48
28	21 26	3 18	21 53	1 46	9 19	0 49	21 58	3 38
31	21 3	3 31	22 48	2 4	8 12	0 50	21 58	3 29

2020 APRIL

Day	Sidereal Time	☉ Long.	☉ Decl.	☽ Long.	☽ Lat.	☽ Decl.
	H M S	° ′ ″	° ′	° ′	° ′	° ′
1	12 39 15	11 ♈ 43 25	4 N 38	6 ♋ 32	0 N 20	23 N 37
2	12 43 11	12 42 36	5 1	19 38	1 28	23 28
3	12 47 8	13 41 46	5 24	3 ♌ 10	2 34	21 57
4	12 51 4	14 40 53	5 47	17 10	3 32	19 4
5	12 55 1	15 39 58	6 10	1 ♍ 38	4 19	14 55
6	12 58 57	16 39 1	6 33	16 32	4 50	9 46
7	13 2 54	17 38 2	6 55	1 ♎ 43	5 1	3 55
8	13 6 50	18 37 0	7 18	17 4	4 51	2 S 13
9	13 10 47	19 35 57	7 40	2 ♏ 20	4 20	8 13
10	13 14 43	20 34 51	8 2	17 23	3 31	13 38
11	13 18 40	21 33 44	8 24	2 ♐ 2	2 30	18 7
12	13 22 37	22 32 35	8 46	16 14	1 21	21 23
13	13 26 33	23 31 24	9 8	29 56	0 9	23 17
14	13 30 30	24 30 11	9 30	13 ♑ 10	1 S 1	23 48
15	13 34 26	25 28 57	9 51	25 59	2 6	23 0
16	13 38 23	26 27 40	10 13	8 ♒ 29	3 3	21 5
17	13 42 19	27 26 23	10 34	20 42	3 50	18 13
18	13 46 16	28 25 3	10 55	2 ♓ 45	4 26	14 38
19	13 50 12	29 23 42	11 15	14 40	4 51	10 30
20	13 54 9	0 ♉ 22 19	11 36	26 32	5 2	6 0
21	13 58 6	1 20 54	11 57	8 ♈ 23	5 1	1 17
22	14 2 2	2 19 27	12 17	20 15	4 47	3 N 29
23	14 5 59	3 17 59	12 37	2 ♉ 11	4 20	8 10
24	14 9 55	4 16 28	12 57	14 11	3 41	12 34
25	14 13 52	5 14 56	13 16	26 16	2 52	16 32
26	14 17 48	6 13 22	13 36	8 ♊ 26	1 54	19 50
27	14 21 45	7 11 45	13 55	20 52	0 50	22 17
28	14 25 41	8 10 7	14 14	3 ♋ 26	0 N 17	23 41
29	14 29 38	9 8 27	14 32	16 15	1 25	23 51
30	14 33 35	10 6 44	14 51	29 20	2 30	22 44

Day	♆ Lat.	♆ Decl.	♅ Lat.	♅ Decl.	♄ Lat.	♄ Decl.	♃ Lat.	♃ Decl.	♂ Lat.
	° ′	° ′	° ′	° ′	° ′	° ′	° ′	° ′	° ′
1	1 S 1	5 S 11	0 S 27	12 N 49	0 S 4	20 S 4	0 S 4	21 S 18	0 S 58
4	1 1	5 8	0 27	12 52	0 4	20 2	0 4	21 15	1 2
7	1 1	5 6	0 27	12 56	0 4	20 0	0 4	21 11	1 6
10	1 2	5 3	0 27	12 59	0 4	19 58	0 5	21 8	1 10
13	1 2	5 1	0 27	13 2	0 5	19 56	0 5	21 5	1 13
16	1 2	4 59	0 27	13 6	0 5	19 55	0 6	21 3	1 17
19	1 2	4 57	0 27	13 9	0 5	19 54	0 6	21 0	1 21
22	1 2	4 55	0 27	13 13	0 6	19 53	0 7	20 58	1 25
25	1 2	4 53	0 27	13 16	0 6	19 52	0 7	20 57	1 29
28	1 2	4 51	0 27	13 19	0 6	19 51	0 8	20 55	1 33

APRIL 2020

Day	♆ Long.	♅ Long.	♄ Long.	♃ Long.	♂ Long.	♀ Long.	☿ Long.	♇ Long.
	° ′	° ′	° ′	° ′	° ′	° ′	° ′	° ′
1	19 ♓ 18	5 ♉ 10	0 ♒ 40	24 ♑ 24	0 ♒ 49	27 ♉ 30	15 ♓ 17	24 ♑ 52
2	19 20	5 13	0 44	24 31	1 31	28 26	16 36	24 53
3	19 22	5 17	0 48	24 38	2 13	29 21	17 56	24 53
4	19 24	5 20	0 51	24 45	2 54	0 ♊ 15	19 18	24 54
5	19 26	5 23	0 55	24 52	3 36	1 8	20 42	24 55
6	19 28	5 26	0 58	24 59	4 18	2 1	22 8	24 55
7	19 30	5 30	1 1	25 6	5 0	2 53	23 35	24 56
8	19 32	5 33	1 4	25 12	5 41	3 45	25 4	24 56
9	19 34	5 36	1 7	25 19	6 23	4 36	26 35	24 57
10	19 36	5 40	1 10	25 25	7 5	5 26	28 7	24 57
11	19 38	5 43	1 13	25 31	7 46	6 15	29 41	24 58
12	19 40	5 47	1 16	25 37	8 28	7 4	1 ♈ 16	24 58
13	19 42	5 50	1 19	25 42	9 10	7 52	2 53	24 59
14	19 44	5 53	1 22	25 48	9 51	8 38	4 32	24 59
15	19 46	5 57	1 24	25 53	10 33	9 24	6 12	24 59
16	19 48	6 0	1 27	25 59	11 15	10 9	7 54	25 0
17	19 50	6 4	1 29	26 4	11 56	10 54	9 37	25 0
18	19 52	6 7	1 31	26 9	12 38	11 37	11 22	25 0
19	19 54	6 10	1 33	26 13	13 20	12 19	13 9	25 0
20	19 56	6 14	1 36	26 18	14 1	13 0	14 57	25 0
21	19 57	6 17	1 38	26 22	14 43	13 40	16 47	25 1
22	19 59	6 21	1 39	26 27	15 24	14 18	18 38	25 1
23	20 1	6 24	1 41	26 31	16 6	14 56	20 32	25 1
24	20 3	6 28	1 43	26 34	16 48	15 32	22 26	25 1
25	20 5	6 31	1 45	26 38	17 29	16 7	24 23	25 1
26	20 6	6 35	1 46	26 42	18 11	16 41	26 21	25 1
27	20 8	6 38	1 48	26 45	18 52	17 13	28 20	25 R 1
28	20 10	6 42	1 49	26 48	19 34	17 44	0 ♉ 21	25 1
29	20 11	6 45	1 50	26 51	20 15	18 13	2 24	25 1
30	20 13	6 48	1 51	26 54	20 57	18 41	4 28	25 1

Day	♂ Decl.	♀ Lat.	♀ Decl.	☿ Lat.	☿ Decl.	♇ Lat.	♇ Decl.	☊
	° ′	° ′	° ′	° ′	° ′	° ′	° ′	° ′
1	20 S 55	3 N 35	23 N 6	2 S 9	7 S 47	0 S 50	21 S 58	3 ♋ 25
4	20 31	3 48	23 55	2 21	6 23	0 50	21 58	3 16
7	20 5	4 0	24 39	2 28	4 49	0 50	21 58	3 6
10	19 37	4 11	25 19	2 31	3 4	0 51	21 58	2 57
13	19 8	4 21	25 54	2 30	1 8	0 51	21 58	2 47
16	18 38	4 29	26 25	2 23	0 N 56	0 51	21 58	2 38
19	18 7	4 37	26 50	2 13	3 9	0 51	21 58	2 28
22	17 34	4 42	27 11	1 57	5 30	0 52	21 58	2 19
25	17 0	4 46	27 28	1 38	7 56	0 52	21 58	2 9
28	16 26	4 48	27 39	1 14	10 27	0 52	21 59	2 0

Day	Sidereal Time	☉ Long.	☉ Decl.	☽ Long.	☽ Lat.	☽ Decl.
	H M S	° ′ ″	° ′	° ′	° ′	° ′
1	14 37 31	11 ♉ 5 0	15 N 9	12 ♌ 51	3 N 29	20 N 18
2	14 41 28	12 3 14	15 27	26 42	4 17	16 38
3	14 45 24	13 1 25	15 45	10 ♍ 57	4 51	11 57
4	14 49 21	13 59 35	16 2	25 34	5 7	6 27
5	14 53 17	14 57 42	16 19	10 ♎ 28	5 3	0 30
6	14 57 14	15 55 48	16 36	25 32	4 38	5 S 33
7	15 1 10	16 53 52	16 53	10 ♏ 36	3 54	11 18
8	15 5 7	17 51 55	17 9	25 31	2 54	16 19
9	15 9 4	18 49 56	17 25	10 ♐ 9	1 44	20 15
10	15 13 0	19 47 55	17 41	24 23	0 29	22 50
11	15 16 57	20 45 53	17 57	8 ♑ 11	0 S 46	23 57
12	15 20 53	21 43 49	18 12	21 31	1 56	23 37
13	15 24 50	22 41 44	18 27	4 ♒ 27	2 58	22 1
14	15 28 46	23 39 38	18 41	17 0	3 49	19 22
15	15 32 43	24 37 31	18 55	29 17	4 29	15 55
16	15 36 39	25 35 22	19 9	11 ♓ 21	4 56	11 52
17	15 40 36	26 33 12	19 23	23 16	5 10	7 25
18	15 44 33	27 31 1	19 36	5 ♈ 8	5 10	2 43
19	15 48 29	28 28 49	19 49	17 0	4 58	2 N 5
20	15 52 26	29 26 36	20 2	28 54	4 32	6 51
21	15 56 22	0 ♊ 24 21	20 14	10 ♉ 55	3 54	11 23
22	16 0 19	1 22 5	20 26	23 3	3 5	15 32
23	16 4 15	2 19 48	20 37	5 ♊ 20	2 7	19 6
24	16 8 12	3 17 29	20 49	17 48	1 2	21 51
25	16 12 8	4 15 9	21 0	0 ♋ 27	0 N 7	23 33
26	16 16 5	5 12 48	21 10	13 18	1 17	24 3
27	16 20 2	6 10 25	21 20	26 23	2 24	23 14
28	16 23 58	7 8 1	21 30	9 ♌ 42	3 25	21 6
29	16 27 55	8 5 36	21 39	23 17	4 15	17 46
30	16 31 51	9 3 9	21 48	7 ♍ 8	4 52	13 24
31	16 35 48	10 0 40	21 57	21 15	5 12	8 15

Day	♆ Lat.	♆ Decl.	♅ Lat.	♅ Decl.	♄ Lat.	♄ Decl.	♃ Lat.	♃ Decl.	♂ Lat.
	° ′	° ′	° ′	° ′	° ′	° ′	° ′	° ′	° ′
1	1 S 2	4 S 49	0 S 27	13 N 23	0 S 6	19 S 51	0 S 8	20 S 54	1 S 37
4	1 2	4 47	0 27	13 26	0 7	19 50	0 8	20 53	1 42
7	1 2	4 46	0 27	13 30	0 7	19 50	0 9	20 52	1 46
10	1 2	4 44	0 27	13 33	0 7	19 50	0 9	20 52	1 50
13	1 3	4 43	0 27	13 36	0 7	19 51	0 10	20 52	1 54
16	1 3	4 41	0 27	13 39	0 8	19 51	0 10	20 53	1 59
19	1 3	4 40	0 27	13 43	0 8	19 52	0 11	20 54	2 3
22	1 3	4 39	0 27	13 46	0 8	19 53	0 11	20 55	2 8
25	1 3	4 38	0 27	13 49	0 9	19 54	0 12	20 56	2 12
28	1 3	4 37	0 27	13 52	0 9	19 55	0 12	20 58	2 17
31	1 3	4 36	0 27	13 55	0 9	19 57	0 13	21 0	2 21

MAI 2020

Day	♆ Long.	♅ Long.	♄ Long.	♃ Long.	♂ Long.	♀ Long.	☿ Long.	♇ Long.
	° ′	° ′	° ′	° ′	° ′	° ′	° ′	° ′
1	20 ♓ 15	6 ♉ 52	1 ♒ 52	26 ♑ 57	21 ♒ 38	19 ♊ 7	6 ♉ 33	25 ♑ 1
2	20 16	6 55	1 53	26 59	22 19	19 31	8 40	25 R 0
3	20 18	6 59	1 54	27 1	23 1	19 54	10 47	25 0
4	20 19	7 2	1 55	27 3	23 42	20 14	12 56	25 0
5	20 21	7 6	1 55	27 5	24 23	20 33	15 5	25 0
6	20 22	7 9	1 56	27 7	25 5	20 50	17 15	24 59
7	20 24	7 12	1 56	27 9	25 46	21 5	19 25	24 59
8	20 25	7 16	1 57	27 10	26 27	21 18	21 35	24 59
9	20 27	7 19	1 57	27 11	27 8	21 29	23 45	24 58
10	20 28	7 23	1 57	27 12	27 49	21 38	25 55	24 58
11	20 29	7 26	1 57	27 13	28 31	21 44	28 4	24 58
12	20 31	7 29	1 R 57	27 13	29 12	21 48	0 ♊ 11	24 57
13	20 32	7 33	1 57	27 14	29 53	21 50	2 17	24 57
14	20 33	7 36	1 57	27 14	0 ♓ 34	21 R 50	4 22	24 56
15	20 34	7 40	1 57	27 14	1 15	21 47	6 25	24 56
16	20 36	7 43	1 56	27 R 14	1 55	21 42	8 25	24 55
17	20 37	7 46	1 56	27 13	2 36	21 34	10 23	24 54
18	20 38	7 49	1 55	27 13	3 17	21 24	12 19	24 54
19	20 39	7 53	1 54	27 12	3 58	21 12	14 12	24 53
20	20 40	7 56	1 53	27 11	4 39	20 57	16 3	24 52
21	20 41	7 59	1 53	27 10	5 19	20 39	17 50	24 52
22	20 42	8 3	1 52	27 9	6 0	20 20	19 35	24 51
23	20 43	8 6	1 50	27 7	6 40	19 58	21 16	24 50
24	20 44	8 9	1 49	27 5	7 21	19 34	22 55	24 50
25	20 45	8 12	1 48	27 4	8 1	19 8	24 30	24 49
26	20 46	8 15	1 47	27 2	8 41	18 40	26 3	24 48
27	20 47	8 18	1 45	26 59	9 22	18 10	27 32	24 47
28	20 48	8 22	1 44	26 57	10 2	17 38	28 57	24 46
29	20 49	8 25	1 42	26 54	10 42	17 5	0 ♋ 20	24 45
30	20 49	8 28	1 40	26 51	11 22	16 31	1 39	24 44
31	20 50	8 31	1 38	26 48	12 2	15 55	2 55	24 43

Day	♂ Decl.	♀ Lat.	♀ Decl.	☿ Lat.	☿ Decl.	♇ Lat.	♇ Decl.	☊
	° ′	° ′	° ′	° ′	° ′	° ′	° ′	° ′
1	15 S 50	4 N 48	27 N 46	0 S 46	12 N 58	0 S 53	21 S 59	1 ♋ 50
4	15 13	4 45	27 49	0 16	15 28	0 53	22 0	1 41
7	14 35	4 39	27 46	0 N 16	17 50	0 53	22 0	1 31
10	13 57	4 29	27 39	0 47	20 0	0 53	22 0	1 22
13	13 18	4 16	27 26	1 16	21 51	0 54	22 1	1 12
16	12 38	3 58	27 8	1 40	23 21	0 54	22 2	1 2
19	11 58	3 35	26 44	1 59	24 28	0 54	22 2	0 53
22	11 17	3 8	26 13	2 11	25 12	0 55	22 3	0 43
25	10 36	2 37	25 36	2 16	25 35	0 55	22 3	0 34
28	9 55	2 1	24 52	2 13	25 39	0 55	22 4	0 24
31	9 13	1 21	24 2	2 3	25 27	0 55	22 5	0 15

Day	Sidereal Time	☉ Long.	☉ Decl.	☽ Long.	☽ Lat.	☽ Decl.
	H M S	° ′ ″	° ′	° ′	° ′	° ′
1	16 39 44	10 ♊ 58 11	22 N 5	5 ♎ 37	5 N 13	2 N 34
2	16 43 41	11 55 40	22 13	20 10	4 54	3 S 20
3	16 47 37	12 53 8	22 20	4 ♏ 49	4 16	9 6
4	16 51 34	13 50 34	22 28	19 29	3 21	14 22
5	16 55 31	14 48 0	22 34	4 ♐ 2	2 14	18 46
6	16 59 27	15 45 24	22 41	18 24	0 59	21 57
7	17 3 24	16 42 48	22 46	2 ♑ 27	0 S 19	23 43
8	17 7 20	17 40 11	22 52	16 10	1 33	24 0
9	17 11 17	18 37 33	22 57	29 30	2 40	22 52
10	17 15 13	19 34 55	23 2	12 ♒ 27	3 38	20 33
11	17 19 10	20 32 15	23 6	25 4	4 23	17 17
12	17 23 6	21 29 36	23 10	7 ♓ 24	4 54	13 21
13	17 27 3	22 26 56	23 13	19 30	5 12	8 57
14	17 31 0	23 24 15	23 16	1 ♈ 27	5 17	4 16
15	17 34 56	24 21 34	23 19	13 20	5 7	0 N 33
16	17 38 53	25 18 53	23 21	25 13	4 45	5 20
17	17 42 49	26 16 11	23 23	7 ♉ 11	4 10	9 58
18	17 46 46	27 13 29	23 24	19 16	3 24	14 16
19	17 50 42	28 10 46	23 25	1 ♊ 32	2 27	18 4
20	17 54 39	29 8 4	23 26	14 1	1 23	21 7
21	17 58 35	0 ♋ 5 20	23 26	26 45	0 13	23 11
22	18 2 32	1 2 37	23 26	9 ♋ 44	0 N 59	24 3
23	18 6 29	1 59 52	23 25	22 58	2 9	23 36
24	18 10 25	2 57 8	23 24	6 ♌ 27	3 13	21 46
25	18 14 22	3 54 22	23 23	20 8	4 7	18 40
26	18 18 18	4 51 37	23 21	4 ♍ 0	4 47	14 29
27	18 22 15	5 48 50	23 19	18 2	5 11	9 30
28	18 26 11	6 46 3	23 16	2 ♎ 11	5 16	3 58
29	18 30 8	7 43 16	23 13	16 25	5 2	1 S 48
30	18 34 4	8 40 28	23 9	0 ♏ 42	4 30	7 30

Day	♆ Lat.	♆ Decl.	♅ Lat.	♅ Decl.	♄ Lat.	♄ Decl.	♃ Lat.	♃ Decl.	♂ Lat.
	° ′	° ′	° ′	° ′	° ′	° ′	° ′	° ′	° ′
1	1 S 3	4 S 36	0 S 27	13 N 56	0 S 9	19 S 57	0 S 13	21 S 1	2 S 23
4	1 3	4 35	0 27	13 59	0 10	19 59	0 13	21 3	2 27
7	1 4	4 35	0 27	14 2	0 10	20 1	0 14	21 6	2 32
10	1 4	4 34	0 27	14 4	0 10	20 3	0 15	21 9	2 36
13	1 4	4 34	0 27	14 7	0 10	20 5	0 15	21 13	2 41
16	1 4	4 34	0 27	14 9	0 11	20 7	0 16	21 16	2 46
19	1 4	4 33	0 27	14 12	0 11	20 9	0 16	21 20	2 50
22	1 4	4 34	0 27	14 14	0 11	20 12	0 17	21 24	2 55
25	1 4	4 34	0 27	14 16	0 12	20 15	0 17	21 28	2 59
28	1 5	4 34	0 27	14 18	0 12	20 17	0 18	21 32	3 4

JUNI 2020

Day	♆ Long.	♅ Long.	♄ Long.	♃ Long.	♂ Long.	♀ Long.	☿ Long.	♇ Long.
	° ′	° ′	° ′	° ′	° ′	° ′	° ′	° ′
1	20 ♓ 51	8 ♉ 34	1 ♒ 36	26 ♑ 45	12 ♓ 42	15 ♊ 19	4 ♋ 7	24 ♑ 42
2	20 52	8 37	1 R 34	26 R 42	13 22	14 R 42	5 16	24 R 41
3	20 52	8 40	1 32	26 38	14 1	14 4	6 22	24 40
4	20 53	8 43	1 30	26 35	14 41	13 27	7 23	24 39
5	20 54	8 46	1 28	26 31	15 21	12 49	8 22	24 38
6	20 54	8 49	1 26	26 27	16 0	12 11	9 16	24 37
7	20 55	8 52	1 23	26 23	16 39	11 35	10 6	24 36
8	20 55	8 55	1 21	26 18	17 19	10 59	10 53	24 35
9	20 56	8 57	1 18	26 14	17 58	10 24	11 36	24 34
10	20 56	9 0	1 15	26 9	18 37	9 50	12 14	24 33
11	20 57	9 3	1 13	26 4	19 16	9 17	12 49	24 32
12	20 57	9 6	1 10	25 59	19 55	8 47	13 19	24 30
13	20 57	9 9	1 7	25 54	20 33	8 18	13 45	24 29
14	20 58	9 11	1 4	25 49	21 12	7 50	14 6	24 28
15	20 58	9 14	1 1	25 44	21 50	7 25	14 23	24 27
16	20 58	9 17	0 58	25 38	22 29	7 2	14 35	24 25
17	20 58	9 19	0 55	25 32	23 7	6 42	14 43	24 24
18	20 59	9 22	0 51	25 26	23 45	6 23	14 46	24 23
19	20 59	9 24	0 48	25 20	24 23	6 7	14 R 45	24 22
20	20 59	9 27	0 45	25 14	25 1	5 53	14 39	24 20
21	20 59	9 29	0 41	25 8	25 38	5 42	14 29	24 19
22	20 59	9 32	0 38	25 2	26 16	5 33	14 15	24 18
23	20 59	9 34	0 34	24 55	26 53	5 27	13 56	24 16
24	20 R 59	9 37	0 31	24 49	27 30	5 22	13 34	24 15
25	20 59	9 39	0 27	24 42	28 7	5 21	13 9	24 14
26	20 59	9 41	0 23	24 35	28 44	5 D 21	12 41	24 12
27	20 59	9 43	0 19	24 29	29 21	5 24	12 9	24 11
28	20 59	9 46	0 16	24 22	29 58	5 29	11 36	24 9
29	20 58	9 48	0 12	24 15	0 ♈ 34	5 36	11 2	24 8
30	20 58	9 50	0 8	24 7	1 10	5 45	10 26	24 7

Day	♂ Decl.	♀ Lat.	♀ Decl.	☿ Lat.	☿ Decl.	♇ Lat.	♇ Decl.	☊
	° ′	° ′	° ′	° ′	° ′	° ′	° ′	° ′
1	8 S 59	1 N 8	23 N 45	1 N 58	25 N 20	0 S 55	22 S 5	0 ♋ 12
4	8 18	0 25	22 50	1 38	24 52	0 56	22 6	0 2
7	7 36	0 S 17	21 53	1 11	24 14	0 56	22 7	29 53
10	6 54	0 58	20 58	0 37	23 29	0 56	22 8	29 43
13	6 13	1 37	20 5	0 S 3	22 41	0 56	22 9	29 33
16	5 31	2 13	19 18	0 48	21 51	0 57	22 9	29 24
19	4 50	2 44	18 38	1 36	21 1	0 57	22 10	29 14
22	4 9	3 11	18 6	2 26	20 15	0 57	22 11	29 5
25	3 29	3 33	17 42	3 14	19 35	0 57	22 12	28 55
28	2 50	3 51	17 25	3 55	19 2	0 58	22 13	28 46

2020 JULI

Day	Sidereal Time	☉ Long.	☉ Decl.	☽ Long.	☽ Lat.	☽ Decl.
	H M S	° ′ ″	° ′	° ′	° ′	° ′
1	18 38 1	9 ♋ 37 40	23 N 5	14 ♏ 58	3 N 41	12 S 49
2	18 41 58	10 34 51	23 1	29 11	2 38	17 24
3	18 45 54	11 32 3	22 56	13 ♐ 17	1 26	20 58
4	18 49 51	12 29 14	22 51	27 13	0 11	23 14
5	18 53 47	13 26 24	22 45	10 ♑ 56	1 S 5	24 4
6	18 57 44	14 23 35	22 40	24 23	2 15	23 27
7	19 1 40	15 20 46	22 33	7 ♒ 33	3 16	21 33
8	19 5 37	16 17 57	22 27	20 25	4 6	18 34
9	19 9 33	17 15 9	22 19	3 ♓ 0	4 43	14 48
10	19 13 30	18 12 20	22 12	15 19	5 6	10 29
11	19 17 27	19 9 32	22 4	27 26	5 15	5 50
12	19 21 23	20 6 45	21 56	9 ♈ 24	5 9	1 1
13	19 25 20	21 3 58	21 47	21 18	4 51	3 N 48
14	19 29 16	22 1 11	21 38	3 ♉ 11	4 20	8 30
15	19 33 13	22 58 25	21 29	15 9	3 38	12 54
16	19 37 9	23 55 40	21 19	27 16	2 45	16 52
17	19 41 6	24 52 55	21 9	9 ♊ 37	1 44	20 10
18	19 45 2	25 50 11	20 59	22 15	0 37	22 36
19	19 48 59	26 47 27	20 48	5 ♋ 13	0 N 34	23 54
20	19 52 56	27 44 44	20 37	18 30	1 45	23 53
21	19 56 52	28 42 1	20 25	2 ♌ 8	2 52	22 28
22	20 0 49	29 39 19	20 13	16 3	3 49	19 40
23	20 4 45	0 ♌ 36 37	20 1	0 ♍ 11	4 34	15 40
24	20 8 42	1 33 56	19 49	14 29	5 2	10 45
25	20 12 38	2 31 15	19 36	28 51	5 11	5 13
26	20 16 35	3 28 35	19 23	13 ♎ 12	5 1	0 S 35
27	20 20 31	4 25 55	19 9	27 30	4 33	6 20
28	20 24 28	5 23 15	18 55	11 ♏ 40	3 48	11 43
29	20 28 25	6 20 36	18 41	25 41	2 50	16 26
30	20 32 21	7 17 58	18 27	9 ♐ 33	1 42	20 12
31	20 36 18	8 15 20	18 12	23 14	0 29	22 46

Day	♆ Lat.	♆ Decl.	♅ Lat.	♅ Decl.	♄ Lat.	♄ Decl.	♃ Lat.	♃ Decl.	♂ Lat.
	° ′	° ′	° ′	° ′	° ′	° ′	° ′	° ′	° ′
1	1 S 5	4 S 34	0 S 27	14 N 20	0 S 12	20 S 20	0 S 18	21 S 36	3 S 8
4	1 5	4 35	0 27	14 22	0 12	20 23	0 18	21 40	3 13
7	1 5	4 35	0 27	14 24	0 13	20 26	0 19	21 45	3 17
10	1 5	4 36	0 27	14 26	0 13	20 29	0 19	21 49	3 21
13	1 5	4 37	0 27	14 27	0 14	20 32	0 20	21 53	3 26
16	1 5	4 38	0 27	14 29	0 14	20 35	0 20	21 57	3 30
19	1 5	4 39	0 27	14 30	0 14	20 38	0 21	22 1	3 34
22	1 6	4 40	0 28	14 31	0 14	20 41	0 21	22 5	3 38
25	1 6	4 41	0 28	14 32	0 14	20 44	0 21	22 9	3 42
28	1 6	4 42	0 28	14 33	0 15	20 46	0 22	22 13	3 46
31	1 6	4 44	0 28	14 34	0 15	20 49	0 22	22 17	3 50

JULI 2020

Day	♆ Long.	♅ Long.	♄ Long.	♃ Long.	♂ Long.	♀ Long.	☿ Long.	♇ Long.
	° ′	° ′	° ′	° ′	° ′	° ′	° ′	° ′
1	20 ♓ 58	9 ♉ 52	0 ♒ 4	24 ♑ 0	1 ♈ 46	5 ♊ 57	9 ♋ 50	24 ♑ 5
2	20 R 58	9 54	0 R 0	23 R 53	2 22	6 10	9 R 14	24 R 4
3	20 57	9 56	29 ♑ 56	23 46	2 57	6 26	8 38	24 2
4	20 57	9 58	29 52	23 38	3 33	6 43	8 5	24 1
5	20 57	10 0	29 47	23 31	4 8	7 2	7 33	23 59
6	20 56	10 2	29 43	23 23	4 43	7 23	7 4	23 58
7	20 56	10 4	29 39	23 16	5 18	7 46	6 38	23 56
8	20 55	10 6	29 35	23 8	5 52	8 10	6 16	23 55
9	20 55	10 8	29 31	23 0	6 26	8 36	5 58	23 53
10	20 54	10 9	29 26	22 53	7 0	9 4	5 44	23 52
11	20 54	10 11	29 22	22 45	7 34	9 33	5 35	23 50
12	20 53	10 13	29 18	22 37	8 8	10 4	5 30	23 49
13	20 53	10 14	29 13	22 30	8 41	10 36	5 D 31	23 47
14	20 52	10 16	29 9	22 22	9 14	11 9	5 37	23 46
15	20 51	10 17	29 5	22 14	9 47	11 44	5 48	23 44
16	20 51	10 19	29 0	22 6	10 19	12 19	6 5	23 43
17	20 50	10 20	28 56	21 59	10 51	12 56	6 28	23 41
18	20 49	10 22	28 51	21 51	11 23	13 35	6 55	23 40
19	20 48	10 23	28 47	21 43	11 55	14 14	7 29	23 38
20	20 48	10 25	28 42	21 36	12 26	14 54	8 8	23 37
21	20 47	10 26	28 38	21 28	12 57	15 36	8 52	23 35
22	20 46	10 27	28 34	21 20	13 28	16 18	9 41	23 34
23	20 45	10 28	28 29	21 13	13 58	17 2	10 36	23 33
24	20 44	10 29	28 25	21 5	14 28	17 46	11 37	23 31
25	20 43	10 30	28 20	20 58	14 57	18 31	12 42	23 30
26	20 42	10 31	28 16	20 50	15 26	19 17	13 52	23 28
27	20 41	10 32	28 12	20 43	15 55	20 4	15 8	23 27
28	20 40	10 33	28 7	20 36	16 24	20 52	16 28	23 25
29	20 39	10 34	28 3	20 29	16 52	21 40	17 53	23 24
30	20 38	10 35	27 58	20 22	17 20	22 29	19 23	23 22
31	20 37	10 36	27 54	20 15	17 47	23 19	20 57	23 21

Day	♂ Decl.	♀ Lat.	♀ Decl.	☿ Lat.	☿ Decl.	♇ Lat.	♇ Decl.	☊
	° ′	° ′	° ′	° ′	° ′	° ′	° ′	° ′
1	2 S 11	4 S 6	17 N 16	4 S 26	18 N 39	0 S 58	22 S 14	28 ♊ 36
4	1 32	4 16	17 13	4 44	18 28	0 58	22 15	28 27
7	0 55	4 24	17 15	4 49	18 28	0 58	22 16	28 17
10	0 18	4 29	17 23	4 39	18 40	0 59	22 17	28 8
13	0 N 17	4 31	17 34	4 18	19 1	0 59	22 18	27 58
16	0 52	4 31	17 48	3 47	19 31	0 59	22 19	27 49
19	1 25	4 29	18 4	3 10	20 4	0 59	22 20	27 39
22	1 57	4 25	18 21	2 28	20 37	0 59	22 21	27 30
25	2 28	4 19	18 38	1 45	21 6	1 N 0	22 22	27 20
28	2 58	4 12	18 55	1 1	21 25	1 0	22 23	27 10
31	3 26	4 4	19 12	0 19	21 29	1 S 0	22 24	27 1

Day	Sidereal Time			☉ Long.			☉ Decl.		☽ Long.		☽ Lat.		☽ Decl.	
	H	M	S	°	′	″	°	′	°	′	°	′	°	′
1	20	40	14	9 ♌	12	43	17 N	57	6 ♑	44	0 S	44	24 S	0
2	20	44	11	10	10	6	17	42	20	2	1	53	23	49
3	20	48	7	11	7	30	17	26	3 ♒	8	2	56	22	18
4	20	52	4	12	4	55	17	10	16	2	3	48	19	39
5	20	56	0	13	2	21	16	54	28	42	4	28	16	6
6	20	59	57	13	59	48	16	38	11 ♓	9	4	54	11	55
7	21	3	54	14	57	16	16	21	23	24	5	6	7	18
8	21	7	50	15	54	45	16	4	5 ♈	28	5	5	2	30
9	21	11	47	16	52	16	15	47	17	24	4	50	2 N	22
10	21	15	43	17	49	47	15	29	29	16	4	22	7	7
11	21	19	40	18	47	21	15	11	11 ♉	8	3	44	11	37
12	21	23	36	19	44	55	14	53	23	4	2	55	15	43
13	21	27	33	20	42	31	14	35	5 ♊	11	1	58	19	13
14	21	31	29	21	40	8	14	17	17	32	0	55	21	57
15	21	35	26	22	37	47	13	58	0 ♋	13	0 N	13	23	39
16	21	39	23	23	35	28	13	39	13	16	1	22	24	8
17	21	43	19	24	33	9	13	20	26	46	2	29	23	14
18	21	47	16	25	30	52	13	1	10 ♌	40	3	28	20	54
19	21	51	12	26	28	37	12	41	24	57	4	17	17	14
20	21	55	9	27	26	23	12	22	9 ♍	32	4	49	12	27
21	21	59	5	28	24	10	12	2	24	17	5	3	6	55
22	22	3	2	29	21	58	11	42	9 ♎	4	4	57	0	58
23	22	6	58	0 ♍	19	48	11	21	23	45	4	31	5 S	1
24	22	10	55	1	17	39	11	1	8 ♏	15	3	48	10	39
25	22	14	52	2	15	31	10	40	22	30	2	52	15	37
26	22	18	48	3	13	24	10	19	6 ♐	27	1	46	19	39
27	22	22	45	4	11	19	9	58	20	8	0	35	22	29
28	22	26	41	5	9	15	9	37	3 ♑	32	0 S	36	23	59
29	22	30	38	6	7	12	9	16	16	42	1	44	24	6
30	22	34	34	7	5	11	8	55	29	39	2	45	22	54
31	22	38	31	8	3	11	8	33	12 ♒	25	3	37	20	32

Day	♆ Lat.		♆ Decl.		♅ Lat.		♅ Decl.		♄ Lat.		♄ Decl.		♃ Lat.		♃ Decl.		♂ Lat.	
	°	′	°	′	°	′	°	′	°	′	°	′	°	′	°	′	°	′
1	1 S	6	4 S	44	0 S	28	14 N	34	0 S	15	20 S	50	0 S	22	22 S	18	3 S	51
4	1	6	4	46	0	28	14	34	0	15	20	53	0	23	22	21	3	55
7	1	6	4	47	0	28	14	35	0	15	20	56	0	23	22	24	3	58
10	1	6	4	49	0	28	14	35	0	16	20	58	0	23	22	27	4	1
13	1	6	4	50	0	28	14	35	0	16	21	1	0	23	22	30	4	4
16	1	6	4	52	0	28	14	35	0	16	21	3	0	24	22	32	4	7
19	1	6	4	54	0	28	14	35	0	16	21	6	0	24	22	34	4	9
22	1	7	4	56	0	28	14	35	0	17	21	8	0	24	22	36	4	11
25	1	7	4	58	0	28	14	35	0	17	21	10	0	24	22	38	4	13
28	1	7	5	0	0	28	14	34	0	17	21	12	0	25	22	40	4	15
31	1	7	5	1	0	28	14	33	0	17	21	13	0	25	22	41	4	16

AUGUST 2020

Day	♆ Long.	♅ Long.	♄ Long.	♃ Long.	♂ Long.	♀ Long.	☿ Long.	♇ Long.
	° ′	° ′	° ′	° ′	° ′	° ′	° ′	° ′
1	20 ♓ 36	10 ♉ 37	27 ♑ 50	20 ♑ 8	18 ♈ 14	24 ♊ 9	22 ♋ 35	23 ♑ 19
2	20 R 35	10 37	27 R 45	20 R 1	18 40	25 0	24 17	23 R 18
3	20 34	10 38	27 41	19 54	19 6	25 52	26 3	23 17
4	20 32	10 39	27 37	19 47	19 32	26 45	27 52	23 15
5	20 31	10 39	27 33	19 41	19 57	27 38	29 44	23 14
6	20 30	10 40	27 29	19 34	20 21	28 31	1 ♌ 38	23 13
7	20 29	10 40	27 24	19 28	20 45	29 25	3 35	23 11
8	20 27	10 40	27 20	19 22	21 9	0 ♋ 20	5 34	23 10
9	20 26	10 41	27 16	19 16	21 32	1 15	7 34	23 9
10	20 25	10 41	27 12	19 10	21 55	2 11	9 36	23 7
11	20 24	10 41	27 8	19 4	22 17	3 7	11 38	23 6
12	20 22	10 42	27 4	18 58	22 38	4 4	13 41	23 5
13	20 21	10 42	27 1	18 53	22 59	5 1	15 44	23 3
14	20 19	10 42	26 57	18 47	23 20	5 58	17 47	23 2
15	20 18	10 42	26 53	18 42	23 39	6 56	19 50	23 1
16	20 17	10 42	26 49	18 37	23 59	7 55	21 52	23 0
17	20 15	10 R 42	26 46	18 32	24 17	8 54	23 54	22 59
18	20 14	10 42	26 42	18 27	24 35	9 53	25 54	22 57
19	20 12	10 42	26 38	18 22	24 52	10 53	27 54	22 56
20	20 11	10 41	26 35	18 18	25 9	11 53	29 53	22 55
21	20 9	10 41	26 31	18 14	25 25	12 53	1 ♍ 50	22 54
22	20 8	10 41	26 28	18 9	25 41	13 54	3 47	22 53
23	20 6	10 40	26 25	18 5	25 55	14 55	5 42	22 52
24	20 5	10 40	26 21	18 2	26 9	15 56	7 36	22 51
25	20 3	10 40	26 18	17 58	26 22	16 58	9 28	22 50
26	20 2	10 39	26 15	17 55	26 35	18 0	11 19	22 49
27	20 0	10 39	26 12	17 51	26 47	19 2	13 9	22 48
28	19 59	10 38	26 9	17 48	26 58	20 5	14 58	22 47
29	19 57	10 37	26 6	17 45	27 8	21 8	16 45	22 46
30	19 55	10 37	26 4	17 42	27 18	22 11	18 31	22 45
31	19 54	10 36	26 1	17 40	27 26	23 14	20 15	22 44

Day	♂ Decl.	♀ Lat.	♀ Decl.	☿ Lat.	☿ Decl.	♇ Lat.	♇ Decl.	☊
	° ′	° ′	° ′	° ′	° ′	° ′	° ′	° ′
1	3 N 35	4 S 1	19 N 17	0 S 6	21 N 27	1 S 0	22 S 25	26 ♊ 58
4	4 1	3 52	19 32	0 N 30	21 4	1 0	22 25	26 48
7	4 25	3 42	19 44	1 0	20 19	1 1	22 26	26 39
10	4 48	3 31	19 55	1 22	19 10	1 1	22 27	26 29
13	5 9	3 19	20 2	1 37	17 40	1 1	22 28	26 20
16	5 28	3 6	20 6	1 44	15 52	1 1	22 29	26 10
19	5 46	2 54	20 6	1 45	13 51	1 2	22 30	26 1
22	6 1	2 40	20 3	1 40	11 41	1 2	22 31	25 51
25	6 14	2 27	19 56	1 31	9 25	1 2	22 31	25 42
28	6 26	2 13	19 44	1 17	7 6	1 2	22 32	25 32
31	6 35	1 59	19 29	1 0	4 47	1 2	22 33	25 22

2020 SEPTEMBER

Day	Sidereal Time	☉ Long.	☉ Decl.	☽ Long.	☽ Lat.	☽ Decl.
	H M S	° ′ ″	° ′	° ′	° ′	° ′
1	22 42 27	9 ♍ 1 12	8 N 11	25 ♒ 1	4 S 17	17 S 13
2	22 46 24	9 59 15	7 49	7 ♓ 26	4 45	13 11
3	22 50 21	10 57 20	7 27	19 42	4 59	8 39
4	22 54 17	11 55 27	7 5	1 ♈ 49	4 59	3 51
5	22 58 14	12 53 35	6 43	13 48	4 46	1 N 3
6	23 2 10	13 51 45	6 21	25 41	4 20	5 53
7	23 6 7	14 49 57	5 58	7 ♉ 31	3 43	10 30
8	23 10 3	15 48 10	5 36	19 21	2 57	14 43
9	23 14 0	16 46 26	5 13	1 ♊ 16	2 3	18 24
10	23 17 56	17 44 44	4 51	13 19	1 2	21 22
11	23 21 53	18 43 4	4 28	25 37	0 N 2	23 24
12	23 25 50	19 41 26	4 5	8 ♋ 15	1 8	24 19
13	23 29 46	20 39 50	3 42	21 18	2 13	23 57
14	23 33 43	21 38 16	3 19	4 ♌ 49	3 13	22 11
15	23 37 39	22 36 44	2 56	18 49	4 3	19 2
16	23 41 36	23 35 14	2 33	3 ♍ 16	4 39	14 38
17	23 45 32	24 33 47	2 10	18 7	4 58	9 16
18	23 49 29	25 32 21	1 46	3 ♎ 12	4 57	3 16
19	23 53 25	26 30 57	1 23	18 21	4 35	2 S 57
20	23 57 22	27 29 34	1 0	3 ♏ 24	3 53	8 59
21	0 1 19	28 28 14	0 37	18 12	2 57	14 25
22	0 5 15	29 26 55	0 13	2 ♐ 39	1 50	18 54
23	0 9 12	0 ♎ 25 38	0 S 10	16 43	0 38	22 9
24	0 13 8	1 24 23	0 34	0 ♑ 24	0 S 34	24 1
25	0 17 5	2 23 10	0 57	13 43	1 43	24 26
26	0 21 1	3 21 58	1 20	26 43	2 44	23 30
27	0 24 58	4 20 48	1 44	9 ♒ 27	3 36	21 21
28	0 28 54	5 19 40	2 7	21 58	4 16	18 13
29	0 32 51	6 18 33	2 30	4 ♓ 19	4 44	14 20
30	0 36 48	7 17 29	2 54	16 31	4 58	9 54

Day	♆ Lat.	♆ Decl.	♅ Lat.	♅ Decl.	♄ Lat.	♄ Decl.	♃ Lat.	♃ Decl.	♂ Lat.
	° ′	° ′	° ′	° ′	° ′	° ′	° ′	° ′	° ′
1	1 S 7	5 S 2	0 S 28	14 N 33	0 S 17	21 S 14	0 S 25	22 S 41	4 S 16
4	1 7	5 4	0 28	14 32	0 17	21 16	0 25	22 42	4 16
7	1 7	5 6	0 28	14 31	0 18	21 17	0 25	22 43	4 16
10	1 7	5 8	0 28	14 30	0 18	21 18	0 25	22 43	4 15
13	1 7	5 10	0 28	14 29	0 18	21 19	0 25	22 44	4 13
16	1 7	5 12	0 28	14 28	0 18	21 20	0 26	22 44	4 10
19	1 7	5 14	0 28	14 26	0 18	21 21	0 26	22 43	4 7
22	1 7	5 16	0 28	14 24	0 18	21 22	0 26	22 43	4 2
25	1 7	5 18	0 28	14 23	0 19	21 22	0 26	22 42	3 57
28	1 7	5 20	0 29	14 21	0 19	21 22	0 26	22 41	3 50

SEPTEMBER 2020

Day	♆ Long.	♅ Long.	♄ Long.	♃ Long.	♂ Long.	♀ Long.	☿ Long.	♇ Long.
	° ′	° ′	° ′	° ′	° ′	° ′	° ′	° ′
1	19 ♓ 52	10 ♉ 35	25 ♑ 58	17 ♑ 38	27 ♈ 34	24 ♋ 18	21 ♍ 59	22 ♑ 43
2	19 R 50	10 R 34	25 R 56	17 R 35	27 41	25 22	23 41	22 R 42
3	19 49	10 34	25 53	17 33	27 48	26 26	25 22	22 41
4	19 47	10 33	25 51	17 31	27 53	27 31	27 1	22 40
5	19 46	10 32	25 48	17 30	27 58	28 35	28 40	22 40
6	19 44	10 31	25 46	17 28	28 2	29 40	0 ♎ 17	22 39
7	19 42	10 30	25 44	17 27	28 5	0 ♌ 45	1 53	22 38
8	19 41	10 29	25 42	17 26	28 7	1 51	3 28	22 37
9	19 39	10 27	25 40	17 25	28 8	2 57	5 2	22 37
10	19 37	10 26	25 38	17 25	28 8	4 3	6 34	22 36
11	19 36	10 25	25 36	17 24	28 R 8	5 9	8 6	22 35
12	19 34	10 24	25 35	17 24	28 6	6 15	9 36	22 35
13	19 32	10 22	25 33	17 24	28 4	7 22	11 5	22 34
14	19 31	10 21	25 31	17 D 24	28 1	8 28	12 33	22 34
15	19 29	10 20	25 30	17 24	27 57	9 35	14 0	22 33
16	19 27	10 18	25 29	17 25	27 52	10 42	15 25	22 33
17	19 26	10 17	25 27	17 25	27 46	11 50	16 50	22 32
18	19 24	10 15	25 26	17 26	27 39	12 57	18 13	22 32
19	19 23	10 14	25 25	17 27	27 32	14 5	19 35	22 31
20	19 21	10 12	25 24	17 29	27 23	15 13	20 55	22 31
21	19 19	10 10	25 23	17 30	27 14	16 21	22 14	22 30
22	19 18	10 9	25 23	17 32	27 4	17 29	23 32	22 30
23	19 16	10 7	25 22	17 33	26 53	18 37	24 49	22 30
24	19 14	10 5	25 21	17 35	26 42	19 46	26 4	22 30
25	19 13	10 4	25 21	17 38	26 30	20 55	27 17	22 29
26	19 11	10 2	25 21	17 40	26 17	22 4	28 28	22 29
27	19 10	10 0	25 20	17 43	26 3	23 13	29 38	22 29
28	19 8	9 58	25 20	17 45	25 49	24 22	0 ♏ 46	22 29
29	19 6	9 56	25 20	17 48	25 34	25 31	1 52	22 29
30	19 5	9 54	25 D 20	17 52	25 18	26 40	2 56	22 28

Day	♂ Decl.	♀ Lat.	♀ Decl.	☿ Lat.	☿ Decl.	♇ Lat.	♇ Decl.	☊
	° ′	° ′	° ′	° ′	° ′	° ′	° ′	° ′
1	6 N 38	1 S 55	19 N 22	0 N 54	4 N 1	1 S 2	22 S 33	25 ♊ 19
4	6 44	1 41	19 1	0 35	1 43	1 3	22 34	25 10
7	6 48	1 27	18 34	0 13	0 S 33	1 3	22 34	25 0
10	6 51	1 13	18 4	0 S 9	2 45	1 3	22 35	24 51
13	6 51	0 59	17 28	0 33	4 53	1 3	22 35	24 41
16	6 49	0 46	16 49	0 57	6 56	1 4	22 36	24 32
19	6 45	0 33	16 5	1 20	8 54	1 4	22 36	24 22
22	6 39	0 20	15 16	1 44	10 45	1 4	22 37	24 13
25	6 32	0 8	14 24	2 6	12 28	1 4	22 37	24 3
28	6 24	0 N 4	13 28	2 27	14 2	1 4	22 37	23 54

2020 OKTOBER

Day	Sidereal Time	☉ Long.	☉ Decl.	☽ Long.	☽ Lat.	☽ Decl.
	H M S	° ′ ″	° ′	° ′	° ′	° ′
1	0 40 44	8 ♎ 16 26	3 S 17	28 ♓ 36	4 S 59	5 S 8
2	0 44 41	9 15 25	3 40	10 ♈ 35	4 47	0 13
3	0 48 37	10 14 27	4 3	22 29	4 22	4 N 42
4	0 52 34	11 13 30	4 26	4 ♉ 20	3 45	9 25
5	0 56 30	12 12 36	4 50	16 9	2 59	13 49
6	1 0 27	13 11 43	5 13	28 0	2 5	17 41
7	1 4 23	14 10 53	5 36	9 Ⅱ 54	1 5	20 52
8	1 8 20	15 10 6	5 59	21 58	0 1	23 10
9	1 12 17	16 9 20	6 21	4 ♋ 14	1 N 4	24 26
10	1 16 13	17 8 37	6 44	16 48	2 7	24 29
11	1 20 10	18 7 56	7 7	29 46	3 6	23 14
12	1 24 6	19 7 18	7 29	13 ♌ 10	3 57	20 39
13	1 28 3	20 6 41	7 52	27 4	4 36	16 48
14	1 31 59	21 6 7	8 14	11 ♍ 28	4 59	11 52
15	1 35 56	22 5 35	8 36	26 18	5 4	6 7
16	1 39 52	23 5 6	8 58	11 ♎ 27	4 47	0 S 7
17	1 43 49	24 4 38	9 20	26 45	4 10	6 26
18	1 47 46	25 4 12	9 42	12 ♏ 1	3 15	12 21
19	1 51 42	26 3 49	10 4	27 4	2 6	17 27
20	1 55 39	27 3 27	10 25	11 ♐ 47	0 51	21 21
21	1 59 35	28 3 7	10 47	26 4	0 S 26	23 48
22	2 3 32	29 2 49	11 8	9 ♑ 54	1 39	24 42
23	2 7 28	0 ♏ 2 33	11 29	23 18	2 44	24 7
24	2 11 25	1 2 18	11 50	6 ♒ 18	3 38	22 13
25	2 15 21	2 2 5	12 11	18 58	4 21	19 16
26	2 19 18	3 1 54	12 31	1 ♓ 22	4 50	15 30
27	2 23 15	4 1 45	12 52	13 35	5 5	11 9
28	2 27 11	5 1 37	13 12	25 38	5 7	6 26
29	2 31 8	6 1 31	13 32	7 ♈ 35	4 55	1 31
30	2 35 4	7 1 27	13 51	19 28	4 30	3 N 26
31	2 39 1	8 1 24	14 11	1 ♉ 19	3 54	8 16

Day	♆ Lat.	♆ Decl.	♅ Lat.	♅ Decl.	♄ Lat.	♄ Decl.	♃ Lat.	♃ Decl.	♂ Lat.
	° ′	° ′	° ′	° ′	° ′	° ′	° ′	° ′	° ′
1	1 S 7	5 S 21	0 S 29	14 N 19	0 S 19	21 S 23	0 S 26	22 S 40	3 S 43
4	1 7	5 23	0 29	14 17	0 19	21 23	0 26	22 39	3 35
7	1 7	5 25	0 29	14 15	0 19	21 22	0 26	22 37	3 25
10	1 7	5 27	0 29	14 13	0 19	21 22	0 27	22 35	3 15
13	1 7	5 28	0 29	14 11	0 19	21 21	0 27	22 33	3 4
16	1 7	5 30	0 29	14 9	0 20	21 21	0 27	22 31	2 52
19	1 7	5 31	0 29	14 7	0 20	21 20	0 27	22 28	2 40
22	1 7	5 33	0 29	14 4	0 20	21 19	0 27	22 26	2 27
25	1 7	5 34	0 29	14 2	0 20	21 18	0 27	22 23	2 15
28	1 7	5 35	0 29	14 0	0 20	21 16	0 27	22 19	2 2
31	1 7	5 36	0 28	13 57	0 20	21 15	0 27	22 16	1 49

OKTOBER 2020

Day	♆ Long.	♅ Long.	♄ Long.	♃ Long.	♂ Long.	♀ Long.	☿ Long.	♇ Long.
	° ′	° ′	° ′	° ′	° ′	° ′	° ′	° ′
1	19 ♓ 3	9 ♉ 52	25 ♑ 20	17 ♑ 55	25 ♈ 2	27 ♌ 50	3 ♏ 57	22 ♑ 28
2	19 R 2	9 R 50	25 21	17 58	24 R 46	29 0	4 56	22 R 28
3	19 0	9 48	25 21	18 2	24 29	0 ♍ 10	5 52	22 28
4	18 59	9 46	25 21	18 6	24 12	1 20	6 45	22 D 28
5	18 57	9 44	25 22	18 10	23 54	2 30	7 35	22 28
6	18 56	9 42	25 22	18 14	23 36	3 40	8 22	22 29
7	18 54	9 40	25 23	18 19	23 17	4 51	9 4	22 29
8	18 53	9 38	25 24	18 23	22 59	6 1	9 42	22 29
9	18 52	9 35	25 25	18 28	22 40	7 12	10 16	22 29
10	18 50	9 33	25 26	18 33	22 21	8 23	10 45	22 29
11	18 49	9 31	25 27	18 38	22 1	9 33	11 8	22 29
12	18 47	9 29	25 28	18 43	21 42	10 45	11 26	22 30
13	18 46	9 26	25 30	18 49	21 23	11 56	11 37	22 30
14	18 45	9 24	25 31	18 54	21 4	13 7	11 40	22 30
15	18 43	9 22	25 33	19 0	20 45	14 18	11 R 37	22 31
16	18 42	9 19	25 34	19 6	20 26	15 30	11 26	22 31
17	18 41	9 17	25 36	19 12	20 7	16 41	11 6	22 31
18	18 39	9 15	25 38	19 19	19 49	17 53	10 38	22 32
19	18 38	9 12	25 40	19 25	19 31	19 5	10 1	22 32
20	18 37	9 10	25 42	19 32	19 13	20 17	9 16	22 33
21	18 36	9 8	25 44	19 38	18 56	21 29	8 22	22 33
22	18 35	9 5	25 46	19 45	18 39	22 41	7 21	22 34
23	18 33	9 3	25 48	19 52	18 22	23 53	6 14	22 34
24	18 32	9 0	25 51	19 59	18 7	25 5	5 2	22 35
25	18 31	8 58	25 53	20 7	17 51	26 18	3 47	22 36
26	18 30	8 55	25 56	20 14	17 36	27 30	2 30	22 36
27	18 29	8 53	25 58	20 22	17 22	28 43	1 16	22 37
28	18 28	8 50	26 1	20 30	17 9	29 55	0 5	22 38
29	18 27	8 48	26 4	20 38	16 56	1 ♎ 8	29 ♎ 0	22 38
30	18 26	8 46	26 7	20 46	16 44	2 21	28 2	22 39
31	18 25	8 43	26 10	20 54	16 33	3 34	27 15	22 40

Day	♂ Decl.	♀ Lat.	♀ Decl.	☿ Lat.	☿ Decl.	♇ Lat.	♇ Decl.	☊
	° ′	° ′	° ′	° ′	° ′	° ′	° ′	° ′
1	6 N 14	0 N 16	12 N 28	2 S 47	15 S 27	1 S 5	22 S 38	23 ♊ 44
4	6 3	0 26	11 25	3 3	16 39	1 5	22 38	23 34
7	5 52	0 37	10 18	3 16	17 36	1 5	22 38	23 25
10	5 41	0 46	9 9	3 23	18 15	1 5	22 38	23 15
13	5 30	0 56	7 57	3 22	18 31	1 6	22 38	23 6
16	5 19	1 4	6 42	3 11	18 17	1 6	22 38	22 56
19	5 10	1 12	5 25	2 46	17 27	1 6	22 38	22 47
22	5 2	1 19	4 6	2 6	15 57	1 6	22 38	22 37
25	4 56	1 25	2 46	1 11	13 53	1 7	22 38	22 28
28	4 51	1 30	1 25	0 9	11 39	1 7	22 38	22 18
31	4 49	1 35	0 2	0 N 48	9 44	1 7	22 38	22 9

2020 NOVEMBER

Day	Sidereal Time	☉ Long.	☉ Decl.	☽ Long.	☽ Lat.	☽ Decl.
	H M S	° ′ ″	° ′	° ′	° ′	° ′
1	2 42 57	9 ♏ 1 24	14 S 30	13 ♉ 10	3 S 8	12 N 48
2	2 46 54	10 1 25	14 49	25 2	2 13	16 52
3	2 50 50	11 1 29	15 8	6 ♊ 58	1 12	20 17
4	2 54 47	12 1 34	15 27	18 59	0 7	22 52
5	2 58 44	13 1 41	15 45	1 ♋ 8	0 N 59	24 25
6	3 2 40	14 1 50	16 3	13 29	2 3	24 48
7	3 6 37	15 2 2	16 21	26 6	3 3	23 55
8	3 10 33	16 2 15	16 38	9 ♌ 1	3 55	21 47
9	3 14 30	17 2 30	16 55	22 19	4 36	18 25
10	3 18 26	18 2 48	17 12	6 ♍ 3	5 3	13 59
11	3 22 23	19 3 7	17 29	20 13	5 13	8 40
12	3 26 19	20 3 28	17 45	4 ♎ 48	5 3	2 44
13	3 30 16	21 3 52	18 1	19 43	4 33	3 S 30
14	3 34 13	22 4 17	18 17	4 ♏ 51	3 43	9 38
15	3 38 9	23 4 43	18 32	20 3	2 38	15 13
16	3 42 6	24 5 12	18 47	5 ♐ 8	1 21	19 49
17	3 46 2	25 5 42	19 2	19 57	0 1	23 3
18	3 49 59	26 6 13	19 17	4 ♑ 25	1 S 18	24 40
19	3 53 55	27 6 46	19 31	18 26	2 30	24 39
20	3 57 52	28 7 20	19 44	1 ♒ 59	3 31	23 9
21	4 1 48	29 7 55	19 58	15 7	4 19	20 25
22	4 5 45	0 ♐ 8 32	20 11	27 51	4 52	16 47
23	4 9 42	1 9 10	20 23	10 ♓ 16	5 11	12 31
24	4 13 38	2 9 49	20 36	22 26	5 16	7 50
25	4 17 35	3 10 29	20 47	4 ♈ 26	5 6	2 55
26	4 21 31	4 11 10	20 59	16 19	4 43	2 N 3
27	4 25 28	5 11 52	21 10	28 10	4 9	6 57
28	4 29 24	6 12 36	21 21	10 ♉ 0	3 23	11 36
29	4 33 21	7 13 20	21 31	21 53	2 29	15 50
30	4 37 17	8 14 6	21 41	3 ♊ 52	1 28	19 29

Day	♆ Lat.	♆ Decl.	♅ Lat.	♅ Decl.	♄ Lat.	♄ Decl.	♃ Lat.	♃ Decl.	♂ Lat.
	° ′	° ′	° ′	° ′	° ′	° ′	° ′	° ′	° ′
1	1 S 7	5 S 36	0 S 28	13 N 57	0 S 20	21 S 14	0 S 27	22 S 14	1 S 45
4	1 6	5 37	0 28	13 54	0 20	21 13	0 27	22 10	1 33
7	1 6	5 38	0 28	13 52	0 21	21 11	0 27	22 6	1 21
10	1 6	5 39	0 28	13 50	0 21	21 9	0 27	22 2	1 9
13	1 6	5 40	0 28	13 47	0 21	21 6	0 27	21 57	0 58
16	1 6	5 40	0 28	13 45	0 21	21 4	0 28	21 52	0 47
19	1 6	5 40	0 28	13 43	0 21	21 1	0 28	21 47	0 37
22	1 6	5 41	0 28	13 41	0 21	20 59	0 28	21 41	0 28
25	1 6	5 41	0 28	13 39	0 21	20 56	0 28	21 35	0 19
28	1 6	5 41	0 28	13 37	0 22	20 53	0 28	21 29	0 11

NOVEMBER 2020

Day	♆ Long.	♅ Long.	♄ Long.	♃ Long.	♂ Long.	♀ Long.	☿ Long.	♇ Long.
	° ′	° ′	° ′	° ′	° ′	° ′	° ′	° ′
1	18 ♓ 24	8 ♉ 41	26 ♑ 13	21 ♑ 2	16 ♈ 22	4 ♎ 47	26 ♎ 37	22 ♑ 41
2	18 R 23	8 R 38	26 16	21 11	16 R 12	6 0	26 R 12	22 42
3	18 23	8 36	26 20	21 19	16 3	7 13	25 57	22 43
4	18 22	8 33	26 23	21 28	15 54	8 26	25 54	22 43
5	18 21	8 31	26 26	21 37	15 47	9 39	26 D 3	22 44
6	18 20	8 28	26 30	21 46	15 40	10 52	26 22	22 45
7	18 19	8 26	26 34	21 55	15 34	12 6	26 50	22 46
8	18 19	8 23	26 37	22 5	15 29	13 19	27 28	22 47
9	18 18	8 21	26 41	22 14	15 24	14 33	28 14	22 48
10	18 17	8 18	26 45	22 23	15 21	15 46	29 6	22 49
11	18 17	8 16	26 49	22 33	15 18	17 0	0 ♏ 6	22 51
12	18 16	8 14	26 53	22 43	15 16	18 13	1 10	22 52
13	18 16	8 11	26 57	22 53	15 15	19 27	2 20	22 53
14	18 15	8 9	27 1	23 3	15 14	20 41	3 33	22 54
15	18 15	8 7	27 6	23 13	15 D 15	21 55	4 50	22 55
16	18 14	8 4	27 10	23 23	15 16	23 9	6 10	22 56
17	18 14	8 2	27 15	23 33	15 18	24 23	7 33	22 58
18	18 13	7 59	27 19	23 44	15 21	25 37	8 57	22 59
19	18 13	7 57	27 24	23 54	15 24	26 51	10 23	23 0
20	18 13	7 55	27 28	24 5	15 28	28 5	11 51	23 2
21	18 12	7 53	27 33	24 16	15 33	29 19	13 20	23 3
22	18 12	7 50	27 38	24 27	15 39	0 ♏ 33	14 50	23 4
23	18 12	7 48	27 43	24 38	15 46	1 47	16 21	23 6
24	18 12	7 46	27 48	24 49	15 53	3 2	17 53	23 7
25	18 11	7 44	27 53	25 0	16 1	4 16	19 25	23 8
26	18 11	7 42	27 58	25 11	16 10	5 30	20 57	23 10
27	18 11	7 40	28 3	25 22	16 19	6 45	22 30	23 11
28	18 11	7 37	28 8	25 34	16 29	7 59	24 3	23 13
29	18 11	7 35	28 14	25 45	16 40	9 14	25 36	23 14
30	18 D 11	7 33	28 19	25 57	16 51	10 28	27 9	23 16

Day	♂ Decl.	♀ Lat.	♀ Decl.	☿ Lat.	☿ Decl.	♇ Lat.	♇ Decl.	☊
	° ′	° ′	° ′	° ′	° ′	° ′	° ′	° ′
1	4 N 49	1 N 36	0 S 25	1 N 5	9 S 16	1 S 7	22 S 38	22 ♊ 5
4	4 50	1 40	1 49	1 44	8 23	1 7	22 38	21 56
7	4 53	1 43	3 12	2 7	8 22	1 8	22 37	21 46
10	4 59	1 45	4 36	2 17	9 1	1 8	22 37	21 37
13	5 7	1 46	5 58	2 15	10 10	1 8	22 37	21 27
16	5 17	1 47	7 21	2 6	11 35	1 8	22 36	21 18
19	5 29	1 47	8 41	1 52	13 9	1 9	22 36	21 8
22	5 44	1 46	10 1	1 35	14 47	1 9	22 36	20 59
25	6 0	1 44	11 19	1 15	16 22	1 9	22 35	20 49
28	6 19	1 42	12 34	0 54	17 54	1 9	22 35	20 40

2020 DEZEMBER

Day	Sidereal Time			☉ Long.			☉ Decl.		☽ Long.		☽ Lat.		☽ Decl.	
	H	M	S	°	′	″	°	′	°	′	°	′	°	′
1	4	41	14	9 ♐	14	53	21 S	50	15 ♊	57	0 S	22	22 N	20
2	4	45	11	10	15	41	21	59	28	10	0 N	46	24	11
3	4	49	7	11	16	31	22	8	10 ♋	34	1	52	24	53
4	4	53	4	12	17	21	22	16	23	9	2	54	24	19
5	4	57	0	13	18	13	22	24	5 ♌	58	3	49	22	28
6	5	0	57	14	19	6	22	31	19	1	4	33	19	26
7	5	4	53	15	20	1	22	38	2 ♍	22	5	3	15	20
8	5	8	50	16	20	57	22	44	16	1	5	17	10	23
9	5	12	46	17	21	54	22	50	29	59	5	13	4	48
10	5	16	43	18	22	52	22	56	14 ♎	15	4	50	1 S	10
11	5	20	40	19	23	51	23	1	28	47	4	8	7	11
12	5	24	36	20	24	52	23	5	13 ♏	31	3	9	12	53
13	5	28	33	21	25	53	23	10	28	21	1	57	17	53
14	5	32	29	22	26	56	23	13	13 ♐	9	0	38	21	45
15	5	36	26	23	27	59	23	17	27	49	0 S	44	24	9
16	5	40	22	24	29	3	23	19	12 ♑	13	2	1	24	53
17	5	44	19	25	30	7	23	22	26	17	3	8	23	59
18	5	48	15	26	31	12	23	23	9 ♒	56	4	3	21	40
19	5	52	12	27	32	18	23	25	23	10	4	44	18	15
20	5	56	9	28	33	24	23	26	6 ♓	1	5	8	14	4
21	6	0	5	29	34	30	23	26	18	31	5	17	9	24
22	6	4	2	0 ♑	35	36	23	26	0 ♈	44	5	12	4	28
23	6	7	58	1	36	43	23	26	12	44	4	52	0 N	32
24	6	11	55	2	37	49	23	25	24	37	4	21	5	29
25	6	15	51	3	38	56	23	23	6 ♉	26	3	38	10	13
26	6	19	48	4	40	3	23	21	18	17	2	47	14	36
27	6	23	44	5	41	10	23	19	0 ♊	13	1	47	18	27
28	6	27	41	6	42	17	23	16	12	18	0	42	21	34
29	6	31	38	7	43	25	23	13	24	34	0 N	26	23	45
30	6	35	34	8	44	32	23	9	7 ♋	4	1	33	24	48
31	6	39	31	9	45	40	23	5	19	47	2	37	24	35

Day	♆ Lat.		♆ Decl.		♅ Lat.		♅ Decl.		♄ Lat.		♄ Decl.		♃ Lat.		♃ Decl.		♂ Lat.	
	°	′	°	′	°	′	°	′	°	′	°	′	°	′	°	′	°	′
1	1 S	6	5 S	41	0 S	28	13 N	35	0 S	22	20 S	50	0 S	28	21 S	23	0 S	3
4	1	6	5	41	0	28	13	33	0	22	20	47	0	28	21	16	0 N	4
7	1	6	5	40	0	28	13	31	0	22	20	43	0	28	21	9	0	11
10	1	6	5	40	0	28	13	30	0	22	20	40	0	28	21	2	0	18
13	1	5	5	39	0	28	13	28	0	22	20	36	0	29	20	54	0	24
16	1	5	5	38	0	28	13	27	0	22	20	32	0	29	20	47	0	29
19	1	5	5	38	0	28	13	25	0	23	20	29	0	29	20	39	0	34
22	1	5	5	37	0	27	13	24	0	23	20	25	0	29	20	30	0	39
25	1	5	5	36	0	27	13	23	0	23	20	20	0	29	20	22	0	43
28	1	5	5	34	0	27	13	22	0	23	20	16	0	29	20	13	0	47
31	1	5	5	33	0	27	13	22	0	23	20	12	0	30	20	4	0	51

DEZEMBER 2020

Day	♆ Long.	♅ Long.	♄ Long.	♃ Long.	♂ Long.	♀ Long.	☿ Long.	♇ Long.
	° ′	° ′	° ′	° ′	° ′	° ′	° ′	° ′
1	18 ♓ 11	7 ♉ 31	28 ♑ 24	26 ♑ 9	17 ♈ 3	11 ♏ 43	28 ♏ 43	23 ♑ 17
2	18 11	7 R 29	28 30	26 21	17 16	12 57	0 ♐ 16	23 19
3	18 11	7 27	28 35	26 33	17 29	14 12	1 50	23 21
4	18 12	7 26	28 41	26 44	17 43	15 26	3 24	23 22
5	18 12	7 24	28 47	26 57	17 57	16 41	4 57	23 24
6	18 12	7 22	28 52	27 9	18 12	17 56	6 31	23 25
7	18 12	7 20	28 58	27 21	18 27	19 11	8 5	23 27
8	18 13	7 18	29 4	27 33	18 43	20 25	9 38	23 29
9	18 13	7 17	29 10	27 46	19 0	21 40	11 12	23 30
10	18 13	7 15	29 16	27 58	19 17	22 55	12 46	23 32
11	18 14	7 13	29 22	28 10	19 35	24 10	14 20	23 34
12	18 14	7 12	29 28	28 23	19 53	25 25	15 54	23 36
13	18 15	7 10	29 34	28 36	20 11	26 39	17 28	23 37
14	18 15	7 8	29 40	28 48	20 30	27 54	19 2	23 39
15	18 16	7 7	29 46	29 1	20 50	29 9	20 36	23 41
16	18 16	7 5	29 52	29 14	21 10	0 ♐ 24	22 10	23 43
17	18 17	7 4	29 59	29 27	21 30	1 39	23 45	23 44
18	18 17	7 3	0 ♒ 5	29 40	21 51	2 54	25 19	23 46
19	18 18	7 1	0 11	29 53	22 12	4 9	26 54	23 48
20	18 19	7 0	0 18	0 ♒ 6	22 34	5 24	28 29	23 50
21	18 19	6 59	0 24	0 19	22 56	6 39	0 ♑ 4	23 52
22	18 20	6 58	0 31	0 32	23 18	7 54	1 39	23 54
23	18 21	6 56	0 37	0 46	23 41	9 9	3 14	23 55
24	18 22	6 55	0 44	0 59	24 4	10 24	4 50	23 57
25	18 23	6 54	0 50	1 12	24 28	11 39	6 25	23 59
26	18 24	6 53	0 57	1 26	24 51	12 54	8 2	24 1
27	18 25	6 52	1 4	1 39	25 16	14 9	9 38	24 3
28	18 26	6 51	1 10	1 53	25 40	15 25	11 14	24 5
29	18 27	6 51	1 17	2 6	26 5	16 40	12 51	24 7
30	18 28	6 50	1 24	2 20	26 30	17 55	14 28	24 9
31	18 29	6 49	1 31	2 33	26 56	19 10	16 6	24 11

Day	♂ Decl.	♀ Lat.	♀ Decl.	☿ Lat.	☿ Decl.	♇ Lat.	♇ Decl.	☊
	° ′	° ′	° ′	° ′	° ′	° ′	° ′	° ′
1	6 N 39	1 N 39	13 S 47	0 N 33	19 S 20	1 S 15	22 S 34	20 ♊ 30
4	7 1	1 35	14 57	0 12	20 38	1 15	22 34	20 21
7	7 24	1 31	16 3	0 S 9	21 48	1 15	22 33	20 11
10	7 49	1 26	17 6	0 29	22 48	1 15	22 32	20 2
13	8 15	1 21	18 5	0 48	23 38	1 16	22 32	19 52
16	8 42	1 16	19 0	1 5	24 17	1 16	22 31	19 43
19	9 10	1 9	19 50	1 21	24 45	1 16	22 31	19 33
22	9 39	1 3	20 35	1 36	25 1	1 16	22 30	19 23
25	10 9	0 56	21 15	1 48	25 5	1 17	22 29	19 14
28	10 39	0 49	21 49	1 58	24 55	1 17	22 28	19 4
31	11 10	0 42	22 18	2 5	24 32	1 17	22 28	18 55

PLUTO-EPHEMERIDEN 1850–1960
Pluto Ephemeris 1850–1960
Les éphémérides de Pluton 1850–1960

Die folgenden Seiten enthalten erstmals und neu berechnet die Pluto-Daten von 1850 bis 1960, die in den Bänden I bis IV der Deutschen Ephemeride fehlen.

Die seit der Entdeckung des Pluto im Jahre 1930 durchgeführten Beobachtungen erlauben es bisher nicht, die Bewegung des Planeten für weit zurückliegende Zeiten mit ebenso hoher Genauigkeit zu berechnen, wie dies für die anderen Planeten möglich ist. Messungen höchster Präzision weisen auf Kräfte unbekannten Ursprungs hin, denen Pluto unterliegt. Die Ursache jener Unregelmäßigkeiten liegt möglicherweise in der Existenz weit entfernter, bisher noch unbekannter Planeten.

Die Pluto-Daten für die Zeit ab 1961 finden sich unter dem entsprechenden Planetenzeichen in den Ephemeriden-Tabellen der Bände V und folgende.

The following pages present for the first time and newly calculated the data for Pluto for the period 1850 to 1960 which were not then included in volumes I to IV of the German Ephemeris.

Pluto was discovered in 1930, but the observations made since have not permitted us to calculate the movements of this planet for more distant time-periods with an equally high accuracy as is possible for the other planets. Measurements of highest precision indicate the existence of forces of unknown origin to which Pluto is subject. Those irregularities are probably due to the existence of far-away, hitherto unknown planets.

The data from 1961 onward can be found under the symbol of Pluto in the tables of ephemeris, volumes V to VIII.

Nous avons inclus, ci-après, pour la première fois toutes les dates concernant les positions de Pluton de 1850 à 1960, calculées selon les méthodes nouvelles.

Les observations faites depuis la découverte de Pluton en 1930 ne nous permettent pas, jusqu'à présent, de calculer les mouvements de cet astre pour un passé très lointain avec le même degré d'exactitude comme pour les autres planètes. Des mensurations de la plus haute précision indiquent que Pluton est soumis à des forces d'origine inconnue. Peut-être les irrégularités observées s'expliquent-elle par l'existence de planètes très éloignées et encore inconnues.

En ce qui concerne les positions de Pluton à partir de 1961, les dates y relatives se trouvent sous le symbole correspondant dans les tables des volumes V et suivants de la Deutsche Ephemeride.

PLUTO 1850–1856

Days	1850 ° '	1851 ° '	1852 ° '	1853 ° '	1854 ° '	1855 ° '	1856 ° '
1. 1.	26 ♈ 50	27 ♈ 49	28 ♈ 48	29 ♈ 46	0 ♉ 45	1 ♉ 43	2 ♉ 41
9. 1.	26 R 50	27 R 48	28 R 47	29 R 45	0 R 43	1 R 41	2 R 39
17. 1.	26 D 50	27 D 48	28 D 47	29 45	0 43	1 41	2 38
25. 1.	26 52	27 50	28 48	29 D 46	0 D 44	1 D 42	2 D 39
1. 2.	26 54	27 52	28 50	29 48	0 46	1 44	2 41
9. 2.	26 59	27 57	28 54	29 52	0 50	1 47	2 44
17. 2.	27 4	28 2	28 59	29 57	0 55	1 52	2 49
25. 2.	27 11	28 9	29 6	0 ♉ 4	1 1	1 58	2 55
1. 3.	27 15	28 12	29 10	0 7	1 4	2 1	2 59
9. 3.	27 23	28 20	29 19	0 15	1 12	2 9	3 6
17. 3.	27 32	28 29	29 27	0 24	1 21	2 17	3 15
25. 3.	27 42	28 39	29 37	0 34	1 30	2 27	3 24
1. 4.	27 51	28 48	29 46	0 43	1 39	2 36	3 33
9. 4.	28 2	28 59	29 57	0 53	1 50	2 46	3 43
17. 4.	28 13	29 10	0 ♉ 8	1 4	2 1	2 57	3 54
25. 4.	28 24	29 21	0 19	1 15	2 12	3 8	4 5
1. 5.	28 33	29 29	0 27	1 24	2 20	3 16	4 14
9. 5.	28 44	29 40	0 38	1 35	2 31	3 27	4 25
17. 5.	28 54	29 51	0 49	1 45	2 42	3 38	4 35
25. 5.	29 4	0 ♉ 1	0 59	1 55	2 52	3 48	4 45
1. 6.	29 12	0 9	1 7	2 4	3 0	3 56	4 54
9. 6.	29 21	0 18	1 16	2 12	3 9	4 5	5 3
17. 6.	29 28	0 25	1 23	2 20	3 17	4 13	5 11
25. 6.	29 34	0 32	1 30	2 27	3 24	4 20	5 18
1. 7.	29 38	0 36	1 34	2 31	3 28	4 25	5 22
9. 7.	29 43	0 40	1 38	2 36	3 33	4 30	5 27
17. 7.	29 46	0 43	1 41	2 39	3 36	4 34	5 31
25. 7.	29 47	0 45	1 43	2 41	3 39	4 36	5 34
1. 8.	29 47	0 46	1 44	2 42	3 39	4 37	5 35
9. 8.	29 R 46	0 R 45	1 R 43	2 R 41	3 R 39	4 R 37	5 R 34
17. 8.	29 44	0 42	1 41	2 39	3 37	4 35	5 33
25. 8.	29 40	0 39	1 37	2 36	3 34	4 32	5 30
1. 9.	29 36	0 35	1 33	2 32	3 30	4 29	5 27
9. 9.	29 30	0 29	1 27	2 26	3 25	4 24	5 21
17. 9.	29 23	0 23	1 21	2 20	3 19	4 18	5 15
25. 9.	29 16	0 15	1 13	2 13	3 12	4 10	5 8
1.10.	29 9	0 9	1 7	2 7	3 6	4 5	5 2
9.10.	29 1	0 0	0 59	1 58	2 57	3 56	4 54
17.10.	28 52	29 ♈ 52	0 50	1 49	2 49	3 48	4 45
25.10.	28 43	29 43	0 41	1 40	2 40	3 39	4 37
1.11.	28 35	29 35	0 33	1 32	2 32	3 31	4 29
9.11.	28 26	29 26	0 24	1 24	2 23	3 22	4 20
17.11.	28 18	29 18	0 16	1 15	2 15	3 14	4 12
25.11.	28 11	29 10	0 9	1 8	2 7	3 6	4 4
1.12.	28 6	29 5	0 3	1 2	2 1	3 0	3 58
9.12.	28 0	28 59	29 ♈ 57	0 56	1 55	2 54	3 52
17.12.	27 55	28 54	29 52	0 51	1 50	2 48	3 46
25.12.	27 51	28 50	29 48	0 47	1 46	2 44	3 42

PLUTO 1857–1863

Days	1857 ° ′	1858 ° ′	1859 ° ′	1860 ° ′	1861 ° ′	1862 ° ′	1863 ° ′
1. 1.	3 ♉ 39	4 ♉ 37	5 ♉ 35	6 ♉ 33	7 ♉ 30	8 ♉ 28	9 ♉ 25
9. 1.	3 R 37	4 R 35	5 R 32	6 R 30	7 R 27	8 R 25	9 R 22
17. 1.	3 36	4 34	5 31	6 29	7 26	8 23	9 21
25. 1.	3 D 37	4 D 34	5 D 32	6 D 29	7 D 26	8 23	9 20
1. 2.	3 39	4 36	5 33	6 30	7 27	8 D 24	9 D 21
9. 2.	3 42	4 39	5 36	6 33	7 30	8 27	9 23
17. 2.	3 46	4 43	5 40	6 37	7 34	8 30	9 27
25. 2.	3 52	4 49	5 45	6 42	7 39	8 35	9 32
1. 3.	3 55	4 52	5 48	6 46	7 42	8 38	9 34
9. 3.	4 3	4 59	5 55	6 53	7 49	8 45	9 41
17. 3.	4 11	5 7	6 4	7 1	7 57	8 53	9 49
25. 3.	4 20	5 17	6 13	7 10	8 5	9 1	9 57
1. 4.	4 29	5 25	6 21	7 18	8 14	9 10	10 5
9. 4.	4 39	5 35	6 31	7 28	8 24	9 20	10 15
17. 4.	4 50	5 46	6 42	7 39	8 34	9 30	10 26
25. 4.	5 1	5 57	6 53	7 50	8 45	9 41	10 36
1. 5.	5 10	6 5	7 1	7 58	8 54	9 49	10 45
9. 5.	5 20	6 16	7 12	8 9	9 5	10 0	10 55
17. 5.	5 31	6 27	7 23	8 20	9 15	10 11	11 6
25. 5.	5 41	6 37	7 33	8 30	9 26	10 21	11 17
1. 6.	5 50	6 46	7 42	8 39	9 35	10 30	11 26
9. 6.	5 59	6 55	7 51	8 48	9 44	10 40	11 35
17. 6.	6 7	7 3	8 0	8 57	9 53	10 48	11 44
25. 6.	6 14	7 11	8 7	9 4	10 0	10 56	11 52
1. 7.	6 19	7 16	8 12	9 9	10 5	11 1	11 57
9. 7.	6 24	7 21	8 18	9 15	10 11	11 7	12 4
17. 7.	6 28	7 25	8 22	9 19	10 16	11 12	12 8
25. 7.	6 31	7 28	8 25	9 22	10 19	11 15	12 12
1. 8.	6 32	7 29	8 26	9 24	10 21	11 17	12 14
9. 8.	6 32	7 30	8 27	9 24	10 21	11 18	12 15
17. 8.	6 R 31	7 R 28	8 R 26	9 R 23	10 R 21	11 R 18	12 R 15
25. 8.	6 28	7 26	8 24	9 21	10 19	11 16	12 13
1. 9.	6 25	7 23	8 21	9 18	10 16	11 13	12 11
9. 9.	6 20	7 18	8 16	9 13	10 11	11 9	12 7
17. 9.	6 14	7 12	8 10	9 8	10 6	11 4	12 2
25. 9.	6 7	7 5	8 4	9 1	9 59	10 57	11 56
1.10.	6 1	7 0	7 58	8 56	9 54	10 52	11 50
9.10.	5 53	6 52	7 50	8 48	9 46	10 44	11 43
17.10.	5 44	6 43	7 42	8 39	9 38	10 36	11 34
25.10.	5 35	6 34	7 33	8 30	9 29	10 27	11 26
1.11.	5 28	6 26	7 25	8 23	9 21	10 20	11 18
9.11.	5 19	6 18	7 16	8 14	9 12	10 11	11 9
17.11.	5 10	6 9	7 8	8 5	9 4	10 2	11 0
25.11.	5 2	6 1	6 59	7 57	8 55	9 54	10 52
1.12.	4 57	5 55	6 54	7 51	8 50	9 48	10 46
9.12.	4 50	5 49	6 47	7 44	8 43	9 41	10 39
17.12.	4 44	5 43	6 41	7 38	8 36	9 34	10 32
25.12.	4 40	5 38	6 36	7 33	8 31	9 29	10 27

PLUTO 1864–1870

Days	1864 ° '	1865 ° '	1866 ° '	1867 ° '	1868 ° '	1869 ° '	1870 ° '
1. 1.	10 ♉ 23	11 ♉ 20	12 ♉ 18	13 ♉ 15	14 ♉ 13	15 ♉ 10	16 ♉ 7
9. 1.	10 R 20	11 R 17	12 R 14	13 R 12	14 R 9	15 R 6	16 R 3
17. 1.	10 18	11 15	12 12	13 9	14 6	15 3	16 0
25. 1.	10 17	11 14	12 11	13 8	14 5	15 2	15 59
1. 2.	10 D 18	11 D 15	12 D 12	13 D 8	14 D 5	15 2	15 59
9. 2.	10 20	11 17	12 13	13 10	14 7	15 D 3	16 D 0
17. 2.	10 23	11 20	12 17	13 13	14 9	15 6	16 2
25. 2.	10 28	11 25	12 21	13 17	14 13	15 10	16 6
1. 3.	10 31	11 27	12 23	13 20	14 16	15 12	16 8
9. 3.	10 38	11 34	12 30	13 26	14 22	15 18	16 14
17. 3.	10 45	11 41	12 37	13 33	14 29	15 25	16 21
25. 3.	10 54	11 50	12 45	13 41	14 37	15 33	16 28
1. 4.	11 2	11 58	12 53	13 49	14 45	15 41	16 36
9. 4.	11 12	12 7	13 3	13 58	14 55	15 50	16 45
17. 4.	11 22	12 18	13 13	14 8	15 5	16 0	16 55
25. 4.	11 33	12 28	13 24	14 19	15 15	16 11	17 6
1. 5.	11 41	12 37	13 32	14 27	15 24	16 19	17 14
9. 5.	11 52	12 48	13 43	14 38	15 34	16 30	17 25
17. 5.	12 3	12 58	13 54	14 49	15 45	16 41	17 36
25. 5.	12 14	13 9	14 4	15 0	15 56	16 51	17 46
1. 6.	12 23	13 18	14 13	15 9	16 5	17 0	17 56
9. 6.	12 32	13 28	14 23	15 18	16 15	17 10	18 6
17. 6.	12 41	13 37	14 32	15 28	16 24	17 20	18 15
25. 6.	12 49	13 45	14 40	15 36	16 33	17 28	18 24
1. 7.	12 54	13 50	14 46	15 42	16 38	17 34	18 30
9. 7.	13 0	13 56	14 52	15 48	16 45	17 41	18 36
17. 7.	13 5	14 2	14 58	15 54	16 50	17 46	18 42
25. 7.	13 9	14 5	15 2	15 58	16 55	17 51	18 47
1. 8.	13 11	14 8	15 4	16 1	16 57	17 54	18 50
9. 8.	13 12	14 9	15 6	16 2	16 59	17 56	18 52
17. 8.	13 R 12	14 R 9	14 R 9	15 6	16 3	17 0	17 56	18 53
25. 8.	13 10	14 8	15 R 5	16 R 2	16 R 59	17 R 56	18 R 52
1. 9.	13 8	14 5	15 3	16 0	16 57	17 54	18 51
9. 9.	13 4	14 2	14 59	15 56	16 53	17 51	18 48
17. 9.	12 59	13 57	14 54	15 52	16 49	17 46	18 44
25. 9.	12 53	13 51	14 48	15 46	16 43	17 41	18 38
1.10.	12 47	13 45	14 43	15 41	16 38	17 36	18 34
9.10.	12 40	13 38	14 36	15 34	16 31	17 29	18 27
17.10.	12 32	13 30	14 28	15 26	16 23	17 21	18 19
25.10.	12 23	13 21	14 19	15 17	16 14	17 13	18 11
1.11.	12 15	13 13	14 12	15 10	16 7	17 5	18 3
9.11.	12 6	13 5	14 3	15 1	15 58	16 56	17 54
17.11.	11 58	12 56	13 54	14 52	15 49	16 47	17 45
25.11.	11 49	12 47	13 45	14 44	15 41	16 39	17 37
1.12.	11 43	12 41	13 39	14 37	15 34	16 32	17 30
9.12.	11 36	12 34	13 32	14 30	15 27	16 25	17 23
17.12.	11 30	12 27	13 25	14 23	15 20	16 18	17 15
25.12.	11 24	12 22	13 19	14 17	15 14	16 12	17 9

PLUTO 1871–1877

Days	1871 ° ′	1872 ° ′	1873 ° ′	1874 ° ′	1875 ° ′	1876 ° ′	1877 ° ′
1. 1.	17 ♉ 5	18 ♉ 2	18 ♉ 59	19 ♉ 56	20 ♉ 54	21 ♉ 51	22 ♉ 48
9. 1.	17 R 0	17 R 58	18 R 55	19 R 52	20 R 49	21 R 46	22 R 43
17. 1.	16 58	17 55	18 51	19 48	20 46	21 43	22 39
25. 1.	16 56	17 53	18 49	19 46	20 43	21 40	22 37
1. 2.	16 55	17 52	18 49	19 46	20 42	21 39	22 36
9. 2.	16 D 56	17 D 53	18 D 49	19 D 46	20 D 43	21 D 39	22 36
17. 2.	16 59	17 55	18 51	19 48	20 44	21 40	22 D 37
25. 2.	17 2	17 58	18 55	19 51	20 47	21 43	22 40
1. 3.	17 4	18 1	18 57	19 53	20 49	21 45	22 42
9. 3.	17 10	18 6	19 2	19 58	20 54	21 50	22 46
17. 3.	17 16	18 13	19 8	20 4	21 0	21 56	22 52
25. 3.	17 24	18 20	19 16	20 11	21 7	22 3	22 59
1. 4.	17 31	18 28	19 23	20 19	21 14	22 10	23 6
9. 4.	17 41	18 37	19 32	20 28	21 23	22 19	23 15
17. 4.	17 50	18 47	19 42	20 37	21 32	22 29	23 24
25. 4.	18 1	18 57	19 52	20 47	21 43	22 39	23 34
1. 5.	18 9	19 5	20 0	20 55	21 50	22 47	23 42
9. 5.	18 20	19 16	20 11	21 6	22 1	22 58	23 53
17. 5.	18 31	19 27	20 22	21 17	22 12	23 9	24 4
25. 5.	18 42	19 38	20 33	21 28	22 23	23 19	24 14
1. 6.	18 51	19 47	20 42	21 37	22 32	23 29	24 24
9. 6.	19 1	19 57	20 52	21 48	22 43	23 39	24 34
17. 6.	19 10	20 7	21 2	21 57	22 53	23 49	24 44
25. 6.	19 19	20 16	21 11	22 6	23 2	23 58	24 53
1. 7.	19 25	20 22	21 17	22 13	23 8	24 4	25 0
9. 7.	19 32	20 29	21 24	22 20	23 16	24 12	25 8
17. 7.	19 38	20 35	21 31	22 26	23 22	24 19	25 14
25. 7.	19 43	20 40	21 36	22 32	23 28	24 24	25 20
1. 8.	19 46	20 43	21 39	22 35	23 31	24 28	25 24
9. 8.	19 49	20 45	21 42	22 38	23 34	24 31	25 27
17. 8.	19 50	20 46	21 43	22 39	23 36	24 33	25 29
25. 8.	19 R 49	20 R 46	21 R 43	22 40	23 36	24 33	25 30
1. 9.	19 48	20 45	21 42	22 R 39	23 R 35	24 R 32	25 R 29
9. 9.	19 45	20 42	21 39	22 36	23 33	24 30	25 27
17. 9.	19 41	20 38	21 35	22 32	23 30	24 27	25 24
25. 9.	19 36	20 33	21 30	22 28	23 25	24 22	25 19
1.10.	19 31	20 28	21 26	22 23	23 21	24 18	25 15
9.10.	19 24	20 21	21 19	22 17	23 14	24 11	25 9
17.10.	19 17	20 14	21 11	22 9	23 7	24 4	25 2
25.10.	19 9	20 5	21 3	22 1	22 59	23 56	24 54
1.11.	19 1	19 58	20 56	21 54	22 52	23 49	24 47
9.11.	18 52	19 49	20 47	21 45	22 43	23 40	24 38
17.11.	18 43	19 40	20 38	21 36	22 34	23 31	24 29
25.11.	18 35	19 32	20 29	21 27	22 25	23 22	24 20
1.12.	18 28	19 25	20 23	21 21	22 19	23 16	24 14
9.12.	18 20	19 17	20 15	21 13	22 11	23 8	24 6
17.12.	18 13	19 10	20 8	21 6	22 3	23 0	23 58
25.12.	18 7	19 4	20 1	20 59	21 56	22 53	23 51

PLUTO 1878–1884

Days	1878 ° ′	1879 ° ′	1880 ° ′	1881 ° ′	1882 ° ′	1883 ° ′	1884 ° ′
1. 1.	23 ♉ 46	24 ♉ 43	25 ♉ 41	26 ♉ 38	27 ♉ 35	28 ♉ 33	29 ♉ 31
9. 1.	23 R 41	24 R 38	25 R 35	26 R 32	27 R 30	28 R 27	29 R 25
17. 1.	23 37	24 34	25 31	26 28	27 25	28 23	29 20
25. 1.	23 34	24 31	25 28	26 25	27 22	28 19	29 17
1. 2.	23 33	24 29	25 26	26 23	27 20	28 17	29 14
9. 2.	23 32	24 29	25 26	26 22	27 19	28 16	29 13
17. 2.	23 D 33	24 D 30	25 D 26	26 D 23	27 D 20	28 D 16	29 D 13
25. 2.	23 36	24 32	25 28	26 25	27 22	28 18	29 15
1. 3.	23 38	24 34	25 30	26 27	27 23	28 19	29 16
9. 3.	23 42	24 38	25 35	26 31	27 27	28 23	29 20
17. 3.	23 48	24 43	25 40	26 36	27 32	28 28	29 25
25. 3.	23 54	24 50	25 47	26 42	27 38	28 34	29 31
1. 4.	24 1	24 57	25 53	26 49	27 44	28 40	29 37
9. 4.	24 10	25 5	26 2	26 57	27 53	28 48	29 45
17. 4.	24 19	25 14	26 11	27 6	28 2	28 57	29 54
25. 4.	24 29	25 24	26 21	27 16	28 11	29 7	0 ♊ 3
1. 5.	24 37	25 32	26 29	27 24	28 19	29 14	0 11
9. 5.	24 48	25 43	26 39	27 34	28 30	29 25	0 22
17. 5.	24 59	25 54	26 50	27 45	28 40	29 36	0 32
25. 5.	25 10	26 5	27 1	27 56	28 51	29 47	0 43
1. 6.	25 19	26 14	27 11	28 6	29 1	29 56	0 53
9. 6.	25 29	26 25	27 21	28 16	29 12	0 ♊ 7	1 4
17. 6.	25 39	26 35	27 31	28 26	29 22	0 17	1 14
25. 6.	25 49	26 44	27 41	28 36	29 32	0 27	1 24
1. 7.	25 55	26 51	27 47	28 43	29 38	0 34	1 31
9. 7.	26 3	26 59	27 55	28 51	29 47	0 42	1 39
17. 7.	26 10	27 6	28 3	28 58	29 54	0 50	1 47
25. 7.	26 16	27 12	28 8	29 4	0 ♊ 0	0 56	1 53
1. 8.	26 20	27 16	28 13	29 9	0 5	1 1	1 58
9. 8.	26 23	27 20	28 16	29 13	0 9	1 6	2 2
17. 8.	26 26	27 22	28 19	29 15	0 12	1 8	2 5
25. 8.	26 26	27 23	28 20	29 17	0 13	1 10	2 7
1. 9.	26 R 26	27 R 23	28 R 20	29 R 17	0 13	1 10	2 7
9. 9.	26 24	27 21	28 18	29 15	0 R 12	1 R 10	2 R 7
17. 9.	26 21	27 18	28 15	29 13	0 10	1 7	2 4
25. 9.	26 17	27 14	28 11	29 9	0 6	1 4	2 1
1.10.	26 13	27 10	28 7	29 5	0 3	1 0	1 57
9.10.	26 7	27 4	28 1	28 59	29 ♉ 57	0 55	1 52
17.10.	26 0	26 58	27 54	28 52	29 50	0 48	1 45
25.10.	25 52	26 50	27 47	28 45	29 43	0 41	1 38
1.11.	25 45	26 43	27 40	28 38	29 36	0 34	1 31
9.11.	25 36	26 34	27 31	28 29	29 27	0 26	1 23
17.11.	25 27	26 25	27 22	28 20	29 19	0 17	1 14
25.11.	25 18	26 16	27 13	28 11	29 10	0 8	1 5
1.12.	25 12	26 10	27 7	28 5	29 3	0 1	0 59
9.12.	25 3	26 1	26 58	27 56	28 55	29 ♉ 53	0 50
17.12.	24 56	25 54	26 51	27 48	28 46	29 45	0 42
25.12.	24 49	25 46	26 43	27 41	28 39	29 37	0 34

PLUTO 1885–1891

Days	1885 ° '	1886 ° '	1887 ° '	1888 ° '	1889 ° '	1890 ° '	1891 ° '
1. 1.	0 ♊ 28	1 ♊ 26	2 ♊ 24	3 ♊ 23	4 ♊ 20	5 ♊ 19	6 ♊ 17
9. 1.	0 R 22	1 R 20	2 R 18	3 R 16	4 R 14	5 R 12	6 R 11
17. 1.	0 17	1 15	2 13	3 11	4 8	5 7	6 5
25. 1.	0 14	1 11	2 9	3 7	4 4	5 2	6 0
1. 2.	0 11	1 9	2 6	3 4	4 1	4 59	5 57
9. 2.	0 10	1 7	2 5	3 2	3 59	4 57	5 55
17. 2.	0 D 10	1 7	2 4	3 1	3 59	4 56	5 54
25. 2.	0 12	1 D 8	2 D 5	3 D 2	3 D 59	4 D 57	5 D 54
1. 3.	0 13	1 9	2 6	3 3	4 0	4 57	5 55
9. 3.	0 16	1 13	2 9	3 6	4 3	5 0	5 57
17. 3.	0 21	1 17	2 13	3 11	4 7	5 4	6 1
25. 3.	0 27	1 23	2 19	3 16	4 12	5 9	6 6
1. 4.	0 33	1 29	2 25	3 22	4 18	5 15	6 11
9. 4.	0 41	1 36	2 32	3 29	4 26	5 22	6 18
17. 4.	0 49	1 45	2 41	3 38	4 34	5 30	6 26
25. 4.	0 59	1 54	2 50	3 47	4 43	5 39	6 35
1. 5.	1 6	2 2	2 58	3 55	4 51	5 47	6 43
9. 5.	1 17	2 12	3 8	4 5	5 1	5 57	6 53
17. 5.	1 28	2 23	3 19	4 16	5 11	6 7	7 3
25. 5.	1 39	2 34	3 30	4 27	5 22	6 18	7 14
1. 6.	1 48	2 44	3 39	4 36	5 32	6 28	7 24
9. 6.	1 59	2 54	3 50	4 47	5 43	6 39	7 35
17. 6.	2 9	3 5	4 1	4 58	5 54	6 50	7 46
25. 6.	2 19	3 15	4 11	5 8	6 4	7 0	7 56
1. 7.	2 26	3 22	4 18	5 15	6 11	7 7	8 4
9. 7.	2 35	3 31	4 27	5 24	6 20	7 16	8 13
17. 7.	2 43	3 39	4 35	5 32	6 28	7 25	8 21
25. 7.	2 49	3 46	4 42	5 39	6 36	7 32	8 29
1. 8.	2 54	3 51	4 47	5 44	6 41	7 38	8 35
9. 8.	2 59	3 55	4 52	5 49	6 46	7 43	8 40
17. 8.	3 2	3 59	4 56	5 53	6 50	7 47	8 45
25. 8.	3 4	4 1	4 58	5 55	6 53	7 50	8 48
1. 9.	3 5	4 2	4 59	5 56	6 54	7 51	8 49
9. 9.	3 R 4	4 R 1	4 R 59	5 R 56	6 R 54	7 52	8 49
17. 9.	3 2	3 59	4 57	5 55	6 52	7 R 50	8 R 48
25. 9.	2 59	3 56	4 54	5 52	6 50	7 48	8 46
1.10.	2 55	3 53	4 51	5 49	6 47	7 45	8 44
9.10.	2 50	3 48	4 46	5 44	6 42	7 41	8 39
17.10.	2 44	3 42	4 40	5 38	6 36	7 35	8 34
25.10.	2 36	3 35	4 33	5 31	6 29	7 28	8 27
1.11.	2 30	3 28	4 26	5 24	6 23	7 22	8 21
9.11.	2 21	3 20	4 18	5 16	6 15	7 13	8 13
17.11.	2 12	3 11	4 10	5 7	6 6	7 5	8 4
25.11.	2 4	3 2	4 1	4 58	5 57	6 56	7 55
1.12.	1 57	2 55	3 54	4 52	5 50	6 49	7 49
9.12.	1 48	2 47	3 45	4 43	5 42	6 41	7 40
17.12.	1 40	2 38	3 37	4 34	5 33	6 32	7 31
25.12.	1 32	2 31	3 29	4 27	5 25	6 24	7 23

PLUTO 1892–1898

Days	1892 ° ′	1893 ° ′	1894 ° ′	1895 ° ′	1896 ° ′	1897 ° ′	1898 ° ′
1. 1.	7 Ⅱ 16	8 Ⅱ 14	9 Ⅱ 14	10 Ⅱ 13	11 Ⅱ 13	12 Ⅱ 12	13 Ⅱ 12
9. 1.	7 R 9	8 R 8	9 R 7	10 R 6	11 R 5	12 R 5	13 R 5
17. 1.	7 4	8 2	9 0	10 0	10 59	11 58	12 58
25. 1.	6 59	7 57	8 55	9 54	10 54	11 53	12 53
1. 2.	6 55	7 53	8 52	9 51	10 50	11 49	12 49
9. 2.	6 53	7 51	8 49	9 48	10 47	11 46	12 45
17. 2.	6 52	7 50	8 48	9 46	10 45	11 44	12 43
25. 2.	6 D 52	7 D 50	8 48	9 46	10 44	11 43	12 42
1. 3.	6 52	7 50	8 D 48	9 D 46	10 D 45	11 D 43	12 D 42
9. 3.	6 55	7 52	8 50	9 48	10 46	11 45	12 44
17. 3.	6 59	7 56	8 53	9 51	10 49	11 48	12 46
25. 3.	7 3	8 1	8 58	9 55	10 54	11 52	12 50
1. 4.	7 9	8 6	9 3	10 0	10 59	11 57	12 55
9. 4.	7 16	8 13	9 10	10 7	11 5	12 3	13 1
17. 4.	7 24	8 21	9 17	10 15	11 13	12 11	13 9
25. 4.	7 33	8 30	9 26	10 23	11 22	12 19	13 17
1. 5.	7 40	8 37	9 33	10 30	11 29	12 26	13 24
9. 5.	7 50	8 47	9 43	10 40	11 38	12 36	13 34
17. 5.	8 1	8 57	9 54	10 51	11 49	12 46	13 44
25. 5.	8 12	9 8	10 5	11 1	12 0	12 57	13 55
1. 6.	8 22	9 18	10 14	11 11	12 10	13 7	14 5
9. 6.	8 33	9 29	10 25	11 22	12 21	13 18	14 16
17. 6.	8 43	9 40	10 36	11 33	12 32	13 29	14 27
25. 6.	8 54	9 50	10 47	11 44	12 42	13 40	14 38
1. 7.	9 1	9 58	10 55	11 52	12 51	13 48	14 45
9. 7.	9 11	10 7	11 4	12 1	13 0	13 58	14 55
17. 7.	9 19	10 16	11 13	12 10	13 9	14 7	15 5
25. 7.	9 27	10 24	11 21	12 18	13 17	14 15	15 13
1. 8.	9 33	10 30	11 27	12 25	13 23	14 22	15 20
9. 8.	9 38	10 36	11 33	12 31	13 30	14 28	15 26
17. 8.	9 42	10 40	11 38	12 36	13 35	14 33	15 32
25. 8.	9 45	10 43	11 41	12 39	13 38	14 37	15 36
1. 9.	9 47	10 45	11 43	12 41	13 40	14 39	15 38
9. 9.	9 47	10 46	11 44	12 42	13 41	14 41	15 40
17. 9.	9 R 46	10 R 45	11 R 43	12 R 42	13 R 41	14 R 41	15 40
25. 9.	9 44	10 43	11 42	12 41	13 40	14 39	15 R 39
1.10.	9 42	10 40	11 39	12 38	13 38	14 37	15 37
9.10.	9 37	10 36	11 35	12 35	13 34	14 34	15 34
17.10.	9 32	10 31	11 30	12 29	13 29	14 29	15 29
25.10.	9 25	10 24	11 24	12 23	13 23	14 23	15 23
1.11.	9 19	10 18	11 18	12 17	13 16	14 17	15 17
9.11.	9 11	10 10	11 10	12 10	13 9	14 9	15 10
17.11.	9 2	10 2	11 1	12 1	13 0	14 1	15 2
25.11.	8 53	9 53	10 53	11 53	12 52	13 52	14 53
1.12.	8 47	9 46	10 46	11 46	12 45	13 46	14 47
9.12.	8 38	9 37	10 37	11 37	12 36	13 37	14 38
17.12.	8 29	9 29	10 28	11 28	12 27	13 28	14 29
25.12.	8 21	9 20	10 20	11 20	12 19	13 19	14 20

PLUTO 1899–1905

Days	1899 ° '	1900 ° '	1901 ° '	1902 ° '	1903 ° '	1904 ° '	1905 ° '
1. 1.	14 Ⅱ 13	15 Ⅱ 15	16 Ⅱ 16	17 Ⅱ 17	18 Ⅱ 19	19 Ⅱ 20	20 Ⅱ 21
9. 1.	14 R 5	15 R 7	16 R 8	17 R 9	18 R 11	19 R 12	20 R 13
17. 1.	13 59	15 0	16 1	17 2	18 3	19 5	20 6
25. 1.	13 53	14 54	15 55	16 56	17 57	18 58	19 59
1. 2.	13 49	14 50	15 50	16 51	17 52	18 53	19 54
9. 2.	13 45	14 46	15 46	16 47	17 48	18 49	19 49
17. 2.	13 43	14 43	15 44	16 44	17 44	18 45	19 46
25. 2.	13 42	14 42	15 42	16 42	17 43	18 43	19 44
1. 3.	13 D 42	14 42	15 42	16 42	17 42	18 42	19 43
9. 3.	13 43	14 D 43	15 D 43	16 D 42	17 D 42	18 D 43	19 43
17. 3.	13 45	14 45	15 45	16 44	17 44	18 44	19 D 45
25. 3.	13 49	14 49	15 48	16 47	17 47	18 47	19 47
1. 4.	13 53	14 53	15 52	16 51	17 51	18 51	19 51
9. 4.	14 0	14 59	15 58	16 57	17 56	18 56	19 56
17. 4.	14 7	15 6	16 5	17 4	18 3	19 3	20 2
25. 4.	14 15	15 14	16 13	17 12	18 10	19 11	20 10
1. 5.	14 22	15 21	16 19	17 18	18 17	19 17	20 16
9. 5.	14 32	15 31	16 29	17 27	18 26	19 26	20 26
17. 5.	14 42	15 41	16 39	17 38	18 36	19 36	20 36
25. 5.	14 53	15 52	16 50	17 48	18 47	19 47	20 46
1. 6.	15 2	16 1	16 59	17 58	18 56	19 57	20 56
9. 6.	15 13	16 12	17 11	18 9	19 8	20 8	21 7
17. 6.	15 25	16 24	17 22	18 20	19 19	20 19	21 18
25. 6.	15 36	16 35	17 33	18 31	19 30	20 30	21 30
1. 7.	15 43	16 43	17 41	18 40	19 38	20 39	21 38
9. 7.	15 54	16 53	17 51	18 50	19 49	20 49	21 49
17. 7.	16 3	17 2	18 1	19 0	19 59	20 59	21 59
25. 7.	16 12	17 11	18 10	19 9	20 8	21 9	22 8
1. 8.	16 18	17 18	18 17	19 16	20 16	21 16	22 16
9. 8.	16 25	17 25	18 24	19 24	20 23	21 24	22 24
17. 8.	16 31	17 31	18 30	19 30	20 29	21 30	22 30
25. 8.	16 35	17 35	18 35	19 35	20 35	21 35	22 36
1. 9.	16 38	17 38	18 38	19 38	20 38	21 39	22 39
9. 9.	16 40	17 40	18 40	19 40	20 41	21 42	22 42
17. 9.	16 40	17 41	18 41	19 42	20 42	21 43	22 44
25. 9.	16 R 39	17 R 40	18 R 41	19 R 41	20 R 42	21 R 43	22 44
1.10.	16 37	17 39	18 39	19 40	20 41	21 42	22 R 43
9.10.	16 34	17 36	18 36	19 37	20 39	21 40	22 41
17.10.	16 30	17 31	18 32	19 33	20 35	21 36	22 38
25.10.	16 24	17 26	18 27	19 28	20 30	21 31	22 33
1.11.	16 18	17 20	18 21	19 23	20 24	21 26	22 28
9.11.	16 11	17 13	18 14	19 16	20 18	21 19	22 21
17.11.	16 3	17 5	18 6	19 8	20 10	21 11	22 13
25.11.	15 54	16 56	17 58	19 0	20 2	21 3	22 5
1.12.	15 48	16 50	17 51	18 53	19 55	20 56	21 58
9.12.	15 39	16 41	17 42	18 44	19 46	20 47	21 50
17.12.	15 30	16 32	17 33	18 35	19 37	20 38	21 40
25.12.	15 21	16 23	17 24	18 26	19 28	20 29	21 31

PLUTO 1906–1912

Days	1906 ° ′	1907 ° ′	1908 ° ′	1909 ° ′	1910 ° ′	1911 ° ′	1912 ° ′
1. 1.	21 ♊ 23	22 ♊ 26	23 ♊ 29	24 ♊ 32	25 ♊ 36	26 ♊ 40	27 ♊ 45
9. 1.	21 R 15	22 R 18	23 R 21	24 R 23	25 R 27	26 R 32	27 R 36
17. 1.	21 7	22 10	23 13	24 15	25 19	26 23	27 28
25. 1.	21 0	22 3	23 6	24 8	25 12	26 16	27 20
1. 2.	20 55	21 58	23 0	24 3	25 6	26 10	27 14
9. 2.	20 50	21 53	22 55	23 57	25 1	26 4	27 8
17. 2.	20 47	21 49	22 51	23 53	24 56	26 0	27 4
25. 2.	20 44	21 46	22 48	23 51	24 53	25 57	27 0
1. 3.	20 44	21 45	22 47	23 50	24 52	25 55	26 59
9. 3.	20 44	21 45	22 47	23 49	24 51	25 54	26 57
17. 3.	20 D 45	21 D 46	22 D 48	23 D 50	24 D 52	25 D 54	26 D 57
25. 3.	20 47	21 48	22 50	23 52	24 54	25 56	26 59
1. 4.	20 51	21 51	22 53	23 55	24 57	25 59	27 2
9. 4.	20 56	21 56	22 58	23 59	25 1	26 3	27 6
17. 4.	21 2	22 2	23 4	24 5	25 7	26 8	27 11
25. 4.	21 9	22 10	23 11	24 12	25 14	26 15	27 18
1. 5.	21 16	22 16	23 17	24 18	25 20	26 21	27 24
9. 5.	21 25	22 25	23 26	24 27	25 28	26 30	27 33
17. 5.	21 35	22 35	23 36	24 37	25 38	26 39	27 42
25. 5.	21 45	22 45	23 47	24 47	25 48	26 50	27 52
1. 6.	21 55	22 55	23 56	24 57	25 58	26 59	28 2
9. 6.	22 6	23 6	24 8	25 8	26 9	27 10	28 13
17. 6.	22 17	23 17	24 19	25 20	26 21	27 22	28 25
25. 6.	22 29	23 29	24 30	25 31	26 32	27 33	28 36
1. 7.	22 37	23 37	24 39	25 40	26 41	27 42	28 45
9. 7.	22 48	23 48	24 50	25 51	26 52	27 53	28 56
17. 7.	22 58	23 58	25 0	26 1	27 3	28 4	29 7
25. 7.	23 8	24 8	25 10	26 11	27 13	28 14	29 18
1. 8.	23 16	24 16	25 18	26 19	27 21	28 23	29 26
9. 8.	23 23	24 24	25 26	26 28	27 30	28 32	29 35
17. 8.	23 30	24 31	25 33	26 35	27 37	28 39	29 43
25. 8.	23 36	24 37	25 39	26 41	27 44	28 46	29 50
1. 9.	23 40	24 41	25 44	26 46	27 48	28 51	29 54
9. 9.	23 43	24 45	25 47	26 50	27 52	28 55	29 59
17. 9.	23 45	24 47	25 49	26 52	27 55	28 58	0 ♋ 2
25. 9.	23 45	24 48	25 50	26 53	27 56	28 59	0 3
1.10.	23 R 45	24 R 47	25 R 50	26 R 53	27 R 56	28 59	0 3
9.10.	23 43	24 45	25 48	26 51	27 55	28 R 58	0 R 2
17.10.	23 39	24 42	25 45	26 48	27 52	28 56	0 0
25.10.	23 35	24 38	25 40	26 44	27 48	28 52	29 ♊ 56
1.11.	23 30	24 33	25 36	26 39	27 43	28 48	29 52
9.11.	23 23	24 26	25 29	26 33	27 37	28 42	29 46
17.11.	23 16	24 19	25 22	26 26	27 30	28 35	29 39
25.11.	23 8	24 11	25 14	26 18	27 22	28 27	29 31
1.12.	23 1	24 4	25 7	26 11	27 16	28 20	29 25
9.12.	22 52	23 55	24 58	26 2	27 7	28 12	29 16
17.12.	22 43	23 46	24 49	25 53	26 58	28 2	29 7
25.12.	22 34	23 37	24 40	25 44	26 48	27 53	28 57

PLUTO 1913–1919

Days	1913 ° '	1914 ° '	1915 ° '	1916 ° '	1917 ° '	1918 ° '	1919 ° '
1. 1.	28 Ⅱ 49	29 Ⅱ 55	1 ♋ 1	2 ♋ 8	3 ♋ 14	4 ♋ 22	5 ♋ 31
9. 1.	28 R 40	29 R 46	0 R 52	1 R 59	3 R 5	4 R 13	5 R 22
17. 1.	28 32	29 37	0 43	1 50	2 56	4 4	5 12
25. 1.	28 24	29 29	0 35	1 42	2 48	3 56	5 4
1. 2.	28 18	29 23	0 29	1 35	2 42	3 49	4 57
9. 2.	28 12	29 17	0 23	1 29	2 35	3 42	4 50
17. 2.	28 7	29 12	0 17	1 23	2 29	3 36	4 44
25. 2.	28 4	29 8	0 13	1 19	2 25	3 32	4 39
1. 3.	28 2	29 7	0 12	1 17	2 23	3 30	4 37
9. 3.	28 1	29 5	0 10	1 15	2 21	3 28	4 35
17. 3.	28 1	29 5	0 9	1 15	2 20	3 27	4 33
25. 3.	28 D 2	29 D 6	0 D 10	1 D 15	2 D 21	3 D 27	4 D 33
1. 4.	28 5	29 8	0 12	1 17	2 23	3 28	4 35
9. 4.	28 9	29 12	0 16	1 21	2 26	3 32	4 38
17. 4.	28 14	29 17	0 21	1 26	2 31	3 36	4 42
25. 4.	28 21	29 24	0 27	1 32	2 37	3 42	4 48
1. 5.	28 26	29 29	0 33	1 38	2 42	3 47	4 53
9. 5.	28 35	29 38	0 41	1 46	2 50	3 55	5 1
17. 5.	28 44	29 47	0 50	1 55	2 59	4 4	5 10
25. 5.	28 55	29 57	1 0	2 5	3 9	4 14	5 19
1. 6.	29 4	0 ♋ 6	1 10	2 15	3 19	4 23	5 29
9. 6.	29 15	0 18	1 21	2 26	3 30	4 35	5 40
17. 6.	29 27	0 29	1 32	2 38	3 42	4 46	5 51
25. 6.	29 38	0 41	1 44	2 49	3 54	4 58	6 3
1. 7.	29 47	0 50	1 53	2 58	4 2	5 7	6 12
9. 7.	29 59	1 1	2 5	3 10	4 14	5 19	6 24
17. 7.	0 ♋ 10	1 12	2 16	3 21	4 26	5 31	6 36
25. 7.	0 20	1 23	2 27	3 32	4 37	5 42	6 47
1. 8.	0 29	1 32	2 36	3 41	4 46	5 51	6 57
9. 8.	0 38	1 41	2 45	3 51	4 56	6 1	7 7
17. 8.	0 46	1 49	2 53	3 59	5 4	6 10	7 16
25. 8.	0 53	1 57	3 1	4 7	5 12	6 18	7 24
1. 9.	0 58	2 2	3 6	4 12	5 18	6 24	7 30
9. 9.	1 2	2 7	3 11	4 17	5 23	6 30	7 36
17. 9.	1 6	2 10	3 15	4 21	5 27	6 34	7 41
25. 9.	1 7	2 12	3 17	4 24	5 30	6 37	7 44
1.10.	1 8	2 13	3 18	4 24	5 31	6 38	7 45
9.10.	1 R 7	2 R 12	3 R 18	4 R 24	5 31	6 38	7 46
17.10.	1 5	2 10	3 16	4 22	5 R 30	6 R 37	7 R 45
25.10.	1 1	2 7	3 13	4 19	5 27	6 35	7 43
1.11.	0 57	2 3	3 9	4 16	5 23	6 31	7 40
9.11.	0 51	1 57	3 4	4 10	5 18	6 26	7 35
17.11.	0 44	1 50	2 57	4 4	5 12	6 20	7 29
25.11.	0 37	1 43	2 50	3 56	5 4	6 13	7 21
1.12.	0 30	1 37	2 44	3 50	4 58	6 7	7 16
9.12.	0 21	1 28	2 35	3 41	4 49	5 58	7 7
17.12.	0 12	1 19	2 26	3 32	4 40	5 49	6 58
25.12.	0 3	1 9	2 16	3 23	4 31	5 39	6 48

PLUTO 1920–1926

Days	1920 ° '	1921 ° '	1922 ° '	1923 ° '	1924 ° '	1925 ° '	1926 ° '
1. 1.	6 ♋ 40	7 ♋ 48	8 ♋ 59	10 ♋ 9	11 ♋ 21	12 ♋ 31	13 ♋ 44
9. 1.	6 R 31	7 R 39	8 R 49	10 R 0	11 R 11	12 R 22	13 R 34
17. 1.	6 21	7 30	8 40	9 50	11 1	12 12	13 25
25. 1.	6 13	7 21	8 31	9 41	10 52	12 3	13 15
1. 2.	6 6	7 14	8 23	9 34	10 44	11 55	13 8
9. 2.	5 58	7 6	8 16	9 26	10 37	11 47	12 59
17. 2.	5 52	7 0	8 9	9 19	10 30	11 40	12 52
25. 2.	5 47	6 55	8 4	9 14	10 24	11 34	12 46
1. 3.	5 45	6 53	8 2	9 11	10 21	11 32	12 43
9. 3.	5 42	6 50	7 59	9 8	10 17	11 28	12 39
17. 3.	5 41	6 48	7 57	9 6	10 15	11 25	12 36
25. 3.	5 D 41	6 48	7 56	9 5	10 14	11 24	12 35
1. 4.	5 42	6 D 49	7 D 57	9 D 5	10 D 15	11 D 24	12 D 35
9. 4.	5 45	6 52	7 59	9 8	10 17	11 26	12 37
17. 4.	5 49	6 56	8 3	9 11	10 20	11 30	12 40
25. 4.	5 55	7 1	8 8	9 16	10 25	11 34	12 44
1. 5.	6 0	7 6	8 13	9 21	10 30	11 39	12 49
9. 5.	6 8	7 14	8 21	9 28	10 37	11 46	12 56
17. 5.	6 16	7 23	8 29	9 37	10 46	11 54	13 4
25. 5.	6 26	7 32	8 39	9 46	10 55	12 4	13 13
1. 6.	6 36	7 42	8 48	9 55	11 4	12 13	13 22
9. 6.	6 47	7 53	8 59	10 6	11 15	12 24	13 33
17. 6.	6 58	8 4	9 11	10 18	11 27	12 35	13 45
25. 6.	7 10	8 16	9 23	10 30	11 39	12 48	13 57
1. 7.	7 19	8 25	9 32	10 39	11 48	12 57	14 6
9. 7.	7 31	8 38	9 44	10 51	12 1	13 9	14 19
17. 7.	7 43	8 49	9 56	11 4	12 13	13 22	14 31
25. 7.	7 55	9 1	10 8	11 15	12 25	13 34	14 43
1. 8.	8 4	9 11	10 18	11 25	12 35	13 44	14 54
9. 8.	8 14	9 21	10 28	11 36	12 46	13 55	15 5
17. 8.	8 24	9 31	10 38	11 46	12 56	14 5	15 15
25. 8.	8 32	9 39	10 47	11 55	13 5	14 15	15 25
1. 9.	8 38	9 46	10 54	12 2	13 12	14 22	15 33
9. 9.	8 44	9 52	11 0	12 9	13 19	14 29	15 40
17. 9.	8 49	9 57	11 5	12 14	13 25	14 35	15 46
25. 9.	8 52	10 0	11 9	12 18	13 29	14 39	15 51
1.10.	8 54	10 2	11 11	12 20	13 31	14 42	15 54
9.10.	8 54	10 3	11 12	12 22	13 32	14 44	15 56
17.10.	8 R 53	10 2	11 R 12	12 R 22	13 32	14 44	15 56
25.10.	8 51	10 0	11 10	12 20	13 R 31	14 R 43	15 R 55
1.11.	8 48	9 57	11 7	12 18	13 29	14 41	15 53
9.11.	8 43	9 53	11 3	12 14	13 24	14 37	15 50
17.11.	8 37	9 47	10 57	12 7	13 19	14 31	15 45
25.11.	8 30	9 40	10 50	12 1	13 12	14 25	15 38
1.12.	8 24	9 34	10 45	11 56	13 7	14 19	15 33
9.12.	8 15	9 26	10 36	11 48	12 58	14 11	15 25
17.12.	8 6	9 16	10 27	11 39	12 49	14 2	15 16
25.12.	7 57	9 7	10 18	11 29	12 40	13 53	15 7

PLUTO 1927–1933

Days	1927 ° ′	1928 ° ′	1929 ° ′	1930 ° ′	1931 ° ′	1932 ° ′	1933 ° ′
1. 1.	14 ♋ 58	16 ♋ 13	17 ♋ 27	18 ♋ 43	20 ♋ 0	21 ♋ 18	22 ♋ 35
9. 1.	14 R 48	16 R 3	17 R 17	18 R 33	19 R 50	21 R 8	22 R 25
17. 1.	14 38	15 53	17 7	18 23	19 40	20 58	22 15
25. 1.	14 29	15 43	16 57	18 13	19 30	20 47	22 5
1. 2.	14 21	15 35	16 49	18 5	19 21	20 39	21 56
9. 2.	14 13	15 26	16 40	17 56	19 12	20 30	21 47
17. 2.	14 5	15 19	16 32	17 48	19 4	20 21	21 38
25. 2.	13 59	15 12	16 26	17 41	18 57	20 14	21 31
1. 3.	13 56	15 9	16 23	17 38	18 54	20 10	21 27
9. 3.	13 51	15 4	16 18	17 33	18 48	20 4	21 21
17. 3.	13 48	15 1	16 14	17 29	18 44	20 0	21 17
25. 3.	13 47	14 59	16 12	17 27	18 42	19 57	21 14
1. 4.	13 47	14 59	16 12	17 26	18 41	19 56	21 13
9. 4.	13 D 48	15 D 0	16 D 13	17 D 26	18 D 41	19 D 56	21 13
17. 4.	13 51	15 3	16 15	17 29	18 43	19 58	21 D 14
25. 4.	13 55	15 7	16 19	17 32	18 46	20 2	21 17
1. 5.	13 59	15 11	16 23	17 36	18 50	20 5	21 21
9. 5.	14 6	15 18	16 30	17 43	18 56	20 11	21 27
17. 5.	14 14	15 26	16 38	17 50	19 4	20 19	21 34
25. 5.	14 23	15 35	16 47	17 59	19 12	20 28	21 43
1. 6.	14 32	15 44	16 56	18 8	19 21	20 36	21 51
9. 6.	14 43	15 55	17 6	18 19	19 32	20 47	22 2
17. 6.	14 55	16 7	17 18	18 30	19 43	20 58	22 13
25. 6.	15 7	16 19	17 30	18 42	19 55	21 11	22 25
1. 7.	15 16	16 28	17 40	18 52	20 5	21 20	22 35
9. 7.	15 29	16 41	17 52	19 5	20 18	21 33	22 48
17. 7.	15 41	16 54	18 5	19 17	20 31	21 46	23 1
25. 7.	15 53	17 6	18 18	19 30	20 43	21 59	23 14
1. 8.	16 4	17 17	18 28	19 41	20 54	22 10	23 25
9. 8.	16 15	17 28	18 40	19 53	21 7	22 22	23 38
17. 8.	16 26	17 39	18 51	20 4	21 18	22 34	23 50
25. 8.	16 36	17 49	19 2	20 15	21 29	22 45	24 1
1. 9.	16 44	17 57	19 9	20 23	21 37	22 54	24 10
9. 9.	16 52	18 5	19 18	20 32	21 46	23 3	24 19
17. 9.	16 58	18 11	19 25	20 39	21 54	23 10	24 27
25. 9.	17 3	18 17	19 30	20 45	22 0	23 17	24 34
1.10.	17 6	18 20	19 33	20 48	22 4	23 20	24 38
9.10.	17 8	18 22	19 36	20 51	22 7	23 24	24 42
17.10.	17 9	18 23	19 38	20 53	22 9	23 26	24 45
25.10.	17 R 9	18 R 23	19 R 37	20 53	22 9	23 27	24 45
1.11.	17 7	18 21	19 36	20 R 52	22 R 9	23 R 26	24 R 45
9.11.	17 4	18 18	19 33	20 49	22 6	23 23	24 42
17.11.	16 59	18 13	19 28	20 45	22 2	23 19	24 39
25.11.	16 53	18 7	19 23	20 39	21 57	23 14	24 34
1.12.	16 47	18 2	19 17	20 34	21 52	23 9	24 29
9.12.	16 39	17 54	19 10	20 26	21 44	23 2	24 22
17.12.	16 31	17 45	19 1	20 18	21 36	22 53	24 13
25.12.	16 21	17 35	18 52	20 9	21 26	22 44	24 4

PLUTO 1934–1940

Days	1934 ° '	1935 ° '	1936 ° '	1937 ° '	1938 ° '	1939 ° '	1940 ° '
1. 1.	23 ♋ 56	25 ♋ 17	26 ♋ 39	28 ♋ 0	29 ♋ 24	0 ♌ 49	2 ♌ 15
9. 1.	23 R 45	25 R 7	26 R 28	27 R 50	29 R 14	0 R 39	2 R 5
17. 1.	23 35	24 56	26 18	27 40	29 4	0 29	1 55
25. 1.	23 25	24 46	26 8	27 29	28 53	0 18	1 44
1. 2.	23 16	24 37	25 59	27 20	28 44	0 9	1 35
9. 2.	23 7	24 27	25 49	27 10	28 33	29 ♋ 58	1 24
17. 2.	22 58	24 18	25 39	27 1	28 24	29 48	1 14
25. 2.	22 50	24 10	25 31	26 52	28 15	29 39	1 5
1. 3.	22 46	24 6	25 26	26 48	28 11	29 35	1 0
9. 3.	22 40	24 0	25 20	26 41	28 4	29 28	0 52
17. 3.	22 35	23 55	25 15	26 36	27 58	29 22	0 46
25. 3.	22 32	23 51	25 11	26 32	27 54	29 17	0 41
1. 4.	22 31	23 49	25 9	26 28	27 51	29 14	0 38
9. 4.	22 30	23 49	25 8	26 28	27 50	29 12	0 36
17. 4.	22 D 32	23 D 50	25 D 9	26 D 29	27 D 50	29 12	0 36
25. 4.	22 34	23 52	25 12	26 31	27 52	29 D 14	0 D 37
1. 5.	22 38	23 55	25 14	26 34	27 54	29 16	0 39
9. 5.	22 43	24 1	25 20	26 39	27 59	29 21	0 44
17. 5.	22 50	24 8	25 27	26 46	28 6	29 27	0 50
25. 5.	22 59	24 16	25 35	26 53	28 13	29 34	0 57
1. 6.	23 7	24 24	25 43	27 2	28 21	29 42	1 5
9. 6.	23 18	24 34	25 53	27 12	28 31	29 52	1 15
17. 6.	23 29	24 46	26 5	27 23	28 43	0 ♌ 3	1 26
25. 6.	23 41	24 58	26 17	27 35	28 55	0 15	1 38
1. 7.	23 51	25 7	26 26	27 45	29 4	0 25	1 48
9. 7.	24 4	25 20	26 40	27 58	29 17	0 38	2 1
17. 7.	24 17	25 34	26 53	28 11	29 31	0 51	2 15
25. 7.	24 30	25 47	27 6	28 25	29 45	1 5	2 28
1. 8.	24 42	25 59	27 18	28 37	29 56	1 17	2 41
9. 8.	24 54	26 12	27 31	28 50	0 ♌ 10	1 31	2 54
17. 8.	25 6	26 24	27 44	29 3	0 23	1 44	3 8
25. 8.	25 18	26 36	27 55	29 15	0 35	1 56	3 20
1. 9.	25 27	26 45	28 5	29 25	0 45	2 7	3 31
9. 9.	25 37	26 55	28 15	29 35	0 56	2 18	3 42
17. 9.	25 45	27 3	28 24	29 44	1 5	2 28	3 52
25. 9.	25 52	27 11	28 31	29 52	1 13	2 36	4 1
1.10.	25 56	27 15	28 36	29 57	1 19	2 42	4 6
9.10.	26 1	27 20	28 41	0 ♌ 2	1 24	2 48	4 13
17.10.	26 3	27 23	28 44	0 6	1 28	2 52	4 17
25.10.	26 5	27 25	28 46	0 8	1 31	2 55	4 20
1.11.	26 R 4	27 R 25	28 46	0 8	1 31	2 56	4 21
9.11.	26 2	27 23	28 R 45	0 R 7	1 R 31	2 R 55	4 R 21
17.11.	25 59	27 20	28 42	0 4	1 28	2 53	4 19
25.11.	25 54	27 15	28 37	0 0	1 24	2 50	4 16
1.12.	25 50	27 11	28 33	29 ♋ 56	1 21	2 46	4 12
9.12.	25 42	27 4	28 26	29 49	1 14	2 40	4 6
17.12.	25 34	26 56	28 18	29 42	1 6	2 32	3 59
25.12.	25 25	26 47	28 9	29 33	0 58	2 24	3 50

PLUTO 1941–1947

Days	1941 ° '	1942 ° '	1943 ° '	1944 ° '	1945 ° '	1946 ° '	1947 ° '
1. 1.	3 ♌ 42	5 ♌ 10	6 ♌ 40	8 ♌ 12	9 ♌ 44	11 ♌ 17	12 ♌ 52
9. 1.	3 R 32	5 R 0	6 R 30	8 R 2	9 R 34	11 R 7	12 R 43
17. 1.	3 21	4 50	6 20	7 51	9 23	10 57	12 32
25. 1.	3 10	4 39	6 9	7 40	9 12	10 46	12 22
1. 2.	3 1	4 29	5 59	7 31	9 2	10 36	12 12
9. 2.	2 50	4 18	5 48	7 20	8 51	10 25	12 1
17. 2.	2 40	4 8	5 38	7 9	8 40	10 14	11 50
25. 2.	2 30	3 58	5 28	6 59	8 30	10 4	11 39
1. 3.	2 26	3 54	5 23	6 53	8 25	9 59	11 34
9. 3.	2 18	3 46	5 15	6 44	8 16	9 50	11 25
17. 3.	2 12	3 39	5 7	6 37	8 9	9 42	11 17
25. 3.	2 6	3 33	5 2	6 31	8 2	9 36	11 10
1. 4.	2 3	3 30	4 58	6 27	7 58	9 31	11 5
9. 4.	2 1	3 27	4 55	6 23	7 54	9 28	11 1
17. 4.	2 0	3 26	4 53	6 22	7 52	9 26	10 59
25. 4.	2 D 1	3 D 27	4 D 54	6 D 22	7 52	9 25	10 58
1. 5.	2 2	3 29	4 55	6 24	7 D 53	9 D 26	10 D 59
9. 5.	2 7	3 32	4 59	6 27	7 56	9 29	11 1
17. 5.	2 13	3 38	5 4	6 32	8 1	9 33	11 5
25. 5.	2 20	3 45	5 11	6 39	8 8	9 39	11 11
1. 6.	2 28	3 52	5 18	6 46	8 14	9 46	11 17
9. 6.	2 38	4 2	5 27	6 55	8 24	9 55	11 26
17. 6.	2 49	4 13	5 38	7 6	8 34	10 5	11 36
25. 6.	3 1	4 25	5 50	7 18	8 46	10 17	11 47
1. 7.	3 10	4 34	5 59	7 27	8 55	10 26	11 57
9. 7.	3 24	4 47	6 12	7 41	9 9	10 39	12 10
17. 7.	3 37	5 1	6 26	7 55	9 23	10 53	12 23
25. 7.	3 51	5 15	6 40	8 9	9 37	11 7	12 38
1. 8.	4 4	5 28	6 53	8 21	9 50	11 20	12 50
9. 8.	4 17	5 42	7 7	8 36	10 4	11 34	13 5
17. 8.	4 31	5 55	7 21	8 50	10 18	11 49	13 19
25. 8.	4 44	6 9	7 35	9 4	10 32	12 2	13 34
1. 9.	4 55	6 20	7 46	9 15	10 44	12 14	13 46
9. 9.	5 6	6 31	7 58	9 27	10 57	12 27	13 58
17. 9.	5 17	6 42	8 9	9 39	11 8	12 39	14 11
25. 9.	5 26	6 52	8 19	9 49	11 19	12 49	14 22
1.10.	5 32	6 58	8 25	9 55	11 26	12 56	14 29
9.10.	5 38	7 5	8 33	10 3	11 34	13 4	14 38
17.10.	5 43	7 10	8 38	10 9	11 40	13 11	14 45
25.10.	5 46	7 14	8 43	10 13	11 45	13 16	14 50
1.11.	5 48	7 16	8 45	10 16	11 48	13 19	14 54
9.11.	5 48	7 16	8 46	10 17	11 49	13 21	14 56
17.11.	5 R 47	7 R 15	8 R 45	10 R 16	11 R 49	13 21	14 57
25.11.	5 43	7 12	8 43	10 14	11 47	13 R 20	14 R 56
1.12.	5 40	7 9	8 40	10 11	11 45	13 18	14 53
9.12.	5 34	7 4	8 34	10 6	11 40	13 13	14 49
17.12.	5 27	6 57	8 28	9 59	11 34	13 7	14 44
25.12.	5 19	6 48	8 20	9 51	11 26	13 0	14 37

PLUTO   1948–1954

Days	1948 ° '	1949 ° '	1950 ° '	1951 ° '	1952 ° '	1953 ° '	1964 ° '
1. 1.	14 Ω 29	16 Ω 7	17 Ω 47	19 Ω 29	21 Ω 12	22 Ω 56	24 Ω 43
9. 1.	14 R 20	15 R 58	17 R 38	19 R 20	21 R 4	22 R 48	24 R 35
17. 1.	14 10	15 47	17 28	19 10	20 54	22 38	24 26
25. 1.	13 59	15 37	17 17	18 59	20 43	22 28	24 15
1. 2.	13 49	15 27	17 7	18 50	20 34	22 18	24 5
9. 2.	13 38	15 15	16 56	18 38	20 22	22 6	23 54
17. 2.	13 27	15 4	16 45	18 27	20 11	21 55	23 42
25. 2.	13 16	14 53	16 34	18 16	19 59	21 43	23 31
1. 3.	13 10	14 48	16 28	18 10	19 52	21 38	23 25
9. 3.	13 0	14 39	16 18	18 0	19 42	21 27	23 14
17. 3.	12 52	14 30	16 9	17 51	19 32	21 17	23 4
25. 3.	12 45	14 22	16 2	17 42	19 24	21 8	22 55
1. 4.	12 40	14 17	15 56	17 36	19 18	21 2	22 48
9. 4.	12 36	14 12	15 51	17 31	19 12	20 56	22 41
17. 4.	12 33	14 9	15 47	17 27	19 8	20 51	22 36
25. 4.	12 32	14 8	15 45	17 25	19 5	20 48	22 33
1. 5.	12 D 33	14 D 8	15 45	17 24	19 5	20 47	22 32
9. 5.	12 35	14 10	15 D 47	17 D 25	19 D 6	20 D 48	22 31
17. 5.	12 39	14 14	15 50	17 28	19 8	20 50	22 D 33
25. 5.	12 45	14 19	15 55	17 33	19 13	20 54	22 37
1. 6.	12 51	14 25	16 1	17 38	19 19	20 59	22 42
9. 6.	13 0	14 34	16 9	17 46	19 26	21 6	22 49
17. 6.	13 10	14 43	16 19	17 55	19 35	21 15	22 57
25. 6.	13 21	14 54	16 30	18 6	19 46	21 26	23 7
1. 7.	13 30	15 4	16 39	18 15	19 55	21 34	23 16
9. 7.	13 43	15 17	16 51	18 28	20 7	21 47	23 28
17. 7.	13 57	15 30	17 5	18 41	20 21	22 1	23 42
25. 7.	14 11	15 45	17 19	18 56	20 36	22 15	23 56
1. 8.	14 24	15 58	17 32	19 9	20 49	22 28	24 9
9. 8.	14 39	16 12	17 47	19 24	21 4	22 43	24 25
17. 8.	14 53	16 27	18 2	19 39	21 19	22 59	24 40
25. 8.	15 8	16 42	18 17	19 54	21 34	23 14	24 56
1. 9.	15 20	16 54	18 30	20 7	21 47	23 27	25 9
9. 9.	15 33	17 8	18 44	20 21	22 2	23 42	25 24
17. 9.	15 45	17 20	18 57	20 34	22 15	23 56	25 38
25. 9.	15 57	17 32	19 9	20 47	22 28	24 9	25 52
1.10.	16 4	17 40	19 17	20 55	22 36	24 18	26 1
9.10.	16 13	17 49	19 27	21 5	22 47	24 29	26 13
17.10.	16 21	17 57	19 35	21 14	22 56	24 39	26 23
25.10.	16 26	18 3	19 42	21 21	23 4	24 47	26 31
1.11.	16 30	18 7	19 46	21 26	23 9	24 52	26 37
9.11.	16 33	18 10	19 50	21 30	23 13	24 57	26 43
17.11.	16 33	18 12	19 51	21 33	23 16	25 0	26 46
25.11.	16 R 32	18 R 11	19 R 51	21 33	23 16	25 1	26 48
1.12.	16 31	18 10	19 50	21 R 32	23 R 15	25 R 1	26 48
9.12.	16 27	18 6	19 47	21 5	22 47	24 29	26 R 46
17.12.	16 21	18 1	19 42	21 25	23 9	24 55	26 43
25.12.	16 14	17 54	19 36	21 19	23 3	24 49	26 38

PLUTO 1955–1961

Days	1955 ° '	1956 ° '	1957 ° '	1958 ° '	1959 ° '	1960 ° '	1961 ° '
1. 1.	26 ♌ 32	28 ♌ 22	0 ♍ 14	2 ♍ 8	4 ♍ 3	6 ♍ 1	8 ♍ 0
9. 1.	26 R 24	28 R 15	0 R 6	2 R 0	3 R 57	5 R 55	7 R 54
17. 1.	26 15	28 6	29 ♌ 57	1 52	3 49	5 47	7 46
25. 1.	26 4	27 56	29 47	1 42	3 39	5 38	7 37
1. 2.	25 55	27 46	29 38	1 33	3 30	5 29	7 28
9. 2.	25 43	27 35	29 26	1 21	3 19	5 18	7 17
17. 2.	25 31	27 23	29 14	1 10	3 7	5 6	7 6
25. 2.	25 20	27 11	29 2	0 58	2 55	4 54	6 54
1. 3.	25 14	27 4	28 57	0 52	2 49	4 46	6 47
9. 3.	25 3	26 52	28 45	0 40	2 37	4 34	6 35
17. 3.	24 52	26 42	28 34	0 29	2 25	4 23	6 23
25. 3.	24 43	26 32	28 24	0 18	2 15	4 12	6 12
1. 4.	24 36	26 24	28 16	0 10	2 6	4 3	6 3
9. 4.	24 29	26 17	28 9	0 2	1 58	3 54	5 54
17. 4.	24 23	26 11	28 2	29 ♌ 55	1 50	3 47	5 46
25. 4.	24 19	26 7	27 58	29 50	1 45	3 41	5 40
1. 5.	24 18	26 6	27 56	29 48	1 42	3 38	5 36
9. 5.	24 17	26 5	27 54	29 46	1 40	3 35	5 33
17. 5.	24 D 19	26 D 6	27 D 55	29 D 46	1 39	3 35	5 32
25. 5.	24 22	26 9	27 58	29 48	1 D 41	3 D 36	5 D 33
1. 6.	24 26	26 13	28 1	29 52	1 44	3 39	5 35
9. 6.	24 33	26 20	28 7	29 57	1 49	3 44	5 40
17. 6.	24 41	26 28	28 15	0 ♍ 5	1 56	3 51	5 46
25. 6.	24 51	26 38	28 25	0 14	2 5	3 59	5 54
1. 7.	24 59	26 46	28 33	0 22	2 13	4 7	6 1
9. 7.	25 12	26 58	28 45	0 33	2 24	4 18	6 12
17. 7.	25 25	27 11	28 58	0 46	2 37	4 31	6 25
25. 7.	25 39	27 26	29 12	1 1	2 51	4 45	6 39
1. 8.	25 52	27 39	29 25	1 14	3 4	4 58	6 51
9. 8.	26 8	27 54	29 41	1 29	3 19	5 13	7 7
17. 8.	26 23	28 10	29 57	1 45	3 35	5 29	7 23
25. 8.	26 39	28 26	0 ♍ 13	2 1	3 51	5 46	7 39
1. 9.	26 53	28 40	0 27	2 15	4 6	6 0	7 54
9. 9.	27 8	28 55	0 42	2 31	4 22	6 16	8 11
17. 9.	27 22	29 10	0 57	2 47	4 38	6 32	8 27
25. 9.	27 36	29 24	1 12	3 1	4 53	6 48	8 42
1.10.	27 46	29 34	1 22	3 12	5 3	6 59	8 54
9.10.	27 58	29 46	1 35	3 25	5 17	7 12	9 8
17.10.	28 8	29 57	1 46	3 37	5 29	7 25	9 21
25.10.	28 17	0 ♍ 6	1 56	3 47	5 40	7 36	9 33
1.11.	28 24	0 13	2 3	3 55	5 48	7 45	9 42
9.11.	28 30	0 19	2 10	4 2	5 56	7 53	9 51
17.11.	28 34	0 24	2 15	4 8	6 2	8 0	9 58
25.11.	28 36	0 26	2 18	4 11	6 7	8 4	10 3
1.12.	28 36	0 27	2 19	4 13	6 9	8 6	10 6
9.12.	28 R 35	0 R 27	2 R 19	4 13	6 9	8 8	10 7
17.12.	28 32	0 23	2 17	4 R 11	6 R 8	8 R 7	10 R 7
25.12.	28 28	0 19	2 13	4 8	6 5	8 4	10 5

GEOGRAPHISCHE POSITIONEN WICHTIGER STÄDTE DER WELT

unter besonderer Berücksichtigung
der Städte Mitteleuropas

GEOGRAPHISCHE

Ort	Geogr. Breite			Länge von Greenwich				
	°	′		°	′	H	M	S
Aachen	+50	46.6	ö.	6	4.5	0	24	18
Aalborg (Dänemark)	+57	03	ö.	9	55	0	39	40
Aalen	+48	50.3	ö.	10	5.7	0	40	23
Aberdeen (Großbrit.)	+57	09	w.	2	06	0	08	24
Adelaide (Australien)	−34	55	ö.	138	35	9	14	20
Ahlen, Westf.	+51	46	ö.	7	53	0	31	32
Alexandria (Ägypten)	+31	11	ö.	29	54	1	59	36
Algier (Algerien)	+36	47.8	ö.	3	2.1	0	12	8
Allenstein	+53	46 ·	ö.	20	28	1	21	52
Amsterdam (Niederl.)	+52	22.5	ö.	4	53.1	0	19	32
Ankara (Türkei)	+39	57	ö.	32	50	2	11	20
Ansbach	+49	18.2	ö.	10	34.4	0	42	18
Antwerpen (Belgien)	+51	12.5	ö.	4	24.7	0	17	39
Archangelsk (UdSSR)	+64	34	ö.	40	32	2	42	08
Arnsberg, Westf.	+51	23.9	ö.	8	3.8	0	32	16
Aschaffenburg	+49	59.5	ö.	9	8.6	0	36	35
Astrachan (UdSSR)	+46	21.0	ö.	48	2.4	3	12	10
Asuncion (Paraguay)	−25	16	w.	57	41	3	50	44
Athen (Griechenland)	+37	58.3	ö.	23	43.3	1	34	53
Augsburg	+48	21.7	ö.	10	54.1	0	43	37
Aurich	+53	28.3	ö.	7	28.7	0	29	55
Avignon (Frankreich)	+43	57	ö.	4	48	0	19	12
Baden-Baden	+48	46	ö.	8	14	0	32	56
Bagdad (Irak)	+33	20	ö.	44	24	2	57	36
Baku (UdSSR)	+40	25	ö.	49	50	3	19	20
Bamberg	+49	53.1	ö.	10	53.3	0	43	33
Bangkok (Thailand)	+13	45	ö.	100	31	6	42	04
Barcelona (Spanien), Mt. Jouy	+41	21.7	ö.	2	9.9	0	8	40
Bari (Italien)	+41	07	ö.	16	53	1	07	32
Basel (Schweiz)	+47	33.4	ö.	7	35.6	0	30	20
Batum (UdSSR)	+41	36	ö.	41	40	2	46	40
Bayreuth	+49	56.7	ö.	11	35.7	0	46	23
Beirut (Libanon)	+33	54	ö.	35	28	2	21	52
Belfast (Nordirland)	+54	34.1	w.	5	55.1	0	23	40
Belgrad (Jugosl.)	+44	49.8	ö.	20	27.3	1	21	49
Benares (Indien)	+25	19	ö.	83	00	5	32	00
Berchtesgaden	+47	38	ö.	13	00	0	52	00
Bergen (Norwegen)	+60	23.9	ö.	5	18.2	0	21	13
Berlin, Sternw.	+52	30.3	ö.	13	23.7	0	53	35
Bern (Schweiz), Sternw.	+46	57.0	ö.	7	26.4	0	29	46
Besançon (Frankr.)	+47	15.0	ö.	5	59.3	0	23	57
Beuthen	+50	21	ö.	18	56	1	15	44
Bialystok (Polen)	+53	08	ö.	23	10	1	32	40
Bielefeld	+52	01	ö.	8	31	0	34	04
Bilbao (Spanien)	+43	15	w.	2	56	0	11	44
Birmingham (Großbrit.)	+52	28.0	w.	1	53.8	0	7	35

POSITIONEN

Ort	Geogr. Breite			Länge von Greenwich				
	°	'		°	'	H	M	S
Bochum	+51	29	ö.	7	12	0	28	48
Bogotá (Kolumbien)	+ 4	40	w.	74	05	4	56	20
Bologna (Italien)	+44	29.8	ö.	11	21.2	0	45	25
Bombay (Indien)	+19	57	ö.	72	50	4	51	20
Bonn	+50	43.7	ö.	7	5.8	0	28	23
Bordeaux (Frankr.)	+44	50.1	w.	0	31.3	0	2	05
Boston (USA)	+42	21.5	w.	71	3.8	4	44	15
Bozen (Italien)	+46	30	ö.	11	20	0	45	20
Brandenburg	+52	24	ö.	12	34	0	50	16
Braunschweig	+52	16.1	ö.	10	31.5	0	42	6
Bregenz (Österr.)	+47	30.5	ö.	9	46.6	0	39	6
Bremen	+53	4.8	ö.	8	48.3	0	35	13
Bremerhaven	+53	32.8	ö.	8	34.8	0	34	19
Brescia (Italien)	+45	32	ö.	10	12	0	40	48
Breslau	+51	6.9	ö.	17	2.2	1	8	9
Brest (Frankr.)	+48	23.5	w.	4	29.6	0	17	58
Brighton (Großbrit.)	+50	50	w.	0	08	0	00	32
Brindisi (Italien)	+40	39	ö.	17	56	1	11	44
Brisbane (Australien)	−27	28	ö.	153	02	10	12	08
Bristol (Großbrit.)	+51	27.4	w.	2	36.0	0	10	24
Brünn (ČSSR)	+49	11.7	ö.	16	36.8	1	6	27
Brüssel (Belgien)	+50	51.2	ö.	4	22.2	0	17	29
Budapest (Ungarn)	+47	29.6	ö.	19	3.8	1	16	15
Buenos Aires (Arg.)	−34	36	w.	58	27	3	53	48
Bukarest (Rumänien)	+44	25.6	ö.	26	6.3	1	44	25
Burgos (Spanien)	+42	21	w.	3	32	0	14	28
Calais (Frankr.)	+50	57	ö.	1	51	0	7	24
Calcutta (Indien)	+22	34	ö.	88	20	5	53	20
Cambridge (Großbrit.)	+52	12.9	ö.	0	5.7	0	0	23
Capri (Italien)	+40	32	ö.	14	15	0	57	00
Caracas (Venezuela)	+10	30	w.	66	55	4	27	40
Cardiff (Großbrit.)	+51	29	w.	3	10	0	12	40
Castrop-Rauxel	+51	32.9	ö.	7	19	0	29	12
Catania (Italien)	+37	30	ö.	15	05	1	00	20
Celle	+52	37.6	ö.	10	04.9	0	40	20
Chemnitz (Karl-Marx-Stadt)	+50	50.0	ö.	12	55.0	0	51	40
Cherbourg (Frankr.)	+49	39	w.	1	37	0	06	28
Chicago (USA)	+41	53	w.	87	38	5	50	32
Chur (Schweiz)	+46	50.9	ö.	9	32	0	38	8
Coburg	+50	15	ö.	10	58	0	43	52
Colmar (Frankr.)	+48	4.7	ö.	7	21.5	0	29	26
Colombo (Ceylon)	+ 6	57	ö.	79	53	5	19	32
Cordoba (Spanien)	+37	53	w.	4	47	0	19	08
Cottbus	+51	46	ö.	14	20	0	57	20
Cuxhaven	+53	52.4	ö.	8	42.5	0	34	50
Damaskus (Syrien)	+33	30	ö.	36	18	2	25	12

GEOGRAPHISCHE

Ort	Geogr. Breite		Länge von Greenwich				
	°	′		°	′	H	M	S
Danzig (Polen)	+54	21.4	ö.	18	39.9	1	14	40
Darmstadt	+49	52.4	ö.	8	39.6	0	34	38
Delft (Niederl.)	+52	00	ö.	4	22	0	17	28
Delhi (Indien)	+28	39	ö.	77	14	5	08	56
Delmenhorst	+53	3.1	ö.	8	37.6	0	34	32
Dessau	+51	50.1	ö.	12	16.9	0	49	08
Detmold	+51	56	ö.	8	52.8	0	35	31
Deventer (Niederlande)	+52	16	ö.	6	10	0	24	40
Donaueschingen	+47	57.2	ö.	8	29.7	0	33	59
Dorpat (ehem. Estland)	+58	22.8	ö.	26	43.4	1	46	54
Dover (Großbrit.)	+51	08	ö.	1	19	0	05	16
Dresden	+51	3.2	ö.	13	44.0	0	54	56
Dublin (Irland)	+53	23.3	w.	6	20.3	0	25	21
Dubrovnik (Jugosl.)	+42	40	ö.	18	07	1	12	28
Duisburg	+51	26.2	ö.	6	45.9	0	27	4
Düren	+50	48	ö.	6	30	0	26	00
Düsseldorf	+51	12.4	ö.	6	46.2	0	27	5
Edinburgh (Schottl.)	+55	57.4	w.	3	10.8	0	12	43
Eger (ČSSR)	+50	4.8	ö.	12	22.5	0	49	30
Eisenach	+50	58.9	ö.	10	20.2	0	41	21
Elbing	+54	9.7	ö	19	23.9	1	17	36
Emden	+53	22.1	ö.	7	12.4	0	28	50
Erfurt	+50	58.8	ö.	11	2.5	0	44	10
Erlangen	+49	35.8	ö.	11	0.3	0	44	1
Eschweiler	+50	49.3	ö.	6	16.3	0	25	5
Essen	+51	27	ö.	7	00	0	28	00
Esslingen/Neckar	+48	44.5	ö.	9	18.0	0	37	12
Exter (Großbrit.)	+50	43	w.	3	31	0	14	04
Feldkirch (Österr.)	+47	14.6	ö.	9	36.5	0	38	26
Ferrara (Italien)	+44	50	ö.	11	38	0	46	32
Flensburg	+54	47.1	ö.	9	26.3	0	37	45
Florenz (Italien)	+43	46.1	ö.	11	15.5	0	45	2
Frankfurt a.M.	+50	6.7	ö.	8	41.2	0	34	45
Frankfurt a.d. Oder	+52	22.1	ö.	14	33.2	0	58	13
Freiburg i. Br.	+47	59.0	ö.	7	50.0	0	31	20
Freising	+48	24.0	ö.	11	44.9	0	47	00
Fribourg (Schweiz)	+46	48.2	ö.	7	8	0	28	32
Friedrichshafen	+47	38.8	ö.	9	28.9	0	37	56
Fulda	+50	33.7	ö.	9	40.3	0	38	41
Fürth	+49	18.9	ö.	12	51.9	0	51	25
Füssen	+47	35	ö.	10	43	0	42	52
Garmisch-Partenk.	+47	29.3	ö.	11	4.8	0	44	19
Gelsenkirchen	+51	30.7	ö.	7	5.8	0	28	23
Genf (Schweiz)	+46	12.0	ö.	6	9.2	0	24	37
Gent (Belgien)	+51	3.2	ö.	3	43.7	0	14	55
Genua (Italien)	+44	25.2	ö.	8	55.3	0	35	41
Georgetown (Guyana)	+ 6	48	w.	58	10	3	52	40

POSITIONEN

Ort	Geogr. Breite			Länge von Greenwich				
	°	′		°	′	H	M	S
Gera	+50	53.4	ö.	12	4.0	0	48	16
Gießen	+50	34	ö.	8	40	0	34	40
Glasgow (Großbrit.)	+55	52.7	w.	4	17.6	0	17	10
Göppingen	+48	42.2	ö.	9	39.2	0	38	37
Gorki (UdSSR)	+56	20	ö.	44	00	2	56	00
Görlitz	+51	9.0	ö.	15	0.0	1	00	00
Goslar	+51	54.4	ö.	10	25.7	0	41	43
Göteborg (Schweden)	+57	43	ö.	11	58	0	47	52
Gotha	+50	56.6	ö.	10	42.6	0	42	51
Göttingen	+51	31.8	ö.	9	56.6	0	39	46
Granada (Spanien)	+37	10	w.	3	35	0	14	20
Graz (Österreich)	+47	4.6	ö.	15	27.0	1	1	48
Greenwich, Royal Observatory	+51	28.6	—	0	0.0	0	00	00
Greifswald	+54	0.8	ö.	13	22	0	53	32
Groningen (Niederl.)	+53	13	ö.	6	32	0	26	08
Guatemala (Mittelamerika)	+14	38	w.	90	31	6	02	04
Gütersloh	+51	54.4	ö.	8	22.8	0	33	31
Haarlem (Niederl.)	+52	23	ö.	4	38	0	18	32
Hagen, Westf.	+51	22	ö.	7	28	0	29	52
Halberstadt	+51	54.1	ö.	11	3.2	0	44	13
Halle a. S.	+51	29.6	ö.	11	57.7	0	47	51
Hälsingborg (Schweden)	+56	03	ö.	12	42	0	50	48
Hamburg	+53	33.1	ö.	9	58.4	0	39	54
Hamm i. W.	+51	40.9	ö.	7	49.2	0	31	17
Hammerfest (Norwegen)	+70	40.1	ö.	23	40.2	1	34	41
Hanau	+50	8.3	ö.	8	55.1	0	35	40
Hannover	+52	22.3	ö.	9	44.4	0	38	58
Hastings (Großbrit.)	+50	51	ö.	0	54	0	03	36
Havanna (Cuba)	+23	08	w.	82	24	5	29	36
Heidelberg	+49	23.9	ö.	8	43.5	0	34	54
Heilbronn	+49	8.0	ö.	9	13.0	0	36	52
Helgoland	+54	11	ö.	7	53	0	31	32
Helsingör (Dänemark)	+56	02	ö.	12	36	0	50	24
Helsinki (Finnland)	+60	9.7	ö.	24	57.3	1	39	49
Herford	+52	7.1	ö.	8	40.1	0	34	40
Hermannstadt (Rumänien)	+45	47.9	ö.	24	9.5	1	36	38
Herne	+51	32.5	ö.	7	13.5	0	28	54
Hildesheim	+52	09	ö.	9	57	0	39	48
Hilversum (Niederl.)	+52	13	ö.	5	11	0	20	44
Hof	+50	19.4	ö.	11	55.3	0	47	41
Hongkong	+22	18.2	ö.	114	10.5	7	36	42
Honolulu (Hawaii)	+21	19	w.	157	52	10	31	28
Husum	+54	28.7	ö.	9	3.2	0	36	13
Hyderabad (Indien)	+25	24	ö.	68	22	4	33	28
Iglau (ČSSR)	+49	23	ö.	15	36	1	02	24
Ingolstadt	+48	45.9	ö.	11	25.2	0	45	41

GEOGRAPHISCHE

Ort	Geogr. Breite			Länge von Greenwich					
	°	′		°	′		H	M	S
Innsbruck (Österr.)	+47	16.2	ö.	11	23.9		0	45	36
Insterburg	+54	38	ö.	21	47		1	27	08
Iserlohn	+51	22.4	ö.	7	42.3		0	30	49
Istanbul (Türkei)	+41	0.5	ö.	28	58.3		1	55	58
Itzehoe	+53	55.3	ö.	9	30.8		0	38	03
Jena	+50	55.6	ö.	11	35.2		0	46	21
Jerusalem (Israel)	+31	47	ö.	35	10		2	20	40
Kairo (Ägypten)	+30	03	ö.	31	15		2	05	00
Kaiserslautern	+49	26.7	ö.	7	46.5		0	31	6
Kalinin (UdSSR)	+56	50	ö.	35	55		2	23	40
Kaluga (UdSSR)	+54	30	ö.	36	18		2	25	12
Kapstadt (Südafrika)	−33	56.1	ö.	18	28.7		1	13	55
Karlsbad (ČSSR)	+50	13	ö.	12	24		0	51	36
Karlsruhe	+49	0.5	ö.	8	24.1		0	33	36
Karlstad (Schweden)	+59	22	ö.	13	30		0	54	00
Kasan (UdSSR)	+55	47.4	ö.	49	7.3		3	16	29
Kassel, Wilhelmshöhe	+51	19.0	ö.	9	23.9		0	37	36
Kempten	+47	43.5	ö.	10	19.3		0	41	17
Kiel	+54	19	ö.	10	07		0	40	36
Kiew (UdSSR)	+50	27.2	ö.	30	30.2		2	2	1
Kissingen	+50	12.1	ö.	10	4.7		0	40	19
Klagenfurt (Österr.)	+46	34.4	ö.	14	18.6		0	57	15
Koblenz	+50	21.7	ö.	7	35.8		0	30	23
Köln	+50	56.5	ö.	6	57.8		0	27	15
Königsberg	+54	42.8	ö.	20	29.8		1	21	59
Konstanz	+47	39	ö.	9	10		0	36	40
Kopenhagen (Dänem.)	+55	41.2	ö.	12	34.7		0	50	19
Kowno (ehem. Litauen)	+54	54	ö.	23	55		1	35	40
Krakau (Polen)	+50	3.8	ö.	19	57.6		1	19	50
Krasnodar (UdSSR)	+45	02	ö.	39	00		2	36	00
Krefeld	+51	19.9	ö.	6	33.9		0	26	16
Kronstadt (Rumänien)	+45	38.6	ö.	25	35.8		1	42	23
Kufstein (Österr.)	+47	34	ö.	12	11		0	48	44
Lagos (Nigeria)	+ 6	27	ö.	3	23		0	13	32
Lahore (Indien)	+31	34	ö.	74	20		4	57	20
Lancester (Großbrit.)	+53	03	w.	2	48		0	11	12
Landshut	+48	32.1	ö.	12	9.2		0	48	37
La Paz (Bolivien)	−16	30.0	w.	68	9.2		4	32	37
Larissa (Griechenl.)	+39	38	ö.	22	25		1	29	40
Lausanne (Schweiz)	+46	31	ö.	6	39		0	26	36
Leeds (Großbrit.)	+53	48	w.	1	32		0	06	08
Le Havre (Frankr.)	+49	29.3	ö.	0	6.5		0	00	26
Leiden (Niederl.)	+52	9.3	ö.	4	29.1		0	17	56
Leipzig	+51	20.1	ö.	12	23.5		0	49	34
Lemberg (UdSSR)	+49	50.8	ö.	24	3.2		1	36	13
Leningrad (UdSSR)	+59	56.5	ö.	30	17.8		2	1	11
Leoben (Österreich)	+47	23.1	ö.	15	5.5		1	00	22

POSITIONEN

Ort	Geogr. Breite			Länge von Greenwich				
	°	'		°	'	H	M	S
Leverkusen	+51	2	ö.	6	59	0	27	56
Libau (ehem. Lettl.)...........	+56	32	ö.	21	01	1	24	04
Lille (Frankr.)	+50	38.7	ö.	3	3.8	0	12	15
Lima (Peru)	−12	03	w.	77	03	5	08	12
Lindau	+47	32.8	ö.	9	41.3	0	38	45
Linz (Österr.).................	+48	18.3	ö.	14	17.3	0	57	09
Lippstadt	+51	40.4	ö.	8	20.9	0	33	24
Lissabon (Portugal)	+38	42.5	w.	9	11.2	0	36	45
Ljubljana (Jugosl.)	+46	3.0	ö.	14	30.7	0	58	3
Lodz (Polen)	+51	46	ö.	1	27	1	17	48
London (Großbrit.)............	+51	30.8	w.	0	5.7	0	00	23
Lübeck	+53	31.5	ö.	10	41.4	0	42	46
Lublin (Polen)	+51	14	ö.	22	33	1	30	12
Ludwigsburg	+48	53.7	ö.	9	11.7	0	36	47
Ludwigshafen	+49	28.5	ö.	8	27.0	0	33	48
Lugano (Schweiz)	+46	00	ö	8	56.6	0	35	47
Lüneburg	+53	14.9	ö.	10	24.8	0	41	39
Lüttich (Belgien)	+50	37.1	ö.	5	33.0	0	22	12
Luxemburg	+49	37.6	ö.	6	9.7	0	24	39
Luzern (Schweiz)	+47	03	ö.	8	18	0	33	12
Lyon (Frankr.)	+45	41.7	ö.	4	47.0	0	19	08
Madras (Indien)	+13	05	ö.	80	17	5	21	08
Madrid (Spanien)	+40	24.5	w.	3	41.3	0	14	45
Magdeburg	+52	8.1	ö.	11	38.7	0	46	35
Mailand (Italien)	+45	28.0	ö.	9	11.5	0	36	46
Mainz	+49	59.7	ö.	8	16.3	0	33	05
Malaga (Spanien)	+36	43	w.	4	24	0	17	36
Malmö (Schweden)	+55	36	ö.	13	00	0	52	00
Manchester (Großbrit.)	+53	29.0	w.	2	14.7	0	08	59
Manila (Philippinen)...........	+14	35	ö.	120	59	8	03	56
Mannheim	+49	29.2	ö.	8	27.6	0	33	50
Mantua (Italien)	+45	09	ö.	10	47	0	43	08
Marburg/Lahn	+50	48.8	ö.	8	46.4	0	35	06
Marl i. W.	+51	38	ö.	7	6	0	28	24
Marseille (Frankr.)	+43	18.3	ö.	5	23.7	0	21	35
Mecheln (Belgien)	+51	02	ö.	4	28	0	17	52
Mekka (Saudi-Arab.)	+21	26	ö.	39	49	2	39	16
Melbourne (Austr.)	−37	50	ö.	145	00	9	44	00
Memel	+55	43	ö.	21	07	1	24	28
Messina (Italien)	+38	11.6	ö.	15	34.3	1	02	17
Metz (Frankr.)	+49	7.2	ö.	6	10.6	0	24	43
Mexiko City (Mexiko)	+19	26.0	w.	99	6.7	6	36	27
Minden, Westf.	+52	17.6	ö.	8	55	0	35	40
Minsk (UdSSR)	+53	50	ö.	27	35	1	50	20
Mönchengladbach	+51	11.8	ö.	6	26	0	25	44
Montevideo..................	−34	53	w.	56	10	3	44	40
Moers	+51	27	ö.	6	36	0	26	24

GEOGRAPHISCHE

Ort	Geogr. Breite			Länge von Greenwich				
	°	′		°	′	H	M	S
Moskau (UdSSR)	+55	45.3	ö.	37	34.3	2	30	17
Mühlhausen i. E.	+47	44.9	ö.	7	20.4	0	29	22
Mülheim/Ruhr	+51	25.7	ö.	6	53	0	27	32
München	+48	8.8	ö.	11	36.5	0	46	26
Münster	+51	58.2	ö.	7	37.7	0	30	31
Murmansk (UdSSR)	+68	58	ö.	33	05	2	12	20
Nagoja (Japan)	+35	08	ö.	136	55	9	07	40
Namur (Belgien)	+50	28	ö.	4	51	0	19	24
Nancy (Frankr.)	+48	42	ö.	6	11	0	24	44
Nantes (Frankr.)	+47	13.1	w.	1	33.1	0	06	12
Narvik (Norwegen)	+68	26	ö.	17	26	1	09	44
Neapel (Italien)	+40	51.8	ö.	14	15.5	0	57	02
Neuchâtel (Schweiz)	+46	59.5	ö.	6	57.2	0	27	49
Neumünster	+54	4.3	ö.	9	59.1	0	39	57
Neustadt a. d. Weinstr.	+49	21.3	ö.	8	8.3	0	32	33
Neuss	+51	12.0	ö.	6	41.6	0	26	47
Newcastle (Großbrit.)	+54	58	w.	1	36	0	06	24
New Orleans (USA)	+29	57.8	w.	90	3.5	6	0	14
New York (USA)	+40	45.4	w.	73	58.4	4	55	54
Nijmegen (Niederl.)	+51	50	ö.	5	52	0	23	28
Nikolajew (UdSSR)	+46	58	ö.	32	00	2	08	00
Nischnij-Nowgorod (UdSSR)	+56	19.7	ö.	44	0.3	2	56	01
Nizza (Frankr.)	+43	43.3	ö.	7	8.1	0	29	12
Nordhausen	+51	30.4	ö.	10	48.9	0	43	16
Nördlingen	+48	51.1	ö.	10	29.3	0	41	58
Nottingham (Großbrit.)	+52	57	w.	1	09	0	04	33
Nürnberg	+49	27.5	ö.	11	4.7	0	44	19
Oberhausen	+51	28.4	ö.	6	51.5	0	27	26
Oberstdorf	+47	23.9	ö.	10	17	0	41	8
Odense (Dänem.)	+55	23	ö.	10	23	0	41	32
Odessa (UdSSR)	+46	28.6	ö.	30	45.6	2	03	02
Offenbach a.M.	+50	6.3	ö.	8	45.9	0	35	4
Offenburg	+48	28.3	ö.	7	56.7	0	31	47
Oldenburg	+53	8.3	ö.	8	13.2	0	32	53
Olmütz (ČSSR)	+49	35.7	ö.	17	17.0	1	09	08
Omsk (UdSSR)	+55	00	ö.	73	24	4	53	36
Orenburg (UdSSR)	+51	45	ö.	55	06	3	40	24
Orléans (Frankr.)	+47	54	ö.	1	55	0	07	40
Osaka (Japan)	+34	39	ö.	135	29	9	01	56
Oslo (Norwegen)	+59	55	ö.	10	44	0	42	56
Osnabrück	+52	16.6	ö.	8	2.5	0	32	10
Ostende (Belgien)	+51	14	ö.	2	55	0	11	40
Ottawa (Canada)	+45	25	w.	75	42	5	02	48
Oxford (Großbrit.)	+51	45.6	w.	1	15.0	0	05	00
Paderborn	+51	43.2	ö.	8	45.4	0	35	1
Palermo (Italien)	+38	6.7	ö.	13	21.2	0	53	25
Panama (Mittelamerika)	+8	57	w.	79	32	5	18	08

POSITIONEN

Ort	Geogr. Breite		Länge von Greenwich				
	°	'		°	'	H	M	S
Paris (Frankr.)	+48	50.2	ö.	2	20.2	0	09	21
Passau	+48	34.4	ö.	13	28.1	0	53	52
Patmos (Griechenl.)	+36	19	ö.	26	33	1	46	12
Peking (China)	+39	54.4	ö.	116	28	7	45	53
Perm (UdSSR)	+58	00	ö.	56	15	3	45	00
Pernambuco (Brasilien)	− 8	04	w.	34	50	2	19	20
Perth (Australien)	−31	57	ö.	115	50	7	43	20
Pforzheim	+48	53.5	ö.	8	42.3	0	34	49
Philadelphia (USA)	+39	57.1	w.	75	15	5	0	33
Pilsen (ČSSR)	+49	45	ö.	13	23	0	53	32
Pirmasens	+49	12.0	ö.	7	36.4	0	30	26
Pisa (Italien)	+43	43	ö.	10	24	0	41	36
Plauen	+50	30.0	ö.	12	7.5	0	48	30
Plymouth (Großbrit.)	+50	22.3	w.	4	8.0	0	16	32
Porto (Portugal)	+41	9.2	w.	8	38.2	0	34	33
Porto Alegre (Bras.)	−30	02	w.	51	13	3	24	52
Port Said (Ägypten)	+31	15	ö.	32	18	2	09	12
Posen (Polen)	+52	25	ö.	16	55	1	07	40
Prag (ČSSR)	+50	5.3	ö.	14	25.4	0	57	42
Pretoria (Südafrika)	−25	45	ö.	28	11	1	52	44
Quebec (Canada)	+46	48	w.	71	13	4	44	52
Rabaul (Neu-Guinea)	− 4	12	ö.	152	12	10	08	48
Radom (Polen)	+51	24	ö.	21	09	1	24	36
Rangoon (Burma)	+16	48	ö.	96	09	6	24	36
Ratibor	+50	06	ö.	18	13	1	12	52
Ravenna (Italien)	+44	25	ö.	12	12	0	48	48
Ravensburg	+47	47	ö.	9	36.8	0	38	27
Recklinghausen	+51	37	ö.	7	11.9	0	28	48
Regensburg	+49	1.0	ö.	12	5.7	0	48	23
Reichenbach i. V.	+50	37.5	ö.	12	19.0	0	49	16
Reichenhall	+47	43	ö.	12	52.9	0	51	32
Reims (Frankr.)	+49	15	ö.	4	02	0	16	08
Remscheid	+51	11.1	ö	7	11.1	0	28	44
Rendsburg	+54	18.4	ö.	9	40	0	38	40
Reutlingen	+48	29.5	ö.	9	12.8	0	36	51
Reval (ehem. Estland)	+59	26	ö.	24	43	1	38	42
Reykjavik (Island)	+64	8.7	w.	21	55	1	27	40
Riga (ehem. Lettland)	+56	57.1	ö.	24	7.0	1	36	28
Rijeka (Jugosl.)	+45	20	ö.	14	27	0	57	48
Rio de Janeiro (Bras.)	−22	54	w.	43	15	2	53	00
Rom (Italien)	+41	53.9	ö.	12	28.8	0	49	55
Rosenheim	+47	51.4	ö.	12	5.2	0	48	30
Rostock	+54	5.5	ö.	12	8.2	0	48	33
Rostow (UdSSR)	+47	15	ö.	39	53	2	39	32
Rotterdam (Niederl.)	+51	54.5	ö.	4	29.8	0	17	59
Rouen (Frankr.)	+49	26	ö.	1	08	0	04	32
Rüsselsheim	+49	59.2	ö.	8	25.1	0	33	40

GEOGRAPHISCHE

Ort	Geogr. Breite			Länge von Greenwich				
	°	′		°	′	H	M	S
Saarbrücken	+49	14	ö.	6	59	0	27	56
Salerno (Italien)	+40	41	ö.	14	46	0	59	04
Saloniki (Griechenl.)	+40	37.5	ö.	22	58.0	1	31	52
Salzburg (Österr.)	+47	47.8	ö.	13	3.0	0	52	12
Salzgitter	+52	2.6	ö.	10	23.2	0	41	33
Salzuflen	+52	5.4	ö.	8	45.5	0	35	2
San Francisco (USA)	+37	47.4	w.	122	25.6	8	9	42
Santiago (Chile)	−33	27	w.	70	40	4	42	40
San José (Costa Rica)	+ 9	56	w.	84	05	5	36	20
San Juan (Puerto Rico)	+18	28	w.	66	07	4	24	28
São Paulo (Brasilien)	−23	33	w.	46	35	3	06	20
Saragossa (Spanien)	+41	39	w.	0	54	0	03	36
Sarajewo (Jugosl.)	+43	52	ö.	18	26.1	1	13	44
Schanghai (China)	+31	14	ö.	121	30	8	06	00
Schleswig	+54	30	ö.	9	33	0	38	12
Schneidemühl	+53	09	ö.	16	45	1	07	00
Schwäb. Gmünd	+48	48	ö.	9	47.8	0	39	12
Schweidnitz	+50	50.6	ö.	16	28.2	1	05	53
Schweinfurt	+50	2.7	ö.	10	14.4	0	40	58
Schwerin	+53	37.6	ö.	11	25.2	0	45	41
Seoul (Korea)	+37	32	ö.	126	57	8	27	48
Sevilla (Spanien)	+37	22.7	w.	6	1.2	0	24	05
Sewastopol (UdSSR)	+44	35	ö.	33	34	2	14	16
Sheffield (Großbrit.)	+53	23	w.	1	29	0	05	56
Siegen	+50	52.6	ö.	8	1.6	0	32	7
Siena (Italien)	+43	19	ö.	11	18	0	45	12
Singapore	+ 1	16	ö.	103	51	6	55	24
Singen/Hohentwiel	+47	46	ö.	8	50	0	35	20
Skopje (Jugosl.)	+42	00	ö.	21	25	1	25	40
Smolensk (UdSSR)	+54	46	ö.	32	03	2	08	12
Soest	+51	34.4	ö.	8	6.5	0	32	26
Sofia (Bulgarien)	+42	42.0	ö.	23	19.8	1	33	19
Solingen	+51	10.4	ö.	7	5.1	0	29	21
Southampton (Großbrit.)	+50	54	w.	1	23	0	05	32
Speyer	+49	18.9	ö.	8	26.4	0	33	46
Spitzbergen (Nordpolarmeer)	+79	33.8	ö.	11	9.5	0	44	38
Stade	+53	36.2	ö.	9	28.7	0	37	55
Stavanger (Norwegen)	+58	58	ö.	5	44	0	22	56
Stettin	+53	25.7	ö.	14	33.9	0	58	16
Steyr (Österr.)	+48	2.3	ö.	14	25.2	0	57	41
St. Gallen (Schweiz)	+47	25	ö.	9	23	0	37	32
St. Johns (Neufundland)	+47	34	w.	52	42	3	30	48
Stockholm (Schweden)	+59	20.6	ö.	18	3.5	1	12	14
Stralsund	+54	18.7	ö.	13	5.5	0	52	22
Straßburg (Frankr.)	+48	35.0	ö.	7	46.2	0	31	05
Straubing	+48	52.8	ö.	12	34.5	0	50	18
Stuttgart	+48	46.6	ö.	9	10.7	0	36	43

POSITIONEN

Ort	Geogr. Breite			Länge von Greenwich				
	°	′		°	′	H	M	S
Sydney (Australien)	−33	55	ö.	151	10	10	04	40
Taganrog (UdSSR)	+47	14	ö.	38	57	2	35	48
Tananarive (Madagaskar)	−18	54	ö.	47	30	3	10	00
Tanger (Marokko)	+35	47	w.	5	48	0	23	12
Tarnopol (UdSSR)	+49	33	ö.	25	38	1	42	32
Tarragona (Spanien)	+41	07	ö.	1	15	0	05	00
Teheran (Iran)	+35	40	ö.	51	26	3	25	44
Temešvar (Rumänien)	+45	45.6	ö.	21	15.3	1	25	01
Teplitz (ČSSR)	+50	39	ö.	13	49	0	55	16
Tiflis (UdSSR)	+41	45	ö.	44	50	2	59	40
Tilsit	+55	05	ö.	21	53	1	27	32
Tokio (Japan)	+35	40	ö.	139	45	9	19	00
Toronto (Canada)	+43	39	w.	79	22	5	17	28
Toulon (Frankr.)	+43	7.4	ö.	5	55.4	0	23	42
Toulouse (Frankr.)	+43	36.8	ö.	1	27.5	0	05	50
Traunstein	+47	52.4	ö.	12	39	0	50	36
Trier	+49	46	ö.	6	39	0	26	36
Triest (Italien)	+45	38.8	ö.	13	45.7	0	55	03
Tripolis (Libyen)	+32	54	ö.	13	10	0	52	40
Trondheim (Norwegen)	+63	26	ö.	10	23	0	41	32
Tschenstochau (Polen)	+50	49	ö.	19	07	1	16	28
Tübingen	+48	31.2	ö.	9	3.2	0	36	13
Tunis (Tunesien)	+36	48	ö.	10	10	0	40	40
Turin (Italien)	+45	4.1	ö.	7	41.8	0	30	47
Ulm	+48	23.8	ö.	9	59.4	0	39	58
Uppsala (Schweden)	+59	52	ö.	17	38	1	10	32
Utrecht (Niederl.)	+52	5.2	ö.	5	7.9	0	20	32
Vaduz (Liechtenstein)	+47	08	ö.	9	31	0	38	04
Valencia (Spanien)	+39	27.2	w.	0	19.2	0	01	17
Valparaiso (Chile)	−33	03	w.	71	39	4	46	36
Varna (Bulgarien)	+43	10	ö.	27	55	1	51	40
Vasa (Finnland)	+63	07	ö.	21	36	1	26	24
Velbert	+51	20.6	ö.	7	2.8	0	28	11
Verona (Italien)	+45	26	ö.	11	00	0	44	00
Viersen	+51	15.2	ö.	6	23.8	0	25	35
Villach (Österr.)	+46	36.8	ö.	13	50.9	0	55	24
Villingen-Schwenningen	+48	3.5	ö.	8	27.5	0	33	50
Vlissingen (Niederl.)	+51	26	ö.	3	34	0	14	16
Wanne-Eickel	+51	31.7	ö.	7	11.1	0	28	44
Warschau (Polen)	+52	13.1	ö.	21	1.8	1	24	07
Washington (USA)	+38	55.2	w.	77	4.0	5	8	16
Weimar	+50	59.2	ö.	11	19.9	0	45	20
Wellington (Neuseeland)	−41	18	ö.	174	47	11	39	08
Wesel	+51	39.5	ö.	6	36.7	0	26	27
Westerland/Sylt	+54	54.3	ö.	8	18.8	0	33	15
Wien (Österr.)	+48	12.6	ö.	16	22.7	1	05	31
Wiesbaden	+50	05	ö.	8	14	0	32	56

GEOGRAPHISCHE POSITION

Ort	Geogr. Breite		Länge von Greenwich		H	M	S
	° '		° '				
Wilhelmshaven	+53 31.1	ö.	8 7.3		0	32	29
Wilna (UdSSR)	+54 41	ö.	25 17		1	41	08
Winterthur (Schweiz)	+47 30	ö.	8 44		0	34	56
Wittenberg	+51 52	ö.	12 38		0	50	32
Wolfenbüttel	+52 10	ö.	10 33		0	42	12
Wolfsburg	+52 27	ö.	10 49		0	43	16
Worms	+49 37.8	ö.	8 21.9		0	33	38
Wuppertal	+51 17	ö.	7 12		0	28	48
Würzburg	+49 47.7	ö.	9 56.0		0	39	44
Yokohama (Japan)	+35 25	ö.	139 38		9	18	32
Zagreb (Jugosl.)	+45 48.8	ö.	15 58.8		1	03	55
Zittau	+50 53.8	ö.	14 48.5		0	59	14
Zürich (Schweiz)	+47 22.7	ö.	8 33.1		0	34	12
Zweibrücken	+49 14.8	ö.	7 22.0		0	29	28
Zwickau	+50 43.0	ö.	12 28.5		0	49	54
Zwolle (Niederl.)	+52 30	ö.	6 06		0	24	24

DIE ZEITZONEN
UND SOMMERZEITEN
ALLER EUROPÄISCHEN LÄNDER
SEIT 1582

Time Changes in Europe
since 1582

Zones de temps et heures d'été
de tous les pays d'Europe
depuis 1582

Obwohl die folgenden Angaben mit großer Sorgfalt zusammengestellt wurden, können Irrtümer nicht völlig ausgeschlossen werden. Die teilweise schwer zu ermittelnden Daten wurden u.a. dem Werk «Time Changes in the World» von Doris Chase Doane entnommen, zum Teil auch von den jeweiligen diplomatischen Vertretungen in der Bundesrepublik Deutschland sowie vom Bundesbahn-Zentralamt München zur Verfügung gestellt.

Although the following data have been compiled with great care, errors cannot be totally excluded. The data which were partly difficult to trace, were among others taken from the work «Time Changes in the World» by Doris Chase Doane, and partly also made available by the respective diplomatic missions in the Federal Republic of Germany and the Bundesbahn-Zentralamt in Munich.

Bien que les données ci-après aient été recherchées avec les plus grands soins, nous ne pouvons pas exclure totalement des erreurs. Un certain nombre de dates – en partie très difficiles à obtenir – a été tiré de l'ouvrage «Time Changes in the World» de Doris Chase Doane. D'autres nous ont été fournies par les différentes représentations diplomatiques, ainsi que par le Bundesbahn-Zentralamt à Munich.

Albanien   Albania   Albanie

Hauptstadt, Capital(e): Tirana   41 N 18   19 E 50

bis, to, jusqu'en	1914	GT+1h 19m 20s
seit, since, depuis	1914	GT+1h 00m 00s

Sommerzeiten, Daylight Saving Time, Heures d'été
vom, from, du 1. 4.1940 bis, to, au 2.11.1942 GT+3h 00m 00s
vom, from, du 2.11.1942 bis, to, au 29. 3.1943 GT+2h 00m 00s

Allemagne → Deutschland

Angleterre → Grossbritannien

Austria → Österreich

Autriche → Österreich

Balearen → Spanien

Belgien   Belgium   Belgique

Hauptstadt, Capital(e): Brüssel, Brussels, Bruxelles   50N51   4E21

seit, since, du 21.2.1583 Gregorianischer Kalender
                 Gregorian Calendar
                 Calendrier Grégorien

von, from, depuis 1880	GT+00h 17m
vom, from, du 1. 5.1892	GT
vom, from, du 23. 8.1914 0h 00m*	GT+ 1h 00m
vom, from, du 16. 9.1918 0h 00m	GT
vom, from, du 20. 5.1940 3h 00m*	GT+ 1h 00m
vom, from, du 1.10.1946 2h 00m	GT
von, from, depuis 1953	GT+ 1h 00m

* Wurde in manchen ländlichen Gebieten, insbesondere während der Besetzung, nicht beachtet.
* Was ignored in some rural areas especially during occupation.
* A été ignoré souvent dans des régions de campagne pendant l'occupation.

Sommerzeiten, Daylight Saving Time, Heures d'été
vom, from, du 30. 4.1916 23h	bis, to, au 1.10.1916 1h	GT+2h
vom, from, du 16. 4.1917 2h	bis, to, au 17.9.1917 3h	GT+2h
vom, from, du 15. 4.1918 2h	bis, to, au 16. 9.1918 3h	GT+2h
vom, from, du 1. 3.1919 23h	bis, to, au 5.10.1919 0h	GT+1h
vom, from, du 14. 2.1920 23h	bis, to, au 24.10.1920 0h	GT+1h
vom, from, du 14. 3.1921 23h	bis, to, au 26.10.1921 0h	GT+1h
vom, from, du 25. 3.1922 23h	bis, to, au 8.10.1922 0h	GT+1h

vom, from, du 21. 4.1923 23h	bis, to, au 7.10.1923 0h	GT+1h
vom, from, du 29. 3.1924 23h	bis, to, au 5.10.1924 0h	GT+1h
vom, from, du 4. 4.1925 23h	bis, to, au 4.10.1925 0h	GT+1h
vom, from, du 17. 4.1926 23h	bis, to, au 3.10.1926 0h	GT+1h
vom, from, du 9. 4.1927 23h	bis, to, au 1.10.1927 3h	GT+1h
vom, from, du 14. 4.1928 23h	bis, to, au 7.10.1928 3h	GT+1h
vom, from, du 21. 4.1929 2h	bis, to, au 6.10.1929 3h	GT+1h
vom, from, du 13. 4.1930 2h	bis, to, au 5.10.1930 3h	GT+1h
vom, from, du 19. 4.1931 2h	bis, to, au 4.10.1931 3h	GT+1h
vom, from, du 17. 4.1932 2h	bis, to, au 2.10.1932 3h	GT+1h
vom, from, du 26. 3.1933 2h	bis, to, au 8.10.1933 3h	GT+1h
vom, from, du 8. 4.1934 2h	bis, to, au 7.10.1934 3h	GT+1h
vom, from, du 31. 3.1935 2h	bis, to, au 6.10.1935 2h	GT+1h
vom, from, du 19. 4.1936 2h	bis, to, au 4.10.1936 3h	GT+1h
vom, from, du 4. 4.1937 2h	bis, to, au 3.10.1937 2h	GT+1h
vom, from, du 27. 3.1938 2h	bis, to, au 2.10.1938 2h	GT+1h
vom, from, du 16. 4.1939 2h	bis, to, au 19.11.1939 0h	GT+1h
vom, from, du 24. 2.1940 23h	bis, to, au 19. 5.1940 3h	GT+1h
vom, from, du 19. 5.1940	bis, to, au 2.11.1942 3h	GT+2h
vom, from, du 29. 3.1943 2h	bis, to, au 4.10.1943 3h	GT+2h
vom, from, du 3. 4.1944 2h	bis, to, au 17. 9.1944 3h	GT+2h
vom, from, du 2. 4.1945 2h	bis, to, au 16. 9.1945 3h	GT+2h
vom, from, du 19. 5.1946 2h	bis, to, au 1.10.1946 3h	GT+2h
vom, from, du 1.10.1946 2h	bis, to, au 7.10.1946 3h	GT+1h
vom, from, du 3. 4.1977 2h	bis, to, au 24. 9.1977 3h	GT+2h
vom, from, du 2. 4.1978	bis, to, au 1.10.1978 0h	GT+2h
vom, from, du 1. 4.1979	bis, to, au 30. 9.1979 0h	GT+2h
vom, from, du 6. 4.1980 2h	bis, to, au 28. 9.1980 3h	GT+2h

Belgique → Belgien

Belgium → Belgien

Böhmen → Tschechoslowakei

Bosnia → Jugoslawien

Bosnie → Jugoslawien

Bosnien → Jugoslawien

Bulgarien	**Bulgaria**	**Bulgarie**

Hauptstadt, Capital(e): Sofia   42 N 42   23 E 20

vom, from, du 13.11.1915	Gregorianischer Kalender	
	Gregorian Calendar	
	Calendrier Grégorien	
bis, to, jusqu'en	1894	GT+1h 56m
vom, from, du 30.11.1894		GT+2h
vom, from, du 2.11.1942 3h		GT+1h
vom, from, du 2. 4.1945 3h		GT+2h

Sommerzeiten, Daylight Saving Time, Heures d'été

von, from, de 1919 bis 1920, Sommerzeit wurde nur von der Eisenbahn, nicht von der einfachen Bevölkerung berücksichtigt, GT+3h

1919/20, Daylight Saving Time was used by railroad, not by populace, GT+3h

De 1919 jusqu'en 1920 les heures d'été ont été appliquées seulement par les chemins de fer non par la population, GT+3h

von, from, de 1921 bis, to, jusqu'en 1942		keine Angaben, not observed, pas de références
vom, from, du 29.3.1943 2h	bis, to, au 4.10.1943 3h	GT+2h
vom, from, du 3.4.1944 2h	bis, to, au 8.10.1944 0h	GT+2h
vom, from, du ?.?.1979	bis, to, au 30. 9.1979 0h	GT+3h
vom, from, du 6.4.1980	bis, to, au 27. 9.1980 0h	GT+3h

Corsica → Frankreich

Crete → Griechenland

Czechoslovakia → Tschechoslowakei

Dänemark   Denmark   Danemark

Hauptstadt, Capital(e): Kopenhagen, Copenhagen, Copenhague 55 N 42 12 E 35

seit, since, depuis 15.10.1582 Gregorianischer Kalender
Gregorian Calendar
Calendrier Grégorien

bis, to, jusqu'en 1894 Ortszeit, Local Mean Time, Heure locale
vom, from, du 1. 1.1894   GT+1h

Sommerzeit, Daylight Saving Time, Heures d'été
vom, from, du 14.5.1916 23h bis, to, au 1.10.1916 0h GT+2h
1940–1945 wie Deutschland, same as Germany, comme en Allemagne
vom, from, du 6. 4.1980 2h bis, to, au 28. 9.1980 3h GT+2h

Danzig   **Danzig**   **Danzig**

Hauptstadt, Capital(e): Danzig   54 N 21   18 E 40

vom, from, du	1. 4.1893	GT+1h
von, from, de	1945	GT+2h

Keine Sommerzeiten, no Daylight Saving Time, pas d'heures d'été

Deutschland   **Germany**   **Allemagne**

Hauptstadt, Capital(e): Berlin   52 N 30   13 E 23

vom, from, du 16.10.1583 Gregorianischer Kalender in Bayern
Gregorian Calendar in Bavaria
Calendrier Grégorien en Bavière

vom, from, du 14.11.1583 Gregorianischer Kalender von Katholiken benützt
Gregorian Calendar adopted by Catholics
Calendrier Grégorien adopté par les catholiques

vom, from, du 1. 3.1682 Gregorianischer Kalender in Strassburg
Gregorian Calendar in Strassburg
Calendrier Grégorien à Strasbourg

vom, from, du 15.11.1699 Gregorianischer Kalender von Protestanten benützt
Gregorian Calendar adopted by Protestants
Calendrier Grégorien adopté par les protestants

vom, from, du 12.12.1700 Gregorianischer Kalender in Utrecht
Gregorian Calendar in Utrecht
Calendrier Grégorien à Utrecht

bis, to, à 1890 wurde mittlere Ortszeit benützt
Local Mean Time was used
l'heure locale a été employé

vom, from, du 30. 7.1890 die Eisenbahn führte ein: GT+1h
Railroads began observing: GT+1h
les chemins de fer ont introduit: GT+1h

vom, from, du 15. 3.1891 bis, to, au 31.3.1892
    Baden   GT+0h 34m
    Bayern   GT+0h 46m
    Rheinland-Pfalz   GT+0h 34m

			Württemberg	GT+0h 37m
vom, from, du	1. 6.1891		Preußische Eisenbahn	GT+1h
			Prussian railroads	GT+1h
			chemins de fer Prussiens	GT+1h
vom, from, du	1. 4.1892		Süddeutschland (Baden, Bayern, Rheinland-Pfalz u. Württemberg) führte ein:	GT+1h
			Southern Germany (Baden, Bavaria, Rheinland-Pfalz and Wuerttemberg)	GT+1h
			L'Allemagne du Sud (Baden, Bavière, Rhénanie Palatinat et Wurtemberg)	GT+1h
vom, from, du	1. 4.1893		Ganz Deutschland, within Germany, toute l'Allemagne	GT+1h

Sommerzeiten, Daylight Saving Time, Heures d'été

vom, from, du	30.4.1916 23h	bis, to, au	1.10.1916 1h	GT+2h
vom, from, du	16.4.1917 2h	bis, to, au	17. 9.1917 3h	GT+2h
vom, from, du	15.4.1918 2h	bis, to, au	16. 9.1918 3h	GT+2h

Französisch besetzte Zone (mit Mainz, Koblenz, Köln, Wiesbaden, Mannheim)
French-occupied Zone (including Mainz, Koblenz, Cologne, Wiesbaden, Mannheim
Zone Française (avec Mayence, Coblence etc.) GT

vom, from, du 1.1.1919 23h

Sommerzeiten, Daylight Saving Time, Heures d'été

vom, from, du	1.3.1919 23h	bis, to, au	6.10.1919 0h	GT+1h
vom, from, du	14.2.1920 23h	bis, to, au	26.10.1920 0h	GT+1h
vom, from, du	14.3.1921 23h	bis, to, au	26.10.1921 0h	GT+1h
vom, from, du	25.3.1922 23h	bis, to, au	8.10.1922 0h	GT+1h
vom, from, du	26.5.1923 23h	bis, to, au	7.10.1923 0h	GT+1h
vom, from, du	29.3.1924 23h	bis, to, au	5.10.1924 0h	GT+1h
vom, from, du	4.4.1925 23h	bis, to, au	4.10.1925 0h	GT+1h
vom, from, du	17.4.1926 23h	bis, to, au	3.10.1926 0h	GT+1h
vom, from, du	9.4.1927 23h			GT+1h

---

vom, from, du	1.4.1940 2h	bis, to, au	2.11.1942 3h	GT+2h
vom, from, du	29.3.1943 2h	bis, to, au	4.10.1943 3h	GT+2h
vom, from, du	3.4.1944 2h	bis, to, au	2.10.1944 3h	GT+2h
vom, from, du	2.4.1945 2h	bis, to, au	16. 9.1945 2h	GT+2h

Berlin und sowjetisch besetzte Zone, Berlin and Soviet-occupied Areas, Berlin et la Zone Soviétique
vom, from, du 24. 5.1945 2h   bis, to, au 24. 9.1945 3h   GT+3h
vom, from, du 24. 9.1945 3h   bis, to, au 18.11.1945 2h   GT+2h

vom, from, du 14.4.1946 2h   bis, to, au 7.10.1946 3h   GT+2h
vom, from, du 6.4.1947 3h   bis, to, au 11. 5.1947 3h   GT+2h
vom, from, du 11.5.1947 3h   bis, to, au 29. 6.1947 3h   GT+3h
vom, from, du 29.6.1947 3h   bis, to, au 5.10.1947 3h   GT+2h
vom, from, du 18.4.1948 2h*   bis, to, au 3.10.1948 3h   GT+2h
vom, from, du 10.4.1949 2h*   bis, to, au 2.10.1949 3h   GT+2h

* Ostzone 3h, East Zone 3h, Zone est 3h

Von, from, de 1950 → **Deutschland, Ost**
                 oder, or, ou **Deutschland, West**

Deutschland, Ost   Germany, East
Allemagne, Est

Hauptstadt, Capital(e): Ost-Berlin   52 N 30   13 E 23

seit, since, du 7.10.1949 2h   GT+1h

Sommerzeiten, Daylight Saving Time, Heures d'été
vom, from, du 6.4.1980 2h bis, to, au 28.9.1980 3h   GT+2h

Deutschland, West   Germany, West
Allemagne, Ouest

Hauptstadt, Capital(e): Bonn   50 N 44   7 E 6

seit, from du 29.9.1949 2h   GT+1h

Sommerzeiten, Daylight Saving Time, Heures d'été
vom, from, du 6.4.1980 2h bis, to, au 28.9.1980 3h   GT+2h

**East Germany → Deutschland +
Deutschland, Ost**

**East Prussia → Deutschland, Polen +
Sowjetunion**

Ecosse → Großbritannien

Elsaß-Lothringen → Deutschland
oder, or, ou **Frankreich**

Eire → Irland, Republik

England → Großbritannien

Espagne → Spanien

Estland	**Estonia**	**Estonie**

Hauptstadt, Capital(e): Tallinn, Reval 59 N 26 24 E 43

bis, to, jusqu'en	1921	GT+1h 39m
vom, from, du	1.5.1921	GT+2h
von, from, du	1941	bis, to, jusqu'en 1944 → Deutschland

Keine Sommerzeiten, no Daylight Saving Time, pas d'heures d'été

Siehe auch Sowjetunion, see also Sowjetunion, voir aussi Sowjetunion

Färöer	**Faeroer Islands**	**Iles de Feroe**

Hauptstadt, Capital(e): Torshavn 62 N 1 6 W 45

| bis, to, jusqu'en | 1908 | GT−0h 27m |
| vom, from, du | 11.1.1908 | GT |

Keine Sommerzeiten, no Daylight Saving Time, pas d'heures d'été

Finnland	**Finland**	**Finlande**

Hauptstadt, Capital(e): Helsinki 60 N 9 24 E 58

| bis, to, jusqu'en | 1921 | GT+1h 40m |
| vom, from, du | 1.5.1921 | GT+2h |

Keine Sommerzeiten, no Daylight Saving Time, pas d'heures d'été

Frankreich	**France**	**France**

Hauptstadt, Capital(e): Paris 48 N 50 2 E 20

vom, from, du 20.12.1582 24h Gregorianischer Kalender
  Gregorian Calendar
  Calendrier Grégorien
vom, from, du 24.11.1793 Französischer Kalender
  Calendar of France
  Calendrier Français
vom, from, du 1. 1.1806 Gregorianischer Kalender
  Gregorian Calendar
  Calendrier Grégorien

bis, to, à	1816 Ortszeit, Local Mean Time, Heure locale	
von, from, de	1816*	GT+0h 9m 20s
vom, from, du 15.3.1891 0h		GT+0h 9m 20s
vom, from, du 11.3.1911 0h		GT
Korsika hatte weiterhin		GT+0h 2m 20s
Gesetzlich war die Zeit		
von Paris vorgeschrieben		GT+0h 9m 20s
Corsica Island continued using		GT+0h 2m 20s
The lawful time was the time of Paris		GT+0h 9m 20s
En Corse on comptait selon		GT+0h 2m 20s
Le temps préscrit par la loi était		GT+0h 9m 20s
vom, from, du 16.9.1945 3h		GT+1h

* Nur die Regierung benützte diese Zeit, nicht das Volk.
* This time was only used by the Government, not by the people.
* Ces heures ont été appliquées seulement par le gouvernment, non par la population.

Sommerzeiten, Daylight Saving Time, Heures d'été

vom, from, du 14. 6.1916 23h	bis, to, au 2.10.1916 0h	GT+1h
vom, from, du 24. 3.1917 23h	bis, to, au 8.10.1917 0h	GT+1h
vom, from, du 9. 3.1918 23h	bis, to, au 7.10.1918 0h	GT+1h
vom, from, du 1. 3.1919 23h	bis, to, au 6.10.1919 0h	GT+1h
vom, from, du 14. 2.1920 23h	bis, to, au 26.10.1920 0h	GT+1h
vom, from, du 14. 3.1921 23h	bis, to, au 26.10.1921 0h	GT+1h
vom, from, du 25. 3.1922 23h	bis, to, au 8.10.1922 0h	GT+1h
vom, from, du 26. 5.1923 23h	bis, to, au 7.10.1923 0h	GT+1h
vom, from, du 29. 3.1924 23h	bis, to, au 5.10.1924 0h	GT+1h
vom, from, du 4. 4.1925 23h	bis, to, au 4.10.1925 0h	GT+1h
vom, from, du 17. 4.1926 23h	bis, to, au 3.10.1926 0h	GT+1h
vom, from, du 9. 4.1927 23h	bis, to, au 2.10.1927 0h	GT+1h
vom, from, du 14. 4.1928 23h	bis, to, au 7.10.1928 0h	GT+1h
vom, from, du 20. 4.1929 23h	bis, to, au 6.10.1929 0h	GT+1h
vom, from, du 12. 4.1930 23h	bis, to, au 5.10.1930 0h	GT+1h
vom, from, du 18. 4.1931 23h	bis, to, au 4.10.1931 0h	GT+1h
vom, from, du 2. 4.1932 23h	bis, to, au 2.10.1932 0h	GT+1h
vom, from, du 25. 3.1933 23h	bis, to, au 8.10.1933 0h	GT+1h
vom, from, du 7. 4.1934 23h	bis, to, au 7.10.1934 0h	GT+1h
vom, from, du 30. 3.1935 23h	bis, to, au 6.10.1935 0h	GT+1h
vom, from, du 18. 4.1936 23h	bis, to, au 4.10.1936 0h	GT+1h
vom, from, du 3. 4.1937 23h	bis, to, au 3.10.1937 0h	GT+1h

vom, from, du 26. 3.1938 23h	bis, to, au 2.10.1938 0h	GT+1h
vom, from, du 15. 4.1939 23h	bis, to, au 19.11.1939 0h	GT+1h

Besetzte Zone, Occupied Zone, Zone occupée

vom, from, du 24. 2.1940 23h	bis, to, au 16. 6.1945	GT+1h
vom, from, du 16. 6.1940	bis, to, au 2.11.1942 3h	GT+2h
vom, from, du 2.11.1942 2h	bis, to, au 29. 3.1943	GT+1h

Freie Zone, Free Zone, Zone libre

vom, from, du 24. 2.1940 23h	bis, to, au 4. 5.1941	GT+1h
vom, from, du 4. 5.1941	bis, to, au 6.10.1941	GT+2h
vom, from, du 6.10.1941	bis, to, au 8. 3.1942	GT+1h
vom, from, du 8. 3.1942	bis, to, au 2.11.1942 3h	GT+2h
vom, from, du 2.11.1942	bis, to, au 29. 3.1943	GT+1h

Beide Zonen, Both Zones, Bizone

vom, from, du 29. 3.1943 2h	bis, to, au 4.11.1943 3h	GT+2h
vom, from, du 4.11.1943 2h	bis, to, au 3. 4.1944 3h	GT+1h
vom, from, du 3. 4.1944 2h	bis, to, au 8.10.1944 1h	GT+2h
vom, from, du 8.10.1944 0h	bis, to, au 2. 4.1945 1h	GT+1h
vom, from, du 2. 4.1945 2h	bis, to, au 16. 9.1945 3h	GT+2h
1946-1975 keine Angaben,		
	not observed, pas de références	
vom, from, du 28. 3.1976	bis, to, au 26. 9.1976	GT+2h
vom, from, du 3. 4.1977	bis, to, au 24. 9.1977	GT+2h
vom, from, du 2. 4.1978	bis, to, au 1.10.1978	GT+2h
vom, from, du 1. 4.1979	bis, to, au 29. 9.1979	GT+2h
vom, from, du 6. 4.1980 2h	bis, to, au 28. 9.1980 3h	GT+2h

Germany → Deutschland

Grande Bretagne → Großbritannien

Great Britain → Großbritannien

Greenland → Grönland

Griechenland   **Greece**   **Grèce**

Hauptstadt, Capital(e): Athen, Athens, Athènes 37N58 23E43

Julianischer Kalender von 1846 bis 15.7.1916, der zum 28.7.1916 des Gregorianischen Kalenders wurde. Die Kirche benützte den Julianischen Kalender bis zum 30.9.1923, der nächste Tag war der 14.10.1923 des Gregorianischen Kalenders.
1846 to 1916 Julian Calendar was used. July 15, 1916 became July 28, 1916 Gregorian Calendar. The Greek Church used the Julian

Calender until September 30, 1923 which was followed by October 14, 1923.

Calendrier Julien à partir de 1846 jusqu'au 15.7.1916. Calendrier Grégorien à partir du 28.7.1916. L'église se servait du Calendrier Julien jusqu'au 30.9.1923. Le jour suivant était le 14.10.1923 du Calendrier Grégorien.

vom, from, du 14.9.1895　　　　　　　　　　　　GT+1h 35 m
vom, from, du 28.7.1916 0h 1m　　　　　　　　　GT+2h

Sommerzeiten, Daylight Saving Time, Heures d'été
vom, from, du 1.7.1932 0h bis, to, au 2. 9.1932 0h GT+3h
von, from, de　　　1933-1940 keine Angaben,
　　　　　　　　　　　　　　not observed, pas de références
vom, from, du 7.4.1941 0h bis, to, au 30. 4.1941　GT+3h
vom, from, du 30.4.1941　bis, to, au 8.10.1944
　　　　　　　　　　　　wie, same as, comme Deutschland
von, from, de　　　1945-1952 keine Angaben,
　　　　　　　　　　　　　　not observed, pas de références
vom, from, du 1.7.1952 0h bis, to, au 2.11.1952 0h GT+3h
von, from, de　　　1953-1976 keine Angaben,
　　　　　　　　　　　　　　not observed, pas de références
vom, from, du 3.4.1977　　bis, to, au 25. 9.1977　GT+3h
vom, from, du 2.4.1978　　bis, to, au 24. 9.1978　GT+3h
vom, from, du 2.4.1979　　bis, to, au 1.10.1979　GT+3h
vom, from, du 6.4.1980　　bis, to, au 27. 9.1980　GT+3h

Grönland　　　　　　Greenland　　　　　　Groenlande

Hauptstadt, Capital(e): Godthaab　64 N 11　51 W 43

seit, since, depuis 28.7.1916　　GT−2h, GT−3h, GT−4h, GT−5h

Angmagssalik　　　GT−3h
Etah　　　　　　　GT−4h
Scoresby Sound　　GT−1h
Thule　　　　　　　GT−4h

Keine Sommerzeiten, no Daylight Saving Time, pas d'heures d'été

Großbritannien　Great Britain　Grande Bretagne

Hauptstadt, Capital(e): London　51 N 31　0 W 6

Großbritannien umfaßt, Great Britain includes, Grande Bretagne contient:

England	England	Angleterre
Nord-Irland	Northern Ireland	Irlande du Nord
Schottland	Scotland	Ecosse
Wales	Wales	Pays de Galles

vom, from, du 14. 9.1752		Gregorianischer Kalender Gregorian Calendar Calendrier Grégorien	
bis, to, à	1880	Ortszeit, Local Mean Time, Heure locale	
vom, from, du 1.1.1880		außer Schottland und Irland except Scotland and Ireland sauf en Ecosse et en Irlande	GT GT GT
vom, from, du 29. 1.1884		Schottland, Scotland, Ecosse	GT
vom, from, du 18. 2.1968		2h	GT+1h
vom, from, du 1.11.1972		0h	GT

Nord-Irland, Northern Ireland, Irlande du Nord

vom, from, du 1. 1.1880		GT−0h 23m 40s
vom, from, du 1.10.1916		GT
vom, from, du 21. 5.1916	bis, to, au 24.7.1945 2h	GT+1h
von, from, de 1945	Sommerzeit wie England Daylight Saving Time same as England Heures d'été comme en Angleterre	

Sommerzeiten in England und Schottland
Daylight Saving Time in England and Scotland
Heures d'été en Angleterre et en Ecosse

vom, from, du 21.5.1916 2h	bis, to, au 1.10.1916 2h	GT+1h
vom, from, du 8.4.1917 2h	bis, to, au 17. 9.1917 2h	GT+1h
vom, from, du 24.3.1918 2h	bis, to, au 30. 9.1918 2h	GT+1h
vom, from, du 30.3.1919 2h	bis, to, au 29. 9.1919 2h	GT+1h
vom, from, du 28.3.1920 2h	bis, to, au 25.10.1920 2h	GT+1h

Sommerzeiten in Großbritannien
Daylight Saving Time in Great Britain
Heures d'été en Grande Bretagne

vom, from, du 3.4.1921 2h	bis, to, au 3.10.1921 2h	GT+1h
vom, from, du 26.3.1922 2h	bis, to, au 8.10.1922 2h	GT+1h
vom, from, du 22.4.1923 2h	bis, to, au 16. 9.1923 2h	GT+1h
vom, from, du 13.4.1924 2h	bis, to, au 21. 9.1924 2h	GT+1h

vom, from, du 19.4.1925 2h	bis, to, au 4.10.1925 2h	GT+1h
vom, from, du 18.4.1926 2h	bis, to, au 3.10.1926 2h	GT+1h
vom, from, du 10.4.1927 2h	bis, to, au 2.10.1927 2h	GT+1h
vom, from, du 22.4.1928 2h	bis, to, au 7.10.1928 2h	GT+1h
vom, from, du 25.4.1929 2h	bis, to, au 6.10.1929 2h	GT+1h
vom, from, du 13.4.1930 2h	bis, to, au 5.10.1930 2h	GT+1h
vom, from, du 19.4.1931 2h	bis, to, au 4.10.1931 2h	GT+1h
vom, from, du 17.4.1932 2h	bis, to, au 2.10.1932 2h	GT+1h
vom, from, du 9.4.1933 2h	bis, to, au 8.10.1933 2h	GT+1h
vom, from, du 22.4.1934 2h	bis, to, au 7.10.1934 2h	GT+1h
vom, from, du 14.4.1935 2h	bis, to, au 6.10.1935 2h	GT+1h
vom, from, du 19.4.1936 2h	bis, to, au 4.10.1936 2h	GT+1h
vom, from, du 4.4.1937 2h	bis, to, au 3.10.1937 2h	GT+1h
vom, from, du 10.4.1938 2h	bis, to, au 2.10.1938 2h	GT+1h
vom, from, du 16.4.1939 2h	bis, to, au 19.10.1939 2h	GT+1h
vom, from, du 25.2.1940 2h	bis, to, au 4. 5.1941 2h	GT+1h
vom, from, du 4.5.1941 2h	bis, to, au 10. 8.1941 3h	GT+2h
vom, from, du 10.8.1941 2h	bis, to, au 5. 4.1942 2h	GT+1h
vom, from, du 5.4.1942 2h	bis, to, au 9. 8.1942 3h	GT+2h
vom, from, du 9.8.1942 2h	bis, to, au 4. 4.1943 2h	GT+1h
vom, from, du 4.4.1943 2h	bis, to, au 15. 8.1943 3h	GT+2h
vom, from, du 15.8.1943 2h	bis, to, au 2. 4.1944 2h	GT+1h
vom, from, du 2.4.1944 2h	bis, to, au 17. 9.1944 3h	GT+2h
vom, from, du 17.9.1944 2h	bis, to, au 1. 4.1945 2h	GT+1h
vom, from, du 1.4.1945 2h	bis, to, au 15. 7.1945 3h	GT+2h
vom, from, du 15.7.1945 2h	bis, to, au 7.10.1945 2h	GT+1h
vom, from, du 14.4.1946 2h	bis, to, au 6.10.1946* 2h	GT+1h
vom, from, du 16.3.1947 2h	bis, to, au 13. 4.1947 2h	GT+1h
vom, from, du 13.4.1947 2h	bis, to, au 10. 8.1947 3h	GT+2h
vom, from, du 10.8.1947 2h	bis, to, au 2.11.1947 2h	GT+1h
vom, from, du 14.3.1948 2h	bis, to, au 31.10.1948 2h	GT+1h
vom, from, du 3.4.1949 2h	bis, to, au 30.10.1949 2h	GT+1h
vom, from, du 16.4.1950 2h	bis, to, au 22.10.1950 2h	GT+1h
vom, from, du 15.4.1951 2h	bis, to, au 21.10.1951 2h	GT+1h
vom, from, du 20.4.1952 2h	bis, to, au 26.10.1952 2h	GT+1h
vom, from, du 19.4.1953 2h	bis, to, au 4.10.1953 2h	GT+1h
vom, from, du 11.4.1954 2h	bis, to, au 3.10.1954 2h	GT+1h
vom, from, du 17.4.1955 2h	bis, to, au 2.10.1955 2h	GT+1h
vom, from, du 22.4.1956 2h	bis, to, au 7.10.1956 2h	GT+1h
vom, from, du 14.4.1957 2h	bis, to, au 6.10.1957 2h	GT+1h
vom, from, du 20.4.1958 2h	bis, to, au 5.10.1958 2h	GT+1h
vom, from, du 19.4.1959 2h	bis, to, au 4.10.1959 2h	GT+1h
vom, from, du 10.4.1960 2h	bis, to, au 2.10.1960 2h	GT+1h

vom, from, du 26.3.1961 2h	bis, to, au 29.10.1961 2h	GT+1h
vom, from, du 25.3.1962 2h	bis, to, au 28.10.1962 2h	GT+1h
vom, from, du 31.3.1963 2h	bis, to, au 27.10.1963 2h	GT+1h
vom, from, du 22.3.1964 2h	bis, to, au 25.10.1964 2h	GT+1h
vom, from, du 21.3.1965 2h	bis, to, au 24.10.1965 2h	GT+1h
vom, from, du 20.3.1966 2h	bis, to, au 23.10.1966 2h	GT+1h
vom, from, du 19.3.1967 2h	bis, to, au 29.10.1967 2h	GT+1h
vom, from, du 19.3.1972 2h	bis, to, au 29.10.1972 2h	GT+1h
vom, from, du 18.3.1973 2h	bis, to, au 28.10.1973 2h	GT+1h
vom, from, du 17.3.1974 2h	bis, to, au 27.10.1974 2h	GT+1h
vom, from, du 16.3.1975 2h	bis, to, au 26.10.1975 2h	GT+1h
vom, from, du 21.3.1976 2h	bis, to, au 24.10.1976 2h	GT+1h
vom, from, du 20.3.1977 2h	bis, to, au 23.10.1977 2h	GT+1h
vom, from, du 19.3.1978 2h	bis, to, au 29.10.1978 2h	GT+1h
vom, from, du 18.3.1979 2h	bis, to, au 28.10.1979 2h	GT+1h
vom, from, du 16.3.1980 2h	bis, to, au 26.10.1980	GT+1h

* Keine Angaben über mögliche doppelte Sommerzeit (GT+2h) für 1946.
* Double Daylight Saving Time (GT+2h) not observed for 1946.
* Pas de références concernant des doubles heures d'été (GT+2h) pour 1946.

Herzegovina → Jugoslawien

Holland → Niederlande

Hongrie → Ungarn

Hungary → Ungarn

Iceland → Island

Ireland → Großbritannien + Irland, Republik

Irland, Republik (Eire)
Ireland, Republic of Eire
Irlande, République d'

Hauptstadt, Capital(e): Dublin 53 N 20 6 W 15

vom, from, du 14. 9.1752 Gregorianischer Kalender
Gregorian Calendar
Calendrier Grégorien

vom, from, du 1. 1.1880	GT−0h 25m
vom, from, du 1.10.1916	GT
vom, from, du 18. 2.1968	GT+1
vom, from, du 1.11.1972	GT

Sommerzeiten, Daylight Saving Time, Heures d'été
Wie Großbritannien, jedoch wurde während des Zweiten Weltkriegs keine doppelte Sommerzeit eingeführt.
Same as Great Britain, but Ireland did not use the Double Daylight Saving Time during World War II.
Même qu'en Angleterre, mais la République Irlandaise n'avait pas des doubles heures d'été pendant la Seconde Guerre Mondiale.

Island	**Iceland**	**Islande**

Hauptstadt, Capital(e): Reykjavik   64 N 9   21 W 57

vom, from, du 1.1.1837		GT−1h 27m 48s
vom, from, du 1.1.1908		GT−1h

Sommerzeiten, Daylight Saving Time, Heures d'été

vom, from, du 20.2.1917	bis, to, au 25.10.1917	GT
vom, from, du 20.2.1918	bis, to, au 15.11.1918	GT
vom, from, du 19.2.1919	bis, to, au 15.11.1919	GT
1920-1940 keine Angaben, not observed, pas de références		
vom, from, du 1.3.1941	bis, to, au ?.7.1941	GT
vom, from, du 7.3.1942	bis, to, au ?.7.1942	GT
1943-1959 keine Angaben, not observed, pas de références		
vom, from, du 3.4.1960	bis, to, au 30.10.1960	GT
vom, from, du 2.4.1961	bis, to, au 29.10.1961	GT
vom, from, du 1.4.1962	bis, to, au 28.10.1962	GT
vom, from, du 7.4.1963	bis, to, au 27.10.1963	GT
vom, from, du 5.4.1964	bis, to, au 25.10.1964	GT
vom, from, du 4.4.1965	bis, to, au 31.10.1965	GT
vom, from, du 3.4.1966	bis, to, au 23.10.1966	GT
vom, from, du 2.4.1967	bis, to, au 22.10.1967	GT
vom, from, du 7.4.1968	bis, to, au 27.10.1968	GT
vom, from, du 6.4.1969	bis, to, au 26.10.1969	GT
vom, from, du 5.4.1970	bis, to, au 25.10.1970	GT
vom, from, du 4.4.1971	bis, to, au 31.10.1971	GT
vom, from, du 2.4.1972	bis, to, au 29.10.1972	GT
vom, from, du 1.4.1973	bis, to, au 28.10.1973	GT
vom, from, du 7.4.1974	bis, to, au 27.10.1974	GT
vom, from, du 6.4.1975	bis, to, au 26.10.1975	GT
vom, from, du 4.4.1976	bis, to, au 31.10.1976	GT
vom, from, du 3.4.1977	bis, to, au 30.10.1977	GT

Italien **Italy** **Italie**

Hauptstadt, Capital(e): Rom, Rome   41 N 54   12 E 29

vom, from, du 15.10.1582 Gregorianischer Kalender
Gregorian Calendar
Calendrier Grégorien

vom, from, du 15.11.1866 oder, or, ou 15.12.1866
Ortszeit, Local Mean Time, Heure locale

Italienische Halbinsel:	GT+0h 50m
Italian Peninsula:	GT+0h 50m
Péninsule italienne:	GT+0h 50m
Sardinien:	GT+0h 36m
Sardinia:	GT+0h 36m
Sardegne:	GT+0h 36m
Sizilien:	GT+0h 53m
Sicily:	GT+0h 53m
Sicile:	GT+0h 53m

vom, from, du 1.11.1893 0h   GT+1h

Sommerzeiten, Daylight Saving Time, Heures d'été

vom, from, du 4.6.1916 0h	bis, to, au 1.10.1916 0h	GT+2h
vom, from, du 1.4.1917 0h	bis, to, au 1.10.1917 0h	GT+2h
vom, from, du 10.3.1918 0h	bis, to, au 7.10.1918 0h	GT+2h
vom, from, du 2.3.1919 0h	bis, to, au 5.10.1919 0h	GT+2h
vom, from, du 21.3.1920 0h	bis, to, au 19. 9.1920 0h	GT+2h

1921-1939 keine Angaben,
not observed, pas de références

vom, from, du 2.4.1940 0h	bis, to, au 2.11.1942 3h	GT+2h
vom, from, du 29.3.1943 2h	bis, to, au 4.10.1943 3h	GT+2h
vom, from, du 3.4.1944 2h	bis, to, au 2.10.1944 3h	GT+2h
vom, from, du 2.4.1945 2h	bis, to, au 17. 9.1945 0h	GT+2h
vom, from, du 17.3.1946 2h	bis, to, au 6.10.1946 2h	GT+2h
vom, from, du 16.3.1947 0h	bis, to, au 5.10.1947 1h	GT+2h
vom, from, du 29.2.1948 2h	bis, to, au 3.10.1948 3h	GT+2h

1949-1965 keine Angaben,
not observed, pas de références

vom, from, du 22.5.1966 0h	bis, to, au 25. 9.1966 0h	GT+2h
vom, from, du 28.5.1967 0h	bis, to, au 1.10.1967 0h	GT+2h
vom, from, du 26.5.1968 0h	bis, to, au 29. 9.1968 0h	GT+2h
vom, from, du 27.5.1969 0h	bis, to, au 28. 9.1969 0h	GT+2h
vom, from, du 31.5.1970 0h	bis, to, au 27. 9.1970 0h	GT+2h
vom, from, du 30.5.1971 0h	bis, to, au 26. 9.1971 0h	GT+2h

                    1972 keine Angaben,
                        not observed, pas de références
vom, from, du 3.6.1973 0h bis, to, au 30. 9.1973 1h   GT+2h
                    1974-1976 keine Angaben,
                        not observed, pas de références
vom, from, du 22.5.1977 0h bis, to, au 25. 9.1977 0h   GT+2h
vom, from, du 28.5.1978 0h bis, to, au 1.10.1978 0h   GT+2h
vom, from, du 27.5.1979 0h bis, to, au 30. 9.1979 0h   GT+2h
vom, from, du 6.4.1980 2h bis, to, au 28. 9.1980 3h   GT+2h

Italy → Italien

Jugoslawien   Yugoslavia   Yougoslavie

Hauptstadt, Capital(e): Belgrad 44 N 50 20 E 27

von, from, de 1919 Gregorianischer Kalender
                     Gregorian Calendar
                     Calendrier Grégorien

von, from, de 1891   GT+1h

Sommerzeiten, Daylight Saving Time, Heures d'été
von, from, de 1941 bis, to, jusqu'en 1944 wie Deutschland,
                        same as Germany, comme en Allemagne

Kreta → Griechenland

Korsika → Frankreich

Latvia → Lettland

Lettland   Latvia   Lettonie

Hauptstadt, Capital(e): Riga 56 N 57 24 E 7

bis, to, jusqu'en   1918   GT+2h 1m
vom, from, du 15.2.1918 Gregorianischer
                        Kalender   GT+1h 28m
                        Gregorian Calendar   GT+1h 28m
                        Calendrier Grégorien   GT+1h 28m
vom, from, du 11.6.1926   GT+2h

Sommerzeiten, Daylight Saving Time, Heures d'été
                    1918 keine Angaben, not observed,
                        pas de références
vom, from, du 1.4.1919 bis, to au 22.5.1919   GT+2h 28m
                    1941-1944 wie Deutschland, same as
                        Germany, comme en Allemagne

Siehe auch SOWJETUNION, see also SOWJETUNION, voir aussi SOWJETUNION

Liechtenstein Liechtenstein Liechtenstein

Hauptstadt, Capital(e): Vaduz 47 N 8 9 E 31

vom, from, du 1.6.1894   GT+1h

Keine Sommerzeit, no Daylight Saving Time, pas d'heures d'été

Litauen Lithuania Lithuanie

Hauptstadt, Capital(e): Kaunas, Kowno 54 N 54 23 E 55

vom, from, du 15. 3.1918 Gregorianischer Kalender
                          Gregorian Calendar
                          Calendrier Grégorien
von, from, de   1820 bis, to, jusqu'en 1917 GT+1h 24m
von, from, de   1917 bis, to, jusqu'en 1919 GT+1h 35m 40s
vom, from, du 10.10.1919   GT+1h
vom, from, du 12. 7.1920   GT+2h
vom, from, du 9.10.1920   GT+1h
von, from, de   1941 bis, to, jusqu'en 1944 wie Deutschland,
                        same as Germany, comme en Allemagne
von, from, de   1945   GT+2h

Sommerzeiten, Daylight Saving Time, Heures d'été
1941-1944 wie Deutschland, same as Germany
          comme Allemagne

Siehe auch Sowjetunion, see also Sowjetunion, voir aussi Sowjetunion

Luxemburg Luxembourg Luxembourg

Hauptstadt, Capital(e): Luxemburg, Luxembourg 49 N 38 6 E 10

vom, from, du 1. 4.1892   GT+1h
vom, from, du 1.12.1918   GT
vom, from, du 24. 2.1940 23h   GT+1h

Sommerzeiten, Daylight Saving Time, Heures d'été
vom, from, du 1.3.1916 23h bis, to, au 30. 9.1916 10h GT+1h
vom, from, du 30.4.1917 23h bis, to, au 30. 9.1917 1h GT+1h
vom, from, du 15.4.1918 2h bis, to, au 16. 9.1918 3h GT+1h
vom, from, du 15.4.1919 2h bis, to, au 15. 9.1919 3h GT+1h
vom, from, du 14.2.1920 23h bis, to, au 23.10.1920 2h GT+1h
vom, from, du 14.3.1921 23h bis, to, au 26.10.1921 2h GT+1h
vom, from, du 25.3.1922 23h bis, to, au 8.10.1922 1h GT+1h
vom, from, du 21.4.1923 23h bis, to, au 7.10.1923 2h GT+1h
vom, from, du 29.3.1924 23h bis, to, au 5.10.1924 1h GT+1h
vom, from, du 17.4.1925 23h bis, to, au 4.10.1925 2h GT+1h

vom, from, du 16.4.1926 23h	bis, to, au	3.10.1926	1h	GT+1h
vom, from, du 9.4.1927 23h	bis, to, au	2.10.1927	1h	GT+1h
vom, from, du 18.4.1928 23h	bis, to, au	7.10.1928	1h	GT+1h
vom, from, du 21.4.1929 23h	bis, to, au	6.10.1929	3h	GT+1h
vom, from, du 13.4.1930 2h	bis, to, au	5.10.1930	3h	GT+1h
vom, from, du 19.4.1931 2h	bis, to, au	4.10.1931	3h	GT+1h
vom, from, du 17.4.1932 2h	bis, to, au	2.10.1932	3h	GT+1h
vom, from, du 26.3.1933 2h	bis, to, au	8.10.1933	3h	GT+1h
vom, from, du 8.4.1934 2h	bis, to, au	7.10.1934	3h	GT+1h
vom, from, du 31.3.1935 2h	bis, to, au	6.10.1935	3h	GT+1h
vom, from, du 19.4.1936 2h	bis, to, au	4.10.1936	3h	GT+1h
vom, from, du 4.4.1937 2h	bis, to, au	3.10.1937	3h	GT+1h
vom, from, du 27.3.1938 2h	bis, to, au	2.10.1938	3h	GT+1h
vom, from, du 16.4.1939 2h	bis, to, au	19.11.1939	3h	GT+1h
vom, from, du 14.5.1940 2h	bis, to, au	1.11.1942	3h	GT+2h
vom, from, du 29.3.1943	bis, to, au	3.10.1943		GT+2h
vom, from, du 3.4.1944	bis, to, au	17. 9.1944		GT+2h
vom, from, du 2.4.1945	bis, to, au	15. 9.1945		GT+2h
vom, from, du 19.5.1946	bis, to, au	6.10.1946		GT+2h

1947-1976 keine Angaben,
not observed, pas de références

vom, from, du 3.4.1977	bis, to, au	24. 9.1977	GT+2h
vom, from, du 2.4.1978	bis, to, au	1.10.1978	GT+2h
vom, from, du 1.4.1979	bis, to, au	29. 9.1979	GT+2h
vom, from, du 6.4.1980 2h	bis, to, au	28. 9.1980 3h	GT+2h

Malta   **Malta**   **Malte**

Hauptstadt, Capital(e): La Valetta   35 N 54   14 E 31

bis, to, jusqu'en 1893	GT+0h 58m
vom, from, du 2.11.1893	GT+1h

Sommerzeiten, Daylight Saving Time, Heures d'été

vom, from, du 4.6.1916 0h	bis, to, au 1.10.1916 0h	GT+2h
vom, from, du 1.4.1917 0h	bis, to, au 1.10.1917 0h	GT+2h
vom, from, du 10.3.1918 0h	bis, to, au 7.10.1918 0h	GT+2h
vom, from, du 2.3.1919 0h	bis, to, au 5.10.1919 0h	GT+2h
vom, from, du 21.3.1920 0h	bis, to, au 19. 9.1920 0h	GT+2h

1921-1939 keine Angaben,
not observed, pas de références

vom, from, du 15. 6.1940	bis, to, au 30. 9.1945	GT+2h

1946-1979 keine Angaben,
not observed, pas de références

vom, from, du 31.3.1980	bis, to, au 21. 9.1980	GT+2h

Monaco **Monaco** **Monaco**

Hauptstadt, Capital(e): Monaco   43 N 42   7 E 24

bis, to, jusqu'en	1940	GT
von, from, de	1940	GT+1h

Sommerzeiten wie Frankreich. Daylight Saving Time same as France. Heures d'été comme en France.

Niederlande **Netherlands** **Pays-Bas**

Hauptstadt, Capital(e): Amsterdam   52 N 23   4 E 53

vom, from, du 25.12.1582 Gregorianischer Kalender in großen Städten
Gregorian Calendar in large cities
Calendrier Grégorien seulement valable en grandes villes
vom, from, du 12. 1.1701 Gregorianischer Kalender
Gregorian Calendar
Calendrier Grégorien
bis, to, jusqu'en 1891 Ortszeit, Local Mean Time, Heure locale
vom, from, du 1. 5.1891   GT+0h 19m 32s
vom, from, du 1. 5.1892 die Eisenbahn benützte   GT
railroads observed   GT
les chemins de fer
appliquaient   GT
vom, from, du 1. 7.1937   GT+0h 20m
vom, from, du 16. 5.1940 3h   GT+1h

Sommerzeiten, Daylight Saving Time, Heures d'été
vom, from, du 1.5.1916 0h   bis, to, au 1.10.1916 0h GT+1h
vom, from, du 16.4.1917 2h   bis, to, au 17. 9.1917 3h GT+1h
vom, from, du 1.4.1918 2h   bis, to, au 30. 9.1918 3h GT+1h
vom, from, du 7.4.1919 2h   bis, to, au 29. 9.1919 3h GT+1h
vom, from, du 5.4.1920 2h   bis, to, au 27. 9.1920 3h GT+1h
vom, from, du 4.4.1921 2h   bis, to, au 26. 9.1921 3h GT+1h
vom, from, du 26.3.1922 2h   bis, to, au 8.10.1922 3h GT+1h
vom, from, du 1.6.1923 2h   bis, to, au 7.10.1923 3h GT+1h
vom, from, du 30.3.1924 2h   bis, to, au 5.10.1924 3h GT+1h
vom, from, du 5.6.1925 2h   bis, to, au 4.10.1925 3h GT+1h
vom, from, du 15.5.1926 2h   bis, to, au 3.10.1926 3h GT+1h
vom, from, du 15.5.1927 2h   bis, to, au 2.10.1927 3h GT+1h
vom, from, du 15.5.1928 2h   bis, to, au 7.10.1928 3h GT+1h
vom, from, du 15.5.1929 2h   bis, to, au 6.10.1929 3h GT+1h

vom, from, du 15.5.1930 2h	bis, to, au 5.10.1930 3h	GT+1h
vom, from, du 15.5.1931 2h	bis, to, au 4.10.1931 3h	GT+1h
vom, from, du 22.5.1932 2h	bis, to, au 2.10.1932 3h	GT+1h
vom, from, du 15.5.1933 2h	bis, to, au 8.10.1933 3h	GT+1h
vom, from, du 15.5.1934 2h	bis, to, au 7.10.1934 3h	GT+1h
vom, from, du 15.5.1935 2h	bis, to, au 6.10.1935 3h	GT+1h
vom, from, du 15.5.1936 2h	bis, to, au 4.10.1936 3h	GT+1h
vom, from, du 23.5.1937 2h	bis, to, au 3.10.1937 3h	GT+1h 20m
vom, from, du 15.5.1938 2h	bis, to, au 2.10.1938 3h	GT+1h 20m
vom, from, du 15.5.1939 2h	bis, to, au 8.10.1939 3h	GT+1h 20m
vom, from, du 16.5.1940 2h	bis, to, au 2.11.1942 3h	GT+2h
vom, from, du 29.3.1943 2h	bis, to, au 4.10.1943 3h	GT+2h
vom, from, du 3.4.1944 2h	bis, to, au 2.10.1944 3h	GT+2h
vom, from, du 2.4.1945 2h	bis, to, au 16. 9.1945 3h	GT+2h
vom, from, du 3.4.1977	bis, to, au 24. 9.1977	GT+2h
vom, from, du 2.4.1978	bis, to, au 1.10.1978	GT+2h
vom, from, du 1.4.1979	bis, to, au 29. 9.1979	GT+2h
vom, from, du 6.4.1980 2h	bis, to, au 28. 9.1980 3h	GT+2h

Nord-Irland → Großbritannien

Northern Ireland → Großbritannien

Norwegen   Norway   Norvège

Hauptstadt, Capital(e): Oslo   59 N 55   10 E 44

von, from, de 1834	Ortszeit, Local Mean Time, Heure locale
vom, from, du 1.1.1895	GT+1h

Sommerzeiten, Daylight Saving Time, Heure d'été

vom, from, du 22.5.1916 2h	bis, to, au 30. 9.1916 3h	GT+2h
1917-1939 keine Angaben,		
	not observed, pas de références	
vom, from, du 11.8.1940 2h	bis, to, au 2.11.1942 3h	GT+2h
vom, from, du 29.3.1943 2h	bis, to, au 4.10.1943 3h	GT+2h
vom, from, du 3.4.1944 2h	bis, to, au 17. 9.1944 3h	GT+2h
vom, from, du 2.4.1945 2h	bis, to, au 1.10.1945 3h	GT+2h
1946-1958 keine Angaben,		
	not observed, pas de références	
vom, from, du 15.3.1959 2h	bis, to, au 20. 9.1959 3h	GT+2h
vom, from, du 20.3.1960 2h	bis, to, au 18. 9.1960 3h	GT+2h
vom, from, du 19.3.1961 2h	bis, to, au 17. 9.1961 3h	GT+2h
vom, from, du 18.3.1962 2h	bis, to, au 16. 9.1962 3h	GT+2h
vom, from, du 17.3.1963 2h	bis, to, au 15. 9.1963 3h	GT+2h
vom, from, du 15.3.1964 2h	bis, to, au 20. 9.1964 3h	GT+2h

vom, from, du 25.4.1965 2h	bis, to, au 19. 9.1965 3h	GT+2h
vom, from, du 6.4.1980 2h	bis, to, au 28. 9.1980 3h	GT+2h

Österreich   Austria   Autriche

Hauptstadt, Capital(e): Wien, Vienna, Vienne   48 N 12   16 E 23

vom, from, du 16.10.1583	Gregorianischer Kalender Gregorian Calendar Calendrier Grégorien
bis, to, jusqu'en 1891	Ortszeit, Local Mean Time, Heure locale
vom, from, du 1.10.1891	benützte die Eisenbahn GT+1h. In den meisten Städten sowie in ländlichen Gebieten wurde weiterhin die jeweilige Ortszeit benützt. the railroads adopted GT+1h. Most towns and rural areas continued using Local Mean Time. a été appliquée par les chemins de fer GT+1h. La plupart des villes et des régions de campagne appliquaient l'Heure locale.
vom, from, du 1.4.1893	benützten auch einige kleinere Orte GT+1h also some small towns used GT+1h aussi certaines petites villes appliquaient GT+1h

Sommerzeiten, Daylight Saving Time, Heures d'été

vom, from, du 30.4.1916 23h	bis, to, au 1.10.1916 1h	GT+2h
vom, from, du 16.4.1917 2h	bis, to, au 17. 9.1917 2h	GT+2h
vom, from, du 15.4.1918 2h	bis, to, au 16. 9.1918 2h	GT+2h
vom, from, du 28.4.1919 2h	bis, to, au 29. 9.1919 3h	GT+2h
vom, from, du 5.4.1920 2h	bis, to, au 13. 9.1920 3h	GT+2h
vom, from, du 1.4.1940 2h	bis, to, au 2.11.1942 3h	GT+2h
vom, from, du 1.4.1943 2h	bis, to, au 4.10.1943 3h	GT+2h
vom, from, du 1.4.1944 2h	bis, to, au 2.10.1944 3h	GT+2h
vom, from, du 1.4.1945 2h	bis, to, au 18.11.1945 3h	GT+2h
vom, from, du 14.4.1946 2h	bis, to, au 7.10.1946 3h	GT+2h
vom, from, du 6.4.1947 2h	bis, to, au 5.10.1947 3h	GT+2h
vom, from, du 18.4.1948 2h	bis, to, au 3.10.1948 3h	GT+2h
vom, from, du 6.4.1980 0h	bis, to, au 27. 9.1980 24h	GT+2h

Ost-Deutschland → Deutschland, Ost

Ostpreußen → Deutschland, Polen + Sowjetunion

Pays-Bas → Niederlande

Pays de Galles → Großbritannien

Polen	**Poland**	**Pologne**

Hauptstadt, Capital(e): Warschau, Warsaw, Varsovie
52 N 13   21 E 2

vom, from, du 15.10.1582 Gregorianischer Kalender
　　　　　　　　　　　　Gregorian Calendar
　　　　　　　　　　　　Calendrier Grégorien

von, from, de 1820　　　　　　　　　　　　　　　　GT+1h 24m
von, from, de 1916 im früher österreichischen und dem
　　　　　deutschen Teil von Polen benützte man
　　　　　　　　　　　　　　　　　　　　　　　　GT+1h
　　　　　im früher russischen Teil gab es zwei Gebiete
　　　　　1. Kongresspolen (früher Hzgt.
　　　　　　　Warschau)　　　　　　　　　　　　GT+1h 24m
　　　　　2. alle anderen früher russischen
　　　　　　　Gebiete　　　　　　　　　　　　　GT+2h 1m

　　　　　Former Austrian and German Poland
　　　　　used　　　　　　　　　　　　　　　　GT+1h
　　　　　Former Russian Poland used two systems:
　　　　　1. Territories formerly known as
　　　　　　　Congress Poland used　　　　　　GT+1h 24m
　　　　　2. All other parts of former Russian
　　　　　　　Poland used　　　　　　　　　　GT+2h 1m

　　　　　Les anciennes régions autrichiennes
　　　　　et allemandes appliquaient　　　　　GT+1h
　　　　　L'ancien Pologne russe se divise
　　　　　en deux régions:
　　　　　1. Régions connues sous le nom de
　　　　　　　Pologne du Congrès　　　　　　GT+1h 24m
　　　　　2. Toutes les autres régions　　　　GT+2h 1m

30.4.1916–16.9.1919 keine Angaben,
　　　　　　　　　not observed, pas de références
vom, from, du 16.9.1919 0h　　　　　　　　　　　GT+2h
vom, from, du 1.6.1922 0h　　　　　　　　　　　　GT+1h
vom, from, du 17.9.1939 4h nur im russischen Polen　GT+2h
　　　　　　　　　　　　Russian Poland only　　GT+2h
　　　　　　　　　　　　seulement en Pologne russe GT+2h

vom, from, du 22.6.1941		GT+1h
vom, from, du 2.4.1945 2h		GT+2h

1965-1976 keine Angaben,
not observed, pas de références

vom, from, du 1.1.1977		GT+1h

Sommerzeiten, Daylight Saving Time, Heures d'été

1916-1921 keine Angaben,
not observed, pas de références

vom, from, du 31.5.1922 23h	bis, to, au 1. 6.1922 0h	GT+2h
vom, from, du 1.4.1940 2h	bis, to, au 1.11.1942 3h	GT+2h
vom, from, du 29.3.1943 2h	bis, to, au 4.10.1943 3h	GT+2h
vom, from, du 3.4.1944 2h	bis, to, au 3.10.1944 3h	GT+2h
vom, from, du 2.4.1945 2h	bis, to, au 18.11.1945 2h	GT+3h

1946-1959 keine Angaben,
not observed, pas de références

vom, from, du 29.5.1960	bis, to, au 2.10.1960	GT+3h
vom, from, du 28.5.1961	bis, to, au 1.10.1961	GT+3h
vom, from, du 27.5.1962	bis, to, au 30. 9.1962	GT+3h
vom, from, du 26.5.1963	bis, to, au 29. 9.1963	GT+3h
vom, from, du 31.5.1964	bis, to, au 27. 9.1964	GT+3h

1965-1976 keine Angaben,
not observed, pas de références

vom, from, du 3.4.1977	bis, to, au 25. 9.1977	GT+2h
vom, from, du 1.4.1978	bis, to, au 29. 9.1978	GT+2h
vom, from, du 1.4.1979	bis, to, au 6.10.1979	GT+2h
vom, from, du 6.4.1980	bis, to, au 27. 9.1980	GT+2h

Portugal   Portugal   Portugal

Hauptstadt, Capital(e): Lissabon, Lisbon, Lisbonne
38 N 43   9 W 10

vom, from, du 15.10.1582 Gregorianischer Kalender
Gregorian Calendar
Calendrier Grégorien

von, from, de 1903	GT−0h 36m 40s
vom, from, du 1. 1.1912	GT

Sommerzeiten, Daylight Saving Time, Heures d'été

vom, from, du 17.6.1916 23h	bis, to, au 1.11.1916 0h	GT+1h
vom, from, du 28.2.1917 23h	bis, to, au 15.10.1917 0h	GT+1h
vom, from, du 1.3.1918 23h	bis, to, au 15.10.1918 0h	GT+1h
vom, from, du 28.2.1919 23h	bis, to, au 15.10.1919 0h	GT+1h
vom, from, du 29.2.1920 23h	bis, to, au 15.10.1920 0h	GT+1h
vom, from, du 28.2.1921 23h	bis, to, au 15.10.1921 0h	GT+1h

	1922–1923 keine Angaben,	
	not observed, pas de références	
vom, from, du 16.4.1924 23h	bis, to, au 15.10.1924 0h	GT+1h
	1925 keine Angaben,	
	not observed, pas de références	
vom, from, du 17.4.1926 23h	bis, to, au 3.10.1926 0h	GT+1h
vom, from, du 9.4.1927 23h	bis, to, au 2.10.1927 0h	GT+1h
vom, from, du 14.4.1928 23h	bis, to, au 7.10.1928 0h	GT+1h
vom, from, du 20.4.1929 23h	bis, to, au 6.10.1929	GT+1h
	1930 keine Angaben,	
	not observed, pas de références	
vom, from, du 18.4.1931 23h	bis, to, au 4.10.1931 0h	GT+1h
vom, from, du 2.4.1932 23h	bis, to, au 2.10.1932 0h	GT+1h
	1933 keine Angaben,	
	not observed, pas de références	
vom, from, du 7.4.1934 23h	bis, to, au 7.10.1934 0h	GT+1h
vom, from, du 30.3.1935 23h	bis, to, au 6.10.1935 0h	GT+1h
vom, from, du 18.4.1936 23h	bis, to, au 4.10.1936 0h	GT+1h
vom, from, du 3.4.1937 23h	bis, to, au 3.10.1937 0h	GT+1h
vom, from, du 26.3.1938 23h	bis, to, au 2.10.1938 0h	GT+1h
vom, from, du 15.4.1939 23h	bis, to, au 22.10.1939 0h	GT+1h
vom, from, du 24.2.1940 23h	bis, to, au 27.10.1940 0h	GT+1h
vom, from, du 25.4.1941 23h	bis, to, au 2.11.1941 0h	GT+1h
vom, from, du 14.3.1942 23h	bis, to, au 26. 4.1942 0h	GT+1h
vom, from, du 26.4.1942 0h	bis, to, au ?	GT+2h
bis, to, jusqu'en	1959 keine Angaben,	
	not observed, pas de références	
vom, from, du 3.4.1960	bis, to, au 2.10.1960	GT+1h
vom, from, du 2.4.1961	bis, to, au 1.10.1961	GT+1h
vom, from, du 1.4.1962	bis, to, au 7.10.1962	GT+1h
vom, from, du 7.4.1963	bis, to, au 6.10.1963	GT+1h
vom, from, du 5.4.1964	bis, to, au 4.10.1964	GT+1h
vom, from, du 4.4.1965	bis, to, au 3.10.1965	GT+1h
vom, from, du 3.4.1966	bis, to, au 2.10.1966	GT+1h
vom, from, du 2.4.1967	bis, to, au 1.10.1967	GT+1h
vom, from, du 7.4.1968	bis, to, au 6.10.1968	GT+1h
vom, from, du 6.4.1969	bis, to, au 5.10.1969	GT+1h
vom, from, du 5.4.1970	bis, to, au 4.10.1970	GT+1h
vom, from, du 4.4.1971	bis, to, au 3.10.1971	GT+1h
vom, from, du 2.4.1972	bis, to, au 1.10.1972	GT+1h
vom, from, du 1.4.1973	bis, to, au 7.10.1973	GT+1h
vom, from, du 7.4.1974	bis, to, au 6.10.1974	GT+1h
vom, from, du 6.4.1975	bis, to, au 5.10.1975	GT+1h

vom, from, du 4.4.1976	bis, to, au 3.10.1976	GT+1h
vom, from, du 27.3.1977	bis, to, au 25. 9.1977	GT+1h
vom, from, du 26.3.1978	bis, to, au 24. 9.1978	GT+1h
vom, from, du 25.3.1979	bis, to, au 24. 9.1979	GT+1h
vom, from, du 6.4.1980	bis, to, au 28. 9.1980	GT+1h

Republik Irland → Irland, Republik

Rumänien　　　　　**Romania**　　　　　**Roumanie**

Hauptstadt, Capital(e): Bukarest, Bucharest, Bucarest
44 N 26　26 E 6

vom, from, du 18. 3.1919 Gregorianischer Kalender
　　　　　　　　　　　Gregorian Calendar
　　　　　　　　　　　Calendrier Grégorien

vom, from, du 1.10.1891	GT+1h 44m 24s
vom, from, du 24. 7.1931	GT+2h
von, from, de Sommer, summer, l'été 1941	GT+1h
vom, from, du ?. 4.1945	GT+2h

Sommerzeiten, Daylight Saving Time, Heures d'été

vom, from, du 22.5.1932 0h	bis, to, au 2.10.1932 1h	GT+3h
vom, from, du 2.4.1933 0h	bis, to, au 1.10.1933 1h	GT+3h
vom, from, du 8.4.1934 0h	bis, to, au 7.10.1934 1h	GT+3h
vom, from, du 7.4.1935 0h	bis, to, au 6.10.1935 1h	GT+3h
vom, from, du 5.4.1936 0h	bis, to, au 4.10.1936 1h	GT+3h
vom, from, du 4.4.1937 0h	bis, to, au 3.10.1937 1h	GT+3h
vom, from, du 3.4.1938 0h	bis, to, au 2.10.1938 1h	GT+3h
vom, from, du 2.4.1939 0h	bis, to, au 7.10.1939 1h	GT+3h
vom, from, du 29.3.1943 0h	bis, to, au 4.10.1943 1h	GT+2h
vom, from, du 3.4.1944 0h	bis, to, au 8.10.1944 1h	GT+2h
vom, from, du 7.4.1980 0h	bis, to, au 29. 9.1980 0h	GT+3h

Russia → Sowjetunion

Russie → Sowjetunion

Rußland → Sowjetunion

San Marino　　　　**San Marino**　　　　**Saint Marin**

Hauptstadt, Capital(e): San Marino　43 N 56　12 E 27

Sommerzeiten, Daylight Saving Time, Heures d'été:
Wie Italien, same as Italy, comme Italie

Sardegne → Italien

Sardinien → Italien

Schottland → Großbritannien

Schweden   Sweden   Suède

Hauptstadt, Capital(e): Stockholm 59 N 20 18 E 3

vom, from, du 1.3.1753 Gregorianischer Kalender
Gregorian Calendar
Calendrier Grégorien

vom, from, du 31.5.1878   GT+1h 12m
vom, from, du 1.1.1900 1h   GT+1h

Sommerzeiten, Daylight Saving Time, Heures d'été
vom, from, du 15.5.1916 1h bis, to, au 30. 9.1916 1h
vom, from, du 6.4.1980 bis, to, au 28. 9.1980

Schweiz   Switzerland   Suisse

Hauptstadt, Capital(e): Bern, Berne 46 N 57 7 E 28

vom, from, du 22.1.1584 Gregorianischer Kalender in katholischen Gebieten, einschließlich Luzern, Schwyz, Solothurn und Zug.
Gregorian Calendar adopted by Catholic districts, including Lucern, Schwyz, Solothurn and Zug.
Calendrier Grégorien adopté par les régions catholiques, inclus Lucerne, Schwytz, Soleure, Zoug.

vom, from, du 12.1.1701 Gregorianischer Kalender in Basel, Bern, Genf, Neuchâtel, Aargau, Schaffhausen, Thurgau, Zürich.
Gregorian Calendar adopted by Basel, Berne, Geneva, Neuchâtel, Aargau, Schaffhausen, Thurgau, Zurich.
Calendrier Grégorien à Bâle, Berne, Genève, Neuchâtel, Argovie, Schaffhouse, Turgovie, Zurich.

vom, from, du 1.1.1724 Gregorianischer Kalender in protestantischen Gebieten, einschließlich Appenzell, Glarus, St. Gallen.
Gregorian Calendar adopted by Protestant districts, including Appenzell, Glarus, St. Gallen.
Calendrier Grégorien adopté par les régions protestantes, inclus Appenzell, Glaris, St-Gall.

bis, to jusqu'en 1894		GT+0h 30m
vom, from, du 1.6.1894		GT+1h

Sommerzeiten, Daylight Saving Time, Heures d'été
vom, from, du 3.6.1916 2h	bis, to, au 30. 9.1916 0h	GT+2h
vom, from, du 5.5.1941 2h	bis, to, au 6.10.1941 0h	GT+2h
vom, from, du 4.5.1942 2h	bis, to, au 5.10.1942 0h	GT+2h

Sicily → Italien

Sizilien → Italien

Sowjetunion   Soviet Union   Union Soviétique

Hauptstadt, Capital(e): Moskau, Moscow, Moscou
55 N 45   37 E 34

19. Jahrhundert: Julianischer Kalender. 12 Tage hinzuzählen, so erhält man das Datum im Gregorianischen Kalender.
20. Jahrhundert: bis zum 14.2.1918 Julianischer Kalender. 13 Tage hinzuzählen, so erhält man Daten im Gregorianischen Kalender.

19th century: Julian Calendar was used, dates differ from Gregorian Calendar by 12 days. Add 12 days to get the Gregorian date.
20th century: Julian Calendar was used until February 14, 1918. Add 13 days to get the Gregorian date.

19ième siècle: Calendrier Julien. Compter 10 jours de plus pour obtenir la date du Calendrier Grégorien.
20ième siècle: jusqu'au 14.2.1918 Calendrier Julien. Compter 13 jours de plus pour obtenir la date du Calendrier Grégorien.

Zeitzonen im europäischen Teil des früheren
Russischen Reiches:
Imperial Russian Time Zones formerly in use (European part):
Zones de temps dans la part européenne de l'Empire russe:

Riga	GT+1h 36m 20s
Pulkovo (Leningrad)	GT+1h 59m 36s
Nikolajew	GT+2h 8m 00s

vom, from, du 16.6.1930   bis, to, au 1.1.1931
Riga	GT+2h 36m 20s
Pulkovo (Leningrad)	GT+2h 59m 36s
Nikolajew	GT+3h 8m 00s

vom, from, à partir du 1.1.1931 wurde eine Einteilung der Sowjetunion in 11 Zeitzonen vorgenommen, davon liegen zwei in Europa:

Soviet Union rezoned into 11 time zones, two of them being in Europe:

L'Union Soviétique a été divisée en 11 zones de temps, deux zones de temps en Europe:

1. Zone	20 E 30 bis, to, à 37 E 30	GT+2h

Weißrussische S.S.R.	Byelorussian S.S.R
Zentrales Schwarzerdengebiet	Central Black Soil Area
Krim	Crimea
Iwanowo Industriegebiet (West)	Ivanovo Industrial Area (West)
Karelien	Karelian A.S.S.R.
Kola-Halbinsel	Kola Peninsula
Gebiet von Leningrad	Leningrad Area
Moldau S.S.R.	Moldavian S.S.R.
Moskauer Industriegebiet	Moscow Industrial Area
Ukraine	Ukrainian S.S.R.

2. Zone	37 E 30 bis, to, à 52 E 30	GT+3h

Abchasische A.S.S.R.	Abkhaz A.S.S.R.
Adseharische A.S.S.R.	Adzhar A.S.S.R.
Armenien	Armenian S.S.R.
Aserbeidschan	Azerbaijan S.S.R.
Baschkirien	Bashkir S.S.R.
Zentrales Schwarzerdengebiet	Central Black Soil Area
Tschuwaschische A.S.S.R.	Chuvash A.S.S.R.
Dagestan	Dagestan A.S.S.R.
Georgien	Georgian S.S.R.
Iwanowo Industriegebiet	Ivanovo Industrial Area
Kalmückische A.S.S.R.	Kalmuck A.S.S.R.
Kasachische S.S.R.	Kazak S.S.R. (West)
Unteres Wolgagebiet	Lower Volga Area
Mittleres Wolgagebiet	Middle Volga Area
Nachitschewanische A.S.S.R.	Nakhichevan A.S.S.R.
Nischnij-Nowgorod (Gorki)	Nizhni-Novgorod Area
Nord-Kaukasisches Gebiet	N. Caucasian Area
Tatarische A.S.S.R.	Tatar A.S.S.R.
Uralgebiet (West)	Ural Area (West)

Sommerzeiten, Daylight Saving Time, Heures d'été

vom, from, du 14.4.1917 bis, to, au 31. 5.1918	1.ZONE	GT+3h
	2.ZONE	GT+4h
vom, from, du 1.6.1918 bis, to, au 31.12.1918	1.ZONE	GT+4h
	2.ZONE	GT+5h
vom, from, du 16.6.1930 bis, to, au 31.12.1930	1.ZONE	GT+3h
	2.ZONE	GT+4h

vom, from, du ?.?.1941 bis, to, au ?. ?.1945	1.ZONE GT+3h
	2.ZONE GT+4h
1963	1.ZONE GT+3h
	2.ZONE GT+4h

Spanien   Spain   Espagne

Hauptstadt, Capital(e): Madrid   40 N 25   3 W 41

vom, from, du 15.10.1582 Gregorianischer Kalender
                       Gregorian Calendar
                       Calendrier Grégorien

bis, to, jusqu'en 1901	GT+0h 14m 44s
vom, from, du 1. 1.1901	GT
vom, from, du 30. 9.1946	GT+1h

Sommerzeiten, Daylight Saving Time, Heures d'été
vom, from, du 5. 5.1917 23h	bis, to, au 7.10.1917 0h	GT+1h
vom, from, du 6. 4.1918 23h	bis, to, au 6.10.1918 0h	GT+1h
vom, from, du 5. 5.1919 23h	bis, to, au 5.10.1919 0h	GT+1h

               1920-1923 keine Angaben.
                              not observed, pas de références

vom, from, du 15. 4.1924 23h	bis, to, au 5.10.1924 0h	GT+1h
vom, from, du 17. 4.1926 23h	bis, to, au 3.10.1926 0h	GT+1h
vom, from, du 9. 4.1927 23h	bis, to, au 2.10.1927 0h	GT+1h
vom, from, du 14. 4.1928 23h	bis, to, au 7.10.1928 0h	GT+1h
vom, from, du 20. 4.1929 23h	bis, to, au 6.10.1929 0h	GT+1h

Während des Spanischen Bürgerkrieges war Spanien
gespalten in:
Country split during Spanish Civil War in:
Pendant la guerre civile en Espagne la nation a été divisée en:

Zona Republicana
vom, from, du 16. 6.1937 23h	bis, to, au 7.10.1937 0h	GT+1h
vom, from, du 2. 4.1938 23h	bis, to, au 30. 4.1938 23h	GT+1h
vom, from, du 30. 4.1938 23h	bis, to, au 3.10.1938 0h	GT+2h
vom, from, du 2.10.1938 23h	bis, to, au 31.12.1938 24h	GT+1h
vom, from, du 1. 1.1939 0h	bis, to, au 1. 4.1939 24h	GT+1h

Zona de los Insurrectos
vom, from, du 23. 5.1937 23h	bis, to, au 3.10.1937 0h	GT+1h
vom, from, du 26. 3.1938 23h	bis, to, au 2.10.1938 0h	GT+1h
vom, from, du 31. 3.1939 23h	bis, to, au 15. 4.1939 23h	GT+1h

Ganz Spanien, All of Spain, Tout L'Espagne
| vom, from, du 15. 4.1939 23h | bis, to, au 2. 5.1942 23h | GT+1h |
| vom, from, du 2. 5.1942 23h | bis, to, au 2. 9.1942 0h | GT+2h |

vom, from, du 1. 9.1942 23h	bis, to, au 17. 4.1943 23h	GT+1h
vom, from, du 17. 4.1943 23h	bis, to, au 4.10.1943 0h	GT+2h
vom, from, du 3.10.1943 23h	bis, to, au 15. 4.1944 23h	GT+1h
vom, from, du 15. 4.1944 23h	bis, to, au 11.10.1944 0h	GT+2h
vom, from, du 10.10.1944 23h	bis, to, au 14. 4.1945 23h	GT+1h
vom, from, du 14. 4.1945 23h	bis, to, au 1.10.1945 0h	GT+2h
vom, from, du 30. 9.1945 23h	bis, to, au 13. 4.1946 23h	GT+1h
vom, from, du 13. 4.1946 23h	bis, to, au 30. 9.1946 0h	GT+2h

1947–1948 keine Angaben,
not observed, pas de références

vom, from, du 30. 4.1949 23h   bis, to, au 3.10.1949 0h   GT+2h

1950–1973 keine Angaben,
not observed, pas de références

vom, from, du 13. 4.1974 23h   bis, to, au 29. 9.1974 0h   GT+2h

1975–1976 keine Angaben,
not observed, pas de références

vom, from, du 3. 4.1977 23h	bis, to, au 25. 9.1977 0h	GT+2h
vom, from, du 2. 4.1978	bis, to, au 1.10.1978	GT+2h
vom, from, du 1. 4.1979	bis, to, au 29. 9.1979	GT+2h
vom, from, du 6. 4.1980	bis, to, au 28. 9.1980	GT+2h

Suède → Schweden

Suisse → Schweiz

Suomi → Finnland

Sweden → Schweden

Switzerland → Schweiz

Tschechoslowakei, Czechoslovakia, Tchecoslovaquie

Hauptstadt, Capital(e): Prag, Praha, Prague   50 N 5   14 E 25

bis, to jusqu'en 1891	GT+0h 57m 46s
vom, from, du 1.10.1891	GT+1h

Sommerzeiten, Daylight Saving Time, Heures d'été

vom, from, du 30. 4.1916 23h	bis, to, au 1.10.1916 1h	GT+2h
vom, from, du 16. 4.1917 2h	bis, to, au 17. 9.1917 3h	GT+2h
vom, from, du 15. 4.1918 2h	bis, to, au 16. 9.1918 3h	GT+2h

1919–1939 keine Angaben,
not observed, pas de références

vom, from, du 1. 4.1940 2h	bis, to, au 2.11.1942 3h	GT+2h
vom, from, du 29. 3.1943 2h	bis, to, au 4.10.1943 3h	GT+2h
vom, from, du 3. 4.1944 2h	bis, to, au 2.10.1944 3h	GT+2h

vom, from, du	2. 4.1945 2h	bis, to, au 18.11.1946 3h	GT+2h
vom, from, du	?. ?.1979	bis, to, au 29. 9.1979	GT+2h
vom, from, du	6. 4.1980	bis, to, au 27. 9.1980	GT+2h

UdSSR → Sowjetunion

Ungarn Hungary Hongrie

Hauptstadt, Capital(e): Budapest 47 N 30 19 E 4

vom, from, du 1.11.1587 Gregorianischer Kalender
Gregorian Calendar
Calendrier Grégorien
bis, to, jusqu'en 1890 Ortszeit, Local Mean Time,
Heure locale
vom, from, du 1.10.1890   GT+1h

Sommerzeiten, Daylight Saving Time, Heures d'été

vom, from, du	30. 4.1916 23h	bis, to, au 1.10.1916 1h	GT+2h
vom, from, du	16. 4.1917 3h	bis, to, au 17. 9.1917 3h	GT+2h
	1918-1940 keine Angaben,		
		not observed, pas de références	
vom, from, du	6. 4.1941 2h	bis, to, au 16. 9.1945	GT+2h
vom, from, du	6. 4.1980	bis, to, au 28. 9.1980	GT+2h

USSR → Sowjetunion

Vatikan Vatican Vatican

Rom, Rome 41 N 54 12 E 27

vom, from, du 1.11.1893 0h   GT+1h

Sommerzeiten, Daylight Saving Time, Heures d'été
Wie Italien, same as Italy, comme Italie

Wales → Großbritannien

**West Germany → Deutschland +
Deutschland, West**

**West-Deutschland → Deutschland +
Deutschland West**

Yugoslavia → Jugoslawien

PROPORTIONAL-
DIURNALLOGARITHMEN

PROPORTIONAL-

| | \multicolumn{12}{c}{Stunden oder Grade} |
	0	1	2	3	4	5	6	7	8	9	10	11
0	3.1584	1.3802	1.0792	0.9031	0.7782	0.6812	0.6021	0.5351	0.4771	0.4260	0.3802	0.3388
1	3.1584	.3730	.0756	07	63	0.6798	09	41	62	52	0.3795	82
2	2.8573	.3660	.0720	0.8983	45	84	0.5997	31	53	44	88	75
3	.6812	.3590	.0685	59	28	69	85	20	44	36	80	68
4	.5563	.3522	.0649	35	10	55	73	10	35	28	73	62
5	2.4594	1.3454	1.0615	0.8912	0.7692	0.6741	0.5961	0.5300	0.4726	0.4220	0.3766	0.3355
6	.3802	.3388	.0580	0.8888	74	26	49	0.5290	17	12	59	49
7	.3133	.3323	.0546	65	57	12	37	79	08	04	52	42
8	.2553	.3259	.0512	42	39	0.6698	25	69	0.4699	0.4196	45	36
9	.2041	.3195	.0478	19	22	84	13	59	91	88	37	29
10	2.1584	1.3133	1.0444	0.8796	0.7604	0.6670	0.5902	0.5249	0.4682	0.4180	0.3730	0.3323
11	.1170	.3071	.0411	73	87	56	90	39	73	72	23	16
12	.0792	.3010	.0378	51	70	42	78	29	54	64	16	10
13	.0444	.2950	.0345	28	52	28	67	19	55	56	09	03
14	.0122	.2891	.0313	06	35	14	55	09	46	49	02	0.3297
15	1.9823	1.2833	1.0280	0.8683	0.7518	0.6601	0.5843	0.5199	0.4638	0.4141	0.3695	0.3291
16	.9542	.2775	.0248	61	01	0.6587	32	89	29	33	88	84
17	.9279	.2719	.0216	39	0.7484	73	20	79	20	25	81	78
18	.9031	.2663	.0185	17	67	59	09	69	11	17	74	71
19	.8796	.2607	.0153	0.8595	51	46	0.5797	59	03	10	67	65
20	1.8573	1.2553	1.0122	0.8573	0.7434	0.6532	0.5786	0.5149	0.4594	0.4102	0.3660	0.3259
21	.8361	.2499	.0091	52	17	19	74	39	85	0.4094	53	52
22	.8159	.2445	.0061	30	01	05	63	29	77	86	46	46
23	.7966	.2393	.0030	09	0.7384	0.6492	52	20	68	79	39	39
24	.7782	.2341	.0000	0.8487	68	78	40	10	59	71	32	33
25	1.7604	1.2289	0.9970	0.8466	0.7351	0.6465	0.5729	0.5100	0.4551	0.4063	0.3625	0.3227
26	.7434	.2239	.9940	45	35	51	18	0.5090	42	55	18	20
27	.7270	.2188	.9910	24	19	38	07	81	34	48	11	14
28	.7112	.2139	.9881	03	02	25	0.5695	71	25	40	04	08
29	.6960	.2090	.9852	0.8382	0.7286	12	84	61	16	33	0.3597	01
30	1.6812	1.2041	0.9823	0.8361	0.7270	0.6398	0.5673	0.5051	0.4508	0.4025	0.3590	0.3195
31	.6670	.1993	.9794	41	54	85	62	42	0.4499	17	83	89
32	.6532	.1946	.9765	20	38	72	51	32	91	10	76	83
33	.6398	.1899	.9737	00	22	59	40	23	82	02	70	76
34	.6269	.1852	.9708	0.8279	06	46	29	13	74	0.3995	63	70
35	1.6143	1.1806	0.9680	0.8259	0.7190	0.6333	0.5618	0.5004	0.4466	0.3987	0.3556	0.3164
36	.6021	.1761	.9652	39	75	20	07	0.4994	57	79	49	58
37	.5902	.1716	.9625	19	59	07	0.5596	84	49	72	42	51
38	.5786	.1671	.9597	0.8199	43	0.6294	85	75	40	64	35	45
39	.5673	.1627	.9570	79	28	82	74	65	32	57	29	39
40	1.5563	1.1584	0.9542	0.8159	0.7112	0.6269	0.5563	0.4956	0.4424	0.3949	0.3522	0.3133
41	.5456	.1540	.9515	40	0.7097	56	52	47	15	42	15	26
42	.5351	.1498	.9488	20	81	43	41	37	07	34	08	20
43	.5249	.1455	.9462	01	66	31	31	28	0.4399	27	02	14
44	.5149	.1413	.9435	0.8081	50	18	20	18	90	19	0.3495	08
45	1.5051	1.1372	0.9409	0.8062	0.7035	0.6205	0.5509	0.4909	0.4382	0.3912	0.3488	0.3102
46	.4956	.1331	.9383	43	20	0.6193	98	00	74	05	81	0.3096
47	.4863	.1290	.9356	23	05	80	88	0.4890	66	0.3897	75	89
48	.4771	.1249	.9331	04	0.6990	68	77	81	57	90	68	83
49	.4682	.1209	.9305	0.7985	75	55	66	72	49	82	61	77
50	1.4594	1.1170	0.9279	0.7966	0.6960	0.6143	0.5456	0.4863	0.4341	0.3875	0.3454	0.3071
51	.4508	.1130	.9254	48	45	31	45	53	33	68	48	65
52	.4424	.1091	.9228	29	30	18	35	44	25	50	41	59
53	.4341	.1053	.9203	10	15	06	24	35	16	53	34	53
54	.4260	.1015	.9178	0.7891	00	0.6094	14	26	08	46	28	47
55	1.4180	1.0977	0.9153	0.7873	0.6885	0.6081	0.5403	0.4817	0.4300	0.3838	0.3421	0.3041
56	.4102	.0939	.9128	55	71	69	0.5393	08	0.4292	31	15	34
57	.4025	.0902	.9104	36	56	57	82	0.4798	84	24	08	28
58	.3949	.0865	.9079	18	41	45	72	89	76	17	01	22
59	.3875	.0828	.9055	00	27	33	61	80	68	09	0.3395	16
60	1.3802	1.0792	0.9031	0.7782	0.6812	0.6021	0.5351	0.4771	0.4260	0.3802	0.3388	0.3010

DIURNALLOGARITHMEN

	Stunden oder Grade											
	12	13	14	15	16	17	18	19	20	21	22	23
0	0.3010	0.2663	0.2341	0.2041	0.1761	0.1498	0.1249	0.1015	0.0792	0.0580	0.0378	0.0185
1	04	57	36	36	56	93	45	11	88	76	75	82
2	0.2998	52	31	32	52	89	41	07	85	73	71	79
3	92	46	25	27	47	85	37	03	81	70	68	75
4	86	40	20	22	43	81	33	0.0999	77	66	65	72
5	0.2980	0.2635	0.2315	0.2017	0.1738	0.1476	0.1229	0.0996	0.0774	0.0563	0.0361	0.0169
6	74	29	10	12	34	72	25	92	70	59	58	66
7	68	24	05	08	29	68	21	88	67	56	55	63
8	62	18	00	03	25	64	17	84	63	52	52	60
9	56	13	95	0.1998	20	59	13	80	59	49	48	57
10	0.2950	0.2607	0.2289	0.1993	0.1716	0.1455	0.1209	0.0977	0.0756	0.0546	0.0345	0.0153
11	44	02	84	88	11	51	05	73	52	42	42	50
12	39	0.2596	79	84	07	47	01	69	49	39	39	47
13	33	91	74	79	02	43	0.1197	65	45	35	35	44
14	27	85	69	74	0.1698	38	93	62	41	32	32	41
15	0.2921	0.2580	0.2264	0.1969	0.1694	0.1434	0.1189	0.0958	0.0738	0.0529	0.0329	0.0138
16	15	74	59	65	89	30	86	54	34	25	26	35
17	09	69	54	60	85	26	82	50	31	22	22	32
18	03	64	49	55	80	22	78	47	27	18	19	29
19	0.2897	58	44	50	76	17	74	43	24	15	16	25
20	0.2891	0.2553	0.2239	0.1946	0.1671	0.1413	0.1170	0.0939	0.0720	0.0512	0.0313	0.0122
21	85	47	34	41	67	09	66	35	16	08	09	19
22	80	42	29	36	63	05	62	32	13	05	06	16
23	74	36	24	32	58	01	58	28	09	01	03	13
24	68	31	18	27	54	0.1397	54	24	06	0.0498	00	10
25	0.2862	0.2526	0.2213	0.1922	0.1649	0.1392	0.1150	0.0920	0.0702	0.0495	0.0296	0.0107
26	56	20	08	18	45	88	46	17	0.0699	91	93	04
27	50	15	03	13	40	84	42	13	95	88	90	01
28	45	10	0.2198	08	36	80	38	09	92	84	87	0.0098
29	39	04	93	03	32	76	34	05	88	81	84	95
30	0.2833	0.2499	0.2188	0.1899	0.1627	0.1372	0.1130	0.0902	0.0685	0.0478	0.0280	0.0091
31	27	93	83	94	23	68	26	98	81	74	77	88
32	21	88	78	89	19	63	23	94	78	71	74	85
33	16	83	73	85	14	59	19	91	74	68	71	82
34	10	77	69	80	10	55	15	87	70	64	67	79
35	0.2804	0.2472	0.2164	0.1876	0.1605	0.1351	0.1111	0.0883	0.0667	0.0461	0.0264	0.0076
36	0.2798	67	59	71	01	47	07	80	63	58	61	73
37	93	61	54	66	0.1597	43	03	76	60	54	58	70
38	87	56	49	62	92	39	0.1099	72	56	51	55	67
39	81	51	44	57	88	35	95	68	53	48	51	64
40	0.2775	0.2445	0.2139	0.1852	0.1584	0.1331	0.1091	0.0865	0.0649	0.0444	0.0248	0.0061
41	70	40	34	48	79	26	88	61	46	41	45	58
42	64	35	29	43	75	22	84	57	42	38	42	55
43	58	30	24	39	71	18	80	54	39	34	39	52
44	53	24	19	34	66	14	76	50	35	31	35	49
45	0.2747	0.2419	0.2114	0.1829	0.1562	0.1310	0.1072	0.0846	0.0632	0.0428	0.0232	0.0045
46	41	14	09	25	58	06	68	43	28	24	29	42
47	36	09	04	20	53	02	64	39	25	21	26	39
48	30	03	0.2099	16	49	0.1298	61	35	21	18	23	36
49	24	0.2398	95	11	45	94	57	32	18	14	20	33
50	0.2719	0.2393	0.2090	0.1806	0.1540	0.1290	0.1053	0.0828	0.0615	0.0411	0.0216	0.0030
51	13	88	85	02	36	86	49	25	11	08	13	27
52	07	82	80	0.1797	32	82	45	21	08	04	10	24
53	02	77	75	93	28	78	41	17	04	01	07	21
54	0.2696	72	70	88	23	74	37	14	01	0.0398	04	18
55	0.2691	0.2367	0.2065	0.1784	0.1519	0.1270	0.1034	0.0810	0.0597	0.0394	0.0201	0.0015
56	85	62	61	79	15	66	30	06	94	91	0.0197	12
57	79	56	56	75	10	61	26	03	90	88	94	09
58	74	51	51	70	06	57	22	0.0799	87	84	91	06
59	68	46	46	65	02	53	18	95	83	81	88	03
60	0.2663	0.2341	0.2041	0.1761	0.1498	0.1249	0.1015	0.0792	0.0580	0.0378	0.0185	0.0000

Dazu unentbehrlich:

Die globalen Häuser-Tabellen

nach Placidus vervollständigt und neu computerberechnet. Mit den Zeitzonen und Sommerzeiten aller europäischen Länder.

Im Verlag von

Die Deutsche Ephemeride

2001 Sommerzeit,
So. 25.3. $2^h = 3^h$